수능 국어를 시작하는 모두의 기본서 2022 개정 교육과정

수능 국어 트레이닝북 GYM

3 ZONE

3 TEACHER

3 COACHING

문학

이투스북

개념 / 예시 학습

필수 문학 개념·이론을 상세한 설명과
예시 작품으로 학습하기

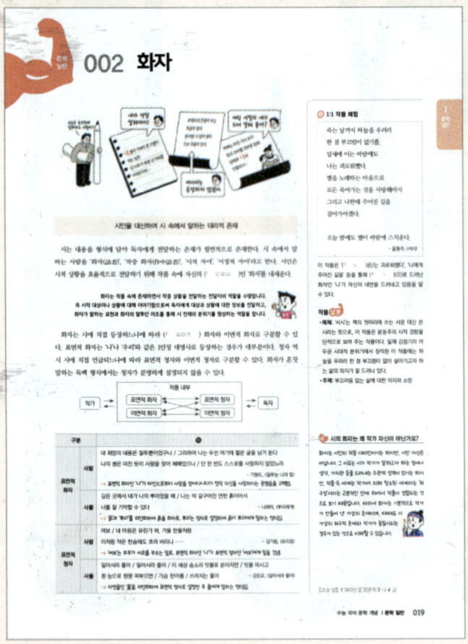

●ON

100개의 문학 개념과 영상으로 기본기 다지기
작품을 이론적으로 분석하여 내용을 이해하고,
엄선한 100개의 실전 문학 개념어를 교재와 개념
영상으로 학습할 수 있습니다.

개념 예시와 1:1 작품 체험으로 적용력 기르기
문학 개념이 가장 잘 드러나는 작품을 분석하며
작품에서 개념이 어떻게 구현되는지를 파악할 수
있습니다.

개념 트레이닝

필수 문학 개념이 드러나는 예시 작품을
모아 몰입(FLOW) 학습하기

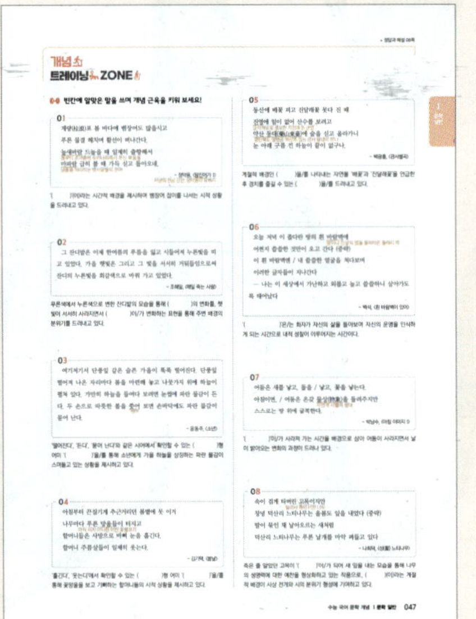

●ON

문학 개념이 적용된 예문 트레이닝
기출에서 다루어진 개념이 적용된 실전 지문을
뽑아 문학 개념이 적용된 원리를 반복적으로 학
습할 수 있습니다.

몰입(FLOW) 연습으로 개념 집중 학습
분석적 작품 읽기 훈련을 통해 지문을 문장 단
위, 장면 단위로 이해하고 표현상의 특징을 파악
하는 연습을 집중적으로 할 수 있습니다.

워밍-UP

필수 문학 개념을 바탕으로 작품을
분석하고 선지 정오 판단하기

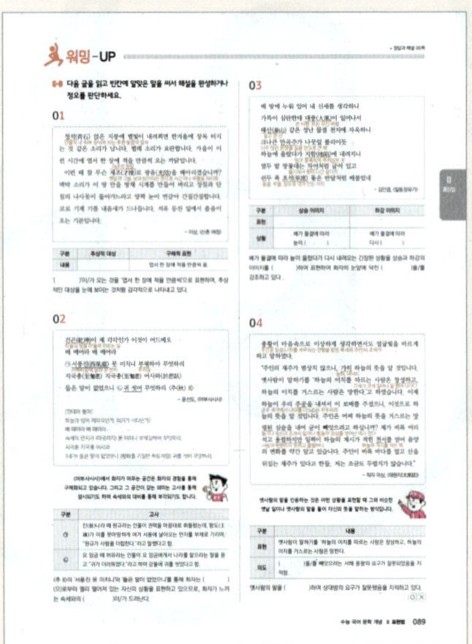

●ON

표현상의 특징과 표현 효과 익히기
엄선한 기출 작품을 심층적으로 분석하여 기출
선지를 스스로 완성하고, 선지의 정오를 판단하
는 연습을 통해 문제 분석력을 기를 수 있습니다.

작품을 미시적으로 분석하는 마이크로 학습
표현상의 특징이 드러나는 표현을 직접 찾아 정
리하고, 작품 해설을 직접 완성함으로써 표현 원
리와 그 효과를 세밀하게 학습할 수 있습니다.

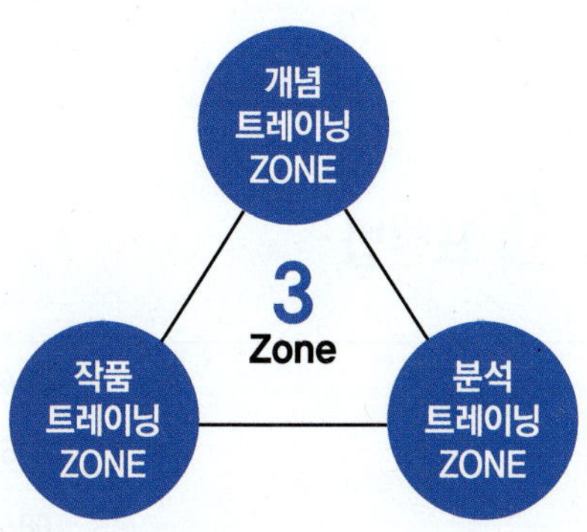

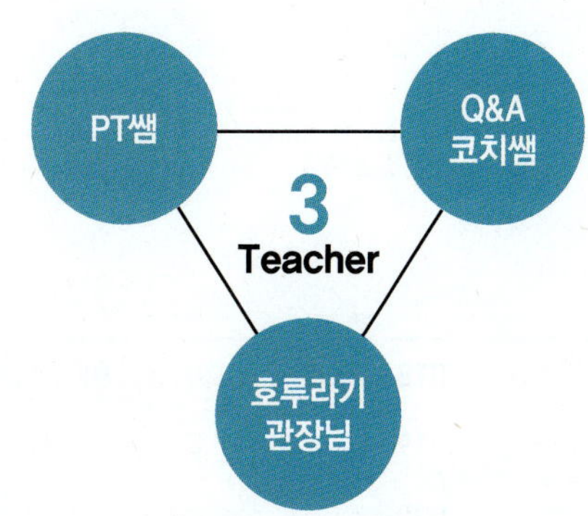

펌핑 / 벌크-UP

기출 작품과 문제를 스스로 풀며
적용의 힘을 기르는 셀프 트레이닝

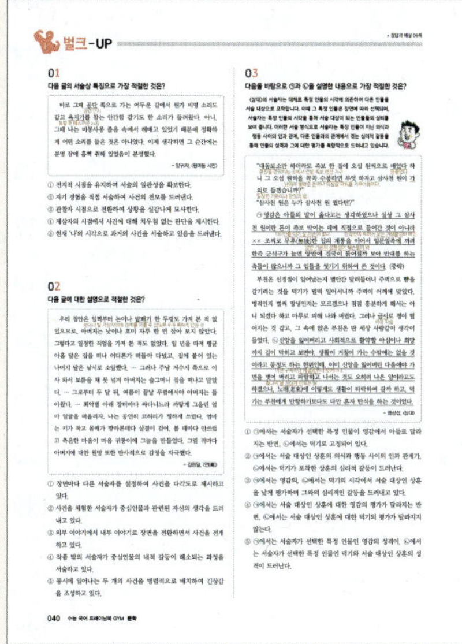

● ON

문학 개념이 적용된 실전 기출 문제 학습

학습한 문학 개념을 실제 기출 지문과 문제를 통해 적용하고, 하나의 문제를 온전히 분석적으로 해결하는 문제 해결력을 기를 수 있습니다.

하나의 문제로 다섯 가지 내용 학습

하나의 기출 문제를 풀면서 정·오답을 구별하는 판단력을 기르고, 선지의 내용을 바탕으로 지문을 분석하며 내용을 깊이 이해할 수 있습니다.

하드 트레이닝

작품을 깊고 넓게 분석하는
눈을 키우는 하드 트레이닝

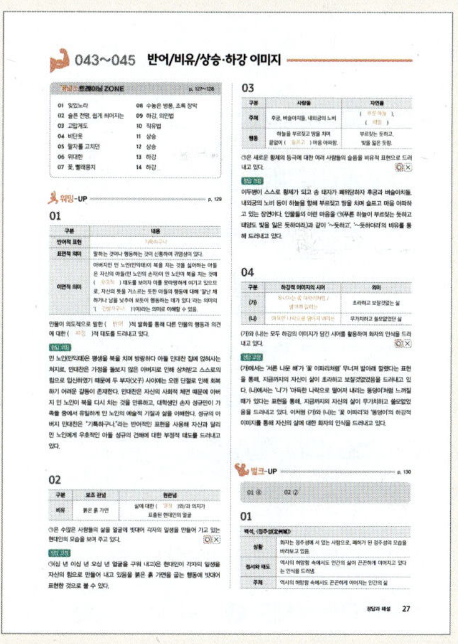

● ON

작품 하나를 심층 분석하는 하드 트레이닝

개념이 잘 드러나는 대표 작품을 스스로 분석하며 실력을 확인하고, 자기 점검을 위한 셀프 테스트로 활용할 수 있습니다.

스스로 작품 분석을 통한 실력 점검

작품 이해에 필요한 필수 요소들을 스스로 정리하며 학습 정도를 확인하고, 작품에 대한 총체적 이해를 통해 배경지식을 넓힐 수 있습니다.

정답·오답 코칭

작품 학습과 문제 정답·오답
코칭으로 실력 완성

● ON

정오답의 근거를 자세히 밝힌 풀이

정오답 풀이를 통해 작품과 선지의 근거를 분석적으로 이해하고, 풀이 내용을 선지 아래 스스로 정리하며 한 번 더 반복 학습할 수 있습니다.

문학을 감상하는 **핵심 개념 100**
10개년 기출에서 추출한 **실전 용어**
진짜 수능 문학을 **트레이닝**하세요!

나의 공부 계획

30일 동안 문학 개념 공부를 끝낼 수 있어요!

📋 이렇게 활용할 수 있어요!

1. 이 교재를 **몇 달** 또는 **몇 주** 동안 공부할지 정하세요.
2. 일주일에 **며칠** 또는 **몇 회**를 공부할지 정하세요.
3. 하루 중 **몇 시**에 **몇 시간** 동안 공부할지 정하세요.
4. 공부 계획에 공부할 날짜와 요일을 적으세요.
5. 실제로 공부를 한 후 공부한 날짜와 요일을 적으세요.
6. 성취도에 맞게 기호를 쓰세요.
7. 실제로 공부하는 데 걸린 시간을 적으세요.

나와의 약속

나 ______________은/는

〈수능 국어 트레이닝북, GYM – 문학〉을

______월 ______일부터

______월 ______일까지

______주 동안

주 ______회 공부하겠습니다.

○ 완료 △ 미완 → 진행 중

	공부 내용	공부 계획			공부한 날			성취도	시간	
01	001~005 시의 개념과 특징/화자/시상/운율/시적	월	일	요일	월	일	요일	☐	시간	분
02	006~010 어조/소설의 개념과 특징/서술자/ 시점/문체	월	일	요일	월	일	요일	☐	시간	분
03	011~015 장면/시간적 배경/공간적 배경 사회·시대적 배경/현실과 비현실	월	일	요일	월	일	요일	☐	시간	분
04	016~020 사건과 갈등/소설의 구성 단계/ 소설의 구성 유형/인물의 유형/ 인물의 성격·심리 제시 방법	월	일	요일	월	일	요일	☐	시간	분
05	021~023 긍정적 태도 ❶~❸ – 경외감~해학	월	일	요일	월	일	요일	☐	시간	분
06	024~027 부정적 태도 ❶~❹ – 거리감~회의	월	일	요일	월	일	요일	☐	시간	분
07	028~030 이미지(심상)/객관적 상관물/고사	월	일	요일	월	일	요일	☐	시간	분
08	031~033 구체화/과장/관념과 관습성	월	일	요일	월	일	요일	☐	시간	분
09	034~036 나열·열거/내적 독백/동일시	월	일	요일	월	일	요일	☐	시간	분
10	037~039 대구/대조(대비)/말을 건네는 방식	월	일	요일	월	일	요일	☐	시간	분

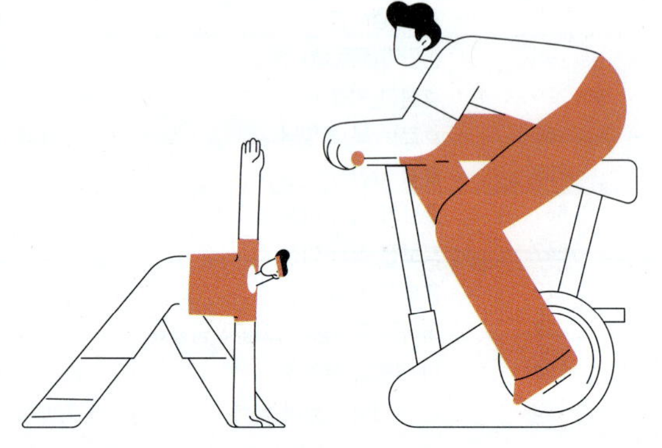

	공부 내용	공부 계획			공부한 날			성취도	시간	
11	040~042 매개물(매개체)/모티프(화소)/ 문답(問答)	월	일	요일	월	일	요일		시간	분
12	043~045 반어/비유/상승·하강이미지	월	일	요일	월	일	요일		시간	분
13	046~048 상징/색채어/설의	월	일	요일	월	일	요일		시간	분
14	049~051 언어유희/역설/연쇄	월	일	요일	월	일	요일		시간	분
15	052~054 영탄/요약/우의(우화)	월	일	요일	월	일	요일		시간	분
16	055~057 음성 상징어/의인화/풍자·해학	월	일	요일	월	일	요일		시간	분
17	058~060 과거와 현재의 교차·대비/ 꿈·노래·시의 삽입/ 꿈(환상)과 현실의 교차	월	일	요일	월	일	요일		시간	분
18	061~063 명사형 종결/묘사/병렬·병치	월	일	요일	월	일	요일		시간	분
19	064~066 사건의 다각적 제시/ 사건·표현의 반복/사건의 반전	월	일	요일	월	일	요일		시간	분
20	067~069 사건의 실마리/사건의 암시·복선/ 대립 구도	월	일	요일	월	일	요일		시간	분
21	070~072 사건·주제의 이면/사건의 전말·정황/ 삽화·에피소드 형식	월	일	요일	월	일	요일		시간	분
22	073~075 서사의 전개 속도/서술자의 개입/ 선경 후정	월	일	요일	월	일	요일		시간	분
23	076~078 수미상관(수미상응·수미쌍관)/ 시간의 순행적(순차적) 구성/ 시간의 역전적 구성	월	일	요일	월	일	요일		시간	분
24	079~081 시선·공간의 이동/액자 구조/ 의식의 흐름	월	일	요일	월	일	요일		시간	분
25	082~084 인과 관계/입체적 구성/장면의 전환	월	일	요일	월	일	요일		시간	분
26	085~087 전기성/점층·점강/회귀적 구조	월	일	요일	월	일	요일		시간	분
27	088~090 고전 시가 ❶~❸-고대 가요/향가/ 고려 가요	월	일	요일	월	일	요일		시간	분
28	091~093 고전 시가 ❹~❻-악장/시조/가사	월	일	요일	월	일	요일		시간	분
29	094~096 고전 산문 ❶~❸-설화~판소리계 소설	월	일	요일	월	일	요일		시간	분
30	097~100 현대 문학 ❶~❸-개화기~1980년대/ 수필·극	월	일	요일	월	일	요일		시간	분

선생님 수업 계획

📋 이렇게 수업 계획을 세워요!

1. 이 교재를 **몇 달** 또는 **몇 주** 동안 수업할지 정하세요.

2. 일주일에 **며칠** 또는 **몇 회**를 수업할지 정하세요.

3. 실제로 수업 한 후 수업한 날짜와 요일을 적으세요.

4. 수업 진행 상황에 맞게 기호를 쓰세요.

5. 제시한 과제를 적고 다음 수업 시간에 확인하세요.

○ 완료　△ 미완　→ 진행 중

	수업 내용	수업 1				수업 2				
		수업한 날			진행	과제	수업한 날			진행	과제
01	001~005 시의 개념과 특징/화자/시상/운율/시적	월	일	요일	□		월	일	요일	□	
02	006~010 어조/소설의 개념과 특징/서술자/시점/문체	월	일	요일	□		월	일	요일	□	
03	011~015 장면/시간적 배경/공간적 배경 사회·시대적 배경/현실과 비현실	월	일	요일	□		월	일	요일	□	
04	016~020 사건과 갈등/소설의 구성 단계/소설의 구성 유형/인물의 유형/인물의 성격·심리 제시 방법	월	일	요일	□		월	일	요일	□	
05	021~023 긍정적 태도 ❶~❸ – 경외감~해학	월	일	요일	□		월	일	요일	□	
06	024~027 부정적 태도 ❶~❹ – 거리감~회의	월	일	요일	□		월	일	요일	□	
07	028~030 이미지(심상)/객관적 상관물/고사	월	일	요일	□		월	일	요일	□	
08	031~033 구체화/과장/관념과 관습성	월	일	요일	□		월	일	요일	□	
09	034~036 나열·열거/내적 독백/동일시	월	일	요일	□		월	일	요일	□	
10	037~039 대구/대조(대비)/말을 건네는 방식	월	일	요일	□		월	일	요일	□	

	수업 내용	수업 1				수업 2				
		수업한 날			진행	과제	수업한 날			진행	과제
11	040~042 매개물(매개체)/모티프(화소)/ 문답(問答)	월	일	요일	☐		월	일	요일	☐	
12	043~045 반어/비유/상승·하강이미지	월	일	요일	☐		월	일	요일	☐	
13	046~048 상징/색채어/설의	월	일	요일	☐		월	일	요일	☐	
14	049~051 언어유희/역설/연쇄	월	일	요일	☐		월	일	요일	☐	
15	052~054 영탄/요약/우의(우화)	월	일	요일	☐		월	일	요일	☐	
16	055~057 음성 상징어/의인화/풍자·해학	월	일	요일	☐		월	일	요일	☐	
17	058~060 과거와 현재의 교차·대비/ 꿈·노래·시의 삽입/ 꿈(환상)과 현실의 교차	월	일	요일	☐		월	일	요일	☐	
18	061~063 명사형 종결/묘사/병렬·병치	월	일	요일	☐		월	일	요일	☐	
19	064~066 사건의 다각적 제시/ 사건·표현의 반복/사건의 반전	월	일	요일	☐		월	일	요일	☐	
20	067~069 사건의 실마리/사건의 암시·복선/ 대립 구도	월	일	요일	☐		월	일	요일	☐	
21	070~072 사건·주제의 이면/사건의 전말·정황/ 삽화·에피소드 형식	월	일	요일	☐		월	일	요일	☐	
22	073~075 서사의 전개 속도/서술자의 개입/ 선경 후정	월	일	요일	☐		월	일	요일	☐	
23	076~078 수미상관(수미상응·수미쌍관)/ 시간의 순행적(순차적) 구성/ 시간의 역전적 구성	월	일	요일	☐		월	일	요일	☐	
24	079~081 시선·공간의 이동/액자 구조/ 의식의 흐름	월	일	요일	☐		월	일	요일	☐	
25	082~084 인과 관계/입체적 구성/장면의 전환	월	일	요일	☐		월	일	요일	☐	
26	085~087 전기성/점층·점강/회귀적 구조	월	일	요일	☐		월	일	요일	☐	
27	088~090 고전 시가 ❶~❸-고대 가요/향가/ 고려 가요	월	일	요일	☐		월	일	요일	☐	
28	091~093 고전 시가 ❹~❻-악장/시조/가사	월	일	요일	☐		월	일	요일	☐	
29	094~096 고전 산문 ❶~❸-설화~판소리계 소설	월	일	요일	☐		월	일	요일	☐	
30	097~100 현대 문학 ❶~❸-개화기~1980년대/ 수필·극	월	일	요일	☐		월	일	요일	☐	

문학 작품 감상 코칭

운문 감상 코칭 | 산문 감상 코칭

기본 이해

누구인가?

화자가 누구인지 찾는다.
시 안에서 말하는 사람이 누구인지 찾으세요.
화자는 직접 드러날 수도 있지만 드러나지 않더라도
화자는 존재합니다.

서술자가 누구인지 찾는다.
글 안에서 말하는 사람이 누구인지 찾으세요.
서술자가 '나'인지 '나'가 아닌지를 찾아 서술자가 등장
인물인지를 확인하세요.

어떤 상황?

화자가 어떤 상황에 있는지 확인한다.
화자가 언제, 어디서, 무엇을 하고 있는지 파악하세요.
제목을 통해 시적 대상과 시적 상황을 파악할 수도 있
습니다.

인물이 어떤 상황에 있는지 확인한다.
인물이 언제, 어디서, 무엇을 하고 있는지 파악하세요.
중심인물과 주변 인물의 관계를 파악하며 글을 읽으
세요.

어떤 느낌?

화자가 어떤 기분인지 확인한다.
화자가 처한 상황 속에서 어떤 기분을 느끼고 생각을
하는지 파악하세요. 화자의 정서를 통해 태도가 드러
나고, 태도는 주제 의식을 보여 줍니다.

인물이 어떤 기분인지 확인한다.
인물이 처한 상황 속에서 어떤 기분을 느끼고 생각을
하는지 파악하세요. 인물의 정서를 통해 태도가 드러
나고, 태도는 주제 의식을 보여 줍니다.

심화 이해

의미는?

함축적 의미를 확인한다.
시어에 숨겨진 의미가 있는지 확인하세요.
시어가 문맥에 따라 다른 의미로 해석되는지 파악하여
작가가 진짜 말하고 싶은 것을 찾으세요.

숨겨진 의미를 확인한다.
표현에 숨겨진 의미가 있는지 확인하세요.
표현이 문맥에 따라 다른 의미로 해석되는지 파악하여
작가가 진짜 말하고 싶은 것을 찾으세요.

표현은?

표현 방법을 확인한다.
비유, 상징, 반어, 역설 등 표현 방법이 무엇인지 파악
하세요. 모든 표현 방법은 결국 주제를 드러내기 위한
수단이라는 점을 기억하세요.

서술 방법을 확인한다.
대화, 묘사, 서술 등 이야기를 서술한 방법이 무엇인지
파악하세요. 모든 서술 방법은 결국 주제를 드러내기
위한 수단이라는 점을 기억하세요.

I 문학 일반

001 시의 개념과 특징

개념 영상

마음속에 떠오르는 생각이나 느낌을 운율이 있는 언어로 압축하여 함축적으로 나타낸 문학

'시(詩)'란 인간의 주관적인 정서(사상과 감정)를 (ⁱ ㅎㅊㅈ)인 언어로 압축하여 표현한 문학의 한 갈래이다. 즉, 사람의 생각이나 느낌을 일정한 형식을 갖추고 심상(회화적 요소), 운율(음악적 요소) 등을 활용하여 표현함으로써 독자의 정서에 호소하고, 상상력을 자극하여 감동을 주는 문학 갈래이다.

주제	심상(이미지)	운율(리듬)
시인이 전달하려는 생각이나 정서, 사상	(² ㄱㄱ)에 의하여 인지된 현상이 마음속에 재생된 것	일정하게 반복적으로 나타나는 소리의 (³ ㄱㅊㅈ)인 가락
의미적 요소	회화적 요소	음악적 요소
↓	↓	↓
함축성	**형상성**	**음악성**
사전적·지시적 의미가 아니라 시어가 내포하고 있는 의미	시를 읽으면 머릿속에 떠오르는 구체적인 영상이나 이미지	소리의 반복이나 시어의 배열을 통해 느낄 수 있는 리듬감

시의 구성 요소들은 독립적으로 존재하는 것이 아니라, 서로 상보적 관계를 가지고 조직되어 하나의 시 작품을 구성합니다. 따라서 주제, 심상, 운율 같은 요소들이 서로 영향을 주고받으며 시 전체를 구성한다고 생각하세요.

시는 내용·형식·태도·목적을 기준으로 여러 갈래로 분류할 수 있다.

내용	서정시	화자의 주관적인 정서를 표현한 시
	서사시	줄거리를 가진 이야기를 운문의 형태를 빌려 서술한 시
	극시	희곡의 형식적 특징을 띠며 운문체의 대사로 서술되는 시
형식	정형시	운율을 형성하는 요소가 규칙적으로 정해져 있는 시
	자유시	운율이 외적인 규칙으로 정해지지 않고 내면에 자연스러운 운율을 가진 시
	산문시	행을 구분하지 않아 마치 산문처럼 줄글로 이어 쓴 시
태도	주정시	화자의 감정이나 정서 표현을 주로 다루는 시
	주지시	화자의 이성이나 지성에 의한 관념이나 의식을 주로 다루는 시
	주의시	화자의 의지나 정신세계를 주로 다루는 시
목적	순수시	문학 그 자체의 예술성을 중시하며 화자의 정서, 감정 등을 주로 다루는 시
	목적시	다른 목적을 달성하기 위한 목적의식을 갖고 수단으로 다루는 시

1:1 작품 체험

> 내 마음은 연약하나 껍질은 단단하다
> 내 껍질은 연약하나 마음은 단단하다
> 사람들이 외롭지 않으면 길을 떠나지
> 않듯이
> 달팽이도 외롭지 않으면 길을 떠나지
> 않는다
>
> 이제 막 기울기 시작한 달은 차돌같이
> 차다
> 나의 길은 어느새 풀잎에 젖어 있다
> 손에 주전자를 들고 아침 이슬을 밟으며
> 내가 가야 할 길 앞에서 누가 오고 있다
>
> 죄 없는 소년이다
> 소년이 무심코 나를 밟고 간다
> 아마 아침 이슬인 줄 알았나 보다
>
> — 정호승, 〈달팽이〉

이 작품은 화자는 (⁴ ㄷㅍㅇ)이다. 화자는 소년이 자신을 밟은 일에 대해 아침 이슬인 줄 알고 무심코 그런 것이라며 (⁵ ㅇㅅ)하고 포용하는 모습을 보인다. 즉 화자가 자신의 이야기를 풀어내는 형식을 통해 바람직한 삶의 자세를 환기하고 있다.

주제	타인을 포용하는 관용적 삶의 자세
심상	달팽이와 소년이 이슬이 내린 아침에 풀이 돋아난 길을 가는 장면과 소년이 달팽이를 보지 못하고 밟는 모습이 연상됨.
운율	유사한 문장 구조의 반복

작품 알통
- **해제:** 달팽이를 화자로 설정하여 포용과 관용이라는 바람직한 삶의 태도를 다룬 작품이다.
- **주제:** 타인을 포용하는 관용적 삶의 자세

【초성 답】 1 함축적 2 감각 3 규칙적 4 달팽이 5 용서

002 화자

시인을 대신하여 시 속에서 말하는 대리적 존재

시는 내용을 형식에 담아 독자에게 전달하는 존재가 필연적으로 존재한다. 시 속에서 말하는 사람을 '화자(話者)', '작중 화자(作中話者)', '시적 자아', '서정적 자아'라고 한다. 시인은 시적 상황을 효율적으로 전달하기 위해 작품 속에 자신의 (¹ ㄷㄹㅇ)인 '화자'를 내세운다.

화자는 작품 속에 존재하면서 작중 상황을 전달하는 전달자의 역할을 수행합니다. 즉 시적 대상이나 상황에 대해 이야기함으로써 독자에게 대상과 상황에 대한 정보를 전달하고, 화자가 말하는 표현과 화자의 말투인 어조를 통해 시 전체의 분위기를 형성하는 역할을 합니다.

화자는 시에 직접 등장하느냐에 따라 (² ㅍㅁㅈ) 화자와 이면적 화자로 구분할 수 있다. 표면적 화자는 '나'나 '우리'와 같은 1인칭 대명사로 등장하는 경우가 대부분이다. 청자 역시 시에 직접 언급되느냐에 따라 표면적 청자와 이면적 청자로 구분할 수 있다. 화자가 혼잣말하는 독백 형식에서는 청자가 분명하게 설정되지 않을 수 있다.

```
                        작품 내부
          ┌─────────────────────────────────┐
작가 ⇄    │  표면적 화자  ⇄  표면적 청자  │   ⇄ 독자
          │  이면적 화자  ⇄  이면적 청자  │
          └─────────────────────────────────┘
```

구분		예
표면적 화자	사람	내 희망의 내용은 질투뿐이었구나 / 그리하여 나는 우선 여기에 짧은 글을 남겨 둔다 나의 생은 미친 듯이 사랑을 찾아 헤매었으나 / 단 한 번도 스스로를 사랑하지 않았노라 ― 기형도, 〈질투는 나의 힘〉 → 표면적 화자인 '나'가 타인으로부터 사랑을 찾아다니다가 정작 자신을 사랑하지는 못했음을 고백함
	사물	깊은 곳에서 네가 나의 뿌리였을 때 / 나는 막 갈구어진 연한 흙이어서 너를 잘 기억할 수 있다 ― 나희덕, 〈뿌리에게〉 → '흙'과 '뿌리'를 의인화하여 흙을 화자로, 뿌리는 청자로 설정하여 흙이 뿌리에게 말하는 형식임.
표면적 청자	사람	여보 / 내 마음은 유린가 봐, 겨울 한울처럼 이처럼 작은 한숨에도 흐려 버리니 …… ― 김기림, 〈유리창〉 → '여보'는 부부가 서로를 부르는 말로, 표면적 화자인 '나'가 표면적 청자인 '여보'에게 말을 건넴.
	사물	일어서라 풀아 / 일어서라 풀아 / 이 세상 숨소리 빗물로 쏟아지면 / 빗물 마시고 흰 눈으로 펑펑 퍼부으면 / 가슴 한아름 / 쓰러지는 풀아 ― 강은교, 〈일어서라 풀아〉 → 자연물인 '풀'을 의인화하여 표면적 청자로 설정한 후 풀에게 말하는 형식임.

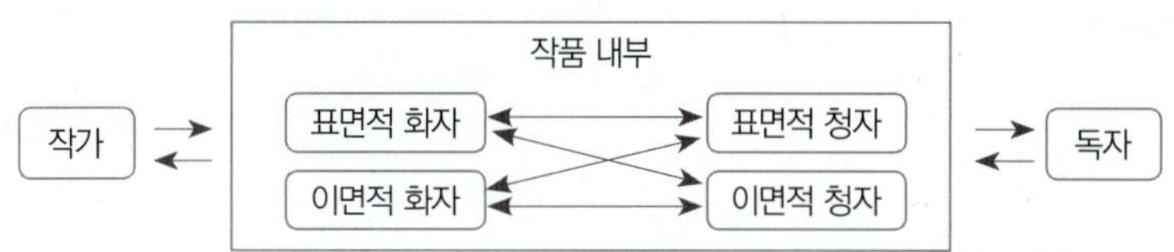

【초성 답】 1 대리인 2 표면적 3 나 4 겉

003 시상

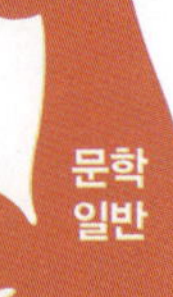

시인이 표현하려는 정서나 감정, 사상 등 주제 의식

시상은 작가가 시를 통해 표현하고자 하는 주제 의식으로, 시를 창작하게 되는 계기이자 실마리가 되는 생각을 의미한다. 시인은 시상을 드러내기 위해 시어, 시구 등을 자신이 정한 일정한 질서와 흐름에 따라 제시한다. 따라서 시상을 파악한다는 것은 시의 주제, 즉 작가가 말하고자 하는 (¹ ㅈㅅ ㅅㄱ)을/를 파악하는 것을 의미한다.

시상 유발	시인을 자극하여 어떤 정서나 감정, 사상 등을 불러일으킴.
	예 이 비 그치면 / 내 마음 강나루 긴 언덕에 / 서러운 풀빛이 짙어 오것다　　　 - 이수복, 〈봄비〉
	→ '비'는 '나'의 마음속, 서러운 풀빛이 짙어 오는 강나루 긴 언덕으로 전개되는 시상을 유발한 매개물임.
시상 전개	시를 통해 전달하고자 하는 생각이나 정서, 사상 등이 잘 전달되도록 내용의 흐름을 조직함.
시상 구체화	정서나 감정, 사상 등 주제 의식을 지각할 수 있도록 실제적이고 세밀하게 표현함.
시상 전환	일정한 방향으로 나아가던 전개의 흐름을 바꿔 정서와 분위기가 달라짐.
시상 집약	'집약'은 한데 모아서 요약한다는 뜻으로, 정서나 감정, 사상 등 주제 의식을 특정 시어, 시구, 시행 등 한 데에 모아서 요약적으로 제시하는 방식임.
	→ 시상의 '확산'은 집약과 반대되는 것으로 시상의 범위가 갈수록 확대되는 것임.
	예 나의 마음은 밖에서는 눈길 / 안에서는 어둠이노라. / 온 겨울의 누리 떠돌다가
	이제 와 위대한 적막(寂寞)을 지킴으로써 / 쌓이는 눈 더미 앞에
	나의 마음은 어둠이노라.　　　　　 - 고은, 〈눈길〉
	→ 화자가 방황하는 상황이 겨울 내내 지속된 후 눈 더미가 쌓인 평화로운 풍경을 마주하고서 마음의 평화와 안식을 얻게 되었음을 '나의 마음은 어둠이노라.'에 집약하여 주제를 드러냄.
시상 마무리	정서나 감정, 사상 등 주제 의식에 대한 이야기를 끝맺음.

문학 작품은 작가가 말하고자 하는 바를 드러내는 것이 가장 중요하기 때문에, 작품을 마무리할 때 주제 의식을 다시 한 번 더 강조하는 표현을 사용합니다. 시에서도 화자가 하던 이야기를 마무리하는 것이 중요하므로, 주제를 강조하기 위해 다양한 방법을 활용합니다.

개념 갈고리 ➐ 시상 마무리 방법

문장 구성 성분의 도치 및 생략, 수미상관 등의 다양한 방식으로 시를 끝맺을 수 있으며, 이를 통해 시상을 종합하고 주제 의식을 강조할 수 있다.

도치	정상적인 문장 배열 순서를 바꿔서 표현하는 방식
생략	문장을 완결적으로 끝맺지 않아 시상이 계속 이어지는 듯한 느낌인 여운을 남기는 방식
수미상관	시의 앞뒤에 의미적·형태적으로 동일하거나 유사한 시구를 배치하는 방법

🔵 1:1 작품 체험

해ㅅ살 피어 / 이윽한 후, //
　　　지난 시간이 얼마간 오래임.
머흘머흘 / 골을 옮기는 구름. //

길경(桔梗) 꽃봉오리
　도라지
흔들려 씻기우고, //

차돌부리 / 촉 촉 죽순(竹筍) 돋듯. //
　물맥상 차돌의 뾰족하게 튀어나온 부분
물소리에 / 이가 시리다. //

앉음새 갈히여 / 양지 쪽에 쪼그리고, //

서러운 새 되어 / 흰 밥알을 쫏다.

　　　　 - 정지용, 〈조찬(朝餐)〉
　손님을 초대하여 함께 먹는 아침 식사

이 시는 1, 2연은 햇살이 피어오르고 구름이 몰려 다니는 하늘의 모습으로, 먼 자연 정경을 묘사하고 있다. 이어지는 3, 4연에서는 도라지 꽃봉오리가 바람에 흔들리고 차돌 위로 남은 물방울이 떨어지는 모습을 인상 깊게 나타내고 있는데, 이는 화자에게서 가까운 자연의 정경으로 볼 수 있다. 그러나 5연부터는 화자의 상황을 보여 주며, 화자의 처지와 심리를 우회적으로 드러내고 있다.

구분	내용	전개	
1, 2연	화자가 바라본 먼 풍경	원경	경치
3, 4연	화자와 가까운 위치의 풍경	근경	
5~7연	화자의 내면 심정	-	정서

따라서 이 시는 먼저 경치를 제시한 다음 정서를 드러내는 (² ㅅㄱ ㅎㅈ)와/과 원경에서 근경으로 화자의 (³ ㅅㅅ)이/가 이동하는 방식으로 시상을 전개하고 있다.

작품 알통

• **해제**: 비가 온 뒤의 아침에 양지 쪽에서 밥알을 쪼고 있는 새의 이미지로 화자의 서러운 심정을 우회적으로 드러내고 있다.

• **주제**: 비 온 뒤의 아침 정경과 화자의 서러운 처지

【초성 답】 1 중심 생각 2 선경 후정 3 시선

004 운율

🟠 1:1 작품 체험

그리운 그의 얼굴 다시 찾을 수 없어도
화사한 그의 꽃
산에 언덕에 피어날지어이.

그리운 그의 노래 다시 들을 수 없어도
맑은 그 숨결
들에 숲속에 살아갈지어이.

쓸쓸한 마음으로 들길 더듬는 행인(行
人)아.

눈길 비었거든 바람 담을지네.
바람 비었거든 인정 담을지네.

그리운 그의 모습 다시 찾을 수 없어도
울고 간 그의 영혼
들에 언덕에 피어날지어이.

– 신동엽, 〈산에 언덕에〉

> 시에서 행을 이루는 단어의 배열과 발음에 의해 느껴지는 말의 가락

심장의 뛰는 소리나 발걸음 소리, 시계 소리 등 어떤 소리의 요소가 일정한 주기로 규칙적인 (1 　ㅂㅂㅅ　)을/를 보여 주는 것을 '리듬(Rhythm)'이라고 한다. 시에서도 이런 반복성과 규칙성이 나타나는데, 이런 음악적 특징을 특히 (2 　ㅇㅇ　)(韻律)(이)라고 한다.

시에서 운율이 성립하려면 규칙성·반복성·의도성·음악성이라는 조건이 충족되어야 한다.

운(韻)	• 소리의 일정한 요소가 일정한 위치에서 규칙적으로 반복되는 운율 • 두운(頭韻), 요운(腰韻), 각운(脚韻) 등이 있으며, 이를 음위율이라고도 함.
율(律)	• 소리의 일정한 수량적 단위가 반복되어 실현되는 운율 • 음수율(3·4조, 4·4조, 7·5조 등)과 음보율(3음보, 4음보 등)이 있음.

이 작품은 '그리운 그의 ~ 다시 ~을 수 없어도', '~에 ~에 ~ㄹ지어이', '~ 비었거든 ~ 담을지네.'와 같은 유사한 (3 　ㅌㅅ　) 구조를 반복하여 운율감을 형성하고 있다. 또한 5연은 1연과 2연의 내용이 (4 　ㅂㅈ　)되어 반복된 것으로 그리운 '그'가 다시 이 땅에 피어나기를 바라는 화자의 간절한 소망을 드러내고 있다.

작품  알통

- **해제:** 죽은 영혼을 추모하며 그가 추구했던 소망과 신념이 언젠가는 이 땅에 피어나리라는 확신을 노래한 작품이다.
- **주제:** 그리운 사람의 소망 실현 염원

전통적인 운율인 3음보율과 4음보율은 성격이 조금 다르다는 특징이 있습니다. 3음보율의 경우 상대적으로 음악적 특징이 강하며, 내용상 주로 애상적 정서를 드러내는 작품에 자주 사용되었습니다. 반면에 4음보율의 경우에는 상대적으로 안정감과 균형감을 느끼게 하여 의미 전달에 효과적이라는 특징이 있습니다. 이런 구분은 절대적인 것은 아니니 주의하세요!

			음수율	글자 수를 규칙적으로 반복하면 형성되는 운율
외형률	겉으로 반복적 특징이 분명히 드러나 있는 운율		음보율	한 호흡으로 묶여 읽히는 단위인 음보가 규칙적으로 반복되는 운율
		특정 위치에 일정하게 같거나 비슷한 음을 배치하여 형성되는 운율	두운	앞부분에 같거나 비슷한 음을 배치
			요운	중간 부분에 같거나 비슷한 음을 배치
		음위율	각운	끝부분에 같거나 비슷한 음을 배치
내재율	명시적이지 않지만 일관되게 반복되어 작품 전체에 질서를 부여하는 운율	• 유사한 음운의 반복 • 일정한 음절 수의 반복 • 같은 단어·어구의 반복		• 유사한 통사 구조의 반복 • 음성 상징어의 사용 • 문장 부호의 활용

구분		내용
고전 시가	시조	3·4조나 4·4조의 음수율, 4음보의 음보율, 3장 6구 내외의 기본형, 종장의 음수율은 대체로 3·5·4·3이며 이 중 종장 첫 음보는 3음절로 고정됨.
	가사	3·4조나 4·4조의 음수율, 4음보의 음보율이 이어지는 연속체, 마지막 행이 시조 종장의 음수율과 같은 형식인 것을 정격 가사라고 함.
	민요	3음보와 4음보 연속체가 많고 대부분 후렴구가 있음.

【초성 답】 1 반복성 2 운율 3 통사 4 변주

005 시적(詩的)

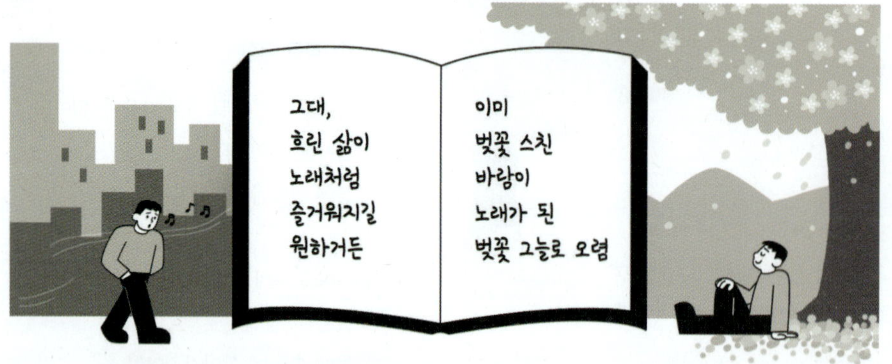

시(운문)의 정취나 특징을 가짐.

'시적(詩的)'은 '시의 (1 ㅈㅊ   )을/를 가진 것'을 의미한다. 흔히 '시적이다'라는 말은 시만의 특징이 드러난다는 의미이다. '시적'은 '시적 대상, 시적 상황, 시적 분위기, 시적 표현, 시적 허용, 시적 여운' 등과 같이 결합된 무엇에 시의 특징이 있다는 의미로 이해할 수 있다.

시적 대상	• 시에서 화자가 말하고자 하는 대상 • 화자 자신, 청자, 제3의 인물, 사물, 자연물, 감정, 관념 등 모든 것이 시적 대상이 될 수 있음.
시적 상황	• 시에서 화자가 존재하는 시간적 배경이나 공간적 배경, 사건이 벌어지는 과정이나 형편 • 화자의 심리와 관련된 내적 상황과 시·공간, 사회, 시대 등 외적 상황으로 구분됨.
시적 분위기	• 화자의 태도나 정서, 시어, 이미지, 운율 등이 복합적으로 작용하여 작품에서 풍기는 느낌. • 작품의 바탕에 깔려 있는 느낌이나 색조*를 의미함.
시적 표현	• 현실에서는 성립할 수 없는 거짓된 표현이라도 시의 세계에서는 가능한 표현을 말함. • 의사소통을 위해 일상적 표현이 주로 사용되는 산문과 달리, 시에서는 표현의 다양한 변형을 시도하여 비일상적인 표현을 만들어 사용할 수 있음.
시적 (2 ㅎㅇ)	• 일상 언어의 문법 규범에는 맞지 않지만, 특정 효과를 얻기 위해 의도적으로 허용하는 표현 • 하나의 단어를 일부러 끊는 표현, 단어의 길이를 임의로 줄이거나 늘이는 표현 등이 있음.
시적 (3 ㅇㅇ)	• '여운'은 '아직 가시지 않고 남아 있는 운치(고상하고 우아한 멋)'를 의미함. • 서술어로 문장을 종결하지 않는 표현, 말줄임표의 사용, 명사로 종결하는 방식 등을 통해 작품이 주는 느낌을 계속 이어가는 여운을 남길 수 있음.
시적 긴장감	시어가 대상을 가리키는 성질인 '외연'과 여러 가지 뜻을 한꺼번에 지니는 성질인 '내포'가 비등한 힘으로 대치됨으로써 시적인 정취를 불러일으키는 상태

'시적'이라는 용어는 다른 단어와 결합하여 작품을 설명하거나 특징을 설명하는 경우에 빈번하게 사용됩니다. 대부분은 '시적'이라는 말과 결합하지 않고도 쓰이지만, '시적 허용'과 같은 표현은 문학의 여러 갈래 중 시에서만 나타나는 특징을 설명하기 위해 '시적'이라는 표현과 대체로 결합하여 사용됩니다.

🎯 개념 갈고리 시의 언어적 특징

시의 언어는 단순히 의미를 전달하기 위한 수단에 그치는 것이 아니라, 언어 자체가 독자성을 가지고 있다는 점에서 일상적인 언어와는 구별된다. 따라서 시의 언어는 압축과 생략을 기본으로 하며, 지시적 의미보다 함축적 의미를 중시한다. 시어는 함축적인 특징 때문에 (4 ㄷㅇㅈ)(으)로 해석되며, 그 결과 (5 ㅇㅁㅅ)을/를 띠게 된다. 시에서는 애매성을 하나의 언어로 두 가지 의미를 나타낼 수 있는 경제적인 표현이라고 보기 때문에 효과적인 표현으로 인정되기도 한다.

🔴 1:1 작품 체험

어제 영명사를 지나다가
　　고구려 광개토대왕이 평양 금수산에 지은 절
잠시 부벽루에 올랐네
　　고구려의 수도였던 평양에 있는 누각
텅 빈 성엔 조각달 떠 있고

천 년의 구름 아래 바위는 늙었네

기린마는 떠나간 뒤 돌아오지 않으니
　　동명왕이 타고 하늘로 올라갔다는 상상의 말
천손은 지금 어느 곳에서 노니는가
　　고구려의 시조인 동명왕
돌다리에 기대어 길게 휘파람 부노라니

산은 오늘도 푸르고 강은 절로 흐르네

－ 이색, 〈부벽루〉

이 작품은 '천 년의 구름 아래 바위는 늙었네'라는 표현을 통해 (6 ㅅㄱ)의 흐름을 오래된 바위의 모습으로 표현함으로써 시각적으로 형상화하여 인간사가 허망하고 덧없게 느껴지는 시적 분위기를 조성하고 있다.

💪 작품 알통

• **해제:** '부벽루'는 고구려의 도읍지였던 평양성에 있는 누각으로, '푸른 물 위에 떠 있는 누각'이라는 뜻이다. 부벽루에 오른 화자가 자연의 변함없는 모습을 본 후 인간사의 유한함과 옛 왕조를 떠올리며 인생무상과 고려의 국운이 회복되기를 소망하는 마음을 노래한 한시이다.

• **주제:** 지난 역사에 대한 회고와 국운 회복 소망

❤️ '시적 형상화'가 무엇인가요?

'형상화'는 형체로는 분명히 나타나 있지 않은 것을 어떤 방법이나 매체를 통하여 구체적이고 명확한 형상으로 나타내는 것을 말합니다. 즉, 시는 작가가 말하고 싶은 정서나 생각, 가치관 등의 추상적이고 관념적인 주제 의식을 언어를 수단으로 사용하여 표현하는 예술이기 때문에 작가가 말하고 싶은 것을 형상화한다고 말할 수 있습니다. 이때 '시적'으로 형상화한다는 것은 시의 특징이 드러나게 구체적으로 표현했다는 의미입니다. 시는 운율이 드러나고 함축적 의미를 담고 있는 시어를 사용하기 때문에 시의 가장 큰 특징인 음악성과 함축성이 드러나도록 주제를 형상화하는 것을 '시적 형상화'라고 말합니다.

• **색조(色調):** 사물을 표현하거나 그것을 대하는 태도 따위에서 드러나는 일정한 경향이나 성질

【초성 답】 1 정취 2 허용 3 여운 4 다의적 5 애매성 6 시간

개념
트레이닝 ZONE

⟣ 빈칸에 알맞은 말을 쓰며 개념 근육을 키워 보세요!

01

선 채로 이 자리에 돌이 되어도
부르다가 내가 죽을 이름이여!
사랑하던 그 사람이여!
사랑하던 그 사람이여!

– 김소월, 〈초혼(招魂)〉
사람이 죽었을 때에, 그 혼을 소리쳐 부르는 일

시적 화자인 (　　　)은/는 사랑하던 (　　　)을/를 부르며 임이 돌아오기를 바라는 간절한 소망을 드러내고 있다.

02

새들도 떠나고
그대가 한 그루
헐벗은 나무로 흔들리고 있을 때
나도 헐벗은 한 그루 나무로 그대 곁에 서겠다

– 복효근, 〈겨울 숲〉

(　　　)(으)로 드러난 화자인 (　　　)은/는 '헐벗은 한 그루 나무로 그대 곁에 서겠다'를 통해 (　　　) 곁에 있고 싶어 하는 내면을 드러내고 있다 .

03

고맙게 잘 자란 보리밭아,
간밤 자정이 넘어 내리던 고운 비로
너는 삼단 같은 머리를 감았구나. 내 머리조차 가뿐하다.

– 이상화, 〈빼앗긴 들에도 봄은 오는가〉

시적 화자인 (　　　)은/는 비를 맞은 보리밭을 (　　　)(이)라고 부르며 보리가 자라는 자연의 생명력에 동화된 모습을 보여 주고 있다.

04

나를 가르치는 건 / 언제나 시간
끄덕이며 끄덕이며 겨울 바다에 섰었네. //
남은 날은 적지만
기도를 끝낸 다음 더욱 뜨거운
기도의 문이 열리는
그런 영혼을 갖게 하소서.

– 김남조, 〈겨울 바다〉

절대자를 (　　　)(으)로 설정하여 (　　　)을/를 통해 삶의 허무를 극복하고자 하는 화자의 소망과 의지를 드러내고 있다.

05

직녀여, 여기 번쩍이는 모래밭에
돋아나는 풀싹을 나는 세이고……

허이언 허이언 구름 속에서
그대는 베틀에 북을 놀리게.

눈썹 같은 반달이 중천에 걸리는
하늘 한가운데
칠월 칠석이 돌아오기까지는,

검은 암소를 나는 먹이고
직녀여, 그대는 비단을 짜세.

– 서정주, 〈견우의 노래〉

화자인 견우가 청자인 (　　　)에게 말을 건네는 형식을 통해 (　　　)을/를 통해 사랑이 성숙한다는 새로운 인식을 보여 주고 있다.

06

옛날, 우리나라
먼 뒤쪽의
진두강 가람가에 살던 누나는
의붓어미 시샘에 죽었습니다.
누나라고 불러 보랴
오오 불설워

시새움에 몸이 죽은 우리 누나는
죽어서 접동새가 되었습니다.

– 김소월, 〈접동새〉

'누나라고 불러 보랴', '시새움에 몸이 죽은 우리 누나'라는 표현을 통해 화자가 죽은 누이의 (　　　)임을 알 수 있다.

07

일어서라 풀아
일어서라 풀아
이 세상 숨소리 빗물로 쏟아
빗물 마시고
흰 눈으로 펑펑 퍼부으면
가슴 한 아름
쓰러지는 풀아

– 강은교, 〈일어서라 풀아〉

자연물인 '(　　　)'을/를 청자이자 시적 대상으로 설정하여 현실의 시련을 감내하는 (　　　)의 모습을 형상화하고 있다.

저녁 한동안 가난한 시민들의

살과 피를 데워 주고

밥상머리에 / 된장찌개도 데워 주고

아버지가 식후에 석간을 읽는 동안
매일 저녁때대 발행되는 신문
아들이 식후에

이웃집 라디오를 엿듣는 동안

연탄가스는 가만가만히

쥐라기의 지층으로 내려간다.
시조새가 나타났던 중생대의 중간 시기
그날 밤 / 가난한 서울의 시민들은

꿈에 볼 것이다.

날개에 산호빛 발톱을 달고

앞다리에 세 개나 새끼 공룡의

순금의 손을 달고

서양 어느 학자가

Archaeopteryx라 불렀다는
아르케옵테릭스, 시조새
쥐라기의 새와 같은 새가 한 마리

연탄가스에 그을린 서울의 겨울의

제일 낮은 지붕 위에

내려와 앉는 것을,

– 김춘수, 〈겨울밤의 꿈〉

(　　　　　)에 해당되는 '날개에~내려와 앉는 것을'이 서술어 '볼 것이다' 뒤에 나타나는 (　　　　　)의 방식을 활용하여 서민들에게 평온을 주는 연탄의 의미를 부각하고 있다.

보라 가끔 몸을 흔들며

잎들이 제 마음대로 시간의 바람을 일으키는 것을. (중략)

말해 보라

무엇으로 장미와 닿을 수 있는가를.

– 오규원, 〈개봉동과 장미〉

서술어 '(　　　　　)' 뒤에 목적어에 해당되는 '가끔 몸을 흔들며 / 잎들이 제 마음대로 시간의 바람을 일으키는 것을'이 제시되어 있고, 서술어 '(　　　　　)' 뒤에 목적어에 해당되는 '무엇으로 장미와 닿을 수 있는가를'이 제시되는 도치의 방식을 활용하여 시적 상황을 부각하고 있다.

복사꽃이 피었다고 일러라. 살구꽃도 피었다고 일러라. 너이 오래 정들이고 살다 간 집, 함부로 함부로 짓밟힌 울타리에, 앵도꽃도 오얏꽃도 피었다고 일러라. 낮이면 벌떼와 나비가 날고 밤이면 소쩍새가 울더라고 일러라.

– 박두진, 〈어서 너는 오너라〉

'~이/가(도)~다고 일러라'와 같이 유사한 통사 구조를 (　　　　　)하여 리듬감을 주고 있다.

이 흰 바람벽에

내 가난한 늙은 어머니가 있다

내 가난한 늙은 어머니가

이렇게 시퍼러둥둥하니 추운 날인데 차디찬 물에 손은

담그고 무이며 배추를 씻고 있다

또 내 사랑하는 사람이 있다

내 사랑하는 어여쁜 사람이
'개'의 평북 방언, 강이나 내에 바닷물이 드나드는 곳
어늬 먼 앞대 조용한 개포가의 나즈막한 집에서
평안도를 벗어난 남쪽 지방, 먼 해변가
그의 지아비와 마조 앉어 대구국을 끓여 놓고 저녁을 먹는다

– 백석, 〈흰 바람벽이 있어〉

'내 ~은/는 ~이/가 있다'와 '내 ~ㄴ/는 ~은/ㄴ ~가/이'에서 유사한 문장 구조가 (　　　　　)되면서 시적 상황을 부각하고 있다.

땅으로 땅으로 파고드는 뿌리는

날카롭지만

하늘로 하늘로 뻗어가는 가지는

뾰족하지만

스스로 익어 떨어질 줄 아는 열매는

모가 나지 않는다. (중략)

그대는 아는가,

모든 생성하는 존재는 둥글다는 것을.

스스로 먹힐 줄 아는 열매는

모가 나지 않는다는 것을.

– 오세영, 〈열매〉

'~(으)로 ~(으)로 ~는 ~는 ~지만', '~는 ~는 것을'과 같은 유사한 통사 구조의 (　　　　　)(으)로 시적 의미를 강조하고 있다.

황혼이 짙어지는 길모금에서

하루 종일 시들은 귀를 가만히 기울이면

땅검의 옮겨지는 발자취 소리,
땅거미

발자취 소리를 들을 수 있도록

나는 총명했던가요.

– 윤동주, 〈흰 그림자〉

'나는 총명했던가요'에서 (　　　　　) 어미를 활용하여 화자가 그동안 스스로의 모습이 어떠했는지 떠올리고 있다는 시적 의미를 드러내고 있다.

14

산 너머 고운 노을을 보려고
그네를 힘차게 차고 올라 발을 굴렀지
노을은 끝내 어둠에게 잡아먹혔지
나를 태우고 날아가던 그넷줄이
오랫동안 삐걱삐걱 떨고 있었어

어릴 때는 나비를 좇듯
아름다움에 취해 땅끝을 찾아갔지

— 나희덕, 〈땅끝〉

종결 어미 '(   )'이/가 시행의 마지막에 반복적으로 배치되어 운율을 형성하고 있다.

15

산비알에 돌밭에 저절로 나서
산비탈의 충청도 방언
저희들끼리 자라면서
재재발거리고 떠들어 쌓고
밀고 당기고 간지럼질도 시키고
시새우고 토라지고 다투고
시든 잎 생기면 서로 떼어 주고
아픈 곳은 만져도 주고
끌어안기도 하고 기대기도 하고

— 신경림, 〈우리 동네 느티나무들〉

느티나무들이 자라는 모습을 표현한 '재재발거리고 떠들어 쌓고 ~ 기대기도 하고' 등에서 어미 '(   )'을/를 반복하여 리듬감을 살리고 있다.

16

나는 구부러진 길이 좋다.
구부러진 길을 가면
나비의 밥그릇 같은 민들레를 만날 수 있고
감자를 심는 사람을 만날 수 있다.
날이 저물면 울타리 너머로 밥 먹으라고 부르는
어머니의 목소리도 들을 수 있다.
구부러진 하천에 물고기가 많이 모여 살듯이
들꽃도 많이 피고 별도 많이 뜨는 구부러진 길.

— 이준관, 〈구부러진 길〉

시적 흐름을 따라 '구부러진 길', '~ㄹ/을 ~ 수 있다', '만날', '많이' 등의 시어들이 (   )되면서 리듬감을 살리고 있다.

17

달은 밝고 당신이 하도 기루었습니다
그리웠습니다
자던 옷을 고쳐 입고 뜰에 나와 퍼지르고 앉아서 달을 한참 보았습니다

달은 차차차 당신의 얼굴이 되더니 넓은 이마 둥근 코 아름다운 수염이 역력히 보입니다
자취나 기미, 기억 따위가 환히 알 수 있을 정도로 또렷하게
간 해에는 당신의 얼굴이 달로 보이더니 오늘 밤에는 달이 당신의 얼굴이 됩니다

— 한용운, 〈달을 보며〉

'-습니다', '-ㅂ니다'와 같은 동일한 (   ) 어미를 반복하여 운율감을 드러내고 있다.

18

거미 새끼 하나 방바닥에 나린 것을 나는 아모 생각 없이 문밖으로 쓸어버린다
차디찬 밤이다

어니젠가 새끼 거미 쓸려나간 곳에 큰 거미가 왔다
나는 가슴이 짜릿한다
나는 또 큰 거미를 쓸어 문 밖으로 버리며
찬 밖이라도 새끼 있는 데로 가라고 하며 서러워한다

— 백석, 〈수라〉

서술어에 현재형 어미 '(   )'을/를 사용하여 시적 상황을 생생하게 보여 주고 있다.

19

두만강 저쪽에서 온다는 사람들과
쟈무스에서 온다는 사람들과
중국 쑹화강 상류, 러시아와 국경 가까이 있는 도시
험한 땅에서 험한 변 치르고
눈보라 치기 전에 고향으로 돌아간다는
남도 사람들과
북어 쪼가리 초담배 밀가루 떡이랑
썰지 아니하고 잎사귀 그대로 말린 담배
나눠서 요기하며 내사 서울이 그리워
고향과는 딴 방향으로 흔들려 간다

— 이용악, 〈하나씩의 별〉

'두만강 저쪽에서 온다는 사람들', '쟈무스에서 온다는 사람들', '고향으로 돌아간다는 남도 사람들'에서 유사한 통사 구조의 (   )을/를 통해 유랑민들이 고향에 돌아오는 시적 상황을 강조하고 있다.

○ 다음 글을 읽고 빈칸에 알맞은 말을 써서 해설을 완성하거나
정오를 판단하세요.

01

순이(順伊)가 떠난다는 아침에 말 못할 마음으로 함박눈이 나려, 슬픈 것처럼 창밖에 아득히 깔린 지도 우에 덮인다. 방안을 돌아다보아야 아무도 없다. 벽과 천정이 하얗다. 방안에까지 눈이 나리는 것일까, 정말 너는 잃어버린 역사처럼 훌훌이 가는 것이냐, 떠나기 전에 일러둘 말이 있든 것을 편지를 써서도 네가 가는 곳을 몰라 어느 거리, 어느 마을, 어느 지붕 밑, ㉠너는 내 마음속에만 남아 있는 것이냐, 네 쪼고만 발자욱을 눈이 자꾸 나려 덮여 따라갈 수도 없다. 눈이 녹으면 남은 발자국 자리마다 꽃이 피리니 꽃 사이로 발자욱을 찾아 나서면 ㉡일 년 열두 달 하냥 내 마음에는 눈이 나리리라.

– 윤동주, 〈눈 오는 지도〉

구분	내용
화자	(　　　　)적 화자인 (　　　　)
상황	순이가 떠나는 날 내리는 (　　　　)을/를 보고 있음.
㉠의 이유	순이가 가는 곳을 (　　　　) 만날 수 없기 때문임.
㉡의 이유	순이를 만나기 (　　　　)을/를 알고 있기 때문임.

02

시에서 시상은 시적 대상에 대한 화자의 태도를 중심으로 드러나기도
하고, 화자 자신의 이야기를 중심으로 전개되기도 합니다.
다음 시는 고달픈 현실을 견뎌 온 대상에 대한 화자의 태도를
중심으로 시상을 전개하고 있습니다.
특히 이러한 시상의 전개는 '시간'과 긴밀하게
연결되어 전체적인 시의 분위기를 형성하고 있습니다.

꽃바람 꽃바람 / 마을마다 훈훈히 / 불어 오라 // (중략)
치위와 주림에 시달리어
㉠한겨우내— 움치고 떨며 / 살아 나온 사람들…… //
'움츠리다'의 준말
㉡서러운 얘기 / 서러운 얘기 / 다아 / 까맣게 잊고 //
㉢꽃향에 꽃향에 / 취하여
아득하니 꽃구름 속에 / 쓸어지게 하여라 //
나비처럼 / 쓸어지게 하여라

– 박두진, 〈꽃구름 속에〉

구분	내용
㉠	시적 대상이 견뎌 온 고달픈 (　　　　)을/를 드러내는 시간
㉡	시적 대상이 (　　　　)스러운 기억을 잊기를 바라고 있음.
㉢	시적 대상이 지나온 시간을 잊고 (　　　　)에 안기기를 바라는 화자의 태도가 드러남.

03

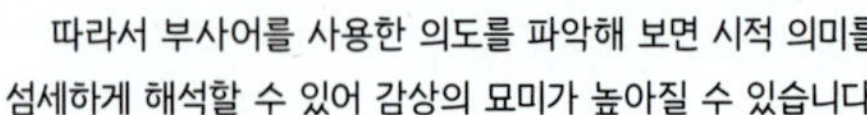

죽장의 김삿갓은 죽고
조선 시대의 방랑 시인 김병연
참빗으로 이 잡던 시절도 가고
사람의 몸에 기생하면서 피를 빨아 먹는 곤충
대바구니 전성 시절에

새벽 서리 밟으며 어머니는 바구니 한 줄 이고 장에 가시고 고구마로 점심 때운 뒤 기다리는 오후, 너무 심심해 아홉 살 내가 두 살 터울 동생 손 잡고 신작로를 따라 마중갔었다. 이십 리가
크고 넓게 새로 낸 길
짱짱한 길, 버스는 하루에 두어 번 다녔지만 ㉠꼬박꼬박 걸어오
다부지고 굳세다.
셨으므로 가다보면 도중에 만나겠지 생각하며 낯선 아줌마에게 길도 물어가면서 ㉡하염없이…… 그런데 이 고개만 넘으면 읍이라는 곳에서 해가 ㉢덜렁 졌다. 배는 고프고 으스스 무서워져 ㉣한참 망설이다가 되짚어 돌아오는 길은 한없이 멀고 캄캄 어둠에 동생은 울고 기진맥진 한밤중에야 호롱 들고 찾아 나선 어머니를 만났다. — 어머니는 그날따라 버스로 오시고

아, 요즘도 장날이면
허리 굽은 어머니
플라스틱에 밀려 시세도 없는 대바구니 옆에 쭈그려 앉아
㉤멀거니 팔리기를 기다리는
담양장.

– 최두석, 〈담양장〉

구분	내용
㉠	늘 걸어서 장에 다니시는 어머니의 (　　　　)을/를 강조
㉡	어머니를 마중 갔던 길이 길고 (　　　　)는 것을 부각
㉢	갑작스럽게 해가 져 놀라고 (　　　　)이/가 난 심리를 강조
㉣	더 갈지 돌아가야 할지 주저하는 (　　　　) 갈등을 부각
㉤	우두커니 앉아 혹시나 올지 모를 (　　　　)을/를 기다리는 어머니의 모습을 강조

I
문학
일반

04

> 쬐그만 것이 / 노랗게 노랗게
>
> 전력을 다해 샛노랗게 피어 있다 // (중략)
>
> 물을 길어 올리는 실뿌리 / 어둠을 힘껏 밀어내는 떡잎
>
> 그리고 그것들이 한데 어울려 / 열심히 열심히 한 댓새 // (중략)
> 댓새가량
>
> 한 댓새를 짐짓 영원인 양 하고
>
> 보라 저기 민들레는 피어 있다
>
> — 이형기, 〈민들레꽃〉

구분	동일한 시어	시적 의미
2행		민들레의 ( ) 이미지를 강조함.
7행		민들레를 피워 내기 위한 실뿌리와 떡잎 등의 ( )을/를 강조함.

동일한 시어를 반복하여 시적 의미를 강조하고 있다. ◯✕

05

> 진주(晉州) 장터 생어물전에는
> 생선을 파는 가게
> 바다 밑이 깔리는 해 다 진 어스름을,
>
> 울 엄매의 장사 끝에 남은 고기 몇 마리의
>
> 빛 발(發)하는 눈깔들이 속절없이
>
> 은전(銀錢)만큼 손 안 닿는 한(恨)이던가
>
> 울 엄매야 울 엄매,
>
> 별밭은 또 그리 멀리
>
> 우리 오누이의 머리 맞댄 골방 안 되어
>
> 손 시리게 떨던가 손 시리게 떨던가,
>
> 진주 남강 맑다 해도 / 오명 가명
>
> 신새벽이나 밤빛에 보는 것을,
> 첫새벽 → 날이 새기 시작하는 새벽
> 울 엄매의 마음은 어떠했을꼬,
>
> 달빛 받은 옹기전의 옹기들같이
> 옹기를 파는 가게
> 말없이 글썽이고 반짝이던 것인가.
>
> — 박재삼, 〈추억에서〉

구분	내용
동일한 어미	'한이던가, 떨던가, 것인가'에서 동일한 종결 어미 '( )'을/를 반복함.
울림소리	'울 엄매야 울 엄매'는 'ㄹ, ㅇ, ㅁ'의 ( )이/가 반복되어 운율을 형성하고 있으며, 화자는 어머니에 대한 ( )와/과 안타까움의 정서를 드러냄.

→ 동일한 어미를 반복하여 리듬감을 주고 있다. ◯✕

→ '울 엄매야 울 엄매'는 울림소리의 반복으로 리듬을 창출하고 화자의 정서를 표출한 것이다. ◯✕

06

> (가) ㉠해는 출렁거리는 빛으로
>
> 내려오며
>
> 제 빛에 겨워 흘러 넘친다.
>
> 모든 초록, 모든 꽃들의
>
> 왕관이 되어
>
> 자기의 왕관인 초록과 꽃들에게
>
> 웃는다, 비유의 아버지답게
>
> 초록의 샘답게
>
> 하늘의 푸른 넓이를 다해 웃는다
>
> 하늘 전체가 그냥
>
> 기쁨이며 신전이다
>
> — 정현종, 〈초록 기쁨—봄숲에서〉
>
> (나) 황금빛 난 길이 어지럴 뿐
>
> 얇은 단장하고 아양 가득 차 있는
>
> ㉡산봉우리야 오늘밤 너 어디로 가 버리련?
>
> — 김영랑, 〈오월〉

구분	내용
㉠	'( ) 빛'이자 '제 빛에 겨워 흘러 넘'치는 모습으로 인식됨.
㉡	곱게 단장을 한 여인의 모습으로 ( )되어 있으며 '너 어디로 가 버리련?'에서 화자는 밤이 되면 산의 아름다운 모습을 볼 수 없을 것이라는 ( )을/를 드러냄.

㉠, ㉡은 모두 화자가 관심을 갖고 주관적으로 인식하는 시적 대상이다. ◯✕

07

> (가) 옥설이 차갑게 대나무를 누르고
> 백옥같이 희고 깨끗한 눈
> 얼음같이 둥근 달 휘영청 밝도다
> 달빛 따위가 몹시 밝은 모양
> 여기서 알겠노라 굳건한 그 절개를
>
> 더욱이 깨닫노라 깨끗한 그 빈 마음
>
> — 이황, 〈설월죽(雪月竹)〉
>
> (나) 아마도 이 벗님이 풍운(風韻)이 그지없다
> 풍류와 운치
> 옥골 빙혼이 냉담도 하는구나
> 고결한 풍채와 얼음같이 맑고 깨끗한 넋 → 매화의 별칭
> 풍편(風便)의 그윽한 향기는 세한 불가 하구나 〈제2수〉
> 바람결   매우 심한 한겨울의 추위에도 바뀌지 않음
> — 권섭, 〈매화(梅花)〉

구분	(가)	(나)
시적 대상		
공통점	추운 계절의 시련을 견디고 이겨 내는 강인한 속성이 있어 예로부터 ( )의 대상이었음.	

구체적 사물이나 상황을 통해 내면적 가치를 발견하고 있다. ◯✕

01

(가), (나)의 화자와 관련된 설명으로 가장 적절한 것은?

(가) 나 보기가 역겨워
　　　역정이 나거나 속에 거슬리게 싫다.
　　　가실 때에는

　　　말없이 고이 보내 드리우리다

　　　영변에 약산
　　　평안북도 영변 서쪽에 있는 산
　　　진달래꽃

　　　아름 따다 가실 길에 뿌리우리다
　　　두 팔을 둥글게 모아서 만든 둘레

　　　가시는 걸음걸음

　　　놓인 그 꽃을

　　　사뿐히 즈려밟고 가시옵소서
　　　지르밟다 → 위에서 내리눌러 밟다.

　　　나 보기가 역겨워

　　　가실 때에는

　　　죽어도 아니 눈물 흘리우리다

- 김소월, 〈진달래꽃〉

(나) 죽는 날까지 하늘을 우러러

　　　한 점 부끄럼이 없기를

　　　잎새에 이는 바람에도
　　　나무의 잎사귀
　　　나는 괴로워했다.

　　　별을 노래하는 마음으로

　　　모든 죽어가는 것을 사랑해야지

　　　그리고 나한테 주어진 길을

　　　걸어가야겠다.

　　　오늘 밤에도 별이 바람에 스치운다.

- 윤동주, 〈서시〉

① (가)에서 화자의 과거 행위는 현재 이별의 원인이 되고 있다.
② (나)에서 화자는 과거에 자신이 처했던 상황을 망각하고 있다.
③ (가)의 화자는 (나)와 달리 미래의 상황에 대해 긍정적으로 인식하고 있다.
④ (나)의 화자는 (가)와 달리 과거의 경험과 미래에 대한 다짐을 드러내고 있다.
⑤ (가)와 (나)의 화자는 모두 시간의 흐름 속에서 감정을 전환하고 있다.

02

다음 시를 이해한 내용으로 적절하지 <u>않은</u> 것은?

[A] ┌ 내 벗이 몇이나 하니 수석(水石)과 송죽(松竹)이라.
　　│　　　　　　　　　　　 물과 돌　　　 소나무와 대나무
　　│ 동산(東山)에 달 오르니 긔 더욱 반갑구나.
　　│ 동쪽에 있는 산
　　└ 두어라 이 다섯 밧긔 또 더하여 무엇하리. 〈제1수〉

[B] ┌ 구름 빛이 좋다 하나 검기를 자로 한다.
　　│ 바람 소리 맑다 하나 그칠 적이 하노매라.
　　│ 좋고도 그칠 뉘 없기는 물뿐인가 하노라. 〈제2수〉
　　│
　　│ 꽃은 무슨 일로 피면서 쉬이 지고
　　│ 풀은 어이 하여 푸르는 듯 누르나니
　　└ 아마도 변치 아닐손 바위뿐인가 하노라. 〈제3수〉

[C] ┌ 더우면 꽃 피고 추우면 잎 지거늘
　　│ 솔아 너는 어찌 눈서리를 모르느냐.
　　│ 구천(九泉)의 뿌리 곧은 줄을 글로 하여 아노라. 〈제4수〉
　　│ 땅속 깊은 밑바닥
　　│
　　│ 나무도 아닌 것이 풀도 아닌 것이
　　│ 곧기는 뉘 시키며 속은 어이 비었느냐.
　　└ 저렇게 사시(四時)에 푸르니 그를 좋아하노라. 〈제5수〉
　　　　　　 사계절

[D] ┌ 작은 것이 높이 떠서 만물을 다 비추니
　　│　　　　　　　　　　　　 세상에 있는 모든 것
　　│ 밤중에 광명(光明)이 너만 한 이 또 있느냐.
　　│ 밝고 환한 빛
　　└ 보고도 말 아니 하니 내 벗인가 하노라. 〈제6수〉

- 윤선도, 〈오우가(五友歌)〉

① [A]에서는 중심 소재를 무생물, 생물, 천상의 자연물로 묶어 제시하고 있다.
② [B]에서는 대조의 방식을 활용하여 중심 소재를 예찬하고 있다.
③ [C]에서는 [B]와 유사하게 대구의 방법을 활용하여 시적 운율감을 이어가고 있다.
④ [B]와 [C]에서 중심 소재로 향했던 화자의 시선이 [D]에서는 내면으로 이동하고 있다.
⑤ [B], [C], [D]의 각 수에서는 [A]에서 언급된 중심 소재를 순차적으로 배치하고 있다..

호루라기 관장님의
🎽 하드 트레이닝

공부한 날	월 일 요일
맞은 개수	/ 7

작품	No	작품을 읽고 빈칸에 알맞은 말을 쓰시오.

작품

추석날 천리길 고향에 내려가
㉠너무 늙어 앞도 잘 보지 못하는
할머니의 손톱과 발톱을 깎아드린다
어느덧 ⓐ산국화 냄새 나는 팔순 할머니
팔십평생 행여 풀어치 하나 밟을세라
안절부절 허리 굽혀 살아오신 할머니
추석날 천리길 고향에 내려가
㉡할머니의 손톱과 발톱을 깎아주면서
언제나 변함없는 대밭을 바라본다
돌아가신 할아버님이 그렇게 소중히 가꾸신 대밭
대밭이 죽으면 집안과 나라가 망한다고
가는 해마다 거름 주고 오는 해마다 거름 주며
죽순 하나 뽑지 못하게 하시던 할아버님
할아버님의 ⓑ흰 옷자락을 그리워하며
그 시절 도깨비들이 춤추던 대밭을 바라본다
너무 늙어 앞도 잘 보지 못하는
할머니의 손톱과 발톱을 깎아주면서
㉢강강술래 나는 논이 되고 싶었다
강강술래 나는 밭이 되고 싶었다.

‒ 김준태, 〈강강술래〉

01 시적 화자는 누구이며, 어떤 상황에 놓여 있는가?

시적 화자	추석날 고향에 내려가 할머니를 만난 ( )
상황	고향에 내려가 할머니의 손발톱을 깎으며 ( )을/를 바라보다 할아버지와 과거를 떠올리고 있음.

02 시적 화자의 정서와 태도는 어떠한가?

할머니에 대한 애정을 드러내고, 돌아가신 할아버지를 그리워하며 산업화 이후 붕괴된 과거 농촌 공동체의 삶이 (   )되기를 염원함.

03 ⓐ와 ⓑ가 형상화한 감각적 이미지와 의미는 무엇인가?

구분	감각적 이미지	의미
ⓐ	( )적 이미지	한평생 ( )을/를 사랑하며 소박하게 살아온 할머니의 삶을 형상화
ⓑ	( )적 이미지	소박하고 정갈한 삶을 살아온 할아버지에 대한 ( )을/를 형상화

04 시적 대상의 의미는 무엇인가?

할머니		할아버지
자연과 생명을 아끼고 배려하며 소박하게 살아옴.	+	집안과 나라를 중시하며 소박하게 살다 가심.

→ (   )(으)로 인해 자연과 생명·공동체적 가치를 상실한 농촌의 현실 속에서 과거 농촌 (   )에 대한 그리움과 공동체적 가치 회복에 대한 염원을 드러냄.

05 반복을 통해 의미를 강조하는 시행은 무엇인가?

-
-
-

06 ㉠~㉢이 함축하고 있는 의미는 무엇인가?

㉠	산업화 이후 농촌 공동체의 ( )(으)로 쇠락해가는 농촌의 모습을 형상화함.
㉡	할머니와 고향에 대한 애정과 ( )의 정서를 드러냄.
㉢	농촌을 상징하는 '논'과 '밭'이 되고 싶었다는 것을 통해 화자가 농촌 공동체의 ( )을/를 염원하고 있음을 드러냄.

07 이 작품의 주제는 무엇인가?

과거 공동체 삶에 대한 (   )와/과 농촌 공동체의 회복 염원

오늘의 수능 국어 트레이닝 끝!

006 어조

> 말하는 이가 말을 할 때 드러나는 특유의 말하는 방식이나 억양·말투 등 말의 가락

기출로 보는 개념

- **격정적 어조**를 통해 결연한 의지를 드러내고 있다.
- **냉소적 어조**를 통해 세태에 대한 비판적 태도를 드러내고 있다.
- **명령적 어조**를 통해 현실에 대한 비판 의식을 드러내고 있다.
- **반어적 어조**를 활용하여 현실에 대한 비관적 태도를 드러내고 있다.
- **풍자적 어조**를 활용하여 중심인물에 대한 비판적 입장을 드러낸다.

시 속에서 말하는 존재인 화자는 작가에 의해 선택된 나름의 어조(語調, tone)를 갖는다. 작가가 특별히 정한 화자의 어조는 말하고자 하는 대상이나 내용에 대해 작가가 어떤 입장을 취하고 있는지에 따라 달라진다. 시적 화자가 대상이나 상황에 대해 반응을 보이거나, 독자에게 시적 상황을 전달하는 과정에서 보이는 (1 ㅁㅌ)을/를 통해 화자의 정서와 태도, 더 나아가 작가가 시를 통해 드러내 보이는 (2 ㅌㄷ)을/를 추리할 수 있다.

화자의 어조를 파악하기 위해서는 먼저 ❶ 작품에 어떤 시어가 사용되었는지, 즉 작품에 사용된 시어가 주로 긍정적 의미인지 혹은 부정적 의미인지를 확인해야 합니다. 그리고 인물이나 화자의 행동, 상태 등은 주로 서술어를 통해 표현되므로 ❷ 서술어를 찾아 어떤 서술어를 사용했는지, 서술어의 종결형은 무엇을 사용했는지를 파악합니다. 이러한 과정을 거쳐 화자의 어조를 파악하면 화자의 태도도 더불어 알 수 있습니다.

어조	뜻
격정적 어조	강렬하고 갑작스러워 억누르기 어려운 감정을 표출하는 말의 가락
고백적 어조	마음속에 생각하고 있거나 감추어 둔 것을 숨김없이 말하는 듯한 말의 가락
냉소적 어조	쌀쌀한 태도로 비웃는 듯한 말의 가락
단정적 어조	딱 잘라서 판단하고 단호하게 결정하는 듯한 말의 가락
담담한 어조	감정이 절제되어 차분한 말의 가락
대화적 어조	마주 대하여 말을 주고받는 듯한 말의 가락
(3 ㄷㅂ)적 어조	혼자서 중얼거리는 듯한 말의 가락
명령적 어조	청자에게 무엇을 하라고 지시하는 듯한 말의 가락
반어적 어조	나타내고자 하는 의도와는 반대되는 뜻을 드러내는 말의 가락
비판적 어조	옳고 그름을 판단하여 밝히거나 잘못된 지점을 지적하는 말의 가락
성찰적 어조	자신의 마음이나 처지, 상황 등을 되돌아보는 태도로 살피는 듯한 말의 가락
애상적 어조	서러움, 연민, 좌절감 등의 정서로 인해 (4 ㅅㅍ)이/가 드러나는 말의 가락
영탄적 어조	감정을 절제하지 않은 상태에서 터트리듯 표출하는 말의 가락
예찬적 어조	무언가를 훌륭하다거나 좋거나 아름답다고 찬양하는 듯한 말의 가락
의지적 어조	어떠한 일을 이루고자 하는 마음이 드러나는 말의 가락

1:1 작품 체험

간이식당에서 저녁을 사 먹었습니다
늦고 헐한 저녁이 옵니다
낯선 바람이 부는 거리는 미끄럽습니다
사랑하는 사람이여, 당신이 맞은편 골
목에서
문득 나를 알아볼 때까지
나는 정처 없습니다

당신이 문득 나를 알아볼 때까지
나는 정처 없습니다
사방에서 새소리 번쩍이며 흘러내리고
어두워 가며 몸 뒤트는 풀밭,
당신을 부르는 내 목소리
키 큰 미루나무 사이로 잎잎이 춤춥니다

- 이성복, 〈서시(序詩)〉
책의 첫머리에 서문 대신 쓴 시

이 작품에서 화자가 저녁밥을 늦고 헐하다고 생각하는 이유는 사랑하는 사람인 당신이 없어 외롭고 허전하기 때문이다. 화자는 당신에 대한 그리움으로 인해 바람은 낯설고, 거리는 미끄럽게 느끼고 있다. 이 작품은 사랑하는 이에 대한 (5 ㄱㄹㅇ)이/가 심화되는 과정을 (6 ㄷㄷㅎ) 어조로 이야기하고 있다.

작품 알통

- **해제:** 화자의 마음을 알아줄 임을 그리워하는 마음과 임의 부재에 대한 안타까움을 표현한 작품이다.
- **주제:** 마음을 알아줄 임에 대한 그리움

어조가 달라지면 어떤 효과가 있나요?

화자의 태도나 심정이 어떤 상황에 처하거나 자극을 받으면 그것을 계기로 화자의 어조가 변합니다. 즉 어조가 변한다는 것은 화자의 말하는 방식이나 억양, 특징적인 말투나 말의 가락이 달라지는 것을 의미합니다. 따라서 어조가 달라졌다는 것은 곧 화자의 태도나 정서가 달라졌다는 것을 의미하므로, 태도나 정서가 변한 이유, 변화에 영향을 미친 요인이나 동기, 변화의 계기가 무엇인지 등을 파악하는 것이 중요합니다.

【초성 답】 1 말투 2 태도 3 독백 4 슬픔 5 그리움 6 담담한

007 소설의 개념과 특징

> 현실 세계에서 있을 법한 일을 작가가 상상으로 꾸며 낸 가공(架空)의 이야기

소설(小說)은 현실에 있을 법하지만 작가의 (1 ㅅㅅㄹ)에 의해 창조된 (2 ㅎㄱ)의 세계를 이야기하는 갈래이다. 또한 소설은 내용상 등장인물이, 자신이 처해 있는 현실을 문제적 상황으로 인식하고 이에 대해 대결 의식을 가지고 적극적으로 대처해 나가는 과정을 이야기하는 문학 갈래이다. 소설은 기본적으로 자아와 세계가 대립하는 양상, 즉 '(3 ㄱㄷ)'이/가 발생해서 해결되기까지의 과정을 이야기하는 문학이다. 소설에서 이야기를 하는 존재는 서술자로, 서술자는 자신의 관점에 따라 사건을 전달하기 때문에 중요한 요소이다.

허구성	실제로 없는 사건을 작가의 상상력으로 재창조하여 꾸며낸 허구의 이야기
산문성	율격과 같은 외형적 규범에 얽매이지 않고 서술, 대화, 묘사의 방식으로 문장을 자유롭게 쓴 글
서사성	일정한 목적, 내용, 구성의 흐름에 따라 생각, 감정 등을 글로 표현하는 줄거리가 있는 이야기
개연성	확실하지는 않지만 아마 그럴 수도 있다고 생각되는 성질로, 그럴 듯하다고 수긍할 만한 이야기
진실성	이야기를 통해 인간과 삶의 참된 의미와 진실을 탐구하고 바람직한 가치를 표현하는 이야기
예술성	예술 작품으로서 표현상 형식적 아름다움을 갖추고 있는 것

개념 당기는 예시

1964년 겨울을 서울에서 지냈던 사람이라면 누구나 알고 있겠지만, 밤이 되면 거리에 나타나는 선술집—오뎅과 군참새와 세 가지 종류의 술 등을 팔고, 얼어붙은 거리를 휩쓸며 부는 차가운 바람이 펄럭거리게 하는 포장을 들치고 안으로 들어서게 되어 있고, 그 안에 들어서면 카바이드 불의 길쭉한 불꽃이 바람에 흔들리고 있고, 염색한 군용(軍用) 잠바를 입고 있는 중년 사내가 술을 따르고 안주를 구워 주고 있는 그러한 선술집에서, 그날 밤, 우리 세 사람은 우연히 만났다. 우리 세 사람이란 나와 도수 높은 안경을 쓴 안(安)이라는 대학원 학생과 정체는 알 수 없지만 요컨대 가난뱅이라는 것만은 분명하여 그의 정체를 꼭 알고 싶다는 생각은 조금도 나지 않는 서른대여섯 살짜리 사내를 말한다. / 먼저 말을 주고받게 된 것은 나와 대학원생이었는데, 뭐 그렇고 그런 자기소개가 끝났을 때는 나는 그가 안씨라는 성을 가진 스물다섯 살짜리 대한민국 청년, 대학 구경을 해 보지 못한 나로서는 상상이 되지 않는 전공(專攻)을 가진 대학원생, 부잣집 장남이라는 걸 알았고, 그는 내가 스물다섯 살짜리 시골 출신, 고등학교는 나오고 육군 사관 학교를 지원했다가 실패하고 나서 군대에 갔다가 임질에 한 번 걸려 본 적이 있고 지금은 구청 병사계(兵事係)에서 일하고 있다는 것을 아마 알았을 것이다.

– 김승옥, 〈서울, 1964년 겨울〉

→ '1964년'이라는 구체적인 시간적 배경과 '서울'이라는 실존하는 공간적 배경을 언급하였고, 어딘가에 있을 법한 선술집의 모습에 대한 묘사와 서울 어딘가에 살고 있을 것 같은 인물들에 대한 소개를 통해 (4 ㄱㅇㅅ)이/가 생김

🔴 1:1 작품 체험

이생은 그 뒤부터 밤마다 최씨를 찾아가지 않는 날이 없었다. 어느 날 저녁에 이생의 아버지가 아들에게 물었다.

"네가 아침에 집을 나갔다가 저녁에 돌아오는 것은 옛 성인이 남기신 인의(사람으로서 마땅히 지켜야 할 도리)의 가르침을 배우려는 것이다. 그런데 요즘은 황혼녘에 나갔다가 새벽에야 돌아오니 이게 어찌 된 일이냐? 분명 경박한 놈들의 행실을 배워 남의 집 담장을 넘어가서 누구네 집 규수와 정을 통하고 다니는 것일 테지. 이 일이 탄로 나면 남들은 모두 내가 자식을 엄하게 가르치지 못한 탓이라고 책망할 것이다. 또 만일 그 규수가 지체 높은 집안의 딸이라면 필시 네 미친 짓 때문에 가문을 더럽히고 남의 집에 누를 끼치게 될 것이야. 이 일은 작은 일이 아니로다. 너는 지금 당장 영남으로 가서 종들을 거느리고 농사나 감독하여라. 그리고 다시 돌아오지 말아라."

이생은 그 이튿날 울주로 보내졌다.
(울산광역시 울주군)

– 김시습, 〈이생규장전〉

이 작품에서 '최씨를 찾아가지 않는 날이 없었다.'를 통해 이생과 최씨의 만남이 반복되고 있음을 알 수 있으며, 이는 이생 부친이 아들의 행동을 못마땅하게 생각하여 이생을 쫓아내는 사건으로 이어지게 된다. 따라서 '(5 ㅂㅁㄷ)'은/는 이생과 최씨의 만남이 반복됨을 드러내는 한편, 이생이 집에서 쫓겨나는 사건에 (6 ㄱㅇㅅ)을/를 부여한다.

작품 알통

- **해제**: 이생과 최씨가 현실과 초현실을 넘나들며 반복되는 만남과 이별을 통해 지극한 사랑과 절의를 이야기한 작품이다.
- **주제**: 이생과 최씨의 지극한 사랑과 절의

【초성 답】1 상상력 2 허구 3 갈등 4 개연성
5 밤마다 6 개연성

008 서술자

이야기를 통해 주제를 효과적으로 드러내기 위해 작가가 창조한 허구적 대리인

서술자는 소설에서 이야기를 전달하는 존재로, 작가가 자신을 대신해서 만든 (1 ㅎㄱㅈ) 인물이다. 소설의 모든 이야기는 서술자의 입을 통해서 나오기 때문에 이야기 (2 ㅎㅈ) (으)로서 서술자의 존재는 서사를 존재하게 하는 핵심 요소라고 할 수 있다. 서술자는 작품 안에 인물 중 하나로 등장할 수도 있고, 작품 밖에 위치하며 작품의 내용을 전달해 줄 수도 있다. 서술자의 위치와 서술자의 서술 태도에 따라 (3 ㅅㅈ)이/가 나뉘며, 서술자가 사건에 개입하는 정도가 달라진다. 서술자가 전지적 위치에 있는 경우 사건에 개입하는 정도가 크며, 주변 인물 혹은 외부적 존재로서 관찰하는 위치에 있는 경우에는 사건에 개입하는 정도가 작다.

개념 당기는 예시

1934년의 이 세상에도 기적이 있다. / 그것은 P가 굶어 죽지 아니한 것이다. 그는 최근 일주일 동안 돈이 생긴 데가 없다. 잡힐 것도 없었고 어디서 벌이한 적도 없다. / 그렇다고 남의 집 문 앞에 가서 밥 한 술 주시오 하고 구걸한 일도 없고 남의 것을 훔치지도 아니하였다. / 그러나 그동안 굶어 죽지 아니하였다. 야위기는 하였지만 그래도 멀쩡하게 살아 있다. P와 같은 인생이 이 세상에 하나도 없이 싹 치운다면 근로하는 사람이 조금은 편해질지도 모른다. / P가 소부르주아 축에 끼이는 인텔리가 아니요 노동자였더라면 그동안 거지가 되었거나 비상수단을 썼을 것이다. 그러나 그에게는 그러한 용기도 없다. 그러면서도 죽지 아니하고 살아있다. 그렇지만 죽기보다도 더 귀찮은 일은 그를 잠시도 해방시켜 주지 아니한다. 그의 아들 창선이를 올려 보낸다고 어제 편지가 왔고 오늘은 내일 아침에 경성역에 당도한다는 전보까지 왔다. 오정 때 전보를 받은 P는 갑자기 정신이 난 듯이 쩔쩔매고 돌아다니며 돈 마련을 하였다. 최소한도 20원은…… 하고 돌아다닌 것이 석양 때 겨우 15원이 변통되었다.

― 채만식, 〈레디메이드 인생〉

(노동자와 자본가의 중간 계급에 속하는 소시민 지식층)
(낮 열두 시(= 정오))
(돈이나 물건을 융통함.)

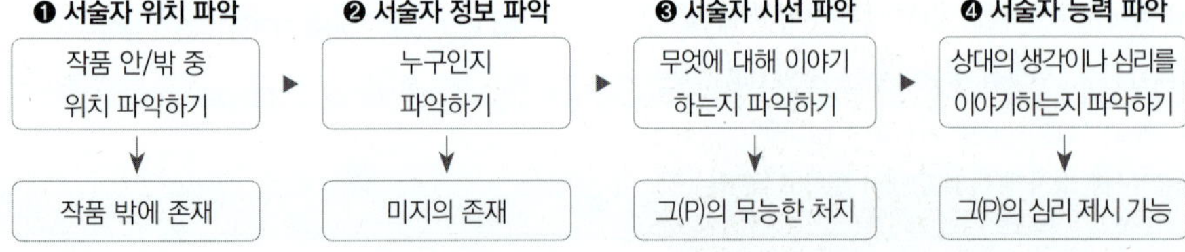

❶ 서술자 위치 파악 → **❷ 서술자 정보 파악** → **❸ 서술자 시선 파악** → **❹ 서술자 능력 파악**

❶ 서술자 위치 파악	❷ 서술자 정보 파악	❸ 서술자 시선 파악	❹ 서술자 능력 파악
작품 안/밖 중 위치 파악하기	누구인지 파악하기	무엇에 대해 이야기 하는지 파악하기	상대의 생각이나 심리를 이야기하는지 파악하기
작품 밖에 존재	미지의 존재	그(P)의 무능한 처지	그(P)의 심리 제시 가능

→ 서술자의 '❶ 위치 → ❷ 정보 → ❸ 시선 → ❹ 능력'의 순서대로 서술자에 대한 정보를 파악하면, ❶ 이 작품의 서술자는 작품 (4 ㅂ)에 존재하며, 그렇기 때문에 작품의 내용으로는 ❷ 서술자의 개인 정보를 알 수 없어 미지의 존재이고, 서술자는 ❸ '그(P)'라는 인물에 대해 이야기하고 있으며, 'P는 갑자기 정신이 난 듯이 쩔쩔맸다'는 내용을 통해 ❹ 인물의 심리를 이야기하고 있음을 알 수 있음.

1:1 작품 체험

아버지는 … 내 손목을 잡고 풀장이 있는 데로 갔다. 아버지와 같이라면 풀도 조금쯤은 덜 무서웠다. … 아버지가 풀 가로 걷고 나는 안측으로 걸으면서도 겁이 나서 아버지에게 꼭 매달렸다.

별안간 내 몸이 공중으로 붕 떴다. 나는 비명을 지르면서 아버지에게 엉겨붙었다. 그러나 아버지는 나를 가볍게 털어냈다. 나는 물속으로 조약돌처럼 풍덩 빠지며 낄낄낄 하는 아버지의 웃음소리를 들었다. … 순간 나는 아버지가 나를 물에 빠뜨려 죽이려 했구나 하고 생각했다. 아버지는 나보다 죽은 누이동생을 더 사랑했고, 그래서 내가 살아남은 게 미워서 나도 누이동생처럼 물에 빠져 죽기를 바랄 수도 있다고 나는 내 추측에다 제법 논리적인 체계를 세웠다.

그것은 지독한 배신감이었다.

― 박완서, 〈배반의 여름〉

❶ 서술자 위치 파악

(5 ㄴ)이/가 작품 (6 ㅇ)에 있음.

▼

❷ 서술자 정보 파악

죽은 누이동생이 있는 (7 ㄴㅈ) 아이

▼

❸ 서술자 시선 파악

아버지가 '나'를 풀장에 던진 경험과 '나'가 아버지에게 느낀 지독한 (8 ㅂㅅㄱ)

▼

❹ 서술자 능력 파악

'나'가 경험에서 유발된 자신의 심리를 제시함.

이 작품은 어린 (9 ㄴ)의 시각에서 자신의 상황에 대한 심리 반응을 직접 드러내고 있으므로, 서술자는 작품 속에 등장하는 인물인 '나'이다.

작품 알통

• **해제:** 한 소년이 우상으로 생각했던 아버지와 선생님이 우상이 아님을 깨닫게 되는 과정을 통해 소년의 내적 성숙을 그린 소설이다.
• **주제:** 우상들의 배반으로 인한 소년의 내적 성숙

【초성 답】 1 허구적 2 화자 3 시점 4 밖 5 '나' 6 안 7 남자 8 배신감 9 '나'

009 시점

> 서술자가 이야기를 서술해 나가는 방식이나 관점

서술자는 작품 속의 사건을 독자에게 전달하는 역할을 하는 허구적 대리인이다. 서술자를 '작중 화자'라고 하는데, 소설에서 작중 화자의 위치와 성격을 (1 ㅅㅈ)(이)라고 한다.

서술자 위치	서술자 태도	주인공 여부	시점	내용
작품 안 (1인칭)	서술자	○	1인칭 (2 ㅈㅇㄱ) 시점	주인공 '나'가 자신의 이야기를 함.
	관찰자	×	1인칭 관찰자 시점	'나'가 관찰자 입장에서 중심인물에 대해 서술함.
작품 밖 (3인칭)	서술자	×	(3인칭) (3 ㅈㅈㅈ) 작가 시점	인물의 심리와 행적, 사건의 전모를 신인 듯 모두 알고 서술함.
	관찰자	×	(3인칭) 작가 관찰자 시점	등장하지 않는 서술자가 관찰자의 입장에서 상황을 객관적으로 서술함.

서술자는 작중 인물과 독자 사이에서 이야기하는 존재이기 때문에 작중 인물이나 독자와 서술자의 관계에 따라 그들 사이의 심리적 (4 ㄱㄹ)이/가 달라질 수 있다.

구분	서술자 – 작중 인물의 거리	서술자 – 독자의 거리
1인칭 주인공 시점	서술자 〈가장 가까움〉 작중 인물	서술자 〈가까움〉 독자
1인칭 관찰자 시점	서술자 〈거리감〉 작중 인물	서술자 〈거리감〉 독자
(3인칭) 전지적 작가 시점	서술자 〈가까움〉 작중 인물	서술자 〈가까움〉 독자
(3인칭) 작가 관찰자 시점	서술자 〈거리감〉 작중 인물	서술자 〈거리감〉 독자

개념 갈고리 │ 서술자 '나'에 의한 서술 방법과 효과

서술자의 심리 서술	독자가 서술자 '나'의 심리를 생생하게 파악할 수 있어 공감하기 쉬움.
인물의 외양이나 행위만 묘사	독자는 상황을 직접 보는 듯한 느낌이 들며 내용의 의미를 스스로 해석해야 함.
인물의 내면 심리나 사건 설명	독자는 서술자의 해석을 통해 사건을 이해하게 되며, 이때 서술자의 해석은 주관적 생각이자 추측이기 때문에 여러 근거를 종합하여 서술자의 해석이 타당한지 판단해야 함.

1:1 작품 체험

> "네 놈 오늘 운 텄다."
>
> 그리고는 수남이의 머리를 쓰다듬고 볼과 턱을 두둑한 손으로 귀여운 듯이 감쌌다. 영감님이 기분이 좋을 때면 수남이에 대한 애정의 표시로 으레 그렇게 했었고, 수남이도 그걸 좋아했었다.
>
> 그런데 오늘은 싫다. 영감님의 손이 싫다. 그것이 운 트기는커녕 재수 옴 붙었다는 생각이 여전하고, 수남이는 그 날 온종일 우울했다. 그러나 자기가 왜 그렇게 우울한지 그걸 차분히 생각할 새도 없는 바쁜 하루였다.
>
> – 박완서, 〈자전거 도둑〉

이 작품은 작품 (5 ㅂ) 서술자가 특정 인물인 수남이가 자신의 잘못된 행동을 칭찬하는 주인 영감의 모습을 보고 그가 도덕적 양심보다 금전적 이익을 중요하게 생각하는 사람임을 깨달은 후의 행동과 내면 (6 ㅅㄹ)에 초점을 맞추어 서술하고 있으므로, (7 ㅈㅈㅈ) 작가 시점의 소설이다.

작품 알통

- **해제**: 박완서의 소설집 《자전거 도둑》의 표제작이다. 돈만 아는 어른들에 비해 양심이 살아 있는 수남이의 모습을 통해 삶의 진정한 가치에 대해 이야기하고 있다.
- **주제**: 양심보다 물질적 이익을 중시하는 사회에 대한 비판과 인간다운 삶에 대한 그리움

'초점 화자'가 무엇인가요?

초점 화자는 특정 인물의 시각에 의존하여 이야기하는 서술자를 말합니다. 이 서술자가 작품 속 특정 인물의 시각에 의존하여 다른 인물을 서술 대상으로 삼아 서술하는 시점입니다. 이때 특정 인물은 장면에 따라 선택되며, 서술자는 특정 인물의 시각을 통해 서술 대상이 되는 인물들의 심리를 보여 줍니다. 서술자는 이러한 서술 방식으로 특정 인물이 지닌 의식과 행동 사이의 인과관계, 다른 인물과의 관계에서 겪는 심리적 갈등을 통해 인물의 성격과 그에 대한 평가를 복합적으로 드러낼 수 있습니다.

【초성 답】 **1** 시점 **2** 주인공 **3** 전지적 **4** 거리 **5** 밖 **6** 심리 **7** 전지적

010 문체

문장의 종류나 글쓴이에 따라 문장에서 드러나는 개성적인 특색

문체(文體)나 어조는 작가가 작품에서 (1 ○○)을/를 사용하는 자신만의 고유한 방식을 말한다. 문체나 어조는 주제를 효과적으로 드러내기 위한 개성적 언어 표현을 일컫는 말이며, 문학 작품의 개성과 독창성을 형성하는 요소가 된다. 작가는 작품을 통해 이야기하고 싶은 사상이나 감정 등의 주제 의식을 효과적으로 드러내기 위해, 자신만의 개성적인 표현 방식을 구사한다. 문체를 이루는 요소에는 서술·대화·묘사가 있으며, 일반적 기준에 따라 문체를 구분해 볼 수 있다.

직접 제시	(2 ㅅㅅ)	해설적 제시	상황이나 사건의 내용을 알기 쉽게 풀어 설명함.
		요약적 제시	사건 진행의 경위나 인물의 성격이나 심리를 간추려 말함.
		편집자적 논평	서술자가 작중 상황에 개입하여 그에 대해 직접 논평함.
간접 제시 (극적 제시)	(3 ㄷㅎ)		등장인물들이 주고받는 말로, 사건을 전개하고 인물의 심리를 표출함.
	(4 ㅁㅅ)		인물의 외양, 성격, 심리, 사건 경위, 상황 등에 대해 그림을 그리듯이 자세하고 구체적으로 서술하여 장면을 객관적으로 보여 주는 방법

일반적 기준에 따라 문체를 구분하는 것은 보편적으로 나타나는 특징에 따른 분류입니다. 사람마다 말을 할 때 자주 사용하는 표현이나 말투가 다른 것처럼 작가도 문자 언어로 표현할 때 자신만의 특색이 드러나기도 합니다. 따라서 문체의 구분은 절대적인 것이 아니라는 점을 기억하세요!

율격 적용 여부	운문체(율문체)	언어의 배열에 일정한 규율 또는 운율이 드러나는 문체
	산문체	율격과 같은 외형적 규범에 얽매이지 않고 자유롭게 사실을 기술하는 문체
문장의 길이	간결체	짧고 간결한 문장으로 내용을 명쾌하게 표현하는 문체
	만연체	많은 어구를 이용해 반복·부연·수식·설명함으로써 장황하게 표현하는 문체 → 정보를 충분히 전달할 수 있으나 문장의 긴밀성이 떨어짐
부드러움 정도	우유체	문장을 부드럽고 우아하고 순하게 표현하는 문체
	강건체	강하고 크고 거센 힘이 느껴지는 문체 → 웅대하고 장중한 느낌을 주며 굳세고 힘찬 품격이 느껴짐
수식 정도	건조체	문장에 비유나 수식이 없거나 적은 문체 → 내용을 충실하게 전달하는 데 효과적이며, 기사문·설명문 등에 주로 쓰임
	화려체	문장에 비유나 수식이 많아 매우 찬란하고 화려하며 선명한 인상을 주는 문체

🔴 1:1 작품 체험

그의 아내가 기침으로 쿨룩거리는 벌써 달포도 넘었다. 조밥도 굶기를 먹 다시피 하는 형편이니 물론 약 한 첩 써 본 일이 없다. 구태여 쓰려면 못 쓸 바도 아니로되, 그는 병이란 놈에게 약을 주어 보내면 재미를 붙여서 자꾸 온다는 자기의 신조(信條)에 어데까지 충실하였다.
한 달이 조금 넘는 기간

따라서 의사에게 보인 적이 없으니 무슨 병인지는 알 수 없으되, 반듯이 누워 가지고 일어나기는새로 모로도 못 눕는 것을 보면 중증은 중증인 듯. (중략)
일어나기는커녕

"에이 오라질 년, 조랑복은 할 수가 없어. 못 먹어 병, 먹어서 병! 어쩌란 말이야! 왜 눈을 바루 뜨지 못해!"
복을 받아도 오래 누리지 못하는 사람

하고 김 첨지는 앓는 이의 뺨을 한 번 후려갈겼다. 흡뜬 눈은 조금 바루어졌건만 이슬이 맺히었다. 김 첨지의 눈시울도 뜨끈뜨끈한 듯하였다.
나이 많은 남자를 낮잡아 이르는 말
눈시울을 위로 치뜨다

이 환자가 그러고도 먹는 데는 물리지 않았다. 사흘 전부터 설렁탕 국물이 마시고 싶다고 남편을 졸랐다.

"이런 오라질년! 조밥도 못 먹는 년이 설렁탕은. 또 처먹고 지랄병을 하게." 라고 야단을 쳐 보았건만, 못 사 주는 마음이 시원치는 않았다.

– 현진건, 〈운수 좋은 날〉

이 작품에는 투박하지만 생동감 있고 사실적인 비속어 문체가 사용되었다. 이러한 문체는 김 첨지라는 인물의 성격, 1920년대라는 시대적 배경, 일제 강점기를 살아가는 (5 ㅎㅊㅁ)의 비참한 삶이라는 주제 의식 등과 어우러져 작품의 (6 ㅅㅅㅅ)을/를 높이는 역할을 하고 있다.

작품 알통

- **해제:** 김 첨지라는 주인공이 모처럼 큰돈을 번 운수 좋은 날에 아내의 죽음을 맞이하게 되는 아이러니한 상황을 통해 1920년대 일제 강점기를 살아가는 하층민의 비극적인 삶을 그린 작품이다.
- **주제:** 일제 강점기 하층민의 비극적인 삶

【초성 답】 1 언어 2 서술 3 대화 4 묘사 5 하층민 6 사실성

개념 트레이닝 ZONE

🔔 빈칸에 알맞은 말을 쓰며 개념 근육을 키워 보세요!

01

태양을 의논(議論)하는 거룩한 이야기는

항상 태양을 등진 곳에서만 비롯하였다.

달빛이 흡사 비 오듯 쏟아지는 밤에도

우리는 헐어진 성(城)터를 헤매이면서

언제 참으로 그 언제 우리 하늘에

오롯한 태양을 모시겠느냐고
모자람 없이 온전한

가슴을 쥐어뜯으며 이야기하며 이야기하며

가슴을 쥐어뜯지 않았느냐?

– 신석정, 〈꽃덤불〉

화자는 (   ) 어조로 독립에 대한 소망의 절실함과 현실에 대한 안타까움을 말하고 있다.

02

남을 사랑하는 사람이 되고 싶었는데

남보다 나를 더 사랑하는 사람이

되고 말았다 (중략)

사랑하는 사람아

너는 내 가슴에 아직도

눈에 익은 별처럼 박혀 있고

나는 박힌 별이 돌처럼 아파서

이렇게 한 생애를 허둥거린다

– 문정희, 〈비망록(備忘錄)〉
잊지 않으려고 중요한 골자를 적어둔 것

화자인 (   )은/는 남을 사랑하는 사람이 되고 싶었으나 자신을 더 사랑하는 사람이 되어 버린 자신에 대한 반성을 (   ) 어조로 말하고 있다.

03

기다리지 않아도 오고

기다림마저 잃었을 때에도 너는 온다 (중략)

다급한 사연 듣고 달려간 바람이

흔들어 깨우면

눈 부비며 너는 더디게 온다.

더디게 더디게 마침내 올 것이 온다.

– 이성부, 〈봄〉

화자는 희망을 상징하는 봄을 '너'로 (   )하여 겨울이 지나면 봄이 오는 자연의 섭리처럼 절망적 현실이 지나고 자유와 민주주의 시대가 반드시 올 것이라는 확신을 (   ) 어조로 말하고 있다.

04

아직은 고향이더라

어릴 적 가재 잘 잡던

수남이도 죽었다 한다

수남이와 함께

가재 숨은 돌

번쩍 들어 올리던

상문이도 죽었다 한다

방아달 경호도 죽었다 한다

눈 녹은 뒤 보리밭 오래 푸르더라

– 고은, 〈순간의 꽃〉

오랜만에 고향에 간 화자는 어린 시절에 함께 어울렸던 친구들이 죽었다는 소식을 듣고는 죽음과 삶의 순환성에 대한 인식을 (   ) 어조로 말하고 있다.

05

이 비 그치면

내 마음 강나루 긴 언덕에

서러운 풀빛이 짙어 오것다. // (중략)

임 앞에 타오르는

향연(香煙)과 같이
향(불에 태워서 냄새를 내는 물건)이 타며 나는 연기

땅에선 또 아지랑이 타오르것다.

– 이수복, 〈봄비〉

화자는 비가 그친 강나루 언덕의 봄 풍경과 임의 죽음을 대비하여 임에 대한 그리움과 슬픔을 (   ) 어조로 말하고 있다.

06

나는 내 슬픔이며 어리석음이며를 소처럼 연하여 새김질하는
한번 삼킨 먹이를 다시 게워 내어 씹는 일

것이었다.

내 가슴이 꽉 메어 올 적이며,

내 눈에 뜨거운 것이 핑 괴일 적이며,

또 내 스스로 화끈 낯이 붉도록 부끄러울 적이며,

나는 내 슬픔과 어리석음에 눌리어 죽을 수밖에 없는 것을 느끼는 것이었다.

– 백석, 〈남신의주 유동 박시봉방〉

화자는 슬프고 어리석은 자신의 삶을 운명으로 받아들이는 태도를 보이며 (   ) 어조로 말하고 있다.

좋하는 내 앞을 지나며 공연히 똑바로 앉으라면서 허리께를 각
목으로 꾹 찔렀다. 나는 등에 힘을 주고 빳빳이 긴장해서 앉아
있었다. 그때 석환이가 안으로 폭삭 기어들어간 목소리로 중얼거
렸다. "나는 말야⋯⋯. 씨름대회는 반대한다." 아이들이 왁자지껄
하며 석환이 쪽에다 불평을 제각기 터뜨렸다. "혼자 잘난 체하지
마라, 짜식." "누가 네 명령이나 듣겠다누." "영래야, 때려 줘라."
영래가 교탁을 쾅 때리며 말했다. "새끼들, 조용하라니까." 임종하
가 각목을 땅에다 쿵쿵 찧으며 주위를 둘러보았고 아이들이 잠
잠해졌다.

– 황석영, 〈아우를 위하여〉

작중 인물인 서술자 (　　　)이/가 교실에서 벌어진 사건과 그것을 경험하
며 느끼는 내면을 서술하고 있는 (　　　　　) 시점이다.

늙은 어머니는, 그 막동이를 그렇게 만들어 놓은 게 모두 소
갈머리 없는 자기 때문이라 하며, 혀를 깨물고 칵 죽어야 한다고
생각해 보지 않은 게 아니었지만, 마룻장 위에서 울골골 떨고 있
는 그 막동이를 그대로 둔 채 눈을 감을 수란 도저히 없는 일이
므로, 일일마다가 마냥 답답하고 기막히다 할지라도, 이미 그놈
한테 내리 덮인 죄, 그 죄를 어떻게 벗겨 줄 길이란 없는 일이니,
이젠 그 놈이 벗어 나오는 날까지, 이렇게 면회를 가면 얼굴이라
도 보도록 해 주는 것만도 고맙게 여기면서, 부지런히 면회를 다
니는 길밖에 없다 했다.

– 한승원, 〈어머니〉

이야기 (　　　)의 서술자가 특정 인물인 (　　　　)에 초점을 두고 사
건과 인물에 대한 생각을 서술하여 '어머니'의 내면을 드러내고 있다.

윤건도 손가방을 들고 삼등실 있는 편으로 뛰어갈 때 누가 조
선말로 '여보시오?' 하고 부르는 이가 있었다. (중략)

"저 부르셨습니까?"

그러나 그 신사는 의외에도 불손스러웠다.

"거기 좀 섰어."

윤건은 그때 그가 무엇 하는 사람인지를 알아챘다. 심히 불쾌
스러웠다. 윤건은 그 형사에게 행선지가 불분명한 점으로 유다른
조사를 받았다.

– 이태준, 〈고향〉

이야기 (　　　)의 서술자가 특정 인물인 윤건의 관점에서 여정에 따른 사
건과 내면 심리를 서술하는 것이 특징인 (　　　　　) 시점이다.

명훈은 여전히 걸핏하면 국장에게 불리어 갔다. 젊은 국장은
그럴싸한 트집을 잡아내선 번번이 자기가 더 먼저 흥분했다. 명
훈을 잘 모르는 동료들, 편집국 사람들은 횟수가 잦아짐에 따라
명훈에게 무슨 결함이 있기는 있는 게라고 여기게끔 되었다. 그
러나 나는 국장이 그럼으로써 오히려 명훈에게 진짜 잘못이 없음
을 그 스스로 반증해 보인다고 생각했다. (중략) 명훈은 우리가
적응함으로써 회피해 버린 그 무엇과 혼자서 맞서고 있었다. 우리
의 몫까지.

– 서영은, 〈삼각돛〉

이야기 (　　　)의 서술자인 '나'가 다른 인물인 (　　　　)에 대한 자신의
생각을 드러내고 있는 1인칭 시점이다.

"그래두 선생님 같으신 선배께서 제일선에 나오셔서 지도를 해
주셔야지요."

앞에 앉은 청년도 이런 소리를 하며 이름도 모를 양서며 한서
가 그득 찬 사벽을 둘러본다. 두 주먹을 무릎에 짚고 어깨를 떡
뻐기고 완만스럽게 앉았기는 하나, 길길이 쌓인 책을 보고는 약
간 경의를 표하는 말눈치다. 그러나 영감은 처음부터 안하무인인
그 태도가 아니꼬웁게 보여서 말대꾸도 아니 해 준다. (중략)

마주 앉았던 청년은 노인네들 객담만 언제까지 듣고 있을 수
없어서 한 마디 장단을 맞추고 얼른 자기의 용건을 꺼낸다.

"오늘 이렇게 뵈러 온 것은 다름 아니라, 제가 무슨 사업을 하
나 시작하려는데 좀 도와주십사고 하는 것인데요⋯⋯."

– 염상섭, 〈효풍(曉風)〉

이야기 (　　　)의 서술자가 등장인물이 특정한 말과 행동을 하는 이유를 설
명하고 있는 (　　　　　) 시점이다.

나는 그 녀석을 똑바로 바라보았다. 그 녀석도 나를 똑바로 바
라보았다. 시선이 강하게 부딪쳤으나 나는 단절감을 느꼈다. 문득
이 녀석 치다꺼리에 구역질 같은 걸 느꼈으나 가까스로 평정을
가장했다.

– 박완서, 〈카메라와 워커〉

서술자인 (　　　)이/가 1인칭 (　　　　) 시점에서 자신의 심리 상태를
구체적으로 서술하여 자기 고백적 진술을 하고 있다.

13

그는 지쳐 있었다. 일에 치여 잠시 멀미를 내고 있을 뿐이었다. '나'의 남편으로, 방송국 기자였다가 해직 통고를 듣고 생활에 불안감을 느낌. 책임감이 강하고, 남의 사정을 쉴 새 없이 곁눈질하며, 속물들이 꾸려 가는 이 세상과 보조를 맞춰 가는 사람이 갑자기 만사에 흥미를 잃어버린 것이었다. 그 증세는 또 다른 일종의 무력감 내지는 허탈감이었고, 삶에의 회의였다. 각성의 계기가 될지도 모르므로 그에게는 차라리 축복이었다. 나는 그를 이해할 수 있었고, 이해했기 때문에 갱년기라기보다는 관조기에 접어든 그의 뒤숭숭 인체가 성숙기에서 노년기로 접어드는 시기 한 삶이 당연하다고 생각했다. 그리고 그가 세상살이와 인간관계에 좀 더 분별력이 있어지리라고 믿었다.

– 김원우, 〈아득한 나날〉

(　　　　)의 관점에서 서술 대상인 '그'에 대해 '그는 ~ 흥미를 잃어버린 것이었다.', '그가 ~ 분별력이 있어지리라고 믿었다.'와 같이 (　　　　)인 판단이 제시되어 있다.

14

아내가 손에 쥐고 있던 견적서를 내밀었다. 인쇄된 정식 견적 용지가 아닌, 분홍 밑그림이 아른아른 내비치는 유치한 편지지를 사용한 그것을 임 씨가 한참씩이나 들여다보았다.

그와 그의 아내는 임 씨의 입에서 나올 말에 주목하여 잠깐 긴장하였다.

"술을 마셨더니 눈으로는 계산이 잘 안 되네요."

임 씨는 분홍 편지지 위에 엎드려 아라비아 숫자를 더하고 빼고, 또는 줄을 긋고 하였다. 그는 빈 술병을 흔들어 겨우 반 잔을 채우고는 서둘러 잔을 비웠다. 임 씨의 머릿속에서 굴러다니고 있는 숫자들에 잔뜩 애를 태우고 있는 스스로가 정말이지 역겨웠다.

"됐습니다, 사장님. 이게 말입니다. 처음엔 파이프가 어디서 새는지 모르니 전체를 뜯을 작정으로 견적을 뽑았지요. 아까도 말씀드렸지만 일이 썩 간단하게 되었다 이 말씀입니다. 그래서 노임에서 4만 원이 빠지고 시멘트도 이게 다 안 들었고, 모래 노동 임금(노동에 대한 보수) 도 그렇고, 에, 쓰레기 치울 용달차도 빠지게 되죠. 방수액도 상품이나 물건 따위를 전문적으로 배달하는 작은 화물차 타일도 반도 못 썼으니 여기서도 요게 빠지고 또……"

임 씨가 볼펜심으로 쿡쿡 찔러 가며 조목조목 남는 것들을 설명해 갔지만 그의 귀에는 제대로 들리지 않았다. 뭔가 단단히 잘못되었다는 기분, 이게 아닌데, 하는 느낌이 어깨의 뻐근함과 함께 그를 짓누르고 있을 뿐이었다.

– 양귀자, 〈비 오는 날이면 가리봉동에 가야 한다〉

(　　　　　) 시점을 취하면서도 주로 '(　　　)'(이)라는 특정 인물의 시각에서 사건과 심리 변화를 서술하여 도시 중산층인 '그'의 속물성을 낱낱이 보여 주고 있으며, '그'의 입장에서 다른 인물들과 사건을 관찰하며 주제를 효과적으로 드러내고 있다.

15

'나'가 친자식임에도 법적 친자 관계가 아니라는 이유로 면회를 못하게 되자 화병에 걸린 어머니가 자살함. 독방에서도 울음이 터진 것은 어머니가 묻혀 있을 서해안의 어 '나'가 군사 독재 시절에 정치 사범으로 몰려 투옥된 상황임. 느 이름 모를 야산을 향해 북쪽 벽 아래에다 물 한 그릇 떠 놓고 절을 드린 다음이었다. 나는 그렇게 한 그릇의 물 앞에 꿇어앉아 소리를 죽여 울면서 입안으로 중얼거렸다. 혼령이 계신다면…… 한 번이라도 만나야겠습니다. 어처구니없는 이기심이었지만 어머니는 나를 위해서 혼령이라도 한 번만은 모습을 나타내야 될 것 같았다.

– 송기원, 〈다시 월문리에서〉

(　　　　　) 시점으로 주인공인 '나'가 어머니의 죽음과 관련된 자신의 체험을 진술하고, 그와 관련된 자신의 내면 심리를 드러내고 있다.

16

나는 또 한 번 무서운 공포에 휩싸였다. 그것은 안도감에 잠긴 정동근 → 조선 학생 출정식에서 친구들과 '만세'를 부르기로 계획하나 실행하지 않음. 나를 몽둥이로 내려치듯이 통렬하게 후려쳤다. 누군가가 돌연 자리를 박차고 두 손을 높이 쳐들며 이렇게 소리쳤기 때문이었다.

"조센 반자이(조선 만세)!"

기범이었다. 그는 우렁차게 만세를 부른 후, 그대로 앞좌석에 홀로 대뚝하게 서 있었다. 장내는 고요했다. 모든 시선이 기범에게 집중되었다. 학생들도 고관들도 헌병들조차도 넋 나간 표정으 지위가 높은 벼슬이나 관리 로 기범의 얼굴을 뚫어지게 쏘아볼 뿐이었다. 그것은 무서운 폭풍을 내포한 폭발 직전의 서늘한 침묵이었다.

– 홍성원, 〈무사와 악사〉

작중 인물 (　　　　)이/가 서술자가 되어 소학교 때부터 친구인 기범의 사망 소식을 들은 일을 계기로 그와의 일화를 회상하는 장면이다. 기범이라는 인물의 행적을 중심으로 일제 말기에 조선 학생 출정식에서 (　　　　)을/를 부르기로 모의한 것이 실패한 상황에서 그의 말과 행동을 서술하고 있다.

17

입을 비죽이 내밀고 뭔가 곰곰이 생각해 보던 이 전무가 말했다.

"오만 원 내시오."

자신의 집 경계선을 넘었다며 방태흥에게 집 벽을 허물라고 요구하는 옆집 사람 방태흥 씨도 속으로 계산을 해보았는데 담을 쌓아 주려면 아무 고생 끝에 6년 만에 서울에 집을 지은 중학교 교사 래도 최소한 삼만 원쯤은 먹힐 것 같았다. 물론 남아 있는 벽돌은 묵혀 버릴 작정을 했고 생돈을 들일 각오를 하고서였다. 눈 딱 쓸데없는 곳에 공연히 쓰는 돈 감고 옜다 먹어라 하고 이만 원을 더 얹어 주고 나면 이 지겹고 고통스러운 이웃 간의 다툼은 끝날 거였다. 방 선생이 말했다.

"그쯤에서 생각해보겠습니다."

하면서도 방 씨는 우선 아득한 근심이 앞섰다.

– 황석영, 〈줄자〉

'방태흥 씨도~끝날 거였다.'로 볼 때 (　　　　)의 서술자가 방 씨와 이 전무의 갈등을 특정 인물인 (　　　　)의 입장에서 주로 서술하고 있다.

다음 글을 읽고 빈칸에 알맞은 말을 써서 해설을 완성하거나 정오를 판단하세요.

01

> 이제 눈감아도 오히려
> 사람의 목숨이 끊어지다.
> 꽃다운 하늘이거니
>
> 내 영혼의 촛불로
> 어둠 속에 나래 떨던 샛별아 숨으라.　　　　〈3연〉
>
> 새들 즐거이 구름 끝에 노래 부르고
> 사슴과 토끼는
> 한 포기 향기로운 싸릿순을 사양하라.　　　　〈6연〉
> 콩과의 낙엽 활엽나무에서 새로 돋아난 싹
> 　　　　　　　　　　　　　　　 － 조지훈, 〈산상(山上)의 노래〉

구분	〈3연〉	〈6연〉
명령형 어조		
명령의 대상		
의도	대상의 행동을 유도하기 위함.	

명령형 어조를 활용하여 대상의 행동을 유도하고 있다.　　○　×

02

> (가)　어데서 좁쌀알만 한 알에서 가제 깨인 듯한 발이 채 서지
> 방금, 막
> 도 못한 무척 작은 새끼 거미가 이번엔 큰 거미 없어진 곳으
> 로 와서 아물거린다
> 작거나 희미한 것이 보일 듯 말 듯 하게 조금씩 자꾸 움직이다.
> 　　나는 가슴이 메이는 듯하다
> 　　내 손에 오르기라도 하라고 나는 손을 내어 미나 분명히
> 울고불고할 이 작은 것은 나를 무서우이 달아나 버리며 나를
> 서럽게 한다
> 　　　　　　　　　　　　　　 － 백석, 〈수라(修羅)〉
> 　　끊임없이 싸움이 일어나 고통이 지속되는 세계를 비유적으로 이르는 말
>
> (나)　이런 돼지가 살았다지요 반들거리는 검은 털에 날렵한 주
> 둥이를 가진, 유난히 흙의 온기를 좋아하여 흙이랑 노는 일
> 을 제일로 즐거워했다는군요 기른다는 것이 실은 서로 길드
> 는 것이어서 이 지방 사람들은 통시라는 거처를 마련했다지
> 제주 지역에서 변소와 돼지우리가 하나로 되어 있는 공간
> 요 인간의 배변 장소와 돼지우리가 함께 있는 아주 재미난
> 방인 셈인데요
> 　　　　　　　　　　　　　　 － 김선우, 〈신(神)의 방〉

(가)는 '나는 ~하다.'와 같은 (　　　　)적 어조를, (나)는 '~다지요, ~인데요'
와 같은 어미가 반복되며 말을 건네는 방식으로 이야기를 들려주는 듯한 구어
체의 (　　　　)적 어조를 사용하여 시상을 전개하고 있다.

03

> **[앞부분 줄거리]** '나'는 재개발이 시작되어 이제 곧 사라지게 될 고향 산동
> 네를 찾아가면서 추운 겨울, 변소에 갔다가 짠지 항아리를 깨뜨렸던 어린
> 시절의 기억을 떠올린다.
> 무를 통째로 소금에 짜게 절여서 묵혀 두고 먹는 김치
>
> 　　나는 깨진 단지를 눈으로 찬찬히 확인하는 순간 입술을 파르
> 르 떨었다. 어찌 떨지 않을 수 있었을까. 그 단지의 임자가 욕쟁
> 이 함경도 할머니임에 틀림없음에랴! 이 벼락 맞아 뒈질 놈의 아
> 새낀 봤나, 하는 욕설이 귀에 쟁쟁해지자 등 뒤에서 올라온 뜨뜻
> 한 열기가 목덜미와 정수리께를 휩싸며 치솟아 올라 추운 줄도
> 몰랐다. 눈을 비비고 또 비볐지만 이미 벌어진 현실이 눈앞에서
> 사라져 줄 리는 만무했다.
> 　절대로 없다
> 　　　　　　　　　　　 － 김소진, 〈눈사람 속의 검은 항아리〉

작품 속에 주인공이자 서술자인 '나'가 등장하여 자신의 심리를 서술하고 있는
1인칭 주인공 시점이다.　　○　×

04

> **[앞부분 줄거리]** 황만근은 마을 사람들에게 바보 취급을 받지만, 외지 출
> 신인 민 씨는 달리 생각한다. 어느 날, 밤늦게 집에 가던 황만근은 토끼
> 고개에서 거대한 토끼를 만난다.
>
> 　　어느새 동쪽 하늘이 부옇게 밝아 오기 시작했다. 그러자 토끼
> 는 황만근을 향해 "너는 이제 살았다. 너는 이제 살았다. 너는
> 이제 살았으니 나를 놓아라." 하고 말했다. 황만근은 오기가 나
> 서 "택도 없는 소리 말거라. 니를 탕으로 끓여서 어무이하고 나
> 하고 마주 앉아서 먹어 치울끼다. 니 가죽을 빗기서 어무이 목
> 도리를 하고 내 토시를 하고 장갑을 할 끼다. 니는 인자 죽었다,
> 자슥아." 하고 소리쳤다. 토끼는 다급하게 물었다. "그럼 어떻게
> 하면 네 팔을 빼겠느냐." 황만근은 팔을 안 빼는 게 아니라 못
> 빼고 있는데 토끼가 그렇게 물어 오자 할 말이 없었다. 그래서
> 되는 대로 "내 소원을 세 가지 들어주기 전에는 니까잇 거는 못
> 간다." 하고 말했다.
> 　　"네 소원이 뭐냐."
> 　　"우리 어무이가 팥죽 할마이걸이 오래오래 사는 거다."
> 　　㉠(팥죽 할마이란 팥죽을 파는 할머니, 혹은 늘 팥죽을 쑤고
> 있는 할머니 같은데 그 할머니가 누구인지, 어째서 오래 산다고
> 하는지 민 씨는 모른다.)
> 　　　　　　　　　　 － 성석제, 〈황만근은 이렇게 말했다〉

구분	내용
팥죽 할머니에 대한 민 씨의 인식 여부가 서술자에 의해 직접 제시된 부분	

㉠을 통해 황만근의 말을 전하는 민 씨도 다른 인물들처럼 서술자의 서술 대
상임을 알 수 있다.　　○　×

05

[앞부분 줄거리] '나'는 집을 팔고 가난한 사람들이 모여 사는 산동네로 이사하고, 그 집이 있는 벼랑 밑의 삼층집에 살고 있는 김복록은 그 집에 이사 온 사람들에게 터무니없는 자릿세를 수년 간 받아 챙긴다. 김복록은 새로 이사 온 나를 호출해 터무니없는 자릿세를 또 요구한다.

나는 일어나면서 김복록을 뚫어져라 응시한다. 별안간 아물아물하던 게 명료해진다. 바로 그다! 순간적으로 나는 김복록을, 오랜 세월 내가 하려는 일 뒤에 숨어서 나에게 그 고약한 멀미를 일으키게 한 징그러운 괴물의 정체로서 파악한다. 저런 모습이었구나. 바로 저런 모습이었어. 탐욕이니 비열이니 파렴치니 하는 _{염치를 모르고 뻔뻔스러움.} 추상 명사가 뼈와 살을 갖추면 바로 저런 모습이 되는구나. 나는 진저리를 쳤다. 나는 그날부터 다시 장난감 만들기에 골몰할 수 _{몹시 싫증이 나거나 귀찮아 떨쳐지는 몸짓} 있었다. 나는 멀미로써 나를 속박하던 괴물의 정체를 알아낸 것에 신선한 기쁨을 느꼈다. 또 그 괴물의 본질이 알고 보니 보잘것없이 허약하다는 게 내게 용기가 되기도 했다.

– 박완서, 〈어느 시시한 사내 이야기〉

작품 속 인물인 (   )이/가 멀미와 관련되어 자신을 괴롭혀 온 괴물의 실체를 파악해 가는 과정에 대한 (   )을/를 중심으로 서술하고 있다.

06

팔 년 동안 순사를 다니면서, 그 중에서도 통제경제가 강화된 _{국가가 일정한 목적으로 경제 활동에 간섭하는 경제 형태} 이삼 년, 육십 몇 원이라는 월급으로는 도저히 지탱해 나갈 수 없는 생활을 뇌물 받는 것으로써 보태어 나왔다.

술대접을 받기는 실로 부지기수였다. 쌀, 나무, 고기, 생선, 술 _{헤아릴 수가 없을 만큼 많은 수효} 모두 다 그립지는 아니할 만큼 들어도 오고, 청해다 먹기도 하고 하였다. 못 해 주었네 못 해 주었네 하여도, 아낙의 옷감도 여러 번 얻어다 준 것이었다. 공교로이 그 뉴똥치마만은 기회가 없고서 8·15가 덜컥 달려들고 말았지만. 이렇게 그는 작은 것이나마 뇌물을 먹지 아니한 것이 아니면서도, 스스로 청백하였노라고 팔분의 자신이 있었다. 맹 순사의 생각엔 ⊙양복 벌이나 빼앗아 입고, 돈이나 몇 십 원, 돈 백 원 받아 쓰고, 쌀 나무며 찬거리나 조금씩 얻어먹고, 술대접이나 받고 하는 것은, 아무나 예사 _{보통 있는 일} 로 하는 일이요, 하여도 죄 될 것이 없고, 따라서 독직이 되거나 _{어떤 직책에 있는 사람이 그 직책을 더럽힘.} 죄가 되는 것이 아니었다. 그것이 적어도 독직이나 죄가 되자면, ⓒ몇만 원 집어먹고서 소위 팔자를 고친다는 둥, 허리띠를 푼다는 둥의 수준에 올라야 비로소 문제가 되는 것이었다.

– 채만식, 〈맹 순사〉

구분	뇌물에 대한 맹 순사의 생각
⊙	
ⓒ	

특정 인물의 시각에서 사건을 서술하여 인물의 내면을 드러내고 있다. ☐O ☐X

07

화공을 불러들여 토끼 얼굴을 그린다. (중략) _{화가}

　천하 명산 승지 강산 경계 보던 눈 그리고, _{경치가 좋은 곳}
　두견, 앵무, 지지 울 제 소리 듣던 귀 그리어, _{중국 전설에서 신선이 살고 불로초와 불사약이 있다고 하는 가상의 산}
　봉래, 방장산 운무(雲霧) 중의 내 잘 맡던 코 그리고, _{구름과 안개}
　난초, 지초, 왼갖 향초, 꽃 따먹던 입 그리어, _{한 해의 가장 추운 때인 절기}
[A] 　대한(大寒) 엄동 설한풍(雪寒風)의 추위 막던 털 그려, _{눈이 내릴 때 휘몰아치는 차고 매서운 바람}
　만화방창(萬花方暢) 화림(花林) 중의 펄펄 뛰던 발 그려, _{봄이 되어 온갖 사물이 한창 피어남.}
　신농씨 상백초 이슬 털던 꼬리라. _{신농씨(중국 고대 전설상의 제왕)가 맛을 보던 백 가지 풀}
　두 귀는 쫑긋, 두 눈 도리도리, 허리는 늘씬, 꽁지난 묘똑,

　좌편 청산이요, 우편은 녹수라.

　녹수 청산의 애굽은 장송(長松), 휘늘어진 양류(楊柳) 속, _{잘 자란 큰 소나무} _{버드나무}
　들락날락 오락가락 앙그주춤 기난 듯이,

그림 속의 토끼 얼풋 그려

"아미산월의 반륜퇴가 이에서 더할소냐. 아나, 엿다, 별주부야, _{중국 4대 명산의 하나인 아미산 위에 뜬 반달 속에 보이는 토끼} 네가 가지고 나가라."

– 작자 미상, 〈수궁가〉

[A]는 규칙적인 (   )을/를 통해 율문체의 특성을 보이고 있으며, '펄펄', '도리도리' 등의 (   )을/를 사용하여 대상을 생생하게 묘사하고 있다.

08

총수의 자택에 연못이 생긴 것은 그 며칠 전의 일이었다. 뜰 안에다 벽이고 바닥이고 시멘트를 들어부어 만들었으니 연못이라기보다는 수족관이라고 하는 편이 알맞은 시설이었다. 시멘트가 굳어지자 물을 채우고 울긋불긋한 비단잉어들을 풀어 놓았다. 비단잉어들은 화려하고 귀티 나는 맵시로 보는 사람마다 탄성을 자아내게 하였으나, 그는 처음부터 흘기눈을 떴다. … 그 _{눈동자가 한쪽으로 쏠려, 정면으로 보지 못하고 흘겨봄.} 회사 직원 몇 사람 치 월급을 합쳐도 못 미치는 상식 밖의 몸값 때문이었다. (중략)

"웬 늠으 잉어가 사람버텀 비싸다냐?"

내가 기가 막혀 두런거렸더니, _{여럿이 나지막한 목소리로 조용히 서로 이야기하다.}
"보통 것은 아닐러면그려. 뱉어낸밴또(베토벤)나 뭬라나를 틀어 주면 그 가락대루 따라서 허구, 차에코풀구싶어(차이콥스키)라나 뭬라나를 틀어 주면 또 그 가락대루 따라서 허구, 좌우간 곡을 틀어 주는 대루 못 추는 춤이 읎는 순전 딴따라 고기닝께. 물고기두 꼬랑지 흔들어서 먹구사는 물고기가 있다는 _{'연예인'을 낮잡아 이르는 말} 건 이번에 그 집에서 츰 봤구먼."

– 이문구, 〈유자소전〉

유자가 사용하는 (   )와/과 발음의 (   )을/를 통한 언어유희를 활용하는 문체를 통해 토속적인 느낌과 인물에 대한 정감을 주고 있다.

벌크-UP

01

다음 글의 서술상 특징으로 가장 적절한 것은?

> 바로 그때 공단 쪽으로 가는 어두운 길에서 뭔가 비명 소리도 같고 욕지기를 참는 안간힘 같기도 한 소리가 들려왔다. 아니, 그때 나는 비몽사몽 졸음 속에서 헤매고 있었기 때문에 정확하게 어떤 소리를 들은 것은 아니었다. 이제 생각하면 그 순간에는 분명 잠에 흠뻑 취해 있었음이 분명했다.
>
> — 양귀자, 〈원미동 시인〉

① 전지적 시점을 유지하여 서술의 일관성을 확보한다.

② 자기 경험을 직접 서술하여 사건의 전모를 드러낸다.

③ 관찰자 시점으로 전환하여 상황을 실감나게 묘사한다.

④ 제삼자의 시점에서 사건에 대해 치우침 없는 판단을 제시한다.

⑤ 현재 '나'의 시각으로 과거의 사건을 서술하고 있음을 드러낸다.

02

다음 글의 서술상 특징에 대한 설명으로 적절한 것은?

> 우리 집안은 일찍부터 논이나 밭떼기 한 두렁도 가져 본 적 없었으므로, 아버지는 낫이나 호미 자루 한 번 잡아 보지 않았다. 그렇다고 일정한 직업을 가져 본 적도 없었다. 일 년을 따져 평균 아홉 달은 집을 떠나 어디론가 떠돌아 다녔고, 집에 붙어 있는 나머지 달은 낚시로 소일했다. … 그러나 주남 저수지 쪽으로 이사 와서 보름을 채 못 넘겨 아버지는 슬그머니 집을 떠나고 말았다. … 그로부터 두 달 뒤, 여름이 끝날 무렵에서야 아버지는 돌아왔다. … 뙤약볕 아래 장터마다 싸다니느라 까맣게 그을린 엄마 얼굴을 떠올리자, 나는 공연히 코허리가 찡하게 쓰렸다. 엄마는 키가 작고 몸매가 깡마른데다 살결이 검어, 볼 때마다 안쓰럽고 측은한 마음이 마음 귀퉁이에 그늘을 만들었다. 그럴 적마다 아버지에 대한 원망 또한 반사적으로 감정을 자극했다.
>
> — 김원일, 〈연(鳶)〉

① 장면마다 다른 서술자를 설정하여 사건을 다각도로 제시하고 있다.

② 사건을 체험한 서술자가 중심인물과 관련된 자신의 생각을 드러내고 있다.

③ 외부 이야기에서 내부 이야기로 장면을 전환하면서 사건을 전개하고 있다.

④ 작품 밖의 서술자가 중심인물의 내적 갈등이 해소되는 과정을 서술하고 있다.

⑤ 동시에 일어나는 두 개의 사건을 병렬적으로 배치하여 긴장감을 조성하고 있다.

03

다음을 바탕으로 ⊙과 ⓒ을 설명한 내용으로 가장 적절한 것은?

〈삼대〉의 서술자는 대체로 특정 인물의 시각에 의존하여 다른 인물을 서술 대상으로 포착합니다. 이때 그 특정 인물은 장면에 따라 선택되며, 서술자는 특정 인물의 시각을 통해 서술 대상이 되는 인물들의 심리를 보여 줍니다. 이러한 서술 방식으로 서술자는 특정 인물이 지닌 의식과 행동 사이의 인과 관계, 다른 인물과의 관계에서 겪는 심리적 갈등을 통한 인물의 성격과 그에 대한 평가를 복합적으로 드러내고 있습니다.

> "대동보소만 하더라도 족보 한 질에 오십 원씩으로 매었다 하니 그 오십 원씩을 꼭꼭 수봉하면 무엇 하자고 삼사천 원이 가외로 들겠습니까?"
>
> "삼사천 원은 누가 삼사천 원 썼다던?"
>
> ⊙영감은 아들의 말이 옳다고는 생각하였으나 실상 그 삼사천 원이란 돈이 족보 박이는 데에 직접으로 들어간 것이 아니라 ×× 조씨로 무후(無後)한 집의 계통을 이어서 일문일족에 끼려한즉 군식구가 늘면 양반에 진국이 묽어질까 보아 반대를 하는 축들이 많으니까 그 입들을 씻기기 위하여 쓴 것이다. (중략)
>
> 부친은 신경질이 일어났는지 별안간 달려들더니 주먹으로 뺨을 갈기려는 것을 덕기가 벌떡 일어서니까 주먹이 어깨에 맞았다. 병적인지 벌써 망녕인지는 모르겠으나 점점 흥분하게 해서는 아니 되겠다 하고 마루로 피해 나와 버렸다. 그러나 금시로 정이 떨어지는 것 같고, 그 속에 앉은 부친은 딴 세상 사람같이 생각이 들었다. ⓒ신앙을 잃어버리고 사회적으로 활약할 야심이나 희망까지 길이 막히고 보면야, 생활이 거칠어 가는 수밖에는 없을 것이라고 동정도 하는 한편인데, 이미 신앙을 잃어버린 다음에야 가면을 벗어 버리고 파탈하고 나서는 것도 오히려 나은 일이라고도 하겠으나, 노래(老來)에 이렇게도 생활이 타락하여 갈까 하고, 덕기는 부친에게 반항하기보다도 다만 혼자 탄식을 하는 것이었다.
>
> — 염상섭, 〈삼대〉

① ⊙에서는 서술자가 선택한 특정 인물이 영감에서 아들로 달라지는 반면, ⓒ에서는 덕기로 고정되어 있다.

② ⊙에서는 서술 대상인 상훈의 의식과 행동 사이의 인과 관계가, ⓒ에서는 덕기가 포착한 상훈의 심리적 갈등이 드러난다.

③ ⊙에서는 영감의, ⓒ에서는 덕기의 시각에서 서술 대상인 상훈을 낮게 평가하며 그와의 심리적인 갈등을 드러내고 있다.

④ ⊙에서는 서술 대상인 상훈에 대한 영감의 평가가 달라지는 반면, ⓒ에서는 서술 대상인 상훈에 대한 덕기의 평가가 달라지지 않는다.

⑤ ⊙에서는 서술자가 선택한 특정 인물인 영감의 성격이, ⓒ에서는 서술자가 선택한 특정 인물인 덕기와 서술 대상인 상훈의 성격이 드러난다.

호루라기 관장님의
하드 트레이닝

공부한 날	월 일 요일
맞은 개수	/ 6

작품	No	작품을 읽고 빈칸에 알맞은 말을 쓰시오.

작품

[앞부분 줄거리] 누이를 못생겼다고 생각하는 아이는 이 세상 그 누구보다도 아름답게 여겼던 죽은 어머니와 누이가 꼭 닮았다는 과수 노파의 이야기를 듣고 속으로 몇 번이고 그 말을 부정한다. 아이는 누이가 만들어 준 인형을 땅에 묻어 버리고, 당나귀에서 떨어졌을 때도 누이의 손을 뿌리치는 등 누이의 애정을 거부하는 행동을 보인다.

　누이는 시내 어떤 실업가의 막내아들이라는 작달막한 키에 얼굴이
　　상공업이나 금융업 따위의 사업을 경영하는 사람
검푸른, 누이의 한반 동무의 오빠라는 청년과는 비슷도 안 한 남자와 아무 불평 없이 혼약을 맺었다. 그러고 나서 얼마 안 되어 결혼하는 날, 누이는 가마 앞에서 의붓어머니의 팔을 붙잡고는 무던하나 슬
　　　　　　　정도가 어지간하게나
프게 울었다. 아이는 골목에 몸을 숨기고 있었다. 누이는 동네 아낙네들이 떼어 놓는 대로 가마에 오르기 전에 젖은 얼굴을 들었다. 자기를 찾고 있음이 틀림없다고 생각하면서도, 아이는 그냥 몸을 숨기고 있었다. 그리고 누이가 시집간 지 또 얼마 안 되는 어느 날, 별나게 빨간 놀이 진 늦저녁 때 아이네는 누이의 부고를 받았다. 아이는
　　　　　　　　사람의 죽음을 알림.
언뜻 누이의 얼굴을 생각해 내려 하였으나 도무지 떠오르지가 않았다. 슬프지도 않았다. 그러다가 아이는 지난날 누이가 자기에게 만들어 주었던, 뒤에 과수 노파가 사는 골목 안에 묻어 버린 인형의 얼굴이 떠오를 듯함을 느꼈다. 아이는 골목으로 뛰어갔다. 거기서 아이는 인형 묻던 자리라고 생각키우는 곳을 손으로 팠다. 흙이 단
　　　　　　　　　　문맥상 '기억나는'
단했다. 손가락을 세워 힘껏힘껏 파댔다. 없었다. 짐작되는 곳을 또 파 보았으나 없었다. 벌써 썩어 흙과 분간치 못하게 된 지가 오래리라. 도로 골목을 나오는데 전처럼 당나귀가 매여 있는 게 눈에 띄었다. 그러나 전처럼 당나귀가 아이를 차지는 않았다. 아이는 달구지채에 올라서지도 않고 전보다 쉽사리 당나귀 등에 올라탔다. 당나귀가 전처럼 제 꼬리를 물려는 듯이 돌다가 날뛰기 시작했다. 그리고 아이는 당나귀에게나처럼, 우리 뇔 왜 죽엔! 왜 죽엔! 하고 소리 질렀다. 당나귀가 더 날뛰었다. 당나귀가 더 날뛸수록 아이의, 왜 죽엔! 왜 죽엔! 하는 지름 소리가 더 커졌다. 그러다가 아이는 문득 골목
　　　목청을 높여 크게 내는 소리
밖에서 누이의, 데런! 하는 부르짖음을 들은 거로 착각하면서, 부러 당나귀 등에서 떨어져 굴렀다. 이번에는 어느 쪽 다리도 삐지 않았다. 그러나 아이의 눈에는 그제야 눈물이 괴었다. 어느새 어두워지는 하늘에 별이 돋아났다가 눈물 괸 아이의 눈에 내려왔다. 아이는 지금 자기의 오른쪽 눈에 내려온 별이 돌아간 어머니라고 느끼면서, 그럼 왼쪽 눈에 내려온 별은 죽은 누이가 아니냐는 생각에 미치자 아무래도 누이는 어머니와 같은 아름다운 별이 되어서는 안 된다고 머리를 옆으로 저으며 눈을 감아 눈 속의 별을 내몰았다.

－ 황순원, 〈별〉

작품을 읽고 빈칸에 알맞은 말을 쓰시오.

01 주요 인물은 누구인가?

소년	어머니에 대한 깊은 그리움을 갖고 있으며 누이를 미워하지만, 누이가 죽은 후 사랑을 깨닫고 (　　　)하게 되는 인물
누이	하나밖에 없는 동복인 동생에게 (　　　)와/과 같은 조건 없는 사랑을 베푸는 인물

02 중심 사건은 무엇인가?

소년은 동네 과수 노파에게 누이가 어머니와 (　　　)는 말을 듣고 누이를 미워함. 누이는 연애한 사실을 들켜 혼이 나고, 얼마 후 시집을 감. 이후 소년은 시집간 누이가 죽었다는 소식을 듣게 됨.

03 인물의 심리와 태도는 어떠한가?

소년	누이가 어머니를 닮았다는 말에 충격을 받은 소년은 누이를 미워하며 외면하지만, 누이가 죽은 후 (　　　)을/를 깨닫고 그리워함.

04 누이에 대한 소년의 심리 변화 양상은 어떠한가?

과수 노파로부터 누이와 죽은 어머니가 닮았다는 말을 들음.
↓
누이가 어머니와 닮았다는 사실을 부정하며 누이가 준 인형을 땅에 파묻어 버림.
↓
누이가 시집가는 날 동생을 보기 위해 찾지만 골목에 몸을 숨김.
↓
시집간 누이가 죽었다는 소식을 들은 후 누이의 사랑을 깨달은 소년은 파묻은 인형을 찾기 위해 땅을 파지만, 찾지 못하고 눈물을 흘림.

05 시점과 서술상의 특징은 무엇인가?

시점				
서술	상황	어머니의 죽음	누이의 외모에 대한 말을 들음.	누이의 죽음
	인물 내면	어머니에 대한 환상	누이에 대한 미움	누이에 대한 미움 소멸

→ 소년의 심리 상태와 행동에 초점을 맞춰 이야기를 서술하여 소년의 (　　　) 성장 과정을 효과적으로 보여 줌.

06 이 작품의 주제는 무엇인가?

모성에 대한 (　　　)을/를 극복해 가는 소년의 의식 성장

오늘의 수능 국어 트레이닝 끝!

011 장면

> 같은 인물이 동일한 공간 안에서 벌어지는 사건의 광경

'장면'은 문학에서 하나의 정경(情景, 정서를 자아내는 흥취와 경치, 사람이 처하여 있는 모습이나 형편), 즉 같은 인물이 동일한 공간 안에서 벌어지는 사건의 광경을 이른다. 따라서 인물이 달라지거나 (1 ㅅㄱ)적 배경의 변화를 포함하여 (2 ㄱㄱ)적 배경이 달라지는 것을 기준으로 장면을 구분할 수 있다.

개념 당기는 예시

이때 사해용왕이 친히 나와 전송하고 각궁 시녀와 여덟 선녀가 여쭙기를,

"소저는 인간 세상에 나아가서 부귀와 영광으로 만만세를 즐기소서." / 소저 대답하기를,

"여러 왕의 덕을 입어 죽을 몸이 다시 살아 세상에 나가오니 은혜를 잊을 수가 없습니다. 모든 시녀들과도 정이 깊어 떠나기 섭섭하오나 ❶이승과 저승의 길이 다르기에 이별하고 가기는 하지마는 수궁의 귀하신 몸 내내 평안하옵소서." / 하직하고 돌아서니, ❷순식간에 꿈같이 인당수에 번듯 떠서 뚜렷이 수면을 영롱케 하니 천신의 조화요 용왕의 신령이었다.

❶ 심 소저가 용궁 사람들과 이별하며 이승과 저승의 길이 다르다고 말하는 장면
❷ 수궁에 머물던 심 소저가 사해용왕의 도움으로 순식간에 인당수에 번듯 떠오르는 장면
→ 심 소저가 용궁 사람들과 이별하는 공간과 이별 후 심 소저가 있는 공간이 수궁에서 (3 ㅇㄷㅅ)(으)로 바뀜을 통해 장면을 구분해 볼 수 있음.

하루는 천자께서 달을 따라 화단을 배회하시는데, 밝은 달은 뜰에 가득하고 산들바람 부는 중에 문득 강선화 봉오리가 흔들리며 가만히 벌어지고 무슨 소리 나는 듯했다. ❸천자께서 몸을 숨겨 가만히 살펴보니 예쁜 용녀가 얼굴을 반만 들어 꽃봉 밖으로 반만 내다보더니, 사람 자취 있음을 보고 도로 헤치고 들어갔다. … 가까이 가서 꽃봉을 가만히 벌리고 보시니 한 처녀와 두 미인이 있기에 천자 반기며 물으시기를,

"너희가 귀신이냐 사람이냐?" / 미인이 즉시 내려와 땅에 엎드려 여쭙기를,

"소녀는 남해 용궁 시녀이온데 소저를 모시고 세상으로 나왔다가 황제의 모습을 뵈오니 극히 황공하옵니다."

하니 ❹천자 마음속으로 생각하시기를, '상제께옵서 좋은 인연을 보내신 것이로구나. 하늘이 내리신 바를 받아들이지 않으면 이런 좋은 기회가 다시는 오지 않으리라.' 하시고, '배필을 정하리라.' 결심하시어 혼인을 하기로 작정하시고 태사관으로 하여금 날을 잡으라 하니 5월 5일 갑자일이었다.

– 작자 미상, 〈심청전〉

❸ 환상계에 머물던 심 소저가 옥황상제의 명에 따라 현실계에서 천자와 극적으로 인연을 맺게 되는 장면
❹ 천자가 심 소저를 상제가 맺어 준 인연이라고 생각하는 장면
→ 천자와 심 소저가 대화를 나누는 부분이나 천자가 마음속으로 생각하는 부분도 하나의 (4 ㅈㅁ)(으)로 구분해 볼 수 있음.

🔴 1:1 작품 체험

"진수야."

"예."

"니 우짜다가 그래 됐노?"

"전쟁하다가 이래 안 됐십니꺼. 수류탄 쪼가리에 맞았심더."

"수류탄 쪼가리에?"

"예."

"음……."

"얼른 낫지 않고 막 썩어 들어가기 땜에 군의관이 짤라 버립디더. 병원에서 예."

"아부지."

"와?"

"이래 가지고 나 우째 살까 싶습니더."

"우째 살긴 뭘 우째 살아. 목숨만 붙어 있으면 다 사는 기다. 그런 소리하지 마라."

"……." (중략)

"그럴까예?"

"그렇다니. 그러니까, 집에 앉아서 할 일은 니가 하고, 나댕기메 할 일은 내가 하고 그라면 안 되겠나, 그제?"

"예."

진수는 가벼운 한숨을 내쉬며 아버지를 돌아보았다. 만도는 돌아보는 아들의 얼굴을 향해서 지그시 웃어 주었다.

– 하근찬, 〈수난이대〉

전쟁에서 다리를 잃게 된 아들 진수의 사연을 들은 아버지 만도가 아들을 (5 ㅇㄹ)하는 장면이다. 아버지는 아들에게 현실적 고난을 극복하는 해결책을 제시하며 부족한 점을 서로 도우며 살아갈 수 있을 것이라는 (6 ㄱㅈㅈ)인 태도를 보이고 있다.

작품 알통

- **해제:** 일제의 강제 징용으로 한쪽 팔을 잃은 아버지와 한국 전쟁에 참가하여 한쪽 다리를 잃은 아들에 걸친 수난을 통해서 우리 민족이 겪은 역사적 비극과 이를 극복하려는 우리 민족의 의지를 형상화한 작품이다.
- **주제:** 우리 민족의 수난사와 극복 의지

【초성 답】 **1** 시간 **2** 공간 **3** 인당수 **4** 장면 **5** 위로 **6** 긍정적

012 시간적 배경

사건이 일어나 진행되는 어떤 시각이나 때

배경(背景)은 좁은 의미에서는 사건이 전개되고 인물이 활동하는 시간적·공간적 환경을 의미하며, 시간적·공간적 환경을 합쳐 (1 ㅈㅇ)적 배경이라고도 부른다. 배경은 이처럼 구체적이고 실제적인 것 이외에도 등장인물이 처해 있는 처지인 상황적 배경, 인물이 어떤 행동을 하는 계기가 되는 심리적 상태인 심리적 배경, 사회나 시대적 특성이 드러나는 사회적(역사적·시대적) 배경 등이 있다.

자연적 배경	인물이 행동하고, 사건이 발생하는 구체적인 시간과 공간
사회적 배경	인물이 속해 있는 사회의 현실, 역사적 사건이나 시대적 상황
상황적 배경	인물이 처해 있는 처지, 일이 진행되는 과정이나 형편
(2 ㅅㄹ)적 배경	특정 상황에 처해 있는 인물의 내면세계나 심리적 상황

배경은 성격에 따라 분류할 수 있기는 하지만,
하나의 작품에서 다양한 배경들이 총체적이고 유기적으로 결합되어 작품 전체를 구성합니다.
따라서 인물이 어떤 행동을 하거나 심리를 느꼈을 때 그 인물이 놓인 시간적·공간적 배경을
먼저 파악한 다음, 범위를 넓혀 심리·사회·시대·역사적 배경까지 파악하세요.

개념 당기는 예시

지금 나의 경우는 약간 다르다. B가 오늘 집행되는 수형(受刑)의 당사자라는 것을 알았을 때 나는 순간 — 그것은 참말 계량할 수 없는 눈 깜짝할 찰나였지만 — 복수의 만족감 같은 회심의 미소를 지을 뻔했던 것이다. (중략)
형벌을 받음.
나는 무심중 귓바퀴의 상처에 손이 갔다. 호두 껍질처럼 까칠한 감촉이 손끝에 어린다. 지나간 조각조각의 단상들이 질서 없이 한 덩어리로 뭉쳐져 엄습해 온다. B와, 경희와, 곰과, 공기총과, 걷잡을 수 없는 착잡한 감정이다.

"겨누어. 총!"

구령에 맞추어 사수는 일제히 개머리판을 어깨에 대고 B의 심장에 붙인 붉은 딱지에 총을 겨누었다. 순간 나는 내 정신으로 돌아왔다. 최종에는 내가 이긴 것이라는 승리감 같은 것이 가늠쇠 구멍으로 내어다 보이는 B의 심장 위에 어린다. 그러나 나는 곧 나의 차디찬 의식을 부정해 본다. 어떻게 기적 같은 것이라도, 정말 기적 같은 것이 있어 이 종언의 위기에 선 B를 들고 달아날 수는 없는 것인가고…….
없어지거나 죽어서 존재가 사라짐.
사격할 때 어깨에 받치는 데 쓰는, 총의 아랫부분
총을 목표물에 조준할 때 이용하는 장치의 하나
– 전광용, 〈사수(射手)〉

→ 이 부분은 어린 시절 B와 미묘한 경쟁 관계에 있던 '나'가 6·25 전쟁의 혼란 속에서 '나'는 사수로, B는 사형수로 재회한 후, '나'가 B에게 총을 쏘기 전에 과거에 B가 쏜 공기총에 맞아 귀가 찢어진 상처를 만지며 내적 갈등하는 장면으로, 사격 직전의 '나'의 (3 ㅅㄹㅈ)배경이 묘사적으로 제시된 부분임.

1:1 작품 체험

진주(晉州) 장터 생어물전에는
생선을 파는 가게
바닷 밑이 깔리는 해 다 진 어스름을,

울엄매의 장사 끝에 남은 고기 몇 마리의
빛 발(發)하는 눈깔들이 속절없이
은전(銀錢)만큼 손 안 닿는 한(恨)이던가
은으로 만든 돈
울엄매야 울엄매,

– 박재삼, 〈추억에서〉

이 작품은 '해 다 진 어스름'이라는 (4 ㅅㄱㅈ) 배경을 통해 해 질 녘의 어둡고 무거운 분위기와 애상적 분위기를 형성하고 있다.

작품 알통

• 해제: 가난했던 어린 시절의 추억을 돌이키면서, 힘겹게 오누이를 키우시던 어머니의 고달팠던 삶과 한(恨)을 노래한 작품이다.

• 주제: 가난했던 어린 시절과 어머니의 한스러운 삶에 대한 회상

문학에서 배경의 기능은 무엇인가요?

문학에서 배경은 등장인물의 행위가 일어난 물리적 공간뿐만 아니라 정신적 장소를 의미합니다. 넓은 의미로는 실제적 장소는 물론, 정서, 도덕, 사상과 같은 무형의 배경도 포함합니다. 배경은 사건에 사실성과 구체성을 부여하고, 현장감을 유발하는 기능을 합니다. 그리고 특정 배경은 사건이 진행되는 계기가 되는 적극적인 역할을 하기도 하고, 작품의 분위기를 형성하기도 합니다. 그리고 인물로 하여금 감각적 지각에 의해 특정 감정이 유발되도록 할 수도 있으며, 인물의 심리나 사건의 정황, 주제 등을 암시하기도 합니다.

【초성 답】 1 자연 2 심리 3 심리적 4 시간적

013 공간적 배경

사건이 일어나 진행되는 장소나 자연적 환경

공간적 배경은 사건이 진행되는 (¹ ㅈㅅ)(이)나 자연적 환경 등을 의미한다. 문학 작품에서 공간에 대한 인식을 형상화하는 방식은 다양하다. 공간에 대한 인식을 직접적으로 드러내는 표현을 사용하거나, 공간 내 특정 대상의 속성으로써 그 대상이 포함된 공간 전체를 표상하기도 하고, 공간 간의 관계를 통해 표현되기도 한다. 이때 관계를 이루는 공간에는 작품에 명시된 공간은 물론 그 이면에 전제된 공간도 포함된다.

명시된 공간	특정 시간, 연도, 계절과 같은 시간적 배경과 특정 장소, 현장, 위치와 같은 공간적 배경이 직접적으로 제시됨.
전제된 공간	인물이 지향하는 특정 공간이 있다는 것은 화자가 지향하는 공간과 (² ㅂㄷ)되는 성격을 가진 다른 공간이 있음을 전제로 함. 예 시 읊조리며 신선 골짝 들어서니 / 나의 백 년 근심 사라지네 – 김시습, 〈유객(有客)〉 → '신선 골짝'은 화자가 지향하는 공간으로서, 화자가 자연을 지향한다는 것은 '백 년 근심'이 유발된 공간이 이면에 있다는 것을 전제한 것임

개념 당기는 예시

삼팔 접경의 이 북쪽 마을은 드높이 갠 가을 하늘 아래 한껏 고즈넉했다.

주인 없는 집 봉당에 흰 박통만이 흰 박통만을 의지하고 굴러 있었다. (중략)
안방과 건넌방 사이의 마루를 놓는 자리에 마루를 놓지 않고 흙바닥 그대로 둔 곳
임시 치안대 사무소로 쓰고 있는 집 앞에 이르니, 웬 청년 하나가 포승(捕繩)에 묶이어 있다. 이
치안을 목적으로 조직·편성한 부대   죄인을 잡아 묶는 노끈
마을에서 처음 보다시피 하는 젊은이라, 가까이 가 얼굴을 들여다보았다. 깜짝 놀랐다. 바로, 어려서 단짝 동무였던 덕재가 아니냐.

천태에서 같이 온 치안 대원에게 어찌된 일이냐고 물었다. 농민 동맹 부위원장을 지낸 놈인데,
북측에서 만든 어용 단체
지금 자기 집에 잠복해 있는 걸 붙들어 왔다는 것이다.

성삼이는 거기 봉당 위에 앉아 담배를 피워 물었다.

덕재를 청단까지 호송하기로 되었다. 치안 대원 청년 하나가 데리고 가기로 했다.
죄수나 형사 피고인을 어떤 곳에서 목적지로 감시하면서 데려가는 일
성삼이가 다 탄 담배 꼬투리에서 새로 담뱃불을 댕겨 가지고 일어섰다.

"이 자식은 내가 데리고 가지요."

덕재는 한결같이 외면한 채 성삼이 쪽은 보려고도 하지 않았다.

– 황순원, 〈학〉

→ 이 부분은 6·25 전쟁을 배경으로 어릴 적 단짝 동무였던 성삼과 덕재가 재회한 장면임. 성삼은 남쪽 치안 대원으로, 덕재는 농민 동맹 부위원장직을 맡은 일로 국군에게 체포된 인물로 등장하여 이념의 대립으로 갈등하는 상황을 제시함. 작품 전체의 공간적 배경인 '삼팔 접경의 이 북쪽 마을'은 한국 전쟁으로 황폐해진 우리나라를 의미하는 (³ ㅅㅈㅈ) 공간임.

1:1 작품 체험

들가에 떨어져 나가앉은 멧기슭의
산기슭. 산의 비탈이 끝나는 아랫부분
넓은 바다의 물가 뒤에,

나는 지으리, 나의 집을,

다시금 큰길을 앞에다 두고.

길로 지나가는 그 사람들은

제각기 떨어져서 혼자 가는 길.

하얀 여울턱에 날은 저물 때.
여울(물살이 세게 흐르는 곳)의 턱이 진 부분
나는 문간에 서서 기다리리.

새벽 새가 울며 지새는 그늘로

세상은 희게, 또는 고요하게

번쩍이며 오는 아침부터

지나가는 길손을 눈여겨보며,
먼 길 가는 나그네
그대인가고, 그대인가고.

– 김소월, 〈나의 집〉

이 작품에서 (⁴ ㄴㅇㅈ)은/는 화자가 그대를 기다리는 공간이자 그대와 함께 살고 싶은 공간, 희망의 공간으로 볼 수 있다.

작품 알통

- **해제:** 사랑하는 이에 대한 그리움 때문에 허허롭고(텅 빈 느낌이 있고) 정처 없는 화자의 일상을 담담한 어조로 표현하고 있다.
- **주제:** 사랑하는 사람에 대한 간절한 그리움

고시가에서 공간적 배경으로서 자연의 의미는 무엇인가요?

고시가 속의 '자연'은 화자가 어떤 상황에 처해 있느냐에 따라 여러 가지 의미로 등장합니다. 화자가 현실의 어려움을 극복할 수 없는 상황에서 자연을 선택하는 경우에는 '현실 도피의 공간'으로 나타납니다. 또는 '본받아야 할 대상'으로 표현되기도 하는데, 이때 화자는 다양한 자연물의 속성에서 본받고자 하는 덕목을 찾아 이를 바람직한 삶의 태도로 내면화합니다. 한편 정치·경제적으로 몰락한 계층에게 자연은 안빈낙도의 공간, 곧 자신의 신념을 실현할 수 있는 안식처였습니다. 그들에게 자연은 정신적 풍요로움을 주는 대상이었기 때문에 현실 소외에 대한 보상 공간으로서 의미가 있다고 할 수 있습니다.

【초성 답】 1 장소 2 반대 3 상징적 4 나의 집

014 사회·시대적 배경

> 개인이나 집단에 영향을 미치는 사회 문화적 조건과 특정 시대의 특징이 드러나는 배경

'사회'는 상류 사회, 하층민 사회 등 같이 무리끼리 모여 이루는 집단이나 가족, 마을, 국가, 계급 등 공동생활을 하는 집단을 의미하는데, 이 집단에서 나타나는 공통된 특징을 (1 ㅅㅎㅈ) 배경이라고 한다. '시대'는 역사적으로 어떤 표준에 의하여 구분된 일정한 기간을 의미하는데, 봉건적 시대, 가부장적 시대와 같이 시간상의 공통된 특징으로 시기를 구분할 수 있는 배경을 (2 ㅅㄷㅈ) 배경이라고 한다.

구분	예
사회적 배경	이때 보국은 계월이 영춘을 죽였다는 말을 듣고 분함을 이기지 못해 부모에게 아뢰었다. 보국이 사랑하는 첩 "계월이 전날은 대원수 되어 소자를 중군장으로 부렸으니 군대에 있을 때에는 소자가 계월을 업신여기지 못했사옵니다. 하지만 지금은 계월이 소자의 아내이오니 어찌 소자의 사랑하는 영춘을 죽여 제 마음을 편안하지 않게 할 수가 있단 말이옵니까?" 여공이 이 말을 듣고 만류했다. "계월이 비록 네 아내는 되었으나 벼슬을 놓지 않았고, (중략) 계월은 천자께서 중매하신 여자라 계월을 싫어한다면 네게 해로움이 있을 것이니 부디 조심하라." "장부가 되어 계집에게 괄시를 당할 수 있겠나이까?" 보국이 이렇게 말하고 그 후부터는 계월의 방에 들지 않았다. 이에 계월이, '영춘이 때문에 나를 꺼려해 오지 않는구나.' / 라고 생각했다. "누가 보국을 남자라 하겠는가? 여자에게도 비할 수 없구나." 이렇게 말하며 자신이 남자가 되지 못한 것이 분해 눈물을 흘리며 세월을 보냈다. – 작자 미상, 〈홍계월전〉 → 보국은 영춘의 일을 계기로 계월에게 남편의 권위를 내세우는 남성 중심적이며 권위주의적인 태도, 남존여비 의식을 보이는데, 이를 통해 (3 ㄱㅂㅈㅈ) 사회가 배경임을 알 수 있음.
시대적 배경	아내는 아내대로의 셈이 빨랐다. 시체(時體)는 금점이 판을 잡았다. 섣부르게 농사만 짓고 있다 풍습이나 유행 간 결국 비렁뱅이밖에는 더 못 된다. 얼마 안 있으면 산이고 논이고 밭이고 할 것 없이 다 금쟁이 금장이. 금광업을 전문으로 하는 사람 손에 구멍이 뚫리고 뒤집히고 뒤죽박죽이 될 것이다. 그때는 뭘 파먹고 사나. 자, 보아라. 머슴들은 짜기나 한 듯이 일하다 말고 후딱하면 금점으로들 내빼지 않는가. 일꾼이 없어서 올핸 농사를 질 수 없으니 마느니 하고 동리에서는 떠들썩하다. 그리고 번동 포농이 좋아 호미를 내던지고 강변으로 개울로 사금을 캐러 달아난다. 그러나 며칠 뒤에는 지까다비 신에다 옥당목을 떨치고 희짜를 품질이 낮은 옥양목(생목보다 발이 고운 무명) 물가나 물 밑의 모래 또는 자갈 속에 섞인 금　　꽃무늬가 재겨진 비단신　　최고라고 자랑하는 뽑는 것이 아닌가. – 김유정, 〈금 따는 콩밭〉 → 이 작품의 배경인 1930년대는 속칭 (4 ㅎㄱㄱ) 시대로 불렸던 시기로, 일본에 의한 금광 채굴 장려 정책으로 농사를 천직으로 알던 농민들이나 지식인들마저도 경제적 이익만을 좇아 금광 채굴에 뛰어 들었으나 그들의 가난과 절망은 더욱 심해졌음.

🔴 1:1 작품 체험

기다리지 않아도 오고
기다림마저 잃었을 때에도 너는 온다.
어디 뻘밭 구석이거나
썩은 물웅덩이 같은 데를 기웃거리다가
한눈 좀 팔고, 싸움도 한 판 하고,
지쳐 나자빠져 있다가
다급한 사연 들고 달려간 바람이
흔들어 깨우면
눈 부비며 너는 더디게 온다.
더디게 더디게 마침내 올 것이 온다.
너를 보면 눈부셔
일어나 맞이할 수가 없다.
입을 열어 외치지만 소리는 굳어
나는 아무것도 미리 알릴 수가 없다.
가까스로 두 팔 벌려 껴안아 보는
너, 먼 데서 이기고 돌아온 사람아.

– 이성부, 〈봄〉

1960년 4·19 혁명은 독재와 부정부패를 저지른 이승만 자유당 정권의 몰락을 가져왔으며, 새로운 공화국의 출범을 가능하게 했으나 민주화의 열망은 1961년 5·16 군사 쿠데타로 좌절되고 만다. 이 작품은 군사 (5 ㄷㅈ) 체제가 고착화되면서 자유와 평등과 민주 사회에 대한 관심이 높아지고 문학의 사회적 역할이 강조된 시기였던 1970년대에 발표되었다. 따라서 '너'는 부정적 현실을 극복하고 도래할 자유와 평화의 (6 ㅁㅈㅈㅇ) 시대를 의미한다.

작품 알통

- **해제**: 혹독한 겨울이 지나면 봄이 오는 자연의 섭리처럼 민주주의와 자유의 시대가 반드시 도래할 것이라는 확신을 노래하고 있는 작품이다.
- **주제**: 민주와 자유라는 새로운 시대를 기다리는 간절한 소망과 신념

【초성 답】 1 사회적 2 시대적 3 가부장적 4 황금광 5 독재 6 민주주의

015 현실과 비현실

작품에서 현재 존재하는 상태나, 실제 존재하는 상태가 아닌 것

현실적이지 않은 것, 즉 인물이 도술을 부리거나 용궁이나 천상계처럼 현실에 존재하지 않는 공간에서 존재하지 않는 인물을 만나는 등의 일이 일어나는 것을 (1 ㅂㅎㅅ) 또는 '초현실'이라고 한다. 비현실적 상황 설정은 (2 ㅎㅅ)에서는 불가능한 주제 의식을 구현하려는 의도가 반영된 것으로 볼 수 있다.

구분	예
현실	저녁부터 폭우가 내렸다. … 나는 화들짝 자리에서 일어났다. 현관에서부터 물이 새고 있었다. 이물질이 잔뜩 섞인 새까만 빗물이었다. 그것은 벽지를 더럽히며 창틀 아래로 흘러내렸다. 벽면은 검은 눈물을 뚝뚝 흘리는 누군가의 얼굴 같았다. 허둥지둥 언니에게 전화를 걸었다. 언니는 한참 만에 전화를 받았다. 언니는 의외로 담담했다. 언니는 그런 적이 몇 번 있다고, 걸레로 닦아 내면 괜찮을 거라고 말한 뒤 바쁜 듯 전화를 끊었다. 언니가 그렇게 말해 주니, 섭섭하면서도 안심이 되는 기분이었다. 나는 멍하니 서 있다, 양말을 벗고 바지를 걷어 올렸다. 현관 앞 신발들을 모두 신발장 안에 넣고, 컴퓨터와 티브이 등 가전제품의 콘센트를 뽑았다. 피아노 주위엔 마른 수건 몇 장을 단단히 둘러놓았다. 방바닥에 고인물은 걸레로 훔쳐 내면 될 일이었다. 나는 걸레로 바닥을 닦은 뒤 세숫대야에 물을 짜내고 훔쳐내는 일을 반복했다. 구정물은 화장실에 버리고 마른 수건으로 한 번 더 물기를 없앴다. – 김애란, 〈도도한 생활〉 → 폭우가 내려 집에 물이 새는 일은 현실에서 누구에게나 일어날 수 있는 일이며, 이 장면에서는 물이 샌 집 안을 치우는 '나'의 모습이 (3 ㅅㅅㅈ)(으)로 묘사되어 있음.
비현실	그는 어둠 속에서 눈을 부릅뜬다. 벽이 출렁거린다. 그는 천천히 몸을 움직인다. 방 벽면 전기다리미 꽂는 소켓의 두 구멍 사이에서 소리가 들려온다. 친구여. 귀를 좀 대 봐요. 내 비밀을 들려줄게. 그는 그의 오른쪽 귀에 소켓을 밀착한다. 그의 귀가 전기 금속 부품처럼 소켓의 좁은 구멍에 접촉된다. 그러자 그의 온몸이 고급 전기난로처럼 달아오르기 시작한다. 그의 몸에 스파크가 일고, 그는 온몸에 충만한 빛을 느낀다. 잘 들어요. 소켓이 속삭인다. 마치 트랜지스터 이어폰을 꽂은 것처럼 그의 목소리는 귓가에만 사근거린다. 오늘 밤 중대한 쿠데타가 있을 거예요. 겁나지 않으세요? 그는 소켓에서 귀를 뗀다. 그리고 맹렬한 기세로 다시 스위치를 올린다. 불이 들어오면 이 모든 술렁임이 도료처럼 벽면에 밀착하고 모든 것은 치사하게도 시치미를 떼고 있다. 그는 불을 켠 채 화장대로 다가간다. 그는 투덜거리면서 키가 크고 낮은 모든 화장품을 열어 검사한다. 그러나 그가 들여다보는 물건은 본래 예사의 물건은 아니었다. 그것은 이미 어제의 물건이 아니었다. – 최인호, 〈타인의 방〉 → '그'가 방 안의 불을 끄자 방에 있는 (4 ㅁㄱ)이/가 살아 움직이고 사람인 그에게 말을 건네는 비현실적인 상황이 벌어지며, 움직이는 물건들은 그를 객체로 전락시켜 그의 고독과 소외감을 심화함.

1:1 작품 체험

이화가 그 자물쇠 속에 이여백의 혼이 접하였음을 알고 읍내의 재변을 알고자 하니, 이화의 신기한 묘략과 덕을 알 수 있었다. 자물쇠를 앞에 놓고 크게 소리 질러 이여백을 부르니, 이여백이 그 자물쇠 속에서 대답하였다. (중략) 정전에 들어가니 황제가 귀비와 함께 앉아 계시거늘, 이화가 황상께 여덟 번 절하고 머리를 숙인 후 문득 소매에서 매를 내놓았다. 매가 바로 귀비의 머리에 날아가 앉아 두 눈을 쪼아 먹으니 귀비가 변하여 황금 같은 여우가 되었다. 황제가 대경실색(大驚失色)하여 좌우에 있는 사람으로 하여금 여우를 끌어내라 하고 겨우 정신을 진정하여 이화를 나아오라 하고 손을 잡고 연고를 물으셨다.

재앙으로 인해 생긴 변고 (곁주)
왕이 나와서 조회를 하던 궁전 (곁주)
후궁에게 주던 칭호 (곁주)
몹시 놀라 얼굴빛이 하얗게 질림. (곁주)
일의 까닭. 사유 (곁주)

– 작자 미상, 〈이화전〉

이 작품은 이여백이 (5 ㅈㅁㅅ) 안에 들어가거나 사람이 여우로 변신하는 등 전기적 요소를 활용하여 (6 ㅂㅎㅅ)적인 장면을 드러내고 있다.

작품 알통

- **해제:** 이화가 임진왜란 때 조선을 도와준 명나라 장군 이여백 영혼의 도움을 받아 여우 요괴를 퇴치하는 소설이다.
- **주제:** 이화의 영웅적 활약상과 요괴 퇴치

【초성 답】 1 비현실 2 현실 3 사실적 4 물건들 5 자물쇠 6 비현실

개념 트레이닝 ZONE

🔗 빈칸에 알맞은 말을 쓰며 개념 근육을 키워 보세요!

01

계량(桂浪)포 봄 바다에 뱀장어도 많을시고

푸른 물결 헤치며 활선이 떠나간다.

높새바람 드높을 때 일제히 출항해서
봄부터 초여름에 우리나라에서 부는 북동풍
마파람 급히 불 때 가득 싣고 돌아오네.
남풍을 의미하는 뱃사람들의 은어

– 정약용, 〈탐진어가 1〉
지금의 전남 강진, 정약용의 유배지

'(   )'(이)라는 시간적 배경을 제시하며 뱀장어 잡이를 나서는 시적 상황을 드러내고 있다.

02

그 잔디밭은 이제 한여름의 푸름을 잃고 시들어져 누른빛을 띠고 있었다. 가을 햇빛은 그리고 그 빛을 서서히 거둬들임으로써 잔디의 누른빛을 회갈색으로 바꿔 가고 있었다.

– 조해일, 〈매일 죽는 사람〉

푸른색에서 누른색으로 변한 잔디밭의 모습을 통해 (   )의 변화를, 햇빛이 서서히 사라지면서 (   )이/가 변화하는 표현을 통해 주변 배경의 분위기를 드러내고 있다.

03

여기저기서 단풍잎 같은 슬픈 가을이 뚝뚝 떨어진다. 단풍잎 떨어져 나온 자리마다 봄을 마련해 놓고 나뭇가지 위에 하늘이 펼쳐 있다. 가만히 하늘을 들여다 보려면 눈썹에 파란 물감이 든다. 두 손으로 따뜻한 볼을 쏫어 보면 손바닥에도 파란 물감이
씻어
묻어 난다.

– 윤동주, 〈소년〉

'떨어진다', '든다', '묻어 난다'와 같은 시어에서 확인할 수 있는 (   )형 어미 '(   )'을/를 통해 소년에게 가을 하늘을 상징하는 파란 물감이 스며들고 있는 상황을 제시하고 있다.

04

아침부터 끈질기게 추근거리던 봄볕에 못 이겨

나무마다 푸른 망울들이 터지고
아직 피지 아니한 어린 꽃봉오리
할머니들은 사방으로 바삐 눈을 흘긴다.

할머니 주름살들이 일제히 웃는다.

– 김기택, 〈봄날〉

'흘긴다', '웃는다'에서 확인할 수 있는 (   )형 어미 '(   )'을/를 통해 꽃망울을 보고 기뻐하는 할머니들의 시적 상황을 제시하고 있다.

05

동산에 배꽃 피고 진달래꽃 못다 진 때

진영에 일이 없어 산수를 보려고
군사적으로 중요한 지점에 둔 군영
약산 동대(藥山東臺)에 술을 싣고 올라가니
평안북도 영변군 약산에 있는 관서 팔경의 하나
눈 아래 구름 낀 하늘이 끝이 없구나.

– 백광홍, 〈관서별곡〉

계절적 배경인 (   )을/를 나타내는 자연물 '배꽃'과 '진달래꽃'을 언급한 후 경치를 즐길 수 있는 (   )을/를 드러내고 있다.

06

오늘 저녁 이 좁다란 방의 흰 바람벽에
방이나 칸살의 옆을 둘러막은 둘레의 벽
어쩐지 쓸쓸한 것만이 오고 간다 (중략)

이 흰 바람벽엔 / 내 쓸쓸한 얼굴을 쳐다보며

이러한 글자들이 지나간다

— 나는 이 세상에서 가난하고 외롭고 높고 쓸쓸하니 살아가도록 태어났다

– 백석, 〈흰 바람벽이 있어〉

'(   )'은/는 화자가 자신의 삶을 돌아보며 자신의 운명을 인식하게 되는 시간으로 내적 성찰이 이루어지는 시간이다.

07

어둠은 새를 낳고, 돌을 / 낳고, 꽃을 낳는다.

아침이면, / 어둠은 온갖 물상(物象)을 돌려주지만
자연계 사물의 형태
스스로는 땅 위에 굴복한다.

– 박남수, 〈아침 이미지 1〉

'(   )'이/가 사라져 가는 시간을 배경으로 삼아 어둠이 사라지면서 날이 밝아오는 변화의 과정이 드러나 있다.

08

속이 검게 타버린 고목이지만
말라서 죽어 버린 나무
창녕 덕산리 느티나무는 올봄도 잎을 내었다 (중략)

발이 묶인 채 날아오르는 새처럼

덕산리 느티나무는 푸른 날개를 마악 펴들고 있다

– 나희덕, 〈성(聖) 느티나무〉

죽은 줄 알았던 고목이 '(   )'이/가 되어 새 잎을 내는 모습을 통해 나무의 생명력에 대한 예찬을 형상화하고 있는 작품으로, (   )(이)라는 계절적 배경이 시상 전개와 시의 분위기 형성에 기여하고 있다.

09

그러나 신령님, 바닷물이 적은 여울을 마시듯이
강이나 바다 따위의 바닥이 얕거나 폭이 좁아 물살이 세게 흐르는 곳
당신은 다시 그를 데려가고 / 그 훤—ㄴ한 내 마음에

마지막 타는 저녁 노을을 두셨습니다

그러고는 또 기인 밤을 두셨습니다

— 서정주, 〈다시 밝은 날에 – 춘향의 말 2〉

'(   )'은/는 사랑하는 대상이 화자의 곁에 없는 결핍된 시간을 의미한다.

10

태양아

너는 나의 가슴속 작은 우주의 호수와 산과 푸른 잔디밭과 흰 방천에서 불결한 간밤의 서리를 핥아 버려라. 나의 시냇물을 쓰다듬어 주며 나의 바다의 요람을 흔들어 주어라. 너는 나의 병실을 어족(魚族)들의 아침을 데리고 유쾌한 손님처럼 찾아오너라.
어류
태양보다도 이쁘지 못한 시(詩). 태양일 수가 없는 서러운 나의 시를 어두운 병실에 켜놓고 태양아 네가 오기를 나는 이 밤을 새워 가며 기다린다.

— 김기림, 〈태양의 풍속〉

'간밤', '아침', '밤'이라는 (   )이/가 드러나는 시어를 사용하여 부정적 상황과 희망적 상황이라는 대립되는 현실 인식을 드러내고 있다.

11

이러할 즈음에 방에 있던 옹가 간데없고 짚 한 묶음이 놓여 있고, 허옹가의 자식들도 문득 허수아비 되니, 가중 제인이 박장대소하더라.
집 안에 있는 모든(여러) 사람
부인이 어처구니없어 묵묵부답하고 방 안에 돌아다니며 허옹가의 자식 살펴보니, 이리 보아도 허수아비, 저리 보아도 허수아비 떼가 분명하다. 도사의 술법을 탄복하여, 옹 좌수 모친께 효성하고, 불도를 공경하여 개과천선하니 그 어짊을 칭찬하더라.

— 작자 미상, 〈옹고집전〉

도술을 부려 짚으로 사람을 만드는 (   )적인 상황을 설정하여 전기성이 드러나고 있다.

12

하얀 박꽃이 오들막을 덮고
오두막의 함경도 방언
당콩 너울은 하늘로 하늘로 기어올라도
강낭콩
고향아 / 여름이 안타깝다 무너진 돌담

— 이용악, 〈고향아 꽃은 피지 못했다〉

'박꽃'과 같이 (   )을/를 느끼게 하는 이미지와 시적 공간인 고향의 (   ) 분위기를 결부하여 화자의 정서를 부각하고 있다.

13

산은 첩첩하고 물은 중중한데, 잠자려는 새들은 숲으로 들어가 객회(客懷)를 자아내니 숙향이 갈 데 없어서 앉아서 울고 있었다.
객지에서 느끼게 되는 울적하고 쓸쓸한 느낌
문득 파랑새가 꽃봉오리를 물고 손등에 앉거늘 숙향이 배고픔을 견디지 못해 꽃봉오리를 먹으니 눈이 맑아지고 배가 불러 정신이 상쾌하며 몸에 향내 진동하더라.

— 작자 미상, 〈숙향전〉

첩첩산중이라는 (   ) 배경과 (   )마저 잠들 시간이라는 시간적 배경을 통해 오갈 데 없는 인물이 처한 힘든 상황을 제시하고 있다.

14

일찍이 어머니가 나를 바다에 데려간 것은
소금기 많은 푸른 물을 보여 주기 위해서가 아니었다
바다가 뿌리 뽑혀 밀려 나간 후
꿈틀거리는 검은 뻘밭 때문이었다
뻘밭에 위험을 무릅쓰고 퍼덕거리는 것들
숨 쉬고 사는 것들의 힘을 보여 주고 싶었던 거다

— 문정희, 〈율포의 기억〉

'(   )'은/는 그곳에서 치열하게 살아가는 생명들을 통해 화자가 깨달음을 얻게 되는 공간적 배경이다.

15

마을이 온통 / 해바라기 꽃밭이었다.
많은 꽃송이가 달려 있는 덩어리
그 훤출한 줄기마다 / 맷방석만한 꽃숭어리가 돌고 //
매통이나 맷돌을 쓸 때 밑에 까는, 짚으로 만든 방석
해바라기 숲 속에선 갑자기

수천 마리의 낮닭이 / 깃을 치며 울었다.
낮에 우는 닭이라는 뜻으로, 울 때가 아닌데 우는 닭을 이르는 말
— 조지훈, 〈꿈 이야기〉

'숲 속'은 '해바라기'가 피어 있고 '수천 마리의 낮닭이 깃을 치며' 우는 곳이므로 (   )이/가 느껴지는 공간적 배경이다.

16

전날 큰 구렁이가 기왓장을 떨어쳤다는 말이 병일에게는 육친
❶ 부모, 형제, 처자를 통틀어 이르는 말 ❷ 혈족 관계가 있는 사람
의 시체를 보는 듯한 침울한 인상을 주는 것이었다. 모기 소리와 빈대 냄새와 반들거리다가 새침히 뛰어오르는 벼룩이가 기다릴 뿐인 바람 한 점 없는 하숙방에서 활자로 시꺼멓게 메워진 책과 마주 앉을 용기가 없어진 병일이는 어떤 유혹에 끌리듯이 사진관으로 찾아가게 되었다.

— 최명익, 〈비 오는 길〉

(   )은/는 병일이 자신을 대면하는 고독한 공간이고, (   )은/는 삶에 지친 병일이 일시적으로 도피하는 공간이다.

17

새침하게 흐린 품이 눈이 올 듯하더니 눈은 아니 오고, 얼다가 만 비가 추적추적 나리는 날이었다.

이날이야말로 동소문 안에서 인력거꾼 노릇을 하는 김 첨지에
_{나이 많은 남자를 낮잡아 이르는 말}
게는 오래간만에도 닥친 운수 좋은 날이었다. 문안에 (거기도 문
_{'혜화문'을 달리 이르는 말 → 동쪽에 있었던 데서 유래함.}
밖은 아니지만) 들어간답시는 앞집 마나님을 전찻길까지 모셔다
_{나이가 많은 부인(婦人)을 높여 이르는 말}
드린 것을 비롯으로 행여나 손님이 있을까 하고 정류장에서 어정
어정하며 나리는 사람 하나하나에게 거의 비는 듯한 눈결을 보내
고 있다가, 마침내 교원인 듯한 양복쟁이를 동광학교(東光學校)
_{양복을 입은 사람을 낮잡아 이르는 말}
까지 태워다 주기로 되었다.
_{각급 학교에서 학생을 가르치는 사람}

– 현진건, 〈운수 좋은 날〉

(   )은/는 1924년에 보성고등보통학교로 병합된 학교로, 일제 강점기인 1920년대라는 (   ) 배경을 알 수 있다.

18

윤 소령은 당번병을 불러, 김병국 군을 데려오라고 말했다. 한참 뒤, 사병과 함께 병국이 파견 대장실로 들어왔다. 땟국 앉은 꾀죄죄한 그의 몰골이 중병 환자 같았다. 점퍼와 검정 바지도 펄 투성이어서 하수도 공사를 하다 나온 듯했다.

병국은 움푹 꺼진 동태눈으로 나를 보았다.
_{흐릿하고 생기가 없어 보이는, 사람의 눈을 속되게 이르는 말}
"이 녀석아, 넌 도대체 어, 어떻게 돼먹은 놈이야! 통금 시간에 허가증 없이 해안 일대에 모, 못 다니는 줄 뻔히 알면서."

내가 노기를 띠고 아들에게 소리쳤다.
_{성난 얼굴빛. 또는 그런 기색이나 기세}
"본의는 아니었어요. 사흘 사이 동진강 하구 삼각주에서 갑자 기 새들이 집단으로 죽기에 그 이유를 좀 알아보려던 게……."

병국이 머리를 떨구었다.

– 김원일, 〈도요새에 관한 명상〉

'(   )'(이)라는 표현을 통해 시대적 배경을 알 수 있다. '통금'은 '통행금지'의 준말로, 일정한 시간 동안 일반인이 거리를 지나다니거나 집 밖으로 활동하는 것을 못하게 하던 일을 말한다. 우리나라는 1945년 9월 ~ 1982년 1월까지 약 37년간 야간 통행금지가 실시되었다.

19

1945년 8월 15일, 역사적인 날.

이날도 신기료장수 방삼복은 종로의 공원 건너편 응달에 앉아
_{헌 신을 꿰매어 고치는 일을 직업으로 하는 사람}
서, 구두 징을 박으면서, 해방의 날을 맞이하였다. 그러나 삼복은 감격한 줄도 기쁜 줄도 모르겠었다. (중략)

"우랄질! 독립이 배부른가?"

이렇게 그는 두런거리면서 반감이 솟았다.

– 채만식, 〈미스터 방〉

작품의 시작 부분에서 '1945년 8월 15일'이라는 구체적인 시간적 배경을 제시함으로써 (   ) 직후를 시대적 배경으로 하고 있음을 알 수 있다.

20

"범을 잡는 사람은 이급(二級)의 벼슬을 주겠다."

김현이 대궐로 나아가 아뢰었다.

"소신이 그 일을 해내겠습니다."

왕은 이에 벼슬부터 먼저 주어 그를 격려했다. 김현이 칼을 쥐고 숲 속으로 들어가니, 범은 처녀로 변하여 웃으면서 말했다.

"어젯밤에 낭군과 함께 은근히 나눈 말을 잊지 마십시오. 오늘제 발톱에 상처를 입은 사람은 모두 흥륜사의 장을 바르고 그
_{경북 경주에 있는 절}
절의 나팔 소리를 들으면 나을 것입니다."

말을 마친 처녀가 김현이 찼던 칼을 뽑아 스스로 찌르자 바로범이 되었다.

– 작자 미상, 〈김현감호(金現感虎)〉
_{김현이 호랑이에게 감동하다}

호랑이와 인간의 사랑 이야기를 담은 (   )(으)로, 호랑이가 처녀로 변했다가 다시 호랑이로 변하는 (   )적인 사건이 일어나고 있다.

21

고려 때에 한생(韓生)이 살고 있었는데, 젊어서부터 글을 잘 지어 조정에까지 알려지고 문사(文士)로 평판이 있었다. 하루는 한
_{문학에 뛰어나고 시문을 잘 짓는 사람}
생이 거실에서 해가 저물 무렵에 편안히 앉아 있었는데, 홀연히
_{벼슬의 일종}
푸른 저고리를 입고 복두(幞頭)를 쓴 낭관(郎官) 두 사람이 공중
_{과거에 급제한 사람이 홍패를 받을 때 쓰던 관(冠)}
으로부터 내려왔다. 그들이 뜨락에 엎드려 말하였다.
_{집 안의 앞뒤나 좌우로 가까이 딸려 있는 빈터}
"박연에 계신 용왕님께서 모셔 오라고 하셨습니다." (중략)

다들 자리에 앉아 찻잔을 한차례 돌린 뒤에 용왕이 한생에게 말하였다.

"소문에 들으니 선생의 이름이 삼한(三韓)에 널리 알려졌으며 글솜씨가 백가에 으뜸이라고 하므로, 특별히 멀리서 모셔온 것입니다. 과인을 위하여 상량문을 지어 주시면 다행이겠습니다."
_{집을 지을 때 기둥을 세우고 마룻대를 올리는 의식에서 읽는 축하글}

– 김시습, 〈용궁부연록〉

두 사람이 공중에서 내려오고 한생이 (   )을/를 만나는 비현실적인 사건이 일어나고 있다.

22

양생은 달밤이면 늘 그 배나무 아래를 서성이며 낭랑하게 시를 읊조렸다. (중략)

시를 읊고 나자, 홀연히 공중에서 말소리가 들려왔다.

"그대가 좋은 배필을 얻으려 할진대, 어찌 이루어지지 않는다고 걱정하리오?"

양생은 이 말을 듣고 속으로 기뻐하였다.

– 김시습, 〈만복사저포기〉

아무도 없는 공중에서 갑자기 (   )이/가 들려오는 비현실적인 상황이 일어나고 있다.

🏋 다음 글을 읽고 빈칸에 알맞은 말을 써서 해설을 완성하거나 정오를 판단하세요.

01

하나의 작품 속 화자가 자연에서 감흥을 느끼는 모습은 장면에 따라 화자가 인식하는 자연의 의미가 다양하게 나타날 수 있습니다.

일곡(一曲) 승계산에 생애를 부쳐 두고
어부와 나무꾼을 내 일로 삼아 백 년을 보내리라
㉠어즈버 무이구곡이 여기도 그곳인가 하노라 〈제1수〉
중국에 있는 경치가 아름다운 곳

육곡(六曲) ㉡속세를 버린 듯하니 심신도 한적하구나
　　　　　　　　　몸과 마음
물고기와 새우 벗을 삼고 물과 돌을 집을 삼아
늙기를 다 잊은 후에 놀고 놀자 하노라 〈제6수〉

－ 이중경, 〈오대어부가구곡〉

구분	화자의 인식
㉠	화자가 머무르고 있는 자연을 (　　　　　)에 비견될 만큼 만족감을 느끼게 하는 공간으로 인식함.
㉡	자연을 속세로부터 심리적 (　　　　)을/를 둘 수 있는 공간으로 인식함.

02

서정 갈래의 현재 시제는 물리적 시간으로서의 현재가 아닌 가상적 현재를 의미하며 이를 통해 시적 효과를 유발합니다. 즉, 과거 혹은 특정할 수 없는 어느 시점에서의 시적 대상과 상황에 대한 화자의 시적 체험을 현재 시제로 표현하게 되면, 독자는 화자의 주관적 인상과 인식, 그리고 감정과 행위에 집중하게 되고, 그 상황이 마치 지금 여기에서 벌어지고 있는 듯한 생생함을 느끼게 됩니다.

겨울산에 가면
밑둥만 남은 채 눈을 맞는 나무들이 있다 (중략)
잘릴 때 쏟은 톱밥가루는 지금도
마른 껍질 속에 흩어져
해산한 여인의 땀으로 맺혀 빛나고,
그 옆으로는 아직 나이테도 생기지 않은
꺾으면 문드러질 만큼 어린것들이
뿌리박힌 곳에서 ㉠자라고 있다

－ 나희덕, 〈겨울산에 가면〉

㉠은 (　　　　) 시제를 사용하여 밑둥 옆에 어린 나무가 자라고 있는 상황을 생생하게 느끼도록 하는 시적 효과를 얻고 있다 .

03

자연을 이상적인 공간으로 표현하는 작품들이 있습니다. 이런 작품에서 화자는 자연을 즐기며 자연과의 친밀감을 표현합니다. 또한 자연 속 소박한 삶의 모습을 보여 주는데, 시조나 가사 중에는 이러한 삶이 임금의 은혜임을 표현하기도 합니다.

(가)　강호에 가을이 드니 고기마다 살져 있다

소정(小艇)에 그물 실어 흐르게 던져 두고
작은 배
이 몸이 소일하는 것도 역군은(亦君恩)이샷다 〈제3수〉
하는 일 없이 세월을 보낸다.　　역시 임금의 은혜

－ 맹사성, 〈강호사시가(江湖四時歌)〉

(나)　엊그제 검은 들판에 봄빛이 넘치는구나

공명도 날 꺼리고 부귀도 날 꺼리니
공을 세워서 이름을 널리 드러냄.
청풍명월(淸風明月) 외에 어떤 벗이 있사올고
맑은 바람과 밝은 달
단표누항(簞瓢陋巷)에 허튼 생각 아니하니
소박하고 청빈한 생활
아모타 백년행락(百年行樂)이 이만하면 어떠한가
한 평생 즐겁게 지냄.

－ 정극인, 〈상춘곡〉

구분	상황	화자의 생각이나 정서
(가)	가을의 (　　　　) 속에서 소일함.	임금의 (　　　　) 덕분이라고 생각함.
(나)	'청풍명월'을 (　　　　)(이)라고 말함.	자연과의 (　　　　)이/가 드러남.

04

[앞부분 줄거리] 전란으로 가족과 이별한 최척은 명나라 배를 타고 안남에 이르러 처량한 마음에 피리를 불었다.

　최척은 동방이 밝아 오자, 강둑을 내려가 일본인 배에 이르러 조선말로 물었다.

　"어젯밤 시를 읊던 사람은 조선 사람 아닙니까? 나도 조선 사람이어서 한번 만나 보았으면 합니다. 멀리 다른 나라를 떠도는 사람이 비슷하게 생긴 고국 사람을 만나는 것이 어찌 그저
주로 남의 나라에 있는 사람이 자신의 조상 때부터 살던 나라를 이르는 말
기쁘기만 한 일이겠습니까?"

　옥영도 생각하기를 어젯밤 들은 피리 소리가 조선의 곡조인 데다, 평소 익히 들었던 것과 너무나 흡사했다. 그래서 남편 생각에 감회가 일어 절로 시를 읊게 되었던 것이다. 옥영은 자기를 찾는 사람의 목소리를 듣고는 황망히 뛰쳐나와 최척을 보았다.

－ 조위한, 〈최척전〉

명나라 배를 타고 안남에 이르게 된 최척이 일본인 배에 이르러 조선말로 물어보는 것과 (　　　　　　) 사람을 만나려 하는 것은, 서사 전개 과정에서 공간적 배경을 조선뿐 아니라 다른 나라로 (　　　　)하는 서사적 장치와 관련이 있다.

05

　연왕이 물러나와 윤 부인과 작별하고 난성후를 찾아가니, 난성후가 벌써 화장을 지우고 청의(靑衣)를 입고 나와 군세게 서 있더라. 연왕이 그 뜻을 알고,
　　천한 사람이 입었던 푸른 옷

　"오늘은 ㉠낭자 역시 벼슬에 매인 몸이라. 어찌 이처럼 유배객을 따르고자 하는가?"

　난성후가 결연히 대답하길,

　"운남은 험한 땅이고, 또 간악한 사람이 독을 품으면 헤아리기 어렵나이다. 들건대 '삼종지도(三從之道)는 무겁고 몸은 가볍다' 하니, 어찌 편안히 앉아 상공께서 홀로 위험한 땅에
　예전에, 여자가 아버지, 남편, 자식을 따라야 한다고 했던 세 가지 도리
㉡들어가시는 것을 보리이까? 이제 비록 엄한 견책을 받고 길
　허물이나 잘못을 꾸짖고 나무람.
을 떠나시는데 반드시 하인 한 명을 거느려 따르게 하시리니, 바라건대 제 간절한 마음을 받아 주소서. 만약 이 일로 조정에 죄를 얻는다 해도 저는 부끄럽지 않나이다."

　연왕이 만류할 수 없음을 알고 길을 재촉해 하인 한 명과 남종 다섯 명과 함께 작은 수레를 몰아 출발하더라. 한웅문 어사
　양창곡을 유배지로 호송하는 임무를 맡은 관리
는 일찍이 난성후와 면식이 없는지라, 자주 쳐다보며 도리어 하인의 용모가 비범함을 의아해하더라.

– 남영로, 〈옥루몽〉

구분	내용
㉠	강남홍이 관직에 오를 정도로 뛰어난 (　　　)을/를 가진 인물임을 알 수 있음.
㉡	벼슬을 하고 있는 강남홍이 유배를 가는 연왕(양창곡)을 보호하기 위해 (　　　)을/를 얻는 것도 두려워하지 않고 따라가려고 함.

여성 주인공이 뛰어난 능력을 가졌음에도 자신의 능력을 남성 주인공을 위해 사용하려는 모습에서 (　　　) 중심의 유교적 가치관이 강한 사회를 배경으로 창작된 작품에 등장하는 여성 영웅의 한계를 확인할 수 있다.

06

　중국에서 지방 지역을 감독하기 위해 둔 감찰관
　태자비가 황주 자사와 싸우기를 30여 합에 결단하지 못하였는
　　　장수가 입던 긴 웃옷　　용의 머리
데, ㉠문득 태자비가 입은 전포(戰袍)의 용두(龍頭)에서 청황룡이 엎드려 있다가 붉은 기운을 토하니, 삼태호총마가 귀를 세우는 가운데 안개가 자욱하여 양진을 분별하지 못하였다.
　전투에서 서로 대적하고 있는 두 편의 진
　그런데 ㉡문득 태자비의 몸이 공중에 솟구치더니 칼을 들어 황주 자사의 목을 베어 말 아래로 내리치니 누가 감히 당하리오.

– 작자 미상, 〈정각록〉

구분	장면
㉠	태자비가 입은 전포에서 (　　　)의 기운이 나오며 안개가 자욱해지는 장면
㉡	태자비가 몸을 (　　　)에 솟구쳐 황주 자사를 베는 장면

㉠과 ㉡은 전기적 요소를 활용하여 비현실적인 장면을 부각하고 있다. ⃝⨯

07

　흥부가 나와 보고 이상히 여기고 있으려니 그 제비가 머리 위를 날아들며 입에 물었던 것을 앞에다 떨어뜨린다. 집어 보니 한 가운데 '보은(報恩)박'이란 글 석 자가 쓰인 박씨였다. 그것을 울타리 밑에 터를 닦고 심었더니 이삼 일에 싹이 나고, 사오일에 순이 뻗어 마디마디 잎이 나고, 줄기마다 꽃이 피어 박 네 통이
　새로 돋아 나온 연한 싹
열린 것이다. … 박 한 통을 또 따놓고 슬근슬근 톱질이다. 쓱삭 쿡칵 툭 타 놓으니 속에서 온갖 세간붙이가 나왔다. 또 한 통을
　　　　　　　　집안 살림에 쓰는 온갖 물건
따서 먹줄 쳐서 톱을 걸고 툭 타 놓으니 순금 궤가 하나 나왔다.
　먹을 묻혀 곧게 줄을 치는 데
　쓰는, 먹통에 딸린 실줄

– 작자 미상, 〈흥부전〉

흥부가 심은 박씨가 며칠 만에 열리고, 그 박 속에서 '순금 궤'가 나와 부자가 된다는 점에서 흥부에게 주어진 보상이 (　　　)을/를 띠고 있음을 알 수 있다.

08

[앞부분의 줄거리] 천상에서 지은 죄로 인간 세상에 태어난 김진옥은, 내란으로 부모와 헤어지고 화산도사를 만나 무예와 학문을 익혀 한림학사가 된다. 황제는 진옥이 우양 공주와 결혼하기를 바라지만, 천상의 인연에 따라 진옥은 유 승상의 딸(유 부인)과 결혼하고, 황제는 진옥을 양산군에 봉한다. 전여선과 혼인한 우양공주는 양산군을 시기하고 천자의 지위를 빼앗고자 태자를 독살한다.

　양산군이 급히 본부(本府)로 돌아와 목욕재계하고 종남산을
　　　　　　　본디 살던 곳
향하여 삼 일을 지성으로 기도하니, ㉠화산도사가 구름을 타고 내려와 양산군의 손을 잡고 왈,

　"그대 무슨 연고가 있어 나를 청하나뇨?"
　　　　일의 까닭
　양산군이 공경 대왈,
　　　　공손히 받들어 모심
　"국가에 망극한 변(變)이 있사와 선생을 뵙고자 함이니이다."

　도사가 왈,

　"이제 태자가 별세하시고 궐중에 대변(大變)이 난 줄 ㉡내 이
　　　　　　　　　　　　　　중대하고 큰 변고
미 짐작하고 회생하는 약을 가져왔으니, 가져다가 태자의 입에 넣으면 회생하리니 빨리 가서 구하고, 더디지 말라."

하고 갑자기 사라지거늘, 양산군이 공중을 향하여 사례하고 궐내를 향하여 들어오더라.

– 작자 미상, 〈김진옥전〉

구분	장면	영웅 소설의 특징
㉠	화산도사가 구름을 타고 내려옴.	(　　　) 존재가 개입하는 영웅 소설의 (　　　)이/가 드러남.
㉡	위기 상황을 미리 짐작하고 약을 가져옴.	(　　　) 존재의 능력이 부각되어 (　　　)이/가 강화됨.

01

〈보기〉를 참고하여 [A]~[D]를 이해한 내용으로 적절하지 <u>않은</u> 것은?

> ┌─ 우리들의 사랑을 위하여서는
> [A]
> └─ 이별이, 이별이 있어야 하네. //
>
> ┌─ 높았다, 낮았다, 출렁이는 물살과
>
> 물살 몰아 갔다 오는 바람만이 있어야 하네. //
>
> [B] 오, 우리들의 그리움을 위하여서는
>
> 푸른 은핫물이 있어야 하네. //
>
> 돌아서는 갈 수 없는 오롯한 이 자리에
> 모자람이 없이 온전하다.
> └─ 불타는 홀몸만이 있어야 하네! //
>
> ┌─ 직녀여, 여기 번쩍이는 모래밭에
>
> [C] 돋아나는 풀싹을 나는 세이고……. //
>
> 허이언 허이언 구름 속에서
>
> └─ 그대는 베틀에 북을 놀리게. //
>
> ┌─ 눈썹 같은 반달이 중천에 걸리는
>
> [D] 칠월 칠석이 돌아오기까지는, //
>
> 검은 암소를 나는 먹이고
>
> └─ 직녀여, 그대는 비단을 짜세.
>
> — 서정주, 〈견우의 노래〉

〈보기〉

공간 개념인 '여기'는 시간적으로는 '지금'과, 상황적으로는 당면한 현실과 연결되어 있다. 또한 '여기'에는 지금의 현실에 의미를 부여하고 미래를 기약하는 인식과 태도가 반영되어 있다. 이 작품에서 '여기'의 의미는 이러한 맥락에서 파악해 볼 수 있다. 즉 '여기'를 기점으로 전반부인 1~4연에서는 현실에 대한 화자의 의미 부여가, 후반부인 5~8연에서는 이에 대응하는 화자의 태도가 형상화되어 있다.

① [A]에는 화자가 이별이라는 현실에 부여한 의미가 단적으로 드러나 있다.

② [B]에는 [A]에서 '여기'에 부여한 의미가 변주되어 나타나 있다.

③ [C]에서는 현실 상황과 미래에 대한 기약 사이에서 갈등하는 화자의 모습을 강조하고 있다.

④ [C]를 통해 '여기'가 화자인 견우뿐 아니라 '직녀'에게도 해당하는 현실 상황임을 드러내고 있다.

⑤ [D]는 [C]를 변주하면서 미래를 기약하는 화자의 태도를 드러내고 있다.

02

다음 글에 대한 설명으로 가장 적절한 것은?

> 노옹이 웃으며 말하기를,
> "마고 선녀는 범인(凡人)이 아니라 그대 정성을 시험함이니 다
> 평범한 사람
> 전설에 나오는 신선 할미
> 시 가 애걸하면 숙향을 보려니와 만일 그대 부모가 숙향을 만
> 난 것을 알면 숙향이 큰 화를 당하리라."
> 하고 이미 간 데 없었다. 그리하여 이랑은 집으로 돌아왔다. 선
> 시(先時)에 할미 이랑을 속여 보내고 안으로 들어와 낭자더러 말
> 이전의 어느 날
> 하기를,
> "아까 그 소년을 보셨습니까? 이는 천상 태을이요, 인간 이선
> 입니다." / 하니 낭자가 물었다.
> "태을인 줄 어찌 아셨습니까?"
> 할미가 말하기를,
> 신선이 살았다고 하는, 중국 곤륜산에 있는 연못
> "그 소년의 말을 들으니 '대성사 부처를 따라 요지(瑤池)에 가
> 삼천 년마다 한 번씩 열매가 열린다는 선경에 있는 복숭아
> 반도(蟠桃)를 받고 조적의 수(繡) 족자를 샀노라.' 하니 태을임
> 헝겊에 색실로 그림이나 글자 등을 바늘로 떠서 놓는 일
> 이 분명합니다." / 하니 낭자가 말하였다.
> "세상 일이란 예측하기 어려운 것이니 옥지환(玉指環)의 진주
> 를 가진 사람을 살펴주십시오." (중략)
> 옥으로 만든 가락지
> 이때 이랑이 목욕재계하고 황금(黃金) 일정(一正)을 가지고 할
> 깨끗이 목욕하고 몸가짐을 가다듬는 일
> 미 집을 찾아가니 … 할미가 거짓으로 놀라는 척하며 말했다.
> "숙향이 이미 죽었습니까?"
> 이랑이 말하기를,
> "노전에 가 노옹의 말을 들으니 낙양 동촌 술 파는 할미 집에
> 있다고 하니 할미집이 아니면 어디에 있겠는가? 사람을 속임이
> 너무 짓궂도다." / 하니 할미 정색하여 말하기를,
> "낭군의 말씀이 매우 허탄합니다. 화덕진군은 남천문 밖에 있
> 불을 맡아 다스린다는 신령
> 고 마고 선녀는 천태산에 있어 인간에 내려올 일이 없거늘 숙
> 향을 데려 갔다는 말이 더욱 황당합니다." / 하였다. (중략)
> 이랑이 대희하여 말하기를,
> "필시 요지에 갔을 적에 반도를 주던 선녀로다. 수고스럽지만
> 이 진주를 갔다가 보이라."
> 하고 술과 안주를 내어 관대하니 할미 응락하고 돌아가 낭자더
> 너그럽게 대접하다
> 러 이생의 말을 이르고 진주를 내어 주거늘 낭자가 보고 '맞습니
> 다.' 하니 할미는 웃고, 즉시 이랑에게 가 말했다.
>
> — 작자 미상, 〈숙향전〉

① 서사의 진행 과정에 비현실적 요소가 개입되어 있다.

② 등장인물의 심리를 내적 독백의 형식으로 나타내고 있다.

③ 구체적인 외양 묘사를 통해 인물의 성격을 암시하고 있다.

④ 요약적 서술을 통해 시대적 배경을 구체적으로 제시하고 있다.

⑤ 언어유희를 사용하여 인물의 상황을 해학적으로 드러내고 있다.

호루라기 관장님의
🏁 하드 트레이닝

공부한 날	월	일	요일
맞은 개수			/ 6

작품	No	작품을 읽고 빈칸에 알맞은 말을 쓰시오.

작품

강호(江湖)에 봄이 드니 미친 흥(興)이 절로 난다.
막걸리 놓고 냇가에서 물고기가 안주로다.
이 몸이 한가해옴도 임금님 은혜로다. 〈제1수〉

강호(江湖)에 여름이 드니 *초당(草堂)에 일이 없다.
미더운 강 물결은 보내나니 바람이로다.
이 몸이 서늘하옴도 임금님 은혜로다. 〈제2수〉

강호(江湖)에 가을이 드니 고기마다 살쪄 있다.
작은 배에 그물 실어 흘리 띄워 던져두고,
이 몸이 세월 보내옴도 임금님 은혜로다. 〈제3수〉

강호(江湖)에 겨울이 드니 눈 깊이 한 자가 넘네.
삿갓 비스듬히 쓰고 도롱이로 옷을 삼아
짚이나 띠 따위로 엮어 허리나 어깨에 걸쳐 두르는 비옷
이 몸이 춥지 아니하옴도 임금님 은혜로다. 〈제4수〉
　　　　　　　– 맹사성, 〈강호사시가(江湖四時歌)〉

* 초당(草堂): 억새나 짚 따위로 지붕을 인 조그마한 집채

---

01 시적 화자는 누구이며, 어떤 상황에 놓여 있는가?

시적 화자	자연의 풍류 속에서도 임금의 은혜를 잊지 않는 유학자인 (　　　　)
상황	(　　　　) 속에서 유유자적한 삶을 즐기고 있음.

02 시적 화자의 정서와 태도는 어떠한가?

강호에서 안빈낙도하는 생활에 대한 (　　　　)와/과 이런 생활을 가능하게 한 임금의 (　　　　)에 감사함.

03 화자의 가치관은 무엇인가?

자연관		유교적 가치관
자연을 극복의 대상이 아닌 (　　　　)의 대상으로 보는 관점이 드러남.	+	자연을 (　　　　) 삼아 유유자적하면서도 그것이 임금의 은혜로 가능하다는 충의(忠義) 사상이 드러남.

04 시상 전개의 규칙적 구조는 무엇인가?

강호(江湖)에 (　㉠　)이 드니 (　㉡　)	초장	개인의 풍류와 흥취 (사적인 삶)
(　　　　㉢　　　　)	중장	
이 몸이 (　㉣　)옴도 임금님 은혜로다.	종장	임금의 은혜에 감사 (공적인 삶)

㉠-사계절의 변화　　　　㉡-계절에 맞는 흥취나 상황
㉢-㉣의 구체적인 내용 제시　　㉣-생활 모습의 집약

❶ ㉠에는 계절이 들어가 계절이 바뀌며 (　　　　)이/가 흐름을 나타내고, ㉡에는 계절에 맞는 흥취와 상황이 표현되었으며, ㉢에는 ㉣의 생활 모습의 구체적 내용이 나타남.
❷ 각 연은 '(　　　　)'로 시작하여 '임금님 은혜로다'로 끝남.
➜ 자연의 변함없는 조화와 임금의 은혜를 나타내는 데 효과적임.

05 시상 전개의 흐름은 무엇인가?

계절	상황	정서
봄	강가에서 물고기를 안주 삼아 막걸리를 마심.	
여름	바람이 불어오는 초당에서 더위를 잊고 지냄.	
가을	강가에 배를 띄워 놓고 고기잡이를 함.	
겨울	삿갓과 도롱이로 추위를 막을 수 있음.	

06 이 작품의 주제는 무엇인가?

(　　　　)에서 안빈낙도하며 임금을 생각함.

오늘의 수능 국어 트레이닝 끝!

016 사건과 갈등

등장인물 사이에 일어나는 대립과 충돌 또는 등장인물과 환경 사이의 모순과 대립

소설 속 인물이 사건을 겪으면서 대립과 충돌의 상황에 놓이는 것이 (1 ㄱㄷ)(이)다.

내적 갈등	한 인물의 내면에서 일어나는 대립적인 (2 ㅅㄹ) 상태로, 두 가지 이상의 심리가 충돌하여 불안감, 방황, 고민, 고통 등의 정서가 유발되는 갈등임.	
외적 갈등	인물 – 인물 갈등	인물들 간의 성격, 욕구, 가치관, 견해 등이 달라 발생하는 대립
	인물 – (3 ㅅㅎ) 갈등	인물이 자신에게 영향을 미치는 사회 제도, 윤리, 경제, 이념, 정치 체제 등으로 인해 위기나 고난을 겪게 되는 갈등
	인물 – 운명 갈등	인물이 타고난 운명에 (4 ㅈㅎ)하는 과정에서 겪는 갈등
	인물 (5 ㅈㅇ) 갈등	인물이 가뭄, 태풍, 홍수, 산사태 등 자연환경으로 일어난 재해로 인해 고난을 겪게 되는 갈등

개념 당기는 예시

북쪽으로 사정없이 넘어가는 오막살이 앞에는, 다행히 키는 낮아도 해묵은 감나무가 한 주 서 있다. 그러나 그게 라야, 모를 낸 후 비 같은 비 한 방울 구경 못한 무서운 가뭄에 시달려 그렇지 않아도 쪼그라졌던 고목 잎이 볼 모양 없이 배배 틀려서 잘못하면 돌배나무로 알려질 판이다. **(중략 1)**
〔나무를 세는 단위(= 그루)〕

봇목에 논을 가지고서도, '유아독존' 식으로 날뛰는 절 사람들의 세도에 눌려 흘러오는 물조차 맘대로 못 댄 곰보 고 서방은, 마침내 딴은 큰맘을 먹고 자기 논 물꼬를 조금 더 터 놓았다. 그러자 그걸 본 한 양반이 빽 소리를 내지르며 쫓아왔다. 오더니 다짜고짜로,
〔보의 물목〕
〔얼굴이 얽은 사람을 낮잡아 이르는 말〕 〔논에 물이 넘어 들어오거나 나가게 하기 위하여 만든 좁은 통로〕

"왜 또 손을 대요?" / "인제 물도 다 돼 가고 하니 나두 좀 대야지요." **(중략 2)**

곰보는 물꼬를 아까보다 더 크게 열면서, "위에 있는 논은 한 번 적시지도 못하게 하고 아랫논만 두렁이 넘게 물을 실으려는 것은 너무 심하잖소?"

"무어—?" / "그렇게 노려보면 어쩔 테요?"

"야, 이 친구가 밥줄이 제법 톡톡한 모양이로군!" / 그는 비쭉 냉소를 했다.
〔벌어서 먹고살 수 있는 방법이나 수단을 속되게 이르는 말〕
"이 친구? 네 집에는 그래 애비도 삼촌도 없니? 누굴 보고 이 친구 저 친구 해?"

"뭐가 어째? 야, 이 녀석이 제법 꼴값을 하는군. 어디 상판대기에 '빵구'를 좀 더 내 줄까?"

– 김정한, 〈사하촌〉

(중략 1) 전	발단 부분으로 모내기를 한 후 비가 오지 않아 감나무마저 말라비틀어질 정도로 가뭄이 심각한 상황을 보여 줌으로써 인물들과 자연 환경(가뭄)의 갈등을 형상화한 부분임. → 앞으로 전개될 사건의 (6 ㅇㅇ)을/를 보여 줌으로써 갈등의 실마리를 제공하는 역할을 함
(중략 1) 후	지주 계층에 속하는 보광리 주민과 보광리의 소작인들로 구성된 성동리 주민이 논 물꼬를 트는 문제를 두고 갈등하는 장면으로 특정 집단을 대표하는 인물들 간의 갈등이 잘 드러남.

1:1 작품 체험

어느덧 두서너 해가 지난 어떤 날 저녁에 여인이 이생에게 말했다.

"세 번째나 가약을 맺었습니다만, 세상일이 뜻대로 되지 않았으므로 즐거움도 다하기 전에 슬픈 이별이 갑자기 닥쳐왔습니다."
〔아름다운 약속〕
하고 마침내 목메어 울었다. 이생은 깜짝 놀라면서 물었다.

"무슨 까닭으로 그런 말씀을 하시오?" 여인이 대답했다.

"저승길은 피할 수가 없습니다. 하느님께서, 저와 낭군의 연분이 끊어지지 않았고 또 전생에 아무런 죄악도 없었으므로 이 몸을 환신시켜 잠시 낭군을 뵈어 시름을 풀게 했던 것입니다. 오랫동안 인간 세상에 머물러 있으면서 산 사람을 유혹할 수는 없습니다."

하더니 시비에게 명하여 술을 올리게 하고는, 옥루춘곡(玉樓春曲)에 맞추어 노래를 지어 부르면서 이생에게 술을 권했다.
〔곁에서 시중을 드는 계집종〕
〔노래를 부를 수 있도록 짓는 악곡 이름〕

– 김시습, 〈이생규장전〉

이 작품에서 이생과 여인(최랑)에게 닥친 세 번째 시련은 이승과 저승이 엄격히 구분되는 자연의 섭리에 따라 죽은 존재인 여인이 이생과 영원히 이별해야 한다는 것이다. 결국 주인공들은 이승과 저승의 단절이라는 (7 ㅇㅁ)에 따라 이별할 수밖에 없는 상황에 놓이게 된다.

개념 알통 갈등을 대하는 인물의 태도

작품에서 갈등이 발생했을 때 인물은 대체로 세 가지 태도를 보이며 갈등 상황에 대응한다.

적극적 태도	문제를 해결하고자 능동적인 태도를 보이며, 갈등을 해소할 수 있다는 자신감과 의지를 보임.
소극적 태도	부정적 상황을 극복할 수 없다고 생각하여 체념하며 수용하거나 좌절하며 도피하는 모습을 보임.
방관적 태도	직접 나서지 않으며 한 발짝 물러나서 곁에서 보기만 하고 어떠한 태도도 뚜렷하게 보이지 않음.

【초성 답】 1 갈등 2 심리 3 사회 4 저항 5 자연 6 원인 7 운명

017 소설의 구성 단계

사건을 인과 관계에 따라 유기적으로 질서 있게 배치하는 짜임새

구성(構成, plot)은 작품의 짜임새를 이르는 말로서, 주제를 효과적으로 형상화하기 위하여 사건을 (1 ㅇㄱ) 관계에 따라 유기적으로 질서 있게 배치하는 작가의 계획적이고 개성적인 방법을 의미한다. 좁은 의미로는 줄거리의 전개 방식을 말하나, 넓은 의미로는 인물, 사건, 배경 등 소설의 모든 설계를 포함한다. 구성은 사건들 상호간에 (2 ㅍㅇㅅ)을/를 부여함으로써 개별적인 사건들이 전체적인 구조 속에서 유기적 연관성을 가지면서 어떤 의도를 나타내도록 조직하는 원리를 말한다.

줄거리(STORY)	구성(PLOT)
• 시간의 순서에 따른 사건의 순차적 배열로 사건이 일렬로 전개되듯이 나열되는 구조 • 이야기의 배열에 어떠한 의도가 개입되지 않고 사건이 발생한 순서에 따라 (3 ㅅㄱ)의 흐름대로 사건을 열거하는 구조	• 사건들의 (4 ㅇㄱㅅ)와/과 필연성에 따라 조합하여 유기적으로 결합시킨 후 종합적으로 배치하는 구조 • 사건의 배열에 작가의 의도가 개입하거나 인과 관계 등 일정한 질서에 따라 사건을 배열하는 구조

소설의 기본적인 구성 단계는 '발단-전개-위기-절정-결말'의 순서로 사건이 전개되는 것이다.

발단	전개	위기	절정	결말
• 소설의 도입부 • 인물과 배경 소개 • 인물 성격과 사건의 실마리 제시 • 작품 전체의 분위기 제시	• 사건의 본격적 진행 • (5 ㄱㄷ)이/가 표면적으로 드러나기 시작 • 인물의 성격 발전 • 사건의 복선을 제시하여 암시	• 갈등의 고조 • 긴장감 심화 • 절정에 이르는 계기 등장 • 극적 반전으로 새로운 상황 전개 가능	• 갈등의 (6 ㅊㄱㅈ) • 사건 해결의 실마리 제시 • 결말 예고	• 갈등과 위기 해소 • 인물의 운명 결정 • 모든 사건 해결 • (7 ㅈㅈ) 제시

 닫힌 결말과 열린 결말

닫힌 결말	서술자가 결말에서 인물의 운명에 대해 끝까지 말하여 이야기를 끝맺는 방식 → 이야기 마무리에 대한 다른 해석의 여지가 없어 주제가 명확히 드러나며 상상력이 제한됨.
열린 결말	서술자가 인물의 운명에 대해 끝까지 정보를 제공하지 않고 이야기를 끝맺는 방식 → 수용자에 따라 결말의 의미를 다르게 해석할 여지가 있으며 여운이 형성됨.

♥ 결말이 열려 있다는 것은 무엇이죠?

송 영감의 눈앞에 독 가마가 떠올랐다. 그러자 송 영감은 그리로 가리라는 생각이 불현듯 일었다. 거기에만 가면 몸이 녹여지리라. 송 영감은 기는 걸음으로 뜸막을 나섰다. (중략)

뜸(짚, 띠, 부들로 엮어 만든 물건)으로 지붕을 인 막집

송 영감은 한옆에 몸을 쓰러뜨렸다. 우선 몸이 녹는 듯해 좋았다. 그러나 송 영감은 다시 일어나 가마 안쪽으로 기기 시작했다. 무언가 지금의 온기로써는 부족이라도 한 듯이. 곧 예사 사람으로는 더 견딜 수 없는 뜨거운 데까지 이르렀다. 그런데도 송 영감은 기기를 멈추지 않았다. 그렇다고 그냥 덮어놓고 기는 것은 아니었다. 지금 마지막으로 남은 생명이 발산하는 듯 어둑한 속에서도 이상스레 빛나는 송 영감의 눈은 무엇을 찾고 있는 것이었다. 그러다가 열어젖힌 겉 창으로 새어 들어오는 늦가을 맑은 햇빛 속에서 송 영감은 기던 걸음을 멈추었다. 자기가 찾던 것이 예 있다는 듯이. 거기에는 터져 나간 송 영감 자신의 독 조각들이 흩어져 있었다.

송 영감은 조용히 몸을 일으켜 단정히, 무릎을 꿇고 앉았다. 이렇게 해서 그 자신이 터져나간 자기의 독 대신이라도 하려는 것처럼.

– 황순원, 〈독 짓는 늙은이〉

위 작품은 독을 만드는 일에 평생을 바친 송 영감이 자신이 빚은 독들이 가마 속에서 터져 나가는 것을 본 후, 마치 자신이 독을 대신하려는 듯 가마 속에 들어간 장면을 그린 소설의 결말 부분입니다. 터져 버린 독 조각을 보고 절망과 좌절을 느낀 송 영감은 자신이 독을 대신함으로써 평생을 추구한 예술혼을 지키려 하고 있습니다. 이 장면을 통해 결국 송 영감은 가마 안에서 최후를 맞이했을 것임을 짐작해 볼 수 있지만, 표현상 송 영감의 최후에 대한 언급이 제시되어 있지 않습니다. 이처럼 결말 부분에서 인물의 운명이 명확하게 제시되지 않고, 이야기가 중간에 끝나 버린 것처럼 서술하는 방식을 '열린 결말'이라고 합니다.

【초성 답】 1 인과 2 필연성 3 시간 4 인과성 5 갈등 6 최고조 7 주제

018 소설의 구성 유형

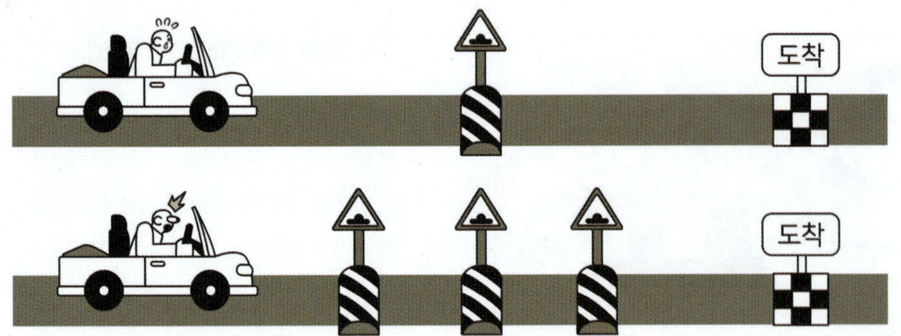

주제의 효과적 전달을 위한 서사의 긴밀한 짜임새와 배열

이야기의 가짓수	단일 구성		하나의 이야기로만 전개되는 구성 → 단편 소설
	복합 구성		두 가지 이상의 이야기가 복합적으로 얽혀 전개되는 구성 → 장편 소설
시간의 흐름 방향	(1 ㅍㅁ)적 구성	순행적 구성	시간의 흐름에 따라 사건의 순서대로 전개되는 구성
	(2 ㅇㅊ)적 구성	역행적 구성	시간의 흐름이 거꾸로 뒤집히는 역전이 일어나는 구성
		역순행적 구성	순행적 구성과 역행적 구성이 혼합된 구성
이야기 배열 방식	(3 ㅇㅈ)식 구성		외부 이야기 속에 주제를 담은 내부 이야기가 있는 구성
	옴니버스 구성		하나의 주제를 중심으로 각기 다른 인물이 등장하는 여러 개의 짧은 이야기들을 배치하는 구성
	피카레스크 구성		독립된 각각의 이야기에 서로 관련성이 있는 인물들이 등장하여 각기 다른 사건을 전개하면서 최종적으로는 하나의 큰 주제를 형상화하는 구성 방식으로, 연작 형식의 소설이 해당됨.

◎ 개념 갈고리 옴니버스와 피카레스크 구성

구분	예

옴니버스 구성

구분	중심인물	내용
제1과장	상좌들, 사방신	상좌 넷이 사방신에게 배례하는 의식무를 춤.
제2과장	목중들	여덟 목중이 파계하고, 법고놀이를 함.
제3과장	사당, 거사들	사당과 거사들이 놀이를 함.
제4과장	소무, 노장, 취발이	소무에게 빠져 파계한 노장이 취발이와의 싸움에서 패배해 소무를 빼앗김.
제5과장	사자, 목중	사자가 파계한 목중들을 벌하고 용서함.
제6과장	양반 삼형제, 말뚝이	하인인 말뚝이가 양반들을 조롱하고 풍자함.
제7과장	영감, 미얄, 덜머리집	영감, 미얄, 영감의 첩인 덜머리집의 삼각관계로 다툼이 벌어지고, 이에 미얄이 영감에게 맞아 죽게 됨.

→ 〈봉산탈춤〉은 총 7개의 과장이며, 각 과장마다 다른 인물이 등장하는 (4 ㄷㄹㅈ) 내용으로 구성됨.

피카레스크 구성

구분	중심인물	내용
1	'나', 어머니, 오빠	시골에서 남편을 잃은 후 어린 남매만 데리고 서울로 상경한 어머니가 집 한 채를 마련하기까지의 과정
2	'나', 어머니, 오빠	전쟁과 오빠의 죽음에 얽힌 사연, 수술 후 이상 증세를 보이는 어머니
3	'나', 어머니	죽은 후 화장되어 강물에 뿌려지기를 바랐던 어머니가 소망과는 달리 서울 근교에 묻히기까지의 이야기

→ 〈엄마의 말뚝〉은 총 3편의 (5 ㅇㅈ) 소설로, 일제 강점기와 전쟁을 배경으로, 어머니와 남매의 삶을 딸인 '나'의 시선으로 그린 자전적 소설임. 특정 인물을 중심으로 독립된 이야기가 전개됨.

◎ 1:1 작품 체험

대구에서 서울로 올라오는 차중에서 생긴 일이다. 나는 나와 마주 앉은 그를 매우 흥미 있게 바라보고 또 바라보았다. (중략) / "어디서 오시는 길입니까?"

"흥, 고향에서 오누마."

하고 그는 휘 한숨을 쉬었다. 그러자 그의 신세타령의 실마리는 풀려나왔다.

그의 고향은 대구에서 멀지 않은 K군 H란 외딴 동리였다. 한 백 호 남짓한 그곳 주민은 전부가 역둔토(驛屯土)를 파먹고 살았는데, … 세상이 뒤바뀌자 그 땅은 전부가 동양 척식 회사의 소유에 [일제가 조선의 토지와 자원 수탈을 위해 세운 회사] 들어가고 말았다. … 신의주로, 안동현으로 품을 팔다가, 일본으로 또 돈벌이를 찾아가게 되었다. 구주 탄광에 있어 [일본 규슈를 우리 한자음으로 읽은 이름] 도 보고, 대판 철공장에도 몸을 담아 보 [일본 오사카를 우리 한자음으로 읽은 이름] 았다. 벌이는 조금 나았으나 외롭고 젊은 몸은 자연히 방탕해졌다. 돈을 모으려야 모을 수 없고 이따금 울화만 치받치기 때문에 한 곳에 주접을 하고 있을 수 없 [한때 머물러 삶.] 었다. 화도 나고 고국산천이 그립기도 하여서 훌쩍 뛰어나왔다가 오래간만에 고향을 둘러보고 벌이를 구할 겸 서울로 올라가는 길이라 한다.

"고향에 가시니 반가워하는 사람이 있습디까?"

"반가워하는 사람이 다 뭐기오, 고향이 통 없어졌더마."

"그렇겠지요. 구 년 동안이면 퍽 변했겠지요."

– 현진건, 〈고향〉

이 작품은 '나'와 그가 서울행 기차 안에서 대화를 나누는 외부 이야기 속에 그가 과거의 사연을 털어놓는 내부 이야기를 담은 (6 ㅇㅈㅅ) 구성이다.

작품 알통

- **해제:** 고향을 잃은 인물을 통해 식민지 시대의 비참한 삶을 사실적으로 그린 작품이다.
- **주제:** 일제 강점기 민중들의 비참한 현실 고발

【초성 답】 1 평면 2 입체 3 액자 4 독립적 5 연작
6 액자식

019 인물의 유형

작품 속 일정한 상황에서 어떤 역할을 하는 주체

소설 구성의 3요소는 (1 ㅇㅁ)·(2 ㅅㄱ)·(3 ㅂㄱ)(이)며, 작품 속 모든 사건은 인물을 중심으로 전개되기 때문에 소설에서 절대적으로 중요한 요소는 바로 인물이라고 할 수 있다. 작가는 작중 인물이 의미 있는 행동을 하게 함으로써 작가가 의도한 바를 인물을 통해서 드러내게 된다.

인물의 중요도	중심인물	작품에서 주인공이거나 주인공과 비슷한 정도의 비중을 가진 인물
	주변 인물	중심인물의 개성을 드러내거나 돋보이게 하기 위해 부수적 역할을 하는 인물
주제의 구현	주동 인물	작가가 말하고 싶어 하는 주제를 구현하는 인물
	반동 인물	주동 인물과 대립하며 구현하려는 주제와 배치되거나 거스르는 행동을 하는 인물
성격 변화 여부	평면적 인물	소설 전체적으로 일관된 성격을 유지하며 성격 변화를 보이지 않는 인물
	입체적 인물	상황과 환경이 변함에 따라 원래의 성격을 바꾸어 다른 유형의 성격을 가지는 인물
보편성 여부	전형적 인물	특정 계층이나 집단, 세대의 보편적 특징을 대표하는 특성을 가진 인물
	개성적 인물	특정 집단의 성격을 대표하지 않는, 개인만의 독특하고 확실한 성격을 가진 인물

🎯 개념 갈고리 ┌ 고전 소설의 전형적 인물

고전 소설은 고전 소설만의 특징이 드러나는 전형성을 가지고 있다. 초기 고전 소설의 경우에 주제는 대체로 권선징악이나 인과응보, 충과 효 등의 유교적 관념을 형상화한 경우가 많고, 배경이 구체적으로 드러나지 않거나 중국을 배경으로 한 경우가 많으며, 사건이 우연적으로 발생하고 비현실적 요소가 자주 등장하며 선악이 대립하는 갈등 양상을 보인다는 점에서 전형적이다. 또한 인물의 경우 재자가인형 인물이라고 불리는 전형적이고 (4 ㅍㅁㅈ) 인물이 등장하는 경우가 대체로 많다.
재주 있는 남자와 아름다운 여자

💡 개념 당기는 예시

송도에 이생(李生)이라는 사람이 낙타교 옆에 살았다. 나이는 열여덟, 풍모가 맑고도 말쑥하였으며, 타고난 재주가 대단히 뛰어났다. 그는 국학에 다니면서, 길가에서 시를 읽고는 하였다. 그때 선죽리의 명문가에 최씨(崔氏) 처자가 있었는데, 나이는 15, 6세쯤 되었다. 그녀는 자태가 아리따웠고, 자수를 잘하였다. 게다가 시문에도 뛰어났다.
옛날 개경(지금의 개성)의 동남쪽에 있던 다리 이름
고려 시대의 중앙 교육 기관

– 김시습, 〈이생규장전〉

➡ 중심인물인 이생과 최씨를 소개하는 부분으로, 두 인물 모두 외모와 능력이 뛰어난 (5 ㅈㅈㄱㅇ)형 인물로 설정된 전형적인 인물 유형에 속함

🌐 1:1 작품 체험

[앞부분 줄거리] 중국 송나라 문제 때 간신 이두병은 황제가 죽은 후 태자를 귀양 보내고 스스로 황제라 칭한다. 이두병의 모함으로 죽은 조정인의 아들 조웅은 이두병을 피해 도망 다닌다. 조웅은 스님에게 병법과 무술을 배워 서번을 격파하고 태자를 구출한다. 곧이어 조웅은 이두병을 잡으러 가고 이두병에게 협력했던 조정의 신하들은 살아날 방법을 찾는다.

원수가 이두병을 보니 분한 마음이 하늘을 찌르는지라. 군대를 머무르게 하고
전시에 군사를 통솔하던 일을 맡아보던 장수
군사를 호령하여 "두병을 잡아들여라!" 명하니, 군사들이 일시에 달려들어 이두병을 진중에 꿇어앉혔다.
부하를 지휘하여 명령하여
"두병아! 네 얼굴을 들어 나를 보라.
군대나 부대의 안
네 죄를 생각하면 죽여도 아깝지 않도다. 태자를 귀양 보내고 사약을 내리니 그 죄가 어떠하며, 나를 잡으려고 장졸을 보내어 세상을 시끄럽게 하니 그 어인 일인고? 사실대로 똑바로 아뢰어라."

원수의 호령에 좌우의 무사들이 달려들어 창검으로 두병을 찌르며 '바삐 아뢰라!' 다그쳤다.

– 작자 미상, 〈조웅전〉

〈조웅전〉은 충(忠)이라는 유교적 가치관을 바탕으로 선인(善人)과 악인(惡人)의 (6 ㄷㄹ) 구도를 만들고 선인이 악인의 횡포를 이기는 과정을 재미있게 보여 주어 인기를 끈 작품이다.

조웅
좌승상의 아들, 영웅이자 충신의 (7 ㅈㅎ)

↕

이두병
송나라의 우승상, 태자를 몰아내고 황제의 자리에 오른 간신의 전형

작품  알통

• **해제:** 조웅의 영웅적 일대기를 다룬 영웅 소설이자 군담 소설로 악인 이두병을 처단하고 나라를 구하는 활약상을 그린 작품이다.
• **주제:** 조웅의 영웅적 일대기

【초성 답】 **1** 인물 **2** 사건 **3** 배경 **4** 평면적 **5** 재자가인 **6** 대결 **7** 전형

020 인물의 성격·심리 제시 방법

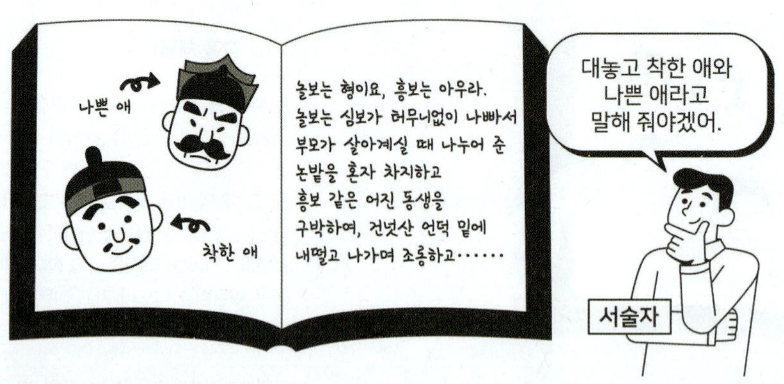

인물의 성격과 심리를 서술자가 바로 이야기하거나 다른 것을 매개로 전달하는 서술 방식

직접 제시	• 분석적 제시, 요약적 제시, 말하기(telling), 편집자적 논평이라고 함. • 서술자의 (1 ㅅㅅ)에 의해 인물의 성격이나 심리가 직접적으로 언급됨. • 서술자가 작중 상황에 적극적으로 개입하여 인물에 대해 논평하는 서술자의 개입도 포함됨.
간접 제시	• 극적 제시, 보여 주기(showing)이라고 함. • 인물의 외모나 (2 ㅎㄷ) 묘사, (3 ㄷㅎ) 등을 통해 인물의 성격이나 심리를 간접적으로 드러냄.

구분		예
성격	직접 제시	그는 애초에 심성이 밝고 깔끔하였다. 매사에 생각이 깊고 침착하였으며, 성품이 곧고 굳은 위에 몸소 겪음한 바와 힘써 널리 보고 애써 널리 들은 것을 더하여, 스스로 갖추어진 줏대와 나름껏 이루어진 주견으로 갈피 있는 태도를 흐트리지 아니하였다. 자기 주장이 있는 의견 – 이문구, 〈유자소전〉 → 유자의 성격과 됨됨이가 밝고 깔끔하고, 생각이 깊고 침착하며, 성품이 곧고 굳다는 것을 서술자가 (4 ㅈㅈ) 제시함.
	간접 제시	초등학교 때, 한번은 반 친구가 집에 놀러 와 함께 게임을 했다. 친구는 좀 살벌하게 게임을 했다. 이를 악문 채 눈에 불을 켜고 쉴 새 없이 욕설을 뱉어 가며. 나는 그 기세에 질려 버렸다. 정 그렇게 이겨야겠다면야 뭐. 그 애가 눈치채지 않도록 조심해 가며 게임에 져 주었고, 그날 밤 일기에 쓸 게 하도 없어 그 일을 썼다. – 은희경, 〈소년을 위로해 줘〉 → 즐기려고 하는 놀이에서조차 승부에 열을 올리는 친구에게 일부러 져 주는 '나'의 (5 ㅎㄷ)에서 남을 배려하는 성격을 가졌음을 간접적으로 드러냄.
심리	직접 제시	"한국은 다른 나라를 침략한 적 없어요." 나는 그 말을 하고 동의를 구하기 위해 엄마 아빠를 쳐다봤다. 아빠는 아무 얘기도 못 들었다는 듯이 내 쪽으로 눈을 돌리지 않았고, 엄마는 조용히 하라는 투의 눈빛을 보냈다. "국물이 짜지는 않은지 모르겠네." 호 아저씨가 말을 돌렸다. 모두들 내 말을 무시하는 것 같아 서운했다. – 최은경, 〈씬짜오, 씬짜오〉 → 내가 한 말에 동의를 구하고자 했으나 아빠, 엄마, 호 아저씨의 반응으로 인해 무시받는 거 같아 서운했다는 심리를 서술자인 (6 ㄴ)이/가 직접 제시함.
	간접 제시	"아부지!" / 부르는 소리가 들렸다. 만도는 깜짝 놀라며 얼른 뒤를 돌아보았다. 그 순간, 만도의 두 눈은 무섭도록 크게 떠지고, 입은 딱 벌어졌다. 틀림없는 아들이었으나, 옛날과 같은 진수는 아니었다. 양쪽 겨드랑이에 지팡이를 끼고 서 있는데, 스쳐 가는 바람결에 한쪽 바짓가랑이가 펄럭거리는 것이 아닌가? – 하근찬, 〈수난이대〉 → 한쪽 다리를 잃은 아들의 모습을 본 만도가 눈을 크게 뜨고 입을 딱 벌리는 행동을 통해 매우 놀란 심리 상태임을 (7 ㄱㅈ)(으)로 드러냄.

1:1 작품 체험

그러나 오직 그뿐이다. 이 도회에서의 패잔자는 좀 더 남의 마음에 애달픔을
싸움에서 지고 살아남은 사람
주는 일 없이 무심한 이의 눈에는, 참말 어디 볼일이라도 보러 가는 사람같이, 그곳에서 얼마 안 되는 작은 광교 차부
자동차의 출발점이나 종착점에 마련한 차 집합소
에서 강화행 자동차를 탔다. 천변에서 일어나는 온갖 일에 관찰을 게을리하지 않는 이발소 소년이, 용하게도 막, 그들의 이미 오래 전에 팔린 집을 나오는 일행을 발견하고 그래 이발소 안의 모든 사람이 그것을 알았을 뿐으로, 그들이 남부끄럽다 해서, 고개나마 변변히 못 들고 빠른 걸음걸이로 천변을 걸어 나가, 그대로 큰길로 사라지는 뒷모양이라도 흘깃 본 이는 몇 명이 못 된다.

– 박태원, 〈천변 풍경〉

이 작품은 '도회에서의 패잔자'들이 낙향하는 모습을 '고개나마 변변히 못 들고 빠른 걸음걸이로 천변을 걸어 나가, 그대로 큰길로 사라지는' 행위로 드러냄으로써 인물의 내면을 행위로 제시하여 도시에 정착하지 못하고 고향으로 돌아가는 상황을 힘들어하는 심리를 (8 ㄱㅈ)(으)로 보여 주고 있다.

작품 알통

• 해제: 1930년대 청계천 변을 중심으로 일어나는 서민들의 다양한 생활상을 그린 세태 소설이다. 빨래터와 이발소를 중심으로 70여 명의 평범한 인물들을 모자이크식으로 제시하고 상이한 장소에서 동시에 일어나는 사건들을 보여 줌으로써 당시 서민들의 일상을 사실적이고 세밀하게 서사화하였다.

• 주제: 1930년대 청계천 주변에서 살아가는 서민들의 삶의 애환

【초성 답】 1 서술 2 행동 3 대화 4 직접 5 행동 6 '나' 7 간접적 8 간접적

개념 트레이닝 ZONE

🔖 빈칸에 알맞은 말을 쓰며 개념 근육을 키워 보세요!

01

서류를 앞에 두고 한동안 아무 말도 못 하다 담배를 연달아 세 대 피웠다. 잘못된 걸 바로잡고 고장 난 데를 손보는 건 가장의 일이었다. 나는 그렇게 배우고 자랐다. 하지만 내가 거기 계좌 번호를 적는 순간 이상하게 어린이집 원장을 용서하는 결과를 낳을 것 같은 기분이 들었다.

– 김애란, 〈입동(立冬)〉
겨울이 시작된다고 하는 이십사절기의 하나

어린이집 차량 사고로 인해 아들을 잃은 아버지인 '나'가 보험금 수령 서류를 작성하는 일을 주저하는 모습을 통해 아이의 죽음을 받아들이는 것에 대한 죄책감에 (   ) 갈등하고 있음을 알 수 있다.

02

밤이다.

하늘은 푸르다 못해 농회색으로 캄캄하나 별들만은 또렷또렷 빛난다. 침침한 어둠뿐만 아니라 오삭오삭 춥다. 이 육중한 기류 가운데 자조하는 한 젊은이가 있다. 그를 나라고 불러두자.
짙은 회색
나는 이 어둠에서 배태되고 이 어둠에서 생장하여서 아직도 이 어둠 속에 그대로 생존하나 보다. 이제 내가 갈 곳이 어딘지 몰라 허우적거리는 것이다.
아이나 새끼를 뱀.

– 윤동주, 〈별똥 떨어진 데〉

글쓴이는 부정적 상황을 의미하는 '밤'이라는 시간적 배경의 의미를 활용하여 자신이 처한 암울한 시대 현실 속에서 '갈 곳이 어딘지 몰라 허우적거리'며 고뇌하는(   ) 갈등을 드러내고 있다.

03

홀로 가는 희준은 적적한 들 가운데를 접어들며 마음속에 고독을 느꼈다. 그의 외로운 그림자가 논둑길 밑으로 따라온다. 넓은 들과 같이 마음속에도 공허를 가져왔다. 그는 동무들을 격려하며 일을 보다가도 가끔 이와 같은 적막을 느꼈다. 그런 때는 여러 사람들과 같이 함께 웃고 떠들어도 자기만은 산중에 홀로 있는 사람같이 의식의 간격을 자아낸다.

'이까짓 일을 하며 세월을 보내고 있담!'

그는 자기의 생활이 무의미한 것 같았다.

– 이기영, 〈고향〉

동경 유학을 다녀온 후 고향에 돌아와 계몽 활동을 하던 희준은 자신이 지금 하고 있는 일들에 대해 허망함을 느끼며 (   ) 갈등하고 있다.

04

"차제에 저도 사직원을 던져 버릴까 합니다."
때마침 주어진 기회
두 잔째의 커피를 다 비우고 나서 나는 우물쭈물 서두를 꺼냈다.

"인마, 그 따위 징징 쥐어짜는 소리 할려구 바쁜 사람 오라 가라 했어?"

강 선배는 어이없다는 표정이었다.

"아닙니다. 우는 소리가 아니고 이건 진심입니다. 갑자기 서울 생활이 싫어졌습니다. 직장 생활도 마찬가지고요."

"회사 그만두면 뭐 할래?"

"어머니한테 가서 모처럼 효자 노릇 좀 하죠. 직장이랍시고 숨통 꽉 막히는 분위기에서 구차스럽게 연명하기보다는 차라리 농사짓는 쪽이 마음 편할 것 같습니다."

강 선배가 불시에 너털웃음을 터뜨렸다.
크게 소리를 내어 시원하고 당당하게 웃는 웃음
"야 인마, 농사는 뭐 아무나 다 짓는 것인 줄 알아? 도대체 니가 바라는 서울 생활이란 게 어떤 건데?"

"그건 말입니다, 그건 저……."

그걸 막상 말로써 표현하려니 혀가 잘 돌지 않았다.

– 윤흥길, 〈꿈꾸는 자의 나성(羅城)〉
로스엔젤레스의 한자음 표기

'나'는 현실이 생각했던 삶과 다른 것으로 인해 (   ) 갈등을 하며 선배에게 자신의 불만을 토로하고 있다.

05

― 할머니, 에반 데리고 병원 가 봐야 되는 거 아닐까?
휴게소에 버려져 있던 늙은 유기견
― 쓸데없는 소리 말고 가서 자. 사방에 불 켜 두지 말고.

할머니의 반팔 소매에 엷은 김칫국물이 묻어 있었다. 찬성이 할머니 옆에 앉지도 서지도 못한 채 주춤거렸다.

― 할머니, 에반 병원 데려가야 할 것 같다고.

할머니가 버럭 소리를 질렀다.

― 무슨 개를 병원에 데리고 가. 사람도 못 가는 걸. 그러니까 내가 개새끼 도로 갖다 놓으라 했어 안 했어? 할머니 화병 나기 전에 얼른 가서 자. 개장수한테 백구 팔아 버리기 전에. 얼른!

― 백구 아니야!

찬성이 전에 없이 큰소리를 냈다.

― 뭐?

그러곤 이내 말끝을 흐리며 소심하게 답했다.

― 에반이야.

– 김애란, 〈노찬성과 에반〉

찬성과 할머니의 (   )을/를 통해 에반을 동물 병원에 데려가는 것에 대한 찬성과 할머니의 (   ) 갈등의 양상이 드러난다.

송 영감은 다시 일어나 가마 안쪽으로 기기 시작했다. 무언가
숯이나 도자기·기와·벽돌 따위를 구워 내는 시설
지금의 온기로써는 부족이라도 한 듯이. 곧 예사 사람으로는 더
견딜 수 없는 뜨거운 데까지 이르렀다. 그런데도 송 영감은 기기
를 멈추지 않았다. 그렇다고 그냥 덮어놓고 기는 것은 아니었다.
지금 마지막으로 남은 생명이 발산하는 듯 어둑한 속에서도 이
상스레 빛나는 송 영감의 눈은 무엇을 찾고 있는 것이었다. 그러
다가 열어젖힌 겉창으로 새어 들어오는 늦가을 맑은 햇빛 속에
서 송 영감은 기던 걸음을 멈추었다. 자기가 찾던 것이 예 있다는
듯이. 거기에는 터져 나간 송 영감 자신의 독 조각들이 흩어져
있었다.

송 영감은 조용히 몸을 일으켜 단정히, 무릎을 꿇고 앉았다.
이렇게 해서 그 자신이 터져나간 자기의 독 대신이라도 하려는 것
처럼.

– 황순원, 〈독 짓는 늙은이〉

(　　　　)은/는 송 영감이 평생을 바친 대상으로 집념과 장인 정신을 의미
한다. 독 가마 안에서 최후를 맞이하는 송 영감의 모습은 죽음을 암시하는
(　　　　) 결말로 제시되어 비극성이 심화되고 있다.

07

집으로 돌아오는 길에 곽 서방은 생각하였다. 아마 서 영감은
되레 시원해할지도 모르지. 한사코 매잡이 노릇일랑 그만두고 이
젠 다른 일을 해서 밥을 마련하라는 서 영감이었다. 그러기만 한
다면 우선 자기 집 사랑채에 잠자리도 주고 세 때 끼니도 함께
집의 안채와 떨어져 있는, 바깥주인이 거처하며 손님을 접대하는 곳
나누도록 하겠다는 것이다. 까닭 없이 곽 서방의 매잡이 노릇을
못 봐 하는 영감이었다.

"자넨 요순 세상의 선비로군."
요임금과 순임금이 덕으로 천하를 다스리던 태평한 시대
하며 곽 서방을 비웃거나

"지금이 어느 때라고……. 그래 밥을 먹고 살겠다는 건가."
하고 까놓고 싫은 소리를 하는 것이었다. 하지만, 그 영감인즉슨
옛날 매잡이들의 단골 주인이었다. 마을의 매잡이는 언제나 그
서 영감이 부렸고, 다른 마을로 들어간 매를 찾아올 때 그 맷값
을 치러 주는 것도 언제나 서 영감이었다. (중략) 그러나 이젠 서
영감도 달랐다. 오히려 마을의 누구보다도 매잡이 곽 서방을 더
귀찮아했고 싫은 소리를 많이 했다.

그래서 대부분 곽 서방은 버려 신세를 질 수밖에 없었고, 이
벙어리의 전라도 사투리
번 경우만 해도 매를 길들인 곳은 바로 버버리네 방이었다. 한데
도 서 영감도 그것을 못 보겠다는 듯 곽 서방에게 자꾸 딴짓으로
밥 먹을 생각을 하라고 만나기만 하면 성화가 대단했던 것이다.

– 이청준, 〈매잡이〉

서 영감은 옛날에는 매잡이들의 단골이자 매잡이들을 돌보아 주었던 존재였
으나, 지금은 매잡이 곽돌을 시대에 적응하지 못하는 인물로 보고 못마땅하게
여기고 있다. 따라서 서 영감은 변한 시대적 흐름을 인식하고 그러한 흐름에
따라 행동 양식이 변화한 (　　　　) 인물이다.

그때 바닥에 쓰러져 버둥거리던 남자가 간신히 몸을 비틀고 일
어섰다. 코피로 범벅이 된 얼굴이 슬쩍 드러나 보였는데 세상에,
그는 몽달 씨임이 분명하였다. (중략)

"이 짜식, 어디로 토끼는 거야! 너 같은 놈은 좀 맞아야 돼."
흰 이를 드러내며 빨간 셔츠가 으르렁거렸다. 순간 몽달 씨가
텔레비전이 왕왕거리고 있는 가겟방을 향해 튀었다. 방은 따로이
바깥쪽으로 난 출입구가 있었기 때문이었다. 그러나 몽달 씨보다
더 빠른 동작으로 방문을 가로막아 버린 사람이 있었다. 바로 김
반장이었다.

"나가요! 어서들 나가요! 싸우든가 말든가 장사 망치지 말고 어
서 나가요!"
빨간 셔츠가 몽달 씨의 목덜미를 확 나꾸어챘다.

– 양귀자, 〈원미동 시인〉

김 반장을 이웃인 몽달 씨가 불량배들에게 폭력을 당하는 상황에서 위기를
막아 주기는커녕 결정적인 순간에 배신을 한 인물로, 현대 사회의 이기적인
소시민을 대표하는 (　　　　) 인물이다.

이인국 박사의 병원은 두 가지의 전통적인 특징을 가지고
있다.

병원 안이 먼지 하나도 없이 정결하다는 것과, 치료비가 여느
병원의 갑절이나 비싸다는 점이다. 그는 새로운 환자의 초진에서
두 배
는 병에 앞서 우선 그 부담 능력을 감정하는 데서부터 시작한다.
신통하지 않다고 느껴지는 경우에는 무슨 핑계를 대든가, 그것도
자기가 직접 나서는 것이 아니라 간호원더러 따돌리게 하는 것
이다.

그렇게 중환자가 아닌 한 대부분의 경우, 예진(豫診)은 젊은 의
환자의 병을 자세하게 진찰하기 전에 미리 간단하게 하는 진찰
사들이 했다. 원장은 다만 기록된 진찰 카드에 따라 환자의 증세
와 아울러 경제 제도를 판정하는 최종 진단을 내리면 된다.

상대가 지기나 거물급이 아닌 한 외상이라는 명목은 붙을 수
자기의 속마음을 참되게 알아주는 친구
가 없었다. 설령, 있다 해도 이 양면 진단은 한 푼의 미수(未收)
돈이나 물건 따위를 아직 다 거두어들이지 못함.
나 결손도 없게 한, 그의 인생을 통한 의술 생활의 신조요 비결
이었다.

그러기에 그의 고객은, 왜정 시대는 주로 일본인이었고, 현재는
일본이 침략하여 강점하고 다스리던 정치
권력층이 아니면 재벌의 셈속에 드는 축이어야만 했다.
돌아가는 사실의 내용

– 전광용, 〈꺼삐딴 리〉

이인국은 의술을 이용하여 일제 강점기, 광복 이후의 북한, 월남한 이후에는
소련군과 미군들한테 번갈아 빌붙어서 부귀영화를 누린 인물로, 일신상의 영
달을 위해 시대에 과잉으로 적응한 이기주의자, 출세주의자, 기회주의자로서
풍자의 대상이 되는 (　　　　) 인물이며, 강자의 편에 서서 기회주의적 처
신을 일관해 왔다는 점에서 (　　　　) 인물이다. 또한 이인국은 보통의 의
사와는 성격이 다르다는 점에서 (　　　　) 인물이기도 하다.

10

창섭의 아버지는 근검(勤儉)으로 근방에 소문난 영감이다. 그러나 자기 대에 와서는 밭 하루갈이도 늘쿠지는 못한 것으로도 소문난 영감이다.

　　　　　　　　　　　　　　　　　　　　- 이태준, 〈돌다리〉

창섭의 아버지가 근검한 인물이며 물질적인 면을 중시하지 않는 면모를 가진 인물임을 (　　　　) 제시하고 있다.

11

이렇게 비 내리는 날이면 원구(元求)의 마음은 감당할 수 없도록 무거워지는 것이었다. 그것은 동욱(東旭) 남매의 음산한 생활 풍경이 그의 뇌리를 영사막처럼 흘러가기 때문이었다.
영화나 환등 따위의 상을 비추어 볼 수 있는,
빛의 반사율이 높은 흰색의 막

　　　　　　　　　　　　　　　　　　　　- 손창섭, 〈비 오는 날〉

비가 오늘 날이면 원구가 느끼는, 감당할 수 없을 정도로 무거운 심리를 서술자가 (　　　　) 제시하고 있다.

12

철호는 경찰서 문을 들어섰다.

권총 강도.

형사에게서 동생 영호의 사건 내용을 들은 철호는 앞에 앉은 형사의 얼굴을 바보 모양 멍청히 바라보고 있을 뿐이었다. 점점 핏기가 가셔가는 철호의 얼굴은 표정을 잃은 채 굳어 가고 있었다.

　　　　　　　　　　　　　　　　　　　　- 이범선, 〈오발탄〉

은행 강도 사건을 일으킨 동생 영호가 붙잡히게 된 사실을 안 철호의 충격과 혼란스러움을 표정 변화를 통해 (　　　　) 제시하고 있다.

13

막걸리 사발을 들어 영감에게 권하고 있던 옥화는 성기를 보자,

"계연이가 시방 떠난단다." / 대번에 이렇게 말했다. (중략)

처음은 그는 쇠뭉치로 돌연히 머리를 얻어맞은 것같이 골치가 띵하며, 전신의 피가 어느 한곳으로 좍 모이는 듯한, 양쪽 귀가 머리 위로 쫑긋이 당기어 올라가는 듯한, 혀가 목구멍 속으로 말려들어 가는 듯한, 눈언저리에 퍼어런 불이 번쩍번쩍 일어나는 듯한, 어지러움과 노여움과 조마로움이 한데 뭉치어, 발끝에서 머리끝까지 그의 전신을 어디로 휩쓸어 가는 듯만 하였다.
매우 조마조마하거나 조마조마한 데가 있다

　　　　　　　　　　　　　　　　　　　　- 김동리, 〈역마(驛馬)〉
　　　　　　늘 분주하게 이리저리 떠돌아다니게 된 액운

계연이가 떠난다는 말을 들은 성기가 정신적 충격을 받았으며 절망감을 느끼고 있다는 것을 행동 묘사를 통해 (　　　　) 제시하고 있다.

14

"아! 아즈머니슈?"
필준 아내(+필준) → 국밥을 팔며 생계를 이어 가나 삶을 위협받는 부부

컴컴한 속에서 자취도 없이 다가오다가 박일성이가 말을 건다.
인민군 치하의 혼란을 틈타 반장의 직위를 악용해 이익을 추구하려는 인물

조고만 체통에 비를 쪼르를 맞은 행색은 쪽제비 같고 삽살개 같으나 캄캄한 속에서 반짝이는 눈은 올빼미 눈 같다.

"수고하셨습니다."

필준이댁의 말에는 역시 가시가 품겨 있었다.

　　　　　　　　　　　　　　　　　　　　- 염상섭, 〈탐내는 하꼬방〉
　　　　　　보잘것없는 조그만 판잣집을 속되게 이르는 말

'조고만 체통에 ~ 올빼미 눈 같다.'에서 인물의 외양을 (　　　　　)하여 부정적 성격을 지닌 인물의 특징을 드러내고 있다.

15

나는 숨을 죽이고 지그시 아픔을 견디며, 또 하나의 아픈 날을 회상한다. 꼭 이만큼이나 아팠던 날을. 그것은 아마 나의 고가(古家)가 헐리던 날이었을 게다. … 고가의 철거는 신속히 이루어
지은 지 오래된 집

졌다. 나는 그 해체를 견딜 수 없는 아픔으로 지켰다. … 숱한 애환을 가려 주던 〈亞〉 자 창들이 문짝 장사의 손구루마에 난폭하
버금 아, 누를 압

게 실렸다. 남편은 이런 장사꾼들과 몇 푼의 돈 때문에 큰소리로 삿대질까지 해 가며 영악하게 흥정을 했다. … 나는, 젖힌 그의 얼굴에서 동굴처럼 뚫린 콧구멍과 그 속을 무성하게 채운 코털을 보며 잠깐 모멸과 혐오를 느꼈다.

　　　　　　　　　　　　　　　　　　　　- 박완서, 〈나목(裸木)〉
　　　　　　잎이 지고 가지만 앙상히 남은 나무

장사꾼들과 흥정하는 남편의 (　　　　) 묘사를 통해 세속적이고 영악한 남편의 성격이 드러나 있고, 콧구멍과 코털에 대한 (　　　　) 묘사를 통해 남편에게 모멸과 혐오를 느끼는 '나'의 심리가 드러나 있다.

16

"어차피 갈 곳이 정해지지 않았다면 우리 고향에 함께 가요. 내 일자리를 주선해 드릴게."

"내야 삼포루 가는 길이지만, 그렇게 하지?"

정씨도 영달이에게 권유했다. 영달이는 흙이 덕지덕지 달라붙은 신발 끝을 내려다보며 아무 말이 없었다. … 영달이는 표를 사고 삼립빵 두 개와 찐 달걀을 샀다. 백화에게 그는 말했다.

"우린 뒤차를 탈 텐데…… 잘 가슈."

영달이가 내민 것들을 받아 쥔 백화의 눈이 붉게 충혈되었다.

　　　　　　　　　　　　　　　　　　　　- 황석영, 〈삼포 가는 길〉

동행을 권하는 말에 대답을 못하는 영달의 모습을 통해 망설이는 심리가, 눈이 충혈된 백화의 모습을 통해 이별을 (　　　　) 심리가 드러나고 있다.

워밍-UP

다음 글을 읽고 빈칸에 알맞은 말을 써서 해설을 완성하거나 정오를 판단하세요.

01

뒤에서 "인력거!" 하고 부르는 소리가 난다. 자기를 불러 멈춘 사람이 그 학교 학생인 줄 김 첨지는 한 번 보고 짐작할 수 있었다. 그 학생은 다짜고짜로,

"남대문 정거장까지 얼마요?" / 라고 물었다. (중략)

"1원 50전은 너무 과한데."
현재 가치로 약 7~8만 원
이런 말을 하며 학생은 고개를 기웃하였다.

"아니올시다. 이수로 치면 여기서 거기가 시오 리가 넘는답니
거리를 리(里)의 단위로 나타낸 수
다. 또 이런 진날에는 좀 더 주셔야지요."
땅이 질척거릴 정도로 비나 눈이 오는 날
하고 빙글빙글 웃는 차부의 얼굴에는 숨길 수 없는 기쁨이 넘쳐
마차나 우차 따위를 부리는 사람
흘렀다.

"그러면 달라는 대로 줄 터이니 빨리 가요."

관대한 어린 손님은 이런 말을 남기고 총총히 옷도 입고 짐도
몹시 급하고 바쁜 모양
챙기러 제 갈 데로 갔다. / ㉠그 학생을 태우고 나선 김 첨지의 다리는 이상하게 거뜬하였다. 달음질을 한다느니보담 거의 나는 듯하였다. 바퀴도 어떻게 속히 도는지 구른다느니보담 마치 얼음을 짓쳐 나가는 스케이트 모양으로 미끄러져 나가는 듯하였다. 얼은 땅에 비가 나려 미끄럽기도 하였지만.

㉡이윽고 끄는 이의 다리는 무거워졌다. 자기 집 가까이 다다른 까닭이다. 새삼스러운 염려가 그의 가슴을 눌렀다. (중략)

"왜 이러우? 기차 놓치겠구면." / 하고 탄 이의 초조한 부르짖음이 간신히 그의 귀에 들어왔다. 언뜻 깨달으니 김 첨지는 인력거 채를 쥔 채 길 한복판에 엉거주춤 멈춰 있지 않은가.

"예, 예." / 하고, 김 첨지는 또 다시 달음질하였다. ㉢집이 차차 멀어 갈수록 김 첨지의 걸음에는 다시금 신이 나기 시작하였다.
급히 뛰어 달려가다.

– 현진건, 〈운수 좋은 날〉

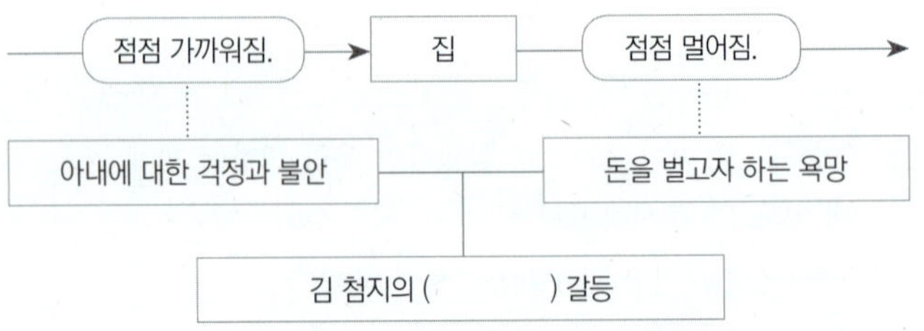

김 첨지는 많은 돈을 벌수록 비극에 대한 예감이 조금씩 커져 긴장감을 유발합니다. 그의 내적 갈등은 하루라는 제한된 시간 속에서 '집'에 가까워질수록 증폭되고 집에서 멀어질수록 점차 약화됩니다. 김 첨지의 내면적 갈등은 돈을 벌어야 하는 현실과 아내에 대한 걱정이 서로 충돌하며 일어나는 것으로 볼 수 있습니다.

구분	집과의 거리	김 첨지의 심리
㉠	멂.	돈을 많이 벌어 기쁨.
㉡	점차 ( ).	병든 아내에 대한 ( )
㉢	점차 ( ).	돈을 벌 생각에 신이 남.

02

〈운영전〉은 유영이 술에 취해 잠들었다가 깨어나서 김 진사와 운영을 만나 두 사람의 비극적 연애담을 듣고, 다시 잠들었다가 깨어나는 액자식 구성을 취하여 유영이 운영과 김 진사를 만난 것이 꿈이 아닌 현실에서 이루어진 것으로 처리하는 방식으로 서술되어 있습니다. 이러한 이중적 구조는 일반적인 몽유록이나 귀신담과는 다른 독특한 구성이며, 작품에 현실감을 부여하려는 몽유록의 발전된 형식으로 볼 수 있습니다.

유생은 천석(泉石)이 있는 그윽하고도 깊숙한 서원으로 들어가
물과 돌로 이루어진 자연의 경치
니, … 문득 차고 있던 술병을 풀어서 다 마시고는 ㉠취하여 바윗가에 돌을 베개 삼아 누웠더니, 잠시 후 술이 깨어 얼굴을 들어 살펴보니 유객은 다 흩어지고 없었다. … 그때 한 가닥 부드러운 말소리가 바람을 타고 들려왔다. 유영은 이상히 여겨 일어나서 찾아가 보았다. 한 소년이 절세(絕世) 미인(美人)과 마주 앉
세상에 견줄 데가 없을 정도로 아주 뛰어남
아 있다가 유영이 옴을 보고 흔연히 일어나서 맞이하니, 유영은
기쁘거나 반가워 기분이 좋게
그 소년을 보고 묻기를,

"수재(秀才)는 어떠한 사람이기로, 낮을 택하지 않고 밤을 택
예전에 미혼 남자를 높여 이르던 말
해서 놀고 있느뇨?"

소년은 생긋이 웃으며 대답하더라.

"옛 사람이 말한 경개약구(傾蓋若舊)란 말은 바야흐로 우리를
처음 만나 잠깐 사귄 것이 마치 오랜 친구 사이처럼 친함.
두고 한 말이지요."

[중략 부분 줄거리] 풍류를 좋아하던 안평 대군은 10명의 궁녀를 특별히 뽑아 궁궐에 따로 두고 문장과 풍류를 배우게 하고, 운영은 안평 대군이 초대한 손님 김 진사와 사랑에 빠진다. 김 진사의 사악한 하인 특의 계략으로 인해 두 사람의 관계가 발각되고, 안평 대군의 문책을 받게 된 운영이 자결한다. 재산을 모두 특에게 빼앗긴 김 진사도 그리움과 화병으로 인해 죽게 된다. 두 사람은 천상에서 사랑을 이루고, 인간 세상을 둘러보다 우연히 만난 유영에게 과거를 들려준다.

김 진사는 취하여 운영의 몸에 기대어 시 한 수를 읊었다. … 운영이 받아서 시를 읊었다. … ㉡이때 유영도 취하여 잠깐 누워 있다가 산새 소리에 깨어났다. 구름과 연기는 땅에 가득하고 새벽빛은 창망한데, 사방을 살펴보아도 사람은 보이지 않고, 다만 김 진사가 기록한 책자만이 있었다. 유영은 쓸쓸한 마음 금할 수 없어 신책(神册)을 거두어 가지고 돌아왔다. 장 속에 감추어 두
신기한 책
고 때때로 내어 보고는 망연자실(茫然自失)하여 침식(寢食)을 전
멍하니 정신을 잃음.   잠자는 일과 먹는 일
폐했다. 후에 명산을 두고 두루 찾아다니더니, 그 마친 바를 알
❶ 아주 그만 두다. ❷ 모두 없애다.
수 없다고 한다.

– 작자 미상, 〈운영전〉

구분	내용
㉠	현실 → 꿈으로 이동하는 ( ) 부분
㉡	꿈 → 현실로 이동하는 ( ) 부분

〈운영전〉은 몽유자가 꿈속에서 남녀 주인공을 만나 겪은 일을 중심으로 내용이 전개되는데, 현실이라는 외부 이야기 속에 꿈이라는 내부 이야기가 들어 있는 (   ) 구조를 갖추고 있다.

03

작품 속 등장인물 중 특정 시대나 사회, 혹은 특정 계층을 대표할 만한 인물을 전형적 인물이라고 합니다. 시에서 화자 자신이 전형적 인물이 되는 경우에는 화자가 체험한 현실을 자신의 목소리로 생생하게 직접 전달할 수 있습니다. 반면에 화자가 관찰한 대상이 전형적 인물이 되는 경우에는 시적 대상이 처한 현실과 그의 정서를 관찰자적 입장에서 객관적으로 담아낼 수 있습니다.

(가) 흐르는 것이 물뿐이랴 / 우리가 저와 같아서

강변에 나가 삽을 씻으며 / 거기 슬픔도 퍼다 버린다

일이 끝나 저물어 / 스스로 깊어 가는 강을 보며

쭈그려 앉아 담배나 피우고 / 나는 돌아갈 뿐이다

삽자루에 맡긴 한 생애가 / 이렇게 저물고, 저물어서

샛강 바닥 썩은 물에 / 달이 뜨는구나

우리가 저와 같아서 / 흐르는 물에 삽을 씻고

먹을 것 없는 사람들의 마을로

다시 어두워 돌아가야 한다

— 정희성, 〈저문 강에 삽을 씻고〉

(나) 저 지붕 아래 제비집 너무도 작아

갓 태어난 새끼들만으로 가득 차고

어미는 둥지를 날개로 덮은 채 간신히 잠들었습니다

바로 그 옆에 누가 박아 놓았을까요, 못 하나

그 못이 아니었다면

아비는 어디서 밤을 지냈을까요

못 위에 앉아 밤새 꾸벅거리는 제비를

눈이 뜨겁도록 올려다 봅니다

종암동 버스 정류장, 흙바람은 불어오고

한 사내가 아이 셋을 데리고 마중 나온 모습

수많은 버스를 보내고 나서야

피곤에 지친 한 여자가 내리고, 그 창백함 때문에

반쪽 난 달빛은 또 얼마나 창백했던가요

아이들은 달려가 엄마의 옷자락을 잡고

제자리에 선 채 달빛을 좀 더 바라보던

사내의, 그 마음을 오늘 밤은 알 것도 같습니다

— 나희덕, 〈못 위의 잠〉

구분	화자	서술 대상
(가)		화자 자신의 (　　)
(나)		실직한 (　　)의 모습

(가)는 (　　　　)이/가 전형적 인물이 되어, (나)는 화자가 전형적 인물을 (　　　　)하여 현실을 드러내고 있다.　〇✕

04

밖을 내다보던 송 영감은 제힘만이 아닌 어떤 힘으로 벌떡 일어나 다시 독 짓기를 시작하는 것이었으나, 이번에는 겨우 한 개를 짓고는 다시 쓰러지듯이 눕고 말았다.

다음에 송 영감이 정신이 든 것은 아주 어두운 속에서 애가 흔들어 깨워서였다. 울먹이던 애가 깨나는 아버지를 보고 그제야 안심된 듯이 저쪽에서 밥그릇을 가져다 아버지 앞에 놓았다. 웬 거냐고 하니까 애가, 앵두나뭇집 할머니가 주더라고 한다. 송 영감은 ⊙확 분노가 치밀어, 누가 거랑질해 오라더냐고 밥그릇을 밀쳐놓자 애가 훌쩍훌쩍 울기 시작했다.

'동냥질'의 평남 방언

— 황순원, 〈독 짓는 늙은이〉

⊙은 서술자가 송 영감이 느끼는 (　　　)을/를 (　　　)적으로 제시함으로써, 아이가 남에게 음식을 얻어먹는 상황에 대한 인물의 태도를 드러내고 있다.

05

종호는 잠시 사이를 두어, / "그럼 왜 밤중에 울곤 하니?"

전쟁 때 부상당해 제대한 의무 장교이자 고아원인 갱생소년원에 근무

준학이는 창백한 얼굴을 한 번 들었다가 곧 다시 숙이고는 아무 말이 없었다.

불장난하다 동생을 죽이고 폭격으로 부모를 잃은 전쟁 고아

"어머니, 아버지 생각나서 그러니?"

⊙준학이는 점점 고개를 밑으로 떨구어 버렸다.

"물론 어머니, 아버지 생각이 날 테지. 하지만 너만이 부모를 잃은 게 아니란다. 여기 와 있는 애들 전부가 다 부모 없는 애들이 아니냐. 나두 6·25 때 단 한 분 계시던 어머니를 잃은 사람이다. 바로 국군이 서울을 탈환하던 날, 석 달 동안이나 나를 천장 속에 감추어 놓구, 잡수실 것두 변변히 못 잡숫구, 잠두 제대루 못 주무시면서 내 몸만 염려해 주시던 어머니를 이제 조금만 참으면 되는 그날에 여의구 말았다. 유탄에 맞으신

탄알 속에 화약제를 다져 넣어 만든 포탄

거다. 아마 나만 없었던들 어머니는 달리 몸을 피하셨을는지두 모르지. 그렇지만 내가 염려스러워서 방안에 꼼짝 않구 계시다가 그 변을 당하셨다."

"그럼 선생님도 꿈에 어머니를 보시겠네요?"

준학이가 고개를 들었다.

"보구 말구."

"어떤 꿈이에요?"

⊙준학이가 눈을 빛냈다.

— 황순원, 〈인간 접목〉

구분	행동	심리
⊙	점점 고개를 밑으로 떨굼.	
⊙	눈을 빛냄.	

대화와 행위를 통해 인물의 심리를 간접적으로 제시하고 있다.　〇✕

01

다음 글의 서술상 특징에 대한 설명으로 가장 적절한 것은?

> 나는 모든 것을 다시 보았다. 농삿집치고는 유난히도 말끔한 마루청, 먼지를 뒤집어쓰고 있지 않은 장독대, 울타리 너머로 보이는 길찬 장다리꽃들…… 그 어느 것 하나에도 그녀의 손이 안 간 곳이 없으리라 싶었다. 이러한 집 안팎 광경들을 통해서 나는 건우 어머니가 꽤 부지런하고 친절한 여성이라는 것을 고대 짐작할 수가 있었다. 젊음이 한창인 열아홉부터 악지 세게 혼자서 살아왔다는 것과, 어려운 가운데서도 외아들 건우를 나룻배를 태워가면서까지 먼 일류 중학에 보내고 있다는 사실, 그리고 농촌 아이라고는 믿어지지 않을 만큼 건우의 입성이 항시 깨끗했다는 사실들이 어련히 안 그리리 싶어지기도 했다. 얼핏 보아서는 어리무던한 여인 같기도 하지만 유난히 불가진 듯한 이마라든가, 역시 건우처럼 짙은 눈썹 같은 데선 그녀의 심상치 않은 의지랄까, 정열 같은 것을 읽을 수가 있었다.
>
> — 김정한, 〈모래톱 이야기〉

① 공간적 배경을 활용하여 주제를 암시적으로 드러낸다.

② 일상적 소재를 열거하여 인물의 복잡한 심리를 보여 준다.

③ 서술자의 논평을 통해 인물의 성격 변화의 양상을 드러낸다.

④ 구체적 묘사와 서술자의 판단을 통해 인물의 성격을 제시한다.

⑤ 현재와 과거의 사실을 교차하여 향후 전개될 사건의 단서를 제공한다.

02

〈보기〉를 통해 다음 글을 이해한 내용으로 적절하지 <u>않은</u> 것은?

> 심청이 사당에 하직하려고 들어갈 제, 다시 세수하고 사당 문을 가만히 열고 하직 인사를 올리기를,
>
> "못난 여손(女孫) 심청이는 아비 눈 뜨기를 위하여 인당수 제물로 몸을 팔려가오매, 조상 제사를 끊게 되오니 추모하는 마음을 이기지 못하겠습니다."
>
> 울며 하직하고 사당문 닫은 뒤에 아버지 앞에 나와 두 손을 부여잡고 기절하니, 심 봉사가 깜짝 놀라,
>
> "아가 아가, 이게 웬일이냐? 정신 차려 말하거라."
>
> 심청이 여쭙기를,
>
> "제가 못난 딸자식으로 아버지를 속였어요. 공양미 삼백 석을 누가 저에게 주겠어요. 남경 뱃사람들에게 인당수 제물로 몸을 팔아 오늘이 떠나는 날이니 저를 마지막 보셔요."
>
> 심 봉사가 이 말을 듣고,
>
> "참말이냐, 참말이냐? 애고 애고, 이게 웬 말인고? 못 가리라, 못 가리라. … 눈을 팔아 너를 살 터에 너를 팔아 눈을 뜬들 무엇을 보려고 눈을 뜨리? … 돈도 싫고 쌀도 싫다, 네 이놈 상놈들아. 여보시오 동네 사람, 저런 놈들을 그저 두고 보오?"
>
> 심청이 아버지를 붙들고 울며 위로하기를,
>
> "아버지 할 수 없어요. 저는 이미 죽지마는 아버지는 눈을 떠서 밝은 세상 보시고, 착한 사람 구하셔서 아들 낳고 딸을 낳아 후사나 전하고, 못난 딸자식은 생각지 마시고 오래오래 평안히 계십시오. 이도 또한 천명이니 후회한들 어찌하겠어요?"
>
> 뱃사람들이 그 딱한 형편을 보고 모여 앉아 공론하기를,
>
> "심 소저의 효성과 심 봉사의 일생 신세 생각하여 봉사님 굶지 않고 헐벗지 않게 한 살림을 꾸며 주면 어떻겠소?"
>
> "그 말이 옳소."
>
> 하고 쌀 2백 석과 돈 3백 냥이며, 무명 삼베 각 한 동씩 마을에 들여 놓고 동네 사람들을 모아 당부하기를,
>
> "쌀 2백 석과 돈 3백 냥을 착실한 사람 주어 실수 없이 온전하게 늘려 심 봉사에게 바칩시다. 2백 석 가운데 20석은 올해 양식으로 제하고, 나머지는 해마다 빚을 주어 이자를 받으면 양식이 넉넉할 테고, 무명 삼베로는 사철 의복 장만해 드리기로 하고, 이런 내용을 관청에 공문으로 보내고 마을에도 알립시다."
>
> — 작자 미상, 〈심청전〉

<보기>

> 희생과 보상의 관계를 통해 서사 구조가 형성되고 있는 이야기에서는 희생 자체가 갈등의 산물인 경우가 많으며, 이 희생이 갈등을 유발하면서 이야기가 전개된다. 따라서 보상은 희생 자체에 대한 보상임과 동시에 희생으로 인해 유발된 갈등의 해소를 의미하기도 한다.

① 심청의 희생은 심 봉사가 눈뜨기를 바라는 심청의 욕구와 공양미를 시주할 수 없는 가난한 현실 간의 갈등이 빚어낸 결과로 볼 수 있다.

② 사당에 하직을 고하는 심청의 언행은 자신의 희생이 조상에 대한 불효로 이어지는 데에 따른 심리적 갈등을 드러낸 것으로 볼 수 있다.

③ 효를 위해 목숨을 희생해야 한다고 생각하는 심청과 이에 반대하는 심 봉사 간의 대립은 심청의 희생 결정이 불러일으킨 갈등으로 볼 수 있다.

④ 동네 사람들이 심 봉사를 위로하는 모습은 심청의 희생으로 유발된 심 봉사와 동네 사람들 간의 갈등 해소를 의미하는 것으로 볼 수 있다.

⑤ 뱃사람들이 심 봉사를 위해 물질적인 도움을 주는 것은 심청의 희생에 대한 보상으로 볼 수 있다.

호루라기 관장님의
🎺 하드 트레이닝

공부한 날	월	일	요일
맞은 개수			/ 6

작품	No	작품을 읽고 빈칸에 알맞은 말을 쓰시오.

작품

[앞부분 줄거리] 시골에서 서울로 올라온 소년 수남이는 전기용품점에서 일을 한다. 어느 날 영감님의 심부름으로 거래처에서 수금을 하던 중, 세워 둔 자전거가 바람에 넘어져 신사의 자동차에 작은 흠집을 내게 되어 수남이는 곤경에 처한다.

"아저씨, 잘못했습니다. 한 번만 용서해 주십시오. 네, 아저씨."

제법 또렷한 소리로 용서를 빈다.

"용서라니, 이만큼 했으면 됐지 어떻게 더 용서를 해."

"아저씨, 그러시지 말고 한 번만 봐 주셔요. 네, 아저씨."

수남이는 주머니에 든 만 원 생각을 하면 얼굴이 화끈대고 공연히 무섭기까지 하다. 그렇지만 주인 영감님을 위해 그 돈만은 죽기를 무릅쓰고 지킬 각오를 단단히 한다.

"아니 욘석이 이제 보니 이런 큰일 저지르고 그냥 내뺄 심사 아냐? 요런 악질 녀석 같으니라고."

신사의 표정은 은은히 감돌던 연민이 싹 가시고 점잖게 무표정해진다. 그리고는 옆에 섰던 운전사인 듯한 남자에게,

"안 되겠네. 요런 악질 깡패 녀석하고 시비해 봤댔자 공연히 시간만 낭비니, 자네 자물쇠 하나 마련해다 주게. 이 녀석 자전걸 잡아 놓기로 하세. 언제든지 오천 원 가져와서 찾아가라고." (중략)
현재 물가로 약 15~20만 원

이상한 용기가 솟았다. 수남이는 자전거를 마치 검부러기처럼 가볍게 옆구리에 끼고 질풍같이 달렸다. 정말이지 조금도 안 무거웠다. 타고 달릴 때보다 더 신나게 달렸다. 달리면서 마치 오래 참았던 오줌을 시원스레 내깔기는 듯한 쾌감까지 느꼈다. / 주인 영감님은 자전거를 옆에 끼고 질풍처럼 달려온 놈을 눈을 휘둥그렇게 뜨고 바라볼 뿐이었다. 오늘 바람이 세더니만 필시 이 조그만 놈이 바람에 날아왔나, 설마 그럴 리야 없을 텐데 내 눈이 어떻게 된 것인가 그런 눈치였다. (중략)

"임마, 말을 해. 무슨 일이야? 네놈 꼴이 영락없이 도둑놈 꼴이다, 임마."

도둑놈 꼴이라는 소리가 수남이의 가슴에 가시처럼 걸린다. 수남이는 겨우 숨을 가라앉히고 자초지종을 주인 영감님께 고해 바친다. 다 듣고 난 주인 영감님은 무엇이 그리 좋은지 무릎을 치면서 통쾌해한다. (중략)

낮에 내가 한 짓은 옳은 짓이었을까? 옳을 것도 없지만 나쁠 것은 또 뭔가. 자가용까지 있는 주제에 나 같은 아이에게 오천 원을 우려내려고 그렇게 간악하게 굴던 신사를 그 정도 골려 준 것이 뭐가 나쁜가? 그런데도 왜 무섭고 떨렸던가. 그때의 내 꼴이 어땠으면, 주인 영감님까지 "네놈 꼴이 꼭 도둑놈 꼴이다."라고 하였을까. 그럼 내가 한 짓은 도둑질이었단 말인가. 그럼 나는 도둑질을 하면서 그렇게 기쁨을 느꼈더란 말인가.

– 박완서, 〈자전거 도둑〉

01 주요 인물은 누구인가?

수남	청계천 세운상가 뒷길의 ( ) 도매상의 점원으로, 열여섯 살이지만 순수한 내면을 가진 인물
신사	( )을/를 두고 고급 자동차를 부리는 넉넉한 형편이지만, 인정이 없고 냉정한 인물
주인 영감	수남이를 위해 주는 척하지만 사실 금전적 ( )만 중요하게 생각하는 속물적인 인물

02 중심 사건은 무엇인가?

자전거가 바람에 쓰러지는 바람에 고급 자동차의 수리비를 물어 줘야 할 처지에 놓인 수남이가 자전거를 들고 (   )을/를 치고, 주인 영감은 이런 수남이의 행동을 칭찬함.

03 인물의 심리와 태도는 어떠한가?

수남	수남이는 자전거를 들고 도망친 자신의 행동을 칭찬한 주인 영감에게 거부감을 느끼고 ( ) 갈등을 함.

04 인물 간 외적 갈등 양상은 어떠한가?

수남		신사
주인 영감의 돈을 지키려 함.	↔	차 수리비를 받아내려고 함.

→ 가난한 점원인 수남이에게 차 수리비를 끝까지 요구하는 신사의 인정 없고 (   )인 성격이 강조됨.
→ 자전거를 들고 도망친 것은 수남이가 (   ) 갈등을 하게 되는 원인이 됨.

05 인물의 내적 갈등 양상은 어떠한가?

내적 갈등	낮에 내가 한 짓은 옳은 짓이었을까?
	왜 무섭고 떨렸던가.
	내가 한 짓은 도둑질이었단 말인가.
	나는 도둑질을 하면서 그렇게 기쁨을 느꼈더란 말인가.

↓

해결	자신을 도덕적으로 견제해 줄 아버지가 계신 고향으로 돌아가기로 결심함.

→ 물질적 이익만 추구하는 현대인의 탐욕스러움과 부도덕성을 비판하고 (   )와/과 양심 회복이 필요함을 부각함.

06 이 작품의 주제는 무엇인가?

현대인들의 (   )에 대한 비판

오늘의 수능 국어 트레이닝 끝!

021 긍정적 태도 ❶ - 경외감~동화

개념 영상

화자의 정서나 태도를 파악할 때는
❶ 화자가 어떤 상황에 처해 있는지를 가장 먼저 파악하세요,
다음으로 ❷ 화자가 시적 대상을 어떤 태도로 대하는지 확인하고,
❸ 화자의 어조를 통해 감정 상태를 짐작하세요.

1 경외감(외경심) 공경하면서 두려워하는 감정

내 마음속 우리 님의 고운 눈썹을

즈믄 밤의 꿈으로 맑게 씻어서 / 하늘에다 옮기어 심어 놨더니

동지섣달 날으는 매서운 새가 / 그걸 알고 시늉하며 비끼어 가네.

— 서정주, 〈동천(冬天)〉
겨울 하늘

2 공동체 의식 집단의 이익과 권위를 존중하고 공동체의 조화로운 발전을 염두에 둔 태도

떡갈나무 숲을 걷는다. 떡갈나무 잎은 떨어져

너구리나 오소리의 따뜻한 털이 되었다. 아니면,

쐐기집이거나. 지난여름 풀 아래 자지러지게
쐐기다방의 유충인 쐐기벌레의 집
울어 대던 벌레들의 알의 집이 되었다. — 이준관, 〈가을 떡갈나무 숲〉

3 공존 서로 도와서 함께 존재함.

파파원한 씨는 이주민이고 / 지한석 씨는 정주민이지만
일정한 곳에 자리를 잡고 사는 주민
같은 공장 같은 부서에 / 근무하는 노동자여서

손발도 맞고 호흡도 맞다 // (중략)

세계의 어떤 법령에도

노동하는 인간의 신분을 따질 수 있다고

씌어 있진 않을 것이다

한국 청년 지한석 씨가 내는 숨소리에

미얀마 처녀 파파원한 씨는 가만히 귀 기울인다 — 하종오, 〈신분〉

4 관조 고요한 마음으로 사물이나 현상을 관찰하거나 비추어 봄.

산은 / 구강산(九江山) / 보랏빛 석산(石山) //

산도화 / 두어 송이 / 송이 버는데 //
벌어지는데
봄눈 녹아 흐르는 / 옥 같은 //

물에 / 사슴은 / 암사슴 / 발을 씻는다 — 박목월, 〈산도화(山桃花)〉
산에 피어 있는 복숭아꽃

5 기대감 어떤 일이 이루어지기를 바라고 기다리는 심정

네가 오기로 한 그 자리, 내가 미리 와 있는 이곳에서

문을 열고 들어오는 모든 사람이

너였다가 / 너였다가, 너일 것이었다가

— 황지우, 〈너를 기다리는 동안〉

6 깨달음 생각하고 궁리하다 알게 되는 것

나를 가르치는 건 / 언제나 시간

끄덕이며 끄덕이며 겨울 바다에 섰었네. — 김남조, 〈겨울 바다〉

7 달관 사소한 사물이나 일에 얽매이지 않고 세속을 벗어난 듯한 태도

남으로 창을 내겠소 / 밭이 한참갈이
소로 잠깐이면 갈 수 있는 작은 논밭의 넓이
괭이로 파고 / 호미론 김을 매지요. // (중략)

강냉이가 익걸랑 / 함께 와 자셔도 좋소. // 왜 사냐건 / 웃지요.

— 김상용, 〈남으로 창을 내겠소〉

8 동경 어떤 것을 간절히 그리워하여 그것만을 생각함.

향단(香丹)아 그넷줄을 밀어라

머언 바다로 / 배를 내어 밀듯이, / 향단아 // (중략)

산호(珊瑚)도 섬도 없는 저 하늘로 / 나를 밀어 올려 다오

채색(彩色)한 구름같이 나를 밀어 올려 다오

이 울렁이는 가슴을 밀어 올려 다오!

— 서정주, 〈추천사(鞦韆詞) — 춘향의 말 1〉
그네를 타며 부른 노래

9 동질감 성질이 서로 비슷해서 익숙하거나 잘 맞는 느낌

살구나무 그늘로 얼굴을 가리고, 병원 뒤뜰에 누워, 젊은 여자
가 흰옷 아래로 하얀 다리를 드러내 놓고 일광욕을 한다. 한나절
이 기울도록 가슴을 앓는다는 이 여자를 찾아오는 이, 나비 한
마리도 없다. 슬프지도 않은 살구나무 가지에는 바람조차 없다.

나도 모를 아픔을 오래 참다 처음으로 이곳에 찾아왔다. 그러
나 나의 늙은 의사는 젊은이의 병을 모른다. 나한테는 병이 없다
고 한다. 이 지나친 시련, 이 지나친 피로, 나는 성내서는 안 된다.

여자는 자리에서 일어나 옷깃을 여미고 화단에서 금잔화 한
포기를 따 가슴에 꽂고 병실 안으로 사라진다. 나는 그 여자의
건강이 — 아니 내 건강도 속히 회복되기를 바라며 그가 누웠던
자리에 누워 본다. — 윤동주, 〈병원〉

10 동화 성질·양식(樣式)·사상 등이 다르던 것이 서로 같게 됨.

나무 등걸에 앉아 하늘을 본다. 하늘이 깊이 숨을 들이켜
줄기를 잘라 낸 나무의 밑동
나를 들이마신다. 나는 가볍게, 오늘 밤엔

이 떡갈나무 숲을 온통 차지해 버리는 별이 될 것 같다.

— 이준관, 〈가을 떡갈나무 숲〉

022 긍정적 태도 ❷ - 만족감~예찬

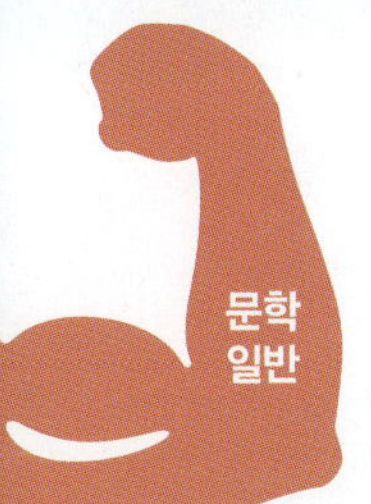

1 만족감 조금도 모자람이 없을 정도로 넉넉하여 마음에 흡족함.

오늘도 하루 잘 살았다 (중략)
굽은 길은 굽게 가고 / 곧은 길은 곧게 가고 // (중략)
이제 날 저물려 한다 / 길바닥을 떠돌던 바람은 잠잠해지고
새들도 머리를 숲으로 돌렸다
오늘도 하루 나는 이렇게 / 잘 살았다

                    – 나태주, 〈사는 일〉

2 설득 상대편이 이쪽 편의 이야기를 따르도록 깨우쳐 말함.

고향이 고향인 줄도 모르면서 / 긴 장대 휘둘러 까치밥 따는
서울 조카아이들이여 / 그 까치밥 따지 말라 (중략)
까치와 같은 날짐승이 먹으라고 따지 않고 몇 개 남겨 두는 감
공중을 오가는 날짐승에게 길을 내어 주는
그것은 따뜻한 등불이었으니
철없는 조카아이들이여 / 그 까치밥 따지 말라

                    – 송수권, 〈까치밥〉

3 성찰 자기의 마음을 반성하고 살핌.

잃어버렸습니다. / 무얼 어디다 잃었는지 몰라
두 손이 주머니를 더듬어 / 길에 나아갑니다. // (중략)
돌담을 더듬어 눈물짓다 / 쳐다보면 하늘은 부끄럽게 푸릅니다.

                    – 윤동주, 〈길〉

4 성취감 목적한 바를 이루었다는 느낌.

흔들리는 나뭇가지에 꽃 한번 피우려고
눈은 얼마나 많은 도전을 멈추지 않았으랴 // (중략)
바람 한 자락 불면 휙 날아갈 사랑을 위하여
햇솜 같은 마음을 다 퍼부어 준 다음에야
마침내 피워 낸 저 황홀 보아라

                    – 고재종, 〈첫사랑〉

5 소망 어떤 일을 바람.

어서 너는 오너라. 별들 서로 구슬피 헤어지고, 별들 서로 정답
게 모이는 날, 흩어졌던 너이 형 아우 총총히 돌아오고, 흩어졌
던 네 순이도 누이도 돌아오고, 너와 나와 자라난, 막쇠도 돌이
도 복술이도 왔다. //
몹시 급하고 바쁜 모양
눈물과 피와 푸른 빛 깃발을 날리며 오너라……. 비둘기와 꽃
다발과 푸른 빛 깃발을 날리며 너는 오너라…….

                    – 박두진, 〈어서 너는 오너라〉

6 수용(순응) 어떠한 것을 받아들임.

가야 할 때가 언제인가를 / 분명히 알고 가는 이의
뒷모습은 얼마나 아름다운가. //
봄 한철 / 격정을 인내한 / 나의 사랑은 지고 있다. //
분분한 낙화…… / 결별이 이룩하는 축복에 싸여
지금은 가야 할 때

                    – 이형기, 〈낙화(落花)〉

7 안도감 모든 걱정을 떨쳐 버리고 편히 갖는 마음

"이 자식아, 그동안 사람을 몇이나 죽였냐?"
그제야 덕재가 힐끗 이쪽을 쳐다보더니, 다시 고개를 거둔다.
"이 자식아, 사람 몇이나 죽였어?" (중략)
"그래 너는 사람을 그렇게 죽여 봤니?"
자식이! 그러면서도 성삼이의 가슴 한복판이 환해짐을 느낀다.
막혔던 무엇이 풀려 내리는 것만 같다.

                    – 황순원, 〈학〉

8 안빈낙도 가난한 생활을 하면서도 편안한 마음으로 도를 즐겨 지킴.

십 년(十年)을 경영(經營)하여 초려삼간(草廬三間) 지어 내니,
계획을 세워 집을 지음. 세 칸밖에 안 되는 초가집
나 한 간 달 한 간에 청풍(淸風) 한 간 맞겨 두고,
강산(江山)은 들일 듸 업스니 둘러 두고 보리라

                    – 송순

9 연민 불쌍하고 가련하게 여김.

치위와 주림에 시달리어 / 한겨우내— 움치고 떨며
웅츠리고
살아나온 사람들…… //
서러운 얘기 / 서러운 얘기 / 다아 / 까맣게 잊고 //
꽃향에 꽃향에 / 취하여
아득하니 꽃구름 속에 / 쓸어지게 하여라

                    – 박두진, 〈꽃구름 속에〉

10 예찬 무엇이 훌륭하거나 좋거나 아름답다고 찬양함.

청소하는 사람을 보면 / 그 사람의 손을 보면 / 길 끝을 보면
쓰레기 속에서도 빛이 난다.
깨끗한 것만이 빛나는 것은 아니다. //
마음 닦는 사람을 보면 / 그 사람의 손을 보면 / 마음 끝을 보면
보이지 않는 것에서도 빛이 난다. / 보이는 빛만이 빛은 아니다. //
닦는 것은 빛을 내는 일 / 성자가 된 청소부는
청소를 하면서도 성자이며 / 성자이면서도 청소를 한다.

                    – 천양희, 〈그 사람의 손을 보면〉

023 긍정적 태도 ❸ - 유대감~해학

1 유대감 서로 밀접하게 연결되어 있는 공통된 느낌

> 못난 놈들은 서로 얼굴만 봐도 흥겹다
>
> 이발소 앞에 서서 참외를 깎고
>
> 목로에 앉아 막걸리를 들이켜면
> 전술집에서 술잔을 놓기 위해 쓰는, 널빤지로 만든 상
> 모두들 한결같이 친구 같은 얼굴들
>   - 신경림, 〈파장〉
>   장이 거의 끝남.

2 의지 어떠한 일을 이루고자 하는 마음

> 누가 구름 한 송이 없이 맑은 / 하늘을 보았다 하는가. //
>
> 네가 본 건, 먹구름 / 그걸 하늘로 알고 / 일생을 살아갔다. //
>
> 네가 본 건, 지붕 덮은 / 쇠 항아리,
>
> 그걸 하늘로 알고 / 일생을 살아갔다. //
>
> 닦아라, 사람들아 / 네 마음속 구름
>
> 찢어라, 사람들아, / 네 머리 덮은 쇠 항아리.
>
>   - 신동엽, 〈누가 하늘을 보았다 하는가〉

3 일체감 남과 어우러져 하나로 되는 느낌

> 낡은 나조반에 흰밥도 가재미도 나도 나와 앉아서
> 책상처럼 생긴 직사각형의 큰 상
> 쓸쓸한 저녁을 맞는다 //
>
> 흰밥과 가재미와 나는
>
> 우리들은 그 무슨 이야기라도 다 할 것 같다
>
> 우리들은 서로 미덥고 정답고 그리고 서로 좋구나
> 반찬 친구에 대한 말씀
>   - 백석, 〈선우사(膳友辭)〉 - 함주시초(咸州詩抄) 4)
>   함경도 여행에서 느낀 경문과 감상을 쓴 연작시

4 자부심 스스로에게 긍지를 가지는 마음

> 천지간(天地間) 남자(男子) 몸이 날만한 이 하건마는,
>
> 산림(山林)에 뭇쳐 이셔 지락(至樂)을 모를것가.
> 자연에 묻혀 사는 즐거움
> 수간모옥(數間茅屋)을 벽계수(碧溪水) 앞에 두고,
> 몇 칸 안 되는 작은 초가집   푸른 시냇물
> 송죽(松竹) 울 울리(鬱鬱裏)예 풍월주인(風月主人) 되여셔라.
>   자연의 주인
>   - 정극인, 〈상춘곡(賞春曲)〉
>   봄을 즐기는 노래

5 지조 원칙과 신념을 굽히지 않고 끝까지 지켜 나가는 꿋꿋한 의지

> 눈 마자 휘여진 대를 뉘라서 굽다턴고.
>
> 구블 절(節)이면 눈 속에 프를소냐.
>
> 아마도 세한고절(歲寒孤節)은 너 뿐인가 하노라.   - 원천석
>   한겨울에도 추위를 이겨 내는 높은 절개

'사군자'는 고결함을 상징하는 자연물인 매화·난초·국화·대나무를 말합니다. 대(대나무)는 예로부터 선비의 변함없는 지조와 절개를 상징하였으며, 여기서는 고려 왕조에 대한 화자의 절의가 굳음을 의미합니다.

6 지향 어떤 목표로 뜻이 쏠리어 향하거나 그 방향으로 쏠리는 의지

> 가난한 내가 / 아름다운 나타샤를 사랑해서
>
> 오늘밤은 푹푹 눈이 나린다 (중략)
>
> 나타샤와 나는 / 눈이 푹푹 쌓이는 밤 흰 당나귀 타고
>
> 산골로 가자 출출이 우는 깊은 산골로 가 마가리에 살자
>   '오막살이'의 방언
>   - 백석, 〈나와 나타샤와 흰 당나귀〉

7 친근감(친밀감) 사귀어 지내는 사이가 매우 친하고 가까운 느낌

> 오늘, 북창을 열어 / 장거릴 등지고 산을 향하여 앉은 뜻은
>
> 사람은 맨날 변해 쌓지만 / 태고로부터 푸르러 온 산이 아니냐.
>
> 고요하고 너그러워 수(壽)하는 데다가
>   오래 사는
> 보옥(寶玉)을 갖고도 자랑 않는 겸허한 산.
> 보배로운 구슬(보석처럼 귀하고 소중한 것)
> 마음이 본시 산을 사랑해 / 평생 산을 보고 산을 배우네.
>   - 김관식, 〈거산호(居山好) 2〉
>   산에서 사는 것을 좋아하다

8 통찰 예리한 관찰력으로 대상을 꿰뚫어 봄.

> 우리들의 소유 관념(所有觀念)이 때로는 우리들의 눈을 멀게 한다. 그래서 자기의 분수까지도 돌볼 새 없이 들뜬다. 그러나 우리는 언젠가 한 번은 빈손으로 돌아갈 것이다. 내 이 육신마저 버리고 홀홀히 떠나갈 것이다. 하고많은 물량일지라도 우리를 어떻게 하지 못할 것이다.
>
> 크게 버리는 사람만이 크게 얻을 수 있다는 말이 있다. 물건으로 인해 마음을 상하고 있는 사람들에게는 한 번쯤 생각해 볼 말씀이다. 아무것도 갖지 않을 때 비로소 온 세상을 갖게 된다는 것은 무소유의 또 다른 의미이다.   - 법정, 〈무소유(無所有)〉

9 풍류 멋스럽고 풍치(격에 맞는 멋)가 있는 일

> 추강(秋江)에 밤이 드니 물결이 차노매라.
> 가을 강
> 낚시 드리치니 고기 아니 무노매라.
>
> 무심(無心)한 달빛만 싣고 빈 배 저어 오노라.   - 월산 대군

10 해학 익살스럽고도 품위가 있는 말이나 행동

> 시아버니 호랑새요 시어머니 꾸중새요,
>
> 동세 하나 할림새요 시누 하나 뾰족새요,
>   고자질
> 시아지비 뾰중새요 남편 하나 미련새요,
> 지아주버님
> 자식 하난 우는 새요 나 하나만 썩는 샐세
>   - 작자 미상, 〈시집살이 노래〉

개념 트레이닝 ZONE

🏋 **빈칸에 알맞은 말을 쓰며 개념 근육을 키워 보세요!**

01

사랑만이 / 겨울을 이기고
봄을 기다릴 줄 안다. //
사랑만이 / 불모의 땅을 갈아엎고
제 뼈를 갈아 재로 뿌릴 줄 안다. //
천 년을 두고 오늘 / 봄의 언덕에
한 그루의 나무를 심을 줄 안다. //
그리고 가실을 끝낸 들에서
사랑만이 / 인간의 사랑만이
〔수확〕
사과 하나 둘로 쪼개 / 나눠 가질 줄 안다.

— 김남주, 〈사랑 1〉

사과 하나를 둘로 쪼개어 나누어 갖는 상황을 통해 타인과 더불어 나누며 (   )할 줄 아는 사랑의 가치와 소중함을 형상화하고 있다.

02

차가운 물보라가
나의 이마를 적실 때마다
나는 소년처럼 울음을 참았다. //
길길이 부서지는 파도 사이로
걷잡을 수 없이 나의 해로(海路)가 일렁일지라도 //
〔바다 위의 배가 다니는 길〕
나는 홀로이니라. / 나는 바다와 더불어 홀로이니라.

— 김종길, 〈바다에서〉

고난의 상황에 괴로워하던 화자가 혼자의 힘으로 고난을 헤쳐 나가야 한다는 (   )을/를 얻고 있다.

03

어머니,
당신은 그 먼 나라를 알으십니까? //
오월 하늘에 비둘기 멀리 날고,
오늘처럼 촐촐히 비가 내리면, //
〔비가 조금씩 내리는 모양〕
꿩 소리도 유난히 한가롭게 들리리다.
서리 까마귀 높이 날아 산국화 더욱 곱고
노오란 은행잎이 한들한들 푸른 하늘에 날리는
가을이면 어머니! 그 나라에서 //
양지밭 과수원에 꿀벌이 잉잉거릴 때,
나와 함께 그 새빨간 능금을 또옥똑 따지 않으시렵니까?

— 신석정, 〈그 먼 나라를 알으십니까〉

'(   )'은/는 화자가 동경하는 이상향으로, 평화롭고 순수하며 풍요로운 세계이자 전원적인 이상 세계를 의미한다.

04

강물은 흘러 흘러 어디 가는가,
바람인가, 하늘인가, 꽃구름인가,
하늘은 높아 높아 그리움 되고
바다는 깊어 깊어 슬픔 되는데
흰 구름 저 멀리 무지개를 하나 걸어 놓고
강물은 울어 울어 어디 예는가,
〔기본형〕 예다 → '가다'를 예스럽게 이르는 말
빛 고운 슬픔 살포시 안아
조약돌로 가라앉는 그리움이여,
들녘을 헤매던 하늬바람도
해어름을 모란으로 지고 있는데
〔'해거름'의 방언, 해가 서쪽으로 넘어가는 때〕
강물은 흘러 흘러 어디 가는가.

— 오세영, 〈강물은 또 그렇게〉

'하늘'은 동경의 대상을, '(   )'은/는 아름다운 이상을 의미하며, 동경하는 대상을 그리워하는 마음을 드러내고 있다. 또한 '빛 고운'과 '살포시 안아', '조약돌로 가라앉는'을 통해 추상적 감정인 (   )와/과 (   )의 정서를 감각적으로 구체화함으로써 살아가면서 겪는 감정의 변화를 형상화하고 있다.

05

냇물아 흘러 흘러 어디로 가니, 착한 노래들도 물고기들과 함께 큰 강으로 헤엄쳐 가 버리면 과수원을 지나온 달콤한 바람은 미루나무 손들을 흔들어 차르르 차르르 내 겨드랑에도 간지러운
〔차르륵 → 쏠리면서 시원스럽게 나는 소리나 모양〕
새잎이 돋고 물 아래까지 헤엄쳐 가 누워 바라보는 하늘 위로 삐뚤삐뚤 헤엄쳐 달아나던 미루나무 한 그루.

— 정일근, 〈흑백 사진 – 7월〉

'내 겨드랑이에도 간지러운 새잎이 돋'았다는 표현을 통해 화자가 '바람'을 매개로 자연에 (   )된 모습을 알 수 있다.

06

꽃이 제일 먼저 핀 것은 복수초지만 잎이 제일 먼저 흙을 뚫고 모습을 드러낸 것은 상사초 그 다음이 수선화다. 수선화는 벚꽃이 필 무렵에나 필 것 같고 상사초는 잎이 시들어 지상에서 사라지고 나서도 한참이나 더 있다가 꽃대를 밀어 올릴 것이다. 이렇게 그것들을 기다리고 마중하다 보니 내 머릿속에 출석부가 생기게 되고, 출석부란 원래 이름과 함께 번호를 매기게 되어 있는지라 100번이 넘는다는 걸 알게 되었다.

— 박완서, 〈꽃 출석부 1〉

꽃에 번호를 매기는 글쓴이의 행동에는 자연의 질서에 따라 차례대로 피고 지는 꽃들에 대한 애정과 (   )이/가 담겨 있다.

07

우리는 썩어 가는 참나무 떼,

벌목의 슬픔으로 서 있는 이 땅

패역의 골짜기에서
사람으로서 마땅히 하여야 할 도리에 어긋나고 순리를 거슬러 불순함.
서로에게 기댄 채 겨울을 난다

함께 썩어 갈수록

바람은 더 높은 곳에서 우리를 흔들고

이윽고 잠자던 홀씨들 일어나

우리 몸에 뚫렸던 상처마다 버섯이 피어난다

황홀한 음지의 꽃이여

– 나희덕, 〈음지의 꽃〉

참나무 떼의 상처에서 버섯이 자라나는 모습에 대한 긍정적 인식을 바탕으로 버섯에 대한 (　　　　) 태도를 드러내고 있다.

08

잃어버렸습니다. / 무얼 어디다 잃었는지 몰라

두 손이 주머니를 더듬어 / 길에 나아갑니다. //

돌과 돌과 돌이 끝없이 연달아 / 길은 돌담을 끼고 갑니다. //

담은 쇠문을 굳게 닫아 / 길 위에 긴 그림자를 드리우고 //

길은 아침에서 저녁으로 / 저녁에서 아침으로 통했습니다. //

돌담을 더듬어 눈물짓다 / 쳐다보면 하늘은 부끄럽게 푸릅니다.

– 윤동주, 〈길〉

참된 자아를 잃고 삶의 방향성을 상실한 화자가 푸른 하늘을 통해 자신을 반성하고 (　　　)하는 태도를 보이고 있다.

09

　어서 너는 오너라. 별들 서로 구슬피 헤어지고, 별들 서로 정답게 모이는 날, 흩어졌던 너이 형 아우 총총히 돌아오고, 흩어졌던 네 순이도 누이도 돌아오고, 너와 나와 자라난, 막쇠도 돌이
몹시 바쁘고 급한 모양
도 복술이도 왔다.

　눈물과 피와 푸른 빛 깃발을 날리며 오너라……. 비둘기와 꽃다발과 푸른 빛 깃발을 날리며 너는 오너라…….

– 박두진, 〈어서 너는 오너라〉

일제 강점기에 고국을 떠난 우리 민족이 광복을 맞은 조국으로 돌아오기를 바라는 (　　　)을/를 드러내고 있다.

10

그대가 아찔한 절벽 끝에서

바람의 얼굴로 서성인다면 그대를 부르지 않겠습니다

옷깃 부둥키며 수선스럽지 않겠습니다

그대에게 무슨 연유가 있겠거니 / 내 사랑의 몫으로

그대의 뒷모습을 마지막 순간까지 지켜보겠습니다

– 김선우, 〈낙화, 첫사랑〉

화자는 이별의 상황에서 그대의 결정을 존중하며 이별을 (　　　)하는 태도를 보이고 있다.

11

아픔에 하늘이 무너졌다.

깨진 하늘이 아물 때에도

가슴에 뼈가 서지 못해서

푸른빛은 장마에

넘쳐 흐르는 흐린 강물 위에 떠서 황야에 갔다.
버려두어 거친 들판

나는 무너지는 둑에 혼자 섰다.

기슭에는 채송화가 무더기로 피어서

생의 감각을 흔들어 주었다.

– 김광섭, 〈생(生)의 감각〉

시인 자신의 병고 경험을 형상화한 작품으로, 화자는 절망적인 상황을 극복하고 삶에 대한 (　　　)을/를 다지고 있다.

12

대숲으로 간다. / 대숲으로 간다.
죽기를 기를 쓰고
한사코 성근 대숲으로 간다.
물건의 사이가 뜬

자욱한 밤안개에 벌레 소리 젖어 흐르고

벌레 소리에 푸른 달빛이 배어 흐르고

대숲은 좋더라. / 성글어 좋더라.

한사코 서러워 대숲은 좋더라.

꽃가루 날리듯 흥근히 드는 달빛에

기척 없이 서서 나도 대같이 살거나.

– 신석정, 〈대숲에 서서〉

화자는 거리를 두고 떨어져 서 있는 대나무의 모습을 보고 강직한 지조와 절개를 상징하는 대나무처럼 곧고 바르게 살고 싶다며 (　　　)하는 태도를 보이고 있다.

13

　구보가 한 옆에 끼어 앉을 수도 없게스리 사람들은 그곳에 빽빽하게 모여 있어도, 그들의 누구에게서도 인간 본래의 온정을 찾을 수는 없었다. 그들은 거의 옆의 사람에게 한마디 말을 건네는 일도 없이, 오직 자기네들 사무에 바빴고, 그리고 간혹 말을 건네도, 그것은 자기네가 타고 갈 열차의 시각이나 그러한 것에 지나지 않았다. 그네들의 동료가 아닌 사람에게 그네들은 변소에 다녀올 동안의 그네들 짐을 부탁하는 일조차 없었다. 남을 결코 믿지 않는 그네들의 눈은 보기에 딱하고 또 가엾었다.

– 박태원, 〈소설가 구보 씨의 일일〉

주인공 구보는 경성역에서 타인에 대한 무관심과 개인주의가 팽배한 사람들의 모습을 보고는 안타까움과 (　　　)의 감정을 느끼고 있다.

워밍-UP

다음 글을 읽고 빈칸에 알맞은 말을 써서 해설을 완성하거나 정오를 판단하세요.

01

> 고통과 쓰라림과 목마름의 정령들은 잠들고
> 눈시울이 붉어진 인간의 혼들만 깜박이는
> 아무도 모르는 고요한 그 시각에
> 아름다움은 새벽의 창을 열고
> 우리들 가슴의 깊숙한 뜨거움과 만난다 (중략)
> ㉠새벽에 깨어나 / 반짝이는 별을 보고 있으면
> 이 세상 깊은 어디에 마르지 않는
> ㉡희망의 샘 하나 출렁이고 있을 것만 같다.
>
> – 곽재구, 〈새벽 편지〉

구분	의미
㉠	화자가 ( )을/를 보며 이 세상 어딘가에 희망의 샘이 있을 거라고 기대하는 희망의 시간
㉡	희망 가득한 세상이 도래하여 사람들이 고달픈 현실에서 벗어날 수 있기를 바라는 화자의 ( )

02

> (가) 달 밝고 바람 자니 물결이 비단 같다
> 단정을 비껴 놓아 오락가락 하는 흥을
> ㉠백구야 하 즐겨 말고려 세상 알까 하노라 〈제5수〉
> 작은 배
> – 나위소, 〈강호구가〉
>
> (나) 산골에는 초목의 냄새까지도 특수하다. 더욱이 새로 난 잎
> 정해진 시간에 이르다.
> 이 한창 흐드러질 임시하야 바람에 풍기는 그 향취는 일필로
> ❶ 붓에 먹을 다시 먹이지 아니하고 단번에 씀. ❷ 한 줄의 글
> 형용하기 어렵다. 말하자면 개운한 그리고 졸음을 청하는 듯
> 한 그런 나른한 향기다. 일종의 선정적 매력을 느끼게 하는
> 짙은 향기다. ㉡뻐꾸기도 이 냄새에는 민감한 모양이다. 이때
> 부터 하나둘 울기 시작하기 때문이다. 한 해 만에 뻐꾸기 울
> 음을 처음 들을 때처럼 반가운 일은 없다.
>
> – 김유정, 〈오월의 산골짜기〉

구분	㉠	㉡
상황	자연에서 흥을 느끼고 있음.	한 해 만에 뻐꾸기의 울음을 처음 들음.
정서		
기능	화자의 정서 ( )	글쓴이의 정서 ( )

㉠은 화자의 즐거움이 투영된, ㉡은 글쓴이의 반가움을 유발하는 대상이다.

◯╳

03

〈들길에 서서〉는 일제 강점기인 1939년에 발표된 작품입니다. 이 작품에서 시적 화자는 당대의 어두운 역사에서 벗어날 수 있다는 희망과 의지를 자연물 속에서 찾아내고 있습니다.

> 푸른 산이 흰 구름을 지니고 살 듯
> ㉠내 머리 위에는 항상 푸른 하늘이 있다. //
> 뼈에 저리도록 '생활'은 슬퍼도 좋다.
> 저문 들길에 서서 푸른 별을 바라보자! //
> ㉡푸른 별을 바라보는 것은 하늘 아래 사는 거룩한 나의 일과
> 이거니…….
>
> – 신석정, 〈들길에 서서〉

구분	화자의 태도
㉠	자연과 마주하며 숭고한 이상을 ( )하려는 태도
㉡	자연물을 동경하며 이상을 ( )하려는 태도

→ '머리 위에는 항상 푸른 하늘이 있다'는 표현에서 긍정적 미래에 대한 희망과 의지를 엿볼 수 있군. ◯╳

→ '별을 바라보는 것'은 자연과 마주하며 이상을 지향하는 태도로 볼 수 있군. ◯╳

04

> 아래층에서 물 틀면 단수가 되는
> 좁은 계단을 올라야 하는 전세방에서
> 만학을 하는 나의 등록금을 위해
> 나이가 들어 뒤늦게 공부함.
> 사글셋방으로 이사를 떠나는 형님네 (중략)
> 월세를 받고 빌려주는 방
> 자장면을 앞에 놓고
> ㉠이상한 중국집 젊은 부부를 보았다
> 바쁜 점심시간 맞춰 잠자주는 아기를 고마워하며
> 젊은 부부는 밀가루, ㉡그 연약한 반죽으로
> 튼튼한 미래를 꿈꾸듯 명랑하게 전화를 받고
> 서둘러 배달을 나아갔다
> 나는 그 모습이 ㉢눈물처럼 아름다워
> 물배가 부른데도 자장면을 남기기 미안하여
> 마지막 면발까지 다 먹고 나니
> 더부룩하게 배가 불렀다, 살아간다는 게 //
> 그날 나는 분명 슬픔도 배불렀다
>
> – 함민복, 〈그날 나는 슬픔도 배불렀다〉

구분	표현	의미
㉠, ㉢	화자의 ( ) 대비	'( )'와/과 '( )'의 대비를 통해 중국집 젊은 부부에 대한 화자의 긍정적 인식이 부각됨.
㉡	( )의 대비	'( )'와/과 '( )'의 대비를 통해 희망을 잃지 않는 중국집 젊은 부부의 건강한 삶을 강조함.

 펌핑-UP

01

〈보기〉를 참고하여 다음 시에 대해 이해한 내용으로 적절하지 <u>않은</u> 것은?

> 무너진 성터 아래 오랜 세월을 풍설(風雪)에 깎여 온 바위가
> 눈바람
> 있다
>
> 아득히 손짓하며 구름이 떠가는 언덕에 말없이 올라서서
> 한 줄기 바람에 조찰히 씻기우는 풀잎을 바라보며
> 아담하고 깨끗하게
> 나의 몸가짐도 또한 실오리 같은 바람결에 흔들리노라
> 아 우리들 태초의 생명의 아름다운 분신으로 여기 태어나
> 고달픈 얼굴을 마조 대고 나직히 웃으며 애기하노니
> 때의 흐름이 조용히 물결치는 곳에 그윽히 피어오르는 한 떨기
> 영혼이여
>
> — 조지훈, 〈풀잎 단장(斷章)〉
> 한 체계로 묶지 아니하고 몇 줄씩의 산문체로 토막을 지어 적은 글

〈보기〉

이 시의 화자는 특정한 공간에서 영원에 가까운 기나긴 시간의 흐름을 포착한다. 여기서 화자가 주목하는 대상은 이러한 시간의 흐름을 견뎌내는 강인한 존재가 아니라, 언젠가는 소멸될 삶을 힘겹게 살아가는 여린 존재이다. 화자는 이러한 존재와 교감을 하면서 삶에 대한 새로운 깨달음을 얻는다.

① '바위'는 영원에 가까운 '오랜 세월' 동안 '풍설'을 견뎌온 존재이다.

② '구름이 떠가는 언덕'은 화자가 '태초'로부터 이어지는 기나긴 시간의 흐름을 포착하는 공간이다.

③ '나'는 '풀잎'처럼 '바람결에 흔들리'는 존재로, '우리들'이라는 말을 통해 '풀잎'과의 동질감을 드러낸다.

④ '얼굴을 마조 대고 나직히 웃으며 애기하노니'는 '나'가 여린 존재인 '풀잎'과 교감하는 모습을 표현한다.

⑤ '한 떨기 영혼'은 '나'가 소멸될 운명을 벗어나 영원의 세계를 지향하는 태도를 지니고 있음을 보여 준다.

02

㉠과 ㉡에 대한 설명으로 가장 적절한 것은?

> 산슈 간(山水間) 바회 아래 뛰집을 짓노라 하니
> 움막, 초가집
> 그 모론 남들은 웃는 다 한다마는
> 향암(鄕闇) → 시골에서 지내 온갖 사리에 어둡고 어리석은 사람
> ㉠어리고 햐암의 뜻의는 내 분(分)인가 하노라 〈제1수〉
>
> — 윤선도, 〈만흥(漫興)〉

> 시정에 살면서 은거에 마음을 두는 것은 작은 즐거움[小樂]이다. … 참으로 가장 높은 것은 작은 즐거움을 누리는 자이다. 나는 시정
> 인가가 모인 곳
> 에 살면서 은거에 마음을 두는 자이니, 그렇다면 이 작은 즐거움
> 세상을 피해 숨어 삶
> 을 가장 높은 것으로 말한 ㉡나의 이 말은 대부분의 사람들의
> 세상의 이러저러한 실정이나 형편
> 생각과는 거리가 먼, 물정 모르는 소리일지도 모른다.
>
> — 이덕무, 〈우언(迂言)〉
> 시세나 사정에 밝지 못한 말

① ㉠은 자신의 처지를 남의 일을 말하듯이 표현함으로써 자신의 문제를 회피하고 있다.

② ㉡은 자신의 행동을 냉철하게 성찰함으로써 자신의 과오를 인정하고 있다.

③ ㉠은 ㉡과 달리, 자신의 처지를 자문자답 형식으로 말함으로써 자신의 생각을 일반화하고 있다.

④ ㉡은 ㉠과 달리, 자신의 생각을 남의 말을 인용하여 표현함으로써 자신의 신념을 객관화하고 있다.

⑤ ㉠과 ㉡은 모두, 자신이 말하고자 하는 바를 우회하여 표현함으로써 자신의 삶에 대한 자부심을 드러내고 있다.

두뇌 스트레칭 ZONE

문학의 미의식

'미의식'은 아름다움을 느끼거나 이해하고, 아름다움을 가려 판단하는 의식을 말한다. 문학 작품은 다양한 정서가 다양한 표현에 의해 다양한 미의식을 드러낸다. 문학에서 드러나는 미의식은 크게 숭고미, 우아미, 비장미, 골계미로 구분하고 있다.

숭고미	• 경건하고 엄숙한 분위기를 자아내는 미의식 • 이상적인 삶의 가치를 제시하는 데 사용됨.
우아미	• 기품과 멋을 드러내는 미의식 • 자연 친화나 사랑 등 순수한 아름다움을 표현하는 데 사용됨.
비장미	• 이루지 못한 소망이나 비극적 사태에 대한 슬픔의 미의식 • 개인의 이별이나 역사적 수난, 비참한 현실 등을 표현하는 데 사용됨.
골계미	• 익살스러움에서 느껴지는 미의식 • 풍자나 해학의 정서를 드러내는 데 사용됨.

공부한 날	월 　 일 　 요일
맞은 개수	/ 7

I 문학 일반

작품	No	작품을 읽고 빈칸에 알맞은 말을 쓰시오.

새들도 떠나고
그대가 한 그루
헐벗은 나무로 흔들리고 있을 때
나도 헐벗은 한 그루 나무로 그대 곁에 서겠다
아무도 이 눈보라 멈출 수 없고
나 또한 그대가 될 수 없어
대신 앓아줄 수 없는 지금
어쩌랴 내가 할 수 있는 일은
이 눈보라를 그대와 나누어 맞는 일뿐
그러나 그것마저 그대만을 위한 것은 아니었다
보라 그대로 하여
그대 쪽에서 불어오는 눈보라를 내가 견딘다
그리하여 언 땅 속에서
서로가 서로의 뿌리를 얽어 쥐고 체온을 나누며
끝끝내 하늘을 우러러
새들을 기다리고 있을 때
보라 어느샌가
수많은 그대와 또 수많은 나를
사람들은 숲이라 부른다

　　　　　　　　　　　　– 복효근, 〈겨울 숲〉

01

시적 화자는 누구이며, 어떤 상황에 놓여 있는가?

시적 화자	연대 의식으로 힘겨운 현실을 (　　　　)하려는 이
상황	그대와 눈보라를 나누어 맞고 또, 언 땅속에서 서로의 뿌리를 통해 체온을 나누며 하늘을 우러러 새들을 기다리는 과정을 통해 시련을 (　　　　)하고자 함.

02

시적 화자의 정서와 태도는 어떠한가?

그대와 함께 눈보라를 맞겠다며 그대를 향한 애정과 연대감을 드러내고, 하늘을 우러러 새들을 기다리며 시련을 극복하겠다는 희망적이고 의지적인 태도가 나타남. 보잘것없는 존재지만 서로 연대하여 현실의 시련과 고난을 이겨 내겠다는 굳은 (　　　　)을/를 보여 줌.

03

다음 시어의 상징적 의미는 무엇인가?

숲	• 헐벗은 나무와 나무가 모여 이룬 것 • 고통과 시련 속에서 서로 연대하여 하늘을 우러러 새들을 기다리는 나무들의 총체

→ '나'와 그대가 이루는 (　　　　)(이)라고 볼 수 있으며, 화자는 이러한 민중 간의 (　　　　) 의식을 통한 시련과 고난의 극복 가능성을 노래하고 있음.

04

다음 의미에 해당하는 표현과 효과는 무엇인가?

부정적 이미지			긍정적 이미지	
시련과 고난		↔	희망	
절망적이고 암울한 현실			연대 의식	

→ 상징적 시어의 (　　　　)을/를 통해 연대를 통한 시련 극복과 밝은 미래에 대한 소망을 강조함.

05

다음 표현상의 특징에 해당하는 시어와 효과는 무엇인가?

의지적 어조가 드러나는 서술어	(　　　　), (　　　　), (　　　　), (　　　　)

→ '(　　　　)'(이)라는 종결 어미를 사용하여 연대 의식을 통해 시련을 극복하고자 하는 화자의 (　　　　)적 태도가 드러남.

06

의인화된 표현의 효과는 무엇인가?

• '나무', '숲'에 인간의 모습을 투영하여 표현함으로써 독자로 하여금 시적 대상에 대한 (　　　　)을/를 느끼게 함.
• '나무'를 한 명의 (　　　　)에, '숲'을 (　　　　)에 빗대어 표현하여 연대 의식을 통한 시련의 극복이라는 주제를 인상적으로 전달함.

07

이 작품의 주제는 무엇인가?

연대를 통한 시련의 극복과 밝은 미래에 대한 (　　　　)

오늘의 수능 국어 트레이닝 끝!

024 부정적 태도 ❶ - 거리감~도피

개념 영상

---

1 거리감 어떤 대상과 일정한 거리가 떨어져 있다고 느끼는 느낌

> 눈물 아롱아롱 / 피리 불고 가신 임의 밟으신 길은
>
> 진달래 꽃비 오는 서역(西域) 삼만 리.
> 중국 서쪽에 있는 나라. 저승을 의미함.
> 흰 옷깃 여며 여며 가옵신 임의
>
> 다시 오진 못하는 파촉(巴蜀) 삼만 리.   – 서정주, 〈귀촉도(歸蜀道)〉
> 중국의 땅 이름. 죽음의 세계를 의미함.   두견새, 자규

'귀촉도'는 옛날 중국 촉나라의 망제(望帝)라는 사람이 나라에서 쫓겨난 후 촉나라를 그리워하다가 죽어 그 넋이 변하여 된 새인데, 밤에만 운다고 합니다. 이 설화와 관련지어 '귀촉도'는 전통적으로 한(恨)의 정서를 상징하는 소재로 쓰이고 있습니다.

2 고뇌 괴로워하고 번뇌(마음이 시달려서 괴로움)함.

> 가을바람에 오직 괴로이 읊조리나니
>
> 세상에는 나를 알아주는 이 드물구나.
>
> 창 밖엔 비가 밤 깊도록 내리는데
>
> 등불 앞엔 내 마음 만 리 먼 곳을 내닫네.
>
> – 최치원, 〈추야우중(秋夜雨中)〉
> 비 내리는 가을밤

3 고단함 몸이 지쳐서 느른하거나 몹시 피곤할 정도로 힘듦.

> 맞벌이 부부 우리 동네 구자명 씨
>
> 일곱 달 된 아기 엄마 구자명 씨는
>
> 출근 버스에 오르기가 무섭게
>
> 아침 햇살 속에서 졸기 시작한다. (중략)
>
> 그래 저 십 분은 / 간밤 아기에게 젖 물린 시간이고
>
> 또 저 십 분은 / 간밤 시어머니 약시중 든 시간이고
>
> 그래그래 저 십 분은
>
> 새벽녘 만취해서 돌아온 남편을 위하여 버린 시간일 거야
>
> – 고정희, 〈우리 동네 구자명 씨〉

4 고독감 세상에 홀로 떨어져 있는 듯이 매우 외롭고 쓸쓸한 마음

> 산새도 날아와 / 우짖지 않고, // 구름도 떠 가곤 / 오지 않는다. //
>
> 인적(人跡) 끊인 곳 / 홀로 앉은 / 가을 산의 어스름. //
>
> 호오이 호오이 소리 높여 / 나는 누구도 없이 불러 보나. //
>
> 울림은 헛되이 / 빈 골 골을 되돌아올 뿐. //
>
> – 박두진, 〈도봉(道峰)〉

5 권태 어떤 일이나 상태에 시들해져서 생기는 게으름이나 싫증

> 기다리던 것이 오지 않는다는 것은 누구나 안다 누가 누구를
> 사랑하고 누가 누구의 목을 겨안듯이 비틀었는가 나도 안다 돼
> 지 목 따는 동네의 더디고 나른한 세월   – 이성복, 〈다시 봄이 왔다〉

---

6 그리움 보고 싶어 애타는 마음

> 가족에겐 따스한 밥 지어 먹이고 / 찬밥을 먹던 사람
>
> 이 빠진 그릇에 찬밥 훑어 / 누가 남긴 무 조각에 생선 가시를 핥고
>
> 몸에서는 제일 따스한 사랑을 뿜던 그녀
>
> 깊은 밤에도 / 혼자 달그락거리던 그 손이 그리워
>
> 나 오늘 아픈 몸 일으켜 찬밥을 먹는다   – 문정희, 〈찬밥〉

7 긴장감 긴장(마음을 조이고 정신을 바짝 차림 / 정세나 분위기가 평온하지 않은 상태)한 느낌

> 국민학교 4학년 때라면 그러니까 6·25 전란으로 마을 청년들이 한창 군대들을 나가던 때였지요. 그 무렵에는 순경들이 마을로 들어와서 징집영장을 받지 않은 청년들도 마구 붙잡아다 입영을 시키는 수가 있었어요. … 그러던 어느 날 밤이었습니다. 어머니와 내가 막 안방에서 잠을 자려고 불을 끄고 있는데 집 뒤쪽 골목에서 갑자기 퉁퉁거리는 발소리가 들려오기 시작했어요. 그 쿵 소리가 다시 발소리가 되어 앞으로 돌아오더니 후닥닥 우리가 자고 있는 방문을 열고 다짜고짜 방 안으로 뛰어드는 것이었어요. 아주머니 접니다. 지금 순경에게 쫓기고 있어요.
>
> – 이청준, 〈소문의 벽〉

8 냉소(자조) 쌀쌀한 태도로 비웃음(자기를 비웃음).

> 굴욕과 굶주림과 추운 길을 걸어 / 내가 왔다. / 아버지가 왔다.
>
> 아니 십구 문 반의 신발이 왔다. / 아니 지상에는
> 신발의 치수(1문 = 2.4cm)
> 아버지라는 어설픈 것이 / 존재한다.   – 박목월, 〈가정(家庭)〉

9 단절 유대나 연관 관계가 끊긴 듯한 느낌

> 문 한 번 열지 않고 / 반추 동물처럼 죽음만 꺼내 씹었다.
> 한번 삼킨 먹이를 다시 게워 내어 씹어 다시 먹는 동물
> 나는 누워서 편히 지냈다. / 사랑하는 사람을 잃어버린 / 이 겨울.
>
> – 문정희, 〈겨울 일기〉

10 도피(회피) 적극적으로 나서지 않고 몸을 사려 빠져나가거나 마땅히 져야 할 책임을 지지 않음.

> 고향에 돌아온 날 밤에 / 내 백골(白骨)이 따라와 한 방에 누웠다.
> 죽은 사람의 몸이 썩고 남은 뼈
> 어둔 방은 우주로 통하고 / 하늘에선가 소리처럼 바람이 불어온다.
>
> 어둠 속에서 곱게 풍화 작용하는
>
> 백골을 들여다보며 / 눈물짓는 것이 내가 우는 것이냐
>
> 백골이 우는 것이냐 / 아름다운 혼이 우는 것이냐
>
> – 윤동주, 〈또 다른 고향〉

025 부정적 태도 ❷ - 두려움~상실감

1 두려움 무서워하여 마음이 불안하거나 꺼려져 염려스러움.

바람이 거센 밤이면 몇 번이고 꺼지는 네모난 장명등을
대문 밖이나 처마 끝에 달아 두고 밤에 불을 켜는 등
궤짝 밟고 서서 몇 번이고 새로 밝힐 때
물건을 넣도록 나무로 네모나게 만든 그릇
누나는 / 별 많은 밤이 되어 무섭다고 했다

– 이용악, 〈다리 위에서〉

2 무상감 덧없다(보람이나 쓸모가 없어 헛되고 허전함)는 느낌

하얗게 내린 서릿길을 밟으며 / '참 세월이 빠르군.'
엊그제 흘러가 버린 / 여름을 아까워하네.
그러나 그것은 이미 / 되돌아오지 못하는 것을
허전하지만 어쩌겠어요.

– 박재삼, 〈서릿길을 밟으며〉

3 반감 반대하거나 반항하는 감정

"에이 모르겠다. 예술이니 나발이니. 살아서 잘 먹고 편히 사
는 게 제일이지."
'암, 몰라야죠. 당신 따위가 알 게 뭐예요. 그분은 그렇게밖에
살 수 없었다는 걸 당신 따위가 알 게 뭐예요.'
남편은 신문을 떨구고 기지개를 늘어지게 폈다.
나는, 젖힌 그의 얼굴에서 동굴처럼 뚫린 콧구멍과 그 속을
무성하게 채운 코털을 보며 잠깐 모멸과 혐오를 느꼈다.
업신여기고 얕잡아 봄.

– 박완서, 〈나목(裸木)〉
잎이 지고 가지만 앙상히 남은 나무

4 부정 그렇지 않다고 단정하거나 옳지 않다고 반대함.

눈은 푹푹 나리고 / 나는 나타샤를 생각하고
나타샤가 아니 올 리 없다
언제 벌써 내 속에 고조곤히 와 이야기한다
산골로 가는 것은 세상한테 지는 것이 아니다
세상 같은 건 더러워 버리는 것이다

– 백석, 〈나와 나타샤와 흰 당나귀〉

5 반성 자신의 언행에 대하여 잘못이나 부족함이 없는지 돌이켜 봄.

생각하면 / 삶이란 / 나를 산산히 으깨는 일 //
눈 내려 세상이 미끄러운 어느 이른 아침에
나 아닌 그 누가 마음 놓고 걸어갈 / 그 길을 만들 줄도 몰랐
었네. 나는

– 안도현, 〈연탄 한 장〉

6 불안감 마음이 편하지 아니하고 조마조마한 느낌

어둠이 내린 거리에서 두려움에 떠는
눈짓으로 술집을 떠나는 사내들과
두부 몇 모를 사고 몇 번씩 뒤돌아보며
골목을 들어서는 계집들의 모습이
이제는 우리들의 낯선 슬픔이 되지 않았다

– 곽재구, 〈절망을 위하여〉

7 비관 인생을 어둡게만 보아 슬퍼하거나 절망스럽게 여김.

"돈 받으러 갈 시간도 없다구. 마누라는 마누라대로 벽돌 찍는
공장에 나댕기지, 나는 나대로 이 짓해서 벌어야지. 그래도 달
걀 후라이 한 개 마음 놓고 못 먹는 세상!"
임씨의 목소리가 거칠어졌다. (중략)
"돌고 돌아서 돈이라고? 돌고 도는 돈 본 놈 있음 나와 보래!
우리 같은 신세는 평생 이 지랄로 끝장이야. 돈? 에이! 개수작
말라고 해."

– 양귀자, 〈비 오는 날이면 가리봉동에 가야 한다〉

8 비애감 슬퍼하고 서러워하는 감정

내 가슴이 꽉 메어 올 적이며,
내 눈에 뜨거운 것이 핑 괴일 적이며,
또 내 스스로 화끈 낯이 붉도록 부끄러울 적이며,
나는 내 슬픔과 어리석음에 눌리어 죽을 수밖에 없는 것을 느
끼는 것이었다.

– 백석, 〈남신의주 유동 박시봉방〉
남신의주의 유동이라는 동네에 있는 박시봉의 방

9 비판 옳고 그름을 판단하여 밝히거나 잘못된 점을 지적함.

성북동 산에 번지가 새로 생기면서
본래 살던 성북동 비둘기만이 번지가 없어졌다.
새벽부터 돌 깨는 산울림에 떨다가 / 가슴에 금이 갔다.

– 김광섭, 〈성북동 비둘기〉

10 상실감 무엇인가를 잃어버린 후의 느낌이나 감정 상태

산이 저문다. / 노을이 잠긴다.
저녁 밥상에 애기가 없다.
애기 앉던 방석에 한 쌍의 은수저
은수저 끝에 눈물이 고인다.

– 김광균, 〈은수저〉

026 부정적 태도 ❸ - 소외감~이기적

1 소외감 남에게 따돌림을 당하여 멀어진 듯한 느낌

구보가 한 옆에 끼어 앉을 수도 없게스리 사람들은 그곳에 빽빽하게 모여 있어도, 그들의 누구에게서도 인간 본래의 온정을 찾을 수는 없었다. 그들은 거의 옆의 사람에게 한마디 말을 건네는 일도 없이, 오직 자기네들 사무에 바빴고, 그리고 간혹 말을 건네도, 그것은 자기네가 타고 갈 열차의 시각이나 그러한 것에 지나지 않았다. 그네들의 동료가 아닌 사람에게 그네들은 변소에 다녀올 동안의 그네들 짐을 부탁하는 일조차 없었다.

– 박태원, 〈소설가 구보 씨의 일일〉
작가의 호이자 필명, 주인공이 작가의 분신임.

2 슬픔 원통하거나 불쌍한 일을 겪어 마음이 아프고 괴로운 느낌

사랑도 사람의 일이라, 만날 때에 미리 떠날 것을 염려하고 경계하지 아니한 것은 아니지만, 이별은 뜻밖의 일이 되고, 놀란 가슴은 새로운 슬픔에 터집니다.

– 한용운, 〈님의 침묵〉

3 쓸쓸함 외롭고 적적하다 또는 날씨가 으스스하고 음산함.

오늘 저녁 이 좁다란 방의 흰 바람벽에
　　　　　방이나 칸살의 옆을 둘러막은 둘레의 벽
어쩐지 쓸쓸한 것만이 오고 간다

이 흰 바람벽에

희미한 십오촉(十五燭) 전등이 지치운 불빛을 내어던지고
　빛의 세기를 나타내던 단위
때글은 다 낡은 무명샤쯔가 어두운 그림자를 쉬이고
오랫동안 땀과 때에 전
그리고 또 달디단 따끈한 감주나 한잔 먹고 싶다고 생각하는
　엿기름을 우린 물에 밥알을 넣어 식혜처럼 삭혀서 끓인 음식
내 가지가지 외로운 생각이 헤매인다

– 백석, 〈흰 바람벽이 있어〉

4 안타까움 뜻대로 되지 않거나 보기에 딱하여 가슴 아프고 답답함.

심중에 남아 있는 말 한마디는 / 끝끝내 마저 하지 못하였구나.
마음속
사랑하던 그 사람이여! / 사랑하던 그 사람이여!

– 김소월, 〈초혼(招魂)〉
혼을 소리쳐 부르는 일

5 애상감 슬퍼하거나 가슴 아파하는 감정

견우직녀도 이날만은 만나게 하는 칠석날

나는 당신을 땅에 묻고 돌아오네.

안개꽃 몇 송이 땅에 묻고 돌아오네.

살아 평생 당신께 옷 한 벌 못 해 주고

당신 죽어 처음으로 베옷 한 벌 해 입혔네.
　　　　　　　　　　수의

– 도종환, 〈옥수수밭 옆에 당신을 묻고〉

6 외로움 홀로 되어 쓸쓸한 마음이나 느낌

하는 수 없이 낙향해 버리고 만 것이 어느덧 철 수가 바뀌었다. 날마다 산을 바라보고, 밤마다 물소리를 이웃하는 것밖에, 나는 책 한 권 바로 읽지 못하고, 소란한 세상을 병든 몸으로 숨어서 살아간다. 친한 벗에게는 편지 한 장 오지 않고, 들리는 소문이란 쫓기는 백성의 울부짖음밖에 아무 것도 없었다. … 나의 외로운 초가삼간엔 하루아침에 가을이 왔다.

– 조지훈, 무국어(撫菊語)
국화를 어루만지며 하는 말

7 원망 못마땅하게 여기어 탓하거나 불평을 품고 미워함.

조국아, 심청(沈淸)이 마냥 불쌍하기만 한 너로구나.
시인이 너의 이름을 부를 양이면 목이 멘다.//
저기 모두 세기(世紀)의 백정(白丁)들,
　백 년을 단위로 하는 시간
도마 위에 오른 고기 모양 너를 난도질하려는데
하늘은 왜 이다지도 무심만 하다더냐.

– 구상, 〈초토(焦土)의 시 10 – 휴전 협상 때〉
불에 타서 검게 그을린 땅

8 은둔 세상일을 피하여 숨음.

첩첩한 돌 사이에 미친 듯이 내뿜어 겹겹 봉우리에 울리니,
사람 말소리 지척에서 분간하기 어렵네.
　　　　아주 가까운 거리
항상 시비(是非)하는 소리 귀에 들릴을 두려워하기에,
　옳고 그름을 따지는 말다툼을 하는
짐짓 흐르는 물을 시켜 온 산을 둘러싸네.

– 최치원, 〈제가야산독서당〉
가야산의 독서당에서 짓다

9 의구심 확실히 알 수 없어서 믿지 못하고 두려워하는 마음

인생은 외롭지도 않고 / 그저 잡지의 표지처럼 통속하거늘
　　　　　　　　　비전문적이고 대체로 저속하며 일반 대중에게 쉽게 통할 만하거늘
한탄할 그 무엇이 무서워서 우리는 떠나는 것일까.

– 박인환, 〈목마와 숙녀〉

10 이기적 자기 자신의 이익만을 꾀하는 것

내가 어둠 속에서 너를 부를 때
단 한 번도 평등하게 웃어 주질 않은
가마니에 덮인 동사자가 다시 얼어 죽을 때
가마니 한 장조차 덮어 주지 않은
무관심한 너의 사랑을 위해
흘릴 줄 모르는 너의 눈물을 위해

– 정호승, 〈슬픔이 기쁨에게〉

027 부정적 태도 ❹ - 이질감~회의

1 이질감 성질이 서로 달라 낯설거나 잘 맞지 않는 느낌

가을 햇볕에 공기에 / 익는 벼에 / 눈부신 것 천지인데,

그런데, / 아, 들판이 적막하다— / 메뚜기가 없다! //

오 이 불길한 고요— / 생명의 황금 고리가 끊어졌느니……

– 정현종, 〈들판이 적막하다〉

2 자괴감 스스로 부끄러워하는 마음

그러니까 이렇게 옹졸하게 반항한다.

이발쟁이에게 / 땅 주인에게는 못하고 이발쟁이에게

구청 직원에게는 못하고 동회 직원에게도 못하고

야경꾼에게 이십 원 때문에 십 원 때문에 일 원 때문에
밤사이에 화재나 범죄가 없도록 살피고 지키는 사람
우습지 않으냐 일 원 때문에 //

모래야 나는 얼마큼 작으냐.

바람아 먼지야 풀아 난 얼마큼 작으냐.

정말 얼마큼 작으냐……. – 김수영, 〈어느 날 고궁을 나오면서〉

3 자책감 자신의 잘못에 대하여 깊이 뉘우치고 책망하는 마음

매일 따스한 밥과 국물 퍼먹으면서도 몰랐네

온몸으로 사랑하고 나면

한 덩이 재로 쓸쓸하게 남는 게 두려워

여태껏 나는 그 누구에게 연탄 한 장도 되지 못하였네

– 안도현, 〈연탄 한 장〉

4 절망감 바라볼 것이 없게 되어 모든 희망을 끊어 버리게 된 느낌

매운 계절의 채찍에 갈겨 / 마침내 북방(北方)으로 휩쓸려 오다. //
북쪽 지방
하늘도 그만 지쳐 끝난 고원(高原) / 서릿발 칼날진 그 위에 서다. //
해발 고도 600m 이상에 있는 넓은 벌판
어데다 무릎을 꿇어야 하나 / 한 발 재겨 디딜 곳조차 없다.
비집고 들어
– 이육사, 〈절정〉

5 좌절 마음이나 기운이 꺾임 또는 일이 도중에 실패로 돌아감.

아무도 그에게 수심(水深)을 일러 준 일이 없기에

흰 나비는 도무지 바다가 무섭지 않다. //

청(靑)무우밭인가 해서 내려갔다가는

어린 날개가 물결에 절어서 / 공주(公主)처럼 지쳐서 돌아온다. //

삼월(三月)달 바다가 꽃이 피지 않아서 서글픈

나비 허리에 새파란 초생달이 시리다. – 김기림, 〈바다와 나비〉

6 체념 희망을 버리고 품었던 생각을 아주 끊어 버림.

흐르는 것이 물뿐이랴. / 우리가 저와 같아서

강변에 나가 삽을 씻으며 / 거기 슬픔도 퍼다 버린다.

일이 끝나 저물어 / 스스로 깊어 가는 강을 보며

쭈그려 앉아 담배나 피우고 / 나는 돌아갈 뿐이다.

삽자루에 맡긴 한 생애가 / 이렇게 저물고, 저물어서

샛강 바닥 썩은 물에 / 달이 뜨는구나.
큰 강의 줄기에서 갈려 나간 한 줄기 강
우리가 저와 같아서 / 흐르는 물에 삽을 씻고

먹을 것 없는 사람들의 마을로 / 다시 어두워 돌아가야 한다.

– 정희성, 〈저문 강에 삽을 씻고〉

7 풍자 남의 결점을 다른 것에 빗대어 비웃으면서 폭로하고 공격하거나 현실의 부정적 현상이나 모순 따위를 빗대어 비웃음.

한 줄의 시는커녕 / 단 한 권의 소설도 읽은 바 없이

그는 한평생을 행복하게 살며 / 많은 돈을 벌었고

높은 자리에 올라 / 이처럼 훌륭한 비석을 남겼다

– 김광규, 〈묘비명〉

8 한(恨) 몹시 원망스럽고 억울하거나 안타깝고 슬퍼 응어리진 마음

초롱에 불빛, 지친 밤하늘 / 굽이 굽이 은핫물 목이 젖은 새,
촛불이 바람에 꺼지지 않도록 겉에 천을 씌운 등
차마 아니 솟는 가락 눈이 감겨서

제 피에 취한 새가 귀촉도 운다.

그대 하늘 끝 호올로 가신 임아. – 서정주, 〈귀촉도〉

9 한탄 원통하거나 뉘우치는 일이 있을 때 한숨을 쉬며 탄식함.

우러른 잿빛 하늘 / 무화과 한 그루가 그마저 가려 섰다 //

이봐 / 내겐 꽃 시절이 없었어

꽃 없이 바로 열매 맺는 게 / 그게 무화과 아닌가 / 어떤가

– 김지하, 〈무화과〉

10 회의 마음속에 의심을 품음.

시(詩)를 믿고 어떻게 살아가나

서른 먹은 사내가 하나 잠을 못 잔다.

먼— 기적 소리 처마를 스쳐가고
기차나 배에서 증기를 내뿜는 힘으로 경적 소리를 내는 장치
잠들은 아내와 어린것의 벼개 맡에 / 밤눈이 내려 쌓이나 보다.

무수한 손에 뺨을 얻어맞으며 / 항시 곤두박질해 온 생활의 노래

지나는 돌팔매에도 이제는 피곤하다.

먹고 산다는 것, / 너는 언제까지 나를 쫓아오느냐.

– 김광규, 〈노신(魯迅)〉
루쉰(중국의 문학가이자 사상가)

빈칸에 알맞은 말을 쓰며 개념 근육을 키워 보세요!

01

너무도 여러 겹의 마음을 가진

그 복숭아나무 곁으로

나는 왠지 가까이 가고 싶지 않았습니다

흰꽃과 분홍꽃을 나란히 피우고 서 있는 그 나무는 아마

사람이 앉지 못할 그늘을 가졌을 거라고

멀리로 멀리로만 지나쳤을 뿐입니다

– 나희덕, 〈그 복숭아나무 곁으로〉

화자는 복숭아나무에 대해 '사람이 앉지 못할 그늘을 가졌을 거라고' 생각하고, 복숭아나무를 지나치고 싶은 심리적 거리감을 '(   )'을/를 통해 나타내고 있다.

02

울지 마라 / 외로우니까 사람이다

살아간다는 것은 외로움을 견디는 일이다

공연히 오지 않는 전화를 기다리지 마라

눈이 오면 눈길을 걸어가고 / 비가 오면 빗길을 걸어가라

갈대숲에서 가슴 검은 도요새도 너를 보고 있다

가끔은 하느님도 외로워서 눈물을 흘리신다

새들이 나뭇가지에 앉아 있는 것도 외로움 때문이고

네가 물가에 앉아 있는 것도 외로움 때문이다

산 그림자도 외로워서 하루에 한 번씩 마을로 내려온다

종소리도 외로워서 울려 퍼진다

– 정호승, 〈수선화에게〉

화자의 외로운 감정이 투영된 존재들을 나열하여, 이 세상의 모든 존재들은 외로움을 느끼며 살고 있으며 (   )은/는 인간이 피할 수 없는 삶의 본질이라는 인식을 드러내고 있다.

03

식구들은 둘러앉아 / 삶은 감자를 말없이 먹었다

신발의 진흙도 털지 않은 채 / 흐린 불빛 속에서

늘 저녁을 그렇게 때웠다

저녁 식탁이 / 누구의 손 하나가 잘못 놓여도 / 삐걱거렸다

다만 셋째 형만이 / 언제고 떠날 기회를 노리고 있었다

아무 말도 하지 않았다 / 고된 나날이었다

– 정진규, 〈추억 – '감자 먹는 사람들', 빈센트 반 고흐〉

고흐의 〈감자 먹는 사람들〉이라는 작품을 모티프로 쓴 작품으로, 고된 노동 속에 살아가는 농민의 (   )와/과 힘겨운 삶을 그리고 있다.

04

지금까지 살아온 인생이 / 온통 부끄러워지고

직지사 해우소 / 아득한 나락으로 떨어져내리는
근심을 푸는 곳이라는 뜻으로, 절에서 변소를 달리 이르는 말
똥덩이처럼 느껴질 때

나는 가던 길을 멈추고 문득 / 어딘가 걸려 있고 싶다

– 김광규, 〈대장간의 유혹〉

화자가 자신의 인생을 나락으로 떨어져내리는 똥덩이처럼 느끼는 것은 자신의 삶을 무가치한 것으로 인식하며 (   )하는 것으로 볼 수 있다.

05

때로 우리는 묻는다 우리의 굽은 등에 푸른 싹이 돋을까 묻고 또 묻지만 비계처럼 씹히는 달착지근한 혀, 항시 우리들 삶은 낡은 유리창에 흔들리는 먼지 낀 풍경 같은 것이었다

– 이성복, 〈다시 봄이 왔다〉

화자는 자신의 삶에 대한 회의적인 태도와 생기 있는 삶을 기대할 수 없는 현실이라는 (   )적 인식을 드러내고 있다.

06

내 유년 시절 바람이 문풍지를 더듬던 동지의 밤이면 어머니는
문틈으로 새어 들어오는 바람을 막기 위해 바른 종이
내 머리를 당신 무릎에 뉘고 무딘 칼끝으로 시퍼런 무를 깎아주
불이 사그라져서 재가 되다.
시곤 하였다. (중략) 사위어 가는 호롱불 주위로 방안 가득 풀풀
호롱(석유를 담아 불을 켜는 데에 쓰는 그릇)에 켠 불
수 십 장 입김이 날리던 밤, 그 작은 소년과 어머니는 지금 어디서 무엇을 할까?

– 기형도, 〈바람의 집 — 겨울 판화 1〉
어린 시절의 겨울 풍경을 판화처럼 시각적으로 그려 냈다는 의미

'사위어가는 호롱불'은 밤이 깊어지는 것을 드러내기도 하면서, 방 바깥에서 불어오는 바람의 위협에 직면해 있는 사물이라는 점에서 어린 시절 화자가 느꼈던 (   )의 심리를 상징적으로 보여 주기도 한다.

07

내 마음의 고향은 이제

참새 떼 왁자히 내려앉는 대숲 마을의
정신이 어지러울 만큼 떠들썩하게
노오란 초가을의 초가지붕에 있지 아니하고 (중략)

내 마음의 마음의 고향은

싸락눈 홀로 이마에 받으며
싸라기눈(빗방울이 갑자기 찬 바람을 만나 얼어 떨어지는 쌀알 같은 눈)
내가 그 어둑한 신작로 길로 나섰을 때 끝났다
자동차가 다닐 수 있을 정도로 넓게 새로 낸 길
눈 위로 막 얼어붙기 시작한

작디작은 수레바퀴 자국을 뒤에 남기며

– 이시영, 〈마음의 고향 6 – 초설〉
그해 겨울이 시작된 후 처음으로 내리는 눈

고향을 떠나온 화자가 어린 시절의 고향을 회상하며 마음의 고향이 끝났다고 말함으로써 고향 상실의 아픔과 (   )의 정서를 드러내고 있다.

08

나는 새장을 하나 샀다

그것은 가죽으로 만든 것이다

날뛰는 내 발을 집어넣기 위해 만든 작은 감옥이었던 것 //

처음 그것은 발에 너무 컸다

한동안 덜그럭거리는 감옥을 끌고 다녀야 했으니

감옥은 작아져야 한다

새가 날 때 구두를 감추듯

— 송찬호, 〈구두〉

'발'을 구속하는 신발을 '(　　　　)'(으)로 표현하여 현실에 속박된 삶을 살아가는 처지를 드러내고 있다.

09

잉크병 얼어드는 이러한 밤에 / 어쩌자고 잠을 깨어

그리운 곳 차마 그리운 곳 //

눈이 오는가 북쪽엔 / 함박눈 쏟아져 내리는가

부끄럽거나 안타까워서 감히

— 이용악, 〈그리움〉

'잠'을 깬 자신에게 '(　　　　)'(이)라는 의문을 던져 현재의 상황에서 느끼는 화자의 애달픈 심정을 드러내고 있다.

10

다시 우러러보는 이 하늘에

겨울밤 달이 아직도 차거니

오는 봄엔 분수처럼 쏟아지는 태양을 안고

그 어느 언덕 꽃덤불에 아늑히 안겨 보리라.

— 신석정, 〈꽃덤불〉

'(　　　　)'을/를 통해 부정적 상황이 온전히 극복되지 못한 것에 대한 안타까움의 태도가 부각되고 있다.

11

그때 푸른 잔디 아름다운 숲속에선

평화롭게 골프 치는 사람들

그들은 골프공을 움직이는 힘으로도

거뜬하게 산을 옮기고 / 해안선을 움직여 지도를 바꿔놓는다

산골짜기 마을을 한꺼번에 인공호수로 덮어 버리는 //

그들을 뭐라고 불러야 좋을까

누군가의 작은 실수로 / 엄청난 초능력을 얻게 된 그들을

불도저

— 최승호, 〈부르도자 부르조아〉
부르주아 – 자본가 계급

자연을 파괴하는 부르주아와 자본의 거대한 힘을 신적인 능력인 초능력이라고 말하며 자연마저 마음대로 바꿔 버리는 부르주아 중심의 자본주의 사회를 (　　　　)하고 있다.

12

"아하, 무사히 건넜을까,

이 한밤에 남편은 / 두만강을 탈 없이 건넜을까? //

저리 국경 강안(江岸)을 경비하는
강물에 잇닿은 가장자리의 땅
외투(外套) 쓴 검은 순사(巡査)가 / 왔다 — 갔다 —
일제 강점기에 둔, 경찰관의 가장 낮은 계급
오르명 내리명 분주히 하는데

발각도 안 되고 무사히 건넜을까?" //

소금실이 밀수출(密輸出) 마차를 띄워 놓고
세관을 거치지 않고 몰래 물건을 내다 팖.
밤새 가며 속 태우는 젊은 아낙네

— 김동환, 〈국경(國境)의 밤〉

밀수출을 하러 나간 남편의 안위를 걱정하는 아낙네의 (　　　　)와/과 초조한 마음이 드러나고 있다.

13

창(窓)밖에 밤비가 속살거려

육첩방(六疊房)은 남의 나라, //
다다미 6개 넓이의 작은 일본식 방
시인(詩人)이란 슬픈 천명(天命)인 줄 알면서도
타고난 운명
한 줄 시(詩)를 적어 볼까, //

땀내와 사랑내 포근히 품긴 / 보내 주신 학비 봉투를 받아 //

대학(大學) 노-트를 끼고 / 늙은 교수의 강의 들으러 간다. //

생각해 보면 어린 때 동무들 / 하나, 둘, 죄다 잃어버리고 //

나는 무얼 바라 / 나는 다만, 홀로 침전(沈澱)하는 것일까? //

인생(人生)은 살기 어렵다는데

시(詩)가 이렇게 쉽게 씌어지는 것은 / 부끄러운 일이다.

— 윤동주, 〈쉽게 씌어진 시〉

화자는 어두운 시대 현실 속에서 식민지 지식인으로서 사는 무기력한 삶에 대한 (　　　　)을/를 느끼며 시를 쓰는 것과 현실 사이의 괴리감을 느낀 결과 (　　　　)(이)라는 반성적 자기 성찰에 이르고 있다.

14

나는 이제 너에게도 슬픔을 주겠다.

사랑보다 소중한 슬픔을 주겠다.

겨울밤 거리에서 귤 몇 개 놓고

살아온 추위와 떨고 있는 할머니에게

귤 값을 깎으면서 기뻐하던 너를 위하여

나는 슬픔의 평등한 얼굴을 보여 주겠다.

— 정호승, 〈슬픔이 기쁨에게〉

소외된 이웃의 아픔을 외면한 채 자신만의 (　　　　)만을 추구하는 이기적인 존재들에게 슬픔을 주고 싶다는 말을 통해 이기적인 세태에 대한 (　　　　) 의식이 드러나고 있다.

워밍-UP

◨ **다음 글을 읽고 빈칸에 알맞은 말을 써서 해설을 완성하거나 정오를 판단하세요.**

01

'충신연주지사'는 충성스러운 신하가 왕을 그리워하며 부른 노래를 의미하는데, 〈장상사〉도 여기에 속합니다.
이러한 주제 의식을 담은 노래들은 신하가 왕으로부터 멀리 떨어져 이별이 오래 지속된 상황에서 생긴 감정을 표현하고 있습니다.
왕에 대한 신하의 사랑과 그리움을 주로 표현하며,
자신의 마음을 몰라주는 왕에 대한 원망을 드러내기도 합니다.

> 그립고 그리워도 볼 수가 없어
>
> 마음은 바람에 나부끼는 종이 연 같아라
>
> ㉠돗자리라면 말아 두고 돌이라면 굴러 낼 수 있으련만
>
> 이 마음의 응어리 어느 때나 고칠까
>
> 그리운 사람은 멀리 하늘 모퉁이에 있는데
>
> 구름 뜬 하늘 아래 늘어진 푸른 버들
>
> 아득한 시름은 끝이 없어라
>
> ㉡홀로 앉아 공후를 타니
>
> 공후는 하소연하는 듯 흐느끼는 듯
>
> 다 타도록 비단 적삼 젖는 줄도 몰랐네
> 윗도리에 입는 홑옷
>
> 원컨대 쌍쌍이 나는 새가 되어서
>
> 임 향한 창 앞에 서 있고자
>
> 원컨대 밝은 달이 되어
>
> 임의 창문 휘장 뚫어 비춰 들고자
>
> ㉢슬픈 노래 잠 못 드는 밤 어찌 이리 긴고
>
> 꿈속에서도 요산 남쪽 건너지 못하였네
>
> 기나긴 그리움에 공연히 애만 끊노라
>
> ― 성현, 〈장상사(長相思)〉

구분	시어	화자의 태도
㉠	돗자리, 돌	화자의 마음과 ( )되는 시어를 통해 화자의 풀리지 않는 응어리진 감정을 강조함.
㉡	공후	화자가 연주하는 소리가 '하소연하는 듯 흐느끼는 듯'하다고 하여 화자의 ( )와/과 답답함을 표현함.
㉢	노래, 밤	( )은/는 슬프게 느껴지고, 잠을 자지 못하고 ( )을/를 길게 느끼는 상황을 통해 화자의 애절한 감정을 강조함.

➡ ㉠: '돗자리', '돌'과 대비되는 화자의 마음을 통해 화자의 맺혀 있는 감정을 강조하고 있다. 〇 ✕

➡ ㉡: 화자가 연주하는 '공후'의 소리를 통해 화자의 답답함과 슬픔을 표현하고 있다. 〇 ✕

➡ ㉢: 화자가 '밤'에 잠을 자지 못하는 상황을 통해 화자의 애절한 감정을 강조하고 있다. 〇 ✕

02

〈모란이 피기까지는〉에는 모란이 피면 기뻐하고,
모란이지면 절망에 빠지면서도 또다시 모란이 피기를 기다리는 화자의 심정이 드러나 있습니다.
특히 부사어를 통해 이런 화자의 심정이 강조되어 나타납니다.

> 모란이 피기까지는
>
> 나는 아직 나의 봄을 기다리고 있을 테요
>
> 모란이 ㉠뚝뚝 떨어져 버린 날
>
> 나는 ㉡비로소 봄을 여읜 설움에 잠길 테요
>
> 오월 어느 날 그 하루 무덥던 날
>
> 떨어져 누운 꽃잎마저 시들어 버리고는
>
> 천지에 모란은 자취도 없어지고
>
> 뻗쳐오르던 내 보람 서운케 무너졌느니
>
> 모란이 지고 말면 그 뿐 내 한 해는 ㉢다 가고 말아
>
> 삼백예순 날 ㉣하냥 섭섭해 우옵네다
>
> 모란이 피기까지는
>
> 나는 ㉤아직 기다리고 있을 테요, 찬란한 슬픔의 봄을
>
> ― 김영랑, 〈모란이 피기까지는〉

구분		화자의 태도
㉠	의미	큰 물체나 물방울 따위가 잇따라 아래로 떨어지는 소리나 모양
	기능	모란이 떨어지는 모습을 바라보는 화자의 ( )을/를 강조
㉡	의미	어느 한 시점을 기준으로 그 전까지 이루어지지 아니하였던 사건이나 사태가 이루어지거나 변화하기 시작함.
	기능	모란이 완전히 져 버린 것에 대한 화자의 ( )을/를 강조
㉢	의미	남거나 빠진 것이 없이 모두
	기능	모란이 져 버린 상황에 대한 화자의 ( )을/를 강조
㉣	의미	늘, 한결같이
	기능	모란을 보지 못하는 것에 대한 화자의 ( )을/를 강조
㉤	의미	어떤 일이나 상태 또는 어떻게 되기까지 시간이 더 지나야 함을 나타내거나, 어떤 일이나 상태가 끝나지 아니하고 지속되고 있음.
	기능	모란이 다시 피기를 기다리는 화자의 ( )을/를 강조

01

다음 시에 대한 이해로 가장 적절한 것은?

> 바람이 어디로부터 불어와
> 어디로 불려 가는 것일까.
>
> 바람이 부는데
> 내 괴로움에는 이유가 없다.
>
> 내 괴로움에는 이유가 없을까,
>
> 단 한 여자를 사랑한 일도 없다.
> 시대를 슬퍼한 일도 없다.
>
> 바람이 자꾸 부는데
> 내 발이 반석 위에 섰다.
>   넓고 평평한 큰 돌
>
> 강물이 자꾸 흐르는데
> 내 발이 언덕 위에 섰다.
>
> – 윤동주, 〈바람이 불어〉

① '불려 가는'이라는 피동 표현을 통해 자신이 처한 현실에 순응하려는 화자의 태도를 강조하고 있다.

② '이유가 없을까'라는 물음의 형식으로 화자의 정신적 고통에 타당한 이유가 없음을 단정하고 있다.

③ '사랑한 일'과 '슬퍼한 일'을 병치하여 화자의 개인적 불행이 시대에 대한 무관심의 원인임을 암시하고 있다.

④ '없다'의 반복을 활용하여 자신의 삶과 내면을 응시하는 화자의 반성적 자세를 드러내고 있다.

⑤ '흐르는데'와 '섰다'의 대비를 통해 변함없는 자연에서 깨달음을 얻으려는 화자의 의지를 드러내고 있다.

02

〈보기〉를 바탕으로 다음 시를 감상한 내용으로 적절하지 <u>않은</u> 것은?

> 바보와 같이 거물어지는 하늘을 보며 나는 나의 키보다 얕은 가로수에 기대어 섰다. **병든 나**에게도 고향은 있다. 근육이 풀릴 때 향수는 실마리처럼 풀려나온다. 나는 젊음의 자랑과 희망을, 나의 무거운 절망의 그림자와 함께, 뭇사람의 웃음과 발길에 채이고 밟히며 스미어 오는 황혼에 맡겨 버린다.
>
> 제 집을 향하는 많은 군중들은 시끄러이 떠들며, 부산—히 어둠 속으로 흩어져 버리고. 나는 공복의 가는 눈을 떠, 희미한 <u>노등(路燈)</u>을 본다. 띄엄띄엄 서 있는 <u>포도(鋪道)</u> 위에 잎새 없는
>   길거리에 설치한 등   포장도로
> 가로수도 나와 같이 공허하고나.
>
> 고향이여! 황혼의 저자에서 나는 **아리따운 너의 기억**을 찾아
>   편지를 보내는 데 쓸 수 있게 훈련된 비둘기
> 나의 마음을 전서구와 같이 날려 보낸다. 정든 고샅. 썩은 울타
>   시골 마을의 좁은 골목길, 또는 골목 사이
> 리. 늙은 아베의 하—얀 상투에는 몇 나절의 때 묻은 회상이 맺
> 혀 있는가. 우거진 송림 속으로 곱게 보이는 고향이여! **병든 학**이
>   소나무가 우거진 숲
> 었다. **너는 날마다 야위어가는**……
>
> **어디를 가도 사람보다 일 잘하는 기계는 나날이 늘어나가고**,
> 나는 병든 사나이. 야윈 손을 들어 오랫동안 태타와, 무기력을
>   열심히 하려는 마음이 없고 게으름
> 극진히 어루만졌다. 어두워지는 황혼 속에서, 아무도 보는 이 없
> 는, 보이지 않는 황혼 속에서, **나는 힘없는 분노와 절망을 묻어**
> **버린다.**
>
> – 오장환, 〈황혼(黃昏)〉

<보기>

〈황혼〉에는 1930년대 도시 노동자로서 화자가 느끼는 무력감과 절망감이 드러나 있다. 특히 기계화가 가속되는 현실 속 화자와 나날이 퇴락해 가는 고향, 이 모두가 병든 것으로 형상화되어 근대 자본주의에 대한 작가의 회의적 태도를 엿볼 수 있다.

① '병든 나', '병든 학'을 통해 화자와 고향 모두가 병든 것으로 형상화되고 있음을 알 수 있군.

② '아리따운 너의 기억'을 통해 근대 자본주의를 지향하는 작가의 태도를 확인할 수 있군.

③ '너는 날마다 야위어가는'을 통해 나날이 퇴락해 가는 고향의 모습을 짐작할 수 있군.

④ '어디를 가도 사람보다 일 잘하는 기계는 나날이 늘어나가고'를 통해 기계화가 가속되는 현실을 확인할 수 있군.

⑤ '나는 힘없는 분노와 절망을 묻어버린다'를 통해 화자가 현실에 대해 느끼는 무력감을 짐작할 수 있군.

호루라기 관장님의
하드 트레이닝

공부한 날	월 일 요일
맞은 개수	/ 6

작품	No	작품을 읽고 빈칸에 알맞은 말을 쓰시오.
꽃바람 꽃바람 꽃이 필 무렵에 부는 봄바람 마을마다 훈훈히 마음을 부드럽게 녹여 주는 따스함이 있게 불어 오라	01	**시적 화자는 누구이며, 어떤 상황에 놓여 있는가?** 시적 화자 | 마을에 (　　　)이/가 불기를 바라는 사람 상황 | 화자는 마을에 꽃바람이 불어와 꽃향기가 풍겨서 마을 사람들이 서러운 얘기를 다 잊고 (　　　)에 취하기를 소망함.

(작품 본문)

꽃바람 꽃바람
마을마다 훈훈히
불어 오라

복사꽃 살구꽃

화안한 속에

구름처럼 꽃구름 꽃구름

화안한 속에

꽃가루 흩뿌리어

마을마다 진한

꽃 향기 풍기여라

치위와 주림에 시달리어
한겨우내– 움치고 떨며
살어 나온 사람들……

서러운 얘기

서러운 얘기

다아

까맣게 잊고

꽃향에 꽃향에

취하여

아득하니 꽃구름 속에

쓸어지게 하여라

나비처럼

쓸어지게 하여라

　　　　　　　　　　– 박두진, 〈꽃구름 속에〉

02 **시적 화자의 정서와 태도는 어떠한가?**

화자는 추위와 배고픔에 시달리는 마을 사람들을 (　　　)의 시선으로 바라보며 마을에 평화와 행복이 깃들기를 염원하고 있음.

03 **다음 의미에 해당하는 표현은 무엇인가?**

추위와 굶주림에 시달리며 고달프게 살아온 삶	↔	봄날과 같이 따뜻하며 희망이 넘치고 평화로우며 행복한 세상
(　　　　), (　　　　), (　　　　), (　　　　)		(　　　　), (　　　　), (　　　　), (　　　　)

→ 힘겨운 삶을 살아온 사람들이 시련과 고통의 서러운 얘기는 다 잊고 행복하게 살기를 바라는 화자의 (　　　)을/를 강조함.

04 **반복을 통해 운율을 형성하는 시구는 무엇인가?**

반복된 동일한 시어와 시구	· · · ·

→ '동일한 시어와 시구를 반복하여 (　　　)을/를 형성하고, 고달픈 현실을 살아온 사람들의 모습과 그들이 (　　　)하게 살기를 바라는 화자의 마음을 강조함.

05 **명령형 종결 어미가 사용된 시어와 효과는 무엇인가?**

명령형 종결 어미가 사용된 시어	

→ 명령형 종결 어미를 사용하여 사람들이 고통과 시련의 시간을 잊고 평화롭고 행복하기를 바라며 그러한 긍정적인 미래를 기대하는 화자의 간절한 소망과 (　　　)을/를 표출함.

06 **이 작품의 주제는 무엇인가?**

밝고 행복한 미래에 대한 (　　　)

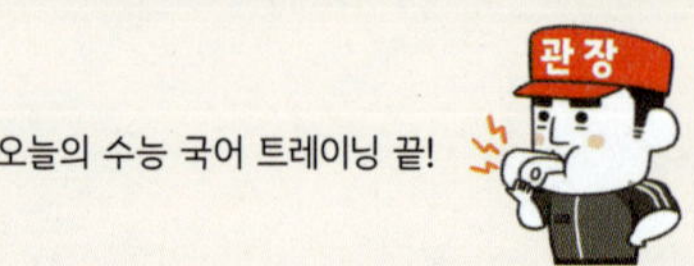

Ⅱ 표현법

028 이미지(심상)

> 감각에 의하여 획득한 현상이 구체적 형상으로 마음속에 재생된 것

이미지(image)란 구체적인 사물이나 비유의 보조 관념이 우리의 머릿속에서 연상되는 (1 ㄱㄱㅈ) 영상을 이르는 말로, 심상(心象)이라고도 한다. 이미지는 의미의 전달만이 아니라 대상의 구체적인 모습, 움직임, 상태 등을 감각적으로 느끼게 한다. 추상적인 표현은 절실한 공감을 유발하기 어렵지만, 심상을 통해 상황을 감각적이고 구체적으로 제시하면 내용에 절실하게 공감하도록 유도할 수 있다.

심상의 종류	시각적 심상	대상의 색깔, 모양, 움직임 등 눈으로 보는 듯한 느낌을 주는 이미지 예 무서운 검은 구름의 터진 틈으로 언뜻언뜻 보이는 푸른 하늘
	청각적 심상	음성, 소리와 같이 귀로 듣는 듯한 느낌을 주는 이미지 예 발자국 소리 호르락 소리 문 두드리는 소리 외마디 길고 긴 누군가의 비명 소리 / 신음 소리 통곡 소리 탄식 소리
	후각적 심상	향기와 같이 코로 냄새를 맡는 듯한 느낌을 주는 이미지 예 방 안에서는 새 옷의 내음새가 나고 또 인절미 송구떡 콩가루차떡의 내음새도 나고
	미각적 심상	단맛, 쓴맛 등 혀로 맛을 느끼는 듯한 느낌을 주는 이미지 예 감로 같이 단 샘이 솟는
	촉각적 심상	따뜻함, 차가움, 거침 등 피부에 닿은 촉감을 느끼는 듯한 느낌을 주는 이미지 예 낯선 바람이 부는 거리는 미끄럽습니다
활용 양상	(2 ㅂㅎㄱㄱ)적 심상	하나의 작품 속에 여러 가지 감각이 함께 쓰이는 심상 예 둥기둥 줄이 울면 / 초가삼간 달이 뜨고
	(3 ㄱㄱㄱ)적 심상	어떤 감각적 대상을 다른 감각으로 전이시켜 표현하는 심상 예 흔들리는 종소리의 동그라미 속에서

기출로 보는 개념

문학에서 이미지를 활용한다는 것은 좁은 의미에서는 (4 ㅅㄱㅈ)(으)로 인지할 수 있는 대상이나 장면을 묘사하는 것을 의미하고, 넓은 의미에서는 감각적 체험을 통해 얻은 심리적 인상 체계나 비유적 표현 등을 통해, 시적 의미를 드러내는 것을 말한다. 특히 시에서의 이미지는 추상적이고 관념적인 것을 (5 ㄱㅊㅎ)함으로써 내용을 보다 선명하게 인식하게 하고, 시적 상황을 암시하여 독자의 정서적 반응을 유발하는 기능을 갖고 있다. 따라서 이미지란 독자의 상상력에 호소하는 방법으로서, 작가의 상상력에 의해 그려진 그림인 것이다.

한편 이미지의 기능으로 신선감, 강렬성, 환기력 등을 들기도 한다. (6 ㅅㅅㄱ)(이)란 어휘나 소재의 이미지를 바탕으로 빚어내는 새로움을 뜻한다. 예를 들어 낯익은 대상을 낯설게 드러내어 독자들이 참신함을 느끼는 경우가 이에 해당한다. 강렬성이란 작품 속 이미지 간의 긴밀한 관계를 통해 의미를 집중시키는 것을 말하고, 환기력이란 이미지를 통해 특정한 정서가 환기되는 것을 뜻한다.

1:1 작품 체험

해여, **푸른 하늘**이여,
그 빛에, 그 공기에
취해 찰랑대는 자기의 즙에 겨운,
공중에 뜬 물인
나뭇가지들의 **초록 기쁨**이여 (중략)

오 이 **향기**
싱글거리는 **흙의 향기**
내 코에 댄 깔대기와도 같은
하늘의, 향기
나무들의 향기!

— 정현종, 〈초록 기쁨 – 봄숲에서〉

이 작품은 '푸른 하늘이여', '초록 기쁨이여'에서 (7 ㅅㅊㅇ)을/를 사용하여 시각적 이미지를, (8 ㅎㄱ)(이)라는 시어를 사용하여 후각적 이미지를, '싱글거리는 흙의 향기'에서 후각을 시각화한 (9 ㄱㄱㄱ)적 이미지를 활용해 대상을 인상적으로 표현하고 있다.

작품 알통

- **해제:** 봄이 온 숲에서 느끼는 기쁨의 정서를 여러 자연물을 통해 표현한 작품이다.
- **주제:** 봄이 온 숲의 아름다움 예찬

감각으로 느낄 수 없는 대상도 이미지로 표현할 수 있나요?

네, 가능합니다. 우리가 오감으로 느낄 수 있는 대상은 예를 들어 '푸른 하늘'과 같이 이미지로 표현하는 것이 가능합니다. 그런데 '푸른 꿈, 하얀 그리움, 붉은 마음'과 같이 감각으로 느낄 수 없는 추상적이고 관념적인 대상이라도 감각을 나타내는 표현과 함께 쓰면 감각적으로 표현하는 것이 가능하며 이러한 표현을 감각이 부여되었다고 말하기도 합니다.

【초성 답】 1 감각적 2 복합 감각 3 공감각 4 시각적 5 구체화 6 신선감 7 색채어 8 향기 9 공감각

029 객관적 상관물

생각, 감정, 정서 등을 간접적으로 드러내기 위해 이용하는 외부 사물

화자의 정서가 작품에 직접적으로 나타나는 것이 아니라 구체적인 (1 ㅅㅁ)을/를 통해 (2 ㄱㅈㅈ)(으)로 환기될 때, 그러한 역할을 하는 소재를 '객관적 상관물'이라고 한다. 작가가 작품을 통해 말하고 싶은 주제 의식을 언어로 형상화하려면 사상과 감정 등 추상적 대상을 구체적인 사물을 통해 간접적으로 나타낼 수 있어야 한다.

구분		내용
객관적 상관물	화자의 (3 ㄷㄹㅁ) (화자의 분신)	• 화자가 자신과 **동일시**[*]하는 소재이자 화자를 대신하는 소재 • 화자가 처한 상황과 유사한 상황에 처해 있는 대상으로 등장하며 화자가 지향하는 삶의 자세나 이상을 대신 드러내는 경우가 많음.
	정서 (4 ㅈㄱㅁ) (정서 촉매)	• 화자로 하여금 특정 정서를 불러일으키는 소재 • 이미 유발된 화자의 정서를 심화시키는 소재 • 화자와 비슷한 처지 또는 대조되는 처지에 있는 사물 모두 정서를 자극하는 소재로 사용됨.
	감정 (5 ㅇㅇㅁ)	• 화자의 감정이 **투영**[*]된 소재 • 특정 대상이 마치 화자와 동일한 감정이나 정서는 느끼는 것처럼 표현함.

구분	예
화자의 대리물	오라버니 장가는 명년이나 가시고 / 검둥 송아지 툭툭 팔아서 날 시집보내주 // 저 건너 묵밭은 작년에도 묵더니 / 올해도 날과 같이 또 한 해를 묵네 (올해의 다음) (오래 내버려두어 거칠어진 밭) 　　　　　　　　　　　　　　　　　　　　　　　　– 작자 미상, 〈정선 아리랑〉 → 결혼하고 싶은 화자가 해를 거듭해 묵고 있는 '묵밭'과 나이만 먹고 있는 자신을 (6 ㄷㅇㅅ)함.
정서 자극물	산새도 날아와 / 우짖지 않고, // 구름도 떠 가곤 / 오지 않는다. // 인적(人跡) 끊인 곳 / 홀로 앉은 / 가을 산의 어스름. // 호오이 호오이 소리 높여 / 나는 누구도 없이 불러 보나. // 울림은 헛되이 / 빈 골 골을 되돌아올 뿐. // 산그늘 길게 늘이며 / 붉게 해는 넘어가고, // 황혼과 함께 / 이어 별과 밤은 오리니. 삶은 오직 갈수록 쓸쓸하고, / 사랑은 한갓 괴로울 뿐.　　　– 박두진, 〈도봉(道峰)〉 → 해 질 녘 적막한 가을 산으로 배경으로 외로움을 느끼던 화자의 정서가 '붉은 해'가 넘어가는 '황혼'과 함께 온 '밤'으로 시간이 흘러가면서 고독이 (7 ㅅㅎ)되고 있음.
감정 이입물	까무러치듯 외로운 날빛이 / 서창(西窓)에 걸리고 흉흉한 황사바람 몇 날 며칠 부는데 왜 아니 오시나요 왜 아니 오시나요　　　　　　　– 김종해, 〈기다림〉 → 오지 않는 임을 기다리며 느끼는 외로움의 정서를 서창에 걸린 날빛에 (8 ㅌㅇ)하여 드러냄.

1:1 작품 체험

　유성에서 조치원으로 가는 어느 들판에 우두커니 서 있는 한 그루 늙은 나무를 만났다. 수도승일까. 묵중하게 서 있었다.
　(도를 닦는 승려)

　다음 날 조치원에서 공주로 가는 어느 가난한 마을 어귀에 그들은 떼를 져 몰려 있었다. 멍청하게 몰려 있는 그들은 어설픈 과객(過客)일까. 몹시 추워 보였다.
　(지나가는 나그네)
　공주에서 온양으로 우회하는 뒷길 어느 산마루에 그들은 멀리 서 있었다. 하늘 문(門)을 지키는 파수병일까. 외로와 보였다.
　(경계하여 지키는 일을 하는 병정)

　온양에서 서울로 돌아오자, 놀랍게도 그들은 이미 내 안에 뿌리를 펴고 있었다. 묵중한 그들의. 침울한 그들의. 아아 고독한 모습. 그 후로 나는 뽑아낼 수 없는 몇 그루 나무를 기르게 되었다.

　　　　　　　　　　– 박목월, 〈나무〉

이 작품에서 '나무'는 단순히 화자가 여행하는 경로에 서 있는 자연물이 아니라, 화자의 고독한 내면을 표상하기 위해 선택된 (9 ㄱㅈ ㅇㅇ)의 대상이다. '나무'는 함께 어울리기도 하지만 결국에는 혼자일 수밖에 없는 인간 존재의 고독한 본질을 드러내기 위해 사용되고 있다.

작품 알통

• **해제**: 여행 중에 본 들판에 서 있는 몇 그루의 나무의 모습에서 느낀 감상을 통해 존재의 본질적 고독을 노래한 작품이다.
• **주제**: 인생의 실존적 고독에 대한 성찰

• **동일시**: 다른 대상이나 대상의 특징을 자신 혹은 자신의 특징과 동일하게 여기는 것
• **투영**: 어떤 일을 다른 일에 반영(다른 것에 영향을 받아 어떤 현상이 나타남)하여 나타냄.

【초성 답】1 사물 2 간접적 3 대리물 4 자극물
5 이입물 6 동일시 7 심화 8 투영 9 감정 이입

030 고사

> 작품 속 상황과 유사성이 있어 활용되는, 지나간 과거의 일에 대한 이야기

'고사'는 '지나간 (1 　ㄱㄱ　)의 일'을 의미한다. 이때 '과거의 일'이란 역사적 인물이나 학문적으로 널리 알려진 인물 등과 관련이 있는 유명한 (2 　ㅅㄹ　)을/를 말한다. 옛사람들은 작품이나 일상에서 고사를 사용해 말하는 것이 익숙했으며, 말하고 싶은 것을 효과적으로 표현하기 위해 말하려는 상황이나 정서와 유사한 사례를 고사 중에서 찾아 활용하고는 했다.

백이 숙제 고사	백이와 숙제는 은나라 말기의 충신이었는데, 주나라의 무왕(武王)은 폭정을 일삼던 은나라의 주왕(紂王)을 몰아내고자 하였다. 백이와 숙제는 신하가 군주를 치는 것은 인의(仁義)의 도리가 아니라며 무왕을 막았으나, 무왕은 결국 은나라를 멸망시키고 주나라를 세웠다. 그러자 두 사람은 주나라의 곡식 먹기를 거부하고, 수양산에 들어가 고사리를 캐어 먹고 지내다가 굶어 죽었다. 후대 사람들은 이들을 의(義)를 숭상하고 높은 절개를 지닌 선비라며 추앙했다. 예 수양산(首陽山) 바라보며 이제(夷齊)를 한(恨)하노라. 　　주려 주글진들 채미(採薇)도 하는것가. ― 성삼문
허유 소부 고사	허유와 소부는 고대 중국의 전설상의 인물로 요순시대*에 속세를 떠나 숨어 살았다는 은자(隱者)들이다. 허유는 동네 사람에게 받은 표주박이 흔들리는 소리가 시끄럽다고 떼어 버렸으며, 요 임금이 허유에게 임금의 자리를 넘겨주겠다고 하자 더러운 말을 들었다며 영수라는 물에 귀를 씻었다고 한다. 그리고 소부는 허유가 귀를 씻는 모습을 보고 물이 더러워졌다며 그 물을 소(말)에게 먹이지 않았다고 한다. 예 내 귀가 시끄러움 네 바가지 버리려믄 　　네 귀를 씻은 샘에 내 소는 못 먹이리 ― 이별, 〈장육당육가〉
무릉도원 고사	중국 동진 때의 시인 도잠이 지은 《도화원기》에 나오는 이야기이다. 중국 진나라 때 호남 지방의 한 어부가 고기를 잡기 위해 강을 거슬러 올라가다 물 위로 떠내려오는 복숭아 꽃잎을 보고 따라갔는데 계곡 밑에 어른 한 명이 겨우 드나들 정도의 작은 동굴을 보았다. 어부가 그 동굴 안으로 들어가자 끝없이 넓고 기름진 논밭, 뽕나무와 대나무가 우거진 풍요로운 마을 등 세상 어느 곳에서도 볼 수 없는 아름다운 풍경이 펼쳐져 있었다. 어부는 그곳에서 진나라의 난리를 피해 왔다는 사람들을 만나고 융숭한 대접을 받으며 며칠 간을 머물렀다. 어부가 떠나려고 하자 그들은 자신들의 이야기를 다른 사람에게 하지 말아 달라고 당부하였다. 그러나 너무 신기했던 어부는 길목마다 표시를 하며 돌아와 고을 태수에게 이야기하였다. 태수는 사람을 시켜 어부가 말한 곳을 찾으려고 했으나 표시를 찾을 수 없었다. 이후 무릉도원은 '도원경(복숭아꽃이 피는 아름다운 곳)'이라고도 불리며 이상향을 의미하게 되었다. 예 복숭아꽃 물따라 아득히 흘러가니 / 별천지 이곳은 인간 세상 아니오. ― 이백, 〈산중문답〉
이백 고사	이백은 중국 최고의 시인으로 추앙되며 시선(詩仙)으로 불리는 당나라의 시인이다. 호가 '태백'이라 '이태백'으로 불리기도 하며 달을 좋아하고 술과 풍류를 즐겼다고 한다. 민간에서 사사로이 기록한 야사(野史)에는 이백이 뱃놀이를 하다가 강에 비친 달을 보고 그걸 건지려고 강에 뛰어 들어 죽은 후 고래를 타고 고향인 선계(신선이 산다는 곳)로 갔다는 이야기가 전해진다. 예 잡다가 빠딘 줄이 적선(謫仙)*이 헌사할샤. 　　(달을 잡으려고 물에 빠졌다는 이태백의 일이 야단스럽구나.) ― 정철, 〈성산별곡〉

1:1 작품 체험

삼춘가절(三春佳節)이 좋을씨고.
　봄철 석 달의 좋은 시절
도화만발(桃花滿發) 점점홍(點點紅)이
　복숭아꽃이 만발하여 점점이 붉어 있음.
로구나.

어주축수애삼춘(漁舟逐水愛三春)이어
　고기잡이 배를 타고 봄철을 즐김.
든 ❶무릉도원(武陵桃源)이 예 아니냐.

양류세지사사록(楊柳細枝絲絲綠)하니
　버드나무 가지가 실처럼 늘어져 푸름.
황산곡리당춘절(黃山谷裏當春節)에
　황산곡 속에 봄철을 만남.
❷연명오류(淵明五柳)가 예 아니냐.

(중략) 층암절벽상(層岩絕壁上)의 폭
　　　　바위가 겹겹이 쌓인 절벽 위
포수는 콸콸, 수정렴(水晶簾) 드리운
　　　　　　　　수정으로 만든 발
듯,

이 골 물이 주루루룩, 저 골 물이 쌀쌀

열에 열 골 물이 한데 합수(合水)하여
　여러 갈래의 물이 한데 모여 흐르다.
천방져 지방져 소쿠라지고 펑퍼져,

넌출지고 방울져, 저 건너 병풍석(屏風
　　　　　　　　　병풍처럼 둘러선 바위
石)으로 / 으르렁 콸콸 흐르는 물결이

은옥(銀玉)같이 흩어지니,
　하얀 구슬
❸소부 허유(巢父許由) 문답하던 기산
영수(箕山潁水)가 예 아니냐.

― 작자 미상, 〈유산가(遊山歌)〉

❶	도연명의 〈도화원기〉에 나오는 말로 이상향을 의미함.
❷	도연명이 집 앞에 다섯 그루의 버드나무를 심은 곳으로 아름다운 경치를 의미함.
❸	고대 중국 요임금 때 소부와 허유가 왕의 자리를 물려받으라는 명을 피해 기산 영수에 은거함.

'~이/가 예 아니냐.'와 같은 동일한 문장 형식으로 고사를 인용하여 아름다운 자연에 대한 (3 　ㅇㅊ　) 적 태도와 봄을 맞이한 흥취를 노래하고 있다.

작품 알통

- **해제:** 조선 후기 경기와 서울 지방을 중심으로 널리 가창되며 유행하였던 12잡가 중 하나이다.
- **주제:** 봄의 아름다운 경치 감상과 예찬

- **요순시대:** 요임금과 순임금이 덕으로 천하를 다스리던 태평한 시대로, 이후 사람들이 치세(治世)의 모범으로 삼는 시절
- **적선(謫仙):** 아주 뛰어난 시인이라는 뜻으로, 중국 당나라 시인 '이백'을 달리 이르는 말

【초성 답】 1 과거 2 사례 3 예찬

개념 트레이닝 ZONE

💪 빈칸에 알맞은 말을 쓰며 개념 근육을 키워 보세요!

01

불어오는 봄바람이 봄볕을 부쳐내니

지저귀는 새소리는 노래하는 소리이니

곱디고운 수풀 꽃은 웃음을 머금었다

이곳에 앉아보고 저곳에 앉아보니

골 안의 맑은 향기 지팡이에 묻었구나

– 정훈, 〈용추유영가〉
지리산 용추동 일대

후각을 (   )하여 골짜기 안에 퍼진 그윽한 꽃향기를 감각적으로 생생하게 표현함으로써 자연의 아름다움을 드러내고 있다.

02

하얗게 밑둥 드러내는 무밭머리에 서서

생각하노니

옛날에 옛날에는 무꼬리 발에 채였었나니 아작아작 먹었었나니
　　　　조금 단단한 물건을 깨물어 바스러뜨릴 때 잇따라 나는 소리

달삭한 맛
　'달짝지근하다'의 경남 방언

– 박용래, 〈밭머리에 서서〉

'하얗게'와 같은 색채어를 사용하여 (   )적 이미지를, '달삭한 맛'과 같은 표현으로 (   )적 이미지를 형상화하고 있다.

03

천변 잔디밭을 밟고

사람들이 걷기 운동을 하자

잔디밭에 외줄기 길이 생겼다

어쩌나 잔디가 밟혀 죽을 텐데

내 걱정 아랑곳 없이

가르마 길이 나고 그 자리만 잔디가 모두 죽었다

오늘 새벽에도 사람들이 그 길을 걷는데

멀리서도 보였다

죽은 잔디의 싹들이 사람의 몸속에 푸른 길을 내고 살아 있는 것이

푸른 잔디의 것이 아니라면

저 사람들의 말소리가 저렇게 청량하랴

걷는 사람들의 웃음소리 얘기소리에서

싱싱한 풀꽃 냄새가 난다

– 복효근, 〈잔디에게 덜 미안한 날〉

'말소리가 청량하랴'에서 (   )적 심상을, '싱싱한 풀꽃 냄새가 난다'에서 (   )적 심상을 활용하고 있다.

04

득음은 못하고, 그저 시골장이나 떠돌던
　노래나 연주 솜씨가 매우 뛰어난 경지에 이름.
소리꾼이 있었다, 신명 한 가락에

막걸리 한 사발이면 그만이던 흰 두루마기의 그 사내

꿈속에서도 폭포 물줄기로 내리치는

한 대목 절창을 찾아 떠돌더니
　뛰어나게 잘 부름, 또는 그런 노래
오늘은, 왁새 울음 되어 우항산 솔밭을 다 적시고
　　왜가리
우포늪 둔치, 그 눈부신 봄빛 위에 자운영 꽃불 질러 놓는다
　물가의 언덕

– 배한봉, 〈우포늪 왁새〉

'신명 한 가락', '한 대목 절창', '왁새 울음' 등에서 (   )적 이미지가 드러나고, 이를 통해 시적 정서가 환기되고 있다.

05

조각달은 어느덧 서천에 기울어졌는데 딱따구리는 뒷산에서 울고 소쩍새는 동구 앞 느티나무 속에서 운다. 고요한 이 밤에 한 줄기 시냇물이 은파를 번득이며 들 가운데로 감돌아 흐르는데
　달빛에 비쳐 은백색으로 보이는 물결
큰 내의 여울물은 바다같이 훤하게 남쪽으로 트여 있다.

"소쪽! 솟소쪽!……"

소쩍새는 처량하게 밤을 새워 울려는가!
　객관적 상관물 → ❶ 애상적이고 쓸쓸한 분위기 형성 ❷ 인물의 고독한 정서 심화
홀로 가는 희준이는 적적한 들 가운데를 접어들며 마음속에 고독을 느꼈다. 그의 외로운 그림자가 논둑길 밑으로 따라온다.

넓은 들과 같이 마음속에도 공허를 가져왔다.

– 이기영, 〈고향〉

'소쩍새'가 우는 소리를 처량하다고 느끼는 것은 인물의 주관적 감정이며, '소쩍새'와 '그림자'는 화자의 (   ) 감정이 투영된 감정 이입물이다.

06

섶벌같이 나아간 지아비 기다려 십 년(十年)이 갔다.
　재래종 벌의 하나. 일벌
지아비는 돌아오지 않고

어린 딸은 도라지꽃이 좋아 돌무덤으로 갔다.

산꿩도 섧게 울은 슬픈 날이 있었다.

산(山)절의 마당귀에 여인의 머리오리가 눈물방울과 같이 떨어
　마당의 한쪽 귀퉁이　　　　머리카락
진 날이 있었다.

– 백석, 〈여승〉

화자는 '(   )'에 자신의 서럽고 슬픈 감정이 투영하여 산꿩도 서럽게 운다고 표현하였으므로, '(   )'은/는 감정이 이입된 객관적 상관물이다.

07

심중에 남아 있는 말 한마디는

끝끝내 마저 하지 못하였구나.

사랑하던 그 사람이여! / 사랑하던 그 사람이여!

붉은 해는 서산 마루에 걸리었다.

사슴의 무리도 슬피 운다.
  _{산꼭대기}

떨어져 나가 앉은 산 위에서

나는 그대의 이름을 부르노라.

– 김소월, 〈초혼(招魂)〉
사람이 죽었을 때에, 그 혼을 소리쳐 부르는 일

해질 무렵을 배경으로 붉은색을 통해 (　　　　)의 이미지를 드러내고 화자의 슬픔을 슬피 우는 '(　　　　　　)'에 투영하여 애상적 분위기를 형성하고 있다.

08

기인 밤입니다. 외딴집 노인은 홀로 잠이 깨어 출출한 나머지 무를 깎기도 하고 고구마를 깎다, 문득 바람도 없는데 시나브로 모르는 사이에 조금씩 조금씩 풀려 풀려 내리는 짚단, 짚오라기의 설레임을 듣습니다. 귀를 모 짚의 길고 가느다란 조각 으고 듣지요. 후루룩 후루룩 처마 깃에 나래 묻는 이름 모를 새, 짚이나 마른풀 새들의 온기를 생각합니다. 숨을 죽이고 생각하지요.

참 오래오래, 노인의 자리맡에 밭은기침 소리도 없을 양이면 벽 병이나 버릇으로 자주 하는 기침 속에서 겨울 귀뚜라미는 울지요. 떼를 지어 웁니다, 벽이 무너지라고 웁니다.

어느덧 밖에는 눈발이라도 치는지, 펄펄 함박눈이라도 흩날리는지, 창호지 문살에 돋는 월훈(月暈).
달무리(달 언저리에 둥그렇게 생기는 구름 같은 허연 테)

– 박용래, 〈월훈(月暈)〉

깊은 산속 외딴집에 홀로 살고 있는 노인의 외로움과 그리움을 다룬 작품으로 떼를 지어 우는 (　　　　　　)은/는 슬픔의 정서가 투영된 감정 이입물이자, 노인의 고독을 더욱 (　　　　)시키는 역할을 하는 객관적 상관물이다.

09

빼어난 가는 잎새 굳은 듯 보드랍고

자줏빛 굵은 대공 하얀한 꽃이 벌고

이슬은 구슬이 되어 마디마디 달렸다

본디 그 마음은 깨끗함을 즐겨 하여

정(淨)한 모래 틈에 뿌리를 서려 두고
맑고 깨끗하다.　　　　　　　얽기설기 엉기다.
미진(微塵)도 가까이 않고 우로(雨露) 받아 사느니라
아주 작은 티끌이나 먼지　　　　비와 이슬

– 이병기, 〈난초 4〉

'난초'는 그것의 생태와 본성을 (　　　　)하여 화자가 혼탁한 세상에서 깨끗하게 살고자 하는 마음을 자연물에 이입한 객관적 상관물이다.

10

어제도 하룻밤 / 나그네 집에

가마귀 가왁가와 울며 새었소.

오늘은 / 또 몇십 리(十里)

어디로 갈까.

산(山)으로 올라갈까 / 들로 갈까

오라는 곳이 없어 나는 못 가오.

말 마소 내 집도 / 정주 곽산(定州郭山)

차(車) 가고 배 가는 곳이라오.

여보소, 공중에 / 저 기러기

공중엔 길 있어서 잘 가는가?

여보소, 공중에 / 저 기러기

열십자(十字) 복판에 내가 섰소.
일정한 공간이나 사물의 한가운데

갈래갈래 갈린 길 / 길이라도

내게 바이 갈 길은 하나 없소.
아주 전혀

– 김소월, 〈길〉

'(　　　　)'은/는 나그네(일제 강점하에서 고향을 상실한 우리 민족)의 처지에 놓인 화자의 불안한 심리를 간접적으로 드러내는 객관적 상관물이고, '(　　　　)'은/는 열 십자 복판에 서서 오도가도 못하는 화자의 처지와 상반되는 존재로 갈 곳 없는 화자의 처지를 강조하는 객관적 상관물이다.

11

남원에 양생이란 사람이 있었다. 그는 일찍이 부모를 여읜 뒤 장가도 들지 못하고 만복사 동쪽 방에서 혼자 살고 있었다. … 양생은 달밤이면 늘 그 배나무 아래를 서성이며 낭랑하게 시를 읊조렸다.

한 그루의 배꽃나무 외로움을 달래 주나
하는 일 없이 시간을 헛되이 보낸다.
휘영청 달 밝으니 허송하기 괴롭구나.
달빛 따위가 몹시 밝은 모양
푸른 꿈 홀로 누운 호젓한 들창가로
들여다 여는 창의 주변
어느 집 이쁜 님이 퉁소를 불어 주네.
가는 대로 만든 목관 악기

외로운 저 비취는 제 홀로 날아가고,
물총샛과의 새
짝 잃은 원앙새는 맑은 물에 노니는데

기보(棋譜)를 풀어 보며 인연을 그리다가
바둑이나 장기를 둔 내용의 기록
등불로 점치고는 창가에서 시름하네.

– 김시습, 〈만복사저포기〉

'배꽃나무, 비취, (　　　　)'은/는 인물의 외로운 심리를 효과적으로 보여 주며, '달, 퉁소, 등불'은 인물의 외로움을 (　　　　)시키는 객관적 상관물이다.

워밍-UP

🔅 다음 글을 읽고 빈칸에 알맞은 말을 써서 해설을 완성하거나
정오를 판단하세요.

01

청석(靑石) 얹은 지붕에 별빛이 내려쬐면 한겨울에 장독 터지
건물의 내·외부 장식에 쓰는 푸른 빛깔의 암석
는 것 같은 소리가 납니다. 벌레 소리가 요란합니다. 가을이 이
런 시간에 엽서 한 장에 적을 만큼씩 오는 까닭입니다.

이런 때 참 무슨 재조(才操)로 광음(光陰)을 헤아리겠습니까?
재주의 원말   햇빛과 그늘, 낮과 밤이라는 뜻으로 시간이나 세월을 의미함.
맥박 소리가 이 방 안을 방채 시계를 만들어 버리고 장침과 단
침의 나사못이 돌아가느라고 양짝 눈이 번갈아 간질간질합니다.
코로 기계 기름 내음새가 드나듭니다. 석유 등잔 밑에서 졸음이
오는 기분입니다.

– 이상, 〈산촌 여정〉

구분	추상적 대상	구체적 표현
내용		엽서 한 장에 적을 만큼씩 옴.

'(   )'이/가 오는 것을 '엽서 한 장에 적을 만큼씩'으로 표현하며, 추상
적인 대상을 눈에 보이는 것처럼 감각적으로 나타내고 있다.

02

건곤(乾坤)이 제 각각인가 이것이 어드메오
하늘과 땅을 아울러 이르는 말
배 매어라 배 매어라
㉠서풍진(西風塵) 못 미치니 부채하야 무엇하리
저쪽바람에 날려 온 먼지   부채질
지국총(至匊恩) 지국총(至匊恩) 어사와(於思臥)
들은 말이 없었으니 ㉡귀 씻어 무엇하리 〈추(秋) 8〉

– 윤선도, 〈어부사시사〉

[현대어 풀이]
하늘과 땅이 제각각인가, 여기가 어디인가?
배 매어라 배 매어라.
속세의 먼지가 (이곳까지) 못 미치니 부채질하여 무엇하리.
지국총 지국총 어사와
(내가) 들은 말이 없었으니 (왕좌를 거절한 허유처럼) 귀를 씻어 무엇하리.

〈어부사시사〉에서 화자가 머무는 공간은 화자의 경험을 통해
구체화되고 있습니다. 그리고 그 공간이 갖는 의미는 고사를 통해
암시되기도 하며 속세와의 대비를 통해 부각되기도 합니다.

구분	고사
㉠	진(晉)나라 때 원규라는 인물이 권력을 마음대로 휘둘렀는데, 왕도(王導)가 이를 못마땅하게 여겨 서풍에 날아오는 먼지를 부채로 가리며, "원규가 사람을 더럽힌다."라고 말했다고 함.
㉡	요 임금 때 허유라는 인물이 요 임금에게서 나라를 맡으라는 말을 듣고 "귀가 더러워졌다."라고 하며 강물에 귀를 씻었다고 함.

〈추 8〉의 '서풍진 못 미치니'와 '들은 말이 없었으니'를 통해 화자는 (   )
(으)로부터 멀리 떨어져 있는 자신의 상황을 표현하고 있으므로, 화자가 느끼
는 속세와의 (   )이/가 드러난다.

03

배 방에 누워 있어 내 신세를 생각하니
가뜩이 심란한데 대풍(大風)이 일어나서
          큰 바람. 또는 모진 바람
태산(泰山) 같은 성난 물결 천지에 자욱하니
높고 큰 산
크나큰 만곡주가 나뭇잎 불리이듯
아주 많은 분량을 실을 정도로 큰 배
하늘에 올랐다가 지함(地陷)에 내려지니
          땅이 움푹하게 주저앉은 곳
열두 발 쌍돛대는 차아처럼 굽어 있고
          줄기에서 뻗어 나간 곁가지
쉰두 폭 초석(草席) 돛은 반달처럼 배불렀네
왕골, 부들, 짚으로 엮어 만든 자리

– 김인겸, 〈일동장유가〉

구분	상승 이미지	하강 이미지
표현		
상황	배가 물결에 따라 높이 ( ).	배가 물결에 따라 다시 ( ).

배가 물결에 따라 높이 올랐다가 다시 내려오는 긴장된 상황을 상승과 하강의
이미지를 (   )하여 표현하여 화자의 눈앞에 닥친 (   )을/를
강조하고 있다 .

04

종황이 마음속으로 이상하게 생각하면서도 얼굴빛을 바르게
주인공 임성(나라를 세우라는 천명을 받은 옥새의 주인)의 조력자
하고 말하였다.

"주인의 재주가 범상치 않으니, 가히 하늘의 뜻을 알 것입니다.
          능히, 넉넉히
옛사람이 말하기를 '하늘의 이치를 따르는 사람은 창성하고,
          기세가 크게 일어나 잘 뻗어 나가다.
하늘의 이치를 거스르는 사람은 망한다.'고 하였습니다. 이제
하늘이 우리 주공을 내셔서 이 보배를 주셨으니, 이것으로 하
군주 국가에서 나라를 다스리는 우두머리
늘의 뜻을 알 것입니다. 주인은 어찌 하늘의 뜻을 거스르는 망
령된 심술을 내어 굳이 빼앗으려고 하십니까? 제가 비록 어리
늙거나 정신이 흐려서 말이나 행동이 정상을 벗어난 데가 있다.
석고 용렬하지만 일찍이 하늘의 계시가 적힌 천서를 얻어 음양
사람이 변변하지 못하고 졸렬하다.   하늘의 계시를 적은 책
의 변화를 약간 알고 있습니다. 주인이 비록 바다를 엎고 산을
뒤집는 재주가 있다고 한들, 저는 조금도 두렵지 않습니다."

– 작자 미상, 〈태원지(太原誌)〉

옛사람의 말을 인용하는 것은 어떤 상황을 표현할 때 그와 비슷한
옛날 일이나 옛사람의 말을 들어 자신의 뜻을 말하는 방식입니다.

구분	내용
표현	옛사람이 말하기를 '하늘의 이치를 따르는 사람은 창성하고, 하늘의 이치를 거스르는 사람은 망한다.
의도	( )을/를 빼앗으려는 서해 용왕의 요구가 잘못되었음을 지적함.

옛사람의 말을 (   )하여 상대방의 요구가 잘못됐음을 지적하고 있다.

펌핑-UP

01

⊙~⊙에 대한 설명으로 적절하지 <u>않은</u> 것은?

> ㉠흙이 풀리는 내음새
> 강바람은
> 산짐승의 우는 소릴 불러
> ㉡다 녹지 않은 얼음장 울명울명 떠내려간다.
>
> 진종일
> 나룻가에 서성거리다
> ㉢행인의 손을 쥐면 따뜻하리라.
>
> 고향 가까운 주막에 들러
> 누구와 함께 지난날의 꿈을 이야기하랴.
> 양귀비 끓여다 놓고
> 주인집 늙은이는 공연히 눈물 지운다.
>
> 잔나비 → 원숭이
> ㉣간간이 잰나비 우는 산기슭에는
> 아직도 무덤 속에 조상이 잠자고
> 설레는 바람이 가랑잎을 휩쓸어간다.
>
> 예제로 떠도는 장꾼들이여!
> 상고(商賈)하며 오가는 길에
> 장사하는 행위
> 혹여나 보셨나이까.
>
> 전나무 우거진 마을
> ㉤집집마다 누룩을 디디는 소리, 누룩이 뜨는 내음새……
>
> — 오장환, 〈고향 앞에서〉

① ㉠에서는 후각적 심상을 활용하여 봄이라는 계절적 배경을 드러내고 있다.

② ㉡에서는 시각적 심상을 활용하여 현실과 대비된 과거의 삶을 회상하는 화자의 태도를 나타내고 있다.

③ ㉢에서는 촉각적 심상을 활용하여 고향의 정취를 느끼고 싶어 하는 화자의 심리를 표출하고 있다.

④ ㉣에서는 청각적 심상을 활용하여 고향의 처량하고 쓸쓸한 분위기를 표현하고 있다.

⑤ ㉤에서는 청각과 후각적 심상을 활용하여 화자의 의식에 잠재되어 있는 근원적 고향의 모습을 묘사하고 있다.

02

ⓐ와 ⓑ를 비교한 내용으로 가장 적절한 것은?

> 어느 날 밤 꽃다운 정서를 걷잡지 못하고 문득 ⓐ시 두 수를 지어 읊었다.
>
> 한 그루 배꽃나무 적료함을 짝하고
> 적요하다 → 적적하고 고요하다.
> 가련하다 달 밝은 밤 헛되이 보내나니
> 젊은이만 홀로 누운 외로운 창가에
> 어디서 고운 님은 옥통소를 불고 있나
> 옥으로 만든 통소 (가는 대로 만든 목관 악기)
>
> 짝 못 지은 비취새 외로이 날아가고
> 물총새
> 짝 잃은 원앙도 맑은 강에 노니는데
> 뉘 집에서 바둑 두리란 약속이 있으련가
> 밤이면 서러운 창에 기대 불꽃 점을 쳐 보네. (중략)
>
> 이날 양생은 저녁에 기도가 끝나자 법당에 들어가서 소매 깊이
> 불상을 안치하고 설법도 하는 절의 주된 건물
> 간직하고 갔던 저포(樗蒲)를 꺼내어 불전에 던지기 전에 먼저 소
> 주사위 같은 것을 나무로 만들어 던져서 그 끗수로 승부를 겨루는 놀이
> 원을 빌었다.
> "자비로운 부처님, 오늘 저녁엔 제가 부처님과 함께 저포 놀이
> 를 하려고 합니다. 만약에 제가 지면 법연(法筵)을 차려서 부처
> 불법을 설명하여 신자를 가르치는 장소
> 님께 갚아드릴 것이고, 만일 부처님께서 지시면 반드시 제 소
> 원인 어여쁜 아가씨를 얻게 해 주시옵소서."
> ⓑ축원을 마치고는 즉시 저포를 던지자, 과연 그는 소원대로
> 승리를 얻게 되었다.
>
> — 김시습, 〈만복사저포기〉

① ⓐ는 ⓑ에 비해 화자의 다양한 소망이 열거되고 있다.

② ⓐ는 ⓑ와 달리 자연물에 감정을 투영하여 자신의 정서를 표출하고 있다.

③ ⓑ는 ⓐ에 비해 본심을 숨긴 채 우회적으로 의사를 전달하고 있다.

④ ⓑ는 ⓐ와 달리 미래에 대한 부정적인 전망을 암시하고 있다.

⑤ ⓐ와 ⓑ는 모두 가정적인 상황을 설정하여 화자의 강한 의지를 드러내고 있다.

호루라기 관장님의 하드 트레이닝

공부한 날	월 일 요일
맞은 개수	/ 7

작품	No	작품을 읽고 빈칸에 알맞은 말을 쓰시오.

작품

슬프나 즐거오나 옳다 하나 외다 하나
ㄱ 내 몸의 해올 일만 닦고 닦을 뿐이언정
　　　　그르다, 잘못되다
ㄴ 그 밖의 여남은 일이야 분별할 줄 이시랴 〈제1수〉
　　다른, 나머지　　근심하거나 생각할

내 일 망령된 줄을 내라 하여 모를 것인가
　　언행이 상식에서 벗어나 주책이 없는
이 마음 어리석기도 임 위한 탓이로세
아무가 아무리 일러도 임이 생각하여 보소서 〈제2수〉
　　　　　　모함하여도

추성(楸城) 진호루(鎭胡樓) 밖에 울어 예는 저 시내야
작가가 유배되어 있던 함경북도 경원　　흐르는
므음 호리라 주야에 흐르는가
무엇을 하려고
임 향한 내 뜻을 조차 그칠 줄을 모르는가 〈제3수〉

뫼흔 길고 길고 물은 멀고 멀고

어버이 그린 뜻은 많고 많고 하고 하고

어디서 외기러기는 울고 울고 가느니 〈제4수〉

어버이 그릴 줄을 처음부터 알아마는

임금 향한 뜻도 하늘이 삼겨시니

진실로 임금을 잊으면 그 불효인가 여기노라 〈제5수〉

　　　　　　　　　　– 윤선도, 〈견회요(遣懷謠)〉
　　　　　　　　　　　시름을 달래는 노래

01

시적 화자는 누구이며, 어떤 상황에 놓여 있는가?

시적 화자	모함으로 인해 유배당한 (　　　)
상황	(　　　)에서 임과 어버이를 그리워함.

02

시적 화자의 정서와 태도는 어떠한가?

유배지에서 결백을 주장하며 부모와 임금에 대한 (　　　)을/를 드러냄.

03

작품의 창작 배경은 무엇인가?

〈견회요〉는 작가인 고산(孤山) 윤선도가 31세 되던 해인 1616년 광해군 때에 권신(權臣, 권세를 잡은 신하) 이이첨을 탄핵하는 상소를 올려 함경도 경원으로 귀양 갔을 때 지은 5수의 시조 작품임. 유배 생활을 하면서도 불의와 타협할 줄 모르는 (　　　)와/과 임금을 향한 충정, 어버이에 대한 그리움과 효성(孝誠)을 애절하게 드러냄.

04

ㄱ과 ㄴ의 의미와 효과는 무엇인가?

ㄱ	(　　　)에 대한 충성과 우국충정
ㄴ	'(　　　)'을/를 제외한 나머지 다른 일

→ ㄱ과 ㄴ의 의미상 (　　　)을/를 통해 자신의 안위를 생각하는 일보다는 옳다고 생각하는 일을 하겠다는 신념을 강조함.

05

다음 표현이 사용된 시어와 효과는 무엇인가?

감정 이입	• '임 향한 내 뜻'처럼 그치지 않음.
	• 임을 향한 변함없는 충성심이 투영된 대상
	• '어버이 그린 뜻'처럼 외로워하며 울고 감.
	• 부모에 대한 그리움이 투영된 대상

→ 시적 대상에 감정을 (　　　)하여 임금에 대한 충성심과 부모에 대한 그리움을 효과적으로 드러냄.

06

다음 구절에 사용된 표현과 효과는 무엇인가?

• 그 밖의 여남은 일이야 분별할 줄 이시랴
• 내 일 망령된 줄을 내라 하여 모를 것인가

→ 설의적 표현을 통해 신념에 충실하고자 하는 화자의 (　　　)와/과 당당한 태도 등을 강조함.

07

이 작품의 주제는 무엇인가?

(　　　)에서 느끼는 어버이에 대한 그리움과 임금에 대한 충성심

오늘의 수능 국어 트레이닝 끝!

031 구체화

대상을 직접 경험하거나 지각할 수 있도록 형태와 성질을 실제적이고 세밀하게 갖추도록 함.

기출로 보는 개념

- 반어법을 사용하여 관념적 대상을 **구체화**하고 있다.
- 색채어를 활용하여 대상의 이미지를 **구체화**하고 있다.
- 인물 간의 대화를 통해 갈등 상황을 **구체화**하고 있다.
- 공간적 배경을 사실적으로 묘사하여 시대 상황을 **구체화**하고 있다.
- 음성 상징어를 통해 장면/시적 상황/시각적 인상을 **구체화**하고 있다.
- 사건을 추가하여 인물 간의 갈등이 분명하게 드러날 수 있도록 **구체화**한다.

일정한 형태와 성질을 갖추고 있거나 세밀한 부분까지 담고 있는 것은 감각으로 느끼거나 직접 경험하는 것이 가능한데, 이런 특성을 '구체적'이라고 한다. (1 ㄱㅊㅎ)(이)란 이런 '구체적' 특성이 없는 것을 '구체적' 특성이 있는 것으로 만드는 것을 의미한다.

문학은 사상이나 감정을 언어로 표현한 예술이기 때문에, 사상, 감정, 생각, 가치관과 같은 추상적이고 관념적인 것이 표현의 대상이다. 따라서 이를 언어로 표현하는 과정에서 눈에 보이지 않는 것을 (2 ㄱㄱ)(으)로 느끼고 직접 경험하게 만들려면 '구체화'하는 과정을 거쳐야 한다.

개념 당기는 예시

내 마음의 어딘 듯 한편에 끝없는
강물이 흐르네.
돋쳐 오르는 아침 날빛이 빤질한
은결을 도도네.
　　햇빛을 받아서 나온 온 세상의 빛
가슴엔 듯 눈엔 듯 또 핏줄엔 듯
　　위로 끌어 올려 도드라지거나 높아지게 함.
마음이 도른도른 숨어 있는 곳.
내 마음의 어딘 듯 한편에 끝없는
강물이 흐르네.

－ 김영랑, 〈끝없는 강물이 흐르네〉

이 작품은 '마음'의 모습을 (3 ㄱㅁ)이/가 고요히 흐르는 모습에 빗대어 표현하였습니다.
'마음'은 사람의 생각·감정·기억 등이 생기거나 자리 잡는 공간이나 위치를 의미하는데, 눈으로는 볼 수 없는 추상적인 대상이고, '강물'은 눈으로 볼 수 있는 구체적인 대상입니다. 이처럼 눈에 보이지 않는 추상적이고 관념적인 대상을 감각으로 느껴지게 표현하는 방법을 '구체화'라고 합니다.
이 작품에서 '강물'은 '아침 날빛'을 받아 '빤질한 은결을 도도'는 모습을 하고 있으며 강물의 모습을 사실적이고 자세하게 형상화하여 표현하였습니다. 화자는 가만히 머물러 있지 않고 변하는 마음을 끝없이 흐르고 있는 강물에 비유하여 (4 ㄱㅊㅈ)(으)로 표현한 것입니다.

1:1 작품 체험

염라대왕이 즉시 춘매와 유씨를 불러 세우고 물어 말하기를

"춘매는 제 원명(原命)으로 잡아 왔거니와 유씨는 아직 원명이 멀었으니 어찌 들어왔는고?" (중략)
　　본디 타고난 목숨

"대왕의 법으로 세상에 내었다가 어찌 첩에게 이런 작별을 하게 하였으며 또한 남편 춘매에게 어찌 부모 자식 간에 사랑을 이리도 일찍 저버리게 하셨습니까? 나는 새와 달리는 짐승도 다 짝이 있사오니 하물며 젊은 인생 배필 없이 어이 살며 의탁할 곳 없는 몸을 누구에게 붙여 살라고 하십니까? 여필종부는 인간의 제일 정절이니 결단코 춘매를 떠나지 못하겠습니다."
　　아내는 반드시 남편을 따라야 한다는 말

염라대왕이 말하기를

"그대 모친과 춘매 모친은 누구에게 부탁하고 왔느냐?"

하기에 유씨 대답하여 말하기를

"정이 이토록 절박하온데 첩의 청춘으로 부부 함께 있어야 봉양도 하옵고 영화도 볼 터인데 공방 독침 혼자 누워 무슨 봉양하며 무슨 참 영화 보오리까. 부부지정은 끊지 못하겠습니다."
　　혼자서 잠.
　　몸이 귀하게 되어 이름이 세상에 빛남.
　　남편과 아내 사이의 애정

하니, 염라대왕이 말하기를

"진실로 그러하면 다른 배필을 정하여 줄 것이니 네 여연(餘緣)을 다 살고 돌아오라."
　　남은 인생

－ 작자 미상, 〈유씨전〉

이 작품은 유씨와 염왕과의 (5 ㄷㅎ)을/를 통해 남편과 함께 저승에 남으려는 유씨와 원명에 따라 유씨를 이승으로 돌려보내고자 하는 염왕 사이의 (6 ㄱㄷ) 상황이 구체화되어 있다.

작품 알통

- **해제:** 유배지에서 병을 얻어 죽은 남편을 그리워하다 따라 죽은 유씨의 절개를 가상히 여긴 염라대왕이 두 사람을 살려 주는 내용의 고전 소설이다.
- **주제:** 유씨의 절개

【초성 답】 1 구체화 2 감각 3 강물 4 구체적 5 대화 6 갈등

032 과장

사실보다 지나치게 부풀리거나 줄여서 나타냄.

기출로 보는 개념

- 특정 인물의 외양이나 행동을 과장되게 표현하여 인물을 희화화하고 있다.
- 인물의 과장된 말과 행동을 통해서 비극적인 분위기에 반전을 꾀하고 있다.
- 과장된 표현을 사용하여 임을 기다리다 시름과 한이 쌓였음을 강조하고 있다.

'과장(誇張)'은 원래의 것보다 지나치게 부풀려서 나타내는 것을 의미한다. 문학에서 '과장'의 표현 방법은 대상을 실제보다 크거나 많게 부풀리는 것뿐만 아니라, 작거나 적게 표현하는 것도 포함된다. 예를 들어 높고 큰 산이라는 뜻의 '태산(泰山)'을 크고 많음을 비유하는 말로 사용하여 '걱정이 태산이다'와 같이 걱정이 매우 (1 ㅁㄷ)은/는 의미를 드러내거나, '쥐꼬리'를 매우 적은 것을 비유하는 말로 사용하여 '쥐꼬리만한 월급'과 같이 월급이 매우 (2 ㅈㄷ)은/는 의미를 드러내는 것이 과장된 표현을 사용한 경우이다.

구분	예
실제보다 부풀려 말하는 과장	"주군께서 보살펴 주신 은혜는 산보다 높고 바다보다도 깊습니다." 군주 국가에서 나라를 다스리는 우두머리 - 작자 미상, 〈운영전〉 → 주군이 베풀어 준 은혜의 크기를 (3 ㅅ)와/과 (4 ㅂㄷ)와/과 견주어 더 높고 깊다며 과장하여 강조함. 송이눈이다. 갓난아이의 주먹만한 눈송이들은 어둠 저편에 까맣게 숨어 있다가 느닷없이 수은등의 불빛 속에 뛰어들어 오면서 뚱그렇게 놀란 표정을 채 지우지 못한 채 땅바닥으로 곤두박질치고 있다. 굉장한 눈이다. 수은 증기의 강력한 빛을 이용하는 유리관 - 임철우, 〈사평역〉 → 송이눈은 한 송이 한 송이 잇달아서 촘촘하게 내리는 눈으로, 눈송이의 크기를 갓난아이의 (5 ㅈㅁ)만 하다고 과장하여 표현함. 그건 그렇고, 너 무시업 잘하냐? 무시업이라뇨? 팔 굽혀 펴기 말이다. 무조건 잘한다고 나는 대답했다. 그래야 일자리가 생긴다는 건, 그때도 이미 기본 중의 기본이었다. 페이 세. 시간당 삼천 원인데……, 대신 몸이 좀 힘들어. 삼천 원이요? 앞뒤 잴 것도 없이, 시간당 삼천 원이란 말에 귀가 확 뚫리는 기분이었다. 내 주변에 그런 고부가 가치 산업이 존재하고 있었다니. 제의를 받은 사실만으로도, 갑자기 확, 고도 산업 사회의 일원으로 성장한 느낌이었다. 그런 이유로 나는 무시맨이 되었다. - 박민규, 〈그렇습니까? 기린입니다〉 → 시급이 높은 아르바이트 자리를 제의 받은 자신이 고도 산업 사회의 일원인 것처럼 느껴진다고 한 것은 과장된 의미를 부여한 것으로 (6 ㅍㅈ)의 효과가 있음.
실제보다 줄여서 말하는 과장	한덕문은 혼자 속으로는 아뿔사, 논이래야 단지 그것뿐인 것을, 팔고서 이제는 송곳 꽂을 땅도 없으니 이 노릇을 어찌한단 말이냐고, 심히 후회하여 마지 아니하였다. - 채만식, 〈논 이야기〉 → '송곳 꽂을 땅'은 농사를 지을 수 있는 조금의 땅을 의미하며, 아주 (7 ㅈㅇ) 땅을 과장하여 표현함.

이 작품의 화자는 임과의 이별로 슬픔에 빠져 있으며, 유유히 흐르는 대동강 물이 마르지 않는 이유를 자신이 흘린 눈물이 대동강 물에 보태지기 때문이라고 하였다. 이는 화자의 슬픔을 극대화하여 (8 ㄱㅈ)된 표현을 통해 화자는 개인적 상황과 정서를 보편적인 상황과 정서로 (9 ㅎㄷ) 하면서 이별의 슬픔을 강조하고 있다.

작품 알통

- **해제:** 대동강을 배경으로 사람(임)을 떠나보내는 이별의 슬픔을 노래한 한시이다.
- **주제:** 이별의 슬픔

과장된 묘사는 무엇인가요?

이때 좌수 비록 망처의 유언을 생각하나,
죽은 아내
후사(後嗣)를 아니 돌아볼 수 없는지라, 이
대를 잇는 자식
에 혼처를 두루 구하되, 원하는 자 없음에 부득이하여 허 씨로 장가드니, 그 용모를 의논할진대 두 볼은 한 자가 넘고 눈은 퉁방
품질이 낮은 놋쇠로 만든 방울
울 같고 코는 질병 같고, 입은 메기 같고, 머리털은 돼지털 같고, 키는 장승만하고, 소리는 이리 같고, 허리는 두 아름이나 되는 것이, 게다가 곰배팔이요 얽기는 콩멍석 같으
팔이 꼬부라져 붙어 펴지 못하거나 팔뚝이 없는 사람
니, 그 형용은 차마 바로 보기 어려운 중에 그 심사가 더욱 불량하여 남의 못할 노릇을 골라가며 행하였다.

- 작자 미상, 〈장화홍련전〉

위 글은 좌수 배무룡이 나이가 든 후 장화와 홍련 두 딸을 두게 되지만, 부인 장 씨가 그만 세상을 떠나는 바람에 더 이상 후사를 이을 수 없게 되자 허 씨를 부인으로 맞았다는 내용입니다. 이 부분에서 허 씨의 외모에 대한 묘사를 과장되게 하여 허 씨에 대한 서술자의 부정적 태도를 확인할 수 있습니다.

【초성 답】 1 많다 2 적다 3 산 4 바다 5 주먹 6 풍자 7 작은 8 과장 9 확대

033 관념과 관습성

> 관념: 어떤 일에 대한 견해나 생각 또는 현실에 의하지 않는 추상적이고 공상적인 생각
> 관습성: 사회에서 오랫동안 지켜 내려와 그 사회 성원들이 널리 인정하는 질서나 풍습

1 관념

작품의 주제는 관념적인 생각이나 사상, 정서이다. 작가는 관념적 주제를 자연 현상, 사물 등의 속성을 활용하여 감각적으로 느껴지게 표현하거나 다양한 표현 방법을 사용하여 형상화한다. 따라서 '관념'이라는 말 앞에는 주로 '추상적'이라는 말이 결합하며, '관념'은 결국 작가가 작품을 통해 말하고자 하는 내용인 (¹ ㅈㅈ)을/를 의미한다.

2 관습성

문학에서 '관습성'은 어떤 표현이 가지고 있는 특성이 (² ㅂㅂㅈ)(으)로 나타나는 것이다. 문학의 관습성은 사랑하는 임을 아름다운 사물에 비유하는 것과 같은 관습적 표현으로 나타난다.

기출로 보는 개념

시조는 형식적 제한이 견고해 최소한의 표현으로 최대한의 의사를 전달해야 하고 주관적인 내용에 대해 공감을 얻어야 하므로, 관습적인 발상과 표현을 사용하는 경우가 있다. 애정 시조에 나타나는 이러한 발상과 표현에는 ㉠ 이별과 관련하여 화자의 정서를 드러내는 청각적 심상을 활용하는 것, ㉡ 이별한 후의 심적 고통을 불면의 상황으로 나타내는 것, ㉢ 수(數)를 통해 감정의 깊이를 드러내는 것, ㉣ 의인화된 사물에 이별의 책임을 전가하는 것, ㉤ 아름다움을 상징하는 사물에 임을 빗대어 표현하는 것 등이 있다.

주렴에 빗취인 달과 멀리 오는 옥적(玉笛) 소리 옥피리 천수(千愁) 만한(萬恨)을 네 어이 도도는다 온갖 슬픔과 원한 천리(千里)에 님 이별하고 잠 못 드러 하노라	㉠	'옥적 소리'는 임과 이별하고 잠들지 못하는 화자의 슬픔을 (³ ㅊㄱ)적 심상을 활용하여 드러낸 것이다.
	㉡	'잠 못 드러 하노라'는 임과 이별한 화자가 마음의 고통(슬픔, 그리움 등)으로 잠들지 못하는 불면의 상황을 나타낸 것이다.
	㉢	'천수 만한', '천리'는 수(數)를 통해 근심과 한(恨)의 크기와 임과의 (⁴ ㅅㄹㅈ ㄱㄹㄱ)의 깊이를 드러낸 것이다.
백초(百草)를 다 심어도 대는 아니 심을 것이 온갖 풀　화살의 몸을 이루는 대 젓대 울고 살대 가고 그리느니 붓대로다 가로로 불게 되어 있는 관악기 '저' 이 후에 울고 가고 그리는 대 심을 줄이 있으랴	㉣	'울고 가고 그리는' 것이 '대'라며 사물인 '대(대나무)'를 (⁵ ㅇㅇㅎ)하여 임과 이별한 이유를 '대' 탓으로 돌리고 있다.
쏫 갓흔 우리 님이 안졋더냐 누엇더냐	㉤	'쏫 갓흔 우리 님'은 임을 아름다움을 상징하는 사물인 (⁶ ㄲ)에 빗대어 표현한 것이다.

1:1 작품 체험

1

그는 그리움에 산다.
그리움은 익어서
스스로도 견디기 어려운
빛깔이 되고 향기가 된다.
그리움은 마침내
스스로의 무게로 / 떨어져온다.
떨어져 와서 우리들 손바닥에
눈부신 축제의
비할 바 없이 그윽한 / 여운을 새긴다.

2

이미 가 버린 그날과
아직 오지 않은 그날에 머물은
이 아쉬운 자리에는
시시각각의 그의 충실만이 / 익어 간다.
보라, / 높고 맑은 곳에서
가을이 그에게
한결같은 애무의 / 눈짓을 보낸다.

3

놓칠 듯 놓칠 듯 숨 가쁘게
그의 꽃다운 미소를 따라가면은
세월도 알 수 없는 거기 / 푸르게만 고인
깊고 넓은 감정의 바다가 있다.
우리들 두 눈에 / 그득히 물결치는
시작도 끝도 없는 / 바다가 있다.

– 김춘수, 〈능금〉

이 작품의 중심 소재인 '능금'은 (⁷ ㄱㄹㅇ)(이)라는 추상적인 정서에 대응하는 관념의 실체이다. '능금'은 실제적인 자연물로서보다는 존재의 비밀과 경이로움을 함축하고 있는 (⁸ ㅅㅈㅈ)인 소재로 쓰이고 있는 점이 특징적이다.

작품 알통

- **해제:** 가을에 익어 가는 '능금'의 모습에서 내적 성숙이 주는 환희와 존재의 본질에 대한 깊은 깨달음을 노래하고 있는 작품이다.
- **주제:** 성숙의 기쁨과 존재의 본질에 대한 깨달음

개념 트레이닝 ZONE

빈칸에 알맞은 말을 쓰며 개념 근육을 키워 보세요!

II 표현법

01

한 손에 막대 잡고 또 한 손에 가시 쥐고
늙는 길 가시로 막고 오는 백발 막대로 치려터니
백발이 제 먼저 알고 지름길로 오더라.

– 우탁

추상적 관념인 늙음을 구체적 대상인 '(　　　　)'(으)로 표현하였고, 가시(가위)와 막대로 막을 수 있는 사물인 것처럼 구체화하여 표현하고 있다.

02

이러매 눈 감아 생각해 볼밖에
겨울은 강철로 된 무지갠가 보다.

– 이육사, 〈절정〉

추상적 시간의 계절인 겨울을 시각적으로 인지 가능한 '(　　　　)'(으)로 시각화하여 구체화함으로써 고통의 시간에 대한 인식을 전환하고자 하는 주제를 강조하고 있다.

03

진실도
부서지고 불에 타면서 온다
버려지고 피 흘리면서 온다

– 김남조, 〈생명〉

'(　　　　)'(이)라는 추상적 관념이 불에 타고 피 흘리면서 온다고 시각적으로 구체화하여 생성과 소멸의 이중적 속성을 가진 생명과 진실이라는 주제를 강조하고 있다.

04

창권이넨 새로 와서 지리도 어둡고, 가역(家役)도 끝나기 전이
　　　　　　　　　　　　　　　　　　집을 짓거나 고치는 일
라 동네에서 제일 가까운 구역을 맡았다. 한 삼 마장 길이 되는
　거리의 단위. 오 리나 십 리가 못 되는 거리를 이를 때, '리' 대신 씀.
대간선의 끝 구역이었다. 그것을 쿨리 다섯 명을 데리고, 넓이 열
　육체노동에 종사하던 현지인 노동자
두 자, 깊이 다섯 자로, 얼기 전에 뚫어 놔야 한다. 여간 대규모
도로, 철도, 수로, 전선 따위의 산업 기본 시설에서 중심이 되는 큰 간선
의 수리 공사가 아니다.

– 이태준, 〈농군〉

창권이 작업을 맡은 대간선의 구역을 길이, 넓이, 깊이를 수치로 밝히고 수리 공사에 투입되는 인원의 수를 구체적으로 제시함으로써 창권이 맡게 된 공사의 (　　　　)을/를 구체적으로 드러내고 있다.

05

나 보기가 역겨워 / 가실 때에는
　　역정이 나거나 속에 거슬리게 싫다.
말없이 고이 보내 드리우리다. //
　　　평안북도 영변 서쪽에 있는 산
영변(寧邊)에 약산(藥山) / 진달래꽃
평안북도 영변군에 있는 지명
아름 따다 가실 길에 뿌리우리다.
두 팔을 둥글게 모아서 만든 둘레

– 김소월, 〈진달래꽃〉

'(　　　　)'은/는 두 팔을 둥글게 모아 만든 둘레 안에 들 만한 분량을 세는 단위로, '(　　　　)'(으)로 상징되는 임에 대한 사랑의 추상적 깊이를 물량적 수치로 구체화하여 표현하고 있다.

06

내 마음의 어딘 듯 한편에 끝없는 / 강물이 흐르네.
돋쳐 오르는 아침 날빛이 빤질한 / 은결을 도도네.
　햇빛이나 달빛이 비쳐 은백색으로 보이는 물결을 아름답게 이르는 말
가슴엔 듯 눈엔 듯 또 핏줄엔 듯 / 마음이 도른도른 숨어 있는 곳.
내 마음의 어딘 듯 한편에 끝없는 / 강물이 흐르네.

– 김영랑, 〈끝없는 강물이 흐르네〉

눈에 보이지 않는 관념적인 '마음'을 '(　　　　)'에 비유하여, 아침 날빛을 받아 빛나는 '은결(은빛 물결)'의 모습으로 구체화하여 형상화하고 있다.

07

구름이 모여 골짝 골짝을 구름이 흘러
　　　　골짜기의 준말
백 년이 몇 백 년이 뒤를 이어 흘러갔나.

– 이용악, 〈오랑캐꽃〉

자연물인 '구름'이 흘러가는 모습을 통해 추상적 대상인 (　　　　)의 흐름을 시각적으로 구체화하여 형상화하고 있다.

08

나는 발을 얼구며 / 무쇠 다리를 건너온 함경도 사내 //
　　　'얼다'의 함경 방언　　매우 튼튼하고 강한 다리를 비유
바람소리도 호개도 인전 무섭지 않다만
　　　　　'승냥이'의 함경 방언
어두운 등불 밑 안개처럼 자욱한 시름을 달게 마시련다만
어디서 흥참한 기별이 뛰어들 것만 같애
　흉악하고 참혹하다
두터운 벽도 이웃도 못미더운 북간도 술막
　　　　　　　　　　　　　주막

– 이용악, 〈전라도 가시내〉

관념적인 대상인 '(　　　　)'을/를 '달게 마시련다'라고 하여 마치 마실 수 있는 대상인 것처럼 구체화하여 표현함으로써 고통스러운 삶을 받아들이려는 화자의 모습을 보여 주고 있다.

09

구슬이 바위에 떨어진들
구슬이 바위에 떨어진들
끈이야 끊어지겠습니까.
천 년을 외따로이 살아간들
천 년을 외따로이 살아간들
믿음이야 끊어지겠습니까. 〈제6연〉

– 작자 미상, 〈정석가〉

'(   )'을/를 살아간다고 함으로써 화자가 외롭게 살아야 할 것으로 가정된 상황을 과장되게 설정하여 오랜 시간이 지나도 임에 대한 화자의 믿음은 변하지 않을 것임을 강조하고 있다.

10

　저는 가을 하늘에 뜬 달을 보고 봄에 핀 꽃을 보며 헛되이 세월 보냄을 가슴 아파하고, 떠가는 구름처럼 흐르는 시냇물처럼 무료한 하루하루를 보낼 따름입니다. … 날이 가고 달이 갈수록 제 넋은 녹아 없어지고, 여름밤 겨울밤마다 애간장이 찢어집니다. 바라옵나니 부처님이시여, 제 처지를 가엾게 여겨 주소서.
초조한 마음속을 강조하는 말

– 김시습, 〈만복사저포기〉

'제 넋은 녹아 없어지고', '애간장이 찢어집니다'와 같은 (   )된 표현을 통해 여인의 절실한 심정을 강조하여 드러내고 있다.

11

아리랑 전장포 앞바다에
웬 눈물방울 이리 많은지 (중략)
바람만 불어도 징징 울음 나고
손가락만 스쳐도 울음이 배어 나올
서러운 우리나라 앉은뱅이 섬들 보았네
키나 높이가 작거나 낮은 대상을 비유적으로 이르는 말

– 곽재구, 〈전장포 아리랑〉

바람이 불거나 손가락이 스치는 일은 매우 사소하고 작은 일임에도 불구하고, 이런 사소하고 작은 일에도 (   )이/가 날 정도라고 과장되게 표현하여 우리나라 역사의 서러움을 강조하고 있다.

12

소백산 한쪽을 들어올린 포옹,
혈관 속을 서서히 운행하던 별,
그 한번의 그윽한 기쁨
❶ 아늑하고 고요하다. ❷ 깊거나 간절하다.
단 한번의 이윽한 진실이
그윽하다
내 일생을 버티게 할지도 모릅니다.

– 고정희, 〈겨울 사랑〉

'(   )'이/가 소백산 한쪽을 들어올릴 정도로 힘이 세다는 것을 과장되게 표현하여 과거 사랑하던 때의 추억을 강조하고 있다.

관념의 구체화를 다른 말로 '감각적 형상화 기법'이라고도 합니다. 관념적인 대상을 감각적으로 느껴지는 대상으로 바꾸어 표현하는 기법을 의미합니다.

13

호수(湖水)는 한 포기 화려한 꽃밭이 되고,
여윈 추억(追憶)의 가지가지엔
조각난 빙설(氷雪)이 눈부신 빛을 발하다.

– 김광균, 〈성호 부근(星湖附近)〉

관념의 대상인 '추억'을 가지에 매달린 조각난 '(   )'에 비유하여 시각적으로 형상화하고 있다.

14

바람이 올 적마다
어두운 카―텐을 새어 오는 햇빛에 가슴이 메어
여윈 두 손을 들어 창을 내리면
하이얀 추억(追憶)의 벽 위엔 별빛이 하나
눈을 감으면 내 가슴엔 처량한 파도 소리뿐.

– 김광균, 〈오후의 구도(構圖)〉
그림에서 모양, 색깔, 위치 등의 짜임새

관념의 대상인 '추억'을 흰색의 색채와 '(   )'(이)라는 사물로 표현하여 시각화함으로써 구체화하고 있다.

15

저 들에선 벌거벗은 나무들이 / 추워 울어도
서로서로 기대어 숲이 되어도 / 나는 무관해서

문 한 번 열지 않고
반추 동물처럼 죽음만 꺼내 씹었다.
❶ 삼킨 먹이를 다시 게워 내어 씹음. ❷ 어떤 일을 되풀이하여 생각함.
나는 누워서 편히 지냈다.
사랑하는 사람을 잃어버린 / 이 겨울

– 문정희, 〈겨울 일기〉

추상적 관념인 '(   )'을/를 꺼내고 씹는 행위의 대상으로 감각화하여 표현함으로써 사랑의 상실에서 느끼는 고통의 정서를 구체적으로 드러내고 있다.

16

까마득한 날에 / 하늘이 처음 열리고
어데 닭 우는 소리 들렸으랴 // (중략)
끊임없는 광음(光陰)을
햇빛과 그늘, 낮과 밤이라는 뜻으로 시간이나 세월을 의미함.
부지런한 계절이 피어선 지고
큰 강물이 비로소 길을 열었다

– 이육사, 〈광야〉

추상적 대상인 '계절'을 (   )(이)라는 자연물로 구체화하여 '피어선 지고'라고 표현하였는데, 이는 시간이나 세월인 '(   )'이/가 계속된다는 말로, 시간의 흐름 또는 계절의 순환을 의미한다.

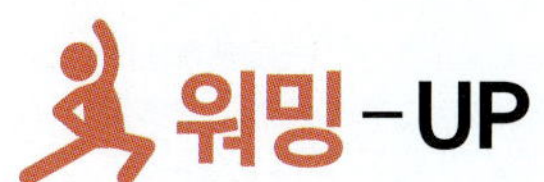 워밍-UP

🔔 **다음 글을 읽고 빈칸에 알맞은 말을 써서 해설을 완성하거나 정오를 판단하세요.**

01

〈매호별곡〉은 자연을 벗하며 한가로이 살아가는 모습을 노래한 사대부 가사입니다. 화자는 자신이 이익이나 공명과 같은 세상사에 밝지 않다고 생각하며 분수를 지키는 삶을 살고자 자연에 은거하고 있습니다. 

> 낚시터에 내려 앉아 백구(白鷗)를 벗을 삼고
> 　　　　　　　　갈매기
> 술동이를 기울여 취토록 혼자 먹고
>
> 흥진(興盡)을 기약하여 석양(夕陽)을 보낸 후에
> 즐거운 일이 다함.
> 강문(江門)에 달이 올라 수천(水天)이 일색인 제
> 경북 상주의 옛 지명 → 조우인의 고향인 매호 마을이 있는 곳
> 만강풍류(滿江風流)를 한 배 위에 실어 오니
> 강에 가득한 멋스러운 풍치
> 표연천지(飄然天地)에 걸린 것이 무엇이랴
> 　아득한 천지
> 두어라 이렁성그러 종로(終老)한들 어이하리
> 　　　　　　　　늙어 죽다
>
> 　　　　　　　　– 조우인, 〈매호별곡(梅湖別曲)〉

구분	추상적 대상	구체적 표현
내용	자연 속에서 풍류와 운치를 즐기는 상황	

자연 속에서 운치 있게 즐기는 상황을, '만강풍류'를 '실어 오니'와 같은 추상적 관념의 구체화를 통해 드러내고 있다. Ⓞ Ⓧ

02

> 청평사의 나그네
> 강원도 춘천시 북산면 청평리에 있는 절
> 봄 산을 마음대로 노니네
>
> 고요한 외로운 탑에 산새 지저귀고
> 흐르는 작은 내에 꽃잎 떨어지네
> 좋은 나물은 때 알아 돋아나고
> 향기로운 버섯은 비 맞아 부드럽네
> 시 읊조리며 신선 골짝 들어서니
> 나의 백 년 근심 사라지네
>
> 　　　　　　　　– 김시습, 〈유객(有客)〉

구분	내용
계절감이 드러나는 시어	
구체적 표현	작은 내에 (　　　)이/가 떨어지고, (　　　)이/가 알아서 돋아나고, 향기로운 (　　　)은/는 비 맞아 부드럽다는 표현을 통해 시기에 부합하는 자연의 모습을 구체화함.

계절을 드러내는 시어를 사용하여 시기에 부합하는 자연의 모습을 구체화하고 있다. Ⓞ Ⓧ

03

> 할머니들이 아파트 앞에 모여 햇볕을 쪼이고 있다.
> 굵은 주름 잔주름 하나도 놓치지 않고
> 꼼꼼하게 햇볕을 채워 넣고 있다.
> 겨우내 얼었던 뼈와 관절들 다 녹도록
> 온몸을 노곤노곤하게 지지고 있다.
> 마른버짐 사이로 아지랑이 피어오를 것 같고
> 까슬까슬하게 흰 버짐이 번지는 피부병
> 잘만 하면 한순간 뽀얀 젖살도 오를 것 같다.
> 할머니들은 마음을 저수지마냥 넓게 벌려
> 한철 폭우처럼 쏟아지는 빛을 양껏 받는다.
> 미처 몸에 스며들지 못한 빛이 흘러넘쳐
> 할머니들 모두 눈부시다.
>
> 　　　　　　　　– 김기택, 〈봄날〉

구분	대상	구체적 표현
내용	햇볕을 쪼이는 행동	햇볕을 (　　　).

구분	행위	행위자
내용	햇볕을 쪼이고 있음.	

화자는 '햇볕을 쪼이'고 있는 할머니들의 행동을 '꼼꼼하게 햇볕을 채워 넣'는 것으로 구체화하면서 할머니들의 모습에 능동성을 부여하고 있군. Ⓞ Ⓧ

04

> ㉠한여름 채전으로 가 보아라
> 　　　채소밭
> 수염을 드리운 몇 그루 옥수수에 가지, 고추, 오이, 토란, 그리
> 어수선하게 엉클어진 수풀
> 고 울타리엔 덤불을 이룬 넌출 사이로 반질반질 윤기 도는 크고
> 　　　　　　길게 뻗어 나가 늘어진 식물의 줄기
> 작은 박이며 호박들! (중략)
>
> ㉡과분하지 말라 의혹하지 말라 주어진 대로를 정성껏 충만시
> 킴으로써 스스로를 족할 줄을 알라 오직 여기에 목숨의 유열과
> 　　　　　　　　　　　　　　　　　　유쾌하고 기쁨
> 천지와의 화합에 있거니 (중략)
>
> 이 지극히 범속한 것들의 ㉢지극히 충족한 빛나는 생명의 양상
> 평범하고 속되다
> 을 한여름 채전으로 와서 보아라
>
> 　　　　　　　　– 유치환, 〈채전(菜田)〉

구분	내용
㉠	생명체의 풍요로움을 드러내는 (　　　)적 배경
㉡	주어진 대로 (　　　)할 줄 아는 태도
㉢	채전에서 본 만물의 생명력에 (　　　)을/를 느낌.

구분	관념적 표현	시각화한 표현
내용	생명의 양상	

관념을 시각화하여 '목숨의 유열과 천지와의 화합'이 이루어진 대상에 대한 화자의 생각을 표현하고 있다. Ⓞ Ⓧ

01

[A]와 [B]에 대한 이해로 가장 적절한 것은?

[아니리] 우리 세상 같고 보면 일품 제상님네가 먼저 차례로 들어
오실 터인데, 수국(水國)이라 물고기 등물이 각각 벼슬 이름
    바다의 세계   같은 종류의 물건
을 맡아 가지고 들어오는데, 용국의 벼슬 이름이 사기(史記)에
          역사적 사실을 기록한 책
있던 바라, 꼭 이렇게 들어것다.

[자진모리] 승상은 거북, 승지는 도미, 판서 민어, 주서 오징
    차분하면서도 명랑한 느낌을 주는 판소리 장단
    어, 한림 박대, 대사성 도루묵, 방첨사 조개, 해운공 방게,

    병사 청어, 군수 해구, 현감 홍어, 조부장 조기, 비변랑 낭

[A]   청 장대, 성대, 청달이, 가오리, 좌우 나졸, 금군 모조리,

    상어, 솔치, 눈치, 준치, 삼치, 멸치, 미끈 장어, 사수, 자가

    사리며, 꺽지, 금리어, 장풍어, 망둥이, 빠각 빠각 들어와
                      빼곡 빼곡
    서 대왕전에 절을 꾸벅 꾸벅 꾸벅 꾸벅 하는구나. (중략)

[중중모리] 화공을 불러 들여 토끼 화상을 그린다. 동정호 유리
    자진모리 장단보다 다소 느린 판소리 장단
로 만든 벼루에 비단같은 물결 담은 거북 연적 오징어로 먹 갈
아, 붓을 풀어 단청 채색을 두루 묻히어서 이리저리 그린다.

    천하 명산 승지 간의 경개 보던 눈 그리고, 두견 앵무 지지
              자연이나 지역의 모습(= 경치)
    울 제 소리 듣던 귀 그리고, 난초 지초 온갖 향초 꽃 따먹던

    입 그리고, 봉래 방장 운무 중의 냄새 잘 맡던 코 그리고, 대
             신선이 사는 산의 안개
    한엄동 설한풍 어한(禦寒)하던 털 그리고, 만화방창 꽃밭에서
        추위를 막음.   봄이 되어 온갖 사물이 한창 피어남.

[B]   펄펄 뛰던 발 그리고, 두 귀는 쫑긋, 눈은 도리도리, 허리는

    늘씬, 꼬리가 뭉퉁, 좌편 청산이요, 우편은 녹순데, 녹수청산

    의 애굽은 장송, 휘느러진 버드나무, 들랑달랑 오락가락 엉거

    주춤 기는 토끼 산토끼 달토끼 얼풋 그려, 아미산 위에 뜬 반

    달이 가을이 되었다는 말이 이에서 더할쏘냐.

                                     – 작자 미상, 〈수궁가〉

① [A]는 용궁의 모습을, [B]는 육지의 모습을 묘사하여 공간적 배
경을 대비하고 있다.

② [A]는 수국의 신하를, [B]는 토끼의 신체 부위를 열거하여 장면
을 구체화하고 있다.

③ [A]는 신하들의 생활 모습을, [B]는 토끼의 생활 모습을 제시하
여 인물의 성격을 보여 주고 있다.

④ [A]는 용왕이 처한 문제를, [B]는 이에 대한 해결책을 제시하여
사건의 전개 방향을 예고하고 있다.

⑤ [A]는 용궁을 긍정적으로, [B]는 토끼를 부정적으로 평가하여
인물에 대한 작가의 태도를 드러내고 있다.

02

다음을 참고하여 작품을 감상한 내용으로 적절하지 않은 것은?

〈시집살이 노래〉는 고통스러운 시집살이를 하는 아녀자들의 생활을
진술하게 표현한 민요입니다. 이 작품 속 여인은 대하기 어려운
시집 식구와 과중한 가사 노동으로 인해 힘든 삶을 살고 있습니다.
이러한 삶 속에서 여인은 자신의 처지를 한탄하기도 하고,
체념하는 태도를 보이기도 합니다.

형님 형님 사촌 형님 시집살이 어떱뎁까.

이애 이애 그 말 마라 시집살이 개집살이.

앞밭에는 당추 심고 뒷밭에는 고추 심어,
              고추의 방언
㉠고추 당추 맵다 해도 시집살이 더 맵더라.

둥글둥글 수박 식기(食器) 밥 담기도 어렵더라.
             음식을 담는 그릇
도리도리 도리소반(小盤) 수저 놓기 더 어렵더라.
             동글게 생긴 조그마한 상
㉡오 리(五里) 물을 길어다가 십 리(十里) 방아 찧어다가,

아홉 솥에 불을 때고 열두 방에 자리 걷고,

외나무다리 어렵대야 시아버니같이 어려우랴.

나뭇잎이 푸르대야 시어머니보다 더 푸르랴.

㉢시아버니 호랑새요 시어머니 꾸중새요

동세 하나 할림새요 시누 하나 뾰족새요

시아지비 뾰중새요 남편 하나 미련새요

자식 하난 우는 새요 나 하나만 썩는 샐세.

귀먹어서 삼 년이요 눈 어두워 삼 년이요

말 못해서 삼 년이요 석삼년을 살고 나니,
    세 번 거듭되는 삼 년 곧 아홉 해라는 뜻으로, 여러 해나 오랜 시일
㉣배꽃 같던 요내 얼굴 호박꽃이 다 되었네. (중략)

열새 무명 반물치마 눈물 씻기 다 젖었네.
    반물(검은빛을 띤 짙은 남빛) 빛깔의 치마
두 폭 붙이 행주치마 콧물 받기 다 젖었네.

울었던가 말았던가 베갯머리 소(沼) 이뤘네.
         땅바닥이 우묵하게 뭉떵 빠지고 늘 물이 괴어 있는 곳 = 늪
㉤그것도 소이라고 거위 한 쌍 오리 한 쌍

쌍쌍이 때 들어오네.

                                     – 작자 미상, 〈시집살이 노래〉

① ㉠에서 '고추', '당추'와 비교하여 시집살이의 고통을 표현하고 있
군.

② ㉡에서 '오 리'와 '십 리'를 활용하여 감당해야 할 노동이 과중함
을 강조하고 있군.

③ ㉢에서 '호랑새'와 '꾸중새'를 활용하여 시아버지와 시어머니를
대하기 힘든 존재로 표현하고 있군.

④ ㉣에서 '배꽃'과 '호박꽃'을 대비하여 초라하게 변한 자신의 모습
을 한탄하고 있군.

⑤ ㉤에서 '거위'와 '오리'에 빗대어 현실에 대응하지 못하고 체념하
는 자신을 드러내고 있군.

공부한 날	월 일 요일
맞은 개수	/ 7

작품	No	작품을 읽고 빈칸에 알맞은 말을 쓰시오.

반중 조홍감*이 고와도 보이나다.

유자이 아니라도 품음직 하다마는

품어 가 반길 이 없을새 글로 설워하나이다. 〈제1수〉

겨울에 얼음을 깨고 잉어를 잡아 어머니께 대접한 효자
왕상의 잉어 잡고 맹종의 죽순 꺾어
겨울에 죽순을 구해 어머니께 대접한 효자
검던 머리 희도록 노래자의 옷을 입고
나이 일흔에 어린아이 옷을 입고 어버이를 기쁘게 해 드린 효자
일생에 양지성효(養志誠孝)를 증자같이 하리이다.
〈제2수〉

만균*을 늘려 내어 길게 길게 노*를 꼬아

구만리 장천에 가는 해를 잡아매어

북당에 학발쌍친*을 더디 늙게 하리이다. 〈제3수〉

군봉* 모이신 데 외까마귀 들어오니

백옥 쌓인 곳에 돌 하나 같다마는

두어라 봉황도 비조와 류시니* 모셔 논들 어떠하리.
〈제4수〉

– 박인로, 〈조홍시가(早紅柿歌)〉

* 반중 조홍감: 소반 위에 담긴 일찍 익은 홍시
* 양지성효(養志誠孝): 부모의 뜻을 받드는 정성스러운 효성
* 증자: 효심이 깊은 것으로 유명한 공자의 제자
* 만균: 큰 쇳덩어리
* 노: 노끈
* 북당: 늙은 부모가 계신 안방
* 학발쌍친: 머리 흰 늙은 부모
* 군봉: 여러 마리의 봉황새
* 비조와 류시니: 나는 새와 한 종류이시니

01

시적 화자는 누구이며, 어떤 상황에 놓여 있는가?

시적 화자	돌아가신 ( )을/를 그리워하는 사람
상황	소반에 놓인 ( )을/를 보며 돌아가신 부모님을 생각함.

02

시적 화자의 정서와 태도는 어떠한가?

〈제1~3수〉	부모님에 대한 그리움과 효를 다하지 못한 ( )을/를 드러냄.
〈제4수〉	효를 다한 인물들과 같이 효를 다하겠다는 마음을 드러냄.

03

인용된 고사의 의미는 무엇인가?

〈제1수〉	회귤 고사	오나라의 육적은 여섯 살 때 원술의 집에 갔다가 대접받은 귤 중 세 개를 먹지 않고 가져가려다 떨어뜨렸다. 원술이 귤을 먹지 않은 이유를 묻자, 육적은 귤을 어머니께 드리려 하였다고 말했다. 이때부터 '회귤(懷橘: 귤을 품다)'은 지극한 ( )을/를 뜻하게 되었다.
〈제2수〉	왕상 고사	중국의 효자인 왕상은 병석에 누운 어머니가 잉어가 먹고 싶다고 하자, 겨울에 얼음을 깨고 잉어를 잡아 어머니께 대접했다고 한다.
	맹종 고사	오나라의 이름난 효자인 맹종은 겨울에 죽순을 구해 병이 난 어머니께 대접했다고 한다.
	노래자 고사	중국 춘추 시대에 노나라의 학자 노래자가 70세에 색동옷을 입고 어린아이의 장난을 하여 늙은 부모를 위로했다고 한다.

04

고사 인용의 효과는 무엇인가?

이름난 효자들의 고사를 (   )하여 화자의 지극한 효성을 강조함.

05

다음 표현이 사용된 구절은 무엇인가?

과장법	

06

이 작품을 창작한 동기는 무엇인가?

박인로가 한음 이덕형이 보내온 홍시를 보고 육적의 (   ) 고사가 떠올라 돌아가신 어머니를 생각하며 지었다고 전해지는 연시조임. 화자는 돌아가신 어머니께 홍시를 가져다드릴 수 없음을 안타까워하며, 부모님께서 살아 계실 때 최선을 다해 효도해야 한다는 마음을 드러냄.

07

이 작품의 주제는 무엇인가?

(   )에 대한 지극한 효심

오늘의 수능 국어 트레이닝 끝!

034 나열·열거

> 의미나 기능이 비슷한 여러 가지 예나 사실을 죽 벌여 놓거나 나란히 줄을 지음.

기출로 보는 개념

- 인물의 반복적 행위와 결과를 나열하여 극적 효과를 높이고 있다.
- 외양에 대한 묘사를 나열하여 인물이 대상에서 받은 인상의 근거를 제시하고 있다.
- 이야기 외부 서술자가 서로 다른 공간에서 동시에 일어나는 사건들을 나열하고 있다.

'나열'이나 '열거'되는 대상들은 의미적으로나 기능적으로 (1 ㅇㅅㅎㄷ)은/는 특징이 있으며, 유사한 가치를 갖는 대상들이라고 할 수 있다. 즉, 의미나 기능이 비슷한 단어들이나 구절을 줄을 지어 늘어놓음으로써 말하고자 하는 바를 강조하는 표현이다. '나열'이나 '열거'의 표현 방식을 사용하면 '나열/열거'된 대상들을 강조할 뿐만 아니라, 대상들이 포함되는 상위 개념을 강조할 수도 있다.

구분	예
대상의 나열	별 하나에 추억과 별 하나에 사랑과 별 하나에 쓸쓸함과 별 하나에 동경과 별 하나에 시와 별 하나에 어머니, 어머니, 어머님, 나는 별 하나에 아름다운 말 한마디씩 불러 봅니다. 소학교 때 책상을 같이했던 아이들의 이름과 패(佩), 경(鏡), 옥(玉) 이런 이국 소녀들의 이름과, 벌써 애기 어머니 된 계집애들의 이름과, 가난한 이웃 사람들의 이름과, 비둘기, 강아지, 토끼, 노새, 노루, '프랑시스 잠' '라이너 마리아 릴케', 이런 시인의 이름을 불러 봅니다. 　　　　　　　　 프랑스의 작가　　독일 시인 　　　　　　　　　　　　　　　 - 윤동주, 〈별 헤는 밤〉 → 이 작품의 앞부분에서 '추억, 사랑, 쓸쓸함, 동경, 시, 어머니'는 화자가 별을 헤아리며 떠올리는 것들로, (2 ㄱㄹㅇ)의 대상이라는 공통점이 있는 대상들을 나열/열거함. 뒷부분에서 '소학교 때 책상을 같이했던 아이들의 이름, 패, 경, 옥 이런 이국 소녀들의 이름, 벌써 애기 어머니 된 계집애들의 이름, 가난한 이웃 사람들의 이름, 비둘기, 강아지, 토끼, 노새, 노루, 프랑시스 잠, 라이너 마리아 릴케'는 화자가 별을 헤아리며 (3 ㅇㄹㄷㄷ)고 생각되어 떠올려 본 대상들을 나열/열거함.
상황의 나열	그와 함께 교육자로서 제대로 아이들을 가르쳐 보자는 의욕이 생겼다. 하지만 그런 의욕을 꺾는 게 교사들에게 부과된 잡무였다. 학업과 관련 없이 시키는 일이 끝없이 이어졌다. 새마을 운동이니 근면 저축 운동이며 혼분식 운동, 독서 생활화 운동처럼 전국적으로 벌어지는 것도 있었고 송충이 잡아 오기, 곡식 이삭 주워 오기, 잔디씨 훑어 오기, 코스모스 모종 마을 길에 심기처럼 지역 특성에 따라 학교장 재량으로 벌어지는 일도 있었다. 　　　　　　　　　　　　　　　 - 성석제, 〈투명 인간〉 → 교육과 상관없이 교사들에게 부과되었던 잡무를 (4 ㄴㅇ)하여 1960~1970년대 시대상을 구체적으로 드러냄.

1:1 작품 체험

영철이 청나라 장수를 자세히 보니 옛적 건주에 있을 때 자신이 모시고 있던 아라나(阿羅那) 장군이었다.
　발해의 옛 영토

"이놈아 듣거라! 내가 네게 세 번의 큰 은혜를 베풀었노라. 네가 참수형을 받아야 할 처지였을 때 죽음을 모면하게
　　　　　　목을 베어 죽이는 형벌
한 것이 그 하나요, 네가 두 번이나 도망가다 잡혔지만 죽이지 않고 풀어 준 것이 그 둘이며, 건주의 살림을 맡긴 것이 그 셋이다. 하지만 너는 용서받기 어려운 죄를 진 것이 셋이니, 목숨을 살려 주고 거두어 기른 은혜를 생각지 않고 재차 도망간 것이 그 하나요, 너로 하여금 말을 먹이도록 할 때 진심으로 너에게 맡겼거늘 도리어 명나라 놈들과 짜고 나를 배신한 것이 그 둘이요, 도망가면서 내 천리마를 훔친 것이 그 셋이다. 나는 네가 도망한 것이 한스러울 뿐 아니라 내 천리마
　　하루에 천 리를 달릴 수 있을 정도로 좋은 말
세 필을 잃은 것이 한스러워 지금도 원통하다. 내 이제 다행히 너를 만났으니 반드시 네 목을 베리라!"
　　　　　　 말을 타고 싸우는 병사
그러고는 휘하 기병을 시켜 영철을 포
　　장군의 지휘 아래
박하게 했다.

　　　　　　　　　 - 홍세태, 〈김영철전〉

이 작품에서 아라나는 (5 ㅇㄱ)의 사건, 즉 자신이 영철에게 베푼 은혜 세 가지와 영철이 저지른 죄 세 가지를 차례로 (6 ㄴㅇ)하고 있다. 또한 이와 관련하여 '반드시 네 목을 베리라!'와 같은 구절에서 상대방에 대한 적대적 감정을 드러내고 있다.

작품 알통

- **해제:** 김영철이 평생을 군역에 얽매여 17세기 명나라와 청나라의 교체기에 전란으로 인해 고난을 겪는 일대기를 그린 소설이다.
- **주제:** 전란에 의한 김영철의 고난

【초성 답】 1 유사하다 2 그리움 3 아름답다 4 나열 5 과거 6 나열

035 내적 독백

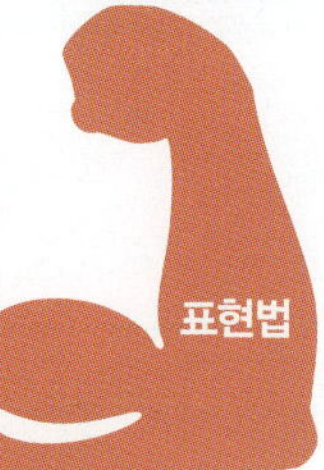

> 말을 주고받는 상대가 없이 마음속으로 혼자서 중얼거림.

기출로 보는 개념

- 내적 독백을 직접 제시하여 내면 의식의 변화를 보여 주고 있다.
- 내적 독백을 나열하여 인물들의 심리 변화 양상을 보여 주고 있다.
- 인물의 내적 독백을 제시하면서 인물의 내면 의식을 진술하고 있다.

(1 ㄷㅂ)은/는 혼자서 말하는 것을 의미하며, (2 ㄴㅈ) 독백은 입 밖으로 말을 꺼내지 않고, 머릿속 혹은 마음속으로 혼자서 말하는 것을 의미한다. 이때 내면의 목소리를 내는 사람은 자기 자신이고, 그 목소리를 듣는 사람도 자기 자신이다. 문학에서는 화자나 서술자, 주인공 내면의 목소리가 글로 서술되는데, 이를 읽으면서 화자나 서술자, 주인공의 꾸밈없는 생각을 알게 되고, 그들의 처지, 상황, 정서 등에 대한 이해가 깊어져 작품을 통해 말하고자 하는 주제 의식을 파악하게 된다.

'어조'는 말하는 이의 말투에서 드러나는 말의 가락이 주는 느낌을 의미합니다. 따라서 '독백적 어조'란 혼자서 말하는 듯한 느낌은 주는 말투라고 할 수 있습니다. '독백'이 서술된 부분에서 느껴지는 말투가 '독백적 어조'입니다.

구분	예
1인칭 화자의 독백적 진술	산이 날 에워싸고 / 씨나 뿌리며 살아라 한다. / 밭이나 갈며 살아라 한다. // 어느 짧은 산자락에 집을 모아 / 아들 낳고 딸을 낳고 흙담 안팎에 호박 심고 / 들찔레처럼 살아라 한다. / 쑥대밭처럼 살아라 한다. // 산이 날 에워싸고 / 그믐달처럼 사위어지는 목숨 그믐달처럼 살아라 한다. / 그믐달처럼 살아라 한다. 　　　　　　　　　　　　　　　　　　　　　– 박목월, 〈산이 날 에워싸고〉 → 표면적 화자인 (3 ㄴ)이/가 평화로운 자연에서 살아가고 싶은 마음을 청자를 설정하지 않고 혼잣말하고 있는 (4 ㄷㅂㅊ)(으)로 서술되어 있음.
의식의 흐름에 따른 내적 독백	한동안 열차가 달려가 버린 어둠 저편을 망연히 응시하고 서 있던 늙은 역장은 옷에 금방 수북이 쌓인 눈을 털어 내며 대합실로 들어섰다. 난로를 꺼야 하기 때문이었다. 거기서 역장은 뜻밖에도 아직 기차를 타지 않고 남아 있는 한 사람을 발견했다. 미친 여자였다. (중략) 역장은 문득 그녀가 걱정스러웠다. 올 겨울 같은 혹독한 추위에 아직 얼어 죽지 않고 여기까지 흘러들어 왔다는 사실이 신기했다. 꿈이라도 꾸는 중인지 땟국물에 젖은 여자의 입술 한 귀퉁이엔 보일락 말락 웃음이 한 조각 희미하게 남아 있었다. 이거 참 난처한걸. 난로를 그대로 두고 갈 수도 없고…… / 하지만 결국 역장은 김 씨를 깨우러 가기 전에 톱밥을 더 가져다가 난로에 부어 줘야겠다고 생각하며 천천히 사무실로 돌아가고 있었다. 눈은 밤새 내내 내릴 모양이었다. 　　　　　　　　　　　　　　　　　　　　　– 임철우, 〈사평역〉 → 역장의 (5 ㄴㅈㅂ)을/를 직접 인용하여 여자를 걱정하는 인물의 내면 의식을 제시함.

1:1 작품 체험

고 노인은 팔십 평생에 처음 무엇에도 구애되지 않는 순수한 자기 자신의 의지를 결정했다.

'이까지 용케 견디어온 가상할 자기의 팔십 생애. (착하고 기특하다.) 산소의 탓도 목에 달린 복의 상징이란 혹의 탓도 아닌 맨주먹 알몸으로 기를 쓰며 살아온 팔십 평생, 나는 이것으로 족한 것 지금은 가는 것이다. 현아, 이젠 네가 살아야 한다.'

여울 같은 감동이 고노인의 전신을 흘렀다. (물살이 세게 흐르는 곳) (중략)

현은 잃어져가는 생명의 힘을 돋우어 이 공포의 감정에 반발했다.

'살아야겠다. 그리고 살았다는 증거를 보이고 다시 죽어야한다.'

현은 기를 쓰는 반발의 감정 속에서 예기치 않은 새로운 힘이 움터 오르는 것을 느꼈다. (중략) 현은 끝없는 푸른 하늘로 트이는 마음의 상쾌를 느꼈다.

'나머지 한 알의 탄환. (총이나 포에 재어서 목표물을 향해 쏘아 내는 물건) 그처럼 내가 살아남는 것이라 하자. 그러면 어떻게 될 것일까. 그것은 누구도 모른다. 먼저 나 자신이 선택할 것이다 다음은 — 그것은 더욱 누구도 모른다.'

분명한 한 가지는 외면하거나 도피하지는 않을 것이다.

　　　　　　　　　　　　– 선우휘, 〈불꽃〉

이 작품은 고 노인과 현의 (6 ㄴㅈㄷㅂ)을/를 활용하여 삶의 의미와 생(生)에 대한 의지를 다지는 인물의 (7 ㅇㅅ)을/를 드러내고 있다.

작품 알통

- **해제**: 3·1운동 때 죽은 아버지와 개인주의자인 할아버지를 둔 고현이 현실 회피와 행동의 부재에서 벗어나 의지를 얻는 과정을 그린 소설이다.
- **주제**: 한국 근현대사의 비극을 딛고 자기 개혁을 실천한 인간의 의지

【초성 답】 1 독백 2 내적 3 '나' 4 독백체 5 내적 독백 6 내적 독백 7 의식

036 동일시

> 둘 이상의 것을 똑같은 것으로 봄.

작품에서 '동일시'는 인물이나 화자가 자신을 다른 대상과 비슷하거나 (1 ㄱㄷ)고 인식하는 것을 의미한다. 이때 동일시가 이루어지는 대상은 인물이나 화자가 자신이 놓인 상황과 (2 ㅇㅅㅎ) 상황에 놓여 있다고 여기는 대상을 말한다.

동일시의 대상은 동물이나 식물 같은 자연물이나 인간처럼 살아 있는 대상일 수도 있고,
사물처럼 살아 있지 않은 대상일 수도 있습니다.
동일시의 대상이 사물인 경우에는 사물에 인격을 부여하여 의인화하는 경우가 많습니다.

대상의 유형	예
사람(존재)	이 영화를 볼 때마다 난 무엇보다 외로움을 느꼈다. 아들이 지켜보는 앞에서 아버지의 권위를 깡그리 무시당한 안토니오의 무너진 등이 견딜 수 없어 콧등이 시큰해졌고, 그보다는 무너져 내리는 아버지의 뒷모습을 목격해야 하는, 그럼으로써 평생 씻을 수 없는 내면의 상처를 끌어안고 살아갈 어린 아들 브루노 때문에 나는 혀를 깨물어야 했다. 왜? 왜냐고? 그건…… 빌어먹을, 내가 바로 또 다른 브루노였으니깐. 이 망할 놈의 기억, 저 비디오테이프를 찢어 버려야 하는 건데. – 김소진, 〈자전거 도둑〉 → 영화 〈자전거 도둑〉 속 브루노의 아버지 안토니오는 가난 때문에 자전거 도둑으로 전락하고 이 때문에 아들 브루노가 보는 앞에서 수모를 당해야 했음. 한편 '나'는 아버지가 소주 두 병을 훔친 일이 혹부리 영감에게 들키게 되자 아들인 '나'를 자신 대신 희생시키는 상황에서 무능력한 아버지의 모습을 목격하게 됨. '나'는 아버지의 권위가 무너지는 모습을 목격했다는 공통점을 근거로 자신과 영화 속 브루노를 (3 ㄷㅇㅅ)하고 있음.
사물/자연물	방(房) 안에 혓는 촉(燭)불 눌과 이별(離別)하엿관데 / 겄츠로 눈물 디고 속 타는 줄 모르는고. 뎌 촉(燭)불 날과 갓트여 속 타는 줄 모로도다. – 이개 → 임과 이별한 뒤에 마음을 애태우는 화자의 처지와 촛농을 흘리며 심지가 타들어 가는 촛불의 처지를 동일시하여 이별의 (4 ㅅㅍ)을/를 드러내고 있음.
역사(歷史)	"내래 곰곰이 생각해 보았지만 아무래도 기만 두는 것이 좋갔시요." "아니, 동생이 조 씨를 찾겠다고 나섰는데 그만 둔단 말이유?" (중략) 한평생을 살아오면서 피해만 입어 온 노인네 자체가 어쩌면 바로 해방 이후 이 나라가 밟아 와야 했던 어떤 형극의 길의 상징인지도 몰랐다. 그런 노인네에게 헤어진 지 삼십 몇 년도 훨씬 지난 지금에 와서야 이산가족이니 어쩌니 떠들어 댄다고 해서 삼십 몇 년 동안 마치 노인네의 새까맣게 오그라 붙은 표정이라고는 없어져 버린 얼굴처럼 노인네의 가슴속에 딱딱하게 응어리져 버린 상처가 치유될 수 있는 것일까. – 송기원, 〈월문리에서 4 – 김매기〉 → 한 노인이 이산가족 찾기 프로그램에 나가기를 거부하는 모습을 통해 노인의 비극적 삶에 대한 진정한 이해나 근본적인 해결 없이 그의 삶을 일회성 재밋거리로 만들려는 현실을 비판하고, 남북 분단 문제에 대한 근본적인 해결이 중요함을 말하고자 함. 이 작품에서 노인은 분단의 아픔과 전쟁의 고통으로 얼룩진 한민족의 비극적 (5 ㅇㅅ), 그 자체와 동일시되는 인물로 등장함.

🔴 1:1 작품 체험

마당가에 석류나무 한 그루를 심고 나서
나도 지구 위에다 나무 한 그루를 심
었노라.

나는 좋아서 입을 다물 줄 몰랐지요.

그때부터 내 몸은 근지럽기 시작했는
데요.

나한테 보라는 듯이 석류나무도 제 몸
을 마구 긁는 것이었어요.

새 잎을 피워 올리면서도 참지 못하고
몸을 긁는 통에

결국 주홍빛 진물까지 흐르더군요.

그래요, 석류꽃이 피어났던 거죠.

나는 새털구름의 마룻장을 뜯어다가
여름내 마당에 평상을 깔고

눈알이 붉게 물들도록 실컷 꽃을 바라
보았지요.

나는 정말 좋아서 입을 다물 수 없었
어요.

그러다가 어느 날 문득 가을이 찾아
왔어요.

나한테 보라는 듯이 입을 딱, 벌리고
말이에요.

가을도, 도대체 참을 수 없다는 거였
어요.

– 안도현, 〈석류〉

이 작품에서 '석류나무'는 고난과 시련 속에서 성숙해지는 인간을 표상한 것이다. '석류나무도 제 몸을 마구 긁는 것이었어요.'에서는 화자와 '석류나무'를 (6 ㄷㅇㅅ)하여 성장에 따른 (7 ㄱㄷ)을/를 함께 느끼고 있음을 나타내었다.

작품 알통

- **해제:** 마당가에 심은 석류나무가 짙은 붉은색 꽃을 피우고 열매를 맺는 모습을 바라보면서, 고통과 시련을 통한 인생의 성숙 과정을 노래한 작품이다.
- **주제:** 고통과 시련을 통한 자아의 성숙

【초성 답】 **1** 같다 **2** 유사한 **3** 동일시 **4** 슬픔 **5** 역사 **6** 동일시 **7** 고통

개념 트레이닝 ZONE

II 표현법

🔔 빈칸에 알맞은 말을 쓰며 개념 근육을 키워 보세요!

01

새끼오리도 헌신짝도 소똥도 갓신창도 개니빠디도 너울쪽도 짚
'줄'의 평안 방언　　　　　가죽신의 밑창　개의 이빨 널쪽, 널빤지 조각
검불도 가랑잎도 머리카락도 헝겊 조각도 막대 꼬치도 기왓장도
짚 지끄러기 뭉치
닭의 짖도 개 터럭도 타는 모닥불

－ 백석, 〈모닥불〉

모닥불 속에서 타고 있는 사물들을 열거한 부분으로, 열거된 소재들은 모두 농촌에서 볼 수 있는 보잘것없고 (　　　　) 것들이라는 공통점이 있다.

02

오늘, 북창을 열어

장거릴 등지고 산을 향하여 앉은 뜻은

사람은 맨날 변해쌓지만

태고(太古)로부터 푸르러 온 산이 아니냐.
아득한 옛날
고요하고 너그러워 수(壽)하는 데다가
　　　　　　　　　오래 살다
보옥(寶玉)을 갖고도 자랑 않는 겸허한 산.
　　　보석
마음이 본시 산을 사랑해

평생 산을 보고 산을 배우네.

－ 김관식, 〈거산호 2〉
산에 사는 것이 좋음.

'산'에 (　　　　)적 속성을 부여하여 '너그러'우며 '자랑않'고 '겸허한' 산의 특징을 나열하고 있다.

03

모닥불은 피어오른다

어두운 청과 시장 귀퉁이에서
신선한 과일과 채소
지하도 공사장 입구에서

잡것들이 몸 푼 세상 쓰레기장에서
목적을 이루기 위해 한자리를 떠나지 않고 시위하다.
철야 농성한 여공들 가슴 속에서
잠을 자지 않고 밤을 보냄.
첫차를 기다리는 면사무소 앞에서

가난한 양말에 구멍 난 아이 앞에서

비탈진 역사의 텃밭 가에서

사람들이 착하게 살아 있는 곳에서

모여 있는 곳에서

－ 안도현, 〈모닥불〉

모닥불이 피어오르는 (　　　　)을/를 나열하여, 모닥불은 민중들이 소외된 곳, 힘든 삶의 터전에서 타올라 (　　　　)을/를 준다는 의미를 강조하고 있다.

04

네 이름을 남몰래 쓴다 민주주의여 //

아직 동트지 않은 뒷골목의 어딘가

발자욱 소리 호르락 소리 문 두드리는 소리

외마디 길고 긴 누군가의 비명 소리

신음 소리 통곡 소리 탄식 소리 그 속에 내 가슴팍 속에

깊이깊이 새겨지는 네 이름 위에

네 이름의 외로운 눈부심 위에

살아오는 삶의 아픔

－ 김지하, 〈타는 목마름으로〉

민주화를 위해 투쟁했던 이들과 그들을 탄압하는 모습을 여러 가지 소리로 나열하여 (　　　　)적 이미지로 들려줌으로써 긴박하고 불안한 시대 상황을 공포스러운 분위기로 형상화하고 있다.

05

경오년(1810) 여름에 엄청난 파리 떼가 생겨나 온 집 안에 가득
글쓴이가 전라도 유배 생활을 하던 중 심한 가뭄이 든 1809년 이듬해
하더니 점점 번식하여 산과 골을 뒤덮었다. … 노인들은 괴변이
　　　　　　　　　　　예상하지 못한 괴상한 재난이나 사고
라 탄식하고, 소년들은 분을 내어 파리와 한바탕 전쟁을 벌이려고 했다. 혹은 파리통을 설치해 잡아 죽이고, 혹은 파리약을 놓아 섬멸하려 했다. 나는 이를 보고 말했다.

"아아, 이 파리들을 죽여서는 안 된다. 굶어 죽은 사람들이 변해서 이 파리들이 되었다. 아아, 이들은 기구하게 살아난 생명
세상살이가 순탄하지 못하고 가탈(일이 순조롭지 못하게 방해하는 조건)이 많다.
들이다. 슬프게도 작년에 큰 기근을 겪었고, 겨울에는 혹독한
흉년으로 먹을 양식이 모자라 굶주림.
추위를 겪었다. 그로 인해 전염병이 유행하였고, 가혹하게 착취까지 당하여 수많은 사람이 죽었다."

－ 정약용, 〈파리를 조문하다〉

기근, 추위, 전염병, 가혹한 착취를 열거하여 백성들이 (　　　　)에까지 이르는 상황을 나타내어 그들 겪었던 고통의 상황을 구체적으로 제시하고 있다.

인물의 내면적 심리 상태를 그대로 드러내어 보여 주는 방법을 '내적 독백' 또는 '심리 분석'이라고 합니다. 또한 내면의 소리를 그대로 드러내는 내적 독백의 표현 방법을 '의식의 흐름'이라고도 합니다.

06

어머니가 울고 있었다. 외아들 앞에선 좀체 눈물을 비치지 않던 그녀였다. 아무리 앓아누웠을 때라도 입술을 앙 다물고 애써 태연해 보이던 그녀가 쭐쭐 눈물을 흘리고 있는 것이었다.

아아, 나는 까맣게 잊고 있었던 것이다. 어머니가 그토록 오랫동안 누군가를 기다려 왔었음을. … 어머니한테 그 사내는 다른 아무것도 아니었다. 다만 곱고 자상한 눈매로서만, 나직한 음성으로서만 늘 곁에 남아 있었던 것이다.

－ 임철우, 〈아버지의 땅〉

어머니가 눈물을 흘리는 장면에서 서술자인 주인공의 (　　　　)을/를 통해 서사를 전개하고 있다.

07

아무리 저녁인들 이 여름에 바람이 싫으니…… 나 역시 이 세상과는 벌써 인연이 멀어진 사람이로구나. 속으로 이렇게 중얼거리며 현일은 앞가슴에 옷자락을 여미고 송장 같은 도영의 옆에 엎디었다. (중략)

그러나 지금 내게는 무엇이 남았으랴. 절망인들 남았으랴. 죽어 가는 폐어에게 물도 공기도 무슨 소용이랴. 지금 폐어는 반신(半身) 물에 잠기고 반신 바람에 불리면서도 두 가지 호흡의 기능을 다 잃고 죽어 가는 것이라고 현일은 꿈속같이 생각하며 죽은 듯이 엎디어 있었다.
물속에서도 뭍에서도 호흡하는 물고기

– 최명익, 〈폐어인〉

현일이 속으로 중얼거리거나 생각하는 것을 (   )(으)로 진술하고 있다.

08

그는 생각했다. 하긴, 어디 나만이 죽은 것이랴. 세상의 모든 사람이 커다란 소멸의 흐름 속에 던져진 채 있다. 시간까지도……. 누구나 매일매일 조금씩은 죽어 가면서 살고 있다. 어린아이들조차 그러하다. 아내의 뱃속에서 자라고 있을 태아도 이를테면 죽음의 싹이다. 아내는 죽음을 배고, 그것을 키우고 있다. 언제부터인가 다시 옆구리가 뜨끔뜨끔 결리기 시작했다. 늑막염이 재발하려나 하고 막연히 생각하며 그는 구두가 신겨져 있지 않은 발과 신겨져 있는 발을 부자연스럽게 번갈아 움직여서 계속 걸었다.
죽는 연기를 해야 생계를 유지할 수 있는 단역 전문 배우
가슴막염(외상이나 결핵균의 감염 따위로 가슴막에 생기는 염증)

– 조해일, 〈매일 죽는 사람〉

생계 때문에 하루도 쉬는 날 없이 촬영장에 나가 죽는 연기를 하고 있는 그가 죽는 연기를 하면 할수록 진짜 죽음이 그에게 다가오는 상황에 처하게 되며, 인물의 (   )을/를 직접 제시하여 삶을 죽어 가는 과정의 일부라고 생각하게 된 그의 내면 의식 변화를 보여 주고 있다.

09

[앞부분 줄거리] 혼인집을 찾아가던 늙은 대학생 김 씨는 여인숙에서 잠을 청하게 되고, 그곳에서 반장이라는 소년을 만난다.

소년이 침구를 안고 다시 들어온다. 그리고 그것을 편다. 일어설 때 보니 가슴에 훈장이 달려 있다. 그는 그를 가까이 불러서 그 훈장을 들여다본다. 둥근 바탕에 가로로 5학년 2반이라 씌어 있고 그것을 가로질러서 세로로 반장이라 씌어 있다. 조잡한 비닐 제품이다.

"너, 공부 잘하는구나." / "예. 접 때두 일등했어요."

아, 이건 뻔뻔스럽구나, 못생기고 남루한 옷을 입은 주제에.

"여기가 너희 집이냐?"

"아녜요. 여긴 이모부 댁이에요."

– 서정인, 〈강〉

늙은 대학생인 '그'는 공부는 잘했지만 가난 때문에 좌절하는 이상주의자로, 꿈과 자신감을 잃고 소시민이 되어가는 인물이다. '그'는 자신의 성적을 자랑하는 소년의 말을 듣고 현실을 제대로 인식하지 못하는 소년에 대한 냉소적 인식을 (   )(으)로 드러내고 있다.

10

갈아 놓은 논고랑에 고인 물을 본다. / 마음이 행복해진다.

나뭇가지가 꾸부정하게 비치고 / 햇살이 번지고

날아가는 새 그림자가 잠기고 / 나의 얼굴이 들어 있다.

늘 홀로이던 내가 그들과 함께 있다.

누가 높지도 낮지도 않다. / 모두가 아름답다.

그 안에 나는 거꾸로 서 있다.

거꾸로 서 있는 모습이 / 본래의 내 모습인 것처럼

아프지 않다. / 산도 곁에 거꾸로 누워 있다.

– 이성선, 〈논두렁에 서서〉

화자는 '(   ) 거꾸로 누워 있다.'고 하며 자신과 (   )을/를 동일시하면서 현재 자신의 모습을 긍정적으로 인식하고 있다.

11

"와, 기와집이다." / 연락선을 대는 포구에 말로만 듣던 까만 기와집도 있었고, 크고 작은 배들이 스무 남은 척이나 몰려 있었다. 목포에 닿자 아이들은 멍청하게 입만 벌렸다. (중략)
비교적 가까운 거리의 수로를 횡단하며 양쪽 육상 교통을 이어주기 위해 다니는 배

"야, 저 비단 좀 봐." / 순자의 손을 잡고 가던 두 학년 아래 남분이가 걸음을 멈추며 손가락질을 했다. … 남분이는 그 비단에서 눈을 떼지 못했다. 도시의 모든 것이 꿈만 같았고, 더구나 서울의 며칠 동안은 무슨 동화 속의 세상을 헤매는 것만 같았다. (중략)

순자는 바로 그 서울에 다시 와서 지금까지 오 년을 살았다. 그 오 년이라는 세월은 그 동화 같던 서울에 대한 소녀의 꿈이 뼈마디가 저미는 고통으로 조각조각 조각이 나는 기간이었고, 그 조각난 꿈을 딛고 살벌한 현실에 뼈마디를 부딪치며 자신을 추슬러온 기간이었다. 어려서 왔을 때는 따뜻하게만 웃어 주는 것 같던 그 서울이 제 발로 들어오자 너무도 싸늘하고 매정스럽게 돌아앉아 있었다.

그때마다 순자는 자기 집에서 기르던 돼지 새끼 무녀리가 떠올랐다. 다른 새끼들은 어미 젖꼭지를 두 개 세 개씩 차지하고 걸퍼지게 빨아대지만, 그 무녀리는 힘센 녀석들이 거세게 내두르는 주둥이에 깩깩 베돌기만 할 뿐 젖은 한 모금도 빨지 못했다. 그렇지만 그런 새끼들은 거들떠보지도 않고 널퍼덕 퍼질러 누워 젖꼭지만 내맡기고 있는 어미가 얼마나 미웠던지 모른다. 저러니까 잡아먹는 짐승이겠지 싶었다. 서울에 온 자기는 바로 그 무녀리가 되어 있었고, 그 어미 돼지처럼 누구 하나 돌봐 주는 사람이 없었다.
한 태에서 낳은 여러 마리 새끼 가운데 가장 먼저 나온 새끼
베돌다 → 한데 어울리지 않고 동떨어져 행동하다.

– 송기숙, 〈몽기미 풍경〉

순자가 자신을 (   )와/과 동일시하는 모습을 통해, 누구 하나 돌봐 주는 사람 없이 외롭게 생활하면서 도시 생활에서 (   )을/를 느끼고 있음을 짐작할 수 있다.

 워밍-UP

🎯 **다음 글을 읽고 빈칸에 알맞은 말을 써서 해설을 완성하거나 정오를 판단하세요.**

01

> 나는 그의 실직을 누구에게도 알리지 않을 작정이었다. 이웃 사람들, 예컨대 아래채 셋방 가족, 구멍가게 주인, 쌀가게 주인, 연탄 가게 주인 등에게는 말을 하지 않으면 될 것이었고, 일가친척지, 그와 나의 친구들에게는 내가 먼저 전화를 걸지 않으면 될 터였다. 그쪽에서 전화를 걸어 오더라도 그의 근황을 얼버무릴 심산이었다. 실없이 복직에 기대를 걸고 있었기 때문이 아니었다. 그 실직 소식에 겨묻어 올 건성의 걱정을 들어 내기가 고역일 듯 싶었고, 그 걱정은 결국 나를 초라하게 만들 것이었다. 도와주지도 않을 동정을 하라 말라 할 수는 없겠지만, 그런 동정은 무조건 받기 싫었다.
>
> – 김원우, 〈아득한 나날〉

친척이 되거나 서로 잘 알고 지내는 사람들
마음속으로 하는 궁리나 계획
진지한 자세나 성의 없이 대충 하는 태도

구분	내용
'나'의 예상 행위	나는 그의 (　　　)을/를 ~ (　　　　　) 심산이었다.
'나'의 심리	그런 동정은 무조건 받기 싫었다.

'나'가 그의 실직은 주변 사람들에게 알리지 않기 위해 할 것으로 예상되는 행위의 (　　　　)을/를 통해 건성의 걱정을 듣기 싫은 인물의 심리를 제시하고 있다.

02

> 김달채 씨는 퇴근하기 무섭게 뽀르르 집으로 달려가던 묵은 습관을 버리고 밤늦도록 하릴없이 길거리를 배회하면서 시간을 보내는 새로운 습관을 몸에 붙였다. 지하철이나 버스 혹은 공중 변소나 포장마차 안에서, 백화점에서 사지도 않을 물건을 흥정하거나 정류장에서 토큰 아니면 올림픽복권을 사면서, 그리고 행인에게 담뱃불을 빌거나 더욱 과감하게는 파출소에 들어가 경찰관에게 길을 묻는 시늉을 하는 사이에 마주치는 각계각층의 사람들을 상대로 달채 씨는 실수를 가장하기도 하고 때로는 또렷한 목적의식을 드러내기도 해 가며 우산의 존재를 알리기 위해 갖가지 수단과 방법을 다 동원했다.
>
> – 윤흥길, 〈매우 잘생긴 우산 하나〉

예전에, 버스 요금을 낼 때 돈을 대신하여 내는 동전 모양의 주조물

구분	과거	현재
행동	퇴근하자마자 집으로 달려감.	밤늦도록 하릴없이 (　　　)을/를 배회함.

구분	행동의 목적	구체적 행동
김달채	각계각층의 사람들에게 우산의 (　　　)을/를 알리려고 함.	우산을 들고 도시의 여러 장소를 (　　　).

사람들에게 우산의 존재를 알리고자 하는 한 가지 목적으로 수렴되는 인물의 의도적인 행위들을 나열하고 있다. ◯ⓧ

03

> [앞부분 줄거리] 신문사에서 해고당한 그는 다른 신문사의 문화부장을 찾아가 차 한 잔 마시자고 권하며 만화 연재를 부탁한다. 그러나 문화부장은 신문사에 돈을 쓰지 않는 사장을 핑계로 부탁을 거절하고 찻값을 먼저 계산한다. 그는 만화가인 김 선생을 만나 술을 마시며 자신에게 해고를 통보한 문화부장에 대해 이야기한다.
>
> "문화부장이 차나 한잔 하자고 하더군요."
>
> 그는 속으로는, 자기가 만화 연재를 부탁하러 갔던 문화부장을 생각하면서 말하고 있었다.
>
> "다방에 가서 그 양반이 그러더군요. 사람 웃기는 방법의 몇 가지 패턴을 안다고 곧 만화가가 되는 것이 아니다. 바로 그 양반이 그랬어요. 두꺼비 같은 눈알을 부라리면서 말입니다."
>
> 찻값을 앞질러 내버리던 그 키가 작달막한 문화부장. 날 무척 무안하게 해줬었지.
>
> "그러면서 말입니다. 너는 미역국이다, 이거죠."
>
> 자기네 사장이 얼른 뒈져 달라는 기도를 하라던 그 사람. 난 참 면목이 없어서 혼났지.
>
> "차나 한잔. 그것은 일종의 추파다. 아시겠습니까, 김 선생님?"
>
> 그는 혀가 잘 돌아가지 않았다.
>
> – 김승옥, 〈차나 한 잔〉

작달막하다 → 키가 몸피에 비하여 꽤 작다.
퇴짜를 맞다의 비유적 표현
남을 대할 만한 체면
상대방의 관심을 끌기 위하여 은근히 보내는 눈길

구분	표현
내적 독백 ❶	(　　　) ~ (　　　).
내적 독백 ❷	(　　　) ~ (　　　).

인물의 말과 내적 독백을 교차하여 인물의 심리를 드러내고 있다. ◯ⓧ

04

> 득음은 못하고, 그저 시골장이나 떠돌던
> 소리꾼이 있었다. 신명 한 가락에
> 막걸리 한 사발이면 그만이던 흰 두루마기의 그 사내
> 꿈속에서도 폭포 물줄기로 내리치는
> 한 대목 절창을 찾아 떠돌더니
> 오늘은, 왁새 울음 되어 우항산 솔밭을 다 적시고
> 우포늪 둔치, 그 눈부신 봄빛 위에 자운영 꽃불 질러 놓는다
>
> – 배한봉, 〈우포늪 왁새〉

노래나 연주 솜씨가 매우 뛰어난 경지에 이름.
흥겨운 신이나 멋
뛰어나게 잘 부른 노래
왜가리
물가의 언덕

구분	왁새(왜가리)	소리꾼
외양	회색과 흰색 깃털	(　　　)을/를 입음.
소리	솔밭에 퍼지는 울음소리	한 대목의 (　　　)을/를 찾기 위해 노래함.

화자는 시골장이나 떠돌던 소리꾼의 삶을 떠올리며 그가 추구했던 한 대목 절창을 우포늪에 퍼지는 (　　　　)와/과 동일시하고 있다.

펌핑-UP

01

다음 글에 대한 설명으로 가장 적절한 것은?

> 나는 요새도 가끔 그가 남긴 여덟 개의 모자를 꺼내 본다. 그 안에서 머리카락 한 오라기라도 찾아보려고 더듬어 보지만 번번이 헛손질로 끝난다. 그 여러 개의 모자는 멋이나 체면을 위한 것이 아니라, 단지 민머리를 가리기 위한 것이었다. 그의 몸을 차디찬 땅속에 묻은 건 확실한데 아침마다 우수수 지던 그 숱한 머리카락은 지금 어느 만큼 멀리 흩어져 티끌로 떠도는 걸까. 생명의 가엾음이 티끌과 다를 바 없다는 속절없는 생각에 잠기기도 한다. 그의 흔적을, 남긴 물질에서 찾는 것보다는 남긴 말이나 생각에서 찾는 게 그래도 조금은 덜 허전하다. 그는 평범한 사람이고, 잘난 척할 줄도 몰랐기 때문에 담소는 즐겼지만 그럴듯한 말은 할 줄 몰랐다. 우리집엔 그 흔한 가훈도 없다. 그의 말이 생각나는 것도 그가 끼면 편안하고 여유로워지는 담소 분위기이지, 멋있거나 뜻깊은 말뜻은 아니다.
>
> 오직 틈바구니만이 예외다. 내가 생전 틈바구니에 끼어 보지 않았다는 게 무슨 뜻일까? 그런 생각이 나를 자꾸 심각하게 한다. 그가 나 대신 가 주던 동사무소나 세무서에 볼일 보러 가서 똑똑지 못하게 굴다가 구박 맞으면 이게 틈바구닌가 싶기도 하고, 사용자와 노동자, 가진 자와 못 가진 자, 칼자루 쥔 자와 칼날 쥔 자, 통일꾼과 반통일꾼이 서로 목청을 높여 싸우는 걸 봐도 전처럼 선뜻 어느 쪽이 옳거니 양자택일이 안 되고, 또 그 놈의 틈바구니에 사로잡히게 된다. 여봐란듯이 틈바구니에 끼기 위해선 거친 두 목청 사이에 낀 틈바구니의 숨결을 찾아내야만 할 것 같다. 어쩌면 그는 그때 삶과 죽음의 틈바구니에서 어느 만큼은 내 원색적인 분노를 관조할 수도 있었기에 해 본 단순한 연민의 소리일 뿐인 것을 내가 괜히 심각하게 굴었는지도 모르겠다. 그래도 여전히 틈바구니는 아무것도 아닌 게 되지 않는다. 그가 남긴 모자가 나에겐 모자라는 물질 이상이듯이 틈바구니란 말 또한 말뜻 이상의 것, 한없이 추구해야 할 화두임을 면할 수가 없다.
>
> – 박완서, 〈여덟 개의 모자로 남은 당신〉

① 인물 간의 대화를 통해 특정 인물을 풍자하고 있다.
② 독백적 진술을 활용하여 인물의 내면을 드러내고 있다.
③ 동일한 공간에서 사건이 반복되며 갈등이 심화되고 있다.
④ 장면이 빈번하게 교차되며 긴박한 분위기를 조성하고 있다.
⑤ 인물의 외양을 사실적으로 묘사하여 인물의 성격을 드러내고 있다.

02

〈보기〉의 관점에서 다음 시를 감상한 내용으로 적절하지 <u>않은</u> 것은?

> 시를 믿고 어떻게 살아가나
> 서른 먹은 **사내**가 하나 **잠을 못** 잔다.
> 먼— 기적 소리 처마를 스쳐가고
> 잠들은 아내와 어린것의 벼개 맡에 / **밤눈이 내려 쌓이**나 보다.
> 무수한 손에 **뺨**을 얻어맞으며
> 항시 곤두박질해 온 생활의 노래
> **지나는 돌팔매에도 이제는 피곤하다.**
> 먹고 산다는 것,
> 너는 언제까지 나를 쫓아오느냐.
>
> 등불을 켜고 일어나 앉는다. / 담배를 피워 문다.
> 쓸쓸한 것이 오장을 씻어 내린다.
> **노신(魯迅)**이여 / 이런 밤이면 그대가 생각난다.
> 온— 세계가 눈물에 젖어 있는 밤
> 상해(上海) 호마로(胡馬路) 어느 뒷골목에서
> **쓸쓸히 앉아 지키던 등불** / 등불이 나에게 속삭어린다.
> 여기 하나의 상심(傷心)한 사람이 있다.
> **여기 하나의 군세게 살아온 인생이 있다.**
>
> – 김광균, 〈노신(魯迅)〉

〈보기〉

> 시인 김광균은 해방 이후 혼란스러운 사회 현실 속에서 갈등을 겪고 있던 당대의 시단에 회의감을 느끼고 일상과 개인의 문제에 관심을 기울이게 된다. 이때 그는, 혼란스러운 현실 속에서도 의지를 잃지 않고 문학적 성취를 이룬 중국 작가 '노신'을 자신과 동일시했다. 시인의 이러한 의식은 그가 쓴 〈노신의 문학 입장〉이라는 다음의 글에 나타나 있으며, 그의 시 〈노신〉에 잘 반영되어 있다.
>
> "……혁명의 혼탁과 동란의 전진에 싸여 작품과 인간이 격앙하고 충혈되었을 때 홀로 정밀한 비가를 노래하던 노신의 심정을 나는 나대로 생각하고 있다……."

① '사내'가 '잠을 못' 이루는 것은 혼란스러운 현실 속에서 고뇌하는 시인의 모습을 나타낸 것이겠군.
② '밤눈이 내려 쌓이'는 것은 시인이 일상과 개인의 문제에 관심을 기울여 문학적 성취를 이루어 감을 의미하는 것이겠군.
③ '지나는 돌팔매에도 이제는 피곤하다'는 당대의 현실 속에서 시인이 힘들게 살았음을 드러내는 것이겠군.
④ '쓸쓸히 앉아 지키던 등불'은 힘든 상황에서도 문학적 의지를 잃지 않았던 고독한 '노신'을 시인이 떠올린 것이겠군.
⑤ '여기 하나의 군세게 살아온 인생이 있다'는 시인이 '노신'의 삶의 태도를 내면화하여 의지적인 태도를 드러낸 것이겠군.

호루라기 관장님의 하드 트레이닝

공부한 날	월 일 요일
맞은 개수	/ 5

작품	No	작품을 읽고 빈칸에 알맞은 말을 쓰시오.

작품

눈 내려 어두워서 길을 잃었네

갈 길은 멀고 길을 잃었네

눈사람도 없는 겨울밤 이 거리를

찾아오는 사람 없어 노래 부르니

눈 맞으며 세상 밖을 돌아가는 사람들뿐

등에 업은 아기의 울음소리를 달래며

갈 길은 먼데 함박눈은 내리는데

사랑할 수 없는 것을 사랑하기 위하여

용서받을 수 없는 것을 용서하기 위하여

눈사람을 기다리며 노랠 부르네

세상 모든 기다림의 노랠 부르네

눈 맞으며 어둠 속을 떨며 가는 사람들을

노래가 길이 되어 앞질러 가고

돌아올 길 없는 눈길 앞질러 가고

아름다움이 이 세상을 건질 때까지

절망에서 즐거움이 찾아올 때까지

함박눈은 내리는데 갈 길은 먼데

무관심을 사랑하는 노랠 부르며

눈사람을 기다리는 노랠 부르며

㉠이 겨울 밤거리의 눈사람이 되었네

봄이 와도 녹지 않을 눈사람이 되었네

– 정호승, 〈맹인 부부 가수〉

---

01 시적 화자는 누구이며, 어떤 상황에 놓여 있는가?

시적 화자	( ) 부부 가수의 모습을 바라보는 이
상황	맹인 부부 가수가 추운 겨울밤 거리에서 노래하고 있는 모습에서 ( )을/를 찾고자 함.

02 시적 화자의 정서와 태도는 어떠한가?

맹인 부부 가수에게 (   )와/과 애정을 느끼며, 희망이 넘치는 아름다운 세상이 되기를 소망함.

03 ㉠에서 상황적 아이러니는 어떻게 형상화되어 있는가?

맹인 부부 가수		눈사람
기다림의 ( ) 겨울밤의 거리에서 눈사람을 기다리며 노래함.	→ 기다림	기다림의 ( ) 희망과 꿈, 아름답고 행복한 세상의 표상

눈사람		맹인 부부 가수
맹인 부부의 가수가 부르는 노래 속에 등장하는 존재	= 동일시	눈을 계속 맞으며 눈사람을 기다리는 노래를 부르다 눈사람이 됨.

→ 기다림의 주체가 기다림의 대상이 되는 (   )한 상황을 통해 맹인 부부 가수가 누군가에게 희망이 되었음을 강조함.

04 다음 시어나 구절에 사용된 표현은 무엇인가?

눈사람	
사랑할 수 없는 것을 사랑하기 위하여 용서받을 수 없는 것을 용서하기 위하여	
눈사람을 기다리며 노랠 부르네 세상 모든 기다림의 노랠 부르네	
노래가 길이 되어 앞질러 가고 돌아올 길 없는 눈길 앞질러 가고	
아름다움이 이 세상을 건질 때까지 절망에서 즐거움이 찾아올 때까지	
무관심을 사랑하는 노랠 부르며 눈사람을 기다리는 노랠 부르며	
이 겨울 밤거리의 눈사람이 되었네 봄이 와도 녹지 않을 눈사람이 되었네	

05 이 작품의 주제는 무엇인가?

아름다운 세상이 되기를 바라는 (   )와/과 기다림

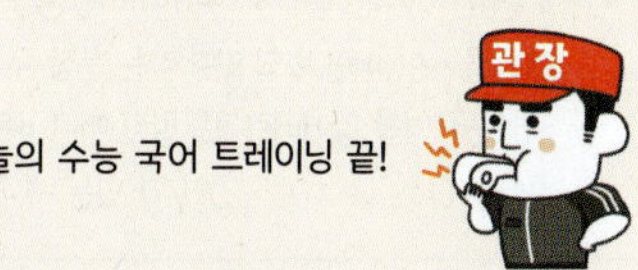

오늘의 수능 국어 트레이닝 끝!

037 대구

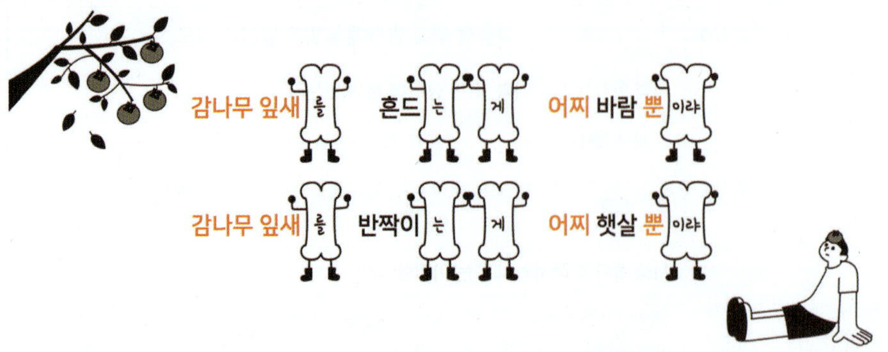

구조가 같거나 비슷한 문장을 나란히 또는 대칭적으로 배열하는 표현

'대구'는 비슷한 어조나 어세(말에서 느껴지는 힘)를 가진 어구를 (^{1} ㅉㅈㅇ) 표현의 효과를 나타내는 방법이다. 시구를 비슷한 어조나 어세가 느껴지게 만들려면 문장의 뼈대를 이루는 (^{2} ㅈㅅ)(이)나 (^{3} ㅇㅁ)을/를 유사하게 사용하고, 문장 성분의 배열 순서를 유사하게 반복하여 표현하면 된다. 대구의 표현을 사용하면 형태적 안정감과 운율감을 얻을 수 있으며 시상을 선명하게 드러내어 주제를 강조할 수 있다.

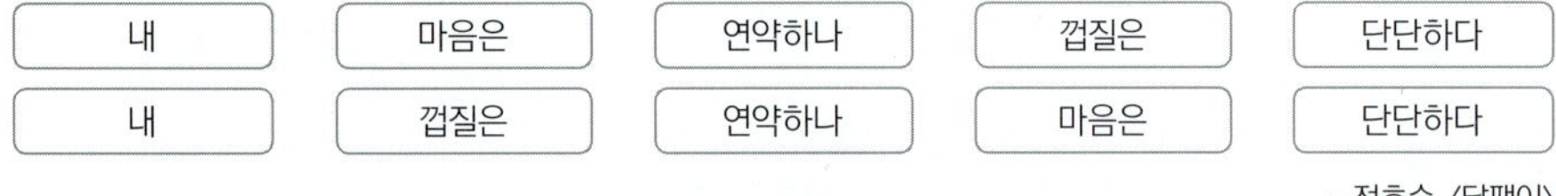

– 정호승, 〈달팽이〉

위 시행은 '내 ~은 연약하나 ~은 단단하다.'와 같은 구조로 되어 있으므로, 문장의 뼈대를 이루는 표현이 동일하게 사용된 대구적 표현이다.

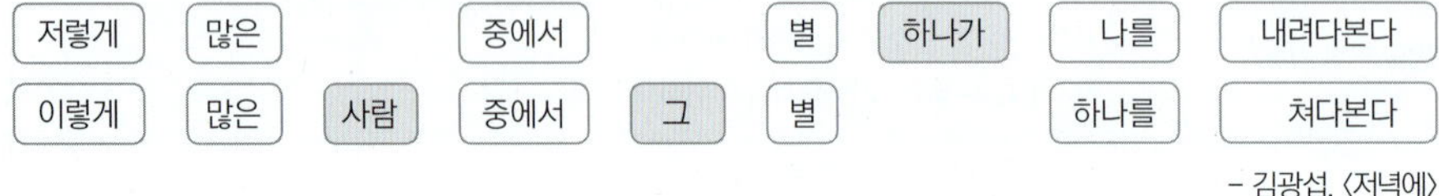

– 김광섭, 〈저녁에〉

위 시행은 문장을 이루는 구성 성분이 동일하지는 않지만 '–렇게 많은 ~ 중에서 ~ 별 ~를 –다본다.'와 같은 구조로 되어 있으므로, 문장의 뼈대를 이루는 표현이 동일하게 사용된 대구적 표현이다.

개념 당기는 예시

→ 신석정의 〈꽃덤불〉 3연은 '그러는 동안에 ∼아/어 버린 벗도 있다.'와 같은 문장 구조의 시행이 네 번 반복되는 구성임.

→ 1, 2행은 '그러는 동안에 ∼아/어 버린 벗도 있다.'라는 문장 구조가 대칭을 이루는 대구적 표현이고, 3, 4행은 '그러는 동안에 ∼을 ∼아 버린 벗도 있다.'라는 문장 구조가 대칭을 이루는 대구적 표현임.

→ 3연에서 '영영 잃어버린 벗, 멀리 떠나 버린 벗, 몸을 팔아 버린 벗, 맘을 팔아 버린 벗'은 일제 강점기의 비극성을 보여 준다는 (^{4} ㅇㅅㅅ)이/가 있는 네 가지 상황을 병렬적으로 나열/열거한 표현임.

상한 갈대라도 하늘 아래선
한 계절 넉넉히 흔들리거니
뿌리 깊으면야
밑둥 잘리어도 새순은 돋거니
'밑둥(나무줄기에서 뿌리에 가까운 부분)'의 시적 허용
충분히 흔들리자 상한 영혼이어
충분히 흔들리며 고통에게로 가자

뿌리 없이 흔들리는 부평초 잎이라도
개구리밥
물 고이면 꽃은 피거니
이 세상 어디서나 개울은 흐르고
이 세상 어디서나 등불은 켜지듯
가자 고통이여 살 맞대고 가자
외롭기로 작정하면 어딘들 못 가랴
가기로 목숨 걸면 지는 해가 문제랴

고통과 설움의 땅 훨훨 지나서
뿌리 깊은 벌판에 서자
두 팔로 막아도 바람은 불듯
영원한 눈물이란 없느니라
영원한 비탄이란 없느니라
캄캄한 밤이라도 하늘 아래선
마주잡을 손 하나 오고 있거니

– 고정희, 〈상한 영혼을 위하여〉

2연	이 세상 어디서나 ~은 ~고(듯)
	~로 ~면 ~랴
3연	영원한 ~이란 없느니라

이 시는 2, 3연에서 비슷한 문장 구조를 가진 두 행을 (^{5} ㅉ)지어 표현하여 화자가 드러내고자 하는 의미를 강조하고 운율을 형성하는 효과를 얻고 있다.

작품 알통

• **해제:** 상처가 있는 존재를 상한 갈대에 비유하여 시련 속에서도 고통을 대면하려는 의지와 성숙한 삶의 자세를 노래한 작품이다.

• **주제:** 고통을 포용하는 성숙한 삶의 자세

【초성 답】 1 짝지어 **2** 조사 **3** 어미 **4** 유사성 **5** 짝

038 대조(대비)

두 가지가 차이가 있어 서로 다르기 때문에 서로 맞대어 비교하는 것이 가능함.

기출로 보는 개념

- 현재와 과거를 대조하여 화자의 내적 갈등을 드러내고 있다.
- 대조적인 장면을 제시하여 주제 의식을 선명하게 드러내고 있다.
- 인물의 내면과 대조되는 배경 묘사를 통해 심리를 부각하고 있다.

'대조'는 상대되는 대상이나 상황 등을 대응시켜 견주어지는 각 대상의 속성이나 특징 등의 성질이 (1 ㄷㄹ)을/를 강조하고, 이를 통해 선명한 인상이 느껴지게 하는 표현이다. 대조의 표현을 사용하면 대조 관계에 놓인 두 대상의 성질이 각각 무엇인지 먼저 파악한 후 이를 견주어 (2 ㅊㅇㅈ)을/를 확인하고, 작품의 화자나 인물은 대조되는 두 대상 중 어느 것을 심적으로 더 지지하거나 친밀감을 느끼는지 파악하면 된다.

구분	예
공간의 대조	여보소 **공중**에 / 저 기러기 공중엔 길 있어서 잘 가는가? // 여보소 **공중**에 / 저 기러기 열십자(十字) 복판에 내가 섰소. // 갈래갈래 갈린 길 / 길이라도 내게 바이 갈 길은 하나 없소. 아주 전혀 　　　　　　　　　　　　　　- 김소월, 〈길〉 **공중** 자유로운 공간 ↕ **열십자 복판** 갈 방향을 정하지 못해 멈춰 있는 공간
상황의 대조	왜 나는 조그만 일에만 분개하는가. / 저 왕궁(王宮) 대신에 왕궁(王宮)의 음탕 대신에 / 오십 원짜리 갈비가 기름 덩어리만 나왔다고 분개하고 / 옹졸하게 분개하고 설렁탕집 돼지 같은 주인년한테 욕을 하고 / 옹졸하게 욕을 하고 // 한번 정정당당하게 / 붙잡혀 간 소설가를 위해서 / 언론의 자유를 요구하고 월남(越南) 파병(派兵)에 반대하는 / 자유를 이행하지 못하고 / 삼십 원을 받으러 세 번씩 네 번씩 / 찾아오는 야경꾼들만 증오하고 있는가.　- 김수영, 〈어느 날 고궁을 나오면서〉 **분개해야 하는데 침묵하는 상황** 음탕한 왕궁, 자유를 억압하는 부정적 현실 ↕ **분개까지 할 필요가 없는데 분개하는 상황** 설렁탕집 주인, 야경꾼

→ '공중'은 기러기가 자유롭게 날아가는 하늘을 의미하고, '열십자 복판'은 화자가 어디로 가야 할지 목적지를 정하지 못해 가지 못하고 서 있는 갈림길을 의미함. 공간의 상반된 성격과 각 공간에서 처지가 상반되는 존재의 대조를 통해 유랑민인 화자의 (3 ㅂㄱ)을/를 강조함.

→ 화자가 기름 덩어리로 된 갈비를 내온 설렁탕집 주인과 야경꾼들에게는 분개하면서 정작 분개해야 할 대상인 음탕한 왕궁, 소설가가 붙잡혀 가고 언론의 자유가 억압당하고 월남에 파병하는 현실에 대해서는 분개하지 않는 모습을 대조하고 있음. 즉 분개할 필요가 없는 사소한 것에 분개하는 상황과 분개해야 하지만 침묵하는 상황을 대조하여 화자의 소시민적 삶을 (4 ㅂㅅ)하고 동시에 부정적 현실을 비판함.

1:1 작품 체험

껍데기는 가라.
사월도 알맹이만 남고
껍데기는 가라.

껍데기는 가라.
동학년 곰나루의, 그 아우성만 살고
동학농민혁명에 담긴 농민들의 순수하고 숭고한 함성
껍데기는 가라.

그리하여, 다시
껍데기는 가라.
이곳에선, 두 가슴과 그곳까지 내논
아사달 아사녀가
순수한 우리 민족의 상징
중립의 초례청 앞에 서서
전통적인 혼례식(초례)을 치르는 장소
부끄럼 빛내며 / 맞절할지니

껍데기는 가라.
한라에서 백두까지
향그러운 흙 가슴만 남고
그, 모오든 쇠붙이는 가라.

　　　　　　- 신동엽, 〈껍데기는 가라〉

이 작품에서 (5 ㄲㄷㄱ)은/는 안에 든 것을 가리는 속성을 지니므로, 허위와 가식, 거짓과 위선, 외세 및 반민족 세력 등을 상징한다. 반면에 이와 (6 ㅅㅂ)되는 '알맹이'는 본질적인 속성을 지닌 것으로, 진실, 순수, 민중들의 민족정신 등을 상징한다.

부정적 대상		긍정적 대상
껍데기, 쇠붙이	↔	알맹이, 아우성, 흙 가슴
▼		▼
허위, 가식, 불의, 무력		본질, 순수, 순결, 의로움

작품 알통
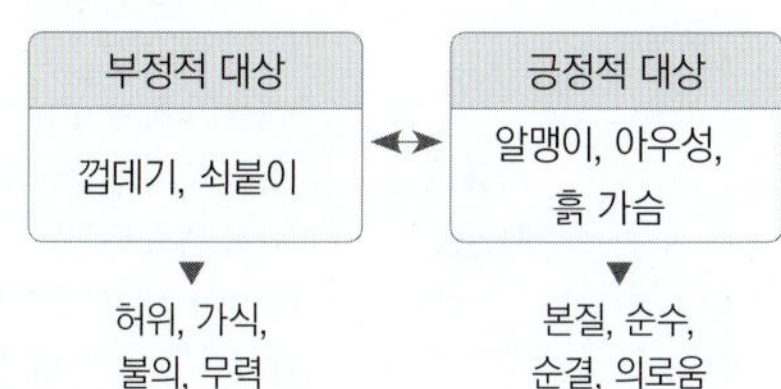

- **해제**: 진실하고 순수한 정신의 회복을 통해 민족 분단의 비극을 극복하고 통일을 이루고자 하는 소망을 그리고 있는 작품이다.
- **주제**: 진실하고 순수한 민족의 삶에 대한 갈망

【초성 답】 1 다름 2 차이점 3 비애감 4 반성 5 껍데기 6 상반

말을 건네는 방식

> 청자를 설정한 후 화자가 청자에게 하고 싶은 말을 하는 어투가 드러나는 방식

'청자'는 화자의 이야기를 듣는 사람이다. 화자나 인물의 말을 듣고 있는 대상이 작품에 있는 것처럼 느껴지면 (1 ㅊㅈ)을/를 설정했다고 한다. 청자는 표현상 명확하게 존재가 드러날 수도 있고, 표현상에 드러나지 않을 수도 있다. 청자가 명확하게 드러나는 경우를 '명시적/표면적 청자'라고 하고, 표현으로 명확하게 드러나지는 않지만 존재하는 것이 분명히 느껴지는 경우를 '이면적 청자'라고 한다. 청자는 사람일 수도 있고, 동식물처럼 살아 있는 자연물이거나, 자연 그 자체일 수도 있으며, 사물이나 추상적인 관념일 수도 있다.

청자가 분명하게 설정되지 않았다면 대체로 화자가 말하고자 하는 대상은 불특정 다수의 대중이나 민족, 대부분의 인간, 인류, 자연 전체처럼 광범위한 경우가 많습니다. 또한 사물이나 자연물이 청자인 경우에는 의인화된 대상일 가능성이 있습니다.

구분		예
명시적 (표면적) 청자	사람	직녀여, 여기 번쩍이는 모래밭에 돋아나는 풀싹을 나는 세이고…… // 허이언 허이언 구름 속에서 그대는 베틀에 북을 놀리게.　　　　– 서정주, 〈견우의 노래〉 → 견우와 직녀 설화를 모티프로 삼아 견우를 (2 ㅎㅈ)(으)로, 직녀를 (3 ㅊㅈ)(으)로 설정하여 견우가 직녀에게 말을 건네는 방식으로 사랑의 진정한 완성을 위해서는 이별이 필요하다는 주제를 드러냄.
	사물· 자연물	일어서라 풀아 / 일어서라 풀아 땅 위 거름이란 거름 다 모아 구름송이 하늘 구름송이들 다 끌어들여 끈질긴 뿌리로 굵힌 얼굴로 빛나라 너희 터지는 / 목청 어영차 / 천지에 뿌려라　　　– 강은교, 〈일어서라 풀아〉 → 오랜 역사 속에서 핍박과 억압을 받으면서도 생명력을 끈질기게 유지해 온 우리 민족을 상징하는 (4 ㅍ)을/를 청자로 설정하여 화자가 '풀'에게 '일어서라'며 명령하는 말을 건넴으로써 민중이 지닌 생명력과 희망의 환기라는 주제를 드러냄.
이면적 청자	불특정	마당가에 석류나무 한 그루를 심고 나서 나도 지구 위에다 나무 한 그루를 심었노라, 나는 좋아서 입을 다물 줄 몰랐지요. 그때부터 내 몸은 근지럽기 시작했는데요, 나한테 보라는 듯이 석류나무도 제 몸을 마구 굵는 것이었어요. 새 잎을 피워 올리면서도 참지 못하고 몸을 굵는 통에 결국 주홍빛 진통까지 흐르더군요. 그래요, 석류꽃이 피어났던 거죠.　　　　– 안도현, 〈석류〉 → '–지요, –데요, –어요, –군요, –거죠' 등의 (5 ㅂㄱㅅ)적 상대 높임인 해요체의 종결 어미를 통해 대상에 대한 화자의 정감을 드러내고 독자에게 말을 건네는 듯한 어감을 형성하여 청자와의 자연스러운 소통의 효과를 얻음.

🌏 1:1 작품 체험

> 고향이 고향인 줄도 모르면서
> 긴 장대 휘둘러 까치밥 따는
> 서울 조카아이들이여
> 그 까치밥 따지 말라
> 남도의 빈 겨울 하늘만 남으면
> 우리 마음이 얼마나 허전할까
> 살아온 이 세상 어느 물굽이
> 소용돌이치고 휩쓸려 배 주릴 때도
> 공중을 오가는 날짐승에게 길을 내어 주는
> 그것은 따뜻한 등불이었으니
> 철없는 조카아이들이여
> 그 까치밥 따지 말라
>
> 　　　　　　　　– 송수권, 〈까치밥〉

이 작품은 (6 ㅈㅋㅇㅇㄷ)을/를 청자로 설정하고 날짐승을 위해 남겨 둔 까치밥을 따지 말라는 말을 건네는 어투로 인정과 배려의 소중함이라는 주제 의식을 전달하고 청자에 대한 (7 ㅊㄱㄱ)을/를 드러내는 방식으로 시상을 전개하고 있다.

작품 알통

- **해제:** 날짐승을 위해 남겨 놓은 까치밥의 의미를 통해 인정과 배려의 소중함을 이야기한 작품이다.
- **주제:** 까치밥에 담긴 의미와 인정과 배려의 가치

❤️ 격식과 비격식적 종결 표현에 따른 말을 건네는 표현의 차이는 무엇인가요?

격식적 종결 표현	공식적인 대화에서 사용하는 '하십시오체, 하오체, 하게체, 해라체'
비격식적 종결 표현	비공식적인 대화 상황에서 사용하는 '해요체, 해체'

말을 건네는 표현에서 '하십시오체'인 '–습니다, –습니까?, –십시오' 등의 종결 어미를 사용하면 말을 건네는 대상인 청자를 아주 높이게 되므로 청자를 존중하고 공경하는 화자의 태도를 드러내는 효과를 얻을 수 있습니다. 반면에 '해요체'나 '해체'와 같은 비격식적 종결 표현을 사용하면 대상에 대한 친근감과 정감을 드러내는 효과를 얻을 수 있습니다.

【초성 답】 1 청자 2 화자 3 청자 4 풀 5 비격식 6 조카아이들 7 친근감

개념 트레이닝 ZONE

🏋 빈칸에 알맞은 말을 쓰며 개념 근육을 키워 보세요!

01

산두(山頭)에 한운(閑雲) 일고 수중(水中)에 백구(白鷗) 난다
　산꼭대기　　한가로이 떠도는 구름　　　　　갈매기
무심(無心)코 다정한 것 이 두 것이로다
　욕심이 없음.
일생에 시름을 잊고 너를 좇아 놀리라 〈제4수〉

— 이현보, 〈어부단가〉

'~에 ~고 ~에 ~난다' 형식의 (　　　　)을/를 통해 자연의 모습을 제시함으로써 한적한 분위기를 조성하고 있다.

02

날이 흐리고 풀이 눕는다.

발목까지 / 발밑까지 눕는다.

바람보다 늦게 누워도 / 바람보다 먼저 일어나고

바람보다 늦게 울어도 / 바람보다 먼저 웃는다.

날이 흐리고 풀뿌리가 눕는다.

— 김수영, 〈풀〉

대구의 표현과 대비적 시어를 사용하여 외부적 억압에 굴복하지 않고 일어서는 풀의 끈질긴 (　　　　)을/를 보여 주고 있다.

03

천 리 먼 고향 산은 만 겹 봉우리로 막혔으니,

가고픈 마음은 오래도록 꿈속에 있네.

한송정 가에는 외로운 둥근 달이요,
강릉 경포대 부근 언덕에 있는 소나무 숲과 정자
경포대 앞에는 한 줄기 바람이로다.
강릉에 있는 누대, 관동 팔경의 하나
모랫벌엔 백로가 언제나 모였다 흩어지고,

파도 위엔 고깃배가 오락가락 떠다닌다

— 허난설헌, 〈사친(思親)〉
어버이를 그리워하며 생각함.

대구를 사용하여 고향의 정경을 시각적으로 묘사하여 (　　　　)의 정서를 드러내고 있다.

04

거룩한 분노는 / 종교보다도 깊고

불붙는 정열은 / 사랑보다도 강하다.

아! 강낭콩꽃보다도 더 푸른 / 그 물결 위에

양귀비꽃보다도 더 붉은 / 그 마음 흘러라.

— 변영로, 〈논개〉

대구를 사용하여 임진왜란 중 진주 촉석루에서 왜장을 끌어안고 남강에 몸을 던진 논개의 충절을 (　　　　)하고 있다.

05

김천의료원 6인실 302호에 산소마스크를 쓰고 암 투병 중인 그녀가 누워 있다

바닥에 바짝 엎드린 가재미처럼 그녀가 누워 있다

나는 그녀의 옆에 나란히 한 마리 가재미로 눕는다

가재미가 가재미에게 눈길을 건네자 그녀가 울컥 눈물을 쏟아 낸다

한쪽 눈이 다른 한쪽 눈으로 옮아 붙은 야윈 그녀가 운다

그녀는 죽음만을 보고 있고 나는 그녀가 살아온 파랑 같은 날들을 보고 있다
　　　　　　　　　　　　　　　　잔물결과 큰 물결

— 문태준, 〈가재미〉

삶의 (　　　　)을/를 잃고 죽음만 보고 있는 그녀와 그런 그녀를 보며 그녀의 (　　　　)했던 삶을 떠올리고 있는 화자를 대조함으로써 죽음에 가까워져 가는 상황의 (　　　　)을/를 심화하고 있다.

06

우리가 눈발이라면

허공에서 쭈빗쭈빗 흩날리는

진눈깨비는 되지 말자.

세상이 바람 불고 춥고 어둡다 해도

사람이 사는 마을 / 가장 낮은 곳으로

따뜻한 함박눈이 되어 내리자.

— 안도현, 〈우리가 눈발이라면〉

불행, 고통, 좌절, 절망 등 부정적 의미의 '(　　　　)'은/는 희망, 위로 등 긍정적 의미의 '(　　　　)'와/과 대조적인 의미를 지닌 시어이며, 시어의 의미상 대조를 통해 부정적 현실로 인해 괴로워하는 사람들을 위로하는 존재가 되고 싶다는 주제 의식을 드러내고 있다.

07

봉머리 이던 구름 바람에 다 날리고
산봉우리의 맨 꼭대기
바위에 새긴 글발 메이고 이지러지고
　　　적어 놓은 글　'메워지다'의 준말
다만 그 흐르는 물이 긏지 아니하도다. 〈제3수〉
　'그치지(계속되던 일이나 움직임이 멈추거나 끝나다)'의 준말

— 이병기, 〈박연 폭포〉

'구름, 글발'의 유한성·가변성을 '흐르는 물'의 무한성·불변성과 대조하여 박연 폭포의 (　　　　)을/를 드러내고 있다.

08

동방은 하늘도 다 끝나고
❶ 동쪽에 있는 나라 ❷ 우리나라를 스스로 이르는 말
비 한 방울 내리잖는 그때에도

오히려 꽃은 빨갛게 피지 않는가.

— 이육사, 〈꽃〉

고난과 시련의 극한 상황을 의미하는 부정적 표현과 강인하고 끈질긴 생명력을 의미하는 긍정적 표현을 대조하여 밝은 미래에 대한 (　　　　)와/과 확신을 드러내고 있다.

09

예전에는 사람을 성자(聖者)처럼 보고
성인(聖人, 지혜와 덕이 매우 뛰어나 길이 우러러 본받을 만한 사람)
사람 가까이 / 사람과 같이 사랑하고

사람과 같이 평화를 즐기던 / 사랑과 평화의 새 비둘기는

이제 산도 잃고 사람도 잃고 / 사랑과 평화의 사상까지

낳지 못하는 쫓기는 새가 되었다.

　　　　　　　　　　　　　　－ 김광섭, 〈성북동 비둘기〉

사랑과 평화의 새로 여겨졌던 비둘기의 과거 모습과 (　　　　　)이/가 되어 버린 비둘기의 현재 모습을 (　　　　)하여 자연 파괴와 인간성 상실에 대한 비판을 드러내고 있다.

10

동쪽 누각에 숨은 꽃이 철쭉인가 두견화(杜鵑花)인가
진달래꽃
온 세상이 눈이어늘 제 어찌 감히 피리

알괘라 백설 양춘(白雪陽春)은 매화밖에 뉘 있으리 〈제8수〉
흰 눈이 날리는 이른 봄
　　　　　　　　　　　　　　－ 안민영, 〈매화사〉

온 세상이 눈으로 덮인 겨울에 철쭉이나 두견화 같은 꽃은 피지 못하지만, 흰 눈이 날리며 아직 추위가 가시지 않은 이른 봄에 매화는 피는 상황을 (　　　　)하여 매화의 절개와 지조를 (　　　　)하고 있다.

11

제 손으로 만들지 않고 / 한꺼번에 싸게 사서

마구 쓰다가 / 망가지면 내다 버리는

플라스틱 물건처럼 느껴질 때

나는 당장 버스에서 뛰어 내리고 싶다.

현대 아파트가 들어서며 / 홍은동 사거리에서 사라진
서울 서대문구 홍은동
털보네 대장간을 찾아가고 싶다. (중략)

땀 흘리며 두들겨 하나씩 만들어 낸 / 꼬부랑 호미가 되어

소나무 자루에서 송진을 흘리면서 / 대장간 벽에 걸리고 싶다.

　　　　　　　　　　　　　　－ 김광규, 〈대장간의 유혹〉

'몰아서 한 차례에. 또는 죄다 동시에'라는 뜻의 (　　　　)와/과 '하나가 되풀이됨.'이라는 뜻의 (　　　　)을/를 대조하여 (　　　　)처럼 하나씩 만들어지는 개별적 존재의 고유성을 부각하고 있다.

12

만 리 밖에서 기다리는 그대여

저 불 지난 뒤에 / 흐르는 물로 만나자.

푸시시 푸시시 불 꺼지는 소리로 말하면서

올 때는 인적 그친 / 넓고 깨끗한 하늘로 오라.

　　　　　　　　　　　　　　－ 강은교, 〈우리가 물이 되어〉

'만 리 밖에서 기다리는 (　　　　)여'(이)라는 표현을 통해 청자를 명시적으로 드러내어 화자의 바람을 표출하고 있다.

13

잠들지 말라 우리의 강아

오늘 밤도

너의 가슴을 밟는 뭇 슬픔이 목마르고
수효가 매우 많은
얼음길은 거칠다 길은 멀다

　　　　　　　　　　　　　　－ 이용악, 〈두만강 너 우리의 강아〉

의인화된 대상인 '(　　　　)'을/를 명시적이고 구체적인 청자로 설정하여 말을 건네고 있다.

14

병원에 갈 채비를 하며

어머니께서 / 한 소식 던지신다

허리가 아프니까 / 세상이 다 의자로 보여야

꽃도 열매도, 그게 다 / 의자에 앉아 있는 것이여

주말엔 / 아버지 산소 좀 다녀와라

그래도 큰애 네가 / 아버지한테는 좋은 의자 아녔냐

　　　　　　　　　　　　　　－ 이정록, 〈의자〉

어머니가 (　　　　)에게 말을 건네는 방식을 활용하여 배려하고 의지하며 살아가는 삶의 중요성이라는 주제 의식을 드러내고 있다.

15

사랑하는 사람이여, 당신이 맞은편 골목에서

문득 나를 알아볼 때까지 / 나는 정처 없습니다

당신이 문득 나를 알아볼 때까지 / 나는 정처 없습니다

　　　　　　　　　　　　　　－ 이성복, 〈서시〉

청자를 '사랑하는 사람(당신)'으로 한정하여 말을 건네는 방식으로 청자와의 (　　　　)을/를 좁히는 효과를 얻고 있다.

16

가을바람 불어

허공의 빈 나뭇가지처럼 아빠는

울고 있다만 딸아

너는 무심히 예복을 고르고만 있구나.

이 세상 모든 것은 붙들지 못해서 우는가 보다.

　　　　　　　　　　　　　　－ 오세영, 〈딸에게〉

(　　　　)에게 말을 건네는 방식으로 시상을 전개하여 딸을 시집보내는 아버지가 느끼는 (　　　　)을/를 드러내고 있다.

 워밍-UP

💪 **다음 글을 읽고 빈칸에 알맞은 말을 써서 해설을 완성하거나 정오를 판단하세요.**

01

> 자라가 기막혀 우는 말이,
>
> "못 보겄네, 못 보겄네, 병든 용왕 못 보겄네. 나의 충성 부족 던가, 나의 정성 부족던가? 객사 신세 자라 팔자, 이 아니 불쌍
> 객지(자기 집을 멀리 떠나 임시로 있는 곳)에서 죽음.
> 한가? 명천 감동하와 백호를 죽여 주소, 애고애고 설운지고."
> 모든 것을 똑똑히 살피는 하느님
> 이렇듯이 슬피 우니 호랑이 듣고,
>
> "이놈, 무슨 내게 해로운 소리만 하느냐?" / 자라 생각하되,
>
> '왕명을 받들어 만 리 밖에 나와 이 지경을 당하니 한 번 죽지 두 번 죽음은 없는지라. 먹지 않는 것 없이 몽땅 먹는다 하니 내 한번 고기 값이나 하리라.'
>
> — 작자 미상, 〈토끼전〉

구분	내용
표현의 반복	'(　　　　　　　)'을/를 반복하여 aaba구조를 형성함.
문장의 대구	'(　　　) 충성 (　　　　　　)'와/과 '(　　　) 정성 (　　　　　　)'에서 동일한 문장 구조를 반복함.

유사한 어구의 반복과 대구를 통해 인물의 심경을 드러내고 있다. ○✕

02

> 교활한 놈 거미는 족속도 번자(繁滋)하다. 누가 저희에게 준
> 번식이 성하다
> 기교인가, 망사로 둥근 배를 살찌운다. 한 마리 매미 있어 그물
> 그물을 뜨는 데에 쓰는 실
> 에 걸리니 그 소리 너무 슬펐다. 내 차마 못 들어 풀어 날려 보
> 냈다. 곁에 있던 사람이 힐난(詰難)하여 말했다.
> 트집을 잡아 거북할 만큼 따지고 들다.
> 　이 둘은 똑같이 작은 벌레다. 그런데 거미가 그대에게 무슨 손
> 해를 끼쳤으며 매미는 또 그대에게 무슨 이익을 더했는가? (중
> 략) 어찌하여 그대는 매미를 풀어 주었는가?
>
> 　나는 처음에 이맛살을 찌푸리고 대답하지 않으려 했다. 그러다
> 이마에 잡힌 주름살
> 가 잠깐 뒤에 다음과 같은 한 마디 말로써 그가 의심하는 바를
> 풀어 주었다.
>
> 　거미는 성품이 탐욕스럽고, 매미는 자질이 청백하다. 배부름을
> 　　　　　　　　　　　　재물에 대한 욕심이 없이 곧고 깨끗하다.
> 꾀하는 거미의 뜻은 끝이 없지만, 이슬이나 먹는 매미의 창자야
> 달리 무슨 꾀할 일이 있겠는가? 탐오(貪汚)로써 청렴을 핍박하니
> 　　　　　　　　　　　욕심이 많고 하는 짓이 더러움.
> 내 정으로는 이를 참을 수 없었던 것이다.　— 이규보, 〈방선부(放蟬賦)〉
> 　　　　　　　　　　　　　　매미를 놓아 준 일에 대한 글

구분	거미	매미
성품 / 자질		
탐욕의 정도		

두 대상의 속성을 대조하여 곧고 깨끗한 삶을 지향하는 '나'의 태도를 드러내고 있다. ○✕

03

> 이 중에 시름없으니 어부(漁父)의 생애(生涯)로다
> 한 척의 조그마한 배
> 일엽편주(一葉扁舟)를 만경파(萬頃波)에 띄워 두고
> 만 이랑의 푸른 물결이라는 뜻으로, 한없이 넓고 넓은 바다
> 인세(人世)를 다 잊었거니 날 가는 줄을 알랴 〈제1수〉
> 인간의 세상
>
> 굽어보면 천심녹수(千尋綠水) 돌아보니 만첩청산(萬疊靑山)
> 　　　　천 길이나 되는 깊고 푸른 물　　겹겹이 둘러싸인 푸른 산
> 십장(十丈) 홍진(紅塵)이 얼마나 가렸는고
> 　　　　번거롭고 속된 세상을 비유적으로 이르는 말
> 강호(江湖)에 월백(月白)하거든 더욱 무심(無心)하여라 〈제2수〉
> ❶자연 ❷세상　달이 밝게 비침.　❶아무런 생각이나 감정 따위가 없다.
> 　　　　　　　　　　　　　　　　　❷남의 일에 걱정하거나 관심을 두지 않다.
> 　　　　　　　　　　　　　　　— 이현보, 〈어부단가(漁父短歌)〉

구분	자연	속세
〈제1수〉		
〈제2수〉		

〈제1수〉와 〈제2수〉는 모두 서로 다른 성격을 띤 공간을 대비하고 있다. ○✕

04

> 청천(靑天)에 떠서 울고 가는 외기러기 날지 말고 내 말 들어
> 푸른 하늘
> 한양성 내에 잠간 들러 부듸 내 말 잊지 말고 웨웨텨 불러 이
> 　　　　　　　　　　　　　　　　　　　　　외쳐
> 르기를 월황혼 계워 갈 제 적막 공규(空閨)에 던져진 듯 홀로 안
> 　　　　　　　　　오랫동안 남편 없이 여자 홀로만 쓸쓸히 있는 방
> 져 님 그려 차마 못 살네라 하고 부듸 한 말을 전하여 쥬렴
>
> 우리도 님 보러 밧비 가옵는 길이오매 전할동 말동 하여라
>
> — 작자 미상

구분	초장	중장	종장
화자			
청자			

'전하여 쥬렴'을 통해 작품에 청자를 설정하여 말을 건네는 형식이 활용된 것을 알 수 있다. ○✕

05

> 아버지, 아직 남북통일이 되지 않았습니다.
>
> 일제 시대 소금 장수로 / 이 땅을 떠도신 아버지. (중략)
>
> 아버지, 남북통일이 되면 / 또다시 이 땅에 태어나서
>
> 남북을 떠도는 청청한 소금 장수가 되십시오.
>
> "소금이여", "소금이여"
>
> 그 소리, 멀어져 가는 그 소리를 듣게 하십시오.　— 고은, 〈성묘〉

구분	화자	청자
내용	아버지의 산소에 성묘를 간 (　　　　)	한반도 전체를 다니며 소금을 파셨던, 돌아가신 (　　　　)

아버지의 산소에 성묘를 간 화자가 돌아가신 아버지에게 말을 거는 형식을 통해 주제를 형상화하고 있다. ○✕

01

다음 시에 대한 설명으로 가장 적절한 것은?

> 먼우물 앞에서도 목마르던 나의 뿌리여
> 먹을 수 있는 우물물
> 나를 뚫고 오르렴,
>
> 눈부셔 잘 부스러지는 살이니
>
> 내 밝은 피에 즐겁게 발 적시며 뻗어 가려무나
>
> — 나희덕, 〈뿌리에게〉

① 말을 건네는 방식을 통해 대상에 대한 친밀함을 드러내고 있다.
② 자연물을 활용해 대상의 부재에서 오는 안타까움을 드러내고 있다.
③ 반어적인 표현을 통해 특정한 시적 공간의 의미를 강조하고 있다.
④ 동일한 종결 어미를 반복해 화자의 일관된 태도를 강조하고 있다.
⑤ 시선의 이동에 따라 다양한 대상을 순차적으로 묘사하고 있다.

02

(가)와 (나)의 공통점으로 가장 적절한 것은?

> (가) 쳉이 같은 내 팔자야 자탄한들 무엇하리
> 곡식을 까불러 쭉정이 등을 골라내는 '키'의 방언
> 한탄한들 무엇하나 청천에 저 기럭아
>
> 너도 또한 임을 잃고 임 찾아서 가는 길가
>
> — 작자 미상, 〈초부가〉
> 나무꾼들이 나무하며 부르는 노래
>
> (나) 여보소, 공중에
> 저 기러기
> 공중엔 길 있어서 잘 가는가?
>
> 여보소, 공중에
> 저 기러기
> 열십자(十字) 복판에 내가 섰소.
> 일정한 공간이나 사물의 한가운데
>
> — 김소월, 〈길〉

① 말을 건네는 듯한 어투를 통해 정서를 나타내고 있다.
② 선명한 색채 대비를 통해 화자의 심리를 부각하고 있다.
③ 수미상응의 시상 전개를 통해 구성상 안정감을 주고 있다.
④ 공감각적 이미지를 활용하여 계절의 흐름을 표현하고 있다.
⑤ 반어적 표현을 활용하여 화자가 처한 상황을 강조하고 있다.

03

㉠과 ㉡을 이해한 내용으로 가장 적절한 것은?

> (가) 님이 너를 보고 반기실까 아니실까
> 기년(幾年) 화류(花柳)의 ㉠취한 잠 못 깨었는가
> 몇 해   꽃과 버들
> 두어라 다 각각 정이니 나와 늙자 하노라 〈제4수〉
>
> — 권섭, 〈매화(梅花)〉

> (나) 휴전이 되던 해 음력 정월 초순께, 해가 설핏한 강 나루터
> 해의 밝은 빛이 약하다.
> 에 아버지와 나는 서 있었다. 작은증조부께 세배를 드리러
> 가는 길이었다. 강만 건너면 바로 작은댁인데, 배가 강
> 건너편에 있었다. 아버지가 입에 두 손을 나팔처럼 모아 대고
> 강 건너에다 소리를 지르셨다.
>
> "사공—, 강 건너 주시오."
>
> 건너편 강 언덕 위에 뱃사공의 오두막집이 납작하게 엎드려
> 있었다. (중략) 나룻배는 건너오지 않았다. 나는 뱃사공이
> 나오나 하고 추워서 발을 동동거리며 사공네 오두막집 삽짝을
> 사립짝(나뭇가지를 엮어서 만든 문짝)의 준말
> 바라보고 있었다. 아버지는 팔짱을 끼고 부동의 자세로 사공
> 집 삽짝 앞의 버드나무 둥치처럼 꿈쩍도 않으셨다. '사공—,
> 큰 나무의 밑동
> 강 건너 주시오.' 나는 아버지가 그 소리를 한 번 더 질러
> 주시기를 바랐다. 그러나 아버지는 두 번 다시 그 소리를
> 지르지 않으셨다. 그걸 아버지는 치사(恥事)로 여기신 것일까.
> 행동이나 말 따위가 쩨쩨하고 남부끄러움.
> 사공은 분명히 ㉡따뜻한 방 안에서 방문의 쪽유리를 통해서
> 건너편 나루터에 우리 부자가 하얗게 서 있는 것을 보았을
> 것이다. 그러나 도선의 효율성과 사공의 존재 가치를 높이기
> 나루와 나루 사이를 오가며 사람이나 짐 따위를 실어 나르는 작은 배
> 위해서 나루터에 선객이 더 모일 때를 기다렸기 쉽다. 그게
> 배를 탄 손님
> 사공의 도선 방침일지는 모르지만 엄동설한에서 있는 사람에
> 눈 내리는 깊은 겨울의 심한 추위
> 대한 옳은 처사는 아니다.
>
> — 목성균, 〈세한도(歲寒圖)〉

① ㉠에는 임이 처한 상황에 대한 연민이, ㉡에는 사공이 처한 상황에 대한 추측이 담겨 있다.
② ㉠에는 화자가 지향하는 행동이, ㉡에는 글쓴이가 지향하는 공간의 속성이 구체화되고 있다.
③ ㉠에는 돌아오지 않는 임에 대한 원망이, ㉡에는 곧 돌아올 사공에 대한 기대감이 내포되어 있다.
④ ㉠에는 자신의 처지에 대해 자조하는 태도가, ㉡에는 사공의 몰인정함에 대해 비판하는 태도가 드러나 있다.
⑤ ㉠에는 화자의 처지와 대비되는 임의 모습이, ㉡에는 글쓴이가 있는 공간과 대비되는 공간이 제시되어 있다.

호루라기 관장님의
하드 트레이닝

공부한 날	월 일 요일
맞은 개수	/ 6

작품	No	작품을 읽고 빈칸에 알맞은 말을 쓰시오.

작품

풀이 눕는다
비를 몰아오는 동풍에 나부껴
풀은 눕고
드디어 울었다
날이 흐려서 더 울다가
다시 누웠다

풀이 눕는다
바람보다도 더 빨리 눕는다
바람보다도 더 빨리 울고
바람보다 먼저 일어난다

날이 흐리고 풀이 눕는다
발목까지
발밑까지 눕는다
바람보다 늦게 누워도
바람보다 먼저 일어나고
바람보다 늦게 울어도
바람보다 먼저 웃는다
날이 흐리고 풀뿌리가 눕는다

– 김수영, 〈풀〉

01

시적 화자는 누구이며, 어떤 상황에 놓여 있는가?

시적 화자	바람에 시달리는 풀을 ( )하는 이
상황	바람에 흔들리는 풀을 바라봄.

02

시적 화자의 정서와 태도는 어떠한가?

풀(민중)의 강인함과 끈질긴 생명력을 생각하며, 풀(민중)이 암울한 현실을 (   )하고 다시 일어날 것임을 기대함.

03

다음 표현에 쓰인 표현상의 특징은 무엇인가?

풀	강인한 생명력을 지닌 민중		바람	억압, 세력, 지배층
일어나다	저항, 극복	↔	눕다	굴복, 순응
웃다	의연함.		울다	나약함.
빨리	능동적		늦게	수동적

→ 대조적 의미를 시어를 (   ) 구조로 제시하여 풀의 (   )을/를 강조함.

04

시상 전개에 따른 풀의 움직임은 어떠한가?

1연	2연	3연
바람 때문에 눕고 우는 풀	→ 바람보다 먼저 일어나는 풀	→ 바람보다 먼저 웃는 풀

드디어	풀이 억압적인 상황으로 인해 그동안 참고 있었던 감정을 드러내기 시작했음을 의미함.
다시, 더	문맥상 '한 번 더'의 의미로, 풀이 눕고 우는 모습을 수식하여 풀에 가해진 시련이 ( )되고 있음을 의미함.
빨리, 먼저	수동적이던 풀이 의지를 가지고 ( )적으로 움직이기 시작했음을 의미함.

→ 시상이 전개될수록 점점 강화되는 억압과 그 상황에 대처하는 풀의 움직임을 다양한 (   )을/를 활용하여 형상화하고 있음.

05

풀의 태도는 어떻게 달라지는가?

풀은 눕고 드디어 울었다	→	바람보다 먼저 일어난다
풀(민중)의 나약함.		풀(민중)의 강인함.
( )성		( )성

→ 풀로 상징되는 민중의 강인한 생명력을 강조함.

06

이 작품의 주제는 무엇인가?

풀(   )의 끈질긴 생명력

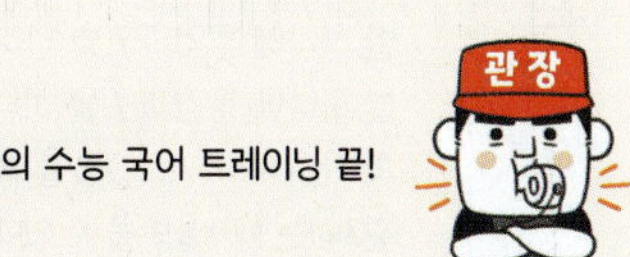

040 매개물(매개체)

둘 사이에서 양편의 관계를 맺어 주는 것

'매개'한다는 것은 두 대상이 관련되도록 (1   ㄱㄱ   )을/를 맺는다는 의미이다. 두 대상 사이에 연결고리가 만들어지는 것, 관련이 없는 것을 관련이 있는 것으로 만들어 주는 것이 '매개'이고, 이러한 작용을 하는 특정 사람이나 사물 등을 매개물 또는 (2   ㅁㄱㅊ   )(이)라고 한다. 눈에 보이는 대상뿐만 아니라 말, 행동, 기억, 경험 등도 두 대상을 이어 주는 역할을 한다면 충분히 매개물(매개체)이 될 수 있다.

매개물을 찾았다면 그 매개물의 상징적 의미가 무엇인지 파악하고, 두 대상을 이어 줌으로써 작품 전체의 맥락에서 어떤 역할을 하는지 확인해 보세요. 현실과 이상을 이어 주거나 심리나 변화를 일으키거나 외부와 내부 세계를 이어 주는 등 매개물의 역할은 매우 다양합니다.

구분	예
과거 회상의 매개물	아픈 몸 일으켜 혼자 찬밥을 먹는다 / 찬밥 속에 서릿발이 목을 쑤신다 부엌에는 각종 전기 제품이 있어 / 일 분만 단추를 눌러도 따끈한 밥이 되는 세상 찬밥을 먹기도 쉽지 않지만 / 오늘 혼자 찬밥을 먹는다 가족에겐 따스한 밥 지어 먹이고 / 찬밥을 먹던 사람 이 빠진 그릇에 찬밥 훑어 / 누가 남긴 무 조각에 생선 가시를 핥고 몸에서는 제일 따스한 사랑을 뿜던 그녀 / 깊은 밤에도 혼자 달그락거리던 그 손이 그리워 / 나는 오늘 아픈 몸을 일으켜 찬밥을 먹는다 – 문정희, 〈찬밥〉 → (3 ㅊㅂ)은/는 가족을 위해 헌신적 삶을 살았던 어머니에 대한 그리움의 정서를 불러일으키는 회상의 매개체 역할을 하고 있다.
자아 성찰의 매개물	산모퉁이를 돌아 논가 외딴 우물을 홀로 찾아가선 가만히 들여다봅니다. // 우물 속에는 달이 밝고 구름이 흐르고 하늘이 펼치고 파아란 바람이 불고 가을이 있습니다. // 그리고 한 사나이가 있습니다. / 어쩐지 그 사나이가 미워져 돌아갑니다. // 돌아가다 생각하니 그 사나이가 가엾어집니다. / 도로 가 들여다보니 사나이는 그대로 있습니다. // 다시 그 사나이가 미워져 돌아갑니다. / 돌아가다 생각하니 그 사나이가 그리워집니다. – 윤동주, 〈자화상〉 → (4 ㅇㅁ)은/는 화자가 자신의 모습을 비춰 보며 자아를 성찰하는 과정에서 활용되는 매개체이다. 화자는 자신을 '사나이'로 표현하여 객관화함으로써 거리를 두고 스스로를 성찰하고 있다. 자아 성찰의 매개물로 자주 사용되는 소재로는 '우물, 거울, 하늘' 등이 있다.
대상 연상의 매개물	계절이 지나가는 하늘에는 / 가을로 가득 차 있습니다. // 나는 아무 걱정도 없이 / 가을 속의 별들을 다 헤일 듯합니다. // (중략) 별 하나에 추억과 / 별 하나에 사랑과 / 별 하나에 쓸쓸함과 별 하나에 동경과 / 별 하나에 시와 / 별 하나에 어머니, 어머니 – 윤동주, 〈별 헤는 밤〉 → 화자는 (5 ㅂ)을/를 보며 추억의 대상들을 하나씩 떠올리고 있으므로, 이때 (6 ㅂ)은/는 추억을 환기하는 매개물로 볼 수 있다.

1:1 작품 체험

가자. 아무리 없어서 못 먹고 못 입고 살 더래도 나는 절대로 내 새끼를 거지나 도둑놈으로 키울 수는 없응께. 시상에…… 시상에, 돌아가신 느그 아버지가 이런 꼴을 보시면 뭣이라고 그러시끄나이.

어머니의 음성은 돌연 냉랭하게 변해 있었다. 끝내 그는 와앙 울음을 터뜨려 버리고 말았다. 그러나 어머니는 기어코 구호소 식당 안의 때 묻은 널빤지 의자 위에 그를 끌어다가 앉혀 놓았다.

잠시 후 어머니가 손바닥에 받쳐 들고 온 것은 한 그릇의 국수였다. (중략)

먹어라이. 어서 먹어 보란 말다이…….

어머니의 음성에는 어느새 아까의 냉랭함이 거의 지워져 있었다. 그는 몇 번 망설이다가는 젓가락을 뽑아 들고 무 조각 하나가 덩그러니 떠 있는 그 구호용 가락국수를 먹기 시작했다. 그러다가 문득 고개를 들었던 그는 그만 젓가락을 딸각 놓아 버리고 말았다. 마주 앉아서 그때까지 그를 줄곧 지켜보고 있었을 어머니의 눈에는 소리도 없이 눈물이 그득히 괴어오르고 있었기 때문이었다. 탁자 밑에 가지런히 모여져 있는 어머니의 낡은 먹고무신(검은 고무신)을 내려다보며 그는 갑자기 목구멍이 뻐근해져 옴을 느껴야 했다.

    – 임철우, 〈눈이 오면〉

어머니는 배가 고파 빈민 구호소 앞을 얼쩡거린 자식을 냉랭하게 대하며 야단치면서도, 자식에게 국수 한 그릇 배불리 먹게 해 주지 못한 것에 대한 미안함과 안타까움을 느끼고 있다. 따라서 한 그릇의 (7   ㄱㅅ   )은/는 그가 어머니의 속마음을 깨닫게 되는 (8   ㅁㄱㅁ   )(이)다.

작품 알통

• **해제:** 아파트촌으로 변해 버린 고향 꼬두메의 모습을 통해 급격한 산업화로 인한 고향 상실을 형상화한 작품이다.

• **주제:** 산업화 시대에 잃어버린 고향에 대한 그리움

【초성 답】 1 관계 2 매개체 3 찬밥 4 우물 5 별 6 별 7 국수 8 매개물

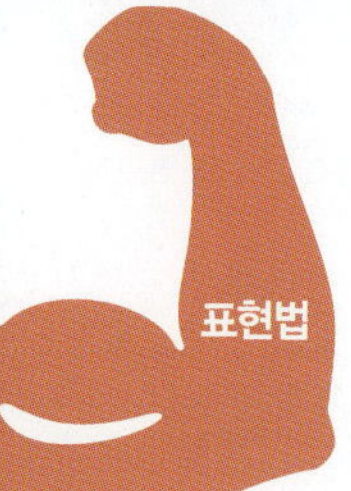

041 모티프(화소)

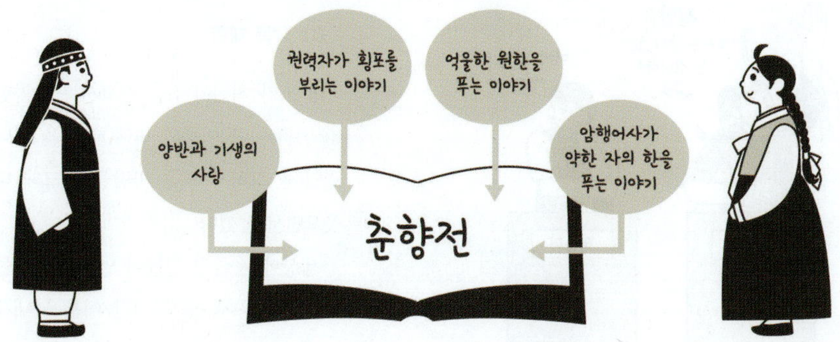

> 작품을 표현하는 동기가 된 작가의 중심 생각이나 전체 이야기를 이루는 작은 이야기

'모티프(Motif)'는 전체 이야기를 구성하는 가장 (1 ㅈㅇ) 이야기 단위이다. 일반적으로 여러 이야기에 공통되게 나타나는, 최소의 이야기 단위라는 개념으로 쓰인다. 모티프는 서사 이해의 실마리를 제공함으로써 작품의 전개 방향을 (2 ㅇㅊ)하게 한다.

구분	내용
결연 모티프	개인적 욕망과 사회적 규범의 긴장 관계 속에서 남녀 간의 인연이 맺어지는 과정을 그린 이야기 단위인데, 하늘의 명령을 따르거나 주체적 의지에 따라 결연하는 주인공, 결연에 반대하거나 동의하는 부모, 결연을 합리화하는 장치 등으로 구성됨. 예〈운영전〉, 〈숙향전〉
구약 모티프	약을 구하기 위해 길을 떠남과 동시에 갈등이 시작되며, 약을 얻으면 갈등이 해소되는 구조의 이야기 예〈바리공주〉, 〈육미당기〉, 〈적성의전〉
(3 ㄱㄷ) 모티프	개인의 영웅적 능력이 국가적 위기에서 발현되는 과정을 묘사한 이야기 단위인데, 조력자의 개입, 강력한 적수의 등장, 역동적 전투 장면 등으로 구성됨. 예〈소대성전〉, 〈유충렬전〉
금기 모티프	어떠한 행위나 발언 등을 금지할 것을 당부하는 것으로, 금기 사항을 어길 시 벌을 받거나 부정적 상황에 직면하게 됨. 예〈용소와 며느리바위〉, 〈하생기우전〉
(4 ㄴㅈ) 모티프	여성이 외적으로 남성인 것처럼 변장한 후 사회적 활동을 하는 것으로, 봉건 시대의 남성 중심적 사회 질서 속에서 여성이 사회적 참여를 하기 위한 장치이자 여성의 능력이 결코 남성에 비해 뒤떨어지지 않음을 보여 주는 장치 예〈홍계월전〉, 〈이춘풍전〉
변신 모티프	대부분 추악한 모습이 아름답게 변하거나 동물에서 사람으로 변하는 형태로, 변신을 전후로 하여 이야기의 양상이 달라짐. 예〈김현감호〉, 〈금방울전〉, 〈박씨전〉
설화 모티프	망부석 설화: 절개 굳은 아내가 외지에 나간 남편을 고개나 산마루에서 기다리다가 만나지 못하고 죽어 돌이 되었다는 설화로, 신라 시대 눌지왕의 아우를 구하러 일본에 갔다가 죽은 남편을 기다리 치술령에서 죽어 망부석이 되었다는 박제상의 아내 이야기가 대표적임. 사람이 돌로 변한다는 의미로 화석(化石) 모티프라고도 함. 예 김소월, 〈초혼(招魂)〉
	접동새(귀촉도) 설화: 중국 촉나라에 망제(望帝)라고 불리는 왕이 있었는데, 총애하는 신하 별령에게 나랏일을 맡기자 별령은 망제를 쫓아내고 자신이 왕이 됨. 나라를 빼앗기고 쫓겨난 원통함을 참을 수 없던 망제는 죽어서 두견새가 되어 밤마다 불여귀(不如歸)를 부르짖으며 목구멍에서 피가 나도록 울었다고 함. 두견새는 접동새, 자규, 불여귀, 귀촉도 등으로 불리며 문학에서 애상감을 상징하는 새임. 예 서정주, 〈귀촉도〉
속죄양 모티프	'속죄양'은 고대의 속죄일에 많은 사람의 죄를 씌워 황야로 내쫓거나 제물로 바쳤던 양을 의미하며, 문학에서는 타인의 죄를 대신 짊어지거나 자신을 희생하는 것을 의미함. 예 윤동주, 〈간〉 / 이육사, 〈광야〉
(5 ㅈㄱ) 모티프	주인공이 천상계에서 내려온 인물로, 천손이나 신선과 같이 고귀한 혈통인 경우가 많음. 예〈유충렬전〉, 〈숙영낭자전〉

🌀 1:1 작품 체험

부잣집 영감은 셋째 딸을 불러다가 구렁이가 너에게 장가오겠다고 하는데 너는 구렁이한테 시집가겠느냐고 물었다. 그랬더니 셋째 딸은 아버님이 하라는 대로 하겠다고 말했다. 그래서 이 딸을 구렁이에게 시집보내기로 했다. (중략)

❶구렁이는 그 집으로 가서는 구렁이 허물을 벗고 이쁘고 잘생긴 신랑이 되었다.

행례를 치르고 나서 신랑은 신부 보(예식을 행하는 일)고 나는 먼 데 가서 공부를 해야겠다고 하고 ❷구렁이 허물을 주면서 이것을 잘 간수하라고 했다. ❸그리고 이 허물이 없어지면 자신은 영영 못 오게 되고, 당신과 영이별이 될 터이니 부디 잘 간수하라고 말하고 먼 길을 떠나 버렸다.

셋째 딸은 구렁이 허물을 받아 잘 간수하고 있었는데 하루는 어쩌다가 잘못해서 화로에다 떨어뜨려서 그만 태우고 말았다. 이렇게 되고 보니 각시는 이제는 서방님을 못 만나게 되었구나 하고 근심하다가 어디 있는지 그림자라도 보고 싶다고 집을 떠났다.

– 작자 미상, 〈구렁덩덩 서(徐) 선비〉

이 작품은 우리 문학 전반에서 볼 수 있는 다양한 화소들을 가지고 있다.

❶	구렁이가 허물을 벗고 사람이 되는 장면	(6 ㅂㅅ) 모티프
❷	구렁이 신랑이 아내에게 허물을 잘 간수하라고 당부하는 장면	(7 ㄱㄱ) 모티프
❸	셋째 딸이 결혼 후 구렁이 신랑과 이별하게 되는 상황	(8 ㅎㅅ ㅈㅇ) 모티프

작품 알통

• 해제: 구렁이 신랑과의 결합과 이별 그리고 시련을 극복한 뒤의 재결합의 과정을 다양한 화소들을 엮어서 표현한 민담이다.
• 주제: 인간과 구렁이 신랑의 신이한 결합

【초성 답】 1 작은 2 예측 3 군담 4 남장 5 적강 6 변신 7 금기 8 혼사 장애

042 문답(問答)

물음과 대답 또는 서로 묻고 대답함.

'문답'은 의문이 드는 점을 묻고, 물음에 대해 답하는 형식의 표현을 의미한다. 이때 화자나 인물이 스스로에게 묻고 물음에 대한 대답도 스스로 하는 것을 (1 ㅈㅁㅈㄷ)(이)라고 한다. '자문자답'의 경우 화자나 인물이 이미 알고 있는 내용을 강조하려는 의도가 반영되어 있다. 문답법을 활용하여 내용을 전개하면 화자나 글쓴이가 말하려는 생각이 분명하게 드러나며, 화제를 선명하게 제시하여 이해를 돕는 효과가 있다.

구분	예
자문자답	두류산(頭流山) 양단수(兩端水)를 녜 듯고 이제 보니, 　지리산　　　두 갈래로 흐르는 물줄기 도화(桃花) 뜬 맑은 물에 산영(山影)조차 잠겻셰라. 복숭아꽃　　　　　산 그림자 아희야, 무릉(武陵)이 어듸오, 나는 옌가 하노라　　　　　　　　　　　　　　　　　- 조식 　무릉도원, 이상향 ➜ 화자가 무릉도원의 위치를 묻고, 무릉도원이 (2 ㅇㄱ)(이)라고 생각한다는 대답도 스스로 하는 자문자답의 형식임.
문답	어떤 이가 내게 물었다. / "세상 만물을 사랑하는 방법은 무엇입니까?" / 나는 이렇게 대답했다. "저마다 자기 본성대로 살도록 하는 겁니다. 《주역》에 이르기를, '하늘과 땅의 큰 덕을 생(生)이 　　　　　　　모든 존재의 삶과 작용 원리에 대해 설명한 유교 경전 라 한다.'라고 했습니다. 만물을 끊임없이 낳고 또 낳는 것은 하늘과 땅의 큰 덕이요, 살고자 하는 것은 만물의 본성입니다. 그러므로 만물의 살고자 하는 본성을 따르고 만물을 끊임없이 낳고 또 낳는 하늘과 땅의 큰 덕을 본받아, 세상 만물이 저마다 자기 본성대로 살며, 깊은 사랑과 두터운 은택 속에서 자라도록 할 따름입니다."　　　　　　　　　　　　- 김시습, 〈애물의(愛物義)〉 　은혜와 덕택　　　　　　　　　　　　　세상 만물을 사랑하는 올바른 방법 ➜ 어떤 이가 (3 ㅈㅁ)하고 글쓴이 '나'가 세상 만물을 사랑하는 방법에 대한 자신의 생각을 (4 ㄷㄷ)하는 문답의 방식으로 전개됨.

구분	예
자연물이 대답하는 경우	청천(靑天)에 떳는 기러기 한 쌍(雙) 한양성대(漢陽城臺)에 잠간 들러 쉬여 갈다. 푸른 하늘　　　　　　　　　　　한양성에 있는 높은 누대 이리로셔 져리로 갈 제 내 소식(消息) 들어다가 님의게 전(傳)하고 져리로셔 이리로 올 제 님의 소식(消息) 드러 내손데 브듸 들러 전(傳)하여 주렴. 우리도 님 보라 밧비 가는 길히니 전(傳)할 동 말 동 하여라.　　　　　　　　　- 작자 미상 ➜ 초·중장에서 화자가 기러기에게 (5 ㅂㅌ)하는 말을 건네고, 종장에서 자연물 기러기가 회의적으로 대답함.
추상적 대상이 대답하는 경우	꿈은 고향 가건마는 나는 어이 못 가는고 꿈아 너는 어느 사이 고향 다녀왔노 고향 집 늙으신 부모 평안히 계시오며 집안의 젊은 처자와 어린 동생과 각 댁 식구들이 다 태평터냐 태평키는 태평터라만 너 아니 온다고 수심(愁心)일레　　　　　　　　　　　　- 작자 미상 　　　　　　　　　　　　　매우 근심함. ➜ 중장에서 화자가 (6 ㄲ)에게 고향에 있는 가족의 안부를 묻고, 종장에서 꿈이 가족 소식을 전함.

🔴 **1:1 작품 체험**

내 조카 허친이 집을 짓고서는 통곡헌
　　　　　　　　　　'통곡의 집'이라는 의미
(慟哭軒)이란 이름의 편액(扁額)을 내다
　　　그림이나 글씨를 넣어 걸어 놓는 액자
걸었다. 그러자 모든 사람들이 크게 비웃으면서 말했다.

"세상에는 즐길 일들이 얼마나 많거늘 무엇 때문에 곡(哭)이란 이름을 내세
　　　크게 소리 내는 울음
워 집에 편액을 건단 말인가? 곡이란 상(喪)을 당한 자식이나 버림받은 여인이 하는 행위가 아니던가. 세상 사람들은 그런 곡소리를 몹시 듣기 싫어한다네. 남들은 기필코 꺼리는 것을 일부러 가져다가 집에 걸어 두는 이유가 대체 무엇인가?"

그러자 허친이 이렇게 대꾸하였다.

"저는 이 시대가 즐기는 것과 등지고, 세상이 좋아하는 것을 거부합니다.
(중략) 세상에서 좋아하는 부귀나 영예
　　　　　　　좋은 명성이나 명예
를 저는 더러운 물건인 양 버립니다. 오직 비천함과 가난, 곤궁과 궁핍이 존
　　　　　　가난하여 살림이 구차함.
재하는 곳을 찾아가 살고 싶고, 하는 일마다 반드시 이 세상과 배치되고자
　서로 반대로 되어 어그러지거나 어긋나게 되고자
합니다. 곡을 하는 것은 세상에서 제일 미워하는 행위입니다. 이를 능가하는 일은 없습니다. 그래서 저는 곡이란 이름을 내세워 제 집의 이름을 삼았습니다."

　　　　　　　- 허균, 〈통곡헌기(慟哭軒記)〉

이 작품은 집의 편액을 '통곡헌'이라고 이름 붙인 것에 대해 궁금해하는 사람들의 (7 ㅁㅇ)에 집주인인 허친이 그 이유를 (8 ㄷㄷ)하는 구성을 통해 당대의 세태에 대한 비판적 인식을 드러내고 있다.

작품 알통

• **해제:** 집의 편액을 '통곡헌(慟哭軒)'이라고 이름 붙인 이유를 이야기함으로써, 시대에 대한 비판적인 인식과 성찰을 드러낸 한문 수필이다.
• **주제:** 집 이름의 내력과 시대에 대한 비판

【초성 답】 1 자문자답 2 여기 3 질문 4 대답 5 부탁 6 꿈 7 물음 8 대답

개념 트레이닝 ZONE

빈칸에 알맞은 말을 쓰며 개념 근육을 키워 보세요!

01

묏버들 갈해 것거 보내노라 님의손대,
자시는 창(窓)밧긔 심거 두고 보쇼셔.
밤비예 새닙곳 나거든 날인가도 너기쇼셔.

— 홍랑

[현대어 풀이]
산에 있는 버들가지 중 아름다운 것을 골라 꺾어 임에게 보내오니,
주무시는 방의 창문가에 심어 두고 보아 주십시오.
행여 밤비에 새 잎이라도 나거든 마치 나를 보는 것처럼 여겨 주십시오.

'(　　　　　)'은/는 화자의 분신(分身)으로 화자의 심정을 대변하는 자연물이자 화자의 마음을 임에게 전달하는 매개물로 볼 수 있다.

02

내 마음 버혀 내여 뎌 달을 만들고져
구만리(九萬里) 장천(長天)의 번드시 걸려 이셔
고온 님 계신 곳에 가 비최여나 보리라

— 정철

[현대어 풀이]
내 마음 베어 내어 저 달을 만들고 싶구나.
구만 리 넓은 하늘에 반듯하게 걸려 있어
고운 임 계신 곳에 가 비춰나 보리라.

'(　　　)'은/는 문학적 상상력을 바탕으로 화자와 임 사이를 정서적으로 이어 주는 역할을 한다. '(　　　　)'은/는 임을 그리워하는 화자의 마음이 투영된 것으로, 임과 화자를 이어 주는 매개물로 볼 수 있다.

03

만산초목(萬山草木)이 잎잎이 추성(秋聲)이라
새벽 서리 지는 달에 외기러기 슬피 울 제
잠 없는 내 먼저 듣고 임 생각이 새로워라

— 안조원, 〈만언사(萬言詞)〉

[현대어 풀이]
온 산에 가득한 풀과 나무가 잎잎마다 가을 바람 소리구나.
새벽 서리와 지는 달에 외기러기가 슬피 울 때
잠 없는 내가 먼저 듣고 임 생각이 새롭게 나는구나.

화자는 '(　　　　　)'의 울음소리를 듣고 '임'을 떠올리고 있으므로, '(　　　　　)'은/는 특정한 대상을 떠올리게 하는 매개물의 역할을 하고 있다.

04

사랑을 잃고 나는 쓰네

잘 있거라, 짧았던 밤들아
창밖을 떠돌던 겨울 안개들아
아무것도 모르던 촛불들아, 잘 있거라
공포를 기다리던 흰 종이들아
망설임을 대신하던 눈물들아
잘 있거라, 더 이상 내 것이 아닌 열망들아

장님처럼 나 이제 더듬거리며 문을 잠그네
가엾은 내 사랑 빈집에 갇혔네

— 기형도, 〈빈집〉

'짧았던 밤, 겨울 안개, 촛불, 흰 종이, 눈물, 열망'은 모두 사랑하는 사람을 떠오르게 하는 매개물이며, 사랑을 상실한 화자가 (　　　　)을/를 고하는 대상들이기도 하다.

05

조금 전까지는 거기 있었는데 / 어디로 갔나,
밥상은 차려 놓고 어디로 갔나,
넙치지지미 맵싸한 냄새가
코를 맵싸하게 하는데 / 어디로 갔나,
이 사람이 갑자기 왜 말이 없나,
내 목소리는 메아리가 되어 / 되돌아온다.

— 김춘수, 〈강우〉

'넙치지지미 맵싸한 냄새'는 아내를 떠올리게 하는 (　　　　　)로, 화자에게 익숙한 상황을 환기하는 (　　　　)적 이미지이다. 이를 통해 아내의 죽음으로 인한 상실감과 아내에 대한 그리움이 드러나고 있다.

06

파란 녹이 낀 구리거울 속에
내 얼굴이 남아 있는 것은
어느 왕조(王朝)의 유물(遺物)이기에
이다지도 욕될까.
나는 나의 참회(懺悔)의 글을 한 줄에 줄이자.
― 만 이십사 년 일 개월을
― 무슨 기쁨을 바라 살아왔던가.

— 윤동주, 〈참회록〉

화자는 파란 녹이 낀 '(　　　　　)'에 자신의 모습을 비추어 봄으로써 망국민으로서 살아온 삶에 대해 욕됨을 느끼며 과거를 반성하고 있으므로, '(　　　　)'은/는 자아 성찰의 매개체라고 할 수 있다.

07

정유년 8월에 왜구가 남원을 함락하자 사람들이 모두 피란 가 숨었으며, 최척의 가족들도 지리산 연곡사로 피란을 갔다. 최척
전남 구례군 지리산에 실제 있는 절
은 옥영에게 남장(男裝)을 하게 했는데, 뭇 사람에 뒤섞이어도 보는 사람들마다 옥영이 여자인 줄을 몰랐다.

– 조위한, 〈최척전〉

여성인 인물이 위기에서 벗어나기 위해 자신의 성별을 감추는 (   ) 모티프가 사용되고 있다.

08

최척 부부는 후사를 염려하여 매월 초하루가 되면 몸과 마음
매달 첫째 날
을 깨끗이 하고 함께 만복사에 올라 부처께 기도를 올렸다. 다음 해 갑오년 정월 초하루에도 만복사에 올라 기도를 했는데, 이날 밤 장육금불(丈六金佛)이 옥영의 꿈에 나타나 말했다.
크기가 1장 6척이나 되는 금으로 칠한 불상
"나는 만복사의 부처로다. 너희 정성이 가상해 기이한 사내아이를 점지해 주니, 태어나면 반드시 특이한 징표가 있을 것이다."
신불(신령과 부처)이 사람에게 자식을 갖게 하여 주다.
옥영은 그달에 바로 잉태해 열 달 뒤 과연 아들을 낳았는데, 등에 어린아이 손바닥만 한 붉은 점이 있었다. (중략)

어느 날 저녁이었다. 옥영의 꿈에 장육금불(丈六金佛)이 나타나 분명하게 말했다.

"삼가 죽지 않도록 해라. 후에 반드시 기쁜 일이 있을 것이다."
겸손하고 조심하는 마음으로 정중하게
옥영은 깨어나 그 꿈을 기억해 내고는 전혀 희망이 없는 것은 아니라고 생각했다. 그래서 마침내 억지로라도 밥을 먹으며 죽지 않고 살아남았다.

– 조위한, 〈최척전〉

죽은 사람이나 신령 등이 꿈에 나타나는 '(   )(現夢)' 모티프를 통해 이야기가 전개되고 있다.

09

일일은 처사가 그 딸을 불러,
벼슬을 하지 아니하고 초야에 묻혀 살던 선비
"네 이제는 액운이 다하였으니 허물을 고치라."
모질고 사나운 기운인 액을 당할 운수
하니, 박씨가 대답하고 피화당으로 들어가니, 시아버지도 그 말
'화(재앙)를 피하는 집'이라는 뜻
을 알지 못하고 고이히 여기더라.
고이히(별나며 괴상하게)
이날 밤에 박 씨가 목욕하고 뜰에 내려서 하늘을 향하여 축수
두 손바닥을 마주 대고 빎.
(祝手)하고 방에 들어가 자더라.

이튿날 일어나 계화를 불러,

"내 간밤에 허물을 벗었으니, 대감께 여쭈어 옥함을 짜 주옵소
옥으로 만든 함
서 하라."

할 제, 계화가 보니 추비한 아씨가 허물을 벗고 옥 같은 얼굴이
거칠고 더럽고 낮다
며 달 같은 태도가 사람을 놀래며 향기가 방 안에 가득한지라.

– 작자 미상, 〈박씨전〉

추한 외모였던 박씨가 허물을 벗고 미인이 되는 (   ) 모티프가 제시되어 사건 전개의 전환점으로서 역할을 하고 있다.

10

도원이 있다 하여도 예 듣고 못 봤더니
도연명의 〈도화원기〉에 나오는 말로, '이상향', '별천지'를 이르는 말 = 무릉도원
홍하이 만동(滿洞)하니 이 진짓 거기로다
붉은 노을   골짜기에 가득함.
이 몸이 또 어떠하뇨 무릉인인가 하노라 〈제14수〉
무릉 사람 → 도원을 발견했다는, 중국 호남의 무릉 지방 사람인 어부를 의미

– 김득연, 〈산중잡곡〉

종장에서 '이 몸이 또 어떠하뇨'라고 묻고 '무릉인인가 하노라'라고 답변하는 자문자답의 방식을 통해 자연 속의 삶에 대한 (   )을/를 드러내고 있다.

11

세상의 버린 몸이 시골에서 늙어 가니

바깥 일 내 모르고 하는 일이 무엇인고

이 중의 우국성심(憂國誠心)은 풍년을 원하노라. 〈제1수〉
나라를 걱정하는 정성스러운 마음

– 이휘일, 〈전가팔곡(田家八曲)〉

'하는 일이 무엇인고'라는 물음에 '이 중에 우국성심은 풍년을 원하노라.'라고 답하는 (   )의 방식을 활용하고 있다.

12

세상을 살면서 한 권의 책 때문에 인생관, 가치관, 세계관이 하루아침에 송두리째 바뀌는 경험을 하는 이들이 과연 몇이나 될까? 대부분은 아마 단 한 번도 그런 짜릿한 경험을 못 하고 생을 마칠 것이다. 그런데 나는 《이기적 유전자》를 읽으며 그런 엄
영국 옥스퍼드 대학교의 생물학자 리처드 도킨스가 쓴 책
청난 경험을 했다. (중략) 《이기적 유전자》는 그야말로 유전자의 관점에서 이 세상 모든 것을 재해석하는 책이다. 나에게 삶을 바라보는 전혀 새로운 관점을 제시했다.

– 최재천, 〈과학자의 서재〉

대부분의 사람들은 한 권의 책으로 인생이 바뀌는 경험을 하는 경우가 드물다는 것을 (   )의 형식으로 제시한 후, 글쓴이는 그러한 경험을 했음을 강조하고 있다.

13

"천하 만물 가운데 지킬 것은 하나도 없지만, 오직 나만은 지켜야 한다. 내 밭을 지고 달아날 자가 있는가. 밭은 지킬 필요가 없다. 내 집을 지고 달아날 자가 있는가. 집도 지킬 필요가 없다. 내 정원의 여러 가지 꽃나무와 과일 나무들을 뽑아갈 자가 있는가. 그 뿌리는 땅속에 깊이 박혔다. 내 책을 훔쳐 없앨 자
유학의 성현이 남긴 글
가 있는가. 성현의 경전이 세상에 퍼져 물이나 불처럼 흔한데,
성인(우러러 본받을 만한 사람)과 현인(어질고 총명하여 성인에 다음가는 사람)
누가 능히 없앨 수가 있겠는가. 내 옷이나 양식을 훔쳐서 나를 궁색하게 하겠는가. 천하의 실이 모두 내가 입을 옷이며, 천하의 곡식이 모두 내가 먹을 양식이다. 도둑이 비록 훔쳐 간대야 한두 개에 지나지 않을 테니, 천하의 모든 옷과 곡식을 없앨 수 있으랴. 그러니 천하 만물은 모두 지킬 필요가 없다."

– 정약용, 〈수오재기(守吾齋記)〉
나를 지키는 집

(   )의 열거를 통해 천하 만물은 지킬 필요가 없으며 오직 지켜야 할 것은 자기 자신뿐임을 깨달아 가는 과정을 보여 주고 있다.

워밍-UP

다음 글을 읽고 빈칸에 알맞은 말을 써서 해설을 완성하거나 정오를 판단하세요.

01

(가) 이 산에 앉아보고 저 산에 걸어 보니

번거로운 마음에도 버릴 일이 전혀 없다

쉴 사이 없는데 오는 길을 알리랴

다만 지팡이가 다 무디어 가는구나

㉠술이 익었으니 벗이야 없을쏘냐

노래 부르게 하고 악기를 타고 또 켜게 하고 방울 흔들며

온갖 소리로 취흥을 재촉하니
<u>술에 취하여 일어나는 흥취</u>
근심이라 있으며 시름이라 붙었으랴

누웠다가 앉았다가 굽혔다가 젖혔다가

읊다가 휘파람 불다가 마음 놓고 노니

천지도 넓디넓고 세월도 한가하다

태평성대 몰랐는데 이때가 그때로다

신선이 어떠한가 이 몸이 그로구나

강산풍월 거느리고 내 백 년을 다 누리면

악양루 위의 이백이 살아온들
<u>당나라 시인 이백이 시를 지으면서 풍류를 즐긴 곳</u>
호탕한 회포는 이보다 더할쏘냐

- 송순, 〈면앙정가〉

(나) 동해 가까운 거리로 와서 나는 가재미와 가장 친하다. …
<u>가재미의 방언</u>
그저 한없이 착하고 정다운 가재미만이 흰밥과 빨간 고추장과 함께 가난하고 쓸쓸한 내 상에 한 끼도 빠지지 않고 오른다. … 그동안 나는 한 달포 이 고을 떠났다 와서 오랜만에
<u>한 달이 조금 넘는 기간</u>
내 가재미를 찾아 생선장으로 갔더니 섭섭하게도 이 물선은
<u>음식을 만드는 재료</u>
보이지 않았다. 음력 팔월 초상이 되어서야 이내 친한 것이
<u>그해 가을에 처음으로 내리는 서리</u>
온다고 한다. 나는 어서 그때가 와서 우리들 흰밥과 고추장과 다 만나서 아침저녁 기뻐하게 되기만 기다린다. 그때엔 또 이
십오 전에 두어 두름씩 해서 나와 같이 ㉡이 물선을 좋아하
<u>물고기를 짚으로 한 줄에 열 마리씩 두 줄로 엮은 것</u>
는 H한테도 보내어야겠다.

- 백석, 〈가재미·나귀〉

구분	화자의 행동	역할
㉠	익은 술을 벗과 마시며 노래를 부르고 악기도 연주하며 흥취에 빠짐.	화자의 흥을 ( )
㉡	H에게도 가재미를 보내어 함께 나누어 먹으려 함.	글쓴이가 가재미를 먹으며 느끼는 ( ) 확장

㉠은 화자가 느끼는 흥을 심화하는, ㉡은 글쓴이가 느끼는 기쁨을 확장하는 매개체이다. ◯✕

02

고전 소설에서 '복장 전환'이라는 화소는 자신의 실체를 상대에게 숨기는 수단으로 쓰입니다. 〈정비전〉에서는 사회적 한계를 극복하고, 위기 국면에서 고난에 적극적으로 대처하기 위해 복장 전환이 사용되고 있습니다.

"이 몸이 비록 ㉠여자이오나 어릴 적부터 병서를 공부하였사
오니 부친을 위로하려 전장에 나아가 선전(善戰)하려 하시거든
<u>방의 안</u> <u>있는 힘을 다하여 잘 싸우다.</u>
금전이 방중에 내려지소서."
<u>금으로 만든 돈</u>
하고, 금전을 던지니 금전이 높이 올랐다가 방중에 내려오는지라. (중략)

이때, 정 원수 여러 달 적진 중에 있어 명이 경각에 있었더니 안남국 황제 항복했다는 소식을 듣고 마음이 즐거워 이르기를

"이제 이 사람 고향에 돌아가 우리 황상을 뵈옵고 조상 향화
<u>향을 피운다는 뜻으로, 제사를 의미함.</u>
를 받들고 정녕 그리던 자식을 보겠도다."

하는데, 밖에 한 장수 찾아와 원수를 기다리더라.
<u>적이 모여 있는 진지나 진영</u>
"여식 정모는 부친의 위급함을 듣고 ㉡잠깐 남자 되어 적진을
<u>딸 정 소저</u>
진정시키고 그 간에 그리던 부친 일시도 그냥 있을 수 없어 불초하나마 부친을 위하고자 하였사오니 부친은 안심하옵소서."
<u>못나고 어리석다.</u>
하고, 소저도 눈물을 금치 못함이 그지없으니 정 원수 그 말을 듣고 대경 질색하여 한참 말을 못하다가 정신을 진정하여 다시
<u>숨이 통하지 못하여 기운이 막힐 정도로 크게 놀람.</u>
보니 비록 남자 의복으로 환역(換易)하였으나 얼굴이 분명한지라.
<u>바뀜, 내용상 '겉모습이 바뀌었다'는 의미임.</u>

- 작자 미상, 〈정비전〉

㉠에서 '여자이오나 어릴 적부터 병서를 공부'했다고 한 정 소저가 ㉡에서 '남자되어 적진을 진정시'켰다고 하는 것에서 복장 전환을 한 인물이 자신의 사회적 한계를 극복하고 능력을 발휘했음을 확인할 수 있다. ◯✕

03

〈두껍전〉은 적강 모티프와 사위가 처가에서 인정받지 못한다는 내용의 사위 박대담이 결합된 작품입니다. 초월적 존재에게 볼품없는 외양을 부여받은 주인공은 지상에서 가족들에게 소외되는 등의 박대를 당하며 속죄의 과정을 거칩니다. 이 과정에서, 정체를 숨긴 채 뛰어난 능력을 발휘하던 주인공은 정체를 밝힌 후 가족들의 인정을 받고 다시 천상으로 돌아가게 됩니다.

두꺼비가 분하여 진언을 외워 그 허물을 벗으니, 하늘에서 청
<u>비밀스러운 어구 → 주문(술법을 부릴 때) 외는 글귀</u>
모시 한 필과 하인 열 셋이 내려왔다. 살펴보니 층층다리 무지개
<u>일정한 길이로 말아 놓은 피륙을 세는 단위</u>
안장에 황금 등자를 걸었으며, 하인들이 치장한 것을 보니 슬렁
<u>말을 타고 앉아 두 발로 디디게 되어 있는 물건</u>
슬렁 벙거지에 열십자 끈을 넓게 달고 흑띠와 복끈을 둘러메고 육모방망이 등을 거꾸로 잡고 두꺼비에게 문안하였다. 두꺼비 또

한 어느 새 선관의 의복을 제대로 갖추었다.
<u>선경에서 벼슬살이를 하는 신선</u>

- 작자 미상, 〈두껍전〉

두꺼비가 진언을 외워 하늘에서 하인이 내려오는 장면에서, 숨기고 있었던 주인공의 정체를 확인할 수 있다. ◯✕

01

〈보기〉를 참고하여 다음 시를 이해한 내용으로 적절하지 <u>않은</u> 것은?

> 접동
>
> 접동
>
> 아우래비 접동
> 아홉 오래비
>
> 진두강 가람가에 살던 누나는
> 평안도 백천 지역에 있는 강
> 진두강 앞마을에
>
> 와서 웁니다.
>
> 옛날, 우리나라
> 먼 뒤쪽의
> 진두강 가람 가에 살던 누나는
> 의붓어미 시샘에 죽었습니다.
> 계모
>
> 누나라고 불러 보랴
> 오오 불설워
> '몹시 서러워'의 방언
> 시새움에 몸이 죽은 우리 누나는
> 죽어서 접동새가 되었습니다.
>
> 아홉이나 남아 되던 오랩동생을
> '오라비'의 방언, 남동생
> 죽어서도 못 잊어 차마 못 잊어
>
> 야삼경(夜三更) 남 다 자는 밤이 깊으면
> 밤 11시~새벽 1시
> 이 산 저 산 옮아가며 슬피 웁니다.
>
> — 김소월, 〈접동새〉

〈보기〉

> 이 작품은 계모에게 박대 받던 처녀가 죽어서 접동새가 되었고, 밤이면 오라비들을 찾아와 울었다는 '접동새 설화'를 수용하여 현대시의 형식으로 변용하고 재창조한 것이다. 억울한 죽음의 사연을 담고 있는 설화를 통해 당시 나라를 잃고 슬픔에 빠진 우리 민족의 한을 전통적 율격으로 노래하고 있다.

① '접동 / 접동/ 아우래비 접동'은 설화와 관련한 접동새 울음소리를 리듬감 있는 시행의 배열로 변용한 것이다.

② '누나는 / 진두강 앞마을에 / 와서 웁니다.'는 화자가 설화를 수용하여 '접동새'와 '누나'를 동일시했음을 보여 주는 것이다.

③ 접동새 설화의 '누나'는 '우리 누나'로 변주되며 민족이 지닌 슬픔의 정서로 공감을 이끌어 내는 것이다.

④ '죽어서도 못 잊어 차마 못 잊어'와 같은 표현은 전통적 율격으로 우리 민족이 지닌 정서를 부각하고 있는 것이다.

⑤ '야삼경 남 다 자는 밤'에 잠들지 못한 '오랩동생'의 태도는 민족의 암울한 현실을 극복하기 위한 고뇌와 연결되는 것이다.

02

〈보기〉를 참고하여 ㉠~㉤을 감상한 내용으로 적절하지 <u>않은</u> 것은?

> 이때 강씨 상서가 집에 없음을 기뻐하여 월을 불러 날로 구박하며 눈앞에 잠시도 섰지 못하게 하고, ㉠음식을 먹이되 독약이
> 인정 없이 모질게 대함.
> 들지 아니하였으니 알고 먹으라 하며 박대가 자심한지라. (중략)
> 더욱 심하다.
> 이때 강씨 생각하되
> 치욕을 씻음.
> ㉡"이때를 지내면 다시 설치할 기회를 얻기 어려우리라."
> 하고 월의 자는 방에 들어가니, 소저가 홀로 엎어져 앓는 소리 나거늘 문을 열고 들어가 꾸짖어 왈,
> "이 아이년아, 누구를 모함하려고 누웠느냐. 너 같은 자식은 보기 싫으니 바삐 나가고 눈앞에 보이지 말라." (중략)
> 상이 보시고 측은히 여기시며 가라사대,
> 말씀하시되
> ㉢"금번 북흉노 병란에 경의 아들 곧 아니던 종묘사직이 위
> 나라 안에서 싸움질하는 난리   왕실과 나라
> 태하고 짐의 몸이 마칠 것을 하늘이 도우사 경의 영자를 만
> 아들을 높여 이르는 말
> 나 북적을 소멸하고 천하를 평정하였으니, 그 공을 무엇으로
> 갚으리오."
> 하시고, 좌승상 어룡을 급히 명초하시니, 이때 승상이 부친 오
> 임금의 명령으로 신하를 부르다.
> 신다는 말을 듣고 전지도지하여 나오더니, ㉣나라에서 부르심을
> 엎드러지고 곱드러지며 몹시 급히 달아나다.
> 듣고 급히 예궐 숙배하온대, … 상서와 대면케 하시니, ㉤승상이
> 대궐 안으로 들어감. 왕이나 왕족에게 절을 하다.
> 부친 앞에 나아가 엎어져 실성 통곡하며 말을 이루지 못하거늘,
> (중략) "네가 진정 나의 아들 용이냐 아니냐."
>
> — 작자 미상, 〈어룡전〉

〈보기〉

> 〈어룡전〉은 계모와 전처소생 간의 갈등을 다룬 계모형 가정 소설이다. 계모의 일방적인 구박과 횡포로 고통을 받던 전처 자식들은 가장이 부재한 시기에 가정에서 쫓겨난다. 이후 주인공은 국가적 위기 상황을 극복하고 출세함으로써 가족과 재회하고 가정을 회복한다. 〈어룡전〉의 특이한 점은 전쟁에서 공을 세우는 군담 화소가 계모형 가정 소설에 결합되어 서사가 진행된다는 것이다.

① ㉠: 전처 자식에 대해 계모의 일방적인 구박과 횡포가 가해졌음을 알 수 있군.

② ㉡: 가장이 부재한 시기를 틈타 전처 자식을 쫓아내려는 계모의 의도를 알 수 있군.

③ ㉢: 국가의 위기 상황이 주인공에게 출세의 계기가 되었음을 알 수 있군.

④ ㉣: 주인공이 전쟁에 나가 공을 세우는 군담의 화소가 결합되어 있음을 알 수 있군.

⑤ ㉤: 주인공이 헤어졌던 아버지와 재회가 이루어졌음을 알 수 있군.

호루라기 관장님의 하드 트레이닝

공부한 날	월 일 요일
맞은 개수	/ 7

작품	No	작품을 읽고 빈칸에 알맞은 말을 쓰시오.
담양이나 창평 어디쯤 방을 얻어 다람쥐처럼 드나들고 싶어서 고즈넉한 마을만 보면 들어가 기웃거렸다. 지실마을 어느 집을 지나다 오래된 한옥 한 채와 새로 지은 별채 사이로 수더분한 꽃들이 피어 있는 마당을 보았다. 나도 모르게 열린 대문 안으로 들어섰는데 아저씨는 숫돌에 낫을 갈고 있었고 아주머니는 밭에서 막 돌아온 듯 머릿수건이 촉촉했다. — 저어, 방을 한 칸 얻었으면 하는데요. 일주일에 두어 번 와 있을 곳이 필요해서요. 내가 조심스럽게 한옥 쪽을 가리키자 아주머니는 빙그레 웃으며 이렇게 대답했다. — 글씨, 아그들도 다 서울로 나가불고 우리는 별채서 지낸께로 안채가 비기는 해라우. ⊙그라제마는 우리 집안의 내력이 짓든 데라서 맴으로는 지금도 쓰고 있단 말이요. 이 말을 듣는 순간 ⓒ정갈한 마루와 ⓒ마루 위에 앉아 계신 저녁 햇살이 눈에 들어왔다. 세 놓으라는 말도 못하고 돌아섰지만 그 부부는 알고 있을까. 빈방을 마음으로는 늘 쓰고 있다는 말 속에 내가 이미 세들어 살기 시작했다는 걸. – 나희덕, 〈방을 얻다〉	01	**시적 화자는 누구이며, 어떤 상황에 놓여 있는가?** 시적 화자 — 한가로운 시골에서 방을 얻으려는 ( ) 상황 — ( ) 어느 집에서 방을 얻으려던 화자가 주인에게 방을 구하고자 요청하나 거절당함.
	02	**시적 화자의 정서와 태도는 어떠한가?** 방을 단순한 공간이 아니라 집안의 ( )이/가 담긴 공간으로 인식하는 주인아주머니의 말에 깊은 감동을 받음.
	03	**공간에 대한 인물의 인식 차이는 무엇인가?** 방 — 화자 • 일주일에 두어 번 와 있을 곳 / • ( )의 공간, 잠시 머무를 곳 방 — 주인아주머니 • 우리 집안의 내력이 깃든 공간 / • 가족의 정과 ( )이/가 담긴 공간
	04	**⊙에서 알 수 있는 공간의 의미는 무엇인가?** ( ) • 지금은 쓰지 않는 오래된 공간 • 가족의 내력이 깃든 곳 ↔ ( ) • 새로 지은 공간 • 현재 사용하고 있음. → ⊙의 주인아주머니 말을 통해 ( )의 의미가 강조됨.
	05	**ⓒ과 ⓒ의 표현상의 특징은 무엇인가?** ⓒ — '정갈한'이라는 ( )의 사용 ⓒ — '저녁 햇살'의 ( ) → 안채를 마음으로 사용하고 있다는 주인아주머니의 말을 들은 화자가 아주머니의 정을 느끼고 그 집에 대해 ( )을/를 갖게 되었음을 감각적으로 표현함.
	06	**대화를 인용한 효과는 무엇인가?** '나'의 물음 — — 저어, 방을 한 칸 얻었으면 하는데요. 일주일에 두어 번 와 있을 곳이 필요해서요. 주인아주머니의 대답 — — 글씨, 아그들도 다 서울로 나가불고 우리는 별채서 지낸께로 안채가 비기는 해라우. 그라제마는 우리 집안의 내력이 짓든 데라서 맴으로는 지금도 쓰고 있단 말이요. → 대화를 ( ) 인용하여 ( )을/를 높이며 생생한 느낌을 줌.
	07	**이 작품의 주제는 무엇인가?** 가족 간의 정에 대한 ( )

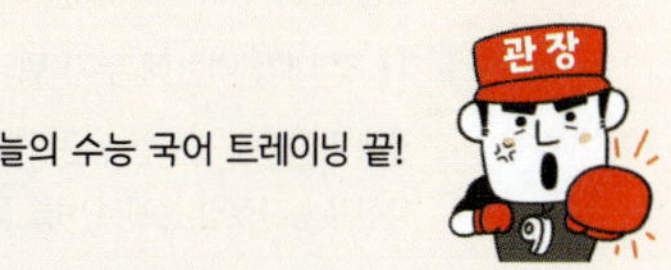

043 반어

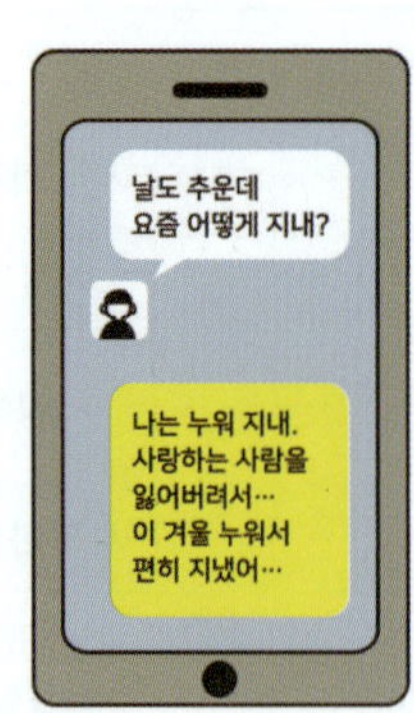

> 드러내고 싶은 뜻이나 화자의 의도와 반대로 표현하여 원래의 의미를 강조하는 표현

(1 ㅂㅇ)(이)란 겉으로 드러난 표현과 드러나지 않은 의미가 반대됨으로써 표현 효과를 극대화하는 방법이다. 반어의 표현을 사용하면 본래 말하고자 하는 바를 숨기고 반대되는 표현을 드러내기 때문에 오히려 드러나지 않은 진짜 의미가 강조되는 효과가 있다. 또한 반어는 말하고자 하는 바를 직설적으로 말하는 것이 아니기 때문에 만약 말하고자 하는 것이 부정적 대상에 대한 비판이나 비난, 조롱 등이라면 이러한 의도를 숨겨 표현할 수 있다. 갈등이 전개의 중심이 되는 소설이나 극 문학의 경우에는 인물의 말과 행동에 반어의 기법이 사용될 수 있으며 이런 표현은 인물의 심리, 처지, 성격 등을 강조하는 효과가 있다.

구분	예
제목이 반어인 경우	초시의 입에는 피, 얼굴은 잿빛이었다. 방 안은 움 속처럼 음습한 바람이 휙 끼친다. "아니……?" 참의는 우선 미닫이를 닫고 눈을 비비고 초시를 들여다보았다. 안 초시는 벌써 아니요, 안 초시의 시체일 뿐, 둘러보니 무슨 약병인 듯한 것 하나가 굴러져 있다. 참의는 한참만에야 이 일이 슬픈 일인 것을 깨달았다. – 이태준, 〈복덕방(福德房)〉 → 제목 (2 ㅂㄷㅂ)은/는 복과 덕이 있는 방이라는 의미이나, 작품의 내용은 일제 강점기에 소외된 세 노인의 모습과 죽음을 통해 근대 사회의 비극성을 드러냄.
행동이 반어인 경우	신새벽 뒷골목에 / 네 이름을 쓴다 민주주의여 내 머리는 너를 잊은 지 오래 내 발길은 너를 잊은 지 너무도 너무도 오래 오직 한 가닥 있어 / 타는 가슴속 목마름의 기억이 네 이름을 남몰래 쓴다 민주주의여 – 김지하, 〈타는 목마름으로〉 → 억압적 현실로 인해 민주주의를 잊고 살았던 과거를 (3 ㅂㅅ)하며, 사실은 민주주의를 잊지 않았음을 표현함
상황이 반어인 경우	"이 자식, 남의 벼를 훔쳐 가니!" 하고 대포처럼 고함을 지르니 논둑으로 고대로 데굴데굴 굴러서 떨어진다. 얼결에 호되게 놀란 모양이다. / 응칠이는 덤벼들어 우선 허리께를 내려조겼다. 어이쿠쿠, 쿠— 하고 처참한 비명이다. 이 소리에 귀가 번쩍 띄어서 그 고개를 들고 팔부터 벗겨 보았다. 그러나 너무나 어이가 없었음인지 시선을 치걷으며 그 자리에 우두망찰한다. (당돌하고 생뚱맞은) / 그것은 무서운 침묵이었다. 살뚱맞은 바람만 공중에서 북새를(많은 사람이 야단스럽게 부산을 떨며 법석이는 일) 논다. 한참을 신음하다 도적은 일어나더니, "성님까지 이렇게 못살게 굴기유?" 제법 눈을 부라리며 몸을 홱 돌린다. 그리고 느끼며 울음이 복받친다. 봇짐도 내버린 채,(등에 지기 위하여 물건을 보자기에 싸서 꾸린 짐) "내 것 내가 먹는데 누가 뭐래?"(염치가 없이 막된 사람) – 김유정, 〈만무방〉 → 일제 강점기에 성실한 농군이었던 응오가 열심히 일해도 소작료를 지불하고 나면 남는 것이 없는 현실로 인해 자신이 농사짓던 논에서 벼를 훔치는 (4 ㅂㅇㅈ) 상황이 연출되고 있음.

반어적 명명법은 무엇인가요?

'명명법'은 이름을 붙이는 방식이라는 뜻으로, '반어적 명명법'은 반어적으로 표현된 이름을 붙였다는 의미입니다.

"철거 계고장예요."
"기어코 왔구나!"
어머니가 말했다.
"그러니까 집을 헐라는 거지? 우리가 꼭 받아야 할 것 중의 하나가 이제 나온 셈이구나!"
어머니는 식사를 중단했다. 나는 어머니의 밥상을 내려다보았다. 보리밥에 까만 된장, 그리고 시든 고추 두어 개와 졸인 감자. 나는 어머니를 위해 철거 계고장을 천천히 읽었다.

> **낙원구**
>
> 주택: 444,1–   197×. 9. 10
> 수신: 서울특별시 낙원구 행복동 46번지의 1839 김불이 귀하
> 제목: 재개발 사업 구역 및 고지대 건물 철거 지시
>
> 　귀하 소유 아래 표시 건물은 주택 개량 촉진에 관한 임시 조치법에 따라 행복 3구역 재개발 지구로 지정되어 서울특별시 주택 개량 재개발 사업 시행 조례 제15조, 건축법 제5조 및 동법 제42조의 규정에 의하여 197×. 9. 30까지 자진 철거할 것을 명합니다. 만일 위 기일까지 자진 철거하지 않을 경우에는 행정 대집행법의 정하는 바에 의하여 강제 철거하고 그 비용은 귀하로부터 징수하겠습니다.
>
> 철거 대상 건물 표시 /
> 서울특별시 낙원구 행복동 46번지의 1839
> 구조　　건평　　평
> 　　　　　끝
>
> 　　　　　　　　　　낙원구청장
>
> – 조세희, 〈난쟁이가 쏘아 올린 작은 공〉

위 작품에서 가난한 난쟁이 일가는 집이 강제 철거될 위기에 처해 있는데, 그들이 사는 동네의 이름은 '낙원구 행복동'입니다. 따라서 동네 이름을 '낙원구 행복동'이라고 붙인 것은 반어적 명명이라고 볼 수 있습니다.

【초성 답】 1 반어 2 복덕방 3 반성 4 반어적

044 · 비유

표현하려는 사물이나 관념을 유사한 현상이나 사물에 빗대어 표현하는 방법

'비유'는 (¹ ㅇㄱㄴ)을/를 (² ㅂㅈ ㄱㄴ)에 빗대어 표현하는 방법이다. 이때 '빗대어' 표현한다는 것은 곧바로 말하지 않고 빙 둘러서 말한다는 의미로, 말하고자 하는 바를 직접적으로 말하지 않는 것이다. 비유가 성립되기 위해서는 원관념과 보조 관념 사이에 서로 비슷한 성질인 (³ ㅇㅅㅅ)이/가 있어야 한다.

은유법	• 연결어 없이 원관념과 보조 관념을 'A는 B이다'와 같은 형식을 통해 마치 두 대상이 동일한 것처럼 간접적으로 연결하여 표현함. • 원관념과 보조 관념의 유사성을 겉으로 드러내지 않고, 원관념과 비슷한 성질을 가진 보조 관념을 끌어다 은근히 견주어 표현하는 방법 예 밤은 / 푸른 안개에 싸인 호수 / 나는 / 잠의 쪽배를 타고 꿈을 낚는 어부.　　　　　- 김동명, 〈밤〉
직유법	비슷한 성질을 가진 두 대상을 '~같이(같은), ~처럼, ~듯이, ~인 듯, ~인 양' 등의 (⁴ ㅇㄱㅇ)을/를 사용하여 직접 빗대어 표현함.

직유법		
~같이(같은)	예 내 노래는 제비 같이 날아서 갔소	- 이육사, 〈강 건너간 노래〉
~처럼	예 나의 등판에 폭포처럼 쏟아지는 / 시퍼런 물줄기	- 이형기, 〈폭포〉
~듯이	예 구름에 달 가듯이 / 가는 나그네	- 박목월, 〈나그네〉
~인 듯	예 이슬 같은 보람을 / 보밴 듯 감추었다	- 김영랑, 〈내 마음 아실 이〉
~인 양	예 지구는 연(蓮)닢인 양 옴으라들고…… 펴고……	- 정지용, 〈바다 9〉

의인법	사람이 아닌 사물이나 관념을 사람인 것처럼 표현하는 방법 예 보리도 허리통이 부끄럽게 드러났다　　　　　- 김영랑, 〈오월〉
활유법	• 무생물을 살아 있는 (⁵ ㅅㅁ)인 것처럼 나타내는 표현법 • 숨을 쉰다거나 달리거나 하는 등의 생명 현상을 드러내어 살아 있는 것처럼 표현하는 방법 예 바다는 멀리서 진펄에 몸을 뒤척이겠지요.　　　　　- 이성복, 〈서해〉 　　　땅이 질어 질퍽한 펄
대유법	사물의 일부분이나 특징을 들어 (⁶ ㅈㅊ)을/를 나타내는 방법 예 "내가 죽으면 동전 한 닢이라도 너를 남겨 줄 줄 아니!" → '재산'을 의미함.
중의법	하나의 표현으로 두 가지 이상의 원관념을 표현하는 방법으로, 해석이 다양해질 수 있음. 예 청산리 벽계수야 수이 감을 자랑 마라. 　　물빛이 맑아 보이는 시냇물 　일도(一到) 창해(滄海)하면 돌아오기 어려우니, 　한 번 다다름. 넓고 큰 바다 　명월이 만공산(滿空山)하니 쉬어 간들 어떠하리. 　빈 산에 가득 참.　　　　　- 황진이
의성법	사람이나 사물의 (⁷ ㅅㄹ)을/를 의성어로 표현하는 방법 예 벌들이 잉잉 소리를 내며 날았다.　　　　　- 조세희, 〈궤도 회전〉
의태법	사람이나 사물의 모양이나 태도를 의태어로 표현하는 방법 예 나는 두둥싯 두둥실 봉새춤을 추며　　　　　- 박두진, 〈어서 너는 오너라〉

중의법 예시 옆 설명: 물빛이 맑아 푸르게 보이는 시냇물인 '벽계수'는 조선의 왕족으로 알려진 이종숙이라는 인물의 호입니다. 밝은 달인 '명월'은 조선의 이름난 기생인 황진이의 호입니다.

📙 1:1 작품 체험

나는 그리워서 모두 그리워

먼 길을 돌아왔다만

버들방천에도 가고 싶지 않고
버들이 잇따라 늘어서 자라고 있는 강둑
물방앗간도 보고 싶지 않고

고향아

가슴에 가로누운 가시덤불

돌아온 마음에 싸늘한 바람이 분다

– 이용악, 〈고향아 꽃은 피지 못했다〉

이 작품은 화자의 내면을 (⁸ ㄱㅅㄷㅂ)와/과 (⁹ ㅂㄹ)에 비유하여 시적 공간인 '고향'에 대한 기대감이 사라진 화자의 마음을 자연물을 통해 드러내고 있다.

작품 알통

• **해제**: 일제 강점기에 고향을 떠나 살아야만 했던 유이민의 삶을 깊이 있게 통찰하고 형상화한 작품이다.
• **주제**: 일제 강점기 유이민의 비극적 삶

개념 알통 대유법의 종류

제유법	표현하고자 하는 대상의 일부를 통해 전체를 나타냄. 예 빵이 아니면 죽음을 달라. [빵 ⊂ 음식물]
환유법	표현하려는 대상과 관련되는 다른 사물이나 속성으로 그 대상을 나타냄. 예 펜은 칼보다 강하다. [펜 → 문화의 힘 / 칼 → 무력(武力)]

【초성 답】 1 원관념 2 보조 관념 3 유사성 4 연결어 5 생물 6 전체 7 소리 8 가시덤불 9 바람

045 상승·하강 이미지

낮은 데서 위로 올라가거나 위에서 아래로 내려오는 듯한 움직임이 느껴지는 이미지

'상승 이미지'와 '하강 이미지'는 위나 아래로 향하는 듯한 (1 ㅂㅎㅅ)이/가 연상되는 움직임이 느껴지는 것을 의미한다. 이 이미지들은 '떠오르다, 날아오르다'나 '내리다, 떨어지다' 등과 같이 방향의 의미를 내포한 시어들에 의해 직접 드러날 수도 있고, '아지랑이, 눈, 비'처럼 특정 대상의 속성에 방향성이 포함되어 있어 이미지가 연상되는 경우도 있다. 또한 '해, 달'처럼 상승과 하강의 방향성이 상황에 따라 달라지는 대상도 있으므로, 상승과 하강의 이미지는 작중 상황에 따라 결정된다.

구분		상승 이미지	하강 이미지
대상	사물·상황	낮은 데에서 높은 데로 올라가는 움직임의 방향성이 느껴지는 것	높은 데에서 낮은 데로 내려가는 움직임의 방향성이 느껴지는 것
	정서	밝고 긍정적인 정서로 떠오르거나 끌어올려지는 느낌이 드는 것	어둡고 부정적인 정서로 가라앉거나 끌어내려지는 느낌이 드는 것
	어조	자조적·비관적 어조 → 의욕적·의지적 어조	의욕적·의지적 어조 → 자조적·비관적 어조

예	상승 이미지	하강 이미지
	산호(珊瑚)도 섬도 없는 저 하늘로 나를 밀어 올려 다오. 채색(彩色)한 구름같이 나를 밀어 올려 다오. 이 울렁이는 가슴을 밀어 올려 다오! // 서(西)으로 가는 달같이는 나는 아무래도 갈 수가 없다. // 바람이 파도(波濤)를 밀어 올리듯이 그렇게 나를 밀어 올려 다오. 향단아. — 서정주, 〈추천사(鞦韆詞) - 춘향의 말 1〉	관(棺)이 내렸다. 깊은 가슴 안에 밧줄로 달아 내리듯. (중략) 나는 옷자락에 흙을 받아 좌르르 하직(下直)했다. (중략) // 이제 / 네 음성(音聲)을 나만 듣는 여기는 눈과 비가 오는 세상. // (중략) 다만 여기는 / 열매가 떨어지면 툭 하는 소리가 들리는 세상. — 박목월, 〈하관(下棺)〉

상승 이미지 하위 표:

(2 ㅎㄴ)	지평선이나 수평선 위로 보이는 무한대의 넓은 공간
구름	물방울이나 얼음 결정의 덩어리가 되어 공중에 떠 있는 것
(3 ㅇㄹㄷ)	물질이나 물체 따위를 위쪽으로 움직이게 하다.

하강 이미지 하위 표:

(4 ㄴㄹㄷ)	위에 있는 것을 낮은 곳 또는 아래로 끌어당기거나 늘어뜨리다.
(5 ㅈㄹㄹ)	여러 개의 작은 물체가 잇따라 쏟아지는 소리. 또는 그 모양
오다	비, 눈, 서리나 추위 따위가 내리거나 닥치다.
떨어지다	위에서 아래로 내려지다.
(6 ㅌ)	갑자기 떨어지는 소리나 그 모양

이 시조는 서해에서 해가 지고 달이 떠오르는 모습을 동적 이미지가 잘 드러나게 시간 흐름에 따라 순차적으로 묘사함으로써 생생함을 강하게 자아내고 있으며, 구체적인 묘사 과정에서 드러나는 (7 ㅎㄱ) 이미지와 (8 ㅅㅅ) 이미지의 교차를 통해 동적인 분위기를 형성하고 있다.

작품 알통
- **해제:** 제목은 '서해에서 바라본 지는 햇빛'이라는 의미로, 바다 위에서 해가 지는 장엄한 풍경의 아름다움과 감동을 연시조로 노래한 작품이다.
- **주제:** 서해 낙조의 아름다움과 감회

【초성 답】 1 방향성 2 하늘 3 올리다 4 내리다 5 좌르르 6 툭 7 하강 8 상승

개념 트레이닝 ZONE

💬 빈칸에 알맞은 말을 쓰며 개념 근육을 키워 보세요!

01

먼 훗날 당신이 찾으시면

그때에 내 말이 "잊었노라." //

당신이 속으로 나무라면

"무척 그리다가 잊었노라." //

그래도 당신이 나무라면

"믿기지 않아서 잊었노라." //

오늘도 어제도 아니 잊고

먼 훗날 그때에 "잊었노라.

– 김소월, 〈먼 후일〉

먼 훗날 당신이 찾으시면 '(　　　　　　)'(이)라고 대답하겠다는 것은 사실 지금은 '잊지 못하고 있다'는 말을 반어적으로 표현한 것이다 .

02

창(窓)밖에 밤비가 속살거려

육첩방(六疊房)은 남의 나라, //
마루방에 까는 일본식 돗자리인 다다미를 여섯 장 깔 수 있는 정도의 작은 방

시인(詩人)이란 슬픈 천명(天命)인 줄 알면서도
타고난 운명

한 줄 시(詩)를 적어 볼까 (중략) //

나는 무얼 바라

나는 다만, 홀로 침전(沈澱)하는 것일까? //

인생(人生)은 살기 어렵다는데

시(詩)가 이렇게 쉽게 씌어지는 것은

부끄러운 일이다.

– 윤동주, 〈쉽게 씌어진 시〉

화자는 현실을 직시하고 시를 써야 하는 운명임에도 행동하지 못하는 무기력감을 '(　　　　)'(이)라고 하였으므로, 화자에게 시 쓰기는 실제로 고통스러운 반성의 과정이기 때문에 '(　　　　　　)'(이)라는 표현은 반어적 표현으로 볼 수 있다.

03

나는 가만히 있으면 몸살이 나는 성질이라 활을 만들어 가지고

이웃집 갈바자에 탐스럽게 열려서 매달린 호박을 과녁으로 사술
울타리를 만들기 위해 갈대로 발처럼 엮은 물건

(射術)을 익혔다.
대포, 총, 활 따위를 쏘는 재주

"아주머니네 아들 양반이 고맙게도 우리 호박을 벌집을 만들

어 놨으니 어디 한번 와 구경이나 좀 하슈."

그 집주인에게 이와 같은 비아냥을 듣고 어머니가 막 야단을

치는 바람에 궁술(弓術)은 포기하고 검술로 전환을 했다.
활 쏘는 기술

– 김학철, 〈최후의 분대장〉

집주인은 '나'가 호박을 활로 쏘아 엉망으로 만들어 놓은 것을 '나'의 어머니에게 '(　　　　　)'(이)라고 반어적으로 말하며 비아냥거리고 있다.

04

그들의 분향이 거의 끝난 듯하였을 때,
제사 같은 의식에서 향을 피움.

"에헴!" / 하고 얼굴이 시뻘건 서 참의도 한마디 없을 수 없다
조선 시대 군사 관련 기관인 훈련원의 벼슬

는 듯이 나섰다. (중략) 그리고 다시,

"헴……" / 하더니 조사(弔辭)를 하였다.
죽은 사람의 생전 공덕을 기리고 명복을 비는 뜻을 표하는 글이나 말

"나 서 참일세, 알겠나? 흥…… 자네 참 호살세 호사야…… 잘
호화롭게 사치함. 또는 그런 사치

죽었으니, 자네 살았으문 이만 호살 해 보겠나? 인전 안경다리

고칠 걱정두 없구…… 아무튼지……."

– 이태준, 〈복덕방(福德房)〉
가옥이나 토지 같은 부동산을 매매하는 일이나 임대차를 중개하여 주는 곳

안 초시가 생전에 그렇게 입고 싶어 하던 (　　　　　)을/를 죽어서야 입게 된 상황에 대해 친구인 서 참의가 "자네 참 호살세 호사야…… 잘 죽었으니, 자네 살았으문 이만 호살 해 보겠나?"라고 말하는 부분에서 죽은 몸이 비단옷을 입고 호사를 누리는 상황의 아이러니(반어)가 드러나고 있다.

05

이것이 응칠이가 팔자를 고치던 첫날이었다.

그들 부부는 돌아다니며 밥을 빌었다. 아내가 빌어다 남편에게, 남편이 빌어다 아내에게. 그러자 어느 날 밤 아내의 얼굴이 썩 슬픈 빛이었다. 눈보라는 살을 엔다. 다 쓰러져 가는 물방앗간
에다(칼로 도려내듯 베다)

한구석에서 섬을 두르고 어린애에게 젖을 먹이며 떨고 있더니 여보게유 하고 고개를 돌린다. 왜 하니까 그 말이, 이러다간 우리도 고생일 뿐더러 첫째 어린애를 잡겠수, 그러니 서로 갈립시다, 하는 것이다.

– 김유정, 〈만무방〉
염치가 없이 막된 사람

응칠 부부가 가난하여 밥을 빌어먹다 헤어지게 되는 상황이 벌어지게 되는 첫날을 '(　　　　　　　) 첫날'이라고 한 반어적 표현을 통해 인물의 비참한 상황을 강조하고 있다.

06

내가 줄을 고르며 음을 시험해 보고 있는데, 다색(茶色) 나왕
검은빛을 띤 주홍색

(羅王)으로 된 내 방문이 열리며 할아버지가 들어왔다. 그리고 나
가구재나 건축재로 쓰는 나무의 일종

의 기타 켜는 시간은 오전 열 시부터 한 시간 동안 할머니와 며

느리가 미싱을 돌리는 시간과 같은 시각으로 배치되었던 것이다.

위대한 가풍이 내게 작용한 첫 번이었다. 그러나 그 이후 내가

내게 주어진 그 시간을 이용해 본 적은 하루도 없었다. 흥이 나

지 않아서였다고 하면 적당한 표현이 되겠다.

– 김승옥, 〈역사(力士)〉
뛰어나게 힘이 센 사람

양옥집에서는 모든 일이 정해진 시간 아래에서만 행해진다는 '가풍'이 있는데 '나'는 정해지지 않은 시간에 기타를 쳤다가 할아버지의 제재를 받게 되고, '나'는 규칙과 질서를 강요하는 양옥집 식구들의 가풍을 '(　　　　　)'(이)라고 반어적으로 표현하여 혐오감을 드러내고 있다.

07

꽃은 짧은 가을 해에 / 어디쯤 갔다가

노루 꼬리만큼 / 길어지는 봄 해를 따라 //

몇 천리나 와서 / 오늘의 어느 주변에서

찬란한 꽃밭을 이루는가 //

다락에서 묵은 빨래뭉치도 풀려서 / 봄빛을 따라나와

산골짜기에서 겨울 산 뼈를 씻으며

졸졸 흐르는 시냇가로 간다.

－ 김광섭, 〈봄〉

'(   )은/는 ~ 갔다가 ~와서'와 '(   )도 ~ 따라나와 ~ 씻으며 ~간다.'에서 꽃과 빨래뭉치를 의인화하여 계절의 변화를 감각적이고 생동감 있게 표현하고 있다.

08

바위 위 산꽃은 수놓은 병풍 되었고

시냇가 버들은 초록 장막 되었는데,

좋은 날 좋은 경치 나 혼자 거느리고

－ 박인로, 〈노계가〉
경북 영천시 노계 지역의 아름다운 풍경을 읊은 노래

'바위 위 산꽃'을 (   ), '시냇가 버들'을 (   )와/과 같은 일상의 사물에 빗대어 표현하여, 일상의 사물들이 갖는 쓰임에 주목하여 화자를 둘러싼 자연의 모습을 표현하고 있다.

09

하늘이 자잔히 잿빛으로 바뀌기 시작한

아파트 동과 동 사이로

마지막 잎들이 지고 있다, 허투루루.

바람이 지나가다 말고 투덜거린다.

－ 황동규, 〈삶을 살아낸다는 건〉

잎들이 지고 있는 모습에서 (   )의 이미지가 나타나며, 바람이 투덜거린다는 표현에서 바람을 사람에 빗댄 (   )이/가 사용되었다.

10

바람과 햇볕이 달라붙어 물기를 빨아들이는 동안

바다의 무늬는 뼈다귀처럼 남아

멸치의 등과 지느러미 위에서 딱딱하게 굳어갔던 것이다

모래 더미처럼 길거리에 쌓이고

건어물집의 푸석한 공기에 풀리다가

기름에 튀겨지고 접시에 담겨졌던 것이다

－ 김기택, 〈멸치〉

'뼈다귀처럼', '모래 더미처럼' 등에서 (   )을/를 활용하여 생명력을 잃은 대상의 특성을 구체적으로 드러내고 있다.

11

바람은 자꾸 등짝을 때리고, 절골의
뼈가 부러짐.
그림자는 암처럼 깊다. 나는

몇 번 머리를 흔들고 산 속의 산,

산 위의 산을 본다. 산은 올려다보아야

한다는 걸 이제야 알았다. 저기 저

하늘의 자리는 싱싱하게 푸르다.

－ 천양희, 〈마음의 수수밭〉

'산 위의 산, 올려다보아야, 하늘' 등의 시어를 제시하여 아래에서 위로 향하는 (   ) 이미지를 통해 화자의 심리 변화를 보여 주고 있다.

12

온 혼(魂)으로 애타면서 속으로 몸속으로 불타면서

버티면서 거부하면서 영하에서

영상으로 영상 5도 영상 13도 지상으로

밀고 간다, 막 밀고 올라간다

－ 황지우, 〈겨울 － 나무로부터 봄 － 나무에로〉

추운 겨울을 스스로 이겨내는 나무의 모습이 온도가 올라가는 (   ) 이미지를 통해 형상화됨으로써 고통의 현실을 극복하는 과정을 보여 주고 있다.

13

걸어서 항구(港口)에 도착했다.

길게 부는 한지(寒地)의 바람
추운 지방이나 장소
바다 앞의 집들을 흔들고

긴 눈 내릴 듯 / 낮게 낮게 비치는 불빛

－ 황동규, 〈기항지 1〉
배가 목적지로 가는 도중에 잠시 들르는 항구

불빛이 낮게 비치고 눈이 내릴 듯하다는 표현을 통해 (   )적 이미지를 형성함으로써 항구의 불안하고 쓸쓸한 풍경을 보여 주고 있다.

14

이화우(梨花雨) 훗뿌릴 제 울며 잡고 이별한 님,

추풍낙엽(秋風落葉)에 저도 날 생각는가.
가을바람에 떨어지는 나뭇잎
천 리(千里)에 외로운 꿈만 오락가락 하노매.

－ 계랑

[현대어 풀이]
배꽃이 비 내리듯 흩날릴 때, 울면서 소매를 부여잡고 이별한 임,
가을바람에 낙엽이 지는 이때에 임도 나를 생각하고 있을까?
천 리나 되는 머나먼 길에 외로운 꿈만 오락가락 하는구나.

'이화우, 추풍낙엽'과 같은 (   )적 이미지의 시어를 사용하여 이별로 인한 그리움의 정서를 심화하고 쓸쓸한 분위기를 형성하고 있다.

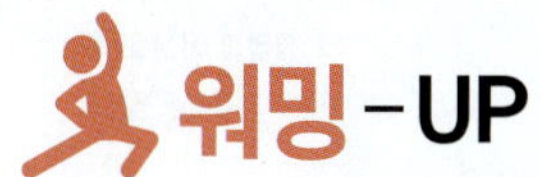 워밍-UP

다음 글을 읽고 빈칸에 알맞은 말을 써서 해설을 완성하거나 정오를 판단하세요.

01

> "너는 할아버지와 나와의 관계에 대해, 특히 내가 취하고 있는 입장에 대단히 불만이지?"
>
> "그럴 것도 없습니다. 아버지의 할아버지에 대한 처지를 이해하면서도, 그 논리를 그대로 저와 연결시키고 싶지도 않고, 그럴 필요도 없다고 생각하는 편이에요."
>
> "기특하구나. 그러니까 너만이라도 할아버지에게 화해의 제스처를 보이겠다는 거냐 뭐냐. 지금까지의 네 행동을 보면 그런 추측을 가능케 하더라만."
>
> "그것도 맞지 않는 말이에요. 도대체 할아버지와 저와는 갈등이 있었어야 말이죠. 처음부터 갈등이 없었는데 화해의 제스처를 보이고 말고가 어디 있습니까."
>
> — 최일남, 〈흐르는 북〉

구분	내용
반어적 표현	
표면적 의미	말하는 것이나 행동하는 것이 신통하여 귀염성이 있다.
이면적 의미	아버지인 민 노인(민익태)이 북을 치는 것을 싫어하는 아들은 자신의 아들(민 노인의 손자)이 민 노인이 북을 치는 것에 ( ) 태도를 보이자 이를 못마땅하게 여기고 있으므로, 자신의 뜻을 거스르는 듯한 아들의 행동에 대해 '잘난 체하거나 남을 낮추어 보듯이 행동하는 데가 있다.'라는 의미의 '( )'(이)라는 의미로 이해할 수 있음.

인물이 의도적으로 말한 (   )적 발화를 통해 다른 인물의 행동과 의견에 대한 (   )적 태도를 드러내고 있다.

02

> 수많은 저 사람들 몸속마다에는
> 밖에선 볼 수 없는 뜨거움이 일렁거리나 보다
> 저마다 진흙으로 돌아가려는 몸을 일으켜 세우는
> 불가마 하나씩 깃들어 있나 보다
>
> 저렇듯 ㉠십 년 이십 년 오십 년 얼굴을 구워 내고 있었으니
> 모든 얼굴은 뜨거운 속이 굽는 붉은 흙 가면인가 보다
>
> — 김혜순, 〈별을 굽다〉

구분	보조 관념	원관념
비유	붉은 흙 가면	삶에 대한 ( )와/과 의지가 표출된 현대인의 얼굴

㉠은 수많은 사람들의 삶을 얼굴에 빗대어 각자의 일생을 만들어 가고 있는 현대인의 모습을 보여 주고 있다. ◯ ✕

03

> 이때 이두병이 스스로 황제라 일컫고 국법을 새로이 하여 각 국 열읍에 공문을 보내 벼슬도 올려 주는지라. 여러 신하들이 모여 동궁을 폐하여 외객관으로 내치니, 후궁과 벼슬아치들과 내외 궁의 노비 등이 하늘을 부르짖고 땅을 치며 끝없이 슬프고 마음 아파하니 ㉠푸른 하늘이 부르짖는 듯하고 태양도 빛을 잃은 듯 하더라.
>
> — 작자 미상, 〈조웅전〉

여러 고을 / 황태자나 왕세자 / 외국 사신을 접대하던 관사 / 황후와 황제가 거처하는 궁

구분	사람들	자연물
주체	후궁, 벼슬아치들, 내외궁의 노비	( ), ( )
행동	하늘을 부르짖고 땅을 치며 끝없이 ( ) 마음 아파함.	부르짖는 듯하고, 빛을 잃은 듯함.

㉠은 새로운 황제의 등극에 대한 여러 사람들의 슬픔을 비유적 표현으로 드러내고 있다. ◯ ✕

04

> (가) 무너지는 꽃 이파리처럼
>
> 휘날려 발아래 깔리는 / 서른 나문 해야 //
>
> 구름같이 피려던 뜻은 날로 굳어
>
> 한 금 두 금 곱다랗게 감기는 연륜(年輪) //
>
> 여러 해 동안 쌓은 경험에 의하여 이루어진 숙련의 정도
>
> 갈매기처럼 꼬리 떨며
>
> 산호 핀 바다 바다에 나려앉은 섬으로 가자
>
> — 김기림, 〈연륜〉
>
> (나) 지금까지 살아온 인생이 / 온통 부끄러워지고
>
> 경북 김천에 있는 절
>
> 직지사 해우소 / 아득한 나락으로 떨어져 내리는
>
> 근심을 푸는 곳이라는 뜻으로, 절에서 '변소'를 달리 이르는 말
>
> 똥덩이처럼 느껴질 때 / 나는 가던 길을 멈추고 문득
>
> 어딘가 걸려 있고 싶다
>
> — 김광규, 〈대장간의 유혹〉

구분	하강적 이미지의 시어	의미
(가)		초라하고 보잘것없는 삶
(나)		무가치하고 쓸모없었던 삶

(가)와 (나)는 모두 하강의 이미지가 담긴 시어를 활용하여 화자의 인식을 드러내고 있다. ◯ ✕

벌크-UP

01

다음 시에 대한 설명으로 적절하지 <u>않은</u> 것은?

> 산(山)턱 원두막은 뷔였나 불빛이 외롭다
>
> 헝겊심지에 아즈까리 기름의 조는 소리가 들리는 듯하다
> 피마자라고 불리는 씨앗에서 공업용 기름을 얻을 수 있는 식물
>
> 잠자리 조을든 문허진 성(城)터
>
> 반디불이 난다 파란 혼(魂)들 같다
>
> 어데서 말있는 듯이 크다란 산새 한 마리 어두운 골짜기로 난다
>
> 헐리다 남은 성문(城門)이
>
> 한울빛 같이 훤하다
> 하늘빛
> 날이 밝으면 또 메기수염의 늙은이가 청배를 팔러 올 것이다
> 토종 배인 청실배
> – 백석, 〈정주성(定州城)〉

① 1연에서는 시각적 심상과 청각적 심상을 통해 시적 상황을 나타내고 있다.
② 2연에서는 비유적 표현을 활용하여 공간의 분위기를 조성하고 있다.
③ 3연에서는 시간이 경과한 후에 일어날 상황을 예측하고 있다.
④ 2연에서 3연으로 전개되면서 상승의 이미지가 하강의 이미지로 전환되고 있다.
⑤ 모든 연을 평서형 어미로 끝맺어 형태적 통일성이 드러난다.

02

다음 시에 대한 설명으로 적절하지 <u>않은</u> 것은?

> 남녘 들판에 곡식이 뜨겁게 익고
>
> 장대 같은 빗줄기 오랫동안 쏟아진 다음
>
> 남지나해의 회오리바람 세차게 불어와
> 타이완, 필리핀, 인도차이나반도에 둘러싸여 있는 해역
> 여름내 흘린 땀과 곳곳에 쌓인 먼지
>
> 말끔히 씻어갈 때
>
> 앞산의 검푸른 숲이 짙은 숨결 뿜어내고
>
> 대추나무 우듬지에 한두 개
> 나무 꼭대기의 줄기
> 누르스름한 이파리 생겨날 때
>
> 광복절이 어느새 지나가고
>
> 며칠 안 남은 여름방학을
>
> 아이들이 아쉬워할 때
>
> 한낮의 여치 노래 소리보다
>
> 저녁의 귀뚜라미 울음소리 더욱 커질 때
>
> 가을은 이미 곁에 와 있다
>
> 여름이라고 생각지 말자
>
> 아직도 늦여름이라고 고집하지 말자
>
> 이제는 무엇인가 거두어들일 때
>
> – 김광규, 〈때〉

① 활유법을 구사하여 대상을 생동감 있게 묘사하고 있다.
② 역설적 표현을 통해 시적 의미를 긴장감 있게 드러내고 있다.
③ 불완전한 문장으로 시상을 마무리하여 시적 여운을 주고 있다.
④ '~ 때'를 반복적으로 제시하여 시적 상황을 구체적으로 형상화하고 있다.
⑤ '~ 말자'와 같은 종결형을 사용하여 화자의 생각을 직접적으로 드러내고 있다.

🐾 두뇌 스트레칭 ZONE

시 〈정주성〉과 역사적 해석

백석의 시 〈정주성〉은 쇠락한 정주성의 풍경과 메기수염을 한 늙은이가 청배를 팔러 오는 일상적 삶을 대응시켜, 역사의 허망함에도 불구하고 인간의 삶은 끈끈하게 이어질 것이라는 인식을 노래하고 있는 작품이다.

'정주성'은 백석의 고향인 평안북도 정주에 있는 성이다. 이곳은 조선 시대에 홍경래(조선 순조 때의 혁명가, 1771~1812)가 1798년에 평양의 향시에 합격하고 소과에 응시하였으나, 지방을 차별하는 폐습 때문에 낙방하자 이에 불만을 품고 1811년에 군사를 일으켜 지방 차별과 조정의 부패에 항거하는 혁명을 꾀한 농민 항쟁인 홍경래의 난이 일어난 곳으로 유명하다.

이러한 역사적 사건을 고려했을 때, 백석의 시 〈정주성〉에서 '반디불이 난다 파란 혼(魂)들 같다'는 정주성에서 싸우다 목숨을 잃은 백성들의 넋을 떠올린 것으로도 생각해 볼 수 있다.

작품	No	작품을 읽고 빈칸에 알맞은 말을 쓰시오.

[앞부분 줄거리] 나는 어쭙잖은 일로 T 경찰서 유치장에서 며칠을 보낸 일이 있었다. 어느 날 입구 쪽의 소란스러운 소리에 호기심을 느낀 우리는 20년 징역살이할 강도라는 말에 범인에 대한 공포심에 사로잡힌다. 그러나 생각과 달리 막상 방 앞으로 끌려온 범인은 남루하고 가냘픈 노인이었다.
(옷 따위가 낡아 헤지고 차림새가 너저분한)

"내가 무슨 죄고, 대문간에 내버린 신문 한 장 주은 것밖에 나는 아무 죄가 없지그리."

"신문 한 장?" / 아까 노인이 잡혀 들어올 때 없던 그 순사는 우리 주인공의 내력을 잘 모르는 눈치였다.

"그래 신문 한 장을 주웠다가 잡혀 왔단 말이냐?"

하고 어이없다는 듯이 씩 웃는다.

"신문을 줍는데 쪼만한 일본 가시나가 뺏을라 캐서 작대기로 이마를 좀 밀었다고 붙들려 왔구마."

"그래 인식이는 누구냐?"

"내 손자지 누구라, 제 에미가 백날 만에 유종을 앓아 죽고 내 등으로 금년에 세 살까지 업어 키웠구마. 내가 오늘 밥을 안 얻어 주면 우리 인식이는 죽누마."
(여자들의 젖이 곪는 종기)

하고 할아버지는 다시금 엉엉 소리를 낸다.

"그러면 밥이나 얻어 가지고 갈 일이지 남의 집 신문을 왜 훔쳐!"

순사는 그래도 호령을 잊지 않았다.

"내버린 게니 주웠지. 밥을 싸 가지고 갈라 켓구마."

우리 주인공의 수수께끼는 한 겹 두 겹 풀렸다. (중략)

그 노인의 고의춤에서 콩밥 뭉치는 발견되고 말았다.
(고의나 바지의 허리를 접어서 여민 사이)

"이런 데 넣어 두었구면."

그 순사는 어이없다는 듯이 일본말로 부르짖으며 무슨 불결한 물건을 만진 것처럼 상판을 찡그리고 그 콩밥 뭉치를 패대기를 쳤다.
(얼굴을 속되게 이르는 말)
우리 방 앞에 떨어진 밥 뭉치를 보니 그 노인이 들고 있던 노란 수건으로 삐죽삐죽 싼 것인데 그 부피로 보아 한두 끼 분량은 훨씬 넘는 듯싶었다.

"참, 어쩔 수 없군."

순사는 빼앗듯이 한마디 던지고 노인의 등을 한번 쥐어지르고는 그대로 가 버렸다. 너무도 같잖은 일이기 때문에 특별한 벌도 씌우지 않은 것 같다. / 멀쑥해 가지고 얼빠진 듯이 쓰러져 있던 콩밥 도적은 한참 만에야 부시시 일어나 앉으며 입안말로 중얼거렸다.
(주먹으로 힘껏 내지르고는)
(머쓱해 → 무안을 당하거나 흥이 꺾여 어색하고 열없다)
(남이 잘 알아듣지 못하게 입 속으로 중얼거리는 말)

"아무나 주는 그 잘난 밥을 다 빼드네. 지랄 안 하나, 우리 인식이나 갖다 줄 걸."

– 현진건, 〈신문지와 철창〉

01

주요 인물은 누구인가?

'나'	유치장에서 만난 노인을 (　　　)하는 인물로, 억울한 노인의 처지에 연민을 느낌.
노인	억울하게 유치장에 갇힌 인물로, 자신보다는 손자를 더 걱정하는 순박한 (　　　) 하층민.

02

중심 사건은 무엇인가?

살인강도가 유치장에 올 것이라는 사람들의 기대와 달리 한 노인이 신문지를 훔쳤다가 억울하게 수감되고, 노인은 손자에게 줄 (　　　)을/를 숨겼다가 순사에게 들키게 됨.

03

인물의 심리와 태도는 어떠한가?

'나'는 노인이 수감된 진짜 이유를 들은 후, 손자에게 줄 밥을 숨겼다 들킨 노인에게 (　　　)의 감정을 느낌.

04

제목의 상징적 의미는 무엇인가?

신문지	철창
손자에게 줄 밥을 싸려고 가져가려다 경찰서장 딸의 이마를 밀친 일로 노인이 철창에 갇히게 된 원인	신문지를 가져가려다 경찰서장 딸의 이마를 밀친 사소한 일로 인해 노인이 처하게 된 부당한 결과

→ 일제 강점기, 식민지 권력의 부당한 횡포에 (　　　)당할 수밖에 없었던 조선 식민지 하층민의 궁핍하고 비참한 삶을 상징함.

05

작품의 배경은 무엇인가?

시대적 배경: (　　　　　)

공간적 배경
T 경찰서 (　　　) 안

→ 제한된 공간적 배경과 민족의 수난기였던 시대적 배경을 통해 일제 강점기 하층민의 궁핍하고 (　　　)적인 삶을 형상화함.

06

이 글에 쓰인 서술상의 특징은 무엇인가?

1인칭 시점	'나'를 (　　　)(으)로 하여 유치장 안에서 일어나는 사건과 노인이 겪은 일을 서술함.
빈번한 대화	인물들 간의 (　　　)을/를 통해 노인이 잡혀 오게 된 사건의 내막과 노인의 처지를 드러냄.

07

이 작품의 주제는 무엇인가?

일제 강점기 (　　　)의 비극적인 삶

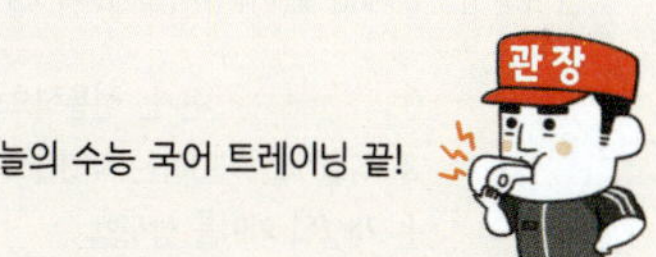
오늘의 수능 국어 트레이닝 끝!

046 상징

> 추상적인 사물이나 관념 또는 사상을 구체적인 사물로 나타내는 일이나 그 사물

'상징'은 넓은 의미로 추상적인 개념이나 사물을 전달할 때 복잡한 개념을 (1 ㄷㅅㅎ)해 구체적인 대상으로 나타냄으로써 매개하는 작용을 하는 방식이다. 어떤 시어들은 시어 자체가 관습적이거나 원형적 의미를 내포한 경우가 있으며, 작가가 특정 시어에 독창적으로 창조한 의미를 담아내는 경우가 있는데, 이때 구체적인 시어가 다소 (2 ㅁㅎ)하고 암시적인 의미를 내포하고 있는 경우 '상징'의 표현 방법이 사용되었다고 볼 수 있다.

원형적 상징	문화권에 상관없이 인류 보편적으로 공유되는 의미나 관념을 내포한 이미지가 역사·문화·풍습 등에서 지속적으로 되풀이되어 온 상징
관습적 상징	구체적인 사물이나 대상이 특정 집단이나 문화권 내 다수의 구성원들에게 보편적으로 받아들여지는 동일한 관념이나 의미를 환기하는 상징
개인적 상징	작가가 기존에 존재하지 않았던 특수하고 새로운 의미를 고안하여 특정 작품에서만 드러나도록 만들어 낸 상징

구분	예
원형적 상징	뼈에 저리도록 생활은 슬퍼도 좋다. 저문 들길에 서서 푸른 별을 바라보자!　　　　　　　－ 신석정, 〈들길에 서서〉 → 문학 작품에서 (3 ㅂ)은/는 일반적으로 '이상, 동경, 순수, 희망' 등의 상징성을 지님. 이 시에서 중심 소재인 '별' 또한 미래에 대한 (4 ㅎㅁ)와/과 이상이라는 상징적 의미를 지니고 있음.
관습적 상징	초롱에 불빛, 지친 밤하늘 / 굽이 굽이 은핫물 목이 젖은 새, 차마 아니 솟는 가락 눈이 감겨서 / 제 피에 취한 새가 귀촉도(歸蜀道) 운다. 그대 하늘 끝 호올로 가신 임아.　　　　　　　－ 서정주, 〈귀촉도〉 → (5 ㄱㅊㄷ)은/는 우리나라에서 전통적으로 '한(恨)'을 상징하는 소재로, 이 시에서도 화자가 임과 사별한 상황에서 화자의 한(恨)을 의미하는 상징물임.
개인적 상징	한 송이의 국화꽃을 피우기 위해 / 봄부터 소쩍새는 / 그렇게 울었나 보다. // 한 송이의 국화꽃을 피우기 위해 / 천둥은 먹구름 속에서 / 또 그렇게 울었나 보다. // 그리고 아쉬움에 가슴 조이던 / 머언 먼 젊음의 뒤안길에서 인제는 돌아와 거울 앞에 선 / 내 누님같이 생긴 꽃이여.　　　　　－ 서정주, 〈국화 옆에서〉 → (6 ㄱㅎ)은/는 전통적으로 고결함을 상징하는 사군자(四君子, 매화·난초·국화·대나무)의 하나로 지조와 절개를 의미하는 자연물로서 문학에서 활용되었는데, 이 작품에서 '국화'는 '인생의 원숙한 아름다움'이라는 개성적 의미를 상징함

개인적 상징 시에서 "다른 것에 가려서 관심을 끌지 못하는 쓸쓸한 생활이나 처지"

🔴 1:1 작품 체험

　내 유년 시절 바람이 문풍지를 더듬던 동지의 밤이면 어머니는 내 머리를 당신 무릎에 뉘고 무딘 칼끝으로 시퍼런 무를 깎아 주시곤 하였다. 어머니 무서워요 저 울음 소리, 어머니조차 무서워요. 애야, 그것은 네 속에서 울리는 소리란다. 네가 크면 너는 이 겨울을 그리워하기 위해 더 큰 소리로 울어야 한다.

　　　　　　－ 기형도, 〈바람의 집 — 겨울 판화 1〉

(7 ㅇㅁㄴ)은/는 모든 생명의 근원으로서 모체, 대지, 자연을 상징하며, 온화하고 부드러운 따뜻함뿐만 아니라 냉정하고 단호한 차가움의 속성을 지닌다. 어머니는 절대적인 모성애를 발휘하는 (8 ㅍㅇ)의 상징이기도 하지만, 자식의 온전한 성장과 독립을 위해서 자신으로부터의 분리를 행하는 (9 ㅇㄱㅎ)의 상징이기도 하기 때문이다. 이 시에서 어머니가 유년의 화자에게 한 말은 화자가 언제까지나 '어머니'의 품속에 머물며 살 수는 없으며 언젠가 한 사람의 성인으로서 세상의 비극적 조건들과 맞서야 함을 알려 주는 말이다.

작품 알통

- **해제:** 추위와 가난에 떨던 어린 시절에 느낀 두려움과 어머니에 대한 기억을 담은 작품이다.
- **주제:** 가난했던 어린 시절에 대한 회상

개념 알통　고전 시가의 관습적 상징물

매화	겨울에 피어남.	아치고절 (雅致高節)
난초	정갈하고 향이 그윽함.	외유내강 (外柔內剛)
국화	서리 내릴 때 피어남.	오상고절 (傲霜孤節)
대나무	항상 곧고 푸르름.	세한고절 (歲寒孤節)
소나무· 잣나무	사계절 늘 푸르름.	송백지절 (松柏之節)

【초성 답】 **1** 단순화 **2** 모호 **3** 별 **4** 희망 **5** 귀촉도 **6** 국화 **7** 어머니 **8** 포용 **9** 엄격함

047 색채어

대상에 대한 인상이 선명하게 드러나는 빛깔을 나타내는 말

색채어는 색을 나타내는 말입니다. 색채어를 보게 되면 해당 색이 머릿속에 떠오르는데 이러한 이미지를 (1 ㅅㅊ ㅇㅁㅈ)(이)라고 합니다. 한편 관습적으로 특정 색을 떠오르게 하는 단어가 사용되어 그 색이 머릿속에 떠오른다면 이 또한 색채 이미지라고 할 수 있습니다.

구분	예
색채어를 통한 색채 이미지 연상	바다는 뿔뿔이 / 달어날랴고 했다. // **푸른 도마뱀** 떼같이 / 재재발렸다. // 수다스러워 어수선하면서도 즐겁고 유쾌한 느낌이 있다. 꼬리가 이루 / 잡히지 않었다. // 여간하여서는 도저히 흰 발톱에 찢긴 / 산호(珊瑚)보다 붉고 슬픈 생채기! — 정지용, 〈바다 2〉 → 파도가 밀려왔다가 밀려나가는 생동감 있는 모습을 표현하면서 (2 ㅍㄹ), 힌(흰), (3 ㅂㄱ)와/과 같은 색채어를 사용하여 선명한 인상을 표현함.
색채어 없이 색채 이미지 연상	산 밑까지 내려온 어두운 숲에 / 몰이꾼의 날카로운 소리는 들려오고, 쫓기는 사슴이 / **눈 위에 흘린 따뜻한 핏방울.** — 오장환, 〈성탄제〉 → '눈'은 (4 ㅎㅅ)의 이미지를, '핏방울'은 (5 ㅂㅇㅅ)의 이미지를 떠올리게 함으로써 흰색과 붉은색의 색채 이미지의 대비를 통해 연약한 존재가 생명을 잃어 가는 참혹한 상황을 강조함.

색채어는 시각적 이미지와 관련이 있습니다. 색깔은 눈으로 인지하는 것이므로,
색채어나 색채 이미지가 연상되는 단어를 사용해 작품을 표현하면
대상의 모습을 선명하게 드러내어 인상적으로 표현할 수 있습니다.
또한 특정 색의 사용은 상징적 의미를 가지거나 작품의 분위기를 강조하는 데도 영향을 줍니다.

구분	예
색채의 상징적 의미	하늘 밑 **푸른 바다**가 가슴을 열고 / 흰 돛단배가 곱게 밀려서 오면, 내가 바라는 손님은 고달픈 몸으로 / **청포**를 입고 찾아온다고 했으니 푸른 도포 — 이육사, 〈청포도〉 → '하늘, 푸른 바다, 청포'에서 드러나는 '푸른색'은 자유, 희망, (6 ㅍㅎ) 등의 상징적 의미를 내포한 색채이며, 이를 통해 풍요롭고 평화로운 세계에 대한 염원을 드러냄.
색채어를 통한 분위기 강조	날로 기우듬해 가는 마을 회관 옆 / **청솔** 한 그루 꼿꼿이 서 있다. // (중략) 조금 기운 듯하다 생산도 새마을도 다 끊긴 궁벽, 그러나 / 저기 난장 난 비닐하우스를 일으키다 매우 후미지고 으슥함 어지러이 뒤섞여 뒤죽박죽된 상태 그 **청솔** 바라다보는 몇몇들 보아라. // 그때마다, 삭바람마저 빗질하여 삭풍, 겨울철에 북쪽에서 불어오는 찬바람 서러움조차 잘 걸러 내어 / **푸른 숨결**을 풀어내는 청솔 보아라. — 고재종, 〈세한도(歲寒圖)〉 '세한'은 설 전후의 추위라는 뜻으로, 매우 심한 한겨울의 추위를 의미함. → 추사 김정희의 그림 〈세한도〉를 모티프로 쓴 시로, 희망을 상징하는 푸른색(청색)을 색채어로 사용하여 한 겨울의 추위를 견디는 (7 ㅎㅁ)적인 분위기를 형성함.

1:1 작품 체험

흰 벽에는 ——
어련히 해들 적마다 나뭇가지가 그림자 되어 떠오를 뿐이었다.
그러한 정밀이 천년이나 머물렀다 한다.
고요하고 편안함.
옛날식 집의 벽, 기둥, 천장에 그린 그림이나 무늬
단청은 연년(年年)이 빛을 잃어 두리기
둘레를 둥그렇게 깎아 만든 기둥
둥에는 틈이 생기고, 볕과 바람이 쓰라리게 스며들었다. 그러나 혐상궂어 가는 것이 서럽지 않았다.

기왓장마다 **푸른 이끼**가 앉고 세월은 소리없이 쌓였으나 문은 상기 닫혀진 채 멀리 지나가는 바람 소리에 귀를 기울이는 밤이 있었다.

주춧돌 놓인 자리에 가을풀은 우거졌
기둥 밑에 기초로 받쳐 놓은 돌
어도 봄이면 돋아나는 **푸른 싹**이 살고, 그리고 한 그루 **진분홍 꽃**이 피는 나무가 자랐다.

유달리도 **푸른 높은 하늘**을 눈물과 함께 아득히 흘러간 별들이 총총히 돌아오고 사납던 비바람이 걷힌 낡은 처마 끝에 찬란히 빛이 쏟아지는 새벽, 오래 닫혀진 문은 산천을 울리며 열리었다.

—— 그립던 깃발이 눈뿌리에 사무치는 **푸른 하늘**이었다.

— 김종길, 〈문〉

이 작품은 '푸른 이끼', '푸른 싹', '푸른 (높은) 하늘' 등에서 (8 ㅍㄹ)(이)라는 색채어를 반복하며 시상을 전개하고 있으며, '흰 벽'에서 흰색, '진분홍 꽃'에서 진분홍색의 (9 ㅅㅊㅇ)이/가 사용되었다.

작품 알통
• **해제:** 광복 이후의 새로운 시대를 맞이하는 감격과 희망을 노래한 작품이다.
• **주제:** 새로운 시대를 맞이한 감격

【초성 답】 1 색채 이미지 2 푸른 3 붉고 4 흰색 5 붉은색 6 평화 7 희망 8 푸른 9 색채어

048 설의

> 쉽게 판단할 수 있는 사실을 의문의 형식으로 제시하여 상대가 스스로 판단하게 하는 표현

'설의'는 의문에 대한 대답을 누구나 알고 있을 만하지만 의도적으로 (1 ○○○)의 형식으로 표현하여 독자에게 질문을 던짐으로써 독자가 스스로 생각해 보게 하여 의미를 강조하려는 의도가 담긴 표현이다. 누구나 쉽게 판단할 수 있는 사실, 상황, 심리, 정서, 사상 등을 (2 ○○)의 형식으로 표현하여 오히려 속뜻을 강조하려는 표현이 (3 ㅅ○)(이)다.

표현 효과	예
화자의 정서/인식/태도 표현(강조/부각/심화)	가자 고통이여 살 맞대고 가자 외롭기로 작정하면 어딘들 못 가랴 가기로 목숨 걸면 지는 해가 문제랴　　　　　－ 고정희, 〈상한 영혼을 위하여〉 → 고통도 기꺼이 감내하겠다는 태도와 목숨을 걸 정도로 각오가 되어 있다면 문제될 것이 없다는 의미를 물음을 통해 드러냄으로써 (4 ○ㅈ)을/를 강조함
화자의 상황 강조(부각)	누가 하늘을 보았다 하는가 누가 구름 한 송이 없이 맑은 / 하늘을 보았다 하는가. // 네가 본 건, 먹구름 / 그걸 하늘로 알고 / 일생을 살아갔다.　　　　　－ 신동엽, 〈누가 하늘을 보았다 하는가〉 → 자유와 평화의 상징인 '하늘'을 본 사람이 누구냐고 묻는 형식을 통해 실제 본 것은 '먹구름'이었음을 알림으로써 진정한 하늘을 볼 수 없도록 억압하는 (5 ㅂㅈㅈ) 현실을 부각함
독자의 관심 유발	얼마나 기쁜 일인가 / 이 세계에서 / 이 세계의 어디에서 나는 수많은 나로 이루어졌다 얼마나 기쁜 일인가 / 나는 수많은 남과 남으로 이루어졌다　　　－ 고은, 〈어떤 기쁨〉 → '얼마나 기쁜 일인가'라는 물음을 통해 기쁜 일에 대한 (6 ㄱ○)을/를 유발함
주제 의식 강조	이 몸이 주거주거 일백 번(一百番) 고쳐 주거, 백골(白骨)이 진토(塵土) 되어 넉시라도 잇고 업고, 님 향(向)한 일편단심(一片丹心)이야 가실 줄이 이시랴.　　　　　－ 정몽주 → 이방원이 고려의 충신인 정몽주를 회유하기 위해 지어 보낸 〈하여가〉에 대한 화답가로, 종장에서 물음을 통해 고려 왕조에 대한 변함없는 충심이라는 (7 ㅈㅈ) 의식을 강조함
대상이 지닌 속성 강조	가난이야 한낱 남루(襤褸)에 지나지 않는다. 저 눈부신 햇빛 속에 갈맷빛의 등성이를 드러내고 서 있는 / 여름 산(山) 같은 우리들의 타고난 살결, 타고난 마음씨까지야 다 가릴 수 있으랴.　　　　　－ 서정주, 〈무등을 보며〉 → 물질적 궁핍인 가난이 인간 본연의 근원적 (8 ㅅㅅㅅ)인 '타고난 살결, 타고난 마음씨'를 가릴 수 없다는 의미를 물음을 통해 사람 본성이 가진 속성을 강조함

(어휘 풀이)
티끌과 흙 / 죽은 사람의 몸이 썩고 남은 뼈 / 낡아 해진 옷 / 짙은 초록빛

1:1 작품 체험

네가 살아온 나날을 누가
어둠뿐이었다고 말하는가
몸통 군데군데 썩어
흉한 상처 거멓게 드러나고
팔다리 여기저기 잘리고 문드러져
온몸이 일그러지고 뒤틀렸지만
터진 네 살갗 들치고
바람과 노을을 동무해서
어깨와 등과 손끝에
자잘한 꽃들 노랗게 피어나는데
비록 꽃향기 온 들판을 덮거나
산을 넘고 바다를 건너지는 못해도
노란 꽃잎 풀 속에 떨어지면
옛 얘기보다 더 애달픈
초저녁 풀벌레의 노랫소리가 되겠지
누가 말하는가 이 노래 듣는 이
오직 하늘과 별뿐이라고

　　　　　－ 신경림, 〈수유나무에 대하여〉

이 작품의 1, 2행에서 수유나무가 '살아온 나날'이 '어둠'뿐인 것은 아니라는 점을, 16, 17행에서 '노랫소리'를 듣는 이가 '하늘과 별뿐'만은 아니라는 점을 (9 ㅅ○ㅂ)을/를 활용하여 드러내고 있다.

작품 알통

- **해제:** 수유나무가 고난을 견뎌내고 꽃을 피워 자신만의 가치를 가지게 된 것에 대한 위로와 격려를 드러낸 작품이다.
- **주제:** 고난을 견디고 가치를 갖게 된 수유나무

【초성 답】 1 의문문 2 의문 3 설의 4 의지 5 부정적 6 관심 7 주제 8 순수성 9 설의법

개념 트레이닝 ZONE

☞ 빈칸에 알맞은 말을 쓰며 개념 근육을 키워 보세요!

01

별들의 바탕은 어둠이 마땅하다.

대낮에는 보이지 않는다.

지금 대낮인 사람들은 / 별들이 보이지 않는다.

지금 어둠인 사람에게만 / 별들이 보인다.

– 정진규, 〈별〉

'별'은 어둠 속에서 빛난다는 속성 때문에 이상이나 동경, 희망, 꿈 등을 상징하는 소재로, 절망과 시련 속에 있어 전망이 없는 사람들만이 꿈과 희망을 가질 수 있다는 (　　　)적 진실을 드러내고 있다.

02

지금은 남의 땅 —— 빼앗긴 들에도 봄은 오는가? (중략)

입술을 다문 하늘아, 들아,

내 맘에는 나 혼자 온 것 같지를 않구나!

네가 끌었느냐, 누가 부르더냐. 답답워라. 말을 해 다오. (중략)

그러나 지금은 —— 들을 빼앗겨 봄조차 빼앗기겠네.

– 이상화, 〈빼앗긴 들에도 봄은 오는가〉

이 작품이 발표된 시기가 일제 강점기임을 고려할 때, '(　　　)'은/는 일제에 의해 국토와 국권을 상실한 상태를, '(　　　)'은/는 조국 광복과 빼앗긴 국토의 회복을 상징하고 있다.

03

모란이 피기까지는,

나는 아직 나의 봄을 기다리고 있을 테요. (중략)

모란이 지고 말면 그뿐, 내 한 해는 다 가고 말아,

삼백예순 날 하냥 섭섭해 우웁내다.

모란이 피기까지는,

나는 아직 기다리고 있을 테요, 찬란한 슬픔의 봄을.

– 김영랑, 〈모란이 피기까지는〉

'(　　　)'은/는 화자가 추구하는 아름다움의 대상이자 삶의 보람이며 유일한 소망을 의미하는데, 인생에서 극히 짧지만 정말 아름다운 순간을 상징하고 있다.

04

들길은 마을에 들자 붉어지고

마을 골목은 들로 내려서자 푸르러진다

바람은 넘실 천(千) 이랑 만(萬) 이랑
갈아 놓은 밭의 한 두둑과 한 고랑을 아울러 이르는 말
이랑 이랑 햇빛이 갈라지고

보리도 허리통이 부끄럽게 드러났다.

– 김영랑, 〈오월〉

'(　　　)'은/는 겨울의 혹독한 추위를 이겨 내고 봄에 싹을 틔운다는 점에서 봄의 생동감, 강인한 생명력 등을 상징한다.

05

꽃이 지기로서니 / 바람을 탓하랴. //

주렴 밖에 성긴 별이 / 하나 둘 스러지고 //
구슬 따위를 꿰어 만든 발
귀촉도 울음 뒤에 / 머언 산이 닥아서다.
두견새

– 조지훈, 〈낙화(落花)〉

'(　　　)'은/는 '한(恨)'의 정서를 상징하며 화자의 비애감을 불러일으키고, 삶의 무상감과 비애감이라는 작품의 전반적인 분위기를 더욱 짙게 만드는 역할을 한다.

06

노 주인(老主人)의 장벽(腸壁)에

무시(無時)로 인동(忍冬) 삼긴 물이 나린다. //
❶ 약재로 쓰이는 식물 ❷ 겨울을 인내하다
자작나무 덩그럭 불이 / 도로 피어 붉고, //
장작이 다 타지 않은 덩어리에 붙은 불
구석에 그늘 지어 / 무가 순 돋아 파릇하고, //

흙냄새 훈훈히 김도 사리다가
서리다가
바깥 풍설(風雪) 소리에 잠착하다. //
참착하다 → 한 가지 일에만 정신을 골똘하게 쓰다.
산중(山中)에 책력(冊曆)도 없이 / 삼동(三冬)이 하이얗다.
일 년 동안의 천체 운행과 날씨 등을 순서대로 적은 책

– 정지용, 〈인동차(忍冬茶)〉

일제 말기인 1941년에 발행된 시집 《백록담》에 수록된 작품으로, '인동'은 한약재로 쓰이는 식물을 의미하지만 '겨울을 참고 (　　　)'는 뜻도 있다. 불의 붉은색, 무순의 푸른색, 삼동(三冬)의 흰색의 (　　　)을/를 통해 겨울로 비유된 힘든 현실을 참고 견디려는 정신적 자세를 형상화하고 있다.

07

겨울산에 가면

밑둥만 남은 채 눈을 맞는 나무들이 있다

쌓인 눈을 손으로 헤쳐내면

드러난 나이테가 나를 보고 있다 (중략)

잘릴 때 쏟은 톱밥가루는 지금도 / 마른 껍질 속에 흩어져

해산한 여인의 땀으로 맺혀 빛나고,

그 옆으로는 아직 나이테도 생기지 않은

꺾으면 문드러질 만큼 어린것들이

뿌리박힌 곳에서 자라고 있다

도끼로 찍히고 / 베이고 눈 속에 묻히더라도

고요히 남아서 기다리고 계신 어머니,

눈을 맞으며 산에 들면

처음부터 끝까지 나를 바라보는 / 나이테가 있다

– 나희덕, 〈겨울산에 가면〉

겨울산에 오른 화자는 나무들의 밑둥에서 나이테를 보며 어머니의 희생적 사랑을 떠올리고, '(　　　)'에는 시련과 고통, '(　　　)'에는 시련과 고난을 이겨 낸 삶이라는 상징적 의미를 부여하고 있다.

08

봄은 푸른 수레를 타고 바다 건너 머언 산맥을 넘어서 어느 삼림에 투숙(投宿)을 했다가는 기어코 언덕길을 돌아오리라고 한다.
여관, 호텔 따위의 숙박 시설에 들어서 묵음.
아침에도 나리꽃같이 흰 안개가 걷기 전부터 사람들은 언덕길에서 만날 때마다 푸른 봄이 오리라는 즐거운 이야기를 했건만 헤어질 때마다 전설같이 믿을 수 없는 제 자신들의 슬픈 이야기에 목메어 울었다.

– 신석정, 〈봄을 부르는 자는 누구냐〉

(   ), (   ), (   )와/과 같은 색채어를 활용하여 대상을 감각적으로 제시하고 있다.

09

나는 / 나는 / 죽어서 / 파랑새 되어

푸른 하늘 / 푸른 들 / 날아다니며

푸른 노래 / 푸른 울음 / 울어 예으리.

나는 / 나는 / 죽어서 / 파랑새 되리.

– 한하운, 〈파랑새〉

'(   )'은/는 자유와 희망, 이상과 동경을 상징하는 소재로, '(   )'(이)라는 색채어의 반복을 통해 자유로운 삶에 대한 소망을 드러내고 있다.

10

곱아라 고아라 진정 아름다운지고

파르란 구슬빛 바탕에 자줏빛 호장을 받친 호장저고리
회장(回裝) → 여자 저고리를 색깔 있는 헝겊으로 꾸민 것
호장저고리 하얀 동정이 환하니 밝도소이다

살살이 퍼져나린 곧은 선이 스스로 돌아 곡선을 이루는 곳

열두 폭 기인 치마가 사르르 물결을 친다 (중략)

나는 이 밤에 옛날에 살아 눈 감고 거문곳줄 골라 보리니

가는 버들인 양 가락에 맞추어 흰 손을 흔들어지이다

– 조지훈, 〈고풍 의상〉

'(   )' 구슬빛 바탕, (   ) 호장, (   ) 동정, '흰 손'과 같은 색채어를 활용하여 고풍 의상을 차려 입은 여인의 고전적 아름다움을 (   )(으)로 형상화하고 있다.

11

산은 / 구강산(九江山) / 보랏빛 석산(石山) //
돌이나 바위가 많은 산
산도화 / 두어 송이 / 송이 버는데 //

봄눈 녹아 흐르는 / 옥 같은 / 물에 //

사슴은 / 암사슴 / 발을 씻는다.

– 박목월, 〈산도화(山桃花)〉

석산의 (   )(이)라는 색채어, (   )에서 연상되는 분홍색의 색채 이미지, 옥 같은 물에서 연상되는 (   )의 색채 이미지, 사슴에서 연상되는 갈색의 색채 이미지가 어울려 봄을 맞은 산의 신비로운 분위기를 형성하고 있다.

12

흔들리는 나뭇가지에 꽃 한번 피우려고

눈은 얼마나 많은 도전을 멈추지 않았으랴

싸그락 싸그락 두드려 보았겠지

난분분 난분분 춤추었겠지
눈이나 꽃잎 따위가 흩날리어 어지럽다.
미끄러지고 미끄러지길 수백 번

– 고재종, 〈첫사랑〉

(   )에서 의문형 어미를 사용한 설의적 표현을 통해 나뭇가지와의 사랑을 이루기 위해 눈이 끊임없이 도전했다는 것을 강조하고 있다.

13

돗자리 같은 것을 짤 때 세로로 놓는 끈
어느 날 당신과 내가 / 날과 씨로 만나서
돗자리 같은 것을 짤 때 가로로 놓는 끈
하나의 꿈을 엮을 수만 있다면

우리들의 꿈이 만나 / 한 폭의 비단이 된다면

나는 기다리리, 추운 길목에서 / 오랜 침묵과 외로움 끝에

한 슬픔이 다른 슬픔에게 손을 주고

한 그리움이 다른 그리움의 / 그윽한 눈을 들여다볼 때

어느 겨울인들 / 우리들의 사랑을 춥게 하리

– 정희성, 〈한 그리움이 다른 그리움에게〉

'(   )'에서 설의적 표현을 사용하여 우리의 만남이 이루어진다면 겨울도 춥지 않다는 의미를 통해 만남에 대한 (   )을/를 드러내고 있다.

14

산과 산이 마주 향하고 믿음이 없는 얼굴과 얼굴이 마주 향한 항시 어두움 속에서 꼭 한 번은 천둥 같은 화산(火山)이 일어날 것을 알면서 요런 자세로 꽃이 되어야 쓰는가.

– 박봉우, 〈휴전선〉

'–는가'라는 의문형 종결 어미를 사용한 설의적 표현을 통해 (   )와/과 대립을 극복하기를 바라는 (   )을/를 강조하고 있다.

15

가난하다고 해서 외로움을 모르겠는가,

너와 헤어져 돌아오는

눈 쌓인 골목길에 새파랗게 달빛이 쏟아지는데.

– 신경림, 〈가난한 사랑 노래 – 이웃의 한 젊은이를 위하여〉

가난해도 외로움을 안다는 의미를 설의적으로 표현하여 가난 때문에 인간적 감정까지 버려야 하는 현실에 대한 (   )을/를 드러내고 있다.

워밍-UP

다음 글을 읽고 빈칸에 알맞은 말을 써서 해설을 완성하거나 정오를 판단하세요.

01

세상의 열매들은 왜 모두 / 둥글어야 하는가.
가시나무도 향기로운 그의 탱자만은 둥글다. //
땅으로 땅으로 파고드는 뿌리는 / 날카롭지만
하늘로 하늘로 뻗어가는 가지는 / 뾰족하지만
스스로 익어 떨어질 줄 아는 열매는
㉠모가 나지 않는다. //
덥썩 / 한입에 물어 깨무는 / 탐스런 한 알의 능금
먹는 자의 이빨은 예리하지만 / 먹히는 능금은 부드럽다. //
그대는 아는가, / ㉡모든 생성하는 존재는 둥글다는 것을
㉢스스로 먹힐 줄 아는 열매는 / 모가 나지 않는다는 것을.

– 오세영, 〈열매〉

이 시는 상징적 소재를 통해 바람직한 삶의 자세에 대한 깨달음을 그리고 있습니다. 화자는 나무의 모습을 관찰하며 원만한 삶의 태도와 자기희생적 정서를 발견하고, 이를 통해 깨달음을 확장하고 있습니다.

구분	시적 대상	의미
㉠	열매의 (　　) 모습	원만한 삶의 태도
㉡	모든 생성하는 존재가 둥근 모습	열매의 모습에서 얻은 깨달음의 (　　)
㉢	스스로 먹힐 줄 아는 모습	다른 생명을 위한 (　　　)의 자세

02

이제 바라보노라 / 지난 것이 다 덮여 있는 눈길을.
온 겨울을 떠돌고 와 / 여기 있는 낯선 지역을 바라보노라.
나의 마음속에 처음으로 / 눈 내리는 풍경
세상은 지금 묵념의 가장자리

– 고은, 〈눈길〉

〈눈길〉은 삶의 허무로 인해 방황하고 고뇌하는 상황에 대한 시인의 성찰을 다룬 작품이지만, 작품 속에는 이미 이러한 허무적 경향을 넘어서려는 화자의 내면적 지향이 나타나고 있습니다. 화자는 눈 덮인 길을 바라보며, 그동안의 긴 방황과 고뇌에서 벗어나 마음의 평화를 얻게 되는 과정을 노래하고 있습니다.

의미	시어
과거의 것을 덮어 버리는 평화	
방황했던 과거의 고통스러운 삶	
평온한 내면의 모습	

상징적인 시어를 통해 화자의 심리를 드러내고 있다. ◯✕

03

지팡이 짚고 바람 쐬며 좌우를 돌아보니
누대의 맑은 경치 아마도 깨끗하구나.
누각이나 정자와 같이 높은 건물
물도 하늘 같고 하늘도 물 같으니
㉠푸른 물과 긴 하늘이 한빛이 되었거든
물가에 갈매기는 오는 듯 가는 듯 그칠 줄을 모르네. (중략)
술동이의 맑은 술을 술잔에 가득 부어
한 잔, 또 한 잔 취토록 먹은 후에,
㉡복숭아꽃 붉은 비 되어 취한 낯에 뿌리는데
낚시터 넓은 돌을 높이 베고 누우니
무회씨 때 사람인가, 갈천씨 때 백성인가.
중국 상고 시대 전설상의 제왕인 무회씨와 갈천씨 때의 태평성대를 살던 사람
태평성대를 다시 보는가 생각노라.

– 박인로, 〈노계가〉

구분	물	하늘
㉠	(　　)색의 색채어가 사용됨.	(　　)색이 연상되는 색채 이미지임.

구분	복숭아꽃	취한 낯
㉡	(　　)색의 색채어가 사용됨.	(　　)색이 연상되는 색채 이미지임.

㉠과 ㉡은 자연물을 (　　)색과 (　　)색의 색채어와 (　　　) 이미지로 표현하여 자연의 아름다운 모습과 화자의 (　　)을/를 강조하고 있다.

04

(가) 누워 생각하고 일어나 앉아 헤아리니
　　 내 몸의 지은 죄 산같이 쌓였으니
　　 ㉠하늘이라 원망하며 사람이라 허물하랴

– 정철, 〈속미인곡(續美人曲)〉

(나) 무게가 한쪽에 치우치면 그 모습이 반드시 기울어지게 된다. 왼쪽으로도 오른쪽으로도 기울지 않고, 무겁지도 가볍지도 않게끔 내가 배 한가운데서 평형을 잡아야만 기울어지지도 뒤집히지도 않아 내 배의 평온을 지킬 수 있다. 비록 풍랑이 거세게 인다 한들 ㉡바람과 물결편안한 내 마음을 어찌 흔들 수 있겠는가.

– 권근, 〈주옹설(舟翁說)〉

구분	표현법	의미
㉠		임과 이별하게 된 (　　)을/를 자신의 숙명으로 받아들이는 태도 강조
㉡		(　　)적 요인에 의해 글쓴이의 마음이 흔들리지 않음을 강조

㉠과 ㉡은 모두 설의적 표현을 활용하여 의미를 강조하고 있다. ◯✕

 펌핑-UP

01

〈보기〉를 참고하여 다음 시를 감상한 내용으로 적절하지 <u>않은</u> 것은?

> 잃어버렸습니다.
> 무얼 어디다 잃었는지 몰라
> 두 손이 주머니를 더듬어
> 길에 나아갑니다.
>
> 돌과 돌과 돌이 끝없이 연달아
> 길은 돌담을 끼고 갑니다.
>
> 담은 쇠문을 굳게 닫아
> 길 위에 긴 그림자를 드리우고
>
> 길은 아침에서 저녁으로
> 저녁에서 아침으로 통했습니다.
>
> 돌담을 더듬어 눈물짓다
> 쳐다보면 하늘은 부끄럽게 푸릅니다.
>
> 풀 한 포기 없는 이 길을 걷는 것은
> 담 저쪽에 내가 남아 있는 까닭이고,
>
> 내가 사는 것은, 다만,
> 잃은 것을 찾는 까닭입니다.
>
> — 윤동주, 〈길〉

〈보기〉

이 시는 '길'이라는 상징적 소재를 통해 '잃어버린 나'를 되찾으려는 화자의 모습을 잘 보여 주는 작품이다. 이 시의 화자는 부정적 상황 속에서 자기 탐색과 성찰을 통해, '잃어버린 나'를 회복하려고 끊임없이 노력하는 모습을 보인다.

① 굳게 닫힌 '쇠문'을 통해 화자가 처한 부정적 상황을 드러낸다고 할 수 있군.
② 길이 '저녁에서 아침으로 통했'다는 것은 자기 탐색의 과정이 끊임없이 이어짐을 의미하겠군.
③ '눈물짓'는 행위는 절망적 상황을 극복하려는 화자의 노력을 나타낸 것이겠군.
④ '부끄럽게'를 통해 화자가 하늘을 보며 자기 성찰을 하고 있음을 짐작할 수 있군.
⑤ 화자가 길을 걷는 이유는 '담 저쪽'의 '나'를 회복하기 위해서이겠군.

02

(가)~(다)의 표현 방식에 대한 설명으로 가장 적절한 것은?

> (가) 가마귀 검다 하고 백로(白鷺)야 웃지 마라
> 왜가릿과의 새
> 겉치 거믄들 속조차 거믈소냐
> 아마도 겉 희고 속 검을손 너뿐인가 하노라
>
> — 이직
>
> (나) 가마귀 눈비 마자 희는 듯 검노미라
> 야광명월(夜光明月)이 밤인들 어두우랴
> 밤에 밝게 빛나는 달
> 님 향(向)한 일편단심(一片丹心)이야 고칠 줄이 이시랴
> 한 조각의 붉은 마음이라는 뜻으로, 진심에서 우러나오는 변치 아니하는 마음
> — 박팽년
>
> (다) 앞 여울에 물고기와 새우가 많아
> 물결 뚫고 들어갈 생각 있는데
> 사람을 보고 문득 놀라 일어나서는
> 여뀌꽃 핀 언덕에 도로 날아가 앉았네
> 목을 빼고 사람이 돌아가길 기다리다
> 가랑비에 깃털이 다 젖는구나
> 마음은 여울의 물고기에 가 있는데
> 사람들은 말하네, 기심(機心)을 잊고 서 있다고
> 기회를 엿보아 이득을 취하려는 마음
> — 이규보, 〈여뀌꽃과 백로〉

① (가)와 (나)는 설의적인 표현을 통하여 화자의 가치관을 강조하고 있다.
② (가)와 (다)는 어순을 도치하여 시구의 의미를 강조하고 있다.
③ (나)와 (다)는 색채어를 활용하여 대상의 속성을 선명하게 드러내고 있다.
④ (나)는 (가)와 달리 4음보를 규칙적으로 사용하여 안정된 리듬감을 형성하고 있다.
⑤ (다)는 (나)와 달리 감정 이입을 통하여 화자의 내면을 표현하고 있다.

호루라기 관장님의 하드 트레이닝

공부한 날	월 일 요일
맞은 개수	/ 8

작품	No	작품을 읽고 빈칸에 알맞은 말을 쓰시오.
공명(功名)도 잊었노라 부귀(富貴)도 잊었노라 공을 세워 자기 이름을 드러냄. 세상 번우(煩憂)한 일 다 주어 잊었노라 괴롭고 근심스러운 내 몸을 내마저 잊으니 남이 아니 잊으랴. 〈제2수〉	01	**시적 화자는 누구이며, 어떤 상황에 놓여 있는가?** 시적 화자: (　　　)에 묻혀 전원생활을 하고 있는 '나' 상황: (　　　)에서 물러나 낙향하여 전원생활을 즐기며 유유자적한 삶을 살고 있음.
삼공(三公)이 귀하다 한들 강산과 바꿀쏘냐. 삼정승인 영의정, 좌의정, 우의정 조각배에 달을 싣고 낚싯대를 흩던질 제 이 몸이 이 청흥(淸興) 가지고 만호후(萬戶侯)인들 부러우 맑은 흥과 운치 재력과 권력을 겸비한 제후 또는 세도가 랴. 〈제8수〉	02	**시적 화자의 정서와 태도는 어떠한가?** 부귀공명을 추구하던 속세에서 벗어난 (　　　)와/과 자연과 더불어 소박한 삶을 사는 생활에 대한 (　　　)이/가 드러남.
헛글고 싯근 문서 다 주어 내던지고 흐트러지고 시끄러운 필마(匹馬) 추풍에 채찍을 쳐 돌아오니 한 필의 말 아무리 매인 새 놓인다 한들 이토록 시원하랴. 〈제10수〉 　　　　　　　　　　　　　　- 김광욱, 〈율리유곡(栗里遺曲)〉 　　　　　　　　　　　밤나무가 많은 마을에서 노래를 남기다	03	**다음 표현에 해당하는 구절은 모두 무엇인가?** 설의법 • • • •
	04	**이 작품의 주제는 무엇인가?** 전원생활의 (　　　)와/과 유유자적한 삶에 대한 지향
나는 구부러진 길이 좋다. 구부러진 길을 가면 나비의 밥그릇 같은 민들레를 만날 수 있고 감자를 심는 사람을 만날 수 있다. 날이 저물면 울타리 너머로 밥 먹으라고 부르는 어머니의 목소리도 들을 수 있다. 구부러진 하천에 물고기가 많이 모여 살듯이 들꽃도 많이 피고 별도 많이 뜨는 구부러진 길. 구부러진 길은 산을 품고 마을을 품고 구불구불 간다. 그 구부러진 길처럼 살아온 사람이 나는 또한 좋다. 반듯한 길 쉽게 살아온 사람보다 흙투성이 감자처럼 울퉁불퉁 살아온 사람의 구불구불 구부러진 삶이 좋다. 구부러진 주름살에 가족을 품고 이웃을 품고 가는 구부러진 길 같은 사람이 좋다. 　　　　　　　　　　　　　　- 이준관, 〈구부러진 길〉	05	**시적 화자는 누구이며, 어떤 상황에 놓여 있는가?** 시적 화자: 구부러진 길을 통해 올바른 삶을 생각하는 (　　　) 상황: 구부러진 길을 걸어 가면서 길이 많은 것들을 품고 있음을 깨달으며 (　　　) 같은 사람이 되고 싶다는 소망을 드러냄.
	06	**시적 화자의 정서와 태도는 어떠한가?** 화자는 '구부러진 길', '구부러진 삶', '구부러진 길 같은 사람'이 좋다고 말하면서 자신도 '구부러진 길'과 같이 주변을 돌아보며 다른 사람의 힘겨움을 따뜻하게 감싸 줄 수 있는 사람이 되겠다고 (　　　)함.
	07	**다음 시어의 상징적 의미는 무엇인가?** 구부러진 길 • (　　　)을/를 돌아보며 사는 삶 • 시련이나 실패를 겪으며 살아온 삶 • 인생의 고난과 역경을 이겨 내고 포용하며 남과 더불어 살 줄 아는 삶 • 다른 사람의 상처와 고통을 이해하고 이를 따뜻하게 감싸 주는 (　　　)이/가 느껴지는 삶 반듯한 길 • 타인의 상처와 고통을 감싸 주지 못하는 차가운 삶 • 주변을 돌아보지 않고 (　　　)만을 추구하며 사는 삶
	08	**이 작품의 주제는 무엇인가?** 구부러진 길과 같은 삶을 살고 싶은 (　　　)

오늘의 수능 국어 트레이닝 끝!

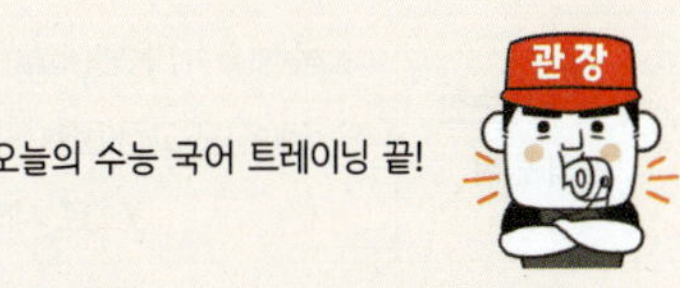

049 언어유희

> 말이나 글자를 소재로 말놀이하는 듯한 재미있는 표현

(1   ㅇㅎ   )은/는 즐겁게 놀며 장난한다는 뜻이다. 따라서 '언어유희'는 언어를 가지고 장난하여 즐거움을 유발하려는 표현이다. '언어유희'는 (2   ㅇㄷㅈ   )(으)로 언어 규범에 어긋나는 말을 하거나, 언어의 본래 의미를 이탈시켜 새로운 의미를 만들어 내어 웃음을 유발한다.

구분	예
언어 도치	본관이 똥을 싸고 멍석 구멍 생쥐 눈 뜨듯 하고, 내아(內衙)로 들어가서, 조선 시대에, 지방 관아에 있던 안채 "어 추워라! 문 들어온다, 바람 닫아라! 물 마르다, 목 들여라!"　　－ 작자 미상, 〈춘향전〉 → 암행어사가 출두하자 본관 사또(변학도)가 당황하여 말의 (3 ㅅㅅ)을/를 바꿔 말하는 언어유희를 통해 부정적 인물을 희화화함.
동음이의어	표 생원: 내가 그 전에 작은집을 하나 얻었소. 첩 또는 첩의 집 꼭두각시: 이 형편에 큰 집 작은 집을 어찌 가리겠소.　　－ 작자 미상, 〈꼭두각시놀음〉 규모가 작은 집 → 첩을 얻었다는 의미로 (4 ㅈㅇㅈ)을/를 얻었다는 표 생원의 말을 꼭두각시가 사람이 사는 규모가 작은 집을 얻었다는 의미로 오해하는 상황을 언어유희를 통해 보여 줌. 범은 북곽 선생을 여지없이 꾸짖었다. "가까이 오지 말아라. 내 듣건대 유(儒)는 유(諛)라 하더니 과연 그렇구나." 선비　아첨하다　　－ 박지원, 〈호질(虎叱)〉 범의 꾸짖음. → '유(儒)'는 선비(학식은 있으나 벼슬하지 않는 사람 또는 학자)를 의미하고 '유(諛)'는 아첨한다는 뜻임. (5 ㄷㅇㅇㅇㅇ)을/를 활용하여 선비는 아첨하는 사람이라는 말을 함으로써 범에게 잡아먹히지 않으려고 비굴하게 행동하는 북곽 선생을 비판함.
발음의 유사성	오고 가난 벅궁새는 벅궁벅궁 벅구 치고　　－ 작자 미상, 〈덴동 어미 화전가〉 소고(농악에 쓰이는 작은 북) → '오고 가는 뻐꾹새는 뻐꾹뻐꾹 벅구 치고'라는 의미로, '벅궁새', '벅궁벅궁', '벅구'의 (6 ㅂㅇ)이/가 유사함을 이용한 언어유희임.
동의어 (유의어)의 반복	쇠뚝이: 내야 무슨 상관이 있느냐. 대관절 너는 그 댁에 무어냐? 말뚝이: 나는 그 댁에 청직(廳直)일세. 양반집에서 잡일을 맡아보거나 시중을 들던 사람 쇠뚝이: 청직이면 팽양이 갓을 써? 패랭이. 신분이 낮은 사람이 쓰던 갓 말뚝이: 청직이가 아니라 겸노(兼奴)일세. 종은 아니나 가난하여 종이 해야 할 일까지 다 겸하여 하던 사람 쇠뚝이: 옳겠다. 그러면 그 양반들이 어데 있느냐?　　－ 작자 미상, 〈양주 별산대놀이〉 → '청직'의 다른 말은 '청지기, 겸인, 겸종, 겸노, 수청, 장반' 등 다양한데 '청직(청직이)'과 '겸노'는 결국 (7 ㄱㅇ) 말이므로, 동의어를 반복한 언어유희임.
같거나 비슷한 음의 반복	옹정(雍井) 옹연(雍淵) 옹진(雍眞)골 옹당촌(雍堂村)에 한 사람이 있으되, 성(姓)은 옹(雍)이요, 명(名)은 고집(固執)이라.　　－ 작자 미상, 〈옹고집전〉 → (8 ㅇ)(으)로 시작하는 단어를 의도적으로 반복한 언어유희로서 판소리 사설의 특징이 드러남.

기심 매러 갈 적에는 갈뽕을 따 가지고
김, 논밭에 난 잡풀
기심 매고 올 적에는 올뽕을 따 가지고

삼간방에 누어 놓고 청실홍실 뽑아
세 칸의 방
내서

날실에 풀을 먹이고 말려
강릉 가서 날아다가 서울 가서 매어다가
베틀에 날실을 걸어다가
하늘에다 베틀 놓고 구름 속에 이매*

걸어

함경나무 바디집*에 오리나무 북* 게다가

짜궁짜궁 짜아 내어 가지잎과 뭅거워라.
명주실의 한 바람(길이의 단위)을 세는 단위
배꽃같이 바래워서 참외같이 올 짓고
볕에 쬐거나 약물을 써서 빛깔을 희게 해서
외씨 같은 보선 지어 오빠님께 드리고
'오이씨'의 준말
겹옷 짓고 솜옷 지어 우리 부모 드리겠네.
솜을 두지 않고 거죽과 안을 맞붙여 지은 옷
－ 작자 미상, 〈베틀 노래〉

이 작품에서 1, 2행의 '갈 적에는 갈뽕', '올 적에는 올뽕'은 발음의 (9   ㅇㅅㅅ   )에 의한 언어유희로 볼 수 있다. '올뽕'은 '비교적 이른 시기에 나는 뽕잎'이라는 뜻으로 '오다'라는 뜻의 '올'과 관련이 있으며, 이에 상대되는 언어인 '갈'은 '가다'와 관련 있는 것으로 의미 없는 말인 '갈뽕'을 만들어 말장난을 한 것으로 이해할 수 있다. 이러한 언어유희는 운율을 만들며 웃음을 자아내고 흥을 돋우는 역할을 하는데, 고달픈 노동을 하면서도 여유와 웃음을 잃지 않으려는 부녀자들의 긍정적인 삶의 태도를 엿볼 수 있다.

작품 알통

- **해제:** 〈베틀가〉라고도 하며, 베를 짤 때 부녀자들이 고달픔을 잊기 위해 부르던 노동요이다.
- **주제:** 베 짜는 여인의 가족애와 낭만적 여유

- **이매:** 잉아(베틀의 날실을 한 칸씩 걸러서 끌어 올리도록 맨 굵은 실)
- **바디집:** 베틀에 바디를 끼우는 테. 바디는 베의 날을 고르며 북의 통로를 만들어 주고 씨실을 쳐서 베를 짜는 구실을 하는 머릿빗처럼 생긴 기구
- **북:** 베틀에서 날실의 틈으로 왔다 갔다 하면서 씨실을 푸는 배 모양의 기구

【초성 답】 1 유희 2 의도적 3 순서 4 작은집
5 동음이의어 6 발음 7 같은 8 옹 9 유사성

050 역설

명백하게 모순되고 이치에 맞지 않으나 그 속에 진실이 담겨 있는 표현

'역설'은 특정한 경우에 논리적 (1 ㅁㅅ)을/를 일으키나 그 속에 중요한 (2 ㅈㄹ)이/가 함축되어 있는 논증이라는 뜻의 철학적 용어이다. 문학에서 역설은 표현상 이치에 어긋나는 듯하지만 의미상 진실 혹은 진리를 담는 표현을 의미한다. 어떤 사실의 앞뒤나 두 사실이 이치상 어긋나서 서로 맞지 않는 모순되는 관계에 있는 대상이나 내용을 연결하여 표현함으로써 의미를 강조하고 신선한 느낌을 주는 효과를 얻을 수 있다.

구분	예
모순 형용 (모순 어법)	흰 나비가 소매도 걷지 않고 / 봄비를 건너간다 / 비를 맞으며 맞지 않으며 // (중략) 비를 건너가면서 마른 발자국을 남기는 / 그는 남몰래 가졌을까 / 옷 한 벌, 흰 재로 지어진 　　　　　　　　　　　　　　　　　　　　　　　　　　　　　　　　– 나희덕, 〈재로 지어진 옷〉 → 모순 형용(모순 어법)은 의미상 (3 ㅅㅂ)되거나 연관성이 희박한 단어를 함께 사용하는 표현으로, 비를 맞는데 맞지 않는다는 표현과 비를 건너가는데 발자국이 말랐다는 표현은 두 상황이 동시에 성립할 수 없는 모순임. 바라보노라 온갖 것의 / 보이지 않는 움직임을. (중략) 나의 마음은 밖에서는 눈길 / 안에서는 어둠이노라.　　　　　　　　　– 고은, 〈눈길〉 → '보이지 않는' 것을 (4 ㅂㄹㅂㄴㄹ)(이)라는 모순된 표현을 통해 화자의 평온한 내면을 표현함.
발상의 역설	아아, 님은 갔지마는 나는 님을 보내지 아니하였습니다. 제 곡조를 못 이기는 사랑의 노래는 님의 침묵을 휩싸고 돕니다.　　　– 한용운, 〈님의 침묵〉 → '갔다'와 '보내지 않았다'는 두 상황이 동시에 성립할 수 없는 모순된 상황이며, 이를 통해 임과 이별했다는 객관적 상황을 부정하고 주관적 의지로 (5 ㄱㅂ)하려는 태도를 드러냄. 살아 있는 것은 흔들리면서 / 튼튼한 줄기를 얻고 잎은 흔들려서 스스로 / 살아 있는 몸인 것을 증명한다. // (중략) 피하지 마라 / 빈 들에 가서 깨닫는 그것 / 우리가 늘 흔들리고 있음을. 　　　　　　　　　　　　　　　　– 오규원, 〈살아 있는 것은 흔들리면서 – 순례 11〉 → 삶이 흔들리는 고통과 아픔을 견디는 과정 속에서 성숙할 수 있다는 (6 ㅇㅅ)적 발상을 통해 삶에 대한 깨달음을 제시함.
상황의 역설	산구석에 처박혀 발버둥친들 무엇하랴. 비료 값도 안 나오는 농사 따위야 / 아예 여편네에게나 맡겨 두고 고기를 얻기 위하여 가축을 잡아 죽이는 곳(= 도살장) 쇠전을 거쳐 도수장 앞에 와 돌 때 / 우리는 점점 신명이 난다. 소를 사고파는 장 한 다리를 들고 날나리를 불거나 / 고갯짓을 하고 어깨를 흔들거나.　　– 신경림, 〈농무〉 　　　　　　　　　　　　　　　　　　　　　　풍물놀이에 맞추어 추는 춤 태평소 → 열심히 농사를 지어도 비료 값조차 벌 수 없는 현실에 놓인 농민들이 분노와 한(恨)을 신명(흥겨운 신이나 멋)이 나게 추는 춤으로 표출하는 상황의 (7 ㅁㅅㅅ)이/가 드러남.

유리(琉璃)에 차고 슬픈 것이 어른거린다.
열없이 붙어 서서 입김을 흐리우니
길들은 양 언 날개를 파다거린다.
지우고 보고 지우고 보아도
새까만 밤이 밀려 나가고 밀려와 부딪히고,
물 먹은 별이, 반짝, 보석(寶石)처럼 백힌다.
밤에 홀로 유리를 닦는 것은
외로운 황홀한 심사이어니,
고운 폐혈관(肺血管)이 찢어진 채로
아아, 늬는 산(山)새처럼 날아갔구나!
　　　　　　　　　　　　– 정지용, 〈유리창 1〉

이 작품에서 (8 ㅇㄹㅇ ㅎㅎㅎ)(이)라는 표현은 자식을 잃은 외로움과 죽은 아이의 모습을 볼 수 있는 황홀함이라는 모순된 감정을 나타내고 있다. 이처럼 두 가지 상반된 정서가 어울려 감정을 어느 쪽에도 치우치지 않고 절제하는 효과를 주는 표현 기법을 '감정의 대위법'이라고 한다.

작품 알통

• 해제: 유리창을 보면서 죽은 아이를 떠올리고 있는 화자의 모습을 통해 어린 자식의 죽음에 대한 아버지의 안타까움과 슬픔을 노래한 작품이다.
• 주제: 죽은 자식에 대한 슬픔과 그리움

'낯설게 하기'가 무엇인가요?

나는 이제 너에게도 슬픔을 주겠다.
사랑보다 소중한 슬픔을 주겠다.
　　　　　　　　　– 정호승, 〈슬픔이 기쁨에게〉

'낯설게 하기'는 일상화되어 친숙하거나 습관화된 틀에 갇혀 있는 사물이나 관념을 낯설게 표현하여 새로운 느낌을 갖도록 하는 것입니다. 습관적인 생각이나 태도에 충격을 가하여 낯익은 대상을 오히려 낯설게 만듦으로써 독자들의 주의를 환기시키는 표현을 말합니다. 위 시는 슬픔은 부정적인 것이며 피해야 할 대상이라는 일반적 통념을 뒤집어 놓음으로써 슬픔의 의미에 대해 다시 생각하게 하고 있습니다.

【초성 답】 1 모순 2 진리 3 상반 4 바라보노라 5 극복 6 역설 7 모순성 8 외로운 황홀한

051 연쇄

앞말의 꼬리를 물고 뒷말을 계속 연결하는 표현

기출로 보는 개념

- **연쇄**법을 사용하여 시적 의미를 강조하고 있다.
- **연쇄**법을 사용하여 대상을 긴밀하게 연결하고 있다.
- 시어의 **연쇄적** 활용을 통해 시상을 발전시켜 나가고 있다.
- **연쇄적** 표현을 활용하여 정서의 변화 추이를 나타내고 있다.
- **연쇄적** 표현을 통해 주변 사물을 사실감 있게 제시하고 있다.

'연쇄'는 연결된 사슬이라는 뜻으로, 사물이나 현상이 사슬처럼 서로 이어져 하나의 덩어리를 이루는 것을 의미한다. 쇠로 만든 고리가 서로의 꼬리를 물고 죽 이어져 있는 사슬처럼, 문학에서는 앞 구절의 끝 어구를 다음 구절의 (1 ㅊㅁㄹ)에서 이어받아 되풀이하는 표현을 말한다.

연쇄적으로 표현되면 내용에 대한 흥미가 연속적으로 이어지면서 의미가 강조되는 효과를 얻을 수 있습니다. 또한 연쇄되는 횟수만큼 의미가 점차 심화되기 때문에 의미상 확장되는 점층적인 효과도 얻을 수 있습니다.

개념 당기는 예시

어이 못 오던다 무슨 일로 못 오던다

너 오는 길 위에 무쇠로 성을 쌓고
성 안에 담을 쌓고
담 안에란 집을 짓고
집 안에란 뒤주 놓고
뒤주 안에 궤를 놓고
궤 안에

너를 결박하여 놓고 쌍배목 외걸새에 용거북 자물쇠로 수기수기 잠갔더냐 네 어이 그리 아니 오던다
쌍으로 된 문고리를 거는 쇠 빗장으로 쓰는 ㄱ자 모양의 걸쇠 깊이깊이

한 달이 셜흔 날이여니 날 보라 올 하루 업스랴
– 작자 미상

→ 위 작품과 같이 앞 구절의 뒤 어구를 다음 구절의 앞 구절에서 이어받아 반복함으로써 꼬리를 무는 표현이 연쇄임. 임이 오지 못하는 이유를 (2 ㄱㅈ)되게 표현하고 장애물로 제시된 '무쇠 성, 담, 집, 뒤주, 궤'가 연쇄적으로 (3 ㅇㄱ)되면서 점차 범위가 좁아지는 양상을 보임. 이를 통해 임이 오지 않아 답답한 화자의 마음이 해학적으로 부각되는 효과를 얻음.

1:1 작품 체험

어디서 왔는지 알 수 없는 어떤 관상쟁이가 있었다. 그는 관상 보는 책을 읽거나, 관상 보는 법을 따르지 않고 이상한 관상술로 관상을 보았다. 그리하여 사람들은 이상한 관상쟁이라 하였다. … 그의 관상은 이러했다. 부귀하여 몸이 살찌고 기름진 사람의 관상을 보고는,

"당신 용모가 매우 여위었으니 당신만큼 천한 이가 없겠소." (중략)

"나는 여러 사람의 관상을 보았습니다." / 하기에,

"여러 사람이란 어떤 사람들이오." 하고 물으니, 그는 이렇게 대답하였다.

"부귀하면 교만하고 능멸하는 마음이 자랍니다. … 오직 눈먼 사람만은 마음이 깨끗하여 아무런 욕심이 없고, 몸을 보전하고 욕됨을 멀리하는 것이 현명한 사람이나 깨달은 자보다 훨씬 낫습니다. 그래서 '밝은 자'라고 한 것입니다. 날래면 **용맹을 숭상하고 용맹스러우면** 대중을 능멸하며, 마침내는 자객(刺客)이 되기도 하고 간당(奸黨)의 우두머리가 되기도 합니다."
간사한 무리

– 이규보, 〈이상한 관상쟁이〉

날래면	용맹을 숭상하고

용맹스러우면	대중을 능멸하며

이 작품은 앞 구절의 끝 어구 '용맹을 숭상하고'가 뒤 구절의 첫머리에서 (4 ㅇㅁㅅㄹㅇㅁ)(으)로 되풀이되는 (5 ㅇㅅ)적 표현을 통해 사람이 자객이나 간당의 우두머리가 되는 과정을 강조하고 있다.

작품 알통

- **해제**: 눈에 보이는 것과 반대로 말하는 이상한 관상쟁이에 대한 일화를 통해 선입견과 노력하는 삶에 대한 철학적 사고를 드러낸 고전 수필이다.
- **주제**: 선입견에 대한 경계와 노력하는 삶의 중요성

【초성 답】 1 첫머리 2 과장 3 열거
4 용맹스러우면 5 연쇄

개념 트레이닝 ZONE

빈칸에 알맞은 말을 쓰며 개념 근육을 키워 보세요!

01

달래 먹고 달려가자

쉬영 먹고 쉬어 가자
수영(= 승아 / 잎과 줄기를 식용, 뿌리를 약용하는 식물)
찔레 먹고 찔러 가자

앵두 먹고 앵돌아져

삣 먹고 삐드러져
따찌
복숭아 먹고 복 받아

살구 먹고 살았네
　　　　　　　　　　　　　　– 작자 미상, 〈어희요(語戲謠)〉

충남 예산 지방의 나물 타령으로, 매 시행에서 첫 구의 첫 음을 두 번째 구의 첫머리에서 반복하는 음의 (　　　　)을/를 이용한 언어유희이다.

02

매아미 맵다 울고 쓰르라미 쓰다 우니
매밋과의 곤충
산채(山菜)를 맵다는가 박주(薄酒)를 쓰다는가
산에서 나는 나물　　　맛이 좋지 못한 술
우리는 초야(草野)에 묻혔으니 맵고 쓴 줄 몰라라　　　– 이정신
풀이 난 들이라는 뜻으로, 궁벽한 시골을 이르는 말

'매아미'의 '매'와 '(　　　　)'의 '맵'은 음이 유사하고, '쓰르라미'의 '쓰'와 '(　　　　)'의 '쓰'는 음이 동일한 것을 이용한 언어유희이다.

03

택시 운전사는 어두운 창밖으로 고개를 내밀며

이따금 고함을 친다. 그때마다 새들이 날아간다

이곳은 처음 지나는 벌판과 황혼

나는 한번도 만난 적 없는 그를 생각한다 //

그 일이 터졌을 때 나는 먼 지방에 있었다

먼지의 방에서 책을 읽고 있었다

문을 열면 벌판에는 안개가 자욱했다

그해 여름 땅바닥은 책과 검은 잎들을 질질 끌고 다녔다

접힌 옷가지를 펼칠 때마다 흰 연기가 튀어나왔다

침묵은 하인에게 어울린다고 그는 썼다.

나는 그의 얼굴을 한번 본 적이 있다

신문에서였는데 고개를 조금 숙이고 있었다

그리고 그 일이 터졌다. 얼마 후 그가 죽었다
　　　　　　　　　　　　　　– 기형도, 〈입 속의 검은 잎〉

이 시는 암울한 시대에 투쟁하다가 희생된 이들에 대해 시대 현실에 저항하지 못하고 침묵했던 죄책감과 불운한 시대를 살아온 사람들의 어두운 자화상을 그리고 있습니다. 1980년대 중후반의 시대 상황을 고려할 때 사건이 일어났으나 방관자일 수밖에 없는 두려움을 다루고 있으며, '그의 죽음'은 독재 정권에 대항하다가 1987년 6월 항쟁 중 사망한 이한열 열사의 희생으로 보는 해석이 있습니다.

'먼 지방'과 '(　　　　)'은/는 띄어쓰기와 발음의 유사성을 활용하여 언어유희하고 있다.

04

뼈에 저리도록 '생활'은 슬퍼도 좋다

저문 들길에 서서 푸른 별을 바라보자……
　　　　　　　　　　　　　　– 신석정, 〈들길에 서서〉

'뼈에 저리도록 '생활'은 슬퍼도 좋다'에서 '슬프다'와 '좋다'의 모순 형용에 의한 (　　　　)적 표현이 사용되고 있다.

05

새벽 시내버스는

차창에 웬 찬란한 치장을 하고 달린다

엄동 혹한일수록
몹시 추운 겨울
선연히 피는 성에꽃 (중략)
산뜻하고 아름답게
나는 무슨 전람회에 온 듯
물건이나 예술 작품을 진열하여 놓고 여러 사람에게 보이는 모임
자리를 옮겨 다니며 보고

다시 꽃이파리 하나, 섬세하고도

차가운 아름다움에 취한다
　　　　　　　　　　　　　　– 최두석, 〈성에꽃〉

'(　　　　　　)'에 역설적 표현이 사용되어 힘겨운 세상에서도 아름답게 피어나는 서민들의 삶에 대한 애정을 드러내고 있다.

06

"고향으로 내려갈까 합니다."

"이 선생님은 고향이 어디신가요?"
매일 들르던 다방에서 꾀죄죄한 행색으로 로스앤젤레스행 비행기 표를 문의하던 사람
"서울입니다."

"서울요?" (중략)

이 씨의 말뜻을 헤아려 보느라고 나는 수화기를 제자리에 놓을 생각도 미처 못 하고 있었다. 고향인 서울로 가기 위해서 그는 시방 그 서울을 떠나려 하고 있다. 그 모순을 어떻게 풀어야 할지 몰라서 나는 한동안 난감한 기분이었다.
　　　　　　　　　　　　　　– 윤흥길, 〈꿈꾸는 자의 나성(羅城)〉
　　　　　　　　　　　　　　로스앤젤레스의 한자음 표기

서울로 가기 위해서 서울을 떠나려 한다는 (　　　　)적 표현을 통해 '나'가 '이 씨'가 한 말을 곱씹으며 그 말의 의도를 이해하기 위해 고민하고 있음을 보여 주고 있다.

07

네 품이 내 고향인 그리운 산아

미역취 한 이파리 상긋한 산 내음새
잎을 식용하는 식물의 일종
산에서도 오히려 산을 그리며

꿈 같은 산정기(山精氣)를 그리며 산다.
산에 서려 있는, 생기 있는 기운
　　　　　　　　　　　　　　– 김관식, 〈거산호 2〉
　　　　　　　　　　　　　　산에 사는 것이 좋음.

'산에서도 오히려 산을 그리며'라는 역설적 표현으로 산을 그리워하며 자연에 (　　　　)되고자 하는 화자의 태도를 강조하고 있다.

08

타고 남은 재가 다시 기름이 됩니다

그칠 줄을 모르고 타는 나의 가슴은 누구의 밤을 지키는 약한
등불입니까

— 한용운, 〈알 수 없어요〉

'타고 남은 재가 다시 기름이 됩니다'는 현실에서는 일어날 수 없는 모순된 상황으로, 불교의 (   ) 사상을 바탕으로 한 (   )적 표현을 통해 부정적 현실을 견디게 하는 존재를 향한 화자의 열정을 보여 주고 있다.

09

사람은 거울 앞에서

신의 사도(使徒)처럼 어여쁘게 위장(僞裝)하고

어여쁘게 속임말을 하는

뒤집은 현실의 뒤집은 마을의 주민이다.

거울은 맑게 닦아진 육신을 흔들어

지저분한 먼지를 털듯, 언제나

침묵으로 말하는 신(神)처럼 비어 있다.

비어서 기다리고 있다.

— 박남수, 〈거울〉

맑고 깨끗한 속성을 가진 (   )이/가 마치 '침묵으로 말하는 신'과 같다는 (   )적 표현을 통해 허위와 거짓을 일삼는 사람들이 순수한 영혼을 회복하기를 바라는 소망을 이야기하고 있다.

10

괴로움에 짐짓 웃을 양이면

슬픔도 오히려 아름다운 것이,

고난을 사랑하는 이에게만이

마음 나라의 원광은 떠오른다.
둥글게 빛나는 빛

— 조지훈, 〈마음의 태양〉

화자는 (   )을/를 감내하는 삶의 자세를 '괴로움에 짐짓 웃을 양이면'으로 제시하고, 이러한 삶의 자세가 힘들기는 하지만 가치가 있다는 것을 '슬픔도 오히려 아름다운 것'이라는 역설적 발상을 통해 강조하고 있다.

11

이것은 소리 없는 아우성

저 푸른 해원(海原)을 향하여 흔드는
바다
영원한 노스텔지어의 손수건
향수(고향을 그리워하는 마음이나 시름)

— 유치환, 〈깃발〉

떠들썩하게 기세를 올려 지르는 소리인 '아우성'을 '(   )'(이)라고 하여 한 문장 안에서 양립할 수 없는 모순된 표현을 함으로써 바람에 날려 힘차게 펄럭거리는 깃발의 역동적인 모습을 강조하고 있다.

12

별들과 산마을의 불빛들은

결코 나뉠 수 없는 우주의 경계로 인해

밤마다 한 몸이 되고는 했다.

부럽기도 했다 해가 바뀔수록

검던 머리 더욱 희끗거리고

희끗거리며 날리는 눈발을 봐도

점점 무심해졌다.

— 박남준, 〈이사, 악양〉

'희끗거리고 / 희끗거리며'에서 (   )적 표현을 사용하여 시간의 흐름을 나타내고 있다.

13

집일을 고치려면 종들을 휘어잡고
어떤 대상을 자신의 통제 아래 두다
종들을 휘어잡으려면 상벌을 밝히시고

상벌을 밝히려면 어른 종을 믿으소서

진실로 이렇게 하시면 집안 절로 일어나리라

— 이원익, 〈고공답주인가〉

'종들을 휘어잡고 ~ 상벌을 밝히려면'에서 앞 구절의 끝 어구를 다음 구절의 앞 구절에 이어 받는 (   )이/가 사용되었으며, 이를 통해 집안을 일으키기 위해 해야 할 일의 우선순위를 제시하고 있다.

14

바람은 구름을 몰고

구름은 생각을 몰고

다시 생각은 대숲을 몰고

대숲 아래 내 마음은 낙엽을 몬다.

— 나태주, 〈대숲 아래서〉

바람으로 인해 촉발된 화자의 상념이 '구름 → 생각 → 대숲 → 낙엽'으로 이어지는 (   )적 표현이 드러나며, (   )은/는 화자의 상념을 불러일으키는 공간적 배경이다.

15

갱(坑) 속 같은 마을. 꼴깍, 해가, 노루 꼬리 해가 지면 집집마
광물을 파내기 위하여 땅속을 파 들어간 굴
다 봉당에 불을 켜요. 콩깍지, 콩깍지처럼 후미진 외딴집, 외딴
안방과 건넌방 사이에 마루를 놓지 않고 흙바닥 그대로 둔 곳
집에도 불빛은 앉아 이슥토록 창문은 모과[木瓜]빛입니다.

— 박용래, 〈월훈(月暈)〉
달무리(달 언저리에 둥그렇게 생기는 구름 같은 허연 테)

'콩깍지, 외딴집'을 연쇄적으로 표현하여 (   )의 모습을 강조하고 운율을 형성하고 있다.

 워밍-UP

❿ **다음 글을 읽고 빈칸에 알맞은 말을 써서 해설을 완성하거나 정오를 판단하세요.**

01

> 나의 마음이 아프고 쓰린 때에 주머니에 수를 놓으려면
> ㉠나의 마음은 수놓는 금실을 따라서 바늘구멍으로 들어가고 주머니 속에서 맑은 노래가 나와서 나의 마음이 됩니다.
> 그리고 아직 이 세상에는 그 주머니에 넣을 만한 무슨 보물이 없습니다.
> ㉡이 작은 주머니는 짓기 싫어서 짓지 못하는 것이 아니라 짓고 싶어서 다 짓지 않는 것입니다.
>
> — 한용운, 〈수(繡)의 비밀〉

〈수(繡)의 비밀〉에서 역설(逆說)은 화자가 대상의 부재를 인식하면서도 이를 인정하고 싶지 않은 마음에서 비롯되며, 화자가 일상적 행위를 반복하면서도 그것을 종결짓지 않음으로써 임의 부재가 환기되는 상황을 지연시키면서 드러납니다.

구분	표현	의미
㉠		화자의 아픈 마음이 수놓기를 통해 위안을 얻어 ( )되는 과정을 형상화함.
㉡		임의 ( )이/가 환기되는 상황을 지연시키려는 태도가 드러남.

이 작품은 역설적 표현을 통해 대상에 대한 화자의 정서를 부각하고 있다.

◯✕

02

> 개봉동 입구의 길은
> 한 송이 장미 때문에 왼쪽으로 굽고,
> 굽은 길 어디에선가 빠져나와
> 장미는 / 길을 제 혼자 가게 하고
> 아직 흔들리는 가지 그대로 길 밖에 선다. (중략)
> 장미는 이곳 주민이 아니어서
> 시간 밖의 서울의 일부이고,
> 그대와 나는 / 사촌들 얘기 속의 한 토막으로
> 비 오는 지상의 어느 발자국에나 고인다.
>
> — 오규원, 〈개봉동과 장미〉

구분	장미가 있는 실제 공간	역설적 표현
내용	서울 구로구 개봉동	개봉동 주민이 ( ), 시간 ( )의 서울의 일부임.

장미는 서울 안에 있는 개봉동에 피어 있으므로 주민으로 볼 수 있지만, 장미는 주민이 아니며 시간 밖의 서울의 일부라는 역설적 표현을 통해, 서울 안에 살면서도 서울의 속성에 물들지 않는 존재라는 의미를 드러내고 있다.

◯✕

03

> 말뚝이: (가운데쯤에 나와서) 쉬이. (음악과 춤 멈춘다.) 양반 나오신다아! 양반이라고 하니까 노론(老論), 소론(少論), 호조(戶曹), 병조(兵曹), 옥당(玉堂)을 다 지내고 삼정승(三政丞), 육판서(六判書)를 다 지낸 퇴로(退老) 재상(宰相)으로 계신 양반인 줄 아지 마시오. ㉠개잘량이라는 '양' 자에 개다리소반이라는 '반' 자 쓰는 양반이 나오신단 말이오.
> 영의정, 좌의정, 우의정
> 홍문관의 별칭   이품 이상의 벼슬
> 늙어서 벼슬에서 물러남.
>
> — 작자 미상, 〈봉산탈춤〉

구분		내용
'양반'의 본래 의미	신분상 문관과 무관 ( ) 계층을 일컫는 말
㉠	개잘량이라는 '양' 자에 개다리소반이라는 '반' 자 쓰는 양반

㉠은 발음의 (   )을/를 이용한 언어유희적 표현으로 양반을 비하하고 조롱하면서 (   )을/를 유발하는 효과가 있다.

04

> ┌ 고인(古人)도 날 못 보고 나도 고인 못 뵈네
> ㉠ 고인을 못 봐도 가던 길 앞에 있네
> └ 가던 길 앞에 있거든 아니 가고 어찌할까 〈제9수〉
>
> ┌ 당시(當時)에 가던 길을 몇 해를 버려 두고
> ㉡ 어디 가 다니다가 이제야 돌아왔는고
> └ 이제야 돌아왔으니 딴 데 마음 말으리 〈제10수〉
>
> — 이황, 〈도산십이곡〉

이 시는 초장의 뒤 구절과 중장의 앞 구절, 중장의 뒤 구절과 종장의 앞 구절에서 연쇄법을 사용하여 학문 수양에 정진함으로써 성현들의 삶을 따르려는 화자의 의지를 드러내고 있습니다.

구분		앞 구절	뒤 구절	표현
㉠	초장			
	중장			
	종장			
㉡	초장			
	중장			
	종장			

㉠과 ㉡은 모두 앞 구절의 일부를 다음 구절에서 반복하여 내용을 연결하고 있다.

◯✕

01

다음 시에 대한 이해로 적절하지 <u>않은</u> 것은?

> 산 너머 고운 노을을 보려고
> 그네를 힘차게 차고 올라 발을 굴렀지
> 노을은 끝내 어둠에게 잡아먹혔지
> 나를 태우고 날아가던 그넷줄이
> 오랫동안 삐걱삐걱 떨고 있었어
>
> 어릴 때는 나비를 좇듯
> 아름다움에 취해 땅끝을 찾아갔지
> 그건 아마도 끝이 아니었을지도 몰라
> 그러나 살면서 몇 번은 땅끝에 서게도 되지
> 파도가 끊임없이 땅을 먹어 들어오는 막바지에서
> 이렇게 뒷걸음질치면서 말야
>
> 살기 위해서는 이제
> 뒷걸음질만이 허락된 것이라고
> 파도가 아가리를 쳐들고 달려드는 곳
> 찾아 나선 것도 아니었지만
> 끝내 발 디디며 서 있는 땅의 끝,
> 그런데 이상하기도 하지
> 위태로움 속에 아름다움이 스며 있다는 것이
> 땅끝은 늘 젖어 있다는 것이
> 그걸 보려고
> 또 몇 번은 여기에 이르리라는 것이
>
> — 나희덕, 〈땅끝〉

① 1연에서 화자는 '어둠'을 통해 자신이 느끼는 암담한 심정을 드러내고 있다.

② 1연에서 화자는 '그네'를 굴림으로써 이상적 대상에 다가가고 싶은 마음을 표현하고 있다.

③ 2연에서 화자는 '땅끝'을 현실에서 벗어난 이상적 공간으로 인식하고 있다.

④ 3연에서 화자는 달려드는 '파도'를 삶의 위태로움으로 인식하고 있다.

⑤ 3연에서 화자는 '여기'에서 삶에 대한 역설적 깨달음을 얻고 있다.

02

㉠~㉤에 대한 설명으로 적절하지 <u>않은</u> 것은?

> ㉠님은 갔습니다. 아아, 사랑하는 나의 님은 갔습니다.
> 푸른 산빛을 깨치고 단풍나무 숲을 향하여 난 작은 길을 걸어서 차마 떨치고 갔습니다.
> ㉡황금의 꽃같이 굳고 빛나던 옛 맹서는 차디찬 티끌이 되어서 한숨의 미풍에 날아갔습니다.
> 날카로운 첫 키스의 추억은 나의 운명의 지침(指針)을 돌려놓고 뒷걸음쳐서 사라졌습니다.
> 시계, 나침반, 계량기 등의 지시 장치에 붙어 있는 바늘
> ㉢나는 향기로운 님의 말소리에 귀먹고, 꽃다운 님의 얼굴에 눈멀었습니다.
> 사랑도 사람의 일이라 만날 때에 미리 떠날 것을 염려하고 경계하지 아니한 것은 아니지만, 이별은 뜻밖의 일이 되고 놀란 가슴은 새로운 슬픔에 터집니다.
> ㉣그러나 이별을 쓸데없는 눈물의 원천으로 만들고 마는 것은 스스로 사랑을 깨치는 것인 줄 아는 까닭에, 걷잡을 수 없는 슬픔의 힘을 옮겨서 새 희망의 정수박이에 들이부었습니다.
> 정수리의 방언
> 우리는 만날 때에 떠날 것을 염려하는 것과 같이 떠날 때에 다시 만날 것을 믿습니다.
> ㉤아아, 님은 갔지마는 나는 님을 보내지 아니하였습니다.
> 제 곡조를 못 이기는 사랑의 노래는 님의 침묵을 휩싸고 돕니다.
>
> — 한용운, 〈님의 침묵〉

① ㉠: 동일한 시구를 반복하여 임을 잃은 상실감을 표현하고 있다.

② ㉡: 대비적 의미를 지닌 시구를 통해 화자의 좌절감을 그려내고 있다.

③ ㉢: 연쇄법을 사용하여 임의 절대성을 강조하고 있다.

④ ㉣: 접속어를 사용하여 이별에 대한 화자의 인식이 전환되고 있음을 드러내고 있다.

⑤ ㉤: 역설적인 표현 방식을 통해 영원한 사랑을 다짐하는 화자의 태도를 드러내고 있다.

공부한 날	월 일 요일
맞은 개수	/ 7

호루라기 관장님의 하드 트레이닝

작품

옹정(雍井) 옹연(雍淵) 옹진(雍眞)골 옹당촌(雍堂村)에 한 사람이 있으되, 성(姓)은 옹(雍)이요, 명(名)은 고집(固執)이라. 성벽(性癖)이 고약하여 (성질과 버릇) 풍년을 좋아 아니하고, 심술이 맹랑하여 매사(每事)를 마음이 비뚤어진 고집으로 하더라. (중략)

"일이 났소, 일이 났소. 아씨님 일이 났소. 사랑에서 일이 났소. 우리 댁 좌수님이 둘이 되었으니, 보는 바 처음이라. 가중의 이런 변이 세상 (바깥주인이 거처하며 손님을 접대하는 곳) (한 집안의 안) 에 또 있는가." (향청의 우두머리)

마누라님 이 말 듣고 대경실색하여, (몹시 놀라 얼굴빛이 하얗게 질림.)

"애고애고, 이게 웬말이냐. 너의 좌수님이 중을 보면 결박하고 악한 형벌 무수하고, 불도를 능멸하며 팔십 당년 늙은 모친 박대한 죄 없을소냐. 지신(地神)이 발동하고 부처님이 도술하여 하늘이 주신 죄를 인력 (땅을 다스리는 신령) 으로 어이 하리."

춘단 어미 바삐 불러, / "네가 나가 진위(眞僞)를 알아 오라." (참과 거짓 또는 진짜와 가짜)

춘단 어미 바삐 나와 문틈으로 내다보니, '네가 옹가다, 내가 옹가다' (큰 소리로 꾸짖다.) 하며 서로 호령하니 언어동정 이목구비 두 좌수 똑같으니 춘단 어미 하 (말하는 것과 일상적으로 하는 일체의 행위) 는 말이, / "수지오지자웅(誰知烏之雌雄)이라, 게 뉘라 알아볼까." (중략) (누가 까마귀의 암컷과 수컷을 구별할 수 있으랴는 뜻) 며늘아기 여쭈오되, / "집안의 변을 보매 무슨 체모 있으리까." (체면(體面): 남을 대하기에 떳떳한 도리나 얼굴)

사랑문을 열고 들어가니 허옹가 나왔으며, (혼행(婚行): 혼인할 때에, 신랑이 신부 집으로 가거나 신부가 신랑 집으로 감.) "아가, 자세히 들어 보아라. 창원 마산포에서 너희 신행하여 올 제, 기 (여러 줄로 늘어섰을 때의 뒷줄) 마 10여 필에 온갖 기물 실어 두고, 나는 후배하여 따라올 제 상사마 (발정하여 일시적으로 매우 사나워진 수말) 한 필 뒤둥걸어 실은 것이 모두 다 파삭파삭 절단나서, 놋동이 한복판 (문맥상 '뒤뚱거려') (놋쇠로 만든 동이) 이 떨어져서 쓰지 못하고 벽장에 넣었으니 그도 또한 헛말이냐. 너의 애비는 나로다."

실옹가 나왔으며,

"애고 저놈 보소. 내가 할 말 제가 하네. 애고애고 이 일을 어찌하랴. 새아가, 내 얼굴 자세히 보아라. 네 시아비는 내가 아니냐."

며느리 여쭈오되,

"우리 아버님은 두상에 금이 있고 금 가운데 백발이 있사오니 그 표를 보사이다."

실옹가 나왔으며 머리를 풀고 표를 뵈니, 이 대가리 딴딴하여 송곳으로 찔러도 물 한 점 아니 날레라. ㉠허옹가 나왔으며 요술 부려 흰 털을 빼어다가 저의 머리 붙이니, 실옹가의 표는 쓸데없고 허옹가의 표가 분명하다.

"며늘아가, 내 머리 자세히 보아라." / 하니, 며느리 나왔으며,

"예, 우리 시아버님이오."

— 작자 미상, 〈옹고집전〉

No	작품을 읽고 빈칸에 알맞은 말을 쓰시오.

주요 인물은 누구인가?

01

| 옹고집 | 옹진골의 부자. 부유하지만 인색하며, 불도를 능멸하고 부모에게 (   )함. |
| 허옹가 | 월출봉 취암사의 중이 옹고집을 (   )하려고 만든 존재 |

작품의 중심 사건은 무엇인가?

02

옹고집이 두 명이 되는 괴이한 일이 생기자 집안사람들은 옹고집의 진위 여부를 가리려고 했으나 허옹가의 (   )(으)로 인해 결국 진짜 옹고 집이 가짜 옹고집이 되는 사건이 일어남.

인물의 심리와 태도는 어떠한가?

03

실옹가는 허옹가가 자신인 체하며 집안사람들이 허옹가를 진짜로 알자 억울하고 (   )해함.

작품의 근원 설화는 무엇인가?

04

| 학승 설화 | 부자이지만 (   )하던 한 인물이 탁발승을 천대하 였다가 그의 도술로 징벌을 받는다는 설화로, 옹고집이 중을 박대하였다가 고난을 겪는 것과 관련됨. |
| 진가쟁주(眞假爭主) 설화 | 쥐에게 밥을 먹여 길렀더니 그 쥐가 주인과 같은 모습으로 변하여 싸움 끝에 주인을 몰아낸다는 이야기로, 허수아비로 만들어진 허옹가가 (   )을/를 몰아내는 설정과 관련됨. |

인물의 화법 차이는 무엇인가?

05

허옹가		실옹가
며느리 내외가 신행 올 때 있었던 일을 상세하게 진술함.	↔	자신의 얼굴을 자세히 보라고 진술함.

→ 옹고집과 외양이 같고, 옹고집보다 집안 사정을 더 잘 알고 있는 허옹가 의 진술에 (   )와/과 설득력을 부여함.

㉠의 표현법과 효과는 무엇인가?

06

| ㉠의 표현법 | 허수아비로 만들어진 허옹가가 실옹가의 흰 머리털을 빼 어다 자신의 머리에 붙이는 (   )적인 상황이 제 시된 전기적 표현임. |
| 효과 | 현실적으로 실현되기 (   ) 일을 비현실적 방법 으로 실현하여 긴장감을 유발함. |

이 작품의 주제는 무엇인가?

07

(   )(勸善懲惡)과 효(孝) 사상

오늘의 수능 국어 트레이닝 끝!

052 영탄

개념 영상

> 마음속 깊이 느끼는 정서를 감탄의 형식을 활용하여 드러냄.

'영탄'은 (1 ㄱㅌ)와/과 동의어이며 마음속 깊이 느끼어 탄복(매우 감탄하여 마음으로 따름)한다는 뜻이다. '영탄'은 화자나 인물의 감정·정서·태도와 관련되어 있으며, 화자나 인물의 감정·정서·태도가 내면에 가득해 터뜨리는 것이라고 이해할 수 있다. '영탄'을 드러내는 방법은 본능적인 놀람이나 느낌을 드러내는 말인 (2 ㄱㅌㅅ)을/를 사용하거나, 화자나 인물이 자기의 느낌을 표현하는 감탄형 어미를 사용하는 방법이 있다. 이런 감탄문에는 문장 부호로 감탄 부호인 (3 ㄴㄲㅍ)이/가 사용된다.

구분	내용	예
감탄사	• 화자나 인물의 (4 ㄴㄹ)(이)나 느낌, 부름, 응답을 나타내는 말의 부류 • 화자나 인물이 자신의 느낌이나 의지를 특별한 단어에 의지하지 않고 직접 표시하는 단어	오, 우리들의 그리움을 위하여서는 푸른 은핫물이 있어야 하네. – 서정주, 〈견우의 노래〉 아, 흥건하게 강물은 꽃에 젖어 흐르리. 무지개 피에 젖은 아침 숲 짐승 울음. – 박두진, 〈강 2〉
감탄형 어미	• 화자가 청자를 별로 의식하지 않거나 거의 (5 ㄷㅂ) 상태에서 자기의 느낌을 표현하기 위해 사용하는 어미 • 감탄형 어미에는 '–구나', '–구먼' 등 '구' 계열의 어미와 '–어라, –는걸, –는데, –거든, –(으)ㄹ꺼냐' 등이 있어 화자나 인물의 여러 가지 미묘한 감정을 표현함.	조국아, 심청이마냥 불쌍하기만 한 너로구나. 시인이 너의 이름을 부를 양이면 목이 멘다. – 구상, 〈초토의 시 10 – 휴전 협상 때〉 ❶ 불에 타고 그슬린 땅 ❷ 불타서 없어진 자리나 재 바람결 따라 타오르는 꽃 성에는 나비처럼 취하는 회상의 무리들아. 오늘 내 여기서 너를 불러 보노라! – 이육사, 〈꽃〉
감탄 부호	문장 부호의 하나인 '!(느낌표)'의 이름으로, 감탄문이나 감탄사의 끝에 쓰거나, 어구·평서문·명령문·청유문에 특별히 강한 느낌을 나타낼 때, 물음의 말로 놀람이나 항의의 뜻을 나타낼 때, 감정을 넣어 대답하거나 다른 사람을 부를 때 씀.	산산이 부서진 이름이여! 허공중에 헤어진 이름이여! 불러도 주인 없는 이름이여! 부르다가 내가 죽을 이름이여! – 김소월, 〈초혼(招魂)〉 사람이 죽었을 때, 그 혼을 소리쳐 부르는 일
조사 '이여'나 '이시여'	정중하게 부르는 뜻을 나타내는 조사이며, 흔히 감탄이나 (6 ㅎㅅ)의 뜻을 포함함.	나그네 긴 소매 꽃잎에 젖어 술 익는 강마을의 저녁 노을이여. – 조지훈, 〈완화삼(玩花衫) – 목월에게〉 '꽃무늬 적삼을 즐긴다'는 뜻으로, '꽃을 즐겨 구경하는 선비'를 의미함.

1:1 작품 체험

새벽 시내버스는
차창에 웬 찬란한 치장을 하고 달린다
엄동 혹한일수록
선연히 피는 성에꽃 (중략)
나는 무슨 전람회에 온 듯
자리를 옮겨 다니며 보고
다시 꽃이파리 하나, 섬세하고도
차가운 아름다움에 취한다
어느 누구의 막막한 한숨이던가
어떤 더운 가슴이 토해 낸 정열의 숨결
이던가
일없이 정성스레 입김으로 손가락으로
성에꽃 한 잎 지우고
이마를 대고 본다
덜컹거리는 창에 어리는 푸석한 얼굴
오랫동안 함께 길을 걸었으나
지금은 면회마저 금지된 친구여.
– 최두석, 〈성에꽃〉

이 작품은 '막막한 한숨이던가', '정열의 숨결이던가', '친구여' 등에서 (7 ㅇㅌ)적 어조가 드러나며 이를 통해 대상에 대한 화자의 (8 ㄱㅈ)된 감정을 드러내고 있다.

작품 알통

• **해제:** 추운 새벽 시내버스 창에 핀 성에의 모습을 통해 어려운 현실 속에도 꿋꿋하게 살아가는 서민들에 대한 화자의 애정과 연민을 표현한 작품이다.
• **주제:** 서민들의 삶에 대한 애정과 연민

【초성 답】 1 감탄 2 감탄사 3 느낌표 4 놀람 5 독백 6 호소 7 영탄 8 고조

053 요약

말이나 글의 요점을 잡아서 간추림.

'요약'은 사건의 (1 ㅈㅅ) 내용만 간추려서 제시하는 서술 방식의 하나이다. 실제로는 긴 시간 동안 일어난 일을 시간의 흐름을 알 수 있는 단어나 구절로 오랜 시간이 흘렀음을 표현하거나 단 몇 줄의 문장으로 제시하는 방식이 해당한다. 사건을 요약적으로 제시하게 되면 중요 내용을 짧은 시간에 빠르게 이해할 수 있고, 사건이 (2 ㅃㄹ) 속도로 전개되는 효과를 얻을 수 있다.

구분	예
중심 사건 요약	조웅이 당초에 천명 도사 만나 공부하던 일이며, 처음에 모친을 모시고 환란을 피하여 한 곳에 머물러 하늘의 명만 기다렸더니 우연히 천명 도사를 만나 술법 배우던 말씀이며, 외국에 들어가 서 번을 쳐 승전하여 대원수 된 이야기며, 계량도에 들어가 보니 천자의 사신이 내려와 태자에게 사약을 내리려고 모든 충신을 다 결박하였거늘 사자를 베고 태자를 구하여 모시고 오는 길에 번국에서 죽을 뻔했던 말씀이며, 이로 인하여 위왕의 부마 된 말씀이며, 필마로 오다가 선생을 보고 학산을 찾아오다가 천사(天使)를 만나 죽인 사연 등을 차례로 아뢰니 좌중의 여러 사람들이 이 말을 듣고 대경실색하여 원수를 붙들고 이야기하며 칭찬하여 말하기를, "고금에 이런 상쾌한 일이 어디 있으리오?" 하고 못내 사랑하며 즐거움을 헤아리지 못하더라. – 작자 미상, 〈조웅전〉 → 조웅이 자신의 지난 (3 ㅎㅈ)을/를 간략하게 줄여 중심 내용만 시간 순서대로 설명함.
인물 소개 요약	그 날 밤, 우리 세 사람은 우연히 만났다. 우리 세 사람이란 나와 도수 높은 안경을 쓴 안(安)이라는 대학원 학생과 정체를 알 수 없었지만 요컨대 가난뱅이라는 것만은 분명하여 그의 정체를 꼭 알고 싶다는 생각은 조금도 나지 않는 서른 대여섯 살짜리 사내를 말한다. – 김승옥, 〈서울, 1964년 겨울〉 → '나'가 우연히 만난 사람들에 대한 정보를 (4 ㄱㄹ)하게 제시하여 인물들을 소개함.
인물의 말 요약	나는 내가 이사를 온 첫날 저녁, 할아버지 앞에 불려 나가서 들은 얘기를 지금도 기억한다. 그 것은 일종의 오리엔테이션이었다. (중략) 그리고 오랫동안, 정말 오랫동안 나는 이사를 한다는 흥분과 긴장과 피로 속에서 하루를 보내었기 때문에 졸음이 퍼붓는 걸 참아가며 할아버지의 관(觀)이랄까 주의(主義)랄까를 들었다. 그것은, 혼미(昏迷) 가운데서 들은 것을 두서가 없는 대로 요약한다면 다음과 같았다. 가풍(家風)이 없는 가정은 인간들의 모임이 아니다. 가풍이란 질서 정신에 의해서 성립되어야 한다. 우리나라의 가정은 사변 때 식구들의 생사조차 서로 모를 정도로 파괴되었다. 그래서 더욱 가정의 귀중함을 알았지 않느냐. 그러니 질서 정신에 입각해서 각기 가정은 가풍을 만들어 가야 한다. 그리하는 데 장애가 아주 많은 게 우리들이 처한 현실이다. 그럴수록 우리는 지나치다 할 정도로 자신들에게 엄격해야 한다. 대강 이런 것이었다. – 김승옥, 〈역사(力士)〉 → '나'가 이사 온 첫날에 주인 할아버지로부터 들은 훈계의 내용을 (5 ㅇㅇ)하여 제시함.

🌀 1:1 작품 체험

막걸리 사발을 들어 영감에게 권하고 있던 옥화는 성기를 보자,
"계연이가 시방 떠난단다."
대번에 이렇게 말했다.
옥화의 말을 들으면, 영감은 그날, 성기가 절로 올라가던 날, 저녁때에 돌아왔었더라는 것이었다. 그 이튿날이니까 즉 어저께, 영감은 그녀를 데리고 떠나려고 하는 것을 하루 더 쉬어 가라고 만류를 해서, 그래 오늘 아침엔 일찍이 떠난다고 이렇게 막 행장을 차려서 나서는 길이라 하였다.
행장: 여행할 때 쓰는 물건과 차림

 – 김동리, 〈역마(驛馬)〉

이 부분은 성기가 절로 올라간 이튿날(어저께) 영감이 계연을 데리고 떠나려고 했으나, 옥화가 성기와 계연이 맺어질 수 없는 관계임을 알고 있음에도 불구하고 성기가 마지막으로 계연을 볼 수 있도록 영감과 계연이 떠나는 것을 만류하여 다음 날인 오늘 그들이 떠나게 된 상황을 보여 주는 장면이다. 이를 통해 성기가 절에 올라간 것은 (6 ㅇㄱㅈ)임을 알 수 있으며, 3일 동안 일어난 일을 (7 ㅇㅇ)적으로 제시하고 있다.

시간	상황
엊그제	성기가 절에 올라가고, 저녁에 영감이 돌아옴.
어저께	영감과 계연이 떠나려고 하자 옥화가 만류하여 다음 날 떠나게 함.
오늘	성기가 절에서 내려오고, 옥화가 성기에게 영감과 계연이 떠난다는 사실을 말함.

【초성 답】1 중심 2 빠른 3 행적 4 간략 5 요약 6 엊그제 7 요약

054 우의(우화)

동식물 이야기나 짧고 비유적인 이야기를 통해 인간 사회의 문제를 풍자하는 이야기

'우의'는 다른 사물에 빗대어 (1 ㅂㅇ)적인 뜻을 나타내거나 풍자하는 것을 의미하며, '우화'는 (2 ㅇㄱㅎ)한 동식물이나 사물을 주인공으로 하여 그들의 행동 속에 풍자와 교훈의 뜻을 나타내는 이야기를 말한다. 즉, '우의'의 방식으로 서술된 이야기가 '우화'이다.

🎯 개념 갈고리 ╯ 알레고리(allegory)

알레고리는 연상이나 유사성 등의 상관관계에 기대어 (3 ㅅㅈ)을/를 통해 어떠한 현상이나 상황, 사건에 대해 이야기하는 기법이다. 즉, 어떤 한 주제 A를 말하기 위하여 다른 주제 B를 사용하여 그 (4 ㅇㅅㅅ)을/를 적절히 암시하면서 주제를 나타내는 수사법이다. 알레고리는 겉으로 드러나는 이야기와 그 이야기를 통해 전달하고자 하는 또 다른 이야기의 이중 메시지 구조를 갖는다는 특징이 있다. 알레고리는 은유법과 유사한 표현법이지만 은유법이 하나의 단어나 하나의 문장과 같은 작은 단위에서 구사되는 표현 기교인 반면, 알레고리는 이야기 전체가 하나의 총체적인 은유법으로 서술되어 있다는 차이점이 있다.

개념 당기는 예시

새는 새장 밖으로 나가지 못한다.
매번 머리를 부딪치고 날개를 상하고 나야 보이는,
창살 사이의 간격보다 큰, 몸뚱어리.
하늘과 산이 보이고 울음 실은 공기가 자유로이 드나드는
그러나 살랑거리며 날개를 굳게 다리에 매달아 놓는,
그 적당한 간격은 슬프다.
그 창살의 간격보다 넓은 몸은 슬프다.
넓게, 힘차게 뻗을 날개가 있고
날개를 힘껏 떠받쳐 줄 공기가 있지만
새는 다만 네 발 달린 짐승처럼 걷는다.
부지런히 걸어 다리가 굵어지고 튼튼해져서
닭처럼 날개가 귀찮아질 때까지 걷는다.
새장 문을 활짝 열어 놓아도 날지 않고
닭처럼 모이를 향해 달려갈 수 있을 때까지 걷는다.

— 김기택, 〈새〉

'새장에 갇힌 새'는 일상의 안온함에 길들여져 자유를 억압하는 일상을 벗어나지 못하는 현대인의 (5 ㅇㄹㄱㅁ)입니다. '새'의 행동에 대한 묘사는 일상에 충실할수록 잠재된 힘과 본질을 잃어 가는 아이러니와, 일상에 만족하며 자유로운 삶의 가능성을 외면하는 현대인의 모습을 보여 줍니다.

🍥 1:1 작품 체험

제비가 날기 공부 힘쓸 제 구렁 배암 아니 오니 놀부 민망 답답하여 제 손으로 제비 새끼를 잡아 내려 두 발목을 자끈 부러뜨리고 제가 깜짝 놀라 이른 말이, "가련하다, 이 제비야." 하고 조기 껍질을 얻어 찬찬 동여 뱃놈의 닻줄 감듯 삼층 얼레 연줄 감듯 하여 제 집에 얹어 두었더니, 십여 일 뒤에 그 제비가 구월 구일을 당하여 두 날개를 펼쳐 강남으로 들어가니 강남 황제 각처 제비를 점고할 제, 이 제비가 다리 절고 들어와 복지하니, 황제 제신으로 하여금, "그 연고를 사실하여 아뢰라." 하시니, 제비 아뢰되,

"작년에 웬 박씨를 내어 보내어 흥부가 부자 되었다 하여 그 형 놀부 놈이 나를 여차여차하여 절뚝발이가 되게 하였사오니, 이 원수를 어찌하여 갚고자 하나이다."

황제가 이 말을 들으시고 대경하사 가라사대,

"이놈 이제 전답 재물이 여유롭되 동기를 모르고 오륜에 벗어난 놈을 그저 두지 못할 것이요, 또한 네 원수를 갚아 주리라."

하고 박씨 하나를 '보수표(報讐瓢)'라 금자로 새겨 주더라.

— 작자 미상, 〈흥부전〉

*연줄: 낚싯줄을 감는 데 쓰는 기구
*강남: 각각의 곳, 여러 곳
*점고: 명부에 점을 찍어 가며 사람 수를 조사함.
*복지: 땅에 엎드리니
*제신: 여러 신하
*연고: 일의 까닭, 사유
*대경하사: 크게 놀라서
*가라사대: 말씀하시되
*동기: 형제, 자매, 남매
*오륜: 유학에서 사람이 지켜야 할 다섯 가지 도리
*보수표: 원수를 갚는 박

'우화'는 인격화한 동식물이나 기타 사물을 주인공으로 하여 그들의 행동 속에 풍자와 교훈의 뜻을 나타내는 이야기이다. 강남으로 돌아간 제비가 황제 제비와 대화를 나누는 장면에서 동물을 의인화하였으며, '강남'은 (6 ㅇㅎㅈ) 공간이다.

작품 알통

• 해제: 착한 동생 흥보와 악한 형 놀보라는 대조적인 인물을 설정하여 형제간의 우애를 강조하고 조선 후기의 사회상을 드러낸 판소리계 소설이다.
• 주제: 형제간의 우애와 권선징악

【초성 답】 1 비유 2 인격화 3 상징 4 유사성
5 알레고리 6 우화적

개념 트레이닝 ZONE

빈칸에 알맞은 말을 쓰며 개념 근육을 키워 보세요!

01

고향이여! 황혼의 저자에서 나는 아리따운 너의 기억을 찾아
('시장'을 예스럽게 이르는 말)
나의 마음을 전서구와 같이 날려보낸다.
(편지를 보내는 데 쓸 수 있게 훈련된 비둘기)

- 오장환, 〈황혼(黃昏)〉

'(　　　　)'에서 영탄적 어조를 통해 화자의 정서를 부각하고 있다.

02

불 속에 구워 내도 얼음같이 하얀 살결!

티 하나 내려와도 그대로 흠이 지다

흙 속에 잃은 그날은 이리 순박(純朴)하도다. 〈제4수〉

- 김상옥, 〈백자부(白磁賦)〉
(흰 도자기에 관한 노래)

'(　　　　)'와/과 같은 느낌표의 사용과 '(　　　　)'와/과 같은 고어체적
이고 영탄적인 종결 어미를 사용하여 백자의 전통적 아름다움을 예찬하는 태
도를 드러내고 있다.

03

한겨울 못 잊을 사람하고

한계령을 넘다가
(강원도 양양과 인제 사이에 있는 1,004m의 고개)
뜻밖의 폭설을 만나고 싶다 (중략)

오오, 눈부신 고립

사방이 온통 흰 것뿐인 동화의 나라에

발이 아니라 운명이 묶였으면.

- 문정희, 〈한계령을 위한 연가〉
(사랑하는 사람을 그리워하면서 부르는 노래)

'(　　　　)'(이)라는 감탄사를 사용하여 사랑하는 사람과 함께 고립된 운명
적 상황에 대한 기쁨의 정서를 드러내고 있다.

04

깎아지른 절벽도 앙상한 바위도

오직 한 가닥

완만한 곡선에 눌려 버린 채

어쩌면 눈물 어린 눈으로 보듯

가을비 속에 어룽진 윤곽

아 아 그러나 지울 수 없다.

- 이형기, 〈산〉

'(　　　　)'(이)라는 영탄적 표현을 사용하여 가을비에 젖은 산을 본 화자가
느끼는 놀라움과 감동의 정서를 드러내고 있다.

05

조선 세종대왕 때, 경상도 안동 땅에 한 선비가 있었는데, 성은
백이었고 이름은 상군이었다. 부인 정씨와 이십 년을 동거하였으
나 슬하에 자녀가 없어서 늘 슬퍼하였다. 명산대찰에 정성을 다
(이름난 산과 큰 절)
하여 기도한 후, 그 덕택으로 기이한 꿈을 꾼 후 아들을 낳았는
데 아이가 점점 자람에 따라 용모가 준수하고 성품이 온유하며
문필이 자못 유려하였다. 그의 부모 백상군 부부는 외아들을 천금
(글과 글씨)　(거침없이 미끈하고 아름답다)　(아주 귀중한 것을 비유하는 말)
인 양 애지중지하였고 이름을 선군이라 지었다.

- 작자 미상, 〈숙영낭자전〉

백선군이 태어나서 자라기까지의 내력을 (　　　　)적으로 서술하고 있다.

06

그 후 그는 부모 잃은 땅에 오래 머물기 싫었다. 신의주로, 안
동현으로 품을 팔다가 일본으로 또 벌이를 찾아가게 되었다. 규
슈 탄광에 있어도 보고, 오사카 철공장에도 몸을 담아 보았다.
벌이는 조금 나았으나 외롭고 젊은 몸은 자연히 방탕해졌다. 돈
을 모으려야 모을 수 없고, 이따금 울화만 치받치기 때문에 한
(마음속이 답답하여 일어나는 화)
곳에 주접을 하고 있을 수 없었다. 화도 나고 고국산천이 그립기
(잠시 몸을 의탁하여 거주함.)
도 하여서 훌쩍 뛰어나왔다가 오래간만에 고향을 둘러보고 벌이
를 구할 겸 서울로 올라가는 길이라 했다.

- 현진건, 〈고향(故鄕)〉

그가 고향을 떠나 타국을 떠돌며 수 년 동안 겪었던 사연을 들은 서술자가
(　　　　)하여 제시하고 있다.

07

적멸사(寂滅寺)에는 청허(清虛)라 하는 한 이름 높은 선사가 살
고 있었다. 그는 천성이 어질었고 마음 또한 착했다. 추운 사람을
(승려의 높임말)
만나면 입었던 옷을 벗어 주었다. 배고픈 사람을 보면 먹던 밥도
몽땅 주어 버렸다. 이래서 사람들이 그를 일러, '추운 겨울의 봄
바람'이라거나 '어두운 밤의 태양'이라거나 하고 우러러 받들었다.

그런데 국운은 나날이 쇠퇴하였고, 호적(胡狄)이 침입하여 팔
(예전에, 두만강 일대의 만주 지방에 살던 여진족을 멸시하여 이르던 말(= 오랑캐))
도강산을 짓밟았다. 상감은 난을 피하여 고성에 갔었고, 불쌍한
(임금의 높임말)　(옛날에 지은 오래된 성)
백성들은 태반이 적의 칼에 원혼(冤魂)이 되었다. 이런 와중에서
도 저 강도(江都)의 참상은 더욱 처절했다. 시신의 피는 냇물처럼
('강화'의 다른 이름)
흘렀고, 백골이 산더미처럼 쌓였다. 까마귀가 사정없이 달려들어
시신을 파먹었으나 장사 지낼 사람이 없었다. 오직 청허 선사만
이 이를 슬프게 여겼다.

- 작자 미상, 〈강도몽유록(江都夢遊錄)〉

인물의 성격을 (　　　　)적으로 서술하고, 이를 인물의 구체적인 행동을 통
해 부연하고 있다. 또한 나라에 호적이 침입하여 백성들이 고통당하는 정황을
(　　　　)적으로 진술하여 병자호란이라는 역사적 사건과 관련된 내용을
전달하고 있다.

08

103동 502호 김석만씨는 내가 입금한 돈 칠백만 원을 돌려주
시오!
남자(권순찬)의 어머니와 남자 모두에게 돈을 중복 입금 받은 사채업자

붉은색 매직펜으로 큼지막하게 쓴 그 글씨들을 읽고 나는 남자
의 얼굴을 다시 한번 바라보았다. 분명, 어젯밤 호프집에서 만난
그 남자가 맞았다. … 그러나 저러다가 말겠지, 했던 남자는 내
예상과는 다르게 몇 날 며칠 그 자리에 계속 앉아 있었다. … 그
며칠 사이 나는 '참좋은 마트' 사장에게서 남자에 대한 사정을 좀
더 자세히 듣게 되었다. 그게요, 사정이 좀 딱하게 됐더라구요.
… 저 사람이 어린 시절부터 부모 떠나서 어렵게 지낸 모양인데,
… 한데, 저 사람 어머니라는 분이 몇 달 전에 갑자기 찾아와서
는 자기가 빚을 졌으니 조금 도와달라고 하면서 계좌번호를 놓고
간 모양이에요. 알고 봤더니 이 사람 어머니라는 분이 사채를 쓴
모양인데…… (중략) 아무튼 그래도 이 사람이 몇 달 뒤에 그 계
좌로 돈을 넣은 모양이에요. 군소리 없이 칠백만 원 전부.
'참좋은 마트' 사장은 그 대목에서 잠시 말을 끊었다. (중략).
한데, 여기서부터가 더 안타까운 얘기인데…… 그사이에 저 사
람 어머니도 그 돈을 갚았다는 거예요. 살고 있던 방 보증금도
빼고 여기저기 아는 사람들한테 조금씩 융통도 하고…… 그리고
그 돈을 갚고 얼마 뒤에 바로 돌아가셨대요.

– 이기호, 〈권순찬과 착한 사람들〉

등장인물의 (   )을/를 통해 사건의 내막을 요약적으로 제시함으로써 남
자(권순찬)에 대한 (   )을/를 제공하고 있다.

09

버들댁이 이렇게 불편한 몸을 이끌고 살아가는 것은 눈앞에 얼
씬거리는 유일한 손자 용복 때문이었다. 용복은 그녀에게 있어서
삶의 허기를 충족시켜 주는 보물이었다.

늦둥이 아들 하나가 있었는데 막일을 하러 다니다가 싸움질을
하고는 교도소에 갔다. 두 해 뒤 겨울에 나와서 어디엔가 취직을
하고 요리 학원을 다닌다고 하더니 어느 날 갓난아기를 안고 나
타났다. 앞으로 결혼할 미장원 처녀가 낳은 아기라는 것이었다.
잠시만 맡아 키워 주면 돈 벌어 결혼식 하고 살림 차린 다음 데
려가겠다는 것이었다. 한데 아들은 아기를 맡기고 간 다음 종무
소식이었다. 버들댁은 그 아기를 우유도 먹이고 밥도 씹어 먹여
키웠다. 그 아이가 용복이었다.

– 한승원, 〈버들댁〉

정부의 생계 지원을 받으며 사는 (   )이/가 손자인 용복을 키우게
된 내력을 (   )적 서술을 통해 제시하여 인물에 대한 독자의 이해를
돕고 있다.

10

"상서께서 명을 내리시어 숙향을 잡아다가 죽이라 하신고로 원
조선 시대 판서에 해당하는 으뜸 벼슬
님이 상서 명을 거역하지 못하여 어젯밤에 숙향을 잡아다 죽이
곤장을 잡은 사람
려고 큰 매로 치라 하되 집장 사령이 매를 들지 못하여 죽이지
조선 시대에, 각 관아에서 심부름하던 사람
못하였사오나 원님이 오늘 죽이려 하옵고 큰 칼을 씌워 옥에
죄인에게 씌우던 형틀
가두었나이다."

– 작자 미상, 〈숙향전〉

인물의 (   )을/를 통해 숙향이 큰 칼을 쓰고 옥에 갇히기 이전 사건이
요약적으로 제시되고 있다.

11

제비 한 마리 처음 날아와
지지배배 그 소리 그치지 않네.
말하는 뜻 분명히 알 수 없지만
집 없는 서러움을 호소하는 듯
느릅나무 홰나무 묵어 구멍 많은데
어찌하여 그곳에 깃들지 않니?
제비 다시 지저귀며
사람에게 말하는 듯
느릅나무 구멍은 황새가 쪼고
홰나무 구멍은 뱀이 와서 뒤진다오.

– 정약용, 〈고시(古詩) 8〉

'황새'와 '뱀'은 수탈과 착취를 일삼는 지배 계급을, '제비'는 집을 잃고 떠도는
하층 민중을 의미한다. 화자와 의인화된 제비와의 (   ) 형식을 통해 지
배층의 횡포와 피지배층의 고통을 우의적으로 (   )하고 있다.

12

공방의 사람됨은 겉은 둥그렇고 가운데는 네모나며, 세상의 변
화에 잘 대응했다. (중략) 공방은 성질이 탐욕스럽고 염치가 없었
체면을 차릴 줄 알며 부끄러움을 아는 마음
는데, 이미 국가의 재산을 총괄하면서 자모(子母)의 경중을 저울
원금과 이자를 비유한 표현
질하는 것을 좋아했다. 공방은 국가를 이롭게 하는 것에는 도자
기와 철을 주조하는 것만 있는 것이 아니라면서, 백성들과 함께
녹인 쇠붙이를 거푸집에 부어 물건을 만들다.
조그만 이익을 다투고, 물가를 올리고 내리고, 곡식을 천대하고,
화폐를 귀중하게 여겼다. 그리하여 백성들이 근본을 버리고 끝을
좇도록 하고, 농사짓는 것을 방해했다.

– 임춘, 〈공방전(孔方傳)〉

'공방'은 엽전(돈)을 (   )한 것으로, 이익에 눈이 멀어 탐욕스러
워지는 세태를 비판하고 재물욕에 대한 경계라는 주제 의식을 드러내는
(   )적 성격이 드러나고 있다.

워밍-UP

🔁 **다음 글을 읽고 빈칸에 알맞은 말을 써서 해설을 완성하거나 정오를 판단하세요.**

01

(가) 해여, 푸른 하늘이여,
　　 그 빛에, 그 공기에
　　 취해 찰랑대는 자기의 즙에 겨운,
　　 공중에 뜬 물인
　　 나뭇가지들의 초록 기쁨이여

　　 흙은 그리고 깊은 데서
　　 큰 향기로운 눈동자를 굴리며
　　 넌지시 주고받으며
　　 싱글거린다

　　 오 이 향기
　　 싱글거리는 흙의 향기
　　 내 코에 댄 깔대기와도 같은
　　 하늘의, 향기
　　 나무들의 향기!

　　　　　　　 – 정현종, 〈초록 기쁨 – 봄숲에서〉

(나) 어져 내 일이야 그릴 줄을 모르던가
　　 있으라 하더면 가랴마는 제 구태여
　　 보내고 그리는 정(情)은 나도 몰라 하노라

　　　　　　　　　　　　　　　　 – 황진이

(다) 석양(夕陽)이 비꼈으니 그만하고 돌아가자
　　 돛 내려라 돛 내려라
　　 버들이며 물가의 꽃은 굽이굽이 새롭구나
　　 지국총 지국총 어사와
　　 삼공(三公)을 부러워하랴 만사(萬事)를 생각하랴 〈춘(春) 6〉
　　 영의정, 우의정, 좌의정의 삼정승
　　　　　　　　　　　 – 윤선도, 〈어부사시사〉

구분	영탄적 표현	화자의 정서
(가)		
(나)		
(다)		

→ (가)는 영탄적 표현을 사용하여 화자의 정서를 나타내고 있다. ◯ ✕
→ (나)는 초장에서는 영탄과 설의적 표현을 활용하여 화자의 회한을 나타내고 있다. ◯ ✕
→ (다)는 영탄적 어조를 통해 화자의 정서를 부각하고 있다. ◯ ✕

02

　　 아버지의 북이 상징하는 아버지의 허랑방탕한 한평생이, 일단
언행이 허황하고 착실하지 못하며 주색에 빠져 행실이 추저분하다.
은 세련된 입신(立身)으로 평가되는 아들의 내력에 중요한 흠으
세상에서 떳떳한 자리를 차지하고 지위를 확고하게 세움.
로 작용한다는 점에서도 그랬다. 하라는 공부는 작파하고, 북을
어떤 계획이나 일을 중도에서 그만두어 버리다.
메고 떠돌아다니며 아내와 자식을 모른 체한 민익태, 한때는 아
편쟁이로 세상을 구른 민익태, 그러면서도 북을 놓지 않은 그와
아들의 단절은, 따라서 오래 지속될 수밖에 없었다.

　　　　　　　　　　　　　　　 – 최일남, 〈흐르는 북〉

구분	대상	인물의 행동
민익태	공부	
	북	
	아내와 자식	

인물의 행적을 (　　　　)적으로 제시하여 다른 인물과의 갈등을 짐작하게 한다.

03

　　 이러구러 여러 날이 되니 윤 공이 생각하기를, 심사가 사나워
조선 시대에, 후궁에게서 난 딸을 이르던 말
천계산에 있는 원당에 갔는가 하고 찾지 않았다. 옹주는 본래
❶ 소원을 빌기 위하여 세운 집 ❷ 죽은 사람의 명복을 빌던 법당
불화한 사이라 거취를 모르니 찾지 않았다. 임금이 조회에 여러
날 불참함을 이상하게 여겨 찾으시니, 그제야 찾기를 시작하여
친구의 집과 천계산 절에 가 보았으나 종적이 없었다. 괴이하게
여겨 찾다가 돌아와 보니, 부마가 타던 말이 있었다. 행여 최 씨
임금의 사위
있는 곳에 갔는가 의심하여 즉시 가 보았으나 미리 숨어서 보지
못하고, 거기도 아니 간 줄 알아 두루 찾아도 찾지 못한 지 수십
일이라.
　　 조정에서는 윤지경이 마음이 사납고 어지러운 나머지 미쳐서
달아났는가 의심하고, 임금이 매우 놀라 밤낮으로 번뇌하였다.
마음이 시달려서 괴로워하다.
윤 공이 의심스런 마음이 들어 영리한 하인을 시켜 부지불각에
자신도 모르는 결
들이닥쳐 보라 하니, 과연 최 씨의 처소에 있는지라. 이대로 임
금에게 고하고 죄를 청하니, 환관 김송환을 불러 죄상을 밝히고
내시
부르라 하시니 이때는 유월이라.

　　　　　　　　　　　　　 – 작자 미상, 〈윤지경전〉

구분	윤지경이 사라진 일에 대한 반응
윤 공	천계산 (　　　　)에 갔다고 생각해 찾지 않음.
옹주	(　　　　)을/를 몰라 찾지 않음.
임금	조회에 계속 불참함을 이상하게 여겨 (　　　　).

윤지경이 사라진 일과 관련된 사건을 (　　　　)적으로 제시하여 사건 전개에 (　　　　)을/를 부여하고 있다.

Ⅱ
표현법

01

다음 글의 서술상 특징에 대한 설명으로 가장 적절한 것은?

> 안승학은 원래 이 고을 읍내에서 살았다. 지금부터 이십 년 전
> 만 해도 그는 다 찌그러진 오막살이에서 콩나물죽으로 연명하던
> 처지였다. 그러던 사람이 오늘은 수백 석 추수를 하고 서울 사는
> 민 판서 집 사음까지 얻어서 이 동리로 옮겨 앉은 것이다. … 그
> 의 부친은 경기도 죽산이라던가 어디서 호방 노릇을 하던 아전
> 이었다는데 승학이가 성년 되기 전에 별세하고 그의 모친도 부친
> 이 돌아간 지 삼 년 만에 마저 세상을 떠났다 한다. 그래서 거기
> 서는 살 수가 없어서 아내와 어린 동생 하나를 데리고 이 고장으
> 로 들어왔다. 이 고을 읍내에는 그의 처가가 사는 터이므로.
>
> — 이기영, 〈고향〉

① 독백적 서술을 통해 대상에 대한 정서적 반응이 제시되고 있다.

② 회고적 서술을 통해 대상에 대한 성찰적 태도가 드러나고 있다.

③ 병렬적 서술을 통해 대상에 관한 정보가 반복적으로 제시되고
있다.

④ 묘사적 서술을 통해 대상에 관한 정보가 단계적으로 제시되고
있다.

⑤ 요약적 서술을 통해 대상에 관한 정보가 개괄적으로 제시되고
있다.

02

다음 글의 서술상 특징으로 가장 적절한 것은?

> **[앞부분 줄거리]** '나'의 친구인 그는 쫓기듯 영국 유학을 가지만 학위를 따
> 지 못한 채 귀국한 후 주변 사람들과 어울리지 못해 외로움을 느끼고 있다.
>
> 그런 생활이 반년쯤 지나자 그에게는 두 가지 망측한 습벽이
> 붙어 있었다. 그 한 가지가 앞서 말한 도벽이었다. 주위에 그의
> 도벽 피해자가 아닌 사람이 드물었다. 그러나 아무도 그런 이야
> 기를 맞대 놓고 말할 처지는 못 되었다. 녀석에게 도벽을 정면으
> 로 인정하고 나서기란 그를 위해서보다 자신이 두려워지는 일이
> 었다.
>
> — 스스로 말해 올 때가 있겠지.
>
> 그러나 녀석의 태도는 시종 나 몰라라였다. 한 번도 자기 행투
> 에 대해 변명 같은 것을 말한 적이 없었다. 녀석의 또 한 가지
> 나쁜 버릇은 다름 아닌 거짓말이었다. 그는 아무렇게나 거짓말을
> 했다.
>
> — 이청준, 〈별을 보여 드립니다〉

① 서술자가 인물의 행적을 요약하여 인물을 태도를 분석한다.

② 동시적 사건을 병치하여 사건에 대한 상이한 관점을 드러낸다.

③ 공간의 변화를 제시하여 한 인물의 두 행위가 대립되는 원인을
밝힌다.

④ 서술자가 자신이 아닌 다른 인물의 시선을 통하여 사건의 의미
를 해석한다.

⑤ 서술자가 관찰한 인물의 내적 독백을 제시하면서 그 인물의 내
면 의식을 드러낸다.

03

[A]와 [B]에 대한 설명으로 가장 적절한 것은?

> [A]
> "평국의 병세는 위중하지 아니하옵기로 약을 가르쳐 쓰라
> 하옵고 왔사오나 또한 괴이한 일이 있어 수상하여이다."
> 하더라. 천자 놀라 묻기를,
> "무슨 연고가 있더냐."
> 어의 땅에 엎드려 아뢰기를,
> "평국의 맥을 보오니 남자의 맥이 아니오매 이상하여이다."
> 천자 그 말을 들으시고 이르기를,
> "평국이 여자면 어찌 적진에 나가 적진 십만 대병을 소멸하
> 고 왔으리오. 평국의 얼굴이 도화색(桃花色)이요, 체격이 작
> 고 약하여 혹 미심하거니와 아직은 누설하지 말라."
> 하시고 자주 문병하시니라. (중략)
>
> 각설. 이때 남관장이 장계(狀啓)를 올리거늘 천자 즉시 뜯어
> 열어 보시니 하였으되,
>
> [B]
> '오왕(吳王)과 초왕(楚王)이 반하여 지금 장안을 범하고자
> 하옵나이다. 오왕은 구덕지를 얻어 대원수를 삼고, 초왕은
> 장맹길을 얻어 선봉을 삼아 장수 천여 명과 군사 십만을
> 거느려 호주 북지 십여 성을 항복 받고 형주 자사 완태를
> 베고 짓쳐 오매 소장의 힘으로는 방비할 길이 없사와 감히
> 아뢰오니 엎드려 바라옵건대 황상은 어진 명장을 보내어 막
> 으소서.'
>
> — 작자 미상, 〈홍계월전〉

① [A]와 [B]는 모두 정황을 전달하는 주체에 대한 부정적인 태도
가 나타나 있다.

② [A]는 대화를 통해, [B]는 요약적 제시를 통해 사건에 대한 정보
를 제공하고 있다.

③ [A]는 인물의 외양 묘사를 통해, [B]는 과장된 표현을 통해 장
면을 극대화하고 있다.

④ [A]와 [B]는 모두 여러 가지 사건이 동시에 발생하여 긴박한 분
위기를 조성하고 있다.

⑤ [A]에는 문제를 즉각적으로 해결해야 할 상황이, [B]에는 문제
해결을 유보해야 할 상황이 제시되어 있다.

호루라기 관장님의 하드 트레이닝

| 공부한 날 | 월   일   요일 |
| 맞은 개수 | / 6 |

작품	No	작품을 읽고 빈칸에 알맞은 말을 쓰시오.

작품

[앞부분 줄거리] 수시로 공룡의 침입을 받는 나라에서 시민 대표들이 모여 왕을 선출한다. 어느 날 박물관장이 큰 알을 들고 나타나 내일 알에서 공룡을 물리칠 왕이 깨어날 것이라고 전한다. 왕은 자결을 하고, 새롭게 왕이 된 박물관장은 알의 실체를 숨기고 시민들을 길들인다.

시민들: (또 다시 괴로워한다. 이와 같은 말과 행동이 반복된다. 마침내 그들은 수십 차례 고문을 당한 사람들처럼 맥이 빠져 비굴할 정도로 유순해진다.)

성질이나 태도, 표정 따위가 부드럽고 순해지다

박물관장: 너희들이 내가 시키는 것을 고분고분 듣지 않으면 어느 때든 이와 같은 주문을 외우겠다. 알겠느냐?

시민들: 네, 폐하.

박물관장: 아니야, 네놈들이 길들어지려면 아직 멀었어. (다시 시작한다.) 알 속에는 위대한 임금님이 계셨었다!

시민들: (기진맥진한 몸을 비틀며 고통스러워 신음 소릴 지른다.)

시민 라: (멀리 떨어진 곳에서부터 땅에 엎드리어 신왕에게 기어와 그의 발에 공손히 입을 맞추며) 우리들의 왕이시여, 자비를 베푸시옵소서. 폐하, 우리들을 더 이상 괴롭히지 마시고, 그 알 속에 들었던 것이 무엇이었는지 진실로 말씀해 주십시오. 그럼 저희들은 기꺼이 폐하를 섬기겠습니다.

박물관장: 임금의 자리란 왕관이나 칭호로써 유지되는 것은 아니다. 국민들의 약점을 잡아 그들의 복종으로 유지되는 것이다. 넌 알 속에 무엇이 들어 있었다고 생각느냐?

시민 라: 위대한 임금님이었습니다. / 박물관장: 그러면 그것을 믿어라.

시민 라: 그러나 진실을 고백하자면 혹시 공룡이 들어 있을지 모른다는 생각도 품고 있었습니다.

박물관장: 공룡이 들어 있었다고 생각하는가? / 시민 라: 네.

박물관장: 그럼 그것을 믿어라.

시민 가: 폐하, 부디 둘 중에 하나만을 저에게 가르쳐 주십시오.

박물관장: 알 속엔 무엇이 들었는지 정말 알고 싶은가? (중략)

시민 라: 찌르십시오. 나는 당신과의 노름에서 생명을 걸어 잃었지 않았던가요? 나를 찌르십시오. 그러나 진실을 들려주십시오.

박물관장: (칼을 가슴에 대고 귀에 나직하게 속삭인다.) 그럼 네게만 말해 주마. 그 알은 한 줌의 석회로써 만든 것이다. 지금 그것은 상자 속에 부서져 있다. (돌칼로 시민 라를 찌른다.) 이젠 알았는가? 너의 괴로워하던 양심은 구제되었는가? 이 바보 같은 놈의 시체를 치워라. 한 줌의 석회에 자기 목숨을 판 놈이다.

– 이강백, 〈알〉

01

주요 인물은 누구인가?

박물관장	전왕이 자살하자 정당하지 않은 방법으로 정권을 장악한 후 공룡이 공격할 것이라는 거짓 공포를 조장하여 시민들을 길들인 ( )
시민 라	사회적 불안과 위기가 박물관장에 의해 조장된 것이라 생각하고 ( )을/를 알고자 하는 인물로, 진실을 알게 되지만 권력자에게 죽임을 당함.
시민들	박물관장이 ( )을/를 이용해 길들인 대중으로, 올바른 판단을 내리지 못하는 어리석은 사람들

02

중심 사건은 무엇인가?

새로운 왕이 된 박물관장은 알을 이용해 시민들을 길들이고, 진실을 알고자 한 '시민 라'가 박물관장으로부터 알이 (   )일 뿐이라는 진실을 들은 후 죽임을 당함.

03

인물의 심리와 태도는 어떠한가?

| 시민 라 | 알 속에 든 것이 무엇인지 알려 달라며 박물관장에게 사정하다 자신의 생명을 걸고 알의 진실을 알고자 하는 (   )적 태도를 보임. |
| 박물관장 | 진실을 알기 위해 목숨을 바친 시민 라를 (   )(이)라고 말하며 무시하고 업신여기는 태도를 드러냄. |

04

서술상의 특징은 무엇인가?

(   )적 후진 국가의 비민주적 쿠데타

↓ 풍자

폭력과 거짓을 통해 공포심을 조장하여 권력을 잡은 권력자

↓ 알레고리

시민들의 공포심을 이용해 부당하게 권력을 잡은 박물관장

| 풍자 | 사회의 (   ) 현상이나 인물들의 결점, 모순 등을 다른 대상에 빗대어 놀리듯이 비판하는 방법 |
| 알레고리 (우의) | (   )인 개념을 직접 표현하지 않고 다른 구체적인 대상을 이용하여 간접적으로 표현하는 문학 형식 |

05

소재의 상징적 의미는 무엇인가?

| 알 | '알'을 이용하여 (   )을/를 유지하는 박물관장
→ (   )한 권력 유지의 수단 |

06

이 작품의 주제는 무엇인가?

독재자의 권력 획득 방법과 부정(不正)한 (   )에 대한 풍자

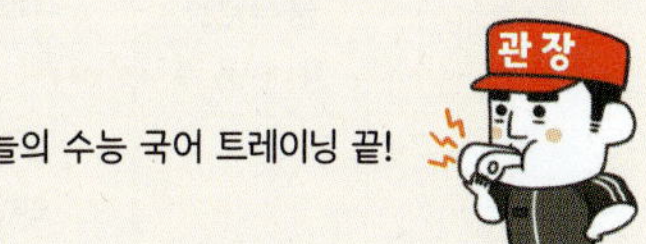

오늘의 수능 국어 트레이닝 끝!

055 음성 상징어

> 소리나 모양, 움직임(동작)을 흉내 내는 말

기출로 보는 개념

- 음성 상징어를 통해 장면을 구체화하고 있다.
- 음성 상징어를 활용하여 시적 상황을 부각하고 있다.
- 음성 상징어를 반복하여 시의 리듬감을 살리고 있다.
- 음성 상징어를 활용하여 대상에 동적 이미지를 부여하고 있다.
- 음성 상징어를 활용하여 대상의 모습에 생동감을 부여하고 있다.

(1 　ㅇㅅ　ㅅㅈ　)은/는 한 단어가 가지는 음의 성질이나 높낮이 또는 강약에 따라, 다른 단어와 구별되는 어감이나 뜻을 나타내는 일을 의미한다. 따라서 '음성 상징어'란 음성 상징이 사용된 단어를 말한다. 쉽게 말해 '음성 상징어'는 의성어와 의태어를 포함하는 개념이라고 이해할 수 있다. 음성 상징어는 그 자체의 음성적 요소가 규칙적으로 반복되기 때문에 이를 사용하면 (2 　ㅇㅇ　)을/를 형성할 수 있다.

음성 상징어 중에는 의성어이기도 하면서 의태어인 경우도 있습니다.
즉, 하나의 음성 상징어가 의미에 따라 의성어이기도 하면서 의태어이기도 한 것이지요.
예를 들어 '도란도란'은 '여럿이 나직한 목소리로 정답게 이야기하는 소리. 또는 그 모양.'이라는 뜻과 '개울물 따위가 잇따라 흘러가는 소리. 또는 그 모양.'이라는 뜻을 모두 가진 단어입니다.
따라서 상황에 따라 의성어로도, 의태어로도 쓰일 수 있습니다.

구분		내용	예
음성 상징어	의성어	사람이나 사물의 소리를 흉내 낸 말	마른 잎사귀에 도토리알 얼굴 부비는 소리 후두둑 뛰어내려 저마다 멍드는 소리 – 김선우, 〈단단한 고요〉 → (3 ㅎㄷㄷ)은/는 깨나 콩 따위를 볶을 때 크게 튀는 소리, 멀리서 총포나 딱총 따위가 매우 부산하게 터지는 소리, 나뭇가지나 검불 따위가 타들어 가는 소리, 굵은 빗방울 따위가 갑자기 떨어지는 소리라는 사전적 의미의 단어 '후드득'을 변형한 시어인데, 이 작품에서는 문맥상 나무에 달려 있던 도토리 알이 땅에 떨어지며 내는 소리를 흉내 낸 말로 볼 수 있음.
	의태어	사람이나 사물의 모양이나 움직임을 흉내 낸 말	꼿꼿하게 걷는 수많은 사람들 사이에서 그는 춤추는 사람처럼 보였다. (중략) 사람들은 모두 기둥이 되어 우람하게 서 있는데 그 빽빽한 기둥 사이를 그만 홀로 팔랑팔랑 지나가고 있었다. – 김기택, 〈다리 저는 사람〉 → (4 ㅍㄹㅍㄹ)은/는 '바람에 힘차고 가볍게 계속 나부끼는 모양' 또는 '나뭇잎이나 나비 따위가 가볍게 계속 날아다니는 모양'이라는 뜻으로, 문맥상 '그'가 걸으며 지나가는 모습을 가볍게 나는 모양을 흉내 낸 말로 생동감 있게 표현함.

1:1 작품 체험

춘향이 이 말을 듣더니 별안간 얼굴색을 바꾸며 안절부절이라. 붉으락푸르락 눈을 가늘게 뜨고 눈썹이 꼿꼿하여지면서 코가 벌렁벌렁하며 이를 **뽀드득 뽀드득** 갈며, 온몸을 수수잎 틀 듯하고 매가 꿩을 꿰 차는 듯하고 앉더니,

"허허 이게 웬 말이오."

왈칵 뛰어 달려들며 치맛자락도 **와드득 좌르륵** 찢어 버리고 머리도 **와드득** 쥐어뜯어 **싹싹** 비벼 도련님 앞에다 던지면서,

"무엇이 어쩌고 어째요. 이것도 쓸데없다."

거울이며 빗이며 두루 쳐 방문 밖에 **탕탕** 부딪치며, 발도 **동동** 굴러 손뼉치고 돌아앉아 자탄가(自嘆歌)로 우는 말이, (자기의 신세나 처지를 탄식하여 부르는 노래) "서방 없는 춘향이가 세간살이 무엇하며 단장하여 뉘 눈에 사랑받을꼬? 몹 (집안 살림에 쓰는 온갖 물건) 쓸 년의 팔자로다. 이팔청춘 젊은 것이 (16세 무렵의 꽃다운 청춘, 혈기 왕성한 시절) 이별될 줄 어찌 알랴. 부질없는 이내 몸을 허망하신 말씀 때문에 신세 버렸 (거짓되고 망령된) 구나. 애고 애고 내 신세야."

– 작자 미상, 〈춘향전〉

이 작품에서 춘향이 들은 '이 말'은 이몽룡이 서울로 가게 되었다는 말이다. (5 　ㅇㅂ　)하자는 말을 들을 춘향이 화가 난 심리가 '뽀드득 뽀드득', '왈칵', '와드득 좌르륵', '와드득', '싹싹', '탕탕', '동동' 등 다양한 음성 상징어를 통해 나타나 있으며, 이를 통해 인물의 행위를 (6 　ㅅㄷㄱ　) 있게 드러내고 있다.

작품 알통

- **해제:** 성춘향과 이몽룡의 신분을 초월한 사랑을 다룬 판소리계 소설이다. 단순히 남녀의 사랑 이야기가 아니라 민중을 괴롭히는 탐관오리에 대한 저항과 사회적 제약을 이겨 내고자 하는 민중들의 의식이 반영된 작품으로 120여 종의 이본이 존재할 만큼 큰 인기를 얻었다.
- **주제:** 신분을 초월한 남녀 간의 사랑과 불의의 지배 계층에 대한 항거

【초성 답】 1 음성 상징 2 운율 3 후두둑 4 팔랑팔랑 5 이별 6 생동감

표현법 056 의인화

사람이 아닌 것에 인격을 부여하여 마치 사람인 것처럼 사람에 비기어 표현함.

'의인화'는 사람이 아닌 대상이 사람의 품격, 즉 (1 ㅇㄱ)(人格)을/를 지니도록 하여 마치 사람인 것처럼 나타내는 방법이다. 따라서 '의인화'를 (2 ㅇㄱㅎ)(이)라고도 한다. '의인화'가 적용된 표현을 '의인법'이라고 한다. 의인화될 수 있는 대상은 사람을 제외한 거의 모든 것이 가능하며 마음이나 감정, 사상처럼 추상적인 대상도 의인화가 가능하다. 사람이 아닌 대상을 사람처럼 표현하게 되면 의인화된 대상의 의미가 부각될 뿐만 아니라 화자가 대상에게 마치 사람한테 말을 하듯이 말을 건네는 표현을 사용할 수도 있고 이 과정에서 대상과의 (3 ㅊㅁㄱ)이/가 드러나게 된다.

구분		예
의인화	사물	오 화살 정의의 병사여 영령이여 죽은 사람의 영혼을 높여 이르는 말 – 고은, 〈화살〉 → '화살'을 (4 ㅂㅅ)(이)라고 함으로써 의인화하여 표현함.
	자연물	비로소 햇살 아래 옷을 벗는 너의 전신(全身) 강이여, 강이여, 내일에의 피 몸짓. – 박두진, 〈강 2〉 → '강'을 인칭 대명사 (5 ㄴ)을/를 사용해 지칭하고, '전신', '몸짓'과 같은 시어를 사용하여 의인화하였음.
	추상어	다급한 사연 들고 달려간 바람이 / 흔들어 깨우면 눈 부비며 너는 더디게 온다. 더디게 더디게 마침내 올 것이 온다. – 이성부, 〈봄〉 → 제목을 통해 '너'는 '봄'임을 알 수 있으며, 인칭 대명사 '너'를 사용해 '봄'을 의인화하여 말을 건네는 표현을 통해 (6 ㅊㄱ)을/를 유발하고 있음.

◎ 개념 갈고리 🔧 활유법

'활유법'은 무생물을 생물인 것처럼, 감정이 없는 것을 감정이 있는 것처럼 표현하는 방법이다. 생물에는 동식물이 포함되고, 감정이 있는 것은 (7 ㅇㄱ)와/과 (8 ㄷㅁ)만 해당된다. 따라서 '의인법'은 넓게는 '활유법'에 포함되는 개념으로 보기도 한다.

활유법	저 캄캄한 대낮 과녁이 달려온다 이윽고 과녁이 피 뿜으며 쓰러질 때 단 한 번 우리 모두 화살로 피를 흘리자 – 고은, 〈화살〉 → 무생물인 '과녁'이 피를 뿜으며 쓰러지고, 피를 흘린다고 하여 생물인 것처럼 표현한 활유법이 사용됨.

◎ 1:1 작품 체험

어쩌다 바람이라도 와 흔들면
울타리는
슬픈 소리로 울었다.

맨드라미, 나팔꽃, 봉숭아 같은 것
철마다 피곤
소리 없이 져 버렸다.

차운 한겨울에도
외롭게 햇살은
청석(靑石) 섬돌 위에서
낮잠을 졸다 갔다.

할일없이 세월은 흘러만 가고
꿈결같이 사람들은
살다 죽었다.

– 김춘수, 〈부재〉

이 시에서는 햇살이 '외롭'다고 하였고, '낮잠을 졸다 갔다'고 하여 자연물에 (9 ㅇㄱ)을/를 부여하여 시적 의미를 나타내고 있다.

작품 💪 알통

- **해제:** 유한한 존재가 지닌 부재의 의미를, 삶과 죽음의 순환적 공존이 일어나는 자연 현상의 속성을 활용하여 드러낸 시이다.
- **주제:** 삶과 죽음이 순환하는 자연의 섭리와 존재의 유한성

❤️ 위 시에서 '울타리는 / 슬픈 소리로 울었다.'는 의인화가 아닌가요?

이 표현에서 '울었다'는 '물체가 바람 따위에 흔들리거나 움직여 소리가 난다.'라는 뜻이기 때문에 이러한 의미로 해석할 경우에는 의인화로 보기 어렵습니다. 다만, 울타리가 흔들려 나는 소리를 '슬픈 소리'라고 한 것은 화자의 감정이 이입된 표현으로 볼 수 있습니다.

【초성 답】 1 인격 2 인격화 3 친밀감 4 병사 5 너 6 친근감 7 인간 8 동물 9 인격

057 풍자·해학

> 풍자: 남의 결점, 현실의 부정적 현상, 모순을 다른 것에 빗대어 비웃으면서 폭로하고 공격함.
> 해학: 익살스럽고도 품위가 있는 말이나 행동

개념 갈고리 ┐ 골계(滑稽)

이상과 현실 사이의 거리감이나 기대와 실제 사이의 모순으로 갑작스러운 (1 ○○)을/를 자아내는 감정을 말한다. 골계는 웃음을 자아내는 문학의 모든 요소에 폭넓게 적용되는 말이며, 그 하위 범주로 기지(機智), 풍자(諷刺), 반어(反語), 해학(諧謔) 등이 있다.

> 조조, 가끔 목을 움츠려, "정욱아, 귀에서 화살이 수루루루루루루루 지나가고, 목 너머로 칼날이 번듯번듯 허는구나." / 정욱이 여짜오되, "이제는 아무것도 없사오니 승상님 목을 늘어 사면을 살펴소서." / "아, 인자 진정 조용허냐?" / "예, 조용헙니다." / 조조 막 목을 늘이랴 헐 제, 의외의 메초리 한 마리가 조조 말굽 사이에서 푸루루루루루루 날아가니, / "아이고, 정욱아. 내 목 있나 보아라."
>
> – 작자 미상, 〈적벽가〉

이 대목은 적벽 대전에서 패하여 도망가는 조조와 위나라 군사들을 그린 부분으로, 조조는 겁에 질려 도망가는 비겁하고 나약한 졸장부로 그려지고 있습니다. 소설 〈삼국지연의〉에서의 조조는 한 시대의 영웅으로 그려지지만, 판소리 〈적벽가〉에서의 조조는 조롱의 대상으로 희화화되고 있습니다.

(2 ㅍㅈ)(諷刺)의 '풍(諷)'은 잘못을 고치도록 완곡하게 말한다는 뜻이고, '자(刺)'는 (3 ㅉㄹㄷ)(이)라는 뜻이다. '풍자'는 옳지 않다고 생각되는 대상이 잘못을 고칠 수 있도록 이야기하는 것이다. 문학에서는 여러 가지 표현을 사용해 간접적으로 형상화하므로, '풍자'는 부정적 상대의 잘못을 은근히 드러내는 표현이다.

(4 ㅎㅎ)은/는 현실의 모순이나 슬픔을 **익살스럽게*** 표현하는 것이다. 대상의 외모나 행동을 우스꽝스럽게 만들거나 말장난을 하는 등 다양한 방법으로 해학을 표현할 수 있다. 또한 해학은 풍자를 하기 위한 방법이 될 수 있으며 웃음이 유발되는 효과도 얻을 수 있다.

개념 당기는 예시

> 참새야 어디서 오가며 나느냐, / 일 년 농사는 아랑곳하지 않고
> 늙은 홀아비 홀로 갈고 맸는데, / 밭의 벼며 기장을 다 없애나니.
> – 이제현, 〈사리화〉
> 벗과의 한해살이풀

→ 제목 〈사리화〉는 벗과의 한해살이풀인 기장과 비슷한 풀이나 꽃을 의미한다는 해석과 농민들이 목이 쉬고 근심하여 얻은 꽃인 곡식을 의미한다는 해석이 있음. (5 ㅊㅅ)은/는 늙은 홀아비인 농부가 애써 키운 밭의 벼며 기장을 다 없애는 부정적 존재임을 알 수 있음. 따라서 '참새'는 농민을 수탈하는 탐관오리로 이해할 수 있으며 참새가 곡식을 없애는 상황에 빗대어 (6 ㅌㄱㅇㄹ)의 부정적 면모를 풍자함.

1:1 작품 체험

> 밤의 식료품 가게
> 케케묵은 먼지 속에
> 죽어서 하루 더 손때 묻고
> 터무니없이 하루 더 기다리는 북어들,
> 북어들의 일 개 분대가
> 나란히 꼬챙이에 꿰어져 있었다.
> 나는 죽음이 꿰뚫은 대가리를 말한
> 셈이다.
> 한 쾌의 혀가 / 자갈처럼 죄다 딱딱했다.
> 　북어를 묶어 세는 단위(1쾌 = 20마리)
> 나는 말의 변비증을 앓는 사람들과
> 무덤 속의 벙어리를 말한 셈이다.
> 말라붙고 짜부라진 눈,
> 북어들의 빳빳한 지느러미.
> 막대기 같은 생각
> 빛나지 않는 막대기 같은 사람들이
> 가슴에 싱싱한 지느러미를 달고
> 헤엄쳐 갈 데 없는 사람들이
> 불쌍하다고 생각하는 순간,
> 느닷없이
> 북어들이 커다랗게 입을 벌리고
> 거봐, 너도 북어지 너도 북어지 너도
> 북어지
> 귀가 먹먹하도록 부르짖고 있었다.
>
> – 최승호, 〈북어〉

이 작품에서 (7 ㅂㅇ)은/는 생명력을 잃은 채 말린 북어처럼 살아가는 현대인의 모습을 비유한 것이다. 획일화된 북어의 모습은 진실을 말하지 못하고, 부정적인 시대에 대한 냉철한 시야를 잃어버린 현대인의 모습을 의미하며, 1980년대라는 암울한 시대 상황에서 자유를 구속받았던 소시민들의 상황을 (8 ㅍㅈ)하고 있다.

작품 알통

- 해제: 식료품 가게에 진열된 북어의 모습을 통해 진실을 말하지 못하고 생명력을 잃어 가는 현대인의 모습을 풍자한 작품이다.
- 주제: 현대인의 무기력한 삶에 대한 비판

* 익살스럽다: 남을 웃기려고 일부러 우스운 말이나 행동을 하는 데가 있다.

【초성 답】 1 웃음 2 풍자 3 찌르다 4 해학 5 참새 6 탐관오리 7 북어 8 풍자

개념 트레이닝 ZONE

빈칸에 알맞은 말을 쓰며 개념 근육을 키워 보세요!

01

여기저기서 단풍잎 같은 슬픈 가을이 뚝뚝 떨어진다. 단풍잎 떨어져 나온 자리마다 봄을 마련해 놓고 나뭇가지 위에 하늘이 펼쳐 있다.

– 윤동주, 〈소년〉

큰 물체나 물방울이 잇따라 아래로 떨어지는 소리나 모양을 흉내 낸 말인 '(　　　)'(이)라는 음성 상징어를 사용하여 쓸쓸하게 느껴지는 가을의 모습을 묘사하고 있다.

02

쬐그만 것이 / 노랗게 노랗게
전력을 다해 샛노랗게 피어 있다

아무 곳도 넘보지 않는다 / 다만 혼자
주어진 한계 그 안에서 아슬아슬
한 치의 틈도 없이 끝까지

바위 새를 비집거나 잡초 속이거나 (중략)
보라 저기 민들레는 피어 있다

– 이형기, 〈민들레꽃〉

위태롭거나 조마조마한 모양을 흉내 낸 말인 '(　　　)'(이)라는 음성 상징어를 활용하여 민들레가 처한 불안정한 상황을 드러내고 있다.

03

이제 저 감나무 그림자가 / 사뿐 한 치씩 옮아오고
　　　　　　　　길이의 단위. 한 치는 한 자의 10분의 1 또는 약 3.03cm
이 마루 위에 빛깔의 방석이 / 보시시 깔리우면
　　　　　　　　　포근하게 살며시

나는 내 하나인 외론 벗 / 가냘픈 내 그림자와
말없이 몸짓 없이 서로 맞대고 있으려니
이 밤 옮기는 발짓이나 들려오리라

– 김영랑, 〈사개 틀린 고풍의 툇마루에〉
한옥에서 못을 사용하지 않고 목재의 모서리를
깎아 요철을 끼워 맞추는 부분인 사개가 틀어진

'(　　　)'은/는 '매우 가볍게 움직이는 모양', '(　　　)'은/는 '살포시'와 같은 말로 '포근하게 살며시'라는 뜻이다. '사뿐', '보시시'는 고요함 속에 달 그림자가 소리도 없이 조금씩 이동하는 모습을 강조하고 있다 .

04

매운 바람결이 몰려 닿을 적마다
어린 꽃봉들을 머금은 가녀린 가지는
　　　　꽃봉오리
외로움에 스스로 다쳐서는 안 된다고
살래살래 타일르듯 흔들거린다.

– 유치환, 〈매화나무〉

'작은 동작으로 몸의 한 부분을 가볍게 잇따라 가로흔드는 모양'을 뜻하는 '(　　　)'(이)라는 음성 상징어를 사용하여 꽃봉이 흔들거리는 장면을 구체화하고 있다.

05

나는 공복의 가는 눈을 떠, 희미한 노등(路燈)을 본다. 띄엄띄
　　　　　　　　　　　　　　　길거리에 설치한 등
엄 서 있는 포도(鋪道) 위에 잎새 없는 가로수도 나와 같이 공허
　　　　　　　포장도로
하고나.

– 오장환, 〈황혼(黃昏)〉

'(　　　) 서 있는'에서 포도 위 가로수의 시각적 인상을 '붙어 있거나 가까이 있지 않고 조금 떨어져 있는 모양'이라는 뜻의 음성 상징어를 통해 구체화하고 있다.

06

때때로 바람은
솜털에 싸인 풀씨들을 던져
공터에 꽃을 피운다
그들의 늙고 시듦에
공터는 말이 없다
있는 흙을 베풀어주고
그들이 지나가는 것을 무심히 바라볼 뿐.

– 최승호, 〈공터〉

'(　　　)'을/를 '말이 없다', '베풀어 주고', '무심히 바라볼 뿐'의 표현으로 의인화하여 묵묵히 베풀어 주는 공터의 의미를 부각하고 있다.

07

여울 지어
강이나 바다 따위의 바닥이 얕거나 폭이 좁아 물살이 세게 흐르는 곳
수척한 흰 물살.

갈갈이

손가락 펴고.

– 정지용, 〈비〉

졸졸거리며 흘러가는 얕은 '(　　　)'의 모습을 의인화하여 빗물이 여울이 되어 흐르는 모습을 감각적으로 묘사하고 있다.

08

이 길을 만든 이들이 누구인지를 나는 안다

이렇게 길을 따라 나를 걷게 하는 그이들이

지금 조릿대밭 눕히며 소리치는 바람이거나

이름 모를 풀꽃들 문득 나를 쳐다보는 수줍음으로 와서

내 가슴 벅차게 하는 까닭을 나는 안다

— 이성부, 〈산길에서〉

'길을 만든 이들'을 소리치는 '(   )'와/과 수줍게 오는 '(   )'(으)
로 표현하여 이들과의 교감을 드러내고 있다.

09

이혈룡이 깜짝 놀라서 옥단춘의 손을 부여잡고 하는 말이

"죽어도 같이 죽고 살아도 같이 살자."

하고 잡아서 옆에 앉히고 저쪽 연광정을 건너다 보면서,

"얘들, 서리 역졸들아! 어디 갔느냐?"

하고 소리치는데 그 소리 천지를 진동할 듯하였다. 그러자 난데없
는 역졸들이 벌떼처럼 내달으며 달과 같은 마패를 일월(日月)같이
치켜들고 우레와 같은 큰 소리를 벽력같이 지르면서,

"암행어사 출두요! 암행어사 출두요!"

하고 두세 번 외치는 소리가 연광정과 대동강을 뒤엎을 듯하였다.
김 감사는 수령들과 기생들을 거느리고 의기양양 노닐다가, 암
행어사 출도 통에 혼비백산 달아날 제, 연광정 누다락의 높은 마
루 밑에서 떨어져서 삼혼칠백 간 데 없고, 두 눈에 동자부처가
벌써 떠나 멀리 가고, 청보에 똥을 싸고, 신발 들메하느라고 야단
이라.

— 작자 미상, 〈옥단춘전〉

암행어사 출두 직후 놀란 김 감사와 수령들의 모습을 (   )된 행동으로
묘사하여 (   )을/를 드러내고 있다.

10

그는 투덜거리면서 키가 크고 낮은 모든 화장품을 열어 검사
한다. 그리고 찬장을 열어 그 안에 가지런히 빈 그릇들, 성냥 통,
촛대, 옷장을 열어 말리는 바다 생선처럼 걸린 옷들, 그리고 그들
의 주머니도 검사한다. 옷들은 좀 괘씸했지만 얌전하게 주머니를
털어 보인다. 그는 하나하나 보리라고 다짐한다. (중략) 심지어 변
기도 들여다보았고, 창틈 사이도 들여다보았다. 물건들은 잘 참고
세금 잘 무는 국민처럼 얌전하게 그의 요구에 응해 주었다.

— 최인호, 〈타인의 방〉

'옷'과 '물건들'을 (   )하여 얌전하게 주머니를 터는 행동하고, 잘 참
고 얌전하게 그의 요구에 응해 주었다고 표현함으로써 그가 사물들을 생명체
처럼 인식하고 있음을 보여 주고 있다. 사물들이 마치 움직이는 것처럼 그에게
보이는 것은 그의 (   )한 심리 상태가 사물들에 투영된 것이다.

11

아이들이 큰 소리로 책을 읽는다

나는 물끄러미 그 소리를 듣고 있다

한 아이가 소리 내어 책을 읽으면

딴 아이도 따라서 책을 읽는다

청아한 목소리로 꾸밈없는 목소리로

"아니다 아니다!"하고 읽으니

"아니다 아니다!" 따라서 읽는다

"그렇다 그렇다!"하고 읽으니

"그렇다 그렇다!" 따라서 읽는다

외우기도 좋아라 하급반 교과서

이 봄날 쓸쓸한 우리의 책 읽기여

우리나라 아이들의 목청이여

— 김명수, 〈하급반 교과서〉

'(   )' 아이들은 무지한 민중들을 의미하는 상징이며, 이들이 맹목적
으로 한 사람의 말을 따라하는 모습을 통해 비판성이 결여되고 획일화된 행동
을 하는 민중들을 (   )하고 있다.

12

"산수가 네 차례라니? 그럼 다른 과목도 누가 그러는 거야?"

나는 놀랍고도 어이없어 다시 그렇게 물었다. 박원하가 잠깐 사
방을 둘러보더니 소리를 낮춰 말했다.

"몰랐어? 지난 시간 국어 시험은 아마도 황영수가 했을 걸?"

"뭐야? 그럼 너희들은……."

"엄석대의 점수를 받는 거지 뭐. 너는 미술을 그려 주니까 눈
치 봐서 두 장을 그려내면 되지만 시험은 그게 안 되잖아? 석
대하고 점수를 바꾸는 수밖에……."

그제서야 나는 엄석대가 그토록 놀라운 평균 점수를 얻어 내
는 비결을 알아차렸다. 내가 별 생각 없이 그려 준 그림도 사실은
석대의 전 과목 수(秀)를 돕고 있었다는 것도.

"전 과목 모두 시험마다 그래?"

나는 놀란 가슴을 진정시키며 다시 물었다. 박원하는 공범자끼
리의 은근한 말투로 내가 묻는 대로 숨김없이 대답해 주었다.

"전 과목 모두는 아니야. 대개 두 과목쯤은 제 스스로 공부해
오지, 이번에는 자연과 사회만 진짜 엄석대의 실력이야. 그러나
시험마다 그 과목도 바꾸고 대신 이름을 써낼 아이도 바꿔."

"그럼, 그 두 과목을 뺀 나머지 시험에서 엄석대가 받은 점수
는 어때?"

"한 팔십 점 안팎일 거야."

— 이문열, 〈우리들의 일그러진 영웅〉

(   )(이)라는 인물을 중심으로 시골 초등학교 상급반 교실에서 일어
나는 일들을 통해 1970년대 사회의 권력과 비리, 권력에 저항하지 못하는 나
약한 민중 등의 문제를 (   )적으로 풍자하고 있다.

워밍－UP

다음 글을 읽고 빈칸에 알맞은 말을 써서 해설을 완성하거나
정오를 판단하세요.

01

(가)　모든 산맥들이

　　　바다를 연모해 휘달릴 때도

　　　차마 이곳을 범하던 못하였으리라

　　　　　　　　　　　　　　　　－ 이육사, 〈광야〉

(나)　두터비 파리를 물고 두엄 우희 치다라 안자

　　　것넌 산 바라보니 백송골(白松鶻)이 떠 잇거늘 가슴이 금
　　　　　　　　　　　　　송골매
　　　즉하여 풀덕 뛰여 내닷다가 두엄 아래 잣바지거고
　　　　　　　　　　　　　　　　거름, 퇴비
　　　모쳐라 날낸 낼싀만졍 에헐질 번 하괘라
　　　　　　　　　　　　어혈 → 타박상 등으로 피부에 피가 맺힌 것
　　　　　　　　　　　　　　　　－ 작자 미상

(다)　한숨아 세 한숨아 네 어내 틈으로 들어오느냐
　　　　　　　　　　　　　문을 잠그고 빗장으로 쓰는 ㄱ자 모양의 쇠
　　　고모장지 세살장지 가로닫이 여닫이 암돌쩌귀 수돌쩌귀 배목
　　　가는 살을 가로세로로 좁게 대어 짠 장지　　　문짝을 문설주에 달고 여닫기 위한 쇠붙이
　　　걸새 뚝딱 박고 용거북 자물쇠로 수기수기 채웠는데 병풍이

　　　라 덜컥 접은 족자라 데굴데굴 마느냐 네 어내 틈으로 들어

　　　오느냐

　　　어인지 너 온 날 밤이면 잠 못 들어 하노라

　　　　　　　　　　　　　　　　－ 작자 미상

(라)　잠아 잠아 짙은 잠아 이 내 눈에 쌓인 잠아

　　　염치불구 이 내 잠아 검치두덕 이 내 잠아
　　　　　　　　　　　　욕심 언덕
　　　어제 간밤 오던 잠이 오늘 아침 다시 오네

　　　잠아 잠아 무삼 잠고 가라 가라 멀리 가라

　　　　　　　　　　　　　　　　－ 작자 미상, 〈잠노래〉

구분	의인화된 대상	강조된 의미
(가)		광야의 (　　　　)
(나)		두터비(두꺼비)의 말 (　　　)
(다)		화자의 근심과 (　　　)
(라)		화자의 (　　　)함.

→ (가)는 인격된 대상의 행위를 추측하여 광야의 신성성을 부각하고 있다.

→ (나)는 대상에 인격을 부여하여 시적 상황을 풍자하고 있다.　◯ ✕

→ (다)와 (라)는 의인화된 대상에게 말을 건네면서 시상을 전개하고 있다.　◯ ✕

02

(가)　며칠내 마치 봄날같이 땅이 슬슬 녹고 바람이 푹석하니 불
　　　저녁때가 지나는 동안　　　　날씨의 방언
　　　다가도 저녁결에나 밤사이 날새가 갑자기 차지는가 하면 으레
　　　　　　　　　　으등으등 → 자꾸 몹시 기를 쓰며 고집을 부리거나 애를 쓰는 모양
　　　이 다음날은 대한이 으등등 해서 왔다.
　　　　　　　　　한 해의 가장 추운 때인 절기
　　　　　　　　　　　　　　　　－ 백석, 〈입춘〉

(나)　사내 역시 톱밥을 한 줌 집어낸다. 그리고는 대학생이 하듯

　　　달아오른 난로에 톱밥을 뿌려 준다. 호르르르. 역시 삐비꽃
　　　　　　　　　　　　　　볏과의 여러해살이풀인 띠의 어린 꽃이삭인 삘기
　　　같은 불꽃이 환히 피어오른다.

　　　　　　　　　　　　　　　　－ 임철우, 〈사평역〉

→ (가)는 '(　　　　)', '(　　　　)'와/과 같이 음성 상징어를 활용하여 절
기의 변화를 생생하게 표현하고 있다.

→ (나)는 '(　　　　　)'와/과 같은 음성 상징어를 사용하여 불꽃을 생생
하게 묘사하고 있다.

03

　　옹은 말을 할 때면 장황하게 하면서, 이리저리 둘러대었다. 하
　　노인을 높여 부르는 말 – 민옹
지만 어느 것 하나 꼭 들어맞지 않는 것이 없었고 그 속에 풍자

를 담고 있었으니, 달변가라 하겠다. … 누군가가 말하기를,
　　　　　　　말을 능숙하고 막힘없이 잘하는 사람
　　"황해도는 황충이 들끓어 관에서 백성을 독려하여 잡느라 야
　　메뚜기과에 속하는 곤충. 떼를 지어 다니며 농작물을 갉아먹음.
단입니다." (중략)

옹은 이렇게 말했다.

"이런 작은 벌레들은 근심거리도 못 되네. 내가 보기에 종루
　　　　　　　　　　　　　　　서울 종로의 종각
앞길을 가득 메우고 있는 것들이 있는데, 이것들이 모두 황충

이라오. 길이는 모두 일곱 자가 넘고, 대가리는 새까맣고 눈알

은 반짝거리며 아가리는 커서 주먹이 들락날락할 정도인데, 웅

얼웅얼 소리를 내고 꾸부정한 모습으로 줄줄이 몰려다니지.

곡식이란 곡식은 죄다 해치우는 것이 이것들만 한 것이 없더

군. 그래서 내가 잡으려고 했지만, 그렇게 큰 바가지가 없어 아

쉽게도 잡지를 못했다네."

　　그랬더니 주위 사람들은 정말로 그런 벌레가 있거나 한 듯이

모두 크게 무서워하였다.

　　　　　　　　　　　　　　　　－ 박지원, 〈민옹전〉

구분	비유적 의미	풍자의 의도	
황충	백성을 억압하고 착취하는 (　　　)	벌레보다 무서운 것이 사람임을 드러내어 인간에 대한(　　　)적 인식을 드러냄.	

황충에 대해 누군가와 민옹이 대화하는 (　　　)을/를 제시하고, 백성을
억압하고 착취하는 세력을 황충에 비유한 (　　　)적 표현을 활용하여 사
회 문제에 대한 비판 의식을 드러내고 있다.　◯ ✕

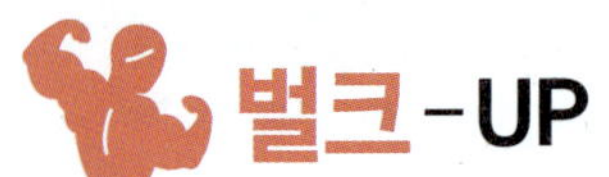

01

㉠~㉤을 이해한 내용으로 적절하지 <u>않은</u> 것은?

〈봉산탈춤〉은 황해도 봉산 지방에 전승되어 오던 가면극으로 재담을 통해 양반의 무능과 허위, 부조리 등을 폭로하고 비판합니다. 이러한 탈춤은 서민들을 억압하는 사회를 풍자하고, 양반을 비하하는 욕설, 행동 등을 거침없이 표현하여 서민들의 금지된 욕망을 드러냅니다.

생원: 쉬이. (춤과 장단 그친다.) 말뚝아.

말뚝이: 예에.

생원: 이놈, 너도 양반을 모시지 않고 어디로 그리 다니느냐?

말뚝이: 예에. 양반을 찾으려고 찬밥 국 말어 일조식(日早食)하고, 마굿간에 들어가 ㉠노새 원님을 끌어다가 등에 솔질을 쌀쌀하여 말뚝이님 내가 타고 서양(西洋) 영미(英美), 법덕(法德) 동양 삼국 무른 메주 밟듯 하고, 동은 여울이요, 서는 구월이라, 동여울 서구월 남드리 북향산 방방곡곡(坊坊曲曲) 면면촌촌(面面村村)이, 바위 틈틈이 모래 쨈쨈이, 참나무 결결이 다 찾아다녀도 ㉡샌님 비뚝한 놈도 없습디다. (중략)
아침밥을 일찍 먹음. / 영국과 미국 / 프랑스와 독일 / 생원님의 준말

생원: 나랏돈 노랑돈 칠 푼 잘라먹은 놈, 상통이 무르익은 대초 빛 같고, 울룩줄룩 배미 잔등 같은 놈을 잡아들여라.
예전에 쓰던 노란 빛깔의 엽전 / 얼굴을 속되게 이르는 말

말뚝이: ㉢그놈이 심(힘)이 무량대각(無量大角)이요, 날램이 비호(飛虎) 같은데, 샌님의 전령(傳令)이나 있으면 잡아 올는지 거저는 잡아 올 수 없습니다.
나는 듯이 빠르게 달리는 범 / 명령이나 훈령, 고시

생원: 오오, 그리하여라. 옜다. 여기 전령 가지고 가거라. (종이에 무엇을 써 준다.) (중략)

취발이: (종이를 보더니 말뚝이에게 끌려 양반의 앞에 온다.)

말뚝이: (㉣취발이 엉덩이를 양반 코앞에 내밀게 하며) 그놈 잡아들였소. (중략)

생원: 그러면 이놈의 모가지를 뽑아서 밑구녕에다 갖다 박아라. (중략)

말뚝이: 샌님, 말씀 들으시오. 시대가 금전이면 그만인데, 하필 이놈을 잡아다 죽이면 뭣하오? ㉤돈이나 몇백 냥 내라고 하야 우리끼리 노나 쓰도록 하면, 샌님도 좋고 나도 돈냥이나 벌어 쓰지 않겠소. 그러니 샌님은 못 본 체하고 가만히 계시면 내다 잘 처리하고 갈 것이니, 그리 알고 계시오.

– 작자 미상, 〈봉산탈춤〉

① ㉠: '노 생원님'과 발음이 유사하다는 것을 이용하여 양반을 희화화하고 있다.

② ㉡: 양반을 얕잡아 보는 말을 사용하여 양반을 비하하고 있다.

③ ㉢: '취발이'를 익살스럽게 묘사하여 서민들 사이의 갈등을 해소하고 있다.

④ ㉣: 양반을 무시하고 조롱하는 행동을 함으로써 웃음을 유발하고 있다.

⑤ ㉤: 돈을 받고 죄를 눈감아 주던 당시의 모습을 드러내어 부패한 사회를 풍자하고 있다.

02

㉠~㉤에 대한 설명으로 적절하지 <u>않은</u> 것은?

채만식의 〈명일(明日)〉은 일본 유학까지 다녀왔지만 취업도 하지 못한 채 급기야 도적질까지 하려고 하는 주인공을 통해 식민지 현실을 살아가는 지식인 계층의 무기력한 삶을 풍자하고 있습니다. 교육을 시켜야 한다는 아내와 달리 주인공 '범수'가 아들을 공장에 보내려는 것은, 식민지 시대에서의 교육의 무가치함에 대한 지식인의 고뇌와 현실 인식이 반영된 결과입니다.

점원이 저울질을 하는 잠깐 동안에 손 빠르게 한 개를 요술하듯이 소매 속에든지 어디든지 감추었어야 할 것을 막상 닥뜨리고 보니 범수에게는 그러한 재치도 없고 기술도 없으려니와 또한 담보의 단련도 없다. … 그는 혼자 속으로 생각했다. ㉠보통학교부터 쳐서 대학까지 십여 년이나 공부를 한 것이 조그만한 금비녀 한 개 감쪽같이 숨기는 기술을 배우니만도 못하다고. … 그는 허우대가 이만이나 하고 명색이 대학까지 마쳐 소위 교양이 있다는 사람으로 도적질을 하려고 한 자기를 나무라보았다. ㉡그러나 그는 바로 자기 자신에게 항거를 한다. 도적질을 하는 것이 왜 나쁘냐고. … 그러면서 마침내 '뺏기지 않는 놈은 도적질할 권리도 없다.'고 고개를 끄덕거렸다. (중략)
일제 강점기에, 우리나라 사람들에게 초등 교육을 하던 학교 / 겁이 없고 용감한 마음보 / 겉으로 드러난 체격

"도적질?"

"그렇다우…… 배가 고파서 두부장수 두부를 훔쳐먹다가 들켰다우. 자, 시언허우."

범수는 피가 한꺼번에 머리로 치밀어 올랐다.

㉢그는 무어라고 아이를 나무라려다가 문득 자기가 오늘 낮에 겪던 일이 선연히 눈앞에 나타나 그만 두 어깨가 축 처져 버렸다.

그는 종석이를 흘겨보며
㉣"흥! 이놈의 자식 승어부(勝於父)는 했구나." (중략)
자식이 아버지보다 나음.

이튿날 아침 일찍이. / 영주는 종태만이라도 근처의 사립학교에나마 보낸다고 데리고 나섰다. … 종태를 데리고 나가는 아내의 뒷모습을 바라보며 범수는 혼자 중얼거렸다.

㉤"두구 보자. 네 방침이 옳은지 내 방침이 옳은지."

뒤미처 범수는 종석이를 데리고 써비스 공장으로 최씨를 찾아갔다.

– 채만식, 〈명일(明日)〉
내일

① ㉠: 지식이 무가치하다는 인물의 생각을 통해 식민지 지식인의 고뇌를 엿볼 수 있군.

② ㉡: 도적질이 나쁘지 않다고 합리화하는 인물의 모습에서 식민지 현실의 모순으로 인한 인물의 혼란한 인식을 엿볼 수 있군.

③ ㉢: 아들을 나무라지 못하는 인물의 모습을 통해 식민지 현실을 살아가는 가장의 무기력한 모습을 엿볼 수 있군.

④ ㉣: 도적질을 한 아들이 오히려 아비보다 낫다는 말을 통해 식민지 지식인의 자조적 태도를 엿볼 수 있군.

⑤ ㉤: 자신의 방침이 옳다고 여기는 인물의 모습을 통해 교육의 무가치함을 극복하고자 하는 신념을 엿볼 수 있군.

| 공부한 날 | 월 일 요일 |
| 맞은 개수 | / 7 |

작품	No	작품을 읽고 빈칸에 알맞은 말을 쓰시오.

작품

[앞부분 줄거리] 가문의 영달을 위해 자신의 딸 갑분이를 김 판서 댁 아들 미언에게 시집보내려던 맹 진사는, 미언이 불구라는 소문을 듣고 갑분이 대신 갑분이의 몸종 이뿐이를 시집보내려는 계략을 짠다.

제8장 맹 진사네 안사랑

이뿐이: 네 마님!

한씨: 마님? 그렇게 어머니라구 부르라구 가르쳐 줬는데도 또 마님이야?

이뿐이: 그렇지만 못하겠어요! 난 못해요! (중략)

한씨: 이 배은망덕한 계집애 같으니! (화가 나서 이뿐이를 꼬집는다.)
남에게 입은 은덕을 저버리고 배신하는 태도가 있음.

이뿐이: (비명) 아이구, 엄마!

맹 진사: 옳지, 엄마가 아니구 어머니다! (한씨에게 눈짓하며) 다시 한번! 한씨, 다시 이뿐이를 힘껏 꼬집는다. / 이뿐이: 아이구, 어머니!

맹 진사: 옳지! / 이뿐이: 용서하세요. 나리 마님! (운다.)

맹 진사: 나리 마님? 아버지라고 부르라니까! / 이뿐이: 네!

맹 진사: ⊙ 그럼 이뿐아! 에그 이 망할 놈의 정신! 갑, 갑분아. 이제부터 네가 내 딸이라는 걸 꿈에라도 잊어선 안 된다. 알겠니?

한씨: 그리구, 나 보구두 어머니라고 불러야지. 마님! 해 놓고 보면 모든 게 낭팰 보는 거니까 그리 알으렴!

[중략 부분 줄거리] 혼례 날, 미언은 건강한 모습의 새신랑으로 나타나고, 미언의 모습에 놀란 맹 진사는 갑분이를 다시 데려오려 하지만 좌절되고 혼례는 치러진다.

제10장 맹 진사네 안사랑

이뿐이: 도련님! 전, 전 갑분 아가씨가 아니라 갑분 아가씨의 몸종이란 말예요! 도련님은 그것두 모르시구 자꾸만. (흐느낀다.)

미언: …….

이뿐이: 용서하세요! 도련님은 꼽추에 절름발이라구. 우리 아가씬 죽어두 싫다 하시구
척추 장애인을 낮잡아 이르는 말
……. 그래서 하는 수 없이……. 이 천한 것이 죽는 셈치고……. (중략)

미언: 놀라지 마오! 실상 이번 일을 그렇게 꾸민 사람은 나요! 내가 바로 작은 아버지랑 함께 내가 꼽추 절름발이라는 헛소문을 퍼트렸단 말이오!

이뿐이: (더욱 놀라) 예? 아니 그럼? 무슨 까닭으로 왜 그런 소문을?

미언: 사람들의 무게와 깊이를, 부귀와 영화보다 착하고 깨끗한 마음씨를 알고 싶었기 때문이오!

– 오영진 원작·박만규 극본, 〈시집가는 날〉

01

주요 인물은 누구인가?

맹 진사, 한씨	가문과 재물만을 중요하게 생각하는 탐욕스럽고 허영심이 강한 인물로, 사위를 보지도 않고 딸의 혼약을 맺는 ( )을/를 보이는 인물
이뿐이	맹 진사의 딸 갑분이의 ( )(으)로, 신분은 천하지만 착하고 성실하며 마음씨가 고움.
김미언	김 판서의 자제로서 건강하고 미남이며, ( )의 진실을 추구하는 성실한 청년

02

중심 사건은 무엇인가?

갑분이의 신랑이 될 미언이 꼽추에 절름발이라는 소문을 들은 맹 진사는 이뿐이를 갑분이로 속여 혼례를 강행함. 첫날밤을 맞은 이뿐이는 미언에게 자신이 갑분이가 아님을 밝히고, 미언은 자신에 대한 소문은 맹 진사 댁 사람들의 성품을 알기 위해 (   )이/가 퍼뜨린 헛소문임을 고백함.

03

인물의 심리와 태도는 어떠한가?

맹 진사 부부	거짓 혼례를 ( )하는 이뿐이에게 화를 냄.
이뿐이	( )을/를 속이고 혼례를 치러야 하는 자신의 처지에 슬퍼하다, 미언에게 소문의 정체에 대해 들은 후 몹시 놀람.

04

인물 간의 갈등 구조는 무엇인가?

( )		( )
김 판서의 권문 세도만 보고 딸을 혼인시키려고 함.	↔	거짓 혼례를 거부하며 결국 미언에게 진실을 고백함.

05

⊙의 특징은 무엇인가?

⊙
- 이뿐이와 갑분이를 혼동하며 (   )을/를 하는 맹 진사의 어리숙한 모습을 통해 해학성이 유발됨.
- 인물의 해학적 모습을 통해 (   )에 찬 위선을 풍자하고 골계미를 드러냄.

06

제목의 의미는 무엇인가?

딸이 시집가는 날이 맹 진사에게는 자신의 허위의식, 비인간성, 결혼 제도의 (   )을/를 드러내는 날이 됨.

07

이 작품의 주제는 무엇인가?

옛날 혼례 제도의 모순과 인간의 허욕에 대한 (   )

오늘의 수능 국어 트레이닝 끝!

잊혀진 우리말을 찾아서

원숭이를 왜 '잔나비'라고 하나요?

'원숭이'를 뜻하는 한자말 '원성(猿猩)'이 우리 문헌에 등장한 것은 18세기 이후입니다.
따라서 그 이전에 원숭이를 뜻하는 우리말 표기는 '잔납'이었습니다.
'잔납'의 '잔'은 '잿빛'을 뜻하고, '납'은 재빠른 동물을 가리키는 말이었습니다.
'잔납'에 명사를 만드는 접미사 '−이'가 결합하여 '잔납이'가 되고
[잔나비]로 발음되던 표기가 굳어져 '잔나비'가 된 것으로 추정해 볼 수 있습니다.
따라서 '잔나비'는 '잿빛 털을 가진 재빠른 동물'이라는 의미로 쓰였습니다.

중국의 시인 두보가 쓴 〈등고(登高)〉라는 작품에는 다음과 같은 구절이 있습니다.

"바람이 빠르며 하늘이 높고 **잔나비** 휘파람이 슬프니,
물가가 맑고 모래 흰 데에 새가 날아 돌아오는구나."

송강 정철의 시조에는 다음과 같은 구절이 있습니다.

"하물며 무덤 위에 **잔나비** 휘파람 불 때 뉘우친들 어찌하리."

또한 오장환의 시 〈고향 앞에서〉에는 다음과 같은 표현이 있습니다.

"간간이 **잔나비** 우는 산기슭에는
아직도 무덤 속에 조상이 잠자고
설레는 바람이 가랑잎을 휩쓸어 간다."

이처럼 문학 작품에서 '잔나비'는 원숭이를 의미하며 '잰나비'로 부르는 경우도 있습니다.
문학에서 '잔나비'와 그 울음소리는 애상감을 유발하여
작품의 분위기를 쓸쓸하게 만드는 소재로 종종 등장합니다.

III 전개 방식

058 과거와 현재의 교차·대비

> 과거의 시간적 배경과 현재의 시간적 배경을 엇갈리게 하거나 서로 맞대어 비교함.

'교차'는 서로 엇갈리거나 마주친다는 의미이고, '대비'는 두 가지의 (1 ㅊㅇ)을/를 밝히기 위하여 서로 맞대어 비교한다는 의미이다. 따라서 '과거와 현재의 교차'는 과거를 시간적 배경으로 하는 상황과 현재를 시간적 배경으로 하는 상황을 이어지게 배치하여 벌어진 사건의 (2 ㅇㄱㅈ) 관계를 드러내는 전개 방식을 말한다.

한편 '과거와 현재의 대비'는 '교차'와 마찬가지로 과거의 상황과 현재의 상황을 이어지게 배치하되, 과거의 상황과 현재의 상황을 견주었을 때 차이점이 두드러지게 드러나도록 서술하는 전개 방식을 말한다.

구분	예
과거 현재의 교차	이인국 박사의 병원은 두 가지의 전통적인 특징을 가지고 있다. 병원 안이 먼지 하나도 없이 정결하다는 것과, 치료비가 여느 병원의 갑절이나 비싸다는 점이다. 그는 새로운 환자의 초진(初診)에서는 병에 앞서 우선 그 부담 능력을 감정하는 데서부터 시작한다. 신통하지 않다고 느껴지는 경우에는 무슨 핑계를 대든가, 그것도 자기가 직접 나서는 것이 아니라 간호원더러 따돌리게 하는 것이다. (중략) 그러기에 그의 고객은, 왜정 시대는 주로 일본인이었고, 현재는 권력층이 아니면 재벌의 셈속에 드는 축이어야만 했다. 일제 강점기의 전 용어 벌써 육 개월 전의 일이다. 형무소에서 병보석으로 가출옥되었다는 중환자가 업혀서 왔다. 휑뎅그런 눈에 앙상하게 뼈만 남은 몸을 제대로 가누지도 못하는 환자, 그는 간호원의 부축으로 겨우 진찰을 받았다. 청진기의 상아 꼭지를 환자의 가슴에서 등으로 옮겨 두 줄기의 고무줄에서 감득되는 숨소리를 감별하면서도, 이인국 박사의 머릿속은 최후 판정의 분기점을 방황하고 있었다. 입원시킬 것인가, 거절할 것인가……. 속이 비고 넓기만 하여 매우 허전한 / 가석방, 형기가 끝나지 않은 죄수를 일정한 조건하에 미리 풀어 주는 행정 처분 / 느껴서 알게 되는 – 전광용, 〈꺼삐딴 리〉 → 이 작품은 전체적으로 현재의 시간을 배경으로 주인공인 이인국 박사의 삶의 과정 속 과거의 사건들이 단편적으로 중간중간 제시됨으로써 현재와 과거의 상황이 (3 ㄱㅊ)적으로 서술되는 구조로 전개됨.
과거와 현재의 대비	성북동 산에 번지가 새로 생기면서 본래 살던 성북동 비둘기만이 번지가 없어졌다. // (중략) 예전에는 사람을 성자(聖者)처럼 보고 / 사람 가까이 지혜와 덕이 매우 뛰어나서 길이 우러러 본받을 만한 사람 사람과 같이 사랑하고 / 사람과 같이 평화를 즐기던 / 사랑과 평화의 새 비둘기는 이제 산도 잃고 사람도 잃고 / 사랑과 평화의 사상까지 / 낳지 못하는 쫓기는 새가 되었다. – 김광섭, 〈성북동 비둘기〉 → (4 ㅇㅈ)(이)라는 표현을 통해 과거의 시간을, (5 ㅇㅈ)(이)라는 표현을 통해 현재의 시간을 표현하고, 비둘기가 처한 과거의 상황과 현재의 상황을 대조함으로써 비둘기의 터전을 빼앗은 현대 문명의 자연 파괴를 비판함.

1:1 작품 체험

> "달밤이었으나 어떻게 해서 그렇게 됐는지 지금 생각해두 도무지 알 수 없어."
>
> 허 생원은 오늘 밤도 또 그 이야기를 끄집어내려는 것이다. (중략)
>
> "달밤에는 그런 이야기가 격에 맞거든."
>
> 조 선달 편을 바라는 보았으나 물론 미안해서가 아니라 달빛에 감동하여서였다. 이지러는 졌으나 보름을 가제 지난 달은 부드러운 빛을 흐붓이 흘리고 있다. … 길은 지금 긴 산허리에 걸려 있다. 밤중을 지난 무렵인지 죽은 듯이 고요한 속에서 짐승 같은 달의 숨소리가 손에 잡힐 듯이 들리며, 콩포기와 옥수수 잎새가 한층 달에 푸르게 젖었다. (중략)
>
> "장 선 꼭 이런 날 밤이었네. 객줏집 토방이란 무더워서 잠이 들어야지. 밤중은 돼서 혼자 일어나 개울가에 목욕하러 나갔지. 봉평은 지금이나 그제나 마찬가지나 보이는 곳마다 메밀밭이어서 개울가가 어디 없이 하얀 꽃이야. 돌밭에 벗어도 좋을 것을, 달이 너무도 밝은 까닭에 옷을 벗으러 물방앗간으로 들어가지 않았나. 이상한 일도 많지. 거기서 난데없는 성 서방네 처녀와 마주쳤단 말이네. 봉평서야 제일가는 일색이었지……."
>
> – 이효석, 〈메밀꽃 필 무렵〉

이 작품은 등장인물들이 봉평 장에서 대화 장으로 이동하는 (6 ㅎㅈ)의 사건과 허 생원이 회상하는 (7 ㄱㄱ) 사건을 축으로 이루어져 있다. 과거와 현재의 사건은 메밀꽃 핀 (8 ㄷㅂ)(이)라는 공통점을 매개로 연결되어 있다.

작품 알통

- **해제:** 강원도 봉평에서 대화 장터에 이르는 길을 중심으로, 장돌뱅이 세 사람의 과거사를 통해 인간 본연의 애정과 삶을 그린 작품이다.
- **주제:** 장돌뱅이 삶의 애환과 인간 본연의 애정

【초성 답】 1 차이 2 인과적 3 교차 4 예전 5 이제 6 현재 7 과거 8 달밤

059 꿈·노래·시의 삽입

> 이야기 중간에 꿈이나 노래, 시 등을 끼워 넣음.

이야기에 꿈을 삽입하면 인물의 과거 행적에 대한, 정보가 제공되거나 앞으로 일어날 일을 (1 ㅇㅅ)하는 기능을 한다. 이야기에 노래나 시를 삽입하면 산문에서 (2 ㅇㅁ)(으)로 문체가 전환되기 때문에 서술의 단조로움을 피하고 내용상 상징적 의미를 드러내거나 인물의 심리나 정서 등을 효과적으로 드러낼 수 있다.

구분	예
꿈의 삽입	좌승상이 행군한 지 여러 날 만에 하북(河北)에 이르러 한 번 북을 쳐 도적을 물리치고 황성으로 좌의정　　군대가 대열을 지어 먼 거리를 이동하는 일 향하고자 했다. 이날 밤 꿈에 금산사 부처가 장막에 와서 좌승상에게 말했다. "부인의 생사가 급하니 빨리 구하라!" / 이렇게 말하고는 온데간데없었다. 좌승상이 마음속으로 놀라 근심에 잠겼다.　　　　　　　　　　　– 작자 미상, 〈장풍운전〉 → 좌승상 장풍운의 꿈에 금산사 부처가 나타나 부인이 위기에 처했음을 알려 준 장면으로, 이 장면에서 꿈은 인물에게 (3 ㅈㅂ)을/를 제공하며 앞으로 일어날 일을 암시하는 역할을 함
노래의 삽입	"자, 우리 술이나 마저 먹읍시다." / 하고 우리는 주거니 받거니 한 되 병을 다 말리고 말았다. 부피의 단위(액체는 약 1.8리터) 그는 취흥에 겨워서 우리가 어릴 때 멋모르고 부르던 노래를 읊조렸다. 술에 취하여 일어나는 흥취 논과 밭 볏섬이나 나는 전토는 / 신작로가 되고요 — / 말마디나 하는 친구는 / 감옥소로 가고요 — 벼를 담기 위해 짚을 엮어 만든 그릇 담뱃대나 떠는 노인은 / 공동묘지 가고요 — / 인물이나 좋은 계집은 / 유곽으로 가고요 — 　　　　　　　　　　　　　　　돈을 받고 몸을 파는 곳 　　　　　　　　　　　　　　　　　　　　　　　　　– 현진건, 〈고향〉 → 인물이 부른 노래는 일제 강점기에 불리던 민요로, 일제의 탄압에 의해 비극적인 삶을 살았던 조선인들의 삶과 사회상을 집약적으로 제시함으로써 현실을 (4 ㅍㅈ)하는 효과를 얻음
시(詩)의 삽입	양생은 달밤이면 늘 그 배나무 아래를 서성이며 낭랑하게 시를 읊조렸다. 　　　　　　　　　　　　소리가 맑고 또랑또랑하게 쓸쓸히 한 그루 배꽃나무를 마음 벗해 / 달 밝은 밤을 외로이 보내다니 가련하도다. 청춘의 나이에 홀로 호젓한 창가에 누우니 / 어디선가 어여쁜 이가 피리를 부는구나. 외로운 비취새는 짝 없이 날고 / 짝 잃은 원앙새는 맑은 강물에 몸을 씻네. 물총새 어느 집에 내 인연 있을까 바둑돌 맞춰 보고 / 밤 등불로 점치고는 시름 겨워 창에 기대네. 시를 읊고 나자, 홀연히 공중에서 말소리가 들려왔다. 뜻하지 아니하게 갑자기 "그대가 좋은 배필을 얻으려 할진대, 어찌 이루어지지 않는다고 걱정하리오?" 양생은 이 말을 듣고 속으로 기뻐하였다.　　　　　　　– 김시습, 〈만복사저포기〉 → 이야기에 시를 삽입하면 ❶ 사건 전개가 지연되며, ❷ 산문에서 운문으로의 문체 변화와 그로 인한 ❸ 분위기 변화를 통해 낭만적이고 (5 ㅅㅈㅈ)인 분위기를 조성할 뿐만 아니라 ❹ 줄글이 이어지는 서술상의 단조로움을 피하는 효과를 얻을 수 있음. 또한 삽입 시의 내용이 인물의 상황과 심리를 반영하고 있으므로 독자가 ❺ 등장인물의 내면 심리를 파악하는 데 도움을 줌.

🍥 1:1 작품 체험

> 최랑은 시비에게 명하여 술을 올리게
> 계집종
> 하고는 옥루춘곡에 맞추어 시를 지어
> 노래를 있도록 연주하는 악곡
> 부르면서 이생에게 술을 권했다.
>
> 도적떼 밀려와서 처참한 싸움터에
> 떼죽음 당하니 원앙도 짝 잃었네.
> 여기저기 흩어진 해골 그 누가 묻어
> 주리
> 피투성이 떠도는 혼은 하소연도 할 곳
> 없네.
>
> 슬프다 이내 몸은 **무산 선녀*** 될 수 없고
> 깨진 거울 갈라지니 마음만 쓰라리네
> 이로부터 작별하면 둘이 모두 아득
> 하네
> 저승과 이승 사이 소식조차 막히리라
>
> 시 한 구절씩 부를 때마다 눈물에 목
> 이 막혀 거의 곡조를 이루지 못했다. 이
> 생도 또한 슬픔을 걷잡지 못했다.
> – 김시습, 〈이생규장전〉

위 내용은 인간의 몸으로 환신하여 이생과 지내던 최랑이 저승으로 가야할 때가 되자 이생과 영원한 이별을 하려는 장면이다. 삽입된 시를 통해 이승과 저승의 단절감과 이별을 슬퍼하는 인물의 (6 ㅅㄹ)을/를 드러내고 있으며, 주제 의식이 구체적으로 제시되어 있다.

❤️ 운문에 산문체가 삽입될 수도 있나요?

네, 가능합니다! 윤동주의 〈별 헤는 밤〉의 경우 행의 구분이 있는 운문체로 1〜4연까지 전개되다가 5연에서 갑자기 빠른 호흡이 느껴지는 산문체로 표현하고 있습니다. 그리고 다시 6〜10연에서는 운문체로 시상을 전개하는 구조로 되어 있습니다. 이처럼 운문체 사이에 산문체를 삽입하여 운율의 변화를 의도할 수도 있습니다.

* **무산 선녀:** 초나라 양왕이 꿈에서 무산에 있는 선녀를 만나 즐겁게 논 후 다시 만나자고 하자 큰 산이 막혀 직접 올 수 없으니 아침에는 구름이, 저녁에는 비가 되어 모시겠다고 했다는 고사에 등장하는 선녀

【초성 답】 1 암시 2 운문 3 정보 4 풍자 5 서정적 6 심리

060 꿈(환상)과 현실의 교차

현실에서 꿈(환상)으로 이어지거나 꿈(환상)에서 현실로 이어지는 전개 흐름

'환몽 구조'는 '현실-꿈-현실'이 교차되는 전개 방식을 갖는 이야기 구조를 말한다. 대체로 (1 ㄱㅁ)(覺夢) 뒤의 현실은 꿈을 통해 세속적 욕망이 덧없다는 깨달음을 얻게 된다는 점에서 (2 ㅇㅁ)(入夢) 전의 현실과 차별화된다. 이러한 구조는 현실 부분을 '외화'로 하고, 꿈 부분을 '내화'로 하는 (3 ㅇㅈㅅ) 구조로도 볼 수 있다. 환몽 구조는 대개 꿈을 통해 현실에서의 불만족을 해소하거나, 주인공이 깨달음을 얻게 되는 흐름으로 이야기가 전개된다. 따라서 '꿈'은 현실에서 이루지 못한 (4 ㅇㅁ)을/를 실현하는 공간이다.

몽자류 소설	• 제목에 (5 ㅁ)(夢) 자가 들어가는 작품들을 묶어서 부르는 이름 • 주인공이 현실적 욕망을 꿈을 통해 성취하는 경우가 많고, 꿈속에서 새로운 인물로 환생하는 경우도 있음. • 각몽(覺夢) 이후에는 깨달음을 얻어 입몽(入夢) 전과는 다른 새로운 관점과 태도를 지니게 된다는 점이 특징임. 예 〈구운몽〉, 〈옥루몽〉

(6 ㅁㅇ)(夢遊) 소설	• 입몽(入夢)과 각몽(覺夢), 그리고 주인공의 꿈속 체험을 소재로 하여 구성된 작품 • 현실 세계에서 느꼈던 소외감이나 불만 등을 꿈을 통해 우회적으로 표현 • 현실적 욕구를 비현실적 허구로 표현하면서, 현실의 모순을 직접적으로 드러내지 않고 욕망만을 드러내기에 적합한 방식

창작 의도	작가가 현실 세계에서 느낀 소외감과 불만 표출
내용	인물이 꾼 꿈속의 일을 소재로 하여 이야기 구성
구조	현실 – 꿈 – 현실의 액자식 구조
결말	현실은 변화가 없기 때문에 허무한 결말

예 〈원생몽유록〉, 〈수정궁몽유록〉

🎯 개념 갈고리 이중 환몽 구조 – 몽중몽(夢中夢)

꿈속 인물이 꿈속에서 다시 꿈을 꾸어 현실을 보게 되는 것이 몽중몽(夢中夢) 구조이다. 〈구운몽〉에서 성진의 꿈속 인물인 양소유의 꿈의 내용은 현실 세계의 성진의 이야기이지만, 깨달음이 부족한 양소유는 이를 알아차리지 못한다.

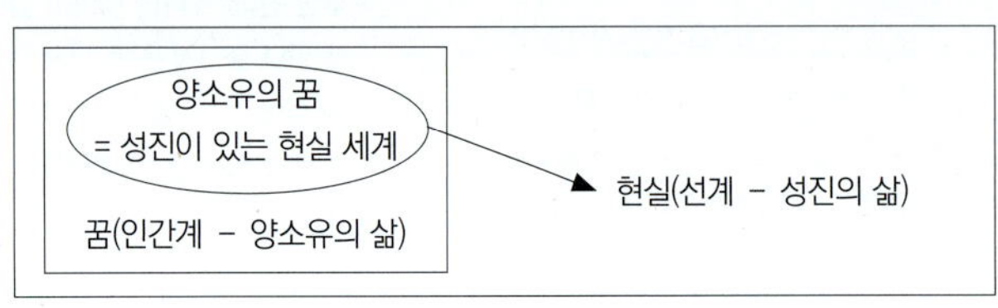

🔴 1:1 작품 체험

조신이 장원에 와서 태수 김흔(金昕)의 [봉건 제도하에서 귀족이나 사원의 소유였던 토지] 딸을 좋아해서 아주 반하게 되었다. 여러 번 낙산사 관음보살 앞에 가서 남몰 [세상의 소리를 듣고 중생을 구제한다는 보살] 래 그 여인과 살게 해 달라고 빌었다. …

그는 또 불당 앞에 가서, 관음보살이 자기의 소원을 들어주지 않는다고 원망하며 날이 저물도록 슬피 울다가 생각하는 마음에 지쳐서 잠깐 잠이 들었다.

꿈속에 갑자기 김씨 낭자가 기쁜 낯빛을 하고 문으로 들어와 활짝 웃으면서 말했다. (중략)

이에 조신은 매우 기뻐하여 그녀와 함께 고향으로 돌아갔다. 그녀와 사십여 년간 같이 살면서 자녀 다섯을 두었다. 집은 다만 네 벽뿐이고, 좋지 못한 음식마저도 계속해 갈 수가 없었고, 마침내 꼴이 말이 아니어서 식구들을 이끌고 사방으로 다니면서 얻어먹고 지냈다. (중략)

"이제 그대는 내가 있어 누가 되고 나 [남의 잘못으로 말미암아 받게 되는 괴로움이나 손해] 는 그대 때문에 더 근심이 됩니다. … 헤어지고 만나는 것도 운수가 있는 것입니다. 원컨대 이 말을 따라 헤어지기로 합시다." (중략)

이리하여 서로 작별하고 길을 떠나려 하다가 꿈에서 깨었다.

타다 남은 등잔불은 깜박거리고 밤도 이제 새려고 하였다. 아침이 되었다. 수염과 머리털은 모두 희어졌고 망연히 세 [아무 생각이 없이 멍한 태도로] 상일에 뜻이 없었다.

– 작자 미상, 〈조신의 꿈〉

이 작품은 현실과 꿈이 교차하는 (7 ㅎㅁ) 구조를 통해 세속적 욕망의 (8 ㄷㅇㅇ)을/를 깨닫는 과정을 보여 주고 있다.

작품 알통

• 해제: 꿈을 통해 인간의 세속적인 욕망은 덧없는 것임을 보여 주는 설화이다.
• 주제: 세속적 욕망의 덧없음과 인생무상

【초성 답】 1 각몽 2 입몽 3 액자식 4 욕망 5 몽 6 몽유 7 환몽 8 덧없음

개념 트레이닝 ZONE

🏋️ **빈칸에 알맞은 말을 쓰며 개념 근육을 키워 보세요!**

01

그때 내 품에는 / 얼마나 많은 빛들이 있었던가

바람이 풀밭을 스치면 / 풀밭의 그 수런댐으로 나는
　　　　　　　여러 사람이 한데 모여 수선스럽게 자꾸 지껄이다.
이 세계 바깥까지 / 얼마나 길게 투명한 개울을

만들 수 있었던가

물 위에 뜨던 그 많은 빛들, / 좇아서

긴 시간을 견디어 여기까지 내려와

지금은 앵두가 익을 무렵

그리고 간신히 아무도 그립지 않을 무렵 / 그때는 내 품에 또한

얼마나 많은 그리움의 모서리들이 / 옹색하게 살았던가
　　　　　　　생각이 막혀서 답답하고 옹졸하다
지금은 앵두가 익을 무렵 / 그래 그 옆에서 숨죽일 무렵

– 장석남, 〈옛 노트에서〉

화자는 (　　　　)을/를 보면서 꿈 많던 젊은 시절을 회상하며 자신의 삶에 대해 성찰하고 있다. 순수한 꿈과 이상으로 가득했으나 막연한 그리움을 옹색하게 살았던 과거에 꿈을 좇으며 긴 시간을 견뎌 현재를 작은 결실을 얻었다는 것을 과거와 현재를 (　　　　)하며 시상을 전개하고 있다.

02

어느 집 담장을 넘어 달겨드는
　　　　　　　'달려드는'의 방언
이것은,

치명적인 냄새

식은 감자알 갉작거리며 평상에 엎드려 산수 숙제를 하던, 엄
날카롭고 뾰족한 끝으로 바닥이나 거죽을 자꾸 문지르다.
마 내 친구들은 내가 감자가 좋아서 감자밥 도시락만 먹는 줄 알
아. 열한 식구 때거리를 감자 없이 무슨 수로 밥을 해 대냐고, 귀
끼니를 때울 만한 먹을 것 → 囮 땟거리
밝은 할아버지는 땅 밑에서 감자알 크는 소리 들린다고 흐뭇해

하셨지만 엄마 난 땅속에서 자라는 것들이 무서운데, 뿌리 끝에

댕글댕글한 어지럼증을 매달고 식구들이 밥상머리를 지킨다 하
차려 놓은 밥상의 한쪽 언저리나 그 가까이
나 둘 숟가락 내려놓을 때까지 엄마 밥주발엔 숟가락 꽂히지 않
놋쇠로 만든 밥그릇
는다

어릴 적 질리도록 먹은 건 싫어하게 된다더니, 감자 삶는 냄새
이것은,

치명적인 그리움

– 김선우, 〈감자 먹는 사람들〉

화자는 우연히 감자를 삶는 냄새를 맡게 된 일을 계기로 감자로 끼니를 때워야 했던 가난한 어린 시절과 (　　　　)을/를 떠올린 후 유년 시절에 대한 (　　　　)을/를 드러내고 있다.

03

4·19가 나던 해 세밑
　한 해가 끝날 무렵. 설을 앞둔 섣달그믐께를 이름.
우리는 오후 다섯 시에 만나

반갑게 악수를 나누고

불도 없이 차가운 방에 앉아

하얀 입김 뿜으며 / 열띤 토론을 벌였다

어리석게도 우리는 무엇인가를

정치와는 전혀 관계없는 무엇인가를

위해서 살리라 믿었던 것이다

결론 없는 모임을 끝낸 밤

혜화동 로터리에서 대포를 마시며
교통이 복잡한 곳에 교통정리를 위하여 원형으로 만들어 놓은 교차로
사랑과 아르바이트와 병역 문제 때문에

우리는 때 묻지 않은 고민을 했고

아무도 귀 기울이지 않는 노래를

누구도 흉내 낼 수 없는 노래를

저마다 목청껏 불렀다

돈을 받지 않고 부르는 노래는

겨울밤 하늘로 올라가

별똥별이 되어 떨어졌다

그로부터 18년 오랜만에

우리는 모두 무엇인가 되어

혁명이 두려운 기성세대가 되어
　　　현재 사회를 이끌어 가는 나이가 든 세대
넥타이를 매고 다시 모였다 (중략)

모두가 살기 위해 살고 있었고

아무도 이젠 노래를 부르지 않았다

적잖은 술과 비싼 안주를 남기채

우리는 달라진 전화번호를 적고 헤어졌다. (중략)

돌돌 말은 달력을 소중하게 옆에 끼고

오랜 방황 끝에 되돌아온 곳

우리의 옛사랑이 피 흘린 곳에

낯선 건물들 수상하게 들어섰고

플라타너스 가로수들은 여전히 제자리에 서서

아직도 남아 있는 몇 개의 마른 잎 흔들며

우리의 고개를 떨구게 했다

부끄럽지 않은가 / 부끄럽지 않은가

바람의 속삭임을 귓전으로 흘리며

우리는 짐짓 중년의 건강을 이야기했고

또 한 발짝 깊숙이 늪으로 발을 옮겼다.

– 김광규, 〈희미한 옛사랑의 그림자〉

과거와 현재의 (　　　　)을/를 통해 4·19혁명 당시에 순수하고 열정적인 젊은이였던 이들이 중년의 (　　　　)이/가 되어 소시민으로 살아가는 삶에 대한 부끄러움과 서글픔을 드러내고 있다.

04

　나는 아버지가 놓고 나간 책을 읽고 있었다. 그것은 《일만 년 후의 세계》라는 책이었다. 영희는 온종일 팬지꽃 앞에 앉아 줄 끊어진 기타를 쳤다. '최후의 시장'에서 사 온 기타였다. 내가 방송 통신 고교의 강의를 받기 위해 라디오를 사러 갈 때 영희가 따라왔었다. 쓸 만한 라디오가 있었다. 그런데, 영희가 먼지 속에 놓인 기타를 들어 퉁겨 보는 것이었다. 영희는 고개를 약간 숙이고 기타를 쳤다. 긴 머리에 반쯤 가려진 옆얼굴이 아주 예뻤다. 영희가 치는 기타 소리는 영희에게 아주 잘 어울렸다. 나는 먼저 골랐던 라디오를 살 수 없었다. 좀 더 싼 것으로 바꾸면서 영희가 든 기타를 가리켰다. 그 라디오가 고장이 나고 기타는 줄이 하나 끊어졌다. 줄 끊어진 기타를 영희는 쳤다.

　나는 아버지가 무슨 생각을 하고 있는지 알 수 없었다. 《일만 년 후의 세계》라는 책을 아버지는 개천 건너 주택가에 사는 젊은 이에게서 빌렸다. 그의 이름은 지섭이었다. … 그는 이 땅에서 우리가 기대할 것은 이제 없다고 말했다.

　"왜?"

　아버지가 물었다.

　지섭은 말했다.

　"사람들은 사랑이 없는 욕망만 갖고 있습니다. 그래서 단 한 사람도 남을 위해 눈물을 흘릴 줄 모릅니다. 이런 사람들만 사는 땅은 죽은 땅입니다."

- 조세희, 〈난쟁이가 쏘아 올린 작은 공〉

과거 (　　　　　)을/를 통해 영희가 치고 있는 기타를 사게 된 과거의 장면을 제시함으로써 현재와 과거가 교차되고 있다.

05

　몸이 곤하여 침석(누워서 잠을 자는 곳)에 의지하였더니 비몽사몽간에 한 노승이 와 이르되,
완전히 잠이 들지도 잠에서 깨어나지도 않은 어렴풋한 순간

　"원수는 무슨 잠을 이리 자느뇨? 승상의 목숨이 경각에 달렸으니 바삐 구하소서."
❶ 눈 깜빡할 사이 ❷ 아주 짧은 시간

하거늘, 놀라 깨달으니 한바탕 꿈이라.

　즉시 절도사를 청하여 전후 말을 이르고 진번 가는 거리를 물으니 천여 리라 하거늘, 마음이 바빠 급히 말을 몰아 나오니 벌써 동방이 밝고 일색(日色)이 비치는지라. … 진번에 다다라 산
해의 빛깔
위에 올라 보니 어떤 노인을 밧줄로 묶어 수레에 싣고 나오니, 명패에 썼으되, '대국 반적 곽충국이라.' 하였거늘, 그제야 부친인
자기 나라를 배반한 역적
줄 알고 한편 슬프고 화가 치미는지라.

- 작자 미상, 〈곽해룡전〉

노승이 나타나 부친의 위급함을 알려 주는 (　　　　)(으)로 인해 해룡이 아버지를 구하러 가는 장면으로, 위험을 예고하는 (　　　　)을/를 통해 다음 사건이 진행되고 있다.

06

　최척은 홀로 선창(船窓)에 기대 자신의 신세를 생각하다가, 짐꾸러미 안에서 퉁소를 꺼내 슬픈 곡조의 노래를 한 곡 불어 가
배의 창문
슴속에 맺힌 슬픔과 원망을 풀어 보려 했다.

　최척의 퉁소 소리에 바다와 하늘이 애처로운 빛을 띠고 구름과
가는 대로 만든 목관 악기
안개도 수심에 잠긴 듯했다. 뱃사람들도 그 소리에 놀라 일어나
매우 근심하는 마음
모두들 서글픈 표정을 지었다. 그때 문득 일본 배에서 염불하던
불경을 외우다
소리가 뚝 그쳤다. 잠시 후 조선말로 시를 읊는 소리가 들렸다.

　왕자교 퉁소 불 제 달은 나지막하고
중국 주나라의 신선
　바닷빛 파란 하늘엔 이슬이 자욱하네.

　푸른 난새 함께 타고 날아가리니
중국 전설에 나오는 상상의 새
　봉래산 안개 속에서도 길 잃지 않으리.
중국 전설에 나타나는 가상의 산 중 하나

　시 읊는 소리가 그치더니 한숨 소리, 쯧쯧 혀 차는 소리가 들려왔다. 최척은 시 읊는 소리를 듣고는 깜짝 놀라 얼이 빠진 사람 같았다.

- 조위한, 〈최척전〉

조선말로 읊은 시는 예전에 최척의 부인 옥영이 남편의 퉁소 소리를 듣고 지은 시로, 최척과 옥영이 만나게 되는 (　　　　) 역할을 한다.

07

[앞부분 줄거리] 어느 날 '나'는 밤무대 가수가 된 고향 친구 은자로부터 찾아오라는 뜻밖의 전화를 받는다. 하지만 집안의 기둥이었던 큰오빠가 아버지 대신 동생들을 성공적으로 키워내겠다는 삶의 목표를 이룬 후 늙어 버린 자신을 보며 허탈감에 빠져 있다는 소식을 접하고는 추억이 깨질까 봐 선뜻 찾아가지 못하다 은자의 마지막 무대를 보러 간다.

　은자의 순서는 끝난 것인지, 지금 등장한 여가수가 바로 은자인지 나로서는 전혀 알 도리가 없었다. (중략)

　그리고 탁 트인 음성의 노래가 여가수의 붉은 입술에서 흘러나오기 시작하였다. 저 산은 내게 우지 마라, 우지 마라 하고 발아래 젖은 계곡 첩첩산중……. (중략) 가수는 호흡을 한껏 조절하면서, 눈을 감은 채 노래를 이어 가고 있었다. 저 산은 내게 잊으라, 잊어버리라 하고 내 가슴을 쓸어내리네…….

　노래의 제목은 〈한계령〉이었다. … 질펀하게 취하여 흔들거리고 있는 테이블의 취객들을 나는 눈물 어린 시선으로 어루만졌다. 그들에게도 잊어버려야 할 시간들이, 한줄기 바람처럼 살고 싶은 순간들이 있을 것이었다. 어디 큰오빠뿐이겠는가. 나는 다시 한 번 목이 메었다.

- 양귀자, 〈한계령〉

노래 〈한계령〉은 사람들이 저마다 무거운 짐을 짊어지고 산을 오르지만, 그들을 기다리는 것은 지친 어깨를 떠미는 바람뿐이어서 결국 다시 산을 내려갈 수밖에 없다는 내용의 대중가요이다. '나'는 〈한계령〉을 듣고 자신을 희생하며 식구를 부양했지만 자신의 역할이 끝나자 회의감과 허탈감에 빠진 (　　　　)을/를 이해하게 되고, 동시대를 살아가는 사람들 모두가 삶의 애환과 허망함을 느끼며 산다는 것을 깨닫고 (　　　　)을/를 느끼게 된다.

워밍-UP

다음 글을 읽고 빈칸에 알맞은 말을 써서 해설을 완성하거나 정오를 판단하세요.

01

술이 몇 잔 돌자 임금은 그제야 잔을 잡고 흐느껴 울면서 여섯 사람을 돌아보았다.

"경들은 이제 각기 자기의 뜻을 말하여 남몰래 품은 원한을 풀어 봄이 어떠할꼬."
(임금이 이품 이상의 신하들을 가리키던 이인칭 대명사)

했다. 여섯 사람은

"전하께옵서 먼저 노래를 부르시면 신들이 그 뒤를 이어 볼까 하옵니다."

하고 대답했다. 임금은 수심에 겨워 옷깃을 여미고 슬픔을 이기지 못한 채 ㉠노래 한 가락을 불렀다.
(매우 근심하는 마음)

강물은 울어 옐 제 쉴 줄을 모르는구나
기나긴 나의 시름 이 물에 비길까나
살았을 때는 임금이건만 죽어서는 고혼뿐이거늘
새 임금은 거짓이라 나를 높여 무엇하리
(의지할 곳 없이 떠돌아다니는 외로운 넋)
고국의 백성들은 국적이 변했구나
예닐곱 신하만이 죽음으로 나를 따르는구나
오늘 저녁은 어인 밤인가 강루에 함께 올라
차가운 물결 밝은 달이 수심을 자아낼 때
(강가에 있는 누각)
슬픈 노래 한 가락에 천지가 아득하구나

노래가 끝나자 다섯 사람이 각기 ㉡절구를 읊었다. 첫째 자리에 앉은 사람이 먼저 읊었다.
(한시의 한 형식)

어린 임금 못 받듦은 내 재주 엷음이라
나라 잃고 임금 욕보이고 이 몸까지 버렸구나
지금 와 천지를 둘러보니 부끄러울 뿐이로다
당년에 일찍 스스로 도모하지 못했음을 후회하노라 (중략)
(❶ 일이 있는 바로 그해　❷ 지금 지나가고 있는 이해)

읊기가 끝나자 만좌는 모두 흐느껴 울었다.
(모든 좌석에 가득 앉은 사람들)

– 임제, 〈원생몽유록〉

구분	화자	정서
㉠		(　　　　)을/를 빼앗기고 죽임을 당한 처지에 대한 슬픔과 한탄
㉡		능력이 부족하여 임금을 지키지 못한 자신에 대한 한탄과 (　　　　)

대화와 삽입된 노래를 통해 인물들의 심회를 드러내고 있다. ◯ ✕

02

채옥 왈,

"십여 세 아이로 누만 리 득달함을 어찌 기필(期必)하리오마는,
(목적한 곳에 도달하다.)
(여러 만(萬), 아주 많은 수　　　꼭 이루어지기를 기약함.)
다만 주야 원하는 바는 한 번 모친을 뵈옵고 죽고자 하오니,
가다가 길에서 죽사와도 한이 없을까 하나이다."

석불 왈,
(돌로 만든 부처)
"네 정성이 감천(感天)할지라, 네 모친을 만난 후 돌아와 내 제자 됨이 어떠하뇨."
(정성이 지극하여 하늘이 감동함.)

채옥 등이 왈,

"모친을 만나게 하시는 은혜 가이없삽거든, 하물며 제자를 삼고자 하시니, 이는 가위 불감청(不敢請)이언정 고소원(固所願)이오니 어찌 거역하리이까."
(마음속으로 간절하지만 감히 청하지 못한 것이나 본디부터 바라던 바)

석불 왈,

"그러하면 내 ㉠낙화를 주나니 이를 가지고 내 말을 자세히
(모란을 달리 이르는 말)
들어 행하라. 이곳에서 동으로 삼십 리를 가면 돌문 둘이 있으되, 좌편은 서양국으로 가는 길이요, 우편은 용궁으로 가는 문이라. 낙화를 흔들면 우편 문이 열릴 것이니, … 낙화를 흔들어 여차여차하여 나아가면 반드시 구하여 줄 선관이 있을지라. 이렇듯 하여 자연히 옥룡전에 이르러 너의 모친을 볼 것이니, 부디 조심하여 가라."
(선경(仙境, 신선이 산다는 곳)에서 벼슬살이를 하는 신선)

하거늘, 채옥이 절하려 몸을 굽힐 즈음에 잠을 깨니 남가일몽이라.
(꿈과 같이 헛된 한때의 부귀영화를 이르는 말)

몽중의 수작이 명백하고, 또 곁에 낙화가 놓였거늘 채옥이 기이히 여겨 천황보살의 영험함에 감격하여 즉시 백배 하직하고,
(서로 말을 주고받음. 또는 그 말)
인하여 동으로 삼십 리를 가서 과연 돌문 둘이 있거늘, ㉡낙화를 한 번 흔드니 그 문이 절로 열리는지라.
(당연한 결과로 어떤 일에 이어지거나 뒤를 따르다.)

– 작자 미상, 〈양풍전〉

〈양풍전〉은 환상성이 현실성과 교섭하는 환상의 여로가 서사를 구성하고 있습니다. 이 여로는 인간계로부터 멀리 떨어져 있고 여러 난관이 있어 이르기 힘든 천상계를 향해 가는 것으로, 인간계와 천상계를 매개하는 서사적 장치를 통해 비롯되고 있습니다. 여로에서 현실성과 교섭하고 있는 환상성은 인물들이 여로에서 마주치게 되는 난관을 극복하는 힘을 얻는 원천으로 기능합니다.

구분		㉠	㉡
공간			
행동		(　　　　)(으)로부터 받음.	흔들었더니 문이 (　　　　) 열림.

채옥이 꿈에서 '석불'로부터 받은 '낙화'를 '석불'이 알려 준 대로 현실에서 사용하여 '돌문'이 열리는 것은 환상성이 현실성과 교섭하는 양상을 보여 주고 있다고 할 수 있다. ◯ ✕

01

다음 글에 대한 설명으로 가장 적절한 것은?

논 가운데서 장인님도 이상한 눈을 해 가지고 한참 날 노려보드니,

"너 이 자식, 왜 또 이래, 응?"

"배가 좀 아파서유!"

하고 풀 우에 슬며시 쓰러지니까 장인님은 약이 올랐다. 저도 논에서 철벙철벙 둑으로 올라오드니 잡은 참 내 멱살을 움켜잡고 뺨을 치는 것이 아닌가……

"이 자식아, 일허다 말면 누굴 망해 놀 셈속이냐? 이 대가릴 까 놀 자식."

우리 장인님은 약이 오르면 이렇게 손버릇이 아주 못됐다. 또 사위에게 이 자식 저 자식 하는 이놈의 장인님은 어디 있느냐. (중략) 그러나 내겐 장인님이 감히 큰소리할 계제가 못 된다. 뒷생각은 못 하고 뺨 한 개를 딱 때려 놓고는 장인님은 무색해서 덤덤히 쓴침만 삼킨다. 난 그 속을 퍽 잘 안다. 조금 있으면 갈도 꺾어야 하고 모도 내야 하고, 한창 바쁜 때인데 나 일 안 하고 우리 집으로 그냥 가면 고만이니까. 작년 이맘때도 트집을 좀 하니까 늦잠 잔다고 돌멩이를 집어 던져서 자는 놈의 발목을 삐게 해 놨다. 사날씩이나 건숭 끙, 끙, 앓았더니 종당에는 거반 울상이 되지 않았는가 —

"애, 그만 일어나 일 좀 해라. 그래야 올갈에 벼 잘 되면 너 장가들지 않니."

그래 귀가 번쩍 띄어서 그날로 일어나서 남이 이틀 품 들일 논을 혼자 삶아 놓으니까 장인님도 눈깔이 커다랗게 놀랐다. 그럼 정말로 가을에 와서 혼인을 시켜 줘야 원 경우가 옳지 않겠나. 볏섬을 척척 들여 쌓아도 다른 소리는 없고 물동이를 이고 들어오는 점순이를 담배통으로 가리키며,

"이 자식아 미처 커야지. 조걸 데리고 무슨 혼인을 한다고 그러니 원!"

하고 남 낯짝만 붉게 해 주고 고만이다.

— 김유정, 〈봄·봄〉

① 동시에 일어나는 두 개의 사건을 병치하여 긴장감을 조성하고 있다.

② 과거 사건을 현재 상황에 끌어 들여 인물들의 관계를 드러내고 있다.

③ 현학적 표현을 사용하여 등장인물들의 긍정적 성격을 강조하고 있다.

④ 작중 인물이 관찰자의 입장에서 작중 세계를 객관적으로 묘사하고 있다.

⑤ 다른 사람의 체험을 듣고 독자에게 전해 주는 액자식 구성을 취하고 있다.

02

다음을 참고하여 ㉠~㉤에 대해 이해한 것으로 가장 적절한 것은?

〈구운몽〉은 꿈에서 깨어난 주인공이 꿈속의 경험을 통해 꿈꾸기 이전보다 더욱 정진하여 득도에 이르게 된다는 내용이 주제의 한 축을 형성하고 있습니다. 이는 '현실-꿈-현실'의 환몽 구조를 통해 잘 드러나는데, 특히 꿈속 경험이 단 하룻밤의 '꿈'임을 강조하기 위해 입몽에서 각몽에 이르기까지의 시간 경과 및 그것이 이루어지고 있는 공간을 효과적으로 나타내고 있습니다.

향로에 불을 다시 피우고 의연히 포단에 앉아 정신을 가다듬어 ㉠염주를 고르며 일천 부처를 염하더니, 홀연 창 밖에 동자가 부르되,

"사형은 잠들었느냐? 사부가 부르시나이다." (중략)

동자와 한가지로 방장에 나아가니 대사가 모든 제자를 모으고 ㉡등촉을 낮같이 켜고 소리하여 꾸짖되,

"성진아, 네 죄를 아느냐?"

성진이 ㉢섬돌에 내려 꿇어 가로되,

"소자가 사부를 섬긴 지 십 년에 일찍 한 말도 불순히 한 적이 없으니 진실로 어리석고 아득하여 지은 죄를 아지 못하나이다."

[중략 부분 줄거리] 풍도로 끌려 간 성진은 양 처사의 아들 양소유로 환생하고, 함께 환생한 팔 선녀와 차례로 인연을 맺게 되고 높은 벼슬에까지 오른다. 벼슬에서 물러나 여생을 즐기던 양소유는 두 부인과 여섯 낭자를 거느리고 뒷동산에 올라갔다가 문득 인생의 허무함을 느끼게 된다.

잔을 씻어 다시 부으려 하더니, ㉣홀연 석경에 막대 던지는 소리 나거늘 괴이히 여겨 생각하되 '어떤 사람이 올라오는고?' 하더니, 한 호승이 눈썹이 길고 눈이 맑고 얼굴이 괴이하더라. (중략)

말을 떨구지 못하여서 구름이 걷히니 호승이 간 곳이 없고 좌우를 돌아보니 여덟 낭자가 또한 간 곳이 없는지라. 정히 경황하여 하더니, 그런 높은 대와 많은 집이 일시에 없어지고 제 몸이 한 작은 암자 중의 한 포단 위에 앉았으되 ㉤향로에 불이 이미 사라지고 지는 달이 창에 이미 비치었더라.

— 김만중, 〈구운몽(九雲夢)〉

① ㉠의 '염주'는 주인공이 겪게 되는 꿈속의 경험을 부각하는 소재이다.

② ㉡의 '등촉'은 주인공이 꿈에서 깨어난 후 득도할 것임을 암시하는 소재이다.

③ ㉢의 '섬돌'은 주인공의 입몽과 각몽이 이루어지는 공간을 나타내는 소재이다.

④ ㉣의 '막대'는 주인공이 꿈꾸기 이전보다 더욱 정진할 수 있도록 자극하는 소재이다.

⑤ ㉤의 향로의 '불'은 주인공의 입몽에서 각몽에 이르기까지의 시간 경과를 드러내는 소재이다.

호루라기 관장님의 하드 트레이닝

공부한 날	월 일 요일
맞은 개수	/ 6

작품	No	작품을 읽고 빈칸에 알맞은 말을 쓰시오.

작품

선군의 나이가 열여섯 살 되던 어떤 봄날, 선군이 서당에서 글을 읽다가 저도 모르게 몸이 노곤하여 책상에 기대어 졸다가 깜빡 잠이 들었다. 문득 녹의홍상으로 단장한 낭자가 방문을 열고 들어와서 두번 절하고 옆에 앉더니.
(녹색 저고리와 붉은 치마)

"낭군은 저를 몰라보시겠습니까? 제가 여기에 온 것은 다름이 아니오라 우리 둘이 천생연분이 있기로 이렇게 찾아 왔습니다."

하였다. 이에 선군은,

"나는 진세(塵世)의 속객(俗客)이요, 낭자는 천상의 선녀인데 어찌 우리 사이에 연분이 있다 하오?"
(정신에 고통을 주는 복잡하고 어수선한 세상 / 속세에서 온 손님)

하고 의아하여 물었다. 그러자 낭자는,

"낭군은 본디 하늘에서 비를 내리게 하는 선관(仙官)이셨는데, 요지연에서 저와 서로 희롱한 죄로 상제께서 인간 세상에 귀양을 보냈으며, 이 세상에서 우리의 인연을 이루라 했나이다. 그런데 낭군께서는 어찌 이것을 모르시고 다른 가문에 구혼하려 하시나이까? 낭군은 저를 위해 삼 년만 기다려 주시옵소서."
(선경(仙境, 신선이 산다는 곳)에서 벼슬살이를 하는 신선 / 중국 곤륜산에 있다는 요지라는 연못)

선군이 깨어나 보니 남가일몽(南柯一夢)이라.
(꿈과 같이 헛된 한때의 부귀영화)

[중략 부분 줄거리] 상사병을 앓던 선군은 삼 년을 기다려야 숙영 낭자와 결혼할 수 있다는 금기를 깨고, 숙영 낭자와 결혼하여 남매를 두고 행복하게 지낸다. 그런데 선군이 부모의 명으로 과거를 보기 위해 상경하였을 때, 숙영 낭자는 다른 남자와 몰래 만난다는 매월의 모함으로 자결하고 백상군은 임 소저를 선군의 새 부인으로 맞이하기로 결정한다. 한편 선군은 장원 급제한 후 숙영 낭자가 보고 싶어 바삐 집으로 향한다.

이에 상공이 기쁜 얼굴로 한림에게 이르기를,

"너는 얼굴이 두목지처럼 우아하고 풍채도 뛰어난데, 이제 한림학사라는 벼슬까지 하게 되었도다. 너 같은 대장부가 어찌 한 부인만 둔 채 세월을 보낼 수 있겠느냐? 내가 너를 위해 널리 어진 낭자를 구했는데, 이 고을 임 진사 댁 낭자가 천하의 미인이라고 하더구나. 그래서 얼마 전에 임 진사에게 청혼하여 임 소저를 네 배필로 삼고, 바로 오늘 혼례를 올리기로 정했노라. 네 뜻은 어떠하냐?"
(중국 당나라 말기의 시인 두목 / 임금의 조서를 짓는 일을 맡아 하던 벼슬)

하며 백방으로 선군을 달랬다. 그러나 선군이 대답하기를,
(온갖 수단과 방도)

"내려오다가 꿈을 꾸었는데, 낭자가 온몸에 피를 흘리고 나타나 가슴을 만지면서 말도 제대로 못 하더이다. 아무래도 낭자에게 무슨 연고가 있는 듯한데, 무슨 일이 있었나이까? 또한 저는 낭자와 맺은 언약이 소중하오니, 이 문제는 집에 내려가 낭자의 말을 들은 후에 결정하겠나이다."
(일의 까닭)

하고 길을 재촉하여 임 진사 댁 앞을 그냥 지나가려 하는지라.

– 작자 미상, 〈숙영낭자전〉

---

01 — 주요 인물은 누구인가?

숙영	천상에서 내려온 ( )이자 선군의 부인으로, 덕성이 높고 지혜로우며 절개가 곧음. 누명을 쓰고 자결하지만 옥황상제의 도움으로 다시 살아나 선군과의 사랑을 이어감.
백선군	천상에서 내려온 ( )이자 숙영의 남편으로, 가문의 명예 같은 집단적 가치보다 개인적 가치를 우선으로 여김.
백상군	선군의 아버지로, 완고하고 보수적이며 ( )의 명예를 중시하는 전통적 인물이며, 숙영을 의심하여 죽음에 이르게 함.

02 — 중심 사건은 무엇인가?

숙영은 인간으로 환생한 선군이 다른 가문과 혼인하려는 것을 알고 선군의 (   )에 찾아가고, 두 사람은 금기를 깨고 혼인하나 선군이 과거를 보러 간 사이 숙영은 죽고, 과거에 급제한 후 돌아온 선군에게 백상군은 (   )와의 혼인을 제안하나 선군은 거절함.

03 — 인물의 심리와 태도는 어떠한가?

백선군	숙영이 자신의 꿈에 피를 흘리는 모습으로 나타난 일로 숙영의 안부를 ( )하며, 임 소저와 혼인하라는 아버지의 제안을 거절함.

04 — 백선군이 꾼 꿈의 기능은 무엇인가?

첫 번째 '꿈'		두 번째 '꿈'
숙영을 만나 자신의 배필이 숙영임을 알게 됨.	→	숙영의 안위에 문제가 생겼을 수 있음을 알게 됨.

→ 꿈은 초현실적인 (   )와/과 현실계인 인간계를 이어 주고, 사건 전개의 (   )을/를 제공하는 기능을 함.

05 — 인물 간의 대립을 통해 드러나는 가치관 변화는 무엇인가?

백상군 (아버지)	• 가문과 유교적 도리, 전통적·봉건적 가치를 중시 • 아들이 ( )하여 가문의 명예를 빛내는 것만 중시

↕

백선군 (아들)	• 가문보다 개인의 ( )을/를 우선시함. • 부부간의 사랑을 중시하는 애정 지상주의적 가치관

→ 애정 지상주의 대두와 가부장적 권위 약화 등 조선 (   ) 사회적 가치관의 변모를 보여 줌.

06 — 이 작품의 주제는 무엇인가?

현실을 초월한 남녀 간의 (   )

오늘의 수능 국어 트레이닝 끝!

061 명사형 종결

개념 영상

> 문장의 마지막을 명사로 끝냄으로써 의미를 강조하고 여운을 형성하는 표현

일반적으로 문장의 끝에는 서술어가 오기 마련이지만, 의도적으로 (1 ㅁㅅ)을/를 끝에 배치하여 내용을 명사로 끝나게 하는 표현이다. 이처럼 명사를 문장의 끝에 놓게 되면 전개되던 시상이나 내용의 초점이 명사로 모이게 된다. 이를 통해 명사로 표현된 대상의 의미를 강조할 수 있고, 시상이나 이야기가 전개되던 흐름이 계속 이어지는 듯한 느낌인 (2 ㅇㅇ)을/를 형성할 수 있다. 또한 행이나 연의 마지막 부분이 명사로 끝나는 경우에는 각 행이나 구의 독자성을 강조하고, 정서나 의미를 암시하는 효과를 얻을 수도 있다.

구분	예
정서 응축	너는 오랑캐의 피 한 방울 받지 않았건만 오랑캐꽃 제비꽃 너는 돌가마도 털메투리도 모르는 오랑캐꽃 삼, 실, 종이 등을 가늘게 꼬아 짚신처럼 삼는 신 두 팔로 햇빛을 막아 줄게 울어 보렴 목 놓아 울어나 보렴 오랑캐꽃 　　　　　　　　　　　　　　　－ 이용악, 〈오랑캐꽃〉 → 실제 오랑캐와는 아무런 관련이 없음에도 생김새 때문에 억울한 이름으로 불리는 '오랑캐꽃'과 일제 강점기에 오랑캐도 아니면서 오랑캐처럼 쫓겨나야 했던 민족의 처지를 동일시하여 역사적 비극을 형상화함. '오랑캐꽃'이라는 (3 ㅁㅅ)을/를 반복하여 오랑캐꽃에 대한 연민과 비애감을 응축시켜 나타냄.
구의 독자성 강조	강(江)나루 건너서 / 밀밭 길을 // 구름에 달 가듯이 가는 나그네 // 길은 외줄기 / 남도(南道) 삼백(三百) 리(三百里) // 술 익는 마을마다 / 타는 저녁놀 // 구름에 달 가듯이 / 가는 나그네 　　　　　　　　　　　　　　　－ 박목월, 〈나그네〉 → 명사 (4 ㄴㄱㄴ), (5 ㅈㄴㄴ)을/를 시행의 끝에 놓는 방식으로 연을 종결함으로써 하나의 연에서 드러나는 정서가 다음 연으로 이어지는 것을 막아 해당 연에 고정시키고, 시상을 대상 자체에 집중시킴으로써 의미를 강조하며 간결한 느낌을 줌.
여운 형성	어제를 동여맨 편지를 받았다. 늘 그대 뒤를 따르던 / 길 문득 사라지고 / 길 아닌 것들도 사라지고 여기저기서 어린 날 / 우리와 놀아 주던 돌들이 / 얼굴을 가리고 박혀 있다. 사랑한다 사랑한다, 추위 환한 저녁 하늘에 / 찬찬히 깨어진 금들이 보인다. 성긴 눈 날린다. / 땅 어디에 내려앉지 못하고 / 눈뜨고 떨며 한없이 떠다니는 몇 송이 눈. 　　　　　　　　　　　　　　　－ 황동규, 〈조그만 사랑 노래〉 → 사랑하는 사람에게 실연을 당한 상처와 아픔을 다룬 작품으로, 흩날리는 눈의 모습을 통해 좌절하고 (6 ㅂㅎ)하는 화자의 불안과 슬픔의 정서를 강조하고, 명사로 시를 끝맺어 여운을 형성함.

🔴 1:1 작품 체험

> 새벽마다 고요히 꿈길을 밟고 와서
> 머리맡에 찬물을 쏴아 퍼붓고는
> 그만 가슴을 디디면서 멀리 사라지는
> 북청(北靑) 물장수.*
>
> 물에 젖은 꿈이
> 북청 물장수를 부르면
> 그는 삐걱삐걱 소리를 치며
> 온 자취도 없이 다시 사라져 버린다.
>
> 날마다 아침마다 기다려지는
> 북청 물장수.
>
> 　　　　　　　　－ 김동환, 〈북청 물장수〉

이 작품은 (7 ㅂㅊ ㅁㅈㅅ)(이)라는 명사로 1연과 3연의 마지막 시행을 마무리함으로써 대상의 의미를 강조하고 여운을 남기고 있다.

작품 알통

- **해제:** 수도가 보급되기 전 새벽에 물을 길어다 주는 북청 물장수에게 받은 감동과 그를 기다리는 마음을 표현한 작품이다.
- **주제:** 북청 물장수에 대한 애정과 기다림

〰️ '……(말줄임표)'의 효과는 무엇인가요?

> 그립다 / 말을 할까 / 하니 그리워
> 그냥 갈까 / 그래도 / 다시 더 한 번……
>
> 　　　　　　　　－ 김소월, 〈가는 길〉

말줄임표는 할 말을 줄였을 때나 말이 없음을 나타낼 때에 쓰거나 문장이나 글의 일부를 생략할 때, 머뭇거림을 보일 때 쓰는 문장 부호입니다. 위 작품과 같이 말줄임표를 사용하게 되면 화자나 인물이 결단을 내리지 못하고 머뭇거리며 망설이는 태도를 드러낼 수 있습니다. 또한 말줄임표는 할 말을 다 하지 않고 생략했다는 의미이으로, 생략된 내용에 대해 생각해 보게 하며 여운을 남길 수 있습니다. 그리고 말줄임표가 사용된 부분에서는 의도적으로 호흡을 느리게 조절하여 천천히 읽게 되므로, 해당 표현이 강조되는 효과를 얻을 수 있습니다.

- **북청 물장수:** 일제 강점기부터 서울에서 거주하며 물을 저다 팔아 생활하던 함경북도 북청 출신의 물장수

【초성 답】 1 명사 2 여운 3 명사 4 나그네 5 저녁놀 6 방황 7 북청 물장수

062 묘사

> 대상이나 장면 등을 구체적이고 감각적으로 표현하여 생생한 느낌이 들도록 서술하는 방법

기출로 보는 개념

- 이야기 외부 서술자가 특정 소재와 관련된 인물의 내면 심리를 묘사하고 있다.
- 외양에 대한 묘사를 나열하여 인물이 대상에게서 받은 인상의 근거를 제시하고 있다.
- 감각적 경험을 통해 환기된 장면을 묘사하여 인간이 자연물과 어우러지는 상황을 제시하고 있다.

(1 ㅁㅅ)은/는 특정 대상이나 장면이 사실적으로 표현된 그림을 그리듯이, 등장인물이나 상황, 배경 등을 구체적으로 지각할 수 있도록 실제적이고 세밀하게 표현하는 서술 방법을 말한다. 작품을 읽으면 머릿속에 대상의 이미지가 떠오르게 되는데, 표현이 구체적이고 자세할수록 대상의 이미지가 생생하고 뚜렷하게 연상되며 (2 ㄱㄱㅈ)(으)로 느껴지게 된다.

구분	예
외양 묘사	그는 답답한 제 신세를 생각했던지 찡그려 보였다. 그때 나는 그의 얼굴이 웃기보다 찡그리기에 가장 적당한 얼굴임을 발견하였다. 군데군데 찢어진 경성드뭇한(많은 수효가 듬성듬성 흩어져 있는) 눈썹이 올올이 일어서며, 아래로 축 처지는 서슬에 양미간에는 여러 가닥 주름이 잡히고, 광대뼈 위로 살이 실룩실룩 보이자 두 볼은 쪽 빨아든(강하고 날카로운 기세) 다. 입은 소태(맛이 아주 쓰며 약재로 쓰이는 소태나무의 껍질)를 먹은 것처럼 왼편으로 비뚤어지게 찢어 올라가고, 죄던 눈엔 눈물이 괸 듯 삼십 세밖에 안 되어 보이는 그 얼굴이 십 년 가량은 늙어진 듯하였다. — 현진건, 〈고향〉 → 일제 강점하의 우리 민족의 현실을 (3 ㄱㅇ ㅇㄱ)(으)로 형상화하고, 고생이 드러나는 '그'의 얼굴 생김을 묘사하여 일제 강점기 때 민족의 힘겨운 삶을 암시적이고 압축적으로 보여 줌.
배경 묘사	들길은 마을에 들자 붉어지고 / 마을 골목은 들로 내려서자 푸르러진다 바람은 넘실 천(千)이랑 만(萬)이랑 / 이랑(논이나 밭을 갈아 골을 타서 두두룩하게 흙을 쌓아 만든 곳) 이랑 햇빛이 갈라지고 보리도 허리통이 부끄럽게 드러났다 / 꾀꼬리는 엽태 혼자 날아 볼 줄 모르나니 암컷이라 쫓길 뿐 / 수놈이라 쫓을 뿐 / 황금 빛난 길이 어지럴 뿐 얇은 단장하고 아양 가득 차 있는 / 산봉우리야 오늘 밤 너 어디로 가 버리련? — 김영랑, 〈오월〉 → 바람과 햇빛, 꾀꼬리의 모습, 의인화된 보리와 산봉우리의 모습 등을 통해 오월의 생기 넘치는 정경이 색채의 대비(붉은색 ↔ 푸른색), 생기 넘치는 역동적인 심상을 통해 한 폭의 풍경화처럼 선명하게 묘사되는 강한 (4 ㅎㅎㅅ)이/가 드러남.
상황 묘사	한 곳을 당도하니 돛을 지우며 닻을 주니 이는 곧 인당수라. 광풍이 대작하여 바다가 뒤누우며 어룡(바람, 구름, 아우성 등이 크게 일어나서)이 싸우는 듯, 벽력이 일어나는 듯 넓은 바다 한가운데 일천 석 실은 배, 노도 잃고 닻도 끊어지며 용총(물고기와 용)(돛을 올리거나 내리는 용도로 돛대에 매어 놓은 줄) 도 부러져 키도 빠지고, 바람 불어 물결 쳐 안개비 뒤섞여 자자진데, 갈 길은 천 리 만 리 남아 있고, 사면은 어둑 저물어 천지 적막하여 간신히 떠오는데, 뱃전에 탕탕, 돛대도 와지끈, 경각(눈 깜박할 사이, 아주 짧은 시간)에 위태하니 — 작자 미상, 〈심청전〉 → 심청이 인당수에 빠지기 직전에 바다 상황을 (5 ㅁㅅ)한 부분으로 광풍이 불고 파도가 치는 위험한 상황을 자세하게 서술하여 죽음을 앞둔 심청의 암담한 상황을 강조하고 불길한 분위기를 형성함.

1:1 작품 체험

> 잠시 후에 나는 더욱 놀라운 광경을 보게 되었다. 서 씨가 성벽 위에 몸을 나타내고 그리고 성벽을 이루고 있는 커다란 금고만 한 돌덩이를 그의 한 손에 하나씩 집어서 번쩍 자기의 머리 위로 치켜 올린 것이었다. 지렛대나 도르래를 사용하지 않고서는 혹은 여러 사람이 달라붙지 않고서는 들어 올릴 수 없는 무게를 가진 돌을 그는 맨손으로 들어 올린 것이었다. 그는 나에게 보라는 듯이 자기가 들고 서 있는 돌을 여러 차례 흔들어 보이고 나서 방금 그 돌들이 있던 자리를 서로 바꾸어서 그 돌들을 곱게 내려놓았다.
>
> 나는 꿈속에 있는 기분이었다. 고담(古談)(옛날이야기) 같은 데서 등장하는 역사(力士)(뛰어나게 힘이 센 사람)만은 나도 인정하고 있는 셈이지만, 이 한밤중에 바로 내 앞에서 푸르게 빛나는 조명을 온몸에 받으며 성벽을 디디고 우뚝 솟아 있는 저 사내를 나는 무엇이라고 이름 붙여야 할지 몰랐다.
>
> — 김승옥, 〈역사(力士)〉

이 장면은 보통 사람은 들을 수 없는 성벽의 돌을 서 씨가 한 손으로 들었다가 자리를 바꾸어 내려놓는 (6 ㅎㄷ)을/를 하는 모습을 묘사하여 보여 주고 있다. 서 씨의 이러한 행동은 역사(力士)의 후손으로서 자신의 (7 ㅈㅊㅅ)을/를 확인하고자 하는 실존 의식을 드러내는 것으로 이해할 수 있다.

작품 알통

- **해제:** 뛰어나게 힘이 센 사람을 의미하는 '역사(力士)'의 후예, 즉 서 씨라는 인물을 통해 정해진 규칙에 얽매여 살아가는 현대인의 기계적인 일상을 우화적으로 풍자한 작품이다.
- **주제:** 현대인의 기계적인 삶에 대한 풍자

【초성 답】 1 묘사 2 감각적 3 그의 얼굴 4 회화성 5 묘사 6 행동 7 정체성

063 병렬·병치

두 가지 이상의 것을 한곳에 나란히 두거나 늘어놓음.

'병렬(병치)'은 성질이나 성격 등 위상이 같거나 비슷한 대상을 나란히 (1 ㄴㅇ)하여 배치하는 구성 방식을 말한다. 시의 경우에는 대등한 성격을 가지는 서로 다른 구절을 앞뒤로 나란히 배치하는 것을 의미하며, 산문에서는 대등한 지위를 갖는 이야기 덩어리를 이어서 배치함으로써 두 가지 이상의 상황이 (2 ㄷㅅ)에 전개되는 양상을 보이고 있음을 드러낼 때 사용하는 전개 방법이다.

구분	예
시어의 병렬	뭐락카노, 저 편 강기슭에서 / 니 뭐락카노, 바람에 불려서 // 이승 아니면 저승으로 떠나는 뱃머리에서 / 나의 목소리도 바람에 날려서 //　　- 박목월, 〈이별가〉 → 삶을 의미하는 (3 ㅇㅅ)와/과 죽음을 의미하는 (4 ㅈㅅ)은/는 대립적 의미를 가진 시어로, 두 개의 대립적 시어를 병렬하여 이승과 저승의 갈림길에 서 있는 화자의 상황을 드러냄.
이미지 (장면)의 병렬	이 흰 바람벽에 / 내 가난한 늙은 어머니가 있다 / 내 가난한 늙은 어머니가 방이나 칸살의 옆을 둘러막은 둘레의 벽 이렇게 시퍼러둥둥하니 추운 날인데 차디찬 물에 손은 담그고 / 무이며 배추를 씻고 있다 또 내 사랑하는 사람이 있다 / 내 사랑하는 어여쁜 사람이 강이나 내外 바닷물이 드나드는 곳 어늬 먼 앞대 조용한 개포 가의 나즈막한 집에서 어떤 지방에서 그 남쪽 지방을 이르는 말 그의 지아비와 마조 앉어 대구국을 끓여 놓고 저녁을 먹는다　　- 백석, 〈흰 바람벽이 있어〉 → 화자가 (5 ㅇㅁㄴ)에 대한 생각을 떠올린 이미지(장면)과 (6 ㅅㄹ)하는 사람을 떠올린 이미지(장면)를 앞뒤로 나란히 배열하는 병렬의 기법이 사용됨
사건의 병렬	"그럼 느이 오래빌 벌써 잡아갔냐." / "엄마, 제발." 어머니의 손이 사방을 더듬었다. 그러다가 붕대 감긴 자기의 다리에 손이 닿자 날카롭게 속삭였다. "가엾은 내 새끼 여기 있었구나. 꼼짝 말아. 다 내가 당할 테니." 어머니의 떨리는 손이 다리를 감싸는 시늉을 했다. 그때부터 어머니의 다리는 어머니의 아들이었다. (중략) "좋다. 이래도 바른 말을 안 할 테냐? 이래도." 또 총성이 울렸다. 같은 말과 총성이 서너 번이나 되풀이됐다. 잔혹하게도 그 당장 목숨이 끊어지지 않게 하체만 겨냥하고 쏴 댔다. 오빠는 유혈이 낭자한 가운데 기절해 꼬꾸라지고 어머니도 그가 여기저기 흩어져 어지러운 뿌리쳐 나동그라진 자리에서 처절한 외마디 소리만 지르다가 까무러쳤다. "죽기 전에 바른 말 할 기회를 주기 위해 당장 죽이진 않겠다." 그 후 군관은 다시 나타나지 않았다. 며칠 만에 세상은 또 바뀌었다. 오빠의 총상은 다 치명상이 아니었는데도 며칠 만에 운명했다.　　- 박완서, 〈엄마의 말뚝 2〉 → 다리를 다쳐 수술을 받은 어머니의 (7 ㅎㅈ) 상황과 아들이 다리에 총상을 입고 죽어 가는 모습을 지켜본 (8 ㄱㄱ)의 상황을 병렬하여 제시함으로써 전쟁의 상처가 지속되고 있는 비극적 현실을 강조함

🌐 1:1 작품 체험

"흐유, 산다는 게 대체 뭣이간디……."

불현듯 누군가 나직이 내뱉었다. 그러자 사람들은 그 말꼬리를 붙잡고 저마다 곰곰이 생각해 보기 시작한다. 정말이지 산다는 게 도대체 무엇일까.

중년 사내에겐 산다는 일이 그저 벽돌담 같은 것이라고 여겨진다. 햇볕도 바람도 흘러들지 않는 폐쇄된 공간. 그곳엔 시간마저도 아무런 흔적을 남기지 않는다. 마치 이 작은 산골 간이역을 빠른 속도로 무심히 지나쳐 가 버리는 특급 열차처럼……. (중략)

농부의 생각엔 삶이란 그저 누가 뭐래도 흙과 일뿐이다. 계절도 없이 쳇바퀴로 이어지는 노동. … 삶이란 필시 등뼈가 휘도록 일하고 근심하다가 끝내는 늙고 병들어 죽는 것이리라고 여겨졌으므로, 드디어 어려운 문제를 풀어냈다는 듯이 농부는 한숨을 길게 내쉰다.

서울 여자에겐 돈이다. 그녀가 경영하고 있는 음식점 출입문을 들어서는 사람들은 모조리 그녀에겐 돈으로 뵌다. … 미친 듯 돈을 벌어서, 가랑이를 찢어 내던 어린 시절의 배고픈 기억을 보란 듯이 보상받고 싶은 게 그녀의 욕심이다.

- 임철우, 〈사평역〉

이 작품은 가상의 공간인 사평역을 배경으로 막차를 기다리는 인물들이 각자의 삶을 회상하며 상념에 잠긴 내면 심리를 (9 ㅂㄹ)적으로 제시하고 있다.

작품 알통

- **해제:** 평범한 간이역에서 막차를 기다리는 사람들의 내면 심리를 통해 산업화 시대 서민들이 살아가는 삶의 다양한 모습을 형상화한 작품이다.
- **주제:** 서민들의 다양한 삶과 정서적 교감

【초성 답】 1 나열 2 동시 3 이승 4 저승 5 어머니 6 사랑 7 현재 8 과거 9 병렬

개념 트레이닝 ZONE

빈칸에 알맞은 말을 쓰며 개념 근육을 키워 보세요!

01

우리는 뿌리로부터 온 존재들,

그러나 뿌리로부터 부단히 도망치는 발걸음들

오늘의 일용할 잎과 꽃이
_{날마다 쓰다}
천천히 시들고 마침내 입을 다무는 시간

한때 나는 뿌리의 신도였지만

이미 허공에서 길을 잃어버린 지 오래된 사람

— 나희덕, 〈뿌리로부터〉

명사 '(　　　　)'와/과 '(　　　　　)'(으)로 각 연의 마지막 시행을 마무리하여 존재의 근원인 '(　　　　)'(으)로부터 벗어나 스스로 존재하게 된 시적 상황을 부각하고 있다.

02

모밀묵이 먹고 싶다.

그 싱겁고 구수하고 / 못나고도 소박하게 점잖은

촌 잔칫날 팔모상에 올라 / 새사돈을 대접하는 것.
_{여덟모가 난 상}
그것은 저문 봄날 해질 무렵에 / 허전한 마음이

마음을 달래는 / 쓸쓸한 식욕이 꿈꾸는 음식.

또한 인생의 참뜻을 짐작한 자의

너그럽고 넉넉한 / 눈물이 갈구하는 쓸쓸한 식성.

아버지와 아들이 겸상을 하고

손과 주인이 겸상을 하고

산나물을 / 곁들여 놓고

어수룩한 산기슭의 허술한 물방아처럼

슬금슬금 세상 얘기를 하며 / 먹는 음식.

— 박목월, 〈적막한 식욕〉

'것, 음식, 식성'의 명사로 시행을 종결하여 시적 대상인 '(　　　　)'의 의미를 부각하고 있다.

03

눈물 아롱아롱

피리 불고 가신 님의 밟으신 길은

진달래 꽃비 오는 서역(西域) 삼만 리(三萬里).
_{중국 서쪽 땅 → 지리적으로 멀리 떨어진 공간}
흰 옷깃 여며 여며 가옵신 님의

다시 오진 못하는 파촉(巴蜀) 삼만 리(三萬里).
_{중국 촉나라 땅 → 한번 가면 다시 올 수 없는 저승}
— 서정주, 〈귀촉도(歸蜀道)〉

시행을 명사형으로 종결하여 사별한 임을 그리워하는 마음과 한(恨)의 감정을 (　　　　)하여 표현하고 있다.

04

대구에서 서울로 올라오는 차중에서 생긴 일이다. 나는 나와 마주 앉은 그를 매우 흥미 있게 바라보고 또 바라보았다. 두루마기 격으로 기모노를 둘렀고, 그 안에서 옥양목 저고리가 내어 보_{생목보다 희고 얇은 고운 무명}이며, 아랫도리엔 중국식 바지를 입었다. 그것은 그네들이 흔히 입는 유지 모양으로 번질번질한 암갈색 피륙으로 지은 것이었다. _{기름 종이 / 베, 무명, 비단 등의 천을 통틀어 이르는 말}그리고 발은 감발을 하였는데 짚신을 신었고, 고부가리로 깎은 _{발감개를 한 차림새 / 짧게 깎은 머리를 의미하는 일본어}머리엔 모자도 쓰지 않았다. 우연히 이따금 기묘한 모임을 꾸미는 것이다. 우리가 자리를 잡은 찻간에는 공교롭게도 세 나라 사람이 다 모였으니, 내 옆에는 중국 사람이 기대었다. 그의 옆에는 일본 사람이 앉아 있었다. 그는 동양 삼국 옷을 한 몸에 감은 보람이 있어 일본 말로 곧잘 철철대이거니와 중국 말에도 그리 서툴지 않은 모양이었다.

— 현진건, 〈고향〉

조선, 일본, 중국의 3개국 복장이 혼재된 기묘한 차림을 한 인물의 외양을 묘사하여 그가 여러 나라를 떠돌며 힘든 (　　　　) 생활을 한 인물임을 보여 주고 있다.

05

[앞부분 줄거리] 경주에 사는 박생은 유학을 공부하며 높은 뜻과 훌륭한 인품으로 주위의 평판은 좋으나, 과거에 급제하지 못하여 좌절한다. 그는 귀신, 무당, 불교 등의 이단에 빠지지 않기 위해 세상의 이치는 하나라는 뜻의 〈일리론〉을 쓰며 유교 경전을 열심히 읽는다.

하루는 박생이 거실에서 등불을 켜고 《주역》을 읽다가 베개를 괴고 언뜻 잠이 들었는데, 홀연히 한 나라에 이르고 보니 바로 바닷속에 있는 한 섬이었다.

그 땅에는 본디 풀이나 나무가 없고, 모래나 자갈도 없었다. 발에 밟히는 것이라고는 모두 구리가 아니면 쇠였다. 낮에는 사나운 불길이 하늘까지 뻗쳐 땅덩이가 녹아내리는 듯하였고, 밤에는 싸늘한 바람이 서쪽에서 불어와 사람의 살과 뼈를 에는 듯하니, 장애를 견딜 수가 없었다.

바닷가에는 쇠로 된 벼랑이 성처럼 둘러싸여 있었는데, 굳게 잠긴 성문 하나가 덩그렇게 서 있었다. 문지기는 물어뜯을 것 같은 영악한 자세로 창과 쇠몽둥이를 쥐고, 바깥에서 오는 자들을 _{매우 모질고 사납다.}막고 서 있었다.

그 안에 사는 백성들은 쇠로 지은 집에 살고 있었는데, 낮에는 살이 문드러질 듯 뜨겁고 밤에는 얼어 터질 듯 추워서, 오직 아침저녁에만 꿈틀거리며 웃고 이야기하였다. 별로 괴로워하는 것 같지는 않았다.

— 김시습, 〈남염부주지〉

박생이 남쪽의 염부주라는 (　　　　)에 다녀오는 이야기로, '남염부주'의 모습을 (　　　　)하여 공간적 배경을 구체적으로 형상화하고 있다.

06

[앞부분 줄거리] 원구는 비 오는 날이면 동욱과 동옥 남매의 음산한 생활을 떠올린다. 대학생이던 원구는 6·25 전쟁으로 인해 부산에서 잡화를 팔며 하루하루를 살아가던 중, 어린 시절의 친구이자 대학 동창생인 동욱을 만나게 된다. 동욱은 대학에서 영문학을 전공한 목사 지망생이었으나 6·25 전쟁으로 인해 냉소적인 인물로 변하였으며, 소아마비로 불구가 된 누이 동옥은 초상화를 그려 생계를 유지하고 있었다.

비 오는 날인 데다가 창문까지 거적때기로 가리어서 방 안은 굴속같이 침침했다. 다다미 여덟 장 깔리는 방 안은, 다다미 위에다 시멘트 종이로 장판 바르듯한 것이었다. 한켠 천장에서는 쉴 사이 없이 빗물이 떨어졌다. 빗물 떨어지는 자리에는 바께쓰_{양동이}가 놓여 있었다. 촐랑촐랑 쪼르륵 촐랑, 빗물은 이와 같은 연속적인 음향을 남기며 바께쓰 안에 가 떨어지는 것이었다. 무덤 속 같은 이 방 안의 어둠을 조금이라도 구해 주는 것은 그래도 빗물 소리뿐이었다. 그러나 그 빗물 소리마저, 바께쓰에 차츰 물이 늘어 갈수록 우울한 음향으로 변해 가는 것이었다. 동욱은 별로 원구와 동옥을 인사시키거나 소개하려 하지 않았다. 동욱은 젖은 옷을 벗어서 걸고, 러닝과 팬츠 바람으로 식사 준비를 할 터이니 잠깐만 앉아 있으라고 하고 부엌으로 나가는 것이었다. 부엌이라야 따로 있는 것이 아니라, 비어 있는 옆방이었다. 다다미는 걷어서 벽 한구석에 기대어 놓아, 판장뿐인 실내에는 여기저기 빗물_{널판장의 준말}이 오줌발처럼 쏟아졌다. 거기에는 취사도구가 너저분하니 널려 있는 것이었다. 연기가 들어간다고 사잇문을 닫아 버리고 나서, 동욱은 풍로에 불을 피우느라고 부채질을 하며 야단이었다._{화로의 하나}

– 손창섭, 〈비 오는 날〉

비가 새는 방 안의 모습과 어수선한 살림살이의 모습을 (   )하여 작품 전체의 우울하고 음습한 분위기를 보여 줌으로써 인물들이 처한 절망적인 상황을 상징적으로 드러내고 있다 .

07

"사부는 어찌하여 정도(正道)로 소유를 인도하지 아니하고 환술(幻術)로써 희롱하시나이까?"
_{❶ 올바른 길 ❷ 정당한 도리}　_{남의 눈을 속이는 기술}

승상이 말을 마치지 못하여 구름이 걷히는데 노승은 간 곳이 없고 좌우를 돌아보니 팔 낭자도 간 곳이 없었다. 승상이 매우 놀라 어찌할 바를 모르는 중에 높은 대와 많은 집들이 한순간에 없어지고 자기의 몸은 작은 암자의 포단 위에 앉았는데, 향로에_{큰 절에 딸린 작은 절}　_{앉거나 누울 때까는 침구} 불은 이미 사라지고 지는 달이 창가에 비치고 있었다. 자신의 몸을 보니 백팔 염주가 걸려 있고 머리를 손으로 만져 보니 갓 깎은 머리털이 가칠가칠하였으니 완연히 소화상의 몸이요 전혀 대_{어린 승려}승상의 위의가 아니니, 정신이 황홀하여 오랜 후에야 비로소 제_{정승에 해당하는 옛 중국의 벼슬}몸이 연화 도량의 성진(性眞) 행자(行者)임을 깨달았다.
_{불도를 닦는 곳}　　_{불도를 닦는 사람}

– 김만중, 〈구운몽〉

성진의 모습과 그 주변 환경을 묘사하여 성진이 꿈에서 깨어나 다시 현실로 돌아오는 과정을 보여 주는 것으로 장면이 (   )되었음을 드러내고 있다.

08

딩옹배기에 북덕불이라도 담겨 오면,
_{짚이나 풀, 장작을 한데다가 모아 태워 담은 불}
이것을 안고 손을 쬐며 재 우에 뜻없이 글자를 쓰기도 하며,

또 문밖에 나가지두 않구 자리에 누워서,

머리에 손깍지 베개를 하고 굴기도 하면서,

나는 내 슬픔이며 어리석음이며를 소처럼 연하여 새김질하는 것이었다.

내 가슴이 꽉 메어 올 적이며,

내 눈에 뜨거운 것이 핑 괴일 적이며,

또 내 스스로 화끈 낯이 붉도록 부끄러울 적이며,

나는 내 슬픔과 어리석음에 눌리어 죽을 수밖에 없는 것을 느끼는 것이었다.

– 백석, 〈남신의주 유동 박시봉방〉

방안에서 무기력하게 행동하는 모습, 현재의 처지로 인해 화자가 느끼는 감정을 대등한 표현으로 (   )하여 제시함으로써 화자가 처한 상황을 분석적으로 보여 주고 있다.

09

1

어서 — 차라리 — 어둬 버리기나 했으면 좋겠는데, 벽촌(僻村)의 여름날은 지리해서 죽겠을 만치 길다. / 동(東)에 팔봉산(八_{외따로 떨어져 있는 궁벽한 마을}奉山). 곡선은 왜 저리도 굴곡이 없이 단조로운고? / 서를 보아도 벌판, 남을 보아도 벌판, 북을 보아도 벌판, 아 — 이 벌판은 어쩌라고 이렇게 한이 없이 늘어 놓였을고? 어쩌자고 저렇게까지 똑같이 초록색 하나로 되어 먹었노?

농가(農家)가 가운데 길 하나를 두고 좌우로 한 10여 호씩 있_{농가를 본업으로 하는 사람의 집}다. 휘청거린 소나무 기둥, 흙을 주물러 바른 벽, 강낭대로 둘러_{옥수숫대}싼 울타리, 울타리를 덮은 호박 넝쿨, 모두가 그게 그것같이 똑같나. (중략) 나는 아침을 먹었다. 할 일이 없다.

7

(중략) 방에 돌아와 나는 나를 살펴본다. 모든 것에서 절연된_{인연이나 관계가 완전히 끊어지다}지금의 내 생활, 자살의 단서조차를 찾을 길이 없는 지금의 내 생활은 과연 권태의 극(極), 권태 그것이다.
_{어떤 정도가 더할 수 없을 만큼 막다른 지경}
그렇건만 내일이라는 것이 있다. 다시는 날이 새이지 않는 것 같기도 한 밤 저쪽에 또 내일이라는 놈이 한 개 버티고 서 있다. 마치 흉맹(凶猛)한 형리처럼, 나는 그 형리를 피할 수 없다. 오늘_{흉악하고 사나운}　_{지방 관아의 형방에 속한 구실아치}이 되어 버린 내일 속에서 또 나는 질식할 만치 심심해야 되고 기막힐 만치 답답해야 된다.

– 이상, 〈권태〉

글쓴이를 둘러싼 주변 환경의 단조로움과 일상적인 생활의 연속에서 느끼는 권태로움을 (   )하여 무의미한 일상에 대해 성찰하고 있다.

워밍-UP

🔖 **다음 글을 읽고 빈칸에 알맞은 말을 써서 해설을 완성하거나 정오를 판단하세요.**

01

추억도 절반, 희망도 절반이어

사월은 언제나 어설프지만,

먼 북녘에까지 해동(解凍)의 기적이 울리면
　　　　얼었던 것이 녹아서 풀림.
또다시 우리의 가슴을 설레게 하는

이 달은 어딘가 미신(迷信)의 ⓐ달 ⓑ……
　비과학적이고 비합리적으로 여겨지는 믿음

　　　　　　　　　　　　　　　　– 김현승, 〈사월(四月)〉

구분	표현법	효과
ⓐ		
ⓑ		

명사형 종결과 말줄임표를 사용하여 시상을 마무리함으로써 봄이 오기를 기대하는 희망과 기대감이라는 여운을 형성하고 있다. ⓞ ⓧ

02

모래는 모두가 / 작지만 고집센 한 알이다

그러나 ⓐ한 알만의 모래는 없다

ⓑ한알한알 무수하게 모여 모래다

오죽이나 외로워 그랬을까 하고 보면

웬걸 모여 있는 서로가 / 모른 체 등을 돌리고 있는 모래

모래를 서로 손잡게 하려고

신이 모래밭에 하루종일 봄비를 뿌린다

하지만 뿌리면 뿌리는 그대로

모래 밑으로 모조리 새나가 버리는 봄비

자비로운 신은 또 민들레 꽃씨를

모래밭에 한 옴큼 날려 보낸다 / 싹트는 법이 없다

더 이상은 손을 쓸 도리가 없군 / 구제불능이야

신은 드디어 포기를 결정한다

신의 눈 밖에 난 ⓒ영원한 갈증!

　　　　　　　　　　　　　　　　– 이형기, 〈모래〉

구분	표현	효과
ⓐ		시적 대상이 (　　　)적 존재임을 시각적으로 형상화
ⓑ		개별적 존재가 (　　　)을/를 이루고 있는 모습을 시각적으로 형상화
ⓒ		시상을 마무리하며 여운을 남김.

모래를 화합하게 하려는 신의 노력이 실패했음을 명사로 종결하는 표현을 통해 공동체적 삶으로 나아가지 못한 삶의 모습을 강조하며 여운을 남기고 있다. ⓞ ⓧ

03

도롱이에 호미 걸고 뿔 굽은 검은 소 몰고
짚, 띠 따위로 엮어 허리나 어깨에 걸쳐 두르는 비옷
고동풀 뜯기면서 개울물 가 내려갈 제
고들빼기 → 식용하는 국화과의 풀
어디서 품 진 벗님 함께 가자 하는고 〈제2수〉
　품앗이를 한
　　　　　　　　　　　　　　– 위백규, 〈농가구장(農歌九章)〉

구분	장면	표현 방법
초장	도롱이에 호미 걸고, 검은 소를 몰고 감.	
중장	소에게 고동풀을 뜯기면서 개울물 가로 내려감.	

초장과 중장은 '호미'를 챙기고 '소'를 직접 몰고 가는 모습을 통해 농부가 농사일을 하러 나가는 농가의 일상적인 풍경을 묘사하고 있다. ⓞ ⓧ

04

원수가 몸을 솟구쳐 공중에 올라 외쳐 왈,
전시의 군사를 통솔하는 일을 맡아보던 장수
"너의 조그마한 재주와 용맹으로 어찌 나를 당하리오?"
　　　　　　　　천둥 소리와 벼락
하며 적소검을 드니, 화광이 충천하며 뇌성벽력이 진동하는지라.
　　　　　불빛　　하늘을 찌를 듯이 공중으로 높이 솟아오름.
철관도사가 대경하여 선봉 묵특으로 나가 싸우라 하니, 묵특
　　크게 놀람.
이 말을 달려 외쳐 왈,

"적장 해룡은 헛장담 말고 빨리 항복하라. 너를 진중에 가두었
　　　　　　　　　　　　　군대나 부대의 안
으니 무슨 근심이 있으리오?"

하며 달려들거늘, ⓐ원수가 바라보니 키는 십 척이요, 몸은 맹호
　　　　　　　　　길이의 단위. 1척은 한 치의 열 배로 약 30.3cm
같고 얼굴은 먹을 갈아 부은 듯하고 소리 웅장하여 짐짓 일대호걸
　　당대에 이름을 날린 호걸(지혜와 용기가 뛰어나고 기개와 풍모가 있는 사람)
이요, 만고명장이라. 심중에 헤아리되 '철관도사 신통이 이러하
세상에 비길 데가 없는 이름난 장수　　무슨 일이든지 해낼 수 있는 불가사의한 능력
고 또 적장이 용맹하니 쉽사리 잡지 못할지라. 이제 검술로 잡으

리라.' 하고, 적진을 살펴본 후에 적소검을 들고 묵특으로 더불어

싸울 새 짐짓 적수라. ⓑ삼백여 합에 승부를 결치 못하고 또한
　　　　　　　재주나 힘이 서로 비슷해서 상대가 되는 사람
화살과 돌이 비 오듯 하니 원수가 가장 위급한지라. 가만히 진언

을 외워 몸을 삼백에 나눠 적진을 짓치고자 하더니, 적장이 또한

진언을 염하여 삼백 해룡을 막는지라. 종일토록 싸우다가 승부
조용히 불경이나 진언(眞言) 따위를 외우다.
없고 또한 기갈이 심한지라. 가만히 진언을 염하여 혼백을 감추
　　　　　　　　　배고픔과 목마름
고 변신하여 깃발을 적진에 던지니 완연히 원수라.

　　　　　　　　　　　　　　– 작자 미상, 〈곽해룡전〉

구분	표현 방법	효과
ⓐ		(　　　)이/가 해룡의 적수가 될 만한 비범한 인물임을 강조
ⓑ		전투 장면을 구체적으로 제시하여 갈등 상황으로 인한 (　　　)을/를 유발하고 긴박감을 고조시킴.

전투 장면을 구체적으로 묘사하여 사건의 긴박감을 고조시키고 있다. ⓞ ⓧ

벌크-UP

01

다음 글의 서술상 특징으로 가장 적절한 것은?

그날 저녁때 황 진사가 온 것을 보고, 숙부님이,

"일재, 여기 젊고 돈 있는 색시가 있는데 장가 안 들라우?"

하고 물어보았다.

"아, 들면야 좋지만 선생도 아시다시피 천량이 있어야지."

하는 그의 얼굴에는 완연히 희색이 넘쳤다.

그의 얼굴에 희색이 넘침을 보신 숙모님은 돈이 없어도 장가를 들 수 있다는 것과, 장가만 들게 되면 깨끗한 의복에 좋은 음식도 먹을 수 있으리라 하는 것을 일러 주신즉,

"아, 그럼야 여북 좋갔수, 규수 나인 몇 살이구…… 집안도 이름 있구……."

그는 연방 입이 벌어져 침을 흘리며 두 눈에 난데없는 광채를 띠고 숙모님께로 대어드는 판이었다.

"과부래야 이름 아깝지 뭐, 이제 나이 삼십밖에 안 될걸……."

숙모님도 신명이 나는 모양으로 이렇게 자랑삼아 말한즉, 황 진사는 갑자기 낯빛이 획 변해지며,

"아 규, 규수가, 시방 말씀한 그 규수가, 과, 과부란 말씀유?"

이렇게 물었다.

"왜 그류."

한순간 침묵이 흘렀다. 황 진사의 닫힌 입 가장자리에 미미한 경련이 일어나며, 힘없이 두 무르팍 위에 놓인 그의 두 손은 불불 떨리고 있었다. 벽에 걸린 시계 소리가 똑딱똑딱 하고 들리었다. 그는 조용히 고갯짓부터 좌우로 돌렸다.

"당찮은 말씀유…… 흥, 과, 과부라니 당하지 않은 말씀을……."

그는 곧 호령이라도 내릴 듯이 누렇게 부은 두 볼이 꿈적꿈적하며 노기 띤 눈을 부라리곤 하더니, 엄숙한 목소리로,

"황후암(黃厚庵) 육대 직손이유." / 하고 다시,

"황후암 육대 직손이 그래 남의 가문에 출가했던 여자한테 장가들다니 당하기나 한 소리요…… 선생도 너무나 과도한 말씀이유."

－ 김동리, 〈화랑의 후예〉

① 회상 장면이 삽입되어 사건의 원인을 보여 주고 있다.

② 행동 묘사와 대화를 통해 인물의 특성을 제시하고 있다.

③ 다양한 관점을 활용하여 장면을 입체적으로 구성하고 있다.

④ 현재형 시제를 사용하여 생동감 있게 사건을 전개하고 있다.

⑤ 실제 공간의 실감 있는 묘사를 통해 시대적 상황을 구체화하고 있다.

02

〈보기〉를 참고하여 다음 시를 감상한 내용으로 적절하지 <u>않은</u> 것은?

샤갈의 마을에는 삼월에 눈이 온다.

봄을 바라고 섰는 사나이의 관자놀이에

새로 돋은 정맥이

바르르 떤다.

바르르 떠는 사나이의 관자놀이에

새로 돋은 정맥을 어루만지며

눈은 수천수만의 날개를 달고

하늘에서 내려와 샤갈의 마을의

지붕과 굴뚝을 덮는다.

삼월에 눈이 오면

샤갈의 마을의 쥐똥만 한 겨울 열매들은

다시 올리브빛으로 물이 들고

밤에 아낙들은

그해의 제일 아름다운 불을

아궁이에 지핀다.

－ 김춘수, 〈샤갈의 마을에 내리는 눈〉

〈보기〉

김춘수는 샤갈의 그림 〈나와 마을〉에서 받은 느낌을 시로 표현함으로써 상호 텍스트성을 구현했다. 올리브빛 얼굴을 가진 사나이와 당나귀가 서로 마주 보고 있는 그림에서 영감을 받은 시인은, "특히 인상 깊었던 것은 커다란 당나귀의 눈망울이었고, 그 당나귀의 눈망울 속에 들어앉아 있는 마을이었다."라고 느낌을 말했다. 또한 밝고 화려한 색감을 지닌 이질적 이미지들의 병치로 이루어진 샤갈의 초현실주의적 그림에 대한 감각적 인상을, 자신의 고향 마을에 투사하여 다양한 이미지의 병치로 변용했다. 이는 봄을 맞이한 생동감과 고향 마을의 따뜻한 풍경에 대한 그리움을 형상화한 것이라고 할 수 있다.

① '샤갈의 마을'은 시인이 그림 속 마을 풍경에서 받은 인상을 자신의 고향 마을에 투사하여 표현한 것이군.

② '삼월에 눈', '봄을 바라고 섰는 사나이', '새로 돋은 정맥' 등은 시인이 그림 속 이질적 이미지들의 병치를 다양한 이미지들의 병치로 변용하여 봄의 생동감을 형상화한 것이군.

③ '날개', '하늘', '지붕과 굴뚝' 등은 시인이 밝고 화려한 색감을 지닌 그림 속 마을의 모습을 공감각적 이미지의 풍경으로 변용한 것이군.

④ '올리브빛'은 시인이 그림 속에서 영감을 받은 것으로 '겨울 열매들'을 물들이는 따뜻한 봄의 이미지를 표상한 것이군.

⑤ '아낙', '아궁이' 등은 시인이 초현실주의적 그림 속 풍경에 대한 감각적 인상을 고향 마을을 떠올리게 하는 이미지로 전이시킨 것이군.

호루라기 관장님의 하드 트레이닝

공부한 날	월 일 요일
맞은 개수	/ 10

작품	No	작품을 읽고 빈칸에 알맞은 말을 쓰시오.

III 전개 방식

작품	No	작품을 읽고 빈칸에 알맞은 말을 쓰시오.		
노랗게 속 차오르는 배추밭머리에 서서 / 생각하노니 옛날에 옛날에는 배추꼬리도 맛이 있었나니 눈 덮인 움 속에서 / 찾아냈었나니 하얗게 밑둥 드러내는 무밭머리에 서서 / 생각하노니 옛날에 옛날에는 무꼬리 발에 채였었나니 아작아작 먹었었나니 ㉠달삭한 맛 산모롱을 굽이도는 기적 소리에 떠나간 사람 얼굴도 스쳐가나니 설핏 비껴가나니 풀무 불빛에 싸여 달덩이처럼 오늘은 / ㉡이마 조아리며 빌고 싶은 고향 　　　　　　　　　　　　　　　- 박용래, 〈밭머리에 서서〉	01	**시적 화자는 누구이며, 어떤 상황에 놓여 있는가?**		
		시적 화자	배추밭머리와 무밭머리에 서 있는 사람	
		상황	배추밭머리와 무밭머리에 서서 고향의 (　　　)이/가 담긴 소중한 것들과 고향을 떠난 사람을 떠올리고 있음.	
	02	**시적 화자의 정서와 태도는 어떠한가?**		
		사라져 가는 고향의 맛과 정취, 고향을 떠난 사람을 떠올리며 지난날 고향에 대한 (　　　)와/과 아쉬움을 느낌.		
	03	**㉠과 ㉡에 쓰인 표현상의 특징은 무엇인가?**		
		(　　　)형 종결 표현으로 시상을 집약하여 강렬한 인상과 여운을 남김.		
	04	**반복을 통해 운율을 형성하는 동일한 문장 구조는 무엇인가?**		
	05	**이 작품의 주제는 무엇인가?**		
		옛 고향에 대한 (　　　)		
이지러는 졌으나 보름을 가제 지난 달은 부드러운 빛을 흐븟이 흘리고 있다. 대화까지는 칠십 리의 밤길, 고개를 둘이나 넘고 개울을 하나 건너고 벌판과 산길을 걸어야 된다. 길은 지금 긴 산허리에 걸려 있다. 밤중을 지난 무렵인지 죽은 듯이 고요한 속에서 짐승 같은 달의 숨소리가 손에 잡힐 듯이 들리며, 콩포기와 옥수수 잎새가 한층 달에 푸르게 젖었다. 산허리는 온통 메밀밭이어서 피기 시작한 꽃이 소금을 뿌린 듯이 흐븟한 달빛에 숨이 막힐 지경이다. 붉은 대궁이 향기같이 애잔하고 나귀들의 걸음도 시원하다. 길이 좁은 까닭에 세 사람은 나귀를 타고 외줄로 늘어섰다. 방울 소리가 시원스럽게 딸랑딸랑 메밀밭께로 흘러간다. 앞장선 허 생원의 이야기 소리는 꽁무니에 선 동이에게는 확적히는 안 들렸으나, 그는 그대로 개운한 제멋에 적적하지는 않았다. (중략) 　나귀와 조 선달은 재빨리 거의 건넜으나 동이는 허 생원을 붙드느라고 두 사람은 훨씬 떨어졌다. 　"모친의 친정은 원래부터 제천이었던가?" 　"웬걸요. 시원스리 말은 안 해 주나 봉평이라는 것만은 들었죠." 　"봉평? 그래 그 아비 성은 무엇이구?" 　"알 수 있나요. 도무지 듣지를 못했으니까." 　그 그렇겠지 하고 중얼거리며 흐려지는 눈을 까물까물하다가 허 생원은 경망하게도 발을 빗디뎠다. 　　　　　　　　　　　　　　　- 이효석, 〈메밀꽃 필 무렵〉	06	**중심인물은 누구인가?**		
		허 생원	성 서방네 처녀와의 인연을 소중하게 간직하며 살아가는 장돌뱅이	
		동이	젊은 혈기와 순수함을 간직한 젊은 장돌뱅이로, 개인 정보를 통해 허 생원의 (　　　)(으)로 암시되는 인물	
	07	**중심 사건이나 갈등은 무엇인가?**		
		성 서방네 처녀와의 인연을 회상하던 허 생원이 동행하던 동이로부터 어머니 고향이 (　　　)(이)라는 말을 듣게 됨.		
	08	**중심인물은 어떤 심리와 태도를 보이는가?**		
		동이로부터 동이 어머니에 대한 이야기를 들은 허 생원은 동이가 자신의 아들일지도 모른다는 생각에 놀라고 (　　　)함.		
	09	**이 글의 서술상의 특징은 무엇인가?**		
		세련된 언어 구사	・공감각적 심상과 비유적 표현의 사용 ・서정적이며 시적인 문체를 구사함.	
		배경 (　　　)	・낭만적, 서정적 분위기를 연출함. ・허 생원에게 과거의 추억을 떠올리게 함.	
	10	**이 작품의 주제는 무엇인가?**		
		(　　　)의 삶에 얽힌 인간 본연의 애정과 혈육의 정		

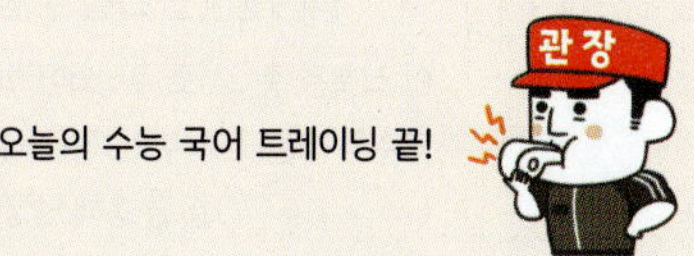

064 사건의 다각적 제시

다른 시각을 가진 인물이나 다수의 서술자를 통해 사건을 바라보는 다양한 입장을 제시함.

구분	예
경험의 다각적 제시	"이 자식들이 나라에 몸 바친 나를 뭘로 알고!" 다음 차례로 청년은 곁에 놓인 보조 장구를 집어 들어 사정없이 번개를 때리기 시작했다. 한차례씩 보조 장구를 휘두를 적마다 청년의 입에서는 짐승의 포효 같은 울부짖음이 터지곤 했고, 한 방씩 되알지게 얻어맞을 적마다 철제 식판은 쟁강쟁강 튀어 오르면서 숨넘어가듯 쇳소리로 비명을 내지르곤 했다. / "저승사자다!" (중략) / "저승사자가 뭐여? 상이군인이지!" 영문도 모르면서 주호란 놈이 옆에서 방정맞게 참견하고 나섰다. / "아니다! 저승사자다!" 　　　　　　　　　　전투나 군사상 공무 중에 몸을 다친 군인 "아니다! 상이군인 아자씨다!" / "아니다! 우리 할머니가 저승사자라고 했다!" (중략) 밤사이에 화재나 범죄가 없도록 살피고 지키는 사람 야경꾼의 딱딱이 소리마저 멀찌감치 달아나 버린 길거리를 맹수의 포효 같은 저승사자의 울부짖 밤에 야경을 돌 때 서로 마주쳐서 딱딱 소리를 내게 만든 두 짝의 나무토막　　자라운 짐승이 울부짖는 소리 음이 가로로 누비고 세로로 누비는 중이었다. 우리 유씨 일가족은 추위에 떨고 두려움에 떨면서 대문 앞에서 울부짖음이 접근하기를 초조히 기다렸다. "안 된다, 안 되야! 우리 병권이만은 절대로 안 된다아!" / 마침내 어둠을 뚫고 저승사자가 희미하게 모습을 드러내자 상대방 울부짖음에 대항해서 할머니가 마주 울부짖기 시작했다. 　　　　　　　　　　　　　　　　　　　　　　　　　　　　　- 윤흥길, 〈묘지 근처〉

<table>
<tr><td rowspan="3">전쟁</td><td>신체적 손상을 입은 인물</td><td>극심한 정신적 고통과 사회에 대한 (1 ㅂㅁ) 표출
→ 청년이 병원에서 소란을 피우며 상이군인으로서 갖는 불만을 터뜨림.</td></tr>
<tr><td>어린아이</td><td>심리적 (2 ㅂㅇ)을/를 느끼며 주변 상황에 영향을 받음.
→ 동일한 인물을 두고 서로 다르게 부르는 아이들의 모습은 전쟁 상황에서 주변 어른에게 받은 영향이 다름을 드러냄.</td></tr>
<tr><td>가족과 분리되는 경험을 한 인물</td><td>가족의 무사 귀환 바라며 특정 행동에 매달림.
→ 상이군인을 저승사자로 대하며 병권(둘째 아들)을 지키기 위해 애씀.</td></tr>
</table>

| 시각의 다각적 제시 | [제1부] 사람들은 아버지를 난쟁이라고 불렀다. 사람들은 옳게 보았다. 아버지는 난쟁이였다. 불행하게도 사람들은 아버지를 보는 것 하나만 옳았다. 그 밖의 것들은 하나도 옳지 않았다. 나는 아버지, 어머니, 영호, 영희, 그리고 나를 포함한 다섯 식구의 모든 것을 걸고 그들이 옳지 않다는 것을 언제나 말할 수 있었다.

[제2부] 형은 나의 무지와 어리석음을 비웃었을 것이다.
"도대체 이걸로 뭘 하겠다는 거야?"

[제3부] "울지 마, 영희야." / 큰오빠가 말했었다. / "제발 울지 마. 누가 듣겠어."
　　나는 울음을 그칠 수 없었다.　　　　　　- 조세희, 〈난쟁이가 쏘아 올린 작은 공〉

→ 이 작품은 총 3부로 구성되어 있으며 각 부분마다 서술자 '나'에 해당하는 인물이 다름. [제1부]는 큰아들 영수의 시점, [제2부]는 작은아들 영호의 시점, [제3부]는 딸 영희의 시점으로 서술되어 있으며, 서술자의 (3 ㄱㅊ)을/를 통해 난쟁이 가족이 처한 상황에 대한 다양한 시각을 제시함. |

🌐 1:1 작품 체험

[앞부분 줄거리] 주인공 만수는 6남매(백수, 금희, 명희, 만수, 석수, 옥희) 중 넷째이자 둘째 아들이다. 만수의 할아버지는 독립운동을 했다가 숨어 살고 있고, 아버지는 농사를 힘들게 지으며 산다. 장남인 백수는 대학에 다니던 중 베트남 전쟁에 참전했다가 죽고 만다.

　너의 불쌍한 부모를 어찌하느냐. …
　아, 하늘이시여, 어찌 늙은 내게 이런
　참혹한 슬픔을 주시나이까. … 나를
ⓐ　죽이소서. 제발 나를 죽이고 우리 모
　두의 백수를, 귀하디귀한 금강석을
　　　　다이아몬드, 귀한 사람을 비유한 표현
　둘려주소서. (중략)

　"형이 없는 빈자리를 채울 사람은
　만수야, 오로지 너뿐이다. 내 말을
　알겠느냐."
ⓑ　만수는 떨고 있었다. 그러면서도 고
　개를 끄덕거렸다. … 다 같이 부축을
　하고 왔건만 여자인 나는 그저 우는
　일밖에 없는 것 같이 여겨졌다. (중략)

　대학에 다니던 형이 월남에 갔다가
　　　　　　베트남
　한 줌의 재가 되어 돌아온 이후 우리
　집은 납덩이 같은 침묵에 둘러싸였다.
ⓒ　… 형은 누나들이나 만수, 옥희한테
　그럴 수 없이 다정하고 살뜰하게 관심
　을 가지고 보살펴 주었다.

　　　　　　　　　　- 성석제, 〈투명 인간〉

ⓐ의 '나'	(4 ㅎㅇㅂㅈ)
ⓑ의 '나'	백수의 (5 ㅇㄷㅅ) 중 하나이며 석수보다 위 항렬임.
ⓒ의 '나'	(6 ㅅㅅ)

이 작품은 1인칭 서술자인 (7 ㄴ)이/가 장면마다 다른 등장인물 중 하나로 계속 교체되며 이야기가 서술되고 있다. 이처럼 서술자의 교체에 따라 장면이 (8 ㅂㄹㅅ)(으)로 나열되는 전개는 상황을 총체적으로 전달하는 효과를 얻을 수 있다.

작품 알통

- **해제:** 만수를 중심으로 현대사 속에서 고생스러운 삶을 사는 일가족의 이야기를 다루고 있다.
- **주제:** 우직하게 살아온 인물의 비극적 삶

【초성 답】 1 불만 2 불안 3 교체 4 할아버지 5 여동생 6 석수 7 '나' 8 병렬식

065 사건·표현의 반복

특정 사건이나 상황, 인물의 발화를 의도적으로 반복하여 의미를 강조하는 전개 방식

유사하거나 동일한 상황, 사건, 인물의 발화나 행동, 특정 표현 등이 의도적으로 반복되어 제시되는 것을 말한다. 반복되는 대상들은 작품의 주제를 형성하는 데 기여하는 (^{1} ㅅㅈ)적 의미를 담고 있는 경우가 많다.

구분	예
사건의 반복	"장인님! 인젠 저……." / 내가 이렇게 뒤통수를 긁고, 나이가 찼으니 성례를 시켜 줘야 하지 않겠느냐고 하면, 대답이 늘 / "이 자식아! 성례구 뭐구 미처 자라야지!" 하고 만다. 혼인의 예식을 지냄. 이 자라야 한다는 것은 내가 아니라 장차 내 안해가 될 점순이의 키 말이다. 내가 여기에 와서 돈 한 푼 안 받고 일하기를 삼 년 하고 꼬박이 일곱 달 동안을 했다. (중략) 아내 "너 이 자식, 왜 또 이래, 응?" / "배가 좀 아파서유!" / 하고 풀 우에 슬며시 쓰러지니까 장인님은 약이 올랐다. 저도 논에서 철벙철벙 둑으로 올라오드니 잡은 참 내 멱살을 움켜잡고 뺨을 치는 것이 아닌가……. (중략) 뒷생각은 못 하고 뺨 한 개를 딱 때려 놓고는 장인님은 무색해서 덤덤히 쓰침만 삼킨다. (중략) 작년 이맘때도 트집을 좀 하니까 늦잠 잔다고 돌멩이를 집어 던져서 자는 놈의 발목을 삐게 해 놨다. 사날씩이나 건숭 '끙, 끙' 앓았드니 종당에는 거반 울상이 되지 않았는가……. 일의 마지막 힘들거나 속뜻이 없어 겉으로만 대강대강 함. "얘, 그만 일어나 일 좀 해라. 그래야 올 갈에 벼 잘되면 너 장가들지 않니?" – 김유정, 〈봄·봄〉 → '나'가 점순이와의 혼례를 장인에게 조르는 상황, 장인이 점순이 키를 핑계 대며 혼례를 미루는 상황, '나'가 꾀병을 부리자 장인이 '나'를 달래어 다시 일하게 만드는 상황이 해마다 (^{2} ㅂㅂ)됨.
종결 표현의 반복	이렇게 비 내리는 날이면 원구(元求)의 마음은 감당할 수 없도록 무거워지는 것이었다. 그것은 동욱(東旭) 남매의 음산한 생활 풍경이 그의 뇌리에 영사막처럼 흘러가기 때문이었다. 빗소리를 들을 때마다 원구는 으레 동욱과 그의 여동생 동옥이 생각나는 것이었다. 그들의 어두운 방과 쓰러져 가는 목조 건물이 비의 장막 저편에 우울하게 떠오르는 것이었다. – 손창섭, 〈비 오는 날〉 상을 비춰 볼 수 있는 흰색의 막 → (^{3} ㄱㅇㅇㄷ)(이)라는 동일한 종결 표현을 반복적으로 사용하여 등장인물과 거리를 두려고 하는 서술자의 의도를 드러냄.
발화의 반복	"가자! 가자!" / 미치면 목소리마저 변하는 모양이었다. (중략) 철호는 천천히 골목 안으로 들어섰다. / "가자!" / 철호는 멈칫 섰다. 낮에는 이렇게까지 멀리 들리는 줄은 미처 몰랐던 어머니의 그 소리가 골목 어귀에까지 들려왔다. "가자!" / 그러나 언제까지 그렇게 골목에 서 있을 수도 없는 노릇이었다. 철호는 다시 발을 옮겨 놓았다. 정말 무거운 발걸음이었다. 그건 다리가 저려서만이 아니었다. "가자!" / 철호가 그의 집쪽으로 걸음을 옮겨 놓을 때마다 그만치 그 소리는 더 크게 들려왔다. 가자는 것이었다. 돌아가자는 것이었다. 고향으로 돌아가자는 것이었다. – 이범선, 〈오발탄〉 → 전쟁의 충격으로 실성한 어머니가 습관적으로 외치는 '(^{4} ㄱㅈ)'은/는 말은 실향민이라는 철호 가족의 처지를 환기하고, 고향에 대한 그리움과 현실 부정의 의미를 함축하고 있으며, 비극적 분위기를 조성함

1:1 작품 체험

애호박을 따러 나갔던 시어머니가 별안간 찢어지는 소리를 냈다.

"몰라요, 몰라요. 정말 난 모른단 말예요."

소름이 쪽 끼치고 간담이 서늘해지는 처참한 비명이었다. 그녀도 뛰어나가고 그녀의 남편까지도 엉겁결에 뛰어나갔다. 잠깐 아무도 분별력이 없었다. 저만치 뒷간 모퉁이에 패잔병인 듯싶은 지치고 남루한 인민군 서너 명이 일제히 총부리를 시어머니에게 겨누고 있었다. 그들도 놀란 것 같았다. … 그런데 그들이 무슨 말을 걸기도 전에 시어머니는 그 자리에 꼼짝도 못 하고 못 박힌 채 고개만 미친 듯이 저으며 "몰라요, 난 몰라요."를 딴사람같이 드높고 새된 소리로 되풀이했다. 패잔병 중 한 사람의 눈에 살기가 번뜩이는가 하는 순간 총이 그녀의 남편을 향해 난사됐다. 그녀의 남편은 처참한 모습으로 나동그라지고 그들도 어디론지 도망쳤다. 이런 일은 일순에 일어났다.
싸움에 진 군대의 병사 가운데 살아남은 병사
총 따위를 제대로 겨냥하지 않고 아무 곳에나 마구 쏨.

그 후 거의 실성하다시피 한 시어머니를 오랫동안 극진히 봉양한 끝에 어느 만큼 회복은 됐지만 그때 뒷간 모퉁이에서 죽길 기를 쓰고 흔들어 대던 도리질만은 그때 같은 박력만 가셨다 뿐 멈출 줄 모르는 고질병이 되고 말았다.
정신에 이상이 생겨 본정신을 잃음.
힘 있게 밀고 나가는 힘
– 박완서, 〈겨울 나들이〉

이 작품에서 시어머니는 (^{5} ㄷㄹㅈ)을/를 반복하는 행동을 하는데, 이는 아들을 지키려고 했던 행동으로 인해 결국 아들이 죽는 사건이 벌어진 것에 대한 (^{6} ㅈㅊㄱ)에 따른 행동이다.

작품알통

• **해제**: 여행 중 우연히 만난 고부(姑婦)의 사연을 통해 가족에 대한 사랑을 회복하는 과정을 다룬 소설이다.

• **주제**: 가족애와 삶의 의미에 대한 깨달음

【초성 답】 1 상징 2 반복 3 것이었다 4 가자 5 도리질 6 죄책감

066 사건의 반전

> 일정한 흐름으로 진행되던 이야기의 방향이 다른 방향으로 뒤바뀌는 것

'반전'은 하나의 흐름으로 이야기가 진행되던 중 예상하지 못한 상황이나 인물로 인해 기존의 이야기 흐름이 (1 ㄷㄹ) 방향으로 전개되는 것이다. '반전'은 독자로 하여금 서사적 (2 ㄱㅈㄱ)을/를 느끼게 하고, 앞으로 일어날 일을 암시하기도 한다.

구분	예
소재로 인한 반전	"그놈 종학이는 참말루 쓰겄어! 그놈이 어려서버텀두 워너니 나를 자별하게 따르구, 재주두 있구 남보다 특별하게 구 착실허구, 커서두 내 말을 잘 듣구…… 내가 그놈 하나넌 꼭 믿넌다, 꼭 믿어… 사내자식 이 너처럼 허랑허지만 말구서, 제 줏대만 실헐 양이면 돈을 좀 써두 괜찮은 법이여…… 그래 지가 주관만 제대로 갖추고 있다면 서 지난 달에두 오백 원 꼭 쓸 디가 있다구 핀지히였길래, 두 말 않고 보내 주었다!" 마침 이때, 마당에서 헴헴, 점잖은 밭은기침 소리가 납니다. 창식이 윤 주사가 조금 아까야 일 병이나 버릇으로 소리도 크지 아니하고 힘도 그다지 들이지 않으며 자주 하는 기침 어나서, 간밤에 동경서 온 전보 때문에 억지로 억지로 큰댁 행보를 하던 것입니다. (중략) "동경서? 전보?" / "종학이 놈이 경시청에 붙잽혔다구요!" / "으엉?" – 채만식, 〈태평천하〉 대한 제국 때에, 한성부와 경기도의 경찰 및 소방 업무를 맡아보던 관청 → 윤 직원 영감은 둘째 손자 종학이 유학에서 돌아와 경찰서장이 될 것이라고 믿으며 마지막 희망을 걸고 있는데, 종학이 일본에서 사회주의 운동을 하다가 경시청에 붙잡혔다는 소식을 담은 (3 ㅈㅂ) (으)로 인해 사건이 극전 반전되고 있으며, 이는 윤 직원 영감 가문의 (4 ㅁㄹ)을/를 암시함
인물로 인한 반전	다음 날 아침 동순은 몇 번 사용해 보지도 않은 새 예초기를 들고 처갓집 선산으로 향했다. 풀을 베는 데 쓰는 기계 조상의 무덤 주변의 충고에 따라 장화를 신고 마스크와 선글라스, 장갑, 모자로 중무장을 했으나 아침부터 더워서 죽을 지경이었다. (중략) 도와줄 사람은 아무도 없었고 땀에 젖은 선글라스로는 아무것도 보이지 않았다. 그럴수록 동순의 오기는 강해졌다. 미친 듯 산소 위를 헤매 다녔다. 마침내 해가 저물 무렵에야 일이 끝났다. "언 놈이 처삼촌 산소 벌초를 대충 한다카노. 앞에 있으마 귀때기라도 한 대 올리붙이야 속이 일을 정성들이지 않고 마지못하여 건성으로 함을 비유적으로 이르는 속담 시원할따." 동순은 성취감과 함께 힘들었던 하루에 대해 뿌듯함을 느끼며 이렇게 아내 앞에서 큰소리를 쳤다. 기다렸다는 듯 전화가 걸려 왔다. 손위 처남이었다. "아이고 동상. 아부지가 날 더운데 김 서방 고상한다고 다음에 가자고 하시는구먼. 머 한 보 름쯤 있다가 가실랑가 모르겠네." 다음 날 아침 동순이 일어나 보니 코피가 쏟아졌다. 잇몸이 아파 음식을 씹을 수가 없어 치과 에 갔더니 의사는 과로 탓이라면서 두 달 동안 치료를 해야 할 것이라고 말했다. – 성석제, 〈처삼촌 묘 벌초하기〉 → 처가의 문중 땅을 빌려 생활하던 동순이 처가 어른의 방문 예고에 처가 산소를 무리해서 벌초하지만 성 묘 계획이 연기되었다는 손위 처남의 (5 ㅈㅎ)(으)로 인해 상황이 반전되면서 (6 ㅎㅌㄱ) 을/를 느끼게 됨.

🔴 1:1 작품 체험

그를 우연히 만난 것은 그가 상처(喪
妻)하고 나서도 이삼 년 후 엉뚱하게 정
신대 할머니를 돕기 위한 모임에서였다.
아내의 죽음을 당함.
뜻밖이었지만, 생전의 그의 아내로부터
귀에 못이 박이게 주입된 선입관이 있
만득이가 곱단이를 잊지 못하고 있다는 순애의 말
는지라 그가 그 모임에 나타난 것도 곱
단이하고 연결 지어서 생각되는 걸 어쩔
수가 없었다. 모임이 끝난 후 그가 보이
지 않자 나는 마치 범인을 뒤쫓듯이 허
겁지겁 행사장을 빠져나와 저만치 어깨
를 축 늘어뜨리고 걸어가는 그를 불러
세웠다. 그리고 다짜고짜 따지듯이 재취
아내를 여의었거나 이혼한 후 다시 아내를 맞이함.
장가를 들었느냐고 물었다. (중략)

왜요? 곱단이를 못 잊어서요? 여긴 왜
왔어요? 정신대에 그렇게 한이 맺혔어
요? 고작 한 여자 때문에. 정신대만 아
니었으면 둘이서 혼인했을 텐데 하구요?
참 대단하십니다. (중략)

내가 곱단이를 아직도 잊지 못한다는
건 순전히 우리 집사람이 지어낸 생각이
에요. 난 지금 곱단이 얼굴도 생각이 안
나요. … 내가 곱단이를 그리워했다면
그건 아마 누구에게나 있을 수 있는 젊
은 날에 대한 아련한 향수였겠지요.

– 박완서, 〈그 여자네 집〉

이 작품에서 '나'는 만득이의 아내인 순애가 남편이 첫사랑인 곱단이를 잊지 못해 한평생 고통받았다고 생각하고는 순애의 입장이 되어 비아냥거리며 만득을 비판한다. 하지만 만득이가 곱단이를 잊지 못한다는 것은 순애의 (7 ㅇㅎ)였음이 밝혀지며 극적 (8 ㅂㅈ)을/를 통해 민족사의 비극과 상처라는 주제 의식이 드러나고 있다.

작품 알통

- **해제:** 일제 강점기의 비극적 사건 때문에 헤어진 남녀의 사랑 이야기를 통해 민족 수난의 고통을 그린 소설이다.
- **주제:** 민족사의 비극과 상처

【초성 답】 1 다른 2 긴장감 3 전보 4 몰락 5 전화
6 허탈감 7 오해 8 반전

개념
트레이닝 ZONE

💪 빈칸에 알맞은 말을 쓰며 개념 근육을 키워 보세요!

01

1

족재비가 말했다.

"너 도요새란 새를 아니?"

"도요새라니?"

"박제사 아저씨가 그 새를 좀 구해 오라는 거야." (중략)

"도요새, 도요새라?" (중략)

"도요새 중에도 동진강의 중부리도요가 값이 나가는 모양이야.
<u>전라북도 정읍, 부안을 흐르는 강</u>
희귀하니깐 가수요가 붙었어."
<u>당장 필요가 없으면서도 일어나는 수요</u>
"좋았어. 오늘 널 따라 견습을 해보기로 하지."

나는 족제비를 따라나섰다. … 나는 돈이 필요했다. (중략)

"엄마, 삼만 원쯤 줘. 학관비를 내야겠구, 용돈도 없구."
<u>학교에 내야 하는 돈</u>
"맨날 무슨 돈타령이니. 넌 엄마 낯짝이 돈으로만 뵈니?"

"사실은 오만 원이 필요한데 깎아서 부른걸요. 밤샘하며 라면
만 먹었더니 속도 쓰리구……"

나는 끝말을 죽였다. 늘 구걸하는 게 버릇이 되었다. 정에 약
한 엄마를 이용하는 데는 응석부림이 효과가 있었다.

"공부구 뭐구 때려치워. 형 꼴 좀 봐. 네 형만 보면 억장이 무
너지니……"

하더니, 엄마는 백을 당겨 오천 원권 석 장을 집어냈다. (중략)

아버지는 잘름거리며 쫓음 걸음으로 달려와 내 옆에 섰다.

"저 말야. 돈 오천 원만 빌려 주겠니? 워, 월말이면 돌려줄 테
니." (중략)

"엄마한테 돌려 쓰지, 왜 날보구 이래요? 돈 받아 낼 때 엄마
잔소릴 아버지도 들었잖아요?"

나는 몸을 휙 돌렸다. … 독서실에서 오전을 보내고 오후에는
족제비네 집으로 갈까. 그래서 박제품 수거에나 참가해야지. 나
는 쉽게 결정을 내렸다.

2

오 년 전 그때만 하더라도 나는 수십 마리, 또는 그 이상으로
떼를 이룬 도요새 무리를 볼 수 있었다. 메추라기 같은 몸 모양
에 머리 위와 눈썹 부분이 크림색이던 그 도요새를, 지금 생각
해 보면 중부리도요가 틀림없을 것이다. … 학교 대형 게시판의
제적자 명단에 내 이름이 나붙기는 이 년 전 가을이었다. … 나
<u>학적이나 당적에서 이름이 지워진 사람</u>
는 짐을 챙겨 다시는 서울에 걸음하지 않으리라 결심하고 고속버
스에 올랐다. … 죽음을 거부하면서도 삶답지 못한 생존의 늪
을 허우적거릴 때, 이 도시의 생활환경이 왜 자연을 파손시키느
냐는 또 다른 문제에 관심을 갖게 되었다. 그와 동시에 나는 동
진강 하구의 삼각주 개펄에서 새떼를 만난 것이다. 실의의 낙향

생활로 술만 죽여 내던 내 깜깜한 생활 안으로 나그네새의 울음
소리가 화톳불처럼 살아나기 시작했다. 새가 내 머릿속으로 자유
<u>한데다가 장작 따위를 모으고 질러 놓은 불</u>
자재 날아다녔다. 수백 마리로 떼를 이루어 의식의 공간을 무한
대로 휘저었다. 새 중에서도 동진강 하구에서 자취를 감춘 도요새
였다. 나는 도요새를 찾아 헤매었다. … 병식에게 말한 것처럼
나는 정말 새가 되고 싶었다. 새처럼 모든 구속으로부터 나를 해
방시키고 싶었다.

3

휴전이 됐지만 언젠가는 통일의 날이 올 것이고 그렇게 되면
고향 통천으로 갈 수 있으려니, 하는 환상으로 나를 지탱하며 내
가 처음 정을 붙인 곳이 바다였다. … 나는 막힘없이 탁 트인 바
다 구경을 좋아했고, 그 바다를 보러 다니다가 동진강 하구의 삼
각주가 철새나 나그네새의 유명한 도래지임을 알게 되었다. … 개
펄에 도착하여 모랫바닥에 다리를 뻗고 앉으면 우선 수백 마리
의 새떼들이 아귀아귀 우짖으며 나를 반겼다. 동진읍에 정착했던
그해 가을이던가, 사변 전 고향 땅에서 본 도요새 무리를 동진강
삼각주에서 발견했을 때, 나는 마치 헤어진 부모와 동기간과 약
혼녀를 만난 듯 반가웠다. 너들이 휴전선 위의 통천을 거쳐 여기
<u>북한 강원도의 군</u>
로 날아왔으려니, 하고 대답 없는 물음을 던질 양이면 그만 울컥
사무쳐 오는 향수가 내 심사를 못 견디게 긁어 놓곤 했다. 가져
온 술병을 기울이며 나는 새떼들과 많은 대화를 나누었다. 내가
말하고 내가 새가 되어 대답하는 그런 대화를 누가 이해하리오.
새가 고향 땅의 부모님이 되고, 또는 형제가 되고, 어떤 때는 약
혼자가 되어 나에게 들려주던 그 많은 이야기를 나는 기쁨에 들
떠, 때때로 설움에 젖어 화답하는 그 시간만이 내게는 살아 있는
진정한 시간이었다. 그러나 세월의 부침 속에 고향에 대한 나의
<u>세력 따위가 성하고 쇠함을 비유적으로 이르는 말</u>
향수도 차츰 식어만 갔다. … 그리고 철새나 나그네새는 휴전선
을 넘어 자유로이 왕래하건만 나는 그곳으로 갈 수 없다는 안타
까움만이 해가 갈수록 내 이마에 깊은 주름을 새길 뿐이었다.

– 김원일, 〈도요새에 관한 명상〉

총 4장으로 구성된 이 작품은 1장의 서술자 '나'는 (　　　　), 2장의 서술
자 '나'는 (　　　　), 3장의 서술자 '나'는 (　　　　)이다. 1~3장은 1인칭
(　　　　) 시점으로 서술되었으며, 4장은 외부 서술자에 의해 전지적 작
가 시점으로 서술되어 있다. 이러한 구성은 1인칭 서술자가 자신의 체험을 진
술하여 현실에 대한 인식을 드러낼 뿐만 아니라, 동일한 사건에 대해 서로 다
른 처지에 있는 인물의 입장 (　　　　)을/를 보여 주어 중심 사건에 대응하
는 다양한 인간의 모습을 총체적으로 보여 주는 효과를 지닌다.

구분	병식	병국	아버지
처지	형을 한심하게 생각하는 재수생	명문 대학에서 쫓겨난 후 낙향	실향민
도요새의 의미	돈벌이의 수단	자유와 이상, 지켜야 할 생명	고향에 대한 그리움의 매개체

02

광문(廣文)이라는 자는 거지였다. … 거지 아이들이 다 함께 빌러 나가고 그중 한 아이만이 병이 들어 따라가지 못했다. 조금 뒤 그 아이가 추위에 떨며 숨을 몰아쉬는데 그 소리가 몹시 처량하였다. 광문이 너무도 불쌍하여 몸소 나가 밥을 빌어 왔는데, 병든 아이를 먹이려고 보니 아이는 벌써 죽어 있었다. 거지 아이들이 돌아와서는 광문이 그 애를 죽였다고 의심하여 다 함께 광문을 두들겨 쫓아내니, 광문이 밤에 엉금엉금 기어서 마을의 어느 집으로 들어가다가 그 집 개를 놀라게 하였다. 집주인이 광문을 잡아다 꽁꽁 묶으니, 광문이 외치며 하는 말이,

"나는 날 죽이려는 사람들을 피해 온 것이지 도적질을 하러 온 것이 아닙니다. 영감님이 믿지 못하신다면 내일 아침에 저자에 _{시장} 나가 알아 보십시오."

하는데, 말이 몹시 순박하므로 집주인이 내심 광문이 도적이 아닌 것을 알고서 새벽녘에 풀어 주었다. 광문이 고맙다는 인사를 하고는, 떨어진 거적을 달라 하여 가지고 떠났다. 집주인이 끝내 몹시 이상히 여겨 그 뒤를 밟아 멀찍이서 바라보니, 거지 아이들이 시체 하나를 끌고 수표교(水標橋)에 와서 그 시체를 다리 밑 _{조선 세종 때 물의 깊이를 재기 위해 서울 청계천에 놓은 다리} 으로 던져 버리는데, 광문이 다리 속에 숨어 있다가 떨어진 거적으로 그 시체를 싸서 가만히 짊어지고 가, 서쪽 교외 공동묘지에 다 묻고서 울다가 중얼거리다가 하는 것이었다. … 집주인이 내심 광문을 의롭게 여겨, 데리고 집에 돌아와 의복을 주며 후히 대우하였다. 그리고 마침내 광문을 약국을 운영하는 어느 부자에게 천거하여 고용인으로 삼게 하였다.
_{어떤 일을 맡아 할 수 있는 사람을 그 자리에 쓰도록 소개하거나 추천함.}

오랜 후 어느 날 그 부자가 문을 나서다 말고 자주자주 뒤를 돌아보다, 도로 다시 방으로 들어가서 자물쇠가 걸렸나 안 걸렸나를 살펴본 다음 문을 나서는데, 마음이 몹시 미심쩍은 눈치였다. 얼마 후 돌아와 깜짝 놀라며 광문을 물끄러미 살펴보면서 무슨 말을 하고자 하다가, 안색이 달라지면서 그만두었다. … 그 후 며칠이 지나, 부자의 처조카가 돈을 가지고 와 부자에게 돌려주며,

"얼마 전 제가 아저씨께 돈을 빌리러 왔다가, 마침 아저씨가 계시지 않아서 제멋대로 방에 들어가 가져갔는데, 아마도 아저씨는 모르셨을 것입니다."

하는 것이었다.

이에 부자는 광문에게 너무도 부끄러워서 그에게,
_{도량이 좁고 간사한 사람}
"나는 소인이다. 장자(長者)의 마음에 상처를 주었으니 나는 앞
_{덕망이 뛰어나고 경험이 많아 세상일에 익숙한 어른}
으로 너를 볼 낯이 없다."

하고 사죄하였다.

– 박지원, 〈광문자전〉

아픈 아이를 위해 밥을 빌어 온 일, 죽은 아이를 묻어 준 일, 약국에서 오해를 받았으나 부도덕한 행동을 하지 않은 일 등 광문의 인간됨을 알 수 있는 다양한 (   )을/를 반복적으로 제시하여 (   )에 상관없이 순수하고 신의 있는 성품이 중요하다는 가치관을 보여 주고 있다.

03

[앞부분 줄거리] 소설가인 '나'는 고등학생이던 20년 전 좋아하는 현아에게 마음을 전하고자 자신이 만든 시집을 대신 전해 달라고 친구에게 부탁하지만, 현아가 시집에 반응을 보이지 않자 절망감에 시를 쓰지 않겠다고 결심하고는 시와 거리를 두고 산다. 어느 날 현아로부터 스무 해 동안 갇혀 있던 말들을 돌려주려 한다는 전화를 갑작스레 받고 그녀를 만나러 나간다.

사실 고등학교 졸업 이후 나는 현아가 어떻게 살았는지 아무것도 모른다. 친구 녀석과의 끈을 굳이 잇지 않은 데다 내가 애써 찾지 않았기 때문이다. (중략)

한참 뒤, 고개를 숙이고 있던 현아가 얼굴을 들었다. 눈가가 젖어 있었다. 젖은 눈빛으로 현아가 애써 미소를 지으며 말했다.

"그동안 나 미워했지요?"

나는 아무런 말도 떠오르지 않았다. (중략) 현아가 더듬거렸다.

"음, 남편이, 죽었어요."

"어!"

나는 외마디 소리 말고는 달리 할 말이 없었다. 현아 남편이 누군지도 모르는데 뭐라고 하겠는가.

현아가 다시 더듬거렸다.

"남편의 유품을 정리하다 보니……."
_{고인(故人)이 생전에 사용하다 남긴 물건}
나는 아직도 할 말을 찾지 못했다.

"남편이 죽고 나서야 이 시집이 나한테 전해진 거예요."

"뭐라구?"

남편이 죽고 나서라니? 그렇다면 그 친구 녀석이 현아 남편? 아, 그 녀석도 현아를 좋아했구나. 순간적으로 그때 상황이 재빠르게 재구성되었다. 내 수제품 시집이 현아에게 전달 안 된 것은 어쩌면 아주 당연한 일이었다. 그런데 그 친구는 시집을 왜 내게 다시 돌려주지도 않고 없애 버리지도 않았을까?

"미안해요. 이 세상에 단 한 권뿐인 시집을 이제야 돌려 드리게 되어서. 그때 받았으면 바로 돌려 드렸을 텐데……. 시집 속의 말들이 스무 해 동안이나 갇혀 있느라 무척 힘들었을 거예요. 그래서 이렇게 돌려 드리려고…."

아, 그런데, 나는 무엇이, 아니 누가 이십 년 동안 갇혀 있었던 것인지 알 수 없었다. 나는 공책을 다시 현아 쪽으로 슬며시 내밀었다. 그런 다음 자리에서 일어났다. 그리고 직장을 그만둔 뒤엔 처음으로 이는 어지럼증을 가까스로 참으며 말했다.

"이건 현아 아니면 누구에게도 소용없는 시야. 여기 들어 있는 시는 현아한테만 어울리게 쓰인 것이거든. 현아 남편이 된 그 친구도 그걸 알았기 때문에 나한테 다시 되돌려 주지도 못하고 없애 버리지도 못한 거야. 그러니 시를 쓴 나도 주인이 아니야. 그럼 이만……."

– 박상률, 〈세상에 단 한 권뿐인 시집〉

'나'가 현아에게 전달하려고 했던 시집이 실제로 전달되지 않았으며, 시집을 맡긴 친구가 현아를 좋아했고 그래서 시집이 현아에게 전하지 않았다는 사실을 20년이 지나서야 알게 되는 (   )을/를 통해 순수하고 애틋한 (   )(이)라는 주제가 효과적으로 드러나고 있다.

워밍-UP

🔦 다음 글을 읽고 빈칸에 알맞은 말을 써서 해설을 완성하거나
정오를 판단하세요.

01

"여보, 아이 아버지, 작년에 왔던 제비가 입에 무엇을 물고 와
서 저토록 넘놀고 있으니 어서 나와 구경하오."
〔새나 나비가 오르락내리락하며 날다.〕
흥부가 나와 보고 이상히 여기고 있으려니 그 제비가 머리 위
를 날아들며 입에 물었던 것을 앞에다 떨어뜨린다. 집어 보니 한
가운데 '보은(報恩)박'이란 글 석 자가 쓰인 박씨였다.
〔은혜를 갚음.〕
그것을 울타리 밑에 터를 닦고 심었더니 이삼일에 싹이 나고,
사오일에 순이 뻗어 마디마디 잎이 나고, 줄기마다 꽃이 피어 박
네 통이 열린 것이다. 추석날 아침이었다. 배가 고파 죽겠으니 영
근 박 한 통을 따서 박속이나 지져 먹자하고 박을 따서 먹줄을
〔먹을 묻혀 곧게 줄을 치는 데 쓰는, 먹통에 딸린 실줄〕
반듯하게 긋고서 흥부 내외는 톱을 마주 잡고 켰다. 이렇게 밀거
〔신선의 시중을 든다는 푸른 옷을 입은 사내아이〕
니 당기거니 켜서 ㉠톡 타 놓으니 오색 채운이 서리며 청의동자
〔상서로운(복되고 길한 일이
일어날 조짐이 있는) 구름〕
한 쌍이 나오는 것이었다.
왼손에 약병을 들고 오른손에 쟁반을 눈 위로 높이 받쳐 들고
나온 그 동자들은,
"이것을 값으로 따지면 억만 냥이 넘으니 팔아서 쓰십시오."
라고 말하며 홀연히 사라져 버렸다.
㉡박 한 통을 또 따놓고 슬근슬근 톱질이다. 쓱삭 쿡칵 툭 타
놓으니 속에서 온갖 세간붙이가 나왔다. ㉢또 한 통을 따서 먹
줄 쳐서 톱을 걸고 툭 타 놓으니 순금 궤가 하나 나왔다. 금거
〔장식품을 만드는 누런색 광물〕
북 자물쇠를 채웠는데 열어 보니 황금, 백금, 밀화, 호박, 산호,
〔약재로 쓰기 위해 사향노루의 사향샘을 건조하여 얻는 향료〕
진주, 주사, 사향 누이 가득 차 있었다. 그런데 쏟으면 또 가득
〔약재로 쓰는 붉은색 광물〕
차고 또 가득 차고 해서 밤낮 쏟고 나니 큰 부자가 된 것이다.
㉣다시 한 통을 툭 타 놓으니 일등 목수들과 각종 곡식이 나왔
다. … 이리하여 흥부는 좋은 집에서 즐거움으로 세월을 보내게
되었다.

— 작자 미상, 〈흥부전〉

구분	인물의 행동	행동의 결과물
㉠	박을 탐.	
㉡	박을 탐.	
㉢	박을 탐.	
㉣	박을 탐.	

인물의 반복적 행위와 결과를 나열하여 극적 효과를 높이고 있다. ⓞⓧ

02

〈배반의 여름〉은 '기대 → 배반 → 성장'의 이야기 구조가 반복되고
있습니다. 주인공은 세계에 대한 인식이 성숙하지 못한 소년으로,
아버지에 대해 기대와 믿음을 지니고 있었으나,
그것이 무너져 내리는 배반을 경험합니다.

아버지는 … 내 손목을 잡고 풀장이 있는 데로 갔다. ㉠아버
지와 같이라면 풀도 조금쯤은 덜 무서웠다. … 별안간 내 몸이
공중에 붕 떴다. 나는 비명을 지르면서 아버지에게 엉겨붙었
다. 그러나 아버지는 나를 가볍게 털어냈다. … 마치 웃음이 사
레가 들린 것처럼 격렬하고 괴롭게 아버지는 낄낄댔다. ㉡순간
나는 아버지가 나를 물에 빠뜨려 죽이려 했구나 하고 생각했다.
(중략) 그것은 지독한 배신감이었다. 아버지뿐 아니라 풀도 나를
배신했다. 늘 헤아릴 길 없이 충충한 깊이로 나를 겁주던 풀이
〔흐리고 침침하다.〕
내 한 길도 안 되는 깊이일 줄이야. ㉢배신당한 충격과 분노가
도리어 나에게 수영을 배울 용기가 되었다.

[중략 줄거리] 국민학교 이학년인 '나'는 황금빛 단추가 달린 검은 양복을
입고 출근을 하는 아버지의 모습에서 늠름함과 훌륭함을 느낀다. 그 해
여름 아버지는 어머니의 만류에도 불구하고 '나'를 데리고 출근하겠다고
선언한다.

"여기가 아빠 직장이란다."
큰 집이었지만 그 근처엔 십층도 넘는 집이 수두룩해서 나는
가볍게 실망했다. 아버지와 내가 문 앞에 서자 문이 저절로 열렸다.
㉣나는 아버지를 위해 문을 열어 준 시중꾼을 찾아내려고 두리
번거렸으나 아무도 찾지를 못했다. (중략)
아버지의 당당한 거구와 비상식적인 화려한 옷은 실은 아버지
〔거대한 몸짓〕
의 것이 아니었던 것이다. 넥타이 맨 새앙쥐들의 우월감과 권위
의식을 충족시키기 위한 어릿광대의 의상이었던 것이다.
〔막간에 나와 우습고 재미있는 말이나 행동으로 판을 어울리게 하는 사람〕
나는 그제야 아버지의 방 유리창에 '수위실'이라고 써 있는 걸
읽을 수가 있었다. 그나저나 아버지는 왜 나에게 자기의 어릿광대
질을 보여 주려고 했을까. 높은 분의 아침마중을 끝낸 아버지가
수위실로 들어왔다. 그리고 별안간 낄낄댔다. 웃음이 사레가 들
려 더 지독한 웃음이 되어, 아버지의 웃음은 좀체 멎지를 못했
〔질흙으로 빚어서 구워 만든 질그릇〕
다. ㉤그것은 질자배기 깨지는 소리였으며, 동시에 나의 우상이
깨지는 소리였다. 나는 수위실을 뛰어나왔다.

— 박완서, 〈배반의 여름〉

구분	내용
㉠	아버지가 자신을 지켜 줄 것이라는 '나'의 (　　　)
㉡	아버지에 대한 기대와 (　　　)이/가 무너진 '나'의 반응
㉢	(　　　)이/가 '나'를 성장하게 만드는 계기로 작용
㉣	'아버지'의 (　　　)을/를 확인해 줄 실체를 찾으려는 기대에서 나온 행동
㉤	'나'가 아버지의 직업을 알게 된 후 (　　　)이/가 깨지는 배반을 경험하고 절망감을 느낌.

01

㉠과 ㉡의 쓰임을 고려할 때 질문의 답으로 가장 적절한 것은?

고전 소설에서는 고전 소설만의 독특한 표현이 사용되는 경우가 있습니다. ㉠과 ㉡의 '여차여차하다'도 고전 소설에 자주 나타나는 표현입니다. 그렇다면 작가가 인물의 대사 속에 ㉠과 ㉡처럼 표현하여 얻을 수 있는 효과는 무엇일까요?

제비 황제가 묻기를,

"너는 어이 저느냐?"

제비 여쭙기를,

"소신의 부모가 조선에 나가 흥부의 집에다가 집을 짓고 소신(신하가 임금을 상대하여 자기를 낮추어 이르던 일인칭 대명사) 등 형제를 낳았삽더니, 뜻밖에 구렁이의 변을 만나 소신의 형(갑자기 생긴 재앙이나 괴이한 일) 제는 다 죽고, 소신이 홀로 죽지 않으려고 하여 바르작거리다(고통스러운 일을 벗어나려고 작은 몸을 자꾸 움직이다.) 가 뚝 떨어져 두 발목이 자끈 부러져, 피를 흘리고 발발 떠온 즉, 흥부가 ㉠여차여차하여 다리 부러진 것이 의구하여 이제(옛날 그대로 변함이 없다.) 돌아왔사오니, 그 은혜를 십분지일이라도 갚기를 바라나이다."

(중략) 놀부가 사면에 제비집을 지어 놓고 제비를 들이모니, 그(안쪽으로 몰다) 중 팔자 사나운 제비 하나가 놀부 집에 흙을 물어 집을 짓고 알을 낳아 안으려 할 때, 놀부놈이 주야로 제비집 앞에 대령하여 가끔가끔 만져 보니, 알이 다 곯고 다만 하나가 깨었다. 날기 공부를 힘쓸 때, 구렁이가 오지 않으니, 놀부는 민망 답답하여 제 손으로 제비 새끼를 잡아내려 두 발목을 자끈 부러뜨리고, 제가 깜짝 놀라 이르는 말이,

"가련하다, 이 제비야."

하고 조기 껍질을 얻어 찬찬 동여 뱃놈의 닻줄 감듯 삼층 얼레연줄 감듯 하여 제 집에 얹어 두었더니, 10여 일 뒤에 그 제비가(연줄이나 낚싯줄을 감는 데 쓰는 기구) 9월 9일을 당하여 두 날개를 펼쳐 강남으로 들어가니, 강남 황제가 각처 제비를 점고할 때, 이 제비가 다리를 절고 들어와 엎(명부에 일일이 점을 찍어 가며 사람의 수를 조사하다.) 드렸더니, 황제가 신하로 하여금,

"그 연고를 사실하여 아뢰라."

하시니, 제비가 아뢰되,

"작년에 웬 박 씨를 내어보내어 흥부가 부자 되었다 하여 그 형 놀부놈이 나를 ㉡여차여차하여 절뚝발이가 되게 하였사오니, 이 원수를 어찌하여 갚고자 하나이다."

– 작자 미상, 〈흥부전〉

① 앞에서 전개된 사건의 반복적 진술을 피하게 합니다.

② 장면의 전환을 예고하여 독자의 관심을 이끌어 냅니다.

③ 사건이 실제로 현장에서 일어나는 것처럼 느껴지게 합니다.

④ 하나의 사건을 독자가 다양한 입장에서 생각하도록 유도합니다.

⑤ 인물의 행동을 객관적으로 표현하여 성격을 파악하도록 합니다.

02

㉠~㉤에 대한 설명으로 적절하지 않은 것은?

[앞부분 줄거리] 윤창권은 가족과 함께 일제 치하의 고향을 떠나 만주 장쟈워푸에서 황무지를 개간하는 조선 이주민 집단에 합류한다.

깊은 겨울엔 땅 속이 한 길씩 언다. 얼기 전에 삼십 리 대간선(도로, 철도, 수로, 전선 따위의 산업 기본 시설에서 중심이 되는 큰 간선) 은 째어 놓아야 내년 봄엔 물이 온다. ㉠이것을 실패하면 황무지엔 잡곡이나 뿌릴 수밖에 없고, 그 면적에 잡곡이나 뿌려 가지고는 그 다음해 먹을 수가 없다.

창권이넨 새로 와서 지리도 어둡고, 가역(家役)도 끝나기 전이(집을 짓거나 고치는 일) 라 동네에서 제일 가까운 구역을 맡았다. ㉡한 삼 마장 길이 되(오 리나 십 리가 못 되는 거리를 이를 때, '리' 대신 쓰는 거리의 단위) 는 대간선의 끝 구역이었다. 그것을 쿨리 다섯 명을 데리고, 넓(19세기에 식민지에서 육체노동에 종사했던 하층의 중국인이나 인도인 노동자) 이 열두 자, 깊이 다섯 자로, 얼기 전에 뚫어 놔야 한다. 여간 대규모의 수리 공사가 아니다. 창권은 가역 때문에 처음 얼마는 쿨리들만 시키었으나, 날이 자꾸 추워지는 것이 겁나 집일 웬만한 것은 어머니와 아내에게 맡기고 봇도랑 내는 데만 전력하였다.(논에 물을 대기 위한 시설인 보에 물을 대거나 빼게 만든 도랑) ㉢쿨리들은 눈만 피하면 꾀를 피웠다. 우묵한 양지쪽에 앉아 이를 잡지 않으면 졸고 있었다. 빨리 하라고 소리를 치면 그들도 알아들을 수 없는 말로 마주 투덜대었다. (중략)

'마적떼 아닌가!' … 뭐라고 각기 제대로 떠들고 삿대질이더니(청나라 말기에 만주 지방에서 활동하며, 말을 타고 떼를 지어 다니던 도둑) 창권을 봇도랑 바닥에 고꾸라뜨린다. 창권이뿐 아니라 봇도랑 일을 하던 쿨리들도 붙들어 가지고 힐난이다. 봇도랑을 못 내게 하(트집을 잡아 거북할 만큼 따지고 듦.) 는 모양이다. ㉣그러자 윗구역에서, 또 그 윗구역에서 여깃말 할 줄 아는 조선 사람들이 내려왔다. 동리에서도 조선 사람들이 소리를 지르며 나타났다. 창권은 눈이 째지게 놀랐다. 윗구역에서 내려오는 조선 사람 하나가 괭이를 둘러메고 여기 토민들 몰켜(토착민 → 대대로 그 땅에서 살고 있는 백성) 선 데로 뭐라고 여깃말로 호통을 치면서 그냥 닥치는 대로 찍으려 덤벼드는 것이다. (중략)

'여기선 저력해야 사나 부다! 아니, 이 봇도랑은 우리 목줄이 아니고 뭐냐!'

아까 둥덜미를 맞고, 멱살을 잡히고 한 분통이 와락 터진다.(무릎의 구부러지는 오목한 안쪽 부분) ㉤다리 오금이 날갯죽지처럼 뻗는다.

"덤벼라! 우린 여기서 못 살면 죽긴 마찬가지다!"

– 이태준, 〈농군〉

① ㉠: 가정과 예상되는 결과를 연쇄적으로 제시하여 상황의 시급함을 강조하고 있다.

② ㉡: 작업의 규모와 기한을 밝혀 '창권'의 부담을 구체화하고 있다.

③ ㉢: 행동 묘사를 통해 '쿨리들'의 불성실한 면모를 구체적으로 드러내고 있다.

④ ㉣: 유사한 문장을 반복하여 상황의 반전이 시작되는 지점을 부각하고 있다.

⑤ ㉤: 비유를 통해 '창권'이 느낀 두려움을 생생하게 표현하고 있다.

공부한 날	월 일 요일
맞은 개수	/ 6

작품	No	작품을 읽고 빈칸에 알맞은 말을 쓰시오.

작품

　다음날 아침, 신새벽부터 밭에 나갔던 강 노인은 그만 입을 쩍 벌리고 선
채 말을 잃었다. 세상에 이런 법은 없었다. 이제 손가락만 한 고추 모종이 깔
려 있는 밭에 여기저기 연탄재들이 나뒹굴고 있지 않은가. 겨울 빈 밭에 내
다 버리는 것이야 그럴 수 있다 치더라도 목숨이 붙어 자라고 있는 밭에 연
탄재를 내던진 것은 명백히 짐승의 처사였다. 반상회 끝의 독기 어린 동네 사
람들이 저지른 것임은 대번에 알 수 있었지만 아무리 그렇다 하여도 이런 짓
거리까지 해 댈 줄이야 짐작도 못 했던 강 노인이었다. (중략)

날이 새기 시작하는 새벽

　도로 청소원인 김 씨가 아침밥을 먹으러 들어오면서 보니 강 노인은 검정
고무신이 벗겨진 줄도 모르고 손바닥으로 연탄재를 끌어 모으느라 정신이 없
었다. 밤사이 밭에 무슨 일이 있었는지 눈여겨보지 않아 알 턱이 없었던 김
씨가 인사랍시고 던진 말은 더욱 가관이었다.

꼴이 볼만하다는 의미로, 남의 언행이나 어떤 상태를 비웃는 뜻임.

　"영감님네 땅을 내놓으셨다면서요? 그런데 뭘 그리 열심히 가꾸십니까. 이
내 넘길 거라면서……."

　"아니, 누가 그런 소릴 해?" / 시뻘건 얼굴을 홱 돌리며 벽력같이 고함을
지르는 통에 김 씨가 움찔 뒤로 물러났다.

　"어젯밤 반상회에서 댁의 며느님이 그러셨다는데요? 저도 우리집 여편네한
테 들은 소리라서."

　더 들어볼 것도 없이 강 노인은 곧장 집으로 뛰어갔다. (중략)

　땅을 팔았다는 소문이 번지면서 큰아들 용규에게 빚을 준 동네 사람들이
강 노인에게 몰려왔다. 은혜 엄마까지 꼭 여덟 명이었다. … 그들은 한결같이
강 노인 땅을 믿고 빌려준 돈이니까 책임을 져야 한다고 우겨대면서 땅을 판
적이 없다는 그의 말을 도무지 믿으려 하지 않았다.

　"그 못난 놈이 공장까지 담보로 잡혀 먹었대요. 최신 기계 설비만 갖추면

채무 불이행 때 채무의 변제를 확보하는 수단으로 채권자에게 제공하는 것

돈 벌리는 게 눈에 보이는 사업이라는데……. 은행 대출도 기간이 차서 경
고장이 날아왔답니다."

　이판사판이라고 마누라도 이젠 감추지 않고 잘도 털어놓는다. 용규가

막다른 데 이르러 어찌할 수 없게 된 지경　　말과 행동으로 위협하는 짓

그 모양이니 처가에서까지 돈을 끌어댄 용민이는 어쩌겠느냐고 숫제 으름장
이었다. / "땅은 안 돼, 안 팔아!"

처음부터 차라리, 또는 아예 전적으로

　"고집 좀 그만 부리고 우선 집 앞에 거라도 떼어 팔아 발등의 불이라도 꺼

봅시다. 다 자식 잘되라고 하는 짓인데 왜 그러우?"

눈앞에 닥친 다급한 일

　"자식 놈들 뒷바라지에 땅 다 날려 보낸 걸 몰라!"

　입씨름에 지친 마누라가 눈물 바람을 하다가 용문이 방으로 건너가 버린

말로 옳고 그름을 가리는 다툼

뒤, 강 노인은 그 밤 오래도록 잠을 이루지 못하고 뒤척여만 했다.

　　　　　　　　　　　　　　　　　　　　　　　　　　　　– 양귀자, 〈마지막 땅〉

01　주요 인물은 누구인가?

강 노인 (강만성)	원미동 일대에서 지주라고 불리는 노인으로, 원래는 많은 땅을 소유했으나 자식들을 위해 일부를 팔아 버리고 (　　　　) 남은 땅을 지키려고 하는 인물
경국이 엄마	강 노인의 며느리로, 반상회에서 강 노인이 땅을 팔 것이라는 (　　　　)을/를 낸 장본인
마누라	강 노인의 아내로, (　　　　)을/를 위해 땅을 팔고 편하게 살자며 강 노인을 부추기는 인물

02　중심 사건은 무엇인가?

반상회 다음날 강 노인은 자신의 밭에 (　　　　)이/가 뿌려진 것을 보게 되고 김 씨로부터 강 노인의 (　　　　)이/가 땅을 팔 것이라는 말을 했다는 이야기를 들음. 마을 사람들은 강 노인의 며느리와 아들에게 빌려준 돈을 받고자 강 노인을 찾아오고, 강 노인은 땅을 팔지 않겠다며 갈등함.

03　인물의 심리와 태도는 어떠한가?

강 노인은 자신의 밭에 연탄재가 뿌려진 것과 며느리가 땅을 판다고 이야기한 것으로 인해 (　　　　)하고, 자식들을 위해 땅을 팔라는 아내와 갈등하며 땅 팔기를 완강하게 거부함.

04　'원미동'이라는 배경의 의미는 무엇인가?

연작 소설 〈원미동 사람들〉의 배경인 원미동은 전국 각지에서 옮겨 온 사람들이 넉넉지 못한 살림을 살며 힘겹게 살아가고 있는 공간이며, 다양하고 풍부한 삶의 표정을 가지고 있는 (　　　　)의 생활상을 담고 있는 평범하고 보편적인 삶의 공간임.

05　인물 간의 인식 차이는 어떠한가?

강 노인	삶의 위안을 주고, (　　　　)을/를 기르는 재미를 알게 하며, 절대적 가치가 있는 대상

↑

땅

↓

강 노인의 가족	빚을 갚을 수 있는 (　　　　)인 물질적 가치
마을 사람들	• 강 노인 아들과 며느리에게 빌려준 돈을 받을 수 있는 (　　　　)적 가치 • 강 노인의 땅에 번듯한 건물이 들어올 경우 집값이 올라 (　　　　)을/를 볼 수 있게 되는 물질적 가치

06　이 작품의 주제는 무엇인가?

(　　　　)을/를 둘러싼 인물들의 가치관 갈등과 대립

III 전개 방식

오늘의 수능 국어 트레이닝 끝!

067 사건의 실마리

일이나 사건을 풀어 나갈 수 있는 첫머리

'실마리'는 감겨 있거나 헝클어진 실의 첫머리를 말한다. 즉, 엉켜 있는 실을 풀려면 실이 시작되는 부분을 찾는 것이 먼저인 것처럼 상황 전개가 시작되기 위한 계기나 해결되지 않는 문제 상황, 사건 등이 해결된 기미를 보이는 (¹ ㅊㅇ) 부분을 '실마리'라고 한다.

실마리는 다른 말로 '단서'라고 할 수 있습니다. '단서'란 어떤 문제를 해결하는 방향으로 이끌어 가는 일의 첫 부분 또는 어떤 일의 시초를 말합니다. 작품 속에서 실마리를 찾는 일은 이야기가 전개되는 방향을 찾는 일과 같습니다.

구분	예
과거 회상의 실마리인 경우	나는 나와 마주 앉은 그를 매우 흥미 있게 바라보고 또 바라보았다. (중략) "어디서 오시는 길입니까?" / "흠, 고향에서 오누마." 하고 그는 휘 한숨을 쉬었다. 그러자, 그의 신세타령의 실마리는 풀려 나왔다. 그의 고향은 대구에서 멀지 않은 K군 H란 외딴 동리였다. 한 백 호 남짓한 그곳 주민은 전부가 역둔토를 파먹고 살았는데 역둔토로 말하면 사삿집 땅을 붙이는 것보다 떨어지는 것이 후하였다. (개인 소유의 집 / 역에 딸린 소작지와, 지방에 주둔하는 군대의 경비를 조달하기 위한 소작지) — 현진건, 〈고향〉 ➡ '나'가 그에게 던진 질문이 그가 (² ㄱㅎ)에 대한 이야기를 시작하는 계기가 됨.
인물이 사건 해결의 실마리인 경우	"이놈아! 너 왜 남의 닭을 때려 죽이니?" / "그럼 어때?" / 하고 일어나다가, "뭐 이 자식아! 누 집 닭인데? / 하고 복장을 떼미는 바람에 다시 벌렁 자빠졌다. (중략) "요담부터 또 그래 봐라, 내 자꾸 못살게 굴 테니." (가슴의 한복판) "그래 그래 이젠 안 그럴 테야!" / "닭 죽은 건 염려 마라, 내 안 이를 테니." 그리고 뭣에 떠다밀렸는지 나의 어깨를 짚은 채 그대로 퍽 쓰러진다. — 김유정, 〈동백꽃〉 ➡ '나'가 점순이네 닭을 때려 죽이지만, 점순이가 이르지 않을 테니 걱정하지 말라고 말함으로써 '나'와 점순이 간에 (³ ㅎㅎ)의 실마리가 제시됨.
비현실적 요소가 사건 해결의 실마리인 경우	이때 날이 이미 저물고 갈 길이 바이 없으매, 슬픔을 이기지 못하여 실혼한 사람같이 앉았더니, 또 비몽사몽간에 아까 보이던 도사가 다시 이르되, (몹시 두려워서 정신을 잃음. / 복숭아나무가 많은 정원) "죽림 도원 본집으로 가면 자연 반가운 소식이 있을 것이니 급히 황성으로 가라." (대나무로 이루어진 숲) 하고 간 데 없거늘, 상서가 깨어 공중을 향하여 무수 사례한 후, 그 밤을 지내고 이튿날 길을 떠나 여러 날 만에 죽림 도원 본집으로 가니, 집은 여구하나 장원이 퇴락하고 후뜰에 초목이 무성하여 사람 자취 그친 지 오랜지라. (집이나 일정한 공간을 둘러막기 위하여 흙, 돌, 벽돌 따위로 쌓아 올린 것 / 모양이나 상태가 옛날과 같음.) — 작자 미상, 〈어룡전〉 ➡ 상서가 갈 곳을 몰라 하며 막막해 하고 있을 때, 꿈속에서 도사가 등장해 앞으로 어떻게 행동하면 되는지를 알려 줌으로써 문제를 해결하도록 도움을 주고 있으니, (⁴ ㅂㅎㅅ)적 요소가 사건 해결의 실마리로 작용한 경우에 해당됨.

1:1 작품 체험

[앞부분 줄거리] '나(동만)'의 외가 식구들은 6·25전쟁 때문에 '나'의 집으로 피란 와 친가 식구들과 함께 살게 된다. 어느 날 국군인 외삼촌의 전사 소식이 전해지자 외할머니는 빨갱이들은 다 죽으라고 저주를 퍼붓는데, 이 때문에 빨치산 삼촌을 아들로 둔 할머니의 분노를 사게 된다. 할머니는 삼촌이 아무 날 아무 시에 아무 탈 없이 돌아온다는 점쟁이의 말을 믿고 그날을 위해 가족들을 들볶으며 준비를 한다.

"아악!" / 외마디 비명을 지르면서 마치 헌 옷가지가 구겨져 흘러내리듯 그렇게 마루 위로 고꾸라지는 할머니의 모습을 나는 목격했다. … ㉠난데없는 구렁이의 출현으로 말미암아 우리 집은 삽시에 엉망진창이 되어 버렸다. … 구렁이는 움쩍도 하지 않았다.

㉡"자네 노친 양반께서 자네가 이러고 있는 꼴을 보면 얼마나 가슴이 미여지겠능가."

외할머니는 꼭 산 사람을 대하듯 위를 올려다보면서 조용조용히 말을 건네고 있었다. … ㉢이때 울바자 너머에서 어떤 아낙네가 뱀을 쫓는 묘방을 일러 주었다. 모습은 안 보이고 목소리만 들리는 그 여자는 머리카락을 태워 냄새를 피우면 된다고 소리쳤다. — 윤흥길, 〈장마〉

㉠	기다리던 삼촌 대신 구렁이가 출현한 사건 ➡ 갈등 (⁵ ㅎㅅ)의 실마리 제공
㉡	외할머니가 할머니를 걱정하며 구렁이를 달래는 모습 ➡ 가족 간 (⁶ ㅎㅎ)의 실마리 제공
㉢	뱀을 쫓는 방법을 알려 주는 아낙네 ➡ (⁷ ㅅㄱ) 해결의 실마리 제공

작품 알통

• 해제: 한국 전쟁에서 비롯된 한 가족의 비극적 갈등을 토속신앙과 가족애로 극복하는 과정을 그린 소설이다.

• 주제: 전쟁으로 인한 가족의 비극과 극복

【초성 답】 1 처음 2 고향 3 화해 4 비현실 5 해소 6 화해 7 사건

068 사건의 암시·복선

앞으로 일어날 사건을 미리 독자에게 넌지시 알려 간접적으로 나타내는 표현

소설에서의 암시, 즉 '복선'이란 뒤에 일어날 사건에 (1 ㅍㅇㅅ)을/를 부여하기 위해 어떠한 사건이나 상황을 미리 마련하여 사건을 미리 짐작하게 하는 서사적 장치이다. 어떤 사건이 갑자기 우연하게 일어나는 것이 아니라 미리 뒤에 사건이 일어날 (2 ㄱㄴㅅ)이/가 있음을 밝혀 두는 것이다. 즉, 나중에 일어날 사건의 가능성을 시사하여 앞으로 어떤 일이 일어날 것임을 암시하는 것이다. 복선의 장치들이 복선으로서의 역할을 제대로 수행하기 위해서는 독자가 예상했던 상황이나 결과가 작중에서 실현되어야 한다.

우연은 원인을 밝히지 않고 결과만을 제시했을 때 발생하는데, 우연에 의한 사건의 발생은 이야기 흐름이 끊어진 듯한 느낌을 주어 작품의 몰입을 방해하기도 합니다. 한편 사건의 원인과 결과가 제시되더라도 시간상 너무 가깝게 제시되면, 이야기의 매력이 떨어집니다. 따라서 사건의 원인을 앞에서 먼저 은근히 제시한 다음 독자들이 원인을 잊어버렸을 때쯤 결과를 제시하면 독자의 흥미를 유지할 수 있으며 이야기의 구성이 필연적이라는 느낌을 줄 수 있습니다.

구분	예
비극적 결말 암시	'오늘은 나가지 말아요. 내가 이렇게 아픈데.' / 이런 말이 잉잉 그의 귀에 울렸다. 그리고 병자의 움쑥 들어간 눈이 원망하는 듯이 자기를 노려보는 듯하였다. (중략) "왜 이러우? 기차 놓치겠구먼." / 하고 탄 이의 초조한 부르짖음이 간신히 그의 귀에 들어왔다. 언뜻 깨달으니 김 첨지는 인력거 채를 쥔 채 길 한복판에 엉거주춤 멈춰 있지 않은가. 수레의 양 옆으로 길게 댄 나무 - 현진건, 〈운수 좋은 날〉 → 아픈 아내의 만류에도 불구하고 돈을 벌기 위해 나온 인력거꾼 김 첨지가 아내의 말을 떠올리는 장면으로, 아내의 말은 (3 ㅈㅇ)을/를 암시하며 결말의 비극성을 알려 주는 복선의 기능을 함
행복한 결말 암시	어느 날 저녁이었다. 옥영의 꿈에 장육금불(丈六金佛)이 나타나 분명하게 말했다. 크기가 1장(丈) 6척(尺)이나 되는 금으로 칠한 불상 "삼가 죽지 않도록 해라. 후에 반드시 기쁜 일이 있을 것이다." 옥영은 깨어나 그 꿈을 기억해 내고는 전혀 희망이 없는 것은 아니라고 생각했다. 그래서 마침내 억지로라도 밥을 먹으며 죽지 않고 살아남았다. - 조위한, 〈최척전〉 → 옥영이 절망에 빠져 있을 때 꾼 (4 ㄲ)은/는 행복한 결말을 맞을 것이라는 복선의 역할을 함
사건의 전개 방향 암시	황만근이 없어졌다. 새벽에 혼자 경운기를 타고 집을 나간 황만근은 늘 들일을 나가면 돌아오는 시각인 저물녘에 돌아오지 않았다. 술을 마시고 취하더라도 열두 시가 될락 말락 한 한밤이면 돌아왔는데 이번에는 아니었다. 평생 단 하루 외박한 뒤 돌아왔던 그 시각, 횃대의 닭이 울음을 그치는 아침이 되어도 돌아오지 않았다. 옷을 걸 수 있게 만든 막대 - 성석제, 〈황만근은 이렇게 말했다〉 → 평소에 규칙적이고 착실한 생활 태도를 보여 준 황만근이 없어진 상황이 이상한 상황임을 언급하여 사태의 (5 ㅅㄱㅅ)을/를 암시함

1:1 작품 체험

[앞부분 줄거리] 할머니와 어린 '나'는 밤마다 집 앞을 지나며 울부짖는 절름발이 사내가 참전한 '둘째 삼촌'을 데려갈 저승사자라고 생각하며 적대감을 드러낸다. 그러던 어느 날 '나'는 친구인 주호를 따라 시립 병원에 가서 전쟁에 나가 다리를 잃은 한 청년을 보게 된다.

사내의 얼굴은 대낮부터 벌겋게 상기되어 있었다. 기형의 그 흉측스런 오른쪽 뺨만 아니라면 지난날 틀림없이 미남 소리를 들었을 법한, 매우 잘생긴 얼굴 바탕의 새파란 청년이었다. 어쩐지 우리 둘째 삼촌하고 비슷한 인상으로 느껴졌다.
"내가 개냐, 도야지냐? 요따위를 음식
돼지
이라고 날더러 먹으라는 거냐?"
식탁 위의 식판을 노려보며 청년이 식당 안에다 요란하게 천둥을 내리쳤다.
"이 자식들이 나라에 몸 바친 나를 뭘로 알고!" (중략)
그리고 얼마 후에 둘째 삼촌이 나무로 된 보조 장구를 양쪽 겨드랑이에 낀 모습으로 집에 돌아왔다. 나는 반가움보다 두려움이 더 앞서는 마음으로 둘째 삼촌의 오른쪽 뺨 부위를 일삼아 쳐다
주로 좋지 않은 일을 계속하다.
보고 또 쳐다봐야만 했다.

– 윤흥길, 〈묘지 근처〉

이 작품에서 '흉측스런 오른쪽 뺨'과 '어쩐지 우리 둘째 삼촌하고 비슷한 인상으로 느껴졌다.'는 '둘째 삼촌의 오른쪽 뺨 부위를 일삼아 쳐다보고 또 쳐다봐야만 했다.'와 연결되어 앞으로 일어날 사건을 (6 ㅇㅅ)하는 역할을 한다.

작품 알통

- 해제: 이 작품은 환갑을 앞둔 초등학교 동창생들이 저마다 겪은 한국 전쟁과 관련된 이야기를 돌아가며 하는 형식의 연작 소설로, 그 중 유만재의 어린 시절의 이야기이다.
- 주제: 어린 아이의 눈에 비친 전쟁의 비극성

【초성 답】 1 필연성 2 가능성 3 죽음 4 꿈 5 심각성 6 암시

069 대립 구도

인물의 의견이나 처지, 속성 따위가 서로 반대되거나 모순되는 관계에 있는 이야기의 짜임새

'대립 구도'는 서로 상반되는 두 인물이나 대상이 (1 ㄷㅈ)되는 입장에 놓여 있거나 그러한 양상을 보이는 것이다. 선인과 악인의 대립 구도가 분명하게 드러나는 경우나 인물의 성격이나 가치관의 대립을 보여 주는 사건을 중심으로 이야기가 전개되는 대립 구도는 이야기의 (2 ㄱㄷ)을/를 부각하는 서사적 장치로서 기능한다.

예

인물 대립	"그래, 그 돈은 갚는다는 거야, 안 갚을 작정야? 넌 세도 좋은 젊은 서방을 믿고 그 떠세루 남의 돈을 무쪽같이 떼 먹으려 드나 부다마는, 김옥임이두 그렇게 호락호락하지는 않아……." (중략) 재물이나 힘 따위를 내세워 젠체하고 억지를 쓰는 짓 "누가 안 갚는대냐? 돈두 중하지만 이게 무슨 꼬락서니냔 말야." 정례 어머니는 그래도 달래서 뒷골목으로 끌고 들어가려 하였다. "난 돈밖에 몰라. 내일모레면 거리로 나앉게 된 년이 체면은 뭐구, 우정은 다 뭐냐?" (중략) "이렇게 말씀드리면 교장 선생님부터가 어떻게 들으실지 모르지만 김옥임이가 그렇게 되다니 불쌍해 못 견디겠어요. 예전에 셰익스피어의 원서를 끼구 다니구, '인형의 집에 신이나 하구, 엘렌케이의 숭배자요 하던 그런 옥임이가, 동냥자루 같은 돈 전대를 차구 나서면 세상이 모두 노랑 돈닢으로 보이는지? 어린애 코 묻은 돈푼이나 바라고 이런 구멍가게에 나와 앉았는 나두 불쌍한 신세이지마는, 난 옥임이가 가엾어서 어제 울었습니다. 난 살림이나 파산 지경이지 옥임이는 성격 파산인가 보드군요……." 스웨덴의 사상가이자 작가인 여성 운동가 노르웨이 극작가 헨리크 입센의 희곡으로 여성 운동에 영향을 줌. 돈이나 물건을 넣어 허리에 매거나 어깨에 두르기 편하도록 만든 자루 – 염상섭, 〈두 파산〉 → 광복 직후 혼란한 시대를 살아가는 두 인물의 서로 다른 삶과 (3 ㄱㅊㄱ)의 대립을 통해 파산에 이르게 만든 사회 구조적 모순과 물질만능주의를 비판함.	**김옥임** 정례 모친과 함께 일본 유학을 다녀온 신여성으로, 경제적으로 살 궁리를 하기 위해 돈놀이에 나선 물질 만능주의자이자 이기적이고 탐욕적인 정신적 파산자 **정례 모친** 일본 유학을 다녀온 신여성으로 경제 활동을 하지 않는 남편을 대신해 문구점을 차리지만 운영이 어려워 빚을 지고 가게를 넘기게 되는 경제적 파산자	
공간 대립	그 집 ― 그늘 많은 얼굴들이 살던 그 집에서 나는 나 자신 속에서 꿈틀거리는 안주에의 동경을 의식하지 않을 수 없었다. 그것은 그 사람들의 헤어날 길 없는 생활 속에 내가 휩쓸려 들어가게 되는 것이 무서웠기 때문이었던 모양이다. 그러나 그곳을 뚝 떠나서 이 한결같은 곡이 한결같은 악기로 연주되는 집에 오자 그것은 견디어 낼 수 없는 권태와 이 집에 대한 혐오증으로 형체를 바꾸는 것이었다. 뛰어나게 힘이 센 사람 – 김승옥, 〈역사(力士)〉 → 질서와 가풍을 중시하는 양옥집(새 하숙집)과 가난하지만 생명력이 활기찬 창신동 하숙집(구 하숙집)이라는 두 공간의 대립을 통해 현대인의 기계적인 일상에 대한 (4 ㅍㅈ)이라는 주제 의식을 드러냄.	**그 집** 가난하지만 자유가 있는 구 하숙집 ↓ **이 집** 안락하지만 부자유스러운 새 하숙집	

🌐 1:1 작품 체험

아들은, 의사인 아들은, 마치 환자에게 치료 방법을 이르듯이, 냉정히 차분차분히 이야기를 시작하였다. … 시골에 땅을 둔 대야 일 년에 고작 삼천 원의 실리가 떨어질지 말지 하지만 땅을 팔아다 병원만 확장해 놓으면, 적어도 일 년에 만 원 하나씩은 이익을 뽑을 자신이 있는 것, 돈만 있으면 땅은 이담에라도, 서울 가까이라도 얼마든지 좋은 것으로 살 수 있는 것…… 아버지는 아들의 의견을 끝까지 잠잠히 들었다. (중략)

"난 서울 갈 생각 없다."

"네?"

"천금이 쏟아진대두 난 땅은 못 팔겠다. … 땅이란 걸 어떻게 일시 이해를 따져 사구팔구 허느냐? 땅 없어 봐라, 집이 어딨으며 나라가 어딨는 줄 아니? 땅이란 천지만물의 근거야. 돈 있다구 땅이 뭔지두 모르구 욕심만 내 문서 쪽으로 사 모기만 하는 사람들, 돈놀이처럼 변리만 생각허구 제 조상들과 그 땅과 어떤 인연이란 건 도시 생각지 않구 헌신짝 버리듯 하는 사람들, 다 내 눈엔 괴이한 사람들루 밖엔 뵈지 않드라."
남에게 돈을 빌려 쓴 대가로 치르는 돈(= 이자)

– 이태준, 〈돌다리〉

이 작품은 땅을 금전적 가치이자 물질적 수단으로 보는 (5 ㅇㄷ)와/과 땅에 대한 애착을 가진 농부인 (6 ㅇㅂㅈ)의 가치관 대립을 통해 물질만을 중시하는 세태를 비판하고 있다.

작품 알통

- **해제:** 땅을 둘러싸고 드러나는 아버지와 아들의 가치관 대립을 통해 물질만을 중시하는 세태를 비판하는 소설이다.
- **주제:** 물질주의적 가치관에 대한 비판

【초성 답】 1 대조 2 갈등 3 가치관 4 풍자 5 아들 6 아버지

개념 트레이닝 ZONE

🔶 빈칸에 알맞은 말을 쓰며 개념 근육을 키워 보세요!

01

　　가까이 와 보니 과연 나의 짐작대로 우리 수탉이 피를 흘리고 거의 빈사지경에 이르렀다. 닭도 닭이려니와 그러함에도 불구하고 눈 하나 깜짝 없이 고대로 앉아서 호드기만 부는 그 꼴에 더욱 치가 떨린다. 동네에서도 소문이 났거니와 나도 한때는 걱실걱실히 일 잘 하고 얼굴 예쁜 계집애인 줄 알았더니 시방 보니까 그 눈깔이 꼭 여우새끼 같다.

　　나는 대뜸 달려들어서 나도 모르는 사이에 큰 수탉을 단매로 때려 엎었다. 닭은 푹 엎어진 채 다리 하나 꼼짝 못 하고 그대로 죽어 버렸다. 그리고 나는 멍하니 섰다가 점순이가 매섭게 눈을 홉뜨고 닥치는 바람에 뒤로 벌렁 나자빠졌다.

　　"이놈아! 너 왜 남의 닭을 때려죽이니?"

　　"그럼 어때?"

하고 일어나다가,

　　"뭐 이 자식아! 누 집 닭인데?"

하고 복장을 떼미는 바람에 다시 벌렁 자빠졌다. 그리고 나서 가만히 생각을 하니 분하기도 하고 무안도스럽고, 또 한편 일을 저질렀으니, 인젠 땅이 떨어지고 집도 내쫓기고 해야 되는지 모른다.

　　나는 비슬비슬 일어나며 소맷자락으로 눈을 가리고는, 얼김에 엉 하고 울음을 놓았다. 그러나 점순이가 앞으로 다가와서,

　　"그럼 너 이담부턴 안 그럴 테냐?"

하고 물을 때에야 비로소 살길을 찾은 듯싶었다. 나는 눈물을 우선 씻고 뭘 안 그러는지 명색도 모르건만

　　"그래!"

하고 무턱대고 대답하였다.

　　"요담부터 또 그래 봐라, 내 자꾸 못 살게 굴 테니."

　　"그래그래. 인젠 안 그럴 테야!"

　　"닭 죽은 건 염려 마라, 내 안 이를 테니."

　　그리고 뭣에 떠다밀렸는지 나의 어깨를 짚은 채 그대로 픽 쓰러진다. 그 바람에 나의 몸뚱이도 겹쳐서 쓰러지며 한창 피어 퍼드러진 노란 동백꽃 속으로 폭 파묻혀 버렸다.

　　알싸한, 그리고 향긋한 그 냄새에 나는 땅이 꺼지는 듯이 온 정신이 고만 아찔하였다.

– 김유정, 〈봄·봄〉

점순이가 닭싸움을 붙여 놓은 모습을 보고 화가 난 '나'는 뒷일을 생각하지 않고 점순네 닭을 때려 죽인 후 겁이 나 울지만, "그럼 너 이담부터 안 그럴 테냐?"라는 점순이의 말이 두 인물이 극적으로 (　　　　　)하게 되는 실마리의 기능을 하고 있다.

02

　　"오빠, 편히 사시오."

　　계연은 이미 시뻘겋게 된 두 눈으로 성기의 마지막 시선을 찾으며 하직 인사를 했다.

　　성기는 계연의 이 말에 꿈을 깬 듯, 마루에서 벌떡 일어나 계연의 앞으로 당황히 몇 걸음 어뜩어뜩 걸어오다간 돌연히 다시 정신이 나는 듯, 그 자리에 화석처럼 발이 굳어 버린 채, 한참 동안 장승같이 계연의 얼굴만 멍하게 바라보고 있었다.

　　— 그해 아직 봄이 오기 전, 보는 사람마다 성기의 회춘을 거의 다 단념하곤 하였을 때, 옥화는 이왕 죽고 말 것이라면, 어미의 맘속이나 알고 가라고, 그래 그 체 장수 영감은, 서른여섯 해 전 남사당을 꾸며 와 이 화개 장터에 하룻밤을 놀고 갔다는 자기의 아버지임에 틀림이 없었다는 것과 계연은 그 왼쪽 귓바퀴 위의 사마귀로 보아 자기의 동생임이 분명하더라는 것을 통정하노라면서, 자기의 왼쪽 귓바퀴 위의 같은 검정 사마귀까지를 그에게 보여 주었다. 옥화는 잠깐 말을 그쳤다. 성기는 두 눈에 불을 켠 듯한 형형한 광채를 띠고, 그 어머니의 얼굴을 쳐다보고 있었다. (중략)

　　성기는 아무런 말도 없이 도로 자리에 드러누워 버렸다.

　　그러고 나서 한 달포나 넘어 지난 뒤였다.

　　성기가 좋아하는 여러 가지 산나물이 화갯골에서 연달아 자꾸 내려오는 이른 여름의 어느 장날 아침이었다. 두릅회에 막걸리 한 사발을 쭉 들이켜고 난 성기는 옥화에게,

　　"어머니, 나 엿판 하나만 맞춰 주."

하였다.

　　"……."

　　옥화는 갑자기 무엇으로 머리를 얻어맞은 듯이 성기의 얼굴을 멍하니 바라보고 있었다.

　　그런 지도 다시 한 보름이나 지나, 뻐꾸기는 또다시 산울림처럼 건드러지게 울고, 늘어진 버들가지엔 햇빛이 젖어 흐르는 아침이었다. 새벽녘에 잠깐 가는 비가 지나가고, 날이 다시 유달리 맑게 갠 '화개 장터' 삼거리 길 위에서, 성기는 그 어머니와 하직을 하고 있었다.

– 김동리, 〈역마(驛馬)〉

"어머니, 나 엿판 하나만 맞춰 주."라는 말은 계연과 이별 후 절망에 빠졌던 성기가 이별의 이유를 알게 된 후 운명에서 벗어날 수 없음을 인정하게 되었음을 의미한다. 따라서 이 말은 성기가 자신의 앞날을 확신하게 된 데서 오는 심리적 안정감의 표현이자 (　　　　　) 해소의 실마리 기능을 하는 표현이다.

03

이년! 이 백 번 죽어두 쌀 년! 앓는 남편두 남편이디만, 어린 자식을 놔두구 그래 도망을 가? 것두 아들놈 같은 조수놈하구서……. (중략)

송 영감은 잠들기 전보다 더 머리가 무겁고 언짢았다. 애가 종내 훌쩍훌쩍 울기 시작했다. 오, 오, 하며 송 영감은 잠꼬대 속에서처럼 애를 끌어안았다. 자기의 더운 몸에 별나게 애의 몸이 찼다. 벌써부터 이렇게 얼려서 될 말이냐고, 송 영감은 더 바싹 애를 껴안았다. 그리고 홀쩍이는 이제 일곱 살 난 애를 그렇게 안고 있는 동안 송 영감은 다시 이 어린것을 두고 도망간 아내가 새롭게 괘씸했다. 아내와 함께 여드름 많던 조수가 떠올랐다. 그러자 그 아들 같은 조수에게 동년배의 사내가 느끼는 어떤 적수감이 불길처럼 송 영감의 괴로운 몸을 휩쌌다.

송 영감 자신이 집중 잡히지 않는 병으로 앓아누웠기 때문에 조수가 이 가을로 마지막 가마에 넣으려고 거의 혼자서 지어 놓다시피 한 중옹 통옹 반옹 머쎄기 같은 크고 작은 독들이 구월 보름 가까운 달빛에 마치 하나하나 도망간 조수의 그림자같이 느껴졌을 때, 송 영감은 벌떡 일어나 부채 방망이를 들어 모조리 깨부수고 싶은 충동을 받았으나, 다음 순간 내일부터라도 자기가 독을 지어 한 가마 채워 가지고 구워 내야 당장 자기네 부자가 살아갈 것이라는 생각이 미치면서는, 정말 그러는 수밖에 다른 도리가 없다고 지그시 무거운 눈을 감아 버렸다.

날이 밝자 송 영감은 열에 뜬 머리를 수건으로 동이고 일어나 앉아 애더러는 흙 이길 왱손이를 부르러 보내 놓고, 왱손이 올 새가 바빠서 자기 손으로 흙을 이겨 틀 위에 올려놓았다. 송 영감의 손은 자꾸 떨렸다. … 왱손이가 흙을 이겨 주는 대로 중옹 몇 개를 지어 냈다.

그러나 차차 송 영감의 솜씨에는 틈이 생기기 시작했다. 더구나 조마구와 부채 마치로 두드려 올릴 때, 퍼뜩 눈앞에 아내와 조수의 환영이 떠오르면 짓던 독을 때리는지 아내와 조수를 때리는지 분간 못하는 새, 독이 그만 얇게 못나게 지어지곤 했다. 그리고 전을 잡는 손이 떨려, 가뜩이나 제일 힘든 마무리의 전이 잘 잡혀지지를 않았다. 열 때문도 있었다. 송 영감은 쓰러지듯이 짓던 독 옆에 눕고 말았다.

– 황순원, 〈독 짓는 늙은이〉

송 영감은 도망간 아내와 조수에 대해 분노와 배신감을 느끼지만 다시 독을 짓기 시작한다. 그런데 송 영감의 솜씨에 (   )이/가 생기기 시작했다는 것은 예전과 같이 독을 지을 수 없음을 의미하고, 이는 송 영감과 아들 당손이의 (   )이/가 앞으로 어려워질 것임을 암시하는 복선이라고 할 수 있다.

04

율대가 의기양양하여 피화당을 겁칙하려 달려드니, 불의에 하늘이 어두워지며 흑운(黑雲)이 자욱하고 뇌성벽력(雷聲霹靂)이 진동하며, 좌우 전후에 늘어섰던 나무들이 일시에 변하여 무수한 갑옷 입은 군사가 되어 점점 에워싸고, 가지와 잎이 변하여 기치창검(旗幟槍劍)이 되어 상설(霜雪) 같으며, 함성 소리가 천지 진동하는지라. 율대가 대경하여 급히 내달아 도망치려 한즉, 벌써 칼 같은 바위가 높기는 천여 장이나 되어 앞을 가려 겹겹이 둘러싸이니, 전혀 갈 길이 없는지라.

율대 혼백(魂魄)을 잃어 어찌할 줄 모르더니, 방 안에서 한 여인이 칼을 들고 나오면서 꾸짖기를,

"너는 어떠한 도적인데, 이러한 중지(重地)에 들어와 죽기를 재촉하느냐?"

율대가 합장 배례(合掌拜禮)하며,

"귀댁 부인이 뉘신지 알지 못하거니와, 덕분에 살려 주옵소서."

대답하기를,

"나는 박 부인의 시비거니와, 우리 아씨 명월 부인이 조화(造化)를 베풀어 너를 기다린 지 오랜 지라. 너는 극악(極惡)한 도적이라. 빨리 목을 늘이어 내 칼을 받아라."

율대가 그 말을 듣고 대로하여, 칼을 들어 계화를 치려 하되, 경각에 칼 든 팔이 힘이 없어 놀릴 길이 없는지라. 하는 수 없어 하늘을 우러러 탄식하기를,

"대장부가 세상에 나서 만리타국에 대공(大功)을 바라고 왔다가, 오늘날 조그마한 계집의 손에 죽을 줄 어찌 알았으리오."

(중략) 차시, 박 부인이 계화로 하여금 적진을 대하여 크게 외쳐 왈,

"무지한 오랑캐 놈아, 내 말을 들으라. 너의 왕은 우리를 모르고 너 같은 구상유취(口尙乳臭)를 보내어 조선을 침노하니, 국운이 불행하여 패망(敗亡)을 당하였거니와 무슨 연고로 아국 인물을 거두어 가려 하느냐. 만일 왕비를 모셔 갈 뜻을 두면 너희 등을 함몰(陷沒)할 것이니 신명을 돌아보라."

하거늘, 호장이 차언(此言)을 듣고 소왈(笑曰),

"너의 말이 가장 녹록(碌碌)하도다. 우리 이미 조선 왕의 항서(降書)를 받았으니 데려가기와 아니 데려가기는 우리 장중(掌中)에 달렸으니 그런 말은 구차(苟且)히 말라."

– 작자 미상, 〈박씨전〉

병자호란을 배경으로 여성 영웅 박씨 부인의 활약상을 통해 민족의 상처와 패배 의식을 극복하려는 의도로 창작된 작품이다. (   )적 인물로 뛰어난 능력을 발휘하는 박씨 부인과 조선을 침략한 호국의 장수인 용골대·용율대 형제를 선인과 악인의 (   ) 구도로 설정하여 주제를 효과적으로 구현하고 있다.

 워밍-UP

👐 **다음 글을 읽고 빈칸에 알맞은 말을 써서 해설을 완성하거나 정오를 판단하세요.**

01

가마귀 눈비 마자 희는 듯 검노매라

야광명월(夜光明月)이 ㉠밤인들 어두우랴
밤에 밝게 빛나는 달
님 향(向)한 ㉡일편단심(一片丹心)이야 고칠 줄이 이시랴
한 조각의 붉은 마음이라는 뜻으로, 진심에서 우러나오는 변치 아니하는 마음

– 박팽년

이 작품은 단종 복위를 꾀하다가 옥에 갇힌 작가가 세조의 회유를 뿌리치며, 권력을 탐하는 이들의 위선적 태도를 비판하려는 의도를 드러내고 있습니다. 

구분	함축적 의미	시대적 의미
㉠		세조가 ( )을/를 몰아내고 왕위에 오른 시대 상황 암시
㉡		세조의 회유를 뿌리치고 ( )에 대한 충의를 지키려는 지조와 절개

02

[앞부분 줄거리] 왕언의 딸 왕시는 홍관 땅의 김유령을 만나 혼인을 했지만 나라의 늙은 신하에 의해 이별하게 되었다. 화산 도사를 만난 김유령이 아내를 만나게 도와 달라고 부탁하자, 도사는 김유령과 왕시를 죽인 후 김유령만 다시 살려내고는 왕시를 살릴 방법을 알려 준다. 그러나 왕시가 살아나지 않자, 도사는 신인(神人)들에게 귀신들을 데리고 가 왕시의 시신을 화산 밑에 두고 오라고 시킨다.

도사가 그 푸른 옷 입은 사람에게 말했다.

"저 귀신을 데리고 왕시의 무덤을 파내 화산 밑에다가 두고 와라."

그러자 푸른 옷 입은 놈이 그 귀신을 데리고 갔다. 이윽고 북방의 검은 옷 입은 사람더러 말했다.

"옛집에 가서 무빙 등 왕시를 알던 종들을 다 잡아다가 유희국
왕시의 하녀
에다가 두어라."

그러자 하직하고 가는 것이었다. 도사가 김유령더러 말했다.

"㉠이제야 그대의 소원이 이루어질 것이다. 내려가라. 다만 왕시의 종들을 다 잡아온 것은 행여 일이 생기면 네가 잘못될 것이므로 죽여 온 것이니 서러워 말라."

– 작자 미상, 〈왕시전〉

㉠이라고 도사가 말하는 장면에서, 남녀 주인공이 다시 만나는 행복한 결말을 암시하고 있음을 알 수 있겠군. ⓞⓧ

03

(가) 금붕어는 아롱진 거리를 지나 어항 밖 대기를 건너서 지나 해의
타이완, 필리핀, 인도차이나반도에 둘러싸여 있는 해역

한류를 끊고 헤엄쳐 가고 싶다. 쓴 매개를 와락와락
삼키고 싶다. 옥도빛 해초의 산림 속을 검푸른 비눌을 입고
요오드 빛(갈색)
상어에게 쪼겨 댕겨 보고도 싶다.

금붕어는 그러나 작은 입으로 하늘보다도 더 큰 꿈을 오므려
죽어 버려야 한다. 배설물의 침전처럼 어항 밑에는
금붕어의 연령만 쌓여간다.
금붕어는 오를래야 오를 수 없는 하늘보다도 더 먼 바다를
자꾸만 돌아가야만 할 고향이라 생각한다.

– 김기림, 〈금붕어〉

(나) 아버지는 내가 법관이 되기를 원하셨고
가난으로 평생을 찌드신 어머니는
아들이 돈을 잘 벌기를 바라셨다
그러나 어쩌다 시에 눈이 뜨고
애들에게 국어를 가르치는 선생이 되어
나는 부모의 뜻과는 먼 길을 걸어왔다
나이 사십에도 궁티를 못 벗은 나를
궁한 모양이나 태도
살 붙이고 살아온 당신마저 비웃지만
서러운 것은 가난만이 아니다
우리들의 시대는 없는 사람이 없는 대로
맘 편하게 살도록 가만두지 않는다
세상 사는 일에 길들지 않은
나에게는 그것이 그렇게도 노엽다

– 정희성, 〈길〉

구분	대비되는 상황		정서
(가)	어항 속에 갇힌 상황	↔ 바다에서 자유로운 상황	이상 세계에 대한 동경과 ( )
(나)	법관이 되거나 돈을 잘 버는 상황	↔ 자신이 원하는 삶을 사는 상황	현실 인식과 추구하는 삶에 대한 ( )

(가)와 (나)는 모두 대비되는 상황을 제시하여 주제 의식을 강조하고 있다. ⓞⓧ

01

다음 글을 감상한 내용으로 적절하지 <u>않은</u> 것은?

임금이 듣고 말했다.

"너의 재주가 그러하면 한번 구경하고자 하니 시험하여 특별히 재주를 보여 주면 네 원대로 해 주겠다."

우치가 아뢰기를,

"신의 재주를 구경하시겠다면 시험하겠습니다마는 전하께서 놀라실까 하옵니다."

임금이 말했다. / "그것은 염려하지 말고 시험하라."

우치가 재주를 부리는데, 이윽고 천지가 자욱하며 지척을 분별치 못하게 되었다. 임금이 괴이히 여기다가 주위를 둘러보니, 갑자기 맑은 바람이 일어나며 구름과 안개가 걷히고 날씨가 명랑하였다. (중략)

이어 피리 소리 한 곡조에 사면으로부터 선녀와 선관들이 무수히 다가오고 있었다. 임금이 그제야 기이하다 싶어 자세히 보니 바람이 그치며 물결이 잔잔한데, 그 선관 선녀들이 혹 표주박도 타고, 혹 연잎도 타고, 혹 고래도 타고, 혹 수레도 타고 들어오더니 배를 한데 대고 말했다.

"조선국 왕은 우리를 모르십니까? 첫째는 일각로요, 둘째는 이태백이요, 그 나머지는 신선들 아무아무입니다. 왕이 인간 세상에 내려와 연기를 쏘이더니 눈이 어두워져서 전생에 함께 놀던 벗을 모르도다."

선녀를 명하여 술을 청해 올리기에, 임금이 웬일인지 모르고 술을 받아 마시니, 정신이 상쾌하여 전생 일이 생각났다. 전생의 태을선(太乙仙)으로 인간 세상에 귀양 온 일과 그때 같이 놀던 벗들이 그제야 생각났다. 임금이 반겨 손을 잡고 그간 그리던 심정을 이야기하니 모든 선관이 대답했다.

"태을선은 인간 세상의 재미 어떠한고? 손오공의 도술로 이곳에 와서 옛날 친구를 만나니 우치의 덕이로다."

임금이, / "묻노니, 우치는 어떠한 사람인고?"

하니, 선관이 말했다.

"우치는 손오공이라. 하늘나라와 지하와 수궁을 모두 출입하는 재주를 품었으니 업신여기지 말라. 우리는 때가 늦어서 돌아가니 이후에 다시 만나자."

이어 잔치 끝내는 노래를 피리로 불며 이별하였다. 임금이 바라보니, 선관 선녀들이 각각 배를 띄우고 가는데, 풍랑이 크게 일어나고 채색 구름이 두르니, 지척을 분별할 수 없어 가는 곳을 알지 못하였다. 이윽고 구름과 안개가 걷히며 햇빛이 빛나니, 임금이 그제야 살펴보았다. 그 사이에는 만첩태산이 둘러 있고 층암절벽이 반공에 달렸는 듯한데, 굽은 노송은 광풍에 흐트러져 넓은 바위를 덮은 가운데 자신이 홀로 앉아 있었다. 임금이 속으로 생각하되 '내가 아까 풍랑 중에 죽을 것을 선동이 구하여 살아났더니, 알지 못하겠도다, 어찌 이곳에 왔는고? 그러나 인적이

없고 산세는 험하니 가히 슬프도다.' 하며, 장차 돌아갈 길이 막연하여 탄식하고 있었다.

뜻밖에 백호가 입을 벌리고 달려들기에, 임금이 놀라 엎드려졌다. 그때 시녀들이 놀라 모셔다가 붙들어 앉히자, 임금이 다시 정신을 차려 보니, 자신은 전상(殿上)의 왕좌에 앉아 있는데, 주위의 여러 신하가 시위하고, 우치가 땅에 엎드려 있었다. 임금이 속으로 생각하되, '내가 반드시 잠을 들어 괴이한 춘몽을 꾸었도다.' 하시고, 신하들더러 물었다.

"과인이 그 사이에 잠을 들었던가?"

여러 신하가,

"전하께서 잠드신 적 없사옵니다."

하고 아뢰었지만, 임금이 그런 줄을 알지 못하였다. 우치가 머리를 조아리며 사례하여 아뢰었다.

"전하께서는 영주 삼신산(三神山)을 보시니 어떠하옵디까? 그러하오나, 바다 가운데서 풍랑에 고생을 하시고 봉래산 바위 위에서 백호를 만나시니 두렵지 아니하셨습니까?"

임금이 그제야 우치의 도술에 속은 줄 알고, 크게 칭찬하기를,

"너의 재주는 진실로 고금에 없도다."

하고 신하들에게 자신이 겪었던 일을 자세히 이야기하니 다 듣고 모두가 신통하게 여겼다.

이때, 임금이 하교하되,

"이 애를 불가불 대국에 잡아 보낼 터이니 제 원대로 할 수 밖에 없다."

하고, 전중보를 즉시 석방해 임금의 뜻을 전하고는 강원 감사를 제수하였다.

– 작자 미상, 〈전우치전〉

고전 소설 중에는 초월적 능력을 지닌 인물이 도술을 사용하여 '현실 세계'에서는 경험할 수 없는 '환상 세계'를 만드는 경우가 있습니다. 이러한 환상 세계는 현실에서 이루어질 수 없는 상황이 전개되거나 거기에서 벌어지는 일을 현실 세계의 사람들이 인식하지 못한다는 점에서 환상성을 지닙니다.

① 우치는 자신의 초월적 능력을 발휘하여 '현실 세계'에서 경험할 수 없는 '환상 세계'를 만들어냈군.

② '환상 세계'에서도 임금이 여전히 조선의 왕으로 설정되어 있다는 점에서 '현실 세계'와 관련을 맺고 있군.

③ 우치의 도술로 임금이 '환상 세계'를 경험한 일을 '현실 세계'의 신하들이 인식하지 못한다는 점에서 환상성을 확인할 수 있군.

④ '환상 세계'의 경험이 임금에게 '현실 세계'의 우치를 인정하도록 만드는 실마리가 되고 있다는 점에서 사건의 이어짐을 확인할 수 있군.

⑤ 임금이 '환상 세계'에서 우치를 만나 벗이 된 일을 '현실 세계'에서 잊어버리고 있다는 점에서 환상성이 강조되고 있다고 볼 수 있군.

호루라기 관장님의
하드 트레이닝

공부한 날	월	일	요일
맞은 개수			/ 7

작품	No	작품을 읽고 빈칸에 알맞은 말을 쓰시오.

작품

남을 사랑하는 사람이 되고 싶었는데
남보다 나를 더 사랑하는 사람이
되고 말았다.

ⓐ
　┌ 가난한 식사 앞에서
　│ 기도를 하고
　│ 밤이면 고요히
　└ 일기를 쓰는 사람이 되고 싶었는데
구겨진 속옷을 내보이듯
매양 허물만 내보이는 사람이 되고 말았다.

사랑하는 사람아
ⓑ ┌ 너는 내 가슴에 아직도
　└ 눈에 익은 별처럼 박혀 있고
ⓒ ┌ 나는 박힌 별이 돌처럼 아파서
　└ 이렇게 한 생애를 허둥거린다.

– 문정희, 〈비망록〉

---

01 시적 화자는 누구이며, 어떤 상황에 놓여 있는가?

시적 화자	자신을 더 사랑했던 과거를 후회하는 (　　　)
상황	사랑하는 사람과 이별한 후, (　　　)이었던 자신의 삶을 성찰하고 있음.

02 시적 화자의 정서와 태도는 어떠한가?

이기적이고 허물 많던 자신의 과거 행동을 (　　　)하며, 사랑했던 사람을 잊지 못하고 아파함.

03 대립 구조를 통해 시상은 어떻게 전개되는가?

소망(이상)		실제(현실)
남을 사랑하는 사람이 되고 싶었음.		남보다 (　　　)을/를 더 사랑하는 사람이 됨.
가난한 식사 앞에서 기도를 하고 싶었음.	↔	
밤이면 고요히 일기를 쓰고 싶었음.		매양 (　　　)만 내보이는 사람이 됨.

→ 화자는 스스로 그려 왔던 이상적인 모습과 현재의 자신이 매우 다른 모습임을 '소망(이상) ↔ 실제(현실)'의 대립 구조로 보여 줌.

04 다음 의미의 시어는 무엇인가?

아름답고 소중한 존재인 사랑하는 사람	
사랑의 대상을 온전히 받아들이지 못하고 그보다 자신을 더 사랑했던 이기적인 사랑에 대한 회한과 자책감	

05 다음 시구의 의미는 무엇인가?

ⓐ	소박한 일상에 감사하며 (　　　)을/를 통해 성숙해 가는 사람이 되고 싶었음.
ⓑ	내가 사랑하는 사람인 너는 예전과 다름없이 (　　　)처럼 아름답고 소중한 존재로 나에게 남아 있음.
ⓒ	나는 사랑하는 사람보다 자신을 더 사랑했던 것에 대한 회한 때문에 가슴속에 (　　　)처럼 응어리가 생겨 아파하면서 살아가고 있음.

06 반복되어 운율을 형성하는 통사 구조는 무엇인가?

07 이 작품의 주제는 무엇인가?

이기적이었던 과거에 대한 (　　　)와/과 이별의 아픔

070 사건·주제의 이면

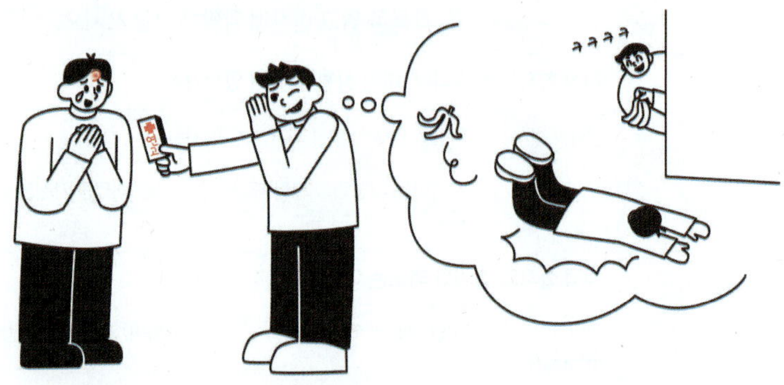

> 겉으로 드러나 보이는 의미에 가려져 드러나지 않거나 보이지 않는 사건이나 주제

'이면'은 원래 물체의 (1 ㄷㅉ) 면이라는 뜻으로, 사건의 다른 면이나 작가가 진짜 말하고 싶은 주제가 겉으로 드러나지 않는 것이다. 이면적 의미는 내용을 파악하거나 의미를 알아 가는 과정에서 확인할 수 있으며, 때로는 작가가 독자나 시대의 반응을 고려하여 의도적으로 말하고 싶은 내용을 숨겨 두기도 한다.

구분	예
사건의 이면	응오는 진실한 농군이었다. 나이 서른하나로 무던히 철났다 하고 동리에서 쳐 주는 모범 청년이었다. 그런데 벼를 베지 않는다. 남은 다들 거둬들였고 털기까지 하련만 그는 벨 생각조차 않는 것이다. 지주든 혹은 그에게 장리를 놓은 김 참판이든 뻔질 찾아와 벼를 베라 독촉하였다. 조선 시대에 육조에 둔 종이품 벼슬 돈이나 곡식을 꾸어 주고, 받을 때에는 한 해 이자로 본디 곡식의 절반 이상을 받는 변리 "얼른 털어서 낼 건 내야지." / 하면 그 대답은, / "계집이 죽게 됐는데 벼는 다 뭐지유." 하고 한결같이 내뱉는 소리뿐이었다. 하기는 응오의 아내가 지금 기지사경이매 틈은 없었다 하더라도 거의 죽을 지경에 이름. 돈이 놀아서 약을 못 쓰는 이판이니 진시 벼라도 털어야 할 것이다. 그러면 왜 안 털었던가……. 드물어서 구하기 어려워 / 진작 그것은 작년 응오와 같이 지주 문전에서 타작을 했던 친구라면 묻지는 않으리라. 한 해 동안 애를 졸이며 홀자식 모양으로 알뜰히 가꾸던 그 벼를 거둬들임은 기쁨에 틀림없었다. 꼭두새벽부터 엣, 하나뿐인 자식 / 장리로 갚기로 하고 꾸는 쌀 엣 하며 괴로움을 모른다. 그러나 캄캄하도록 털고 나서 지주에게 도지를 제하고, 장리쌀을 제하고, 남의 논밭을 빌려서 부치고 논밭을 빌린 대가로 해마다 내는 벼 색초를 제하고 보니 남는 것은 등줄기를 흐르는 식은땀이 있을 따름. 그것은 슬프다 하기보다 끝없이 잡초를 없애는 데 들어간 비용 부끄러웠다. 같이 털어 주던 동무들이 뻔히 보고 섰는데 빈 지게로 덜렁거리며 집으로 돌아오는 건 진정 열적기 짝이 없는 노릇이었다. 참다 참다 못해 응오는 눈에 눈물이 흘렸던 것이다. 열적다. 좀 겸연쩍고 부끄럽다. 가뜩한데 엎치고 덮치더라고 올해는 고나마 흉작이었다. 샛바람과 비에 벼는 깨깨 비틀렸다. 이놈 뱃사람들의 은어로, 동풍을 이르는 말 을 가을하다간 먹을 게 남지 않음은 물론이요, 빚도 다 못 가릴 모양. 에라, 배라먹을 거. 너들끼리 캐 농작물을 거두어들이다. 다 먹든 말든 멋대로 하여라, 하고 내던져 두지 않을 수 없었다. 벼를 거뒀다고 말만 나면 빚쟁이들은 우우 몰려들 거니깐……. — 김유정, 〈만무방〉 → 응오는 추수철이 되었는데도 벼를 베지 않으며 아내가 아프기 때문이라는 핑계를 표면적 이유로 대는데, 이면적 이유는 벼를 베어도 남는 것이 (2 ㅇㄴ) 현실 때문임을 알 수 있음.
주제의 이면	어사또 분부하되, / "얼굴 들어 나를 보라." / 하시니, 춘향이 고개 들어 대상(臺上)을 살펴보니 대의 위 걸객(乞客)으로 왔던 낭군, 어사또로 뚜렷이 앉았구나. (중략) 이때 어사또는 좌도와 우도의 읍들을 몰락한 양반으로서 의관을 갖추고 다니며 얻어먹는 사람 순찰하여 민정을 살핀 후에 서울로 올라가 임금께 절을 하니, 판서, 참판, 참의들이 입시(入侍)하시어 대궐에 들어가서 임금을 뵘. 보고서를 살핀다. 임금께서 크게 칭찬하시며 즉시 이조 참의(吏曹參議) 대사성(大司成)을 봉하시고, 춘향으로 정렬부인(貞烈夫人)을 봉하신다. — 작자 미상, 〈춘향전〉 조선 시대에, 정조와 정조를 굳게 지킨 부인에게 내리던 칭호 → 내용상 춘향과 이몽룡의 사랑을 중심으로 이야기가 전개되므로 두 남녀의 신분을 초월한 사랑이 표면적 주제이나, 춘향이 이몽룡과 사랑을 이루려는 것은 하층민인 기생 신분에서 벗어나 (3 ㅅㅂ ㅅㅅ)하려는 욕구가 반영된 것이므로 이면적 주제는 민중의 신분 상승에 대한 욕망이라고 할 수 있음.

초시는 이날 저녁에 박희완 영감에게서 들은 이야기를 딸에게 하였다. … 일
❶ 과거 첫 시험에 급제한 사람 ❷ 유식한 양반
년 안에 청장(淸帳)을 하더라도 최소한
장부를 청산한다는 뜻으로, 빚을 깨끗이 갚음.
도로 오십 배 이상의 순이익이 날 것이라고 장담하였다. 딸은 솔깃했다. 사흘 안에 연구소 집을 어느 신탁(信託) 회사
재산 관리와 처분을 남에게 맡기는 일
에 넣고 삼천 원(三千圓)을 돌리기로 하였다. 초시는 금시 발복(發福)이나 된 듯
운이 틔어서 복이 닥침.
뛰고 싶게 기뻤다.

일 년이 지났다.

모두 꿈이었다. 꿈이라도 너무 악한 꿈이었다. … 박희완 영감을 통해 알고 보니 그 관변 모 씨에게 박희완 영감부터
정부나 관청 쪽. 또는 그 계통
속아 떨어진 것이었다. 축항 후보지로 측량까지 하기는 하였으나 무슨 결점으
지형의 높낮이, 면적 따위를 재는 일
로인지 중지되고 마는 바람에 너무 기민하게 거기다 땅을 샀던, 그 모씨가 그
눈치가 빠르고 동작이 날쌔게
땅 처치에 곤란하여 꾸민 연극이었다.

(중략)

"아니……?"

참의는 우선 미닫이를 닫고 눈을 비비
조선 시대 군사 관련 기관인 훈련원의 벼슬
고 초시를 들여다보았다. 안 초시는 벌써 아니요, 안 초시의 시체일 뿐, 둘러보니 무슨 약병인 듯한 것 하나가 굴러져 있다. 참의는 한참만에야 이 일이 슬픈 일인 것을 깨달았다. — 이태준, 〈복덕방〉

이 작품에서 안 초시가 죽은 표면적 이유는 부동산 투자 실패에 따른 절망감 때문이나 사건의 이면에 숨겨진 이유는 가족인 딸로부터의 소외와 시대의 흐름에 적응하지 못한 (4 ㅈㅈㄱ) 때문이라고 할 수 있다.

작품 알통

- 해제: 일제 강점기의 근대화 과정에서 소외된 노년 세대의 가난과 좌절, 세대 간 가치관 대립을 비극적으로 그린 작품이다.
- 주제: 근대화에서 소외된 세대의 좌절과 비애

【초성 답】 1 뒤쪽 2 없는 3 신분 상승 4 좌절감

071 사건의 전말·정황

처음부터 끝까지 일이 진행되어 온 경과 또는 사정이나 상황

사건의 전말이나 정황은 현재의 상황이 벌어지기 전에 어떤 일이 있었는지를 알려 줌으로써 작품 속 상황에 대해 비어 있는 정보를 (1 ㅂㅊ)하는 기능을 하고, 독자가 알고 있는 정보가 늘어남으로써 작중 상황을 이해하는 데 도움이 된다.

구분	예
인물을 통한 전말 제시	도대체 무슨 일일까. 호기심을 이기지 못한 나는 가게 옆구리의 샛문을 통해 안을 들여다보았다. 그새 사내의 발길에 차여 버린 도망자가 바닥에 엎어져 있었고 김 반장이 만약을 위해 사내 주변의 맥주 박스를 방안으로 져 나르면서 뭐라고 소리치고 있었다. 　"김 형, 김 형…… 도와주세요." (중략) 　"이 새끼, 아는 사이요? 그러면 당신도 한번 맛 좀 볼 텐가?" 　맥주병을 거꾸로 쳐들고 빨간 셔츠가 소리 질렀다. 김 반장의 얼굴이 대번에 하얗게 질려 버렸다. 　"무, 무슨 소리요? 난 몰라요! 상관없는 일에 말려들고 싶지 않으니까 나가서들 하시오." (중략) 　나는 김 반장네 가게 일을 거들어 주고 난 뒤 비치파라솔 밑의 의자에 앉아 뭔가를 읽고 있는 몽달 씨에게로 갔다. (중략) 　"그날 밤에 난 여기에 앉아서 다 봤어요." / "무얼?" 　"김 반장이 아저씨를 쫓아내는 것……." 　순간 몽달 씨가 정색을 하고 내 얼굴을 쳐다보았다.　　　　　　　　　　– 양귀자, 〈원미동 시인〉 → '나('게 정도의 소녀')'는 우연히 몽달 씨가 불량배들에게 폭행을 당하는데도 김 반장이 자신에게 피해가 올까 봐 외면하는 모습을 (2 ㅁㄱ)하는 바람에 몽달 씨에게 벌어진 사건의 전말을 알게 됨.
서술을 통한 전말 제시	그는 그 비단잉어 회식 사건이 있고 두어 달 만에 나타났는데, 그날이 바로 그가 그동안 벼르고 별러 온 그 그룹 소속 운전사들의 정상으로부터 하야를 한 날이었다. <u>시골로 내려간다는 뜻으로, 관직이나 정계에서 물러남.</u> 사단의 전말은 다음 <u>처음부터 끝까지 일이 진행되어 온 경과</u>과 같았다. 　총수는 본디 각근하고 신실한 불교 신자였다. … 총수는 자택에도 불당을 두고 있었다. … 이 불당의 청소를 맡고 있던 것이 유자였다. <u>매우 극진하고</u> … 불상의 먼지를 찍어 내려오던 그의 손이 항마촉지 <u>악마를 항복하게 한다는 의미의 부처의 손동작으로 왼손을 무릎에, 오른손은 땅을 가리키는 모양</u> (降魔觸地)한 손등에 이르렀는데, 파리똥인지 뭔지 마른행주로는 냉큼 지워지지 않는 것이 있었다. … 그가 차량을 다루던 버릇으로 자기도 모르게 툽 하고 마른행주에 침을 뱉어서 막 파리똥을 지우려는 순간이었다. 　"야야, 저런 천하에 몹쓸……." (중략) 　"너 너…… 너 오늘부터 내 집에서 당장 나가."　　　　　　　　　– 이문구, 〈유자소전〉 → 그(유재필, 유자)가 총수의 운전사를 그만두게 되는 사건이 발생하는데, (3 ㄱㄱ ㅎㅅ)의 형식으로 그가 직장을 그만두게 된 사건의 전말을 밝히고 있다.

🔴 1:1 작품 체험

[앞부분 줄거리] 최만춘은 부인 조 씨가 콩쥐를 낳은 지 백일 만에 죽자 배 씨를 후처로 들이고, 콩쥐가 감사와 혼인한 것을 시샘한 팥쥐는 콩쥐를 찾아와 연못에 빠뜨려 죽인다. 콩쥐의 영혼은 감사를 만나 자신의 죽음에 대해 알린다.

"첩이 일찍이 팔자가 기구하다가 영감의 후의로 좋은 지위에 이르렀삽기로, <u>남에게 두터이 인정을 베푸는 마음</u> 배우지 못한 이 몸으로도 마음껏은 받들어 보리라 생각은 하였삽더니, 불의에 의붓동생 팥쥐라 하는 계집아이의 독해(毒害)를 입어 몸은 벌써 연못 <u>독으로 남을 죽임.</u> 귀신이 되었사오나, 본래 첩의 성질이 악함이 없으므로 상제(上帝)께서 특별히 세상에 재생케 하였삽기로 미진한 <u>아직 다하지 못하다.</u> 인연을 말씀할까 하고 주인 노파의 신세를 끼치었사오니, 영감께서는 이제 이렇게 된 이상에 다른 생각을 두지 마시고 그 팥쥐와 함께 안향하심을 바 <u>하늘이 준 복을 평안하게 누리다.</u> 라나이다."

하고 느끼어 울기를 마지아니함으로 감사는 듣기를 다하고 일변 자기의 불명 <u>어떤 일의 측면</u> (不明)함도 부끄럽고 팥쥐의 소행이 절 <u>사리에 어둡다.</u> <u>일을 시작하다.</u> 통하여 곧 선화당에 좌기하고 팥쥐를 <u>뼈에 사무치도록 원통하다.</u> 잡아 문초하며 일변 연못을 치게 하니, <u>죄나 잘못을 따져 묻거나 심문하다.</u> 과연 콩쥐의 신체가 웃는 낯으로 누워 있는지라.

　　　　　　　　　　– 작자 미상, 〈콩쥐팥쥐전〉

이 장면은 죽임을 당한 콩쥐가 영혼의 모습으로 감사를 만나 자신이 죽게 된 (4 ㅈㅎ)을/를 밝혀 팥쥐의 악함을 드러내고, 사건의 전말을 알게 된 감사가 콩쥐의 억울함을 풀고 있다.

작품 알통

- 해제: 계모와 전처 소생 간의 갈등을 다룬 계모형 가정 소설이다.
- 주제: 권선징악(勸善懲惡)

【초성 답】 1 보충 2 목격 3 과거 회상 4 정황

072 삽화·에피소드 형식

> 어떤 이야기나 사건의 줄거리에 끼인 짤막한 토막 이야기

'삽화'는 전체 이야기 속에 들어 있는 한 단위의 짤막한 이야기이다. 서로 관련이 없어 보이는 짤막한 이야기를 서술자의 (1 ㅇㄷ)에 따라 배치한 구성이 삽화 구조이다. 여러 개의 삽화가 들어 있는 이야기의 경우 삽화 간의 연관성이나 연속성은 적으며 인과 관계가 긴밀하지 않아 각각을 (2 ㄱㅂㅈ)인 이야기로 볼 수 있다.

박태원, 〈천변 풍경〉의 구성상 특징

이발소 사환인 재봉이가 서울 청계천을 배경으로 다양한 인물군상과 대소사를 관찰

↓

민 주사	창수	금순	이쁜이
… 늘어 가는 스스로를 한탄하다 돈이 있어 다행이라고 생각함.	시골에서 올라온 후 점차 이해타산적이고 속물적인 인간으로 변함.	금광 브로커에게 속은 후 마음고생하다 기미코를 만나 새 삶을 살고자 함.	결혼 후 고된 시집살이로 고생을 하다 어머니에게 신세타령을 함. …

→ 청계천을 중심으로 살아가는 다양한 인물들의 이야기를 50여 개의 삽화(에피소드)를 (3 ㄴㅇ)하는 방식으로 제시하는 삽화(에피소드) 형식으로 작품을 구성함

개념 당기는 예시

"무슨 얘기가 있는 모양이구먼." / "있다면 있구 읇다면 읇는디, 들어 볼라남?"
그는 이야기를 펼쳐 놓았다./ 총수의 자택에 연못이 생긴 것은 그 며칠 전의 일이었다. 뜰 안에다 벽이고 바닥이고 시멘트를 들이부어 만들었으니 연못이라기보다는 수족관이라고 하는 편이 알맞은 시설이었다. 시멘트가 굳어지자 물을 채우고 울긋불긋한 비단잉어들을 풀어놓았다. … 그런데 이 비단잉어들이 어제 새벽에 떼죽음을 한 거였다. (중략)
"유 기사, 어제 그 고기들은 다 어떡했나?"
또 그를 지명하며 묻는 것이었다. / 그는 아무렇지 않게 대답했다.
"한 마리가 황소 너댓 마리 값이나 나간다는디, 아까워서 그냥 내뻐지기두 거시기 허구, 비싼 고기는 맛두 괜찮겠다 싶기두 허구……. 게 비눌을 대강 긁어서 된장끼 좀 허구, 꼬치장두 좀 풀구, 마늘두 서너 통 다져 늫구, 멀국두 좀 있게 지져서 한 고뿌 딜쑥 했지유."
"뭣이 어쩌구 어째?" / "왜유?" / "왜애유? 이런 잔인무도한 것들 같으니……." (중략)
그는 하루바삐 총수의 승용차 운전석을 떠나고 싶었다.
— 이문구, 〈유자소전〉

→ 중심인물 유자(유재필)의 성격과 인품을 알 수 있는 (4 ㅅㅎ)을/를 연달아 제시하는 구성임. 제시된 부분은 총수가 기르던 비단잉어가 죽고 이를 먹은 일로 인해 총수의 위선적인 면모를 알게 된 유자가 운전기사로서 총수를 모시는 일을 그만두고 싶어 하게 된 일화를 '나'에게 이야기한 부분임.

1:1 작품 체험

"이 자식아, 사람 몇이나 죽였어?"
덕재가 다시 고개를 이리로 돌린다. 그리고는 성삼이를 쏘아본다. (중략)
"그래 너는 사람을 그렇게 죽여 봤니?"
이 자식이! 그러면서도 성삼이의 가슴 한복판이 환해짐을 느낀다. (중략)
지난날 성삼이와 덕재가 아직 열두어 살쯤 났을 때 일이었다. 어른들 몰래 둘이서 올가미를 놓아 여기 학 한 마리를 잡은 일이 있었다. 단정학이었다. … 그러한 어느 날이었다. 동네 어른들의 수군거리는 소리를 들었다. 서울서 누가 학을 쏘러 왔다는 것이다. 무슨 표본인가를 만들기 위해서 총독부의 허가까지 맡아 가지고 왔다는 것이다. 그 길로 둘이는 벌로 내달렸다. … 둘이서 학을 마주 안아 공중에 후쳤다. 별안간 총소리가 들렸다. 학이 두서너 번 날개짓을 하다가 그대로 내려왔다. 맞았구나. 그러나 다음 순간, 바로 옆 풀숲에서 펄럭 단정학 한 마리가 날개를 펴자 땅에 내려앉았던 자기네 학도 긴 목을 뽑아 한번 울음을 울더니 그대로 공중에 날아올라, 두 소년의 머리 위에 동그라미를 그리며 저쪽 멀리로 날아가 버리는 것이었다. (중략)
"애, 우리 학 사냥이나 한번 하구 가자."
성삼이가 불쑥 이런 말을 했다.
— 황순원, 〈학〉

이 작품은 성삼과 덕재가 어린 시절에 학 사냥을 했던 추억 이야기가 인물의 (5 ㄱㄱㅎㅅ)을/를 통해 삽화 형식으로 제시되어 있다.

작품 알통

- **해제:** 우정을 통해 이데올로기 대립으로 인한 상처를 극복하고 인간애의 회복을 다룬 작품이다.
- **주제:** 우정을 통한 이데올로기의 극복

【초성 답】 1 의도 2 개별적 3 나열 4 삽화
5 과거 회상

개념
트레이닝 ZONE

🔖 빈칸에 알맞은 말을 쓰며 개념 근육을 키워 보세요!

01

여러 날 만에 병영을 당도하니 영문(營門)도 엄숙하다. (중략)
병영의 문
병마절도사(각 지방의 병사와 군마를 지휘하던 벼슬)가 있던 영문(營門)
"에라 이놈 게 앉거라."

흥보 속마음에, '내가 분명 저승에 들어왔나 보다. 문간에 들어
대문이나 중문(重門) 따위 출입문이 있는 곳
가니, 어떠한 사람들이 사오 인이 앉았거늘, 흥보 들어가며,

"인사하오." / "에마오." / "거기 뉘라 하오?"

"나 말씀이오? 조선 제일 가난 흥보를 모르시오."

한 놈 나서며, / "장자(長者)가 무엇하러 와 계시오?"
큰 부자를 점잖게 이르는 말
흥보 가슴이 끔쩍하여, / "거기는 무엇하러 왔소?"

"평안도 사방동 동팔풍촌서 사는 솔봉 애비 모르시오. 이십오
대 가난으로 매품 팔러 왔소."

또 한 놈 나앉으며,

"경상도 문경 땅의 제일 가난으로 사십육대 호적 없이 남의 곁
방살이로 내려오는 김딱직이란 말 듣도 못하였소."

한 놈 나앉으며,

"이번 매품은 먼저 온 순서대로 들어간다니 그리하옵세."

"저분 언제 왔소?"

"나 온 지는 저 지난 장날 아침밥 먹기 전 동틀 때 왔소."

한 놈 나앉으며, / "나는 온 지가 십여 일이라도 생나무 곤장
한 대 맞아 본 내 아들놈 없소."

흥보 이른 말이, / "그리 말고 서로 가난 자랑하여 아무라도
제일 가난한 사람이 팔아 갑세."

그 말이 옳다 하고, / "저분 가난 어떠하오?"

"내 가난 들어 보오. 집이라고 들어가면 사방 어디로도 들어갈
작은 곳이 없어 닿는 벼룩 쪼그려 앉을 데 없고 삼순구식(三旬
삼십 일 동안에 아홉 끼니밖에 먹지 못한다는 뜻으로, 몹시 가난함을 이르는 말
九食) 먹어 본 내 아들 없소." (중략)

이놈 아주 거기서 계정을 먹더니라. 흥보 숨숨 생각하니, 자기
불평을 품고 떠드는 말과 행동
에게는 어느 시절에 차례가 돌아올 줄 몰라,

"동무님 내 매품이나 잘 팔아 가지고 가오. 나는 돌아가오."

하직하고 돌아오며, 탄식하고 집에 들어가니, 흥보 아내 거동
보소. 왈칵 뛰어 달려들어 흥보 소매 검쳐 잡고 듣기 싫을 정도
휘여 부여 잡고
로 크고 섧게 울며,

"하늘이 사람들을 세상에 나게 할 때 반드시 자기 할 일을 주
었으니, 생기는 대로 먹고 살지 남 대신으로 맞을까. 애고애고,
설움이야."

— 작자 미상, 〈흥보전〉

매품팔이를 하기 위해 병영에 간 흥보가 자신처럼 매품을 팔러 온 다른 사람
들을 만나 누가 더 가난한지를 이야기하는 장면으로, 먹고살기 위해 매품이라
도 팔아야 할 만큼 가난했던 당대 서민들의 삶이 얼마나 비참했는지를 알 수
있다. 이 작품은 선량한 흥보와 탐욕스러운 놀보 형제를 등장시켜 형제 간의
우애와 (   )(이)라는 주제를 표면상 구현하고 있으나 이면으로는
(   ) 갈등과 가난한 서민들의 삶이라는 조선 후기 사회 문제를 담고 있다.

<table>
<tr><td colspan="3" align="center">상황의 표면 – 가정 내의 대립</td></tr>
</table>

흥보		놀보
• 가난하지만 선량한 인물 • 형 놀보에 의해 쫓겨남.	↔	• 욕심 많고 부도덕한 인물 • 흥보의 재산을 뺐고 쫓음.

⬇ 갈등 양상의 확대

<table>
<tr><td colspan="3" align="center">상황의 이면 – 사회 계층 간 대립</td></tr>
</table>

흥보		놀보
• 몰락한 처지의 양반이나 생산 수단(농토)을 잃은 영세 농민 • 성실하게 일하지만 생계의 위기에 처한 노동자	↔	• 물질적 부를 이룬 서민이나 경영형 부농 • 공동 사회에서 이익 사회로 이행되는 근대 사회에 등장한 지주

02

만기 치과 의원에는 원장인 서만기 씨와 간호원 홍인숙 양 외에
도 거의 날마다 출근하다시피 하는 사람 둘이 있다. 그 한 사람
은 비분강개파 채익준 씨요, 다른 한 사람은 실의의 인간 천봉우
슬프고 분하여 마음이 북받침.   *뜻이나 의욕을 잃음.*
씨다. 두 사람은 다 같이 서만기 원장의 중학교 동창생이다. 그
들은 도리어 원장보다도 먼저 나와서 대합실에 자리 잡고 신문을
읽고 있는 날도 있었다. 더구나 채익준은 간호원보다도 일찍 나오
는 수가 많았다. (중략) 대합실과 진찰실을 합쳐도 겨우 다섯 평
이 될까 말까 한 방이지만 익준은 손수 마룻바닥에 물을 뿌리고
방 구석이나 테이블 밑까지도 말끔히 쓸어 내는 것이다. 무슨 일
에나 몸을 사리지 않고 앞장을 서는 그의 성품은 이런 데도 잘
나타났다. 청소가 끝나면 익준은 작달막한 키에 가로 퍼진 그 둥
실한 몸집을 대합실 의자에 내던지듯 털썩 걸터앉아서 신문을 본
다. 그러노라면 원장과 천봉우가 대개 전후해서 나타나는 것이다.

오늘도 간호원을 도와 실내 청소를 마치고 난 익준은 대합실에
자리 잡고 신문을 펴들었다. 아마도 세상에 그처럼 충실한 신문
독자는 없을 것이다. 이 병원에서 구독하고 있는 두 종류의 신문
을 그는 한 시간 이상이나 시간을 소비해 가며, 첫줄 처음부터
끝줄 끝 자까지 기사고 광고고 할 것 없이 하나도 빼지 않고 죄
다 읽어 버리는 것이다.

— 손창섭, 〈잉여 인간〉

채익준과 천봉우가 친구 서만기의 병원 대합실에서 하루 종일 신문을 보는 상
황이 시작되기 이전의 정황을 제시함으로써, 그들이 전쟁 후 사회로부터 추방
당하여 전후 사회에 적응하지 못하는 (   )의 전형적 인물이자 불구
적인 삶을 살아가는 (   ) 인간이라는 정보를 제시하고 있다.

서만기	생계를 유지하는 공간인 자신의 병원에서 사회에 적응하지 못하는 친구들이 머무를 수 있도록 배려함.
채익준	부조리한 현실에 분노하며 옳은 말을 하나 생산적 대안을 내지 못하고 시끄럽게 떠들고만 있는 비분강개파 잉여 인간
천봉우	세상사에 관심이 없고 의욕을 상실했으며 비현실적인 몽환 속에서 살아가는 실의의 잉여 인간

› 정답과 해설 44쪽

03

[앞부분 줄거리] 어느 날 선조는 한 여인이 기장을 자루에 넣어 머리에 이고 들어와 내려놓자 화광이 충천하는 꿈을 꾼다. 영의정 최일경에게 해몽하게 하였더니, 최일경은 왜적이 침입할 징후라고 하여 선조의 노여움을 사 유배를 가게 된다. 삼년 후 왜적이 침입하고, 이순신, 강홍립, 정충남, 김덕령 등 수많은 영웅들이 조선을 구하기 위해 왜적과 맞서 싸운다.

"나는 평안도 평강 땅에 사는 김덕령이다. 네가 천운을 모르고 외람된 뜻을 가져 의기양양하기로 내가 왔으니, 내 재주를 보라. 내일 오시(午時)에 네 수만 명 군사 머리에 백지 한 장씩을 붙일 것이니 그리 알라."

하고, 문득 간 데 없었다.

청정이 괴히 여겨 제장에게 분부 왈,

"내일 총과 활을 많이 준비하였다가 사시(巳時) 말, 오시 초 되거든 일시에 짐승이라도 쏘아 죽이라."

하더니, 그 이튿날 사시 말 오시 초녘이 되어 사면에서 채색 구름이 일어나며 지척(咫尺)을 분별 못하고 눈을 뜨지 못하더니, 이윽고 하늘이 청명하며 덕령이 들어와 청정을 불러 꾸짖어 왈,

"나의 재주를 보라."

하고, 백지를 던지니, 억만 군사 머리에 올라 감기거늘 억만 군사가 백화(百花) 밭이 되는 것이었다.

[중간 부분 줄거리] 선조는 김응서와 강홍립을 왜국에 보내 왜왕의 항서를 받아오게 하지만 실패하고, 선조의 명령으로 왜국에 간 사명당은 자신의 능력을 시험하려는 왜왕의 계략을 모두 물리치고 결국 왜왕의 항복을 받는다.

"왜왕은 바삐 나와 항복하라. 임진년에 들어와 왜놈의 씨를 없이 하고자 하였더니, 석가여래께옵서 만류하시되 '종차(從次)하라' 하시기로 이제 들어왔거니와, 너희는 천의(天意)를 모르고 외람히 조선을 침범하니, 우리 전하 근심하사 또한 팔천 명 생불이 갈충보국(竭忠報國)하거든 네 어찌 항거하리오. 목숨을 아끼거든 항서를 올리라. 그렇지 아니하면 왜국을 공지(空地)로 만들리라."

왜왕이 대겁(大怯)하여 옥새를 끌러 목에 걸고 용포(龍袍)를 벗어 목에 매고 돈수 사죄(謝罪) 왈,

"신령하신 생불은 잔명(殘命)을 보존케 하옵소서."

— 작자 미상, 〈임진록〉

이 작품은 동일한 주제 아래 각 인물의 이야기를 여러 개 모아 하나로 정리한 (　　　　) 구성으로 되어 있으며, 인물들은 (　　　　) 때 활약한 영웅적 인물이라는 공통점 외에 인물 간의 관련성을 뚜렷하지 않으며, 인물 각각의 활동이 독립적으로 전개되고 있다.

04

제5절 경사

음력 삼월 중순, 내일 모레 창경원의 야앵이 시작되리라는 하늘은, 매일같이 얕게 흰 구름을 띄운 채, 휘언하게 흐리다. 사람들의 마음이 애닯게도 들뜨려 할 때, 배다리 골목 안, 최 장님 집에서는, 그 건넌방을 빌려 든 이쁜이네에게, 오늘 크나큰 경사가 있다 해서, 이른 아침부터 좁은 집 안에 사람이 들끓었다. 작년 가을부터 말이 있어 오던 이쁜이가, 기어코 이날을 기약하여 아랫대 강 씨 집안으로 시집을 가는 것이다. (중략)

'이제 가면, 네가 언제나 또 온단 말이냐? ……'

딸이 이제 영영 돌아오지 못하기나 하는 것같이, 그는 막 자동차에 오르려는 딸에게 달려들어,

"이쁜아."

한마디 불렀으나, 다음은 목이 메어, 얼마를 버엉하니 딸의 옆얼굴만 바라보다가, 그러한 어머니의 마음을 알아줄 턱없는 운전수가, 재촉하는 경적을 두어 번 울렸을 때, 그는 또 소스라치게 놀라며, 그저 입에서 나오는 대로,

"모든 걸, 정신 채려, 조심해서, 해라 ……" (중략)

제6절 몰락

한편에서 이렇게 경사가 있었을 때 — (그야, 외딸을 남을 주고 난 그 뒤에, 홀어머니의 외로움과 슬픔은 컸으나 그래도 아직 그것은 한 개의 경사라 할 밖에 없을 것이다) —, 또 한편 개천 하나를 건너 신전 집에서는, 바로 이날에 이제까지의 서울에서의 살림을 거두어, 마침내 애달프게도 온 집안이 시골로 내려갔다.

독자는, 그 수다스러운 점룡이 어머니가, 이미 한 달도 전에, 어디서 어떻게 들었던 것인지, 쉬이 신전 집이 낙향을 하리라고 가장 은근하게 빨래터에서 하던 말을 기억하고 계실 것이다. 이를테면 그것이 그대로 실현된 것에 지나지 않는다. 그러나 다만 그들의 가는 곳은, 강원도 춘천이라든가 그러한 곳이 아니라, 경기 강화였다.

이 봄에 대학 의과를 마친 둘째 아들이 아직 취직처가 결정되지 않은 채, 그대로 서울 하숙에 남아 있을 뿐으로 — (그러나, 그도 그로써 얼마 안 되어 충청북도 어느 지방의 '공의'가 되어 서울을 떠나고 말았다) —, 신전 집의 온 가족은, 아직도 장가를 못 간 주인의 처남까지도 바로 어디 나들이라도 가는 것처럼, 별로 남들의 주의를 끄는 일도 없이, 스무 해를 살아온 이 동리에서 사라지고 말았다.

— 박태원, 〈천변 풍경〉

이 작품은 제5절에서는 (　　　　)가, 제6절에서는 (　　　　) 가족들이 중심인물로, 청계천변을 중심으로 일어나는 70여 명 서민의 생활 모습을 50개의 절로 나누어 (　　　　)식으로 제시한 소설이다.

 워밍-UP

다음 글을 읽고 빈칸에 알맞은 말을 써서 해설을 완성하거나 정오를 판단하세요.

01

[앞부분 줄거리] 북한에서 처형의 위기를 간신히 넘겨 살아남은 한영덕은 가족을 두고 홀로 월남하여 동료 교수 서학준, 여동생 한영숙과 재회한다. 그는 생계유지를 위해 박가, 김가와 동업을 하지만 박가의 불법 중절 수술로 갈등을 빚는다. 박가의 불법 수술 도중 환자가 위험해지자 한씨는 환자의 생명을 살리기 위해 자궁 척출 수술을 해 주고 곧 병원을 그만둔다. 무면허 영업 단속을 받은 박가는 한씨를 의심하며 앙심을 품고 그를 간첩으로 고발하고, 정보대 문관 민상호는 이를 이용해 돈을 뜯어낸다. 한영숙은 감옥에서 고초를 겪는 한씨를 면회하러 간다.

간수가 일지를 덮고 나서 문을 열었고, 한영덕 씨가 따라 일어섰을 때 한 여사가 그들의 등 뒤에다 대고 말했다.
'교도관'의 전 용어

"오라바니, 정보대서 한번 넘어왔으문 다신 보내지 못한대요. 걱정 말고 안 한 건 하지 않았다구 끝까지 우기시라요."

한씨는 붉게 충혈된 눈을 껌벅이며 고개를 끄덕였다.

한편으로 그 여자는 법원에다 진정서를 올리기로 했다. 그러나 아무도 서명을 해주지 않았다. 한씨의 친구들은 거의 하나같이 다른 일은 몰라도 그런 문제에 관여하고 싶지 않다며 발뺌했다. 하는 수 없이 한 여사 자신과 서학준 소령, 고동수 박사, 세 사람의 이름으로 진정서를 올렸는데도 중도에서 탈락됐는지 감감무소식이었다. 재판은 자꾸 연기되었다가 한씨가 법원으로 넘어간 후에도 4개월이 지나서야 그 사건은 일단 불기소 처분이 내려졌다.
사건이 죄가 되지 않거나 범죄의 증명이 없어 검사가 공소를 제기하지 않는 일

한씨는 새로운 사건으로 재판을 받았다. 자궁 척출에 관한 사건이었다. 한씨가 환자의 생명을 건지기 위해 뒷수습으로 수술
발라내거나 도려냄.
했던 일이었다. 정보대에서는 투서한 비밀을 보장해 주겠다며 박
드러나지 않은 사실이나 남의 잘못을 적어서 어떤 기관이나 대상에게 몰래 보내다.
가, 김가, 이가에게서 돈을 많이 뜯어낸 모양이었다. 사소한 감정으로 한씨를 찍어 넣었던 그들은 손해를 예상외로 많이 입게 되자 — 에라 내친김이다. 한영덕이 죽어 버려라 하며 사건을 들쑤셔냈던 거였다. 검사 측에서도 수개월씩 가두었던 자를 생판 무
아무 상관 없게
죄로 내보내느니 면목을 세워야 했으므로, 재수사를 해서 의료법으로 입건을 했었다. 서학준 씨도, 한 여사도 한영덕 씨의 실
피의자의 범죄 혐의 사실이 인정되어 사건이 성립하는 일
수였는 줄로 알고 있었다. 그자들이 뒤집어씌운 것을 한씨는 밝혀내기도 지쳤을 것이며, 또한 그 일만큼은 자기에게 책임이 있었다고 그는 느꼈던 것이다. 그것은 바로 자신의 천직에 대한 회한
뉘우치고 한탄함.
이었을지도 몰랐다.

– 황석영, 〈한씨 연대기〉

서술자가 인물의 내면과 사건의 정황을 직접 서술하여 독자의 이해를 돕고 있다. ◯ ✕

02

이 작품은 병자호란을 배경으로 역사적 실존 인물이었던 임경업의 비극적 일생을 그려 낸 역사 군담 소설입니다. 해당 장면은 경업이 임금을 만나 자신이 겪었던 일을 시간 순서에 따라 요약적으로 이야기하는 부분입니다.

자점이 심복을 보내 거짓 조서를 전하고 옥에 가두니, 경업이
마음 놓고 부리거나 일을 맡길 수 있는 사람
옥에 갇혀 생각하되,

'세자와 대군이 어찌 내 일을 모르고 구치 아니시는고?'
왕의 적자(본처가 낳은 아들)에게 주던 작위
하며 주야번민하여 목이 말라 물을 찾는데, 옥졸이 자점의 부촉

(咐囑)을 들은 고로 물도 주지 아니하여 경업이 더욱 한하더니,
부탁하여 맡김.
전옥(典獄) 관원은 강직한지라 경업의 애매함을 불쌍히 여겨 경
죄를 지은 사람을 가두던 옥
업더러 왈,

"장군을 역적으로 잡음이 다 자점의 흉계니, 잘 주선하여 누명
일이 잘되도록 여러 가지 방법으로 힘쓰다.
을 벗으라."

경업이 그제야 자점의 흉계로 알고 통분을 이기지 못하여 바
원통하고 분함.
로 몸을 날려 옥문(獄門)을 깨치고 궐내에 들어가 상을 뵙고 청
감옥의 문
죄한데, 상이 경업을 보시고 반겨 가로되,
지지른 죄에 대하여 벌을 줄 것을 청하다.

"경이 만리타국에 갔다가 이제 돌아오매 반가움이 끝이 없거
늘 무삼 일로 청죄하느뇨?"
머리가 땅에 닿도록 하는 절하며 지은 죄나 잘못에 대하여 용서를 빎.
경업이 돈수사죄 왈,

만 번 죽어도 아까울 것이 없음.
"㉠신이 무인년에 북경에 잡혀가다가 중간에 도망한 죄는 만사

무석이오나, 대명(大明)과 함께 호왕을 베어 병자년 원수를 갚

고 세자와 대군을 모셔 오고자 하였더니, 간인에게 속아 북경
간사한 사람
에 잡혀갔다가 천행으로 살아 돌아오더니, 의주(義州)에서 잡
하늘이 준 큰 행운
혀 아무 연고인 줄 알지 못하옵고 오늘을 당하와 천안(天顔)
임금의 얼굴을 높여 이르는 말(= 용안)
을 뵈오니 이제 죽어도 한이 없사옵니다."

상이 들으시고 대경하사 신하더러 왈,

"경업을 무슨 죄로 잡아온고?"

하시고 자점을 패초(牌招)하사 실사를 물으시니, 자점이 속이지
임금이 승지를 시켜 신하를 부름.
못하여 주왈,

"경업이 역적이옵기로 잡아 가두고 계달코자 하였나이다."
조선 시대에, 신하가 글로 임금에게 아뢰다.

– 작자 미상, 〈임장군전〉

구분		사건의 정황		
㉠	시간	무인년		
	공간	북경	북경	의주
	사건			

대화의 내용을 통해 이전에 일어난 사건의 정황을 나타내고 있다. ◯ ✕

[01~02] 다음 글을 읽고 물음에 답하시오.

이때 함경도 가달산에 한 도적이 있어 재물을 노략하며 인민을
떼를 지어 돌아다니며 사람을 해치거나 재물을 강제로 빼앗다.
살해하매 본읍 원이 관군을 발하여 잡으려 하되 능히 잡지 못하
고을을 맡아 다스리던 지방관   승정원의 담당 승지를 통하여 왕명서를 전달하다.
고 나라에 장계하니, ㉠상이 크게 근심하사 조정에 전지(傳旨)하
왕명을 받고 지방에 나가 있는 신하가 중요한 일을 왕에게 보고하다.
사 도적을 칠 계책을 의논하라 하시니, 우치 아뢰길,

"도적의 형세 심히 크다 하오니 신이 홀로 나아가 적세를 보온
적의 세력이나 형세
후 잡을 묘책을 정하리이다."
임금이 신하에게 내리는 술
㉡상이 크게 기뻐하사 어주(御酒)와 인검을 주셔 왈,
임금이 병마를 통솔하는 장수에게 주던 검
"적세 심히 크거든 이 칼로 사졸을 호령하라." (중략)
전쟁, 경기의 형세나 형편   부사관 아래의 군인
원래 가달산 산중에 수천 명 적당 중에 한 괴수가 있으니, 성
못된 짓을 하는 무리의 우두머리(= 수괴)
은 엄이요 명은 준이라. … 우치 일계를 생각하고 나뭇잎을 훑어
한 가지 꾀
신병을 만들어 창검을 들리고 기치를 벌여 진을 이루고, … 이윽
적이 맞싸우기 어려운 강한 군사   예전에 군대에서 쓰던 깃발
히 보다가 몸을 변하여 솔개 되어 날아 들어가 보니, 으뜸 도적
이 황금 교자에 높이 앉고 좌우에 제장을 차례로 앉히고 크게
여러 장수
잔치하며 그 뒤에 대청이 있더니 미녀 수백 인이 열좌하여 상을
자리에 죽 벌여서 앉다.
받았거늘, 우치 하는 양을 보려 하고 진언을 염하니, 무수한 수
리가 내려와 모든 장수의 상을 걷어 치워 가지고 중천에 높이 떠
햇볕을 가리기 위해 치는, 구름무늬의 포장
오르며 광풍이 대작하여 눈을 뜨지 못하고 그러한 운문차일과
바람, 구름, 아우성 따위가 크게 일어나다.
수놓은 병풍이 움직여 공중으로 날아가니, 엄준이 정신을 진정
치 못하여 뜰아래 나뭇등걸을 붙들고 모든 군사가 차반을 들고
다기를 담는 조그마한 쟁반
바람에 떠서 구르더라. (중략)

이때 우치 문사낭청으로 임금을 모시고 있더니, 불의에 이름이
조선 시대에, 죄인을 신문할 때 기록과 낭독을 맡아보던 임시 벼슬
역도(逆徒)의 진술에 나오는지라. ㉢상이 크게 노하사 왈,
역적의 무리
"우치의 역모를 짐작하되 나중을 보려 하였더니, 이제 발각되
었으니 빨리 잡아 오라."
옥같이 고운 섬돌
하시니, 나졸이 명을 받아 일시에 달려들어 관대를 벗기고 옥계
옛날 벼슬아치들의 공복
하에 꿇리니, ㉣상이 진노하사 형틀에 올려 매고 죄를 추궁하며
왈,

"네 전일 나라를 속이고 도처마다 작난함도 용서치 못할 바이
어지럽게 만듦.
거늘, 이제 또 역모를 꾸몄으니 변명하나 어찌 면하리오?" (중략)
"신이 이제 죽사올진대 평생에 배운 재주를 세상에 전하지 못
하올지라. 지하에 돌아가나 원혼이 되리니 원컨대 성상은 원
살아 있는 자기 나라의 임금을 높여 이르는 말
을 풀게 하옵소서."

㉤상이 헤아리시되, '이놈이 재주가 능하다 하니 시험하여 보
리라.' 하시고 왈,

"네 무슨 능함이 있어 이리 보채느뇨?" (중략)

㉥상이 가만히 생각하시되, '이놈을 죽이면 원혼이 되어 괴로
움이 있을까.' 하여 즉시 맨 것을 끌러 주시고 지필을 내리사 원
종이와 붓
을 풀라 하시니, 우치 지필을 받자와 산수를 그리니 천봉만학과
수많은 산봉우리와 산골짜기
만장폭포가 산 위로부터 산 밖으로 흐르게 그리고 시냇가에 버
매우 높은 데서 떨어지는 폭포
들을 그려 가지 늘어지게 그리고 밑에 안장 없는 나귀를 그리고
붓을 던진 후 사은하되, 상이 물어 왈,

"너는 방금 죽을 놈이라. 사은함은 무슨 뜻이뇨?"

우치 아뢰길,

"신이 이제 폐하를 하직하옵고 산림에 들어 여년을 마치고자
앞으로 남은 인생
하와 아뢰나이다."

하고 나귀 등에 올라 산 동구에 들어가더니, 이윽고 간 데 없거
절로 들어가는 산문(山門)의 어귀
늘 상이 크게 놀라사 왈,

"내 이놈의 꾀에 또 속았으니 이를 어찌하리오?"

– 작자 미상, 〈전우치전〉

01

〈보기〉를 참고하여 다음 글을 감상한 내용으로 적절하지 않은 것은?

〈보기〉

〈전우치전〉은 전우치가 사건 해결을 주도하는 '전우치 설화'를
토대로 다양한 삽화가 결합된 소설이다. 각각의 삽화들은 서로
긴밀하지는 않지만 주인공의 도술 사용을 연결고리로 하여 결합
된다. ㉮엄준 토벌 삽화와 ㉯역모 누명 삽화가 그 예로서 주인
공이 조력자 없이 도술로 문제를 해결해 가는 것은 그에게 신비
감을 부여하고 이야기에 환상성을 더한다. 또한 다양한 도술 사
용은 다음 삽화에 대한 독자의 호기심을 자극하여 지속적인 흥
미를 제공한다.

① ㉮와 ㉯는 사건 해결을 우치가 주도한다는 점에서 공통점이 있군.
② ㉮와 ㉯에서 삽화마다 각기 다른 도술이 사용된 것은 독자에게
지속적인 흥미를 제공하는군.
③ ㉮와 ㉯는 주인공이 문제를 해결하기 위해 도술을 사용한다는
것을 연결 고리로 하여 결합되는군.
④ ㉮와 ㉯에서 주인공이 초월적 존재와 교감하여 문제를 해결하
는 것은 이야기에 환상성을 더하는군.
⑤ ㉮에서 솔개로 변하는 장면과 ㉯에서 그림 속으로 들어가는 장
면은 주인공에게 신비감을 부여하는군.

02

㉠~㉥에 대한 설명으로 가장 적절한 것은?

① ㉠의 원인이 되는 사건이 ㉡을 유발한 우치에 의해서 야기되고
있다.
② ㉡은 사건 해결의 실마리를 찾은 것에 대한, ㉢은 사건 해결의
실마리가 사라진 것에 대한 반응을 보여 준다.
③ ㉢으로 인해 형성된 임금과 우치의 갈등에 제삼자가 개입하여
㉣을 촉발하고 있다.
④ ㉣에서 ㉤으로의 변화는 임금과 우치의 갈등 원인이 제거되어
사건이 해결되는 과정을 보여 준다.
⑤ ㉤과 ㉥은 우치의 의도대로 상황이 전개되고 있음을 드러낸다.

호루라기 관장님의 하드 트레이닝

공부한 날	월	일	요일
맞은 개수		/ 6	

작품	No	작품을 읽고 빈칸에 알맞은 말을 쓰시오.

작품

"여봐라, 이 애 춘향아."

부르는 소리에 춘향이 깜짝 놀라,

"무슨 소리를 그따위로 질러 사람의 정신을 놀래느냐."

"이 애야, 말 마라. 일이 났다." / "일이라니 무슨일?"

"사또 자제 도련님이 ㉠광한루에 오셨다가 너 노는 모양 보고 불러오란 명을 내렸다."

춘향이 화를 내어,

"네가 미친 자식이로다. 도련님이 어찌 나를 알아서 부른단 말이냐. 이 자식 네가 내 말을 종달새가 삼씨 까먹듯 빨리 하였나 보다."
끊임없이 조잘거리는 모양을 비유한 속담

"아니다. 내가 네 말을 할 리도 없지만 네가 그르지 내가 그르랴. 너 그른 내력을 들어 보아라. ㉡계집아이 행실에 그네를 타려면 네 집 후원 담장 안에 줄을 매고 타는 게 도리에 당연함이라. 광한루 멀지 않고 또한 지금은 녹음과 향기로운 풀이 꽃보다 좋은 봄이라. 향기로운 풀은 푸르고, 앞 시냇가 버들은 초록색 휘장을 둘렀고, 뒤 시냇가 버들은 연두색 휘장을 둘
피륙을 여러 폭으로 이어서 빙 둘러치는 장막
러, 한 가지 늘어지고 또 한 가지 펑퍼져 흐늘흐늘 춤을 춘다. 이 같은 광
동그스름하고 편편하게 가로로 퍼져
한루 경치 구경하는데, 그네를 매고 네가 뛰어 외씨 같은 두 발길로 흰 구
오이씨
름 사이에서 노닐 적에 붉은 치맛자락이 펄펄, 흰 속옷 갈래 동남풍에 펄렁펄렁, 박속같은 네 살결이 흰 구름 사이에 희뜩희뜩한다. 도련님이 이를
피부나 치아 따위가 곱고 하얗다.   *다른 빛깔 속에 흰 빛깔이 군데군데 뒤섞이어 있는 데가 있다.*
보시고 너를 부르시니 내가 무슨 말을 한단 말인가. 잔말 말고 건너가자."

춘향이 대답하되,

"네 말이 당연하나 오늘이 단옷날이라. 비단 나뿐이랴. 다른 집 처자들도 여기 와서 함께 그네를 탔을 뿐 아니라, 설혹 내 말을 했을지라도 내가 지금 기생이 아니니 예사 처녀를 함부로 부를 리도 없고 부른다 해도 갈 리도 없다. 당초에 네가 말을 잘못 들은 바라."

방자 별 수 없이 광한루로 돌아와 도련님께 여쭈오니 그 말 듣고,

"기특한 사람이로다. 말인즉 옳도다. 다시 가 말을 하되 이리이리 하여라."

방자 그 전갈을 가지고 춘향에게 건너가니, 그사이에 제 집으로 돌아갔다.
사람을 시켜 말을 전하는 말이나 안부
저의 집을 찾아가니 모녀간 마주 앉아 점심을 먹는구나. (중략)

춘향 어미 썩 나앉아 정신없이 말을 하되,

"꿈이라 하는 것이 모두 허사는 아니로다. 간밤에 꿈을 꾸니 난데없이 연못에 잠긴 청룡 하나 보이기에 무슨 좋은 일이 있을까 하였더니 우연한 일 아니로다. 또한 들으니 사또 자제 도련님 이름이 몽룡이라 하니 '꿈 몽(夢) 자 용 룡(龍) 자' 신통하게 맞추었다. 그나저나 양반이 부르시는데 아니 갈 수 있겠느냐. 잠깐 다녀오라."

— 작자 미상, 〈열녀춘향수절가〉

작품을 읽고 빈칸에 알맞은 말을 쓰시오.

01 주요 인물은 누구인가?

성춘향	퇴기 월매의 딸로, (　　　)의 제약을 뛰어넘어 이몽룡과의 사랑을 성취하는 적극적 인물이자, 변학도의 횡포에도 끝까지 지조를 지키는 의지적 인물
이몽룡	남원 부사의 아들로, (　　　) 출신이면서도 계급을 초월한 사랑을 실천하는 인물. 장원 급제 후 어사가 되어 부패한 관리인 변학도를 처벌함.

02 중심 사건은 무엇인가?

춘향에게 반한 몽룡이 (　　　)을/를 시켜 춘향을 데려오라 하고, 춘향이 부름을 거절하나 어머니 월매의 권유를 받음.

03 인물의 심리와 태도는 어떠한가?

성춘향	자신을 불러오라는 말을 들은 후 불편한 심기를 드러내고, (　　　)이/가 아니라며 부름을 거절함.
이몽룡	춘향이 자신과의 만남을 거절한 이유를 들은 후 춘향에게 더욱 (　　　)을/를 갖게 됨.
월매	꿈에서 본 청룡이 곧 (　　　)을/를 뜻한다는 근거로 도련님에게 다녀오라고 춘향을 설득함.

04 다음 표현에 쓰인 표현상의 특징은 무엇인가?

비속어 사용	춘향은 방자를 (　　　)(이)라고 욕하며 방자에 대한 불쾌한 감정을 그대로 드러냄.
'펄펄', '펄렁펄렁'	치맛자락과 속옷이 바람에 날리는 모양을 흉내 낸 음성 상징어로, 춘향이 그네를 타는 모습을 (　　　) 있게 표현함.
"이리이리 하여라."	이몽룡이 춘향에게 전하는 말을 '이리이리'로 표현하여 전갈의 내용을 감춤으로써 이몽룡이 한 말이 무엇인지에 대한 독자의 (　　　)을/를 유발함.

05 ㉠, ㉡에서 알 수 있는 서술상의 특징은 무엇인가?

㉠	남원이라는 구체적인 지역에 실재하는 공간으로 서사에 (　　　)을/를 부여함.
㉡	여성의 바깥출입이 제한되었으며 행동의 제약이 많았던 조선 시대의 (　　　)이/가 반영됨.

06 이 작품의 주제는 무엇인가?

표면적 주제	신분을 초월한 사랑과 (　　　)적 정조 관념 고취
이면적 주제	민중의 (　　　)에 대한 욕망과 탐관오리에 대한 저항

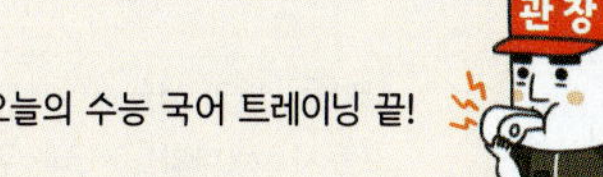

073 서사의 전개 속도

> 이야기의 서술 방식에 따라 사건의 전개가 빠르거나 느리게 느껴지는 속도감

작품에서 서술자는 이야기를 효과적으로 전달하기 위해 다양한 전략을 사용하게 되는데, 서술자가 이야기를 펼쳐 나가는 방식을 (1 ㅅㅅ) 방식이라고 한다.

서술	설명	이야기의 (2 ㅈㅂ)을/를 설명하듯이 직접 말하는 방식
	요약	오랜 시간 전개된 상황에서 중요 내용만 간추려 제시하는 방식
	묘사	장면을 (3 ㄱㅊㅈ)(이)고 감각적으로 표현하여 마치 그림을 보는 듯한 인상을 주는 방식
	대화	인물들이 주고받는 말을 그대로 제시하는 방식

구분	빠른 서사 전개 속도	느린 서사 전개 속도
제시 방법	직접적	간접적
서술 방법	서술(설명 / 요약) - 말하기	대화, 묘사 - 보여 주기
효과	서사 진행이 빠르고 간결함.	생생한 현장감과 흥미를 높임.

구분	예
생략과 간결체의 사용	내가 잠시 낙향(落鄕) 해서 있었을 때 일. [시골로 거처를 옮기거나 이사함.] 어느 날 밤이었다. 달이 몹시 밝았다. 서울서 이사 온 윗마을 김 군을 찾아갔다. 대문은 깊이 잠겨 있고 주위는 고요했다. 나는 밖에서 혼자 머뭇거리다가 대문을 흔들지 않고 그대로 돌아섰다. — 윤오영, 〈달밤〉 → 글쓴이 '나'가 달밤에 외출하게 된 사건의 발단 부분으로, 과감한 서술어의 생략과 간결한 문장을 통해 (4 ㅅㄷㄱ) 있게 전개함.
쉼표의 빈번한 사용	황금광(黃金狂) 시대. / 저도 모를 사이에 구보의 입술에서는 무거운 한숨이 새어 나왔다. [황금에 광적으로 정신을 쏟음.] 황금을 찾아, 황금을 찾아, 그것도 역시 숨김없는 인생의, 분명히, 일면이다. 그것은 적어도, 한 손에 단장과 또 한 손에 공책을 들고, 목적 없이 거리로 나온 자기보다는 좀 더 진실한 인생이었을지도 [짧은 지팡이] 모른다. — 박태원, 〈소설가 구보 씨의 일일〉 → (5 ㅅㅍ)을/를 자주 사용하여 문장을 구절 단위로 끊어 제시함으로써 서술에 속도감을 줌.
서술 사이에 따옴표 없이 대화 제시	나보다 어린 애들에게까지 곧잘 맞고 들어오는 나를 엄마는 괘씸하게 여겼다. 솔직히 말해 봐. 이기고 싶다고 생각해 본 적이 한 번도 없었단 말야? 응. 곰곰이 생각해 보면 힘이 달려서라고는 할 수 없다. 시도해 본 적도 없으니까 모르는 일이다. 너 태권도 빨간 띠잖아. 대체 왜 같이 때리지 않는 건데, 응? 엄마가 답답해하면 나는 늘 싸우는 게 싫다고 대답했다. 진심이었다. — 은희경, 〈소년을 위로해 줘〉 → 대화를 서술과 서술 사이에 따옴표 없이 넣게 되면 대화도 (6 ㅅㅅ)처럼 읽히게 되기 때문에 따옴표를 사용해 대화를 서술과 구분하여 제시하는 것보다 속도감이 느껴짐.

🔴 1:1 작품 체험

> 　복녀는, 원래 가난은 하나마 정직한 농가에서 규칙 있게 자라난 처녀였다. … 그는 열다섯 살 나는 해에 동리 홀아비에게 팔십 원에 팔려서 시집이라는 것을 갔다. … 그는 극도로 게으른 사람이었다. (중략)
>
> 　복녀의 얼굴에는 분이 하얗게 발려 있었다. 신랑 신부는 놀라서 그를 쳐다보았다. … 그의 입에서는 이상한 웃음이 흘렀다. / "자, 우리 집으로 가요."
>
> 　왕 서방은 아무 말도 못하였다. 눈만 정처 없이 두룩두룩하였다. 복녀는 다시 [크고 동그란 눈알을 자꾸 조금 천천히 굴리다.] 한 번 왕서방을 흔들었다. / "자, 어서."
>
> 　"우리, 오늘 밤은 일이 있어 못 가."
>
> 　"일은 밤중에 무슨 일."
>
> 　"그래두, 우리 일이……."
>
> 　복녀의 입에 아직껏 떠돌던 이상한 웃음은 문득 없어졌다.
>
> 　"이까짓것." / 그는 발을 들어서 치장한 신부의 머리를 찼다.
>
> 　"자, 가자우 가자우." / 왕서방은 와들와들 떨었다. 왕서방은 복녀의 손을 뿌리쳤다. 복녀는 쓰러졌다. 그러나 곧 다시 일어섰다. 그가 다시 일어설 때는, 그의 손에는 얼른얼른하는 낫이 한 자루 [무엇이 잇따라 보이다 말다 하는] 들려 있었다. (중략) 복녀의 손에 들려 있던 낫은 어느덧 왕 서방의 손으로 넘어가고, 복녀는 목으로 피를 쏟으면서 그 자리에 고꾸라져 있었다.
>
> — 김동인, 〈감자〉

복녀와 남편의 성격을 직접 소개하여 진행 속도를 (7 ㅃㄹ) 하고 있으며, 이후 복녀의 죽음으로 이어지는 서사는 주로 대화와 행동을 통해 제시하여 진행 속도를 (8 ㄴㄹ) 하고 있다.

작품 알통

- **해제**: 정숙했던 인물이 가난 때문에 도덕적으로 타락해 가는 모습을 사실적으로 다룬 작품이다.
- **주제**: 비참한 환경에서 타락하는 인간상

【초성 답】 1 서술 2 정보 3 구체적 4 속도감 5 쉼표 6 서술 7 빠르게 8 느리게

074 서술자의 개입

> 작품 밖에 있는 서술자가 작품 안에 등장하여 자신의 생각을 직접 밝히는 표현

서술자가 작품 (1 ㅂ)에서 이야기하는 시점을 3인칭이라고 한다. 3인칭 시점에서 작품 밖에 있어야 할 서술자가 작품 (2 ㅇ)에 등장하여 등장인물의 심리를 설명해 주거나 사건에 개입하여 인물과 작중 상황에 대한 자신의 생각이나 견해 등을 직접 드러내는 것을 서술자의 (3 ㄱㅇ)(이)라고 한다.

편집자적 논평 (서술자의 논평)	• 서술자가 사건이나 인물의 말과 행동에 대해 가치를 판단하여 직접 밝히는 것 • '논평'은 어떤 사건 등에 대하여 옳고 그름을 따져 그 가치에 대해 말하는 것임.
서술자의 감정 노출	서술자가 작중 상황이나 인물에 대해 주관적인 감정을 표현하는 것
독자에게 말 걸기	독자(청자)를 부르는 말이나 상대 높임법이 사용된 종결 표현을 통해 말을 건네는 표현
서사의 흐름 끊기	'각설, 차설'과 같이 화제를 돌려 다른 이야기를 꺼낼 때, 앞서 이야기하던 내용을 그만둔다는 뜻으로 다음 이야기의 첫머리에 쓰는 말이나 **회장체**[*] 구성의 소설에서 '다음 회를 보시라.'와 같은 말을 통해 장면을 나누는 서술자의 등장을 의미함.

구분	예
편집자적 논평 (서술자의 논평)	이렇게 한참을 서럽게 울 때 사령 등이 춘향의 슬픈 목소리를 들으니 목석이라도 어찌 감동을받지 않겠는가? 봄눈 녹듯 온몸에 맥이 탁 풀렸다. 조선 시대에 각 관아에서 심부름하던 사람 / 나무나 돌처럼 아무 감정도 없는 사람을 비유한 말 　　　　　　　　　　　　　　　　　　　　　　　　　– 작자 미상, 〈춘향전〉 → 춘향이 우는 모습에 대해 목석이라도 감동을 할 것이라는 서술자의 (4 ㅍㅁ)이/가 드러남. 기운이나 힘
서술자의 감정 노출	국운이 불행하고, 호적이 강성하여 왕대비(王大妃)와 세자·대군을 사로잡고, 국가 위태함은 다 김자점이 도적을 인도함이니 어찌 절통치 않으리오. 슬프다. 오랑캐 → 예전에 여진족을 멸시하여 이르던 말 / 뼈에 사무치도록 원통함. 　　　　　　　　　　　　　　　　　　　　　　　　　– 작자 미상, 〈박씨전〉 → 김자점이 호적을 인도하는 바람에 국가가 위태롭게 된 상황에 대해 '절통하다(뼈에 사무치도록 원통하다)', 슬프다'와 같이 서술자의 감정을 (5 ㅈㅈ) 노출함.
독자(청자)에게 말 걸기	저 아전(衙前) 거동 좀 보소. 궤문을 철컹 열고 돈 닷 냥을 내어 주니 흥보가 받아 들고, 조선 시대에 관아에 속해 벼슬아치 아래에서 일을 보던 사람인 구실아치 "다녀오리다." / "평안히 다녀오오." 　　　　　　　　　　　　　　　　　　　　　　　　　– 작자 미상, 〈흥보가〉 → '저 아전 거동 좀 보소.'에서 '보소.'는 독자(청자)에게 아전의 행동을 보라고 말을 건네는 표현으로, 서술자가 작중에 개입하여 (6 ㄷㅈ)에게 말을 거는 판소리 사설의 문체임.
서사의 흐름 끊기	어찌된 일인지 모르겠구나. 다음 회를 보시라 14회 옥피리는 자웅(雌雄)의 음률을 주고받으며, 승부, 우열, 강약을 비유한 말 거문고의 아름다운 소리는 끊어졌다 이어졌다 한다. 각설, 뇌천풍의 분기탱천하여 도끼를 휘두르며 강남홍에게 덤벼들었지만 그녀는 태연히 분한 마음이 하늘을 찌를 듯 격렬하게 북받쳐 오름.(= 분기충천) 웃으며 부용검을 들고 서서 꼼짝도 않았다. 지위가 높은 사람이 행차할 때 위엄을 보이기 위한 격식에 쓰던 칼 　　　　　　　　　　　　　　　　　　　　　　　　　– 남영로, 〈옥루몽〉 → 〈옥루몽〉은 총64회로 이루어진 회장체 소설로, 한 회차가 끝나는 마지막 부분에서 독자에게 다음 회를 보라고 말하는 주체는 (7 ㅅㅅㅈ)(이)며, (8 ㄱㅅ)(이)라는 표지를 써서 장면을 전환하는 주체도 서술자임.

1:1 작품 체험

이때에 뜰아래 섰던 군사들이 일시에 달려들려 하니 토끼 무단히 허욕을 내어 자라를 쫓아왔다가 수국원혼이 되게
아무 이유가 없이 헛된 욕심
되니 이는 모다 자취(自取)한 화라, 누구를 원망하며 누구를 한하리오. 세상에
잘하든 못하든 자기 스스로 그렇게 되게 만든
턱없이 명리(名利)를 탐하는 자는 가히
명예와 이익
이것을 보아 징계할지로다.
부정이나 부당한 행위에 대해 제재를 가함.
이때에 토끼 이 말을 들으며 청천벽력
뜻밖에 일어난 사건
이 머리를 깨치는 듯 정신이 아득하여 생각하되

'내 부질없이 영화부귀를 탐내어 고향을 버리고 오매 어찌 이 외의 변이 없을소냐. 이제 날개가 있어도 능히 위로 날지 못할 것이오, 또 축지(縮地)하는
도로로 땅속 기운을 축소하여 먼 거리를 가깝게 하는 일
술법이 있을지라도 능히 이때를 벗어나지 못하리니 어찌하리오.'

　　　　　– 작자 미상, 〈별주부전(鼈主簿傳)〉

토끼가 자라에게 속아 용궁을 끌려온 처지에 대해 '이는 모다 자취한 화라, ~ 이것을 보아 징계할지로다.'라고 평하는 부분에서 서술자의 주관적 (9 ㄴㅍ)을/를 확인할 수 있다.

작품 알통

• **해제**: 토끼와 자라, 용왕 등의 인물을 통해 지배층의 횡포에 대해 교묘한 꾀로 맞서는 민중들의 모습을 형상화한 고전 소설이다.

• **주제**: 헛된 욕심에 대한 경계와 위기 극복의 지혜 및 집권층 비판

[*] **회장체(回章體)**: 하나의 이야기를 '회차'로 나누어 구성하는 고전 소설의 구성 방식

【초성 답】 1 밖 2 안 3 개입 4 평가 5 직접 6 독자 7 서술자 8 각설 9 논평

075 선경 후정

앞부분에는 외부 상황을 제시하고, 뒷부분에는 내면 심리를 제시하는 시상 전개 방식

'선경 후정'은 '先(먼저 선), 景(경치 경), 後(뒤 후), 情(뜻 정)', 즉 먼저 (1 ㄱㅊ)(외부)에 대해 제시하고 뒤에 (2 ㅈㅅ)(감정)에 대해 제시하는 방식을 말한다. 시의 전반부에 외부 요소인 경치, 풍경, 상황을 제시하고, 후반부에 화자나 인물의 내면 상태인 감정, 정서, 생각 등을 제시하게 되면 시상이 외부에서 내부로 이동하면서 외부에 대해 느끼는 내면 심리가 강조된다. 이러한 방식은 전통적인 한시(漢詩)에서 시상을 전개하는 방식이었는데, 시조나 현대 시에서도 활용되고 있다.

한편 이와 반대로 선경 후정의 시상 전개 방식을 뒤집어 내면 심리를 먼저 제시하고 외부 상황을 나중에 제시하는 방식은 (3 ㅅㅈㅎㄱ)(이)라고 한다.

구분	예		
선경 후정	펄펄 나는 저 꾀꼬리 암수 서로 정다워라 외로워라, 이내 몸은 뉘와 함께 돌아갈꼬. – 유리왕, 〈황조가〉 꾀꼬리의 노래		

전반부 – 외부 상황

1구	날고 있는 꾀꼬리
2구	한 쌍의 정다운 모습

후반부 – 화자의 내면 심리

3구	함께 돌아갈 사람이 없는
4구	처지로 인해 느끼는 외로움

→ 앞부분인 1, 2구에는 짝을 이루어 날아다니는 (4 ㄲㄲㄹ)의 정다운 모습이 제시되어 있고, 뒷부분인 3, 4구에는 임과 함께하지 못하는 처지에 놓인 화자의 (5 ㅇㄹㅇ) 심리가 제시되어 있는 선경 후정 의 시상 전개 방식으로 표현됨.

구분	예		
선정 후경	그립다 / 말을 할까 / 하니 그리워 // 그냥 갈까 / 그래도 / 다시 더 한 번…… // 저 산에도 까마귀, 들에 까마귀, 서산(西山)에는 해 진다고 / 지저귑니다. // 앞 강물, 뒷 강물, / 흐르는 물은 어서 따라오라고 따라가자고 흘러도 연달아 흐릅디다려. – 김소월, 〈가는 길〉		

전반부 – 화자의 내면 심리

1연	대상에 대한 그리움
2연	이별의 망설임과 아쉬움

후반부 – 외부 상황

3연	해가 지고 있다며 이별을 재촉하는 까마귀
4연	어서 가자며 떠날 것을 재촉하는 강물

→ 앞부분인 1, 2연에는 이별하는 상황에서 화자가 느끼는 그리움과 망설임, 아쉬움 등의 내면 심리가 먼저 제시되어 있고, 뒷부분에는 화자를 둘러싸고 있는 산과 들의 까마귀와 강물이 어서 떠나라고 재촉하는 (6 ㅇㅂ) 상황이 제시되어 있는 선정 후경의 시상 전개 방식으로 표현됨.

📕 1:1 작품 체험

낙엽은 폴란드 망명 정부의 지폐
전쟁, 혁명으로 인해 외국으로 피신해 세운 정부
포화(砲火)에 이지러진
총포를 쏠 때 일어나는 불
도른 시의 가을 하늘을 생각케 한다.
폴란드 북부의 도시
길은 한 줄기 구겨진 넥타이처럼 풀어져
일광(日光)의 폭포 속으로 사라지고
햇빛
조그만 담배 연기를 내뿜으며
새로 두 시의 급행열차가 들을 달린다.
포플라나무의 근골(筋骨) 사이로
근육과 뼈대
공장의 지붕은 흰 이빨을 드러내인 채
한 가닥 구부러진 철책(鐵柵)이 바람
쇠로 만든 울타리
에 나부끼고
그 위에 셀로판지로 만든 구름이 하나.
자욱한 풀벌레 소리 발길로 차며
호올로 황량(荒凉)한 생각 버릴 곳 없어
허공에 띄우는 돌팔매 하나.
기울어진 풍경의 장막(帳幕) 저쪽에
고독한 반원(半圓)을 긋고 잠기어 간다.

– 김광균, 〈추일서정(秋日抒情)〉

전반부 – 외부 상황

1~11행	쓸쓸한 가을날의 (7 ㅍㄱ)

후반부 – 화자의 내면 심리

12~16행	황량한 생각에 잠겨 벗어날 수 없는 (8 ㄱㄷㄱ)을/를 느끼는 화자의 정서

이 작품의 1~11행에서는 쓸쓸하고 황량한 가을날의 풍경에 대한 묘사가 드러나고, 12~16행에서는 도시 문명 속 현대인의 고독감이 제시되어 있다. 이는 외부 상황과 화자의 내면 심리가 배치되는 (9 ㅇㅇㅈ) 시상 구조로 이해할 수 있다.

작품 알통

• **해제**: 쓸쓸하고 황량한 가을날, 도시 문명의 풍경을 제시한 후 현대인이 느끼는 고독감을 그린 작품이다.

• **주제**: 가을날의 황량한 풍경과 고독감

【초성 답】 1 경치 2 정서 3 선정 후경 4 꾀꼬리 5 외로운 6 외부 7 풍경 8 고독감 9 이원적

개념 트레이닝 ZONE

빈칸에 알맞은 말을 쓰며 개념 근육을 키워 보세요!

01

그런 이유로, 나는 푸시맨이 되었다. 좋은 점은 전철을 공짜로 탄다는 것, 팔 힘이 세진다는 것, 게다가 다른 알바에 전혀 지장을 안 준다는 거야. 이를테면 여기 일을 마친 다음 슬슬 역에 나가 '한 딱가리'하면 그만이란 거지. 깔끔해. 공사 소속이니 지불 확실하지, 운동이 되니 밥맛도 좋아. 그러니 잠 잘 자고 주유소 일도 계속 하고…… 코치 형의 코치가 쉬지 않고 이어진 것도 까닭은 까닭이었지만 — 다른 무엇보다 이유는 삼천 원이었다. 요는 짧고 굵게 번다, 이거군요. 그런가? 뭐…… 그런 식으로 생각할 수도 있을까 모르겠군. 코치 형이 어리둥절한 표정을 지었지만, 확실히 그런 식이라고, 나는 생각했다. 그것이 나의 산수(算數)다. 웃긴 말건, 세상엔 그런 산수를 하며 살아야 하는 사람이 있다. 있게 마련이다.

— 박민규, 〈그렇습니까? 기린입니다〉

인물의 대사를 서술 속에 포함시켜 (　　　　) 없이 제시함으로써 서술처럼 읽히게 하여 내용을 속도감 있게 전개하고 있다.

02

황 서방도 일어났다. 지우산이 접히자 파나마에 금테 안경을 쓴, 시뿌옇게 살진 양복쟁이다. 황 서방의 퀭한 눈이 뚱그레서 뛰어나간다. 뭐라는지 허리를 굽신하고 인사를 하는 눈치인데 저쪽에선 인사를 받기는커녕, 우산을 놓기가 바쁘게 절컥 황 서방의 뺨을 붙인다. 까닭 모를 뺨을 맞는 황 서방보다 양복쟁이는 더 분한 일이 있는 듯 입은 벌룽거리기만 하면서 이번에는 덥석 황 서방의 멱살을 잡는다.

"아니, 나리님? 무슨 영문인지나……."

"무……뭐시어?"

하더니 또 철썩 귀쌈을 올려붙인다. 권 서방이 화닥닥 뛰어내려 왔다. 양복쟁이에게 덤비지는 못하나, 황 서방더러 버럭 소리를 지른다.

"이 자식이 손은 뒀다 뭣에 쓰자는 거냐? 죽을 죄 졌기루서니 말두 듣기 전에 매부터 맞어?" (중략)

양복쟁이는 황 서방네 주인 나리였다. 다른 게 아니라, 황 서방의 처가 달아난 것이다.

— 이태준, 〈밤길〉

황 서방과 김 서방의 대화와 묘사에서는 (　　　　) 기법을 사용하여 현장감을 높이고 있고, 양복쟁이가 황 서방을 때린 사건의 전말을 밝히는 초반부와 말미에서는 (　　　　) 기법을 사용하여 속도감을 높이고 있다.

03

호왕이 달려와 삼장과 군사를 다 죽이고 명제는 함정에 든 범이라 어찌 망극지 아니하리요. … 호왕이 황제 탄 말을 찔러 거꾸러치니 상이 땅에 떨어지거늘 호왕이 창으로 상의 가슴을 겨누며 꾸짖어 말하기를,

"죽기를 서러워하거든 항서를 써 올리라." (중략)

소리 나는 줄 모르고 통곡하시니 용의 울음소리가 구천에 사무치는지라 하늘이 어찌 무심하리요.

— 작자 미상, 〈소대성전〉

'명제는 함정에 든 범이라 어찌 망극지 아니하리요.', '용의 울음소리가 구천에 사무치는지라 하늘이 어찌 무심하리요.' 등과 같은 구절에서 작품 속 상황에 대한 서술자의 감상이나 느낌, 논평을 드러내는 서술자의 (　　　　)이/가 드러난다.

04

주봉이 그 옥저와 거문고를 보고 즉시 천자께 바치니, 천자께서 보시고 어루만지며 물으셨다.

"이것이 무엇이냐? 세상에는 없는 것이로구나."

하시고, 조정 백관들을 불러 알아보도록 하시니 아무리 알고자 한들 옥경의 선관이 가졌던 보배라 어찌 알겠는가.

천자께서 주봉을 돌아보시며 말씀하시길

"경(卿)은 아는가?"

하시니 주봉이 엎드려 아뢰었다.

"옥저는 장량이 계명산에 올라 팔천 병사를 흩었던 옥저이고, 거문고는 선관이 팔선녀를 희롱하던 거문고이옵니다."

— 작자 미상, 〈주봉전〉

'아무리 알고자 한들 ~ 보배라 어찌 알겠는가.'에서 (　　　　)이/가 직접 개입하여 주관적인 판단을 제시하고 있다.

05

홀연 광풍이 대작하며 공중에서 벽력같은 소리 나며 은하검이 번뜻하더니, 장발의 머리 검광을 좇아 떨어지니 한 줄기 무지개 일어나며, 슬프다, 이 같은 장사로 천수를 알지 못하고 몸을 그릇 역적에게 허하여 천의를 거스르니, 제 비록 천하 명장이요 만고 영웅인들, 당시 창업 주씨를 어찌 대적하며 유문성을 당하리요. 산천이 슬퍼하는 듯하고, 일월이 무광하더라. 장발이 죽었으니 뉘라서 대적하리요.

— 작자 미상, 〈유문성전〉

'슬프다. ~ 제 비록 천하 명장이요 만고 영웅인들, 당시 창업 주씨를 어찌 대적하며 유문성을 당하리요.', '장발이 죽었으니 뉘라서 대적하리요.' 등에서 편집자적 논평을 활용하여 (　　　　)의 생각을 드러내고 있다.

06

팔십 노모 우연히 병을 얻어 진사가 천 가지 만 가지로 치료하고 하나님께 빌면서 노모 환후 쾌히 회복하시기를 발원하고, 부인은 좋은 약을 구해 시중을 들면서 회춘(回春)하시기를 하늘에 빌어 본들 하늘에 매겨진 수명을 어찌 인력으로 하겠는가.
[환후: 웃어른의 병을 높여 이르는 말]
[회춘: 중한 병에서 회복되어 건강을 되찾음]

불과 오륙칠 일 만에 세상을 떠나자, 진사는 머리맡에 앉아 통곡하고 심씨는 발치에서 통곡하니 곡성이 진동하였다. 어느 노비가 있어서 죽반을 권하며 어느 일가친척이 있어서 초종례(初終禮)를 염려해 주겠는가.
[발치: 누울 때 발이 가는 쪽]
[곡성: 크게 소리 내며 우는 울음]
[초종례: 사망 후 염습하기까지의 장례 절차]

– 작자 미상, 〈이태경전〉

'하늘에 매겨진 수명을 어찌 인력으로 하겠는가'와 '어느 노비가 있어서 ~ 염려해 주겠는가.'에서 서술자가 (   )하여 상황에 대한 주관적 판단을 드러내고 있다.

07

규중에 조그마한 처자로 어찌 자객 삼사 인을 베리오마는 이는 반드시 범인이 아니요. 조화가 무궁한 연고로 이러함이라. 관군 등이 낭자를 해치지 못하고 도망함은 목숨을 아낌이라. 낭자 관군 등을 물리치고 인하여 자결하는 체하니, 관군 등이 몸을 감추어 그 낭자 하는 거동을 보고 자사에게 돌아오니라. (중략) 이때 관군 등이 돌아가 자사를 보고 전후수말을 고한대, 자사 듣기를 다하매 오래 침음하다가 또 흉계를 내어 친히 와서 해치려 하더라. 낭자는 본대 지혜 용맹 있는 여자라.
[범인: 평범한 사람]
[연고: 일의 까닭 = 사유]
[관군: 예전에, 국가에 소속되어 있던 정규 군대]
[자사: 예전에, 감독을 위해 각 주에 둔 감찰관]
[전후수말: 처음부터 끝까지의 과정 = 자초지종]
[침음: 속으로 깊이 생각하다.]

– 작자 미상, 〈월영낭자전〉

서술자는 낭자가 관군을 물리치는 장면에서 '규중에 조그마한 처자로 ~ 목숨을 아낌이라.', '자사 듣기를 다하매 ~ 지혜 용맹 있는 여자라.'라며 낭자의 인물됨과 사건 전개 내용에 대해 (   )(으)로 평가를 내리고 있다.

08

꽃이 지기로서니 / 바람을 탓하랴. //

주렴 밖에 성긴 별이 / 하나 둘 스러지고 //
[주렴: 구슬 따위를 꿰어 만든 발]
귀촉도 울음 뒤에 / 머언 산이 닥아서다. //

촛불을 꺼야 하리 / 꽃이 지는데 //

꽃지는 그림자 / 뜰에 어리어 //

하이얀 미닫이가 / 우련 붉어라. //
[우련: 빛깔이 엷고 희미하다.]
묻혀서 사는 이의 / 고운 마음을 //

아는 이 있을까 / 저허하노니 //
[저허하노니: 염려하거나 두려워하다. → 저어하다]
꽃이 지는 아침은 / 울고 싶어라.

– 조지훈, 〈낙화(落花)〉

1~6연은 꽃이 지는 아름다운 모습을 노래하고, 7~9연은 꽃이 지는 광경을 본 화자의 서글픈 심정을 토로하는 (   )의 전개 흐름을 보이고 있다.

09

비 개인 숲이 옷을 벗는다 / 터진 구름 사이
바람 몇 점 푸르게 일더니 / 새들이 울기 시작한다
새들 소리에 후두둑 후둑 떨구더니
초록의 물결이 / 철철철 넘쳐난다
숲이 쏟아 놓고 숲이 잠긴다

여기 와서 침묵하니 / 내 침묵에 내가 잠긴다
숲이 숲 같지 않구나 / 내 몸 밖의 것 같지 않구나
터진 구름 사이 푸른 하늘도 / 내 마음 밖의 것 같지 않구나

– 백무산, 〈숲〉

1연에서는 비가 개인 후 화자가 바라본 숲의 모습을 보여 주고, 2연에서는 화자가 자연과의 합일을 느끼는 정서를 표현한 (   )의 구성 방식으로 전개되고 있다.

10

보슬보슬 봄비는 못에 내리고
찬 바람이 장막 속 스며들 제
뜬시름 못내 이겨 병풍 기대니
송이송이 살구꽃 담 위에 지네.

– 허난설헌, 〈봄비(春雨)〉

봄비가 내려 찬바람이 스며드는 (   ) 모습을 먼저 제시한 후 떨어지는 살구꽃을 바라보며 고독 속에서 젊은 날을 보내는 자신의 처지를 (   )하는 화자의 정서를 선경 후정의 흐름으로 제시하고 있다.

11

낙동강 빈 나루에 달빛이 푸릅니다.
무엔지 그리운 밤 지향 없이 가고파서
흐르는 금빛 노을에 배를 맡겨 봅니다.

낯익은 풍경이되 달 아래 고쳐 보니,
돌아올 기약 없는 먼 길이나 떠나온 듯,
뒤지는 들과 산들이 돌아 돌아 뵙니다. (중략)

미움도 더러움도 아름다운 사랑으로
온 세상 쉬는 숨결 한 갈래로 맑습니다.
차라리 외로울망정 이 밤 더디 새소서.

– 이호우, 〈달밤〉

아름다운 (   )의 정경을 바라보며, 현실의 고통이 아름답고 평화로운 달빛처럼 정화되기를 바라는 화자의 (   )을/를 선경 후정의 흐름으로 노래하고 있다.

워밍-UP

다음 글을 읽고 빈칸에 알맞은 말을 써서 해설을 완성하거나 정오를 판단하세요.

01

> 황성에 병란(兵亂)이 일어났고, 살기(殺氣)가 등등하며, 천자는
> (나라 안에서 싸움질하는 난리) (남을 해치거나 죽이려는 무시무시한 기운)
> 피신한 모양이라. … 적은 어느새 도성에 다다르고 도성의 백성
> 들은 아우성치니, 이는 지옥을 상상하게 하더라. 그것은 도무지
> 구할 도리가 없는 완전한 파멸을 보는 듯하더라. 이것을 어느 누
> 구의 힘으로 구원하여 밝은 빛을 뿌려 터인가. 국진은 다시 말에
> 오르자, 한 손에 절륜도, 또 한 손에 청학선을 흔들며 성문을 빠
> 져나가 물밀 듯 밀려드는 수십만 적군의 진영으로 비호처럼 달리
> (나는 듯이 빠르게 달리는 범)
> 더라. (중략)
>
> 결국 국진이 병을 얻어 누운 것도 당연한 이치일 터라. … 며칠
> 이 지나도 국진의 신병은 조금도 차도가 없으니, 이 위급함을 무
> (몸에 생긴 병)
> 엇으로 해결하여야 한단 말인가.
>
> — 작자 미상, 〈장국진전〉

구분	표현
서술자의 개입 ❶	(　　　)~(　　　)
서술자의 개입 ❷	(　　　)~(　　　)

서술자의 개입을 통해 작중 상황에 대한 주관적 판단을 제시하고 있다.

◯ ✕

02

> (아무렇게나 함부로 행동하여 버릇이 없다)
> 차영이 무상하여 장경의 머리도 아니 빗기고 옷도 아니 하여
> (고을 관비) (옷 따위가 낡아 해지고 차림새가 너저분하다.)
> 주니, 의상이 남루한 중에 머리에 이는 무수하고 몸에는 더러운
> (지방 관아의 아전)
> 내가 나니, 동무 방자들이며 관속배가 곁에 오지 못하게 하니,
> (인심을 잃어 도움을 받을 곳이 없는 외로운 남자)
> 독부 되어 그 정상이 차마 보지 못할러라. … 초운이 매일 장경
> (부모를 잃고 고생하던 장경을 도와주고, 훗날 첩이 되는 여인)
> 을 어여삐 여겨 관가 제반(祭飯)도 얻어 주며, 머리에 이도 잡아
> (제사 때 올리는 밥)
> 주며 배고파하면 제 밥을 갖다가 주며, 따뜻한 음식을 얻어도
> 저는 아니 먹고 가져다가 먹이고, 장경 곧 울면 저도 우니 보는
> 사람이 아니 괴이히 여길 이 없더라.
>
> — 작자 미상, 〈장경전〉

구분	표현
서술자의 개입 ❶	(　　　)~(　　　)
서술자의 개입 ❷	(　　　)~(　　　)

서술자가 직접 개입하여 인물에 대한 자신의 생각을 드러내고 있다. ◯ ✕

03

> (가) 한식(寒食) 비 온 밤에 봄빗치 다 퍼졋다
> (동지 후 105일째 되는 날인 양력 4월 5일 무렵의 명절)
> 무정(無情)한 화류(花柳)도 때를 알아 픠엿거든
> (인정이 없다.) (꽃과 버들)
> 엇더타 우리의 님은 가고 아니 오는고 〈제17수〉
>
> 어젯밤 비 온 후(後)에 석류(石榴)곳지 다 픠엿다
> 부용 당반(芙蓉塘畔)에 수정렴(水晶簾)을 거더 두고
> (연꽃이 피어 있는 연못가) (수정 구슬로 꿰어서 꾸민 발)
> 눌 향한 깁흔 시름을 못내 푸러 하노라 〈제18수〉
>
> — 신흠, 〈방옹시여(放翁詩餘)〉
>
> (나) 개심대 고텨 올나 중향성 바라보며
> (금강산 백운대 북쪽에 위치한 봉우리)
> 만이천봉을 녁녁(歷歷)히 혀여 하니
> (역력하다 → 자취나 기미, 기억 따위가 환히 알 수 있게 또렷하다.)
> 봉마다 맷쳐 잇고 긋마다 서린 긔운
> 맑거든 조티 마나 조커든 맑디 마나
> 뎌 긔운 흐터 내야 인걸을 만들고쟈
> (특별한 인재)
> 형용도 그지업고 톄셰(體勢)도 하도 할샤
> (사물이 생긴 모양) (체세 → 몸이 가지는 자세)
> 천지 삼기실 제 자연이 되연마는
> 이제 와 보게 되니 유졍(有情)도 유졍할샤
> (뜻이 있음.)
>
> — 정철, 〈관동별곡(關東別曲)〉

구분	경치	정서
(가)〈제17수〉	한식날의 (　　) 풍경	원망과 (　　　)
(가)〈제18수〉	비가 온 후 (　　)의 풍경	임에 대한 그리움에 (　　　)에 잠김.
(나)	(　　　)에서 바라본 금강산 봉우리의 모습	(　　　)을/를 만들고자 하는 바람과 조물주의 뜻이 자연에 담겨 있다는 생각

→ (가)는 선경 후정의 전개 방식을 통해 화자의 내면을 드러내고 있다. ◯ ✕

→ (나)는 선경 후정의 방식으로 화자가 바라본 풍경과 그에 대한 감흥이 서술되고 있다. ◯ ✕

01

다음 글에 대한 설명으로 가장 적절한 것은?

비장이 처소에 돌아와서 수일 후에 사령 불러 분부하여, 춘풍을 잡아들여 형틀에 올려 매고,

"이놈, 네 들어라! 네가 이춘풍이냐?"

춘풍이 벌벌 떨며,

"과연 그러하오이다."

   더할 수 없이 중대하다
"막중 호조(戶曹) 돈 수천 냥을 가지고 사오 년이 되도록 일
   조세 및 국가 재정 담당 관청
푼 환납 아니하니 호조 관자(關子) 내어 너를 잡아 죽이라 하
   관공서에서 작성한 서류나 공증한 문서
였으니, 너는 그 돈을 다 어찌하였는고. 매우 쳐라." (중략)

춘풍이 대답하되,

"호조 돈을 가지고 평양 와서 일 년을 기생 추월과 놀고 나니

일 푼도 남지 않고, 달리는 한 푼도 쓴 일 없삽나이다."
   조선 시대 무관 벼슬 중의 하나
비장이 이 말 듣고 이를 갈고 사령에게 분부하여, 추월을 바삐
     조선 시대에, 각 관아에서 심부름하던 사람
잡아들여 형틀에 올려 매고, 별태장(別笞杖) 골라잡고,
     볼기를 치는 데 쓰던 형구
"일분도 사정없이 매우 쳐라."(중략)
   사소한 부분 또는 아주 적은 양
오십 도를 힘껏 치며 서리같이 호령하니, 추월이 기가 막혀 질
겁하여 죽기를 면하려고 아뢰되,
   뜻밖의 일에 자지러질 정도로 깜짝 놀라다
"국전(國錢)이 지중하고 관령이 지엄하니 영문 분부대로 춘풍
   국가나 공공 단체가 소유하는 돈(= 공금)
의 돈을 다 물어 바치리이다."

[중략 부분 줄거리] 돈을 되찾은 춘풍은 경성으로 돌아와 마치 자신이 장사를 잘하고 온 듯 아내 앞에서 거드름을 피우는데, 이에 아내는 다시 비장의 차림으로 춘풍 앞에 나타난다.

비장 가로되,
   조선 시대에, 승정원에 속하여 왕명의 출납을 맡아보던 정삼품의 당상관
"남산 밑 박 승지 댁에 가서 술에 대취하여 네 집에 왔더니,
     술에 잔뜩 취하다
시장도 하거니와 갈증이나 풀게 갈분(葛粉)이나 한 그릇 하여
     칡뿌리를 짓찧어 물에 담근 뒤 가라앉은 앙금을 말린 가루
오너라."

춘풍이 황공하여 밖으로 내달아서 아무리 제 계집을 찾은들
어디 간 줄 알리요. 주저주저하매 비장이 꾸짖어 가로되,

"네 계집을 어디 숨기고 나를 아니 뵈는고?"

차왈피왈(此曰彼曰)하니,
   이 말 저 말 하며 자꾸 둘러대는 모양
"너는 벌써 잊었느냐? 평양 일을 생각하여 보라. 네가 집에 왔
다고 그리 지위가 높은 체하느냐?"

춘풍이 갈분을 가지고 부엌에 내려가 죽 쑤는 꼴은 차마 볼
수 없더라.

                  – 작자 미상, 〈이춘풍전〉

① 우화 기법을 활용하여 당대의 현실을 비판하고 있다.

② 배경 묘사를 통해 인물의 내면 심리를 암시하고 있다.

③ 서술자의 회상을 통해 외화에서 내화로 이동하고 있다.

④ 상징적 소재를 사용하여 환상적인 분위기를 조성하고 있다.

⑤ 서술자가 작중 상황에 개입하여 주관적 견해를 드러내고 있다.

02

다음 글을 〈보기〉와 같이 바꾸어 썼을 때 나타나는 효과로 가장 적절한 것은?

[앞부분 줄거리] 아버지는 도시 변두리에서 노새 마차를 몰면서 연탄 배달 일을 한다. 어느 날 가파른 골목을 오르던 마차가 넘어지면서 노새가 달아나 버리고 아버지와 '나'는 노새를 찾아 헤맨다.

까마귀 새끼라는 것은 우리 아버지가 까맣게 연탄재를 뒤집어
쓰고 다닌대서 그 아들인 나를 가리키는 말이다. 사실 아버지는
노상 시키면 몰골을 하고 다녔다. 옷은 물론 국방색 신발도 어느
     육군의 군복 빛깔과 같은 카키색이나 어두운 녹갈색
새 깜장 구두가 되어 있었다. 손 얼굴 할 것 없이 온몸이 껌정투
성이였다. 어쩌다가 헹 하고 코를 풀면 콧물조차도 까맸다. 그런
가운데에서도 눈 하나만은 퀭하니 크게 빛났다. 아이들은 그런
아버지를 보고 까마귀라고 불러댔으나 차마 대놓고 그러지는 못
하고, 만만한 나만 보면 까마귀 새끼라고 놀려댔다. 하지만 저희
네들 아버지는 별것이었던가. 영길이네 아버지는 조그마한 기계
와 연탄불을 피워가지고 다니면서, 뻥 소리와 함께 생쌀을 납작
하게 눌러 튀겨내는 장사를 하고 있었고, 종달이네 형님은 번데
기 장수였다. 순철이네 아버지는 시장 경비원이었고, 귀달네 아
버지는 포장마차에서 장사를 하고 있었다. 그래서 우리는 영길이
더러 '뻥', 종달이더러는 '뻔'이라는 별명을 붙여 주었으며, 순철이
귀달이도 모두 하나씩 별명을 가지고 있었다. 그러니까 내가 까
마귀 새끼라는 별명을 가지고 있다는 것은 어떻게 보면 당연한
것이고 별로 억울할 것도 없었다.

                  – 최일남, 〈노새 두 마리〉

〈보기〉

"까마귀 새끼."

영길이가 놀렸다.

"너네 아버지는 까마귀, 넌 까마귀 새끼."

종달이가 거들었다.

"신발도 깜장 구두, 연탄재 뒤집어쓴 껌정투성이."

아버지가 시장 경비원인 순철이도 한마디 했다.

"그래, 나 까마귀 새끼다. 그러는 니들은 뭐가 달라서."

"너네 아버지는 콧물도 까맣더라."

귀달네 아버지는 포장마차에서 장사를 하는데, 귀달이도 나를
놀린다. 나도 뻥튀기 장수 아들 영길이와 번데기 장수 동생 종달
이의 별명을 불렀다.

"영길이는 뻥, 종달이는 뻔."

① 외양을 묘사하여 인물의 성격을 드러내고 있다.

② 호흡이 긴 문장을 사용하여 인물의 심리를 드러내고 있다.

③ 인물의 성격 변화 과정을 제시하여 긴장감을 고조하고 있다.

④ 새로운 인물을 등장시켜 인물 간의 대립 구도를 드러내고 있다.

⑤ 인물 간의 대화를 보여 주어 상황을 현장감 있게 제시하고 있다.

공부한 날	월	일	요일
맞은 개수		/ 9	

작품	No	작품을 읽고 빈칸에 알맞은 말을 쓰시오.

작품

새로 거른 막걸리 젖빛처럼 뿌옇고

큰 사발에 보리밥, 높기가 한 자로세.
약 30.3cm.

밥 먹자 도리깨 잡고 마당에 나서니
곡식 낟알을 떠는 데 쓰는 농구

검게 탄 두 어깨 햇볕 받아 번쩍이네.

옹헤야 소리 내며 발맞추어 두드리니
보리타작할 때, 도리깨질하면서 부르는 영남의 노동요

삽시간에 보리 낟알 온 마당에 가득하네.

주고받는 노랫가락 점점 높아지는데

보이느니 지붕 위에 보리 티끌뿐이로다.

그 기색 살펴보니 즐겁기 짝이 없어

마음이 몸의 노예 되지 않았네.

낙원이 먼 곳에 있는 게 아닌데

무엇하러 벼슬길에 헤매고 있겠는가.

– 정약용, 〈보리타작(打麥行, 타맥행)〉

01

시적 화자는 누구이며, 어떤 상황에 놓여 있는가?

시적 화자	농민의 보리타작을 (　　　)하는 사람
상황	보리타작하는 농민들을 바라보며 (　　　)을/를 헤맸던 삶을 되돌아보고 있음.

02

시적 화자의 정서와 태도는 어떠한가?

농민들의 건강한 삶을 예찬하고, 세속적 공명을 추구하며 살았던 과거 자신의 삶을 (　　　)함.

03

시상 전개상의 특징은 무엇인가?

1~8행	→	9~12행
보리타작을 하는 농민들의 건강하고 활기찬 모습에서 정신과 육체가 합일된 노동의 기쁨 발견		농민들의 건강한 삶에 대한 예찬과 벼슬에 집착했던 과거의 삶에 대한 반성

→ 한시의 전형적인 전개 방식인 (　　　)의 시상 전개를 통해 화자의 정서를 강조함.

04

이 작품의 주제는 무엇인가?

농민들의 건강한 노동을 통해 얻은 삶의 (　　　)

[앞부분 줄거리] 중국 명나라 이부사랑 이익은 오랫동안 자식이 없다가 금화산 백운암의 노승에게 시주하여 대봉을 낳는다. 이후 간신 왕희의 참소로 대봉과 함께 백설도로 유배된다. 유배를 가던 중 왕희의 명령을 받은 사공들이 이익과 대봉을 물에 던진다. 바다에서 표류하다 서해 용왕이 보낸 동자의 도움으로 살아난 대봉은 금화산 백운암에서 수련하면서 세월을 보낸다.

　⊙이때에 이 공자 대봉이 금화산 백운암에 있어 밤낮으로 공부를 부지런히 하여, 시서백가(詩書百家)와 육도삼략(六韜三略)을 모르는
시와 글씨, 여러 학자가 지은 여러 저서　　중국의 오래된 병서
바가 없더라. 세월이 여류(如流)하여 나이 이팔(二八)에 이르렀더니,
물의 흐름과 같다는 뜻으로, 세월이 매우 빠름.
일일은 노승이 공자더러 왈,

“이제는 공자가 액운이 다하고 길운(吉運)이 돌아왔으니 빨리 경성에 올라가 공명을 이루라.”

“소생의 궁박한 명(命)이 대사의 두터운 은혜를 입사와 칠 년을 의
몹시 가난하여 구차하다.
지하였삽더니, 오늘날 나가라 하시니 부모의 생사를 알지 못하고, 무인지경(無人之境)에 어디로 가라 하시니잇고?”
사람이 살고 있지 않은 외진 곳
노승 왈,

“공자가 이 절에서 노승과 칠 년을 동거하였사오나, 금일은 인연이 다하였으니 장차 공자의 부모를 만나고 국난(國難)을 평정하여 공
나라가 존립하기 어려울 정도로 위태로운 나라 전체의 어려움.
을 이루소서.”

– 작자 미상, 〈이대봉전〉

05

주요 인물은 누구인가?

이대봉	영웅의 (　　　) 인물이자 나라를 위기에서 구하고 부모의 원수를 갚는 의지적인 인물
노승	이대봉이 영웅적 능력을 향상시키고 사회에 나아가게 도움을 주는 (　　　)

06

중심 사건은 무엇인가?

노승이 공부하던 이대봉에게 경성에 올라가 (　　　)을/를 이루라는 명령을 내리고, 이대봉이 어디로 가라고 하냐고 묻자 노승은 인연이 다했으니 나라를 위기에서 구하고 공을 세우라고 말함.

07

인물의 심리와 태도는 어떠한가?

이대봉	칠 년을 함께 한 노승이 갑자기 떠나라고 하자 어디로 가야 할지 몰라 놀라고 (　　　)함.

08

⊙에 쓰인 서술상의 특징은 무엇인가?

비교적 긴 시간 동안 이루어진 사건을 압축하여 짧게 제시하는 요약적 서술을 통해 사건의 전개 속도를 (　　　) 함.

09

이 작품의 주제는 무엇인가?

나라를 구하고 사랑을 성취하는 이대봉의 (　　　)적 활약상

오늘의 수능 국어 트레이닝 끝!

076 수미상관(수미상응 · 수미쌍관)

개념 영상

처음과 끝이 서로 같거나 비슷한 구성

기출로 보는 개념
- 수미상관의 기법을 활용하여 리듬감을 조성하고 있다.
- 변형된 수미상관의 구조를 통해 시의 주제(주제 의식)를 강조하고 있다.
- 수미상관의 방식으로 시상을 완결하여 구조적(시적 / 형태적) 안정감을 획득하고 있다.

'수미상관(수미상응/수미쌍관)'은 시의 앞부분과 끝부분에 (¹ ㅇㅁ)적·(² ㅎㅌ)적으로 동일하거나 유사한 시구를 배열하는 시상 전개 방법으로, 반복을 통한 운율 형성과 구조적·형태적 (³ ㅇㅈㄱ)을/를 얻을 수 있다. 문장 구조가 완전히 일치하지 않더라도 동일한 시구가 부분적으로 반복되면 변형된 수미상관으로 볼 수 있다.

'수미상관'의 구성 방식은 동일한 시행이나 연을 반복하는 구성이므로 기본적으로 반복을 통해 얻을 수 있는 효과를 공유합니다.
즉, 동일하거나 유사한 시구나 시행을 반복하면 운율이 형성되고 의미가 강조됩니다.
수미상관은 이외에 시 전체 구조적으로 볼 때 앞뒤를 유사한 내용으로 둘러싼 듯한 느낌을 주므로 편안하고 고요한 느낌인 구조적 안정감을 덤으로 느낄 수 있습니다.

구분	예
수미상관	눈이 오는가 북쪽엔 / 함박눈 쏟아져 내리는가 // 험한 벼랑을 굽이굽이 돌아간 / 백무선(白茂線) 철길 위에 1944년 개통된 함경북도 백암에서 두만강의 삼림 지대를 가로질러 무산에 이르는 철도 느릿느릿 밤새워 달리는 / 화물차의 검은 지붕에 // 연달린 산과 산 사이 / 너를 남기고 온 / 작은 마을에도 복된 눈 내리는가 // 잉크병 얼어드는 이러한 밤에 / 어쩌자고 잠을 깨어 / 그리운 곳 차마 그리운 곳 // 눈이 오는가 북쪽엔 / 함박눈 쏟아져 내리는가 – 이용악, 〈그리움〉 → 1연과 동일한 시행을 5연에서 반복하여 (⁴ ㅇㅇ)을/를 형성하고, 구조적 안정감을 주며, 떠나온 고향과 고향에 있는 가족을 그리워하는 화자의 애틋한 마음을 강조함
변형된 수미상관	나 보기가 역겨워 / 가실 때에는 / 말없이 고이 보내 드리우리다. // 평안북도 영변 서쪽에 있는 산 영변(寧邊)에 약산(藥山) / 진달래꽃 / 아름 따다 가실 길에 뿌리우리다. // 평안북도 영변군에 있는 면 가시는 걸음걸음 / 놓인 그 꽃을 / 사뿐히 즈려밟고 가시옵소서. // 나 보기가 역겨워 / 가실 때에는 / 죽어도 아니 눈물 흘리우리다. – 김소월, 〈진달래꽃〉 → 1연을 4연에서 반복한 수미상관 구성으로, 각 연의 마지막 행을 다르게 (⁵ ㅂㅈ)한 변형된 수미상관임, 유사한 시행을 반복하여 운율을 형성하고, 구조적 안정감을 느끼게 하며, 임이 떠나지 않기를 바라는 간절한 마음을 강조함

1:1 작품 체험

북한산이
다시 그 높이를 회복하려면
다음 겨울까지는 기다려야만 한다.

밤사이 눈이 내린,
그것도 백운대나 인수봉 같은
북한산의 최고봉   북한산의 봉우리
높은 봉우리만이 엷은 화장을 하듯
가볍게 눈을 쓰고

왼 산은 차가운 수묵(水墨)으로 젖어
빛이 엷은 먹물
있는,
어느 겨울날 이른 아침까지는 기다려야만 한다.

신록이나 단풍,
늦봄이나 초여름에 새로 나온 잎의 푸른빛
골짜기를 피어오르는 안개로는,
눈이래도 왼 산을 뒤덮는 적설(積雪)
쌓여 있는 눈
로는 드러나지 않는,

심지어는 장밋빛 햇살이 와 닿기만 해도 변질하는,
그 고고(孤高)한 높이를 회복하려면
세상일에 초연하여 홀로 고상한

백운대와 인수봉만이 가볍게 눈을 쓰는
어느 겨울날 이른 아침까지는
기다려야만 한다.

– 김종길, 〈고고(孤高)〉

이 작품은 북한산이 고고한 높이를 회복할 날을 기다리며 그와 같은 (⁶ ㄱㄱㅎㅅ)을/를 지향하겠다는 주제 의식이 담긴 부분이 반복되며 주제를 강조하는 효과를 얻고 있다.

작품 알통
- 해제: 북한산이 고고한 높이를 회복하기 위해 겨울이 오기를 기다리는 모습을 통해 고고한 삶을 지향하는 화자의 자세를 그린 작품이다.
- 주제: 고고한 삶의 자세 추구

【초성 답】 1 의미 2 형태 3 안정감 4 운율 5 변주
6 고고한 삶

077 시간의 순행적(순차적) 구성

> 시간이 흘러가는 순서대로 구성하는 전개 방식

'순행'은 (1 　차례 　)대로 나아간다는 뜻으로, 시간이 순행적으로 흘러간다는 것은 '아침 → 점심 → 저녁' 또는 '봄 → 여름 → 가을 → 겨울'과 같이 시간이 흘러가는 보편적인 흐름에 따라 시상이 전개되는 양상을 보이는 것을 의미한다. '시간'에는 물리적 시간뿐만 아니라 계절의 변화나 시대의 변화와 같이 (2 　변화 　)의 개념까지도 포함된 광범위한 개념이다.

시간의 흐름은 시간을 의미하는 시어가 직접 제시되어 드러날 수도 있지만, 특정 시간이나 계절을 의미하는 시어를 사용해서 표현할 수도 있습니다. 예를 들어 '삭풍'은 겨울철에 북쪽에서 불어오는 찬바람을 의미하므로, '겨울'이라는 표현이 직접 사용되지 않더라도 특정 계절을 알 수 있습니다. 이와 같은 시어를 통해 서로 다른 시간대나 계절이 드러난다면 간접적으로 시간의 흐름을 파악할 수 있습니다.

구분	예
때의 변화	명절날 나는 엄매 아배 따라 우리 집 개는 나를 따라 진할머니 진할아버지가 있는 큰집으로 가면 (중략) / 저녁술을 놓은(저녁밥을 먹는 숟가락) 아이들은 외양간 섶 밭마당에(대문 밖에 있는 마당, 바깥채에 딸린 마당(= 바깥마당)) 달린 배나무 동산에서 쥐잡이를 하고 숨굴막질을 하고 꼬리잡이를 하고 가마 타고 시집가는 놀음 말 타고 장가가는 놀음을 하고 이렇게 숨바꼭질 밤이 어둡도록 북적하니 논다 밤이 깊어 가는 집 안엔 엄매는 엄매들끼리 아르간에서들(이랫간, 아랫방) 웃고 이야기하고 아이들은 아이들끼리 웃간 한 방을 잡고 조아질하고 쌈방이 굴리고 바리깨돌림하고 호박떼기*하고 제비손이구손이*(공기놀이가 주사위 같은 장난감 밥그릇 뚜껑 돌리기) 하고 이렇게 화디의 사기방등에 심지를 몇 번이나 돋우고 홍게닭이 몇 번이나 울어서 졸음이 오면(동잔걸이의 자기로 만든 등잔)(새벽닭) 아룻목싸움 자리싸움을 하며 히드득거리다 잠이 든다 그래서는 문창에 텅납새의 그림자가 치는(아랫목)(문과 창문)(처마의 네 귀에 있는 큰 서까래) 아츰 시누이 동세*들이 욱적하니 흥성거리는 부엌으론 샛문 틈으로 장지문 틈으로 무이징게국을(한곳에 모여 조금 수선스럽게 들끓다)(민물 새우인 징거미 새우로 끓인 뭇국) 끓이는 맛있는 내음새가 올라오도록 잔다 　　　　　　　　　　　　　　　　　　　　　　　－ 백석, 〈여우난곬족〉 　　　　　　　　　(여우가 나왔다는 골짜기 주위에 모여 사는 일가친척들) → 화자인 '나'가 명절날 하루의 모습을 시간의 경과에 따라 서술하는 구조로, '나'가 큰집에 가기 위해 집을 나선 때부터 (3 　저녁 　) → (4 　밤 　) → (5 　아침 　)의 흐름으로 이어지며 시상이 전개됨.
계절의 변화	사과를 먹는다 / 사과나무의 일부를 먹는다 사과 꽃에 눈부시던 햇살을 먹는다 사과를 더 푸르게 하던 장맛비를 먹는다 사과를 흔들던 소슬바람을 먹는다 사과나무를 감싸던 눈송이를 먹는다 　　　　　　　　　　　　　　　　－ 함민복, 〈사과를 먹으며〉 → '사과 꽃(보통 3월 하순경) → 장맛비(여름철에 여러 날을 계속해서 내리는 비) → 소슬바람(가을에 부는 으스스한 바람) → 눈송이'로 이어지는 시어들은 각각 봄 → 여름 → 가을 → 겨울의 (6 　고장 　)을/를 의미하므로, 계절의 흐름에 따라 시상이 전개됨.

🔵 1:1 작품 체험

겨우내(한겨울 동안 계속해서)
햇볕 한 모금 들지 않던
　　세간이나 여러 가지 물건을 넣어 두는 곳
뒤곁 추녀 밑 마늘광 위으로
집 뒤에 있는 뜰이나 마당
봄비는 나리어 얼굴에 까만 먼지 쓰고

눈 감고 누워 세월 모르고 살아온

저 잔설(殘雪)을 일깨운다.
　　녹다 남은 눈
잔설은

투덜거리며 일어나

때문은 이불 개켜 옆구리에 끼더니

슬쩍 어디론가 사라진다.

잔설이 떠나고 없는

추녀 밑 깨진 기왓장 틈으로

종일 빗물이 스민다.

　　　　　　　　　　－ 이동순, 〈봄비〉

이 작품은 잔설을 녹이는 봄비가 내리는 모습을 통해 (7 　겨울 　)에서 (8 　봄 　)(으)로 시간이 흐르는 것이 드러난다.

작품 알통

- **해제:** 봄비를 의인화하여 잔설을 녹이고 겨울을 몰아내는 활기찬 모습을 노래한 작품이다.
- **주제:** 봄비가 내리는 활기찬 모습

❤️ 상황이 변한다면 시간의 흐름인가요?

네, 맞습니다. 표현상 직접적으로 시간의 변화를 나타내는 표현이 사용되지 않더라도 대상이나 상황의 변화를 통해 시간이 흘렀음을 확인할 수 있습니다. 예를 들어 '흙이 풀리는 내음새'에서 '풀리다'는 '얼었던 것이 녹다.'라는 뜻으로, 겨우내 얼어 있던 땅이 날씨가 따뜻해지면서 녹는다는 의미입니다. 이를 통해 겨울에서 봄으로 계절이 바뀌는 때가 시간적 배경임을 알 수 있으며, 이 표현만으로도 계절의 변화가 드러나는 시간적 흐름에 따른 시상 전개로 볼 수 있습니다.

- **호박떼기:** 앞사람이 잡고 있으면 술래가 한 사람씩 떼어 놓는 놀이
- **제비손이구손이:** 서로 다리를 엇갈리게 끼우고 다리를 세는 놀이
- **동세:** 동서. 시아주버니, 시동생의 아내나 처형, 처제의 남편을 이르는 말

【초성 답】 1 차례 2 변화 3 저녁 4 밤 5 아침 6 계절 7 겨울 8 봄

078 시간의 역전적 구성

> 시간의 흐름을 뒤집은 방향으로 이야기를 진행하는 전개 방식

'역전'은 형세가 (1 ㄷㅈㅎㄷ)은/는 뜻으로, 시간의 역전은 순차적으로 흘러가던 시간의 흐름이 뒤로 되돌아감을 의미한다. 시간의 순행적 흐름에서 벗어난 전개 방식은 작가의 의도에 따라 시간의 순서를 뒤바꾸어 구성하는 방식이며, (2 ㅇㅊㅈ) 구성이라고도 한다. 이런 구성 방식은 작중 인물의 회상뿐만 아니라 서술자의 교체나 시점의 변화를 통해서도 나타날 수 있다.

입체적 구성에는 시간의 역행적 흐름뿐만 아니라 '순행 → 역행 → 순행'의 흐름을 취하는 역순행적 구성도 포함됩니다. 입체적 구성은 이미 일어난 일에 대해 다시 언급해야 할 필요가 있거나 현재 상황의 정황을 알고자 할 때 과거의 시점으로 돌아가 있었던 일을 이야기하는 경우가 많습니다.
이처럼 시간의 순차적 흐름에서 벗어난 이야기의 전개는 이야기의 층위를 시간을 기준으로 구분함으로써 내용을 입체적이고 깊이 있게 제시하는 효과를 얻을 수 있습니다.

개념 당기는 예시

정거장에서 샘말 십 리 길을 내려오노라면 반이 될락말락한 데서부터 샘말 동네보다는 그 건너
_{사이에 있는 마을이라는 의미로 '사잇말'이라고 부르던 것에서 유래한 지명}
편 산기슭에 놓인 공동묘지가 먼저 눈에 뜨인다. (중략) 어느 것이라고 집어낼 수는 없어도, 창옥의 무덤이 어디쯤이라고는 짐작이 된다. 창섭은 마음으로 '창옥아' 불러 보며 묵례를 보냈다.

다만 오뉘뿐으로 나이가 훨씬 떨어진 누이였다. 지금도 눈에 선하다. 자기가 마침 방학으로 와 있던 여름이었다. 창옥은 저녁 먹다 말고 갑자기 복통으로 뒹굴었다. 읍으로 뛰어 들어가 의사를 청해 왔다. 의사는 주사를 놓고 돌아갔다. 그러나 밤새도록 열은 내리지 않았고 새벽녘엔 아파하는 것도 더해 갔다. 다시 의사를 데리러 갔으나 의사는 바쁘다고 환자를 데려오라 하였다. 하라는 대로 환자를 데리고 들어갔으나 역시 오진(誤診)을 했었다. 다시 하루를 지나 고름이 터지고 복막(腹_{병을 그릇되게 진단하는 일}膜)이 절망적으로 상해 버린 뒤에야 겨우 맹장염인 것을 알아낸 눈치였다. _{내장 기관을 싸고 있는 얇은 막}

그때 창섭은, 자기도 어른이기만 했으면 필시 의사의 멱살을 들었을 것이었다. 이런, 누이의 허무한 주검에서 창섭은 뜻을 세워, 아버지가 권하는 고농(高農)을 마다하고 의전으로 들어갔고, 오늘에 이르러는, 맹장 수술로는 서울서도 정평이 있는 한 권위가 된 것이다. _{고등 농림 학교의 줄임말} _{모든 사람이 다 같이 인정하는 평판}

'창옥아, 기뻐해 다구. 이번에 내 병원이 좋은 건물을 만나 커지는 거다. 개인 병원으론 제일 완비한 수술실이 실현될 거다! 입원실 부족도 해결될 거다. 네 사진을 크게 확대해 내 새 진찰실에 걸어 노마……'

창섭은 바람도 쌀쌀할 뿐 아니라, 오후 차로 돌아가야 할 길이라 걸음을 재우쳤다.
_{빨리 몰아치거나 재촉하다}
– 이태준, 〈돌다리〉

→ 고향에 온 창섭이 공동묘지를 바라보며 하나뿐인 여동생 창옥이 맹장염으로 죽게 된 과거의 일을 (3 ㅎㅅ)하는 장면으로 '현재 → (4 ㄱㄱ) → 현재'의 흐름으로 이야기가 전개됨.

그날 밤 ─ 아니 그날 새벽 ─ 아내에겐 한 번도 들려준 일이 없는 그날 새벽의 서글픈 동행을, 나 자신도 한사코 기억의 피안으로 사라져 가 주기를 바라 _{관념적으로 생각해 낸 현실 밖의 세계} 오던 그 새벽의 그 눈길의 기억을 노인은 이제 받아 낼 길이 없는 묵은 빚 문서를 들추듯 허무한 목소리로 되씹고 있었다.

이야기를 듣고 있는 나의 머릿속에도 마침내 그날의 정경이 손에 닿을 듯 역력히 떠올랐다. 어린 자식놈의 처지가 너무도 딱해서였을까. 아니 어쩌면 노인 자신의 처지까지도 그밖에 달리 도리가 없었을 노릇이었는지 모른다. 동구 밖까지만 바래다 주겠다던 노인은 다시 마을 뒷산의 잿길까지만 나를 좀 더 바래 주마 우겼고, 그 잿길을 올라선 다음에는 새 신작로가 나설 때까지만 산길을 함께 넘어 가자 우겼다. (중략) 나는 결국 그 면소 차부까지도 노인과 함께 신 _{자동차의 시발점이나 종착점에 마련한 차의 집합소} 작로를 걸었다.

아직도 날이 밝기 전이었다.

하지만 그러고 우리는 어찌 되었던가.

나는 차를 타고 떠나가 버렸고, 노인은 다시 그 어둠 속의 눈길을 되돌아서야 했다……

내가 알고 있는 건 거기까지뿐이었다.

– 이청준, 〈눈길〉

이 작품은 '나'가 어머니인 노인과 함께 눈길을 걸었던 (5 ㄱㅇ)을/를 떠올리는 장면으로, 인물의 과거 회상을 통한 (6 ㅇㅅㅎ)적 구성을 통해 '눈길'에 대한 기억을 전달하고 있다.

작품 알통

• 해제: 어릴 때 어머니(노인)의 보살핌을 받지 못했다고 생각하여 자식의 도리는 거부하는 '나'가 아내와 어머니의 대화를 들은 후 어머니의 사랑을 깨닫게 되는 과정을 다룬 작품이다.

• 주제: 어머니의 사랑에 대한 깨달음

【초성 답】 1 뒤집힌다 2 입체적 3 회상 4 과거
5 기억 6 역순행

개념 트레이닝 ZONE

🔹 **빈칸에 알맞은 말을 쓰며 개념 근육을 키워 보세요!**

01

차단—한 등불이 하나 비인 하늘에 걸려 있다.
　차디찬
내 호올로 어딜 가라는 슬픈 신호냐. (중략)

긴— 여름해 황망히 나래를 접고
늘어선 고층(高層) 창백한 묘석(墓石)같이 황혼에 젖어
찬란한 야경 무성한 잡초인 양 헝클어진 채
사념(思念) 벙어리 되어 입을 다물다.
근심하고 염려하는 여러 가지 생각

피부의 바깥에 스미는 어둠
낯설은 거리의 아우성 소리
까닭도 없이 눈물겹고나

공허한 군중의 행렬에 섞이어
내 어디서 그리 무거운 비애를 지니고 왔기에
길—게 늘인 그림자 이다지 어두워

내 어디로 어떻게 가라는 슬픈 신호기
차단—한 등불이 하나 비인 하늘에 걸리어 있다.

　　　　　　　　　　　　　– 김광균, 〈와사등〉
　　　　　　　　　　　　　　　　가스등

1연을 마지막 연에서 유사하게 반복하는 변형된 (　　　　)의 방법을 사용하여 형태상 (　　　　)을/를 부여하고 삶의 방향을 상실한 현대인의 고독과 비애를 강조하고 있다.

02

섣달에도 보름께 달 밝은 밤
앞내강(江) 쨍쨍 얼어 조이던 밤에
　강이 얼어 얼음의 부피가 커지면서 서로 밀치는
내가 부른 노래는 강(江) 건너갔소.

강(江) 건너 하늘 끝에 사막(沙漠)도 닿은 곳
내 노래는 제비같이 날아서 갔소 (중략)

밤은 옛일을 무지개보다 곱게 짜내나니
한 가락 여기 두고 또 한 가락 어디멘가
내가 부른 노래는 그 밤에 강(江) 건너갔소.

　　　　　　　　　　　　　– 이육사, 〈강 건너간 노래〉

첫 연의 3행 '내가 부른 노래는 강 건너갔소'와 마지막 연의 3행 '내가 부른 노래는 그 밤에 강 건너갔소'를 보면 유사한 구절을 (　　　　)하는 수미상관 구조를 통해 의미를 강조하고 있다.

03

별들과 산마을의 불빛들은
결코 나뉠 수 없는 우주의 경계로 인해
밤마다 한 몸이 되고는 했다
부럽기도 했다 해가 바뀔수록
검던 머리 더욱 희끗거리고
희끗거리며 날리는 눈발을 봐도
점점 무심해졌다

　　　　　　　　　　　　　– 박남준, 〈이사, 악양〉

'나뉠 수 없는 우주의 경계로 인해 밤마다 한 몸이 되'는 자연물을 부러워하던 화자가, '해가 바뀔수록', 즉 '검던 머리'가 '더욱 희끗거'릴수록, '희끗거리며 날리는 눈발'에도 '점점 무심해'진다는 표현에서, (　　　　)의 흐름에 따라 화자의 감정의 변화가 나타나고 있다.

04

처음의 할아버지 살림살이하려 할 때
어진 마음 많이 쓰니 사람이 절로 모여
풀을 베고 터를 닦아 큰 집을 지어내고
갈아 놓은 논의 바닥을 고르는 데 쓰는 농기구
써레, 보습, 쟁기, 소로 전답을 경작하니
　　　　　　　여덟 날
올벼 논 텃밭이 여드레 갈이로다
제철보다 일찍 여무는 벼
자손에게 물려줘 대대로 내려오니

　　　　　　　　　　　　　– 허전, 〈고공가〉
　　　　　　　　　　　　　　　머슴

'할아버지', 즉 조상이 터를 닦아 이 집을 지어내 살림을 일으키고 이를 자손에게 물려주어 대대로 내려오기까지의 과정을 (　　　　)의 흐름에 따라 제시하고 있다.

05

대추 밤을 돈사야 추석을 차렸다
　　　　팔아야
이십 리를 걸어 열하룻장을 보러 떠나는 새벽
　　　　음력 11일에 열리는 장
막내딸 이쁜이는 대추를 안 준다고 울었다

송편 같은 반달이 싸리문 위에 돋고
건너편 성황당 사시나무 그림자가 무시무시한 저녁
나귀 방울에 지껄이는 소리가 고개를 넘어 가차워지면
이쁜이보다 삽살개가 먼저 마중을 나갔다

　　　　　　　　　　　　　– 노천명, 〈장날〉

추석을 쇠기 위한 여비를 마련하기 위해 아버지가 장에 가는 (　　　　)의 모습과 아버지가 돌아오는 (　　　　)의 모습을 시간의 흐름에 따라 전개하고 있다.

06

[앞부분 줄거리] '나'는 삼촌의 장례식에 참석하기 위해 귀향하면서 과거 삼촌에 얽힌 기억을 떠올리며 애써 잊으려 한다. '나'의 조부는 몰락한 친일 거부였고, '나'의 아버지는 6·25 전쟁 중 공산주의자가 되어 행방이 묘연해졌으며, 서출(庶出)이나 천성이 밝고 착했던 삼촌은 국방군이 되어 가슴에 부상을 입고 제대한다.

마침내 삼촌이 나타났다. 두 팔로 가슴을 잔뜩 싸안은 그는 묵묵히 병원 문을 나섰다. 나는 잠자코 뒤를 따랐다. 허리를 꾸부정하게 구부린 채 그는 걸음마를 하듯 조심조심 걸었다. 한 발자국을 내딛는 데에도 무진 힘들어 보였다. 하지만 그런 상태로 우리는 털털거리는 시외버스를 타야만 했다. 수술만큼이나 길고 조마조마한 귀로였다. 어쩌면 삼촌은 가슴팍을 짜개고 작은 파편 조각을 뽑아낸 대신 의사들로 하여금 보다 크고 위험한 폭탄 같은 것을 거기다 숨겨 두게 한 건 아닐까 하고 나는 생각했을 정도였다.

하지만 수술은 실패였다. 무려 다섯 시간에 걸친 집도에도 불구하고 끝내 파편 조각을 찾아내지 못했던 것이다. (중략)

삼촌은 두 번 다시 수술을 받지 않았다. 궂은 날이면 몸의 어딘가가 아프다고 일쑤 끙끙 앓으면서도 병원은 찾지 않았다. … 점점 말수가 줄어들고 얼굴을 뒤덮은 그늘도 갈수록 더 짙어지기만 하는 그를 두고 내 어머니는 그것이 모두 삼촌의 가슴팍에 박혀 있는 쇳독(毒) 때문이라며 얼마나 자주 한숨짓곤 했던가……. (중략)

"자네 아버님 제삿날 5월 중 적당한 날을 택해 모시도록 하소. 가급적이면 중순 이전이 좋겠네."

돌아오는 차 중에서 그는 불쑥 말했다. 나는 멍하니 얼굴을 쳐다보았다. 그때까지도 나는 아버지의 제사를 모시고 있지 않았기 때문이다. (중략)

그날 밤 내내 잠을 설치면서 나는 그가 남긴 말을 곰곰 되씹었었다. 적어도 한 가지 사실만은 분명했다. 그는, 삼촌은 내 아버지의 죽음을 목격했던 것이다. … 어쩌면 그의 가슴에 남아 있는 상흔과도 관계가 있는 건지 모른다고까지 나는 생각했다. 비로소 나는 그를 좀 이해할 수 있을 것 같았다. 제대를 하고 돌아온 삼촌의 모습, 눅눅한 골방에 드러누워 누에처럼 보내던 생활, 재수술을 거부하며 그가 내뱉었던 말들, 궂은 날이면 육신의 어딘가가 아프다면서 오밤중에도 곧잘 끙끙 앓던 일, 그리고 또 갈수록 말수가 줄어든 대신 뿌리가 점점 더 깊이 느껴지던 기침 소리 등등…… 그랬다. 옛날과는 생판 모습이 달라져 버린 그 삼촌에게서 나는 문득문득 어딘가로 종적을 감추어 버린 내 아버지의 모습을 발견하곤 했던 것이다.

– 이동하, 〈파편〉

작품 속 인물인 '나'가 서술자가 되어 '나'가 어렸을 때의 삼촌 모습과 '나'가 성인이 된 후 만난 삼촌과의 일을 (　　　　)하고 있으므로, 시간을 역전적으로 구성하여 삼촌의 (　　　　) 행적으로 드러내고 있다.

07

이인국 박사는 양복 조끼 호주머니에서 십팔금 <u>회중시계</u>를 꺼내어 시간을 보았다.
몸에 지닐 수 있게 만든 작은 시계

두 시 사십 분!

미국 대사관 브라운 씨와의 약속 시간은 이십 분밖에 남지 않았다. 이 시계에도 몇 가닥의 <u>유서</u> 깊은 이야기가 숨어 있다. 이
예로부터 전하여 내려오는 까닭과 내력
인국 박사는 시계를 볼 때마다 참말 '기적'임에 틀림없었던 사태를 연상하게 된다. … 이 시계는 제국 대학을 졸업할 때 받은 <u>영예로운</u> 수상품이다. 뒤쪽에는 자기 이름이 새겨져 있다.
영광스러운 명예로 여길 만하다

그 후 삼십여 년, 자기 주변의 모든 것은 변하여 갔지만 시계만은 옛 모습 그대로다. 주변뿐만 아니라 자기 자신은 얼마나 변한 것인가. 이십 대 <u>홍안</u>을 자랑하던 젊음은 어디로 사라진 것인지
붉은 얼굴이라는 뜻으로, 젊어서 혈색이 좋은 얼굴
머리카락도 <u>반백</u>이 넘었고 이마의 주름은 깊어만 간다. 일제시대,
흰색과 검은색이 반반 정도인 머리털
소련군 점령하의 감옥 생활, 6·25 사변, 38선, 미군 부대, 그동안 몇 차례의 아슬아슬한 죽음의 고비를 넘긴 것인가. (중략)

"아마 소련군이 들어오나 봐요. 모두들 야단법석이에요……."

숨을 헐레벌떡이며 이야기하는 혜숙의 말에 이인국 박사는 아무 대꾸도 없이 눈만 껌벅이며 도로 앉았다. 여러 날째 라디오에서 오늘 <u>입성</u> 예정이라고 했으니 인제 정말 오는가 보다 싶었다.
적이 있던 도시를 함락하고 들어가 점령함

혜숙이 내려간 뒤에도 이인국 박사는 한참 동안 아무 거동도 못 하고 바깥쪽을 내려다보고만 있었다.

무엇을 생각했던지 그는 움찔 자리에서 일어났다. 그리고는 벽장문을 열었다. 안쪽에 손을 뻗쳐 액자틀을 끄집어내었다.
일본어를 가리킴.
國語常用(국어 상용)의 家(가).
일상적으로 씀.
해방되던 날 떼어서 집어넣어 둔 것을 그동안 깜박 잊고 있었다.

그는 액자틀 뒤를 열어 음식점 면허장 같은 두터운 모조지를 빼내어 글자 한 자도 제대로 남지 않게 손끝에 힘을 주어 꼼꼼히 찢었다.

이 종잇장 하나만 해도 일본인과의 교제에 있어서 얼마나 떳떳한 구실을 할 수 있었던 것인가. 야릇한 미련 같은 것이 섬광처럼 머릿속에 스쳐갔다.

환자도 일본말 모르는 축은 거의 오는 일이 없었지만 대외 관계는 물론 집 안에서도 일체 일본말만을 써 왔다. 해방 뒤 부득이 써 오는 제 나라 말이 오히려 의사 표현에 어색함을 느낄 만큼 그에게는 거리가 먼 것이었다.

– 전광용, 〈꺼삐딴 리〉

'중략' 이전은 해방 후 (　　　　)이/가 입성한 북한에서 월남하여 서울에 있는 현재의 행적에 관한 것이고, '중략' 이후는 월남하기 이전 소련군이 입성한 북한에서의 과거 행적에 관한 것이다. 인물이 회중시계를 보며, 과거 회상에 잠기는 모습을 통해 시간을 (　　　　)(으)로 구성하여 인물의 과거 행적을 드러내고 있다.

 워밍–UP

👆 다음 글을 읽고 빈칸에 알맞은 말을 써서 해설을 완성하거나 정오를 판단하세요.

01

내게 오래된 옛 우물과 그 속에 사는 금빛 잉어에 대해 말해 준 사람은 증조할머니였을 것이다. 어릴 때 살던 동네 가운데에 큰 우물이 있었다. 물맛이 달아 단샘, 커다랗다고 해서 한우물이라고도 했지만 사람들은 예부터의 습관대로 옛 우물이라고 불렀다. 아주 옛날부터 있어온 우물이라는 뜻이었을 것이다. 우물은 물이 깊고 물맛이 좋았다. 증조할머니는 내게 말했다. 옛 우물에는 금빛 잉어가 살고 있단다. 천 년이 지나면 이무기가 되고 또 천 년이 지나면 뇌성벽력 치는 밤 용이 되어 하늘에 올라가지 …
(전설상의 뿔이 없는 용 / 천둥소리와 벼락)
아이들은 우물 속에 금빛 잉어가 산다는 내 말을 아무도 믿지 않았고 거짓말쟁이, 허풍쟁이라고 했지만 정옥이는 내 말을 믿어 주었다. 게다가 '소원을 들어주는 잉어'일 거라고 덧붙였다.

– 오정희, 〈옛 우물〉

구분	표현	장면
내용	과거 ( )	옛 우물과 금빛 잉어에 대해 할머니께 들었던 ( )의 사건

과거 회상의 기법을 사용하여 사건을 서술하고 있다. ◯ ✕

02

새벽빛 나오자 백설(百舌)이 소리 한다
(지빠귀(새))
일어나라 아희들아 밭 보러 가자꾸나
밤사이 이슬 기운에 얼마나 길었는가 하노라. 〈제6수〉

보리밥 지어 담고 명아주 국을 끓여
배곯는 농부들을 진시(趁時)예 먹여라
(진작에, 제때에)
아희야 한 그릇 다오 친히 맛보아 보내리라. 〈제7수〉

서산에 해 지고 풀 끝에 이슬 맺힌다
호미를 둘러메고 달 지고 가자꾸나
이 중의 즐거운 뜻을 일러 무엇하리오. 〈제8수〉

– 이휘일, 〈전가팔곡(田家八曲)〉

구분	〈제6수〉	〈제7수〉	〈제8수〉
표현	새볏빛	진시	서산에 해 지고 풀 끝에 이슬 맺힌다, 달 지고
시간			
상황	( )을/를 보러 나감.	식사를 준비하여 농부들을 먹임.	( )을/를 둘러메고 돌아옴.

하루 동안의 시간을 통해 농촌의 일상을 드러내고 있다. ◯ ✕

03

내 언제고 지나치는 길가에 한 그루 남아 선 노송(老松) 있어
(늙은 소나무)
바람 있음을 조금도 깨달을 수 없는 날씨에도 아무렇게나 뻗어 높이 치어든 그 검은 가지는 추추히 탄식하듯 울고 있어, 내 항
(우는 소리가 구슬프게)
상 그 아래 한때를 머물러 아득히 생각을 그 소리 따라 천애(天涯)에 노닐기를 즐겨하였거니, 하룻날 다시 와서 그 나무 이미
(하늘의 끝)
무참히도 베어 넘겨졌음을 보았나니 진실로 현실은 이 한 그루 나무 그늘을 길가에 세워 바람에 울리느니보다 빠개어 육신의 더움을 취함에 미치지 못하겠거늘, 내 애석하여 그가 섰던 자리에 서서 팔을 높이 허공에 올려 보았으나, 그러나 어찌 나의 손바닥에 그 유현(幽玄)한 솔바람 소리 생길 리 있으랴
(깊고 그윽하며 미묘한)

– 유치환, 〈선한 나무〉

상황	시간적 배경	정서
길가를 지나다가 노송 아래에서 잠시 머묾.		
노송이 베어 넘겨졌음을 봄.		

시간의 경과에 따라 시상이 전개되고 있다. ◯ ✕

04

천자가 황황망조하여 앙천통곡 왈,
(하늘을 쳐다보며 몹시 욺. / 마음이 급하여 어찌할 줄을 모르고 허둥지둥하다.)
"송조 백여 년 기업이 짐에게 이르러 망할 줄 알리오."
(중국 송나라의 조정)
하시고 어찌할 줄 모르시며, 찼던 인검을 빼어서 자결코자 하시더니, 천만의외에 한 소년 장수가 나는 듯이 내달아 천자를 구하
(임금이 병마를 통솔하는 장수에게 주던 검)
고 적병을 엄살하니, 아지 못하겠어라. 이 어떤 사람인고.
(별안간 습격하여 죽이다.)
㉠선설, 유실부가 모친 슬하를 떠나 말을 타고 연무대를 찾아
(부모의 보호를 받는 테두리 안 / 무예를 단련하는 곳)
천자가 친히 출정하시는 군중에 참여코자 하였더니, … 한 주점을 찾아 밥을 사 먹으며 쉬더니, 문득 백발노인이 갈건야복으로
(갈건과 베옷, 소박한 옷차림)
청려장을 끌고 지나다가, 유생을 보고 급히 들어와 문 왈,
(명아주대로 만든 지팡이)
"그대 아니 유실부인가?" (중략)

㉡차시, 천자가 적진에 싸여 거의 잡히기에 이르매, 하늘을 우러러 통곡하고 자결코자 하시더니, 난데없는 소년 장수가 나는 듯이 들어와 일합에 적장을 베고, 좌충우돌하여 화망을 벗겨 줌을 보시고 천심을 진정하사 좌우에게 물어 가라사대,
(임금의 뜻)
"저 어떤 장수인고? 필경 천신이 도우심이로다."

– 작자 미상, 〈월왕전〉

구분	의미	기능
㉠	( )의 이야기를 하자면	이야기가 ( )의 시점으로 되돌아감.
㉡	이때	이야기가 ( )의 시점으로 되돌아옴.

역순행적 구성을 활용하여 사건을 전개하고 있다. ◯ ✕

펌핑-UP

01

다음 시에 대한 〈학습 활동〉을 수행한 결과로 적절하지 <u>않은</u> 것은?

> 가을 뜨락에 / 씨앗을 받으려니
> 집 안의 앞뒤나 좌우로 가까이 딸려 있는 빈터
> 두 손이 송구하다
> 두려워서 마음이 거북스럽다.
>
> 모진 비바람에 부대끼며
>
> 머언 세월을 살아오신
>
> 반백(斑白)의 어머니, 가을 초목이여
> 흰색과 검은색이 반반 정도인 머리털
>
> 나는 / 바쁘게 바쁘게
>
> 거리를 헤매고도
>
> 아무 / 얻은 것 없이
>
> 꺼멓게 때만 묻어 돌아왔는데
>
> 저리 / 알차고 여문 황금빛 생명을
>
> 당신은 마련하셨네
>
> 가을 뜨락에
>
> 젊음이 역사한 씨앗을 받으려니
> 문맥상 '(일)을 행하다, (무엇)을 기르다'의 의미임.
> 도무지 / 두 손이 염치없다.
>
> — 허영자, 〈씨앗을 받으며〉

〈학습 활동〉

〈씨앗을 받으며〉는 작품의 처음과 끝이 유사한 구조로 구성되어 있다. 첫 연과 마지막 연의 내용에서 반복 또는 변주된 부분에 주목하며 작품을 감상해 보자.

	반복	추가	반복	추가	변형
1연	가을 뜨락에	–	씨앗을 받으려니	–	두 손이 송구하다
6연	가을 뜨락에	젊음이 역사한	씨앗을 받으려니	도무지	두 손이 염치없다

① '가을 뜨락에'를 반복하여 화자가 자신의 삶을 탐색하는 계기가 된 계절적 상황을 강조하는군.

② '젊음이 역사한'을 추가하여 화자가 과거에 기울였던 노력의 가치를 스스로 재인식하는 모습을 부각하는군.

③ '씨앗을 받으려니'를 반복하여 화자가 현재 느끼고 있는 감정을 촉발한 소재에 주목하게 하는군.

④ '도무지'를 추가하여 화자가 처한 상황에서 보이는 정서적 반응이 심화되었음을 나타내는군.

⑤ '송구하다'를 '염치없다'로 변형하여 화자가 시적 대상을 통해 갖게 된 성찰적 태도를 강화하는군.

02

다음 작품을 '과거-현재-미래'의 시간 구조를 바탕으로 감상한 내용으로 적절하지 <u>않은</u> 것은?

> 차운 물보라가
>
> 이마를 적실 때마다
>
> 나는 소년처럼 울음을 참았다.
>
> 길길이 부서지는 파도 사이로
>
> 걷잡을 수 없이 나의 해로(海路)가 일렁일지라도
> 바다 위의 배가 다니는 길
>
> 나는 홀로이니라,
>
> 나는 바다와 더불어 홀로이니라.
>
> 일었다간 스러지는 감상(感傷)의 물거품으로
> 하찮은 일에도 쓸쓸하고 슬퍼져서 마음이 상함. 또는 그런 마음
> 자폭(自暴)의 잔(盞)을 채우던 옛날은
> 절망에 빠져 자신을 스스로 포기하고 돌아보지 아니함.
> 이제 아득히 띄워 보내고,
>
> 왼몸을 내어 맡긴 천인(千仞)의 깊이 위에
> 천 길이라는 뜻으로, 산이나 바다가 매우 높거나 깊음.
> 나는 꽃처럼 황홀한 순간을 마련했으니
>
> 슬픔이 설사 또한 바다만 하기로
> 가정해서 말하여(= 설령)
> 나는 뉘우치지 않을
>
> 나의 하늘을 꿈꾸노라.
>
> — 김종길, 〈바다에서〉

① 화자는 '차운 물보라'와 같은 시련을 겪었던 과거의 경험을 떠올리고 있군.

② 화자는 '부서지는 파도' 속에 '해로가 일렁'이는 상황에도 현재 '홀로'임을 느끼고 있군.

③ 화자는 '물거품'같이 '일었다간 스러'졌던 과거의 자신에 대한 미련으로 인해 '왼몸을 내어맡'기며 현재의 바다와 맞서고 있군.

④ 화자는 '자폭의 잔'을 채우던, '옛날'이라는 부정적 과거가 '아득히' 사라져 현재의 자신과 단절되기를 바라고 있군.

⑤ 화자는 자신이 느끼는 '슬픔'이 '바다만 하'더라도 '뉘우치지 않을' 수 있는 미래의 삶을 지향하고 있군.

호루라기 관장님의
하드 트레이닝

작품	No	작품을 읽고 빈칸에 알맞은 말을 쓰시오.
새벽에 깨어나 / 반짝이는 별을 보고 있으면 이 세상 깊은 어디에 마르지 않는 사랑의 샘 하나 출렁이고 있을 것만 같다 고통과 쓰라림과 목마름의 정령들은 잠들고 눈시울이 붉어진 인간의 혼들만 깜박이는 아무도 모르는 고요한 그 시각에 아름다움은 새벽의 창을 열고 우리들 가슴의 깊숙한 뜨거움과 만난다 다시 고통하는 법을 익히기 시작해야겠다 이제 밝아 올 아침의 자유로운 새소리를 듣기 위하여 따스한 햇살과 바람과 라일락 꽃향기를 맡기 위하여 진정으로 진정으로 너를 사랑한다는 한마디 새벽 편지를 쓰기 위하여 새벽에 깨어나 / 반짝이는 별을 보고 있으면 이 세상 깊은 어디에 마르지 않는 희망의 샘 하나 출렁이고 있을 것만 같다. 　　　　　　　　　　　　　- 곽재구, 〈새벽 편지〉	01	**시적 화자는 누구이며, 어떤 상황에 놓여 있는가?** 시적 화자 : 새벽 (　　　)을/를 바라보고 있는 사람 상황 : 어두운 새벽에 별을 바라보며 (　　　)을/를 겪는 사람들의 삶과 자신의 삶의 태도를 생각하고 있음.
	02	**시적 화자의 정서와 태도는 어떠한가?** 고통스러운 현실 속에서도 사람들이 서로를 (　　　)하고 사랑하는 희망이 가득한 세상을 바람.
	03	**시상 전개의 특징은 무엇인가?** 1~4행 ≒ 15~18행 (　　　)의 샘 　 (　　　)의 샘 → 변형된 수미상관식 구성을 통해 운율과 구조적 (　　　)을/를 형성하고, 삶에 대한 (　　　)(이)라는 주제 의식을 강조함.
	04	**이 작품의 주제는 무엇인가?** (　　　)와/과 희망이 넘치는 세상에 대한 염원
여승은 합장하고 절을 했다. 두 손바닥을 합하여 마음이 한결같음을 나타냄. 또는 그런 예법 가지취의 내음새가 났다. 산나물인 취나물의 일종 쓸쓸한 낯이 옛날같이 늙었다. 나는 불경처럼 서러워졌다. 평안도의 어느 산 깊은 금점판 예전에, 주로 수공업의 방식으로 작업하던 금광의 일터 나는 파리한 여인에게서 옥수수를 샀다. 여인은 나어린 딸아이를 때리며 가을밤같이 차게 울었다. 나이 어린 섶벌같이 나아간 지아비 기다려 십 년이 갔다. 재래종 벌의 하나. 일벌 지아비는 돌아오지 않고 어린 딸은 도라지꽃이 좋아 돌무덤으로 갔다. 산꿩도 섧게 울은 슬픈 날이 있었다. 산절의 마당귀에 여인의 머리오리가 눈물방울과 같이 떨어진 날이 있었다. 마당의 한쪽 귀퉁이 　　　　　　　　　　　　　- 백석, 〈여승〉	05	**시적 화자는 누구이며, 어떤 상황에 놓여 있는가?** 시적 화자 : 여승을 만난 후 서러움을 느끼는 (　　　) 상황 : 화자는 과거에 만났던 한 여인이 (　　　) 때문에 가족을 모두 잃고 끝내 여승이 된 모습을 보고, 여인의 비극적 인생사를 전달함.
	06	**시적 화자의 정서와 태도는 어떠한가?** 화자는 비극적 삶의 여정 속에서 어린 딸을 잃고 끝내 여승이 된 여인을 보고는 종교로 귀의할 수밖에 없었던 여인의 기구한 삶에 대해 연민과 (　　　)의 감정을 드러내고 있음.
	07	**시상 전개의 특징은 무엇인가?** 2연 : 여인과의 첫 만남 3연 : 여인의 비극적 삶 4연 : 여승이 된 여인 → 1연 : 여인과 '나'의 재회 → 여인을 다시 만난 (　　　) 시점(1연)에서 여인의 비극적 삶의 과정(2~4연)을 (　　　)의 역행적 시상 전개로 보여 줌.
	08	**이 작품의 주제는 무엇인가?** 한 여인의 비극적인 삶, 일제 강점기 가족 (　　　)의 해체

오늘의 수능 국어 트레이닝 끝!

079 시선·공간의 이동

개념 영상

눈길이 가는 방향과 공간이 달라지는 흐름에 따라 내용을 전개하는 방식

'시선'은 (¹ ㄴ ㄱ)이/가 가는 길 또는 눈의 방향이라는 말로, '시선의 이동'은 화자나 인물의 눈에 포착된 대상이 옮겨 가는 흐름에 따라 전개하는 방식이다. '공간'은 상황이 벌어지는 물리적 범위로, '공간의 이동'은 공간이 옮겨져 달라지는 양상을 따라 시상이나 이야기가 전개되는 방식이다. 시선이나 공간의 이동에 따라 서술하게 되면 여러 대상이 나열됨으로써 (² ㅅㄱㅈ) 이미지가 강조되는 효과를 얻을 수 있다.

구분	예
시선의 이동	들길은 마을에 들자 붉어지고 마을 골목은 들로 내려서자 푸르러진다 바람은 넘실 천(千) 이랑 만(萬) 이랑 〈논이나 밭을 갈아 골을 타서 두두룩하게 흙을 쌓아 만든 곳〉 이랑 이랑 햇빛이 갈라지고 보리도 허리통이 부끄럽게 드러났다 꾀꼬리는 엽태 혼자 날아 볼 줄 모르나니 〈여태, 지금까지〉 암컷이라 쫓길 뿐 / 수놈이라 쫓을 뿐 황금 빛난 길이 어지럴 뿐 / 얇은 단장하고 아양 가득 차 있는 산봉우리야 오늘 밤 너 어듸로 가 버리련? – 김영랑, 〈오월〉 → 화자의 시선이 (³ ㄷㄱ) → 마을 골목 → (⁴ ㅂㄹ) → 꾀꼬리 → (⁵ ㅅㅂㅇㄹ)(으)로 이어지면서 시적 대상이 전환되는 시선의 이동에 따라 시상이 전개됨.
공간의 이동	구보는 / 갑자기 걸음을 걷기로 한다. … 그는 종로 네거리를 바라보고 걷는다. 구보는 종로 네거리에 아무런 사무도 갖지 않는다. 처음에 그가 아무렇게나 내어놓았던 바른발이 공교롭게도 왼편으로 쏠렸기 때문에 지나지 않는다. 〈볼일, 업무〉 … 그래도, 구보는, 약간 자신이 있는 듯싶은 걸음걸이로 전차 선로를 두 번 횡단하여 화신 상회 앞으로 간다. 그리고 저도 모를 사이에 그의 발은 백화점 안으로 들어서기조차 하였다. 〈서울 종로에 있던 상점으로, 최초의 현대적 경영 형태였던 화신 백화점의 전신〉 … 구보는 다시 밖으로 나오며, 자기는 어디 가 행복을 찾을까 생각한다. / 발 가는 대로, 그는 어느 틈엔가 안전지대에 가 서서, 자기의 두 손을 내려다보았다. … 안전지대 위에, 사람들은 서서 전차를 기다린다. 그들에게, 행복은 알 수 없다. 그러나 그들은 분명히, 갈 곳만은 가지고 있었다. 전차가 왔다. 사람들은 내리고 또 탔다. 구보는 잠깐 멍하니 그곳에 서 있었다. 그러나 자기와 더불어 그곳에 있던 온갖 사람들이 모두 저 차에 오른다 보았을 때, 그는 저 혼자 그곳에 남아 있는 것에, 외로움과 애달픔을 맛본다. 구보는, 움직인 전차에 뛰어올랐다. … 이제 이 차는 동대문을 돌아 경성 운동장(京城運動場) 앞으로 해서…… … 장충단으로, 청량리로, 혹은 성북동으로…… 〈일제 강점기에 서울 동대문구에 있던 운동장. 현재 동대문역사문화공원이 자리한 곳〉 〈을미사변 때 순국한 사람들의 제사를 지내기 위해 고종이 설치한 사당 이름〉 – 박태원, 〈소설가 구보 씨의 일일〉 → 구보가 걸어서 '화신 상회 → 백화점 안 → 백화점 밖 안전지대 → 전차'로 (⁶ ㅇㄷ)했음을 알 수 있고, 이후 구보가 탄 전차가 '동대문 → 경성 운동장 → 장충단 → 청량리 → 성북동'으로 이동할 것임을 알 수 있음.

1:1 작품 체험

가문 섬진강을 따라가며 보라
퍼 가도 퍼 가도 전라도 실핏줄 같은
개울물들이 끊기지 않고 모여 흐르며
해 저물면 저무는 강변에
쌀밥 같은 토끼풀꽃,
숯불 같은 자운영꽃 머리에 이어주며
지도에도 없는 동네 강변
식물도감에도 없는 풀에 어둠을 끌어다 죽이며
그을린 이마 환하게 / 꽃등도 달아준다
흐르다 흐르다 목메이면
영산강으로 가는 물줄기를 불러
〈섬진강과 함께 남도를 대표하는 강〉
뼈 으스러지게 그리워 얼싸안고
지리산 뭉툭한 허리를 감고 돌아가는
섬진강을 따라가며 보라
섬진강물이 어디 몇 놈이 달려들어
퍼낸다고 마를 강물이더냐고,
지리산이 저문 강물에 얼굴을 씻고
일어서서 껄껄 웃으며
무등산을 보며 그렇지 않느냐고 물어보면
노을 띤 무등산이 그렇다고 환한 이마 끄덕이는
고갯짓을 바라보며
저무는 섬진강을 따라가며 보라
어디 몇몇 애비 없는 후레자식들이
〈배운 데 없이 교양이나 버릇이 없는 사람〉
퍼간다고 마를 강물인가를.
– 김용택, 〈섬진강 1〉

이 작품은 (⁷ ㅅㅈㄱ)이/가 흘러가는 방향을 따라가며, '토끼풀꽃', '자운영꽃', '식물도감에도 없는 풀', '영산강으로 가는 물줄기', 껄껄 웃는 '지리산', '노을 띤 무등산' 등 섬진강 주변의 자연물들에 시선을 주며 시상이 전개되고 있다.

작품 알통

- **해제:** 생명력이 느껴지는 섬진강의 모습을 통해 민중의 건강한 삶과 끈질긴 생명력을 형상화한 작품이다.
- **주제:** 민중의 강인한 생명력

【초성 답】 1 눈길 2 시각적 3 들길 4 보리
5 산봉우리 6 이동 7 섬진강

080 액자 구조

> 이야기(외화) 안에 또 다른 작은 이야기(내화)가 들어있는 구조

액자식 구성은 (1 ㅇㅂ) 이야기 속에 하나 또는 여러 개의 (2 ㄴㅂ) 이야기가 들어 있는 구성이다. 액자식 구성으로 이야기가 전개되면 내화에 대한 (3 ㅅㅂㅅ)이/가 생긴다. 외부 이야기는 내부 이야기의 신뢰감을 높이기 위한 장치의 기능을 하며 작가가 드러내고 싶은 진짜 이야기는 내부 이야기이다.

◎ 개념 갈고리 ┐ 폐쇄적 액자 구조와 개방적 액자 구조

구분	폐쇄적 액자 구조	개방적 액자 구조
개념	<table><tr><td>외부 이야기〈앞〉</td><td>내부 이야기</td><td>외부 이야기〈뒤〉</td></tr></table> 외부 이야기의 앞부분과 뒷부분이 이어지는 구조로 내부 이야기를 알게 된 후 인물의 반응이나 영향 등으로 소설이 종결되는 구조	<table><tr><td>외부 이야기〈앞〉</td><td>내부 이야기</td></tr></table> 외부 이야기의 뒷부분이 없이 내부 이야기가 종결되면서 소설도 종결되는 구조
효과	외부 이야기의 앞부분과 뒷부분이 연결되면서 구조적인 (4 ㅇㅈㄱ)을/를 줌.	내부 이야기가 서술자에게 미친 영향이 크다는 점과 사건의 (5 ㅎㅈㅅ)을/를 더욱 강조함.

·ᄃ 개념 당기는 예시

사내는 가래를 끓으며 이야기를 조금씩 이어 나갔다.

"…… 그 광대는 이름이 허운이었습니다. 운이라는 이름자가 구름 운(雲)잔지 운수 운(運)잔지는 모르겠습니다. … 바보같이 말이 없는 친구였습니다. 어렸을 적 이야기를 하면 그 친구가 왜 그렇게 말이 적었는지 짐작이 가실지 모르겠습니다……"

운에게는 역시 줄타기 광대로 늙은 아버지가 있었다. (중략) 그날 밤, 줄에는 두 사람이 함께 올라섰다. 운이 앞을 서고 허 노인이 뒤를 따랐다. 운이 줄을 다 건넜을 때는 객석이 뒤숭숭하니 난장판이 되어 있었다. 뒤를 따르던 허 노인이 줄에서 떨어져 이미 운명을 하고 만 뒤였다.

거기까지 듣고 나니, 나는 사내에게 더 이야기를 시켜서는 안 되겠다는 생각이 들었다.

– 이청준, 〈줄〉

외화
타성에 젖어 무기력하게 살던 '나(신문 기자)'
취재를 위해 C읍을 찾아가 트럼펫 사내에게 허 노인과 허운의 이야기를 들음.

내화
허 노인
줄타기만 전념한 장인
부자(父子)　사제(師弟)
허운
죽음으로 줄광대의 삶을 완성

➜ 외부 이야기인 '나'의 이야기와 내부 이야기인 줄광대 부자(父子)의 이야기를 나란히 제시하여 내부 이야기에 대한 객관성과 (6 ㅅㄹㅅ)을/를 높임 (7 ㅅㄴ)은/는 외화와 내화를 매개하는 역할을 하는 인물임.

◉ 1:1 작품 체험

그들 아비, 딸은 달포 동안이나 머물 [한 달이 조금 넘는 기간] 러 있으며 그림도 그리고, 자기네의 지난 이야기도 자세히 하소연했다고 했다. 할아버지께서는 그들이 떠나는 날에, 이 불행한 아비, 딸을 위하여 값진 비단과 충분한 노자를 아끼지 않았으나, 나귀 [먼 길을 떠나 오가는 데 드는 비용] 위에 앉은 가련한 소녀의 얼굴에는 올 때나 조금도 다름없는 처절한 슬픔이 서려 있었을 뿐이라고 한다.

…… 소녀가 남기고 간 그림 — 이것을 할아버지께서는 '무녀도'라 불렀지만 — [여자 무당의 그림] 과 함께 내가 할아버지로부터 전해 들은 이야기는 다음과 같다.

경주읍에서 성 밖으로 십여 리 나가서 조그만 마을이 있었다. 여민촌 혹은 잡성촌이라 불리어지는 마을이었다. 이 마을 한구석에 모화(毛火)라는 무당이 살고 있었다.

[뒷부분 줄거리] 굿을 업으로 삼아 딸 낭이와 살고 있는 모화에게 어느 날 아들 욱이가 찾아온다. 욱이는 모화가 무당이 되기 전에 낳은 사생아이다. 어린 시절, 절간으로 보내진 욱이는 절에서 도망쳐 예수교 신자가 되어 있었다. 욱이의 신앙 때문에 욱이와 무당인 모화 사이에 갈등이 일어나고, 성경을 불태우는 모화를 저지하던 욱이는 모화의 칼에 찔리고 만다. 결국 욱이는 죽음에 이르고 마을에는 교회당이 들어선다. 아들도 잃고 마을에서도 소외된 모화는 물에 빠져 죽은 여자의 혼백을 건지는 굿을 하다가 물에 빠져 목숨을 끊는다.

– 김동리, 〈무녀도〉

이 작품에서 '내가 할아버지로부터 전해 들은 이야기는 다음과 같다.'라는 문장은 (8 ㄴㅎ)이/가 시작됨을 알려 주는 표지로, 외화와 내화를 구분하는 기준이 된다.

작품 알통

- **해제:** 서로 다른 신앙을 가진 모자간의 갈등을 통해 격변하는 시대에 점차 설 곳을 잃어 간 무녀의 쓸쓸한 종말을 그린 작품이다.
- **주제:** 그림에 담긴 무녀의 삶과 죽음

[초성 답] 1 외부 2 내부 3 신빙성 4 안정감
5 현재성 6 신뢰성 7 사내 8 내화

081 의식의 흐름

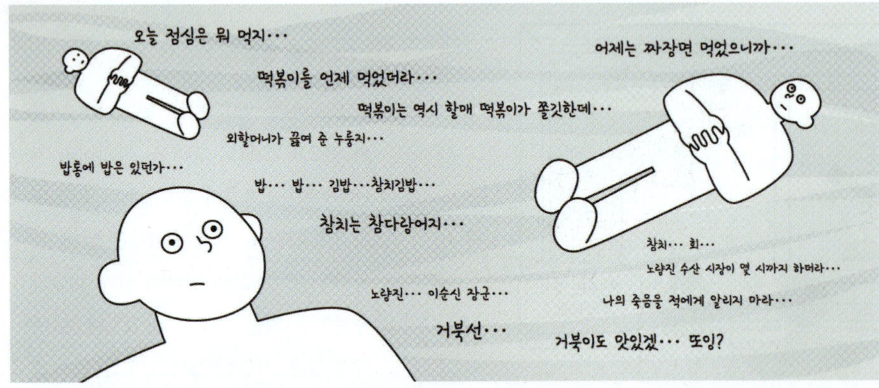

시간의 순서와 논리성을 무시한 채 생각의 흐름에 따라 이야기를 전개하는 방식

'의식의 흐름'이란 즉흥적으로 떠오르는 인물의 생각이나 심리 상태를 그대로 기술하는 것을 말한다. 즉, 끊임없이 생성하고 변화하는 의식의 (1 ㅇㅅㅈ)인 흐름을 나열하여 등장 인물의 내면 심리를 묘사하는 실험적 방법이다. 시간의 순차적 흐름이나 사건의 논리적인 인과 관계에 따른 내용 전개와는 관련이 없기 때문에 개인의 내면 (2 ㅅㄹ) 변화를 중점적으로 다루는 작품에서 주로 사용된다.

개념 갈고리 ┐ 초현실주의의 실험적 기법

몽타주 기법	한 시점에서 여러 곳의 상황을 동시에 겹쳐 기술하는 기법으로 소설 속 내용을 이미지화하여 선명한 인상을 떠올리게 함.
고현학적 창작 기법	'고현학'은 현대의 경향, 풍속, 세태, 유행을 탐구하는 학문이나 그 태도를 말하는데, 공적인 인물을 작품 속에 직접 등장시키거나 작가가 자신의 소설 창작 방법을 작품 속에 그대로 드러내는 것을 의미함.
자동 기술법	어떤 의식이나 의도 없이 무의식에서 떠오르는 이미지의 흐름을 그대로 기록하는 방법으로, 무의식적으로 나열되기 때문에 논리적 질서나 인과 관계가 드러나지 않음.
띄어쓰기 파괴	문법 규범인 띄어쓰기를 하지 않음으로써 인간의 무의식 또는 내면 의식을 효과적으로 드러내며 자동 기술법과 결합하여 낯설면서 신선한 느낌을 줌.

개념 당기는 예시

몸을 웅크리고 가마니 속에 쓰러져 있었다. 한 시간 후면 모든 것은 끝나는 것이다. … 퀴퀴한 냄새가 코를 찌른다. 냄새로 짐작하여 그리 오래된 것 같지는 않다. 누가 며칠 전까지 있었던 모양이군. 그놈이나 매한가지로 하고 사닥다리를 내려서자마자 조그만 구멍으로 다시 끌어올리며 서로 주고받던 그자들의 대화가 아직도 귀에 익다. 그 놈이라고 불린 사람이 바로 총살 직전에 내가 목격하고 필사적으로 놈들의 사수(射手)를 향하여 방아쇠를 당겼던 그 사람이었을까……. 만일, 그 사람이 아니었다면 또 어떤 사람이었을까……. 몸이 떨린다. 뼛속까지 얼음이 박힌 것 같다.

소속 사단은? 학벌은? 고향은? 군인에 나온 동기는? 공산주의를 어떻게 생각하시오? 미국에 대한 감정은? 그럼 …… 동무의 말은 하나도 이치에 당치 않소. / 동무는 아직도 계급 의식이 그대로 남아 있소. 출신 계급을 탓하지는 않소. 오해하지 마시오. 그 근성이 나쁘다는 것뿐이오. 다시 한번 생각할 여유를 주겠소. 한 시간 후, 동무의 답변이 모든 것을 결정지을 거요. 몽롱한 의식 속에 갓 지나간 대화가 오고 간다.

군대 편성 단위의 하나

― 오상원, 〈유예(猶豫)〉

일을 결행하는 데 날짜나 시간을 미룸. 또는 그런 기간

→ '나'가 전향을 권유하는 인민군 장교의 말을 회상한 내용으로, (3 ㅋㄸㅇㅍ)을/를 사용하지 않아 의식의 흐름임을 강조함.

1:1 작품 체험

구보는 다시 밖으로 나오며, 자기는 어디 가 행복을 찾을까 생각한다. 발 가는 대로, 그는 어느 틈엔가 안전지대에 가서서, 자기의 두 손을 내려다보았다. 한 손의 단장(短杖)과 또한 손의 공책(空册)과 ― 물론 구보는 거기에서 행복을 찾을 수는 없다. (중략)

짧은 지팡이

전차가 약초정(若草町) 근처를 지나갈 때, … 그의 앞에 어떤 젊은 여자가 앉아 있었다. 그 여자는 자기의 두 무릎 사이에다 양산을 놓고 있었다. … 딴은, 머리를 틀어 올렸을 뿐이나, 그만 한 나이로는 저 여인은 마땅히 남편은 가졌어야 옳을 게다. 아까, 그는 양산을 어디다 놓고 있었을까 하고, 구보는, 객쩍은 생각을 하다가, 여성에게 대하여 그러한 관찰을 하는 자기는, 혹은 어떠한 여자를 아내로 삼든 반드시 불행하게 만들어 주지나 않을까, 하고 생각하였다. (중략)

일제 강점기 때 서울 중구 초동(을지로 3가)의 지명

일찍이

구보는, 벗의 누이에게 짝사랑을 느낀 일이 있었다. … 그러나 그가 자기보다 세 살이나 위라는 것을 생각할 때, 구보의 마음은 불안하였다.

행동이나 말, 생각이 쓸데없고 싱거운

― 박태원, 〈소설가 구보 씨의 일일〉

이 작품에서 구보가 단장과 공책을 들고 도시를 돌아다니는 모습에서 도시를 산책하며 관찰한 바를 옮겨 적는 (4 ㄱㅎㅎ)적 창작 기법을 사용했다는 것을 알 수 있으며, 이는 작가 자신의 소설 창작 기법이기도 했다. 또한 구보가 우연히 젊은 여자를 보고 결혼 생활에 대해 생각하다가 갑자기 지난날의 짝사랑을 회상하는 장면으로 이어지고 있는데, 이를 통해 인물의 내면 의식을 시간 순서와 (5 ㄴㄹㅅ)을/를 무시한 채 열거하는 의식의 흐름 기법으로 서술하였음을 알 수 있다.

작품 알통

- **해제:** 작가 박태원의 호를 딴 구보를 통해 1930년대 지식인의 내면 의식과 세태를 묘사한 작품이다.
- **주제:** 소설가의 눈에 비친 1930년대 경성의 일상

【초성 답】 1 연속적 2 심리 3 큰따옴표 4 고현학 5 논리성

개념 트레이닝 ZONE

🔔 빈칸에 알맞은 말을 쓰며 개념 근육을 키워 보세요!

01

지팡이 짚고 바람 쐬며 좌우를 돌아보니

누대의 맑은 경치 아마도 깨끗하구나.
누각과 같이 높게 세운 건물
물도 하늘 같고 하늘도 물 같으니

푸른 물과 긴 하늘이 한 빛이 되었거든

물가에 갈매기는 오는 듯 가는 듯 그칠 줄을 모르네.

– 박인로, 〈노계가〉
박인로의 호

화자가 좌우를 돌아보며 '누대 → 물 → 하늘 → 갈매기'로 (   )을/를 이동하는 모습 통해 공간적 배경을 다채롭게 드러내고 있다.

02

호박잎에 싸 오는 붕어곰은 언제나 맛있었다
오래 곤 붕어 → 붕어찜
부엌에는 빨갛게 질들은 팔(八)모 알상이 그 상 우엔 새파란
팔각형의 개다리소반
싸리를 그린 눈알만 한 잔(盞)이 뵈였다

아들 아이는 범이라고 장고기를 잘 잡는 앞니가 뻐드러진 나와
잔 물고기, 작은 민물고기   끝이 밖으로 벌어져 나오다.
동갑이었다

울파주 밖에는 장꾼들을 따러 와서 엄지의 젖을 빠는 망아지
수수깡, 갈대, 싸리 등으로 엮은 울타리
도 있었다

– 백석, 〈주막(酒幕)〉

화자는 '붕어곰 → 팔모 알상 → 잔 → 아들 아이 → 망아지'의 순서로 시선을 이동하며 어린 시절 보았던 (   )의 모습과 그에 대한 행복한 생각을 추억하듯이 생생하게 이야기하고 있다.

03

　그의 집에는 보다 큰 불행이 그를 기다리고 있었다. 아이들의 말을 듣자, 그는 앞을 새도 없이 둑 너머로 갔다. 평지를 베어 낸 자리에는 〈×× 특수 농작물 단지〉란 흰 팻말이 서 있었다. 하필 두엄이 쌓여져 있는 그의 논 가운데. 화가 머리끝까지 치민 허 생원은 이내 집으로 돌아와서, 도끼를 찾아 들고 다시 들로 나갔다. 구룻간의 피로 따윈 생각할 때가 아니었다. 단번에 팻말을 쳐
구류에 처한 범인을 가두어 두는 곳
넘긴 그는, 그길로 자기 들의 포플라 밭으로 달려갔다. 닥치는 대
어떤 장소에 도착한 그 걸음으로
로 마구 찍어 댔다.

– 김정한, 〈평지〉

허 생원이 자신의 집에서 아이들의 말을 듣고 둑 너머로 가 논에서 팻말을 본 뒤 집으로 돌아와 도끼를 찾아 들고 다시 자기 들의 포플라 밭으로 나가 도끼로 마구 찍는다는 점에서 (   )의 이동에 따른 인물의 행위를 제시하고 있다.

04

뒷동산 청솔잎을 빗질해 주던 바람이

무어라 무어라 하는 솔나무의 속삭임을 듣고
소나무
푸른 햇살 요동치는 강변으로 달려갔다 하자.

달려가선, 거기 미루나무에게 전하니

알았다 알았다는 듯 나무는 잎새를 흔들어

강물 위에 짤랑짤랑 구슬 알을 쏟아 냈다 하자.

그 의중 알아챈 바람이 이젠 그 누구보단

앞들 보리밭에서 물결치듯 김을 매다

이마의 구슬땀 씻어 올리는 여인에게 전하니,

여인이야 이윽고 아픈 허리를 곧게 펴곤

눈앞 가득 일어서는 마을의 정자나무를 향해

고개를 끄덕끄덕, 무언가 일별을 보냈다 하자.

아무려면 어떤가, 산과 강과 들과 마을이

한 초록으로 짙어 가는 오월도 청청한 날에,

소쩍새는 또 바람결에 제 한 목청 다 싣는 날에.

– 고재종, 〈초록 바람의 전언〉

자연물인 (   )을/를 의인화하여 그 움직임에 따라 '뒷동산 → 강변 → 앞들 보리밭 → 마을'로 (   )을/를 이동하며 시상이 전개됨으로써 자연과 자연, 자연과 인간의 조응이 이루어지는 봄날의 정경을 형상화하고 있다.

05

누군가 나에게 물었다. 시가 뭐냐고

나는 시인이 못 됨으로 잘 모른다고 대답하였다.

무교동과 종로와 명동과 남산과

서울역 앞을 걸었다.

저녁녘 남대문 시장 안에서

빈대떡을 먹을 때 생각나고 있었다.

그런 사람들이

엄청난 고생 되어도

순하고 명랑하고 맘 좋고 인정이

있으므로 슬기롭게 사는 사람들이

그런 사람들이 / 이 세상에서 알파이고
그리스 문자 자모의 첫 글자로, 으뜸이 되는 것
고귀한 인류이고 / 영원한 광명이고

다름 아닌 시인이라고.

– 김종삼, 〈누군가 나에게 물었다〉

누군가의 질문으로 인해 시인과 시의 존재론적 의미를 (   )하기 시작한 화자가 '무교동 → 종로 → 명동 → 남산 → 서울역 앞 → 남대문 시장'과 같은 일상의 공간이 (   )하며 질문의 답을 고민하는 과정을 보여 주고 있다.

06

중학 이 년에서 삼 년에 걸친 한 일 년 동안 나는 학교에서 돌아와서는 대개 그때 한 반 동무로 이웃에 온 만수라는 애네 집에서 살다시피 한 일이 있다. … 그러나 내가 여기서 이야기하려고 하는 것은 이런 만수네 가정사가 아니다. 그저 이런 어머니와 아들만이 사는 집의, 그것도 아들이 차지하고 있는 한 칸 방에서 핀 이야기를 쓰는 것이다.

만수의 방은 꺾어 지은 이 집 한 끝에 붙은 동향 방이었다. 이것이 만수가 우리 동네로 이사 온 이래, 그가 자기 외삼촌을 따라 대륙방면으로 떠나기까지 일 년 남짓한 세월을 거의 매일같이 우리가 정들여 온 방이다. 동향이라 아침에 학교에 갈 적에 들를 라치면 앞미닫이 가득히 햇볕을 받아 정신 들게 환하곤 하던 것이 생각난다. 그러나 이 방이 둘이의 방으로 차지되기는 저녁 뒤의 일이었다. 우리는 함께 공부도 했다. 얘기도 했다. (중략)

내가 우리의 한 칸 방에서 이분을 처음 대한 것은 어느 추운 겨울날 밤이었다. … 곧 이분은 우리를 상대로 여러 가지 이야기를 해 주었다. / 만주 땅의 드릴한 마적 이야기며〔스릴이 넘치는〕〔말을 타고 떼를 지어 다니는 도둑〕 불가사의한 중국 사람과 새에 관한 이야기. 그리고 북만주 눈보라 치는 밤에 승냥이의 울음소리, 마굿간의 말이 추위에 발 옮겨 짚느라고 언 땅에 내는 소리,〔말을 기르는 곳 → 마구간〕 늦나그네 지나가는 썰매 방울 소리를 들으며 저절로 처량해져 고향 생각이 간절하다가도 정작 이렇게 돌아오면 되레 그때의 일이 그리워진다는 만수 외삼촌 자신의 이야기. (중략)

그런데 만수 외삼촌이 한 여러 가지 이야기 중에서도 우리로 하여금 우리들의 방문을 열고 벽에다 새로 큰 들창까지를 뚫어〔들어서 여는 창〕 보다 넓고 새로운 세계로 통하게 한 이야기는 흥안령 저쪽 이야기다. (중략)

이런 몽골 땅 한 곳에 만수 외삼촌이 최근 갔을 적의 일이었다. 주막이란 없는 곳이어서 마침 저녁때 당도한 거기 한 집을 찾아가 사정을 말하고 하룻밤 묵게 되었다. … 갑자기 파오(몽골집) 문밖에 있던 이 집 개 두 마리가 한꺼번에 짖기 시작했다. 짖기 시작하더니 그칠 줄을 모르고 다급하게 짖어 댔다. 주인이 문을 열고 무어라고 소리를 지르고 나서 조용히 두 나그네를 향해 말했다. 이리 떼가 나타난 거라고.

– 황순원, 〈이리도〉

이 작품의 외부 액자는 서술자인 '나'가 중학생 시절을 (　　　)하는 현재이며, 두 개의 내부 액자로 이루어진 이중 액자 구조이다. 첫 번째 내부 액자는 '나'가 만수와의 추억을 이야기하는 과거이며, 두 번째 내부 액자는 '나'가 (　　　　　)에게서 들은 이야기를 전달하는 대과거이다.

현재 – 서술자인 '나'가 회상하는 중학생 시절

과거 1 – '나'와 만수의 추억

과거 2 – '나'가 만수 외삼촌에게서 들은 이야기

07

나는 어디로 어디로 들입다 쏘다녔는지 하나도 모른다. 다만 몇 시간 후에 내가 미쓰꼬시 옥상에 있는 것을 깨달았을 때는 거의〔세차게 마구〕〔1930년대 경성에 있었던 일본인이 운영한 백화점〕 대낮이었다. / 나는 거기 아무 데나 주저앉아서 내 자라 온 스물여섯 해를 회고하여 보았다. 몽롱한 기억 속에서는 이렇다는 아무 제목도 불그러져 나오지 않았다.

나는 또 나 자신에게 물어보았다. 너는 인생에 무슨 욕심이 있느냐고. 그러나 있다고도 없다고도, 그런 대답은 하기가 싫었다. 나는 거의 나 자신의 존재를 인식하기조차도 어려웠다.

허리를 굽혀서 나는 그저 금붕어나 들여다보고 있었다. 금붕어는 참 잘들도 생겼다. 작은 놈은 작은 놈대로 큰 놈은 큰 놈대로 다 싱싱하니 보기 좋았다. 내리비치는 오월 햇살에 금붕어들은 그릇 바탕에 그림자를 내려뜨렸다. 지느러미는 하늘하늘 손수건을 흔드는 흉내를 낸다. 나는 이 지느러미 수효를 헤어 보기도 하면서 굽힌 허리를 좀처럼 펴지 않았다. 등허리가 따뜻하다.

나는 또 회탁의 거리를 내려다보았다. 거기서는 피곤한 생활이〔회색의 탁한〕 똑 금붕어 지느러미처럼 흐늑흐늑 허비적거렸다. 눈에 보이지 않는 끈적끈적한 줄에 엉켜서 헤어나지들을 못한다. 나는 피로와 공복 때문에 무너져 들어가는 몸뚱이를 끌고 그 회탁의 거리 속으로 섞여 들어가지 않는 수도 없다 생각하였다.

나서서 나는 또 문득 생각하여 보았다. 이 발길이 지금 어디로 향하여 가는 것인가를…….

그때 내 눈앞에는 아내의 모가지가 벼락처럼 내려 떨어졌다. 아스피린과 아달린. / 우리들은 서로 오해하고 있느니라. 설마 아내가 아스피린 대신에 아달린 정량을 나에게 먹여 왔을까? 나는 그것을 믿을 수는 없다. 아내가 그럴 대체 까닭이 없을 것이니 그러면 나는 날밤을 새면서 도적질을, 계집질을 하였나? 정말이지 아니다. / 우리 부부는 숙명적으로 발이 맞지 않는 절름발이인 것이다. 내나 아내나 제 거동에 로직을 붙일 필요는 없다. 변해할 필요도 없다. 사실은 사실대로 오해는 오해대로 그저 끝없이 발을〔상황을 설명하는 논리〕〔말로 풀어 자세히 밝히다.〕 절뚝거리면서 세상을 걸어가면 되는 것이다. 그렇지 않을까?

그러나 나는 이 발길이 아내에게로 돌아가야 옳은가. 이것만은 분간하기가 좀 어려웠다. 가야 하나? 그럼 어디로 가나?

이때 뚜— 하고 정오 사이렌이 울었다.

– 이상, 〈날개〉

특정한 줄거리가 있는 서사적 흐름에 중점을 두기보다는 논리적 (　　　) 관계를 배제한 채, 주인공인 '나'의 끊임없이 변화하는 내면 심리와 의식의 흐름을 1인칭 화자의 (　　　) 형식으로 서술하여 주인공의 내면을 드러내고 있다.

다음 글을 읽고 빈칸에 알맞은 말을 써서 해설을 완성하거나 정오를 판단하세요.

01

별이(別異)실 외딴 마을 해는 어이 쉬 넘거니
　　특별히 다름.　　　　　　밤을 지내고
봉당(封堂)에 자리 보아 더새고 가자꾸나
　안방과 건넌방 사이의 흙바닥 그대로 둔 곳
밤중(中)만 사립 밖에 긴 바람 일어나며
㉠　　나뭇가지를 엮어서 만든 문
　새끼 곰 큰 호랑(虎狼)이 목 갈아 우는 소리

　산골에 울려 있어 기염(氣焰)도 흘난할샤
　　　　　　　　　　기세가 어지럽구나
　칼 빼어 곁에 놓고 이 밤을 겨우 새워

　앞내에 빠진 옷을 쥡짜서 손에 쥐고
　긴 별로(別路) 돌아 달려가 벌불에 쬐어 입고
　　딴 길　　　　　아궁이에 불을 땔 때 아궁이 밖으로 내뻗치는 불
㉡ 진(秦) 때의 숨은 백성 이제 와 보게 되면
　중국 최초의 통일 왕조
　도원이 여기보다 낫단 말 못하려니
　무릉도원 → 도연명의 〈도화원기〉에 나오는 말로, 이상향, 별천지
　천변(天邊)의 가려진 뫼 대관령 이었으니
　　하늘의 가
　위태코 높은 고개 촉도난이 이렇던가
　　　　　　　촉나라로 가는 험한 길의 어려움
　하늘에 돋은 별을 겨기면 만질노다

　망망대양이 그 앞에 둘러 있어
㉢ 한없이 크고 넓은 바다
　대지 산악을 일야의 흔드는 듯
　　　　　　　밤낮
　밑 없는 큰 구렁에 한없이 쌓인 물이

　만고에 한결같이 영축이 있었던가
　　　　　가득 차는 것과 줄어드는 것

- 권섭, 〈영삼별곡〉

구분	㉠	㉡	㉢
공간			

공간의 이동에 따라 시상을 전개하고 있다. ⃝✕

02

제비는 물을 차고, 기러기 무리지어 하늘에 높이 떠서 두 나래 훨씬 펴고, 펄펄펄 백운간(白雲間)에 높이 떠서 천리 강산 머나
　　　　　　　흰 구름 사이
먼 길을 어이 갈꼬 슬피 운다.

원산(遠山)은 첩첩(疊疊), 태산(泰山)은 주춤하여, 기암(奇巖)
멀리 있는 산　　　여러 겹　　　높고 큰 산　　　기이하게 생긴 바위
은 층층(層層), 장송(長松)은 낙락(落落), 에이 부러져 광풍(狂
여러 층으로 겹겹이 쌓인 층　　　큰 소나무의 가지 따위가 아래로 축축 늘어져 있다.
風)에 흥을 겨워 우줄우줄 춤을 춘다.

층암(層巖) 절벽상(絕壁上)의 폭포수(瀑布水)는 콸콸, 수정렴
　　　　　　　　　　수정 구슬을 꿰어서 만든 아름다운 발
(水晶簾) 드리운 듯, 이 골 물이 주루루룩, 저 골 물이 쏼쏼, 열
에 열 골 물이 한데 합수(合水)하여 천방져 지방져 부풀어 오르
　　　　여러 갈래의 물이 한데 모여 흐르다.
고 평평해지고, 가지 되고 방울 되어, 저 건너 병풍석(屏風石)으
　　　　능의 위쪽 둘레에 병풍처럼 둘러 세운 긴 네모꼴의 넙적한 돌
로 으르렁 콸콸 흐르는 물결이 은옥(銀玉)같이 흩어지니, 소부
　　　　　　　　　　　은빛 구슬
(巢父) 허유(許由) 문답하던 기산 영수(箕山潁水)가 예 아니냐.
중국 요임금 시절 기산에　　중국 요임금 때 소부와 허유가 은거한 곳
숨어 산 은자(隱者)

- 작자 미상, 〈유산가(遊山歌)〉

표현상 특징		표현
( )의 이동		하늘 → 원산 → 태산(기암 → 장송 → 폭포)
대구법		· ·
비유	의인법	장송은 ~ 흥에 겨워 우줄우줄 춤을 춘다.
	직유법	· ·
음성 상징어	고유어	
	한자어	

→ 시선의 이동에 따라 시상을 전개하고 있다. ⃝✕
→ 대구를 활용하여 리듬감을 만들어 내고 있다. ⃝✕
→ 비유적 표현으로 대상의 이미지를 형상화하고 있다. ⃝✕
→ 의성·의태어를 다채롭게 구사하여 생동감을 살리고 있다. ⃝✕

03

　턱이 덜그럭거릴 정도로 몸에서 힘을 빼고 버스를 타고 있으면, 긴장해서 버스를 타고 있을 때보다 피로가 더욱 심해진다는 것을 알고 있었지만 그러나 열린 차창으로 들어와서 나의 밖으로 드러난 살갗을 사정없이 간지럽히고 불어 가는 ㉠유월의 바람이 나를 반수면 상태로 끌어넣었기 때문에 나는 힘을 주고 있을 수가 없었다.

　바람은 무수히 작은 입자(粒子)로 되어 있고 그 입자들은 할 수 있는 한 욕심껏 수면제를 품고 있는 것처럼 내게는 생각되었다. … 햇빛의 신선한 밝음과 살갗에 탄력을 주는 정도의 공기의 저온, 그리고 해풍(海風)에 섞여 있는 정도의 소금기, 이 세 가지만 합성해서 수면제를 만들어 낼 수 있다면 그것은 이 지상(地上)에 있는 모든 약방의 진열장 안에 있는 어떠한 약보다도 가장 상쾌한 약이 될 것이고 그리고 나는 이 세계에서 가장 돈 잘 버는 제약회사의 전무님이 될 것이다. 왜냐하면 사람들은 누구나 조용히 잠들고 싶어 하고 조용히 잠든다는 것은 상쾌한 일이기 때문이다. / 그런 생각을 하자 나는 ㉡쓴웃음이 나왔다.

- 김승옥, 〈안개〉

구분	기능
㉠	'나'가 수면제에 대해 ( )하게 된 계기를 제공함.
㉡	비현실적이고 엉뚱한 상상을 한 자신에 대한 ( )적인 모습을 나타냄.

( ) 서술자인 주인공 '나'가 무진으로 가는 버스 안에서 바람에 대해 엉뚱한 공상을 하는 ( )의 흐름을 따라 서술하고 있다.

01

다음 글에 대한 설명으로 가장 적절한 것은?

> **[앞부분 줄거리]** '현'은 현실에 안주하려는 삶을 살아가는 할아버지와 현실을 개혁하려는 삶을 살았던 아버지 사이에서 방황하는 지식인이다. '현'은 일제 강점기에 학병으로 끌려갔다가 탈주하여 고향으로 돌아와 평범한 생활을 추구한다. 그러나 '현'은 월북했다가 6·25 때 돌아온 친구 '연호'가 주도하는 인민재판에 분노하여 총을 난사하고, 자신도 총상을 입은 채 동굴로 피해 자신의 삶을 돌아보게 된다.

S#55. 동굴 안(밤)

동굴 속에 앉아 있는 현. 몽롱한 의식 속에 괴로워하다가 퍼뜩 눈을 뜬다. 뚝, 떨어지는 물방울. 아, 역시 동굴 속이라 정신을 가다듬어 내다보는 현. 밖에는 추적추적 비가 내리고 있다. 점점 기력이 쇠진하고 의식이 몽롱해지는 현. 상처 쑤시는 다리에 가만히 손을 댔다가 눈앞에 가까이 본다. 검붉은 핏자국, 가쁜 숨결. 이윽고 헛소리 하는 현.

"…… 죽는 걸까? 여기서 이대로 죽는 건가? 맥박이 뛸 적마다 피가 흐른다. 몇 시간이나 더 지탱할 수 있을까……. 아니 그놈이 올 텐데……. 그놈은 꼭 오고야 말 것이다."

메마른 입술. 전신을 스치는 소란. 현, 총신을 잡고 고통에 찡그리며 가만히 일어난다. 지레 문 어금니 사이로 신음이 새어나온다. 현, 다리를 끌고 나가 동굴 입구에 떨어지는 빗물을 받아 마신다. 얼굴을 적시는 빗줄기. 어두운 계곡에 뽀얀 물보라. 저 멀리 마을 쪽에 예광탄 하나가 밤하늘을 긋는다. 흠칫 놀라는 현. <u>신호하거나 목표물을 지시하는 데에 쓰는, 빛을 내며 날아가게 한 탄알</u> 총신을 거머쥐고 겨냥하며 슬금슬금 안으로 든다. 마치 게 한 마리 나오려다 도로 기어 들어가는 것 같다. 현, 눈을 지그시 감고 고통을 참는다.

현: 놈은 온다……. 꼭 온다……. 나를 죽이러 온다…….

문득 먼 포성. 흠칫 귀를 기울이는 현. 계속되는 포성.
<u>대포를 쏠 때 나는 소리</u>

현: 천둥소리가? 아니 저건 포 소리 같은데……. 포 소리……. 포 소리가 분명해.

현의 목소리가 우렁우렁 굴속을 메아리쳐 굴러가며 거기 다시 환청으로 누구의 목소리가 메아리 되어 울리며,

"(오노오노 소노 도꼬로에 에시무) 모두들 각자의 자기 설 자리에 서게 한다는 것은 만고불변의 진리다. 개인을 절대적 단위로 하고 무원칙적인 평등과 무제한한 자유를 목적으로 한 서구의 사회 질서는 극도의 혼란을 조장케 되었고 그 문명은 바야흐로 몰락의 과정에 이르게 된 것이며……."

S#56. 일본 제대 강의실

칠판에 커다랗게 팔굉일우(八紘一宇) 휘갈겨 써 놓고 변사조의 <u>온 천하가 한집안이라는 뜻으로, 일제가 침략 전쟁을 합리화하기 위하여 내건 구호</u> 강의를 계속하는 동양윤리학 교수 다까라. 멍한 얼굴로 강의를 듣는 현.

다까라: 이때야말로 빛은 동방으로부터 첫손 미족이 궐기할 때는 당도한 것이다. (오노오노)……. 그것은 존재의 군화 원리를 투시한 것이며 겸허한 인간 정신의 가치는(고에 다까라니 우따우 모노)……. 소리 드높여 노래하는 것이라. 역사적 대사명……. 팔굉일우 얼마나 장엄한 선언이냐?

장엄한 선언? 비웃듯 되물어보는 현의 표정.

다까라: 대동아 공영권* 건설의 정신이 바로 이것이다. 미영의 굴 <u>미국과 영국</u> 레에 억압된 황색 민족을 해방하고 새로운 질서를 확립하여 일본은 아시아의 맹주가 되어야 한다. 이 얼마나 비장하고 장 <u>동맹을 맺은 개인이나 단체의 우두머리</u> 엄한 사명이냐?

S#57. 동굴 안(밤)

눈감은 채 괴로워하는 현.

현: 그래서?

S#58. 강의실

다까라: (쪼르르 달려가 흑판에 대일본제국이라고 휘갈겨 쓰고) 따라서 우리 국민 각자는 이 거룩한 대의에 한 목숨 초개같이 **❶ 풀과 티끌, 지푸라기 ❷ 쓸모없고 하찮은 것** 버려 천황 폐하의 황은에 보답해야 하는 것이다. 보라. 들에 <u>황제의 은혜</u> 노는 축생일지라도 그들 자신을 벌함으로써 그 가치를 발휘하 <u>사람이 기르는 온갖 짐승</u> 고 있지 않느냐? 그들은 그들의 한 가닥 뼈마저 인간을 위해 달게 바치고 있는 것이다.

S#59. 동굴 안(밤)

"(따지듯) 달게?"

– 선우휘 원작·이은성 외 각색, 〈불꽃〉

* 대동아 공영권: 일본을 중심으로 함께 번영할 동아시아의 여러 민족과 그 거주 범위. 태평양 전쟁 당시 일본이 아시아 대륙에 대한 침략을 합리화하기 위하여 내건 정치 표어이다.

① 인물의 내면 의식의 흐름을 중심으로 극이 진행되고 있다.
② 다양한 효과음이 활용되어 작품의 긴장감이 완화되고 있다.
③ 시간의 역전된 흐름에 따라 인물 간의 갈등이 해소되고 있다.
④ 새로운 인물의 등장을 통해 인물 간의 관계가 개선되고 있다.
⑤ 공간의 변화에 의해 현실의 모순에 대한 해결책이 제시되고 있다.

공부한 날	월	일	요일
맞은 개수		/ 5	

호루라기 관장님의 하드 트레이닝

작품	No	작품을 읽고 빈칸에 알맞은 말을 쓰시오.

뭔가 네게 유익하고 힘이 될 말을 써 보내고 싶다.

네가 입대해 떠나간 이제 와서 우울한 고향 실정이나 우리의 지난 잘잘못을 들어 여기에 열거해 놓자는 건 아니야. 아무 얘기도 못해 주고 묵묵히 너를 전송했던 형의 답답한 마음을 이해하여 주기 바란다. 나는 우리가 지금쯤은 의심하고 있었을지도 모르는 어떤 문제를 확실히 해 두고, 또한 장래를 굳게 믿기 위하여 내 연애 이야기를 빌리기로 한다. 너는 십구 년 전에 내가 누구를 사랑한 적이 있다는 걸 알게 되면 아마 놀랄 거다. 따져봐. 내 열한 살 때가 아니냐.

토관 → 시멘트나 흙을 구워서 만들어 배수로로 쓰는 둥글고 큰 관

[중략 부분 줄거리] 열한 살의 '나'는 기관포 탄환을 찾으려고 캄캄한 노깡에 들어가 땅을 파다 사람 뼈다귀를 발견한 후 기절한 일이 트라우마가 된다. 6·25 직후 '나'는 담임 '메뚜기'가 부업에만 정신이 팔려 있는 서울로 전학 오고, 곧이어 미군 '하우스 보이' 영래가 전학을 와 아이들의 환심을 산다. 반장이 된 영래와 그 무리가 폭력으로 아이들의 돈을 빼앗고 집단행동을 강요한다. 그러던 중 여자 교생 선생님이 새로 오게 되고, 교생 선생님을 좋아하던 '나'는 교생 선생님과 대화를 나누게 된다.

"반장은 어때요. 선생님?" 하며 내 속마음을 드러내고 말았다. "이영래…… 어린이 말인가요." (중략) 그이가 말했다. "혼자서만 좋은 사람이 될 수는 없다고 생각합니다. 또 한 사람이 잘못 생각하고 있었다면 여럿이서 고쳐 줘야 해요. 그냥 모른 체하면 모두 다 함께 나쁜 사람들입니다. 더구나 공부를 잘한다거나 집안 형편이 좋은 학생은 그렇지 못한 다른 친구들께 부끄러워할 줄 알아야 합니다." 나는 무슨 얘기인지 잘 알아들을 수는 없었지만, 선생님께서 나를 책망하고 있다는 느낌이어서 풀이 죽어 버렸던 것이다.

선생님과 헤어지기 며칠 전에 어머니에게 졸라서 그분을 집으로 초대한 적이 있었지. 그날 나는 부끄러워하면서 내 악몽의 비밀을 말씀드렸더니, 선생님은 말했어. "애써보지도 않고 덮어놓고 무서워만 하면 비굴한 사람이 됩니다. 그래서 겁쟁이가 되어 끝내 무서움에서 놓여날 수가 없는 거예요." 나는 그 뒤 몇 번이나 벼른 끝에 모험을 감행하게 되었고, 노깡 속에 다시 한번 들어갔더랬지. 나는 그 속의 뼈다귀가 개뼈, 소뼈, 사람 뼈다귀인지 몰랐지만 어쨌든 아무렇지 않게 길을 들였던 것이다. (중략)

여럿이 윤리적인 무관심으로 해서 정의가 밟히는 일이 있어서는 안 될 거야. 걸인 한 사람이 이 겨울에 얼어 죽어도 그것은 우리의 탓이어야 한다. (중략) 형은 이제부터 그이를 그리는 뉘우침이 되리라.

우리는 너를 항상 기억하고 있으며, 너는 우리에게서 소외되어 버린 자가 절대로 아니니까 말야.

– 황석영, 〈아우를 위하여〉

01 주요 인물은 누구인가?

'나(김수남)'	영래 패거리를 (　　　)하다가 대항하는 인물
영래	친구들을 (　　　)(으)로 제압하며 집단행동을 통해 아이들을 통제하려는 인물
교생 선생님	아이들을 사랑으로 가르치며 불의에 (　　　)하는 삶의 중요함을 가르치려는 교육자
담임 선생님	노상 교실을 비우며 아이들을 가르치는 일에 관심과 열정이 없는 (　　　)한 인물

02 중심 사건은 무엇인가?

구분	내용
외화(현재)	'나'는 군대에 간 동생에게 자신의 국민학교 시절에 대한 내용을 담은 (　　　)을/를 씀.
내화(과거)	'나'가 전학 간 학교에 온 새로운 전학생 영래는 아이들의 환심을 사 반장이 된 후 담임 선생님의 무관심 속에 아이들을 폭력으로 제압하다, 실습을 나온 교생 선생님에게 학생 자치회에서 아이들을 볼준 일로 비판을 받은 후 교생 선생님을 미워하여 욕보이는 쪽지를 돌린 일로 '나'와 대립함. 하굣길에 교생 선생님과 대화를 나누게 된 '나'에게 교생 선생님은 타인의 (　　　)을/를 모른 척하는 것도 잘못이라며 조언함.
외화(현재)	'나'는 편지의 마지막에 윤리적인 (　　　)(으)로 정의가 밟혀서는 안 된다고 동생에게 말함.

03 인물의 심리와 태도는 어떠한가?

'나'	영래의 만행을 지켜보던 '나'는 입을 다물고 구경이나 하겠다는 수수방관하는 태도를 보이다, 하굣길에 대화를 나누게 된 교생 선생님이 자신을 (　　　)하는 것 같이 느껴 풀이 죽음.

04 작품 전체의 구성과 형식은 어떠한가?

외화('나'가 동생에게 보내는 서간체 형식)

1970년대 군부 독재로 인해 폭력과 억압이 자행되었던 시기

내화(국민학교 시절에 '나'가 겪은 경험)

1950년대(6·25 전쟁 직후) 서울의 어느 국민학교

→ 서간체 형식은 직접 말을 건네는 듯한 친밀감을 주고 인물의 내면 심리를 깊이 있게 전달하며, 이야기에 (　　　)을/를 부여함.

05 이 작품의 주제는 무엇인가?

불의한 세력에 대항하는 약자들의 (　　　) 정신

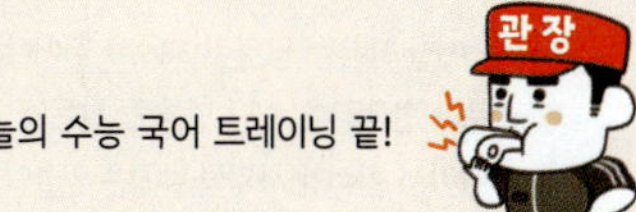

082 인과 관계

> **시간상 먼저 일어난 일이 원인으로 작용하여 뒤에 어떤 일이 결과로 일어나는 관계**

이야기에서 일의 결과가 반드시 그렇게 될 수밖에 없는 요소나 성질을 (¹ ㅍㅇㅅ)(이)라고 한다. 즉, 먼저 일어난 일이 원인으로 작용하여 뒤에 어떠한 일이 결과로 나타나게 되면 원인이 된 사건과 결과로 나타난 사건 사이의 관계를 (² ㅍㅇㅈ)(이)라고 하는 것이다. 만약 뚜렷한 원인이 제시되지 않은 채 결과만 제시된다면 (³ ㅇㅇㅈ)(이)라고 한다. 이야기 전체가 짜임새 있게 조직되기 위해서는 원인과 결과가 긴밀하게 연결되어 있어야 한다.

◦ 개념 당기는 예시

어느 가을 구월 보름날, 달빛은 밝게 비치고 맑은 바람은 쓸쓸하게 불어와서 사람의 마음을 울적하게 했다.

길동이 서당에서 글을 읽다가 문득 책상을 밀치고 탄식하며 말했다.

"대장부가 세상에 나서 공맹을 본받지 못하면 차라리 병법을 외워, 대장군의 인장을 허리춤에 비스듬히 차고 동과 서로 정벌하여, 나라에 큰 공을 세우고 이름을 만대에 빛내는 것이 장부로서 흔쾌히 할 일이다. 나는 어찌하여 한 몸이 외롭고, 아버지와 형이 있건만 아버지와 형이라고 부르지도 못하니 심장이 터질 것 같구나. 어찌 원통하지 아니 하리오!"
공자와 맹자 · 군사를 지휘하여 전쟁하는 방법 · 이름을 새겨 문서에 찍게 만든 물건 · 아주 오래 계속되는 세대

말을 마치고 뜰에 내려가서 검술을 공부하였다. 마침 공이 또한 달빛을 구경하다가 길동이 배회하는 것을 보고 즉시 불러 물었다.
어슬렁거리며 이리저리 돌아다니는

"너는 무슨 흥이 있어서 밤이 깊도록 자지 아니 하느냐?" / 길동이 공경하며 대답했다.

"소인이 마침 달빛을 사랑하기 때문입니다. 하늘이 만물을 만드실 때 그중 오직 사람이 귀하옵니다만, 소인에게는 귀함이 없으니, 어찌 사람이라 하겠습니까?"
신분이 낮은 사람이 자기를 낮추어 이르는 말

공이 그 말뜻을 짐작했지만, 짐짓 책망하여 말했다.
잘못을 꾸짖거나 나무라며 못마땅하게 여김.
"네 무슨 말을 하는 것이냐?" / 길동이 거듭 절하고 말씀드렸다.

"소인이 평생 서러워하는 바는, 소인도 대감의 정기를 받아 당당한 남자가 되었으니, 아버님이 낳으시고 어머님이 기르신 은혜가 깊은데, 그 아버지를 아버지라 못하고 그 형을 형이라 못하니, 어찌 사람이라 하겠습니까?"

길동이 눈물을 흘려 적삼을 적셨다. 공이 다 듣고 나서 비록 길동이 불쌍하지만, 그 뜻을 위로하면 마음이 방자해질 것을 염려하여 크게 꾸짖었다.
윗도리에 입는 홑옷 · 무례하고 건방짐.

"재상 집안에 천한 종의 몸에서 태어난 자식이 너뿐이 아니거늘, 네 어찌 방자함이 이와 같으냐? 앞으로 이런 말을 또다시 하면 내 정녕 너를 눈앞에 두고 보지 않겠느니라."
이품 이상의 벼슬

– 허균, 〈홍길동전〉

→ 길동은 어릴 때부터 남달리 재주가 뛰어나고 총명하였으나, 타고난 신분의 제약으로 인해 능력을 펼칠 수 없어 현실에 대한 울분과 한(恨)을 지닌 인물로, 갈등의 근본 원인은 당대 사회의 차별적 (⁴ ㅅㅂ)제도의 모순과 불합리성 때문임. 따라서 이러한 사회적 배경은 인물이 능력을 펼칠 수 없는 상황에 필연성을 부여함.

🌐 1:1 작품 체험

수복이 되어 완장을 두르고 설치던 삼촌이 인민군을 따라 어디론지 쫓겨 가 버리고 그때까지 대밭 속에 굴을 파고 숨어 의용군을 피하던 외삼촌이 국군에 입대하게 되어 양쪽에 다 각기 입장을 달리하는 근심거리가 생긴 뒤로도 겉에 두드러진 변화는 없었다. 그러던 두 분 사이에 얼추 금이 가기 시작한 것은 저 사건 — 내가 낯모르는 사람의 꾀임에 빠져 과자를 얻어먹은 일로 할머니의 분노를 사면서였다. … 외할머니가 유일한 내 편이 되어 궁지에 몰린 외손자를 감싸고 역성드는 바람에 할머니는 그때 단단히 비위가 상했던 것이다. 다음으로 두 분을 아주 갈라서게 만든 결정적인 계기는 전사 통지서를 받은 그 이튿날에 왔다. 먼저 복장을 지른 쪽은 외할머니였다. 그날 오후도 장대 같은 벼락불이 건지산 날망으로 푹푹 꽂히는 험한 날씨였는데, 마루 끝에 서서 그 광경을 지켜보던 외할머니가 별안간 무서운 저주의 말을 퍼붓기 시작한 것이다.
잃었던 땅이나 권리를 되찾음. · 민간인으로 조직된 군대 · 누가 옳고 그른지 상관하지 않고 무조건 한쪽 편만 듦. · 가슴의 한복판 · 긴 막대기 · 장상, 꼭대기

"더 쏟아져라! 어서 한 번 더 쏟아져서 바웃새에 숨은 빨갱이 마자 다 씰어가그라! 나무 틈새기에 엎딘 빨갱이 숯덩이같이 싹싹 끄실러라! 한 번 더, 한 번 더, 옳지! 하늘님 고오맙습니다!"
바위 사이 · 빨갱이(공산주의자를 속되게 이르는 말)

(중략)

"저 늙다리 예펜네가 뒤질라고 환장을 혔댜?"

그러자 안방 문이 우당탕 열리면서 악의를 그득 담은 할머니의 얼굴이 불쑥 나타났다.

– 윤흥길, 〈장마〉

'나'는 (⁵ ㅎㅅ)에게 빨치산인 삼촌이 집에 다녀갔다는 말을 해서 할머니와 갈등하고, 두 할머니는 외할머니가 빨갱이에게 저주를 퍼붓는 말을 한 것을 할머니가 자신의 (⁶ ㅇㄷ)에게 하는 소리로 받아들여서 갈등한다.

【초성 답】 1 필연성 2 필연적 3 우연적 4 신분
5 형사 6 아들

083 입체적 구성

대상을 여러 방향에서 종합적으로 파악할 수 있는 구성

'입체적'은 사건이 시간의 흐름에 따라 전개되는 단순한 구성이 아니라, 시간의 흐름이 (1 ○ㅈ)되거나, 서술자가 (2 ㄱㅊ)되거나, 시점이 달라지거나, 꿈과 현실 또는 환상과 현실이 교차되거나 서로 다른 두 사건이 (3 ㅂㅊ)되어 제시되는 등의 방식으로 사건을 여러 가지 다른 방향에서 살펴 볼 수 있게 구성되는 방식이다.

서술자 교체나 시점의 전환, 역순행적 구성 등의 서술 방식을 사용했을 때 사건의 다양한 면이 드러나는 효과를 입체적이라고 말할 수도 있고, 입체적 구조를 통해 작중 상황의 인과성이 잘 드러나거나 내용이 생생하게 구현되는 것 등의 효과를 얻을 수도 있습니다.

구분	예
시간의 역전	이장 영감이 지팡이와 함께 쥐었던 장죽으로, 걸터앉은 바윗등을 가볍게 두들기며 입을 열었다. 긴 담뱃대 "학(鶴)이 안 온 지가 벌써 삼십 년이 넘어." "그렇지, 올해 삼십육 년째가?" / 박 훈장은 여전히 마을을 내려다보는 채였다. "내가 마흔넷이던 해니까, 그렇군. 꼭 서른여섯 해째구나." 이장 영감은 장죽에 담뱃가루를 담으며 한숨을 쉬었다. 옛날, 학마을에는 해마다 봄이 되면 한 쌍의 학이 찾아오곤 했었다. 언제부터 학이 이 마을을 찾아오기 시작하였는지는 아무도 모른다. 어쨌든 올해 여든인 이장 영감이 아직 나기 전부터라 했다. 또, 그의 아버지가 나기도 더 전부터라 했다. 씨 뿌리기 시작할 바로 전에, 학은 꼭 찾아오곤 했었다. 그러고는 정해 두고 마을 한가운데 서 있는 노송(老松) 위에 집을 틀었다. 마을 사람들은 이 노송을 학 나무라고 불렀다. / 학이 돌아온 날은 학마을의 가장 큰 잔칫날이었다. 늙은 소나무 이장이 마흔네 살이 되던 해였다. 씨 뿌릴 준비를 다 해 놓고 마을 사람들은 학을 기다렸다. 그런데 웬일인지 계절이 다 늦도록 학은 돌아오지 않았다. – 이범선, 〈학마을 사람들〉 → 현재 이장 영감의 나이는 (4 ○ㄷ) 살이고, 학이 마을에 찾아오기 시작한 것은 이장 영감이 태어나기 전이며, 이장 영감이 (5 ㅁㅎㄴ) 살이 되던 해부터 학이 마을에 나타나지 않는다는 내용을 시간을 역전적으로 배치하여 제시함.
시점의 전환	나는 빨가벗은 채, 추위에 살이 빨가니 얼어서 흰 둑길을 걸어간다. 수 발의 총성. 나는 그대로 털썩 눈 위에 쓰러진다. 이윽고 붉은 피가 하얀 눈을 호젓이 물들여 간다. 그 순간 모든 것은 끝나는 것이다. (중략) 동무……. 총살. 이 두 마디가 그의 머릿속에 못 박혔다. 눈앞이 아찔하다. 그는 더욱 정신을 가다듬고 그들의 일거일동을 살폈다. 머리가 텁수룩하고 야윈 얼굴에, 내의 바람의 한 청년이 양손을 등 뒤로 묶인 채 맨발로 서 있는 것이 눈에 띄었다. 하나하나의 동작이나 움직임 – 오상원, 〈유예(猶豫)〉 → 주인공인 (6 ㄴ)의 의식 세계를 독백하듯이 1인칭 시점으로 전개되던 이야기가 3인칭 전지적 작가 시점으로 전환되면서 인물의 내면 심리를 주목했던 시선이 인물을 둘러싼 외부 상황을 주목하게 되는 효과를 얻음

1:1 작품 체험

이미 세상을 떠난
문화란, '고(故) 옥희도 씨 유작전 S회관에서—' 먼 옛날 같은 앳된 날, 그지없
신문의 문화면 죽은 사람의 작품을 모아 하는 전시회
이 향기로운 관을 씌우고 싶었던 옥희도란 이름 위에 '故'자가 붙은 것이다.

좀 전에 둔탁한 아픔을 느낀 자리가 예리하게 쑤셔 왔다.

오열이라든가 하다못해 신음이라든가, 그런 아픔을 나눌 엄살이 전혀 마련되지 않은 온전한 나만의 비통.

나는 숨을 죽이고 지그시 아픔을 견디며, 또 하나의 아픈 날을 회상한다. 꼭 이만큼이나 아팠던 날을.

그것은 아마 나의 고가가 헐리던 날이었을 게다.
지은 지 오래된 집

남편은 결혼식을 치르자 제일 먼저 고가의 철거를 주장했다. 터무니없이 넓은 대지에 불합리한 구조로 서 있는 음침한 고가는 불필요한 방들만 많고 손댈 수 없이 퇴락했으니, 깨끗이 헐어 내고 대지의 반쯤을 처분해서 쓸모 있는 견고한 양옥을 짓자는 것이었다.

너무도 당연한 소리였다. 반대할 이유라곤 없었다.

고가의 철거는 신속히 이루어졌다. 나는 그 해체를 견딜 수 없는 아픔으로 지켰다.

– 박완서, 〈나목(裸木)〉

이 작품은 '나'가 신문에서 옥희도의 죽음을 알고 아픔을 느낀 일을 계기로, 자신에게 또 다른 아픈 날이었던 고가가 헐리던 날을 (7 ㅎㅅ)하는 입체적 구조로 서술되어 있다.

작품 알통

- **해제**: 전쟁의 상처를 극복하려는 의지를 가진 '나'와 예술가의 혼을 불태웠던 옥희도의 삶을 보여 준 작품이다.
- **주제**: 전쟁의 상처 극복과 예술가의 진정한 삶

【초성 답】 1 역전 2 교체 3 병치 4 여든 5 마흔네 6 '나' 7 회상

084 장면의 전환

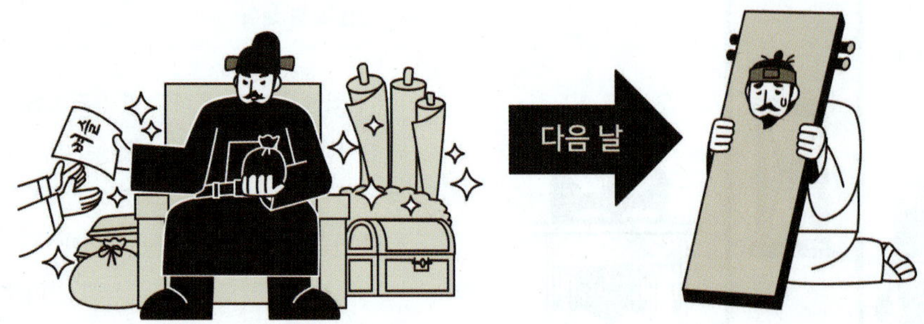

> 같은 인물이 동일한 공간에서 벌이는 사건의 광경인 장면이 다른 방향이나 상태로 바뀜.

'장면'은 동일한 인물이 동일한 배경에서 일정한 사건을 벌이는 형편과 모양을 말한다. 따라서 장면이 전환된다는 것은 장면 구성 요소가 달라짐으로써 (1   ㅅㅎ   )이/가 바뀌는 것을 의미한다. 인물이 달라지거나 시간적·공간적 배경이 바뀌거나, 사건(갈등)의 양상이 달라지는 것을 기준으로 장면이 전환되었는지 여부를 확인할 수 있다.

시간적·공간적 배경의 변화에 의한 장면 전환	그러나 한결같은 상태로 자정을 넘기고 나더니 사정이 달라졌다. 경산(經産)치고는 진통이 너무 길고 악착스러운 데 겁이 났던지 권 씨는 통금이 해제되기도 전에 부인을 업고 비탈길 일정 시간 일반인의 외부 활동을 못하게 하던 일(= 통행금지) 을 내려가느라고 한바탕 북새를 떨었다. 북이 북채 위에 업힌 모양으로 권 씨 내외가 우리 집 많은 사람이 야단스럽게 부산을 떨며 법석이는 일 문간방을 빠져나가는 걸 보는 것만으로도 한근심 더는 기분이었다. 미역 근이나 사 놓고 기다 출입문(문간) 옆에 있는 방　　　　　　　　　　　　무게의 단위 리다가 소식이 오면 병원에 가 보라고 아내에게 이르고는 출근했다. 오후 수업이 시작된 바로 뒤에 뜻밖에도 권 씨가 나를 찾아왔다. 때마침 나는 수업이 없어 교무실에서 잡담이나 하고 있는 중이어서 수위로부터 연락을 받자 곧장 학교 정문으로 나갈 수가 있었다. 　　　　　　　　　　　　　　　　　　　　　　- 윤흥길, 〈아홉 켤레의 구두로 남은 사내〉 → 권 씨가 진통이 온 아내를 업고 병원으로 간 시간적 배경은 새벽이었는데, (2 ㅇㅎ)(으)로 시간적 배경이 바뀌면서 공간적 배경도 '나'의 집에서 (3 ㅎㄱ)(으)로 바뀌어 장면이 달라짐.
새로운 인물의 등장으로 인한 장면 전환	"선학동 포구가 그새 모두 들판이 되었는데도 형편들은 그리 크게 나아지질 못한 것 같군요." 사내는 기둥 하나 너머로 부엌일을 서둘러 대고 있는 아낙에게 망연스런 어조로 말하며, 아무 생각 없이 멍한 혼자 술잔을 비워 내기 시작했다. 그런데 그 소리가 인연이 되어 사내와 아낙 사이에 오간 몇 마디가 뜻밖의 인물을 불러 내고 있었다. (중략) "그야, 한 십여 년 전에 포구일 땜시 공사판 사람들이 줄을 서 가며 찾아들 때도 있긴 했지만, 그것도 그저 한때뿐. 공사가 끝나고는 그만 아니었것소?" "선학동에 학이 날지를 못하게 됐으니 그런가 보군요." (중략) "선학동은 이제 이름뿐 아닙니까? 관음봉이 그림자를 드리울 물을 잃었으니 학이 이제는 날아오를 수가 없지요. 그래 학마을에서 학이 날지를 못하게 됐으니 인심이 그렇게 말라든 거 아니겠소……." 그런데 그때였다. / "포구 물이 말랐다고 학이 아주 못 나는 것은 아니라오." 배가 드나드는 개(강이나 내에 바닷물이 드나드는 곳)의 어귀 덜컹 하고 안방 문이 열리며 느닷없는 목소리가 밖으로 튀어나왔다. 말꼬리를 잇고 나서는 품이 여태까지 문 뒤에서 바깥 얘기를 귀담아들어 오고 있었음이 분명했다. 주인 사내쯤 되는 것 같았다. 　　　　　　　　　　　　　　　　　　　　　　- 이청준, 〈선학동(仙鶴洞) 나그네〉 → 개발로 인한 자연 훼손으로 더 이상 학이 날지 않는 선학동의 현재 상황에 대해 사내와 아낙이 대화를 나누던 중 (4 ㅈㅇㅅㄴ)(으)로 보이는 새로운 인물의 등장으로 인해 장면이 전환됨.

> 　도사라는 애칭은 평생을 두고 따라다녔다. 직업의식이 철저하여 맺고 끊는 맛이 분명한데다, 기술이건 지식이건 그것이 직업과 관련이 있는 것은 완벽에 가깝도록 익히고 펼치고 했던 특유의 장인기질에 따른 것이었다. 자동차 운전만 해도 그러하였다. 운전 기술은 군대 운전에서 비롯된 것이었으나 그는 그것으로 평생을 경영하였다. … 그는 서울로 옮겼다. 다시 운전대를 잡았다. 그때나 지금이나 국내의 10대 재벌그룹에 드는 재벌그룹 총수의 승용차 운전대였다.
> 어떤 집단의 우두머리
> (중략)
> 　1970년, 내가 지금의 세종 문화 회관 자리에 있던 예총 회관의 문인 협회 사무실에서 협회 기관지를 편집하고 있을 어름이었다.
> 　어느 날 난데없이 유자가 불쑥 찾아왔다. 10년도 넘어 된 해후였다. 이산(怡山)
> 시인 김광섭의 호
> 오랫동안 헤어졌다가 뜻밖에 다시 만남.
> 의 시처럼 "어디서 무엇이 되어 다시 만나랴." 했더니, 그는 재벌 그룹 총수의
> 김광섭의 시 〈저녁에〉
> 승용차 운전수가 되고, 나는 글이라고 끄적거려 봤자 누구 하나 알아주는 이가 없는 무명작가가 되어서 다시 만나게 된 것이었다.
> 　　　　　　　　　　　　- 이문구, 〈유자소전〉

이 작품은 유자가 운전을 직업으로 삼게 된 과거 상황을 제시한 후 (5   ㅅㄱ   )적 배경을 10여 년 후로 전환하여 오랜만에 '나'가 유자와 다시 만나게 된 장면을 제시하고 있다.

작품 알통

- **해제:** 유재필이라는 인물의 일대기를 통해 현대 사회의 물질 만능주의 세태를 비판한 작품이다.
- **주제:** 물질 만능주의에 빠진 현대 사회 비판

【초성 답】 1 상황 2 오후 3 학교 4 주인 사내 5 시간

개념 트레이닝 ZONE

💪 빈칸에 알맞은 말을 쓰며 개념 근육을 키워 보세요!

사건을 인과적 필연성에 따라 조합하여 배치하는 것을 플롯(plot) 또는 구성이라고 합니다. 작품 속 사건들은 인과 관계를 이루고 있으므로 이 관계를 파악하는 것이 내용 이해의 핵심입니다!

01

허생은 묵적골에 살았다. … 허생은 글 읽기만 좋아하고, 그의 처가 남의 바느질품을 팔아서 입에 풀칠을 했다.
(서울시 중구 묵정동)

하루는 그 처가 몹시 배가 고파서 울음 섞인 소리로 말했다.

"평생 과거를 보지 않으니, 글을 읽어 무엇합니까?" (중략)

"장사는 밑천이 없는 걸 어떻게 하겠소?"

처는 왈칵 성을 내며 소리쳤다.

"밤낮으로 글을 읽더니 기껏 '어떻게 하겠소?' 소리만 배웠단 말씀이오? 장인바치 일도 못 한다, 장사도 못 한다면, 도둑질이라도 못 하시나요?"

허생은 읽던 책을 덮어 놓고 일어나면서,

"아깝다. 내가 당초 글 읽기로 십 년을 기약했는데, 인제 칠 년인걸……." / 하고 휙 문밖으로 나가 버렸다. (중략)

"누가 서울 성중에서 제일 부자요?"

변 씨(卞氏)를 말해 주는 이가 있어서,

허생이 곧 변 씨의 집을 찾아갔다. 허생은 변씨를 대하여 길게 읍하고 말했다.
(두 손을 맞잡아 얼굴 앞으로 들어 올리고 허리를 구부렸다가 펴면서 손을 내린다.)

"내가 집이 가난해서 무얼 좀 해 보려고 하니, 만 냥(兩)을 꾸어 주시기 바랍니다."

변씨는 / "그러시오." / 하고 당장 만 냥을 내주었다. (중략)

허생은 만 냥을 입수하자, 다시 자기 집에 들르지도 않고 바로 안성(安城)으로 내려갔다. 안성은 경기도, 충청도 사람들이 마주치는 곳이요, 삼남(三南)의 길목이기 때문이다. 거기서 대추, 밤,
(충청도, 전라도, 경상도 세 지방을 통틀어 이르는 말)
감, 배며 석류, 귤, 유자 등속의 과일을 모조리 두 배의 값으로
(나열한 사물과 같은 종류의 것들을 몰아서 이르는 말)
사들였다. 허생이 과일을 몽땅 쓸었기 때문에 온 나라가 잔치나 제사를 못 지낼 형편에 이르렀다. 얼마 안 가서, 허생에게 두 배의 값으로 과일을 팔았던 상인들이 도리어 열 배의 값을 주고 사가게 되었다. 허생은 길게 한숨을 내쉬었다.

"만 냥으로 온갖 과일의 값을 좌우했으니, 우리나라의 형편을 알 만하구나."

— 박지원, 〈허생전〉

허생은 변씨에게 빌린 만 냥을 가지고 나라 안의 (　　　　)을/를 모두 사들이는 매점매석을 하여 큰돈을 벌게 되는데, 이러한 상황이 벌어질 수 있는 원인은 당시 조선의 (　　　　) 구조가 불안하고 경제 규모가 만 냥으로 좌우될 만큼 작았기 때문이다.

원인		결과
불안한 유통 구조와 협소한 경제 구조	➡	겨우 만 냥으로 매점매석이 가능함.

02

김 군! 세월은 우리를 위하여 여름을 항상 주지 않았다. 서풍이 불고 서리가 내리기 시작하였다. 찬 기운은 벗은 우리를 위협하였다. 가을부터 나는 대구어(大口魚) 장사를 하였다. 삼 원을 주고 대구 열 마리를 사서 등에 지고 산골로 다니면서 콩〔大豆〕과 바꾸었다. 난 대구 열 마리는 등에 질 수 있었으나 대구 열 마리를 주고받은 콩 열 말은 질 수 없었다. 나는 하는 수 없이
(부피의 단위 → 한 말은 한 되의 열 배로 약 18리터임.)
삼사십 리나 되는 곳에서 두 말씩 두 말씩 사흘 동안이나 져 왔다. 우리는 열 말 되는 콩을 자본 삼아 두부 장사를 시작하였다. 아내와 나는 진종일 맷돌질을 하였다. 무거운 맷돌을 돌리고 나면 팔이 뚝 떨어지는 듯하였다.

내가 이렇게 괴로울 적에 해산한 지 며칠 안 되는 아내의 괴로움이야 어떠하였으랴? 그는 늘 낯이 부석부석하였다. 그래도 나는 무슨 불평이 있는 때면 아내를 욕하였다. 그러나 욕한 뒤에는 곧 후회하였었다. … 초를 쳐 보아서 두붓발이 서지 않게 매캐지근하게 풀려질 때에는 우리의 가슴은 덜컥 한다.
(살이 핏기가 없이 부어오른 데가 있다.)
(두붓물이 엉겨서 순두부가 되는 상태)

"또 쉰 게로구나! 저를 어쩌누?"

젖을 달라구 빽빽 우는 어린아이를 안고 서서 두붓물만 들여다보시는 어머니는 목메인 말씀을 하시면서 우신다. 이렇게 되면 온 집안은 신산하여 말할 수 없는 울음·비통·처참·소조(蕭條)한 분위기에 싸인다.
(세상살이가 힘들고 고생스럽다.)
(고요하고 쓸쓸하다.)

"너 고생한 게 애닯구나! 팔이 부러지게 갈아서…… 그거(두부)를 팔아서 장을 보려고 태산같이 바랬더니……" (중략)

그날은 하는 수 없이 쉰 두붓물로 때를 메우고 지낸다. 아이는 젖을 달라고 밤새껏 빽빽거린다. 우리의 살림에 어린애도 귀치는 않았다. (중략)

어찌하여 겨우 연명을 한다 하더라도 죽지 못하는 삶이 될 것이요, 그 영향은 자식에게까지 미칠 것이다. 나는 어미 품속에서
(목숨을 이어 나감.)
빽빽하는 어린것의 장래를 생각할 때면 애잡짤한 감정과 분함을 금할 수 없다. 내가 늘 이 상태면(그것은 거의 정한 이치이다.) 그
(가슴이 미어지듯 안타깝다.)
에게는 상당한 교양은 고사하고, 다리 밑이나 남의 집 문간에 버리게 될 터이니, 아! 삶을 받을 만한 생명을 죄없이 찌그러지게 하는 것이 어찌 애닯지 않으며 분치 않으랴? 그렇다면 그것을 나의 죄라 할까?

— 최서해, 〈탈출기(脫出記)〉

'나'는 쉬지 않고 일하고, 해산한 지 얼마 지나지 않은 아내까지 노동에 동원하지만 형편이 조금도 나아지지 않는다. '그것을 나의 죄라 할까?'라는 '나'의 자조적 (　　　　)에서 알 수 있듯, 이는 (　　　　)의 문제가 아니라 식민지를 살아가는 민족의 인간다운 삶을 보장하지 않는 사회 구조적 문제에 원인이 있다.

원인		결과
인간다운 삶을 보장하지 않는 사회의 구조적 모순	➡	부부가 쉬지 않고 일해도 가난에서 벗어날 수 없음.

03

[앞부분 줄거리] '나'는 도서관 자료실에서 우연히 신문 기사를 본 것을 계기로 과거를 떠올린다. '나'는 고향에서의 비참한 삶을 피해 서울로 도망쳐 산동네 자취방에서 삶의 의미를 찾지 못한 채 하루하루를 연명했다. 그러던 중 '나'는 우연히 민주화에 대한 열망이 담긴 책을 발간하기 위해 애쓰던 '안'을 만났고, 그의 제안에 따라 그 일을 함께 하게 되었다.

나는 결국 책이 만들어진 것을 보지 못했다. 그리고 결국 인쇄소의 낡은 문에 내가 소중하게 간직하고 있는 열쇠를 꽂을 기회를 영원히 잃고 말았다.

긴 주말 끝의 월요일. 나는 해가 기울어지기도 전에 방문을 나섰다. 그렇다고 아무 때나 인쇄소에 얼굴을 들이밀 처지가 못 되었던 만큼 인쇄소까지의 긴 길을 걸었다. 이번에는 한 장의 버스표를 아끼기 위해서가 아니었다. 낮에 인쇄소에서 일하는 사람들과의 마주침을 피하라는 안과 정의 원칙은 철저한 것이었고, 나는 정확히 알 수는 없어도 그것이 어떤 결과를 가져올는지를 상상하는 것은 어렵지 않았다.

평소처럼 골목을 돌아 뒷문에 이르는 길을 택하지 않은 것을 행운이라 이름 붙일 수 있을까. 당연히 셔터가 내려져 있어야 할 인쇄소의 입구가 먼발치에서 눈에 띄자마자 나는 단번에 모든 일이 틀어져 버린 것을 감지할 수 있었다. 올려진 셔터, 환하게 켜진 불빛, 활짝 열려져 있는 유리문. 문의 유리의 하반부가 깨어진 것이 바로 눈앞에 있는 것처럼 확연하게 드러난 듯도 했다. 그 속에는 분명 누군가가 부산하게 움직이는 것 같았고 문밖에는 양복을 입은 두 명의 남자가 담배를 피며 등을 돌리고 서 있는 것이 보였다. 나의 가슴은 터질 것처럼 뛰고 있었다. (중략)

당장이라도 옆의 행인이 나의 팔을 우악스럽게 잡고 "강하원이지. 순순히 나를 따라와." 하고 귓속에서 속삭일 것 같았다. 나를 앞뒤로 둘러싸고 있는 행인의 얼굴을 쳐다보고 싶은 유혹은 견뎌 내기 힘든 것이었다.

길을 건너고 가장 가까운 골목으로 기어 들어가고, 거기서 다시 큰길로 나오고 다시 골목으로 들어가고…… 충분히 인쇄소에서 멀어졌다고 판단되었을 때부터 나는 달리기 시작했다. 얼마 동안을 어떤 길로 해서 달려왔는지 아무런 기억이 없었다. 나는 뛰면서 입으로는 내가 한 번도 해 본 적이 없는 기도 비슷한 것을 수없이 반복하고 있었다. 제발 내가 이 자리에서 잡혀서 동료들에게 누를 끼치지 않게 해 주십시오. 나는 잃을 것이 없는 사람이지만 그들은 그렇지 않습니다. 그들은 할 일이 많은 사람들입니다. (중략)

어쩌면 이 계절의 하늘은 이토록 무연히 맑을까. 그리고 그 시절의 아픔은 어쩌면 이리도 생생할까. 아픔은 늙을 줄을 모른다.

– 최윤, 〈회색 눈사람〉

이 작품은 학생 운동이 활발했던 1970년대를 배경으로 주인공의 회고 형식을 통해 (   )의 사건이 재구성되어 전달되는 후일담 소설이며, 현재와 과거가 교차하는 (   ) 구성의 소설이다.

04

[앞부분 줄거리] 사형 집행장에서 B와의 마지막 대결 후, 쓰러졌던 '나'는 병원에서 눈을 뜬 후 과거를 회상한다. B와의 첫 대결은 '곰'이라는 별명을 가진 선생님에게 받았던 서로의 뺨을 때리는 벌에서 시작되었다. B의 손에 맞아 '나'가 코피를 흘리는 것으로 끝났던 대결은 성적 경쟁으로, 다시 경희에 대한 애정 경쟁으로 옮아간다. 졸업반이었던 B와 '나'는 경희에 대한 서로의 감정을 확인한 후, 공기총 대결을 펼친다. 이때 '나'는 B가 쏜 총에 귀가 찢어진다. 이후 '나'와 경희는 더욱 가깝게 지내지만 6·25 전쟁을 계기로 헤어진다.

간호원이 머리의 찬 물수건을 갈아 붙이고 있다. 이마의 차가움이 시원하게 느껴진다. 흐릿하던 생각들이 제자리를 찾아 헤매다가 타래못처럼 호비고 막다 들어온다. 그러나 눈꺼풀은 아직도 무거워서 팽팽하게 떠지지 않는다. (중략)

나사못

나는 눈을 떴다.

십 미터의 거리. 전방에는 B가 서 있다. 목사의 기도는 끝났다. 유언(遺言)이 없느냐고 물었다. B는 고개를 가로저었다. 지금까지 한 번도 내 앞에서 졌다고 항복한 일이 없는 B다. (중략)

"겨누어. 총!"

구령에 맞추어 사수는 일제히 개머리판을 어깨에 대고 B의 심장에 붙인 붉은 딱지에 총을 겨누었다. 순간 나는 내 정신으로 돌아왔다. 최종에는 내가 이긴 것이라는 승리감 같은 것이 가슴쇠 구멍으로 내어다 보이는 B의 심장 위에 어린다. 그러나 나는 곧 나의 차디찬 의식을 부정해 본다. (중략)

개머리판 어깨를 바치는 데 쓰는 총의 아랫부분

"쏘아!"

구령이 끝나기가 바쁘게 일제히 '빵!' 소리가 났다. 나는 아직 방아쇠를 당기지 않고 있는 것을 깨달았다. 지금 여기 B와의 최후 순간의 대결에서 나는 또 지각을 하고 있는 것이다. 나는 이제나마 그와의 대결의 대열에서 제외되어서는 안 될 것 같다. 방아쇠를 힘껏 당겼다. 총신이 위로 튕겨 올라가는 반동을 느꼈을 뿐이다. 화약 냄새가 코를 쿡 찌른다. 그때는 이미 B는 다른 네 방의 탄환을 맞고 쓰러진 뒤였다. 그는 넘어지면서도 끝까지 나에게 이겼다고 생각했는지도 모른다. 총소리와 함께 나 자신도 그 자리에 비틀비틀 고꾸라졌다. 극도의 빈혈이었다.

"이제 의식이 완전히 회복돼 가는가 봐요."

눈을 떴다.

옆에 경희가 서 있다. 찬 수건으로 내 콧등의 땀을 닦아 내고 있다. B와 나란히! 아니. B는 없다. 경희도 아니다. 무표정하게 싸늘한 아까의 간호원이다. 내가 이겼는지, B가 이겼는지, 내가 이겼어도 비굴하게 이긴 것만 같은 혼몽한 속에서 나는 다시 깊은 잠에 떨어졌다.

혼몽 정신이 흐릿하고 가물가물하다.

– 전광용, 〈사수(射手)〉

사수 대포나 총, 활 따위를 쏘는 사람

이적 행위로 체포된 친구 B를 처형하고 기절한 '나'가 병원에서 깨어나 지금까지 B와 '나'와의 관계를 (   )하는 형식의 소설이다. 현재 → 과거 → 현재로 장면이 전환되는 (   ) 구성을 취하고 있다.

 워밍-UP

다음 글을 읽고 빈칸에 알맞은 말을 써서 해설을 완성하거나 정오를 판단하세요.

01

[앞부분 줄거리] 황성에 병란(兵亂)이 일어나고, 국진은 달마국을 정벌하기로 결심하고 이를 위해 전장으로 떠난다. 달마국은 천원국과 합력하여 국진을 대적한다.

국진의 신병은 조금도 차도가 없으니, 이 위급함을 무엇으로
(몸에 생긴 병)
해결하여야 한단 말인가. 이것은 전투 중에 치명적인 일로, 국진은 군중에 엄명을 내려 진문을 굳게 닫게 하고 이 어려운 지경
(진영을 드나드는 문)
을 어찌 구할 것인지 궁리에 궁리를 더하더라. 적은 몇 번이고 도전하니, 이쪽의 진 앞에서 호통을 지르곤 하더라. 그러나 국진의 진에서 아무런 답이 없자 백운도사와 오금도사는 장국진에게 중대한 곡절이 있음을 의심하기 시작하더라.
(순조롭지 아니하게 얽힌 이런저런 복잡한 사정이나 까닭)
이 때 어려서부터 닦아 온 천문 지리가 누구보다 능통한 이 부인이 천기를 보고 있던 터라, 남편의 이런 사실을 깨닫고는 놀라
(하늘에 나타난 조짐)
움을 금치 못하더라. 더욱이 옆에 있던 유 부인 역시 남편의 위험에 애통해 하니, 장 승상이나 왕 씨도 이 소식을 듣고 달려와
(중국의 오래된 병서)
울 따름이더라. 육도삼략과 손오병법에도 능통한 이 부인은 생각
(중국 춘추 시대 병법의 대가인 손무와 오기의 병법 체계)
끝에 결연히 일어서더니, 달마국 전장으로 달려가 병을 앓는 남
(싸움을 치르는 장소(= 전쟁터))
편을 구하고 이 싸움을 결단 지으리라 결심하더라.

이 부인은 즉시 남장을 하고 머리에 용인 투구를 쓰고, 몸에 청사 전포를 입고, 왼손에 비린도, 오른손에 홀기를 들고는, 시
(장수가 입던 긴 옷옷)   (의식의 순서를 적은 문서)
부모와 유 부인과 주위 사람들에게 이별을 고하고 필마단기로
(혼자 한 필의 말을 탐.)
달마국을 향하여 집을 떠나리라. 유 부인은 멀리 전송을 나와 이 부인의 전도(前途)를 근심하며, 봉서 한 통과 바늘 한 쌍을
(앞으로 나아갈 길)   (겉봉을 봉한 편지)
유 부인의 품속에서 내어 주더라.

그리고 이 부인에게 말하되,

"이것을 가지고 동정호 물 건널 제 물에 던지면 용왕 부인이 청할 것이니, 들어가 보옵소서. 동정호 용왕은 첩의 전생 부모이니 부모가 보오면 반가워할 터요, 이제 가장 좋은 선약(仙藥)
(신선이 만든다고 하는 장생불사의 영약)
을 얻어 가야 승상의 목숨을 구할 것이오. 다음은 선녀 한 쌍을 얻어 가야 천원 왕과 달마 왕을 잡으리다."

하니, 이 부인은 그것을 받아 가지고 질풍처럼 달리더라.
(몹시 빠르고 거세게 부는 바람)
– 작자 미상, 〈장국진전(張國振傳)〉

구분	상황
원인	국진이 달마국 전장에서 (　　　)에 걸린 후 차도가 없어 위급한 상황에 놓임.
결과	이 부인이 신병을 앓는 남편 국진을 구하고 싸움을 결단 짓기 위해 (　　　)을/를 한 후 달마국을 향해 떠남.

'달마국 전장'에서 국진에게 일어나는 일은 이 부인이 남장을 결심하는 원인이 된다. ☐O ☐X

02

일일은 할미 집에 온 다음 해 3월 보름에 할미는 술 팔러 가고, 낭자 홀로 초당에서 수를 놓고 있는데, 청조가 날아와 매화
(억새나 짚 따위로 지붕을 인 조그마한 집채)   (파랑새)
가지에 앉아 울거늘, 낭자가 왈,

"저 새도 나처럼 부모를 여의었는가? 어찌 혼자 우는가?"

하고 눈물을 흘리다가 홀연 졸더니, 그 새가 낭자에게 왈,
(뜻하지 아니하게 갑자기)
"낭자의 부모님이 저기 계시니, 저와 함께 가사이다.

하거늘, 낭자가 그 새를 따라 한 곳에 다다르니, 백옥 같은 연못 가운데 구슬로 대를 쌓고 그 위에 누각을 지었으되, 주춧돌과
(사방을 바라볼 수 있도록 문과 벽이 없이 다락처럼 높이 지은 집)
기둥은 만호와 호박으로 만들었고 지붕은 유리로 이었는지라. 광채가 찬란하여 바로 보지 못할네라. 산호로 만든 현판에 금으로 '요지'라 쓰여 있었으니, 서왕모의 집일너라.
(중국 신화에 나오는, 불사약을 가졌다는 신녀(神女))
너무 으리으리하여 낭자가 들어가지 못하고 문밖에서 주저하더니, 문득 서쪽에서 오색구름이 일어나고 기이한 향내 진동하더
(여러 가지 빛깔로 빛나는 구름)
니, 무수한 선관과 선녀들이 용도 타며 봉황도 타며 쌍쌍이 들어가고, 청운(靑雲)이 어린 곳에 옥황상제께서 육룡이 모는 옥
(푸른 빛깔의 구름)
수레를 타고 오셨으며, 그 뒤에 서천 석가여래 오신다 하고 제천
(석가모니를 신성하게 이르는 말)
제불과 삼태 칠성과 관음* 나한과 보살이 시위하여 오되, 사방에
(하늘의 모든 신과 모든 부처)   (임금이나 어떤 모임의 우두머리를 모시어 호위하다.)
서 풍류 소리 진동하니, 그 위엄 있고 엄숙한 행차와 거동이 일대 장관이더라. (중략)

3월 보름에 대성사에 올라가니, 몸이 곤하여 졸려 난간에 의지하여 잠깐 잠을 들었더니, 꿈에 부처 와 이르되,

"오늘 서왕모가 요지에서 잔치하니, 그대도 나를 좇아 구경이나 하자꾸나."

하거늘, 이선이 매우 기뻐 부처를 따라 한 곳에 다다르니, 선녀가 무수히 모여 분주하며, 기이한 화각(畫閣)과 빛나는 구름과 아
(채색을 한 누각)
름다운 향내는 이루 말로 표현하기 어렵더라.

– 작자 미상, 〈숙향전〉

* 관음: 아미타불의 왼편에서 교화를 돕는 보살
* 나한: 생사를 이미 초월하여 배울 만한 법도가 없게 된 경지의 부처

〈숙향전〉은 다양한 환상담으로 이루어져 있으며, 환상담의 구성에 여러 가지 서사적 전략이 활용되고 있습니다. 가령 동일한 시간에 특정한 한 공간에서 인물들이 각각 겪은 환상 체험을 제시하여 그 공간에서 일어난 일들을 서로 다른 입장에서 이해할 수 있게 함으로써 서사를 입체적으로 구성하고 있습니다. 서술자는 공통적인 서사 장치를 활용해 인물들이 비현실적 공간에 들고 나도록 하고 있으며, 인물들의 체험의 동일성이 나타나도록 진술하고, 인물들이 겪은 사건을 대응시키고 있습니다.

→ 숙향과 이선이 환상 체험을 할 수 있는 공간으로 이동하는 데에 두 사람이 각자 잠드는 것을 서사적 장치로 활용함으로써 숙향과 이선의 환상 체험 간의 관련성을 높이고 있군. ☐O ☐X

→ 숙향과 이선이 공통적으로 '요지'에서 화려한 누각을 보고 향내를 맡은 것을 제시함으로써 특정한 한 공간에서 두 사람이 각각 겪은 체험의 동일성을 나타내고 있군. ☐O ☐X

 펌핑-UP

01

다음 글에 대한 설명으로 가장 적절한 것은?

조무래기들은 도깨비불만 보면 네 그르니 내 옳으니 하며 짝
(밤에 인의 작용으로 저절로 번쩍이는 푸른빛의 불꽃)
그락거리기 일쑤였고, 그러면 나이 좀 있는 사람이 얼른 쉬쉬하
(하찮은 일로 옥신각신하며 자꾸 다투다)
면서, 도깨비가 듣겠다고 나무라 주게 마련이었던 것이다. 도깨
비가 들으면 무엇이 어떻다고 불똥 끄듯 서두르며 말리려 들었을
까. 그것은 아무도 가르쳐 주지 않았다. 알면서도 짐짓 모르는
시늉을 해 보이려 했지만, 그네들도 어려서부터 가르쳐 준 이가
없어 이렇다 하게 내놓지 못하는 눈치가 역연하던 것이다. (중략)
(분명히 알 수 있도록 뚜렷하다.)
아직 학령기에도 이르지 않았던 나는 정말 알지 못했다. 차지
(초등학교에서 의무 교육을 받아야 할 나이의 시기 → 만 6~12세)
던 바람이 메져지고 개펄에 성에 엉기듯 허옇게 소금기가 끼는
(끈기가 적다 ↔ 차지다(끈기가 많다))
철이 되면, 음습한 바람이 맴돌아야 난동하던 인화(燐火)가 전
(밤에 무덤이나 낡고 오래된 집에서 저절로 번쩍이는 푸른빛의 불꽃)
혀 일지 않던 것을.

어른들이 눈을 꿈적이며 먹탕곳 개펄께를 그만 보라고 타이른
밤이면 담 밑에 반딧불만 자주 날아도, 촛불 붙이려 혼자 사당
(조상의 신주(죽은 사람의 위패)를 모셔 놓은 집)
(祠堂) 문을 열 때처럼 뒷덜미가 선뜩하고 떨떠름하여 담 밑에도
가지 못할 만큼이나 그 도깨비불은 여간 두려운 존재가 아니었
다. 그러므로 그런 날은 아무리 무더워도 모기가 떠메어 간다는
핑계로 마실 마당에서 일찍 물러나곤 하였다. (중략)

나는 마당을 가로질러 가면서 무심결에 개펄 쪽을 둘러보다가
소스라쳐 놀라며 그 자리에 굳어 버리고 말았다.

아— 나는 참으로 오랜만에 가슴이 벅차오르는 것을 느꼈다.
도깨비불— 그렇다. 왕대뫼 밑 먹탕곳 개펄에 푸른빛을 내뿜는
도깨비불이 즐비하게 늘어서 있던 것이다.

하나 둘 서이 너이…… 나는 어느새 도깨비불들을 손가락으로
헤아려 나가고 있었다. 변치 않은 것이 한 가지 더 있다는 반가
움, 반가움과 즐거움에 들떠 그것들을 차곡차곡 빠뜨리지 않고
세어 나갔다.

"마흔다섯……."
하고 중얼거리며 나는 손가락을 떨었다. 내일 새벽엔 안개도 볼
수 있으리라고 믿어, 가슴의 설렘에 손가락마저 떨린 거였다.

– 이문구, 〈관촌수필〉

① 반복되는 사건을 제시하여 인물들의 갈등을 심화하고 있다.

② 빈번하게 장면을 교차하여 상황의 긴박한 분위기를 조성하고
있다.

③ 과거와 현재를 매개하는 경험을 제시하여 인물이 겪는 인식의
변화를 드러내고 있다.

④ 공간의 이동에 따라 서술자를 달리하여 사건에 대한 다양한 관
점을 제시하고 있다.

⑤ 시간의 역전을 통해 인과 관계를 재구성한 서사를 함께 제시하
여 사건의 내막을 감추고 있다.

02

다음 글에 대한 설명으로 적절한 것은?

[앞부분 줄거리] 중국 명나라 이익의 아들 대봉과 장 한림의 딸 애황은 장
차 혼인을 약속한다. 이후 대봉은 죽을 위기에서 살아나 도술을 익혀 북
방 흉노의 대군을 격퇴하고, 애황은 부모를 잃고 남장을 하여 살아가다가
과거에 급제하여 남방 선우의 군대를 격퇴한다. 다시 만난 대봉과 애황은
결혼하고, 공을 인정받아 초왕과 충렬왕후가 되지만 흉노의 대군과 선우
의 군대가 재침입을 하게 된다.

"이 일을 어찌 하리오? 남북의 적병이 다시 일어났도다. 전일에
(도둑이나 적의 군대)
애황이 있었지만 지금은 깊은 규중에 들어갔으니 한쪽에는 대
봉을 보내면 되겠지만 또 한쪽에는 누구로 하여금 막게 하리
오? 짐이 덕이 없어 도적이 자주 일어나니 초왕 대봉이 성공하
고 돌아오면 이번에는 천자의 자리를 대봉에게 전하리라."

이렇게 말하며 눈물을 흘리니, 여러 신하들이 간언을 올려 말
(웃어른이나 임금에게 옳지 못하거나 잘못된 일을 고치도록 하는 말)
하였다.

"천자가 눈물을 흘려 땅을 적시면 3년 동안 심한 가뭄이 든다
고 합니다. 하니 과도히 슬퍼하지 마십시오. 즉시 초왕만 패초
하옵시면 왕후는 본래 충효를 겸비한 인재이니 가지 않으려 하
(조선 시대에, 임금이 승지를 시켜 신하를 부르다.)
지 않을 것입니다."

이에 황제가 즉시 패초하니 초왕이 전교를 보고 크게 놀랐으며
(임금이 명령을 내림. 또는 그 명령)
온 나라가 떠들썩하였다. 초왕이 즉시 태상왕에게 국사를 맡기
(아래로 내리비치는 달빛)
고 용포를 벗고 월각(月脚) 투구를 쓰고 용인갑(龍鱗甲)을 입고
(임금이 입던 정복)   (용린갑 → 용 비늘 모양의 쇳조각을 달아 만든 갑옷)
청룡도를 비스듬히 들고 오추마를 채찍질하여 그날 바로 황성에
(검은 털에 흰 털이 섞인 말 → 준마)
도착하였다. 초왕이 계단 아래에 나아가 땅에 엎드리니, 황제가
초왕의 손을 잡고 양쪽에 장수를 다 보낼 수 없는 국가의 위태
로움을 이야기하였다. 이에 초왕이 이렇게 말하였다.

"비록 남북의 강병이 억만이라 하더라도 폐하께서는 조금도 근
(굳세고 강한 병사나 군대)
심하지 마소서."

즉시 사자를 명하여 충렬왕후에게 사연을 전하였더니, 왕후가
사연을 보고 크게 놀라 화려한 옷을 벗고 갑주를 갖추어 입고
(우리나라의 왕에 해당하는, 천제의 아들)
천사검을 들고 천리준총마를 타고 태상 태후 및 두 공주와 후궁
(하루에 천 리를 달린다는 아주 훌륭한, 회색 털을 가진 말)
에게 하직한 뒤, 천리마를 채찍질하여 황성으로 달려왔다.

– 작자 미상, 〈이대봉전〉

① 배경 묘사를 통해 인물 간의 갈등을 부각하고 있다.

② 초월적 공간을 통해 사건의 환상성을 강화하고 있다.

③ 서술자의 개입을 통해 비극적 결말을 암시하고 있다.

④ 잦은 장면 전환을 통해 사건을 속도감 있게 전개하고 있다.

⑤ 과장된 상황의 설정을 통해 해학적 분위기를 형성하고 있다.

호루라기 관장님의
하드 트레이닝

공부한 날	월 일 요일
맞은 개수	/ 5

작품	No	작품을 읽고 빈칸에 알맞은 말을 쓰시오.

작품

[앞부분 줄거리] 기형은 오랜만에 동창회를 나갔다가 광순을 만난 후, 과거 지적 허세를 뽐내는 조숙한 문학청년이었던 광순을 떠올린다. 동창회에서 자기소개를 꺼리던 광순은 10일 후 자신이 다니지도 않는 국영 기업체의 이름이 새겨진 노란 봉투를 끼고 기형을 찾아온다. 7일 후 광순은 기형을 다시 찾아와 잡지 출간을 위한 투자자를 알아봐 달라는 청탁을 하고 간다.

　광순이는 그 뒤에도 기형이를 찾아왔다. 이번에 끼고 온 노란 봉투는 그전 것보다 더 빳빳했다. 다방에 앉아서도 봉투를 뒤집지 않기 때문에 어느 회사의 봉투인지는 알 수가 없었다. 그러나 모양으로 미루어 요전의 국영 기업체 봉투는 아니라는 것을 알 수 있었다. 기형은 그가 또 잡지 건을 꺼낼까 봐 내심 조마조마했다. 그 일을 알아보지 않았기 때문이었다. 아무리 생각해도 일이 될 성싶지 않은 데다, 그런 걸 맡고 나설 사람을 손쉽게 찾을 수도 없을 것 같았다. 그는 다행히 그 얘기를 하지 않았다. (중략)

　"자네 월급 얼마씩 받고 있나?"

　담배를 한 대 후 내뿜고 난 광순이는 밑도 끝도 없이 불쑥 내뱉고 천장을 쳐다보았다. 기형이는 그게 무슨 소린가 싶어서 그를 말끔히 응시했다.

　"아니 그냥…… 사실은 내 친척뻘 되는 사람이 이번에 무역 회사를 하나 차렸어. 그런데 섭외 과장을 맡을 사람을 하나 구해 달라는 거야."

　"자네더러."

　"그렇지."

　"그거 잘됐군. 자네가 직접 들어가지 그래."

　"에 이 사람. 내가 무역 회사 과장 나부랭이나 하고 있을 성싶은가."

　광순이는 기형이를 가볍게 나무라며 짐짓 정색을 해 보였다.

　"그래서 나는 자네를 생각했지. 어느모로 보나 자네라면 적임일 것 같아. 아무렴 지금 출판사보다는 낫지 않을까. 그런데……."

　"그런데?"

　"좀 뭣한 소리지만 아무래도 밑천이 좀 들어야 할 것 같아. 저쪽에서는 사람만 든든하면 그만이라고 하지만 세상일이 어디 그런가. 성의를 보여야지."

　요컨대 돈을 써서 한자리 하지 않겠느냐는 뜻인 듯했다. 기형이는 이 친구가 이처럼 무너질 수가 있을까 싶어 그의 면상을 찬찬히 뜯어보았다. 실제로 그런 자리가 있는지도 의문이거니와, 있다손 치더라도 감히 광순이 입에서 그런 소리가 나올 수 있을까. 너무 빤히 보이는 얕은수에 저도 모르게 웃음이 나왔다. 기껏 생각한다는 게 이 정도인가 싶어 오히려 섭섭했다. 허세라도 좋고 아이들 문자대로 풍품도 좋았다. 왜 더 좀 그럴듯하게 사술을 쓰지 못할까 안타까울 지경이었다.

– 최일남, 〈노란 봉투〉

01

주요 인물은 누구인가?

광순	학창 시절 수준에 맞지 않는 책을 읽는 척하거나 철학적 질문을 던지며 지적 (　　　)을/를 뽐내던 인물로, 어른이 된 후 물질적 가치관에 빠져 본래의 모습을 잃게 됨.
기형	광순의 고교 동창으로, 학창 시절에 자신에게 지적 경외감과 열등감을 심어 주던 광순이 (　　　)적 인간으로 변한 모습을 지켜보는 인물

02

중심 사건은 무엇인가?

기형은 고교 동창회에 나갔다가 오랜만에 광순과 재회하고, 광순이 (　　　)을/를 들고 기형을 찾아와 투자 동업자를 구해 달라고 부탁하기도 하고, 무역 회사 과장 자리를 제안하며 돈을 뜯어내려 함.

03

인물의 심리와 태도는 어떠한가?

기형	기형은 변해 버린 광순의 속물적이고 허세 가득한 모습에 (　　　)하며 안타까워함.

04

시간의 흐름에 따른 사건 전개는 어떠한가?

현재	동창회 모임을 엶.
과거 회상	동창회에서 만난 광순을 보며 그의 지적인 언행에 경외심을 느꼈던 과거의 생각에 잠김.

현재	얼마 후	갑자기 기형의 (　　　)에 광순이 찾아 옴.
	일주일 후	잡지 출간을 위한 (　　　)을/를 알아봐 달라고 청탁함.
	그 후	광순이 기형에게 무역 회사의 대외 업무 (　　　) 직책을 제안함.
	다시 한 번	일본인 관광객을 대하는 한국인들의 태도를 비난함.
	며칠 후	백화점에 들른 기형이 일본인에게 공예품을 선전하는 광순을 목격함.
	일주일 후	아침 신문에서 관광객에게 사기 행각을 벌여 구속된 광순에 대한 기사를 봄.
	한 달 후	우연히 무교동 거리에서 광순을 목격함.

→ 광순의 인물 특성과 광순을 바라보는 기형의 의식 변화를 중심으로 서술하여 (　　　)적 가치관이 확산되고 인간성이 상실되어 가는 세태를 드러냄.

05

이 작품의 주제는 무엇인가?

물질적 가치에 매몰된 삶으로 인한 현대인의 (　　　) 상실

오늘의 수능 국어 트레이닝 끝!

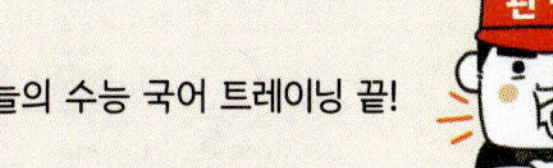

085 전기성

전해 오는 비현실적이고 신비로우며 기이한 일을 세상에 전하는 성질

'전기(傳奇)'는 기이한 일을 전한다는 뜻으로, 현실에서는 존재할 수 없는 (1 ㅂㅎㅅ)적인 내용을 다루는 특성을 (2 ㅈㄱㅅ)(이)라고 한다. 꿈이나 천상계, 용궁, 지옥 같은 환상적 공간을 배경으로 선녀, 신선, 괴수, 용왕, 옥황상제 등 현실에는 존재할 수 없는 인물들이 등장하거나 현실이 배경이더라도 실제로는 일어날 수 없는 일들이 벌어지는 부분에서 드러나는 특성을 말한다. 비현실적 공간에서는 인물이 현실에서는 할 수 없는 특이한 경험을 하게 되는 경우가 많다. 이는 현실에서는 실현되기 어려운 인간의 욕망이나 이상, 꿈 등을 비현실적 공간에서라도 실현해 보고자 하는 욕구가 반영된 것이며, 현실적 제약의 한계를 극복해 보려는 수단으로 설정한 것이다.

(3 ㄱㅇㅅ)(奇異性)은 새롭고 낯선 것에서 느껴지는 성질입니다.
기이성은 다양한 요소를 통해 형성되는데, 그중에서 가장 중요한 것이 비현실성입니다.
비현실성은 현실에서는 도저히 일어날 수 없는 일이라고 여겨지는
초경험적이고 환상적인 것이기 때문에 기이성을 형성하는 데 아주 효과적입니다.
또한 인물의 극단적인 성격이나 사건의 극적인 전개도 기이성을 형성하는 데 중요한 요소입니다.

구분	예
현실적 배경에서 일어난 비현실적 사건	온달은 신라 군사와 아단성 아래에서 싸우다가 어디선가 날아든 화살에 맞아서 죽었다. 장사[서울 동쪽(광진구 일대)에 있는 아차산성]를 지내려 하였지만, 관이 전혀 움직이지 않았다. 공주가 와서 관을 어루만지며 말하기를, "죽고 사는 것이 이미 결정되었습니다. 아아, 돌아가소서." / 하였다. 드디어 관을 들어 장사를 지냈다. — 김부식, 〈온달전〉 → 온달의 관이 움직이지 않아 장사를 지내지 못하고 있었는데, 평강 공주가 온달의 죽음을 위로하자 관이 움직였다는 것은 비현실적인 내용으로 (4 ㅈㄱㅅ)이/가 드러남
현실적 배경에서 만난 비현실적 존재	이생은 가족을 데리고 궁벽한 산골[매우 후미지고 으슥한]에 숨어 있었는데 한 도적이 칼을 빼어 들고 쫓아왔다. 이생은 겨우 달아났는데 여인은 도적에게 사로잡힌 몸이 되었다. … 도적은 노하여 여인을 한칼에 죽이고 살을 도려 흩었다. … 지난날의 즐겁던 일을 생각해 보니, 완연히 한바탕 꿈만 같았다. 밤중이 거의 되자 희미한 달빛이 들보를 비춰 주는데, 낭하(廊下)[칸과 칸 사이를 가로지른 나무 / 통로, 복도]에서 발소리가 들려왔다. 그 소리는 먼 데서 차차 가까이 다가온다. 살펴보니 사랑하는 아내가 거기 있었다. 이생은 그녀가 이미 이승에 없는 사람임을 알고 있었으나, 너무나 사랑하는 마음에 반가움이 앞서 의심도 하지 않고 말했다. "부인은 어디로 피란하여 목숨을 보전하였소?" — 김시습, 〈이생규장전〉 → 최랑이 도적에게 죽임을 당해 (5 ㄱㅅ)이/가 된 후 이생과 만나는 장면으로, 이생은 이미 최랑이 죽었다는 것과 자신 앞에 나타난 존재는 귀신임을 알면서도 말을 건네는 전기성이 드러남

🔵 1:1 작품 체험

그날 밤 촛불을 밝히고 《주역(周易)》을 골똘히 읽고 있는데, 갑자기 까마귀가 세 번 울고 지나가기에 길동이 이상하게 여기고 혼잣말로 중얼거렸다.

"이 짐승은 본디 밤을 꺼리거늘, 지금 울고 가니 매우 불길하도다."

길동이 잠깐 팔괘를 벌여 점을 쳐 보고는[중국 고대의 복희씨(전설상의 제왕)가 지었다는 글자] 크게 놀라 책상을 물리치고 둔갑법을 써서 그 동정을 살피고 있었다.

사경(四更)에 한 사람이 비수를 들고 천천히[하룻밤을 오경으로 나눈 넷째 부분(새벽 1~3시 사이)] 방문을 열고 들어왔다. 길동이 급히 몸을 감추고 주문을 외우니, 갑자기 한 줄기 음산한 바람이 일어나면서, 집 간 데 없고 첩첩산중의 풍경이 장엄하였다. 특재가 크게 놀라서 길동의 조화가 신기하다는 것을 깨닫고 비수를 감추며[날이 예리하고 짧은 칼] 피하고자 했으나, 문득 길이 끊어지고 층층절벽이 가로막아 오도 가도 못하는[몹시 험한 바위가 겹겹으로 쌓인 낭떠러지] 신세가 되었다. 사방으로 방황하다가 문득 피리 소리가 들려 정신을 차려서 살펴보니, 한 소년이 나귀를 타고 오며 피리를 불다가 특재를 보고 크게 꾸짖었다. (중략)

소년이 주문을 외우자, 갑자기 한바탕 검은 구름이 일어나면서 큰비가 퍼붓듯이 쏟아지고 모래와 돌멩이가 날리거늘, 특재가 정신을 가다듬고 살펴보니 길동이었다.

— 허균, 〈홍길동전〉

길동이 주문을 외우자 갑자기 첩첩산중과 층층절벽이 나타나고 큰비가 쏟아지는 등의 장면에서 길동이 가진 (6 ㅂㅂㅎ)와/과 고전 소설의 전기성이 드러난다.

작품 알통

- **해제**: 부당한 신분제 속에서 새로운 이상 국가를 건설한 홍길동의 영웅적 활약상을 그린 소설이다.
- **주제**: 영웅 홍길동의 일대기

【초성 답】 1 비현실 2 전기성 3 기이성 4 전기성 5 귀신 6 비범함

086 점층·점강

점층: 글에서 점진적으로 어구를 겹쳐 가면서 문장의 포괄적인 내용과 뜻을 넓혀 가는 표현
점강: 글에서 점진적으로 어구를 겹쳐 가면서 문장의 포괄적인 내용과 뜻을 좁혀 가는 표현

'점층'과 '점강'은 둘 다 의미를 강조하는 방법으로, (1 ㅂㅎㅅ)의 차이만 있다. '점층'은 좁고 작은 것에서 넓고 큰 것으로 나아가는 방향으로, '점강'은 넓고 큰 것에서 좁고 작은 것으로 나아가는 방향으로 시상이나 내용이 전개되는 것이다. 이는 비단 표현뿐만 아니라 (2 ㅇㅁ)상의 확장·확대·팽창이나 축소·감축·압축 등을 의미한다.

구분	예
점층	잔디 / 잔디 / 금잔디 / 심심산천에 붙는 불은 / 가신 임 무덤가에 금잔디. 탐스럽게 자란 잔디 / 깊고 깊은 산천 봄이 왔네, 봄빛이 왔네. / 버드나무 끝에도 실가지에 봄빛이 왔네, 봄날이 왔네. / 심심산천에도 금잔디에 — 김소월, 〈금잔디〉 → '봄이 왔네 → 봄빛이 왔네 → 봄날이 왔네'와 같이 봄이 왔다는 의미를 점차 (3 ㅅㅎ)하는 점층적 표현을 사용함 온 세상에 생동하는 봄이 왔지만 임은 돌아오지 못하는 상황을 대비하여 애상감을 강조함 우리 집도 아니고 / 일갓집도 아닌 집 / 고향은 더욱 아닌 곳에서 일가(한집안)가 되는 집 아버지의 침상(寢牀) 없는 최후(最後)의 밤은 / 풀벌레 소리 가득 차 있었다. 누워서 잘 수 있도록 만든 가구 — 이용악, 〈풀벌레 소리 가득 차 있었다〉 → (4 ㅇㄴㄷ)(이)라는 부정 표현을 반복함으로써 아버지가 낯선 곳에서 비참하게 객사했음을 짐작하게 하며 낯선 곳에서 죽음을 맞이한 아버지가 처한 상황을 점층적인 방법을 통해 죽음의 비극성을 강조함 "인제 종소리가 울릴 차례여." 내 말이 끝남과 동시에 데엥, 하고 첫 번째 종소리가 묵직하게 울려 퍼졌다. 갑자기 귀를 먹먹하게 만드는 둔중한 종소리에 놀라 명은이는 눈살을 찌푸리며 잽싸게 손바닥으로 귀를 막았다. 종소리가 차츰 빨라지기 시작했다. 딸고만이 아버지의 양바틈한 몸집은 어느새 종 줄과 한 몸을 이루어 쉴 새 없이 허공을 오르락내리락하느라 발바닥이 땅에 닿을 겨를도 없을 지경이었다. 뎅그렁 뎅, 뎅그렁 뎅, 기세 좋게 울리는 종소리가 귀싸대기를 사정없이 갈겨 댔다. 짤막하고 딱 바라져 있는 — 윤흥길, 〈종탑 아래에서〉 → 종소리가 점점 빨라지는 양상을 점층적으로 묘사함으로써 (5 ㅅㄷㄱ)이/가 느껴지게 표현함
점강	어이 못 오던다 무슨 일로 못 오던다 너 오는 길 위에 무쇠로 성을 쌓고 성 안에 담을 쌓고 담 안에란 집을 짓고 집 안에란 뒤주 놓고 뒤주 빗장으로 쓰는 ㄱ자 모양의 걸쇠 안에 궤를 놓고 궤안에 너를 결박하여 놓고 쌍배목 외걸새에 용거북 자물쇠로 수기수기 잠갓더냐 네 어 쌍으로 된 문고리를 거는 쇠 / 깊이깊이 이 그리 아니 오던다 한 달이 셜흔 날이여니 날 보라 올 하루 업스랴 — 작자 미상 → '성 > 담 > 집 > 뒤주 > 궤'의 순서로 임이 오지 못하게 하는 장애물로 제시된 것들이 연쇄적으로 열거되면서 점차 크기가 좁아지는 (6 ㅈㄱㅂ)이/가 사용됨

🔴 1:1 작품 체험

눈은 살아 있다.
떨어진 눈은 살아 있다.
마당 위에 떨어진 눈은 살아 있다.

기침을 하자.
젊은 시인(詩人)이여 기침을 하자.
눈 위에 대고 기침을 하자.
눈더러 보라고 마음 놓고 마음 놓고
기침을 하자.

눈은 살아 있다.
죽음을 잊어버린 영혼(靈魂)과 육체
(肉體)를 위하여
눈은 새벽이 지나도록 살아 있다.

기침을 하자.
젊은 시인이여 기침을 하자.
눈을 바라보며
밤새도록 고인 가슴의 가래라도
마음껏 뱉자.

— 김수영, 〈눈〉

이 작품에서는 같은 시행이나 시구를 반복하거나 어절을 (7 ㅈㅊ)적으로 첨가, 변형하여 문장을 확장하고 있다. '눈은 살아 있다.'와 '기침을 하자'라는 구절을 반복하기도 하고 '마음껏 뱉자.'로 변형하기도 한다. 이와 같이 문장을 변형하거나 첨가하여 점층적으로 진행하는 방식은 시의 (8 ㅇㅇ)을/를 형성하기도 하고 정의롭고 순수한 삶에 대한 소망이라는 주제 의식을 강조하기도 한다.

작품 알통

- **해제**: 순결한 생명력을 상징하는 눈을 통해 부정적 현실을 비판하고 순수한 삶에 대한 소망을 드러낸 작품이다.
- **주제**: 순수하고 정의로운 삶에 대한 의지

【초성 답】 1 방향성 2 의미 3 심화 4 아니다
5 생동감 6 점강법 7 점층 8 운율

087 회귀적 구조

한 바퀴를 돌아 원래 있던 자리로 돌아오는 구조

'회귀적 구조'는 공간의 (1 ㅇㄷ)에 따라 이야기가 전개되는 구조로, 인물이 여행을 떠나 길 위에서 벌어지는 사건을 다루는 소설을 (2 ㅇㄹㅎ) 소설이라고 한다. 현대 소설의 경우 도시에서 생활하던 인물이 고향에 가는 내용을 다룬 귀향형 소설이 많으며, 고향이 아니더라도 정신적 안식처로서 설정된 공간에 다녀오는 유형의 소설도 있다.

개념 갈고리 ┒ 여로형 소설

여로형 소설이란 인물의 (3 ㅇㅈ)을/를 따라 사건을 전개하는 소설을 말한다. 일반적으로 여로(旅路, 여행길)의 과정을 담고 있으며, 출발지와 도착지의 일치 여부에 따라 선적 구조와 원점 회귀의 순환적 구조로 나눌 수 있다.

여로 중심의 선적 구조	원점 회귀의 순환적 구조
• 출발지와 도착지가 다름. • 인물의 여행 과정을 중심으로 사건이 전개됨. • 여행 과정에서 인물의 현실 인식이 성장함. 예 임철우, 〈눈이 오면〉 서울 ──────────→ 꼬두메 → 일찍이 남편을 잃고 큰아들이 전사한 뒤, 둘째 아들 '그(찬우)'와 함께 서울에서 생활하던 어머니가 치매 증상이 나타나면서 고향 꼬두메에 가자고 조르고, 아들은 즉흥적으로 어머니와 야간 완행열차를 타고 꼬두메로 가지만, 고향은 개발되어 신도시의 아파트 단지로 변해 있었고 낯설게 변한 꼬두메에서 아들은 잃어버린 어머니를 찾아 나서는 여로 중심의 선적 구조임.	• 출발지로 다시 돌아오는 구조로, 출발지와 최종 도착지가 동일함. • 여행 과정에서 인물의 인식이 변하지만 결국 현실로 도피하는 모습을 보임. 예 염상섭, 〈만세전〉 → 242쪽 08번 연계  → 일본에서 유학중인 지식인 '나(이인화)'가 아내가 위독하다는 전보를 받고 동경에서 출발하여 서울에 왔다가 다시 동경으로 돌아가는 구조의 원점 회귀형 여로 구조의 작품임.

개념 갈고리 ┒ 귀소 의식과 귀향

귀소 의식은 자신이 태어나 주로 살던 곳에서 다른 곳으로 떠나갔다가 (4 ㄱㅅㅈ)이/가 되는 곳으로 되돌아가고자 하는 생각을 말한다. 주인공이 고향을 찾아가 체험한 사건을 중심 내용으로 하는 소설을 귀향형 소설이라고 하는데, 대개 대도시에 힘들게 정착한 후 어떤 사건으로 고향에 왔다가 일상으로 복귀하는 구조를 가진다.

🔴 1:1 작품 체험

[앞부분 줄거리] 영달은 교도소에서 나와 고향인 삼포로 가고 있던 정 씨를 우연히 만난다. 영달과 정 씨는 길을 가던 중 들른 국밥집에서 도망친 백화라는 여자를 잡아 달라는 부탁을 받고, 길을 걷다 우연히 백화를 만난다. 세 사람은 기차역이 있는 감천까지 동행한다.

정 씨 옆에 앉았던 노인이 두 사람의 행색과 무릎 위의 배낭을 눈여겨 살피더니 말을 걸어 왔다.

"어디 일들 가슈?"

"아뇨, 고향에 갑니다."

"고향이 어딘데……."

"삼포라구 아십니까?"

"어 알지, 우리 아들놈이 거기서 도자를 끄는데……." 불도저

"삼포에서요? 거 어디 공사 벌일 데나 됩니까? 고작해야 고기잡이나 하구 감자나 매는데요."

"어허! 몇 년 만에 가는 거요?"

"십 년." (중략)

"말두 말우. 거긴 지금 육지야. 바다에 방둑을 쌓아 놓구, 추럭이 수십 대씩 돌을 실어 나른다구." (중략)

그때에 기차가 도착했다. 정 씨는 발걸음이 내키질 않았다. 그는 마음의 정처를 방금 잃어버렸던 때문이었다. 어느 결에 정 씨는 영달이와 똑같은 입장이 되어 버렸다. 기차가 눈발이 날리는 어두운 들판을 향해서 달려갔다.

– 황석영, 〈삼포 가는 길〉

이 작품은 세 명의 중심인물들이 (5 ㄱ)에서 우연히 만나 정 씨의 고향인 삼포를 찾아가는 과정을 보여 주는 (6 ㅇㄹ)형 소설이다.

작품 알통

• **해제:** 세 사람의 우연한 만남과 여정을 통해 산업화 시대에 고향을 잃고 떠도는 사람들의 황량한 삶을 그린 소설이다.

• **주제:** 산업화 시대 고향을 상실한 하층민의 애환과 연대 의식

【초성 답】 1 이동 2 여로형 3 여정 4 구심점 5 길 6 여로

개념 트레이닝 ZONE

🏋 빈칸에 알맞은 말을 쓰며 개념 근육을 키워 보세요!

01

이때 옥경의 선관이 항상 제일봉에 와서 놀았는데 황제가 거동
하늘 위에 옥황상제가 산다고 하는 가상적인 서울
하시는 것을 보고 선관이 급히 올라가느라 옥저와 거문고를 버리
옥으로 만든 관악기
고 가게 되었다. (중략)

이때 주봉은 빌어먹으며 이곳저곳 다니다 천만의외로 옥저와
전혀 생각하지 아니한 상태
거문고 연주하는 소리가 저 하늘 높은 곳에서 은은히 들리거늘
반가운 마음에 더듬더듬 찾아 들어갔다. 그러다 보니 한 소년이
연주를 하고 있는데 옥저도 낯이 익었고 거문고도 낯이 익었다.
마음에 기이한 생각이 들기를

'분명히 나의 옥저와 거문고로다.'

하여 눈물을 흘리니 이를 본 해선이 물어보았다.
주봉의 아들
"걸인은 무슨 연고로 그렇게 슬퍼하는 것인가?"
남에게 빌어먹고 사는 사람
걸인이 대답하여 말하기를

"나는 주 승상의 아들 주봉인데 어린 나이에 과거 급제하였더
니 황제께서 벼슬을 많이 주시매 조정이 시기하여 나로 하여금
해평 도사로 보내도록 하였다. 그래서 해평 도사로 부임하러 가
다가 바다에서 수적 장취경을 만나 하인 삼십여 명이 다 죽었
다. 또 나를 물에 밀쳐 넣었는데 옥황상제께옵서 살려 주셔서
고향으로 돌아가지 못하고 이곳에서 빌어먹고 있는 것이다."

하고 옥저와 거문고를 자꾸 쳐다보았다.

– 작자 미상, 〈주봉전〉

선관이 옥저와 거문고를 두고 올라가는 장면과 옥황상제가 주봉을 위기에서
구했다는 내용에서 (　　　　　　　)이/가 드러나고 있다.

02

진번에 다다라 산 위에 올라 보니 어떤 노인을 밧줄로 묶어 수
레에 싣고 나오니, 명패에 썼으되, '대국 반적 곽충국이라.' 하였
자기 나라를 배반한 역적
거늘, 그제야 부친인 줄 알고 한편 슬프고 화가 치미는지라. 급히
갑옷과 투구
둔갑을 하여 몸을 다섯 만들어 각각 갑주와 장검을 들리고,
허리에 차던 긴 칼
육정육갑(六丁六甲)을 외워 천지 풍운을 일으키고 화살과 돌을
둔갑술을 할 때에 부르는 신장(神將)의 이름
날리며 신장(神將)으로 군영을 습격하여 죽이게 하고 삼백육십
귀신 가운데 무력을 맡은 장수신
명의 사천왕을 불러 '좌우에 옹위하라.' 하고 말을 몰아 적소검을
난리를 진압하고 나라를 지켜 국가를 수호하는 네 신
들고 큰 소리로 왈,

"무도한 역적은 나의 부친을 해(害)치 말라."
인간으로서 지켜야 할 도리에 어긋나서 막되다.

– 작자 미상, 〈곽해룡전〉

곽해룡이 아버지를 구하기 위해 전투하는 과정에서 둔갑술을 써서 몸을 다섯
개로 만들고 주문을 외워 화살과 돌을 날리고 (　　　　)을/를 불러 적을 공
격하게 하는 (　　　　　　) 요소를 삽입하여 독자의 흥미를 높이고
있다.

03

해룡이 뛰어 올라가 보니, 그 짐승이 상 위에 누워 앉다가 사
람을 보고 일어나려 하다가 도로 자빠지며 일신을 뒤틀며 움직이
지 못하고 입으로 피를 무수히 토하였다. 해룡이 하수하고자 하
손을 대어 죽이고자
나 손에 촌철이 없었는데, 홀연 미인 한 사람이 칠보홍군을 입
작고 날카로운 쇠붙이나 무기 　일곱 가지 보배로 장식한 붉은 치마
고 가볍게 걸어서 벽에 걸린 보검을 갖다가 해룡에게 주었다. 해
룡이 급히 칼을 들고 달려들어 요귀의 가슴을 무수히 찌르니, 그
짐승이 그제야 죽어 늘어졌다.

– 작자 미상, 〈금령전〉

해룡이 (　　　　　)를 무찌르고 위험에 처한 이들을 구하는 장면은 비현실적
이라는 점에서 기이성이 구현된 장면으로 볼 수 있다.

04

하루는 천자께서 당나라의 옛일을 본받아 궁녀에게 명하시어
화청지에 목욕하시고 친히 달을 따라 화단을 배회하시는데, 밝은
중국 리산산에 있는 못
달은 뜰에 가득하고 산들바람 부는 중에 문득 강선화 봉오리가
흔들리며 가만히 벌어지고 무슨 소리 나는 듯했다. 천자께서 몸
을 숨겨 가만히 살펴보니 예쁜 용녀가 얼굴을 반만 들어 꽃봉 밖
용궁에 산다는 선녀
으로 반만 내다보더니, 사람 자취 있음을 보고 도로 헤치고 들어
갔다.

– 작자 미상, 〈심청전〉

용녀가 (　　　　) 안에서 나타나는 모습은 현실에서는 일어나기 어려운 일
이라는 점에서 독자들에게 기이한 일로 받아들여질 수 있다.

05

오늘은 바람이 불고
나의 마음은 울고 있다.
일찌기 너와 거닐고 바라보던 그 하늘 아래 거리언마는
아무리 찾으려도 없는 얼굴이여.
바람 센 오늘은 더욱 너 그리워
진종일 헛되이 나의 마음은
공중의 깃발처럼 울고만 있나니
오오, 너는 어디메 꽃같이 숨었느뇨.

– 유치환, 〈그리움〉

'나'의 마음이 울고 있다는 표현을 점층적으로 반복하여 떠난 임에 대한
(　　　　)의 정서를 강조하고 있다.

06

뭐락카노, 저편 강기슭에서

니 뭐락카노, 바람에 불려서

이승 아니믄 저승으로 떠나는 뱃머리에서

나의 목소리도 바람에 날려서

뭐락카노 뭐락카노

썩어서 동아 밧줄은 삭아 내리는데
동아줄 → 굵고 튼튼하게 꼰 줄

하직을 말자 하직 말자

인연은 갈밭을 건너는 바람
갈대밭 → 갈대가 우거진 곳

뭐락카노 뭐락카노 뭐락카노

니 흰 옷자라기만 펄럭거리고……

– 박목월, 〈이별가〉

'(   )'(이)라는 표현에는 이별의 상황에서 느끼는 화자의 정한이 담겨 반복적으로 나타나면서 1연 → 3연 → 5연으로 갈수록 점층적으로 감정이 고조되고 있다.

07

　내가 사는 집은 높이가 한 길이 못 되고, 너비는 아홉 자가 못
약 2.4~3미터   약 30cm
된다. 인사를 하려고 하면 갓이 천장에 닿고, 잠을 자려고 하면
무릎을 구부려야 한다. 한여름에 햇볕이 내리쬐면 창문이 뜨겁
게 달아오른다. 그래서 둘러친 담장 밑에 박을 10여 개 심었더니,
넝쿨이 자라 집을 가려 주었다. 그러자 우거진 그늘 때문에 모기
와 파리 떼들이 어두운 곳에서 서식하고, 뱀들이 서늘한 곳에 웅
크리고 있었다. 어두운 밤에 자주 일어나 등촉을 들고 마당을 살
등불과 촛불을 아울러 이르는 말
펴보았다. 가만히 있으면 가려움 때문에 긁느라 지치고, 이리저리
움직이면 쏘아 대는 것이 두렵다. 이를 걱정하고 신경 쓰느라 병
이 생겼으니, 소갈증이 심해지고 가슴도 막힌 듯 답답했다.
갈증으로 물을 많이 마시나 몸이 여위고 오줌이 많아지는 병
– 이학규, 〈포화옥기〉
박꽃이 핀 집에 대해 기록하다.

신유박해(1801년인 신유년에 있었던 카톨릭교 박해 사건)에 연루되어 24년간 오랜 유배 생활을 한 글쓴이가 유배지의 열악한 주거 환경에 대해 쓴 수필로, 좁은 집 때문에 생기는 문제가 점점 더 심해지는 상황을 열거하여 제시함으로써 상황이 점차 악화되는 (   )을/를 통해 유배 생활의 힘겨움에 대해 (   )(으)로 이야기하고 있다.

08

　동경 W대학 문과에 재학 중인 나는, 때마침 반쯤이나 보던 연종
한 해가 끝날 무렵
시험을 중도에 내던지고 급작스레 귀국하지 않으면 안 될 일이 생
겼다. 그것은 다름 아니라, 그해 가을부터 해산 후더침으로 시름
아이를 낳은 뒤에 조리를 제대로 하지 못해서 생기는 여러 가지 병
시름 앓던 아내가 위독하다는 급전을 받았기 때문이었다. (중략)
급한 일을 알리는 전보나 전화
　도지개를 틀면서 그럭저럭 또 네 시간 동안을 멀미를 내고, 겨
[관용구] 도지개를 틀다 → 얌전히 앉아 있지 못하고 몸을 이리저리 꼬며 움직이다.
우 감방에서 풀려 나오듯이 삼등 찻간에서 해방되어 신호(神戶,
고베) 역두에 내려선 것은 은빛같이 비치는 저녁해가 육갑산(六甲
역의 앞쪽   일본 고베에 있는 롯코산
山) 산등성이에 걸리었을 때이었다. (중략)
　하관(下關, 시모노세키)에 도착하니, 방죽이 터져 나오듯 일
물이 밀려들어 오는 것을 막기 위하여 쌓은 둑
시에 꾸역꾸역 쏟아져 나오는 시꺼먼 사람 떼에 섞이어서 나는
연락선 대합실 앞까지 왔다. (중략)
비교적 가까운 거리의 수로를 횡단하며 양쪽 육상 교통을 이어주기 위해 다니는 배
　배는 부산 선창에 와서 닿았다.
물가에 다리처럼 만들어 배가 닿을 수 있게 한 곳
　"영치기 영차, 영치기 영차……."
　닻줄을 낚는 인부들 틈에서 누렇게 더러운 흰 바지저고리를 입
은 조선 노동자가 눈에 띌 제, 나는 그래도 반가운 것 같기도 하
고 인제는 제 집에 돌아왔다는 안심으로 마음이 턱 놓이는 것
같기도 하였다. (중략)
　기차가 김천역에 도착하니까, 지금쯤은 으레 서울집에 있으려
니 하였던 형님이 금테모자에다 망토를 두르고 마중을 나왔다.
(중략)
　자정이나 넘은 뒤에 차는 대전에 와서 닿았다. (중략)
　기차는 남대문에 도착하였다. 집에서 나온 큰집 종형님과 짐을
사촌 형
나누어 들고 나와서 인력거를 타다가 보니, 그 기생은 길 잃은 아
이처럼 길체로 비켜서서 우두커니 이쪽을 바라보고 있다. (중략)
한쪽으로 치우쳐 있는 자리
　나는 한 열흘 더 있다가 졸업 논문도 있고 아무래도 학교 일이
걱정이 되어서 떠나고 말았다. 정거장에는 큰집 형님, 병화 내외,
을라 들이 나왔다. … 차가 떠나려 할 제 큰집 형님은 승강대에
나와 만나며 학비를 지원받는 인물
섰는 나에게로 가까이 다가서며,
　"내년 봄에 나오면 어떻게 속현(續絃)할 도리를 차려야 하지 않
아내를 여읜 뒤에 다시 새 아내를 맞다.
겠나?"
하고 난데 없는 소리를 하기에, 나는,
　"겨우 무덤 속에서 빠져나가는데요? 따뜻한 봄이나 만나서 별
장이나 하나 장만하고 거드럭거릴 때가 되거든요……!"
하며 웃어 버렸다.

– 염상섭, 〈만세전〉

이 작품의 원제목은 〈무덤〉으로 3·1운동 이전의 위축된 식민지 조선인의 삶과 일제 강점기의 현실을 은유한 표현이다. '나(이인화)'가 [동경 → 신호(고베) → 하관(시모노세키) → 부산 → 김천 → 대전 → 서울 → (동경)]으로 이어지는 기행적 구조를 배경으로 하며, (   )에 따라 인물이 (   )한 식민지 사회의 현실을 사실적으로 그리고 있다.

워밍-UP

다음 글을 읽고 빈칸에 알맞은 말을 써서 해설을 완성하거나 정오를 판단하세요.

01

> 선군이 소매를 걷고 빈소에 들어가 이불을 헤치고 보니, ㉠낭자의 용모가 산 사람 같아서 조금도 변함이 없었다.
>
> 선군이 부축하여 이르기를,
>
> "백선군이 왔으니, 이 칼이 빠지면 원수를 갚아 낭자의 원혼을 위로하리라."
>
> 하고 몸에서 칼을 빼니, 칼이 문득 빠지며, ㉡그 구멍에서 파랑새 한 마리가 나오며,
>
> "매월이다, 매월이다, 매월이다."
>
> 세 번 울고 날아갔다. 다시 파랑새가 한 마리가 또 나오며,
>
> "매월이다, 매월이다, 매월이다."
>
> 세 번 울고 날아갔다. 그제야 선군이 시비 매월의 소행인줄 알고, 화를 이기지 못하여 급히 밖에 나와 형구를 벌이고 모든 노복을 차례로 신문하였다.
> 〔형벌을 가하거나 고문을 하는 데에 쓰는 여러 가지 기구〕
> 〔종살이를 하는 남자〕
>
> – 작자 미상, 〈숙영낭자전〉

구분	비현실적 내용
㉠	죽은 낭자의 용모가 ( ) 같이 조금도 변함이 없음.
㉡	칼이 빠진 몸의 구멍에서 ( )이/가 나오며 "매월이다."라고 세 번 울고 날아감.

매월에 대한 신문은 비현실적 사건에서 비롯되었다. ⓞⓧ

02

> 춘풍(春風)에 화만산(花滿山)하고 추야(秋夜)에 월만대(月滿臺)라
> 〔봄바람〕〔산에 꽃이 가득함.〕〔가을밤〕〔달빛이 누대에 가득함.〕
> 사시가흥(四時佳興)이 사람과 한가지라
> 〔사계절의 아름다운 흥취〕〔구름이 그늘을 짓고 햇빛이 빛남.〕
> 하물며 어약연비(魚躍鳶飛) 운영천광(雲影天光)이야 어찌 끝이
> 〔물고기가 펄펄 뛰고 솔개가 하늘 높이 난다〕
> 있으리 〈제6수: 언지(言志) 6〉
>
> – 이황, 〈도산십이곡(陶山十二曲)〉

[현대어 풀이]
봄바람이 부니 산에 꽃이 만발하고 가을밤에는 달빛이 대에 가득하다.
사계절의 아름다운 흥취가 사람과 마찬가지로다.
하물며 솔개가 날고 물고기가 뛰며 구름이 그늘을 짓고 태양이 빛나는 이러한 자연의 아름다움이 어찌 다함이 있겠는가?

구분	시간적 표현	시간의 점층적 확장
초장		
중장		
종장	끝이 있으리	

〈제6수〉에서는 화자의 인식을 (   )적으로 드러내어 주제 의식을 집약한다.

03

인간이 자신이 나고 자란 '집'에 대해 본원적인 애착을 갖게 되는 이유는 자신을 감싸주던 가족들과 함께 했던 근원적인 공간이기 때문입니다. 하지만 인간은 성장하면서 더 넓은 세상으로 나아가고자 하는 욕망에 이끌려 결국은 자신이 나고 자란 '집'을 떠나게 됩니다. 그렇지만 인간은 언젠가 그 '집'으로 심리적인 회귀를 하게 되는데, 이것은 본원적인 애착이 그려 낸 기억의 '그림'이 나이가 들수록 선명해지기 때문입니다.

> 사랑방에는 할아버지가 앉아 계신다.
>
> 그 앞에 무릎을 꿇고 앉은 것은 텃도지가 밀려 잔뜩 주눅이든
> 〔터를 빌린 값으로 내는 세〕
> 허리 굽은 새우젓 장수다. / 건넌방에는 아버지가 계신다.
>
> 금광 덕대를 하는 삼촌에다 금방앗간을 하는 금이빨이 자랑인
> 〔❶ 광부를 데리고 광물을 캐는 사람 ❷ 광산의 한 구멍이 작업을 감독하는 책임자〕
> 두집담 주인과 어울려
>
> 머리를 맞대고 하루 종일 무슨 주판질이다.
> 〔❶ 수판을 놓아 셈하는 일 ❷ 이해득실을 따지는 행위를 낮잡아 이르는 말〕
> 할머니는 헛간에서 국수틀을 돌리시고 어머니는 안방에서 재
> 〔국수를 눌러 빼는 틀〕
> 봉틀을 돌리신다.
>
> 찌걱찌걱찌걱…… 할머니는 일이 힘들어 볼이 부우셨고,
>
> 돌돌돌돌…… 어머니는 기계 바느질이 즐거워 입을 벙긋대신다.
>
> 나는 사랑방 건넌방 헛간 안방을 오가며 딱지를 치고 구슬 장난을 한다. //
>
> 중원군 노은면 연하리 470, 충주시 역전동 477의 49,
>
> 혹은 안양시 비산동 489의 43, 서울시 성북구 정릉동 227의 29. //
>
> 이렇게 옮겨 살아도 이 틀은 깨어지지 않는다. (중략)
>
> 내가 어려서부터 버스를 타고 기차를 타고 외지로 떠돈 건 여기서 벗어나고 싶어서였으리.
>
> ㉠어쩌랴, 바다를 건너 딴 나라도 가고 딴 세상을 헤매다가도 돌아오면 다시 그 자리니. (중략) //
>
> 어느새 할아버지보다도 아버지보다도 나이가 많아지면서 나는 나의 이 집이 좋아졌다.
>
> 사랑방과 건넌방과 헛간과 안방을 오가면서
>
> 철없는 아이가 되어 딱지를 치고 구슬 장난을 하면서
>
> ㉡나는 더없이 행복하다, 이 그림 속에서.
>
> – 신경림, 〈즐거운 나의 집〉

구분	화자의 행동이나 정서	행동이나 정서의 의미
㉠	다른 세상을 헤매다가 돌아옴.	집이 인간이 ( )할 수 있는 본원적 공간임을 깨달음.
㉡	집 속에서 더없이 행복함.	가족과 함께한 유년의 기억이 본원적 ( )을/를 유발함.

→ ㉠이라고 한 것은 화자가 '나의 집'으로 심리적인 회귀를 하게 되었다는 것이다. ⓞⓧ

→ ㉡이라고 한 것은 가족들과 함께한 유년의 따뜻했던 기억의 '그림'이 화자에게 본원적인 애착을 유발하기 때문이다. ⓞⓧ

01

〈보기〉를 바탕으로 다음 시를 해석할 때 적절하지 <u>않은</u> 것은?

> 눈은 살아 있다
> 떨어진 눈은 살아 있다
> 마당 위에 떨어진 눈은 살아 있다
>
> 기침을 하자
> 젊은 시인이여 기침을 하자
> 눈 위에 대고 기침을 하자
> 눈더러 보라고 마음 놓고 마음 놓고
> 기침을 하자
>
> 눈은 살아 있다
> 죽음을 잊어버린 영혼과 육체를 위하여
> 눈은 새벽이 지나도록 살아 있다
>
> 기침을 하자
> 젊은 시인이여 기침을 하자
> 눈을 바라보며
> 밤새도록 고인 가슴의 가래라도
> 마음껏 뱉자
>
>   – 김수영, 〈눈〉

〈보기〉

이 작품은 차이를 동반하는 반복, 즉 변주를 중심으로 행과 행, 연과 연이 구조화되어 있다. 각 연에서는 반복되는 시구들이 있고 거기에 새로운 시구가 점층적으로 덧붙여지고 있으며, 그러한 변주가 연과 연 사이에서도 나타난다. 이러한 변주를 통해 상황이나 화자의 태도가 구체화되고, 의미의 점층적 강화가 이루어진다.

① 1연에서는 '떨어진', '마당 위에 떨어진'이 점층적으로 덧붙여지면서 '눈은 살아 있다'의 상황이 구체화된다고 볼 수 있다.

② 1~2연으로 이루어진 전반부의 내용은 3~4연으로 이루어진 후반부에서 변주된다고 볼 수 있다.

③ 1연과 3연은 '눈은 살아 있다'라는 시구를 중심으로, 2연과 4연은 '기침을 하자'라는 시구를 중심으로 변주되고 있다.

④ 2연의 '눈더러 보라고 마음놓고 마음놓고'는 4연의 '눈을 바라보며'로 변주되면서 의미의 점층적 강화가 나타난다고 볼 수 있다.

⑤ 4연의 '밤새도록 고인 가슴의 가래라도 마음껏 뱉자'에서는 '기침을 하자'가 '가래라도 뱉자'로 변화되면서 거기에 '밤새도록 고인 가슴의'와 '마음껏'이 덧붙여져 있다.

02

다음 시의 표현상 특징에 대한 설명으로 가장 적절한 것은?

> 나무는 자기 몸으로
> 나무이다
> 자기 온몸으로 나무는 나무가 된다
> 자기 온몸으로 헐벗고 영하 13도
> 영하 20도 지상에
> 온몸을 뿌리박고 대가리 쳐들고
> 무방비의 나목(裸木)으로 서서
>   잎이 지고 가지만 앙상히 남은 나무
> 두 손 올리고 벌 받는 자세로 서서
> 아 벌 받은 몸으로, 벌 받는 목숨으로 기립하여, 그러나
>   일어나서 서다
> 이게 아닌데 이게 아닌데
> 온 혼(魂)으로 애타면서 속으로 몸속으로 불타면서
> 버티면서 거부하면서 영하에서
> 영상으로 영상 5도 영상 13도 지상으로
> 밀고 간다, 막 밀고 올라간다
> 온몸이 으스러지도록
> 으스러지도록 부르터지면서
> 터지면서 자기의 뜨거운 혀로 싹을 내밀고
> 천천히, 서서히, 문득, 푸른 잎이 되고
> 푸르른 사월 하늘 들이받으면서
> 나무는 자기의 온몸으로 나무가 된다
> 아아, 마침내, 끝끝내
> 꽃 피는 나무는 자기 몸으로
> 꽃 피는 나무이다
>
>   – 황지우, 〈겨울 – 나무로부터 봄 – 나무에로〉

① 말을 건네는 방식을 통해 대상과의 친밀감을 높이고 있다.

② 반복과 점층적 표현으로 대상의 역동적 측면을 드러내고 있다.

③ 근경에서 원경으로 시선을 이동하면서 대상을 포착하고 있다.

④ 토속어를 통해 화자의 자연 친화적인 태도를 보여 주고 있다.

⑤ 의성어와 의태어를 구사하여 화자의 심정을 선명하게 제시하고 있다.

공부한 날	월 일 요일
맞은 개수	/7

작품	No	작품을 읽고 빈칸에 알맞은 말을 쓰시오.

작품

　이윽고 황공이 중국으로 떠났다. 계모 박씨는 황공이 자신이 낳은 월성과 전처 자식인 월선에게 재산을 똑같이 나눠 준 것 때문에 월선을 해칠 음모를 꾸몄다.

　그래서 월선을 불러,

　"부친께서 너와 월성에게 각각 재산을 나눠 주셨으니 너는 외당(外堂)
집의 안채와 떨어져 있는, 바깥주인이 거처하며 손님을 접대하는 곳
에 세간을 차려 노복들과 함께 농사 지어 먹고 살아라."
집안 살림에 쓰는 온갖 물건
하고 쫓아내었다.

　월선은 할 수 없이 박씨가 시키는 대로 외당으로 나갔다.

　이때는 춘경기(春耕期)인지라, 박씨가 곡식을 내어 월성에게는 좋
봄갈이할 시기
은 씨를 주고 월선에게는 삶은 씨를 주었다.

　이때 각자 모를 심었는데 월성의 모는 잘 자라고 월선의 모는 썩어서 나지 않고 난데없는 박 한 포기가 나기 시작하였다. 다른 사람은 이종(移種)했는데 월선의 모만 썩고 없으니 노복들이 말하였다.
모종을 옮겨 심음.

　"마님 모와 도련님 모는 잘 되어 이종하였는데 애기씨 모는 나지 않고 박 한 포기가 났으니 어찌 애달프지 않겠습니까?"

　월선이 이 말을 듣고 한숨을 쉬며 노복에게 말하였다.

　"내 운명이 박복(薄福)한 게지. 하느님이 이렇게 하신 것을 내가 어
복이 없음. 또는 팔자가 사나움.
찌하리? 너희들 잘못이 아니고 내 탓이니, 박 한 포기라도 잘 키우도록 해라. 심지 않은 박이 난 일은 범상치 않으니, 두고 보자."
하니, 노복들이 명령대로 하였다.

　논 가운데 난 한 포기 박은 사방으로 자라서 박이 수천 개나 되었다. 그렇게 팔구월이 되어 월선이 노복에게 그 박을 따오라 하니, 박이 수천 동이었다. 계모 박씨도 추수하여 곳간을 채우니 곡식이 수천 석이 되었다. 월선은 수천 개의 박을 추수하여 곳간에 채웠다. 이를 보고 노복들이 불평하였으나 월선은 불평 한마디 하지 않았다.

　월성이 누이의 농사가 실패한 것을 보고 안타까워하며 노복에게 황조 삼십 석을 보내었다. 월선이 동생에게 고마워하며 시비(侍婢)를
노란 조 　　　　　　　　　　　　　　　　　곁에서 시중을 드는 계집종
불러 박을 따 오게 하여 그 박을 깨어 보니, 그 안에는 백미(白米)가 가득하였다. 월선은 하늘의 뜻인 줄 알고 가난한 백성에게 다 나누어 주니 백성들이 '월선은 하늘이 보낸 사람이 분명하다.' 하며 칭찬하지 않은 이가 없었다.

– 작자 미상, 〈황월선전〉

01

주요 인물은 누구인가?

황월선	박씨의 박대와 (　　　　)(으)로 인해 고난을 겪는 인물로, 계모의 악행에도 불만을 갖거나 불평하지 않는 절대적 선인(善人)
황월성	월선의 이복 (　　　　)이자 박씨의 아들로, 위기에 처한 월선을 도와주며 우애롭게 지내는 인물
박씨	월선의 (　　　　)(으)로, 음모를 꾸미고 모함하여 월선을 곤경에 빠뜨리는 악인(惡人)

02

중심 사건은 무엇인가?

황공이 떠나며 두 자식에게 재산을 똑같이 나눠 준 것에 불만을 품은 계모가 월선을 (　　　　)(으)로 쫓아낸 후 박대하고 곤경에 빠뜨림.

03

인물의 심리와 태도는 어떠한가?

황월선	위기에 처했음에도 불평하지 않으며 모든 일을 하늘의 뜻이라고 생각하는 (　　　　)적 태도를 보임.

04

인물 간의 관계는 어떠한가?

박씨	월선에게 (　　　　)을/를 주어 농사를 방해함.

↕ 갈등

월선

우애

월성	월선에게 황조 삼십 석을 보내어 도와줌.

→ 다른 계모 학대형 가정 소설과 달리 계모의 자식이 전처소생인 주인공과 (　　　　)인 관계를 맺으며 우애 있게 지내는 관계가 특이함.

05

상황에서 드러나는 서술상의 특징은 무엇인가?

박씨가 삶은 씨를 줌.		수천 동의 박이 자람.
월선의 모만 썩어 버리고 난데없는 박 한 포기가 자람.	→	박 안에서 백미(白米)가 나옴.

→ 박 안에서 쌀이 나온다는 기이하고 (　　　　)한 상황을 제시하여 월선은 착한 성품을 가졌기 때문에 하늘에서 도와주는 선인(善人)임을 강조함.

06

이 글의 흐름은 어떠한가?

황공의 부재	황공의 (　　　　) 분배에 대한 박씨의 불만이 음모의 원인임.
박씨의 음모	박씨의 음모로 인해 월선이 겪는 어려움이 해결되는 과정에서 (　　　　)요소가 드러남.
월선의 선행	월성은 황공의 부재와 박씨의 음모로 인해 시련을 겪고 있는 월선을 도와주고, 월선은 (　　　　)을/를 도와줌.

07

이 작품의 주제는 무엇인가?

전처소생과 계모 간의 (　　　　)와/과 권선징악(勸善懲惡)

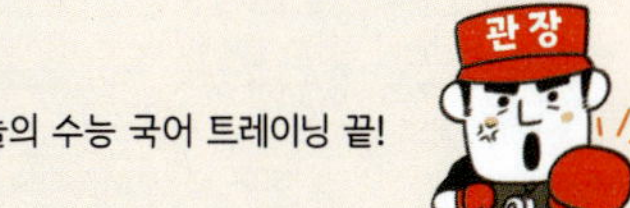

백석의 《사슴》과 윤동주의 《하늘과 바람과 별과 시》

백석의 시집 《사슴》은 1936년 1월에 100부 한정으로 출판되었습니다.
이 시집에는 24편의 시가 수록되었고, 당시 가격은 1부에 2원이었습니다.
백석은 1930년에 〈그 모와 아들〉이라는 소설로 조선일보 신춘문예에 당선되었으며,
일본 유학을 마치고 귀국한 후에는 잡지 《조광》을 발표하는 일을 했습니다.
그리고 1935년 8월 30일에 시 〈정주성〉을 조선일보에 발표하였으며,
몇 편의 시를 《조광》 등에 더 발표하였습니다.
당시 백석은 시력이 길지 않았으며 시인으로서 명성이 있었던 것도 아니었으나,
시를 발표하기 시작한 지 1년 만에 시집 《사슴》을 자비로 출판하였습니다.
겨우 100부만 찍은 희귀본 시집인 《사슴》을 읽은 한 기자는 다음과 같이 말했습니다.

> "표지와 장정(꾸밈새), 종이와 활자, 여백에 이르기까지
> 주관의 호흡과 맥박과 취미를 강하고 솔직하게 나타낸 시집은
> 처음일 뿐만 아니라 향토적인 것 같지만 모더니티를 품고 있다."

윤동주는 《사슴》을 구하지 못해 그 전체를 원고지에
정성껏 필사하고 표지까지 손수 그려 책 형태로 만들었습니다.
그리고 백석의 시 〈모닥불〉을 필사한 부분 끝에는
"傑作(걸작)이다."라고 써 둘 정도로 백석의 시를 사랑하였습니다.

윤동주의 시집 《하늘과 바람과 별과 시》는
그의 후배이자 하숙 생활을 함께한 정병욱이 소장한 윤동주의 친필 원고와
윤동주의 벗이었던 강처중이 소장하고 있던 시를 모아 1948년에 발행한 유고 시집입니다.
윤동주는 일본으로 유학을 떠나기 전에 시 19편을 한데 모아
'하늘과 바람과 별과 시'라는 제목의 자필 시집을 3부 엮었습니다.
그중 1부는 윤동주 자신이 갖고, 정병욱과 연희전문학교 영문과 교수였던 이양하에게 각각 1부씩 주었습니다.
정병욱은 학도병으로 징집되자, 윤동주의 시집을 어머니께 잘 보관해 달라고 부탁했습니다.
정병욱의 어머니는 윤동주의 시집을 마룻바닥 안에 고이 보관했고,
무사히 귀환한 정병욱은 그의 시를 세상에 알리고 싶은 마음에
당시 경향신문 주필로 있던 정지용을 찾아가
윤동주의 시 〈쉽게 씌여진 시〉를 신문에 실었습니다.

Ⅳ 문학의 흐름

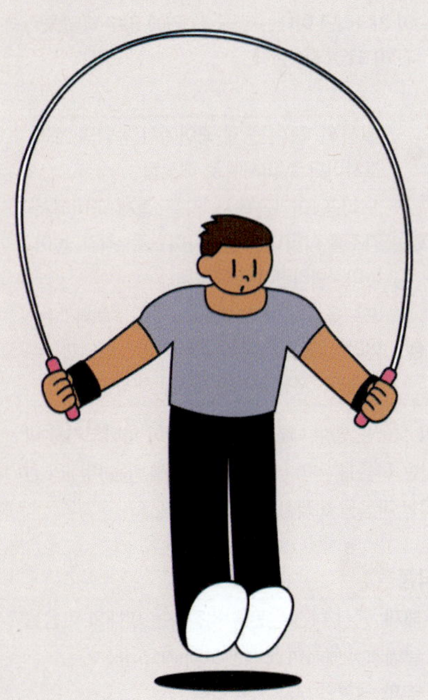

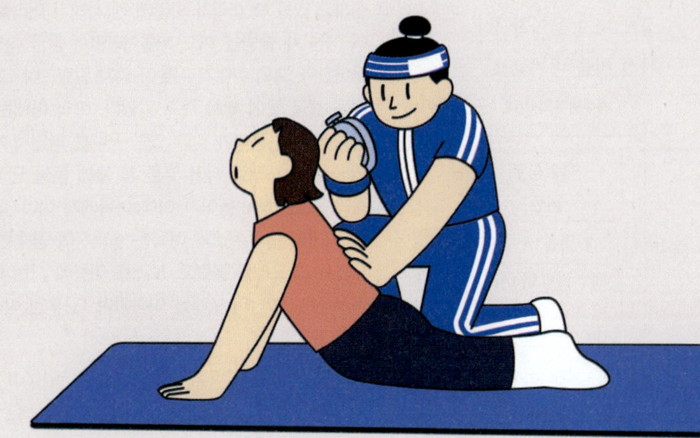

088 고전 시가 ❶ - 고대 가요

고대 부족 국가 시대부터 삼국 시대 초까지 불린 노래의 총칭

'고대 가요'는 신라 시대에 향가가 창작되기 이전에 불리던 노래를 말한다. 고대 가요가 향유되던 시대에는 노랫말을 적을 문자가 존재하지 않았고, 대부분 (1 ㄱㅂ) 문학의 형태였다. 초창기에는 음악, 무용, 노래가 분화되지 않은 (2 ㅇㅅ ㅈㅎ ㅇㅅ)의 형태였다가 점차 집단 노동요나 의식요에서 개인 서정시의 형태로 분화되었다. 고대 가요는 오랫동안 구전되어 오다가 후대에 한문으로 기록된 것을 번역한 형태로 전해지고 있어 원래의 형태는 알기 어려우며, 주로 노래가 만들어진 배경에 대한 설화가 함께 남아 있다.

작품	작가	성격	내용
〈구지가〉	구간* 등	집단적, 주술적	가락국 백성들이 왕을 맞이하기 위해 부른 주술적 노래
〈해가〉	작자 미상		신라 성덕왕(재위 702~737년) 때 강릉 태수 순정공의 부인 수로를 바다의 용이 잡아가자 백성들을 모아 부르게 했다는 노래
〈공무도하가〉	백수광부의 아내	개인적, 서정적	고조선 시대의 노래로, 우리나라에서 가장 오래된 서정시이며 임을 잃은 한(恨)을 노래함.
〈황조가〉	유리왕		유리왕이 재위 3년(B.C. 17년)에 직접 지었다고 알려진 서정시로, 임과 이별한 외로움을 노래함.
〈정읍사〉	어느 행상인의 아내		현전하는 유일한 백제 노래로, 행상을 나가 돌아오지 않는 남편을 걱정하는 아내의 마음을 노래한 서정시

개념 당기는 예시

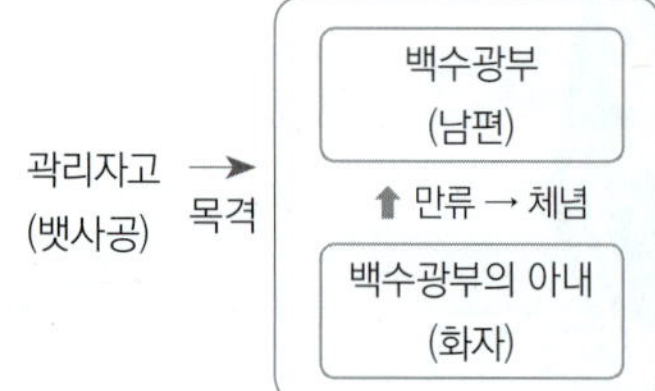

公無渡河
공무 도하
公竟渡河
공경 도하
墮河而死
타 하 이 사
當奈公何
당 내 공 하

임아 그 물을 건너지 마오.
임은 끝내 그 물을 건너셨네.
물에 빠져 돌아가시니
가신 임을 어찌할꼬.

– 백수광부의 아내, 〈공무도하가〉

곽리자고 → 목격
(뱃사공)

백수광부
(남편)

↑ 만류 → 체념

백수광부의 아내
(화자)

[배경 설화]
고조선의 뱃사공 곽리자고가 이른 아침에 배를 손질하고 있을 때 머리가 하얗게 센 사내가 머리를 풀어 헤친 채 술병을 끼고 비틀거리면서 강물 속으로 들어갔다. 그의 아내가 뒤쫓아 와서 말렸으나, 그 사내는 결국 물에 빠져 죽고 말았다. 그의 아내는 남편을 부르며 울다가 갖고 있던 공후를 타면서 자신의 심정을 노래로 지어 부른 후 물에 몸을 던졌다. 곽리자고는 집에 돌아가 아내 여옥에게 이야기하며 그 노래를 들려주었다. 여옥은 슬퍼하며 공후를 뜯으면서 그 노래를 불렀고, 노래를 이웃에 사는 여용에게 전하였다. 이 노래를 이름하여 〈공후인〉이라고 하였다.

→ 이 작품은 문헌상 남아 있는, 우리나라에서 가장 오래된 (3 ㅅㅈ) 가요로, 민족의 전통적 정서인 한(恨)이 드러나는 노래임. 아내가 남편을 만류하다 결국 죽음을 목격하는 비극적인 상황으로 인한 체념과 한의 정서가 잘 드러남.

🔴 1:1 작품 체험

❶달하 ❷노피곰 도드샤
어긔야 ❷머리곰 비취오시라
어긔야 어강됴리 / 아으 다롱디리

져재 녀러신고요
저자에, 시장에
어긔야 즌 ᄃᆞ를 ❸드ᄃᆡ욜셰라
진 곳, 어두운 곳, 위험한 곳
어긔야 어강됴리

어느이다 노코시라
어긔야 내 가논 ᄃᆡ ❸졈그롤셰라
어긔야 어강됴리 / 아으 다롱디리

– 어느 행상인의 아내, 〈정읍사(井邑詞)〉

[현대어 풀이]
달님이시여, 높이높이 돋으시어
아! 멀리멀리 비치시라.
시장에 가 계신가요?
아! 진 곳을 디딜까 두려워라.
어느 것이나 다 놓아 버리십시오.
아! 내(임) 가는 그 길 저물까 두려워라.

[배경 설화]
정읍에 살고 있는 한 행상인이 행상을 나가 오래도록 돌아오지 않으므로, 그의 아내가 산에 올라가 남편의 안녕을 달에게 기원하며 이 노래를 불렀다. 돌아오지 않는 남편을 하염없이 기다리던 아내는 결국 산 위에 망부석(望夫石)이 되었다고 한다.

❶	'달하'의 '하'는 중세 국어에서 높임의 호격 조사이므로 '이시여'로 해석됨.
❷	'노피곰, 머리곰'에서 '곰'은 중세 국어에서 강조를 나타내는 접미사이므로, 각각 '높이높이', '멀리멀리'로 해석됨.
❸	'드ᄃᆡ욜셰라, 졈그롤셰라'에서 '-ㄹ셰라'는 염려의 뜻을 담은 어미로, 각각 '디딜까 두려워라', '저물까 두려워라'로 해석됨.

이 작품은 행상 나간 남편이 무사히 돌아오기를 바라는 마음을 담아 (4 ㄷ)에게 비는 아내의 간절한 마음을 노래한 고대 가요이다.

작품 알통

•**해제:** 행상 나간 남편을 걱정하는 아내의 마음을 달에게 의탁하여 노래한 고대 가요이다.

•**주제:** 남편의 무사 귀환 염원

•**구간:** 금관가야 형성 이전에 김해 지역을 다스렸던 9명의 우두머리

【초성 답】 **1** 구비 **2** 원시 종합 예술 **3** 서정 **4** 달

089 고전 시가 ❷ - 향가

한자의 음과 뜻을 빌려 문장을 우리말로 적는 향찰로 표기한 신라의 노래

'향가'는 (1 ㅅㄹ)에서 고려 초기까지 지어진 우리나라(신라)의 고유한 노래이다. 즉 신라 당대에 (2 ㅎㅊ)(으)로 지어져 향유되었던 우리 고유의 시가를 말하며, 배경 설화와 함께 전승된 것이 특징이다.

형식	• 향가의 초기 형태인 4구체, 발전된 형태인 8구체, 가장 완성된 형태인 10구체가 있음. • '4구+4구+2구'의 구성과 낙구에 감탄사가 있는 10구체 향가는 이후 (3 ㅅㅈ) 형식에 영향을 줌.
내용	• 불행이나 재해를 막기 위한 주술적 내용이나 불교적 기원을 다룬 내용이 많음. • 동요, 민요나 임금에 대한 그리움, 나라의 통치 등에 대한 내용도 있음.
의의	• 국문학 역사상 최초로 형식이 (4 ㅈㅎㅎ)된 서정 시가임. • 향찰로 표기된 노랫말은 신라어를 연구하는 중요한 자료로 활용됨.

◎ 개념 갈고리 향가의 표기 방법

향가는 향찰로 기록되어 있는데, 향찰은 어휘적인 의미를 가진 부분은 한자의 (5 ㄸ)을/를 빌리고(훈차), 문법적인 의미를 가진 부분은 한자의 (6 ㅅㄹ)을/를 빌려(음차) 우리말 문장을 표기하는 방식이다. 향찰은 신라에서 고려 중기까지 향가 표기에 사용되었다.

표기	善	化	公	主	主	隱
한자 이름	착할 (선)	될 (화)	공평할 (공)	님 (주)	님 주	숨을 (은)
뜻(훈)	착하다	되다	공평하다	님(임자)	님(임자)	숨다
소리(음)	선	화	공	주	주	은

→ 〈서동요〉에서 '선화공주님은'이라는 노랫말을 표기하기 위해 한자로 '善化公主主隱'이라고 기록하였는데, '主(님 주)'를 앞에서는 한자의 소리를 빌려 '주'로, 뒤에서는 한자의 뜻을 빌려 '님'으로 읽었음. 이를 통해 어휘적 의미는 한자의 뜻을, 조사와 같은 문법적 의미는 한자의 소리를 빌려 표기했음을 알 수 있음.

◎ 개념 갈고리 10구체 향가와 시조의 형식적 유사성

10구체 향가는 '기 − 서 − 결'의 시상 전개가 4 + 4 + 2구의 형식으로 나타나는 향가의 완성된 형태이다. 이러한 3단 형식은 이후 시조의 3장(초장·중장·종장) 형식에 영향을 미친 것으로 추정된다. 특히 '결'에 해당하는 낙구 첫머리의 (7 ㄱㅌㅅ)은/는 시상을 집약하는데, 이런 특징은 시조의 종장 첫 구에서 첫 음보를 감탄사로 시작하는 형식으로 나타나 시조와 향가의 형식적 유사성을 알 수 있다.

◉ 1:1 작품 체험

생사(生死)의 길은
삶과 죽음
여기에 있으므로 머뭇거리고,

나는 간다는 말도

못 다 이르고 어찌 갑니까.

어느 가을 이른 바람에

여기저기 떨어질 잎처럼,

한 가지에 나고

가는 곳을 모르겠구나.

아아, 미타찰(彌陀刹)에서 만나 볼 내가
아미타불이 있는 극락세계, 서방 정토
도(道)를 닦으며 기다리겠노라.

    − 월명사, 〈제망매가(祭亡妹歌)〉 / 양주동 해독
죽은 누이를 제사 지내며 부른 노래

[배경 설화]
신라의 승려 월명사가 일찍 죽은 누이동생을 위해서 재(齋)를 올릴 때, 향가를 지어 제사를 지냈다. 월명사가 향가를 부르자 갑자기 거센 바람이 일어나 종이돈을 서쪽으로 날려 보냈다.

이 작품은 10구체 향가로, 누이의 죽음으로 인한 (8 ㅅㅍ)와/과 비탄의 정서를 종교적으로 극복하고 극락세계에서 다시 만날 것을 기약하고 있다. 고도의 상징성 및 자연물에 비유한 표현 기교와 서정성이 뛰어난 작품이다.

작품 알통

• **해제**: 죽은 누이를 추모하고 누이의 죽음으로 인한 슬픔을 종교적으로 극복하고자 하는 정서를 담은 향가이다.

• **주제**: 죽은 누이에 대한 추모

♥ 향가는 몇 작품이나 남아 있나요?

향가는 10세기 말 무렵까지 창작되었던 것으로 알려져 있는데, 현재 전하는 향가는 총 25수입니다. 이 작품들은 《삼국유사》에 14수, 《균여전》에 11수가 기록으로 남아 있으며, 신라 진성 여왕 때인 9세기 말에 《삼대목》이라는 향가집이 편찬되었다고 하나 현재 이 책은 전해지지 않고 있습니다. 다만 이 시기에는 향가집이 간행될 정도로 향가가 가장 융성했던 시기였을 것으로 추측되고 있습니다.

【초성 답】 1 신라 2 향찰 3 시조 4 정형화 5 뜻 6 소리 7 감탄사 8 슬픔

090 고전 시가 ❸ - 고려 가요

> 고려 시대에 평민들이 우리말로 부르던 민요적 노래의 총칭

'고려 가요'는 고려 시대에 (1 ㅍㅁ)들이 우리말로 부른 민요적 시가이다. 민간에서 떠도는 속세의 노래라는 의미로 '속요(俗謠)', 고려 가요의 줄임말로 '여요(麗謠)', 짧은 노래(단가)인 시조에 대응하여 긴 노래라는 의미로 '장가(長歌)'라고도 한다. 고려 가요는 고려 시대 시가 가운데 민요에 기원을 두면서 구전되다가 (2 ㅈㅅ) 시대에 들어와 궁중의 연향(잔치)에 사용할 목적으로 윤색되거나 개작되어 《악학궤범》, 《악장가사》, 《시용향악보》 등에 (3 ㅎㄱ)(으)로 기록되었다. 고려 가요는 민간의 노래가 궁중의 음악으로 기록되어 문자로 정착되는 과정에서 내용과 무관한 (4 ㅎㄹㄱ)이/가 첨가되기도 하였다.

형식	• 3·3·2조의 음수율과 3음보의 음보율이 많이 나타남. • 운율을 맞추기 위해 의미 없는 여음구가 첨가됨. • 하나의 연으로만 된 단연체도 있으나, 대부분 몇 개의 연으로 구분되는 분연체(분절체/연장체)임. • 각 연마다 후렴구가 붙어 운율을 형성하고 연과 연을 구분하는 기능을 함.
내용	• 남녀의 사랑, 이별의 슬픔, 삶의 고뇌, 효도나 충절과 같은 유교적 이념 등 주제가 다양함. • 평민들의 다양한 감정을 꾸밈없이 과감하고 진솔하게 표현함. • **남녀상열지사**[*]로 분류되어 개작되거나 삭제된 작품이 많았을 것으로 추정됨.

개념 당기는 예시

살어리 살어리랏다 청산(靑山)애 살어리랏다
멀위랑 다래랑 먹고 청산(靑山)애 살어리랏다
얄리얄리 얄랑셩 얄라리 얄라

[현대어 풀이]
살겠노라 살겠노라 청산에 살겠노라
머루와 다래를 먹고 청산에 살겠노라

– 작자 미상, 〈청산별곡〉 중 1수

→ 삶의 터전을 잃고 현실의 고난을 피해 청산과 바다로 떠난 유랑민의 처지와 심정을 노래한 고려 가요로, 3·3·2조의 음수율, 3음보의 음보율, a–a–b–a 구조, 'ㄹ'과 'ㅇ' 음이 연속적으로 반복된 후렴구를 통한 (5 ㅇㅇ)이/가 나타남.

기출로 보는 개념

고려 속요는 고려 시대 궁중에서 형성되어 조선 시대까지 궁중 연향(宴饗)에서 전승되어 불린 노래를 가리킨다. 민간의 노래가 궁중악으로 수용될 수 있었던 까닭은 무엇일까? 왕을 정점으로 하는 통치 구조에서는 왕권을 공고히 하고 풍속을 교화하는 수단이 필요했는데, 예법과 음악도 중요한 역할을 하였다. 이때 그 과정에서 민중의 생활상을 진솔하게 반영한 노래 가운데 인륜의 차원으로 확장될 가능성이 있는 노래들은 통치 질서를 구현하기에 적합한 노래로 여겨져 궁중악으로 편입되었다. 특히 남녀 간의 사랑 노래는 그 화자와 대상이 '신하'와 '임금'의 구도로 치환되기 용이했기 때문에 궁중악으로 편입될 수 있었다.

1:1 작품 체험

가시리 가시리잇고 나는
운율을 맞추기 위한 의미 없는 여음
버리고 가시리잇고 나는

위 증즐가 대평성대(大平盛代)

날러는 어찌 살라 하고

버리고 가시리잇고 나는

위 증즐가 대평성대(大平盛代)

잡사와 두어리마나는
붙잡아 두고 싶지만
선하면 아니 올세라
서운하면, 귀찮게 하면
위 증즐가 대평성대(大平盛代)

설온 님 보내옵나니 나는
서러운
가시는 듯 돌아오소서 나는

위 증즐가 대평성대(大平盛代)

– 작자 미상, 〈가시리〉

[현대어 풀이]
가시렵니까, 가시렵니까
(나를) 버리고 가시렵니까.

나는 어찌 살라 하고
(나를) 버리고 가시렵니까.

(당신을) 붙잡아 두고 싶지만
서운하면 아니 올까 두렵습니다.

서러운 임을 보내오니
가시자마자 돌아오소서.

이 작품은 내용상 우리 민족의 보편적 정서인 이별의 정한을 노래하고 있으며, 형식상 (6 ㄴㄴ)(이)라는 여음구와 '위 증즐가 대평성대'라는 후렴구의 반복적 사용, 대체로 3음보의 음보율과 3·3·2조의 음수율을 통해 운율을 형성하고 있다.

작품 알통

• **해제**: 임과 이별하는 화자의 체념과 재회에 대한 소망을 진솔하게 표현한 고려 가요이다.
• **주제**: 이별의 한(恨)

• **남녀상열지사(男女相悅之詞)**: 남녀가 서로 사랑하면서 즐거워하는 가사라는 뜻으로, 조선 시대에 사대부들이 고려 가요를 낮잡아 이르던 말

【초성 답】 1 평민 2 조선 3 한글 4 후렴구 5 운율
6 나는

개념 트레이닝 ZONE

🏋 빈칸에 알맞은 말을 쓰며 개념 근육을 키워 보세요!

고대 가요는 고대 부족 국가 시대부터 삼국 시대 초기까지
향가 성립 이전에 불린 노래를 통틀어 이르는 말입니다.
고대 가요는 집단적이고 서사적인 원시 종합 예술에서 시작되어
개인적이고 서정적인 내용의 시가가 분리되는
변천 과정을 거쳐 발전하였습니다.

01

龜何龜何 　거북아 거북아,
구 하 구 하
首其現也 　머리를 내어라.
수 기 현 야
若不現也 　내어놓지 않으면,
약 불 현 야
燔灼而喫也 　구워 먹으리.
번 작 이 끽 야

– 구간 등, 〈구지가〉

[배경 설화]

천지가 처음 열린 이후로 이곳에는 아직 나라 이름이 없었다. 이때 아도간·여도간·피도간·오도간·유수간·유천간·신천간·오천간·신귀간 등 아홉 간(干)이 있었다. 이들 추장들이 백성들을 통솔했으니 모두 1백 호로서 7만 5천 명이었다.

후한 세조 광무제 건무 18년 임인년 3월 계욕일에 그들이 살고 있는 북쪽 구지(龜旨, 산봉우리가 거북이 형상과 같아서 생긴 이름)에서 무엇을 부르는 이상한 소리가 났다. 백성 2, 3백 명이 여기에 모였는데 사람의 소리 같기는 하지만 그 모양을 숨기고 소리만 내서 말했다.

"여기 사람이 있느냐?" / 아홉 간들이 말했다.

"우리들이 있습니다." / 그러자 또 말했다.

"내가 있는 곳이 어디냐." / "귀지입니다." / 또 말하였다.

"하늘이 나에게 명하기를 이곳에 나라를 새로 세우고 임금이 되라고 하였으므로 여기에 내려온 곳이니, 너희들은 산봉우리 꼭대기의 흙을 파면서 '거북아, 거북아, 머리를 내어라. 만일 내어놓지 않으면 구워 먹으리.'라고 노래를 부르면서 뛰며 춤을 추어라. 그러면 곧 대왕을 맞이하여 기뻐 뛰놀게 될 것이다."

구간들은 이 말을 좇아 모두 기뻐하면서 노래하고 춤추다가 얼마 안 되어 우러러 쳐다보니 자줏빛 줄이 하늘에서 드리워져서 땅에 닿아 있었다. 그 줄의 끝을 찾아보니 붉은 보자기에 금으로 만든 상자가 싸여 있으므로 열어 보니 해처럼 둥근 황금 알 여섯 개가 있었다. 여러 사람들이 모두 놀라고 기뻐하여 함께 백배(百拜, 여러 번 절을 함)하고 얼마 있다가 다시 싸안고 아도간의 집으로 돌아와 책상 위에 놓아두고 각기 흩어졌다. 이런 지 12시간이 지나, 그 이튿날 아침에 여러 사람들이 다시 모여서 그 상자를 여니 여섯 알은 어린아이로 변해 있었는데 용모가 매우 훤칠했다. 이들을 평상 위에 앉히고 여러 사람들이 절하고 하례(賀禮, 축하하여 예를 차림)하면서 극진히 공경했다. 이들은 나날이 자라서 10여 일이 지나니 키가 9척[아홉 자(약 2미터 70센티미터)나 되는 아주 큰 키]으로 은나라 천을(天乙, 은나라의 탕왕)과 같고, 얼굴은 용과 같아 한나라 고조와 같았다. 그가 그달 보름에 왕위에 오르니 세상에 처음 나타났다고 해서 이름을 수로(首露, 가장 높은 사람이라는 뜻) 혹은 수릉(首陵, 수릉은 죽은 후의 시호)이라고 하였다. 나라 이름을 대가락(大駕洛)이라 하고 또 가야국(伽倻國)이라고도 하니, 이는 곧 여섯 가야 중의 하나이다.

《삼국유사》에 실려 있는 가락국의 건국 신화에 삽입된 4구체의 고대 가요로, 백성들이 (　　　　)을/를 맞이하기 위해 부르면서 구전된 노래가 나중에 한자로 번역되어 기록된 한역 시가이다. 가야국의 건국 신화와 결부된 〈구지가〉는 원하는 것을 염원하며 불렀다는 점에서 (　　　　) 성격이 강한 작품이다. 〈해가〉는 '바다의 노래'라는 뜻으로 바다 용에게 납치당한 수로 부인의 귀환을 비는 주술적 집단 무가이며, 〈구지가〉가 후대에 전승되었음을 알 수 있는 시가이다.

02

龜乎龜乎出水路 　거북아 거북아, 수로를 내놓아라.
구 호 구 호 출 수 로
掠人婦女罪何極 　남의 부녀를 빼앗아간 죄 얼마나 큰가.
약 인 부 녀 죄 하 극
汝若悖逆不出獻 　네 만일 거역하여 내놓지 않으면
여 약 패 역 불 출 헌
入網捕掠燔之喫 　그물로 잡아 구워 먹으리.
입 망 포 략 번 지 끽

– 작자 미상, 〈해가(海歌)〉

[배경 설화]

신라 성덕왕 때에 순정공이 강릉 태수로 부임하던 도중 바닷가의 한 정자에서 점심을 먹고 있는데, 갑자기 해룡(海龍)이 나타나 순정공의 아내 수로 부인을 바닷속으로 끌고 들어갔다. 공이 어찌할 바를 모르는데 한 노인이 나타나 말하기를, "옛말에 여러 사람의 입은 쇠도 녹인다 했으니, 바닷속의 생물인들 어찌 이를 두려워하지 않겠소? 경내(境內)의 백성을 모아 노래를 지어 부르며 막대기로 언덕을 치면 부인을 찾을 것이오."라고 하였다. 공이 그 말대로 하니, 과연 용이 부인을 받들고 나와 공에게 도로 바쳤다.

신라 성덕왕 때 순정공의 아내인 수로 부인이 동해의 해룡에게 잡혀가자, 지나가는 노인의 충고로 다 같이 땅을 구르며 노래를 불러 수로 부인을 돌려받았다는 재액(災厄, 재앙으로 인한 불운) 극복의 주술요이다. 또한 순정공과 경내(境內, 일정한 지역의 안)의 백성들이 다 같이 부른 (　　　　)적인 무가이다. 영적인 존재이자 주술적 성격을 가진 대상인 (　　　　)을/를 부르며 수로를 내놓으라는 요구 사항을 (　　　　)적으로 말하고 있다는 점에서 〈구지가〉 계열의 작품으로 볼 수 있다.

03

열치매 　[현대어 풀이]

나토얀 드리 　(구름 장막을) 열어젖히며

흰 구룸 조초 뻐가는 안디하 　나타난 달이

새파른 나리여히 　흰 구름 쫓아 떠가는 것 아닌가.

기랑(騎郎)이 즈싀 이슈라 　새파란 내에

일로 나리ㅅ 지벽히 　기랑의 모습이 있구나.

랑(郎)이 디니다샤온 　이로부터 시내 조약돌에

ᄆᆞᅀᆞ미 ᄀᆞᇫ훌 좇누아져 　낭이 지니시던

아으 잣ㅅ가지 노파 　마음의 끝을 좇으려 하노라.

서리 몯누올 화판(花判)이여 　아아, 잣나무 가지 높아
신라 때, 화랑의 우두머리를 이르던 말
　서리 모르실 화랑의 우두머리여.

– 충담사, 〈찬기파랑가〉 / 양주동 해독

신라 경덕왕 때 승려 충담사가 지은 작품으로, 신라의 (　　　　)(이)었던 기파랑의 고매한 인품을 찬양하는 향가이다. 제목은 '기파랑을 찬양하는 노래'라는 뜻이고, 화자는 기피랑의 인품을 자연물(달, 냇물, 조약돌, 잣나무 가지)에 (　　　　)하여 예찬하고 있다.

04

살어리 살어리랏다 청산(靑山)애 살어리랏다.
멀위랑 딸래랑 먹고 청산(靑山)애 살어리랏다.
얄리얄리 얄랑셩 얄라리 얄라

[현대어 풀이]
살겠노라 살겠노라 청산에 살겠노라.
머루와 다래를 먹고 청산에 살겠노라

우러라 우러라 새여 자고 니러 우러라 새여.
널라와 시름 한 나도 자고 니러 우니로라.
얄리얄리 얄라셩 얄라리 얄라

[현대어 풀이]
우는구나 우는구나 새여 자고 일어나 우는구나 새여.
너보다 시름이 많은 나도 자고 일어나 울며 지내노라.

가던 새 가던 새 본다 믈 아래 가던 새 본다.
잉무든 장글란 가지고 믈 아래 가던 새 본다.
얄리얄리 얄라셩 얄라리 얄라

[현대어 풀이]
가던 새 가던 새 보았느냐? 물 아래 가던 새를 보았느냐?
이끼 묻은 쟁기를 가지고 물 아래 가던 새를 보았느냐?

이링공 뎌링공 ᄒᆞ야 나즈란 디내와손뎌,
오리도 가리도 업슨 바므란 또 엇디 호리라.
얄리얄리 얄라셩 얄라리 얄라

[현대어 풀이]
이렇게 저렇게 하여 낮은 지내 왔지만
올 사람도 갈 사람도 없는 밤은 또 어찌하리오.

어드라 더디던 돌코 누리라 마치던 돌코.
믜리도 괴리도 업시 마자셔 우니노라.
얄리얄리 얄라셩 얄라리 얄라

[현대어 풀이]
어디에 던지던 돌인가? 누구를 맞히려던 돌인가?
미워할 사람도 사랑할 사람도 없이 맞아서 울고 있노라.

살어리 살어리랏다 바릿래 살어리랏다.
ᄂᆞ모자기 구조개랑 먹고 바릿래 살어리랏다.
나문재 → 바닷가 모래땅에서 자라는 해상 식물
얄리얄리 얄라셩 얄라리 얄라

[현대어 풀이]
살겠노라 살겠노라 바다에 살겠노라.
나문재와 굴, 조개를 먹고 바다에 살겠노라.

가다가 가다가 드로라 에졍지 가다가 드로라.
사스미 짒대예 올아셔 ᄒᆡ금(奚琴)을 혀거를 드로라.
해금 → 활로 현을 마찰시켜 소리를 내는 향악기
얄리얄리 얄라셩 얄라리 얄라

[현대어 풀이]
가다가 가다가 듣노라. 외딴 부엌을 지나다가 듣노라.
사슴이 장대에 올라서 해금을 켜는 것을 듣노라.

가다가 비브른 도긔 설진 강수를 비조라.
조롱곳 누로기 믹와 잡ᄉᆞ와니 내 엇디 ᄒᆞ리잇고.
얄리얄리 얄라셩 얄라리 얄라

[현대어 풀이]
가다가 배가 불룩한 독에 독한 술을 빚는구나.
조롱박꽃 (모양의) 누룩이 매어 붙잡으니 내 어찌하랴.

— 작자 미상, 〈청산별곡〉

제목은 '청산의 노래'라는 뜻으로, 유랑민, 지식인, 실연한 사람 등으로 볼 수 있는 사람의 삶의 애환과 고통에서 벗어나고 싶다는 소박한 바람을 진솔하게 드러낸 (　　　) 가요이다. 화자가 가고 싶다고 말하는 '청산'과 바다'는 (　　　)이자 안식처인 공간이다. 하지만 힘든 현실로부터 도피한 화자는 결국 삶의 고통에서 벗어나지 못하고 (　　)(으)로 현실의 고통을 잊으려 하고 있다. 삶의 터전을 상실한 민중들의 삶의 비애를 진솔하게 담아낸 작품으로, 구전되다가 훈민정음 창제 이후 (　　　)(으)로 기록되었다.

■ 〈청산별곡〉의 대칭 구조
5연과 6연의 위치를 바꾸면 의미상 1~4연과 5~6연이 대칭되는 구조로 되어 있다.

청산에서의 삶		바다에서의 삶	
1연	청산에 대한 동경	6연	바다에 대한 동경
2연	삶의 비애와 고독	5연	운명적 체념
3연	속세에 대한 미련	7연	절박한 삶과 외로움
4연	고독으로 인한 고통	8연	술을 통한 고뇌 해소

↓	↓
화자의 애상적 슬픔과 고독을 주로 노래	현실에 대한 체념과 술로 달래는 고뇌를 주로 노래

■ 〈청산별곡〉의 화자 설정에 따른 주제의 다양한 해석
화자를 누구로 설정하느냐에 따라 시어의 의미가 조금씩 다르게 해석되나, 삶의 애환과 고통에 힘겨워하는 존재가 불렀을 것이라는 점은 공통적이다.

화자	상황	주제
유랑민	몽골의 침략이나 무신의 난 등 난리를 피해 도망쳐야 했던 상황	유랑민의 비애
지식인	속세의 고뇌를 잊기 위해 청산으로 가나 미련을 버리지 못해 괴로워하는 상황	세속적 삶의 무상감과 고뇌
실연한 사람	실연의 슬픔을 잊기 위해 청산으로 도피하나 슬픔에서 벗어나지 못하는 상황	사랑하는 임과 이별한 슬픔

 워밍-UP

📌 다음 글을 읽고 빈칸에 알맞은 말을 써서 해설을 완성하거나 정오를 판단하세요.

01

	[현대어 풀이]
선화 공주(善花公主)니믄	선화 공주님은
눔 그스지 얼어 두고	남몰래 정을 통해 두고
맛둥바올	맛둥(서동) 도련님을
바미 몰 안고 가다	밤에 몰래 안고 가다.

– 서동, 〈서동요(薯童謠)〉 / 양주동 해독

[배경 설화]

　백제 제30대 무왕의 이름은 장(璋)이다. 그 어머니는 과부가 되어 서울 남쪽 못 가에 집을 짓고 살고 있었는데, 그 못의 용과 정을 통해 장을 낳았다. 장은 재기와 도량이 커서 헤아리기가 어려웠다. 늘 마를 캐어 팔아서 생업을 삼았으므로 사람들이 서동이라 불렀다. 그는 신라 진평왕의 셋째 공주 선화가 아름답다는 말을 듣고 머리를 깎고 신라의 서울로 가서 마를 동네 아이들에게 먹이니, 아이들이 친해져 그를 따르게 되었다. 이에 그는 동요를 지어 여러 아이들을 꾀어서 부르게 하였다. 동요가 서울에 퍼져서 대궐에까지 들리니 여러 신하들이 임금에게 말해 공주를 먼 곳으로 귀양 보내게 하였다. 왕후는 떠나는 공주에게 순금 한 말을 노자로 주었다. 공주가 장차 귀양터에 이르려 하는데 서동은 도중에서 나와 절하면서 모시고 가겠다고 했다. 공주는 비록 그가 어디서 왔는지는 알지 못했으나 믿고 좋아하였다. 두 사람은 함께 백제로 와서 선화의 어머니가 준 금으로 생계를 도모하려 하니 서동은 자신이 어릴 때부터 마를 캐던 곳에 황금이 흙처럼 많이 쌓여 있다고 말하였다. 공주는 그 말을 듣고 크게 놀라면서 그 보물을 부모님께 보내는 것이 어떻겠느냐고 하였다. 서동은 용화산 사자사의 지명 법사에게 도움을 청했다. 공주는 편지를 써서 금과 함께 사자사 앞에 갖다 놓으니, 법사는 신통한 힘으로 하룻밤 사이에 그것을 신라 궁중으로 보내었다. 진평왕은 그 신비로운 변화를 이상히 여기고 서동에게 늘 편지를 보내어 안부를 물었다. 서동은 이를 계기로 백성들의 인심을 얻어 왕위에 올랐다.

구분	표면적	이면적
화자		
행위 주체		
상황	선화 공주의 부정한 행위를 놀림.	선화 공주와의 사랑을 소망함.
주제	(　　　　　)의 은밀한 사랑	선화 공주를 연모하는 (　　　　　)의 애정

구분	내용
성격	참요(讖謠: 예언하는 노래)적, 동요적, 참요(讒謠: 모함하는 노래)적, 민요적
의의	❶ 현전하는 가장 오래된 향가 ❷ (　　　　　)이/가 4구체 향가로 정착한 노래 ❸ 향가 중 유일한 (　　　　　)

구분	행위 주체	행위 대상		행위 결과
이야기	선화 공주	서동	➡	사랑을 성취함.
현실	서동	선화 공주		

주객 전도

02

	[현대어 풀이]
스볼 불기 드래	동경 밝은 달이
밤 드리 노니다가	밤들이 노니다가
드러사 자리 보곤	들어와 자리를 보니
가락리 네히어라.	다리가 넷이어라.
둘흔 내해엇고	둘은 내 것이고
둘은 뉘해언고.	둘은 누구 것인고.
본딕 내해다마른	본디 내 것이다마는
아사늘 엇디ᄒ릿고.	빼앗긴 것을 어찌하리오.

– 처용, 〈처용가(處容歌)〉 / 양주동 해독

[배경 설화]

　신라 제49대 헌강왕 때, 대왕이 개운포에 놀러 나갔는데 갑자기 짙은 구름과 안개가 끼어 사방을 분간하기 어려웠다. 괴이하게 여겨 물으니, 옆에 있던 일관(日官)이 "이는 동해 용왕의 조화이므로 마땅히 용왕을 위하여 좋은 일을 하여 그 마음을 풀어 주셔야 합니다."라고 하였다. 이에 왕이 용왕을 위하여 근처에 절을 세우도록 명하자, 곧 안개가 걷히고 구름이 개었으므로 그 곳을 개운포(開雲浦)라고 이름 지었다. 이윽고 동해 용왕이 기뻐하며 아들 일곱을 데리고 나타나 왕에게 사례하고는 아들을 하나 보내어 정사(政事)를 보좌하게 하였는데, 이름을 처용이라 하였다. 왕은 미녀를 골라 아내를 삼게 하고 급간(級干) 벼슬을 주어 머물게 하였다. 어느 날 밤 처용이 밖에 나갔다가 밤늦게 돌아와 보니 역신(疫神)이 아내를 침범하였다. 처용은 그 광경을 보고 노래를 부르고 춤을 추며 물러났다. 그러자 역신이 감복하여 "내가 공의 아내를 흠모하여 지금 잘못을 범하였는데, 오히려 노하지 않으시니 감격하여 아름답게 여기는 바입니다. 이후로는 맹세코 공의 그림만 보아도 그 집에는 들어가지 않겠습니다."라고 하였다.

구분	내용
화자	동해 용왕의 아들인 '나(처용)'
상황	처용이 자신의 (　　　　　)을/를 침범한 역신(疫神, 전염병인 천연두를 옮기는 신)을 보고도 관용적 태도를 보임.
정서	이미 벌어진 상황을 (　　　　　)하는 달관의 태도와 잘못을 저지른 대상을 너그럽게 받아들이는 관용적 태도
성격	주술적, 축사(逐邪: 사악한 것을 쫓아냄)의 노래
의의	❶ 현전하는 신라 향가의 (　　　　　) 작품 ❷ 〈구지가〉, 〈해가〉로부터 이어지는 (　　　　　) 시가의 맥을 이은 작품 ❸ 훈민정음으로 표기된 고려 가요 〈처용가〉의 모태가 됨으로써 향가 해독의 단서를 제공

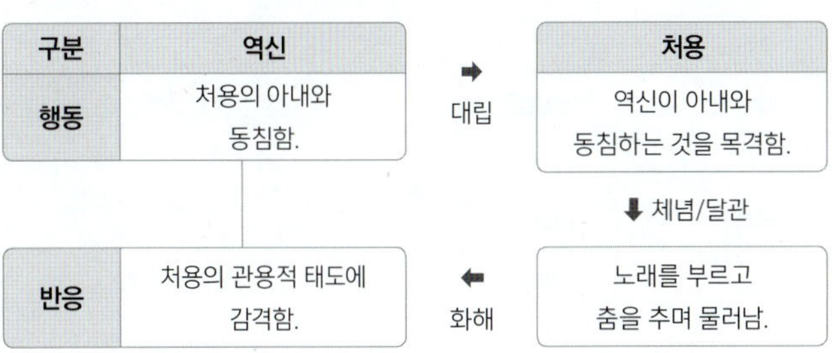

03

임금은 아버지요

신하는 사랑하실 어머니요

백성은 어린아이라고 한다면

백성이 사랑을 알 것입니다.

꾸물거리며 사는 백성들

이들을 먹여 다스려

이 땅을 버리고 어디로 갈 것인가 한다면

나라가 다스려짐을 알 것입니다.

아으, 임금답게 신하답게 백성답게 한다면

나라가 태평할 것입니다.

― 충담사, 〈안민가(安民歌)〉 / 양주동 해독

[배경 설화]

경덕왕 24년(765) 3월 3일에 왕이 귀정문 누각에 올라 좌우에 있는 사람에게 이르기를

"누가 길에 나서서 훌륭하게 차린 중 하나를 데려 올 수 있겠느냐?"

하였다. 마침 한 중이 점잖고 깨끗하게 차리고 천천히 지나가니, 좌우에 있던 사람이 그를 데려왔다. 왕이 말하기를

"내가 훌륭하게 차렸다고 한 것은 이런 것이 아니다."

라며 돌려보냈다. 또 한 중이 옷을 기워 입고 앵초풀로 만든 물건을 담는 통을 들고 남쪽에서 오고 있었다. 왕이 기뻐하며 문루(門樓, 궁문이나 성문의 바깥문 위에 지은 다락집) 위로 맞아들였다. (중략) 왕이 말하기를

"내 일찍이 듣건대 대사의 기파랑을 찬양한 사뇌가(詞腦歌, 향가)는 그 뜻이 매우 높다고 하는데 과연 그런가?"

하니

"네, 그렇습니다."

하였다. 왕이 또 말하기를

"그러면 나를 위해 백성을 편안히 살도록 다스리는 노래를 지으라."

하였다. 충담이 당장 노래를 지어 바치니, 왕이 칭찬하고 왕사(王師, 임금의 스승)에 봉하였으나, 충담은 군이 사양해서 받지 않았다.

구분	내용
화자	
상황	나라를 다스리는 바람직한 방법에 대해 이야기함.
정서	나라의 구성원들이 각자 ( )을/를 다하면 나라가 편안해진다는 교훈적 내용을 전달함.
성격	교훈적, 유교적, 설득적
의의	( )적 이념을 노래한 유일한 향가

나라		가정(家庭)		표현 효과
임금		아버지		국가의 구성 체계를 기본적인 인륜 관계인 가족 관계에 비유하여 설득력을 높임.
신하		어머니		
백성		어린아이		

04

딩아 돌하 당금(當今)에 계십니다

딩아 돌하 당금(當今)에 계십니다

선왕성대(先王聖代)에 살고 싶습니다

지금, 이 시대

임금이 나라를 잘 다스려 평화로운 시절

바삭한 가는 모래 벼랑에

바삭한 가는 모래 벼랑에

구운 밤 닷 되를 심습니다

그 밤이 움이 돋아 싹이 난다면

그 밤이 움이 돋아 싹이 난다면

유덕(有德)하신 님과 이별하겠습니다 (중략)

덕이나 덕망이 있다.

구슬이 바위에 떨어진들

구슬이 바위에 떨어진들

끈이야 끊어지겠습니까

천 년을 외따로 살아간들

천 년을 외따로 살아간들

믿음이야 끊어지겠습니까

― 작자 미상, 〈정석가(鄭石歌)〉

정(鉦), 징)과 경(磬, 경쇠) 같은 악기를 울리며 부르는 노래

구분	표면적	이면적
임의 의미		
화자	임을 사랑하는 연인	태평성대를 바라는 신하
상황	임과의 사랑이 ( )하기를 소망함.	태평한 시절에서 살기를 ( )함.
주제		

구분	내용
성격	서정적, 민요적
의의	이별이나 향락을 노래한 다른 고려 가요와 달리 영원한 사랑을 노래함.

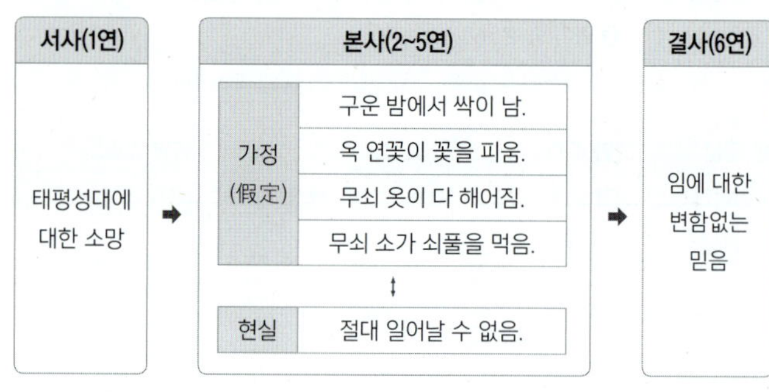

 펌핑-UP

[01~02] 다음 글을 읽고 물음에 답하시오.

> 달하 노피곰 도드샤
> 어긔야 ㉠머리곰 비취오시라
> 어긔야 어강됴리 / 아으 다롱디리
> 저자에, 시장에
> ㉡져재 녀러신고요
> 진곳, 어두운 곳, 위험한 곳
> 어긔야 ㉢즌 ᄃᆡ를 드ᄃᆡ욜셰라
> 어긔야 어강됴리
> ㉣어느이다 노코시라
> 어긔야 내 가논 ᄃᆡ ㉤졈그롤셰라
> 어긔야 어강됴리 / 아으 다롱디리
>
> ― 어느 행상인의 아내, 〈정읍사(井邑詞)〉

01

달과 〈보기〉의 **반달**을 이해한 것으로 가장 적절한 것은?

〈보기〉

> 눈썹 같은 **반달**이 중천에 걸리는
> 칠월 칠석이 돌아오기까지는, //
> 검은 암소를 나는 먹이고, / 직녀여, 그대는 비단을 짜세.
>
> ― 서정주, 〈견우의 노래〉

① 달과 반달은 모두 임의 모습을 나타낸다.
② 달과 반달은 모두 화자의 슬픈 정서를 드러낸다.
③ 달은 만남의 매개자를, 반달은 만남의 시간을 의미한다.
④ 달은 완전한 사랑을, 반달은 불완전한 사랑을 의미한다.
⑤ 달은 임에 대한 원망을, 반달은 임에 대한 그리움을 드러낸다.

02

〈보기〉를 바탕으로 ㉠~㉤을 이해할 때, 적절하지 <u>않은</u> 것은?

〈보기〉

> 정읍은 전주에 소속된 현(縣)이다. 이 고을 사람이 행상을 떠나 오래도록 돌아오지 않았다. 그 아내는 산 위 바위에 올라가 남편이 있을 먼 곳을 바라보면서 남편이 밤길에 오다가 해를 입지나 않을까 염려하였다. 고개에 올라 남편을 기다리던 아내는 언덕에 망부석으로 변해 남아 있다고 한다.
>
> ― 고려사 악지, 〈삼국 속악 백제조〉

① ㉠에는 남편을 걱정하는 아내의 간절한 마음이 담겨 있다.
② ㉡에서 남편의 직업이 상인임을 알 수 있다.
③ ㉢은 남편에게 일어날 수 있는 모든 부정적인 상황을 의미한다.
④ ㉣에는 남편 자신의 안전을 먼저 생각하라는 아내의 당부가 나타난다.
⑤ ㉤에는 남편을 위한 아내의 희생 의지가 드러난다.

[03~04] 다음 글을 읽고 물음에 답하시오.

> (가) 생사(生死)의 길은 / 여기에 있으므로 머뭇거리고,
> 나는 간다는 말도 / 못 다 이르고 어찌 갑니까.
> ㉠어느 가을 이른 바람에 / 여기저기 떨어질 잎처럼,
> 한 가지에 나고 / 가는 곳을 모르겠구나.
> 아아, ㉡미타찰(彌陀刹)에서 만나 볼 내가
> 도(道)를 닦으며 기다리겠노라.
>
> ― 월명사, 〈제망매가(祭亡妹歌)〉 / 양주동 해독
>
> 데리고 가는 사람 없이 혼자서 말을 타고 감.
> (나) ㉢오백 년 도읍지를 필마(匹馬)로 도라드니,
> 옛날 그대로 변함이 없다.
> ㉣산천은 의구(依舊)하되 인걸(人傑)은 간 ᄃᆡ 업다.
> 근심이나 걱정이 없는 편안한 세월
> 어즈버, ㉤태평연월(太平烟月)이 꿈이런가 하노라.
>
> ― 길재

03

(가), (나)의 형식상 특징으로 적절한 것은?

① (가)는 4음보의 율격을 가진다.
② (나)는 시적 화자가 작품의 표면에 드러나 있다.
③ (가)와 달리 (나)는 3단 구성의 짜임을 취한다.
④ (나)와 달리 (가)는 이야기 전달에 목적이 있다.
⑤ (가), (나)는 감탄사를 통해 고조된 감정을 드러낸다.

04

〈보기〉를 참고하여 ㉠~㉤에 나타난 작가의 처지를 이해한 내용으로 적절하지 <u>않은</u> 것은?

〈보기〉

> 작가의 삶에 대한 이해는 작품 감상의 폭을 넓혀 준다. (가)는 승려인 작가가 죽은 누이를 추모하기 위한 작품이고, (나)는 고려 왕조가 몰락하자 모친 봉양을 핑계로 고향에 은거한 작가가 고려의 도읍지였던 개성을 찾아 느끼는 감회를 읊고 있는 작품이다.

① ㉠: 어느 가을의 때 이른 바람이라는 인식을 통해 예기치 못한 누이의 죽음에 안타까움을 느끼고 있군.
② ㉡: 극락에서 다시 만날 때까지 도를 닦으며 기다리겠다는 다짐을 통해 슬픔을 종교의 힘으로 극복하려 하는군.
③ ㉢: 오백 년 도읍지라는 시간과 장소의 제시를 통해 단절된 고려 왕조에 대한 아쉬움을 표현하고 있군.
④ ㉣: 자연은 변함없는데 고려의 옛 충신들은 찾을 수 없는 상황 속에서 인생무상을 느끼고 있군.
⑤ ㉤: 태평한 세상이 꿈속에만 있겠느냐는 각성을 통해 고려 왕조를 다시 찾겠다는 의지를 다지고 있군.

05

〈보기〉를 바탕으로 다음 시를 감상한 내용으로 적절하지 <u>않은</u> 것은?

> 가시리 가시리잇고 나는
> 　　　　　　훈율을 맞추기 위한 의미 없는 여음
> 버리고 가시리잇고 나는
> 위 증즐가 대평성대(大平盛代)
>
> 날러는 어찌 살라 하고
> 버리고 가시리잇고 나는
> 위 증즐가 대평성대(大平盛代)
>
> 잡사와 두어리마나는
> 　　　　　붙잡아 두고 싶지만
> 선하면 아니 올세라
> 서운하면, 귀찮게 하면
> 위 증즐가 대평성대(大平盛代)
>
> 설온 님 보내옵나니 나는
> 서러운
> 가시는 듯 돌아오소서 나는
> 위 증즐가 대평성대(大平盛代)
>
> 　　　　　　　　　　　　　　　　 – 작자 미상, 〈가시리〉

〈보기〉

[〈가시리〉의 형식상 특징]

- 3음보를 기본 율격으로 하여 리듬감을 형성함.
- 음악적 효과를 높여 주는 역할을 하는 후렴구를 반복함.

[〈가시리〉의 내용상 특징]

- 자신에게 닥친 부당한 상황을 어쩔 수 없이 받아들이는 데서 오는 한(恨)의 정서가 나타남.
- 이별의 상황에 적극적으로 대응하지 못하고 체념하는 소극적인 화자의 태도가 담겨 있음.

① '가시리 가시리잇고'에서 3·3·2조의 3음보 율격을 확인할 수 있군.

② '위 증즐가 대평성대'는 음악적 효과를 높여 주는 후렴구라고 할 수 있군.

③ '날러는 어찌 살라 하고'는 임을 붙잡지 못하고 체념한 심정을 드러내고 있군.

④ '선하면 아니 올세라'에는 이별의 상황에 소극적으로 대응하는 이유가 드러나 있군.

⑤ '설온 님 보내옵나니'에는 어쩔 수 없이 이별을 받아들이는 한의 정서가 담겨 있군.

06

〈보기〉를 참고할 때, [A]와 [B]를 비교하여 이해한 내용으로 적절하지 <u>않은</u> 것은?

> [A]
> 구스리 아즐가 구스리 바회예 디신들
> 위 두어렁셩 두어렁셩 다링디리
> 긴힛둔 아즐가 긴힛둔 그츠리잇가 나는
> 위 두어렁셩 두어렁셩 다링디리
> 즈믄 힛를 아즐가 즈믄 힛를 외오곰 녀신들
> 천 년
> 위 두어렁셩 두어렁셩 다링디리
> 신(信)잇둔 아즐가 신(信)잇둔 그츠리잇가 나는
> 위 두어렁셩 두어렁셩 다링디리 〈제2연〉
>
> 　　　　　　　　　　　　　　　　 – 작자 미상, 〈서경별곡〉

〈보기〉

　〈서경별곡〉의 제2연에서 여음구를 제외한 부분은 당시 유행하던 민요의 모티프를 수용한 것으로, 〈정석가〉에도 동일한 모티프가 나타난다. 고려 시대의 문인 이제현도 당시에 유행하던 민요를 다음과 같이 한시로 옮긴 적이 있다.

> [B]
> 비록 구슬이 바위에 떨어져도
> 끈은 진실로 끊어질 때 없으리.
> 낭군과 천 년을 이별한다고 해도
> 한 점 붉은 마음이야 어찌 바뀌리오?

① [A]와 [B]에서 '구슬'은 변할 수 있는 것을, '긴'이나 '끈'은 변하지 않는 것을 비유하는 소재로 활용하였군.

② [A]에서는 '신'을, [B]에서는 '붉은 마음'을 굳건한 '바위'로 형상화하였군.

③ [A]와 [B] 모두에서 변하지 않는 마음을 소중한 가치로 여기는 화자의 태도가 나타나는군.

④ [A]와 [B]를 보니 동일한 모티프가 서로 다른 형식의 작품으로 수용되었군.

⑤ [A]와 [B]를 보니 여음구의 사용 여부에 차이가 있군.

공부한 날	월	일	요일
맞은 개수		/ 5	

작품	No	작품을 읽고 빈칸에 알맞은 말을 쓰시오.

작품

내 님믈 그리ᄉ와 우니다니

산(山) 졉동새 난 이슷ᄒ요이다.

아니시며 거츠르신 ᄃᆞᆯ 아ᄋᆞ

잔월효성(殘月曉星)이 아르시리이다.
❶ 지는 달과 새벽별(천지신명) ❷ 진실을 알고 있는 존재
넉시라도 님은 ᄒᆞᆫᄃᆡ 녀겨라 아ᄋᆞ

벼기더시니 뉘러시니잇가.

과(過)도 허믈도 천만(千萬) 업소이다.
지나침.   전혀
ᄆᆞᆯ힛마리신뎌

ᄉᆞᆯ웃븐뎌 아ᄋᆞ

니미 나ᄅᆞᆯ ᄒᆞ마 니ᄌᆞ시니잇가.
설마, 벌써, 이미
아소 님하, 도람 드르샤 괴오쇼셔.

— 정서, 〈정과정(鄭瓜亭)〉

[현대어 풀이]
내가 임을 그리워하여 울고 지내더니
산 접동새와 나는 (처지가) 비슷합니다.
(내가 역모에 가담했다는 모함이) 아니며 거짓인 줄을
지는 달과 새벽 별만이 알고 있을 것입니다.
넋이라도 임을 함께 모시고 싶어라.
내 죄를 우기던 사람이 누구입니까?
(나는) 잘못도 허물도 전혀 없습니다.
뭇사람들이 (나를 모함한) 말입니다.
슬프구나! 아으
임이 나를 설마 잊으셨습니까?
(그러지) 마십시오, 임이여. (마음을) 돌이켜 (내 말을) 들으시고 (다시) 사랑해 주소서.

[배경 설화]
　정서가 역모(逆謀)에 가담했다는 뭇 사람들의 참언으로 인해 동래로 귀양을 갈 때, 의종은 "오늘은 어쩔 수 없으나, 가 있으면 다시 부르겠다."라고 하였다. 그러나 유배지에서 아무리 자신을 부르기를 기다려도 소식이 없었으므로, 정서는 임금에게 자신의 억울함과 결백을 밝히기 위해 이 작품을 지었다고 한다.

01

시적 화자는 누구이며, 어떤 상황에 놓여 있는가?

시적 화자	임을 기다리며 결백을 주장하는 (　　　　)
상황	유배지에서 자신의 결백을 호소하며 임에 대한 그리움을 드러내고, 임이 자신을 (　　　　) 사랑해 줄 것을 간곡하게 호소하고 있음.

02

시적 화자의 정서와 태도는 어떠한가?

그리움	임에게 버림받았지만, 다시 자신을 부르겠다고 한 임의 (　　　　)을/를 믿고 기다림.

↓

원망	임이 소식조차 주지 않자 슬쩍 (　　　　)의 마음을 드러냄.

↓

소망	임이 다시 자신을 찾을 것이라는 강한 (　　　　)을/를 보임.

→ 임에 대한 그리움과 원망의 (　　　　)된 두 가지 정서를 보임.
→ 유배지에서 느끼는 작가의 복잡한 심리, 즉 임금에 대한 신하로서의 충성과 원통함이 중첩되어 있음.

03

형식과 갈래의 특징은 무엇인가?

10구체 향가적 특징	• (　　　　)의 감탄형 • (　　　　)단계 시상 전개 • 8, 9행을 묶으면 (　　　　)구체
과도기적 특징	• (　　　　) 구분이 없음. • 감탄사가 (　　　　)행에 위치 • 후렴구 (　　　　).
고려 가요적 특징	• '(　　　　)'라는 여음구 있음. • 표현이 진솔함.

→ 10구체 향가의 형식적 특징을 계승하면서 고려 가요의 내용적 특징도 함께 지니고 있어 향가에서 고려 가요로 넘어가는 (　　　　)적 모습으로 볼 수 있으므로 (　　　　)(으)로 분류됨.

04

다음 의미의 시어는 무엇인가?

화자의 한과 고독을 상징하는 자연물로서, 임을 그리워하면서 울며 지내고 있는 화자의 감정이 이입된 대상이자 화자와 동병상련(同病相憐)의 관계에 있는 자연물	
화자의 결백함을 증명해 줄 공명정대한 존재	

05

이 작품의 주제는 무엇인가?

결백에 대한 (　　　　)와/과 임금에 대한 충정	

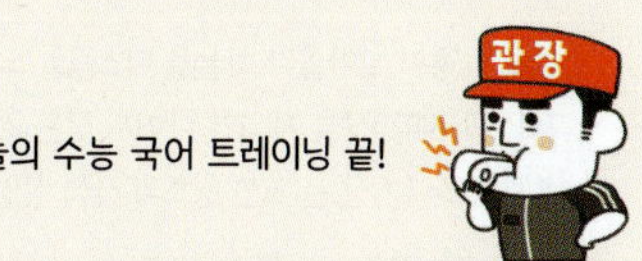

IV
문학의
흐름

091 고전 시가 ❹ - 악장

> 조선 시대 궁중 제사나 잔치 때 부르던 송축가이자 노래의 가사

악장은 조선 시대에 종묘에서 제사를 지낼 때 부르던 (1 ㅅㅊㄱ)(으)로, 궁중의 제사 의식이나 나라에 경사가 있어 베푸는 잔치인 연례 때 음악에 맞추어 부르던 노래의 가사이다. 악장의 대부분은 조선 건국의 (2 ㅊㅁㅅ)(天命性)을/를 드러내고 나라를 건국한 사람들의 공덕을 찬양하며, 임금의 만수무강과 자손의 번창을 기원하고 후대 임금을 **권계***하는 내용을 담고 있다.

형식	• 기본형은 2구 2절씩, 변조형은 4구 이내나 이상, 또는 2절 이상으로 구성됨. • 초기에는 중국 고체시의 형태를 본받았으나 훈민정음 창제 후 정형성을 띤 형식으로 고정됨. • 한시체, 속요체, 경기체가체, 신체 등으로 형태를 나눌 수 있음.
내용	• 조선 건국의 정당성을 강조하고 문물제도를 찬양 • 조선 건국의 합리화, 이씨 왕조 시조(始祖)의 업적과 포부를 널리 알림. • 임금의 만수무강과 왕가의 번창을 기원하고 후대 왕들에 대한 권계와 본받을 만한 모범

개념 당기는 예시

해동(海東) 육룡(六龍)이 나르샤 일마다 천복(天福)이
　　중국의 동쪽, 우리나라
시니 고성(古聖)이 동부(同符)하시니. 〈제1장〉
　옛날의 성인　　사물이나 현상이 서로 꼭 들어맞음.

불휘 기픈 남근 바라매 아니 뮐씩 곳 됴코 여름 하느니.
새미 기픈 므른 가마래 아니 그츨씩 내히 이러 바라래
가느니. 〈제2장〉

천세(千世) 우희 미리 정(定)하샨 한수(漢水) 북(北)에
　　　　　　　　　　　　　　　　한강
누인개국(累仁開國)하샤 복년(卜年)이 갓 업스시니.
어진 일을 쌓고 나라를 열다　　왕조의 운수
성신(聖神)이 닛으샤도 경천근민(敬天勤民)하샤자, 더
　성군의 자손　　　　하늘을 공경하고 백성들을 위해 부지런히 일함.
욱 구드시리이다.

님금하, 아르쇼셔. 낙수(洛水)예 산행(山行) 가 이셔 하
　　　　　중국 허난성을 흐르는 강　　사냥을 하러 가는 일
나빌 미드니잇가. 〈제125장〉

－ 정인지·권제·안지 등, 〈용비어천가〉

[현대어 풀이]
해동(우리나라)의 여섯 용(임금)이 나시어 하시는 일마다 하늘의 복을 받으시니. 중국 옛 성왕들이 하신 일과 딱 들어맞으시니.

뿌리가 깊은 나무는 바람에 흔들리지 아니하므로, 꽃이 좋고 열매가 많이 열리니. 샘이 깊은 물은 가뭄에 그치지 아니하므로, 내가 이루어져 바다에 가나니.

천 년 전에 미리 정하신 한강 북쪽 땅에, 여러 대를 걸쳐 어진 덕을 쌓아 나라를 여시어, 왕조의 운수가 끝이 없으시니, 훌륭한 왕손이 대를 이으셔도 하늘을 공경하고 백성을 다스리는 데에 부지런히 힘쓰셔야, (왕권이) 더욱 굳건할 것입니다.
임금이시여, 아소서. 낙수에 사냥하러 가 있다가 할아버지(조상)만 믿으시겠습니까?

➡ 제목은 '용이 날아올라 하늘을 다스림을 노래하다'라는 뜻으로, (3 ㅎㅁㅈㅇ)(으)로 기록된 최초의 작품임. 제1장과 제125장을 제외한 나머지 장은 2절 ㄴ구체로 구성되어 있으며, 서사(제1~2장)는 조선 건국의 정당성과 정통성, 본사(제3~109장)는 조선 왕조의 사적 찬양, 결사(제110~125장)는 후대 왕에 대한 권계를 다룸.

❤ 악장은 왜 짧은 기간에 사라졌나요?

악장은 조선의 건국 과정에서 새 나라를 세우는 것이 정당한 일임을 백성들에게 알려 민심을 수습함으로써 왕권을 강화하려는 의도에서 창작되었습니다. 즉, 악장은 처음부터 작품을 통해 달성하려는 목적이 뚜렷했으므로, 성종 무렵이 되면 왕권 강화와 민심 수습을 통한 나라 안정이라는 목적이 달성되었기 때문에 악장 창작이 더 이상 필요하지 않게 된 것입니다. 또한 악장의 창작 및 향유층 또한 일반 백성들이 아니었기 때문에 널리 퍼지는 데 한계가 있었습니다. 따라서 초기 목적을 달성한 악장은 자연스럽게 사라지게 된 것입니다.

개념 알통 〈용비어천가〉의 전체 구성

서사	제1장	조선 창업의 천명성과 당위성 강조
	제2장	조선 왕조의 무궁한 발전과 송축 기원
본사	제3~8장	태조의 선조들의 행적
	제9~89장	익조의 사적과 태조의 영웅적 행적
	제90~109장	태종의 위업 찬양
결사	제110~125장	후대 왕에 대한 권계

개념 알통 〈제125장〉의 배경 설화

하나라 우왕의 손자인 태강왕은 할아버지인 우왕의 덕만 믿고 사냥을 즐기며 정사를 돌보지 않았다. 한번은 낙수에서 사냥을 즐기느라 백 일이 넘어도 돌아오지 않자 궁(窮)나라 제후인 예(羿)가 백성을 위해 태강왕을 폐위시켰다. 선조의 덕만 믿고 백성을 다스리는 일을 게을리할 경우 태강왕처럼 민심을 잃을 수도 있다는 것을 보여 주는 고사로 후대 왕들이 타산지석으로 삼아 경천근민해야 함을 강조하는 고사이다.

125장은 〈용비어천가〉의 창작 의도와 관련된 부분으로, 조상들이 쌓아 놓은 업적만 믿고 나라를 돌보는 일을 게을리하다가 결국 폐위된 중국 태강왕의 고사를 인용하여 조선의 후대 왕들에게 백성을 다스리는 일에 힘쓰라는 교훈을 주려는 의도를 담고 있습니다.

* **권계(勸戒)**: 잘못함이 없도록 타일러 주의시킴.

【초성 답】 1 송축가 2 천명성 3 훈민정음

092 고전 시가 ❺ - 시조

> 고려 중기에 발생하여 작자층과 향유층의 확대에 따라 발달한 우리 고유의 정형시

시조는 3장 형식의 (1 ㅈㅎㅅ)에 반주 없이 일정한 가락을 얹어 느릿하게 부르는 노래를 말한다. 고려 후기 신흥 사대부들이 유교 이념을 표현하기 위해 새로운 영역을 개척하는 과정에서 창안된 국문학 양식이다. 고려 중엽에 최초로 발생하여 고려 말기에 기본 형식이 완성된 것으로 추정된다. 시조는 조선 초기에 훈민정음이 창제되면서 (2 ㅇㄹㅁ)을/를 기록할 수 있게 됨에 따라 더욱 발달하게 되었다. 이후 시조는 정형화된 형식에서 벗어나 연시조, 사설시조 등 다양한 형태적 변화를 꾀하는 동시에 창작층 및 향유층이 확대되면서 국문학의 대표적인 시가 양식으로 자리 잡았다.

평시조	• 시조의 일반적인 형식인 3장 6구 45자 내외의 기본형 • 3·4조나 4·4조의 음수율과 4음보의 음보율을 기본 율격으로 함. • (3 ㅈㅈ)의 첫 음보는 3음절로 고정되어 있으며, 둘째 음보는 5음절 이상이어야 함. • 유교적 충의 사상을 담은 고려 **유신**들의 회고가나 사육신들의 절의가가 대표적임. 백설(白雪)이 자자진 골에 구루미 머흐레라. 반가온 매화(梅花)는 어느 곳에 피엿는고. 석양(夕陽)에 홀로 셔 이셔 갈 곳 몰라 하노라.　– 이색　 → 평시조의 형식을 빌려 기울어 가는 고려 왕조에 대한 안타까움과 지식인의 고뇌를 노래함.
연시조	• 내용상 연결된 평시조를 2수 이상 나열하여 한 작품으로 이룬 형태 • 사계절의 흐름에 따라 내용을 전개하는 사시가(四時歌)가 대표적임. 강호(江湖)에 봄이 드니 미친 흥(興)이 절로 난다. _강과 호수 → 자연, 세상_ 탁료계변(濁醪溪邊)에 금린어가 안주로다. _막걸리를 마시며 노는 시냇가_　_쏘가리_ 이 몸이 한가(閑暇)하옴도 역군은(亦君恩)이샷다. _임금님의 은혜_　〈춘사(春詞)〉 강호(江湖)에 녀름이 드니 초당에 일이 업다. _믿음과 의리가 있음._　_초가집_ 유신(有信)한 강파(江波)는 보내느니 바람이다. _강에서 일어나는 물결_ 이 몸이 서늘하옴도 역군은이샷다. 〈하사(夏詞)〉 강호(江湖)에 가을이 드니 고기마다 살져 잇다. 소정(小艇)에 그물 시러 흘리 띄여 더뎌 두고, _작은 배_ 이 몸이 소일(消日)하옴도 역군은이샷다. _느긋하게 세월을 보냄._　〈추사(秋詞)〉 강호(江湖)에 겨울이 드니 눈 기픠 자히 남다. _길이의 단위(한 자 = 약 30.3cm)_ 삿갓 빗기 쓰고 누역으로 오슬 삼아, _도롱이(짚으로 만든 비옷)_ 이 몸이 칩지 아니하옴도 역군은이샷다. 〈동사(冬詞)〉 – 맹사성, 〈강호사시가(江湖四時歌)〉 → 자연에서 안빈낙도하며 유유자적하는 한가로운 삶을 계절에 따라 한 수씩 읊은 우리나라 최초의 연시조임.
사설시조	• 평시조의 3장 중 두 구 이상이 평시조보다 길어진 시조 • 초장·중장이 제한 없이 길며, 종장도 길어져 (4 ㅅㅁ)적 성질을 띠는 시조 • 조선 후기에 창작층 및 향유층의 확대로 인해 정형성을 탈피한 시조가 산문화 경향과 맞물려 등장함. 바람도 쉬여 넘는 고개 구름이라도 쉬여 넘는 고개 _산에서 자란 매_　_매_ 산(山)진이 수(手)진이 해동청(海東靑) 보라매도 다 쉬여 넘는 고봉(高峯) 장성령(長成嶺) 고개 _사람 손으로 길들인 매_　_난 지 1년이 안 된 새끼를 잡아 길들여서 사냥에 쓰는 매_ 그 너머 님이 왓다 하면 나는 아니 한 번도 쉬여 넘어가리라.　– 작자 미상 → 임을 기다리는 안타까움을 표현한 사설시조로, 5구를 제외한 모든 구가 3음보 이상으로 이루어져 있음.

❤ '시조'라는 명칭은 어디에서 유래했나요?

시조는 초기에는 장가(長歌)인 고려 가요에 대응하여 짧은 노래라는 의미로 '단가(短歌)'로 불리다가 조선 영조 때 가객 이세춘이 그 시절에 유행하는 노래라는 뜻에서 '시절가조(時節歌調)'라고 부른 데서 '시조'라는 명칭이 유래한 것으로 알려져 있습니다.

개념 알통　자연을 즐기는 삶과 관련된 표현

'강호(江湖)'는 예전에 현실을 벗어나 생활하던 자연을 의미한다.

강호한정 (江湖閑情)	자연을 예찬하며 한가롭게 즐기는 태도를 노래한 시가로, 양반들은 자연 속에서 한가로운 것이 임금의 은혜 덕분이라고 생각하여 감사하는 태도를 보임.
강호가도 (江湖歌道)	자연을 예찬하고 자연에 귀의하여 자연과 더불어 살 것을 노래하는 시가 문학의 경향을 의미함.
안빈낙도 (安貧樂道)	가난한 생활을 하면서도 편안한 마음으로 도를 즐겨 지킴.
단사표음 (簞食瓢飮)	대나무로 만든 밥그릇에 담은 밥과 표주박에 든 물 → 청빈하고 소박한 생활
단표누항 (簞瓢陋巷)	누항에서 먹는 한 그릇의 밥과 한 바가지의 물 → 선비의 청빈한 생활
물아일체 (物我一體)	외부의 대상과 내가 어울려 하나가 됨.
연하고질 (煙霞痼疾)	자연의 아름다운 경치를 몹시 사랑하고 즐기는 성벽(굳어진 성질이나 버릇) = 천석고황(泉石膏肓)
유유자적 (悠悠自適)	속세를 떠나 아무 속박 없이 조용하고 편안하게 삶.

* **유신(遺臣):** 왕조가 망한 뒤에 남아 있는 신하 또는 선왕(先王)을 모시던 신하

【초성 답】 1 정형시 2 우리말 3 종장 4 산문

093 고전 시가 ❻ - 가사

> 시가와 산문의 중간 형태로, 3·4조 또는 4·4조, 4음보로 된 행의 연속체 시가

'가사'는 (1 　ㅈㅅ　) 시대 초기에 발생한 갈래로, 경기체가가 쇠퇴하면서 사대부들이 제한된 형식의 시조에는 다 담아내기 어려운 자신들의 정서와 생각을 좀 더 자유로운 형식에 담아 표현하기 위해 고안한 양식이다.

형식	• 대부분 '서사 - 본사 - 결사'의 3단 구조임. • 한 행이 대체로 3·4조 4·4조의 음수율과 4음보의 음보율을 이룸. • 4음보의 행이 행의 수에 제한 없이 연달아 이어지는 (2 　ㅇㅅㅊ　) 구성임.
내용	• 조선 전기에는 자연 친화와 안빈낙도하는 삶, 연군지정(戀君之情) 등의 내용이 많음. • 조선 후기에는 전쟁의 경험, 가난한 삶, 사신으로 외국 기행, 부녀자의 삶 등 현실적인 내용이 많음.

가사는 시조와 함께 조선 문학을 대표하는 갈래이며, 자연에서의 유유자적한 삶이나 유교적 충의 사상, 유배 간 처지 등 다양한 내용을 다루고 있다.

	은일 가사	벼슬을 하지 않고 속세를 떠나 자연에서의 삶을 노래함. 예〈상춘곡〉
	유배 가사	유배지에서 고향과 가족을 그리워하거나 임금에 대한 충정을 노래함. 예〈만분가〉
	전쟁 가사	임진왜란 후 왜적에 대한 분노와 나라를 걱정하는 마음을 노래함. 예〈선상탄〉
내용	기행 가사	사신의 자격으로 청나라나 일본을 방문한 견문과 감상을 노래함. 예〈일동장유가〉
	내방(규방) 가사	가부장제에서 부녀자의 고된 삶이나 임에 대한 그리움을 노래함. 예〈규원가〉
	월령체 가사	농촌의 연중 행사와 풍속을 열두 달의 순서에 맞춰 노래함. 예〈농가월령가〉
	평민 가사	평민이 쓴 가사로, 남녀의 사랑이나 부정적 인물 비판 등을 노래함. 예〈우부가〉
형식	정격 가사	마지막 행(낙구)이 (3 　ㅅㅈ　)의 종장처럼 3·5·4·3(4)의 음수율을 지니는 가사 예 아모타, 백년행락(百年行樂)이 이만한들 엇지하리. ─ 정극인, 〈상춘곡〉 한평생 잘 놀고 즐겁게 지냄.
	(4 　ㅂㄱ　) 가사	마지막 행(낙구)이 음수율의 제한을 받지 않는 가사 예 아니 놀면 무엇을 하겠느뇨. ─ 작자 미상, 〈수양산가〉

또한 가사는 임진왜란(1592)과 병자호란(1636)을 기점으로 내용이나 형식에 변화가 있어 조선 전기와 후기로 그 특징을 구분해 볼 수 있다.

구분	조선 전기	조선 후기
작가	대부분 양반층	양반층, 부녀자, 평민 등
길이	상대적으로 짧음.	상대적으로 긺. → 산문화 경향이 반영된 서사적 장편 가사의 등장
낙구	정격 가사가 대체로 많음.	변격 가사 많은 편임.
내용	벼슬에서 물러나 자연에 묻혀 사는 삶, 임금을 그리는 정	기행, 남녀의 애정 등 현실적인 문제와 진솔한 감정

🔴 1:1 작품 체험

홍진(紅塵)에 뭇친 분네 이 내 생애(生涯) 엇더흔고
번거롭고 속된 세상을 비유

녯 사람 풍류(風流)를 미출가 못 미출가
멋스럽고 풍치가 있는 일
천지간(天地間) 남자 몸이 날만흔 이 하건마는
하늘과 땅 사이, 이 세상

산림(山林)에 뭇쳐 이셔 지락(至樂)을 모를 것가
더할 나위 없는 즐거움

수간모옥(數間茅屋)을 벽계수(碧溪水) 앏픠 두고
몇 칸 안 되는 작은 초가 　 물빛이 맑아 푸르게 보이는 시냇물

송죽(松竹) 울 울리(鬱鬱裏)에 풍월주인(風月主人) 되여서라
맑은 바람과 밝은 달 등의 자연을 즐기는 사람

엇그제 겨울 지나 새봄이 도라오니

도화행화(桃花杏花)는 석양리(夕陽裏)예 퓌여 잇고
복숭아꽃과 살구꽃

녹양방초(綠楊芳草)는 세우(細雨) 중에 프르도다
푸른 버드나무와 향기로운 풀 　 가랑비

칼로 몰아 낸가 붓으로 그려 낸가

조화신공(造化神功)이 물물마다 헌스룹다
만물을 창조한 신의 공로

─ 정극인, 〈상춘곡〉

[현대어 풀이]

속세에 묻혀 사는 사람들이여 이 나의 생활이 어떠한가? / 옛사람의 풍류에 미치겠는가, 못 미치겠는가. / 세상에 남자의 몸으로 태어나 나와 비슷한 사람이 많건마는, / 그들은 왜 자연에 묻혀 지내는 지극한 즐거움을 모는 것인가? / 작은 초가를 푸른 시냇물 앞에 두고, / 소나무와 대나무가 울창한 속에서 자연의 주인이 되어 살고 있도다. / 엊그제 겨울이 지나고 새봄이 돌아오니, / 복숭아꽃과 살구꽃은 석양 속에 피어 있고, / 푸른 버드나무와 향기로운 풀은 가랑비 속에 푸르구나. / 칼로 마름질해 내었는가? 붓으로 그려 내었는가? / 조물주의 신비로운 재주가 사물마다 야단스럽다.

이 작품은 조선 시대 양반 가사의 효시(嚆矢, 어떤 사물이나 현상이 시작되어 나온 맨 처음)로, 벼슬에서 물러나 고향에 머물던 작가가 안빈낙도하는 즐거움을 노래한 (5 　○○　) 가사이다.

작품 알통

• 해제: 아름다운 봄 경치를 즐기며 자연에서 안빈낙도하는 삶의 즐거움을 노래한 가사이다.

• 주제: 봄의 완상과 안빈낙도

【초성 답】 1 조선 2 연속체 3 시조 4 변격 5 은일

개념 트레이닝 ZONE

빈칸에 알맞은 말을 쓰며 개념 근육을 키워 보세요!

01

이 몸이 주거가셔 무어시 될고 하니
봉래산(蓬萊山) 제일봉에 낙락장송(落落長松) 되야 이셔
백설이 만건곤(滿乾坤)할 제 독야청청(獨也靑靑)하리라.

— 성삼문

- 중국 전설에 나타나는 가상의 산 중 하나: 봉래산
- 가지가 길게 축축 늘어진 키가 큰 소나무: 낙락장송
- 하늘과 땅에 가득함: 만건곤
- 홀로 절개를 굳세게 지킴: 독야청청

[현대어 풀이]
이 몸이 죽은 뒤에 무엇이 될까 생각해 보니
봉래산 제일 높은 봉우리에 우뚝 솟은 소나무가 되어서
흰 눈이 온 세상을 뒤덮을 때 홀로라도 푸른빛을 발하리라.

사육신인 작가가 (　　　　)의 왕위 찬탈에 반대하다 죽임을 당하기 전에 읊은 것으로, 전통적으로 지조와 절개의 상징물인 (　　　　)을/를 통해 굳은 지조와 강직한 신념을 우의적으로 표현하고 있다.

02

십 년(十年)을 경영(經營)하여 초려 삼간(草廬三間) 지여 내니
나 한 간 달 한 간에 청풍(淸風) 한 간 맛져 두고
강산(江山)은 들일 듸 업스니 둘러 두고 보리라

— 송순

- 계획을 세워 집을 짓다: 경영
- 짚이나 갈대 따위로 지붕을 인 집 세 칸: 초려 삼간
- 부드럽고 맑은 바람: 청풍

[현대어 풀이]
십 년 동안 계획하여 초가삼간 지으니
내가 한 칸, 달이 한 칸, 맑은 바람이 한 칸을 차지하게 하고
강과 산은 (안에) 들여 놓을 데가 없으니 (밖에 병풍처럼) 둘러 두고 보리라.

화자는 (　　　　)을/를 자신과 동등한 인격체로 보고 자연 속에서 안빈낙도하는 삶을 추구하며 자연과 물아일체 되어 (　　　　)을/를 즐기는 생활을 드러내고 있다.

03

동지(冬至)ㅅ달 기나긴 밤을 한 허리를 버혀 내여,
춘풍(春風) 니불 아래 서리서리 너헛다가,
어론님 오신 날 밤이여든 구뷔구뷔 펴리라.

— 황진이

- 12월 22일이나 23일경, 낮이 가장 짧고 밤이 가장 긴 24절기의 하나: 동지
- 동그렇게 포개어 감아 놓은 모양: 서리서리

[현대어 풀이]
동짓달 길고 긴 밤의 한가운데를 베어 내어,
봄바람처럼 따뜻한 이불 속에 서리서리 넣어 두었다가,
정든 임이 오신 날 밤이면 굽이굽이 펼쳐 내리라.

추상적인 (　　　　)을/를 베어 내고 넣어 둘 수 있는 구체적 사물로 형상화하고, 생동감이 느껴지는 (　　　　)인 '서리서리, 구뷔구뷔'를 사용하여 임을 그리워하며 기다리는 화자의 마음을 표현하고 있다.

17세기에 들어 사대부들은 당쟁과 외적의 침략으로 혼란스러워진 현실에서 성리학적 이념과 도덕의 영향력이 점점 약해지는 것을 지켜보게 되었습니다. 이 시기 사대부들의 시조에서 자연은 여전히 천리가 구현되어 있으며 질서와 조화를 보여 주는 공간으로 간주되었지만, 현실은 이와는 거리가 먼 혼탁함과 부조리의 공간으로 여겨졌습니다. 이들 시조에서 화자는 자연의 아름다운 풍광에 몰입하고 그 흥취를 즐깁니다. 그러는 가운데 이와는 동떨어진 현실에 대한 거리감과 안타까움을 표현하기도 합니다. 윤선도의 〈어부사시사〉에서도 이러한 양상을 확인할 수 있습니다.

04

압개예 안개 것고 뒫뫼희 해 비췬다
배 떠라 배 떠라
밤믈은 거의 디고 낟믈이 미러 온다
지국총(至匊悤) 지국총(至匊悤) 어사와(於思臥)
강촌(江村) 온갓 고지 먼 빗치 더옥 됴타 〈춘사(春詞) 1〉

- 썰물: 밤믈
- 밀물: 낟믈
- 의성어 → 닻을 감거나 노 젓는 소리: 지국총
- 노를 저으며 '어기여차' 외치는 소리: 어사와
- 강가의 마을, 문맥상 어촌: 강촌

[현대어 풀이]
앞 개울에 안개가 걷히고 뒷산에 해가 비친다.
배 띄워라 배 띄워라.
밤물(썰물)은 거의 빠지고 낮물(밀물)이 밀려온다.
찌그덩 찌그덩 어기여차
강가 마을에 온갖 꽃이 (피었으니) 먼 빛이 (바라보니) 더욱 좋구나.

우는 거시 벅구기가 프른 거시 버들숩가
이어라 이어라
어촌(漁村) 두어 집이 닛 속의 나락들락
지국총 지국총 어사와
말가한 기픈 소희 온갇 고기 뛰노는다 〈춘사(春詞) 4〉

- 땅바닥이 우묵하게 빠지고 물이 괴어 있는 곳. 문맥상 바다: 소희

[현대어 풀이]
우는 것이 뻐꾸기인가, 푸른 것이 버들 숲인가?
노 저어라 노 저어라.
어촌의 두어 집이 안개 속에 들어갔다 나왔다 하는구나.
찌그덩 찌그덩 어기여차
맑고 깊은 못에 온갖 고기 뛰어논다.

구즌비 머저 가고 시낻믈이 맑아 온다.
배 떠라 배 떠라
낙대를 두러메니 기픈 흥(興)을 금(禁) 못 할돠.
지국총 지국총 어사와
연강(煙江) 텹장(疊嶂)은 뉘라셔 그려 낸고. 〈하사(夏詞) 1〉

- 안개 긴 강: 연강
- 겹겹이 싸인 산봉우리: 텹장

[현대어 풀이]
궂은 비는 멎어 가고 시냇물이 맑아 온다.
배 띄워라 배 띄워라.
낚싯대를 둘러메니 깊은 흥을 참을 수 없구나.
찌그덩 찌그덩 어기여차
안개 낀 강과 겹겹이 싸인 산봉우리는 누가 (이처럼) 그려 냈는가?

년닙희 밥 싸 두고 반찬으란 쟝만 마라

닫 드러라 닫 드러라

청약립(靑蒻笠)은 써 잇노라 녹사의(綠蓑衣) 가져오냐
푸른 갈대로 만든 갓   짚, 띠 따위로 엮어 허리나
지국총 지국총 어사와   어깨에 걸쳐 두르는 비옷

무심한 빅구(白鷗)는 내 좃는가 제 좃는가 〈하사(夏詞) 2〉
                    갈매기

[현대어 풀이]

연잎에 밥을 싸 두고 반찬일랑 장만하지 마라.

닻 들어라 닻 들어라.

푸른 갈대로 만든 삿갓은 쓰고 있노라. 도롱이는 가져왔느냐?

찌그덩 찌그덩 어기여차

욕심 없는 갈매기는 내가 저를 쫓아가는가, 제가 나를 쫓아오는가?

수국(水國)의 가을히 드니 고기마다 살져 잇다
강이나 호수 따위가 많거나 바다로 둘러싸인 나라를 비유적으로 이르는 말
닫 드러라 닫 드러라

만경딩파(萬頃澄波)의 슬카지 용여(容與)하쟈
    한없이 넓은 바다   한가롭고 편안하여 흥에 겁다.
지국총 지국총 어사와

인간(人間)을 도라보니 머도록 더옥 됴타 〈추사(秋詞) 2〉
사람이 사는 세상

[현대어 풀이]

어촌에 가을이 찾아오니 고기마다 살져 있다.

닻 들어라 닻 들어라.

아득히 넓은 바다에서 마음껏 한가롭게 놀아 보자.

찌그덩 찌그덩 어기여차

인간 세상을 돌아보니 멀면 멀수록 더욱 좋구나.

간밤의 눈 갠 후에 경믈(景物)이 달랏고야
                계절마다 달라지는 경치
이어라 이어라
        만 이랑의 유리라는 뜻으로, 유리처럼 반반하고 아름다운 바다
압희는 만경류리(萬頃琉璃) 뒤희는 쳔텹옥산(千疊玉山)
                            수없이 겹쳐 있는 아름다운 산
지국총 지국총 어사와

선계ㄴ가 불계ㄴ가 인간이 아니로다 〈동사(冬詞) 4〉

[현대어 풀이]

지난밤에 눈이 갠 후에 경치가 달라졌구나.

노 저어라 노 저어라.

앞에는 유리 같은 끝없는 바다, 뒤에는 겹겹이 쌓인 흰 산

찌그덩 찌그덩 어기여차

신선이 사는 곳인가, 극락세계인가, 인간 세상은 아니로다.

– 윤선도, 〈어부사시사(漁父四時詞)〉

윤선도가 중앙 정계를 떠나 전남 보길도에 은거하고 있을 때 지은 총 40수의
(   )(이)다. 춘하추동의 사계절을 각 10수씩 배정하고, (   )
의 흐름에 따른 경치의 변화와 그것을 보는 화자의 심정을, 배를 타고 나갔다
가 되돌아오는 가어옹(暇漁翁, 어부처럼 지내는 사람)의 생활을 중심으로 유
기적으로 형상화하고 있다.

구분	현재 은거하는 곳(자연)	떠나온 곳(속세)
표현	어촌, 수국	인간(인간 세상)
태도	긍정적, 예찬적	부정적, 비판적

05

이 몸 삼기실 제 님을 조차 삼기시니,

한생 연분(緣分)이며 하늘 모를 일이런가.
한평생 인연
나 하나 졈어 잇고 님 하나 날 괴시니,

이 마음 이 사랑 견줄 데 노여 업다.
                    전혀
평생(平生)애 원(願)하요데 한데 녜쟈 하얏더니,

늙거야 므사 일로 외오 두고 글이는고.

엇그제 님을 뵈셔 광한뎐(廣寒殿)의 올낫더니,
    달 속에 있다는, 항아(달 속에 있다는 선녀)가 사는 가상의 궁전
그 더데 엇디하야 하계(下界)예 내려오니,
    천상계에 상대하여 사람이 사는 이 세상을 이르는 말
올 적의 비슨 머리 얼킈연 디 삼년(三年)이라.

연지분(臙脂粉) 잇나마는 눌 위하야 고이 할고.
볼연지와 분
마음의 매친 실음 텹텹(疊疊)이 싸혀 이셔,
                근심, 걱정 따위가 많이 쌓여 있는 모양
짓나니 한숨이오 디나니 눈물이라 (중략)
❶ 동쪽에서 부는 바람 ❷ 봄철에 불어오는 바람
동풍(東風)이 건 듯 부러 적설(積雪)을 헤텨내니,
                    쌓여 있는 눈
창(窓) 밧긔 심근 매화(梅花) 두세 가지 피여셰라.
태나도 마음씨가 차갑다. → [문맥상] 날씨가 춥고 차다.
갓득 냉담(冷淡)한데 암향(暗香)은 므사 일고.
                        그윽히 풍기는 매화의 향기
황혼(黃昏)의 달이 조차 벼마테 빗최니,
                    베갯머리에
늣기는 듯 반기는 듯 님이신가 아니신가.

뎌 매화(梅花) 것거 내여 님 겨신 데 보내오져.

님이 너를 보고 엇더타 너기실고. (중략)

하루도 열두 때 한 달도 셜흔 날,

져근덧 생각 마라. 이 시름 닛쟈 하니,

마음의 매쳐 이셔 골슈(骨髓)의 께텨시니,
                마음속 깊은 곳
편작(扁鵲)이 열히 오나 이 병을 엇디 하리.
의술이 뛰어나 오장을 투시하는 경지에 이르렀다는 중국 전국 시대의 의사
어와 내 병이야 이 님의 타시로다.

찰하리 싀어디여 범나븨 되오리라.
        죽어서   호랑나비
곳나모 가지마다 간 듸 죡죡 안니다가,

향 므든 놀애로 님의 오세 올므리라.

님이야 날인 줄 모르셔도 내 님 조츠려 하노라.

– 정철, 〈사미인곡(思美人曲)〉

작가가 조정에서 물러나 4년간 전남 창평에 은거하고 있을 때 지은 가사로,
(   )을/를 그리워하는 마음을 임과 이별한 (   )의 목소리로 부
른 가사이다. 고전 시가에는 헤어진 임에 대한 그리움과 변함없는 사랑을 여
성 화자의 목소리로 표현한 작품들이 많은데, 〈사미인곡〉과 같이 남성인 사대
부가 임금 곁에서 멀어져 있는 자신의 처지를 이별한 여인의 모습에 빗대어 표
현한 노래도 있다.

서사			임과의 인연과 이별 후의 그리움

↓

	계절	소재	정서
본사	봄	매화	변함없는 충절
	여름	옷	임에 대한 애틋한 사랑과 정성
	가을	달빛	선정을 갈망하는 충정
	겨울	봄볕	임에 대한 염려

↓

결사	죽어서도 변하지 않을 임에 대한 사랑

워밍-UP

다음 글을 읽고 빈칸에 알맞은 말을 써서 해설을 완성하거나
정오를 판단하세요.

01

> ㉠우는 것이 뻐꾸긴가 푸른 것이 버들숲인가
>
> 이어라 이어라
> 도 저어라
> ⓐ어촌(漁村) 두어 집이 내 속에 나락들락
> 바닷가에 자주 나타나는 안개와 같은 현상
>
> ㉡지국총 지국총 어사와
>
> 말갛고 깊은 소(沼)에 온갖 고기 뛰노누나 〈춘사(春詞) 4〉
> 땅바닥이 둘러 빠지고 물이 깊게 괴어
> 있는 곳 – 여기서는 바다를 의미함.
>
> 연잎에 밥 싸 두고 반찬일랑 장만 마라
>
> 닻 들어라 닻 들어라
>
> 청약립(靑篛笠)은 써 있노라 녹사의(綠蓑衣) 가져오냐
> 푸른 갈대로 만든 삿갓   짚으로 만든 도롱이(비옷)
> 지국총 지국총 어사와
>
> 무심(無心)한 백구(白鷗)는 ㉢내 좇는가 제 좇는가
> 욕심 없음.   흰 갈매기
> 〈하사(夏詞) 2〉
>
>
> ㉣수국(水國)에 가을이 드니 고기마다 살져 있다
>
> 닻 들어라 닻 들어라
> 넓게 펼쳐진 맑은 물결   느긋한 마음으로 여유 있게 놀자
> ⓑ만경징파(萬頃澄波)에 실컷 용여(容與)하자
>
> 지국총 지국총 어사와
>
> 인간(人間)을 돌아보니 ㉢멀수록 더욱 좋다 〈추사(秋詞) 2〉
> 인간 세상, 속세
>
>
> 물가에 외로운 솔 혼자 어이 씩씩한고
>
> 배 매어라 배 매어라
>
> 머흔 구름 한(恨)치 마라 세상(世上)을 가리운다
> 험하고 사나운
> 지국총 지국총 어사와
>
> 파랑성(波浪聲)을 염치 마라 진훤(塵喧)을 막는도다
> 물결 소리   싫어하지   속세의 시끄러움
> 〈동사(冬詞) 8〉
>
> – 윤선도, 〈어부사시사(漁父四時詞)〉

구분	표현상의 특징	의미
㉠	청각과 시각의 감각적 이미지	대상의 ( ).
㉡	여음	( )을/를 북돋움.
㉢	( )적 화자	어촌에서 풍류를 즐기는 사람
㉣	( )적 배경	화자에게 ( )의 대상이 되는 이상적인 세계

→ ⓐ는 '뻐구기'와 '버들숲'을 배경으로 '온갖 고기 뛰노'는 자연의 모습과 조화를 이루는 어촌 풍경의 일부로 볼 수 있다. ◯◯

→ ⓑ는 화자의 말은 자연에 몰입하여 흥취를 즐기고자 하는 태도를 드러낸 것으로 볼 수 있다. ◯◯

→ ⓒ는 '인간'으로 제시된 현실의 부조리함에 대한 화자의 거리감을 반영한 표현으로 볼 수 있다. ◯◯

02

연군 가사는 임금과 떨어진 신하가 임금을 그리워하고 걱정하며 충성심을 드러낸 가사 작품들을 가리킵니다. 〈속미인곡〉은 정철이 정쟁(政爭), 정치에서의 싸움)으로 인해 관직에서 물러난 후 낙향하였을 때 쓴 연군 가사의 대표적 작품입니다.

> 저기 가는 저 각시 본 듯도 하구나
>
> 천상 백옥경(白玉京)을 어찌하여 이별하고
> 옥황상제가 지내는 궁궐
> 해 다 져 저문 날에 누굴 보러 가시는고
>
> 어와 너로구나 이 내 사설 들어 보오
>
> 내 얼굴 이 거동이 임 사랑 받을 만할까만
>
> 어쩐 일로 날 보시고 너로다 여기시니
>
> 나도 임을 믿어 군뜻이 전혀 없어
>
> 아양이야 교태야 어지러이 하였더니
>
> 반기시는 낯빛이 전과 어찌 다르신고
>
> 누워 생각하고 일어나 앉아 헤아리니
>
> 내 몸의 지은 죄 산같이 쌓였으니
>
> 하늘이라 원망하며 사람이라 허물하랴
>
> 서러워 풀어 헤아리니 조물의 탓이로다 (중략)
>
> 어느덧 힘이 다해 풋잠을 잠깐 드니
>
> 정성이 지극하여 꿈에 임을 보니
>
> 옥 같던 얼굴이 반이 넘게 늙었어라
>
> 마음에 먹은 말씀 실컷 사뢰자 하니
>
> ㉠눈물이 이어져 나니 말씀인들 어이 하며
>
> 정을 못다 풀고 목조차 메어 오니
>
> 방정맞은 닭 울음에 잠을 어찌 깨었던고
>
> 어와 허사로다 이 임이 어디 간고
>
> 바로 일어나 앉아 창을 열고 바라보니
>
> ㉡불쌍한 그림자 날 좇을 뿐이로다
>
> ㉢차라리 사라져 낙월(落月)이나 되어서
>
> 임 계신 창 안에 번듯이 비추리라
>
> 각시님 달이야커녕 궂은 비나 되소서
>
> – 정철, 〈속미인곡(續美人曲)〉

구분	화자의 정서
㉠	떨어져 있는 임금에 대한 ( )와/과 그리움
㉡	임금과 떨어져 있는 상황에 대한 ( )
㉢	임금에 대한 변함없는 ( )

→ 화자가 꿈속에서 '임'의 모습을 보고 '눈물이 이어져'난다고 하는 것에서 임금에 대한 작가의 걱정과 그리움의 깊이를 짐작할 수 있다. ◯◯

→ '임'과 헤어지게 된 화자가 자신의 그림자를 '불쌍한'으로 표현한 것에서 임금과 떨어져 지내야 하는 것에 대한 작가의 안타까운 심정을 알 수 있다. ◯◯

→ '낙월'이 되어서라도 '임 계신 창 안에 번듯이 비추'려는 화자의 모습에서 임금에 대한 작가의 충성심을 알 수 있다. ◯◯

[01~04] 다음 글을 읽고 물음에 답하시오.

(가) 조선 시대 시조 문학의 주된 향유 계층은 사대부들이었다. 그들은 '사(士)'로서 심성을 수양하고 '대부(大夫)'로서 관직에 나아가 정치 현실에 참여하는 것을 이상으로 여겼다. 세속적 현실 속에서 나라와 백성을 위한 이념을 추구하면서 동시에 심성을 닦을 수 있는 자연을 동경했던 것이다. 이러한 의식의 양면성에 기반을 두고 시조 문학은 크게 강호가류(江湖歌類)와 오륜가류(五倫歌類)의 두 가지 경향으로 발전하게 되었다.

[A] 강호가류는 자연 속에서 한가롭게 지내는 삶을 노래한 것으로, 시조 가운데 작품 수가 가장 많다. 강호가류가 크게 성행한 시기는 사화와 당쟁이 끊이질 않았던 16~17세기였다. 세상이 어지러워지자 정치적 이상을 실천하기 어려웠던 사대부들은 정치 현실을 떠나 자연으로 회귀하였다. 이때 사대부들이 지향했던 자연은 세속적 이익과 동떨어진 검소하고 청빈한 삶의 공간이자 안빈낙도(安貧樂道)의 공간이었다. 그 속에서 사대부들은 강호가류를 통해 자연과 인간의 이상적 조화를 추구하며 자신의 심성을 닦는 수기(修己)에 힘썼다.

[B] 한편, 오륜가류는 백성들에게 유교적 덕목인 오륜을 실생활 속에서 실천할 것을 권장하려는 목적으로 창작한 시조이다. 사대부들이 관직에 나아가면 남을 다스리는 치인(治人)을 위해 최선을 다했고, 그 방편으로 오륜가류를 즐겨 지었던 것이다. 오륜가류는 쉬운 일상어를 활용하여 백성들이 일상생활에서 마땅히 행하거나 행하지 말아야 할 것들을 명령이나 청유 등의 어조로 노래하였다. 이처럼 오륜가류는 유교적 덕목인 인륜을 실천함으로써 인간과 인간이 이상적 조화를 이루고, 이를 통해 천하가 평화로운 상태까지 나아가는 것을 주요 내용으로 하였다.

이처럼 사대부들의 시조는 심성 수양과 백성의 교화라는 두 가지 주제로 나타난다. 이는 사대부들이 재도지기(載道之器), 즉 문학을 도(道)를 싣는 수단으로 보는 효용론적 문학관에 바탕을 두었기 때문이다. 이때 도(道)란 수기의 도와 치인의 도라는 두 가지 의미를 지니는데, 강호가류의 시조는 수기의 도를, 오륜가류의 시조는 치인의 도를 표현한 것이라 할 수 있다.

(나) 산수 간(山水間) 바위 아래 띠집을 짓노라 하니
그 모른 남들은 웃는다 한다마는
어리고 향암의 뜻에는 내 분(分)인가 하노라 〈제1수〉

보리밥 풋나물을 알맞게 먹은 후에
바위 끝 물가에 슬카지 노니노라
그 남은 여남은 일이야 부럴 줄이 있으랴 〈제2수〉

누고셔 삼공(三公)도곤 낫다 하더니 만승(萬乘)이 이만하랴
이제로 헤어든 소부 허유(巢父許由)가 약돗더라
아마도 임천한흥(林泉閑興)을 비길 곳이 없어라 〈제4수〉

강산이 좋다 한들 내 분(分)으로 누었느냐
임금 은혜를 이제 더욱 아노이다
아무리 갚고자 하여도 하올 일이 없어라 〈제6수〉

– 윤선도, 〈만흥(漫興)〉

(다) ㉠님금과 백성 사이 하늘과 땅이로되
나의 설운 일을 다 알려고 하시거든
우린들 살진 미나리를 혼자 엇디 머그리 〈제2수〉

어버이 사라신 제 셤길 일란 다하여라
디나간 후(後)면 애닯다 엇디하리
㉡평생(平生)애 고텨 못할 일이 이뿐인가 하노라 〈제4수〉

남으로 삼긴 중의 벗같이 유신(有信)하랴
㉢나의 왼 일을 다 닐오려 하노매라
이 몸이 벗님이 아니면 사람 되미 쉬올가 〈제10수〉

㉣비록 못 니버도 남의 옷을 앗디 마라
비록 못 먹어도 남의 밥을 비디 마라
㉤한적곳 때 시른 후면 고텨 씻기 어려우리 〈제14수〉

– 정철, 〈훈민가(訓民歌)〉

01

(가)를 이해한 내용으로 가장 적절한 것은?

① 사대부들은 강호가류를 통해 인간과 자연의 이상적 조화를 지향했다.

② 사대부들은 강호가류보다 오륜가류의 창작에 더욱 힘쓰는 모습을 보였다.

③ 사대부들은 치인보다 수기를 더 중요한 덕목으로 여기며 시조를 창작했다.

④ 사대부들은 오륜가류와 달리 효용론적 문학관에 바탕을 두고 강호가류를 창작했다.

⑤ 사대부들은 사화와 당쟁으로 어지러운 정치 현실을 벗어나기 위해 오륜가류를 창작했다.

02

[A]와 〈보기〉를 참고하여 (나)를 이해한 내용으로 적절하지 <u>않은</u> 것은?

〈보기〉

전남 해남에는 고산 윤선도의 흔적들이 곳곳에 남아 있다. 그 중에서도 금쇄동은 윤선도가 오랜 유배 생활을 끝내고 돌아와 은거했던 공간이다. 그는 혼탁한 정치 현실을 떠나 그곳에서 십여 년간 자연을 즐기며 생활하였다. 하지만 그 가운데서도 군신의 도리를 잊지 않았다. 〈만흥(漫興)〉은 이러한 윤선도의 삶이 담겨 있는 작품이다.

① '띠집'은 유배 생활을 끝내고 오랫동안 은거하며 지냈던 삶의 공간으로 볼 수 있군.
② '보리밥 풋나물'은 자연 속에서 검소하면서도 청빈한 삶을 추구했음을 짐작하게 하는 소재이군.
③ '부럴 줄이 있으랴'에는 어지러운 세상을 떠나 자연 속에서의 삶에 만족하는 태도가 잘 드러나 있군.
④ '비길 곳이 없어라'에는 당시의 정치 현실이 어느 때보다 혼탁하다는 인식이 반영되어 있군.
⑤ '임금 은혜를 이제 더욱 아노이다'에서는 자연에 머물면서도 군신의 도리를 잊지 않고 있는 모습을 엿볼 수 있군.

03

[B]를 바탕으로 ㉠~㉤을 설명한 내용으로 적절하지 <u>않은</u> 것은?

① ㉠: 백성의 도리를 언급하기 위해 신분 차이를 밝히고 있다.
② ㉡: 백성들에게 효를 실천할 것을 권장하고 있다.
③ ㉢: 인륜을 실천하는 모습을 벗의 행위로 보여 주고 있다.
④ ㉣: 일상생활에서 행하지 말아야 할 것을 강조하고 있다.
⑤ ㉤: 이상적 상황을 제시하며 치인의 도를 드러내고 있다.

04

(나)와 (다)에 대한 설명으로 적절하지 <u>않은</u> 것은?

① (나)의 〈제1수〉에는 '남들'과 '하암'을 대조하여 화자의 지향하는 바를 드러내었군.
② (나)의 〈제4수〉에는 '소부 허유'와 관련된 고사를 활용해 화자가 추구하는 삶을 제시하였군.
③ (다)의 〈제2수〉에는 '혼자 엇디 머그리'라는 명령의 어조로 교화의 의도를 드러내었군.
④ (다)의 〈제4수〉에는 '디나간 후면'이라고 상황을 가정하여 말하고자 하는 바를 강조하였군.
⑤ (다)의 〈제14수〉에는 '비록~마라'를 반복하여 전달하고자 하는 바를 효과적으로 표현하였군.

🧠 두뇌 스트레칭 ZONE

고산 윤선도의 삶

조선 중기의 문신이자 시인인 고산 윤선도(1587~1671)는 1612년(광해군 4)에 진사가 된 후, 1616년에 성균관 유생의 신분으로 권신 이이첨 등의 횡포를 고발하는 상소를 올렸다가 함경도 경원과 경상도 기장에 유배되었다. 1623년 인조반정으로 유배에서 풀려나 의금부도사가 되었으나, 곧바로 사직하고 낙향하였다. 42세인 1628년에 별시문과 초시에 장원으로 급제하였으며 봉림대군(훗날 효종)을 보필하였다. 1627년에 형조정랑, 1632년에 한성부서윤을 지내고 1633년에 증광문과에 급제하여 문학(文學, 조선 시대에, 세자에게 글을 가르치던 정오품 벼슬)에 올랐으나 모함을 받고 파직되었다. 1636년(인조 14) 병자호란이 일어나자 의병을 이끌고 강화도로 갔으나, 청나라와 화의를 맺었다는 소식을 들을 후 제주도로 가기 위해 항해하다 풍랑을 만나는 바람에 전남 완도군 보길면에 있는 섬 보길도에 은거하였다. 윤선도는 보길도에 정착하기 위해 거처할 집을 짓고 그에 딸린 정자와 연못 등을 만들었는데, 이를 부용동 정원이라고 한다. 그 후 병자호란 당시 왕을 호종(護從, 보호하며 따라감.)하지 않았다는 이유로, 1638년에 영덕에 유배되었다가 1년 후 풀려난 다음 해남으로 돌아갔다. 1652년(효종 3)에 왕명으로 복직하여 동부승지를 지내다 서인 송시열과 서원 철폐를 두고 논쟁을 벌인 일로 탄핵을 받았으며, 1657년에 중추부첨지사로 복직되었다. 1659년에는 남인의 거두(巨頭, 영향력이 크며 주요한 자리에 있는 사람)로서 송시열이 영수(領袖, 여러 사람 가운데 우두머리)로 있는 서인 세력을 꺾으려다 실패한 후, 1660년에 삼수(三水, 함경남도 삼수군)에 유배되었다가 1667년에 풀려나 부용동 정원에서 살다가 머물렀던 집 낙서재에서 85세로 생을 마감하였다.

윤선도는 20여년의 유배 생활을 했으며 해남 금쇄동과 보길도 부용동에서 19년의 은거 생활을 하였다. 이곳은 정치적으로 불우했던 윤선도의 삶이 담겨 있으며, 뛰어난 문학적 감수성을 바탕으로 송강 정철의 가사와 더불어 조선 시대 시가 문학의 쌍벽을 이루는 작품들을 창작해 속세에 초연한 태도로 문학적 성숙을 이루었던 공간적 배경이다.

벌크-UP

[01~02] 다음 글을 읽고 물음에 답하시오.

(가) 향가와 시조는 일반적으로 형식적 측면에서 전승 과정에 초점을 두고 두 갈래의 영향 관계를 설명한다. 시조의 기원에 대한 다양한 설 중, 10구체 향가에서 비롯하였으리라는 설에 바탕을 두고 설명하는 학자들은 초기의 4구체나 과도기 형태인 8구체가 아닌, 10구체를 향가 중에서 정제된 형식으로 본다. 10구체는 대개 '4구+4구+2구'의 형태로 시상을 전개하다가 낙구에 주제를 제시하며 시상을 마무리한다. 이러한 형태는 후대 평시조가 정제된 틀을 갖추게 된 데에 영향을 끼쳤는데, 특히 낙구의 감탄사는 시조의 종장 첫 구에 나타나는 감탄사에 영향을 미쳤으리라는 것이다. 향가의 감탄사와 시조 종장의 감탄사는 앞에 나온 내용을 정서적으로 고양시키거나 환기시켜 노래의 내용을 완결하는 효과가 있다.

이런 전승 과정을 거쳐 형성된 시조가 오늘날까지 창작될 수 있었던 것은, 간결한 형식에서 기인한 바가 크다고 할 수 있다. 이러한 평시조의 형식적 특징은 조선 후기에 접어들어 그 변화가 두드러지게 나타난다. 각 장 4음보의 정형성이 파괴되어 시조의 장형화가 이루어지고 사설시조가 출현하게 된다.

향가와 시조는 형식적 측면에서와는 달리 내용적 측면에서의 영향 관계를 설명하기는 어렵다. 10세기 말 무렵까지 창작됐던 향가는 현재까지 가사가 전해지는 것이 총 25수에 불과하고, 위홍과 대구화상이 간행했다는 향가집 《삼대목》도 현재 전해지지 않는다. 현재 전하는 작품들의 내용은 주로 불교적 신앙심을 바탕으로 한 것이 많지만, 추모(追慕), 축사(逐邪), 안민(安民), 연군(戀君) 등 다양하다.

반면, 고려 말에 발생하여 조선 시대에 들어 본격적으로 융성한 시조는 시조가 지니는 형식미 때문에 조선 전기 사대부들의 미의식과 정신세계를 표현하는 데 적합한 갈래로 자리 잡았다. 이 시기 시조의 주제는 유교적 이념과 자연에 대한 동경이었는데, 이는 조선 사대부들의 이상이기도 했다. 조선 후기 시조는 자기 자신에 대한 새로운 인식과 실학의 대두로 인하여 관념적이고 형식적인 경향에서 벗어났다. 그러면서 시조에는 새로운 인간성을 발견하고 다양한 현실적 삶을 표현하고자 하는 경향이 나타났다.

(나) 임금은 아버지요

신하는 사랑하실 어머니요

백성은 어린 아이라고 한다면

백성이 사랑을 알 것입니다.

꾸물거리며 사는 백성들

이들을 먹여 다스려

이 땅을 버리고 어디로 갈 것인가 한다면

나라가 다스려짐을 알 것입니다.

아으, 임금답게 신하답게 백성답게 한다면

나라가 태평할 것입니다.

           – 충담사, 〈안민가(安民歌)〉

(다) 평생에 일이 업서 산수 간에 노니다가

강호에 님자되니 세상 일 다 니제라

엇더타 강산풍월이 긔 벗인가 하노라

           – 낭원군

01

(가)를 이해한 내용으로 적절하지 않은 것은?

① 향가는 현재 전하는 것보다 더 많은 작품이 있었을 것이다.

② 향가의 4구체는 발전 과정에서 볼 때 초기 형태에 해당한다.

③ 향가와 달리 시조는 지금까지도 작품 창작이 계속되고 있다.

④ 시조의 형식미는 조선 전기 사대부들의 미의식을 드러내는 데 적합했다.

⑤ 시조는 실학의 영향을 받아 관념적인 내용을 담으려는 경향이 나타났다.

02

(가)를 바탕으로 (나)와 (다)를 이해한 것으로 적절하지 않은 것은?

① (나)의 '4구+4구+2구' 형태는 (다)의 '초장+중장+종장'의 3단 구성 형성에 영향을 준 것이군.

② (나)의 '아으'는 전승의 측면에서 (다)의 '엇더타'와 영향 관계에 있군.

③ (다)의 4음보 율격은 (나)에서 '4구'가 반복되는 형태의 영향을 받은 것이군.

④ (다)의 종장에 주제가 제시된 것은 (나)의 9구와 10구에 주제가 제시된 것과 동일한 방식이군.

⑤ (나)와 (다)의 형식은 모두 각각의 갈래에서 대표적인 형식이군.

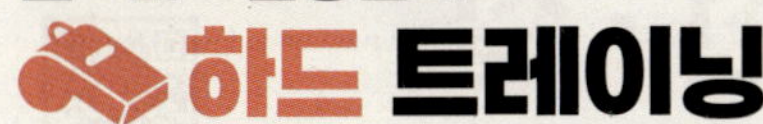

호루라기 관장님의
하드 트레이닝

| 공부한 날 | 월 | 일 | 요일 |
| 맞은 개수 | | | / 6 |

작품	No	작품을 읽고 빈칸에 알맞은 말을 쓰시오.

작품

강호(江湖)에 병이 깊어 죽림(竹林)에 누웠더니

관동 팔백 리의 방면을 맡기시니
_{관찰사의 소임}
어와 성은(聖恩)이야 갈수록 망극하다

연추문 들이달아 경회 남문 바라보며
_{경복궁 서문}
하직하고 물러나니 옥절이 앞에 섰다
_{임금이 주는 신표로 주는, 옥으로 만든 패}
평구역 말을 갈아 흑수로 돌아드니
_{양주}　_{한강 지류인 여강의 옛 이름(여주)}
섬강은 어디메요 치악이 여기로다
_{원주 근방을 흐르는 강}　_{원주}
소양강 내린 물이 어디로 흘러드나

고신(孤臣) 거국(去國)에 백발도 많기도 많구나
_{외로운 신하}　_{나라를 떠남. 여기서는 '한양을 떠남'을 의미함.}
동주에서 밤 겨우 새워 북관정에 오르니
_{철원}
삼각산 제일봉이 어쩌면 보이리라
_{북한산}
궁예 왕 대궐 터에 오작 지지귀니
_{까마귀와 까치}
천고(千古) 흥망을 아는가 모르는가

회양 옛 이름이 마침 같을시고
❶ 강원도 중부에 있는 군 ❷ 중국 한나라의 한 고을
급장유 풍채를 고쳐 아니 볼 것인가
_{중국 한나라 때 회양 태수를 지내며 선정을 베풀었다는 인물}
영중(營中)이 무사(無事)하고 시절이 삼월인 적에
_{관찰사의 관청 안}
화천 시내길이 풍악으로 뻗어 있다
_{금강산의 가을 명칭}
행장(行裝)을 다 떨치고 석경(石逕)에 막대 짚어
_{여행 채비}　_{돌이 많은 길}
백천동 곁에 두고 만폭동 들어가니
_{내금강에 있는 명승지}
은 같은 무지개 옥 같은 용의 꼬리

섞여 돌며 뿜는 소리 십 리에 잦았으니

들을 적에는 우레더니 볼 때는 눈이로다

　　　　　　　　　　　　– 정철, 〈관동별곡〉

01

시적 화자는 누구이며, 어떤 상황에 놓여 있는가?

시적 화자	강원도 (　　　　　)(으)로 부임한 이
상황	자연에 묻혀 은거하던 화자가 강원도 관찰사로 부임 후 영중에 일이 없자 (　　　　)을/를 유람함.

02

시적 화자의 정서와 태도는 어떠한가?

관찰사의 소임을 맡게 된 화자는 임금의 성은에 감사하고, (　　　　　)을/를 떠올리며 선정을 베풀겠다는 포부를 다짐. 금강산 유람을 떠난 후에는 풍류를 즐기며 자연의 아름다움에 감탄함.

03

구절에 나타난 화자의 정서는 다음 중 무엇인가?

- 연군지정((戀君之情): 임금을 그리워하는 마음
- 우국지정(憂國之情): 나랏일을 근심하는 마음
- 인생무상(人生無常): 인생이 덧없음.
- 선정에의 포부: 백성을 바르고 어질게 잘 다스리겠다는 각오

소양강 내린 물이 어디로 흘러드나	
고신 거국에 백발도 많기도 많구나	
궁예 왕 대궐 터에 오작 지지귀니 천고 흥망을 아는가 모르는가	
급장유 풍채를 고쳐 아니 볼 것인가	

04

다음 구절에 쓰인 표현 방법은 무엇인가?

급장유 풍채를 고쳐 아니 볼 것인가	
어와 성은(聖恩)이야	
은 같은 무지개 옥 같은 용의 꼬리	
들을 적에는 우레더니 / 볼 때는 눈이로다	

05

다음 시구에서 드러나는 표현상의 특징은 무엇인가?

은 같은 무지개 옥 같은 용의 꼬리		들을 적에는 우레더니 볼 때는 눈이로다
폭포의 (　　　　)이고 고결한 모습을 묘사	+	• 청각과 시각 이미지 사용 • 원경에서 (　　　　)(으)로 공간 이동에 따른 시상 전개

→ 만폭동 폭포의 모습을 (　　　　) 있게 감각적으로 묘사함.

06

이 작품의 주제는 무엇인가?

(　　　　) 지방의 절경 예찬과 관찰사로서의 연군지정 및 애민 정신

오늘의 수능 국어 트레이닝 끝!

IV
문학의
흐름

094 고전 산문 ❶ - 설화·가전·설

개념 영상

> 설화: 일정한 구조를 가진 꾸며 낸 이야기로서, 서사 문학의 근원이 되는 이야기
> 가전: 사물을 의인화하여 일대기를 기록하는 전기 형식의 글
> 설: 사물이나 경험을 해석하고 의견을 서술하는 한문체 고전 수필

1 설화(說話)

화자가 청자의 반응을 의식하며 구연하는 이야기로, 일정한 구조를 가지고 꾸며 낸 신화, 전설, 민담을 포함한다. 설화는 입에서 입으로 전해지는 (¹ ㄱㅂ) 문학이며 구전되기 때문에 줄거리가 단순하면서도 짜임새 있는 구조를 가진다. 구비 전승되던 설화가 문자로 정착되어 문헌 설화가 되고, (² ㅅㅅ)(으)로 발전하였다.

구분	신화	전설	민담
배경	태초, 신성한 장소, 아득한 옛날	구체적 시간과 장소	막연한 시간과 장소
증거물	포괄적 증거(우주, 천지, 국가)	개별적·보편적 증거물(바위, 나무 등)	구체적 증거물 없음.
전승 범위	민족적	지역적	세계적
인물	신적 존재, 초월적 능력 발휘	비범한 인물, 비극적 결말	평범한 인물, 운명 개척

2 가전(假傳)

가전체는 어떤 사물을 (³ ○○ㅎ)하여 그 인물의 가계와 생애 및 개인적 성품, 공과(功過) 등을 기록하는 전기(傳記) 형식으로 서술한 글이다. 실전(實傳)에 상반되는 의미로 '가전(假傳)'이라고 부른다. 가전은 인간사의 다양한 문제를 간접적이고 (⁴ ○○)적인 수법으로 다루면서 비평하기 때문에 강한 풍자성을 갖는 것이 특징이다. 가전체 작품은 일반적으로 '서두 – 인물의 가계(家系) 소개 – 인물의 행적과 업적 – 후손의 행위 – 인물에 대한 사관의 평가'로 이루어진다. 이 중 '인물의 행적과 업적'은 주인공의 (⁵ ○ㄷㄱ)적 형식으로 전개되며, '인물에 대한 사관의 평가'를 통해 작가의 의도와 주제 의식이 드러난다.

우의성	서사성	교훈성
사물을 사람인 것처럼 의인화하는 방법을 사용함.	인물의 일생을 일대기(연대기)적으로 기록함.	인간의 바람직한 처신에 대해 알려 주고, **계세징인***이라는 목적을 지님.

3 설(說)

교술 갈래는 실재하는 (⁶ ㅅㅅ)에 바탕하여 교훈적이거나 이념적인 내용을 기록하고 경험을 서술하는 갈래이다. 교술에는 개인적인 체험을 기록하고 이를 바탕으로 글쓴이의 주장을 펼치는 한문 수필, 악장, 현대 수필 등이 포함될 수 있다. 교술 갈래는 개인의 실제 체험을 다루고 경험한 사실을 서술하며 글쓴이가 작품 속 자아와 일치한다는 특징이 있다.

🔑 기출로 보는 개념

설(說)은 사물의 이치를 풀이하고 자신의 의견을 덧붙여 서술하는 한문 문체이다. 설은 직관적 통찰과 깨달음의 과정을 담고 있는데, 이는 사물의 유사점에 근거해서 다른 속성도 유사할 것이라고 추론하는 (⁷ ○ㅊ)의 과정일 수 있다. 설은 일반적으로 두 단계의 구조로 나뉜다. 글쓴이의 개인적인 경험을 들려주는 전반부와 그로부터 얻은 결과를 독자에게 전하는 후반부로 구분된다. 글쓴이의 주관이 직접적으로 드러나고 경험담이 기반이 되기 때문에 수필과 비슷하다.

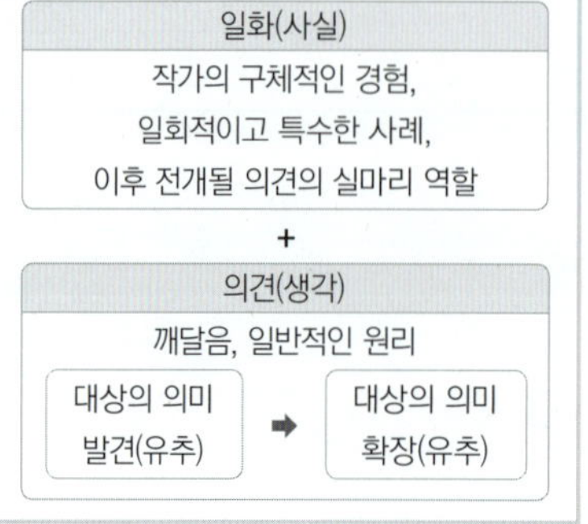

🟠 1:1 작품 체험

거사(居士)에게 거울 하나가 있는데,
〔숨어 살며 벼슬을 하지 않는 선비〕
먼지가 끼어서 마치 구름에 가려진 달빛처럼 희미하였다. 어떤 손(客)이 묻기를,
"거울이란 얼굴을 비치는 것이요, 그렇지 않으면 군자가 그것을 대하여 그 맑은 것을 취하는 것인데, 지금 그대의 거울은 마치 안개 낀 것처럼 희미하니, 이미 얼굴을 비칠 수가 없고 또 맑은 것을 취할 수도 없네. 그런데 그대는 오히려 얼굴을 비추어 보고 있으니, 그것은 무슨 까닭인가?"
하였다. / 거사는 말하기를,
"거울이 맑으면 잘생긴 사람은 기뻐하지만 못생긴 사람은 꺼려 하네. 그러나 잘생긴 사람은 수효가 적고, 못생긴 사람은 수효가 많네. 만일 못생긴 사람이 한 번 들여다보게 된다면 반드시 깨뜨리고야 말 것이네. 그러니 먼지가 끼어서 희미한 것만 못하네. 먼지가 흐리게 한 것은 그 겉만을 흐리게 할지언정 그 맑은 것은 상우지 못하니, 만일 잘생긴 사람을 만난 뒤에 닦여져도 〔상하게 하지〕 시기가 역시 늦지 않네. 아, 옛날 거울을 대한 사람은 그 맑은 것을 취하기 위한 것이었지만 내가 거울을 대하는 것은 그 희미한 것을 취하기 위함인데, 그대는 무엇을 괴이하게 여기는가?"
하였더니, 손은 대답이 없었다.

– 이규보, 〈경설(鏡說)〉

먼지가 끼어도 본래의 맑은 속성이 변하지 않는 (⁸ ㄱㅇ)에 비유하여 본디 선한 본성은 변하지 않는다는 교훈을 제시하고 있다.

💪 작품 알통

• **해제**: 거울을 통해 유연한 삶의 자세가 필요하다는 생각을 제시한 한문 수필이다.

• **주제**: 사물을 본질을 이해하는 통찰

• **계세징인(戒世懲人)**: 세상 사람들에게 경계심을 일깨워 주고 못된 사람을 혼냄.

【초성 답】 **1** 구비 **2** 소설 **3** 의인화 **4** 우의 **5** 일대기 **6** 사실 **7** 유추 **8** 거울

095 고전 산문 ❷ - 영웅·군담 소설

영웅 소설: 영웅 서사 구조에 따라 인물의 영웅적 삶과 활약상을 그린 소설
군담 소설: 전쟁을 배경으로 전쟁을 승리로 이끄는 영웅의 활약상을 그린 소설

'영웅 소설'은 지혜와 재능이 뛰어나고 용맹하여 보통 사람이 하기 어려운 일을 해내는 사람인 영웅적 인물의 (1 ㅇㄷㄱ)을/를 서사의 기본 구조로 삼은 소설을 말한다. 인물의 영웅성은 사회나 국가의 위기 상황에서 발현되므로, 영웅 소설은 전쟁을 다룬 (2 ㄱㄷ) 소설과 묶여 다루어진다. 영웅·군담 소설은 임진왜란과 병자호란 이후에 본격적으로 등장했으며, 작가는 대부분 (3 ㅇㅁ)인데 주로 몰락한 양반 계층이나 중인 계층이 창작했을 것으로 추측된다.

개념 갈고리 영웅 일대기 구조

영웅은 개인적 가치보다 집단적 가치를 우선시하여 위대한 일을 수행하는 인물이다. 이러한 인물은 대체로 (4 ㅈㅎㅎ)된 삶을 사는 모습을 보이는데, 이를 '영웅 일대기 구조'라고 한다.

영웅 서사 구조		예 〈유충렬전〉
고귀한 혈통	신(神)이나 양반의 혈통을 지님.	개국 공신 유심의 아들임.
비정상적 출생	비현실 존재의 도움을 받거나 알에서 태어남.	부모가 산천에 기도한 후 태어남.
비범한 능력	뛰어나게 총명하고 지혜를 지님.	신선이 적강한 경우로 비범한 능력을 가짐.
어린 시절의 위기	어려서 버림을 받고 시련을 당함.	간신 정한담의 박해로 죽을 위기에 처함.
구출과 양육	구출자를 만나 위기에서 벗어난 후 조력자에게 양육됨.	승상 강희주에게 구출되어 사위가 되고 노승을 만나 도술을 배움.
성장 후의 위기	성장한 후 사회적·국가적 위기에 처함.	정한담의 반역과 외적의 침입이 발생함.
위기 극복과 승리	투쟁으로 가족과 국가를 위기에서 구함.	반란을 평정한 후 부귀영화를 누림.

개념 갈고리 여성 영웅 소설의 등장 배경

조선 후기는 상공업과 인쇄술의 발달과 더불어 한글 사용이 확대되면서 소설을 대여해 주는 세책업, 소설을 읽어 주는 전기수 등의 활발한 활동으로 소설이 (5 ㄷㅈㅎ)되었다. 그에 따라 여성 독자층이 늘어나고 실학적 세계관의 확대로 여성의 의식이 성장하기 시작하여 여성이 주인공인 소설이 등장하였다. 〈박씨전〉이나 〈홍계월전〉과 같은 여성 영웅 소설은 이러한 시대를 배경으로 창작되었으며, 여성 주인공은 능력의 발휘 정도에 따라 다음과 같이 나눌 수 있다.

남성 조력	여성이 남성을 조력하는 데 자신의 뛰어난 능력을 발휘함. 예 〈박씨전〉
가정 회귀	여성이 영웅적 능력을 발휘하다 정체가 드러난 후 가정으로 돌아감. 예 〈김희경전〉
영웅 유지	여성이 영웅적 활약을 하다 정체가 드러난 후에도 지위를 유지함. 예 〈홍계월전〉

1:1 작품 체험

호왕이 창으로 상의 가슴을 겨누며 꾸짖어 말하기를,

"죽기를 서러워하거든 항서를 써 올리라." (중략)
　　　　항복을 인정하는 문서

소리 나는 줄 모르고 통곡하시니 용의 울음소리가 구천에 사무치는지라 하늘이 어찌 무심하리요? (중략)
하늘 또는 대궐 안 / 감정이나 생각하는 마음이 없음.

그제야 멀리 바라보니 상이 강변에 넘어졌는지라 원수가 우레 같은 소리를 벽력같이 지르며,
　　　　　　　　　　벼락

"호왕은 나의 임금을 해치 말라."

하는 소리 천지진동하니 호왕이 황겁하여 미처 회마치 못하여 청총마가 호왕이 탄 말을 물고 대성의 칠성검은 호왕의 머리를 베어 말 아래에 떨어지느니라.
말을 돌리지 / 갈기와 꼬리가 파르스름한 백마

원수가 호왕의 머리를 창끝에 꿰어 들고 말에서 내려 강변에 다다르니 천자 기절하여 누웠거늘 원수 엎드려 아뢰기를,

"대성이 호왕을 죽이고 왔나이다."

상이 혼미 중에 대성의 말을 들으시고 용안을 잠깐 들어보니 과연 대성이 호왕의 머리를 들고 엎드렸거늘 혼미 중에 일어나 대성의 손을 잡고 꿈인가 생신가 분별치 못할네라.
의식이 흐린 상태 / 임금의 얼굴 / 생시(깨어 있을 때)

– 작자 미상, 〈소대성전〉

이 작품에서 탁월한 무공을 바탕으로 천상계의 조력을 받아 위기를 해결하는 과정에서 드러나는 소대성의 (6 ㅇㅇ)적 능력은 지배 계층의 무능과 (7 ㄷㅂ)을/를 이룬다. 따라서 항서를 요구받고 기절한 천자와 극적으로 천자를 구출하는 소대성이 비교되면서 소대성의 영웅적 면모가 부각되고 있다.

작품 알통

- **해제:** 적강한 주인공 소대성이 위기를 극복하는 영웅적 일생을 그린 영웅·군담 소설이다.
- **주제:** 소대성의 영웅적 일대기

【초성 답】 1 일대기 2 군담 3 익명 4 정형화
5 대중화 6 영웅 7 대비

096 고전 산문 ❸ - 판소리계 소설

> 조선 후기에 등장한 판소리의 사설을 소설로 서사화한 이야기

판소리계 소설은 특정 작가에 의해 창작된 것이 아니라 판소리와 소설을 향유하던 민중들의 (1 ㄱㄷ) 창작물이다. 판소리 사설은 작품에 따라 100여 종이 넘는 (2 ㅇㅂ)(異本)이/가 존재하기도 하며, 판소리 청중들의 흥미와 관심에 따라 다양한 내용들이 반영되며 누적되는 (3 ㅈㅊ) 문학적 성격을 띤다.

🎯 개념 갈고리 ➊ 판소리 사설의 특징 ❶ – 장면의 극대화

판소리에서 열거와 대구 등을 통한 확장적 문체에 의해 생동감과 현실감을 주는 것을 '장면의 (4 ㄱㄷㅎ)'(이)라고 한다. 판소리의 기본 줄거리는 공통적이지만 세부적인 내용은 소리꾼에 따라, 또 부를 때마다 달라질 수 있다. 판소리 소리꾼은 관객이 관심을 보이는 대목을 더 길게 노래하게 되었고, 이로 인해 특정 장면이 집중적으로 늘어나게 된 것이다.

🎯 개념 갈고리 판소리 사설의 특징 ❷ – 언어의 이중성

판소리는 구전되는 동안 민중들의 일상어가 반영되었으며, 향유층이 양반에게까지 확대되면서 관념적인 한자어도 사용되어 언어의 (5 ㅇㅈㅈ)인 모습이 나타났다.

예	촉루 낙시(燭淚落時)에 민루 낙(民淚落)이요, / 가성 고처(歌聲高處)에 원성 고(怨聲高)라. 금준 미주(金樽美酒)는 천인 혈(千人血)이요, / 옥반 가효(玉盤佳肴)는 만성 고(萬姓膏)라. 그 글 뜻은 '촛불 눈물 떨어질 적에 백성의 눈물이 떨어지고, 노랫소리 높은 곳에 원망 소리 높도다. 금동이의 아름다운 술은 일천 사람의 피요, 옥쟁반의 아름다운 안주는 일만 백성의 기름이라.' 이렇듯이 지어 놓으니 그 아니 명작인가. – 작자 미상, 〈춘향전〉

🎯 개념 갈고리 판소리 사설의 특징 ❸ – 현장감

판소리 사설은 일상적인 말을 (6 ㄱㅇㅊ)(으)로 사용한다는 특징이 있는데, 창은 율문(언어의 배열에 일정한 운율이 있는 글)에 가깝고, **아니리***는 산문적인 표현을 사용한다.

운문체와 산문체의 혼용	창(노래) 부분은 3·4조나 4·4조의 가사체인 운문체를 사용하고, 아니리(이야기) 부분은 산문체로 서술함. 예 가난이야, 가난이야, 원수년을 가난이야.
유사 어구의 반복과 음성 상징어	반복을 통해 운율감을 조성하고 음성 상징어를 사용하여 현장감을 살림. 예 시르렁 실근, 톱질이로구나. 시르르르르르르르르르.
현재 시제	현재 시제를 사용하여 작중 상황이 지금 벌어지는 것처럼 느끼게 함으로써 독자와의 심리적 거리감을 좁히는 효과를 얻음. 예 천방지축 달아난다. / 좋은 잔치 박살난다.
서술어 생략을 통한 압축적 표현	서술어를 의도적으로 생략하는 표현을 사용함으로써 속도감 있는 전개를 통해 현장성을 생생하게 살림. 예 박을 툭 타 놓고 보니 박통 속이 훼엥. 궤를 찰칵찰칵, 번쩍 떠들러 놓고 보니 백미 쌀이 한 궤가 수북.

🌐 1:1 작품 체험

> 흥부 아내가 하는 말이,
>
> "우리 품이나 팔아 봅시다."
>
> 흥부 아내가 품을 팔 때, 용정(舂精)하[곡식을 찧음.]여 방아 찧기, 술집에 가 술 거르기, 초상난 집 제복 짓기, 사고 있는 집 그릇 닦기, 굿하는 집 떡 만들기, 시궁발치 오[시궁(물이 썩어서 된 도랑)의 근처]줌 치기, 해빙하면[얼음이 녹아 풀림.] 나물 캐기, 춘모 갈아[봄보리] 보리 놓기, 온 가지로 품을 팔고,
>
> 흥부는 이월동풍 가래질하기[가래로 흙을 파헤치거나 퍼 옮기는 일], 삼사월에 부침질하기[부침개를 부치는 일], 일등 전답 무논 갈기[물이 고여 있는 논], 이 집 저 집 이엉 엮기, 날 궂은 날 멍석 맺기[초가 지붕을 이기 위해 짚을 엮은 물건], 시장 갓에 나무 베기, 무곡 주인 역인 서기[장사를 하려고 많이 산 곡식], 각 읍 주인 삯길 가기, 술밥 먹고 말짐 싣기[물건을 운반하고 심부름하던 사람], 오 푼 받고 마철 박기[말편자], 두 푼 받고 똥재 치기[똥오줌에 재를 섞어 만든 거름], 한 푼 받고 비 매기, 식전이면 마당 쓸기, 이웃집 물 긷기, 진주 감영 돈짐 지기, 대구 감영 태전 지기[관찰사가 직무를 보던 관아], 온 가지로 다하여도 굶기를 밥 먹는 듯하여 살길이 없는지라.
>
> – 작자 미상, 〈흥부전〉

→ 다양한 종류의 품 팔기를 보니, 그 시대 서민들의 삶이 소재가 되었군.

→ 일정한 음보가 반복되는 것을 보니, 소리 공연인 판소리의 특징을 확인할 수 있군.

→ 한자어와 고유어를 동시에 사용한 것을 보니, 판소리의 관객층이 넓었음을 확인할 수 있군.

→ 문장의 호흡이 짧은 것을 보니, 판소리 공연에서 창자가 빠른 장단에 맞추어 노래를 불렀겠군.

→ (7 ㅇㄱ)의 방식으로 내용을 서술한 것을 보니, 판소리 소리 공연에서 내용이 줄거나 추가될 수 있었겠군.

작품 알통

- **해제:** 악인 놀부와 선인 흥부를 통해 형제간의 우애를 다룬 판소리계 소설이다.
- **주제:** [표면] 형제간의 우애와 권선징악
  [이면] 부농과 빈농의 빈부 갈등

* **아니리:** 창을 하는 중간중간에 가락을 붙이지 않고 이야기하듯 엮어 나가는 사설

【초성 답】 1 공동 2 이본 3 적층 4 극대화 5 이중적 6 구어체 7 열거

▸ 정답과 해설 60쪽

개념 트레이닝 ZONE

빈칸에 알맞은 말을 쓰며 개념 근육을 키워 보세요!

01

　행랑채가 퇴락하여[낡아서 무너지고 떨어짐.] 지탱할 수 없게끔 된 것이 세 칸이었다. 나는 마지못하여 이를 모두 수리하였다.[행랑채: 대문간 곁에 있는 집채] 그런데 그 두 칸은 앞서 장마에 비가 샌 지가 오래 되었으나, 나는 그것을 알면서도 망설이다가 손을 대지 못했던 것이고, 나머지 한 칸은 비를 한 번 맞고 샜던 것이라 서둘러 기와를 갈았던 것이다. 이번에 수리하려고 본즉 비가 샌 지 오래된 것은 그 서까래, 추녀, 기둥, 들보*가[들보: 마룻대에서 도리 또는 보에 걸쳐 지른 나무 / 추녀: 네모지고 끝이 번쩍 들린, 처마의 네 귀에 있는 큰 서까래] 모두 썩어서 못 쓰게 되었던 까닭으로 수리비가 엄청나게 들었고, 한 번밖에 비를 맞지 않았던 한 칸의 재목들은 완전하게 하여 다시 쓸 수 있었던 까닭으로 그 비용이 많지 않았다. **[A]**

　나는 이에 느낀 것이 있었다. 사람의 몸에 있어서도 마찬가지라는 사실을. 잘못을 알고서도 바로 고치지 않으면 곧 그 자신이 나쁘게 되는 것이 마치 나무가 썩어서 못 쓰게 되는 것과 같으며, 잘못을 알고 고치기를 꺼리지 않으면 해(害)를 받지 않고 다시 착한 사람이 될 수 있으니, 저 집의 재목처럼 말끔하게 다시 쓸 수 있는 것이다. **[B]**

　뿐만 아니라 나라의 정치도 이와 같다. 백성을 좀먹는 무리들을 내버려 두었다가는 백성들이 도탄에[몹시 곤궁하거나 고통스러운 지경] 빠지고 나라가 위태롭게 된다. 그런 연후에 급히 바로잡으려 하면 이미 썩어 버린 재목처럼 때는 늦은 것이다. 어찌 삼가지 않겠는가. **[C]**

– 이규보, 〈이옥설(理屋說)〉

* 들보: 칸과 칸 사이의 두 기둥을 건너질러 도리(서까래를 받치기 위하여 기둥 위에 건너지르는 나무)와는 'ㄴ'자 모양, 마룻대(지붕 가운데 부분에 있는 가장 높은 수평 마루인 용마루 밑에 서까래가 걸리게 된 도리)와는 '十'자 모양을 이루는 나무

[A]에는 행랑채를 수리한 (　　　　　)이/가 구체적으로 드러나고, [B]는 [A]와 사람과의 유사한 속성을 근거로 하여 추론하고 있으며, [B]의 깨달음은 [C]에서 나라의 정치라는 영역으로 확장되어 적용되고 있다. [A(행랑채 수리 경험)] → [B(잘못됨을 알았으면 고쳐야 한다는 생각)] → [C(부패한 정치를 개혁해야 한다는 주장)]의 과정을 거치며 (　　　　　)의 과정을 통해 글쓴이의 인식이 사회적 차원으로 확장되고 있다.

[A]		[B]		[C]
행랑채 수리	유추 ❶ (경험에서 얻은 깨달음 적용)	사람에 적용	유추 ❷ (다른 영역에 확대 적용)	정치에 적용
구체적 일상 경험 제시		잘못을 알았으면 고쳐야 한다는 생각		부패한 정치 개혁 주장

유사성　　　　　　　유사성

02

　국순(麴醇)의[누룩 국 / 전국술(진한 술) 순] 자(字)는 자후(子厚)이다. 그 조상은 농서(隴西)[중국 진한 시대의 군 이름] 출신이다. 90대(代) 선조였던 모(牟)가 후직(后稷)을[보리 / 농사를 잘 다스린 주나라의 선조] 도와 백성들을 먹여 공이 있었다. 《시경》에[중국의 가장 오래된 시집] '내게 밀과 보리를 주다'라고 한 것이 그것이다. 모(牟)가[보리 모] 처음에는 숨어 벼슬하지 않고 말하기를, "나는 반드시 밭을 갈아 먹으리라." 하며 밭이랑에서 살았다. 임금이 그의 자손이 있다는 말을 듣고 수레를 보내 부르며 각 고을에 명하여 후한 예물을 보내라 하고, 신하를 시켜 친히 그 집에 찾아가도록 해 결국 절구와 절굿공이 사이에서 귀천 없는 교분을 맺고, 자신을 덮어 감추고 세상과 더불어 화합하게 되었다. (중략)

　순은 그릇과 도량이 크고 깊었다. 출렁대고 넘실거림이 만경창파(萬頃蒼波) 같으며,[만 이랑의 푸른 물결이라는 뜻으로, 한없이 넓고 넓은 바다를 이르는 말] 맑게 하려 해도 더는 맑아질 수 없고 뒤흔든대도 흐려지지 않았다. 그런 풍류 취향이 한 시대를 풍미하여 자못 사람의 기운을 일으켜 주었다. 일찍이 섭법사(葉法師)에게[중국 북송 때 편찬한 500권의 산문집 《태평광기》 속 설화 〈섭법선〉에 등장하는 인물] 나아가 온종일 담론하였는데, 자리에 있던 모든 이들이 탄복하여 쓰러지자, 드디어 이름이 알려지게 되었다. 호를 '국(麴) 처사'라[벼슬을 하지 아니하고 초야에 묻혀 살던 선비] 하매 공경대부로부터[높은 벼슬에 있는 관인(관직에 있는 사람)] 머슴에 이르기까지 그 향기로운 이름을 접하는 이마다 모두 그를 흠모하였으며, 성대한 모임이 있을 때마다 순이 오지 아니하면 모두 슬퍼하여 말하기를,

　"국 처사가 없으면 즐겁지 않다."

했다. 그가 당시 세상에서 사랑받음이 이와 같았다. 산도(山濤)라는[중국 진나라의 학자이자 정치가] 이는 감식안이 있었는데,[어떤 사물의 가치나 진위 따위를 구별하여 알아내는 눈] 일찍이 순을 보고는 감탄하여 말했다.

　"어떤 늙은 할미가 이토록 잘난 기린아를[지혜와 재주가 썩 뛰어난 사람] 낳았을꼬? 하지만 천하의 백성들을 그르치는 자도 필경[끝장에 가서는] 이 아이일 것이다."

　관부(官府)에서[정부나 관청] 순을 불러 청주종사(青州從事)를[배꼽 밑까지 시원하게 넘어가는 좋은 술 - 높은 벼슬을 의미함.] 삼았으나, 마땅한 벼슬자리가 아니라 하여 다시 평원독우(平原督郵)를[명치 위에 머물러 숨이 막히는 좋지 않은 술 - 낮은 벼슬을 의미함.] 시켰다. 얼마 후 탄식하기를,

　'내가 이 얼마 되지 않는 녹봉을[벼슬아치에게 주는 금품] 받고, 이 따위 시골 아이들에게 허리를 굽힐 수 없다. 내 마땅히 술잔과 술상 사이에 곧추서서 담론하리라.'

　그 무렵 관상을 잘 보는 이가 있어 말했다.

　"그대의 얼굴엔 불그레한 기운이 감돌고 있소. 뒤에 반드시 귀하게 되어 높은 벼슬을 얻게 될 것이니, 마땅히 좋은 자리를 기다렸다가 벼슬에 나아가시오."

　진 후주(陳後主) 때에 임금이 그의 그릇을 남다르게 여겨 장차 크게 쓸 뜻이 있다 하여 광록대부 예빈경의 자리로 옮겨 주었고, 공(公)의 작위에 오르게 하였다. 그리고 무릇 군신의 회의에는 임금이 꼭 순으로 참여케 하니, 그 나아가고 물러남과 그 수작이[술잔을 서로 주고받음.] 거슬림이 없이 뜻에 들어맞았다.

　순이 권세를 얻게 되자, 어진 이와 사귀고 손님을 대접하며, 종묘에 제사를 받드는 등의 일을 앞장서서 맡아 주관하였다. 임금

이 밤에 잔치를 열 때도 오직 그와 궁인만이 곁에서 모실 수 있었을 뿐, 아무리 임금과 가까운 신하여도 참여할 수 없었다. 이후로 임금은 곤드레만드레 취하여 정사를 폐하게 되었다.
술이나 잠에 몹시 취하여 정신을 차리지 못하고 몸을 못 가누는 모양
　그러나 순은 입을 굳게 다문 채 그 앞에서 간언할 줄 몰랐다. 그리하여 예법을 지키는 선비들은 그를 마치 원수처럼 미워하게 되었다. 그러나 임금은 매양 그를 감싸고돌았다. 순은 또 돈을 거둬들여 재산 모으기를 좋아하므로, 사람들이 그를 천하게 여겼다. 임금이 묻기를,

　"경은 무슨 버릇이 있소?" / 하니, 순이 대답하기를,

　"신(臣)은 돈을 좋아하는 습성이 있나이다."

했다. 임금이 크게 웃고 그에게 더 많은 관심을 기울이게 되었다.
　한번은 조정에 들어가 임금 앞에 마주 대하고 아뢰었는데, 순이 본디 입에서 나는 냄새가 있었고, 이에 임금이 싫어하며 말했다.

　"경이 나이 들고 기운도 없어 나의 부림을 못 견디는구료!"
　그러자 순은 마침내 관을 벗고 물러나면서 아뢰었다.

　"신(臣)이 높은 벼슬을 받고 남에게 물려주지 아니하면 망신이 될까 두렵습니다. 부디 집으로 돌아갈 수 있도록 해 주신다면 그것으로 만족하겠습니다."

　왕의 명으로 좌우의 부축을 받아 집에 돌아온 순은 갑자기 병이 나 하룻밤 사이에 죽고 말았다.

　자식은 없고 먼 친척 가운데 아우뻘 되는 청(淸)이, 훗날 당 나라에 출사(出仕)하여 벼슬이 내공봉에 이르렀으며, 그 자손이 다
맑을 청 → [문맥상] 맑은 술을 의미함.
벼슬에 나아감.　조정에서 불가에서 행하는 일의 운영을 맡아보는 승려
시 중국에서 번성하였다.

　사신(史臣)은 이렇게 말했다.
사초(史草, 사관이 기록한 사기의 초고)를 쓰던 신하
　"국 씨의 조상이 백성에게 공로가 있고, 청백한 기상을 자손에게 물려주었다. 울창주(鬱鬯酒)는 주나라에서 칭송이 하늘에
튤립을 넣어서 빚은, 향기 나는 술
닿을 듯했으니, 가히 그 조상의 기풍이 있다 하겠다. 순이 가난한 집안에서 자라나 높은 벼슬에 오르는 영광을 얻게 되어 술단지와 술상 사이에 서서 담론하게 되었다. 그러나 옳고 그름을 변론하지 못하고, 왕실이 어지러워져도 붙들지 못하여 마침내 천하의 웃음거리가 되었으니, 산도(山濤)의 말을 족히 믿을 만하다."

– 임춘, 〈국순전〉

가전(假傳)은 사물을 (　　　　)하여 그 일생을 전(傳)의 형식으로 서술한 글로서 인물의 가계와 성품, 생애, 공과(功過) 등을 '가계 → 행적 → 논평'이라는 틀 속에 담아내었다. 내용상으로는 인간 세태를 풍자하고 세상을 경계(警戒)하려는 성격이 강해 (　　　　)을/를 지닌다.

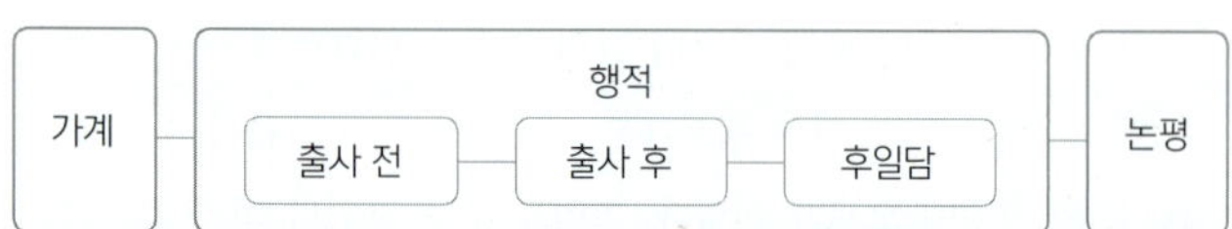

〈국순전〉의 제목은 '누룩 국 ㉮, 전국술(군물을 타지 않은 진국의 술) ㉯, 전할 ㉰'이라는 뜻으로, 술을 의인화한 간사하고 타락한 벼슬아치를 통해 당시의 어지러운 정치 상황을 풍자하고, 군자가 취해야 할 올바른 처신을 강조한 가전체 작품이다.

03

　본관이 분부하되, "춘향을 급히 올리라!"고 주광(酒狂)이 난다.
서로 눈짓이나 말 따위로 몰래 연락함. 또는 그런 신호　술주정
이때에 어사또 군호(軍號)할 제, 서리 보고 눈을 주니 **서리 중방 거동 보소.** 역졸 불러 단속할 제, 이리 가며 쑤군, 저리 가며 쑤군쑤군.
관원이 부리던 하인　　　윤기가 도는 고급 비단
서리 역졸 거동 보소. 외올망건, 공단(貢緞) 싸개,
하나의 올로 뜬 망건(머리에 두르는 그물 같은 물건)
새 평립(平笠) 눌러 쓰고, 석 자 감발 새 짚신에 한삼 고의(袴衣)
댓개비(대를 쪼개 가늘게 깎은 오리)로 엮어 만든 갓　　　남자의 여름 홑바지
산뜻 입고, 육모 방치 녹피(鹿皮) 끈을 손목에 걸어 쥐고, 예서
여섯모가 진 방망이　사슴의 가죽
번듯 제서 번듯, 남원읍이 우끈우끈, **청파 역졸(靑坡驛卒) 거동 보소.** 달 같은 마패(馬牌)를 햇빛 같이 번듯 들어,

　"암행어사(暗行御史) 출도야!"

　좌수 별감 넋을 잃고, 이방 호장 실혼(失魂)하고, 삼색나졸(三
몹시 두려워서 정신을 잃음.
조선 시대에, 지방 관아에 속하여
色羅卒) 분주하네.
죄인을 다루는 일이나 심부름 따위를 하던 세 하인(나장, 군뢰, 사령)

　모든 수령 도망할 제 거동 보소.
관아에서 쓰는 도장을 넣어 두던 상자　병사의 이름, 주소 따위를 적어 넣은 장부
인궤(印櫃) 잃고 과줄 들고, **병부(兵符)** 잃고 송편 들고, 탕건 잃고 용수 쓰고, 갓 잃고 소반 쓰고, 칼집 쥐고 오줌 누기, 부서
죄수의 얼굴을 보지 못하도록 머리에 씌우는 둥근 통 같은 기구
지니 거문고요 깨지나니 북장고라. **본관이 똥을 싸고 멍석 구멍** 새앙쥐 눈 뜨듯 하고, 내아(內衙)로 들어가서,
조선 시대에, 지방 관아에 있던 안채
　"어 추워라! 문 들어온다 바람 닫아라! 물 마르다. 목 들여라!"

　관청색은 상을 잃고 문짝 이고 내달으니, 서리, 역졸 달려들어
수령의 음식물을 맡아보던 구실아치
후닥딱 / "애고, 나 죽네!"
수의(수를 놓은 옷)를 입은 사또 → 어사또를 달리 이르던 말
이때 주의사또 분부하되,
자리를 잡고 앉아 일을 봄. → 문맥상 다스림.
　"이 골은 대감이 좌정(坐定)하시던 골이라, 훤화(喧譁)를 금하
거처를 옮김.　　　　시끄럽게 지껄이며 떠듦.
고 객사(客舍)로 사처(徙處)하라."
다른 곳에서 온 관원이 묵던 숙소
좌정(座定) 후에 / "본관은 봉고파직(封庫罷職)하라."
자리를 정함.　　　어사나 감사가 못된 짓을 많이 한 고을의 원을 파면하고
분부하니, / "본관은 봉고파직이오!" 관가의 창고를 봉하여 잠금.

– 작자 미상, 〈춘향전〉

❶ 율문체
4·4조, 4음보의 글자 수를 규칙적으로 (　　　　)하여 인물의 행동을 리듬감 있게 묘사하는 율문체를 확인할 수 있다.

❷ 확장적 문체와 장면의 극대화
암행어사가 출도하기 위해 준비하는 상황을 자세하게 묘사하는 확장적 문체를 통해 장면을 (　　　　)함으로써 암행어사 출도 전의 긴장감을 고조하고 있다.

❸ 판소리 창자의 개입
'거동 보소.'라는 표현에서는 청중을 향한 판소리 (　　　　)의 목소리가 직접 드러나는 판소리계 소설의 특징을 확인할 수 있다.

❹ 이중 언어 구조
고상한 (　　　　)뿐만 아니라 '본관이 똥을 싸고'와 같이 저속한 표현과 (　　　　)(이)나 언어유희도 사용되고 있다. 이는 판소리계 소설들은 적층 문학이자, 평민과 양반을 아우르는 다양한 계층이 향유했던 문학으로 그들의 기호를 반영한 것이 언어적 특징으로 표현된 것이다.

워밍-UP

🗨 다음 글을 읽고 빈칸에 알맞은 말을 써서 해설을 완성하거나 정오를 판단하세요.

01

〈홍길동전〉의 19세기 이본 중 하나로, 길동이 용력을 과시하는 장면이 바위를 드는 것으로만 제시되었으나, 다음 글에서는 철관을 쓰고 돌문을 넘는 장면이 추가되었습니다. 또한 활빈당의 우두머리가 되는 장면에서는 활빈당을 이끌던 수령을 새롭게 등장시켜 자신의 자리를 길동에게 넘겨주는 것으로 흥미를 높였습니다. 특히 이전에는 왕이 길동을 잡기 위한 계략으로 병조판서를 제수하였지만 이 글에서는 길동이 왕에게 직접 요구하여 원하던 바를 얻는 것으로 변형하였습니다. 이는 자신의 능력에 따라 신분 상승이 가능하기를 바라던 당대 독자들의 욕망을 작품에 반영한 것입니다. 단, 이 과정에서 군신 관계를 바탕으로 한 조선의 유교적 질서에 대한 부정으로까지는 나아가지 않았습니다. 한편, 특정 장면에서 서술을 중단한 것은 다음 권을 보게 하려는 소설업자들의 상업적 전략에서 나온 것입니다.

길동이 대희하여 채문 안에 들어가니 비단 병풍을 치고 영웅
　　　크게 기뻐하다.　　　　　　　　　　　윗사람이 앉는 자리
호걸 수백이 앉았는지라. ㉠그중에 상좌(上座)의 사람을 보니,
푸른 빛깔의 도포 저고리
청포운삼에 자금관을 쓰고 팔을 가볍게 들며 용력을 자랑하니,
　　　　　왕자나 젊은 장교가 쓰는 모자의 하나　　씩씩한 힘이나 뛰어난 역량
길동이 거만하게 들어가 길게 읍만 하고 절하지 않으며, 좌우
중인을 하찮게 여기고 윗자리에 앉으니, 청포 입은 사람이 먼저
많은 사람, 여러 사람
문왈,

"소년은 어디로 오며, 성명은 뉘라 하느뇨?"

길동이 대왈,
　　　　　　　　　　　　수도라는 뜻으로, '서울'을 이르는 말
"나는 다른 사람이 아니요, 서울 장안에 있는 홍 정승의 아들
　　　　　　　　　　조선 시대에 둔, 문하부의 정일품 으뜸 벼슬
이러니, 들은즉 활빈당에 천하 역사(力士) 모여 용맹을 자랑한
　　가난한 백성을 구제하는 의적　　　뛰어나게 힘이 센 사람
다 하기로 내 한번 찾아와 힘을 자랑코자 왔나니, 그대 등은
무슨 재주와 용력이 있으며, 나와 시험할쏘냐?"

그 사람들이 길동의 말을 듣고 서로 바라볼 뿐 답을 못하더니,

상석에 앉은 사람이 방목(榜目)을 지어 가지고 쓴 글을 내어 왈,
　　　　　　　　　　　글을 적은 명부
"그대는 이 세 가지를 행할쏘냐?"

하거늘 길동이 받아 보니,

"제일은 이 앞에 초부석(樵夫石)이란 돌이 있으되 무게 천 근
이라, 능히 그 돌을 들면 우리 우두머리를 삼을 것이요, 제이
는 무쇠로 철관을 만들었으니 무게 오백 근이라, 그 철관을 쓰
　　　쇠로 만든 관
고 이 앞 돌문 삼백 단을 세웠으니 그 돌문을 뛰어넘으면 가히
그 용맹을 알 것이요, 또한 해인사라 하는 절이 있으되 재물이
누거만(累巨萬)이요, 그 절 중의 용맹이 과인하기로 우리 등이
❶ 매우 많음. ❷ 매우 많은 액수　　능력, 재주 지식, 덕량이 보통 사람보다 뛰어나다.
마음대로 못하는 고로, 우두머리에게 지략과 술법을 배우고
　　　　　　　　　　　　　　　　　　　슬기와 계략
이후에 상장군 자리에 모시려 하나이다."
　　　최고 사령관
길동이 한 번 보고 대소 왈,

"이 세 가지를 어렵다 하니, 어찌 가소롭지 아니하리오?"
　　　　　　　　　　　같잖아서 우스운 데가 있다.
하고, 모든 역사를 데리고 초부석 있는 곳에 나아가 흔연히 소매
　　　　뛰어나게 힘이 센 사람
를 걷고 그 돌을 잡아 공중에 던지니, 그 돌이 미처 땅에 떨어지
기 전에 발로 돌을 차니 수십 보 밖에 내려지는지라. 중인이
　　　　　　　거리의 단위. 1보는 한 걸음 정도의 거리
대경하여 또 돌문 앞에 나아가니, 길동이 또한 ㉡철관 오백 근을
크게 놀라다.

쓰고 돌문 삼백 단을 넘어가니, 모든 무리 일시에 고함하여 왈,

"천하장사로다!"

하고 용력을 칭찬하고, 길동을 장군 자리로 모신 후에 여러 도적
천여 명이 일시에 자리 아래 엎드려 군례(軍禮)를 마친 후에 그
　　　　　　　　　　　　　　　　　군대의 예절
용맹을 치하하더라. (중략)

무수한 길동이 홍 의정을 보고 다 나와 절하여 왈,
　　　　　의정부의 영의정, 좌의정, 우의정을 통틀어 이르는 말
"부친께선 강녕(康寧)하시나이까?"
　　　　　몸이 건강하고 마음이 편안함.
하거늘, 홍 의정 왈,

"내 자식은 왼쪽 다리에 검은 일곱 점이 있으니, 일곱 점 있는
자 길동이라."

하니, 많은 길동이 홍 의정 말을 듣고 일시에 다리를 걷고 보이
니 각각 일곱 점이 있는지라. 홍 의정이 할 수 없어 상께 주왈,

"신의 역자(逆子)를 조사하여 밝힐 수 없사오니, 황공(惶恐) 대죄
　　　불효자, 불효한 자식　　　　　　　위엄이나 지위 따위에 눌리어 두려움.
(待罪) 하나이다."
죄인이 처벌을 기다림.
상이 진노하사 길동을 보시고 왈,
　　　성을 내며 노여워하다.
"너희 등은 물러가 임의로 하라."

하시고 금부도사를 명하여 다 물려 보내라 하시니, 모든 길동 등
조선 시대에, 의금부에 속하여 임금의 특명에 따라 중한 죄인을 신문하던 벼슬
이 나올 새 종일토록 나오더니, 그제야 참 길동이 다시 궐내에
들어가 명을 받들고 절하며 슬피 통곡하여 왈,

"신의 아비 대대로 국은을 입었거늘 신이 어찌 나라를 저버리
　　　　　　　　백성이 나라로부터 받는 은혜
리까? 신의 몸이 천비(賤婢)에서 나와 아버지를 아버지라 못하
　　　　　　　신분이 천한 여자 종
옵고 형을 형이라 못하여 제 몸이 천대를 받으매, 여의주 없는
　　　　　　　　　　　　업신여기어 천하게 대우하거나 푸대접함.
용이요 날개 부러진 봉이라, 어찌 장부의 힘을 갖고 속절없이
　봉황 → 중국의 전설에 나오는, 상서로움을 상징하는 상상의 새
집안에서만 늙으리까? 그러므로 한번 재주를 시험코자 ㉢각
　　　　　　　전쟁에 쓰이는 도구나 기구
읍 각 관을 치고 군기를 탈취하기는 신의 책략을 자랑함이요,
　　　　　　　　　　어떤 일을 꾸미고 이루어 나가는 교묘한 방법
상의 어위대장 이흡을 속임도 재주를 보임이요, 또 신의 가슴
우주 만물의 서로 반대되는 두 가지 기운으로서 이원적 대립 관계를 나타내는 것
에 경서와 병서와 음양 조화며 세상을 다스릴 재주를 지녔사오
　　옛 성현들이 유교의 사상과 교리를 써 놓은 책　　엎드려 빎.
니 어찌 속절없이 세월만 보내오리까? 복걸 ㉣상께서 신에게
　　　　　　　　　추천의 절차를 밟지 않고 임금이 직접 벼슬을 내리다.
병조 판서 삼 년만 제수하시면 남의 천대를 면하옵고 충성을
다하여 상을 받들리다."

상이 길동의 아룀을 듣고 탄식하여 왈,

"난세의 영웅이로다. 어찌 쓰지 아니 하리요?"
　전쟁이나 무질서한 정치 따위로 어지러워 살기 힘든 세상
즉시 공부 상서를 명해 홍길동에게 병조 판서를 제수하니,
　공업과 관련된 분야의 으뜸 벼슬
㉤뒷일은 어찌 된고? 다음 권을 볼지어다.

- 허균, 〈홍길동전〉

구분	장면의 의미와 기능
㉠	추가된 인물을 통해서 작품의 (　　　)을/를 높임.
㉡	길동의 (　　　)을/를 보여 주는 장면이 더해진 것임.
㉢	(　　　)인 길동이 자신의 능력을 과시하기 위해 의도한 행동임.
㉣	주인공의 (　　　)을/를 바라는 독자의 욕망이 반영됨.
㉤	독자들의 (　　　)을/를 유발하여 돈을 벌려는 소설업자의 전략으로 볼 수 있음.

02

〈배비장전〉은 판소리계 소설로, 판소리 창자의 말투가 고스란히 드러나 있고 리듬감이 있는 율문체를 통해 당대 서민들의 삶과 정서를 드러내고 있습니다. 또한 다른 사람의 책략에 의해 주인공이 금욕적 다짐을 훼손당해 웃음거리가 되는 남성 훼절형 모티프를 바탕으로 하는 서사 구조를 보여 줍니다. 이를 통해 지배 계층의 허세에 대한 풍자와 조롱을 드러내고 신분 질서가 무너져 가는 당대 시대상을 반영하고 있습니다.

[앞부분 줄거리] 군관 직책의 배비장은 제주 목사가 벌인 잔치에 자신은 여색을 멀리한다며 참석하지 않는다. 이에 제주 목사는 기생 애랑을 시켜 배비장을 유혹하게 하고, 애랑은 자신에게 반한 배비장에게 삼경에 집으로 오라는 편지를 보낸다.

"앞서 기약 맺은 낭자, 이 밤중에 어서 찾아가자."

거들거려 가려 할 제 방자놈 이른 말이,

"나으리, 생각이 전혀 없소. 밤중에 유부녀 희롱 가 오면서 비단 옷 입고 저리 하고 가다가는 될 일도 안 될 것이니, 그 의관 다 벗으시오." (중략)
남자가 정식으로 갖추어 입는 옷차림

활짝 벗고 알몸으로 서서, / "어떠하냐?"

"그것이 참 좋소마는, 누가 보면 한라산 매 사냥꾼으로 알겠소. 제주 인물 복색으로 차리시오."
예전에, 신분이나 직업에 따라서 다르게 맞추어 차려입던 옷의 꾸밈새와 빛깔

"제주 인물 복색은 어떤 것이냐?"

"개가죽 두루마기에 노평거지를 쓰시오."
노벙거지 → 실, 삼, 종이 따위를 가늘게 비비거나 꼰 줄로 엮어서 만든 벙거지

"그것은 너무 초라하구나."

"초라하거든 그만두시오."

"말인즉 그러하단 말이다. 개가죽이 아니라, 도야지가죽이라도 내 입으마."
사슴의 가죽처럼 부드럽게 만든 개의 가죽

하더니, ㉠구록피(狗鹿皮) 두루마기에 노평거지를 쓰고 나서서 앞뒤를 살펴보며,

"이 애야, 범이 보면 개로 알겠다. 군기총(軍器銃) 하나만 내어 들고 가자."
군대에서 쓰는 총

"무섭거든 가지 마옵시다."

"이 애야, 그러하단 말이냐? 네 성정 그러한 줄 몰랐구나. 정 못 갈 터이면, 내 업고라도 가마."
❶ 성질과 심정 ❷ 타고난 본성

배비장이 뒤따라가며 하는 말이,

"기약 둔 사랑하는 여자, 어서 가 반겨 보자."

서쪽으로 낸 대나무로 얽은 창 돌아들어, 동쪽에 있는 소나무로 만든 댓돌에 다다르니, 북쪽 창에 밝게 켠 등불 하나만이 외로이 섰는데, 밤은 깊은 삼경이라. 높은 담 구멍 찾아가 방자 먼저 기어들며,
밤 열한 시에서 새벽 한 시 사이

"쉬, 나리 잘못하다가는 일 날 것이니, 두 발을 한데 모아 요령 있게 들이미시오."

배비장이 방자 말을 옳게 듣고 두 발을 모아 들이민다. 방자놈이 안에서 배비장의 두 발목을 모아 쥐고 힘껏 잡아당기니, 부른 배가 딱 걸려서 들도 나도 아니하는구나. 배비장 두 눈을 희게 뜨고 이를 갈며,

"좀 놓아다고!"

하면서, ㉡죽어도 문자(文字)는 쓰던 것이었다.

"포복불입(飽腹不入)하니 출분이기사(出糞而幾死)로다."
배가 불러 들어갈 수 없으니 똥이 나와 죽겠구나.

방자가 안에서 웃으며 탁 놓으니, 배비장이 곤두박질하였다가 일어나 앉으며 하는 말이,

"매사가 순리로 아니 되니 큰 낭패로다. 산모의 해산법으로 말하여도 아이를 머리부터 낳아야 순산이라 하니, 내 상투를 들이밀 것이니 잘 잡아당겨라."

방자놈이 배비장의 상투를 노펑거지 쓴 채 왈칵 잡아당기나, 아무리 하여도 나은 줄 모르겠다. 죽을 고비에서 살아났으니, 목숨은 원래 하늘에 달렸음이라. 뻥 하고 들어가니 배비장이 아픈 단 말도 못 하고,

"어허, 아마도 내 등에는 꼰질곤자판을 놓았나 보다."
고누(장기와 비슷한 옛날 놀이) 놀이를 하는 판

배비장이 한편 좋기도 하고 한편 조심도 되어, ㉢가만가만 자취 없이 들어가서 이리 기웃 저리 기웃 문 앞에 가서 사뿐사뿐 손가락에 침을 발라 문구멍을 배비작 배비작 뚫고 한 눈으로 들여다보니, 깊은 밤 등불 아래 앉은 저 여인, 나이 겨우 이팔의 고운 태도라, …
16세 무렵의 꽃다운 청춘(= 이팔청춘)
㉣저 여인 거동 보소 김해 간죽 백통관에 삼등초를 서뿐 담아 청동화로 백탄 불에 사뿐 질러 빨아낸다. 향기
담배통과 물부리 사이에 끼워 맞추는 가느다란 대
빛깔은 맑지 못하고 흰 듯하며 화력이 매우 센 참숯
로운 담배 연기가 한 오라기 보랏빛으로 피어나니 붉은 안개 피어 돋는 듯, 한 오리 두 오리 풍기어서 창 구멍으로 돌아 나온다. 배비장이 그 담뱃내를 손으로 움키어 먹다가 생 담뱃내가 콧구멍으로 들어가서 재채기 한 번을 악칵 하니, 저 여인이 놀라는 체하고 문을 펄쩍 열뜨리고,
가늘고 긴 조각

"도적이야. / 소리 하니, 배비장이 엉겁결에,

"문안드리오." / 저 여인이 보다가 하는 말이,
웃어른께 안부를 여쭈다.

"호랑이를 그리다가 솜씨 서툴러서 강아지를 그림이로고, 아마도 뉘 집 미친개가 길 잘못 들어 왔나 보다."

인두판으로 한 번 지끈 치니 배비장이 하는 말이,
인두질할 때, 다리는 물건을 올려놓는 기구
"나는 개가 아니오."

"그러면 무엇이냐?"
껄떡쇠 → 먹을 것을 몹시 탐하는 사람을 낮잡아 이르는 말
㉤"배 걸덕쇠요."

– 작자 미상, 〈배비장전(裵裨將傳)〉

구분	장면의 의미와 기능
㉠	배비장이 (　　　　)에 의해 훼절한 상황에서 서민 계층에 의해 조롱당하는 지배 계층의 모습을 엿볼 수 있음.
㉡	담 구멍에 걸려 있는 상황에서도 문자를 쓰는 모습을 통해 지배 계층의 (　　　　)에 대한 풍자를 엿볼 수 있음.
㉢	글자 수를 규칙적으로 반복하여 인물의 행동을 리듬감 있게 묘사하는 (　　　　)을/를 확인할 수 있음.
㉣	청중을 향한 판소리 (　　　　)의 목소리가 직접 드러나는 판소리계 소설로서의 특징을 확인할 수 있음.
㉤	양반인 배비장이 기생인 애랑에게 자신을 낮추어 표현하는 말을 통해 인물을 (　　　　)함으로써 풍자의 효과를 극대화함.

01

〈보기〉를 바탕으로 다음 글을 감상한 내용으로 적절하지 <u>않은</u> 것은?

각설 대명 성화 년간에 형주 구계촌에 한 사람이 있으되, 성은 홍(洪)이요 이름은 무라. 세대 명문거족으로 소년 급제하여 벼슬이 이부 시랑에 있어 충효 강직하니, 천자 사랑하사 국사를 의논하시니, 만조백관이 다 시기하여 모함하매, 죄 없이 벼슬을 빼앗기고 고향에 돌아와 농업에 힘쓰니, 가세는 부유하나 슬하에 일점혈육이 없어 매일 슬퍼하더니, 일일은 부인 양씨와 더불어 탄식하기를,

"나이 사십에 아들이든 딸이든 자식이 없으니, 우리 죽은 후에 후사를 누구에게 전하며 지하에 돌아가 조상을 어찌 뵈오리오."

(중략) 이때는 추구월 보름이라. 부인이 시비(侍婢)를 데리고 망월루에 올라 월색을 구경하더니 홀연 몸이 곤하여 난간에 의지하매 비몽간(非夢間)에 선녀 내려와 부인께 재배하고 말하기를,

"소녀는 상제(上帝) 시녀옵더니, 상제께 득죄하고 인간에 내 치시매 갈 바를 모르더니 세존(世尊)이 부인 댁으로 지시하옵기로 왔나이다."

하고 품에 들거늘 놀라 깨달으니 필시 태몽이라. (중략) 과연 그 달부터 태기 있어 열 달이 차매 일일은 집안에 향취 진동하며 부인이 몸이 곤하여 침석에 누웠더니 아이를 탄생하매 여자라. 선녀 하늘에서 내려와 옥병을 기울여 아기를 씻겨 누이고 말하기를,

"부인은 이 아기를 잘 길러 후복(厚福)을 받으소서."

하고 문을 열고 나가며 말하기를,

"오래지 아니하여서 뵈올 날이 있사오리다."

하고 문득 가옵거늘 부인이 시랑을 청하여 아이를 보인대 얼굴이 도화(桃花) 같고 향내 진동하니 진실로 월궁항아(月宮姮娥)더라. 기쁨이 측량없으나 남자 아님을 한탄하더라. 이름을 계월(桂月)이라 하고 장중보옥(掌中寶玉)같이 사랑하더라.

계월이 점점 자라나매 얼굴이 화려하고 또한 영민한지라. 시랑이 계월이 행여 수명이 짧을까 하여 강호 땅에 곽 도사라 하는 사람을 청하여 계월의 상(相)을 보인대, 도사 지그시 보다가 말하기를,

"이 아이 상을 보니 다섯 살이 되는 해에 부모를 이별하고 십팔 세에 부모를 다시 만나 공후작록(公侯爵祿)을 올릴 것이오, 명망이 천하에 가득할 것이니 가장 길하도다." (중략)

시랑이 도사의 말을 듣고 도리어 듣지 않은 것만 못하다 여기고, 부인을 대하여 이 말을 이르고 염려 무궁하여 계월을 남복(男服)으로 입혀 초당에 두고 글을 가르치니 한 번 보면 다 기억하는지라. 시랑이 안타까워 말하기를,

"네가 만일 남자 되었다면 우리 문호를 더욱 빛낼 것을 애닯도다." / 하더라.

[중략 부분 줄거리] 장사랑의 난이 일어나 계월은 부모와 헤어졌지만, 여공의 구원으로 살아나고 그의 아들 보국과 함께 공부하여 과거에 급제한다. 이후 서달의 난을 진압하고 부모와 재회하게 된다. 그러던 중 계월이 여자임이 밝혀지면서 천자의 중매로 보국과 결혼을 한다. 이후 오왕과 초왕이 황성을 침입하자, 계월은 원수로 임명되고 보국과 함께 출전한다.

이튿날, 원수 중군장에게 분부하되,

"오늘은 중군장이 나가 싸워라." / 하니, 중군장이 명령을 듣고 말에 올라 삼척장검을 들고 적진을 향해 외치기를,

"나는 명나라 중군장 보국이라, 대원수의 명을 받아 너희 머리를 베라 하니 바삐 나와 내 칼을 받으라." (중략)

보국이 운경의 머리를 베어들고 본진으로 돌아오던 중, 적장 구덕지 대노하여 장검을 높이 들고 말을 몰아 크게 고함하며 달려오고, 난데없는 적병이 또 사방으로 달려들거늘, 보국이 황겁하여 피하고자 하더니 한순간에 적병이 함성을 지르고 보국을 천여 겹 에워싸는지라 사세 위급하매 보국이 앙천탄식하더니,

이때 원수 장대에서 북을 치다가 보국의 위급함을 보고 급히 말을 몰아 장검을 높이 들고 좌충우돌하며 적진을 헤치고 구덕지 머리를 베어 들고 보국을 구하여 몸을 날려 적진을 충돌할 새, 동에 가는 듯 서장을 베고 남으로 가는 듯 북장을 베고 좌충우돌하여 적장 오십여 명과 군사 천여 명을 한 칼로 베고 본진으로 돌아올 새, 보국이 원수 보기를 부끄러워하거늘, 원수 보국을 꾸짖어 말하기를,

"저러하고 평일에 남자라 칭하고 나를 업신여기더니, 언제도 그리할까."

하며 무수히 조롱하더라.

– 작자 미상, 〈홍계월전〉

〈보기〉

　〈홍계월전〉은 남성보다 비범한 능력을 가진 여성 주인공이 위기를 극복하는 모습을 그린 작품으로, 영웅의 일대기 구조를 가지고 있다. 영웅의 일대기 구조에서 주인공은 고귀한 혈통을 지니고 태어나며 잉태나 출생의 과정이 일반인들과 다르다. 어려서부터 비범하나 일찍 부모와 이별하거나 죽을 고비와 같은 위기에 처하고, 양육자 혹은 조력자에 의해 위기에서 벗어난다. 자라서 다시 위기에 부딪치며, 이 위기를 극복하고 승리자가 된다.

---

① 이부시랑 홍무의 딸로 태어난 사실을 통해 계월이 고귀한 혈통을 지니고 있음을 알 수 있다.

② 선녀가 꿈에서 양씨에게 말하는 내용을 통해 계월을 잉태하는 과정이 일반인들과 다름을 알 수 있다.

③ 계월이 태어났을 때 시랑이 안타까워하는 모습을 통해 어릴 때 위기에 처한 계월의 모습을 알 수 있다.

④ 여공이 계월을 구해 주는 내용을 통해 조력자에 의해 위기에서 벗어난다는 것을 알 수 있다.

⑤ 계월이 보국을 구해 주는 장면을 통해 여성 영웅의 비범한 능력을 알 수 있다.

02

⊙과 〈보기〉를 비교한 내용으로 적절하지 <u>않은</u> 것은?

'내 딸 심청이는 무슨 일에 빠져서 날이 저문 줄 모르는고. 주인에게 잡히어 못 오는가, 저물게 오는 길에 동무에게 붙잡혀 있는가?'

눈바람에 길 가는 사람 보고 짖는 개소리에,

"심청이 오느냐?"

하면서 반기기도 하고, 괜히 눈보라가 떨어진 창가에 부딪치기만 해도 행여 심청이 오는 소리인가 하여 반겨 나서면서,

"심청이 너 오느냐?"

하고 나가봐도 적막한 빈 뜰에 인적이 없으니 공연히 속았구나. 지팡막대 찾아 짚고 사립 밖에 나가다가 한 길 넘은 개천에 밀친 듯이 떨어지니, 얼굴에 흙빛이요 의복에 얼음이라. ⊙ 뒤뚱거리다 도로 더 빠지며 나오자니 미끄러져 하릴없이 죽게 되어, 아무리 소리친들 해는 저물고 행인은 끊겼으니 뉘라서 건져 주리.

그래도 죽을 사람 구해 주는 부처님은 곳곳마다 있는 법인지라, 마침 이때 몽운사 화주승이 절을 새로 지으려고 시주 책을 둘러메고 내려왔다가, 청산은 어둑어둑하고 눈 덮인 들판에 달이 돋아올 제, 돌밭 비탈길로 절을 찾아가는데 바람결에 애처로운 소리가 들렸다.

"사람 살려!"

화주승은 자비한 마음에 소리 나는 곳을 찾아가니, 어떤 사람이 개천에 빠져서 거의 죽게 되었다. 급한 마음에 구절죽장과 바랑을 바위 위에 휙 던져 두고, 굴갓과 먹물장삼 실띠 달린 채로 벗어놓고, 육날 미투리 행전* 대님 버선도 훨훨 벗어 놓고, 고두 누비바지 저고리 거듬거듬 훨씬 추켜올려, 급히 뛰어들어 심 봉사 고추상투를 덥벅 잡아 들어 올려 건져 놓으니, 전에 보던 심 봉사였다. 심 봉사가 정신 차려 묻기를,

"게 뉘시오?"

화주승이 대답하기를,

"몽운사 화주승이오."

"그렇지, 사람을 살리는 부처로군요. 죽을 사람을 살려 주시니 은혜 백골난망이오."

화주승이 심 봉사를 업어다 방안에 앉히고 빠진 까닭을 물었다. 심 봉사는 신세를 한탄하다가 전후 사정을 말하니, 그 중이 봉사더러 하는 말이,

"딱하시군요. 우리 절 부처님은 영험이 많으셔서 빌어서 아니 되는 일이 없고 구하면 응답을 주신답니다. 공양미 삼백 석을 부처님께 올리고 지성으로 불공을 드리면 반드시 눈을 떠서 성한 사람이 되어 천지 만물을 보게 될 것입니다."

심 봉사가 집안 형편은 생각지 않고 눈 뜬단 말에 혹하여,

"그러면 삼백 석을 적어 가시오."

화주승이 허허 웃고,

"이보시오, 댁의 집안 형편을 살펴보니 삼백 석을 무슨 수로 장만하겠소."

심 봉사가 홧김에 하는 말이,

"여보시오, 어느 쇠아들 놈이 부처님께 적어 놓고 빈말하겠소? 눈 뜨려다가 앉은뱅이 되게요. 사람을 업신여겨 그런 걱정일랑 말고 적으시오."

화주승이 바랑을 펼쳐 놓고 제일 윗줄 붉은 칸에,

'심학규 쌀 삼백 석.'

이라 적어 가지고 인사하고 갔다.

그런 뒤에 심 봉사는 화주승을 보내고 다시금 생각하니 시주 쌀 삼백 석을 장만할 길이 없어 복을 빌려다가 도리어 죄를 얻게 되니 이 일을 어이하리. 이 설움 저 설움, 묵은 설움 햇설움이 동무지어 일어나니 견디지 못하여 울음을 운다. (중략)

한창 이리 탄식할 제, 심청이 바삐 와서 아버지 모습 보고 깜짝 놀라 발을 구르면서 온 몸을 두루 만지며,

"아버지 이게 웬일이어요? 나를 찾아 나오시다가 이런 욕을 보셨나요. 이웃집에 가셨다가 이런 봉변 당하셨나? 춥긴들 오죽하며 분함인들 오죽하리, 승상 댁 노부인이 굳이 잡고 만류하여 하다 보니 늦었어요."

– 작자 미상, 〈심청전〉

* 행전: 바지나 고의를 입을 때 정강이에 감아 무릎 아래 매는 물건

〈보기〉

그때의 심 봉사는 딸의 덕에 몇 해를 가만히 앉아 먹어 노니 도랑 출입이 서툴구나. 지팽이 흩어 짚고 이리 더듬 저리 더듬 더듬 더듬 더듬이 나가다가 길 넘은 개천 물에 한발 자칫 미끄러져 꺼꾸로 물에 가 풍 빠져 노니 아이고 도화동 심학규 죽네. 나오려면 미끄러져 풍 빠져 들어가고 나오려면 미끄러져 풍 빠져 들어가고 나오려면 미끄러져 풍 빠져 들어 가고 그저 점점 들어 가니 아이고 정신도 말끔하고 숨도 잘 쉬고 아픈 데 없이 잘 죽는다. 한참 이리할 제.

– 판소리 〈심청가〉 중에서

① ⊙은 〈보기〉와 달리 대구를 활용하여 개천에 빠진 심 봉사의 외양을 묘사하고 있다.

② 〈보기〉는 ⊙과 달리 개천에서 빠져나오려 애쓰는 심 봉사의 행동을 반복적으로 제시하고 있다.

③ ⊙은 〈보기〉에 비해 해학적 표현을 두드러지게 사용하여 심 봉사가 처한 위급한 상황을 부각하고 있다.

④ 〈보기〉는 ⊙에 비해 의태어를 빈번하게 사용하여 심 봉사의 행동을 생생하게 나타내고 있다.

⑤ ⊙과 〈보기〉는 모두 심 봉사가 처한 상황과 관련된 서술자의 생각을 제시하고 있다.

호루라기 관장님의 하드 트레이닝

공부한 날	월 일 요일
맞은 개수	/ 7

작품	No	작품을 읽고 빈칸에 알맞은 말을 쓰시오.
세상사 중에 처음에는 얼토당토않고 괴이하지만, 나중에는 진실인 것이 있다. 아마도 과일나무 접붙이는 것이 이에 해당할 것이다. 나의 선친이 살아 계실 때였다. 과일나무에 접을 잘 붙이는 키다리 전씨(田氏)라는 사람이 있었는데, 선친은 그에게 접을 붙이게 해 보았다. 정원에는 맛이 없는 배나무 두 그루가 있었는데, 전씨는 모두 톱으로 밑동을 잘랐다. 그리고는 세상에서 맛있다고 이름난 배나무를 구하여 몇 가지를 자르더니, 잘라낸 그루터기에 접목시키고는 찰흙으로 그곳을 발랐다. 당시에는 그것을 보면서 터무니없다고 여겼다. 비록 접을 붙인 나무에서 싹이 트고 잎이 돋아났지만, 괴이하다고만 여겼다. 그러나 여름에 잎이 무성하게 되고, 가을에 배가 주렁주렁 열렸다. 그제야 '나중에는 진실인 것이 있음'을 믿게 되었고, 처음에 얼토당토않고 괴이하다고 여겼던 의심이 비로소 마음에서 사라졌다. 선친이 돌아가신 지 9년이 흘렀지만, 나무를 보거나 배를 먹을 때에는 아버지의 얼굴이 항상 떠올랐다. 그래서 간혹 나무를 부여잡고 목 놓아 울면서 차마 떠나지 못한 적도 있었다. 옛사람은 소백(召伯)과 한선자(韓宣子)의 일* 때문에 돌배나무를 베지 않은 채 잘 가꾸었다는 일화가 있다. 하물며 아버지가 소유하시다가 자식에게 물려준 것임에랴! 그 공경하는 마음은 베지 않고 잘 가꾸는 것에 어찌 비할 바가 있겠는가? 그 열매는 또한 꿇어앉아 먹어야 할 것이다. 생각건대, 선친께서 나에게 이 나무를 물려주신 것은 아마도 내가 이 배나무를 본받아 잘못을 고치고 선으로 옮겨 가라는 뜻일 것이다. 그래서 이를 기록하여 경계로 삼는다. – 이규보, 〈접과기(接菓記)〉 * 소백(召伯)과 한선자(韓宣子)의 일: 주(周)나라 때 소백(召伯)의 은덕에 감화된 백성들이 그가 쉬었던 돌배나무도 차마 베지 않았다는 고사. 노나라 계무자는 노나라의 예법을 칭찬한 한선자가 자신의 정원에 있는 나무를 칭찬하자 한선자의 은혜를 간직하고자 그 나무를 베지 않았다는 고사	01	**중심 제재는 무엇인가?** ( )을/를 접붙인 일
	02	**글쓴이는 어떤 경험을 하였는가?** 선친이 맛이 없는 배나무에 맛있는 배나무를 접붙이게 하신 것을 보고 터무니없다고 여겼으나, 접붙인 나무에 잎이 무성하고 배가 주렁주렁 열린 것을 보고서 ( )을/를 얻음.
	03	**글쓴이의 깨달음은 무엇인가?** 아버지께서 접붙인 배나무를 물려주신 것은 잘못을 알고 항상 이를 개선하기 위해 노력하라는 ( )을/를 주기 위해서임을 알게 됨.
	04	**내용 전개상의 특징은 무엇인가?** 체험 → 깨달음 나쁜 배나무에 좋은 배나무를 접붙임. → 나쁜 배나무가 좋은 열매를 맺음. → 잘못을 고쳐 올바른 길로 나아가야 함. 허무맹랑한 일로 여기며 의심함. → ( )을/를 거둠. → 삶의 교훈을 이끌어 냄.
	05	**고사를 인용한 의미는 무엇인가?** 소백 고사: 정치를 잘했던 소백의 덕을 사모한 사람들이 그가 쉬던 돌배나무를 휘지도 자르지도 못하게 함. 한선자 고사: 한선자가 계무자의 집에 있는 나무를 칭찬하자, 계무자가 나무를 베지 않고 잘 가꾸어 한선자의 은혜를 잊지 않겠다고 함. → 아버지가 소유하다 물려주신 배나무를 아버지를 ( )하는 마음을 담아 잘 가꾸겠다는 다짐을 드러냄.
	06	**창작 의도는 무엇인가?** 이 작품은 글쓴이가 생활 속에서 갖게 된 생각과 감정, 그리고 이를 통해 얻은 세상의 이치에 대한 깨달음을 주변의 인물이나 사물, 고사(故事), 일상의 경험 등의 소재를 활용하여 드러내고 있으며, 더 나아가 글쓴이는 자신이 얻은 깨달음을 독자들에게까지 전달하여 ( )을/를 주고자 함.
	07	**이 작품의 주제는 무엇인가?** 접붙인 배나무를 통한 깨달음과 아버지에 대한 ( )

(본문 주석)
- 나무의 품종 개량이나 번식을 위해 한 나무에 다른 나무의 가지의 눈을 따다 붙임.
- 남에게 돌아가신 자기 아버지를 이르는 말

한문 수필은 중국 한문의 형식을 빌린 문(文)·설(說)·서(序)·서(書)·기(記) 등의 여러 양식으로 분류됩니다.
'설(說)'은 어떤 사물이나 대상을 이치에 따라 해석하고 이에 대한 옳고 그름을 밝히면서 작가의 의견을 서술하는 한문 수필의 한 양식입니다.
'사실(일화) + 견해(교훈)'의 2단 구성이며, 비유나 우의적 표현을 통해 독자의 깨달음을 유도하는 것이 특징입니다.
반면에 '기(記)'는 어떤 사건을 처음부터 끝까지 기록하는 글로, 사물의 이치를 풀이하고 의견을 덧붙이는 구성이 특징입니다.
인물·사건·사물 등을 객관적으로 관찰하고 기록하여 잊지 않도록 하는 것이 목적인 글입니다.

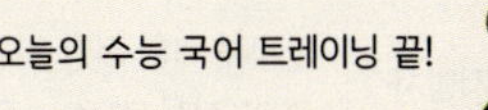

097 현대 문학 ❶ - 개화기~광복 이전

구분		운문		산문
개화기	신체시	형식의 정형성에서 벗어나 신교육, 개화사상, 자주독립, 남녀평등 등 근대 사상을 담은 새로운 형식의 시 → 고전 시가에서 근대 자유시로 넘어가는 과도기적 형태로 교량적 역할을 함 예 최남선, 〈해(海)에게서 소년에게〉	신소설	고전 소설의 **전기체**에서 벗어나 자유로운 장면 묘사와 언문일치의 문체, 입체적 구성 등의 새로운 형식을 빌려 자주독립, 남녀평등, 자유연애, 신교육 등의 개화 사상을 다룬 소설 예 이인직, 〈혈의 누〉
일제 강점기	근대 자유시	신체시보다 형식이 더 자유로우며 개인의 정서를 중요시한 시 예 김억, 〈봄은 간다〉 / 주요한, 〈불놀이〉	근대 소설	구어체 문장, 언문일치체, 근대적 인물 설정 등을 통해 최초의 근대 소설로 평가 받는 이광수의 〈무정〉 등장
	감상적* (퇴폐적) 낭만주의 시	3·1 운동 이후 패배감과 허무 의식의 영향을 받아 창작된 암울한 분위기의 감상적인 시 예 이상화, 〈나의 침실로〉	낭만주의 소설	문예지와 동인지의 등장을 기반으로 감상적이고 퇴폐적인 경향의 낭만주의 소설이 등장 예 김동인, 〈배따라기〉
	전통 계승한 서정시	민족 고유의 정서와 민요적 가락을 자유시 형식으로 계승하거나 조국 광복의 염원을 담은 시 예 김소월, 〈진달래꽃〉, 한용운, 〈님의 침묵〉	사실주의 소설	일제 강점기 우리 민족, 특히 하층민의 궁핍한 생활상과 암담한 현실을 사실적으로 형상화한 소설 예 현진건, 〈운수 좋은 날〉 염상섭, 〈만세전〉
	경향시	특정 사상이나 주의를 선전하려는 목적이 강한 시로, 1920년대 사회주의 사상의 유행과 카프의 결성으로 등장한 **계급 문학** → 우리나라에서는 1920년대 감상적 낭만주의 시에 대한 반발로 등장함 예 임화, 〈우리 오빠와 화로〉	계급주의 소설	궁핍한 농민이나 도시 노동자를 주인공으로 삼아 빈궁한 현실을 보여 주는 신경향파 문학과 사회주의 사상을 기반으로 정치적 목적을 달성하려는 경향의 프로(프롤레타리아) 문학이 등장 예 이기영, 〈고향〉
	순수 서정시	**동인지***《시문학》을 중심으로 활동한 시문학파가 순수 문학을 옹호하며 창작한 시 → 경향시의 목적성에 반대하며 등장함 예 김영랑, 〈모란이 피기까지는〉	세태 소설	일상생활과 사회의 풍속, 유행 등을 묘사한 소설로, 특히 1930년대 현대 문명과 도시인의 병든 삶을 다룸. 예 이상, 〈날개〉 박태원, 〈소설가 구보 씨의 일일〉
	모더니즘 시	도시적 감각과 시의 회화성(이미지즘)을 중시한 시 예 김기림, 〈바다와 나비〉 김광균, 〈와사등〉	농촌 소설	농촌을 개혁하려는 **브나로드 운동***의 영향을 받아 농촌을 배경으로 계몽을 시도하는 노력을 다룬 소설 예 심훈, 〈상록수〉
	생명시	인간과 생명의 탐구, 본능과 무의식 탐구, 인간의 의지와 사유의 문제에 관심을 가지는 생명파의 시 예 유치환, 〈생명의 서〉	가족사 소설	혼란한 시대를 배경으로 봉건 시대, 개화기, 식민지 시대를 대표하는 세대를 등장시킨 가족사를 통해 세대별 대응 양상을 다룬 소설 예 염상섭, 〈삼대〉 채만식, 〈태평천하〉
	저항시	일제에 대한 저항 의지를 승화한 시 예 이육사, 〈절정〉 / 윤동주, 〈서시〉		

🌐 1:1 작품 체험

아무도 그에게 수심(水深)을 일러 준
_물의 깊이_
일이 없기에
흰 나비는 도무지 바다가 무섭지 않다.

청(靑) 무우밭인가 해서 내려갔다가는
어린 날개가 물결에 절어서
공주(公主)처럼 지쳐서 돌아온다.

삼월(三月)달 바다가 꽃이 피지 않아서
서글픈
나비 허리에 새파란 초생달이 시리다.

– 김기림, 〈바다와 나비〉(1939)

이 작품은 새로운 세계를 동경했다가 냉혹한 현실 앞에 좌절하게 된 상황을 파란색과 흰색의 색채 대비를 통해 보여 줌으로써 (1 ㅅㄱㅈ) 이미지를 중시하는 1930년대 (2 ㅁㄷㄴㅈ) 시의 회화적 특성과 문명 비판적 성격이 잘 드러난다.

💪 작품 알통

- **해제:** 순수하고 연약한 존재인 나비가 근대 문명을 상징하는 바다에 갔다가 좌절하고 돌아오는 상황을 감각적으로 형상화한 이미지즘 시이다.
- **주제:** 새로운 세계에 대한 동경과 좌절

❤️ '이미지즘'이 무엇인가요?

1920년대에 우리나라 시 문학은 감상적 낭만주의와 경향시가 주류를 이루었는데, 이에 대한 반발로 1930년대부터 김광균, 김기림, 정지용 등에 의해 전개된 시 창작 경향 중 하나가 '이미지즘'입니다. '이미지즘'은 순수 문학으로서 시를 창작하고자 하는 태도와 맞물려 감정을 최대한 절제하고 시의 회화성인 이미지가 강조되는 시를 창작하려는 경향을 말합니다. '이미지즘'을 추구하는 작품에서는 특히 시각적 이미지를 중시하는 양상을 보입니다.

- **전기체(傳記體):** 한 사람의 일생 동안의 행적을 기록하는 문체
- **감상적:** 지나치게 슬퍼하거나 쉽게 기뻐하는
- **계급 문학:** 계급 간의 갈등이나 계급 의식을 다룬 문학
- **동인지:** 사상, 취미, 경향 따위가 같은 사람들끼리 모여 편집·발행하는 잡지
- **브나로드 운동:** 1870년대 러시아에서 청년 귀족과 학생들이 농민을 대상으로 사회 개혁을 이루고자 일으킨 계몽 운동. '브나로드'는 '민중 속으로'라는 뜻으로 우리나라에서도 1930년대에 크게 성행함.

【초성 답】 1 시각적 2 모더니즘

098 현대 문학 ❷ - 광복 이후~1950년대

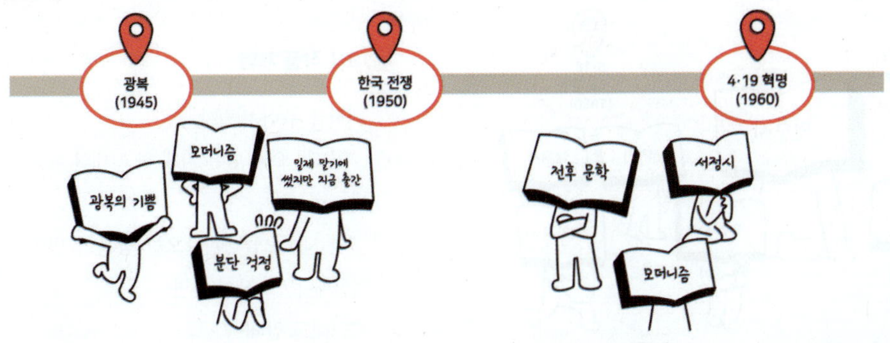

1945년 광복 이후에는 광복의 기쁨과 새로운 나라의 건설을 염원하는 내용의 작품들이 창작되었다. 그리고 일제 강점기부터 계속된 이데올로기 대립이 가시화되면서 남북으로 분단되고, 이어진 6·25전쟁의 비극적 참상, 부조리한 사회 현실, 분단과 전쟁이 남긴 상처 등을 다루는 작품들이 등장하였다. 한편으로는 순수 서정 문학이 계승되면서 전후의 불안과 위기를, 인간의 본질과 순수성으로 대응하려는 양상도 나타났다. 또한 전쟁의 비극성과 문명의 파괴성, 허무주의와 비관적 현실 인식 등을 다룬 모더니즘 시가 다시 등장하였다.

구분		운문		산문
광복 후	광복의 기쁨	광복을 기뻐하거나 새로운 나라 건설을 염원하는 내용의 시 창작 예 신석정, 〈꽃덤불〉	광복 후 혼란	해방을 전후한 시기의 사회적 혼란을 풍자적으로 다룬 소설 창작 예 이태준, 〈해방 전후〉
	일제 말기 작품	윤동주의 유고 시집 《하늘과 바람과 별과 시》와 청록파(박목월, 박두진, 조지훈)가 초기에 지은 시를 모아 공저한 《청록집》이 출간됨.	광복 의미 모색	광복 후 혼란한 사회상을 배경으로 기회주의자들을 풍자하여 진정한 광복의 의미를 탐색한 소설 창작 예 채만식, 〈논 이야기〉
전쟁 후	후기 모더니즘	모더니즘을 지향하는 시인들이 전쟁 당시 결성한 후반기 동인을 중심으로 전쟁의 비극성과 도시 문명을 비판하는 내용의 시 창작 예 박인환, 〈목마와 숙녀〉	부조리한 현실 고발	개인의 자유와 인권을 억압하는 부조리한 현실을 고발하고 개인과 사회와의 갈등을 다룬 작품 창작 예 선우휘, 〈불꽃〉 오상원, 〈모반〉
	전후 시	분단과 전쟁의 비극성, 민족의 상처, 인간의 실존 문제 등을 다룬 시 창작 예 구상, 〈초토의 시〉 조지훈, 〈다부원에서〉	전후 소설	전쟁의 비극, 무기력한 삶과 절망적 현실, 전쟁의 상처 등을 그린 작품 창작 예 오상원, 〈유예〉 / 하근찬, 〈수난이대〉

일제 강점기나 해방, 분단, 6·25 전쟁과 같은 사건을 배경으로 한 작품의 경우 거대한 사회적 시련으로 인해 삶이 무너지고 고통 받는 개인이 등장하고는 합니다. 이러한 사건은 특정 인물뿐만 아니라 사회 구성원 전체에게 영향을 미치기 때문에 이러한 사건을 배경으로 창작된 작품의 인물은 집단이나 민족 전체를 대표하는 경우가 많습니다.

🔴 개념 갈고리 **전후 문학**

1차 세계 대전 이후에 발생한 문학의 한 경향으로, 전쟁으로 인해 인간 생명의 존엄성이 무너지고 전도된 가치로 인해 인간 소외 현상과 허무주의적 경향이 주로 나타나는 작품을 '전후 문학'이라고 한다. 전쟁의 참담함과 암울한 시대상, 전쟁으로 인한 인간의 무의미함, 생명의 무가치성, 이념 갈등으로 인한 무기력함과 절망감, 전쟁 상처의 치유 시도 등을 사실적으로 형상화한다.

🔴 **1:1 작품 체험**

태양을 의논(議論)하는 거룩한 이야기는
항상 태양을 등진 곳에서만 비롯하였다.

달빛이 흡사 비 오듯 쏟아지는 밤에도
우리는 헐어진 성(城)터를 헤매이면서
언제 참으로 그 언제 우리 하늘에
오롯한 태양을 모시겠느냐고
가슴을 쥐어뜯으며 이야기하며 이야기
하며 / 가슴을 쥐어뜯지 않았느냐?

그러는 동안에 영영 잃어버린 벗도 있다.
그러는 동안에 멀리 떠나 버린 벗도 있다.
그러는 동안에 몸을 팔아 버린 벗도
있다.
그러는 동안에 맘을 팔아 버린 벗도
있다.

그러는 동안에 드디어 서른여섯 해가
지나갔다.

다시 우러러보는 이 하늘에
겨울밤 달이 아직도 차거니
오는 봄엔 분수(噴水)처럼 쏟아지는
태양을 안고
그 어느 언덕 꽃덤불에 아늑히 안겨
보리라.

– 신석정, 〈꽃덤불〉(1946)

이 작품은 (1 ㄱㅂ) 직후의 혼란한 사회 속에서 광복의 기쁨과 새로운 민족 국가 건설에 대한 소망을 완전한 자주독립과 화합을 상징하는 (2 ㄲㄷㅂ)을/를 통해 드러내고 있다.

🔴 **작품 알통**

• 해제: 광복 직후의 혼란한 사회 속에서 민족의 진정한 독립과 화합에 대한 열망을 이야기한 작품이다.

• 주제: 광복의 기쁨과 새로운 민족 국가 건설에 대한 소망

【초성 답】 1 광복 2 꽃덤불

099 현대 문학 ❸ - 1960~1980년대

구분		운문		산문
1960년대	순수시	현실 인식을 중시하는 참여 문학이 대두하자 이에 대한 반발로 현실로부터 독립한, 문학의 순수 서정성과 예술성을 중시한 시 창작 예 이형기, 〈낙화(落花)〉 김춘수, 〈샤갈의 마을에 내리는 눈〉	전후 소설	분단의 원인이나 상처의 치유 방안을 모색하거나 이념 문제에 대해 새로운 시선을 다룬 작품이 등장 예 최인훈, 〈광장〉 박경리, 〈시장과 전장〉
	참여시	4·19 혁명을 계기로 부조리한 현실을 고발하고 변혁을 촉구하는 내용을 담은 시 창작 예 신동엽, 〈종로 5가〉	사회 이면을 다룬 소설	급속한 산업화와 경제 성장에 가려진 민중의 고된 삶을 조명한 작품 예 김정한, 〈모래톱 이야기〉 김승옥, 〈서울, 1964년 겨울〉
1970년대	민중시	산업화를 비판하고 노동자, 농민 등 민중의 삶과 진실을 형상화한 시 예 신경림, 〈농무〉 정희성, 〈저문 강에 삽을 씻고〉	산업화 시대의 부정성	산업화와 도시화에서 소외된 계층의 비참한 삶을 다룬 작품 예 조세희, 〈난쟁이가 쏘아올린 작은 공〉 황석영, 〈삼포 가는 길〉
	참여시	독재 정권하의 부정과 부패를 신랄하게 풍자한 작품 예 김지하, 〈오적〉	독재 권력 비판	민주적 절차를 거치지 않고 권력을 획득한 독재 정권을 우의적으로 비판한 작품 예 황석영, 〈아우를 위하여〉
1980년대	저항시	민중시를 계승하고 군사 독재 시절의 억압된 현실을 비판하는 시 예 김지하, 〈타는 목마름으로〉	사회 권력 비판	민주주의를 억압하는 현실을 비판적 시선으로 그린 작품 예 이문열, 〈우리들의 일그러진 영웅〉
	해체시	새로운 의미를 담기 위해 시의 정형화된 틀을 깬 자유로운 형식의 시 예 황지우, 〈무등〉	장편 소설	근대사의 사건들을 배경으로 민족의 삶과 사회의 모순을 다룬 대하소설 예 조정래, 〈태백산맥〉

개념 갈고리 소시민 의식

'소시민(小市民)'이라는 개념은 사전적 의미로 노동자와 자본가의 중간 계급에 속하는 소상인, 수공업자, 하급 봉급생활자, 하급 공무원 등을 통틀어 이르는 말이다. 문학에서 소시민 계층에 해당하는 인물은 대체로 부정적 이미지로 그려지고는 한다. 소시민은 노동자와 자본가 계급이 대립하던 산업 자본주의 시대에 어느 쪽에도 속하지 못하는 모호한 정체성을 가지며 자본가와 대립하는 노동자의 행동 양식을 철저히 취하지 않는 태도와 자신의 안위만을 생각하는 이기주의와 입신출세주의 성향, 사회의 모순이나 부조리한 현실에 무관심하거나 회피하거나 현실에 타협하는 소극적 태도를 보이기 때문이다. 또한 소시민은 자신의 기득권을 지키기 위해 권력관계에 민감하게 반응하며 이해타산적 태도를 보이기도 한다. 소시민성을 다룬 작품으로는 김수영의 〈어느 날 고궁을 나오면서(1965)〉, 김광규의 〈상행(1983)〉, 윤흥길의 〈아홉 켤레의 구두로 남은 사내(1977)〉, 양귀자의 〈원미동 시인(1986)〉 등이 있다.

🌐 1:1 작품 체험

"지금 부숴 버릴까."

"안 돼. 오늘 밤은 자게 하고 내일 아침에……."

"안 돼. 오늘 밤은 오늘 밤은이 벌써 며칠째야? 소장이 알면……."

"그래도 안돼……."

두런두런 인부들 목소리 꿈결처럼 섞이어 들려오는

루핑 집 안 단칸 벽에 기대어 그 여자 방수포로 지붕을 덮은 집 작은 발이 삐져나온 어린것들을

불빛인 듯 덮어 주고는

가만히 일어나 앉아

칠흑처럼 깜깜한 밖을 내다본다

– 이시영, 〈공사장 끝에〉(1986)

1960년대부터 본격적으로 (1 ㅅㅇㅎ)이/가 진행되면서 일자리가 있는 도시로 많은 사람들이 몰려들기 시작하였고, 그로 인해 도시의 거주지가 부족해지자 농촌에서 도시로 이동한 사람들은 도시 외곽에 무허가 판잣집을 짓고 거주하기 시작하였다. 이런 집들이 모여 거대한 마을을 이루게 되자 국가에서는 거주 환경 개선과 도시 확장을 명분으로 판잣집을 헐고 주택 단지를 새로 조성하는 정책을 펼쳤다. 그런데 이 과정에서 판자촌 거주민들의 이주 정책이나 보상이 제대로 이루어지지 않았으며, 이로 인해 삶의 터전을 상실한 철거민들이 대거 발생하였다. 이 작품은 이러한 시대를 배경으로 도시 빈민의 비참한 현실을 (2 ㅈㅈ)된 언어와 장면 (3 ㅁㅅ)(으)로 형상화하였다.

작품 알통
- **해제**: 도시 무허가 주택 빈민의 비극적 삶을 형상화한 작품이다.
- **주제**: 도시 빈민의 비극적 현실

【초성 답】 1 산업화 2 절제 3 묘사

---

100 수필·극

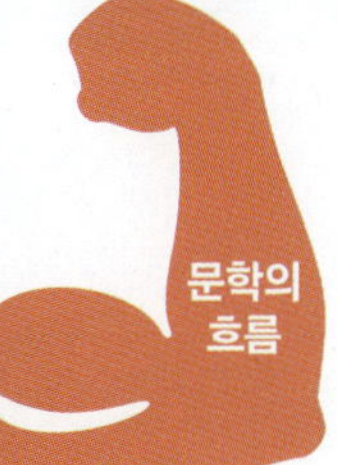

1 수필

'수필'은 '따를 수(隨) / 붓 필(筆)'로, 붓 가는 대로 쓴 글이라는 말이다. 수필은 글쓴이가 직접 경험한 일과 생각을 솔직하게 담기 때문에 글쓴이만의 (¹ ㄱㅅ)이/가 드러난다. 또한 형식이 정해져 있지 않기 때문에 누구나 쓸 수 있는 (² ㅂㅈㅁ)적인 글이며, 글쓴이의 경험이나 생각을 통해 교훈을 준다는 점에서 교훈적인 글이다.

구분	경수필	중수필
개념	일상의 사소한 경험을 소재로 쓴 수필	지적인 내용을 객관적 통찰을 바탕으로 쓴 수필
특성	감성적·개인적·정서적·주관적	객관적·논리적·사회적·보편적·지적·사색적
종류	감상문, 기행문, 독후감, 일기, 편지	비평적 수필, 과학적 수필

2 극

'극'은 등장인물의 대사와 행동으로 이루어진 예술로, 공연을 목적으로 하는 연극의 대본을 (³ ㅎㄱ), 영화를 만들기 위해 쓴 각본을 '시나리오'라고 한다. 희곡이나 시나리오는 모두 (⁴ ㅅㅅㅈ) 없이 인물의 말과 행동으로 전개되는 갈등의 문학이며, 시나리오의 경우 원활한 영상 촬영을 위한 특수 용어가 사용된다는 특징이 있다.

	해설		주로 첫머리에서 작품의 배경, 상황, 등장인물, 무대 장치 등을 설명하는 부분
구성 요소	대사	대화	등장인물들이 서로 주고받는 대사 → 인물들의 관계를 알려 주고 사건을 진행하는 기능
		독백	인물이 심리적인 자극을 받아 상대 없이 혼자 하는 말 → 사건 진행을 일시적으로 중단하고 인물이 내면 심리를 직접 드러내는 기능
		방백	무대 위 다른 인물에게는 들리지 않는 것으로 전제하고 관객에게 하는 말
	지시문	행동 지시문	인물의 표정, 말투, 동작, 심리, 입장·퇴장 등을 지시하는 말
		무대 지시문	무대 장치, 배경, 소품, 조명 등 물리적 장치의 효과를 지시하는 말
	장면 표시		장면 번호, S#(Scene Number) → 시나리오만 포함됨.
구성 단위	희곡	막(幕)	무대의 막을 올렸다가 다시 내릴 때까지의 단위
		장(場)	조명의 온오프, 인물의 등장·퇴장, 배경의 바뀜 등으로 구분되는 단위 → 막의 하위 단위로, 시간이 짧게 흐르거나 상황이나 장면 전환을 보여 줌.
	시나리오	시퀀스 (Sequence)	장소와 시간, 행동의 연속성을 가진 몇 개의 장면(신)이 모여서 이루어진 것으로, 하나의 이야기가 시작되고 끝나는 독립적인 구성단위
		신(Scene)	숏의 결합으로 이루어져 연극의 '장'과 같은 역할을 하는 것으로, 같은 장소와 시간 내에서 일련의 행동이나 대사가 이루어지는 부분 → 시나리오의 기본 단위로, S#(장면 번호)로 표기됨.
		숏(Shot)	카메라가 찍기 시작하여 멈출 때까지 한 번의 연속 촬영으로 찍은 장면

개념 **알통** 산문 갈래의 비교

구분	소설	수필	희곡/시나리오
성격	허구성	사실성	허구성
화자	서술자	글쓴이	없음.
구성	발달 → 전개 → 위기 → 절정 → 결말	제약 없음.	발단 → 전개 → 절정 → 하강 → 대단원
표현	서술, 대화, 묘사		해설, 대사, 지시문
시제	제약 없음.		현재형
사건 진행	서술		인물의 말과 행동
배경	제약 없음.		희곡만 제약 있음.
인물 수			

개념 **알통** 주요 시나리오 용어

E.(Effect)	화면 밖에서 삽입된 음향이나 대사
M.(Music)	효과 음악
Ins.(Insert)	특정 동작이나 상황을 강조하기 위해 화면과 화면 사이에 다른 화면을 끼워 넣는 것
몽타주 (Montage)	따로따로 촬영한 화면을 떼어 붙여 편집하는 기법
NAR. (Narration)	화면 밖에서 들리는 설명 형식의 대사
OFF.	화면에 등장하지 않는 인물의 목소리
C.U. (Close Up)	대상의 일부를 두드러지게 강조하기 위해 크게 찍거나 화면에 크게 나타내는 촬영 기법
F.I.(Fade In)	화면이 점점 밝아짐.
F.O.(Fade Out)	화면이 점점 어두워짐.
PAN.(Panning)	카메라를 상하좌우로 움직이는 것
Diss (Dissolve)	한 화면이 사라짐과 동시에 다른 화면이 점차로 나타나면서 장면을 전환시키는 편집 기법 = O.L.(Over Lap)
플래시백 (Flashback)	영화가 순차적으로 진행되는 도중 과거 시간대의 장면을 삽입하는 기법
ELS(Extreme Long Shot)	아주 멀리서 넓은 지역을 조망하는 촬영 기법

【초성 답】 1 개성 2 비전문 3 희곡 4 서술자

개념 트레이닝 ZONE

빈칸에 알맞은 말을 쓰며 개념 근육을 키워 보세요!

신체시는 전근대 사회에서 근대 사회로 발전하면서 새로운 형태로 나타난 시가로, 근대시의 초기 형태를 말합니다. 전근대의 시조나 가사의 형태에서 벗어나 파격적인 리듬이나 불규칙한 음보율을 통해 자유시의 성격이 드러나는 반면, 각 연의 같은 위치에 놓인 시구의 반복으로 인해 과도기적인 성격을 보여 주기도 합니다.

01

1

처……ㄹ썩, 처……ㄹ썩, 척, 쏴……아.
때린다 부순다 무너 버린다.
태산 같은 높은 뫼, 집채 같은 바윗돌이나,
요것이 무어야, 요게 무어야.
나의 큰 힘 아느냐 모르느냐, 호통까지 하면서,
때린다 부순다 무너 버린다.
처……ㄹ썩, 처……ㄹ썩, 척, 튜르릉, 꽉.

2

처……ㄹ썩, 처……ㄹ썩, 척, 쏴……아.
내게는, 아무것, 두려움 없어,
육상에서, 아무런, 힘과 권(權)을 부리던 자(者)라도,
내 앞에 와서는 꼼짝 못하고,
아무리 큰, 물건도 내게는 행세하지 못하네.
내게는 내게는 나의 앞에는.
처……ㄹ썩, 처……ㄹ썩, 척, 튜르릉, 꽉. (생략)

6

처……ㄹ썩, 처……ㄹ썩, 척, 쏴……아.
저 세상 저 사람 모두 미우나,
그중에서 똑 하나 사랑하는 일이 있으니,
담 크고 순진한 소년배(少年輩)들이,
<소년의 무리>
재롱처럼 귀엽게 나의 품에 와서 안김이로다.
오너라 소년배 입 맞춰 주마.
처……ㄹ썩, 처……ㄹ썩, 척, 튜르릉, 꽉.

– 최남선, 〈해(海)에게서 소년(少年)에게〉(1908)

새로운 시대의 도래에 대한 열망을 노래한 최초의 (　　　　)(이)다. 내용적 측면에서 바다와 소년의 이미지 대응을 통해 봉건적 가치, 낡은 질서, 구세력 등 전근대적 요소를 비판하고 새로운 문물을 받아들이려는 적극적인 자세를 표현하고 있으며, 형식적 측면에서 바다를 (　　　　)하여 소년에게 말을 건네는 형식의 대화체와 전 시대에 비해 자유로워진 율격, 의성어를 이용한 생동감 있는 표현 등이 전 시대의 시가 양식과 다른 점이다.

02

밤이도다
봄이다 //
밤만도 애달픈데
봄만도 생각인데 //
날은 빠르다. /봄은 간다. //
깊은 생각은 아득이는데
저 바람에 새가 슬피 운다. //
검은 내 떠돈다.
종소리 빗긴다. //
말도 없는 밤의 설움
소리 없는 봄의 가슴 //
꽃은 떨어진다.
님은 탄식한다.

– 김억, 〈봄은 간다〉(1918)

모든 연이 2행으로 이루어진 대구 형식의 간결한 구조와 (　　　　) 어조를 사용하여 빠르게 지나가는 봄밤의 애상적 정서를 표현하고 있다. 봄이 가는 상황에 대한 아쉬움, 어두운 현실로 인한 절망적 인식, 답답한 심정 등 화자의 개인적 정서와 인식을 분명하게 드러냈으며, '밤, 봄'에서 양성 모음 활용과 2행 2음보 가락의 반복을 통해 운율을 고려했다는 측면에서 서정적 (　　　　)의 요소를 갖춘 작품으로 볼 수 있다.

03

나는 왕이로소이다 나는 왕이로소이다. 어머님의 가장 어여쁜 아들, 나는 왕이로소이다. 가장 가난한 농군의 아들로서…….
　그러나 시왕전(十王殿)에서도 쫓기어난 눈물의 왕이로소이다.
시왕(저승에서 죽은 사람을 재판하는 열 명의 대왕)을 모신 집
　"맨 처음으로 내가 너에게 준 것이 무엇이냐?" 이렇게 어머니께서 물으시면은
　"맨 처음으로 어머니께 받은 것은 사랑이었지요마는 그것은 눈물이더이다." 하겠나이다. 다른 것도 많지요마는……. (중략)
　"오늘부터는 아무쪼록 울지 말아라."
　아아, 그때부터 눈물의 왕은!
　어머니 몰래 남모르게 속 깊이 소리 없이 혼자 우는 그것이 버릇이 되었소이다. (중략)
　나는 왕이로소이다. 어머니의 외아들 나는 이렇게 왕이로소이다.
　그러나 그러나 눈물의 왕! 이 세상 어느 곳에든지 설움이 있는 땅은 모두 왕의 나라로소이다.

– 홍사용, 〈나는 왕이로소이다〉(1923)

1920년대 초기에 3·1 운동의 좌절과 서구 낭만주의 및 상징주의의 영향을 받아 감정을 지나치게 노출하고 현실 도피적인 성향을 보이며, 절망감, 허무 의식 등을 표현한 작품을 (　　　　) 낭만주의 시라고 한다. 화자인 '나'의 성장 과정을 통해 태어날 때부터 일제 강점하에서 식민지 백성으로 살아가는 숙명적 비애와 그로 인한 (　　　　)의 정서를 이야기하고 있다.

04

나의 지식이 독한 회의(懷疑)를 구(救)하지 못하고
의심을 품음. 또는 마음속에 품고 있는 의심
내 또한 삶의 애증(愛憎)을 다 짐 지지 못하여
사랑과 미움
병든 나무처럼 생명이 부대낄 때

저 머나먼 아라비아의 사막(沙漠)으로 나는 가자.
아시아 서남부 페르시아만, 인도양, 아덴만, 홍해에 둘러싸여 있는 지역

거기는 한 번 뜬 백일(白日)이 불사신같이 작열하고
구름이 끼지 않아 밝게 빛나는 해
일체가 모래 속에 사멸한 영겁(永劫)의 허적(虛寂)에
영원한 세월   텅 비어 적적함.
오직 알라의 신(神)만이
이슬람교의 유일·절대·전능의 신
밤마다 고민하고 방황하는 열사(熱沙)의 끝.
햇볕 때문에 뜨거워진 모래

그 열렬한 고독(孤獨) 가운데

옷자락을 나부끼고 호올로 서면

운명처럼 반드시 '나'와 대면(對面)케 될지니

하여 '나'란 나의 생명이란

그 원시의 본연한 자태를 다시 배우지 못하거든

차라리 나는 어느 사구(砂丘)에 회한 없는 백골을 쪼이리라.
모래 언덕   뉘우치고 한탄함.
– 유치환, 〈생명의 서(書)〉(1938)

(   )은/는 1936년 창간된 시 동인지 《시인부락》과 1937년에 창간된 시 동인지 《생리(生理)》를 중심으로 서정주, 오장환, 정지용, 김영랑, 유치환 등이 참여한 시 동인을 의미한다. 1930년대의 생명파 시인들은 당시 유행하던 모더니즘 시와는 달리 인간 (   )의 탐구라는 새로운 시 세계를 열고 고뇌에 찬 인간의 삶, 생명의 근원적 충동, 생명과 우주의 본질, 인간의 본능과 무의식의 세계를 탐구하는 작품 경향을 보였다.

05

해야 솟아라, 해야 솟아라, 말갛게 씻은 얼굴 고운 해야 솟아라. 산 넘어 산 넘어서 어둠을 살라 먹고, 산 넘어서 밤새도록 어둠을 살라 먹고, 이글이글 앳된 얼굴 고운 해야 솟아라. //
사르다(불에 태워 없애다)

달밤이 싫여, 달밤이 싫여, 눈물 같은 골짜기에 달밤이 싫여, 아무도 없는 뜰에 달밤이 나는 싫여……. //

해야, 고운 해야, 니가 오면, 니가사 오면, 나는 나는 청산이 좋아라. 훨훨훨 깃을 치는 청산이 좋아라. 청산이 있으면 홀로래도 좋아라. //

사슴을 따라 사슴을 따라, 양지로 양지로 사슴을 따라, 사슴을 만나면 사슴과 놀고, //

칡범을 따라 칡범을 따라, 칡범을 만나면 칡범과 놀고……. //

해야, 고운 해야, 해야 솟아라. 꿈이 아니래도 너를 만나면, 꽃도 새도 짐승도 한자리 앉아, 워어이 워어이 모두 불러 한자리 앉아, 앳되고 고운 날을 누려 보리라.

– 박두진, 〈해〉(1946)

이 작품은 1946년에 발표되었으며, (   ) 시인 박두진의 첫 시집 《해》(1949)의 표제가 된 대표작이다. 광복 직후의 혼란과 부정적 상황을 극복하고 (   )와/과 평화의 세계가 도래하기를 바라는 소망을 이야기하고 있다.

06

[앞부분 줄거리] 20년 전, K 중학교 교사였던 '나'는 나룻배 통학생인 건우의 생활에 관심을 갖는다. 건우의 아버지는 6·25 전쟁 때 전사했고, 어부인 할아버지 갈밭새 영감의 벌이로 겨우 생계를 유지하고 있다. '나'는 가정 방문을 하던 중 건우가 쓴 일기를 통해 조마이섬에 얽힌 역사와 현재에 대해 알게 되고, 우연히 만난 윤춘삼 씨의 소개로 건우 할아버지 갈밭새 영감을 만나 조마이섬의 내력과 섬사람들의 삶에 대해 자세히 듣게 된다.

"우리 조마이섬 사람들은 지 땅이 없는 사람들이오. 와 처음부터 없기싸 없었겠소마는 죄다 뺏기고 말았지요. 옛적부터 이 고장 사람들이 젖줄같이 믿어 오던 낙동강 물이 맨들어 준 우리 조마이섬은 ……."

건우 할아버지는 처음부터 개탄조로 나왔다. 선조로부터 물려
분하거나 못마땅해하는 말투나 말씨
받은 땅, 자기들 것이라고 믿어 오던 땅이 자기들이 겨우 철 들락 말락할 무렵에 별안간 왜놈의 동척 명의로 둔갑을 했더란 것이었다.
일제가 한국의 경제를 착취하기 위해 설립한 동양 척식 주식회사의 준말
"이완용이란 놈이 '을사 보호 조약'이란 걸 맨들어 낸 뒤라 카더만!"

윤춘삼 씨의 통방울 같은 눈에도 증오의 빛이 이글거리기 시작
품질이 낮은 놋쇠로 만든 방울
했다.

1905년 — 을사년 겨울, 일본 군대의 포위 속에서 맺어진 '을사 보호 조약'이란 매국 조약을 계기로, 소위 '조선 토지 사업'이란 것이 전국적으로 실시되던 일, 그리고 이태 후인 정미년에 가서는 "한국 정부는 시정 개선에 관하여 통감의 지도를 수할 사"란
대한 제국 때에, 일제가 설치한 통감부의 장관
치욕적인 조목으로 시작된 '한일 신협약'에 따라, 더욱 그 사업을
역에 속한 논밭과 군대의 군량을 마련하기 위한 토지
강행하고 역둔토(驛屯土)의 대부분과 삼림원야(森林原野)들을 모
나무가 많이 우거진 숲과 들
조리 국유로 편입시키는 등 교묘한 구실과 방법으로써 농민으로
나라의 소유
부터 빼앗은 뒤, 다시 불하하는 형식으로 동척과 일인(日人) 수중
국가 또는 공공 단체의 재산을 개인에게 팔아넘기다
에 옮겨 놓던 그 해괴망측한 처사들이 문득 내 머리 속에도 떠올랐다.

"죽일 놈들."

건우 할아버지는 그렇게 해서 다시 국회의원, 다음은 하천 부지의 매립 허가를 얻은 유력자 …… 이런 식으로 소유자가 둔갑되어 간 사연들을 죽 들먹거리더니,

"이 꼴이 되고 보니 선조 때부터 둑을 맨들고 물과 싸워가며 살아온 우리들은 대관절 우찌 되는 기요?"

– 김정한, 〈모래톱 이야기〉(1966)

이 작품은 (   )(으)로 대표되는 땅을 둘러싼 권력의 횡포를 비판하고, 뿌리 뽑힌 사람들의 삶을 서술자와 등장인물을 통해 증언하고 있다. 적극적인 현실 인식을 가진 작가는 공동체의 고통에 대한 공감을 바탕으로 부조리한 현실을 알리고 증언하기 위해 서술자 '나'의 이야기를 창조하였다. '나'가 만나는 등장인물들은 증언하는 과정에서 절망의 나락에 빠지지 않는 (   ) 주체의 모습으로 형상화되고 있다. 따라서 '나'를 통해 전달되는 조마이섬 사람들의 이야기는 현실의 이면에 감춰진 부조리한 실상을 증언하는 기능을 한다고 볼 수 있다.

워밍-UP

다음 글을 읽고 빈칸에 알맞은 말을 써서 해설을 완성하거나 정오를 판단하세요.

01

〈강 건너간 노래〉는 식민지 시대의 고통스러운 현실과 이를 견디며 버텨 내야 했던 이육사의 고뇌와 방황이 잘 드러난 작품입니다. 1938년 7월에 《비판(批判)》에 발표된 작품으로, 화자가 '사막'에서 집도 없이 살아가고 있는 계집애를 잊지 못해 자신이 부른 노래를 강 건너 사막으로 보냈던 과거의 일을 회상하고 있는 작품입니다.

과거 회상을 하는 현재는 여전히 밤이며, 과거에 강 건너로 보냈던 자신의 노래가 모래불에 떨어져 타서 죽었을지도 모르지만 그럼에도 불구하고 노래를 보냈던 과거의 일을 떠올리며 암울한 현실을 견디고자 하는 태도가 드러납니다. 일제 강점기라는 시대적 상황과 연관 짓는다면 지금 도 계속되고 있는 밤에 노래를 강 건너 사막으로 보냈던 옛일을 떠올리 는 것과 또한 노래가 여기 있다고 한 것은 부정적 시대 현실에 대한 저항 의지이자 미래에 대한 희망을 드러낸 것이라고 볼 수 있습니다.

> ㉠섣달에도 보름께 달 밝은 밤
>
> 앞내강(江) 쨍쨍 얼어 조이던 밤에
> 강이 얼어 얼음의 부피가 커지면서 서로 밀치는
> 내가 부른 노래는 강(江) 건너갔소
>
> 강(江) 건너 하늘 끝에 사막(沙漠)도 닿은 곳
>
> 내 노래는 제비같이 날아서 갔소
>
> 못 잊을 계집애 집조차 없다기에
>
> 가기는 갔지만 ㉡어린 날개 지치면
>
> 그만 어느 모래불에 ㉢떨어져 타서 죽겠죠.
> 좁고 긴 모래 언덕
>
> ㉣사막(沙漠)은 끝없이 푸른 하늘이 덮여
>
> 눈물 먹은 별들이 조상 오는 밤
> 남의 죽음에 대하여 슬퍼하는 뜻을 드러내어 상주(喪主)를 위문하는 것
>
> 밤은 옛일을 무지개보다 곱게 짜내나니
>
> 한 가락 여기 두고 ㉤또 한 가락 어디멘가
>
> 내가 부른 노래는 그 밤에 강(江) 건너갔소.
>
> – 이육사, 〈강 건너간 노래〉(1938)

구분	시구의 상징적 의미
㉠	고통스러운 식민지 현실을 (　　　)하는 배경
㉡	식민지 현실에서 느끼는 시인의 (　　　)
㉢	자신의 삶이 (　　　)의 운명처럼 평탄하지 않을 수 있음.
㉣	식민지 시대의 고통스러운 현실에 처한 (　　　)의 모습
㉤	노래가 간 곳을 몰라 (　　　)하는 화자의 모습

→ 시적 대상에 생명력을 부여하여 의지를 지닌 존재로 나타내고 있다.　　○✕

02

〈저문 강에 삽을 씻고〉에서 시인은 비판적 성찰을 통해 산업화 과정에서의 모순과 부조리를 드러내고 있습니다. 화자는 하루의 노동을 마감하고, 삶의 괴로움과 슬픔을 덜어내는 일종의 정화 의식을 치르고 다시 일상으로 복귀하게 됩니다. 이 과정에서 그는 희망 없이 반복되는 삶에 무력감을 느끼며 산업화된 현실을 부정적으로 인식하고 있습니다.

> 흐르는 것이 물뿐이랴
>
> 우리가 저와 같아서
>
> ㉠강변에 나가 삽을 씻으며
>
> 거기 슬픔도 퍼다 버린다
>
> 일이 끝나 저물어
>
> ㉡스스로 깊어 가는 강을 보며
>
> ㉢쭈그려 앉아 담배나 피우고
>
> ㉣나는 돌아갈 뿐이다
>
> 삽자루에 맡긴 한 생애가
>
> 이렇게 저물고, 저물어서
>
> ㉤샛강바닥 썩은 물에
>
> 달이 뜨는구나
>
> 우리가 저와 같아서
>
> 흐르는 물에 삽을 씻고
>
> 먹을 것 없는 사람들의 마을로
>
> 다시 어두워 ㉥돌아가야 한다
>
> – 정희성, 〈저문 강에 삽을 씻고〉(1978)

구분	시구의 상징적 의미
㉠	삶의 (　　　)을/를 덜어 내려는 정화 의식
㉡	해가 저물어 점점 더 깊어 보이는 강의 모습과 삶에 지친 노동자의 (　　　)이/가 깊어 가는 모습
㉢	부정적인 현실에 대한 (　　　)
㉣, ㉥	희망 없는 삶이 (　　　)될 수밖에 없다는 화자의 인식
㉤	(　　　)된 현실에 대한 부정적 인식

강
강물이 흘러감.
스스로 깊어 감.
물이 썩어 감.
강물이 흘러가고 달이 뜸.

노동자
삶이 흘러감.
비애가 깊어 감.
생애가 저물어 감.
가난한 현실로 돌아감.

'강'과 '노동자'의 유사성
강물이 계속 흘러가고, 달이 뜨는 반복의 이미지를 통해 삶의 비애가 지속되는 상황을 강조함.

 펌핑-UP

01

〈보기〉를 참고하여 다음 시를 감상한 내용으로 적절하지 <u>않은</u> 것은?

> 봄은 푸른 수레를 타고 바다 건너 머언 산맥을 넘어서 어느 삼
> 림에 투숙(投宿)을 했다가는 기어코 언덕길을 돌아오리라고 한다 //
> 아침에도 나리꽃같이 흰 안개가 걷기 전부터 사람들은 언덕길
> 에서 만날 때마다 푸른 봄이 오리라는 즐거운 이야기를 했건만
> 헤어질 때마다 전설같이 믿을 수 없는 제 자신들의 슬픈 이야기
> 에 목메어 울었다 //
>
> 그 중 어떤 젊은 친구는 말하기를 봄은 지구에서 아주 자취를
> 감추었으리라고 단념을 하기도 하였다 //
>
> 또 어떤 친구는 말하기를 봄은 어느 아득한 성좌로 멀리 떠나
> 버렸다고도 하였다 //
>
> 그러면서도 그들은 봄은 어느 성좌에서 다시 오지 않나 하고
> 모조리 전설 같은 이야기를 부질없이 소곤대기도 하였다 그러
> 나 아무리 옥같이 흰 백매(白梅)가 핀다기로서니 이미 계절이 떠
> 나간 이 빈 지구에 봄이 온다는 이야기를 믿을 수야 있겠느냐고
> 제각기 만나는 대로 심장을 앓았다 //
>
> 푸른 계절을 잃어버린
>
> 이 몹쓸 지구에 서서
>
> 도시 봄을 부르는 자는 누구냐?
>
>   – 신석정, 〈봄을 부르는 자는 누구냐〉(1939)

〈보기〉

> 이 작품은 일제 강점기의 부정적인 시대 상황 속에서 민족의
> 운명을 자연의 순환을 바탕으로 이야기하며 해방에 대한 소망을
> 드러내고 있다. 화자에게 해방은 절망적 상황에서 벗어난 이상적
> 공간의 회복을 의미한다. 또한 화자는, 민족 공동체 구성원들이
> 현실에 대해 체념하거나 실천적 노력 없이 소망을 이야기하는 것
> 만으로는 절망적인 현실에서 벗어날 수 없다고 인식하고 있다.

① '봄'에 대해 '즐거운 이야기'를 하는 '사람들'은 해방을 소망하는
민족 공동체 구성원이라고 할 수 있겠군.

② '어떤 친구'가 '봄'은 '멀리 떠나버렸다'라고 말한 것에서 현실에
체념하는 모습이 드러난다고 할 수 있겠군.

③ '봄'은 '다시 오지 않나'하고 '부질없이 소곤대'는 것에서 실천적
노력 없이 소망을 이야기하기만 하는 모습이 드러난다고 할 수
있겠군.

④ '옥같이 흰 백매'는 자연이 순환하듯 민족의 운명이 회복될 것이
라는 '그들'의 믿음을 보여 준다고 할 수 있겠군.

⑤ '계절이 떠나간' '빈 지구'는 이상적 공간의 회복을 이루지 못한
절망적 현실을 보여 준다고 할 수 있겠군.

[02~03] 다음 글을 읽고 물음에 답하시오.

> 푸른 하늘에 대롱대롱 매달린 까치밥이 없어지던 날, 월곡리
> 에 있던 붉은 별을 붙인 사람들이 자취를 감추고 말았다. 그들
> 이 사라지자 피란 갔던 마을 사람들이 돌아왔다. 친정에 가 있
> 었던 부면장네 부인과 아이들도 거지꼴이 되어 돌아왔으며, 서울
> 에 있던 도련님은 푸른 제복에 권총을 차고 나타났다.
>
> 집에 돌아온 부면장네 가족들은 너무 지쳐버렸기 때문인지 두
> 어른의 죽음을 별로 마음 저리게 슬퍼하는 것 같지가 않았다.
> (중략) ㉠그들은 배불리 밥을 먹고 몇 날을 푹 자고 나서야, 얼
> <u>굴에 서서히 슬픔과 분노를 함께 떠올렸다.</u> 슬픔보다 분노가 더
> 컸다. 자기 가족을 누가 죽였느냐면서 눈에 빨간 자운영꽃 같은
> 핏발을 빳빳하게 세웠다.
>
> 가족을 잃은 사람들의 핏발 선 눈을 보고 있으면 마치 자신이
> 죄 지은 사람처럼 심장이 오들거리고 온몸의 힘이 좍 빠졌다.
>
> 눈에 핏발을 세운 그들이 자기 가족을 죽인 사람이 어느 놈이
> 냐면서 뿌드득뿌드득 이를 갈자, 얼마 전까지만 해도 대창 깎아
> 들고 한데 어울려 횃불 밝히며 산을 오르내리던 젊은 사람들이
> 동짓달 서릿발에 구절초 꽃잎 지듯 죽은 듯 숨을 죽였다.
>
> 그러던 그들이 어느 날 아침 우르르 부면장 집으로 몰려오더
> 니, 쇠죽을 끓이고 있던 아버지의 목에 삼으로 꼰 밧줄 홀랑이
> 를 걸고 개 끌 듯 끌고 나갔다.
>
> "부면장 어르신 부자를 쥑인 이 개만도 못한 놈아. 네놈이 부
> 면장네 살림을 차지혈라고 눈이 뒤집혀서……"
> 아버지를 끌고 나가면서 그들은 목청껏 소리쳤다.
>
> "이눔들아, 네눔들 죄를 왜 나헌테 뒤집어씌우냐. 천벌을 받을
> 눔들아."
> 아버지는 발부리에 힘을 쏟아 땅을 밀어 버티고, 홀랑이 밧줄
> 을 움켜쥐고 잡아당기며 발버둥치고 울부짖었다. 그러나 아무리
> 힘이 센 아버지였지만 네 사람의 청년들에게는 당해내지 못했다.
>
> 그들은 홀랑이 밧줄을 잡아당기고 작대기로 허리와 어깨를 후
> 려치며 발버둥치는 아버지를 끌고 이슬이 안개가 되어 몽글몽글
> 퍼지는 까치산으로 들어갔다.
>
> ㉡<u>나는 이미 아버지의 죽음을 예견하고 있었다.</u> 내 힘으로 아
> 버지를 살려낼 수는 없었지만, 아버지의 마지막 모습이라도 보고
> 싶어서, 목이 터지도록 아버지를 부르며, 뒤따라갔다. 그러자 아
> 버지를 끌고 가던 청년들이 나를 붙잡아, 동구 밖 상여 바위 옆,
> 마을 사람들이 개를 잡을 때 매달아 죽이는 Y자 모양의 미루나
> 무에 묶어 버렸다. 나는 미루나무에 묶인 채 아버지가 끌려가는
> 모습을 바라보았다.
>
> 상수리나무며, 복가시나무, 가시나무, 쥐똥나무, 황철나무 등
> 잡목이 울창한 까치산 후미진 계곡 속으로 끌려간 아버지의 모
> 습은 보이지 않고, 아버지의 슬픔과 분노가 범벅된 아버지의 울
> 부짖음만이 산울림처럼 쩌렁쩌렁 울려왔다.

월곡리 사람들은 아무도 아버지의 죽음을 말리지 않았다. 아이들과 노인들까지도 마을 앞 돈들막 위에 모여 서서는 아버지의
높게 두드러진 평평한 땅 중에서 비탈진 곳
죽음을 기다리기라도 하는 것처럼 무표정하게, 까치산 계곡에서 울려오는 아버지의 울부짖음을 심장에 송곳질하는 아픔을 참으며 듣고 있을 뿐이었다.

[중략 부분 줄거리] '나'는 친구 장돌식과 함께 아버지를 묻은 후 마을 사람들에게 복수하리라 결심하고, 고향을 떠난 지 삼십 년 만에 다시 돌아와 장돌식을 만난다.

나는 그에게, 월곡리에서 나가서 장사치가 되어 돈을 번 이야기를 했고, 그는 내게 그의 홀어머니가 염병에 걸려 죽은 이야기
전염성을 가진 모든 병
며, 장가를 들자 주막을 걷어치운 것, 요즘엔 떡갈나무 잎을 따서 일본으로 수출하는 사람들한테 팔아 쏠쏠하게 재미를 보고 있다는 이야기까지 해 주었다. ⓒ그러면서 그는 비록 가난하지만, 병신인 자신을 하늘처럼 떠받들고 사는 건강한 아내와 말 잘 듣는 여섯 아이들이 있어 행복하다고 했다. (중략)

"참 부면장네는 어떻게 사는가?"

나는 그때 아버지를 끌고 간 마을 청년들의 얼굴을 하나하나 떠올리며 물었다.

"살림이 작살이 났다네."
아주 결판이 남.
"작살이 나다니, 왜?"

"모르재. 부면장 손자놈이 다 쌔그라 묵었으니께."

"도련님은 살아 계시고?"

"ⓔ그 양반 불쌍허게 됐네. 우리 모양으로 날마다 떡갈나무 잎 따러 댕기네."

"살아 있다니 다행이구만. 그 양반한테만은 우리 아버님이 부면장 어른 부자를 죽이지 않았다는 것을 밝혀줘야……"

"그 걱정은 말소."

"우리 아버님은 절대로 죽이지 않았네!"

"그 일이라면 풀세. 만천하에 밝혀졌다네. 자네가 월곡리에서 나간 뒤 한 오 년쯤 되었을까? 비석거리 덕길이하고 두껍다리 옆 만춘이하고 대판 싸움이 벌어졌는디, 덕길이 입에서 부면장
크게 차리거나 벌어진 판
부자와 이장을 죽인 것이 바로 만춘이 네놈이라고 하면서, 그 죄를 덮어씌울랴고 자네 아부님을 애매하게 죽인 것까지 폭로가 되고 말았네."

"그래 만춘이는 뭐라고 허든가?"

"혼자 한 일이 아니고 같이 한 일이라고 물고 늘어지더구만. 그때서야 월곡리 사람들은 자네 부친이 억울하게 죽은 것을 알았제."

ⓜ장돌식이의 말을 들은 나는 실팍한 돌멩이를 하나 집어 마을 쪽으로 힘껏 던지고 나서, 달빛이 점점 맑아지는 까치산을 바라보았다.

"그 사람들 다 그대로 월곡리에 사는가?"

– 문순태, 〈말하는 돌〉(1981)

02

⊙~ⓜ에 대한 설명으로 적절하지 <u>않은</u> 것은?

① ⊙: 가족을 잃은 슬픔보다 생리적 욕구의 충족이 먼저일 만큼 힘들었음을 보여 준다.

② ⓛ: 주인공의 아버지가 부면장네 부자의 죽음에 책임이 있다는 것을 드러낸다.

③ ⓒ: 인물이 소박하고 긍정적인 삶의 자세를 지니고 있음을 드러낸다.

④ ⓔ: 경제적으로 어려운 처지에 있는 인물에 대한 안타까운 마음을 드러낸다.

⑤ ⓜ: 인물의 행동과 배경을 제시하여 주인공의 심리를 암시한다.

03

〈보기〉를 참고하여 윗글을 감상할 때 적절하지 <u>않은</u> 것은?

〈보기〉

이 작품은 전쟁으로 인해 인간성이 파괴되고 공동체가 분열되는 과정을 그리고 있다. 작품 속 배경인 한국 전쟁은 전선(戰線)이 오르내리면서 진행되었기에 소설 속 마을 사람들은 남과 북에 모두 협조할 수밖에 없었다. 그런 상황에서 사람들은 자신의 생존과 안위를 위해 같은 마을 사람을 해치거나 그것을 방조하기도 하였다. 이를 통해 전쟁의 참담함을 고발하고 있다.

① '만춘이'가 마을 사람을 해친 행동은 인간성이 파괴된 모습으로 볼 수 있군.

② '아버지'의 죽음에 대한 진실이 밝혀져 분열된 월곡리 공동체가 회복되었음을 알 수 있군.

③ '부면장네 가족들'은 북에 협조하여 자기 가족을 죽인 사람들에게 분노를 느꼈음을 알 수 있군.

④ '월곡리 사람들'은 '아버지'의 죽음에 고통을 느꼈지만 자신들의 안위를 위해 침묵한 것으로 볼 수 있군.

⑤ '붉은 별을 붙인 사람들'이 사라지고 푸른 제복의 '도련님'이 나타난 것으로 보아 한국 전쟁의 전선이 오르내렸음을 알 수 있군.

 벌크-UP

01

〈보기〉를 참고하여 윗글을 이해한 것으로 적절하지 <u>않은</u> 것은?

[앞부분 줄거리] 6·25 직후 '나'는 서울로 전학을 오게 되는데 새 학급의 담임 선생님인 '메뚜기'는 부업에만 정신이 팔려 있다. 그러던 중 미군 '하우스보이' 영래가 전학을 와 아이들의 환심을 산다.
6·25 전쟁 직후 미군 부대에서 허드렛일을 하던 소년

"석환이말고 누가 의장 노릇을 했으면 좋을까…… 누가 좋겠니?" 메뚜기가 묻자 앞의 꼬마들이 요란하게 떠들어댔다.
회의를 주재하고 그 회의의 집행부를 대표하는 사람
"이영래요. 걔가 잘해요." 메뚜기가 영래를 불러내어 "반장과 함께 조용히 자습을 시킨 뒤에, 자치 회의를 해라." 이르고 훌쩍 나가 버렸다. (중략) 영래가 말했다.
선생님 없이 학생들끼리 하는 학급 회의
"전부들 책을 집어넣어. 오늘 오전에는 씨름 대회를 연다." 애들이 손뼉을 치며 와글와글 책보를 쌌고 영래는 교탁에 발을 올려놓고 의자를 흔들며 말 타는 시늉
책을 싸는 보자기
을 했다. "헌병대장 사령부, 짜가닥 짜가닥 팡팡, 이 새끼들 조용해." 영래가 은수에게 몽둥이를 주워 오라고 명령하니 그 놈은 잽싸게 뛰어나가 각목 하나를 주워 왔다. "종하, 일루 나와."
모서리를 모가 나게 깎은 나무
비실비실 웃으며 앞으로 나온 종하에게 영래가 말했다. "웃지 마 임마, 이걸 갖구 수틀리게 놀면 무조건 조기는 거야. 알았지?"
마음에 들지 않다. 조지다 → 호되게 때리다.
종하는 가마니를 깔지 않은 흙바닥 통로를 각목을 들고 어슬렁어슬렁 돌아다녔다. "오늘부터 너는 기율 부장이다." "뭐야, 그게……. 반장하군 다른가?"
학급의 질서를 바로 잡는 임원
"임마, 중학교 교문 앞에두 못 가봤어? 완장 차구 서서 잘못한 애들 벌주는 거 말야." 은수가 항의했다. "그럼 나는 뭐야, 넌 뭐구……." "이 새끼 나는 의장이잖아. 종하는 기율 부장, 너는 말이지, 총무다." "반장보다 높은 거냐?" 아이들이 킥킥.

종하는 내 앞을 지나며 공연히 똑바로 앉으라면서 허리께를 각목으로 꾹 찔렀다. 나는 등에 힘을 주고 빳빳이 긴장해서 앉아 있었다. 그때 석환이가 안으로 폭삭 기어들어간 목소리로 중얼거렸다. "나는 말야……. 씨름대회는 반대한다." 아이들이 왁자지껄하며 석환이 쪽에다 불평을 제각기 터뜨렸다. "혼자 잘난 체하지 마라, 짜식." "누가 네 명령이나 듣겠다누." "영래야, 때려 줘라." 영래가 교탁을 쾅 때리며 말했다. "새끼들, 조용하라니까." 임종하가 각목을 땅에다 쿵쿵 찧으며 주위를 둘러보았고 아이들이 잠잠해졌다.

석환이는 가까스로 말할 기운이 났는지 아까보다 더욱 또렷하게, "선생님이 자습을 한 다음에 자치회를 하라구 그랬어. 또 혼자서 마음대로 학급 간부를 지명해서도 안 된다구 생각해." 바보 같은 놈들이 설쳐 대는 꼴을 보니 나도 뭐라고 말하고 싶었지만 영래만한 통솔력도 없는 터에 모두들 나더러 공부 좀 한다구 으스댄다고 할 거였다. 그전 학교에서처럼 발언권을 얻어 동의와 재청을 받고 의견이 받아들여지고 하는 재미있던 판국과는 전혀 딴판이어서, 까짓 거 입 다물고 구경이나 하겠다는 마음이 생겼다. 몇몇 줄반장 애들은 불만이 있어 보였으나 교실 뒤에 버티고

선 종하 쪽을 연방 돌아보기만 하는 거였다. 영래가 씨익 웃었다. "응 좋아, 애들한테 물어 보자, 애들아, 씨름 대회를 뒤로 미루고 자습할까?" 반 아이들이 웅성대며 항의하거나, 재삼 석환이를 욕하기 시작했다.
두세 번. 또는 몇 번씩

"대신에 자치회를 먼저 하자. 너희들 석환이가 반장 노릇하는 걸 찬성하는 사람 손들어." 한 사람의 손도 올라가지 않았고 뒤늦게 들었던 애들도 대부분 아이들의 드높은 불만의 분위기에 위축되어 슬금슬금 내려 버렸다. "다음은 내가 하는 걸 좋아하는 사람." 절반 이상이 손을 들었고 두 번 다 손을 안 든 애들도 많았다. "봤지? 자치회는 이걸루 끝났다." "그래, 이영래가 오늘부터 우리 반 급장이다." "반대하는 놈들은 우리 반이 아냐."
'반장'의 전용어
영래는 만족에 가득 차서 고개를 끄덕였다. "모두들 밖으로 집합, 야 좋하야, 집합시켜서 오목내 다리 밑으루 내려가." 나는 환성을 올리며 밀려 나가는 애들의 뒤를 따라 나갔고, 우리 뒤에서 종하가 "빨리빨리 움직여." 어쩌구 하며 고함치는 소리가 들렸다.
고함치는 소리

석환이와 몇몇 아이들이 꾸물거리는 걸 보고 영래가 뒷짐을 지고 서서 종하에게 말했다. "야, 단체행동에서 빠지는 애는 잡아다 조겨." 은수도 말했다. "그래, 영래 말이 옳다. 개인적으루 놀면 혼을 내야 해. 우리 반 애들이라면 다 함께 해야 한다."

바깥일에 분주한 메뚜기가 돌아왔을 때, 아이들은 영래의 지시에 의하여 자발적인 대청소를 하고 있는 중이었다. 메뚜기는 학급에 기강이 서고 자치 능력이 향상된 데 대하여 만족했고, 아이들이 영래를 급장으로 선출한 것에도 별로 이의가 없어 보였다.

– 황석영, 〈아우를 위하여〉 (1972)

〈보기〉

〈아우를 위하여〉는 전쟁 직후 서울의 한 초등학교 학급에서 일어나는 일들을 통해 소설이 발표된 1970년대의 정치상을 우의적으로 표현하고 있다. 민주적 절차를 거치지 않고 권력을 획득한 독재 정권은 집단 논리와 힘으로 반대 세력의 비판을 봉쇄하고 권력을 독점하였다. 이 소설은 표면적으로는 안정적인 것처럼 보였지만 이면적으로는 많은 문제를 안고 있던 당대 사회의 모습을 보여 준다.

① 작품 속 공간인 교실은 1970년대 민주주의가 억압되던 사회의 축소판이겠군.

② '영래'가 위협적인 분위기를 조성하여 반장이 되는 것은 독재 권력의 형성 과정을 나타내는 것이겠군.

③ '종하'와 '은수'가 각각 기율부장과 총무에 임명되는 것은 권력의 독점을 견제하기 위해 마련된 장치를 의미하겠군.

④ '줄반장 애들'이 불만을 드러내지 못하는 것은 집단 논리와 힘에 의해 체제에 대한 비판이 금지되던 것을 의미하겠군.

⑤ 겉보기에 학급의 기강이 서고 자치 능력이 향상돼 보인 것은 억압적 체제를 통해 사회 질서가 유지되던 것을 나타내는 것이겠군.

작품	No	작품을 읽고 빈칸에 알맞은 말을 쓰시오.

작품

[앞부분 줄거리] 다섯 명의 시민들은 낙원이라는 신탐라국으로 가기 위해 선장에게 돈을 주고 밀항한다. 그들은 배 밑 창고실 안에서 숨어 지내며 보이지 않는 선장이 보내는 경보종과 신호등 불빛에 따라 통 속에 들어가기를 반복하고 있다. 그러다 마를 제외한 시민들은 경보종을 울리는 원인이 냄새라고 생각한다.

가: 우리 제각기 자기 몸에서 무슨 냄새가 나는지 조사해 보아야 하겠소. 아무래도 다른 놈들의 코에 자꾸만 강하게 느껴지는 냄새가 있는 모양이오. 이번처럼 길고 긴 경보종 울림은 나쁜 징조야. 자, 여러분 조사해 봅시다. (마를 제외한 가 나 다 라, 코를 흥흥거리며 자기 몸의 냄새를 맡기 시작한다.)

다: 아무 냄새도 안 나는데. / 가: 더 정밀하게 조사해 봐요.

다: 네. / 마: (냄새 맡고 있는 남자들의 이상한 행동을 바라본다.)

나: 내 몸에선 아무 냄새도 나질 않아.

가: 내 몸에서두. / 다: 나도 그래요.

라: (울상을 짓고) 불행하게도 내 몸에선 냄새가 납니다.

가, 나, 다: (깜짝 놀라며) 어떤 냄새요?

라: (주저하다가 기죽은 조그만 목소리로) 소금에 절인 정어리 냄새 같아요.

가, 나, 다: (라를 손가락으로 가리키며) 야단났군. 당신 때문에 우린 모두 죽게 되었소!

라: (절망적으로 부르짖는다.) 오, 내가 정어리라니! (중략)

라: (갑자기 통 뚜껑을 열고 밖으로 뛰어나와 흥분된 목소리로 외친다.) 여러분, 나는 소금에 절인 정어리가 아닙니다! 비록 그런 냄새야 나긴 합니다만, (기쁨에 발을 구르며) 사실은 내가 들어 있던 통 속에 소금에 절인 정어리가 들어 있었음이 밝혀졌습니다. 아마 이 배의 선원 급식용이었겠지요. 통의 밑바닥에 아직도 두 마리의 정어리가 남아 있습니다. 여러분, 의심이 나면 직접 보셔서 확인하시기 바랍니다. (마를 제외하고 모두 라의 통으로 몰려가 그 속을 들여다본다.)

라: 여러분! 내 말이 틀림없지요? 그렇지요?

다: 잘 보이지 않는데. 오히려 당신이 정어리였으면…….

라: 통 속을 잘 살펴보시오.

가: (실망한 표정으로) 그의 말이 맞아. 정어리가 있구만. (중략) (라는 펄쩍 뛰며 좋아하지만 가 나 다는 퍽 실망한 표정이다. 마가 그들을 바라보고 있다.)

나: (가에게) 이 일을 어떻게 하면 좋겠소?

가: (난처하다는 듯이) 나도 모르겠소.

다: 우리의 생명이 안전하지 않게 되었나요?

나: 사실은 그렇게 됐어. / 다: 조금 전까진 안전했었는데…….

– 이강백, 〈다섯〉(1971)

01

주요 인물은 누구인가?

가, 나, 다	타인을 희생시켜 자신들의 안전을 보장받으려는 집단을 대표하는 (　　　　)인 인물들
라	다른 밀항자들로부터 (　　　　)을/를 위협하는 존재로 지목되어 소외당한 인물
마	타인에게 (　　　　)한 인물
선장	밀항을 도와주는 인물에서 밀항자들의 자유로운 출입을 통제하는 보이지 않는 권력자로 바뀌는 인물

02

중심 사건은 무엇인가?

낙원으로 가기 위해 밀항을 시도한 다섯 명의 시민 중 가, 나, 다는 라의 몸에서 나는 (　　　　) 때문에 경보음이 울린다고 생각하고, 통 속에 숨은 라가 나오지 않자 라가 희생되어 자신들이 (　　　　)해졌다며 기뻐함. 그런데 라에게서 나는 냄새의 진실이 밝혀져 다시 안전하지 않게 된 가, 나, 다가 불안해함.

03

인물의 심리와 태도는 어떠한가?

가, 나, 다	자신들을 대신해서 라가 희생당한 것을 기뻐하다가, 라가 나타나자 다시 위험해졌다며 (　　　　)해함.
라	자신이 냄새의 (　　　　)(이)라고 생각하고 절망하지만, 그 냄새가 자신에게 나는 것이 아님을 알고 기뻐함.
마	다른 사람들과 상황에 무관심함.

04

인물 간의 관계는 어떠한가?

가, 나, 다	라
집단	소외자
'라'에게 나는 냄새로 인해 자신들이 위험에 처했다고 생각하고 그를 배척함.	몸에서 나는 정어리 냄새로 인해 다른 사람들에게 배척당함.
이기적이고 어리석은 집단의 구성원들	억압 세력에 의해 희생당하는 인물

→ 집단과 (　　　　) 구도를 통해 개인에게 가해지는 집단의 강제성과 횡포를 강조함.

05

표현의 상징적 의미는 무엇인가?

밀항	시민들의 (　　　　)
선장	시민들을 경보음으로 통제하는 보이지 않는 권력자
숨는 행동	(　　　　)된 행동을 반복하는 길들여진 생활

06

이 작품의 주제는 무엇인가?

개인에게 가해지는 (　　　　)의 폭력성 고발

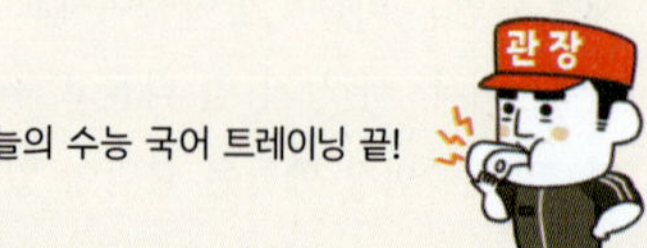

오늘의 수능 국어 트레이닝 끝!

수능 국어를 시작하는 모두의 기본서　2022 개정 교육과정

수능 국어 트레이닝북 GYM

정답과 해설

문학

3 ZONE
3 TEACHER
3 COACHING

이투스북

개념초 트레이닝 ZONE p. 023~025

01 '나', 사람		**11** 반복	
02 겉, '나', 그대		**12** 반복	
03 '나', 너		**13** 의문형	
04 청자, 기도		**14** -지	
05 직녀, 이별		**15** -고	
06 남동생		**16** 반복	
07 풀, 민중		**17** 종결	
08 목적어, 도치		**18** -ㄴ	
09 보라, 말해 보라		**19** 반복	
10 반복			

워밍-UP p. 026~027

01

구분	내용
화자	(표면)적 화자인 ('나')
상황	순이가 떠나는 날 내리는 (함박눈)을/를 보고 있음.
㉠의 이유	순이가 가는 곳을 (몰라서) 만날 수 없기 때문임.
㉡의 이유	순이를 만나기 (어려움)을/를 알고 있기 때문임.

정답 코칭

시적 화자인 '나'는 순이가 떠나는 날 아침에 함박눈이 내리는 것을 보며 슬픔과 안타까움을 느끼고 있다. 화자가 '너는 내 마음속에만 남아 있는 것이냐(㉠)'라고 한 것은 화자는 순이가 가는 곳을 몰라서 순이를 만날 수 없기 때문이다. 그리고 화자가 '일 년 열두 달 하냥 내 마음에는 눈이 나리리라.(㉡)'라고 한 것은 화자는 꽃이 피어 순이를 찾아 나서도 만나지 못할 수도 있다고 인식했기 때문이다.

02

구분	내용
㉠	시적 대상이 견뎌 온 고달픈 (현실)을/를 드러내는 시간
㉡	시적 대상이 (고통)스러운 기억을 잊기를 바라고 있음.
㉢	시적 대상이 지나온 시간을 잊고 (꽃구름 속)에 안기기를 바라는 화자의 태도가 드러남.

정답 코칭

㉠ '한겨우내'는 사람들이 추위와 굶주림에 시달리던 삶을 견뎌 온 고달픈 현실의 시간이다.

㉡ 화자는 '한겨우내'의 추위와 굶주림에 시달리며 고달픈 삶을 살아 온 사람들이 서러운 얘기는 모두 잊고 꽃구름 속에 안겨 행복하게 살기를 바라고 있다.

㉢ 고달픈 삶을 살아온 사람들이 지나온 시간들을 잊기를 바라는 화자는 '꽃향에 꽃향에 / 취하여 ~ 쓸어지게 하여라'라고 하며 사람들이 밝고 희망찬 세계에서 살아가기를 바라는 소망을 드러내고 있다.

03

구분	내용
㉠	늘 걸어서 장에 다니시는 어머니의 (일상)을/를 강조
㉡	어머니를 마중 갔던 길이 길고 (멀었다)는 것을 부각
㉢	갑작스럽게 해가 져 놀라고 (겁)이/가 난 심리를 강조
㉣	더 갈지 돌아가야 할지 주저하는 (내적) 갈등을 부각
㉤	우두커니 앉아 혹시나 올지 모를 (손님)을/를 기다리는 어머니의 모습을 강조

정답 코칭

㉠ '꼬박꼬박'은 '조금도 어김없이 고대로 계속하는 모양'을 나타내는 말로, 문맥상 매일매일 걸어서 장에 다니셨던 어머니의 일상을 부각하는 표현으로 볼 수 있다.

㉡ '하염없이'는 어떤 상태가 의지와 상관없이 계속되는 것을 나타내는 말로, 화자는 어머니를 만나기 위해 '하염없이' 걸었다고 회상하고 있다. 따라서 '하염없이'는 문맥상 어머니를 마중 갔던 길이 길고 멀었다는 의미로 이해할 수 있다.

㉢ 해가 '덜렁' 졌다는 것은 화자가 준비할 겨를도 없이 해가 갑작스럽게 졌다는 의미이다. 이는 어머니를 만나지 못했는데 갑작스럽게 해가 지게 된 상황으로 인해 화자의 놀란 심리를 강조한다고 볼 수 있다.

㉣ 화자가 '한참' 망설였다는 것은 해가 진 상황에서 장터를 향해 계속 걸어갈 것인지, 아니면 집으로 돌아갈 것인지를 두고 오랫동안 생각하면서 화자가 내적 갈등을 겪었음을 보여 주는 것이다.

㉤ '멀거니'는 '물끄러미 바라보는 모습'을 나타낸 것으로, 아무도 대바구니를 찾지 않는 장터에서 혹시나 올지 모르는 손님을 기다리는 어머니의 모습을 효과적으로 보여 주고 있다.

04

구분	동일한 시어	시적 의미
2행	노랗게 노랗게	민들레의 (시각적) 이미지를 강조함.
7행	열심히 열심히	민들레를 피워 내기 위한 실뿌리와 떡잎 등의 (노력)을/를 강조함.

동일한 시어를 반복하여 시적 의미를 강조하고 있다. 

정답 코칭

2행에서는 '노랗게', 7행에서는 '열심히'와 같은 동일한 시어를 반복하여 민들레꽃의 노란 빛깔, 민들레꽃을 피워 내기 위한 노력이라는 시적 의미를 강조하고 있다.

05

구분	내용
동일한 어미	'한이던가, 떨던가, 것인가'에서 동일한 종결 어미 '(-ㄴ가)'을/를 반복함.
울림소리	'울 엄매야 울 엄매'는 'ㄹ, ㅇ, ㅁ'의 (울림소리)이/가 반복되어 운율을 형성하고 있으며, 화자는 어머니에 대한 (그리움)와/과 안타까움의 정서를 드러냄.

→ 동일한 어미를 반복하여 리듬감을 주고 있다. 
→ '울 엄매야 울 엄매'는 울림소리의 반복으로 리듬을 창출하고 화자의 정서를 표출한 것이다. 

서술어 '한이던가', '떨던가', '것인가'에서 의문형 종결 어미 '-ㄴ가'가 반복되고 있다. '울 엄매야 울 엄매'에서는 'ㄹ, ㅇ, ㅁ'의 울림소리가 반복되어 운율을 형성하고 있으며, 어머니를 반복해서 부르는 표현을 통해 어머니를 그리워하는 정서와 고생스러운 삶을 산 어머니에 대한 안타까움의 정서를 드러내고 있다.

06

구분	내용
㉠	'(출렁거리는) 빛'이자 '제 빛에 겨워 흘러 넘'치는 모습으로 인식됨.
㉡	곱게 단장을 한 여인의 모습으로 (의인화)되어 있으며 '너 어디로 가 버리련?'에서 화자는 밤이 되면 산의 아름다운 모습을 볼 수 없을 것이라는 (아쉬움)을/를 드러냄.

㉠, ㉡은 모두 화자가 관심을 갖고 주관적으로 인식하는 시적 대상이다.

(가)는 봄숲에 '해'가 내리쬐는 모습을 통해 봄의 생명력을 표현하고 있으므로, ㉠(해)은 화자가 관심을 갖는 대상이라고 볼 수 있다. 또한 ㉠(해)을 '출렁거리는 빛'으로 인식하며 인격을 부여하여 '제 빛에 겨워 흘러 넘친다.'라고 표현하였으므로 화자가 주관적으로 인식하는 대상이라고 볼 수 있다. (나)에서 ㉡(산봉우리)을 '얇은 단장하고 아양 가득 차 있는' 모습을 하고 있다고 의인화한 것을 통해 ㉡(산봉우리)은 화자가 주관적으로 인식하는 대상이라고 볼 수 있다. 또한 '오늘밤 너 어디로 가 버리련?'에서 '산봉우리'가 어둠 속으로 사라져 보이지 않는 것을 아쉬워하는 화자의 모습을 통해 ㉡(산봉우리)은 관심의 대상이라고 볼 수 있다. 따라서 ㉠과 ㉡은 모두 화자가 관심을 갖고 주관적으로 인식하는 대상이라고 할 수 있다.

07

구분	(가)	(나)
시적 대상	대나무	매화
공통점	추운 계절의 시련을 견디고 이겨 내는 강인한 속성이 있어 예로부터 (예찬)의 대상이었음.	

구체적 사물이나 상황을 통해 내면적 가치를 발견하고 있다.

(가)에서 화자는 옥설이 대나무를 차갑게 누르는 상황에서도 대나무의 절개가 굳건하고 빈 마음이 깨끗하다는 것을 깨달았다고 하며 대나무의 내

면적 가치를 발견하고 있다. (나)에서 화자는 매화의 그윽한 향기는 세한 불개 하다며 추위 속에서도 변하지 않는 속성을 통해 매화의 내면적 가치를 발견하고 있다. 대나무는 사시사철 푸른색을 띠고, 매화는 눈이 내리는 추운 때에 개화한다는 특성이 있어 시련을 이겨 내는 강인한 속성을 가진 자연물로서 예로부터 예찬의 대상이 되었다.

펌핑-UP

p. 028

01 ④	02 ④

01

(가) 김소월, 〈진달래꽃〉		
상황	임이 떠나가는 이별의 상황을 가정함.	
정서와 태도	1연	임과의 이별을 운명적으로 받아들이는 인종의 태도
	2연	떠나는 임을 위해 꽃을 뿌려 축복하겠다는 '산화공덕(散花功德)'의 행위를 통해 임에 대한 축복의 태도
	3연	가시는 임에게 화자의 분신이자 사랑의 징표인 진달래꽃을 즈려밟고 가게 하려는 자기희생의 자세
	4연	사무치는 이별의 슬픔을 감내하는 전형적인 전통적 여성상으로서의 화자의 모습을 형상화
주제	이별의 정한과 승화	
특징	❶ 이별의 상황을 가정하여 시상을 전개함. ❷ 전통적 정서를 7·5조의 음수율과 3음보의 민요적 율격에 담음. ❸ 종결 어미 '-우리다'의 여성적 어조를 반복해 음악적 리듬감(각운)을 형성함. ❹ 1연과 4연의 형태가 반복되는 수미 상관의 구조를 통해 구성에 안정감을 주고 정서를 강조 ❺ 고대 가요인 〈황조가〉, 〈공무도하가〉, 고려 가요 〈가시리〉, 〈서경별곡〉, 고려 시대 정지상의 한시 〈송인〉, 조선 시대의 황진이의 시조, 민요 〈아리랑〉으로 이어지는 '이별의 정한'이라는 정서를 계승	
(나) 윤동주, 〈서시〉		
상황	자신이 살아온 삶을 성찰하며 앞으로 가야 할 길에 대한 의지를 다지고 있음.	
정서와 태도	자신의 삶에 대한 성찰을 통해 부끄러움 없는 삶을 살고자 하는 염원과 살아 있는 모든 존재에 대한 연민과 사랑을 드러내고, 앞으로 자신에게 주어진 고난의 길을 피하지 않고 순교자적 자세로 극복하겠다는 의지를 보여 줌.	
주제	부끄러움 없는 순수한 삶에 대한 소망과 의지	
특징	❶ 상징적 시어들의 이미지 대조를 통해 시적 상황과 주제 제시 ❷ 과거(현실과 이상의 괴리로 인한 갈등) → 미래(미래의 삶에 대한 결의) → 현재(부정적 현실에 대한 자각)의 시간의 흐름에 따른 시상 전개	

④ (나)의 화자는 1∼4행에서 '괴로워했'던 과거의 경험을 드러내고, 5∼8행에서는 '사랑해야지', '걸어가야겠다'와 같이 미래 상황에 대한 표현을 통해 자신의 다짐을 드러내고 있다. 이에 비해 (가)의 화자는 '나 보기가 역겨워 / 가실 때에는'이라며 미래의 상황을 가정한 후 이를 전제로 시상을 전개하고 있다.

① (가)에는 임이 떠나는 미래 상황을 가정한 후 그 상황을 전제로 한 화자의 행동과 정서를 드러내고 있을 뿐, 화자의 과거 행위는 드러나 있지 않다.

② (나)의 화자는 잎새에 이는 작은 바람에도 괴로워했던 과거 자신의 모습을 성찰하며 모든 죽어가는 것을 사랑하고 자신에게 주어진 길을 걸어가야겠다는 미래에 대한 다짐을 드러내고 있다.

③ (가)에서 설정된 미래의 모습은 임이 화자를 버리고 떠나는 상황이므로, 미래의 상황을 긍정적으로 인식하는 화자의 모습은 드러나지 않는다. (나)의 화자는 미래에 대한 의지를 다질 뿐, 미래의 상황에 대해 긍정적으로 인식하고 있지 않다.

⑤ (가)의 화자는 임과의 이별을 가정하여 그 슬픔을 드러내고 있을 뿐, 감정의 전환은 드러나지 않는다. 또한 미래 상황을 가정하여 시상을 전개하고 있을 뿐, 시간의 흐름은 드러나지 않는다. (나)의 화자는 과거를 성찰하고 미래에의 의지를 다지며 현실을 자각하고 있으므로 시간의 흐름이 드러난다고 볼 수 있지만, 감정의 전환은 드러나지 않는다.

02

윤선도, 〈오우가(五友歌)〉	
상황	자연을 감상하며 물과 바위, 소나무, 대나무, 달을 관찰함.
정서와 태도	덕을 가진 다섯 가지 자연물을 예찬하며 자연에서 살고자 함.
주제	다섯 가지 자연물의 덕목에 대한 예찬
특징	❶ 다른 대상과의 대조를 통해 지향하는 바를 드러냄. ❷ 의인법을 사용해 자연 친화적인 화자의 정서를 강조함. ❸ 자연물의 속성에 유교적 덕성을 적용하여 자연 친화적인 태도와 유교적 이념을 드러냄.

물	깨끗하고 그침이 없음.
바위	변함이 없음.
솔	고난을 견딤.
대나무	곧고 변치 않음.
달	만물을 밝히고 과묵함.

④ [B]와 [C]에는 '물', '바위', '솔(소나무)', '그(대나무)'라는 중심 소재에 대한 예찬이 드러나 있다. [D]에서도 높이 떠서 만물을 비추는 '달'이라는 자연물을 예찬하고 있으므로 [B], [C]와 같이 [D]도 중심 소재에 시선을 주고 있다고 볼 수 있다. [D]에서는 외부 대상인 '너(달)'에 대해 이야기하고 있으므로 화자의 시선이 내면으로 이동한 것이 아니다.

① [A]에서는 중심 소재인 '수석', '송죽', '달'을 제시하고 있는데, '수석(물, 바위)'은 무생물, '송죽(소나무, 대나무)'은 생물, '달'은 천상의 자연물로 볼 수 있다.

② [B]의 〈제2수〉에서 '구름'과 '바람'을 '물'과 대조하여 '물'의 영원성을, 〈제3수〉에서 '꽃'과 '풀'을 '바위'와 대조하여 중심 소재인 '바위'의 불변성을 예찬하고 있다.

③ [B]의 〈제2수〉에서는 초장과 중장이 대구를 이루고 있으며, 〈제3수〉에서도 초장과 중장이 유사하게 반복되면서 대구를 이루고 있다. [C]의 〈제4수〉의 초장과 〈제5수〉의 초장과 중장에서도 대구가 나타나고 있으

므로, [B]에서 형성된 시적 운율감이 [C]에서도 이어지고 있다고 볼 수 있다.

⑤ [A]의 〈제1수〉에는 '수석', '송죽', '달'이 언급되었고, [B]의 〈제2수〉에 '물', 〈제3수〉에 '바위', [C]의 〈제4수〉에 '솔(소나무)', 〈제5수〉에 '그(대나무)', [D]의 〈제6수〉에 '너(달)'가 나타나므로, 중심 소재들이 [A]에서 언급된 순서대로 배치되었고 할 수 있다.

호루라기 관장님의 🧱 하드 트레이닝 p. 029

01 '나', 대밭

02 회복

03 후각, 자연, 시각, 그리움

04 산업화, 공동체

05 • 추석날 천리길 고향에 내려가
• 할머니의 손톱과 발톱을 깎아 드린다(주면서)
• 강강술래 나는 논(밭)이 되고 싶었다.

06 붕괴, 연민, 회복

07 그리움

개념초 트레이닝 ZONE
p. 035~037

01	격정적	10	내부, 명훈
02	'나', 고백적	11	밖, 전지적 작가
03	의인화, 단정적	12	'나', 주인공
04	담담한	13	'나', 주관적
05	애상적	14	전지적 작가, 그
06	체념적	15	1인칭 주인공
07	'나', 1인칭 주인공	16	'나', 만세
08	외부, 어머니	17	외부, 방 씨
09	외부, 전지적 작가		

워밍-UP
p. 038~039

01

구분	〈3연〉	〈6연〉
명령형 어조	숨으라	사양하라
명령의 대상	샛별	사슴과 토끼
의도	대상의 행동을 유도하기 위함.	

명령형 어조를 활용하여 대상의 행동을 유도하고 있다.

정답 코칭

'숨으라', '사양하라'에서 '-으라', '-아라'와 같은 명령형 어조를 사용하여 '샛별'과 '사슴과 토끼'의 행동을 유도하고 있다.

02

(가)는 '나는 ~하다.'와 같은 (　독백　)적 어조를, (나)는 '~다지요, ~인데요'와 같은 어미가 반복되며 말을 건네는 방식으로 이야기를 들려주는 듯한 구어체의 (　대화　)적 어조를 사용하여 시상을 전개하고 있다.

정답 코칭

(가)는 현재 사건이나 사실을 서술하는 뜻을 나타내는 종결 어미 '-ㄴ다'를 사용하여 화자인 '나'가 무척 작은 새끼 거미를 본 후 슬픔을 느끼는 상황을 혼자서 말하는 독백적 어조로 시상을 전개하고 있다. (나)는 청자에게 존대의 뜻을 나타내는 보조사인 '-요'가 결합한 종결 표현 '-지요, -데요' 등을 사용하여 상대 높임법의 해요체를 구사함으로써 청자인 상대를 높이는 뜻을 담아 말을 건네는 대화적 어조로 시상을 전개하고 있다.

03

작품 속에 주인공이자 서술자인 '나'가 등장하여 자신의 심리를 서술하고 있는 1인칭 주인공 시점이다. 

정답 코칭

'나'는 주인공이자 1인칭 서술자로, 욕쟁이 함경도 할머니의 단지를 깬 일로 할머니로부터 욕을 들을 것을 예상하며 불안함과 두려움을 느끼는 자신의 심리를 제시하고 있으므로 1인칭 주인공 시점이다.

04

구분	내용
팥죽 할머니에 대한 민 씨의 인식 여부가 서술자에 의해 직접 제시된 부분	민 씨는 모른다

㉠을 통해 황만근의 말을 전하는 민 씨도 다른 인물들처럼 서술자의 서술 대상임을 알 수 있다.

정답 코칭

'민 씨는 모른다'는 '팥죽 할머니'에 대한 '민 씨'의 인식 여부를 서술자가 직접 제시한 부분으로, 이를 통해 민 씨 역시 서술자의 서술 대상에 해당된다는 점을 알 수 있다.

05

작품 속 인물인 (　'나'　)이/가 멀미와 관련되어 자신을 괴롭혀 온 괴물의 실체를 파악해 가는 과정에 대한 (　내면　)을/를 중심으로 서술하고 있다.

정답 코칭

김복록을 뚫어져라 응시하던 '나'가 고약한 멀미를 유발하여 자신을 괴롭혀 온 괴물의 실체가 김복록임을 파악하는 과정을 '나'의 내면을 중심으로 서술하고 있다.

06

구분	뇌물에 대한 맹 순사의 생각
㉠	아무나 예사로 하는 일
㉡	독직이나 죄가 되는 일

특정 인물의 시각에서 사건을 서술하여 인물의 내면을 드러내고 있다. 

정답 코칭

이 글은 서술자가 작품 밖에서 모든 인물의 심리와 태도를 알고 서술하는 전지적 작가 시점을 취하고 있다. 특히 서술자는 맹 순사의 시각으로 뇌물을 받는 사건들을 제시하고, 이에 대해 '맹 순사의 생각엔 ~ 독직이 되거나 죄가 되는 것이 아니었다.'와 같이 서술하여 맹 순사의 내면을 드러내고 있다.

07

[A]는 규칙적인 (　음보　)을/를 통해 율문체의 특성을 보이고 있으며, '펄펄', '도리도리' 등의 (　음성 상징어　)을/를 사용하여 대상을 생생하게 묘사하고 있다.

정답 코칭

[A]는 화공이 토끼의 초상을 그리는 장면으로, 4음보의 운율이 규칙적으로 드러나고, '지지'와 같은 의성어와 '펄펄', '도리도리', '들락날락' 등과 같은 의태어를 음성 상징어로 사용하여 토끼의 모습과 특징을 생동감 있게 묘사하고 있다.

08

유자가 사용하는 (방언)와/과 발음의 (유사성)을/를 통한 언어유희를 활용하는 문체를 통해 토속적인 느낌과 인물에 대한 정감을 주고 있다.

사투리의 사용은 토속적인 느낌을 줄 뿐만 아니라, 대상을 조롱하는 인물의 심리를 강화하는 효과가 있다. 그리고 '뱉어낸벤또(베토벤)', '차에코풀구싶어(차이콥스키)'는 발음의 유사성을 이용한 언어유희의 표현이다. 따라서 유자가 사용하는 사투리와 언어유희에는 대상을 우스꽝스럽게 표현하여 총수의 사치와 허영을 비판하고자 하는 의도가 담겨 있다.

p. 040

01 ⑤	02 ②	03 ⑤

01

양귀자, 〈원미동 시인〉	
상황	어린 소녀인 서술자 '나'가 졸다가 비명이나 욕지기를 참는 안간힘 같은 소리를 듣게 됨.
정서와 태도	비몽사몽 중에 들은 소리의 정체를 정확하게 알지 못함.
주제	소시민의 일상적 삶과 인간다운 삶에 대한 향수
특징	❶ 연작 소설집 《원미동 사람들》에 실린 11편 중 하나임. ❷ 일상인들의 소시민적 근성과 세태를 고발하면서 그들을 향한 연민과 애정의 시선을 동시에 보여 줌. ❸ 7살 소녀인 '나'의 시선으로 사건을 서술하여 어른들의 세계에서 나타나는 부조리와 모순을 효과적으로 드러내고 있음. ❹ 소시민적 근성을 보여 주는 전형적 인물인 '김 반장'과 동네에서 바보 취급을 받는 원미동 시인 '몽달 씨'를 대립적으로 보여 줌.

⑤ '그때 나는', '이제 생각하면 그 순간에는' 등의 표현으로 미루어 볼 때, 제시된 지문은 서술자인 '나'가 자신이 경험한 과거의 장면을 회상하여 진술한 것임을 알 수 있다.

① 이 작품은 '나'가 등장하는 1인칭 시점의 소설이므로, 전지적 시점을 유지하여 서술의 일관성을 확보한다는 설명은 적절하지 않다.

② 이 작품의 서술자인 '나'는 원미동 시인 주위에서 일어난 일을 관찰하는 관찰자 역할을 하고 있으므로, 서술자가 자기 경험을 서술하여 사건의 전모를 드러낸다는 설명은 적절하지 않다.

③ 이 작품은 처음부터 끝까지 1인칭 관찰자 시점을 유지하고 있으므로, 관찰자 시점으로의 전환이 일어나지 않았다.

④ '나'가 어떤 소리를 들었던 사건을 기술하고 있는 것으로 제삼자의 객관적인 시선을 제시하고 있는 것은 아니며, 자신이 비몽사몽간에 어떤 소리를 들었던 장면을 회상하고 있을 뿐 어떤 사건에 대해 판단을 제시하고 있지도 않다.

02

김원일, 〈연(鳶)〉	
상황	가난한 집안 형편에도 불구하고 가족을 돌보지 않은 채 방랑하는 아버지와 그로 인해 생계를 떠안고 고생하는 어머니의 삶을 '나'의 시선으로 이야기함.
정서와 태도	가족의 생계를 돌보지 않는 무책임한 아버지에 대한 원망감과 아버지로 인해 고생하는 어머니에 대한 연민
주제	역마살을 타고난 한 인간의 운명과 염원
특징	❶ 방물장수인 할아버지가 객사하기 전에 아버지에게 만들어 준 연을 아버지가 이따금씩 '나'에게 만들어 줌으로써 삼대(三代)가 연이라는 공통적 소재로 연결됨. ❷ '연'은 세대 간 연결고리이자 아버지의 삶을 비유적으로 형상화한 상징물임. ❸ '나'가 중심인물인 아버지의 삶과 그에 대한 '나'의 생각을 이야기하는 시점으로 사건이 서술자의 인식을 통해 재해석됨. ❹ 작가의 체험을 바탕으로 유년의 서술자를 등장시켜 이야기에 사실감을 부여함. ❺ 1인칭 서술자의 독백적 문체를 통한 과거 사건의 회고적 서술로 이루어짐.

② 이 작품은 '나'가 소설의 중심인물인 아버지의 삶에 대해 이야기하고 있다. 따라서 아버지와 관련된 사건을 중심으로 하여 그에 대한 '나'의 생각을 서술하고 있다고 볼 수 있다.

① 이 작품은 처음부터 끝까지 '나'가 아버지의 삶을 이야기하고 있다. 따라서 장면마다 다른 서술자를 제시하여 사건을 다각도로 제시하고 있다고 볼 수 없다.

③ 외부 이야기와 내부 이야기는 액자식 소설의 구성 형식으로, 뚜렷하게 외화와 내화로 나뉘는 경우가 이에 해당된다. 제시된 부분은 액자식 구조가 아니므로 이에 해당한다고 볼 수 없다.

④ 이 작품은 1인칭 서술자 시점으로 서술된다는 점에서 작품 밖의 서술자가 서술한다는 내용은 적절하지 않다.

⑤ 시간적인 순서에 따라 이야기가 진행되고 있으므로 동시에 일어나는 두 개의 사건을 병렬적으로 배치했다는 것은 적절하지 않다.

03

염상섭, 〈삼대〉	
상황	족보를 고치는 일에 돈을 쓴 것을 두고 조 의관과 아들 조상훈이 갈등하다 조 의관에게 맞은 조상훈이 아버지를 피해 나옴.
정서와 태도	조 의관은 족보를 고치는 일을 비난하는 아들의 말이 일부 옳다고 생각하나 화를 주체하지 못하고 아들을 때리는 폭력적인 태도를 보임.
제목의 의미	• '삼대'는 주인공인 덕기와 조부(조 의관), 아버지(상훈)의 3대를 의미함. • 구한말 세대의 보수성과 개화기 세대의 정신적 파탄, 식민지 세대의 진보성으로 대표되는 삼대에 걸친 가족사를 통해 일제 강점기 당시의 사회적 현실과 가족 간, 계층 간의 갈등을 사실적으로 묘사함.
주제	중산층 가문을 둘러싼 재산 상속 문제와 세대 갈등을 통해 본 식민지 조선의 사회상

특징		**❶** 각 계층과 세대를 대표하는 전형적인 인물들이 등장함. **❷** 가족사 소설로 일제 강점기 시대를 사는 3대의 모습을 그려 냄. **❸** 3대 간의 갈등을 통해 식민지 조선의 사회상을 사실적으로 보여 줌.
	조의관 (조부)	• 구한말 세대 • 유교적·봉건적인 의식 • 보수적인 성격
	조상훈 (아버지)	•개화기 세대 •기독교적·반봉건적인 의식 •위선적인 성격
	조덕기 (아들)	•식민지 세대 •근대적·현실적인 사고 •우유부단한 성격

⑤ ㉠은 서술자가 조의관의 시각에 의존하여 사건의 진상을 서술하고 있는 부분으로 돈으로 사람들의 입을 막은 조의관의 일처리 및 그와 관련된 성격이 드러나고 있고, ㉡은 서술자가 덕기의 시각에 의존하여 상훈의 말년의 모습에 대해 서술하고 있는 부분으로 아버지를 안타깝게 여기는 덕기와 탐욕스럽게 변한 상훈의 성격이 모두 드러나고 있다.

① ㉠에서 서술자가 선택한 인물은 조의관으로 일정하게 유지되고 있을 뿐 아들로 달라지고 있지 않다.

②, ③ ㉠에서 초점 화자인 조의관의 시선에 기대어 사건의 진상이 서술되고 있을 뿐 서술 대상을 상훈으로 삼고 있는 것은 아니다.

④ ㉠은 조의관의 시각에서 사건에 대해 서술하고 있을 뿐 아들 조상훈에 대한 평가가 드러나고 있지 않다. 또한 ㉡에서 조상훈에 대한 덕기의 평가가 달라지고 있는 것도 아니다.

호루라기 관장님의 🥊 하드 트레이닝　　p. 041

01 성숙, 어머니
02 닮았다
03 사랑
04 놀람, 미움, 외면, 그리움
05 제한된 전지적 작가 시점, 의식
06 집착

개념 트레이닝 ZONE

p. 047~049

01	봄	12	계절감, 황량한
02	계절, 시간	13	공간적, 새들
03	현재, -ㄴ다	14	검은 뻘밭
04	현재, -ㄴ다	15	생명력
05	봄, 이유	16	하숙방, 사진관
06	오늘 저녁	17	동광학교, 시대적
07	어둠	18	통금 시간
08	봄, 봄	19	해방
09	기인 밤	20	설화, 비현실
10	시간성	21	용왕
11	비현실	22	말소리

워밍-UP

p. 050~051

01

구분	화자의 인식
㉠	화자가 머무르고 있는 자연을 (무이구곡)에 비견될 만큼 만족감을 느끼게 하는 공간으로 인식함.
㉡	자연을 속세로부터 심리적 (거리)을/를 둘 수 있는 공간으로 인식함.

정답 코칭

㉠ '무이구곡'은 중국에 있는 풍광이 아름답기로 유명한 곳이다. 그러므로 화자가 자신이 머무르고 있는 자연 공간을 '무이구곡'에 비견한 것은, 자신이 살고 있는 자연에 대한 높은 만족감의 표현이라고 할 수 있다.

㉡ '속세를 버린 듯하'다는 표현을 통해 자연 속에 있는 화자가 속세에 대해 심리적 거리를 두고 있음을 알 수 있다.

02

㉠은 (현재) 시제를 사용하여 밑둥 옆에 어린 나무가 자라고 있는 상황을 생생하게 느끼도록 하는 시적 효과를 얻고 있다 .

정답 코칭

㉠은 나이테가 드러난 나무의 밑둥에 어린 나무가 뿌리를 박고 자라고 있는 상황을 현재 시제로 표현하여 그 상황이 마치 지금 여기에서 벌어지고 있는 듯한 생생함을 느낄 수 있다.

03

구분	상황	화자의 생각이나 정서
(가)	가을의 (풍요로움) 속에서 소일함.	임금의 (은혜) 덕분이라고 생각함.
(나)	'청풍명월'을 (벗)(이)라고 말함.	자연과의 (친밀감)이/가 드러남.

정답 코칭

(가)는 이 몸이 소일하는 것이 임금의 은혜로 이루어진 것이라는 종장의 표현을 통해 화자가 가을의 풍요로움 속에서 소일할 수 있는 것을 임금의 은혜 덕분이라고 생각하고 있음을 알 수 있다. (나)는 청풍명월을 벗이라고 표현하고 있는 것에서 자연에 대한 친밀감이 드러나고 있다.

04

명나라 배를 타고 안남에 이르게 된 최척이 일본인 배에 이르러 조선말로 물어보는 것과 (고국(조선)) 사람을 만나려 하는 것은, 서사 전개 과정에서 공간적 배경을 조선뿐 아니라 다른 나라로 (확장)하는 서사적 장치와 관련이 있다.

정답 코칭

〈최척전〉에는 하나의 문제 상황이 해결되면 또 다른 문제가 확인되는 서사 구조가 나타나고 있다. 이 과정에서 도움을 주는 신이한 존재를 나타나게 하거나, 예언의 실현을 보여 주는 특이한 증거를 활용하거나, 문제 해결의 계기가 되는 소재를 제시하거나, 공간적 배경을 확장하여 다양한 국적의 사람들을 등장시키는 등의 서사적 장치들이 확인된다. 이러한 서사 구조와 다양한 서사적 장치는 독자가 이야기에 흥미를 가지고 그것을 자연스럽게 수용하는 데 기여한다. 따라서 명나라 배를 타고 안남에 이르게 된 최척이 일본인 배에 이르러 조선말로 물어보는 것과 고국 사람을 만나려 하는 것은, 작품의 공간적 배경을 조선뿐 아니라 다른 나라로 확장하는 서사적 장치와 관련이 있다고 볼 수 있다.

05

구분	내용
㉠	강남홍이 관직에 오를 정도로 뛰어난 (능력)을/를 가진 인물임을 알 수 있음.
㉡	벼슬을 하고 있는 강남홍이 유배를 가는 연왕(양창곡)을 보호하기 위해 (죄)을/를 얻는 것도 두려워하지 않고 따라가려고 함.

여성 주인공이 뛰어난 능력을 가졌음에도 자신의 능력을 남성 주인공을 위해 사용하려는 모습에서 (남성) 중심의 유교적 가치관이 강한 사회를 배경으로 창작된 작품에 등장하는 여성 영웅의 한계를 확인할 수 있다.

정답 코칭

강남홍은 관직(병부 상서)에 있는 신분임에도 불구하고 벌을 받는다 해도 연왕(양창곡)을 보호하기 위해 연왕의 유배지까지 따라가고자 하며, 결국 하인의 차림을 하고는 수행원의 무리에 섞여 연왕을 따라간다. 이 부분에서 양창곡에 대한 강남홍의 절대적 애정이 드러나며, 강남홍 자신도 뛰어난 능력을 지닌 영웅이지만 자신의 능력을 양창곡을 위해 사용하고자 하는 모습을 통해 남성 중심 사회를 배경으로 한 여성 영웅 소설의 한계가 드러난다고 볼 수 있다.

06

구분	장면
㉠	태자비가 입은 전포에서 (　용　)의 기운이 나오며 안개가 자욱해지는 장면
㉡	태자비가 몸을 (　공중　)에 솟구쳐 황주 자사를 베는 장면

㉠과 ㉡은 전기적 요소를 활용하여 비현실적인 장면을 부각하고 있다.

정답 코칭

㉠(문득 태자비가 ~ 안개가 자욱하여)은 태자비가 입은 전포에서 용의 기운이 나오며 안개가 자욱해지는 장면이고, ㉡(문득 태자비의 ~ 아래로 내리치니)은 태자비의 몸이 공중에 솟구쳐 황주 자사를 베는 장면이다. ㉠과 ㉡은 모두 전기적 요소를 활용하여 비현실성이 부각되는 장면으로 볼 수 있다.

07

흥부가 심은 박씨가 며칠 만에 열리고, 그 박 속에서 '순금 궤'가 나와 부자가 된다는 점에서 흥부에게 주어진 보상이 (　환상성　)을/를 띠고 있음을 알 수 있다.

정답 코칭

흥부가 심은 박에서 사오일 만에 박이 열리고 박 속에서 순금 궤가 나오는 장면은 현실성이 결여된 환상성이 드러난 부분이라 할 수 있다.

08

구분	장면	영웅 소설의 특징
㉠	화산도사가 구름을 타고 내려옴.	(　신이한 / 초월적　) 존재가 개입하는 영웅 소설의 (　환상성　)이/가 드러남.
㉡	위기 상황을 미리 짐작하고 약을 가져옴.	(　신이한 / 초월적　) 존재의 능력이 부각되어 (　환상성　)이/가 강화됨.

정답 코칭

화산도사가 구름을 타고 내려오는 것은, 그가 신이한 존재임을 드러내는 것이자, 영웅 소설의 환상성과 관련이 있다. 또한 초월적 존재인 화산 도사가 양산군이 처한 위기 상황을 미리 인식하고 위기를 해소하기 위해 환약을 가져오는 것은 초월적 존재의 능력이 부각된 것이다.

01 ③	02 ①

01

서정주, 〈견우의 노래〉	
상황	시적 화자인 '나(견우)'는 직녀에게 성숙한 사랑을 위해 이별의 고통을 감내하자고 함.
정서와 태도	직녀에 대한 그리움과 재회를 기다림.
주제	이별과 기다림을 통해 얻게 되는 참된 사랑의 의미
특징	❶ 이별이 사랑의 과정이라는 역설적 표현을 통해 주제를 형상화함. ❷ 〈견우직녀 설화〉의 인물을 바탕으로 사랑의 참된 의미를 제시함.

정답 코칭

③ [C]에는 이별이 사랑의 과정임을 인식하고, 현실을 수용하고 있는 태도가 나타나 있으므로 현실과 미래에 대한 기약 사이에서 갈등하는 화자의 모습이 드러나 있다고 볼 수 없다.

오답 코칭

① [A]에서 화자는 우리들, 즉 화자 자신과 직녀의 사랑을 이루기 위해서는 이별이 있어야 한다고 하였다. 이를 통해 화자는 이별이라는 현실에 당위적으로 있어야 한다는 의미를 부여하였음을 알 수 있으므로, 화자가 이별이라는 현실에 부여한 의미가 단적으로 드러나 있다는 설명은 적절하다.

② '여기'는 '번쩍이는 모래밭'으로, 화자가 있는 공간이자, 화자에게는 직녀와 이별하여 떨어져 홀로 있을 수밖에 없는 시련의 공간을 의미한다. [A]에서 '여기'에 있는 화자는 이별을 당위적인 것으로 받아들이며, [B]에서 '여기'는 외로움 속에서 직녀에 대한 사랑으로 불타는 홀몸이 있는 공간이라는 의미로 변주되고 있다. 따라서 [B]에는 [A]에서 '여기'에 부여한 의미가 변주되어 나타나 있다는 설명은 적절하다.

④ '여기'는 견우가 직녀와 이별해 홀로 외로움을 견디는 시련의 공간이며, 직녀에게 이러한 공간은 북을 놀리고 있는 '구름 속'이다. 따라서 [C]를 통해 '여기'가 화자인 견우뿐 아니라 '직녀'에게도 해당하는 현실 상황임을 드러내고 있다는 설명은 적절하다.

⑤ [C]에서 견우는 직녀에게 자신은 모래밭에 돋아나는 풀싹을 세이고, 직녀는 베틀에 북을 놀리라며 각자 해야 할 일을 제시하였다. [D]에서는 견우 자신은 검은 암소를 먹이고, 직녀는 비단을 짜라며 각자 해야 할 또 다른 일을 제시하였다. [C]와 [D]는 모두 견우와 직녀가 다시 만날 때까지 서로를 그리워하며 하는 일이므로, [D]는 [C]를 변주하면서 미래를 기약하는 화자의 태도를 드러내고 있다는 설명은 적절하다.

작자 미상, 〈숙향전〉	
상황	숙향은 마고할미에게 옥지환의 진주를 가진 사람을 살펴달라고 부탁하고, 마고할미는 이랑이 진주를 갖고 찾아오자 진주를 가져다 숙향에게 보여 줌.
정서와 태도	마고할미는 숙향을 찾아온 이랑에게 정색하나, 진주를 갖고 다시 찾아오자 이랑이 숙향의 인연임을 알고 기뻐함.
주제	고난을 극복한 사랑의 성취
특징	❶ 천상에서 죄를 지은 두 남녀가 각각 지상계로 내려와 온갖 시련을 극복한 후 다시 사랑을 성취한다는 내용의 애정 소설 ❷ 숙향의 삶을 중심으로 사건이 전개되면서 영웅의 일대기 구조에 따라 여성의 수난을 그림. ❸ 숙향의 경우 자신의 능력이 아닌 초월적 힘을 통해 위기를 극복한다는 점에서 전형적인 영웅상과 차이가 있음. ❹ 숙향과 이랑이 초월적 인물들의 도움을 받아 인연을 맺음.

화덕진군 → 마고할미의 집에 숙향이 있음을 알려 줌.

↓ 조력

이랑 — 숙향

↑ 조력

마고할미 → 숙향을 돌보며 이랑과 숙향의 만남을 도움.

정답 코칭

① 이랑과 숙향의 만남 과정에서 마고할미, 화덕진군 등이 조력자 역할을 하는데, 화덕진군은 남천문 밖에 있고 마고할미는 천태산에 있어 인간에 내려올 일이 없다는 내용을 통해 이들이 비현실적 인물이라는 것과 숙향과 이랑의 만남이라는 중심 서사에 개입하는 역할을 하고 있음을 알 수 있다.

오답 코칭

② 제시된 지문은 등장인물들의 대화와 서술로만 전개되고 있을 뿐, 등장인물들의 내적 독백의 형식이 쓰이지 않았다.

③ 제시된 지문은 대화나 행동으로 주로 사건이 진행되고, 해당 인물들의 구체적인 외양 묘사는 드러나 있지 않다.

④ 제시된 부분에서는 요약적 서술을 통해 시대적 배경을 구체적으로 제시하고 있지 않다.

⑤ 제시된 부분에서는 언어유희를 사용한 표현을 제시하고 있지 않다.

호루라기 관장님의 🔑 하드 트레이닝　　　p. 053

01 '나', 자연

02 만족감, 은혜

03 조화, 벗

04 시간, 강호에

05 흥겨움, 한가로움, 즐거움, 행복함

06 강호

개념쏙 트레이닝 ZONE

p. 059~061

01 내적		**09** 전형적, 평면적, 개성적
02 내적		**10** 직접
03 내적		**11** 직접
04 내적		**12** 간접
05 대화, 외적		**13** 간접
06 독, 열린		**14** 묘사
07 입체적		**15** 행동, 외양
08 전형적		**16** 아쉬워하는

워밍-UP

p. 062~063

01

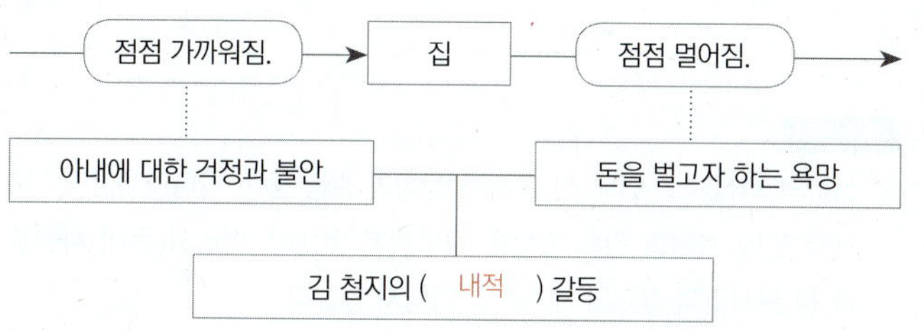

구분	집과의 거리	김 첨지의 심리
㉠	멂.	돈을 많이 벌어 기쁨.
㉡	점차 (가까워짐).	병든 아내에 대한 (걱정)
㉢	점차 (멀어짐).	돈을 벌 생각에 신이 남.

정답 코칭

사건 전개에서 나타나는 김 첨지의 상반된 심리는 이 글의 주된 갈등 구조로, 작품 속 시간은 김 첨지가 인력거를 끌고 나선 아침부터 집에 돌아오는 저녁때까지인데, 김 첨지가 오랜만의 행운으로 많은 돈을 벌어 기뻐하는 모습과 집에 두고 온 병든 아내에 대해 불안해하는 모습이 반복되며 전개되고 있다. 특히 큰돈을 번다는 기쁨에 발걸음이 가벼워졌다가 집이 가까워지자 아내에 대한 걱정과 근심이 되살아나 발걸음이 무거워지는 부분은 행동 묘사를 통해 인물의 심리가 간접적으로 제시된 부분이다.

02

구분	내용
㉠	현실 → 꿈으로 이동하는 (입몽) 부분
㉡	꿈 → 현실로 이동하는 (각몽) 부분

〈운영전〉은 몽유자가 꿈속에서 남녀 주인공을 만나 겪은 일을 중심으로 내용이 전개되는데, 현실이라는 외부 이야기 속에 꿈이라는 내부 이야기가 들어 있는 (액자) 구조를 갖추고 있다.

정답 코칭

〈운영전〉은 유영이 수성궁에 놀러 갔다가 술에 취해 잠이 든 후 몽유자가 되어 꿈속에서 김 진사와 운영을 만나 두 사람의 비극적 연애담을 듣고 잠에서 깨어난다는 액자식 구성을 취하고 있는 애정 소설이다.

03

구분	화자	서술 대상
(가)	노동자	화자 자신의 (비애감)
(나)	관찰자	실직한 (아버지)의 모습

(가)는 (화자)이/가 전형적 인물이 되어, (나)는 화자가 전형적 인물을 (관찰)하여 현실을 드러내고 있다. ◎ ✕

정답 코칭

(가)는 노동자인 화자가 자신의 비애감을 드러내고 있고, (나)는 실직한 아버지의 모습을 화자가 관찰자적 태도로 묘사하고 있다. 따라서 (가)는 화자가 전형적 인물이 되어, (나)는 화자가 전형적 인물을 관찰하여 현실을 드러내고 있다.

04

㉠은 서술자가 송 영감이 느끼는 (분노)을/를 (직접)적으로 제시함으로서, 아이가 남에게 음식을 얻어먹는 상황에 대한 인물의 태도를 드러내고 있다.

정답 코칭

제시된 부분은 도망간 아내와 조수에 대한 분노와 병세의 악화 때문에 쓰러졌던 송 영감이 정신을 차린 후의 상황이다. 서술자는 '확 분노가 치밀어'라며 송 영감의 분노를 직접 제시함으로써, 이웃에게 밥을 얻어먹어야 할 정도로 비참한 상황임에도 앵두나뭇집 할머니에게 밥을 얻어먹었다며 아이에게 화를 내는 인물의 태도를 드러내고 있다.

05

구분	행동	심리
㉠	점점 고개를 밑으로 떨굼.	그리움
㉡	눈을 빛냄.	기대감

대화와 행위를 통해 인물의 심리를 간접적으로 제시하고 있다.  ◎ ✕

정답 코칭

부모님이 생각나서 밤중에 우는 것이냐는 질문에 준학의 고개가 점점 밑으로 떨구어지는 행동을 통해 돌아가신 부모님을 그리워하는 준학의 심리가 간접적으로 제시되어 있다. 또한 준학이 선생님의 꿈에 대해 궁금해하며 눈을 빛내는 행동을 통해 꿈의 내용에 대해 기대하는 심리가 간접적으로 제시되어 있다.

01 ④	02 ④

01

김정한, 〈모래톱 이야기〉	
상황	건우네 집에 가정 방문을 간 담임 교사인 '나'는 화려하지는 않지만 깔끔하게 정돈된 살림을 보게 됨.
정서와 태도	건우네 집 안팎의 정돈된 광경을 통해 건우 어머니의 강인한 정신력과 의지를 알게 됨.
주제	소외된 사람들의 비극적인 삶과 부조리한 현실 비판
특징	❶ 서술자인 '나'가 과거의 일을 회상하는 방식으로 내용이 전개됨. ❷ 부당한 권력에 저항하는 사람들의 저항 의식을 보여 줌.

조마이섬 사람들		조마이섬을 소유한 유력자
• 둑을 쌓고 물과 싸우며 조마이섬을 지키면서 살아옴. • 섬이 위험해지자 둑을 허묾.	↔ 대립	• 주민들을 몰아내고 섬을 차지하려 함. • 섬의 안전을 무시하고 둑 허무는 것을 방해함.

❸ 농촌의 비참한 실상을 사실적으로 묘사함.
❹ 서술자가 관찰자의 입장에서 조마이섬 주민들의 삶의 내력을 전달함.
❺ 묘사를 통해 인물의 성격을 간접적으로 전달함.

정답 코칭

④ 서술자는 '집 안팎 광경들'을 통해서 '건우 어머니'가 '꽤 부지런하고 친절한 여성'임을, 볼록한 이마와 짙은 눈썹에 대한 묘사를 통해서는 '건우 어머니'가 의지나 정열을 지닌 인물임을 추론하고 있으므로, 서술자의 주관적 판단을 통해 인물의 성격이 제시되는 부분이라고 할 수 있다.

오답 코칭

① '건우'의 집 안팎의 광경은 '건우'와 '건우 어머니'에 대한 이해를 높이는 기능을 하나, 이 작품의 전체적인 주제를 드러내는 기능을 한다고 보기 어렵다.
② 서술자가 학생의 가정을 방문하여 보고 느낀 것을 일상적 소재의 나열로 보기 어렵고, 서술자의 판단 또한 복잡한 심리의 표출이라고 보기도 어렵다.
③ 인물의 성격이 제시되고 있기는 하나, 그 성격 변화는 드러나지 않는다.
⑤ 학교에서의 '건우'에 관한 이전 경험을 떠올리고 있기는 하나, 이것을 이후에 전개될 사건에 대한 단서로 보기는 어렵다.

02

작자 미상, 〈심청전〉	
상황	심청이 아버지의 눈을 뜨게 하기 위해 절에 바칠 공양미를 마련하려고 인당수 제물로 몸을 팔았다는 사실을 심 봉사에게 고백하고, 뱃사람들은 심 봉사의 생계를 돕기로 함.
정서와 태도	인당수 제물로 팔려 가게 된 심청은 자신의 처지를 슬퍼하고, 이를 안 심 봉사는 놀라며 심청을 만류함. 뱃사람들은 심청과 심 봉사의 형편을 딱하게 여김.
주제	부모에 대한 효와 인과응보
특징	❶ 효녀 지은, 거타지 설화 등의 여러 설화의 영향을 받음. ❷ 판소리계 소설로서 운문체와 산문체의 혼합적 특징이 나타남. ❸ 현실 세계를 배경으로 하는 전반부와 용궁을 배경으로 하는 후반부로 서술의 내용이 구분됨. ❹ 서술자의 개입을 통해 인물의 심리나 성격을 제시함. ❺ 전기적(비현실적) 요소를 통해 극적인 효과를 나타냄.

심청		심 봉사
• 효심이 깊어 심 봉사를 지극정성으로 봉양함. • 인당수에 몸을 던졌다가 환생하여 아버지와 재회함.	효성 ←→ 사랑	• 눈이 멀고 아내를 잃었으나 동냥젖을 먹여 심청을 키움. • 심청의 효성으로 마침내 눈을 뜸.

정답 코칭

④ 심청의 희생으로 인해 심 봉사와 심청의 갈등 등이 나타나지만, 심 봉사와 동네 사람들 간의 갈등은 나타나지 않는다. 따라서 동네 사람들과 심 봉사와의 갈등의 해소도 나타나지 않는다.

오답 코칭

① 심청이 공양미 삼백 석에 자신을 희생하게 된 것은 심 봉사가 눈을 뜨기를 바라는 욕구와 가난한 현실 간의 갈등 때문으로 볼 수 있다.
② 심청이 조상님의 제사를 끊게 되었다고 사죄하는 것은 자신이 불효하게 된 것에 대한 내적 갈등을 드러낸 것으로 볼 수 있다.
③ 심청과 심 봉사의 갈등은 심청이 자신의 희생으로 인해 불러일으킨 갈등으로 볼 수 있다.
⑤ 뱃사람들이 심 봉사에게 물질적인 보상을 주는 것은 심청의 희생에 대한 보상에 해당한다.

호루라기 관장님의 하드 트레이닝 ━━━ p. 065

01 전기용품, 운전사, 이익
02 도망
03 내적
04 이기적, 내적
05 도덕성
06 부도덕성

개념쇼 트레이닝 ZONE
p. 069~070

01	공존	08	성찰
02	깨달음	09	소망
03	먼 나라	10	수용
04	꽃구름, 슬픔, 그리움	11	의지
05	동화	12	지향
06	기대감	13	연민
07	예찬적		

워밍-UP
p. 071

01

구분	의미
㉠	화자가 (별)을/를 보며 이 세상 어딘가에 희망의 샘이 있을 거라고 기대하는 희망의 시간
㉡	희망 가득한 세상이 도래하여 사람들이 고달픈 현실에서 벗어날 수 있기를 바라는 화자의 (기대감)

정답 코칭

'새벽(㉠)'은 화자가 별을 보며 이 세상 어딘가에 희망의 샘이 있을 것이라고 기대하는 희망의 시간이라고 볼 수 있다. 또한 '희망의 샘(㉡)'은 희망이 가득 찬 세상을 빗댄 표현으로, 화자가 추구하는 이상적 세계이다. 따라서 '이 세상'에 '희망의 샘 하나 출렁이고 있을 것만 같다'는 것은 희망 가득한 세상이 도래하여 사람들이 고달픈 현실에서 벗어날 수 있기를 바라는 화자의 기대가 드러난 표현으로 볼 수 있다.

02

구분	㉠	㉡
상황	자연에서 흥을 느끼고 있음.	한 해 만에 뻐꾸기의 울음을 처음 들음.
정서	즐거움.	반가움.
기능	화자의 정서 (투영)	글쓴이의 정서 (유발)

㉠은 화자의 즐거움이 투영된, ㉡은 글쓴이의 반가움을 유발하는 대상이다. ◎⊗

정답 코칭

(가)는 자연에서 흥을 느끼고 있는 화자가 ㉠(백구)에게 너무 즐거워하지 말라고 말하고 있으므로, ㉠(백구)은 화자의 즐거움이 투영된 자연물이라고 볼 수 있다. (나)에서 글쓴이는 ㉡(뻐꾸기)의 울음을 처음 들을 때 반갑다고 하였으므로, ㉡(뻐꾸기)은 글쓴이의 반가움을 유발하는 자연물이라고 볼 수 있다.

03

구분	화자의 태도
㉠	자연과 마주하며 숭고한 이상을 (지향)하려는 태도
㉡	자연물을 동경하며 이상을 (지향)하려는 태도

→ '머리 위에는 항상 푸른 하늘이 있다'는 표현에서 긍정적 미래에 대한 희망과 의지를 엿볼 수 있군. ◎⊗

→ '별을 바라보는 것'은 자연과 마주하며 이상을 지향하는 태도로 볼 수 있군. ◎⊗

정답 코칭

㉠ '푸른 하늘'이 언제나 '머리 위에' 있다는 인식은 자연과 마주하며 숭고하고 거룩한 이상을 지향하는 화자의 태도와 연관되므로, 이를 통해 화자가 미래에 대한 희망과 의지를 갖고 있음을 알 수 있다.

㉡ '별을 바라보는' 행위는 자연물을 동경하는 모습이므로, 이를 숭고하고 거룩한 이상을 지향하는 화자의 태도로 볼 수 있다.

04

구분	표현	의미
㉠, ㉢	화자의 (태도) 대비	'(이상한)'와/과 '(아름다워)'의 대비를 통해 중국집 젊은 부부에 대한 화자의 긍정적 인식이 부각됨.
㉡	(이미지)의 대비	'(연약한)'와/과 '(튼튼한)'의 대비를 통해 희망을 잃지 않는 중국집 젊은 부부의 건강한 삶을 강조함.

정답 코칭

이 작품은 화자가 고단한 삶 속에서도 긍정적으로 살아가는 중국집 젊은 부부를 보고 슬픔 속에서도 아름다움을 발견했음을 나타낸 것이다. 화자가 처음 접한 중국집 젊은 부부의 모습은 '이상한' 것이었지만, 그들의 삶을 관찰하고 '눈물처럼 아름다워'와 같은 긍정적인 태도를 보여 주고 있다. 또한 '연약한'과 '튼튼한'의 이미지 대비를 통해 희망을 잃지 않는 중국집 젊은 부부의 삶을 강조하고 있다.

펌핑-UP
p. 072

01 ⑤	02 ⑤

01

조지훈, 〈풀잎 단장〉	
상황	풍설에 깎여온 바위와 바람에 흔들리는 풀잎을 바라보며 풀잎에 동화됨.
정서와 태도	외부 여건에 아랑곳하지 않는 풀잎의 생명력에 대한 경이감
주제	생명에의 경이로움과 운명을 긍정하며 살아가는 삶

특징	❶ 풀잎을 새로운 관점으로 바라보며 생명의 신비감을 노래함. ❷ 풀잎과 화자의 동화를 보여 줌으로써 외부 여건에 아랑곳하지 않는 생명력과 인간과 자연의 조화를 통해 인간이 어려움을 극복하고 살아가는 삶의 태도를 드러냄.

⑤ '나'와 풀잎은 모두 영원한 시간의 흐름 속에서 순간을 살아가는 존재이지만, '나'는 풀잎의 모습에서 '나'와 풀잎 모두 태초의 생명의 아름다운 분신임을 깨닫게 된다. '나'는 풀잎과의 깊은 교감을 통해 풀잎에서 느낀 생명의 신비와 감동을 '한 떨기 영혼'으로 표현하고 있다.

① '오랜 세월을 풍설에 깎여 온 바위'에서 바위는 영원에 가까운 오랜 시간 동안 풍설을 견뎌온 존재임을 알 수 있다.

② '구름이 떠가는 언덕'은 화자가 서 있는 공간으로, 화자는 이곳에서 무너진 성터와 오랜 세월 풍설에 깎여온 바위를 보며 영원에 가까운 시간의 흐름을 포착하고 있다.

③ '나의 몸가짐도 또한 ~ 바람결에 흔들리노라'를 통해 바람에 흔들리는 풀잎과 마찬가지로 '나' 역시 흔들리고 있으며, 풀잎과 '나'를 '우리들'이라고 지칭함으로써 화자인 '나'는 자연물인 풀잎에 동질감을 느끼고 있음을 알 수 있다.

④ 화자는 풀잎과 '고달픈 얼굴을 마조 대고 나직이 웃으며 얘기'한다고 함으로써 화자가 마치 인격적 대상을 대하는 것처럼 풀잎과 얘기하는 모습에서 깊은 교감을 나누고 있음을 알 수 있다.

02

윤선도, 〈만흥(漫興)〉	
상황	자연 속에서 소박하고 유유자적하게 살고 있음.
정서와 태도	자연을 즐기며 자연과 하나가 된 물아일체의 삶을 추구함.
주제	자연에 묻혀 사는 즐거움과 임금의 은혜
특징	❶ 자연과 속세의 대조적 의미를 통해 부귀공명과 같은 세속적 가치를 추구하는 삶보다는 자연에 묻혀 유유자적하며 안분지족하는 삶이 더 낫다는 가치관을 드러냄.

자연	속세
• 이상적 공간 • 작가가 지향하는 공간	• 현실의 공간 • 세속적 가치의 부정적 공간

❷ 자연 속에서의 안분지족과 물아일체를 노래하면서 강호가도 류를 계승하고 있음.
❸ 설의법을 활용하여 자연을 즐기는 화자의 정서를 강조함.
❹ 한문투의 표현보다는 우리말의 묘미를 잘 살려 나타냄.

이덕무, 〈우언(迂言)〉	
상황	글쓴이의 삶의 방식을 사는 곳과 마음을 두는 것을 기준으로 삼아 분류하고, 작은 즐거움을 누리는 것이 가장 높다고 평가함.
정서와 태도	작은 즐거움을 누리는 자신의 삶에 대한 자부심을 드러냄.
주제	속세에 살며 자연을 추구하는 태도
특징	❶ 자연과 속세를 바탕으로 나타나는 여러 가지 삶의 모습을 대구의 방식으로 열거함. ❷ 자신의 삶의 자세를 다른 삶의 모습과 비교함으로써 자부심을 드러냄. ❸ 말하고자 하는 바를 우회적으로 돌려 말하는 방식으로 자신의 삶에 대한 자부심이라는 주제 의식을 드러냄.

⑤ ㉠에서 화자는 자연에서 안빈낙도의 삶을 추구하는 모습을 '어리고 하얌의 뜻'이라고 우회적으로 표현하고, 이러한 삶이 자신의 분수에 맞는 것이라 말하며 삶에 대한 자부심을 드러내고 있다. ㉡에서 '나'는 자신의 생각을 '물정 모르는 소리'라고 우회적으로 표현하며 '작은 즐거움'을 누리는 자신의 삶에 대한 자부심을 드러내고 있다.

① ㉠에서 화자는 자신을 '시골에 지내는 온갖 사리에 어둡고 어리석은 사람'이라는 뜻의 '하얌'이라고 지칭하며 자신의 처지를 객관화시켜 표현하고 있을 뿐, 자신의 문제를 회피하고 있지 않다.

② ㉡에서 '나의 이 말'은 '은거에 마음을 둔 작은 즐거움을 가장 높은 것으로 말한' 것으로, 이는 비록 시정에 살지만 은거에 마음을 둔 삶에 대한 자부심을 드러낼 뿐, 화자는 자신의 행동을 냉철하게 성찰하고 있지 않으며 자신의 과오를 인정하고 있지도 않다.

③ ㉠의 화자와 ㉡의 '나'는 모두 자신의 삶에 대한 자부심을 드러내고 있을 뿐, 자신의 처지를 자문자답 형식으로 말하고 있지 않으며, 자신의 생각을 일반화하고 있지도 않다.

④ ㉠의 화자와 ㉡의 '나'는 모두 자신의 생각을 우회적으로 드러내고 있을 뿐, 남의 말을 인용하여 자신의 생각을 표현하고 있지 않으며, 자신의 신념을 객관화하고 있지도 않다.

호루라기 관장님의 🥊 하드 트레이닝　　p. 073

01 극복, 극복
02 의지
03 민중, 연대
04 눈보라, 언땅, 새, 숲, 대조
05 서겠다, 아니었다, 견딘다, 부른다, −다, 의지
06 친근감, 사람, 민중
07 소망

개념ⓐ 트레이닝 ZONE p. 078~079

01	멀리로 멀리로만	08	작은 감옥
02	외로움	09	어쩌자고
03	고단함	10	아직도
04	반성	11	풍자
05	비관	12	불안감
06	불안	13	회의감, 부끄러움
07	그리움	14	이익, 비판

워밍-UP p. 080

01

구분	시어	화자의 태도
㉠	돗자리, 돌	화자의 마음과 (대비(대조))되는 시어를 통해 화자의 풀리지 않는 응어리진 감정을 강조함.
㉡	공후	화자가 연주하는 소리가 '하소연하는 듯 흐느끼는 듯'하다고 하여 화자의 (슬픔)와/과 답답함을 표현함.
㉢	노래, 밤	(노래)은/는 슬프게 느껴지고, 잠을 자지 못하고 (밤)을/를 길게 느끼는 상황을 통해 화자의 애절한 감정을 강조함.

→ ㉠: '돗자리', '돌'과 대비되는 화자의 마음을 통해 화자의 맺혀 있는 감정을 강조하고 있다. ◎ ✕

정답 코칭
'돗자리'는 말아 둘 수 있고 '돌'은 굴려서 치울 수 있지만 화자의 마음에 맺힌 '응어리'는 없앨 수 없다는 표현에서 '돗자리'와 '돌'이 화자의 마음과 대비되고 있음을 알 수 있고, 이를 통해 화자의 맺혀 있는 감정을 강조하고 있다.

→ ㉡: 화자가 연주하는 '공후'의 소리를 통해 화자의 답답함과 슬픔을 표현하고 있다. ◎ ✕

정답 코칭
'공후' 소리가 '하소연하는 듯 흐느끼는 듯'하다고 표현하여 임을 볼 수 없는 상황에 대한 화자의 답답하고 슬픈 마음을 드러내고 있다.

→ ㉢: 화자가 '밤'에 잠을 자지 못하는 상황을 통해 화자의 애절한 감정을 강조하고 있다. ◎ ✕

정답 코칭
'잠 못 드는 밤 어찌 이리 긴고'라는 표현을 통해 잠들지 못하는 밤을 길게 느끼고 있는 화자의 애절한 감정을 강조하고 있다.

02

구분		화자의 태도
㉠ (뚝뚝)	의미	큰 물체나 물방울 따위가 잇따라 아래로 떨어지는 소리나 모양
	기능	모란이 떨어지는 모습을 바라보는 화자의 (안타까움)을/를 강조
㉡ (비로소)	의미	어느 한 시점을 기준으로 그 전까지 이루어지지 아니하였던 사건이나 사태가 이루어지거나 변화하기 시작함.
	기능	모란이 완전히 져 버린 것에 대한 화자의 (상실감)을/를 강조
㉢ (다)	의미	남거나 빠진 것이 없이 모두
	기능	모란이 져 버린 상황에 대한 화자의 (덧없음)을/를 강조
㉣ (하냥)	의미	늘, 한결같이
	기능	모란을 보지 못하는 것에 대한 화자의 (슬픔)을/를 강조
㉤ (아직)	의미	어떤 일이나 상태 또는 어떻게 되기까지 시간이 더 지나야 함을 나타내거나, 어떤 일이나 상태가 끝나지 아니하고 지속되고 있음.
	기능	모란이 다시 피기를 기다리는 화자의 (간절함)을/를 강조

정답 코칭
㉠ '뚝뚝'은 물체가 잇따라 아래로 떨어지는 모양을 나타내는 부사어로, 이를 사용하여 모란이 떨어지는 모습을 감각적으로 묘사하고 있다. 또한 '뚝뚝'은 화자가 느끼는 절망감과 안타까움의 정도를 효과적으로 드러내고 있다.

㉡ '비로소'는 어느 한 시점을 기준으로 그 전까지 이루어지지 아니하였던 사건이나 사태가 이루어지거나 변화하기 시작함을 나타내는 부사어로, 이를 사용하여 모란이 완전히 져 버린 것에 대해 화자가 느끼는 상실감을 강조하고 있다.

㉢ '모란이 지고 말면 그 뿐 내 한 해는 다 가고 말아'는 모란이 지면 인생을 '다' 잃은 것처럼 과장한 표현이다. 이 표현은 모란이 모두 진 후 느끼는 화자의 슬픔을 강조한 것이다. 따라서 '남거나 빠진 것이 없이 모두'를 뜻하는 부사어인 '다'에는 모란이 져 버린 것에 대한 화자의 아쉬움과 덧없고 허전한 마음이 담겨 있다.

㉣ '하냥'은 '늘, 한결같이'를 뜻하는 부사어로, 이를 사용하여 모란이 지면 화자가 삼백예순 날을 섭섭해 운다고 표현함으로써 모란을 보지 못하는 화자의 슬픔을 강조하고 있다.

㉤ '아직'은 어떤 일이나 상태 또는 어떻게 되기까지 시간이 더 지나야 함을 나타내거나, 어떤 일이나 상태가 끝나지 아니하고 지속되고 있음을 나타내는 부사어로, 이를 사용하여 모란이 다시 피기를 기다리는 화자의 간절한 염원을 강조하고 있다.

01 ④	02 ②

01

윤동주, 〈바람이 불어〉

상황	불어오는 바람을 맞으며 자신이 괴로움을 느끼는 이유를 생각하고 있음.
정서와 태도	바람이 불어온 일을 계기로 내면을 성찰하며 괴로움의 원인을 탐색함으로써 소극적인 삶의 태도를 성찰하는 태도를 보임.
주제	현실에 안주하는 삶에 대한 성찰
특징	❶ 유사한 어구의 반복으로 리듬감을 형성함. ❷ 상징적 소재를 사용하여 화자의 성찰적 자세를 드러냄. ❸ '바람, 강물'과 '반석, 언덕'의 대립적 이미지를 통해 주제를 부각함. ❹ '없다'의 반복을 활용하여 자신의 내면을 응시하는 화자의 반성적 자세 강조 ❺ '바람'을 화자의 무기력감을 일깨워 주는 역할을 하는 소재로 활용하여, 목적을 찾지 못하고 머물러만 있는 화자의 번민을 노래함.

자연	화자
• 자꾸 부는 바람 • 자꾸 흐르는 강물	• 반석 위에 서 있는 화자의 발 • 언덕 위에 서 있는 발
↓	↓
가야할 곳을 향해 나아가는 적극적인 모습	나아가지 못하고 멈춰 서 있는 소극적인 모습

정답 코칭

④ '없다'는 화자가 괴로움을 느끼는 이유를 찾기 위해 내면을 성찰하는 과정에 대한 인식이다. '없다'의 반복을 통해, '내 괴로움'의 이유를 찾으려 하고 자신의 삶과 내면을 성찰하는 화자의 모습과 태도를 파악할 수 있다.

오답 코칭

① '불리다'는 '불다'의 피동사로, '불려 가는'이라는 피동 표현을 통해 자신의 의지대로 살 수 없는 현실 상황을 나타낸 것이다. 따라서 현실에 순응하려는 화자의 태도를 강조하고 있다고 볼 수 없다.

② '이유가 없을까'는 화자가 자신이 느끼는 괴로움의 이유를 찾기 위해 스스로에게 던진 질문이다. 따라서 이러한 물음은 자신의 정신적 고통의 원인을 발견하고자 하는 태도로 볼 수 있으므로, 화자가 자신의 정신적 고통에 타당한 이유가 없다고 단정하고 있다고 볼 수 없다.

③ '사랑한 일'과 '슬퍼한 일'은 화자가 과거의 삶을 되돌아보며 떠올린 상황이므로, 화자의 개인적 불행이 시대에 대한 무관심의 원인임을 나타낸다고 볼 수 없다.

⑤ '흐르는데'와 '섰다'의 대비를 통해 화자는 변화하는 현실 속에서 괴로움의 이유를 찾고 자신의 내면을 돌아보고자 함을 알 수 있다. 화자가 자연에서 깨달음을 얻고자 하는 것은 아니다.

02

오장환, 〈황혼(黃昏)〉

상황	황혼의 어스름부터 밤이 오는 시간 동안 가로수에 기댄 화자가 거리의 풍경을 바라보며 나날이 퇴락해 가는 고향과 근대화 속에 모순된 식민지 현실에 대해 생각함.
정서와 태도	암담한 현실에서 실업자로서 느끼는 분노와 소외감
주제	암담한 상황에서 인식한 비극적인 현실
특징	❶ 1930년대 후반 지식인의 현실 대응 태도를 담음. ❷ 화자의 정서를 알 수 있게 해 주는 다양한 시어가 사용됨. ❸ '황혼'이라는 시간적 배경을 통해 화자의 정서 및 주제를 암시함. ❹ 추상적이고 관념적인 대상을 구체적으로 감각화하여 표현함으로써 화자가 처한 현실을 제시함.

정답 코칭

② 〈보기〉에서 작가는 근대 자본주의에 대해 회의적 태도를 지닌다고 하였고, '아리따운 너의 기억'은 화자가 그리워하는 고향에 대한 기억으로 근대 자본주의를 지향하는 작가의 태도를 확인할 수 없으므로 적절하지 않다.

오답 코칭

① '병든 나'와 '병든 학'은 각각 화자와 고향을 의미하고, 〈보기〉에 따르면 이들 모두가 작품에서 병든 것으로 형상화되어 있다고 하였으므로 적절하다.

③ '너는 날마다 야위어가는'에서 '너'는 '고향'을 의미하고, '야위어가'는 것은 〈보기〉에서 언급한 고향이 퇴락해 가는 것을 의미하므로 적절하다.

④ '어디를 가도 사람보다 일 잘하는 기계'가 늘어나는 상황은, 〈보기〉에서 언급한 기계화가 가속되는 현실을 의미하므로 적절하다.

⑤ '나는 힘없는 ～ 묻어버린다'의 힘없는 분노와 절망을 묻어야 하는 화자의 모습에서 현실에 대한 무력감을 짐작할 수 있으므로 적절하다.

01 꽃바람, 꽃향

02 연민

03 치위, 주림, 한겨우내, 서러운 얘기 / 꽃바람, 꽃가루, 꽃향기, 꽃구름 / 소망

04 • 꽃바람 꽃바람
 • 꽃구름 꽃구름
 • 서러운 얘기 서러운 얘기
 • 꽃향에 꽃향에
 운율, 행복

05 불어오라, 풍기여라, 하여라 / 의지

06 소망

028~030 이미지(심상)/객관적 상관물/고사

개념⚡트레이닝 ZONE
p. 087~088

01 시각화		**07** 죽음, 사슴의 무리	
02 시각, 미각		**08** 겨울 귀뚜라미, 심화	
03 청각, 후각		**09** 의인화	
04 청각		**10** 가마귀, 기러기	
05 외로운		**11** 원앙새, 심화	
06 산꿩, 산꿩			

🏃 워밍-UP
p. 089

01

구분	추상적 대상	구체적 표현
내용	가을	엽서 한 장에 적을 만큼씩 옴.

'(가을)'이/가 오는 것을 '엽서 한 장에 적을 만큼씩'으로 표현하며, 추상적인 대상을 눈에 보이는 것처럼 감각적으로 나타내고 있다.

정답 코칭

가을이 오는 시간의 변화는 눈에 보이지 않는데, 이를 엽서 한 장 적을 만큼의 시간 양으로 표현하여 감각적으로 형상화하고 있다.

02

〈추 8〉의 '서풍진 못 미치니'와 '들은 말이 없었으니'를 통해 화자는 (속세)(으)로부터 멀리 떨어져 있는 자신의 상황을 표현하고 있으므로, 화자가 느끼는 속세와의 (거리감)이/가 드러난다.

정답 코칭

'풍진'은 바람에 날리는 티끌이라는 뜻이며, 세상에서 일어나는 어지러운 일이나 시련을 비유적으로 표현한 것이다. 따라서 '서쪽에서 불어오는 바람에 날리는 티끌'인 서풍진이 미치지 못한다는 것은 속세로부터 멀리 떨어져 있음을 의미한다. 또한 '들은 말이 없었으니'에서 '들은 말'은 고사의 내용을 통해 요 임금이 허유에게 나라를 맡으라고 한 말임을 알 수 있다. 따라서 '들은 말'은 세속적 가치라는 의미를 함축하고 있다고 볼 수 있다. 그러므로 화자는 '서풍진 못 미치니'와 '들은 말이 없었으니'를 통해서 속세로부터 멀리 떨어져 있는 자신의 상황을 표현한 것이다.

03

구분	상승 이미지	하강 이미지
표현	하늘에 올랐다가	지함에 내려지니
상황	배가 물결에 따라 높이 (올라감).	배가 물결에 따라 다시 (내려옴).

배가 물결에 따라 높이 올랐다가 다시 내려오는 긴장된 상황을 상승과 하강의 이미지를 (대비)하여 표현하여 화자의 눈앞에 닥친 (위기감)을/를 강조하고 있다 .

정답 코칭

'하늘에 올랐다가 지함에 내려지니'에서 큰 배가 파도에 휩쓸려 높이 올랐다가 떨어지는 모습을, '하늘에 올랐다가'라는 상승 이미지와 '지함에 내려지니'라는 하강 이미지의 대비를 통해 나타내어 화자가 탄 배가 심한 풍랑을 만나 위태로운 상황에 놓여 있는 위기감을 강조하고 있다.

04

구분	내용
표현	옛사람이 말하기를 '하늘의 이치를 따르는 사람은 창성하고, 하늘의 이치를 거스르는 사람은 망한다.
의도	(보배)을/를 빼앗으려는 서해 용왕의 요구가 잘못되었음을 지적함.

옛사람의 말을 (인용)하여 상대방의 요구가 잘못됐음을 지적하고 있다.

정답 코칭

옛사람의 말을 인용한다는 것은 어떤 상황을 표현할 때 그와 비슷한 옛날 일이나 옛 사람의 말을 들어 자신의 뜻을 말하는 방식이다. 종황은 "옛사람이 말하기를 '하늘의 이치를 따르는 사람은 창성하고, 하늘의 이치를 거스르는 사람은 망한다.'고 하였습니다."라고 하며, 옛사람의 말을 인용하여 보배(전국옥새)를 내어 달라는 섬의 주인(서해 용왕인 광덕왕)의 요구가 잘못되었음을 지적하고 있다.

🛏 펌핑-UP
p. 090

01 ②   02 ②

01

오장환, 〈고향 앞에서〉	
상황	화자는 고향을 앞에 두고도 가지 못하고 고향 근처의 주막에서 고향의 소식을 듣고자 하나 화자가 그리워하는 평화로웠던 고향은 과거의 모습일 뿐임.
정서와 태도	변해 버린 고향으로 인한 쓸쓸함.
주제	잃어버린 고향에 대한 향수

<table>
<tr><td rowspan="3">특징</td><td>❶ 현재형 시제를 사용해 실재감과 현실감을 주고 그리움의 정서를 강조함.</td></tr>
<tr><td>❷ 후각, 청각, 시각, 촉각 등 다양한 감각적 표현을 통해 고향에 대한 그리움을 형상화함.</td></tr>
<tr><td>❸ 일제 강점기를 배경으로 하여 그리워하는 '고향'에 돌아갈 수 없는 화자의 한을 노래함.</td></tr>
</table>

② ⓒ(다 녹지 않은 얼음장 울멍울멍 떠내려간다.)은 봄을 맞아서 다 녹지 않은 얼음장이 시냇물에 떠내려가는 정경을 시각적 이미지로 표현한 것이다. 따라서 이를 현실과 대비된 과거의 삶을 회상하는 화자의 태도를 나타낸 것이라고 보기 어렵다.

① ⊙(흙이 풀리는 내음새)은 후각적 심상을 활용하여 겨울에서 봄으로 계절이 바뀌었음을 보여 주고 있다.

③ ⓒ(행인의 손을 쥐면 따듯하리라.)은 촉각적 심상을 활용하여 따뜻한 고향의 정취를 느끼고 싶어 하는 화자의 심리를 표출하고 있다.

④ ⓔ(간간이 잰나비 우는 산기슭에는)은 청각적 심상을 활용하였는데, 잰나비(원숭이) 울음소리는 예부터 흡사 휘파람 부는 소리 같아 처량한 느낌을 주는 소리로 인식되어 왔다. 따라서 잰나비(원숭이) 울음소리를 통해 고향의 쓸쓸하고 처량한 분위기를 드러내고 있다고 볼 수 있다.

⑤ ⓜ(집집마다 누룩을 디디는 소리, 누룩이 뜨는 내음새……)은 청각과 후각적 심상을 활용하여 화자가 그리워하는 평화롭고 풍요로운 고향의 모습을 묘사하고 있다.

02

<table>
<tr><td colspan="2">김시습, 〈만복사저포기〉</td></tr>
<tr><td>상황</td><td>양생이 외로움을 담은 시를 읊은 후, 부처님을 상대로 저포 놀이를 하며 소원으로 배필을 달라고 빈 후 승리함.</td></tr>
<tr><td>정서와 태도</td><td>배필이 없음에 서러워하며 시를 읊으며 외로움을 달램.</td></tr>
<tr><td>주제</td><td>생사를 초월한 남녀 간의 사랑</td></tr>
<tr><td rowspan="4">특징</td><td>❶ 우리나라 최초의 소설집으로 알려진 《금오신화》에 실려 있는 한문 소설</td></tr>
<tr><td>❷ 우리나라를 배경으로 우리나라 사람이 등장함.</td></tr>
<tr><td>❸ 시를 삽입하여 등장인물의 심리를 효과적으로 전달함.</td></tr>
<tr><td>❹ 이승의 사람인 양생과 저승의 영혼인 여인이 결합한다는 점에서 기이함과 환상성이 두드러지게 나타남.</td></tr>
</table>

② ⓐ에서는 '짝 못 지은 비취새', '짝 잃은 원앙' 등에 자신의 감정을 투영하여 외로운 심정을 드러내고 있다.

① ⓐ에는 고운 임을 만나고 싶어 하는 양생의 소망이 드러나 있을 뿐, 양생이 바라는 다양한 소망이 열거되었다고 보기 어렵다.

③ ⓑ에는 밤이면 외로워하며 창에 기대 불꽃 점을 쳐 보는 양생의 현재 처지와 고운 임을 얻고 싶다는 소망이 솔직하게 표현되어 있으므로, 양생이 자신의 본심을 숨기고 있다는 것은 적절하지 않다.

④ ⓑ에는 부처님의 힘을 빌려 어여쁜 아가씨를 얻고 싶다는 자신의 소원을 이루고자 하는 양생의 마음이 담겨 있으므로, 미래에 대한 부정적인 전망이 암시되어 있다는 설명은 적절하지 않다.

⑤ ⓐ는 양생의 외로운 처지를 드러내고 있으며, ⓑ는 어여쁜 여인을 얻고 싶어 하는 양생의 소망을 드러낸 것으로, 둘 다 화자(양생)의 강한 의지를 드러내고 있지는 않다.

호루라기 관장님의  하드 트레이닝   p. 091

01 '나', 유배지

02 그리움

03 강직함

04 임금, 내 몸의 해올 일, 대조

05 시내, 외기러기, 이입

06 설의법, 의지

07 유배지

개념쇼 트레이닝 ZONE

p. 095~096

01 백발		**09** 천 년	
02 무지개		**10** 과장	
03 진실		**11** 눈물	
04 부담		**12** 포옹	
05 아름, 진달래꽃		**13** 빙설	
06 강물		**14** 벽	
07 시간		**15** 죽음	
08 시름		**16** 꽃, 광음	

워밍-UP

p. 097

01

구분	추상적 대상	구체적 표현
내용	자연 속에서 풍류와 운치를 즐기는 상황	만강풍류를 한 배 위에 실어 오니

자연 속에서 운치 있게 즐기는 상황을, '만강풍류'를 '실어 오니'와 같은 추상적 관념의 구체화를 통해 드러내고 있다. ◎ ✕

정답 코칭

화자는 고상하게 자연을 즐기는 모습을 '만강풍류', 즉 '강에 가득한 멋과 풍치'라는 추상적 관념을 배 위에 '실어' 온다고 구체화하여 드러내고 있다.

02

구분	내용
계절감이 드러나는 시어	봄 산, 꽃잎 등
구체적 표현	작은 내에 (꽃잎)이/가 떨어지고, (나물)이/가 알아서 돋아나고, 향기로운 (버섯)은/는 비 맞아 부드럽다는 표현을 통해 시기에 부합하는 자연의 모습을 구체화함.

계절을 드러내는 시어를 사용하여 시기에 부합하는 자연의 모습을 구체화하고 있다. ◎ ✕

정답 코칭

'봄 산', '꽃잎' 등의 시어를 사용하여 봄이라는 계절감을 드러내고 있으며, 흐르는 작은 내에 '꽃잎'이 떨어진다는 것, '좋은 나물'이 알아서 돋아나고 '향기로운 버섯'은 비 맞아 부드럽다는 것에서 시기에 부합하는 자연의 모습을 구체화하고 있다고 볼 수 있다.

03

구분	대상	구체적 표현
내용	햇볕을 쪼이는 행동	햇볕을 (채워 넣음).
구분	행위	행위자
내용	햇볕을 쪼이고 있음.	할머니들

화자는 '햇볕을 쪼이'고 있는 할머니들의 행동을 '꼼꼼하게 햇볕을 채워 넣'는 것으로 구체화하면서 할머니들의 모습에 능동성을 부여하고 있군. ◎ ✕

정답 코칭

'꼼꼼하게 햇볕을 채워 넣'는 것은 햇볕을 쪼이고 있는 할머니들의 모습을 보다 구체적으로 표현한 것이며, 이는 할머니들이 햇볕을 쪼이려고 아파트 앞에 모여 있는 행동이 능동적으로 이루어진 것임을 부각하는 표현이다.

04

구분	내용
㉠	생명체의 풍요로움을 드러내는 (시간)적 배경
㉡	주어진 대로 (만족)할 줄 아는 태도
㉢	채전에서 본 만물의 생명력에 (충만함)을/를 느낌.
구분	관념적 표현	시각화한 표현
내용	생명의 양상	빛나는

관념을 시각화하여 '목숨의 유열과 천지와의 화합'이 이루어진 대상에 대한 화자의 생각을 표현하고 있다. ◎ ✕

정답 코칭

'생명의 양상'이라는 관념적 표현을 빛나는 것으로 시각화하여 '목숨의 유열과 천지와의 화합'이 이루어진 채전에 대한 화자의 구체적으로 생각을 표현하고 있다.

벌크-UP

p. 098

01 ②   **02** ⑤

01

작자 미상, 〈수궁가〉	
상황	수국 신하들이 대왕전에 찾아와 용왕에게 인사하고, 화공을 불러 토끼의 모습을 그리고 있음.
주제	❶ 허욕에 대한 경계와 위기 극복의 지혜 ❷ 무능한 권력에 대한 비판
특징	❶ 동물을 의인화하여 인간 사회를 풍자함. ❷ 음성 상징어를 사용하여 장면을 실감 나게 제시함. ❸ 용왕에게 인사를 온 수국 신하들의 이름과 관직명, 토끼의 신체 부위를 열거하여 장면을 구체화함.

② [A]는 수국의 신하들이 들어오는 장면으로 수국 신하들의 이름과 벼슬을 열거하여 장면을 구체화하고 있다. [B]는 화공이 토끼를 그리는 장면으로 토끼의 눈, 귀, 입, 코, 발 등의 신체 부위를 열거하여 장면을 구체적으로 드러내고 있다.

① [A]는 물고기들의 벼슬을 열거하고 있을 뿐 용궁의 모습은 드러나지 않으며, [B]도 토끼의 신체 부분을 열거하고 있을 뿐 육지의 모습은 드러나지 않으므로 둘 다 공간적 배경의 대비는 나타나지 않는다.

③ [A]는 수국의 신하들이 들어오는 모습을 보여 줄 뿐 그들의 생활 모습은 알 수 없으며, [B]도 토끼의 신체 부위를 보여 줄 뿐 토끼의 생활 모습이나 성격은 드러나지 않는다.

④ [A]는 신하들의 모습을 보여 줄 뿐 왕이 병에 걸렸다는 문제 상황을 보여 주지는 않으며, [B]도 토끼의 신체 부위를 설명할 뿐 용왕의 병에 대한 해결책을 제시하여 사건의 전개 방향을 예고하지 않는다.

⑤ [A]에서 용궁에 대한 평가는 드러나지 않으며, [B]에도 토끼에 대한 평가가 제시되어 있지 않다.

02

작자 미상, 〈시집살이 노래〉	
상황	'나'가 사촌 형님에게 시집살이에 대해 물어보고 사촌 형님이 이에 대해 대답함.
정서와 태도	고된 시집살이를 서러워하나 체념하게 됨.
주제	고된 시집살이의 괴로움과 체념
특징	❶ 말을 건네고 답하는 방식으로 내용이 전개됨. ❷ 감각적 이미지를 사용하여 자신의 처지를 형상화함. ❸ 자신이 처한 힘든 상황을 해학적으로 드러내며 체념함.

사촌 동생	대화	사촌 형님
시집살이에 대한 호기심과 궁금증	→ ←	시집살이의 괴로움에 대한 한탄과 체념

⑤ 화자는 힘든 시집살이에 대응하지 못하고 체념하는 태도를 보이고 있으나, 화자 스스로를 '거위'와 '오리'에 빗대어 표현하고 있지는 않다. '거위 한 쌍 오리 한 쌍'은 화자의 자식들을 비유한 표현으로, ⑩(그것도 소이라고 거위 한 쌍 오리 한 쌍 / 쌍쌍이 때 들어오네.)은 화자가 자식들을 보며 시집살이의 서러움을 위로받고 체념하고 있음을 표현한 것이다.

① ⑦(고추 당추 맵다 해도 시집살이 더 맵더라.)은 '고추'와 '당추'의 매운 맛보다 시집살이가 더 맵다는 의미로, 시집살이의 고통과 괴로움을 맛으로 표현한 것이다.

② ⓛ(오 리 물을 길어다가 십 리 방아 찧어다가)은 물 긷고 방아 찧는 일이 육체적 고통을 주는 과중한 가사 노동이라는 것을 강조하기 위해 '오 리'와 '십 리'라는 구체적 수치를 활용하고 있다.

③ ⓒ(시아버니 호랑새요 시어머니 꾸중새요)은 호랑이처럼 무서운 시아버지를 '호랑새'에, 꾸중만 잘하는 시어머니를 '꾸중새'에 비유하여 시부모가 대하기 힘든 존재임을 해학적으로 표현하고 있다.

④ ②(배꽃 같던 요내 얼굴 호박꽃이 다 되었네.)은 결혼 전후의 모습을 '배꽃(결혼 전)'과 '호박꽃(결혼 후)'에 비유하여 대조적으로 드러냄으로써, 화자는 고왔던 옛 모습을 잃고 초라해진 현재의 모습을 한탄하고 있다.

호루라기 관장님의 하드 트레이닝   p. 099

01 부모님, 조홍감
02 슬픔
03 효성
04 인용
05 만균을 늘려 내어 길게 길게 노를 꼬아
구만리 장천에 가는 해를 잡아매어
06 회귤
07 부모님

개념쑈 트레이닝 ZONE　　　　p. 103~104

01	사소한	07	내적 독백
02	인격	08	내적 독백
03	장소, 희망	09	내적 독백
04	청각	10	산도, 산
05	죽음	11	무녀리, 소외감
06	내적 독백		

워밍-UP　　　　　　　　　　　　p. 105

01

구분	내용
'나'의 예상 행위	나는 그의 (실직)을/를 ~ (얼버무릴) 심산이었다.
'나'의 심리	그런 동정은 무조건 받기 싫었다.

'나'가 그의 실직은 주변 사람들에게 알리지 않기 위해 할 것으로 예상되는 행위의 (나열)을/를 통해 건성의 걱정을 듣기 싫은 인물의 심리를 제시하고 있다.

정답 코칭

'나'의 내적 독백을 통해 남편의 실직을 누구에게도 알리지 않으리라 작정한 '나'의 판단을 드러내고 있다. '나'는 남편의 실직을 주변 사람들에게 알리지 않기 위해 이웃들에게 말을 하지 않을 것이고, 남편과 '나'의 친구들에게 먼저 전화를 걸지 않을 것이며 전화를 받더라도 남편의 근황을 얼버무리겠다고 생각하고 있다.

02

구분	과거	현재
행동	퇴근하자마자 집으로 달려감.	밤늦도록 하릴없이 (길거리)을/를 배회함.

구분	행동의 목적	구체적 행동
김달채	각계각층의 사람들에게 우산의 (존재)을/를 알리려고 함.	우산을 들고 도시의 여러 장소를 (돌아다님).

사람들에게 우산의 존재를 알리고자 하는 한 가지 목적으로 수렴되는 인물의 의도적인 행위들을 나열하고 있다. ◎⊗

정답 코칭

길거리에서 마주치는 각계각층의 사람들에게 우산의 존재를 알리고, 그들의 반응을 떠보는 김달채의 행위를 서술한 부분이다. 사람들의 반응을 떠보기 위해 '물건을 흥정하거나', '토큰 아니면 올림픽복권을 사면서', '담뱃불을 빌거나', '길을 묻는 시늉을 하'면서 우산의 존재를 알리는 김달채의 의도적 행위들이 나열되어 있다.

03

구분	표현
내적 독백 ❶	(찻값을) ~ (해줬었지).
내적 독백 ❷	(자기네) ~ (혼났지).

인물의 말과 내적 독백을 교차하여 인물의 심리를 드러내고 있다. ◎⊗

정답 코칭

'그'는 김 선생에게, 자신에게 해고를 통보한 문화부장에 대해 말하면서 속으로는 자신이 만화 연재를 부탁한 문화부장을 생각하며 내적 독백을 하고 있다. 따라서 제시된 부분에서는 인물의 말과 내적 독백의 교차를 통해 '그'의 심리가 드러난다.

04

구분	왁새(왜가리)	소리꾼
외양	회색과 흰색 깃털	(흰 두루마기)을/를 입음.
소리	솔밭에 퍼지는 울음소리	한 대목의 (절창)을/를 찾기 위해 노래함.

화자는 시골장이나 떠돌던 소리꾼의 삶을 떠올리며 그가 추구했던 한 대목 절창을 우포늪에 퍼지는 (왁새 울음)와/과 동일시하고 있다.

정답 코칭

경남 창녕에 있는 우리나라 최대 습지 우포늪을 중심으로, 자연과 생명의 가치에 주목한 시인의 시 세계를 형상화한 작품이다. 한 소리꾼이 평생 추구한 득음의 경지를 우포늪의 왁새 울음소리에 빗대어 표현하고, 자연의 생명력과 예술혼의 경지를 동일시하여 드러내고 있다.

펌핑-UP　　　　　　　　　　　　p. 106

01 ②	02 ②

01

박완서, 〈여덟 개의 모자로 남은 당신〉	
상황	'나'는 죽은 남편이 남긴 여덟 개의 모자를 꺼내 그의 흔적을 찾으려 애쓰나 찾지 못함.
정서와 태도	남편이 남긴 물건과 그와의 추억을 통해 그리움을 드러냄.
주제	❶ 남편에 대한 사랑과 그리움 ❷ 따뜻한 가족애

<table>
<tr><td rowspan="2">특징</td><td colspan="2">

❶ 독백적 진술을 통해 인물의 내면을 드러냄.
❷ 인물의 외양을 사실적으로 서술하여 인물의 상황을 드러냄.
❸ 상징적인 물건을 등장시켜 작품의 주제를 효과적으로 드러냄.

죽은 남편이 남긴 것

</td></tr>
<tr><td>

모자
• 남편에 대한 추억이 담긴 물건
• 남편에 대한 그리움과 애틋함.

</td><td>

틈바구니
• 말뜻 이상의 것
• 한없이 추구해야 할 화두
• 사회 생활의 고단함이나 삶의 복잡함.

</td></tr>
</table>

② '나'는 암으로 죽은 남편이 남기고 간 '모자'와 '틈바구니'라는 말을 떠올리며 독백적 어조를 활용하여 남편과의 추억과 남편이 죽은 후의 자신의 삶을 드러내고 있다.

① 제시된 부분은 죽은 남편과의 추억을 떠올리며 남편을 그리워하는 '나'의 내면 의식이 독백적으로 서술되고 있을 뿐, 특정 인물을 풍자하는 부분은 제시되지 않았다.

③ 제시된 부분은 남편이 죽은 이후의 '나'의 내면을 드러내고 있을 뿐, 동일한 공간에서 사건이 반복되며 갈등이 심화되고 있지 않다.

④ 제시된 부분은 죽은 남편과의 추억을 떠올리며 남편을 그리워하는 '나'의 내면 의식이 독백적으로 서술되고 있을 뿐, 장면이 빈번하게 교차되고 있지 않으며 이를 통해 긴박한 분위기를 조성되지 않는다.

⑤ 제시된 부분에는 인물의 외양을 사실적으로 묘사한 표현이 나타나지 않으며, 이를 통해 인물의 성격이 드러나고 있지 않다.

02

김광균, 〈노신〉	
상황	화자인 '나'는 가난한 시인으로, 생활인으로서의 현실적 고통에 힘겨워함.
정서와 태도	현실의 고통으로 인해 예술적 신념에 대한 회의감을 느끼거나 노신을 떠올리며 현실 극복 의지를 다짐.
주제	현실과 이상 사이에서의 갈등과 극복 의지
특징	❶ 시인이 일상에 관한 문제에 고뇌하면서도 시를 쓰는 행위를 통해 문학적 가치를 실현하려는 신념을 형상화함. ❷ 해방 이후 혼란스러운 사회적 현실과 당대 시단의 갈등 국면에서 예술적 방향성을 고민했던 시인의 고뇌가 담겨 있음. ❸ 현실 공간과 상상 공간의 이중 구조를 지님. ❹ 화자의 고뇌를 솔직하고 담담한 어조로 표현함. ❺ 혁명의 혼란기에 쓸쓸하고 고독하게 예술적 성취를 이룬 노신의 삶과 화자 자신을 동일시함. ❻ 시어의 변주를 통해 주제 의식을 강조함.

② 〈보기〉는 작가인 김광균의 개인적 생애에 관련한 내용이다. 이를 통해 시의 화자가 시를 쓰는 것에 대해 고뇌한 모습과, 중국 작가 '노신'을 떠올리며 자신의 삶의 의지를 다지게 된 배경을 잘 이해할 수 있다. '밤눈이 내려 쌓이'는 것이 잠든 아내와 아이들의 베개 아래라는 것은, 가족을 돌보는 생활의 문제에 대한 시인으로서의 시련과 고난을 의미하는 것으로 볼 수 있다.

① '시인 김광균은 해방 이후 혼란스러운 사회 현실 속에서 갈등을 겪고 있던 당대의 시단에 회의감을 느끼고 일상과 개인의 문제에 관심을 기울이게 된다.'라는 〈보기〉의 내용으로 볼 때, 시를 믿고 살아가는 것에 대한 고민을 드러내며 잠을 못 이루는 사내의 모습은 혼란스러운 현실 속에서 고뇌했던 시인의 모습으로 볼 수 있다.

③ '지나는 돌팔매에도 이제는 피곤하다.'는 해방 이후 혼란과 갈등 속에서 힘들게 살았던 시인이 느낀 피로감과 연결된다고 볼 수 있다.

④ 화자가 켠 '등불'이 노신이 '상해 호마로 어느 뒷골목에서 / 쓸쓸히 앉아 지키던 등불'로 바뀌는 것은, 시인이 힘들고 고독한 상황에서 문학적 성취를 이룬 '노신'의 삶을 떠올린 것으로 볼 수 있다.

⑤ '여기 하나의 굳세게 살아온 인생이 있다.'는 시인이 '노신'의 삶과 자신의 삶을 동일시하며 부정적 현실의 고통을 극복하겠다는 의지를 다지고 있음을 알 수 있다.

호루라기 관장님의 하드 트레이닝　　　　p. 107

01　맹인, 희망
02　연민
03　주체, 대상, 아이러니
04　관념의 구체화 / 대구법, 반복법
05　소망

개념 ☆ 트레이닝 ZONE p. 111~112

01	대구	09	쫓기는 새, 대조
02	생명력	10	대조, 예찬
03	그리움	11	한꺼번에, 하나씩, 호미
04	예찬	12	그대
05	희망, 건강, 비극성	13	강
06	진눈깨비, 함박눈	14	큰애
07	영원성	15	거리감
08	기대	16	딸, 상실감

워밍-UP p. 113

01

구분	내용
표현의 반복	'(못 보겠네)'을/를 반복하여 aaba구조를 형성함.
문장의 대구	'(나의) 충성 (부족던가)'와/과 '(나의) 정성 (부족던가)'에서 동일한 문장 구조를 반복함.

유사한 어구의 반복과 대구를 통해 인물의 심경을 드러내고 있다. ◎ ✕

정답 코칭
'못 보겠네, 못 보겠네, 병든 용왕 못 보겠네.'에서는 유사한 어구가 반복되었고, '나의 충성 부족던가, 나의 정성 부족던가?'에서는 대구의 표현이 사용되었다. 이러한 유사 어구의 반복과 대구를 통해 용왕을 위해 토끼를 잡으러 육지에 온 자라가 자신의 역할을 못하고 죽게 되었음을 안타까워하는 심경이 드러나고 있다.

02

구분	거미	매미
성품 / 자질	탐욕스러움.	청백함.
탐욕의 정도	배부름을 꾀함이 끝이 없음.	이슬 이외에 꾀하지 않음.

두 대상의 속성을 대조하여 곧고 깨끗한 삶을 지향하는 '나'의 태도를 드러내고 있다. ◎ ✕

정답 코칭
〈방선부〉는 탐욕스러운 인간을 '거미'에, 욕심이 없고 성품이 선량하며 깨끗한 인간을 '매미'에 비유하여 부정적인 인간 세태를 비판하는 작품이다. 거미와 매미의 속성을 대조하며 매미를 긍정한 부분으로, '나'가 매미처럼 청렴한 삶의 태도를 지향하고 있음을 알 수 있다.

03

구분	자연	속세
〈제1수〉	만경파	인세
〈제2수〉	천심녹수, 만첩청산, 강호	홍진

〈제1수〉와 〈제2수〉는 모두 서로 다른 성격을 띤 공간을 대비하고 있다. ◎ ✕

정답 코칭
'만경파', '천심녹수', '만첩청산', '어주' 등을 통해 파악할 수 있는 자연 공간과 '인세', '십장홍진', '장안', '북궐' 등을 통해 알 수 있는 속세가 대비되어 있다.

04

구분	초장	중장	종장
화자	'나'	'나'	외기러기
청자	외기러기	외기러기	'나'

'전하여 쥬렴'을 통해 작품에 청자를 설정하여 말을 건네는 형식이 활용된 것을 알 수 있다. ◎ ✕

정답 코칭
화자는 초장과 중장에서 '외기러기'에게 한양성에 들러 자신이 부탁하는 말을 임에게 전해 달라고 청하고 있으며, 종장에서 이러한 화자의 부탁에 대해 기러기가 거절하는 말을 하고 있는데 이를 통해 의인화된 대상인 기러기에게 말을 건네는 표현을 사용했음을 알 수 있다.

05

구분	화자	청자
내용	아버지의 산소에 성묘를 간 (자식)	한반도 전체를 다니며 소금을 파셨던, 돌아가신 (아버지)

아버지의 산소에 성묘를 간 화자가 돌아가신 아버지에게 말을 거는 형식을 통해 주제를 형상화하고 있다. ◎ ✕

정답 코칭
분단에 대한 참담한 현실 인식을 바탕으로 남북통일에 대한 간절한 소망을 노래한 작품으로, 화자는 아버지의 무덤 앞에서 아직 남북통일이 되지 않은 현실을 돌아가신 아버지께 알리고 있다. 화자의 아버지는 일제 강점기에 소금 장수로 전국을 돌며 소금을 팔았는데, 그런 아버지가 다시 남북을 돌면서 소금을 팔 수 있도록 남북통일이 되기를 소망하는 마음을 형상화하고 있다.

벌크-UP p. 114

01 ①	02 ①	03 ⑤

01

나희덕, 〈뿌리에게〉	
상황	영양분을 머금은 촉촉한 흙이었던 '나'는 뿌리가 성장할수록 단단해지고 거무스레하게 변해 가지만, 오히려 뿌리에게 더 줄 것이 없어 슬퍼함.

정서와 태도	뿌리에게 더 줄 것이 없어 슬퍼하는 모습을 통해 한없이 더 주고만 싶은 사랑을 보여 줌.
주제	생명의 탄생과 성장을 위한 희생적 모성애
특징	❶ 흙과 뿌리를 의인화하여 대상 사이의 관계를 나타냄. ❷ 흙과 뿌리라는 자연물의 속성을 통해 주제를 형상화함. ❸ 뿌리가 성장해 가는 과정에 따라 시상이 전개됨.

① 이 작품은 '흙'을 화자로, '뿌리'를 청자로 설정해 화자가 청자에게 말을 건네고 있다. 그리고 '흙'이 '뿌리'에게 '나를 뚫고 오르렴', '발 적시며 뻗어 가려무나'라고 말하는 데에서 애정과 친밀감을 갖고 있다는 것을 알 수 있다.

② 자연물인 흙과 뿌리가 등장하는 것은 맞지만, 대상이 부재한 상황이나 그로 인한 안타까움의 정서는 드러나지 않는다.

③ '먼우물 앞'이라는 시적 공간은 제시되어 있지만, 이 공간의 의미를 강조하는 반어적 표현은 사용되지 않았다.

④ 서술어 '오르렴', '가려무나'에서 종결 어미 '–렴'과 '–려무나'가 사용되었으나 동일한 종결 어미를 반복한 것이 아니며, 이 서술어가 의미하는 행위의 주체는 '뿌리'이지 화자(흙)가 아니므로 적절하지 않다.

⑤ 뿌리가 화자(흙)를 뚫고 자라는 모습을 형상화하고 있을 뿐, 시선의 이동에 따라 다양한 대상을 순차적으로 묘사하고 있지 않다.

02

(가) 작자 미상, 〈초부가〉	
상황	화자는 자신의 팔자를 한탄하면 무엇하겠느냐며 탄식함.
정서와 태도	임이 없는 자신의 신세를 한탄함.
주제	머슴살이를 하는 나무꾼의 신세 한탄
특징	❶ 직유적 표현을 사용하여 화자의 처지를 강조함. ❷ 자연물에 감정을 이입함.

(나) 김소월, 〈길〉	
상황	고향을 상실하고 떠돌아다니며 삶의 터전을 찾아 유랑함.
정서와 태도	삶의 터전을 상실하고 유랑의 삶을 살아야 했던 서글픈 심정
주제	갈 곳을 잃은 나그네의 비애
특징	❶ 대화체 형식을 가미한 독백체로 표현함. ❷ 감정 이입을 통해 화자의 심정을 효과적으로 표현함.

① (가)의 '저 기럭아'와 (나)의 '여보소'에서 화자가 말을 건네는 어투를 사용하고 있다는 점을 알 수 있다. 따라서 (가)와 (나)는 모두 말을 건네는 듯한 어투를 사용하여 정서를 나타내고 있다는 점에서 공통적이다.

② (가)와 (나)는 모두 색채어나 색채 이미지가 사용되지 않았으므로, 선명한 색채 대비가 드러나지 않으며 이를 통해 화자의 심리가 부각되고 있지 않다.

③ (가)와 (나)의 제시된 부분은 시의 처음과 끝이 서로 같거나 비슷한 구성 방식인 수미상응의 시상 전개가 드러나지 않는다.

④ (가)와 (나)는 모두 공감각적 이미지가 활용되지 않았으며, 계절의 흐름 또한 드러나지 않는다.

⑤ (가)와 (나)는 모두 반어적 표현이 사용되지 않았으며, 이를 통해 각 화자가 처한 상황이 강조되고 있지 않다.

03

(가) 권섭, 〈매화(梅花)〉	
상황	자다 일어나 밤사이 피어난 매화를 완상하며 예찬함.
정서와 태도	개화한 매화에 대한 반가움과 매화의 지조와 절개 예찬
주제	매화에 대한 예찬
특징	❶ 매화를 '너'라고 지칭하고, '벗님'으로 여기면서 인격을 부여하여 의인화하고 고결한 성품을 지닌 존재로 묘사함. ❷ 감각적 이미지를 활용하여 겨울이라는 계절적 배경을 드러냄. ❸ 매화에게 말을 건네는 방식으로 친밀감을 드러냄.

(나) 목성균, 〈세한도(歲寒圖)〉	
상황	'나'와 아버지가 강을 건너기 위해 나루터에 서서 엄동설한에 추위에 떨면서 나룻배가 오기를 기다림.
정서와 태도	글쓴이는 아버지가 사공의 처사를 부당하게 여겼고, 이에 맞선다는 의미로 구차한 소리를 더 이상 하지 않고 추위를 견디며 꿋꿋하게 서 있는 것이라고 생각함.
주제	어려움 속에서도 지조를 꿋꿋이 지키려는 자존심
특징	❶ 인정이 없는 사공과 대치하며 뜻을 굽히지 않던 유년 시절 아버지의 모습을 회화적으로 그림. ❷ 글쓴이가 어린 시절 경험했던 일을 통해 아버지의 꿋꿋한 삶의 태도라는 내면적 가치를 발견하고, 추사 김정희의 그림 〈세한도〉의 이미지와 연결함. ❸ 계절적 배경의 구체적 묘사와 명암의 대비, 색채 이미지, 직유적 표현을 통해 상황을 감각적이고 생생하게 표현함.

⑤ ㉠(취한 잠)은 자신을 잊고 다른 것에 빠져 있는 임의 모습을 의미하고, ㉡(따뜻한 방)은 추위에 떨며 강 나루터에 서 있는 글쓴이, 아버지와 달리 사공이 머무는 공간을 의미한다. ㉠(취한 잠)은 임을 생각하는 화자 자신과 대비되는 모습이고, ㉡(따뜻한 방)은 글쓴이, 아버지가 추위에 떨고 있는 나루터와 대비되는 공간이다.

① ㉠(취한 잠)은 화자를 잊고 잠이 든 임의 모습을 나타낼 뿐, 화자가 임에 대한 연민을 느끼는 상황이라고 할 수 없다.

② ㉠(취한 잠)은 임을 생각하는 화자의 모습과 달리 화자를 생각하지 않는 임의 모습이므로, 화자가 지향하는 행동이라고 볼 수 없다.

③ ㉡(따뜻한 방)은 추위에 떨며 사공을 기다리는 글쓴이와 아버지의 상황과 달리 사공이 있을 것으로 생각되는 공간이다. 따라서 ㉡(따뜻한 방)에서 돌아올 사공에 대한 기대감은 드러나지 않는다.

④ ㉠(취한 잠)은 화자를 잊은 채 취해 잠들어 있는 임의 상황을 표현한 시어로, 화자가 스스로를 비웃는 자조적 태도가 드러난다고 볼 수 없다.

호루라기 관장님의 🏋 하드 트레이닝　　p. 115

01 관찰
02 극복
03 대립, 생명력
04 계속, 능동, 부사어
05 수동, 능동
06 민중

개념 트레이닝 ZONE
p. 119~120

01	뭇버들	08	현몽
02	달, 달	09	변신
03	외기러기, 외기러기	10	만족감
04	이별	11	자문자답
05	매개체, 후각	12	자문자답
06	구리거울, 구리거울	13	자문자답
07	남장		

워밍-UP
p. 121

01

구분	화자의 행동	역할
㉠	익은 술을 벗과 마시며 노래를 부르고 악기도 연주하며 흥취에 빠짐.	화자의 흥을 (심화)
㉡	H에게도 가재미를 보내어 함께 나누어 먹으려 함.	글쓴이가 가재미를 먹으며 느끼는 (기쁨) 확장

㉠은 화자가 느끼는 흥을 심화하는, ㉡은 글쓴이가 느끼는 기쁨을 확장하는 매개체이다. ◎ ✕

정답 코칭

(가)에서 화자는 때마침 익은 술을 벗과 함께 마시며, 노래를 부르고 악기도 연주하며 극도의 흥취에 빠져드는 모습을 보이고 있으므로 ㉠은 화자가 느끼는 흥을 심화한다고 볼 수 있다. (나)에서 글쓴이는 'H'에게도 가재미를 보내어 함께 나누어 먹으려 하고 있으므로, ㉡는 글쓴이가 '가재미'를 먹으며 느끼는 기쁨을 확장하는 매개체라고 볼 수 있다.

02

㉠에서 '여자이오나 어릴 적부터 병서를 공부'했다고 한 정 소저가 ㉡에서 '남자되어 적진을 진정시'켰다고 하는 것에서 복장 전환을 한 인물이 자신의 사회적 한계를 극복하고 능력을 발휘했음을 확인할 수 있다. ◎ ✕

정답 코칭

'여자이오나 병서를 공부'한 정 소저가 남자 되어 적진을 진정시킨 것은 정 소저가 남자의 모습으로 복장전환을 하여 여성으로서 가지는 사회적 한계를 극복하고 자신의 능력을 발휘한 것이다.

03

두꺼비가 진언을 외워 하늘에서 하인이 내려오는 장면에서, 숨기고 있었던 주인공의 정체를 확인할 수 있다. ◎ ✕

정답 코칭

두꺼비가 진언을 외워 허물을 벗으니 하늘에서 하인들이 내려오는 장면에서 두꺼비가 선관의 의복을 제대로 갖춘 것을 보면 숨기고 있었던 주인공의 정체를 확인할 수 있다.

펌핑-UP
p. 122

01 ⑤	02 ④

01

김소월, 〈접동새〉

상황	화자는 접동새 울음소리에, 죽은 누나가 동생들을 못 잊어 접동새가 되어 슬피 우는 것이라 여기며 그리워함.
정서와 태도	❶ '오랩동생' 중 하나인 화자는 접동새의 울음소리를 죽은 누나가 접동새로 환생하여 우는 소리로 생각하고 '오오 불설워'라며 그리움과 안타까움의 감정을 직접 표출함. ❷ '누나'를 '우리 누나'로 표현하여 독자가 화자와 동일한 감정을 느낄 수 있게 함.
배경 설화	10남매를 둔 아버지가 아내를 잃은 후 재혼을 했는데, 계모가 매우 포악하였다. 맏이인 소녀가 혼기가 차서 어느 도령과 혼약을 맺었는데, 그 집이 부자라 소녀에게 많은 예물을 보냈다. 이를 시기한 계모는 소녀를 장롱 속에 가두고 불을 질러 죽였다. 소녀가 죽은 뒤 한 마리 접동새가 날아올랐는데 이는 소녀의 혼이 새가 된 것이었다. 관가에서 이를 알고 의붓어미를 잡아다 불에 태워 죽였는데, 재 속에서 까마귀가 나왔다. 접동새가 된 소녀는 아홉 남동생들을 몹시 걱정했지만 까마귀가 무서워 깊은 밤에만 동생들이 자는 창가에 와서 슬피 울었다.
주제	현실의 비극을 초월한 애절한 혈육의 정
특징	❶ 서북 지방의 민간에 전해지는 접동새 설화를 모티프로 하여 시상을 전개함. ❷ 의성어를 활용하여 애상적 분위기를 형성함.

정답 코칭

⑤ '야삼경 남 다 자는 밤'에 잠들지 못하고 이 산 저 산 옮아가며 슬피 울고 있는 접동새는 아홉이나 되는 남동생들을 잊지 못하고 찾아온 누나로 볼 수 있으나, 오랩동생의 태도는 민족의 암울한 현실을 극복하기 위한 고뇌와 연결되고 있지 않다.

오답 코칭

① '접동 / 접동 / 아우래비 접동'은 'a-a-b-a'구조로 설화와 관련하여 밤이면 오라비들을 찾아와 울었다는 접동새 울음소리를 의미하며, 시행을 리듬감이 느껴지게 변용하여 배열한 것이다.

② '누나는 / 진두강 앞마을에 / 와서 웁니다.'에서 접동새가 우는 것을 죽은 누나가 우는 것으로 표현하여 접동새와 죽은 누나를 동일시하고 있다.

③ 접동새 설화의 '누나'가 시의 4연에서는 '우리 누나'로 변주되었는데, 이는 개인인 '누나'를 '우리 누나'로 확장하여 민족이 지닌 슬픔의 정서를 통해 공감을 이끌어 내는 표현이라고 볼 수 있다.

④ '죽어서도 못 잊어 차마 못 잊어'는 '죽어서도 ∨ 못 잊어 ∨ 차마 못 잊어'와 같이 3음보의 전통적 율격으로 읽힘으로써 우리 민족의 한의 정서를 부각하고 있다.

작자 미상, 〈어룡전〉	
상황	상서가 집을 비운 사이 계모 강씨가 전처 소생들을 박대하고 내쫓음. 오랑캐의 반란을 진압한 어룡이 헤어졌던 부친과 재회함.
정서와 태도	어룡이 부친과의 재회에 감동하여 통곡하고, 상서는 다시 만난 아들을 반가워함.
주제	계모의 학대를 극복하고 이룬 가정의 재결합
특징	❶ 전반부는 전형적인 계모형 가정 소설의 성격을 띠지만, 후반부는 영웅 소설의 성격이 짙다는 점에서 일반적인 가정 소설과 다름. ❷ 서술자가 개입하여 주관적 감정을 드러냄. ❸ 대화를 통해 인물의 행적을 요약하여 나타냄. ❹ 배경 묘사를 활용하여 인물의 심리를 부각함. ❺ 비현실적 요소를 통해 문제 해결의 실마리를 제공함.

정답 코칭

④ ⓔ(나라의 부르심을 듣고 급히 예궐 숙배하온대)은 승상이 상의 부름을 받고 급히 대궐에 들어가는 모습을 묘사한 것으로, 주인공이 전쟁에 나가 공을 세우는 군담 화소와는 관련이 없다.

오답 코칭

① ㉠(음식을 먹이되 독약이 들지 아니하였으니 알고 먹으라 하며 박대가 자심한지라.)은 강씨가 월에게 음식을 먹이면서 독약이 들지 아니하였으니 알고 먹으라고 박대하는 장면이므로 적절하다.

② ㉡("이때를 지내면 다시 설치할 기회를 얻기 어려우리라.")은 강씨가 이때를 기회삼아 월과 용을 내쫓아야겠다고 생각한 것인데, 이 시기는 상서가 집에 없는 때이므로 적절하다.

③ ㉢(금번 북흉노 병란에 경의 아들 곧 아니었던 종묘사직이 위태하고 짐의 몸이 마칠 것을 하늘이 도우사 경의 영자를 만나 북적을 소멸하고 천하를 평정하였으니)은 상이 상서에게 용이 북흉노의 침입으로부터 나라와 자신을 구했다고 말하는 부분이므로 국가의 위기 상황이 주인공에게 출세의 계기가 되었음을 알 수 있다는 진술은 적절하다.

⑤ ㉣(승상이 부친 앞에 나아가 엎어져 실성통곡하며 말을 이루지 못하거늘)은 승상이 부친인 상서와 만나 눈물을 흘리는 장면이므로 주인공이 헤어졌던 아버지와의 재회가 이루어졌음을 알 수 있다는 진술은 적절하다.

호루라기 관장님의 🥊 하드 트레이닝　　　p. 123

01 '나', 지실마을
02 내력
03 휴식, 추억
04 안채, 별채, 안채
05 수식어, 의인화, 애정
06 직접, 사실성
07 감동

043~045 반어/비유/상승·하강 이미지

개념쏙 트레이닝 ZONE p. 127~128

01	잊었노라	08	수놓은 병풍, 초록 장막
02	슬픈 천명, 쉽게 씌어지는	09	하강, 의인법
03	고맙게도	10	직유법
04	비단옷	11	상승
05	팔자를 고치던	12	상승
06	위대한	13	하강
07	꽃, 빨래뭉치	14	하강

워밍-UP p. 129

01

구분	내용
반어적 표현	기특하구나
표면적 의미	말하는 것이나 행동하는 것이 신통하여 귀여움성이 있다.
이면적 의미	아버지인 민 노인(민익태)이 북을 치는 것을 싫어하는 아들은 자신의 아들(민 노인의 손자)이 민 노인이 북을 치는 것에 (우호적) 태도를 보이자 이를 못마땅하게 여기고 있으므로, 자신의 뜻을 거스르는 듯한 아들의 행동에 대해 '잘난 체하거나 남을 낮추어 보듯이 행동하는 데가 있다.'라는 의미의 '(건방지구나.)'(이)라는 의미로 이해할 수 있음.

인물이 의도적으로 말한 (반어)적 발화를 통해 다른 인물의 행동과 의견에 대한 (부정)적 태도를 드러내고 있다.

정답 코칭
민 노인(민익태)은 평생을 북을 치며 방랑하다 아들 민대찬 집에 얹혀사는 처지로, 민대찬은 가정을 돌보지 않은 아버지로 인해 상처받고 스스로의 힘으로 입신하였기 때문에 두 부자(父子) 사이에는 오랜 단절로 인해 회복하기 어려운 갈등이 존재한다. 민대찬은 자신의 사회적 체면 때문에 아버지 민 노인이 북을 다시 치는 것을 만류하고, 대학생인 손자 성규만이 가족들 중에서 유일하게 민 노인의 예술적 기질과 삶을 이해한다. 성규의 아버지 민대찬은 "기특하구나."라는 반어적인 표현을 사용해 자신과 달리 민 노인에게 우호적인 아들 성규의 견해에 대한 부정적 태도를 드러내고 있다.

02

구분	보조 관념	원관념
비유	붉은 흙 가면	삶에 대한 (열정)와/과 의지가 표출된 현대인의 얼굴

㉠은 수많은 사람들의 삶을 얼굴에 빗대어 각자의 일생을 만들어 가고 있는 현대인의 모습을 보여 주고 있다. 

정답 코칭
㉠(십 년 이십 년 오십 년 얼굴을 구워 내고)은 현대인이 각자의 일생을 자신의 힘으로 만들어 내고 있음을 붉은 흙 가면을 굽는 행동에 빗대어 표현한 것으로 볼 수 있다.

03

구분	사람들	자연물
주체	후궁, 벼슬아치들, 내외궁의 노비	(푸른 하늘), (태양)
행동	하늘을 부르짖고 땅을 치며 끝없이 (슬프고) 마음 아파함.	부르짖는 듯하고, 빛을 잃은 듯함.

㉠은 새로운 황제의 등극에 대한 여러 사람들의 슬픔을 비유적 표현으로 드러내고 있다. ◎ ×

정답 코칭
이두병이 스스로 황제가 되고 송 태자가 폐위당하자 후궁과 벼슬아치들, 내외궁의 노비 등이 하늘을 향해 부르짖고 땅을 치며 슬프고 마음 아파하고 있는 장면이다. 인물들의 이런 마음을 ㉠(푸른 하늘이 부르짖는 듯하고 태양도 빛을 잃은 듯하더라.)과 같이 '~듯하고', '~듯하더라'의 비유를 통해 드러내고 있다.

04

구분	하강적 이미지의 시어	의미
(가)	무너지는 꽃 이파리처럼 / 발아래 깔리는	초라하고 보잘것없는 삶
(나)	아득한 나락으로 떨어져 내리는	무가치하고 쓸모없었던 삶

(가)와 (나)는 모두 하강의 이미지가 담긴 시어를 활용하여 화자의 인식을 드러내고 있다. ◎ ×

정답 코칭
(가)에서는 '서른 나문 해'가 '꽃 이파리처럼' 무너져 발아래 깔렸다는 표현을 통해, 지금까지의 자신이 삶이 초라하고 보잘것없었음을 드러내고 있다. (나)에서는 '나'가 '아득한 나락으로 떨어져 내리는 똥덩이'처럼 느껴질 때가 있다는 표현을 통해, 지금까지의 자신의 삶이 무가치하고 쓸모없었음을 드러내고 있다. 이처럼 (가)와 (나)는 '꽃 이파리'와 '똥덩이'의 하강적 이미지를 통해 자신의 삶에 대한 화자의 인식을 드러내고 있다.

벌크-UP p. 130

01 ④	02 ②

01

백석, 〈정주성(定州城)〉	
상황	화자는 정주성에 서 있는 사람으로, 폐허가 된 정주성의 모습을 바라보고 있음.
정서와 태도	역사의 허망함 속에서도 인간의 삶이 끈끈하게 이어지고 있다는 인식을 드러냄.
주제	역사의 허망함 속에서도 끈끈하게 이어지는 인간의 삶

| 특징 | ❶ 주로 시각적, 청각적 이미지를 활용하여 시적 상황을 나타냄. |
| | ❷ 쇠락한 정주성의 풍경과 청배를 팔러 올 메기수염의 늙은이의 일상적 삶을 대응시켜, 역사의 허망함에도 불구하고 인간의 삶은 끈끈하게 이어질 것이라는 인식을 노래함. |

④ 2연의 '산새 한 마리 어두운 골짜기로 난다'에서 상승의 이미지가 드러나지만, 3연에서는 하강의 이미지가 드러나지 않는다. 따라서 2연에서 3연으로 전개되면서 상승의 이미지가 하강의 이미지로 전환되고 있다는 설명은 적절하지 않다.

① 1연의 산턱 원두막의 '불빛'에서 시각적 이미지가, '헝겊심지에 아즈까리 기름의 쪼는 소리가 들리는 듯하다'에서 청각적 이미지가 드러나며 이를 통해 적막한 원두막이 있는 시적 상황을 나타내고 있다.

② 2연에서 반딧불을 '파란 혼들'에 비유한 직유적 표현을 통해 공간의 쓸쓸한 분위기를 조성하고 있다.

③ 3연에서 '날이 밝으면'을 통해 시간의 경과를 나타내고, 시간이 경과한 후에 '또 메기수염의 늙은이가 청배를 팔러' 오는 상황이 벌어질 것임을 예측하고 있다.

⑤ 1연은 '듯하다', 2연은 '난다', 3연은 '것이다'와 같이 평서형 종결 어미 '-다'를 사용하여 모든 연을 끝맺어 형태적 통일성이 드러나고 있다.

02

김광규, 〈때〉	
상황	계절의 흐름에 인생을 대응시켜 삶을 성찰함.
정서와 태도	변화를 수용하고 변화에 맞게 사는 삶의 중요성을 강조함.
주제	계절의 흐름과 자연의 변화에 순응하는 삶의 자세와 삶을 성찰하는 태도가 드러남.
특징	❶ 시간의 흐름에 따라 시상을 전개함. ❷ 명사로 시상을 마무리하여 여운을 형성함. ❸ 활유법을 구사하여 숲의 모습을 생동감 있게 묘사함. ❹ 청유형 종결 어미를 사용하여 화자의 생각을 직접적으로 드러냄. ❺ 시간과 계절의 변화를 다양한 감각적 이미지와 일상적인 언어로 드러냄. ❻ '~ 때'라는 표현을 반복적으로 사용하여 여름이 지나가고 가을이 오고 있는 시적 상황을 구체적으로 형상화함.

② 이 시는 시간과 계절의 변화를 다양한 감각적 이미지와 일상적인 언어로 드러내며, 변화에 따라 이를 수용하며 그에 맞는 삶을 살아야 함을 노래하고 있다. 시상이 시간의 흐름에 따라 자연스럽게 전개되고 있으나, 역설적 표현을 통해 시적 의미를 긴장감 있게 드러내고 있지는 않다.

① '앞산의 검푸른 숲이 짙은 숨결 뿜어내고'에서 활유법을 구사하여 숲을 숨결을 뿜어내는 생명이 있는 존재로 표현함으로써 숲의 모습을 생동감 있게 묘사하고 있다.

③ '이제는 무엇인가 거두어들일 때'와 같이 서술어가 아닌 명사로 시상을 마무리하여 여운을 주고 있다.

④ '~ 때'를 반복적으로 제시하여 여름이 지나가고 가을이 오고 있는 시적 상황을 구체적으로 형상화하고 있다.

⑤ '생각지 말자', '고집하지 말자'에서 청유형 종결 어미 '-자'를 사용하여 화자의 생각을 직접적으로 드러내고 있다.

호루라기 관장님의 하드 트레이닝　　p. 131

01 관찰, 일제 강점기
02 콩밥
03 연민
04 희생
05 일제 강점기, 유치장, 비극
06 관찰자, 대화
07 하층민

개념ᄎ 트레이닝 ZONE
p. 135~136

01 역설		**09** 파랑새, 푸른	
02 빼앗긴 들, 봄		**10** 파르란, 자줏빛, 하얀, 감각적	
03 모란		**11** 보랏빛, 산도화, 흰색	
04 보리		**12** 않았으랴	
05 귀촉도		**13** 춥게 하리, 소망	
06 견딘다, 색채어		**14** 분단, 소망	
07 눈, 나이테		**15** 비애감	
08 푸른 수레, 흰 안개, 푸른 봄			

워밍-UP
p. 137

01

구분	시적 대상	의미
㉠	열매의 (둥근) 모습	원만한 삶의 태도
㉡	모든 생성하는 존재가 둥근 모습	열매의 모습에서 얻은 깨달음의 (확장)
㉢	스스로 먹힐 줄 아는 모습	다른 생명을 위한 (자기희생)의 자세

정답 코칭

㉠ 땅을 파고드는 '뿌리'의 날카로운 모습과 달리 '열매'의 모가 나지 않는 둥근 모습에서 원만한 삶의 태도를 찾을 수 있다.

㉡ '모든 생성하는 존재는 둥글다'는 인식은 둥글고 모가 나지 않는 열매를 통한 깨달음을 확장한 것이라고 할 수 있다.

㉢ '스스로 먹힐 줄 아는 열매'의 모습에서 다른 생명을 위해 자신을 희생하는 자세를 찾을 수 있다.

02

의미	시어
과거의 것을 덮어 버리는 평화	눈길
방황했던 과거의 고통스러운 삶	온 겨울
평온한 내면의 모습	눈 내리는 풍경, 묵념의 가장자리

상징적인 시어를 통해 화자의 심리를 드러내고 있다. 

정답 코칭

〈눈길〉은 눈 덮인 길을 바라보며 긴 방황과 고뇌에서 벗어나 자신의 내면을 들여다보고 마음의 평화를 얻게 되는 과정을 노래한 작품이다. '눈길'은 그동안 '온 겨울을 떠돌'았던 화자의 삶을 포용하는 것이며, 화자가 떠돌고 온 '온 겨울'은 고통과 고뇌 속에서 방황하며 지나온 과거의 삶을 의미한다. 또한 '눈 내리는 풍경'과 '묵념의 가장자리'는 마음의 평온을 되찾은 상태이자, 고요하고 평화로운 내면세계를 의미한다.

03

구분	물	하늘
㉠	(푸른)색의 색채어가 사용됨.	(푸른)색이 연상되는 색채 이미지임.

구분	복숭아꽃	취한 낯
㉡	(붉은)색의 색채어가 사용됨.	(붉은)색이 연상되는 색채 이미지임.

㉠과 ㉡은 자연물을 (푸른)색과 (붉은)색의 색채어와 (색채) 이미지로 표현하여 자연의 아름다운 모습과 화자의 (취흥)을/를 강조하고 있다.

정답 코칭

'복숭아꽃'을 '붉은 비'에 빗대어 취한 낯에 뿌린다는 표현에서, 자연물의 붉은 색채 이미지가 술에 취해 붉어진 화자의 얼굴로 이어지면서 자연과 연결되는 화자의 풍류를 강조하고 있다.

04

구분	표현법	의미
㉠	설의법	임과 이별하게 된 (원인)을/를 자신의 숙명으로 받아들이는 태도 강조
㉡	설의법	(외부)적 요인에 의해 글쓴이의 마음이 흔들리지 않음을 강조

㉠과 ㉡은 모두 설의적 표현을 활용하여 의미를 강조하고 있다. 

정답 코칭

(가)에서는 ㉠(하늘이라 원망하며 사람이라 허물하랴)과 같은 설의적 표현을 통해 화자의 심정을 강조하고, (나)에서는 ㉡(내 마음을 어찌 흔들 수 있겠는가?)과 같은 설의적 표현을 통해 외부적 요인에 의해 마음이 흔들리지 않는다는 주옹의 가치관을 강조하고 있다.

펌핑-UP
p. 138

01 ③	**02** ①

01

윤동주, 〈길〉	
상황	잃어버린 것을 찾아 길을 나선 화자가 돌담 너머에서 참된 자아를 찾기 위해 노력함.
정서와 태도	길을 나서며 돌담 너머의 세계에 도달하지 못해 좌절하지만, 부끄러움을 느끼며 참된 자아를 찾기 위한 의지를 다짐.

주제	참된 자아의 회복에 대한 의지
특징	❶ 동일한 종결 어미를 반복하여 운율감을 형성함. ❷ 색채어를 활용하여 공간에 대한 생각을 드러냄. ❸ 공간의 이동을 통해 시상을 구체화함. **현실적 자아** • 잃어버린 것을 찾고자 함. • 참된 자아와 단절됨. • 참된 자아를 못 찾아 힘들어 함. • 참된 자아를 찾는 것을 게을리한 것을 부끄러워함. 돌담 = 장애물 **본질적 자아** 내면에 존재했었으나 잃어버림. ↓ 암담한 상황 속에서 잃어버린 본래의 자아를 회복하려는 의지를 보여 줌.

③ 화자가 '눈물짓'는 행위는 쇠문이 굳게 닫힌 돌담으로 인해 잃어버린 자아를 찾지 못한 상황에서 느끼는 화자의 상실감과 절망감을 보여 준다. 따라서 이는 화자가 절망적 상황을 극복하려고 노력하는 것이 아니라 절망적 상황으로 인해 슬퍼하는 것으로 이해할 수 있다.

① 굳게 닫힌 쇠문과 돌담은 화자가 돌담 너머의 본질적 자아를 찾는 것을 방해하고 있으므로, 쇠문의 굳게 닫혀 있고 돌담으로 인해 돌담 너머로 갈 수 없는 모습은 화자가 처한 부정적 상황을 드러낸다고 할 수 있다.

② 이 시에서 '길'은 잃어버린 자아를 찾는 과정을 상징하므로, 길이 저녁에서 아침으로 통했다는 것은 자기 탐색의 과정이 끊임없이 이어진다는 것을 의미한다.

④ '하늘'은 화자가 자아 성찰을 하도록 이끌어 주는 매개체로 볼 수 있으며, 화자가 이런 하늘을 보며 '부끄'러움을 느끼고 있으므로 자기 성찰을 하고 있는 상황임을 알 수 있다.

⑤ '담 저쪽'에 있는 '나'는 화자가 잃어버린 본질적 자아에 해당하므로, 화자가 길을 걷는 행위는 잃어버린 자아를 회복하기 위한 것이라고 볼 수 있다.

02

	(가) 이직, 〈가마귀 검다 하고〉
상황	이성계를 도와 조선의 개국에 참여한 자신의 행위를 정당화하는 한편 조선 개국 공신들을 비난하는 고려 유신들을 비판함.
정서와 태도	백로를 겉은 희고 속은 검다고 하여 위선적인 존재로 표현하며 비판적 태도를 드러내는 반면, 자신은 겉은 검지만 양심은 올바른 가마귀에 비유해 개국에 참여한 자신의 결정을 합리화함.
주제	자신의 행위에 대한 정당성 부여, 위선적 인물에 대한 풍자
특징	❶ 대조적 소재인 가마귀와 백로를 이용해 주제를 우회적으로 제시함. ❷ 의인화, 설의적 표현을 통해 화자의 정서와 주제 의식을 드러냄.

	(나) 박팽년, 〈가마귀 눈비 마자〉
상황	세조가 단종을 폐위하고 왕위에 오른 뒤 단종의 복위를 꾀하던 작가를 회유하려 하자 지음.
정서와 태도	충신인 화자가 수양 대군 일파가 득세한 상황에서 홀로 절개를 지키고자 함.
주제	임(단종)에 대한 변함없는 지조와 절개(일편단심)
특징	❶ 대조적 소재인 가마귀와 야광명월을 이용해 주제를 우회적으로 제시함. ❷ 설의법을 사용해 화자의 의지를 강조함.

	(다) 이규보, 〈여뀌꽃과 백로〉
상황	여울에 서 있는 백로는 물고기를 잡아먹기 위해 기회를 엿보는 것인데, 사람들은 백로가 이득을 취하려는 마음이 없다고 생각함.
정서와 태도	여뀌꽃과 백로를 소재로 하여 어떠한 현상이나 대상의 성격이 제대로 파악되지 못하고 왜곡되는 세상의 모순을 비판함.
주제	겉만 보고 사물을 판단하는 세상 사람들의 잘못된 인식에 대한 비판
특징	❶ 선비의 표상인 백로에 대해 기존의 관념을 깨트리고 새로운 관점에서 바라봄. ❷ 청렴을 가장한 탐욕스러운 사대부를 희화화함.

① (가)의 '것치 거믄들 속조차 거믈소냐'는 겉이 검다고 해서 속까지 검지는 않다는 뜻으로, 설의적 표현을 사용하여 고려 유신들의 위선적 태도를 비판하고 있는 표현이다. (나)의 '밤인들 어두우랴'와 '고칠 줄이 이시랴'는 야광명월은 밤이 되어도 어둡지 않고, 자신의 일편단심은 변할 리 없다는 뜻으로, 설의적 표현을 사용하여 충절에 대한 자신의 의지를 강조하고 있는 표현이다.

② (다)는 '사람들은 말하네, 기심을 잊고 서 있다고'에서 도치법을 사용하여 백로의 본모습을 보지 못하는 사람들을 비판하는 뜻을 강조하고 있으나, (가)에는 도치법이 사용되지 않았다.

③ (나)는 '가마귀 눈비 마자 희는 듯 검노믜라'에서 검은색과 흰색의 색채어를 활용하여 까마귀의 변하는 속성을 드러내고 있지만, (다)에는 색채어가 사용되지 않았다.

④ (가)와 (나)는 모두 평시조로 4음보의 율격을 규칙적으로 사용하여 안정된 리듬감을 형성하고 있다.

⑤ (나)와 (다)는 모두 감정 이입의 표현법이 사용되지 않았다.

호루라기 관장님의 하드 트레이닝 p. 139

01 자연, 벼슬

02 해방감, 만족감

03 • 내 몸을 내마저 잊으니 남이 아니 잊으랴.
• 삼공이 귀하다 한들 강산과 바꿀쏘냐.
• 이 몸이 이 청흥 가지고 만호후인들 부러우랴.
• 아무리 매인 새 놓인다 한들 이토록 시원하랴.

04 풍류

05 '나', 구부러진 길

06 다짐

07 주변, 인간미, 목표

08 소망

개념쇼 트레이닝 ZONE　　p. 143~144

01 유사성	09 거울, 역설
02 맵다, 쓰다	10 고통
03 먼지의 방	11 소리 없는
04 역설	12 연쇄
05 차가운 아름다움	13 연쇄법
06 역설	14 연쇄, 대숲
07 동화	15 외딴 집
08 윤회, 역설	

워밍-UP　　p. 145

01

구분	표현	의미
㉠	관념의 구체화	화자의 아픈 마음이 수놓기를 통해 위안을 얻어 (정화)되는 과정을 형상화함.
㉡	역설법	임의 (부재)이/가 환기되는 상황을 지연시키려는 태도가 드러남.

이 작품은 역설적 표현을 통해 대상에 대한 화자의 정서를 부각하고 있다.　　◎ ⊗

정답 코칭

㉡에서 '짓고 싶어서 다 짓지 않는 것입니다.'라는 역설적 표현을 사용하여 '당신'을 계속 기다리겠다는 화자의 마음을 드러내고 있다.

02

구분	장미가 있는 실제 공간	역설적 표현
내용	서울 구로구 개봉동	개봉동 주민이 (아니고), 시간 (밖)의 서울의 일부임.

장미는 서울 안에 있는 개봉동에 피어 있으므로 주민으로 볼 수 있지만, 장미는 주민이 아니며 시간 밖의 서울의 일부라는 역설적 표현을 통해, 서울 안에 살면서도 서울의 속성에 물들지 않는 존재라는 의미를 드러내고 있다.　　◎ ⊗

정답 코칭

화자는 장미가 길 밖에 있는 것을 보며 '그대와 나'와 달리 도시에 발 딛고 살지 않는 장미의 삶을 성찰하고 있다. '장미는 이곳 주민이 아니어서 / 시간 밖의 서울의 일부이고'라는 표현은 장미가 현대 문명에 속한 존재가 아니며, 서울에 살고 있으면서도 서울의 속성에 물들지 않는 존재임을 역설적으로 표현한 것이다.

03

구분	내용
'양반'의 본래 의미	신분상 문관과 무관 (특권) 계층을 일컫는 말
㉠	개잘량이라는 '양' 자에 개다리소반이라는 '반' 자 쓰는 양반

㉠은 발음의 (유사성)을/를 이용한 언어유희적 표현으로 양반을 비하하고 조롱하면서 (해학성)을/를 유발하는 효과가 있다.

정답 코칭

〈봉산탈춤〉은 황해도 봉산(鳳山) 지방에 전승되어 오던 가면극으로 재담을 통해 봉건적인 가족 제도와 양반의 무능과 허위, 부조리 등을 폭로하고 비판하는 작품이다. '개잘량'은 털이 붙어 있는 채로 무두질(생가죽, 실 따위를 매만져서 부드럽게 만드는 일)하여 다룬 개의 가죽으로, 흔히 방석처럼 깔고 앉는 데에 썼던 물건이다. '개다리소반'은 상다리 모양이 개의 다리처럼 휜 자그마한 밥상이다. '고려·조선 시대에, 지배층을 이루던 신분'이라는 뜻의 '양반'과 개의 가죽과 개다리소반을 뜻하는 말에서 글자를 따다 합친 '양반'은 소리는 같으나 뜻이 다른 단어인 동음이의어로, 이를 활용한 언어유희를 통해 양반을 조롱하며 풍자하고 있다.

04

구분		앞 구절	뒤 구절	표현
㉠	초장		고인을 못 뵈네	연쇄법
	중장	고인을 못 봐도	가던 길 앞에 있네	
	종장	가던 길 앞에 있거든		
㉡	초장			연쇄법
	중장		이제야 돌아왔고	
	종장	이제야 돌아왔으니		

㉠과 ㉡은 모두 앞 구절의 일부를 다음 구절에서 반복하여 내용을 연결하고 있다.　　◎ ⊗

정답 코칭

㉠은 '초장(고인 못 뵈네) – 중장(고인을 못 봐도)'과 '중장(가던 길 앞에 있네) – 종장(가던 길 앞에 있거든)'에서, ㉡은 '중장(이제야 돌아왔고) – 종장(이제야 돌아왔으니)'에서 앞 구절의 일부를 다음 구절에서 반복하는 연쇄법을 사용하여 내용을 유기적으로 연결하고 있다.

01 ③	02 ③

01

나희덕, 〈땅끝〉	
상황	현실을 극복하고 꿈을 이루기 위해 노력하던 화자는 인생을 살면서 절망감을 겪음.
정서와 태도	위태롭고 절박한 상황에서 삶의 희망을 발견할 수 있다는 역설적 인식을 한 화자는 인생을 살아가는 바람직한 자세에 대한 깨달음을 얻음.
주제	삶의 절망적 상황에서 역설적으로 깨닫게 된 희망
특징	❶ 과거와 현재를 교차하여 시상을 전개함. ❷ 역설적 인식을 통해 삶의 희망을 발견함. ❸ '땅끝'의 중의성을 통해 주제를 효과적으로 나타냄. ❹ '땅끝'이라는 구체적인 지명을 모티프로 활용하여 인생의 의미를 노래함.

③ 2연의 '그러나 살면서 몇 번은 땅끝에 서게도 되지'에서 화자는 '땅끝'을 절박한 삶의 공간이자 살면서 겪게 되는 인생의 고난이나 절망 등의 의미로 보고 있다.

① 1연에서 화자는 노을을 보려고 그네를 탔으나 노을이 어둠에 잡아먹히는 바람에 보지 못한 상황에서 느꼈던 절망과 암담함을 '어둠'이라는 시어를 통해 표현하고 있다.
② 1연의 '그네를 힘차게 차고 올라 발을 굴렸지'에서 화자는 그네를 굴림으로써 이상적 대상인 '노을'에 다가가려 한다.
④ 3연에서 화자는 파도가 아가리를 쳐들고 달려드는 상황으로 인해 땅의 끝에 가게 되었으며, 이를 통해 화자는 '파도'를 어려움에 처하게 하는 대상이자 삶의 위태로움으로 인식하고 있음을 알 수 있다.
⑤ 3연에서 화자는 '여기'인 땅끝에서 위태로움 속에 아름다움이 스며 있다는 역설적 깨달음을 얻고 있다.

02

한용운, 〈님의 침묵〉	
상황	임과 이별하는 상황에 놓여 있음.
정서와 태도	임과 이별한 후 슬픔을 느끼나 새로운 희망을 통해 임에 대한 영원한 사랑을 다짐함.
주제	임에 대한 영원한 사랑
특징	❶ 여성적 어조와 경어체를 사용하여 화자의 소망을 표현함. ❷ 역설적 표현과 불교적 세계관을 통해 주제를 강조함. ❸ 시상의 전환을 통해 부정적 정서에서 긍정적 정서로 변화함.

1~6행	역설적 표현과 불교적 세계관을 통해 주제를 강조함.
↓	
'그러나'	시상의 전환
↓	
7~10행	임과의 재회에 대한 희망과 믿음, 영원한 사랑

③ ⓒ(나는 향기로운 님의 말소리에 귀먹고, 꽃다운 님의 얼굴에 눈멀었습니다.)은 '향기로운 님의 말소리에 귀먹고, 꽃다운 님의 얼굴에 눈멀었다'는 역설법과 '~의 ~에 ~'라는 문장 구조가 반복되는 대구법을 사용하여 임의 절대성을 표현하고 있다. 하지만 앞 구절의 끝부분을 다음 구절의 시작에 되풀이하여 의미를 강조하는 연쇄법은 사용되지 않았다.

① ⊙(님은 갔습니다. 아아, 사랑하는 나의 님은 갔습니다.)에서 '님은 갔습니다'라는 동일한 시구를 반복하여 임을 잃은 상실감을 표현하고 있다.
② ⓛ(황금의 꽃같이 굳고 빛나던 옛 맹서는 차디찬 티끌이 되어서 한숨의 미풍에 날아갔습니다.)에서 '황금의 꽃'과 '차디찬 티끌'이라는 대비적 의미를 지닌 시구를 사용하여 화자의 좌절감을 표현하고 있다.
④ ⓒ(나는 향기로운 님의 말소리에 귀먹고, 꽃다운 님의 얼굴에 눈멀었습니다.)에서 '그러나'라는 접속어 이후 이별에 대한 화자의 인식이 '슬픔'에서 '희망'으로 전환되고 있다.
⑤ ⑩(아아, 님은 갔지마는 나는 님을 보내지 아니하였습니다.)에서 '님은 갔다'와 '님을 보내지 않았다'는 논리적 모순이 나타나는 역설적 표현을 사용하여 영원한 사랑을 다짐하고 있다.

호루라기 관장님의 🥊 하드 트레이닝   p. 147

01 불효, 징계
02 요술
03 원통
04 인색, 실옹가
05 신뢰감
06 비현실, 어려운
07 권선징악

052~054 영탄/요약/우의(우화)

개념쵸 트레이닝 ZONE

p. 151~152

01 고향이여!		**07** 직접, 요약	
02 살결!, −도다		**08** 말, 정보	
03 오오		**09** 버들댁, 요약	
04 아 아		**10** 발화	
05 요약		**11** 대화, 풍자	
06 요약		**12** 의인화, 우의	

워밍-UP

p. 153

01

구분	영탄적 표현	화자의 정서
(가)	해여, 푸른 하늘이여 / 초록 기쁨이여 / 오 / 나무들의 향기!	감격, 기쁨
(나)	어져	회한, 후회, 한탄
(다)	새롭구나	기쁨, 만족

→ (가)는 영탄적 표현을 사용하여 화자의 정서를 나타내고 있다. ⭕❌

정답 코칭

(가)는 '해여, 푸른 하늘이여', '초록 기쁨이여', '오', '나무들의 향기!'에서 영탄적 표현이 사용되고 있다.

→ (나)는 초장에서는 영탄과 설의적 표현을 활용하여 화자의 회한을 나타내고 있다. ⭕❌

정답 코칭

(나)는 '어져'에서 영탄을, '모르던가'에서 설의적 표현을 활용하여 화자의 회한을 드러내고 있다.

→ (다)는 영탄적 어조를 통해 화자의 정서를 부각하고 있다. ⭕❌

정답 코칭

(다)는 '새롭구나'에서 감탄형 종결 어미 '−구나'를 사용한 영탄적 어조를 통해 화자의 정서를 부각하고 있다.

02

구분	대상	인물의 행동
민익태	공부	작파함.
	북	메고 떠돌아다니며 놓지 않음.
	아내와 자식	모른 체함.

인물의 행적을 (요약)적으로 제시하여 다른 인물과의 갈등을 짐작하게 한다.

정답 코칭

젊은 시절 북에만 몰두하여 가정을 소홀히 했던 아버지 민 노인(민익태)의 행적을 요약적으로 제시하여 아들과 아버지의 갈등을 짐작할 수 있다.

03

구분	윤지경이 사라진 일에 대한 반응
윤 공	천계산 (원당)에 갔다고 생각해 찾지 않음.
옹주	(거취)을/를 몰라 찾지 않음.
임금	조회에 계속 불참함을 이상하게 여겨 (찾음).

윤지경이 사라진 일과 관련된 사건을 (요약)적으로 제시하여 사건 전개에 (속도감)을/를 부여하고 있다.

정답 코칭

윤지경이 사라진 사건과 관련하여 이에 대한 여러 사람의 반응과 사라진 윤지경을 찾는 과정이 '이러구러 여러 ~ 수십 일이라.'와 '조정에서는 윤지경이 ~ 이때는 유월이라.'에 요약적으로 제시되어 있으며 이를 통해 사건 전개에 속도감을 부여하고 있음을 확인할 수 있다.

펌핑-UP

p. 154

01 ⑤	**02** ①	**03** ②

01

이기영, 〈고향〉	
상황	원래 고을 읍내에서 가난하게 살던 안승학이 현재는 추수를 수백 석하고 서울 민 판서 집의 사음이 되어 동리에 들어온 상황과 안승학이 이 고장에 들어온 내력을 설명함.
정서와 태도	안승학의 과거와 현재 상황을 제시하고 그의 부친에 대한 정보와 동리로 들어오게 된 내력을 알려 줌으로써 독자에게 인물과 관련된 과거와 현재의 정보를 전달함.
제목의 의미	❶ 작품의 공간적 배경이면서 우리 민족의 근원이 되는 농촌을 지칭함. ❷ 1920년대 당시 농촌의 현실과 농민들의 삶을 형상화한 작품임을 드러냄. ❸ 일제의 가혹한 수탈을 고발하면서 동시에 우리가 '우리의 고향'을 되찾기 위해 각성과 투쟁이 필요함을 역설함.
주제	난관을 극복해 나가는 농민들의 의식 성장
특징	❶ 배경이 되는 시대적 상황을 사실적으로 그려 냄. ❷ 농민과 지주의 대립 등 농민들의 현실이 구체적으로 나타남. ❸ 1920년대 농민들의 비참한 생활상과 계급 투쟁을 사회주의적 리얼리즘에 입각하여 효과적으로 나타냄.

정답 코칭

⑤ 안승학이 '이 동리'로 옮겨 와 살게 된 내력을 밝히기 위해 그의 '근본'을 요약적으로 설명하여 안승학에 대한 정보를 독자들에게 전달하고 있다.

오답 코칭

① 제시된 부분에서는 전지적 작가 시점에서 서술자가 서술 대상인 안승학에 관한 정보를 서술하고 있을 뿐, 인물에 대한 독백적 서술은 나타나지 않는다.

② 제시된 부분에서는 안승학이 '이 동리'로 옮겨 와 살게 된 내력을 소개하고 있을 뿐, 안승학이라는 인물에 대한 성찰적 태도가 드러나지는 않는다.

③ 제시된 부분에서는 안승학이 '이 동리'로 옮겨 살게 된 내력을 설명하기 위해 안승학의 부모의 죽음과 그가 이 고장으로 들어온 이유를 시간의 흐름에 따라 제시하고 있을 뿐, 안승학에 대한 정보가 반복적으로 제시되고 있지는 않다.

④ 제시된 부분에서는 안승학의 '근본'에 대해 서술하고 있을 뿐, 안승학에 대해 묘사적으로 서술하지는 않았다.

02

이청준, 〈별을 보여 드립니다〉	
상황	영국 유학을 중도에 끝내고 돌아와 직업 없이 어렵게 지내는 천문학도가 도벽과 거짓말이라는 버릇을 갖게 됨.
정서와 태도	'나'는 친구인 그의 도벽을 정면으로 인정하기를 두려워한 채 맞대 놓고 말하지도 못함.
주제	암울한 현실에서도 가치관을 지키고자 하는 태도
특징	❶ 1960년대를 배경으로, 주인공인 '그'가 변모해 가는 과정을 그림. ❷ 서술자 '나'는 친구인 '그'가 보인 망측한 습벽, 즉 절도와 거짓말에 대해 서술하면서, 그것을 변명하지 않거나 아무렇게나 한다는 등의 분석 내용을 요약적으로 서술함. ❸ 상징적 소재인 '별'을 통해 이상적 가치를 문학적으로 형상화하고, '밤'을 통해 시대의 고통을 상징화함.

① 서술자 '나'가 친구인 '그'가 보인 망측한 습벽, 즉 절도에 대해 이야기하면서, '한 번도 자기 행투에 대해 변명 같은 것을 말한 적이 없었다.'와 같이 분석한 내용을 서술하고 있다. 이러한 서술은 '그'가 보인 일이나 태도에 대해 요약적으로 제시한 것으로 볼 수 있다.

② 제시된 부분에는 '그'의 도벽과 관련한 사건이 제시되어 있지만, 그것에 대한 상이한 관점을 드러내고 있지는 않다.

③ '그'의 도벽은 대립되는 행위가 아니고, 그것의 원인을 밝히기 위해 공간의 변화를 제시하고 있지도 않다.

④ 서술자인 '나'의 눈에 비친 '그'의 모습이 서술되어 있으나, '그'가 보인 도벽의 의미를 '나' 이외의 인물이 해석하고 있지는 않다.

⑤ 제시된 부분에는 '그'의 내면 의식을 드러낸 내적 독백은 제시되지 않았다.

03

작자 미상, 〈홍계월전〉	
상황	평국(홍계월)의 병세를 진단한 어의가 천자에게 평국이 남자가 아닐 수 있다는 의혹을 제기하자 천자는 확실하지 않으니 누설하지 말 것을 명하고, 남관장은 천자에게 장계를 올려 반란을 진압할 명장을 보내 줄 것을 요청함.
정서와 태도	어의는 평국의 성별에 대해 의심하고, 천자는 확실하지 않으나 역시 의심하는 마음이 들어 평국이 여자인지 알아보고자 자주 문병함.
주제	홍계월의 영웅적 활약상

특징	❶ 남성보다 우월한 능력을 가진 여성이 영웅으로 등장함.	

보국	계월
• 계월의 남편. 계월에 비해 능력이 모자람. • 가부장적, 남성 중심적 사고	• 남자인 보국보다 능력이 뛰어남. • 여성임이 밝혀지고 결혼을 한 후에도 영웅으로서의 능력을 유지함.

❷ 영웅 소설의 서사 구조를 통해 이야기가 전개됨.

고귀한 혈통	홍 시랑 부부의 딸로 태어남.
비정상적 출생	어머니가 신이한 꿈을 꾼 후에 태어남.
비범한 능력	어렸을 때부터 비범한 능력을 보임.
고난과 시련	장사랑의 반란으로 부모와 헤어짐.
구출과 양육	여공에게 구출되어 평국으로 개명한 후 보국과 함께 양육됨.
성장 후 위기	국난이 자주 일어나고, 남장 사실이 발각되며, 보국과 갈등함.
극복과 승리	외적을 징벌하고, 보국과의 갈등이 해소된 후 부귀영화를 누림.

② [A]에서 '어의'는 평국의 맥이 여자의 맥이라는 말을 하고 있고, '천자'는 평국의 얼굴이 곱고 체격이 작아 여자처럼 보일 수 있음을 말하고 있다. 두 사람의 대화를 통해 평국이 여성이라는 정보를 제공하고 있다. [B]에서는 '오왕'과 '초왕'이 반란을 일으켰으며, 십여 성을 항복 받고 장안을 향하여 오고 있다는 정보를 요약적으로 제시하고 있다.

① [A]에서 정황을 전달하는 주체는 '어의'이며, [B]에서 정황을 전달하는 주체는 '남관장'이다. 정황을 전달받는 천자가 어의와 남관장에 대해 부정적인 태도를 보이고 있지는 않다.

③ [A]에는 '천자'가 '평국의 얼굴이 도화색이요, 체격이 작고 약하여'라고 말하는 부분에서 인물의 외양 묘사가 드러나고 있으나, [B]에는 과장된 표현이 드러나지 않는다.

④ [A]에서는 '어의'가 '천자'에게 평국이 여자라는 것을 보고하고 '천자'는 이를 누설하지 말 것을 당부하는 장면만 묘사되어 있고, [B]에서는 오왕과 초왕이 반란을 일으킨 순간부터 순차적으로 일어난 사건들을 서술하고 있어, [A]와 [B]는 모두 여러 사건이 동시에 발생한 것이라고 볼 수 없다.

⑤ [A]는 '천자'가 아직은 누설하지 말라고 말하여 문제 해결을 유보하고 있는 상황이고, [B]는 반란군이 장안을 범하고자 하고 있으므로 어진 명장을 보내어 즉각적으로 문제를 해결해야 하는 상황이다.

p. 155

01 권력자, 진실, 알
02 한 줌의 석회
03 의지, 바보 같은 놈
04 정치, 부정적, 추상적
05 권력, 부조리
06 정치

개념↑트레이닝 ZONE

p. 159~160

01 뚝뚝		**07** 여울	
02 아슬아슬		**08** 바람, 들꽃	
03 사뿐, 보시시		**09** 과장, 해학성	
04 살래살래		**10** 의인화, 불안	
05 띄엄띄엄		**11** 하급반, 풍자	
06 공터		**12** 엄석대, 우의	

워밍-UP

p. 161

01

구분	의인화된 대상	강조된 의미
(가)	산맥	광야의 (신성성)
(나)	두터비(두꺼비)	두터비(두꺼비)의 말 (합리화)
(다)	한숨	화자의 근심과 (걱정)
(라)	잠	화자의 (피곤)함.

→ (가)는 인격화된 대상의 행위를 추측하여 광야의 신성성을 부각하고 있다. ◎ ×

정답 코칭

(가)는 '바다를 연모'하는 대상으로 인격화된 '산맥'이 '차마 이곳을 범하던 못하였'을 것이라고 추측하여 산맥도 범할 수 없었던 광야의 신성성을 부각하고 있다.

→ (나)는 대상에 인격을 부여하여 시적 상황을 풍자하고 있다. ◎ ×

정답 코칭

(나)의 종장에서는 두꺼비를 의인화하여 두꺼비가 자신을 합리화하는 말을 제시하고 있다.

→ (다)와 (라)는 의인화된 대상에게 말을 건네면서 시상을 전개하고 있다. ◎ ×

정답 코칭

(다)는 '한숨아 세한숨아 네 어내 틈으로 들어오느냐'에서 한숨에게 말을 거는 방식으로 표현하고 있다. (라)에서는 '잠아 잠아 무삼 잠고' 등에서 잠에게 말을 거는 방식으로 표현하고 있다. 따라서 두 작품의 공통점은 의인화된 대상에게 말을 건네면서 시상을 전개하는 것이라고 할 수 있다.

02

→ (가)는 '(슬슬)', '(으등등)'와/과 같이 음성 상징어를 활용하여 절기의 변화를 생생하게 표현하고 있다.

정답 코칭

(가)는 절기의 변화에 따라 땅의 상태나 기온이 바뀌는 것을 '슬슬', '으등등'과 같은 음성 상징어를 통해 생생하게 표현하고 있다.

→ (나)는 '(호르르르)'와/과 같은 음성 상징어를 사용하여 불꽃을 생생하게 묘사하고 있다.

정답 코칭

(나)는 얇은 종이나 바싹 마른 검불이 타오르는 소리나 모양을 흉내 낸 음성 상징어인 '호르르르'를 사용하여 톱밥이 타서 불꽃이 되는 모습을 생생하게 보여 주고 있다.

03

구분	비유적 의미	풍자의 의도
황충	백성을 억압하고 착취하는 (지배층)	벌레보다 무서운 것이 사람임을 드러내어 인간에 대한 (비판)적 인식을 드러냄.

황충에 대해 누군가와 민옹이 대화하는 (일화)을/를 제시하고, 백성을 억압하고 착취하는 세력을 황충에 비유한 (우의)적 표현을 활용하여 사회 문제에 대한 비판 의식을 드러내고 있다. ◎ ×

정답 코칭

몰락한 무관으로서 평생 불우하게 살았지만 뛰어난 재치와 이야기 재주로 당대 사람에게 널리 알려졌던 민옹이라는 인물의 삶을 다양한 일화를 통해 보여 준 작품이다. 민옹과 다른 인물 간의 대화 장면을 제시하여 논리적 달변가, 풍자적 이야기꾼, 여유로움과 해학을 지닌 민옹의 면모를 입체적으로 보여 주며, 백성을 수탈하는 존재를 황충에 빗대어 우의적으로 표현함으로써 사회 문제에 대한 비판 의식을 드러내고 있다.

벌크-UP

p. 162

01 ③	**02** ⑤

01

작자 미상, 〈봉산탈춤〉	
상황	양반이 말뚝이에게 상전 대접을 받지 못하고 있으며, 말뚝이가 양반들에게 자신이 아무리 찾아도 양반 비슷한 놈을 찾을 수 없다고 말함. 양반들이 말뚝이를 시켜 취발이를 잡아오나 말뚝이가 취발이에게 돈을 뜯어 나눠 갖자며 양반을 회유함.
정서와 태도	말뚝이가 자신과 양반의 신분 관계를 역전시키며 양반들을 신랄하게 조롱하고, 양반들이 취발이에게 횡포를 부리고, 말뚝이가 양반들을 회유하여 취발이의 돈을 나눠 갖고자 함.
주제	양반에 대한 풍자와 조롱
특징	❶ 양반의 언어와 평민층의 언어를 사용함. ❷ 언어유희, 인물의 행위를 통해 양반을 조롱, 풍자함. ❸ 일정한 재담 구조가 반복됨. ❹ 각 과장이 독립적으로 구성됨. ❺ 언어유희, 과장과 희화화로 대상을 풍자함.

	말뚝이	양반 삼 형제
특징	• 양반 계층에 대한 서민들의 비판 의식을 대변하는 인물 • 재치 있는 언행으로 양반을 조롱하고 비판함.	• 어리석고 무능한 양반 계층을 대표함. • 우스꽝스러운 언행과 외모를 보이며 자신들의 어리석음을 스스로 폭로함.

③ ⓒ(그놈이 심(힘)이 무량대각이요, 날램이 비호 같은데)은 '취발이'가 힘
이 세다는 것을 '무량대각(無量大角, 정도를 헤아릴 수 없을 만큼 힘이
셈.)'에, 날랜 것을 '비호(飛虎, 나는 듯이 빠르게 달리는 범)'에 비유한
것으로 취발이를 익살스럽게 그리거나 서민들 사이의 갈등을 해소하고
있지 않다.

① ㉠(노새 원님을 끌어다가)은 늙은 생원님이라는 뜻의 '노(老) 생원님'과
원님이 노새(암말과 수나귀 사이에서 난 잡종으로, 몸이 튼튼하고 힘
이 세나 생식 능력이 없는 말과의 포유류)와 같다는 의미의 '노새 원님'
의 발음이 유사하다는 점을 이용하여 양반을 노새에 비유하여 희화화
한 표현이다.

② ㉡(샌님 비뚝한 놈도 없습디다)은 샌님을 남자를 낮잡아 이르는 말인
'놈'이라고 부르고, '없습디다'라며 공손하지 못한 표현을 사용하여 양
반을 업신여기며 낮추고 있다.

④ ㉣(취발이 엉덩이를 양반 코앞에 내밀게 하며)은 양반의 얼굴에 엉덩이
를 들이미는 예의 없는 행동을 통해 양반을 무시하고 조롱함으로써 웃
음을 유발하고 있다.

⑤ ㉤(돈이나 몇 백 냥 내라고 하야 우리끼리 노나 쓰도록 하면, 샌님도 좋
고 나도 돈냥이나 벌어 쓰지 않겠소.)은 취발이에게 돈을 뜯어 나눠 갖
자고 제안하는 모습으로, 죄인에게 돈을 받고 죄를 눈감아 주던 조선
후기 사회의 부패한 사회상이 드러나며 이를 풍자하고 있다.

02

채만식, 〈명일(明日)〉	
상황	범수는 도적질을 할까 말까 망설이다 결국 실패한 뒤, 내적으로 갈등하며 왜곡된 도덕적 인식을 보이다 집에 돌아온 후 큰아들 종석이 두부 훔쳐 먹은 일로 인해 자식들의 교육을 두고 아내와 의견을 달리함.
정서와 태도	범수는 도적질에 실패하자 지난 삶에 대해 회의감을 느끼고, 두부를 훔쳐 먹은 큰아들이 도적질에 실패한 자신보다 낫다고 생각하는 자조적인 태도를 보임.
주제	일제 강점기 지식인의 삶과 고뇌
특징	❶ 상황과 사건에 대한 인물의 내면 심리를 구체적으로 드러냄. ❷ 고등 교육까지 받은 인물이 교육이 불필요하다고 말하는 아이러니한 상황을 통해 풍자의 효과를 극대화함.

아내	범수
• 고등 보통학교를 졸업하였지만 바느질로 생계를 꾸림. • 지식의 효용적 가치에 대해 신뢰함.	• 대학까지 졸업한 인텔리 지식인이지만 백수임. • 지식의 무가치성을 깨닫고 회의적임.
↓	↓
종태(7세)를 학교에 보냄.	종석(10세)을 공장에 보냄.

⑤ ㉤("두구 보자. 네 방침이 옳은지 내 방침이 옳은지.")에서 범수가 아들
을 공장으로 보내는 것이 옳다고 생각하는 것은 교육이 무가치하다는
현실 인식에서 비롯된 것이므로, 이를 통해 교육의 무가치함을 극복하
고자 하는 신념을 엿볼 수 있다고 보기는 어렵다.

① ㉠(보통학교부터 쳐서 대학까지 십육 년이나 공부를 한 것이 조그만한
금비녀 한 개 감쪽같이 숨기는 기술을 배우니만도 못하다고.)에서 범수
는 십육 년이나 공부한 것이 금비녀 한 개 훔치는 기술을 배운 것보다
쓸모없다며 지식이 무가치하다고 생각하고 있으므로, 이를 통해 식민
지 지식인의 고뇌를 엿볼 수 있다.

② ㉡(그러나 그는 바로 자기 자신에게 항거를 한다. 도적질을 하는 것이
왜 나쁘냐고.)에서 범수는 도적질을 하려다 만 자신을 나무라다 '도적
질 하는 것이 왜 나쁘냐고.'라고 스스로에게 물으며 도적질이 나쁘지
않다고 합리화하는 모습을 보인다. 이러한 범수의 모습을 통해 식민지
현실의 모순으로 인한 인물의 도덕관념과 가치관이 혼란스러움을 엿볼
수 있다.

③ ㉢(그는 무어라고 아이를 나무라려다가 문득 자기가 오늘 낮에 겪던 일
이 선연히 눈앞에 나타나 그만 두 어깨가 축 처져 버렸다.)에서 범수는
낮에 금비녀를 훔치려고 했던 자신의 모습을 떠올리고는 도적질한 아
들을 훈계하지 못하는데, 이를 통해 식민지 현실을 살아가는 가장의
무기력한 모습을 엿볼 수 있다.

④ ㉣("흥! 이놈의 자식 승어부(勝於父)는 했구나.")에서 '승어부'는 자식이 아
버지보다 낫다는 뜻으로, 범수는 도적질한 아들이 오히려 도적질을 하지
못한 아비인 자신보다 낫다고 여긴다. 이를 통해 무기력한 식민지 지식인
인 자신을 스스로 비웃는 자조적 태도를 엿볼 수 있다.

호루라기 관장님의 하드 트레이닝 p. 163

01 경솔함, 몸종, 내면
02 자신
03 거부, 미연
04 맹 진사 부부, 이뿐이
05 말실수, 헛된 욕심
06 모순
07 풍자

개념쏙 트레이닝 ZONE — p. 169~170

01 옛 노트, 교차 **05** 꿈, 꿈
02 어머니, 그리움 **06** 매개체
03 대비, 기성세대 **07** 큰오빠, 연민
04 회상

워밍-UP — p. 171

01

구분	화자	정서
㉠	임금(단종)	(왕위)을/를 빼앗기고 죽임을 당한 처지에 대한 슬픔과 한탄
㉡	신하	능력이 부족하여 임금을 지키지 못한 자신에 대한 한탄과 (후회)

대화와 삽입된 노래를 통해 인물들의 심회를 드러내고 있다. ◎×

정답 코칭

이 작품은 자허가 꿈속에서 단종과 그 신하들을 만나 그들의 이야기를 듣는 내용이 중심을 이루고 있다. 그 과정에서 인물 간의 대화와 삽입된 노래를 통해 인물들이 마음속에 품고 있는 생각이나 느낌을 드러내고 있다.

02

구분	㉠	㉡
공간	꿈속	현실
행동	(석불)(으)로부터 받음.	흔들었더니 문이 (저절로) 열림.

채옥이 꿈에서 '석불'로부터 받은 '낙화'를 '석불'이 알려 준 대로 현실에서 사용하여 '돌문'이 열리는 것은 환상성이 현실성과 교섭하는 양상을 보여 주고 있다고 할 수 있다. ◎×

정답 코칭

채옥이 꿈에서 '석불'로부터 받은 '낙화'를 '석불'이 알려 준 대로 사용하자 돌문이 열리고 있다. 이것은 환상성이 현실성과 교섭하는 양상을 보여 주는 것이다.

펌핑-UP — p. 172

01 ② **02** ⑤

01

김유정, 〈봄·봄〉

상황	장인이 점순이의 키가 크지 않았다는 핑계를 대며 '나'와 점순이의 성례를 계속해서 미루고, '나'는 장인의 회유하는 말에 속아 계속해서 머슴 노릇을 하지만 성례를 올리지 못하는 상황이 반복됨.
정서와 태도	'나'는 장인이 원하는 대로 농사일을 해 주었음에도 점순이의 키가 작다는 핑계로 성례를 시켜 주지 않는 장인을 원망함.
주제	성례를 둘러싼 교활한 장인(마름)과 우직한 데릴사위(머슴) 간의 해학적 갈등
특징	❶ 토속어, 비속어의 사용과 희극적 상황 등을 통해 향토성과 해학성을 유발함. ❷ 사건의 순서를 시간과 일치시키지 않은 역순행적 구성을 취함. ❸ 무지하고 순박한 머슴인 '나'를 서술자로 내세워 독자로 하여금 '나'의 시선으로 사건을 보고 듣게 함으로써 장인과 점순을 대하는 '나'의 어수룩함과 우스꽝스러움을 생생하게 느낄 수 있게 하여 강한 해학성을 유발함.

'나'		장인
• 소극적 인물 • 우직하며 어수룩함. • 점순이와의 성례를 바람.		• 교활한 인물 • 자신의 속셈을 채우기 위해 '나'의 어수룩함을 이용함.

정답 코칭

② '나'와 장인이 대립하고 있던 중에 장인이 '나'의 뺨을 때린 것이 현재 진행 중인 상황이다. 이 상황에서 서술자인 '나'는 '작년 이맘때'의 사건, 즉 장인이 던진 돌멩이에 맞아 '나'가 태업(의도적으로 일을 게을리함으로써 사용자에게 손해를 주는 방법의 노동 쟁의)을 하자 장인이 장가를 들여 주겠다고 회유했고 '나'가 이에 넘어갔던 사건을 회상한다. 그러한 회상을 통해 '나'가 점순이와 혼인하기로 하고 장인의 집에서 머슴살이를 하는 인물임이 드러나며, 인물들이 어떤 관계에 놓여 있는지를 짐작할 수 있다.

오답 코칭

① 현재 사건을 서술하다가 '작년 이맘때'의 사건, '그 전날'의 사건이 회상되고 있으므로 동시에 일어나는 두 사건의 병치로 볼 수 없다.

③ 제시된 부분은 일상적인 구어체로 서술하고 있어서 현학적(衒學的, 학식이 있음을 자랑하는) 표현을 찾기 어렵다.

④ 1인칭 서술자인 '나'는 자신이 겪은 일을 주관적인 관점에서 전하고 있으므로, 작중 인물이 관찰자의 입장에서 작중 세계를 객관적으로 묘사하고 있다는 설명은 적절하지 않다.

⑤ 1인칭 서술자인 '나'가 자신이 겪은 일을 직접 이야기하고 있으므로, 다른 사람의 체험을 듣고 독자에게 전해 주는 액자식 구성을 취하고 있다는 설명은 적절하지 않다.

김만중, 〈구운몽(九雲夢)〉	
상황	육관대사는 성진이 세속적 욕망을 품고 번뇌한 일을 알고, 그를 불러 죄를 물은 후 꿈속에서 양소유의 삶을 살게 한 다음 현실로 돌아오게 함.
정서와 태도	죄를 묻는 대사(사부)의 물음에 자신의 죄를 알지 못하는 성진은 당황하고, 꿈속에서 양소유의 신분으로 대사와 재회한 성진은 그를 알아보지 못함. 꿈에서 깨어 현실로 돌아온 성진은 양소유였던 자신의 모습이 변한 것에 놀람.
주제	인생무상의 자각을 통한 불교에의 귀의
특징	❶ 이중적 환몽 구조, 몽중몽(夢中夢) 구조를 취함.

외화 (현실)	• 선계(仙界) • 불교, 도교적 세계관 • 성진과 팔선녀 • 세속적 욕망으로 인한 번뇌와 갈등

↓

내화 (꿈)	• 인간계 • 유교적 세계관 • 양소유와 2처 6첩 • 세속적 욕망의 성취

↓

외화 (현실)	• 선계(仙界) • 불교적 세계관 • 성진과 팔선녀 • 깨달음과 불도에의 정진

❷ 유교, 불교, 도교 사상이 모두 드러나지만, 모든 존재가 헛되고 순간적이라는, 불교의 공(空) 사상이 중심임.

❸ 제목이 상징적 의미를 담고 있음.

구(九)	운(雲)	몽(夢)
아홉 ㉠	구름 ㉤	꿈 ㉱
등장인물의 수	주제	구조
성진과 팔 선녀 (양소유와 2처 6첩)	인생은 뜬구름과 같이 덧없음.	환몽 구조

❹ 〈조신의 꿈〉에서 영향을 받은 몽자류 소설로, 인간의 부귀영화가 일장춘몽(一場春夢)에 불과하다며 정신적 가치를 내세움.

⑤ '향로에 불을 다시 피우고 의연히 포단에' 앉은 성진이 꿈을 깨었을 때, '포단 위에 앉았으되 향로에 불이 이미 사라지고 지는 달이 창에 이미 비치었더라.'라고 하였으므로 향로의 불의 변화를 통해 입몽 후 각몽에 이르기까지의 시간이 경과했음을 알 수 있다.

① '염주'는 현실에서 성진의 신분이 승려임을 알 수 있는 소재이므로, 성진이 겪게 되는 꿈속의 경험을 부각하는 소재라는 설명은 적절하지 않다.

② '등촉'은 방장을 낮같이 환하게 밝히고 있는 물건일 뿐, 성진이 꿈에서 깨어난 후 득도할 것임을 암시하고 있지 않다.

③ 성진이 꿈을 꾸고 있는 공간은 암자 안의 포단 위이므로, 대사와 제자들이 모여 있는 방장의 '섬돌'이 입몽과 각몽이 이루어지는 공간이라는 것은 적절하지 않다.

---

④ '막대'는 꿈에서 호승이 올라올 때 석경에서 난 소리의 정체로 생각되는 물건일 뿐, 성진이 꿈꾸기 이전보다 정진할 수 있도록 자극하고 있지 않다.

01 선녀, 선관, 가문
02 꿈, 임 소저
03 걱정
04 천상계, 실마리
05 입신양명, 행복, 후기
06 사랑

061~063 명사형 종결/묘사/병렬·병치

워밍-UP　　　　　　　　　　　　　　　p. 179

01

구분	표현법	효과
㉠	명사형 종결	여운 형성
㉡	말줄임표	

명사형 종결과 말줄임표를 사용하여 시상을 마무리함으로써 봄이 오기를 기대하는 희망과 기대감이라는 여운을 형성하고 있다. ◎⨉

> **정답 코칭**

'달'이라는 명사와 할 말을 줄였을 때나 말이 없음을 나타낼 때에 쓰거나 문장이나 글의 일부를 생략할 때, 머뭇거림을 보일 때 쓰는 문장 부호인 말줄임표를 사용하여 여운을 형성하고 있다.

02

구분	표현	효과
㉠	띄어쓰기	시적 대상이 (개별)적 존재임을 시각적으로 형상화
㉡	붙여쓰기	개별적 존재가 (공동체)을/를 이루고 있는 모습을 시각적으로 형상화
㉢	명사형 종결	시상을 마무리하며 여운을 남김.

모래를 화합하게 하려는 신의 노력이 실패했음을 명사로 종결하는 표현을 통해 공동체적 삶으로 나아가지 못한 삶의 모습을 강조하며 여운을 남기고 있다. ◎⨉

> **정답 코칭**

공동체적 화합을 이루지 못하는 모래와 그러한 모래를 화합하게 하려는 신의 노력이 실패로 끝나는 과정을 통해 공동체적 화합을 이루지 못하는 현대인의 삶과 인간 사회의 문제를 다루고 있다. 동일한 표현을 띄어쓰기와 붙여쓰기의 방식으로 이원화하여 표현함으로써 개별적 존재로서 모래의 모습과 공동체를 이루며 살아가는 존재로서 모래의 모습을 형상화하였고, 명사형 종결을 통해 시상을 마무리하면서 여운을 남기고 있다.

03

구분	장면	표현 방법
초장	도롱이에 호미 걸고, 검은 소를 몰고 감.	묘사
중장	소에게 고동풀을 뜯으면서 개울물 가로 내려감.	

초장과 중장은 '호미'를 챙기고 '소'를 직접 몰고 가는 모습을 통해 농부가 농사일을 하러 나가는 농가의 일상적인 풍경을 묘사하고 있다. ◎⨉

> **정답 코칭**

도롱이에 '호미'를 걸고 '소'를 직접 몰고 소에게 풀을 뜯으면서 개울물 가로 내려가는 농부의 모습을 통해 농사일을 하러 가는 농가의 일상적인 풍경을 묘사하고 있다.

04

구분	표현 방법	효과
㉠	(외양) 묘사	(묵특)이/가 해룡의 적수가 될 만한 비범한 인물임을 강조
㉡	(장면/상황) 묘사	전투 장면을 구체적으로 제시하여 갈등 상황으로 인한 (긴장감)을/를 유발하고 긴박감을 고조시킴.

전투 장면을 구체적으로 묘사하여 사건의 긴박감을 고조시키고 있다. 

> **정답 코칭**

전투 장면을 구체적으로 묘사하고 전투 과정에서 진언을 외니 몸이 삼백 개로 나뉘어 삼백 명의 적을 막거나 혼백을 감추는 등의 초현실적 요소를 삽입하여 독자의 흥미를 높일 뿐만 아니라, 독자에게 긴장감을 주고 있다.

벌크-UP　　　　　　　　　　　　　　　p. 180

01 ②　　　　02 ③

01

김동리, 〈화랑의 후예〉	
상황	숙모와 숙부가 장가 못 간 황 진사에게 과부댁을 중매하려고 하지만, 황 진사가 이를 거절함.
정서와 태도	황 진사는 양반의 자손인 자신에게 과부댁을 소개하려는 것을 알고 분노하고, 시대착오적인 사고를 하는 황 진사가 문벌 의식과 가문에 대한 자부심으로 허세를 부리는 모습을 통해 몰락한 일제 강점기 양반 계층의 현실을 풍자적으로 비판하면서도 연민 어린 시선을 드러냄.
주제	몰락한 양반 계층의 시대착오적 허세와 이에 대한 연민과 비애
특징	❶ 서술자인 '나'의 관찰과 일화를 통해 인물의 성격을 드러냄. ❷ 희극적 소재와 행동으로 인물을 희화화함. ❸ 과거의 권위에 연연하는 시대착오적 사고방식을 지닌 양반의 전형적 인물에 대한 연민을 통해 전통의 가치 있는 계승을 희구하는 작가의 의도가 담겨 있음.

'나'(서술자)	관찰 →	황 진사
근대적이고 합리적인 사고방식을 지닌 인물		시대착오적 사고방식을 지닌 인물로, 비굴하고 몰염치함.

② 숙부와 숙모가 황 진사에게 과부를 중매하려고 하나 자신은 양반의 자손이므로 과부에게 장가를 들 수 없다며 노여워하고 있는 부분으로, 등장인물 간의 대화와 행동 묘사를 통한 간접 제시 방법으로 인물의 특성을 제시하고 있다.

① 제시된 부분의 주요 사건은 숙모님이 황 진사에게 과부를 소개하려고 한 일로 이는 황 진사가 화가 난 일이므로, 회상 장면을 삽입하여 사건의 원인을 보여 주고 있다는 설명은 적절하지 않다.

③ 제시된 부분은 서술자 한 사람의 시선으로 서술되고 있으므로, 다양한 관점을 활용하여 장면을 입체적으로 구성하고 있다는 설명은 적절하지 않다.

④ 제시된 부분은 서술어 '물어보았다, 넘쳤다, 판이었다' 등에서 알 수 있듯 과거 시제를 사용하여 서술하고 있으므로, 현재형 시제를 사용하여 생동감 있게 사건을 전개하고 있다는 설명은 적절하지 않다.

⑤ 제시된 부분의 공간적 배경은 숙부님 댁으로 볼 수 있으나 공간에 대한 묘사는 제시되지 않았으며, 공간 묘사를 통해 시대적 상황을 구체화하고 있지도 않다.

02

	김춘수, 〈샤갈의 마을에 내리는 눈〉
상황	샤갈의 마을을 덮는 눈과 눈을 맞는 사나이의 모습, 눈 속에서 다시 피어나는 새봄의 아름다운 모습
정서와 태도	봄의 순수하고 맑은 생명력에 대한 감동
주제	봄의 맑고 순수한 생명감
특징	❶ 마르크 샤갈의 그림인 〈나와 마을〉을 보면서 떠오르는 이미지를 감각적인 언어로 나타냄.  ❷ 선명한 색채 이미지를 통해 봄의 아름다움을 드러냄. ❸ 활유법과 현재형 시제를 사용하여 생동감을 부여함. ❹ 의미 전달보다는 서로 이질적인 이미지 표현을 통한 연상에 중점을 두어 봄의 순수하고 맑은 생명감을 드러냄.

③ '눈'은 '날개를 달고 하늘에서 내려와 샤갈의 마을의 지붕과 굴뚝을 덮는다'고 하였으므로, 밝고 화려한 색감을 지닌 샤갈의 그림에 대한 인상을 자신의 고향 마을에 투사하여 시각적 이미지로 변용한 것으로 볼 수 있다.

① 작가는 샤갈의 그림 〈나와 마을〉에 대한 감각적 인상을 자신의 고향 마을에 투사하였다는 내용을 통해 '샤갈의 마을'은 시인이 샤갈의 그림 속 마을 풍경에서 받은 감각적 인상을 자신의 고향 마을에 투사하여 표현하였음을 알 수 있다.

② '삼월에 눈', '봄을 바라고 섰는 사나이', '새로 돋은 정맥' 등의 다양한 이미지들을 나란히 나열하여 소생하는 봄의 생동감을 형상화하였음을 알 수 있다.

④ '눈'이 내려와 마을을 덮으며 '겨울 열매들'을 '올리브빛'으로 물들게 하며 봄이 찾아오고 있으므로, 시인이 그림을 통해 받은 영감을 따뜻한 봄의 이미지로 표상한 것임을 알 수 있다.

⑤ '아낙, 아궁이' 등은 시인이 샤갈의 그림 속에서 받은 영감을 자신의 고향 마을에 투사하면서 포근하고 따뜻한 이미지로 나타내었음을 알 수 있다.

호루라기 관장님의 하드 트레이닝 p. 181

01 추억
02 그리움
03 명사
04 ~에 서서 / 생각하노니 / 옛날에 옛날에는 ~었나니 ~었나니
05 그리움
06 아들
07 봉평
08 당황
09 묘사
10 떠돌이

사건의 다각적 제시/
사건·표현의 반복/사건의 반전

 **개념쑥 트레이닝 ZONE** p. 185~186

01 병식, 병국, 아버지, 주인공, 차이
02 일화, 신분
03 반전, 첫사랑

 워밍-UP p. 187

01

구분	인물의 행동	행동의 결과물
㉠	박을 탐.	청의동자 한 쌍
㉡	박을 탐.	온갖 세간붙이
㉢	박을 탐.	순금 궤
㉣	박을 탐.	일등 목수들과 각종 곡식

인물의 반복적 행위와 결과를 나열하여 극적 효과를 높이고 있다. ○╳

정답 코칭
흥부 부부가 박을 타는 반복적인 행위와 그 결과로 박에서 나온 물건들을 나열하여 흥부 가족이 부자가 되는 모습을 극적으로 보여 주는 효과를 얻고 있다.

02

구분	내용
㉠	아버지가 자신을 지켜 줄 것이라는 '나'의 (믿음)
㉡	아버지에 대한 기대와 (믿음)이/가 무너진 '나'의 반응
㉢	(배신감)이/가 '나'를 성장하게 만드는 계기로 작용
㉣	'아버지'의 (사회적 지위)을/를 확인해 줄 실체를 찾으려는 기대에서 나온 행동
㉤	'나'가 아버지의 직업을 알게 된 후 (우상)이/가 깨지는 배반을 경험하고 절망감을 느낌.

정답 코칭
㉠ '나'는 아버지의 존재에 대한 신뢰감이 있어 물을 덜 무서워하고 있다.
㉡ 믿었던 아버지가 '나'를 풀장 안으로 던진 일로 인해 '나'가 느낀 배반감을 드러내고 있다.
㉢ 아버지에 대한 배반감 때문에 수영을 배우게 되고, 이를 통해 물에 대한 공포도 사라지게 된다. 그러므로 아버지에 대한 배반감이 '나'의 내적 성장의 계기가 되었다고 할 수 있다.
㉣ 건물의 자동문에 대한 어린 '나'의 인식을 드러내는 서술로, 시중꾼을 찾는 행위는 아버지의 사회적 지위가 높을 것이라고 기대한 '나'의 행동으로 볼 수 있다.
㉤ '나'가 아버지의 직업이 수위라는 사실을 알게 되어 우상이 깨지는 배반을 경험하고 절망감을 느끼고 있다.

펌핑-UP p. 188

01 ① **02** ⑤

01

작자 미상, 〈흥부전〉	
상황	작년에 왔던 제비가 박씨를 물고 오고, 흥부 부부가 박을 타자 그 안에서 금은보화가 나와 흥부 가족이 부자가 됨.
정서와 태도	제비를 구해 준 보은을 얻은 흥부는 큰 부자가 되어 즐거움으로 세월을 보냄.
주제	❶ 형제간의 우애와 권선징악 ❷ 빈부 간의 격차로 인한 갈등
특징	❶ 조선 후기의 변화된 사회상을 반영함. ❷ 과장된 표현, 익살, 해학적 묘사 등을 통해 골계미가 나타남. ❸ 특정 소재인 '박씨'를 통해 주제가 구현됨. ❹ 소리꾼이 할 만한 말투, 문체의 이중성 등 판소리의 흔적이 드러남.

정답 코칭
① ㉠은 제비가 흥부의 집에서 겪은 사건을 대신하는 말이며, ㉡은 제비가 놀부의 집에서 겪은 사건을 대신하는 말이다. 그러므로 '여차여차'는 이미 전개된 사건을 반복하여 진술하는 것을 피하게 하는 기능을 한다고 할 수 있다.

오답 코칭
② 고전 소설에서 장면 전환을 위해서는 '각설 = 차설(주로 글 따위에서, 화제를 돌려 다른 이야기를 꺼낼 때, 앞서 이야기하던 내용을 그만둔다는 뜻으로 다음 이야기의 첫머리에 쓰는 말)', '~ 거동 보소' 등의 표현이 주로 사용된다.
③ 사건이 실제로 현장에서 일어나는 것처럼 느껴지게 하는 것은 구어적 표현이나 현재형 표현의 기능에 해당한다.
④ 독자가 하나의 사건을 다양한 입장에서 생각하도록 유도하는 효과는 서술자가 바뀌며 달라지는 작품이나 하나의 사건을 여러 등장인물의 시선으로 서술하는 작품의 효과이다.
⑤ ㉠은 흥부가 제비의 다리를 고쳐 준 일을 의미하고, ㉡은 놀부가 제비를 절뚝발이가 되게 한 일을 의미하므로, 제비의 입장에서 자신에게 벌어진 일을 주관적으로 제시한 것이다.

02

이태준, 〈농군〉	
상황	고향을 등지고 만주 장춘에 도착한 윤창권 일가는 만주 내 조선 농민 집단촌에 정착하여 새로운 삶을 시작하나, 수로 공사를 둘러싸고 만주인과 갈등을 겪음.
정서와 태도	황무지를 개간하는 일에 투입된 윤창권은 마적떼에게 수난을 당하며 분통을 터뜨리다 맞서 싸우기로 각성함.
주제	생존을 위한 만주 이주 조선 농민의 끈질긴 투쟁

특징	❶ 일제 강점기에 조선 농민의 만주 이주기를 다룸. ❷ 현재 시제가 활용되어 인물이 처한 상황의 현장감이 부각됨. ❸ 조선 농민들의 끈질긴 삶의 투쟁과 생명력을 사실주의적이고 객관적으로 표현하여 일제 식민 정책의 모순을 직접적으로 보여 줌. ❹ 1931년 7월에 중국 지린성 창춘현 만보산 지역에서 일본의 계획적 정책으로 발생한 조선인 이주 농민과 중국인 농민 사이에서 벌어진 유혈 사태인 만보산 사건을 배경으로 하나, 역사를 사실적으로 그리지 않았다는 비판적 평가도 있음.

⑤ '오금이 뻗다'는 '마음을 졸이다, 두려워하다' 등의 의미를 지닌 '오금이 저리다', '오금이 움츠러든다'와는 반대되는 의미의 관용적 표현이다. ⓜ (다리 오금이 날갯죽지처럼 뻗는다.)에서 이 표현은 '날갯죽지처럼'이라는 비유와 함께 사용되어, 토민들에게 일방적으로 당하다가 분통을 터뜨리고 저항하기 시작하는 창권의 심정을 표현하고 있다.

① ㉠(이것을 실패하면 황무지엔 잡곡이나 뿌릴 수밖에 없고, 그 면적에 잡곡이나 뿌려 가지고는 그 다음해 먹을 수가 없다.)에서는 물길을 내는 데 실패하면 벼농사를 짓지 못해 잡곡을 뿌릴 수밖에 없고, 이럴 경우 그 다음해 살 길이 막막해지게 될 것임을 연쇄적으로 제시하고 있으며, 이를 통해 조선인들이 처한 상황의 시급함을 강조하고 있다.

② ㉡(한 삼 마장 길이 되는 대간선의 끝 구역이었다. 그것을 쿨리 다섯 명을 데리고, 넓이 열두 자, 깊이 다섯 자로, 얼기 전에 뚫어 놔야 한다.)에서는 창권이 맡은 대간선의 구역을 길이, 넓이, 깊이를 표현한 수치와 함께 밝힘으로써 창권이 맡은 공사의 부담을 구체적으로 드러내고 있다.

③ ㉢(쿨리들은 눈만 피하면 꾀를 피웠다. 우묵한 양지쪽에 앉아 이를 잡지 않으면 졸고 있었다.)에서는 쿨리들의 행동을 묘사함으로써 이들이 조선인들의 공사에 임하는 불성실한 면모를 표현하고 있다.

④ ㉣(그러자 윗구역에서, 또 그 윗구역에서 여깃말 할 줄 아는 조선 사람들이 내려왔다. 동리에서도 조선 사람들이 소리를 지르며 나타났다.)에서는 '∼에서 조선 사람들이 내려왔다', '∼에서 조선 사람들이 나타났다'와 같이 유사한 문장을 반복하여 일방적으로 창권이 당하기만 하는 상황에서 조선인들이 나타나 반전이 일어나기 시작하고 있음을 부각하고 있다.

호루라기 관장님의 하드 트레이닝 p. 189

01 마지막, 헛소문, 자식들

02 연탄재, 며느리

03 분노

04 소시민

05 생명, 수단, 물질, 이익(이득)

06 땅

개념초 트레이닝 ZONE
p. 193~194

01 화해
02 갈등
03 틈, 생계
04 영웅, 대립

워밍-UP
p. 195

01

구분	함축적 의미	시대적 의미
㉠	고난, 시련	세조가 (단종)을/를 몰아내고 왕위에 오른 시대 상황 암시
㉡	변치 않는 마음	세조의 회유를 뿌리치고 (단종)에 대한 충의를 지키려는 지조와 절개

정답 코칭

세조가 단종을 폐위하고 왕위에 오른 뒤 단종의 복위를 꾀하던 작가가 세조의 회유를 뿌리치고 권력을 탐하는 이들의 위선적 태도를 비판하려는 의도를 담아 지은 시조로, 임(단종)에 대한 변함없는 지조와 절개(일편단심)를 노래하고 있다.

02

㉠이라고 도사가 말하는 장면에서, 남녀 주인공이 다시 만나는 행복한 결말을 암시하고 있음을 알 수 있겠군. ◎ ✕

정답 코칭

김유령의 소원이 왕시를 다시 만나는 것이기 때문에 화산도사가 ㉠(그대의 소원이 이루어질 것이다.)과 같이 말하는 장면을 통해 김유령이 행복한 결말을 맞게 될 것임을 예상할 수 있다.

03

구분	대비되는 상황		정서
(가)	어항 속에 갇힌 상황	↔ 바다에서 자유로운 상황	이상 세계에 대한 동경과 (좌절)
(나)	법관이 되거나 돈을 잘 버는 상황	↔ 자신이 원하는 삶을 사는 상황	현실 인식과 추구하는 삶에 대한 (의지)

(가)와 (나)는 모두 대비되는 상황을 제시하여 주제 의식을 강조하고 있다. ◎ ✕

정답 코칭

(가)는 어항 속에 갇힌 상황과 바다에서의 자유로운 상황을 대비하여 이상 세계에 대한 동경과 좌절을 드러내고 있다. (나)는 법관이 되거나 돈을 잘 버는 상황과, 궁티를 벗지 못했지만 자신이 바라는 삶을 살아가는 상황을 대비하여 현실에 대한 인식과 자신이 추구하는 삶에 대한 의지를 드러내고 있다.

벌크-UP
p. 196

01 ⑤

01

작자 미상, 〈전우치전〉	
상황	신선의 도를 익힌 전우치가 도술로 탐관오리와 교만한 사람들을 벌하고 가난한 자들을 돕자 임금이 전우치의 재주를 구경하고자 부르고, 전우치는 임금에게 벼슬을 얻어 나라를 위해 일하게 됨.
주제	전우치의 영웅적 활약과 조선의 부패한 정치에 대한 비판
특징	❶ 조선 중기에 실존했던 전우치라는 인물의 생애를 소재로 한 영웅 소설임. ❷ 전우치에 관한 민간 설화들이 독립적인 삽화로 나열된 구조를 지님. ❸ 불의한 자를 응징하고자 하는 민중의 소망이 반영됨. ❹ 비현실적 요소를 사용하여 인물의 영웅적 면모를 강조하고 독자의 흥미를 유발함. ❺ 다른 전기체 소설과는 달리 주인공의 가계, 출생, 자손에 대한 서술이 드러나지 않음.

정답 코칭

⑤ 임금이 환상 세계에서 옛날 벗들을 만나 이야기를 나누는 중에 우치가 언급되는데, 내용은 우치의 덕으로 임금이 옛 벗들을 만났다는 것이나 우치의 정체에 관한 것이다. 그러나 임금이 우치를 직접 만났다거나 우치와 벗이 되었다는 내용은 확인할 수 없다.

오답 코칭

① 우치가 재주를 부려 선녀와 선관들이 표주박, 연잎, 고래, 수레를 타고 오게 한 일은 현실 세계에서는 경험할 수 없는 일이므로, 우치가 초월적 능력을 발휘하여 환상 세계를 만들어 냈다고 할 수 있다.

② 임금이 선관과 선녀를 만난 환상 세계에서도 임금으로 서술된 것을 통해 그가 조선의 왕으로 설정되어 있음을 알 수 있으므로 현실 세계와 관련을 맺고 있다고 할 수 있다.

③ 임금이 환상 세계를 경험한 후에 이를 말해 주자 신하들이 신통하게 여기는 것으로 보아, 신하들은 임금이 겪은 일을 인식하지 못하고 있다.

④ 환상 세계를 경험한 후 우치의 도술에 속은 것을 알게 된 임금이 "너의 재주는 진실로 고금에 없도다."라며 우치의 재주를 인정하는 것을 통해 환상 세계의 경험이 현실 세계의 우치를 인정하도록 만드는 실마리로 기능하므로 두 공간의 사건이 이어짐을 알 수 있다.

호루라기 관장님의 하드 트레이닝
p. 197

01 '나', 이기적
02 후회
03 '나', 허물
04 별, 돌
05 반성, 별, 돌
06 ~는 사람이 되고 싶었는데, ~는 사람이 되고 말았다.
07 반성

개념쑥 트레이닝 ZONE p. 201~202

- **01** 권선징악, 빈부
- **02** 소시민, 잉여
- **03** 삽화식, 임진왜란
- **04** 이쁜이 어머니, 신전 집, 삽화

워밍-UP p. 203

01

서술자가 인물의 내면과 사건의 정황을 직접 서술하여 독자의 이해를 돕고 있다. ◎ ✕

정답 코칭

제시된 부분은 3인칭 전지적 작가 시점에서 '그 여자는 법원에다 진정서를 올리기로 했다.', '그 일만큼은 자기에게 책임이 있었다고 그는 느꼈던 것이다.' 등에서 한영덕이나 한영숙의 내면을 직접 서술하고 있으며, 한영덕이 재판을 받게 된 정황 등을 직접 서술하여 독자의 이해를 돕고 있다.

02

구분		사건의 정황		
㉠	시간	무인년		
	공간	북경	북경	의주
	사건	잡혀가다가 도망침.	간인에게 속아 잡혀갔다가 살아 돌아옴.	연고도 모르고 잡힘.

대화의 내용을 통해 이전에 일어난 사건의 정황을 나타내고 있다. ◎ ✕

정답 코칭

경업이 옥문을 나와 상을 뵙고는, 무인년에 북경에 잡혀가다가 중간에 도망한 일이며, 명과 함께 호왕을 베고 병자년의 원수를 갚고 세자와 대군을 모셔 오려고 했던 일, 그 와중에서 간인에게 속아 북경에 잡혀 갔다가 살아 돌아와 의주에서 잡혔던 일 등을 상에게 아뢰는 데서 대화의 내용을 통해 이전에 일어난 사건의 정황을 나타내고 있다.

펌핑-UP p. 204

01 ④	02 ⑤

작자 미상, 〈전우치전〉

상황	전우치가 본읍 원이 해결하지 못한 가달산의 도적 엄준 문제를 해결하나 역모에 가담했다 하여 처형당할 위기에 처하자 임금을 속이고 도술을 부려 그림 속으로 도망감.

정서와 태도	도둑의 반란을 평정하는 공을 세우나 역모에 가담했다 하여 우치를 죽이려는 임금과 전우치가 갈등함.
주제	우치의 영웅적 모습과 조선의 부패한 정치에 대한 비판

01

정답 코칭

④ 엄준 토벌 삽화와 역모 누명 삽화에서 전우치는 혼자 도술을 사용하여 문제를 해결하고 있다. 전우치가 초월적 존재와 교감하여 문제를 해결하는 것은 아니다.

오답 코칭

① 엄준 토벌 삽화에서 전우치는 도술을 부려 엄준 무리의 잔치를 망치고 있으며, 역모 누명 삽화에서 전우치는 죽을 위기에 처하자 도술을 부려 그림 속으로 도망간다. 따라서 두 삽화 모두 전우치가 스스로의 힘으로 사건을 해결하고 있다.

② 전우치는 엄준 토벌 삽화에서 솔개로 변신하고, 진언을 외워 수리(독수리)가 상을 걷어치우게 하고 광풍을 일으켜 차일과 병풍을 날아가게 만들고 있고, 역모 누명 삽화에서는 자신이 그린 그림 속으로 들어가고 있다. 이렇게 각기 다른 도술을 사용하는 것은 독자의 지속적인 흥미를 유발한다고 볼 수 있다.

③ 두 삽화에서 전우치는 모두 도술을 사용하여 문제를 해결하고 있으므로, 도술을 사용한다는 연결 고리를 통해 전우치의 행적이 펼쳐지고 있다.

⑤ 전우치가 솔개로 변하거나 그림 속으로 들어가는 비현실적인 도술을 사용하는 것은 그의 능력을 부각하며 신비감을 부여한다고 볼 수 있다.

02

정답 코칭

⑤ 전우치는 자신을 죽이려는 임금 앞에서 여러 핑계를 대며 임금이 명령 내리는 것을 지체시키고 있다. 우치의 말에 임금이 생각하고 고민하다 원을 풀게 해 주고 있으므로 ⑩, ㉻은 우치의 뜻대로 상황이 전개되고 있음을 보여 준다.

호루라기 관장님의 하드 트레이닝 p. 205

- **01** 신분, 양반
- **02** 방자
- **03** 기생, 호감, 몽룡
- **04** 미친 자식, 생동감, 궁금증
- **05** 사실감, 사회상
- **06** 유교, 신분 상승

개념ⓢ 트레이닝 ZONE　　　　　p. 209~210

01	따옴표	07	주관적
02	보여 주기, 말하기	08	선경 후정
03	개입	09	선경 후정
04	서술자	10	외부, 한탄
05	서술자	11	달밤, 소망
06	개입		

워밍-UP　　　　　p. 211

01

구분	표현
서술자의 개입 ❶	(이는)~(터인가.)
서술자의 개입 ❷	(이)~(말인가.)

서술자의 개입을 통해 작중 상황에 대한 주관적 판단을 제시하고 있다.

정답 코칭

'이는 지옥을 상상하게 하더라. ~ 이것을 어느 누구의 힘으로 구원하여 밝은 빛을 뿌려 터인가.', '이 위급함을 무엇으로 해결하여야 한단 말인가.' 등에서 서술자의 개입이 나타나고, 이를 통해 작중 상황에 대한 서술자의 주관적 판단이 나타나고 있다.

02

구분	표현
서술자의 개입 ❶	(독부)~(못할러라.)
서술자의 개입 ❷	(장경)~(없더라.)

서술자가 직접 개입하여 인물에 대한 자신의 생각을 드러내고 있다.

정답 코칭

'독부 되어 그 정상이 차마 보지 못할러라', '보는 사람이 아니 괴이히 여길 이 없더라'에서 서술자가 직접 개입하여 인물에 대한 자신의 생각을 드러 내고 있으므로 적절하다.

03

구분	경치	정서
(가)〈제17수〉	한식날의 (봄) 풍경	원망과 (그리움)
(가)〈제18수〉	비가 온 후 (연못가)의 풍경	임에 대한 그리움에 (시름)에 잠김.
(나)	(개심대)에서 바라본 금강산 봉우리의 모습	(인걸)을/를 만들고자 하는 바람과 조물주의 뜻이 자연에 담겨 있다는 생각

→ (가)는 선경 후정의 전개 방식을 통해 화자의 내면을 드러내고 있다.

정답 코칭

(가)의 화자는 한식날 비가 온 밤에 꽃이 피어 있고 버드나무가 흐드러진 봄 풍경을 바라보며 이를 묘사하고 있다. 하지만 종장에 이르면 님이 오지 않는 상황에 대한 한탄을 드러내면서 임에 대한 그리움의 정서를 표현하고 있다. 그러므로 초장과 중장에서 경치를 먼저 제시하고 종장에 이르러 화자의 감정을 드러내는, 선경 후정의 전개 방식을 활용하고 있다고 볼 수 있다.

→ (나)는 선경 후정의 방식으로 화자가 바라본 풍경과 그에 대한 감흥이 서술되고 있다.

정답 코칭

(나)의 화자는 '개심대'에 올라 자신이 바라본 금강산의 만이천 봉우리의 맑고 깨끗한 기운을 먼저 묘사한 후, 금강산의 기운을 흩어 내어 인걸을 만들고자 하는 마음과 조물주의 뜻이 자연에 담겨 있다는 자신의 생각에 대해 서술하고 있다.

벌크-UP　　　　　p. 212

01 ⑤	02 ⑤

01

작자 미상, 〈이춘풍전〉	
상황	이춘풍이 호조 돈을 빌려가 갚지 않은 죄로 붙잡혀 곤장을 맞는 벌을 받고, 집으로 돌아와 비장으로 변장한 아내를 알아보지 못하고 아내 대신 비장을 대접하기 위해 죽을 쑤는 굴욕을 당함.
정서와 태도	이춘풍은 비장에게 잡혀가 죄를 심문 받고 곤장을 맞게 되자 두려움에 떨다가, 집에 돌아온 후 아내의 행방을 묻는 비장의 물음에 당황함.
주제	허위에 찬 남성 중심의 사회 비판과 진취적 여성상의 제시
특징	❶ 방탕하고 가부장적인 이춘풍이 적극적이며 진취적인 아내의 슬기로 개과천선하게 된다는 내용을 담고 있는 풍자 소설 ❷ 물질 중심의 가치관이 형성되어 가던 시대상을 반영하고 있으며, 허위에 찬 남성 중심적인 사회를 비판하고 있는 판소리계 소설 ❸ 물질 중심적 가치관이 형성되어 가던 시대상을 반영함. ❹ 두 인물의 상반된 생활 태도와 갈등을 통해 주제를 드러냄.

이춘풍	춘풍의 아내
• 가부장적 남편 • 비장으로 변장한 아내의 도움으로 개과천선함.	• 진취적인 여성 • 기지를 발휘해 남편을 바로잡음.

정답 코칭

⑤ '춘풍이 황공하여 밖으로 내달아서 아무리 제 계집을 찾은들 어디 간 줄 알리요.', '춘풍이 갈분을 가지고 부엌에 내려가 죽 쑤는 꼴은 차마 볼 수 없더라.'에서 서술자가 작중 상황에 개입하고 있다.

① 우화는 인격화한 동식물이나 기타 사물을 주인공으로 하여 그들의 행동 속에 풍자와 교훈의 뜻을 나타내는 이야기이다. 제시된 부분에는 우화의 기법이 활용되지 않았으며 이를 통해 당대의 현실을 비판하고 있지 않다.

② 제시된 부분은 비장과 춘풍의 대화와 서술 위주로 내용이 제시되어 있을 뿐, 배경 묘사는 제시되어 있지 않고 이를 통해 인물의 내면 심리를 암시하고 있지 않다.

③ 제시된 부분은 시간의 흐름에 따라 서술되고 있으며 서술자의 회상은 제시되어 있지 않고, 외화와 내화가 나뉘어 있는 액자식 구성이 아니다.

④ 제시된 부분에는 상징적 의미를 나타내는 소재가 사용되지 않았으며, 작중 현실 세계에서 벌어지는 일을 다루고 있을 뿐 환상적인 분위기가 조성되고 있지 않다.

02

최일남, 〈노새 두 마리〉	
상황	구동네 아이들이 연탄 배달부의 아들인 '나'를 '까마귀 새끼'라며 놀리자 '나'는 놀리는 아이들의 아버지 직업도 '나'의 아버지의 직업보다 딱히 나은 것이 없다고 생각함.
정서와 태도	'나'는 자신이 까마귀 새끼라는 별명을 가지고 있다는 것이 당연하면서 별로 억울하지 않다며 긍정적인 태도를 보임.
주제	급변하는 시대 상황에 적응하지 못하는 도시 빈민의 고단한 삶
특징	❶ 오늘 우리 집에 노새가 없는 현재의 상황에서 시작하여 어제 노새가 달아난 과거의 일을 서술하는 역순행적 구성으로 전개됨. ❷ 1970년대 산업화·도시화 시대에 고향을 떠나 도시로 이주한 가족이 도시에 적응하는 과정 속에서 겪는 일을 다루고 있음. ❸ '나'라는 어린아이의 시선으로 아버지의 삶을 객관화하여 보여 줌. ❹ 구동네 사람들의 직업을 열거하여 경제적으로 넉넉하지 못한 형편임을 보여 줌.

'나'의 아버지	연탄 배달부
영길이네 아버지	뻥튀기 장수
종달이네 형님	번데기 장수
순철이네 아버지	시장 경비원
귀달네 아버지	포장마차 장사

❺ '노새'라는 소재를 통해 대도시에 적응하지 못한 아버지의 삶을 상징적으로 보여 줌.

노새	• 급격한 산업화 과정에서 소외된 존재 • 힘겹고 고단하지만 가장의 책임을 다하려는 이 시대의 아버지

⑤ 〈보기〉는 서술의 방식으로 제시된 글의 내용을 인물 간의 대화로 바꾸어 제시한 것으로, 인물들의 대화를 위주로 표현하면 작중 상황을 생생한 현장감이 느껴지도록 나타내는 효과를 얻을 수 있다.

① 〈보기〉의 '신발도 깜장 구두, 연탄재 뒤집어쓴 껌정투성이.'와 '너네 아버지는 콧물도 까맣더라.'에서 '나'의 아버지의 외양에 대해 알 수 있지만, 이는 대화를 통해 제시된 내용일 뿐, 외양을 묘사한 표현을 통해 인물의 성격을 드러내고 있지 않다.

② 〈보기〉는 대체로 호흡이 짧은 문장을 사용하여 인물들이 서로의 별명을 부르며 놀리는 상황을 제시하고 있을 뿐, 호흡이 긴 문장을 사용하여 서술하고 있지 않다.

③ 〈보기〉에서 인물의 성격 변화는 드러나지 않으며 이를 통해 긴장감이 고조되고 있지 않다.

④ 〈보기〉에는 별명을 부르며 서로를 놀리는 구동네 아이들 간의 대립 구도가 나타나 있지만, 새로운 인물이 등장하지는 않는다.

p. 213

01 관찰, 벼슬길
02 반성
03 선경 후정
04 깨달음
05 전형적, 조력자
06 공명
07 당황
08 빠르게
09 영웅

076~078 수미상관(수미상응·수미쌍관)/ 시간의 순행적(순차적) 구성/시간의 역전적 구성

개념 쏙 트레이닝 ZONE

p. 217~218

01	수미상관, 안정감	05	새벽, 저녁
02	반복	06	회상, 과거
03	시간	07	소련군, 역전적
04	시간		

워밍-UP

p. 219

01

구분	표현	장면
내용	과거 (회상)	옛 우물과 금빛 잉어에 대해 할머니께 들었던 (과거)의 사건

과거 회상의 기법을 사용하여 사건을 서술하고 있다. ◎ ×

정답 코칭

'내게 오래된 옛 우물과 ~ 증조할머니였을 것이다.'에서 서술자가 과거의 시간을 떠올리고 있다는 것을 알 수 있다. 서술자는 '옛 우물', '금빛 잉어', '증조할머니', '정옥' 등을 떠올리며 이와 관련된 과거의 사건을 서술하고 있다.

02

구분	〈제6수〉	〈제7수〉	〈제8수〉
표현	새볏빛	진시	서산에 해 지고 풀 끝에 이슬 맺힌다, 달 지고
시간	새벽	낮	저녁
상황	(밭)을/를 보러 나감.	식사를 준비하여 농부들을 먹임.	(호미)을/를 둘러메고 돌아옴.

하루 동안의 시간을 통해 농촌의 일상을 드러내고 있다. ◎ ×

정답 코칭

〈제6수〉~〈제8수〉는 '새벽 → 낮 → 저녁'으로 이어지는 하루 동안의 시간이 나타나 있으며 밭으로 일을 하러 나가자고 하는 새벽, 점심을 준비하는 낮, 일을 마치고 돌아오는 저녁의 모습을 통해 농촌의 일상을 나타내고 있다.

03

상황	시간적 배경	정서
길가를 지나치다 노송 아래에서 잠시 머묾.	언제	즐거움.
노송이 베어 넘겨졌음을 봄.	하룻날	애석함.

시간의 경과에 따라 시상이 전개되고 있다. ◎ ×

정답 코칭

화자가 '언제'인가 길가에서 노송 한 그루를 보고 그 아래에서 노닐다가 '하룻날' 다시 와서 노송이 베어진 것을 발견하고 안타까움을 느끼며, 자신이 노송이 섰던 자리에 서서 허공에 팔을 올려 신운(神韻, 고상하고 신비스러운 운치)을 느껴 보려 하나 더 이상 유현한 솔바람 소리를 들을 수 없음을 확인하며 안타까워하고 있으므로 시간의 경과에 따라 시상이 전개되고 있다.

04

구분	의미	기능
㉠	(앞)의 이야기를 하자면	이야기가 (과거)의 시점으로 되돌아감.
㉡	이때	이야기가 (현재)의 시점으로 되돌아옴.

역순행적 구성을 활용하여 사건을 전개하고 있다. ◎ ×

정답 코칭

〈월왕전〉은 유교적 충효 사상을 주제로 한 군담 소설로서 19세기 무렵 민간에서 판각한 방각본 소설이다. 상업성을 추구했던 대개의 방각본 소설처럼 이 작품도 주로 오락적 목적의 독서를 즐겨 하는 독자층을 겨냥한 다양한 소설적 기법을 구사하고 있다. 전기적 요소의 활용은 물론, 극단적 상황 설정, 이야기의 흐름을 끊는 단절 기법, 속도감 있는 사건 전개를 위한 압축적인 사건 서술이 잘 나타나 있다. '선설'은 '앞의 이야기를 하자면'이라는 뜻이며, '차시'는 '이때'라는 뜻으로, 진행되던 이야기의 흐름을 끊는 기능을 하는 표지이다.

펌핑-UP

p. 220

01 ②   02 ③

01

허영자, 〈씨앗을 받으며〉	
상황	'나'는 바쁘게 헤매며 노력했지만 아무런 성과를 얻지 못한 채 때만 묻어 돌아옴.
정서와 태도	'나'는 자연이 힘들여 이루어 낸 결실을 아무 얻은 것 없이 살아온 자신이 받으려니 염치가 없음을 느끼며 지나온 삶을 반성함.
주제	초목(자연)에 대한 예찬과 반성
특징	❶ 화자와 자연의 대비, 반성적(성찰적) 태도를 통해 주제 의식을 강조함. **'나'(화자)**: 아무 얻은 것 없이 때만 묻어 돌아옴. ↔ **가을 초목(대상)**: 알차고 여문 황금빛 생명을 마련함. ❷ 시각적 이미지와 영탄법을 통해 자연의 속성을 드러냄. ❸ 변형된 수미상관을 사용해 화자의 반성적(성찰적) 태도를 강조함.

② '역사하다'는 '뜻하여 어떤 일을 행하다'라는 의미인데, '알차고 여문 황금빛 생명'이라는 결실을 맺은 주체는 '가을 초목(당신, 어머니)'이지 화자가 아니다. 화자는 스스로의 삶을 '바쁘게 바쁘게 / 거리를 헤매고도 // 아무 / 얻은 것 없이 / 꺼멓게 때만 묻어 돌아왔'다고 평가하며 성찰적인 태도를 보이고 있다. 따라서 '젊음이 역사한'을 추가하여 화자가 과거에 기울였던 노력의 가치를 스스로 재인식하는 모습을 부각한다는 설명은 적절하지 않다.

① 화자는 '가을'에 '황금빛 생명'이라는 결실을 접하고 자신의 삶을 성찰하고 있으며, '가을 뜨락에'의 반복을 통해 성찰의 계기가 되는 계절적 상황을 강조하고 있다.

③ '씨앗'은 '젊음이 역사한' 결과이므로, '젊음이 역사한'을 추가하여 '씨앗'을 맺기 위해 화자가 과거의 시간 동안 기울인 노력의 가치를 스스로 재인식하고 의미를 강조하고 있다.

④ '도무지'는 '이러니저러니 할 것 없이 아주'라는 뜻으로, 씨앗을 받는 상황에 대해 염치없다고 느끼는 화자의 정서적 반응이 더 강해졌음을 나타낸다.

⑤ '송구하다'는 '두려워 마음이 거북스럽다', '염치없다'는 '체면을 차릴 줄 알거나 부끄러움을 아는 마음이 없다'는 뜻이다. 수미상관의 구조 안에서 보다 강화된 의미의 어휘로 변주함으로써 화자의 성찰적 태도를 부각하고 있다.

02

김종길, 〈바다에서〉	
상황	바다의 배 위에서 옛날의 슬픔을 버리고 긍정적인 미래를 맞이하기 위해 의지를 다짐.
정서와 태도	파도치는 역경 속에서도 굴하지 않고 꿈과 이상을 향해 나아가려는 화자의 굳은 결의를 드러냄.
주제	고난 속에서도 이상을 추구하는 굳은 의지
특징	❶ 화자의 내면 상황을 바다 위에서 거친 파도를 만난 구체적 상황에 빗대어 표현함. ❷ 시어의 대비와 촉각적 심상을 활용하여 대상의 속성을 구체화하고 주제를 부각함. ❸ 과거 → 현재 → 미래의 시간 구조를 바탕으로 화자의 태도 변화에 따라 시상을 전개함. ❹ 바다와 하늘이라는 공간의 대립 구조를 통해 화자의 내면을 효과적으로 형상화함.

바다	하늘
• 고난과 시련을 주고 있는 과거이자 현재의 공간 • 하강적 이미지의 부정적 속성이 나타나는 공간	• 화자가 꿈꾸고 지향하는 미래의 공간 • 상승적 이미지의 긍정적 속성이 나타나는 공간

③ 화자는 '물거품'같이 '일었다간 스러'졌던 과거의 자신을 '아득히 띄워보내'려 하므로 이러한 행동에서 과거 자신의 모습에 대한 미련을 읽어내는 것은 적절하지 않다. 오히려 화자는 자신의 '옛날'과 현재를 단절시킴으로써 긍정적인 미래로 나아가고자 하는 모습을 드러내고 있다고 보는 것이 적절하다.

① 화자는 과거에 겪었던 시련을 떠올리며 '차운 물보라'라고 표현하고 있다.

② '부서지는 파도' 속에 '해로가 일렁'이는 상황에도 화자는 자신이 현재 홀로임을 느끼고 있다.

④ 화자는 현재 '자폭의 잔'을 채우던 '옛날'을 '아득히' 띄워 보내며 부정적 과거와 단절되기를 바라고 있다.

⑤ 화자는 현재 '바다만' 한 '슬픔'을 느끼고 있으면서도 '뉘우치지 않을' '하늘'을 꿈꾸고 있으므로 '뉘우치지 않을' 수 있는 미래의 삶을 지향하고 있다고 볼 수 있다.

호루라기 관장님의 🥇하드 트레이닝 p. 221

01 별, 고통
02 위로
03 사랑, 희망, 안정감, 희망
04 사랑
05 '나', 가난
06 서러움
07 현재, 과거 회상
08 공동체

개념쇼 트레이닝 ZONE p. 225~226

01 시선		05 성찰, 이동	
02 주막		06 회상, 만수 외삼촌	
03 공간		07 인과, 독백	
04 바람, 공간			

워밍-UP p. 227

01

구분	㉠	㉡	㉢
공간	외딴 마을	앞내	고개

공간의 이동에 따라 시상을 전개하고 있다. ◎ ✕

정답 코칭

'외딴 마을', '앞내', '고개' 등으로 공간을 이동하며 시상을 전개하고 있다.

02

표현상 특징		표현
(시선)의 이동		하늘 → 원산 → 태산(기암 → 장송 → 폭포)
대구법		• 기암은 층층, 장송은 낙락 • 이 골 물이 주르르륵, 저 골 물이 쌀쌀
비유	의인법	장송은 ~ 흥에 겨워 우줄우줄 춤을 춘다.
비유	직유법	• 수정렴 드리운 듯 • 은옥같이
음성 상징어	고유어	펄펄펄, 우줄우줄, 콸콸, 주루루룩, 쌀쌀, 으르렁
음성 상징어	한자어	첩첩, 층층, 낙락

→ 시선의 이동에 따라 시상을 전개하고 있다. ◎ ✕

정답 코칭

'하늘 → 원산 → 태산(기암 → 장송 → 폭포)'으로 이어지는 시선의 이동을 확인할 수 있다.

→ 대구를 활용하여 리듬감을 만들어 내고 있다. ◎ ✕

정답 코칭

'기암은 층층 / 장송은 낙락', '이 골 물이 주루루룩 / 저 골 물이 쌀쌀' 등에서 대구를 통한 리듬감을 느낄 수 있다.

→ 비유적 표현으로 대상의 이미지를 형상화하고 있다. ◎ ✕

정답 코칭

의인법(장송은 ~ 춤을 춘다), 직유법(수정렴 드리운 듯, 은옥같이 흩어지니) 등을 통해 자연의 시각적 이미지를 드러내고 있다.

→ 의성·의태어를 다채롭게 구사하여 생동감을 살리고 있다. ◎ ✕

정답 코칭

'펄펄펄, 우줄우줄, 콸콸, 주루루룩, 쌀쌀, 으르렁' 등의 고유어뿐 아니라 '첩첩, 층층, 낙락' 등 한자어로 된 의성어와 의태어를 사용하여 대상의 동적 이미지를 생동감 있게 드러내고 있다.

03

구분	기능
㉠	'나'가 수면제에 대해 (공상)하게 된 계기를 제공함.
㉡	비현실적이고 엉뚱한 상상을 한 자신에 대한 (자조)적인 모습을 나타냄.

(1인칭) 서술자인 주인공 '나'가 무진으로 가는 버스 안에서 바람에 대해 엉뚱한 공상을 하는 (내면 의식)의 흐름을 따라 서술하고 있다.

정답 코칭

제약회사의 전무가 될 '나'가 아내의 권유로 고달픈 현실에서 벗어나 재충전을 위해 젊은 날의 추억이 있는 고향 무진으로 떠나는 길에 버스 안에서 공상을 하는 내면 의식을 서술하고 있다.

벌크-UP p. 228

01 ①

01

선우휘 원작·이은성 외 각색, 〈불꽃〉	
상황	한국 전쟁의 발발로 옛 친구인 '연호'를 만나고, 그는 현을 공산주의자로 만들고자 설득하지만 실패함. 결국 연호는 현이 살고 있던 P 고을에 조 선생의 부친을 대상으로 인민재판을 벌이고, 이를 본 현은 분노하여 내무서원의 총을 들고 달아나 동굴 속으로 숨어 버림.
정서와 태도	자신을 죽이러 올 연호를 기다리던 현은 일본 유학 시절 수업 중 들은 다까라 교수의 말을 떠올리며 명분이 없는 이데올로기 갈등과 전쟁에 대해 비판적 태도를 보이며 의문을 제기함.
주제	역사의 참혹한 비극을 극복한 삶에 대한 적극적인 의지
특징	❶ 인물 간의 대화로 사건의 긴장감을 조성함. ❷ 과거의 사건을 제시하여 인물의 성격 변화의 원인을 알려 줌. ❸ 할아버지, 아버지, 손자의 3대에 걸친 가족사의 고난과 인물들의 대응 방식을 통해 주제를 형상화함.

정답 코칭

① 이 글은 현재 동굴에 피신해 있는 주인공 '현'의 내면 의식을 따라 현재와 과거를 넘나들면서 극이 진행되고 있다. 즉 현재의 시각에서 과거의 자신의 삶을 돌아보면서 변해 가는 심리를 중심으로 극이 진행되고 있다.

호루라기 관장님의 하드 트레이닝 p. 229

01 방관, 폭력, 저항, 무능(무기력)	
02 편지, 잘못, 무관심	
03 책망	
04 신뢰성	
05 저항	

개념쇼 트레이닝 ZONE　p. 233~234

01 과일, 유통
02 독백, 개인
03 과거, 입체적
04 회상, 입체적

워밍-UP　p. 235

01

구분	상황
원인	국진이 달마국 전장에서 (신병)에 걸린 후 차도가 없어 위급한 상황에 놓임.
결과	이 부인이 신병을 앓는 남편 국진을 구하고 싸움을 결단 짓기 위해 (남장)을/를 한 후 달마국을 향해 떠남.

'달마국 전장'에서 국진에게 일어나는 일이 이 부인이 남장을 결심하는 원인이 된다. ◎ ✕

정답 코칭

제시된 부분에서 이 부인은 천기를 보다가 남편 국진이 신병에 걸려 위급한 상황에 놓여 있음을 알게 된 후, 병을 앓는 남편을 구하고 싸움을 결단 짓기 위해 남장을 한 후 달마국으로 떠난다. 따라서 이 부인이 남장을 하게 된 것은 달마국 전장에서 국진이 신명을 얻어 어려운 지경이 되었기 때문임을 알 수 있다.

02

→ 숙향과 이선이 환상 체험을 할 수 있는 공간으로 이동하는 데에 두 사람이 각자 잠드는 것을 서사적 장치로 활용함으로써 숙향과 이선의 환상 체험 간의 관련성을 높이고 있군. ◎ ✕

→ 숙향과 이선이 공통적으로 '요지'에서 화려한 누각을 보고 향내를 맡은 것을 제시함으로써 특정한 한 공간에서 두 사람이 각각 겪은 체험의 동일성을 나타내고 있군. ◎ ✕

정답 코칭

숙향과 이선은 모두 잠이 든 후 비현실적 존재들에 이끌려 서왕모의 집에 이르렀고 요지에 이르러 화려한 누각을 보고 향내를 맡고 있다. 따라서 숙향과 이선은 각각 체험을 했으나 환상 체험을 할 수 있는 공간으로 이동하는 데에 잠드는 것을 서사적 장치로 이용했으며 요지에서 화려한 누각을 보고 향내는 맡는 경험을 공통적으로 했다는 면에서 동일하다.

펌핑-UP　p. 236

01 ③　　**02** ④

01

이문구, 〈관촌수필〉	
상황	8편의 단편 중 에피소드 6인 '관산추정(關山芻丁)'에 해당하는 부분으로, 어릴 적에는 두려움의 대상이었던 도깨비불을 어른이 된 후 우연히 다시 보게 됨.
정서와 태도	'나'는 어린 시절에 반딧불만 보아도 도깨비불을 본 것처럼 여기며 도깨비불을 두려워하였으나, 어른이 된 후 우연히 도깨비불을 발견하고는 가슴이 벅차오르며 반가움과 즐거움을 느낌.
제목의 의미	'관촌'이라는 시골 마을에 대한 내용을 다루고 있으며 작가의 체험이 드러나 있기 때문에 소설임에도 불구하고 '수필'이라는 제목을 사용함. 회고의 형식을 취하면서 여러 편의 에피소드를 나열하는 소설적 구조를 취하고 있는 작품임.
주제	1970년대의 산업화와 도시화로 인해 사라져 가는 것들에 대한 그리움과 안타까움

❶ 산업화와 근대화로 인해 변해 가는 농촌의 모습을 사실적으로 그려 낸 8편의 단편으로 구성된 연작 소설임.
❷ 토속적인 사투리와 향토적인 어휘를 사용하여 현장감과 생동감이 느껴짐.
❸ 과거와 현재를 매개하는 경험을 제시하여 인물이 겪는 인식의 변화를 드러냄.
❹ 1인칭의 독백체를 사용하여 주관적인 정서를 드러냄.
❺ 변해 버린 고향의 모습을 묘사하여 서술자의 애상감을 드러냄.

특징		
	1편 일락서산 (日落西山)	오랜만에 성묘를 하기 위해 고향을 찾은 '나'가 예전 모습을 찾아볼 수 없는 고향을 둘러보면서, 자신의 인격 형성에 가장 큰 영향을 끼친 할아버지(가문의 전통과 기품을 중시하는 전통적 가치관을 지닌 인물)와 좌익 사상으로 희생된 아버지, 그리고 이제는 오랜 타향살이로 인해 고향을 영영 잃어버린 '나'에 이르는 3대에 걸친 가족사를 어린 시절의 고향 풍경과 함께 담담하게 회상함.
	2편 화무십일 (花無十日)	6·25 전쟁 중 피란길에서 '나'의 집에 머물렀던 윤 영감 일가의 비극적인 삶을 회상하고 피란민 일가에 대한 '나'의 어머니의 따뜻한 인간애를 다룸.
	3편 행운유수 (行雲流水)	'나'의 집에서 부엌일을 거들며 함께 자란 옹점이의 결혼생활과 떠돌이 삶을 가슴 아프게 그림.
	4편 녹수청산 (綠水靑山)	대복이네와 그 이웃들이 맺었던 순박한 관계와 그들의 삶이 퇴색해 가는 과정을 그림.
	5편 공산토월 (空山吐月)	어린 시절 석공네 집과 '나'가 특별한 인연을 맺게 되었던 사연과 성실하게 살던 석공이 안타까운 죽음을 맞이했던 과정을 다룸.
	6편 관산추정 (關山芻丁)	유년 시절의 고향 친구를 만난 이야기를 중심으로 마을 안을 흐르던 한내(大川)가 도시에서 밀려들어 온 퇴폐적 소비문화의 하수구로 전락한 실상을 그림.

| 7편
여요주서
(與謠註序) | 중학 동창인 친구가 아버지의 약값을 마련하려고 꿩을 잡아 팔려다가 발각되어 자연 보호를 위배했다는 이유로 공권력의 횡포에 시달리는 내용을 담음. |
| 8편
월곡후야
(月谷後夜) | 벽촌에서 소녀를 겁탈한 사건이 일어나 동네 청년들이 나서 범인에게 사적인 제재를 가한다는 내용을 담음. |

③ 이 글에서 '나'는 어린 시절에는 '도깨비불'을 보고 두려움을 느꼈으나 어른이 된 후에는 이를 보고 '가슴이 벅차오르는' 감격을 느끼고 있다. 따라서 이 글은 과거와 현재를 매개하는 경험(도깨비불을 본 경험)을 제시하여 인물이 겪는 인식의 변화(두려움 → 반가움, 감격)를 드러내고 있다고 할 수 있다.

① 이 글은 '도깨비불'과 관련된 과거의 경험과 현재의 경험을 각각 제시하고 있을 뿐, 같은 사건을 반복하여 제시하는 것이 아니며, 이를 통해 인물('나')의 과거와 현재의 인식 변화만 드러날 뿐 인물들의 갈등이 심화되고 있지 않다.

② 이 글은 '도깨비불'과 관련된 과거의 경험과 현재의 경험을 교차하여 제시하고 있을 뿐, 빈번하게 장면을 교차하고 있는 것이 아니다.

④ 이 글은 '도깨비불'과 관련된 과거의 경험과 현재의 경험을 모두 1인칭 서술자 '나'의 관점에서 서술하고 있으므로 시간이나 공간의 이동은 나타나지만 그에 따라 서술자를 달리하고 있는 것은 아니다.

⑤ 이 글은 '도깨비불'과 관련된 과거의 경험 다음에 현재의 경험이 서술되고 있으므로 시간 순서에 따라 사건이 전개되고 있다. 따라서 시간의 역전은 나타나지 않으며, 인과 관계를 재구성한 서사도 제시되어 있지 않고, 감추어진 사건의 내막도 찾을 수 없다.

02

작자 미상, 〈이대봉전〉	
상황	대봉은 북방 흉노의 대군을, 애황은 남방 선우의 군대를 격퇴하고, 재회하여 결혼한 뒤 공을 인정받아 각각 초왕과 충렬왕후가 되지만, 흉노의 대군과 선우의 군대가 재침입했다는 소식을 듣고 황제를 안심시킨 뒤 적을 물리치러 감.
정서와 태도	대봉은 적들이 남북으로 쳐들어와 근심하는 황제를 안심시킴.
주제	나라를 구하고 사랑을 이루게 된 남녀 주인공의 활약
특징	❶ 사회적 제약을 뛰어넘는 여성 주인공의 활약상이 두드러지게 나타남.

이대봉		장애황
나라가 위기에 처했다는 황제의 전교를 보고 즉시 북쪽의 흉노를 물리치기 위해 떠남.	+	잉태한 몸으로 출전하여 남쪽의 선우를 물리침.

- 남녀 주인공이 협력하여 나라를 위기에서 구함.
- 군주에게 충성하는 유교적 이념을 드러냄.

❷ 잦은 장면 전환을 통해 사건을 속도감 있게 전개함.

④ 이 작품은 황제가 남북의 적병이 재침입한 사실을 확인하는 장면, 대봉이 전교를 보고 황성으로 오는 장면, 대봉과 애황이 출전하는 장면 등 다양하게 장면을 전환하며 사건을 속도감 있게 전개하고 있다.

① 제시된 부분은 흉노의 대군과 선우의 군대가 재침입하는 바람에 전쟁이 일어났음을 알 수 있지만, 배경을 묘사한 내용은 제시되지 않았다.

② 제시된 부분은 작중 현실 세계에서 일어나는 일을 제시하고 있을 뿐, 초월적 공간과 환상적 요소는 드러나지 않는다.

③ 제시된 부분은 전쟁이 일어나자 초왕 이대봉이 황제를 안심시키고 충렬왕후에게 소식을 전하는 장면일 뿐, 비극적 결말을 암시하는 서술자 개입이 나타나지 않는다.

⑤ 제시된 부분은 오랑캐의 반란으로 인한 위기감과 긴장감이 드러날 뿐, 해학적 분위기는 나타나지 않는다.

호루라기 관장님의 하드 트레이닝　　　p. 237

01　허세, 속물
02　노란 봉투
03　실망
04　사무실, 투자자, 과장, 물질주의
05　인간성

개념초 트레이닝 ZONE　　　p. 241～242

01 전기성(비현실성)	05 그리움
02 신장, 전기적(비현실적)	06 뭐락카노
03 요귀	07 점층법, 사실적
04 꽃봉	08 여정, 관찰

워밍-UP　　　p. 243

01

구분	비현실적 내용
㉠	죽은 낭자의 용모가 (산 사람) 같이 조금도 변함이 없음.
㉡	칼이 빠진 몸의 구멍에서 (파랑새)이/가 나오며 "매월이다."라고 세 번 울고 날아감.

매월에 대한 신문은 비현실적 사건에서 비롯되었다.　◎×

정답 코칭

백선군이 매월을 신문한 것은 숙영 낭자의 몸에서 칼을 빼자 그 구멍에서 파랑새가 '매월'이라고 울면서 나오는 비현실적 사건에서 비롯된 것이다.

02

구분	시간적 표현		시간의 점층적 확장
초장	춘풍	추야	두 계절
중장	사시가흥		사계절
종장	끝이 있으리		영원한 시간

〈제6수〉에서는 화자의 인식을 (점층)적으로 드러내어 주제 의식을 집약한다.

정답 코칭

아름다운 자연에서 느끼는 감흥이 초장에서는 봄과 가을의 한 계절씩으로 표현되어 있다. 이것이 중장에서는 사시, 즉 일 년 사계절로, 종장에서는 영원한 것으로 시간이 점층적으로 확대되어 표현되어 있다. 이런 점층적인 표현을 통해 자연 속에 묻혀서 살고 싶어 하는 자연 친화적인 삶의 추구라는 주제 의식이 집약되어 표현되었다.

03

구분	화자의 행동이나 정서	행동이나 정서의 의미
㉠	다른 세상을 헤매다가 돌아옴.	집이 인간이 (회귀)할 수 있는 본원적 공간임을 깨달음.
㉡	집 속에서 더없이 행복함.	가족과 함께한 유년의 기억이 본원적 (애착)을/를 유발함.

→ ㉠이라고 한 것은 화자가 '나의 집'으로 심리적인 회귀를 하게 되었다는 것이다.　◎×

정답 코칭

㉠의 '딴 세상을 헤매다가도 돌아오면 다시 그 자리니'는 화자가 '나의 집'을 벗어나기 위해 아무리 노력해도 결국은 근원적 공간인 그 '집'으로 심리적인 회귀를 할 수밖에 없음을 의미한다.

→ ㉡이라고 한 것은 가족들과 함께한 유년의 따뜻했던 기억의 '그림'이 화자에게 본원적인 애착을 유발하기 때문이다.　◎×

정답 코칭

㉡에서 화자가 '이 그림 속에서 '더없이 행복하다'고 한 것은 가족들의 여러 방을 오가면서 즐거운 놀이를 하며 보낸 유년의 따뜻한 기억의 '그림'이 화자에게 그대로 남아 본원적인 애착을 유발했기 때문이라고 볼 수 있다.

벌크-UP　　　p. 244

01 ④	02 ②

01

김수영, 〈눈〉	
상황	부정적 요소인 가래를 토해 내고 순수하고 양심적인 영혼과 육체를 되찾기 위해 눈 위에 기침을 하고자 함.
정서와 태도	불순한 것들을 떨쳐 내는 자기 정화의 행위를 통해 순수함(참된 가치)을 지향하려는 화자의 의지를 나타냄.
주제	순수하고 정의로운 삶에 대한 소망과 의지
특징	❶ 동일 문장의 반복과 변형, 첨가에 의한 점층적 구조로 운율을 형성하고, 순수하고 정의로운 삶에 대한 소망이라는 시적 의미를 강조함. ❷ '눈'과 '가래'라는 대립적 시어를 사용하여 순수하고 정의로운 삶에 대한 소망을 강조함.

눈	가래
•순수성 •비속물성 •영원성 •생명력	•불순성 •속물성 •일상성 •소시민성

정답 코칭

④ 2연의 '눈더러 보라고'에서 '보라고'의 주체는 눈이고, '마음 놓고 마음 놓고'에서 '마음 놓고'의 주체는 젊은 시인이다. 또한 4연의 '눈을 바라보며'에서 '바라보며'의 주체는 젊은 시인이다. 따라서 이 두 시구의 의미가 다르며, 둘 사이에 의미의 점층적 강화가 일어났다고 보기 어렵다.

오답 코칭

① 1연에서는 '눈이 살아 있다'라는 중심 구절에 '떨어진, 마당 위에 떨어진'이라는 수식어가 덧붙어서 각 행이 점층적으로 변주되고 있다.

② 전반부인 1, 2연의 내용은 후반부인 3, 4연에서 변주되어 제시되고 있다.

③ 1, 3연에서는 '눈은 살아 있다'에 '떨어진 눈은', '마당 위에 떨어진 눈은' 등의 시구들이 덧붙여져, 2, 4연에서는 '기침을 하자'에 '젊은 시인이여', '눈 위에 대고' 등의 시구가 덧붙여져 변주되고 있다.

⑤ 4연에서 '기침을 하자'와 '가래라도 뱉자'는 동일한 상징적 의미를 같은
통사 구조로 표현하고 있으므로 반복·변주된 표현이라고 볼 수 있다.
여기에 덧붙여진 '밤새도록 고인 가슴의'와 '마음껏'은 시구의 변주에
사용된 표현들이다.

⑤ 이 작품에서는 '아아, 마침내, 끝끝내'처럼 감탄사와 부사어의 사용을
통해 화자의 심정을 드러내는 표현이 사용되었으나 의성어와 의태어는
확인할 수 없다.

호루라기 관장님의 🥊 하드 트레이닝　　　p. 245

01 음모, 남동생, 계모
02 외당
03 운명론
04 삶은 씨, 우호적
05 불가능
06 재산, 전기적, 가난한 백성
07 갈등

02

황지우, 〈겨울 – 나무로부터 봄 – 나무에로〉	
상황	나무가 겨울에 고통받고 억압받는 상황과 봄이 되어 나무가 싹을 틔우고 꽃을 피운 상황
정서와 태도	• 나무(시적 대상): 부정적 상황을 극복하려는 의지적 태도 • 화자: 부정적 상황을 주체적으로 극복하는 나무의 모습 예찬
주제	겨울을 이겨 내고 꽃을 피우는 나무의 생명력, 고난과 역경을 이겨 낸 민중의 강인한 생명력
특징	❶ 부정적 현실 속에서 고통 받던 나무의 태도가 의지적으로 전환되는 시상의 흐름을 보임.

무방비의 나목	→	싹을 내밀고, 푸른 잎이 됨.	→	꽃 피는 나무
보호받지 못하는 민중		노력의 결과, 현실 극복		나무의 자율성, 주체성
하강 이미지		**상승 이미지**		
영하 13도, 영하 20도		영상 5도, 영상13도		

❷ 나무를 의인화하여 표현함.
❸ 대립적인 시어를 사용하여 상황의 변화를 보여 줌.
❹ 계절의 순환이라는 자연 현상을 통해 주제를 형상화함.
❺ 나무의 강인한 생명력을 상승적·역동적·주체적 이미지로 표현함.

② 이 시는 반복과 점층적 표현을 통해 운율감을 형성하고 있다. '애타면
서', '불타면서', '버티면서 거부하면서'는 연결 어미 '−면서'의 반복적 사
용과 유사한 의미를 가진 동사의 변주를 통해 나무의 역동적 측면을
형상화하고 있다. 특히 '영상으로 영상 5도 영상 13도 지상으로 / 밀고
간다, 막 밀고 올라간다'와 '으스러지도록 / 으스러지도록 부르터지면
서 / 터지면서'는 반복을 활용한 점층적 수법으로 나무의 상승적 이미
지와 변화하는 모습을 잘 드러내고 있다.

① 이 작품은 문장의 종결 대부분이 '−(이)다'이기 때문에 청자가 구체적
으로 드러나 있지 않으며, 말을 건네는 방식의 표현을 찾을 수 없다. 또
한 나무에 대한 친밀감을 높이기 위한 표현 요소도 확인하기 어렵다.
③ 이 시에서 형상화하고 있는 것은 '나무' → 나무의 '뿌리', '두 손', '속' →
'나무'로 바뀌고 있어, 시선이 근경에서 원경으로 이동하고 있다고 보
기 어렵다.
④ 토속어란 지역 방언과 같이 어떤 지방의 고유의 정취가 느껴지는 말이
다. 이 작품에서는 특정 지방의 지역적 색채를 띤 시어가 사용되지 않
았으며, 시적 화자의 자연 친화적인 태도를 찾을 수 없다.

개념🔥 트레이닝 ZONE　　　　　　　p. 251~252

01	임금, 주술적	**03**	화랑, 비유
02	집단, 거북, 직접	**04**	고려, 이상향, 술, 문자

🏃 워밍-UP　　　　　　　　　　　p. 253~254

01

구분	표면적	이면적
화자	아이들	맛둥(서동)
행위 주체	선화 공주	맛둥(서동)
상황	선화 공주의 부정한 행위를 놀림.	선화 공주와의 사랑을 소망함.
주제	(선화 공주)의 은밀한 사랑	선화 공주를 연모하는 (맛둥(서동))의 애정

구분	내용
성격	참요(讖謠: 예언하는 노래)적, 동요적, 참요(讖謠: 모함하는 노래)적, 민요적
의의	❶ 현전하는 가장 오래된 향가 ❷ (민요)이/가 4구체 향가로 정착한 노래 ❸ 향가 중 유일한 (동요)

> **정답 코칭**
>
> 《삼국유사》에 실려 있는 작품으로, 민요체 향가이자 동요의 성격을 띠지만, 작가와 창작 목적이 분명하다는 점에서 개인 서정시의 성격도 있다. 또한 아직 일어나지 않은 일을 이미 일어난 것처럼 노래하였는데, 노래의 내용이 실제로 이루어졌다는 점에서 참요(讖謠, 시대적 상황이나 정치적 징후 등을 암시하는 민요)적 성격이 있다고 볼 수 있다.

02

구분	내용
화자	동해 용왕의 아들인 '나(처용)'
상황	처용이 자신의 (아내)을/를 침범한 역신(疫神, 전염병인 천연두를 옮기는 신)을 보고도 관용적 태도를 보임.
정서	이미 벌어진 상황을 (체념)하는 달관의 태도와 잘못을 저지른 대상을 너그럽게 받아들이는 관용적 태도
성격	주술적, 축사(逐邪 : 사악한 것을 쫓아냄)의 노래
의의	❶ 현전하는 신라 향가의 (마지막) 작품 ❷ 〈구지가〉, 〈해가〉로부터 이어지는 (주술) 시가의 맥을 이은 작품 ❸ 훈민정음으로 표기된 고려 가요 〈처용가〉의 모태가 됨으로써 향가 해독의 단서를 제공

> **정답 코칭**
>
> 《삼국유사》에 실려 있는 작품으로, 현전하는 신라 향가 중 시기적으로 마지막 작품이다. 〈구지가〉, 〈해가〉, 〈처용가〉로 이어지는 주술 시가의 계보를 잇고 있으며, 《악학궤범》에 훈민정음으로 기록되어 있는 고려 가요 〈처용가〉와의 비교를 통해 향가 해석의 단서를 제공하였다.

03

구분	내용
화자	나라를 다스리는 올바른 자세에 대해 말하는 이(충담사)
상황	나라를 다스리는 바람직한 방법에 대해 이야기함.
정서	나라의 구성원들이 각자 (본분)을/를 다하면 나라가 편안해진다는 교훈적 내용을 전달함.
성격	교훈적, 유교적, 설득적
의의	(유교)적 이념을 노래한 유일한 향가

> **정답 코칭**
>
> 신라 경덕왕 때 충담사가 왕의 명을 받아 지은 작품으로 현전하는 향가 중 유일하게 유교적 이념을 노래하고 있다. 민심을 수습하고 국가적 어려움을 이겨 내려는 의도에서 창작된 작품이기 때문에 목적성과 교훈성이 강하다. 국가 구성원의 관계를 가족 구성원의 관계에 빗대어 표현함으로써 가족의 사랑과 유대를 기반으로 한 통치의 중요성을 강조하고 있다.

04

구분	표면적	이면적
임의 의미	사랑하는 사람	임금
화자	임을 사랑하는 연인	태평성대를 바라는 신하
상황	임과의 사랑이 (영원)하기를 소망함.	태평한 시절에서 살기를 (소망)함.
주제	임에 대한 영원한 사랑	태평성대 기원

구분	내용
성격	서정적, 민요적
의의	이별이나 향락을 노래한 다른 고려 가요와 달리 영원한 사랑을 노래함.

> **정답 코칭**
>
> 나라의 태평성대를 기원한 뒤, 불가능한 상황을 가정한 후 그것이 이루어지면 임과 이별하고 싶다고 말함으로써 역설적으로 임에 대한 영원한 사랑의 다짐을 드러낸 작품이다. 마지막 6연은 고려 가요 〈서경별곡〉의 2연과 동일한데, 이를 통해 당시 유행하던 구절이거나 구비 전승되는 과정에서 첨가된 것으로 추측해 볼 수 있다.

🏋 펌핑-UP　　　　　　　　　　　p. 255~256

01 ③	02 ⑤	03 ⑤	04 ⑤	05 ③	06 ②

01

어느 행상인의 아내, 〈정읍사(井邑詞)〉	
상황	화자(아내)는 길을 밝혀 주는 달에게 의탁하여 행상을 나간 남편의 무사 귀가를 빎.
정서와 태도	행상을 나간 남편이 위험한 곳을 디딜까 염려하는 마음과 무사하게 귀가하기를 바라는 소망을 간절하게 노래함.
주제	행상 나간 남편의 안전 기원

| 특징 | ❶ 현전하는 유일한 백제 가요이자, 국문으로 기록되어 전하는 가장 오래된 가요임.
❷ 상징적이고 대조적인 소재를 통해 화자의 정서(기원과 걱정)를 나타냄.
❸ 형식상 시조 탄생의 근원으로 볼 수 있음.
→ 감탄사와 여음구를 제외하고 나머지 부분을 의미의 종결에 따라 구분하면 크게 세 단락으로 나눌 수 있음. 전체가 3행(장)으로 구성되어 있으며, 각 행은 네토막(음보)으로 나눌 수 있음. 3장 6구 12음보로 구성되어 있는 평시조의 기본 형식과 일치함. |

③ '달'은 높이 돋아 멀리멀리 빛을 비춤으로써 행상을 떠난 남편이 무사히 돌아올 수 있도록 돕는 매개자를 의미한다. 〈보기〉의 '반달'은 칠월 칠석에 중천에 걸리는 달이므로, 견우와 직녀가 만나는 시간인 칠월 칠석이라는 시간을 의미한다.

① '달'은 임의 무사 귀환을 돕는 매개자, '반달'은 화자와 직녀가 만나는 시간을 의미하는 소재일 뿐, 모두 시적 대상인 임의 모습을 나타내고 있지 않다.

② '달'은 어둠을 비추는 광명(光明, 밝고 환한 빛)이자, 화자가 남편의 무사귀환을 비는 기원의 대상이며 천지신명(天地神明, 천지의 조화를 주재하는 온갖 신령)을 의미할 뿐, 화자의 슬픈 정서를 드러내는 소재가 아니다. '반달'은 관습적으로 아련한 그리움의 이미지가 형성되는 소재이기는 하나 화자의 슬픈 정서가 드러나지는 않는다.

④ '달'은 어둠을 비추는 광명(光明, 밝고 환한 빛)이자, 화자가 남편의 무사귀환을 비는 기원의 대상이며 천지신명(天地神明, 천지의 조화를 주재하는 온갖 신령)을 의미할 뿐, 화자와 임의 완전한 사랑을 의미하는 소재가 아니다. '반달'은 직녀에 대한 화자(견우)의 그리움의 정서가 담긴 소재로 볼 수 있으나, 불완전한 사랑을 의미하지는 않는다.

⑤ '달'은 남편의 무사귀환을 바라는 화자(아내)의 마음이 담긴 소재일 뿐, 임(남편)에 대한 화자의 원망은 드러나지 않는다. '반달'은 관습적으로 아련한 그리움의 이미지가 형성되는 소재이므로, 임(직녀)에 대한 화자(견우)의 그리움을 드러내는 소재라고 볼 수 있다.

02

⑤ ⓜ(졈그롤셰라)은 해가 저물어 남편이 집에 돌아오지 못하게 될까 봐 두렵다는 의미로, 남편의 무사귀환을 바라는 아내의 마음이 담겨 있다.

① ㉠(머리곰)은 '멀리멀리'라는 뜻으로, 달빛이 남편이 있는 먼 곳까지 환하게 비춰지기를 바라는 아내의 마음이 담겨 있는 표현이다. 따라서 ㉠에는 남편을 걱정하는 아내의 간절한 마음이 담겨 있다고 할 수 있다.

② ㉡(져재 녀러신고요)의 '져재'는 '시장'이라는 뜻으로, 이를 통해 화자의 남편이 시장에 물건을 팔러 다니는 상인의 신분임을 추측할 수 있다. 따라서 ㉡을 통해 화자의 남편은 직업이 상인이라고 볼 수 있다.

③ ㉢(즌 디)은 '진 곳', 즉 평탄한 길이 아니라 물에 젖어 질척한 길이나 위험한 곳을 의미한다. 따라서 남편이 이런 곳을 디딜까 걱정이 된다는 표현을 통해 ㉢은 남편에게 일어날 수 있는 모든 부정적인 상황을 의미한다고 볼 수 있다.

④ ㉣(어느이다 노코시라)은 '어느 것이나 다 놓아 버리십시오.'라는 뜻으로, 어디에든 짐을 놓고 쉬라는 의미로 이해할 수 있다. 따라서 남편이 위험한 곳이 아닌 안전한 곳에 있기를 바라며 남편의 안위를 걱정하는 화자(아내)의 당부의 말로 볼 수 있다.

[03~04]

(가) 월명사, 〈제망매가(祭亡妹歌)〉	
상황	죽은 누이를 추모하며 제를 올려 누이의 죽음으로 인한 슬픔과 삶의 무상감을 종교적으로 승화하여 극복하고자 함.
정서와 태도	화자는 누이의 죽음으로 인해 슬픔과 고뇌에 빠지며 삶의 무상감과 허무함을 느끼게 되지만 종교적으로 극복하려는 태도를 보임.
주제	죽은 누이에 대한 추모와 슬픔의 종교적 승화
특징	❶ 10구체 향가의 대표작으로, 〈찬기파랑가〉와 함께 향가의 백미(白眉, 흰 눈썹이라는 뜻으로, 여럿 가운데에서 가장 뛰어난 사람이나 훌륭한 물건을 비유적으로 이르는 말)로 꼽힘. ❷ 정제되고 세련된 비유와 상징의 표현 기교를 구사함.

(나) 길재, 〈오백 년 도읍지를〉	
상황	조선이 세워진 후, 멸망한 고려 왕조의 옛 도읍지를 돌아보고 있음.
정서와 태도	망해 버린 왕조의 도읍지를 돌아보며 망국의 한(恨)으로 인한 안타까움과 인간 삶의 무상감을 느낌.
주제	고려 왕조에 대한 회고와 인생무상
특징	❶ 대조적 시어를 사용하여 화자가 느끼는 인생무상감과 회한의 정서를 강조함. ❷ 비유적 표현을 사용하여 망국의 한(恨)과 인생무상의 정서를 드러냄. ❸ 종장에서 '어즈버'라는 감탄사를 통해 패망한 고려 왕조에 대해 한탄하는 화자의 고조된 감정을 드러냄.

03

⑤ (가)는 9구에서 '아아'라는 감탄사를 통해 누이의 죽음으로 인한 화자의 고조된 감정을 드러내며 슬픔을 종교적으로 승화하고 있고, (나)는 종장에서 '어즈버'라는 감탄사를 통해 패망한 고려 왕조에 대해 한탄하는 화자의 고조된 감정을 드러내고 있다.

① (가)는 10구체 향가로 음보율이 나타나지 않으며, 4음보의 율격이 나타나는 것은 시조인 (나)이다.

② (나)의 시적 화자는 고려의 멸망을 한탄하는 사람이지만 작품 표면에 드러나지 않는 이면적 화자이며, '나'라는 화자가 표면적으로 드러나는 것은 (가)이다.

③ (가)는 내용상 1~4구(기), 5~8구(서), 9~10구(결)의 세 부분으로 나눌 수 있으며, (나)도 초장, 중장, 종장으로 나눌 수 있다. 따라서 (가)와 (나)는 모두 3단 구성의 짜임을 취한다.

④ (가)와 (나)는 모두 서정 문학이므로 이야기 전달보다는 화자의 감정과 정서를 표현하는 데 목적이 있다. 이야기 전달이 목적인 갈래는 서사 갈래인 소설이나 희곡, 수필 등이다.

04

⑤ ⑩은 고려의 태평했던 시절이 꿈처럼 허무하게 느껴진다는 표현으로, '꿈'이라는 시어를 통해 융성했던 고려 왕조에 대한 화자의 무상감과 아쉬움이 드러난다. 즉, (나)의 작가는 ⑩을 통해 망국의 한과 인생무상을 드러내고 있을 뿐이므로, 작가가 고려 왕조를 다시 찾겠다는 의지를 다지고 있다는 설명은 적절하지 않다.

① ㉠에서 '이른 바람'은 누이를 요절(夭折 : 젊은 나이에 죽음)하게 만든 운명이나 자연의 섭리 등을, '떨어진 잎'은 죽은 누이를 의미한다. 따라서 ㉠을 통해 젊은 나이에 예기치 않게 죽게 된 누이에 대한 화자의 안타까운 감정을 느낄 수 있다.

② ㉡의 '미타찰'은 불교에서 말하는 극락세계인 서방정토를 의미한다. 화자인 '나'는 누이의 죽음을 슬퍼만 하고 있는 것이 아니라, 누이와 다시 만날 때를 도를 닦으며 기다리겠다고 하였다. 이를 통해 누이의 죽음으로 인한 슬픔을 승화시켜 종교의 힘으로 극복하고자 하는 화자의 의지적 태도를 엿볼 수 있다.

③ ㉢의 '오백 년 도읍지'는 멸망한 고려의 역사와 수도를 의미하며, 오백 년간 지속되던 고려 왕조의 역사가 더 이상 진행되지 못하고 끝나버린 것에 대한 화자의 아쉬움이 드러난다.

④ ㉣의 '산천'은 자연을 의미하며, 변함없는 자연과 달리 '인걸'로 표현된 당대의 인재들(고려의 충신들)을 찾을 수 없게 된 상황을 통해 자연과 인간사가 대조되며 인생의 무상감이 드러난다.

05

작자 미상, 〈가시리〉	
상황	임과 이별하는 상황
정서와 태도	화자는 이별 상황에서 자신을 버리고 떠나는 임을 원망하며 하소연하고 있지만, 임의 마음이 상하면 다시는 돌아오지 않을까 걱정하며 끝내 붙잡지 못하는 수동적인 태도를 보이며 순종적인 전통적 여인상의 모습을 보임.
주제	이별의 정한(情恨)
특징	❶ 우리 민족의 전통적 정서인 이별의 정한을 노래한 대표적 작품임. ❷ 같은 구절의 반복을 통해 운율을 형성하고 정서를 심화함. ❸ 후렴구를 반복적으로 사용하여 운율을 형성하고, 흥을 돋우며, 구조적 통일성과 형태적 안정감을 부여하고, 연을 구분하는 기능을 함. → '위 증즐가 대평성대(大平盛代)'는 노래의 각 연 끝부분에 반복적으로 사용되는 후렴구로, '위'는 감탄사, '증즐가'는 악기 소리를 흉내 낸 의성어이며, '대평성대'는 이 작품이 궁중 속악으로 수용되는 과정에서 덧붙여진 것으로 추측됨.

③ '날러는 어찌 살라 하고'에는 이별의 상황에서 오는 애절한 심정이 담겨 있다. 이는 임이 떠난다면 나는 살지 못할 정도로 힘들어 할 것이기 때문에 떠나지 말라는 하소연이 고조된 표현이라고 할 수 있다. 따라서 임을 붙잡지 못하고 체념한 모습이라고 할 수 없다.

① '가시리/가시리/잇고'는 3글자, 3글자, 2글자로 된 3·3·2조의 음수율을 보이고 있고, 시가를 읊을 때 한 호흡 단위로 느껴지는 운율 단위인 음보가 3음보로 되어 있다.

② '위 증즐가 대평성대'는 각 연의 마지막 부분에 반복적으로 나타나고 있는 후렴구로 작품의 음악적 효과를 높여 주는 역할을 한다.

④ '선하면 아니 올세라'는 임이 서운하게 생각하면 돌아오지 않을까 두렵다는 의미이다. 화자는 이러한 심리 때문에 임을 적극적으로 붙잡지 못하고 소극적으로 이별의 상황에 대응하고 있다고 할 수 있다.

⑤ '설온 님 보내옵나니'는 떠나보내고 싶지는 않지만 어쩔 수 없이 임을 떠나보내야 하는 상황을 나타낸다. 이러한 표현 속에는 자신에게 닥친 상황을 어쩔 수 없이 받아들이는 데서 오는 '한'의 정서가 담겨 있다고 할 수 있다.

06

작자 미상, 〈서경별곡〉	
상황	임과 이별해야 하는 상황을 거부함.
정서와 태도	임과의 이별을 거부하는 자기중심적이고 적극적인 태도가 드러남.
제목의 의미	'서경의 노래'라는 뜻으로, 서경에 사는 여자가 사랑하는 임을 떠나보내는 이별의 정한을 노래한 고려 가요
주제	이별의 정한(情恨)
특징	❶ 〈가시리〉와 함께 이별의 정한을 그린 대표적인 고려 가요로 평가됨. ❷ 2연은 내용상 〈정석가〉 6연과 유사함. → 구비 문학적 성격(당시에 유행했던 민요의 표현이거나, 구전 과정에서 차용되었을 가능성이 있음)

② [A]의 '신'과 [B]의 '붉은 마음'은 모두 임을 향한 변치 않는 마음을 의미한다. 그러나 [A]와 [B]의 '바위'는 '구슬'을 깨지게 할 수 있는 대상이라는 점에서 사랑의 시련과 장애물에 해당한다. 따라서 '신'과 '붉은 마음'을 '바위'로 형상화했다는 진술은 적절하지 않다..

① [A]와 [B]의 '구슬'은 '바위'에 떨어지면 깨질 수 있다는 점에서 변할 수 있는 존재이지만, [A]의 '긴'과 [B]의 '끈'은 끊어지지 않는다는 점에서 변하지 않는 존재를 의미한다.

③ [A]는 '구슬'과 '긴', [B]는 '구슬'과 '끈'의 속성을 대비하며 임에 대한 자신의 마음이 변하지 않을 것임을 강조하고 있다.

④ [A]와 [B]는 모두 변하는 존재와 변하지 않는 존재의 대비를 통해 임에 대한 사랑을 강조하고 있는데, [A]는 고려 가요 형식의 작품으로, [B]는 한시 형식의 작품으로 수용되어 있다.

⑤ [A]는 '아즐가', '위 두어렁성 두어렁성 다링디리'와 같은 여음구를 사용하고 있으나, [B]에는 이러한 여음구를 사용하지 않았다.

호루라기 관장님의 하드 트레이닝　　p. 257

01　'나', 다시

02　약속, 원망, 믿음, 모순

03　낙구, 3, 10, 연, 11, 없음, 아으, 과도기, 향가계 여음

04　접동새, 잔월효성

05　하소연

091~093 고전 시가 ❹~❻ - 악장/시조/가사

개념 쏙 트레이닝 ZONE p. 261~262

01 세조, 소나무
02 자연, 풍류
03 시간, 의태어(음성 상징어)
04 연시조, 계절
05 임금, 여성

워밍-UP p. 263

01

구분	표현상의 특징	의미
㉠	청각과 시각의 감각적 이미지	대상의 (아름다움).
㉡	여음	(흥취)을/를 북돋움.
㉢	(표면)적 화자	어촌에서 풍류를 즐기는 사람
㉣	(공간)적 배경	화자에게 (합일)의 대상이 되는 이상적인 세계

정답 코칭
㉠ '푸른 것'에서 색채어를 통해 시각적 이미지가, '우는 것'에서 뻐꾸기 울음소리라는 청각적 이미지가 고루 사용되어 있다.
㉡ '지국총 지국총 어사와'라는 여음은 매 수마다 중장과 종장 사이에 규칙적으로 제시되고 있다.
㉢ 표면적 화자인 '나'는 어촌에서 풍류를 즐기는 사람으로 볼 수 있으며, 그는 눈앞에 펼쳐진 바다가 주는 흥취를 즐기고 있다.
㉣ '수국'은 화자가 자연을 즐기고 있는 공간인 어촌으로, 하나의 마을을 물의 나라라고 표현함으로써 화자가 공간을 온전한 세계로 인식하고 있음을 알 수 있으며, '수국'은 화자에게 합일의 대상이 되는 이상적인 세계로 표현되어 있다.

→ ⓐ는 '벅구기'와 '버들숩'을 배경으로 '온갖 고기 뛰노'는 자연의 모습과 조화를 이루는 어촌 풍경의 일부로 볼 수 있다. ◎ ⊠

정답 코칭
안개 속에서 들락날락하며 마치 움직이는 것처럼 생동감 있게 묘사된 '어촌 두어 집'의 모습은 '벅구기'와 '버들숩'을 배경으로 '온갖 고기 뛰노'는 자연물의 모습과 조화를 이루는 어촌 풍경의 일부이다.

→ ⓑ는 화자의 말은 자연에 몰입하여 흥취를 즐기고자 하는 태도를 드러낸 것으로 볼 수 있다. ◎ ⊠

정답 코칭
화자는 '고기마다 살져 있'는 가을의 어촌 풍경에 감탄하며 '만경 징파'에서 실컷 즐기고자 하는 태도를 드러내고 있다.

→ ⓒ는 '인간'으로 제시된 현실의 부조리함에 대한 화자의 거리감을 반영한 표현으로 볼 수 있다. ◎ ⊠

정답 코칭
'인간'은 '수국'과 대조적인 공간으로, 멀수록 더욱 좋은 것으로 인식되는 부조리한 현실을 의미한다.

02

구분	화자의 정서
㉠	떨어져 있는 임금에 대한 (걱정)와/과 그리움
㉡	임금과 떨어져 있는 상황에 대한 (안타까움)
㉢	임금에 대한 변함없는 (충성심)

→ 화자가 꿈속에서 '임'의 모습을 보고 '눈물이 이어져'난다고 하는 것에서 임금에 대한 작가의 걱정과 그리움의 깊이를 짐작할 수 있다. ◎ ⊠

정답 코칭
㉠은 꿈에서 임의 모습에 눈물을 흘리며 아무 말도 못하는 화자를 통해 떨어져 있는 임금에 대한 화자의 걱정과 그리움이 드러난다.

→ '임'과 헤어지게 된 화자가 자신의 그림자를 '불쌍한'으로 표현한 것에서 임금과 떨어져 지내야 하는 것에 대한 작가의 안타까운 심정을 알 수 있다. ◎ ⊠

정답 코칭
㉡은 자신의 그림자를 불쌍하다고 여기는 모습을 통해 임금과 떨어져 있는 상황에 대한 작가의 심정이 드러난다.

→ '낙월'이 되어서라도 '임 계신 창 안에 번듯이 비추'려는 화자의 모습에서 임금에 대한 작가의 충성심을 알 수 있다. ◎ ⊠

정답 코칭
㉢은 낙월이 되어서라도 임 계신 창 안에 번듯이 비추려는 것은 임을 생각하는 마음을 표현한 것이므로 임금에 대한 작가의 충성심이 드러난다.

펌핑-UP p. 264~265

01 ① **02** ④ **03** ⑤ **04** ③

[01~04]

(가) 시조의 두 가지 경향		
주제	조선 시대 시조 문학의 두 가지 경향	
특징	1문단	조선 시대 시조의 두 가지 경향인 강호가류와 오륜가류
	2문단	자연 속에서 한가롭게 지내는 삶을 노래한 강호가류
	3문단	오륜의 실생활 속 실천 권장을 목적으로 창작한 오륜가류
	4문단	심성 수양과 백성 교화라는 두 가지 주제로 나타나는 사대부 시조

(나) 윤선도, 〈만흥(漫興)〉	
상황	자연 속에서 소박하고 유유자적하게 살고 있음.
정서와 태도	자연을 즐기며 자연과 하나가 된 물아일체의 삶을 추구함.
주제	자연에 묻혀 사는 즐거움과 임금의 은혜

<table>
<tr><td rowspan="10">특징</td><td colspan="2">❶ 자연과 속세의 대조적 의미를 통해 부귀공명과 같은 세속적 가치를 추구하는 삶보다는 자연에 묻혀 유유자적하며 안분지족하는 삶이 더 낫다는 가치관을 드러냄.</td></tr>
<tr><td>자연</td><td>속세</td></tr>
<tr><td>• 이상적 공간
• 작가가 지향하는 공간</td><td>• 현실의 공간
• 세속적 가치의 · 부정적 공간</td></tr>
<tr><td colspan="2">❷ 자연 속에서의 안분지족과 물아일체를 노래하면서 강호가도류를 계승하고 있음.</td></tr>
<tr><td colspan="2">❸ 설의법을 활용하여 자연을 즐기는 화자의 정서를 강조함.</td></tr>
<tr><td colspan="2">❹ 한문투의 표현보다는 우리말의 묘미를 잘 살려 나타냄.</td></tr>
</table>

(다) 정철, 〈훈민가(訓民歌)〉

상황	지방 관찰사로서 유교적 윤리를 제시하여 백성들에게 권장함.
정서와 태도	백성들이 도덕적인 윤리를 알고 실천하기를 바라는 마음을 드러냄.
주제	유교 윤리의 실천을 권장함.

<table>
<tr><td rowspan="12">특징</td><td colspan="2">❶ 백성들의 윤리와 도덕의 실천을 목적으로 함.</td></tr>
<tr><td>군신유의
(君臣有義)</td><td>임금과 신하 사이의 도리는 의리에 있음.</td></tr>
<tr><td>자효
(慈孝)</td><td>어버이의 자애와 자식의 효도라는 뜻으로, 부자간의 사랑을 이름.</td></tr>
<tr><td>붕우유신
(朋友有信)</td><td>벗과 벗 사이의 도리는 믿음에 있음.</td></tr>
<tr><td>무작도적
(無作盜賊)</td><td>가진 것이 없어도 남의 것을 훔쳐서는 안 됨.</td></tr>
<tr><td colspan="2">❷ 유사한 통사 구조를 활용하여 운율을 형성함.</td></tr>
<tr><td colspan="2">❸ 청유형 어미의 사용으로 올바른 행동을 권장함</td></tr>
<tr><td>화자</td><td>• 관찰사로서 마을 사람들에게 유교 윤리의 실천을 권유함.
• 마을 사람들이 쉽게 알아들을 수 있게 쉬운 말로 권유하고 강조하며 전개함.</td></tr>
<tr><td colspan="2" align="center">↓</td></tr>
<tr><td>청자</td><td>마을 사람들</td></tr>
</table>

01

정답 코칭

① 사대부들이 강호가류를 통해 인간과 자연의 이상적 조화를 지향했다는 것은, (가)의 2문단 마지막 문장에서 확인할 수 있으므로 적절하다.

오답 코칭

② 2문단 첫 번째 문장에서 강호가류가 시조 가운데 작품 수가 가장 많다고 했으므로, 사대부들이 오륜가류 창작에 더욱 힘썼다고 보는 것은 적절하지 않다.

③ (가)에서 사대부들이 수기와 치인 중 어느 것을 더 중시하며 시조를 창작했는가는 알 수 없다. 심성 수양(수기)과 백성 교화(치인)를 모두 추구했다고 할 수 있으므로 적절하지 않다.

④ 강호가류와 오륜가류 모두 효용론적 문학관에 바탕을 두고 있으므로 적절하지 않다.

⑤ 오륜가류는 백성 교화를 위해 창작된 시조이므로 적절하지 않다.

02

정답 코칭

④ 〈제4수〉에는 속세를 버리고 자연을 즐기는 삶에 대한 자부심이 드러나 있다. '비길 곳이 없어라'는 자연에서 즐기는 한가로운 흥취를 비교할 데가 없고, 이 흥취가 가장 좋다는 의미이다. 정치 현실이 혼탁하다는 인식은 이 표현에서 확인할 수 없다.

오답 코칭

① 〈보기〉의 내용에 비추어 볼 때, '띠집'을 금쇄동에서 은거했던 공간으로 보는 것은 적절하다.

② '보리밥'과 '풋나물'은 소박한 음식이므로 검소하고 청빈한 삶을 보여 주는 소재라는 것은 적절하다.

③ 자연 속에서의 삶 외에 '여남은 일'을 부러워하지 않는다는 의미이다. 〈보기〉의 내용과 연결하여 어지러운 세상을 떠나서 자연 속 삶에 만족하는 태도가 드러난다고 본 것은 적절하다.

⑤ 〈보기〉에서 자연 속에 있으면서도 군신의 도리를 잊지 않았다고 했으므로 적절하다.

03

정답 코칭

⑤ ⓜ에는 치인의 도가 담겨 있지만, 이상적 상황이 제시되지는 않았다. 부정적 상황을 가정하여 행하지 말아야 할 것을 경계하고 있기 때문에 적절하지 않다.

오답 코칭

① 임금은 하늘이고 백성은 땅이라는 신분 차이를 드러낸 부분이다. 뒤에 이어지는 백성의 도리를 언급하기 위한 것이므로 적절하다.

② 평생에 고쳐 못할 일이 이것뿐이라는 표현을 통해 효의 실천을 권장하고 있다고 볼 수 있으므로 적절하다.

③ 벗이 나의 그른 일을 다 이르려(충고하려) 한다는 내용이다. 직언하는 벗의 행위를 통해 붕우유신의 덕목을 실천하는 모습을 보여 준다고 할 수 있으므로 적절하다.

④ 못 입어도 남의 옷을 빼앗는 도적질을 하지 말라는 뜻이다. 일상생활에서 행하지 말아야 할 것을 강조하므로 적절하다.

04

정답 코칭

③ '혼자 엇디 머그리'는 '혼자 어찌 먹겠는가'의 의미로 설의적 표현이다. 명령의 어조는 활용하지 않았으므로 적절하지 않다. '살진 미나리'는 중국 고전 〈여씨 춘추〉에 살진 미나리를 백성들이 임금에게 바치려 한다는 구절에서 따온 것이다. 살진 미나리를 수확한 것을 임금의 은덕으로 보고 이에 보답하려는 백성의 뜻을 드러내고 있으므로 교화의 의도가 담겨 있다.

오답 코칭

① '남들'은 자연에서의 삶을 선택한 화자를 비웃는 속세 사람들을 의미하고 '햐암'은 화자 자신을 의미하므로 적절하다.

② 속세에 나아가지 않고 자연에서 은거했던 고사 속 인물들인 '소부 허유'를 활용했으므로 적절하다.

④ 어버이가 돌아가신 후의 상황을 가정하고 있으므로 적절하다.

⑤ 초장과 중장에 '비록 ~ 마라'를 반복하여 유교 윤리를 강조하였다.

01 ⑤	02 ③

[01~02]

(가) 향가와 시조의 영향 관계		
주제	시조와 향가의 영향 관계와 변천 과정	
중심 내용	1문단	형식적 측면에서의 향가와 시조의 영향 관계 분석
	2문단	시조 형식의 특징과 변천 과정
	3문단	내용적 측면에서의 향가와 시조의 영향 관계 분석의 어려움
	4문단	시조 내용의 특징과 변천 과정

(나) 충담사, 〈안민가(安民歌)〉	
상황	나라를 다스리는 올바른 자세에 대해 노래함.
정서와 태도	임금, 신하, 백성이 각자의 본분에 충실해야 하는 것이 국태민안(國泰民安, 나라가 태평하고 백성이 평안함.)의 방법임.
주제	나라를 다스리는 올바른 방법
특징	❶ 신라 경덕왕 24년(765)에 왕이 민생과 정치의 안정을 도모하기 위해 충담사에게 노래를 지어 줄 것을 요청하여 만든 노래 ❷ 유교적 이념을 노래한 유일한 향가 ❸ 국가의 구성 체계를 기본적 인륜 관계인 가족 관계에 비유하여 설득력을 높임. ❹ 은유적 표현을 통해 나라의 구성원들이 각자 본분을 다하면 나라가 편안해진다는 교훈적 내용을 효과적으로 전달함.

(다) 낭원군, 〈평생에 일이 업서〉	
상황	조선 시대 왕족의 정치 참여 금지로 인해 자신의 능력을 표출할 수 없었던 심정을 속세에서 벗어나 자연과 벗하는 모습으로 읊음.
정서와 태도	현실 정치에 참여할 수 없는 체념의 정서를 드러냄.
주제	속세에서 벗어나 자연을 벗 삼아 지내는 삶
특징	❶ 현실 정치에 참여할 수 없는 심정을 자연과 벗하는 생활로 표현함. ❷ 속세와 자연의 대비, 대유법과 영탄법을 활용하여 자연 친화적 태도를 드러냄.

01

⑤ (가)의 4문단을 보면, 조선 후기 시조는 실학의 대두로 인해 관념적인 경향에서 벗어났다고 설명하였다.

① 3문단에서 '위홍과 대구화상이 간행했다는 향가집 〈삼대목〉도 현재 전해지지 않는다.'라고 하였다. 전해지지 않는 향가집이 있다는 것으로 보아 향가는 현재 전하는 것보다 더 많은 작품이 있었을 것으로 추측할 수 있다.

② 1문단에서 '학자들은 초기의 4구체나 과도기 형태인 8구체가 아닌, 10구체를 향가 중에서 정제된 형식으로 본다.'라고 하였다. 이를 통해 향가의 4구체가 발전 과정에서 초기의 형태임을 알 수 있다.

③ 2문단에서 '이런 전승 과정을 거쳐 형성된 시조가 오늘날까지 창작될 수 있었던 것은, 간결한 형식에서 기인한 바가 크다고 할 수 있다.'라고 하였다. 시조가 간결한 형식을 취하였기 때문에 오늘날까지 창작되고

있음을 알 수 있다.

④ 4문단에서 '시조는 시조가 지니는 형식미 때문에 조선 전기 사대부들의 미의식과 정신세계를 표현하는 데 적합한 갈래로 자리 잡았다.'라고 하였다. 시조의 형식미가 조선 전기 사대부들의 미의식을 드러내는 데 적합했음을 알 수 있다.

02

③ (다)의 4음보 율격이 향가의 4구가 반복되는 형태의 영향을 받았다는 근거를 (가)에서 확인할 수 없고, (나)는 4음보의 율격을 보이고 있지도 않다.

① 10구체 향가의 '4구+4구+2구'의 형태가 평시조의 정제된 틀을 갖추게 된 데에 영향을 끼쳤다고 하였으므로, (나)의 '4구+4구+2구'의 형태가 (다)의 '초장+중장+종장'의 3단 구성에 영향을 주었다고 할 수 있다.

② 10구체 향가 낙구의 감탄사는 시조의 종장 첫 구에 나타나는 감탄사에 영향을 미쳤을 것이라고 하였으므로, (나)의 '아으'는 전승의 측면에서 (다)의 '엇더타'와 영향 관계에 있다고 할 수 있다.

④ 향가의 감탄사와 시조 종장의 감탄사는 앞에 나온 내용을 정서적으로 고양시키거나 환기시켜 노래의 내용을 완결하는 효과가 있다고 하였으므로, (다)의 종장에 주제가 제시된 것은 (나)의 9구와 10구에 주제가 제시된 것과 동일한 방식이라고 할 수 있다.

⑤ 10구체를 향가 중에서 정제된 형식으로 본다고 하였고, 평시조의 정형성이 파괴되어 사설시조가 출현하였다는 점에서 평시조가 시조의 대표적인 형식임을 알 수 있다.

호루라기 관장님의 🏓 하드 트레이닝　　　　p. 267

01 관찰사, 금강산
02 급장유
03 연군지정, 우국지정, 인생무상, 선정에의 포부
04 설의법 / 영탄법 / 직유법, 은유법, 대구법 / 은유법, 대구법
05 역동적, 근경, 생동감
06 관동

개념쏙 트레이닝 ZONE   p. 271~272

01 경험, 유추
02 의인화, 교훈성
03 ❶ 반복 ❷ 극대화 ❸ 창자 ❹ 한자어, 비속어

워밍-UP   p. 273~274

01

구분	장면의 의미와 기능
㉠	추가된 인물을 통해서 작품의 (흥미)을/를 높임.
㉡	길동의 (용력)을/를 보여 주는 장면이 더해진 것임.
㉢	(서자)인 길동이 자신의 능력을 과시하기 위해 의도한 행동임.
㉣	주인공의 (신분 상승)을/를 바라는 독자의 욕망이 반영됨.
㉤	독자들의 (궁금증)을/를 유발하여 돈을 벌려는 소설업자의 전략으로 볼 수 있음.

정답 코칭

㉠ 상좌의 청포운삼을 입은 자가 자신의 용력을 자랑하고, 이후 그가 길동의 정체를 묻고 세 가지 과제를 내어 주며, 이를 통과할 때에 상장군 자리로 모시겠다는 글을 써 주고 있다. 따라서 ㉠은 추가된 인물인 활빈당의 우두머리를 통해서 작품의 흥미를 높이려는 것이라고 볼 수 있다.

㉡ 천 근인 초부석을 공중에 던진 길동이 철관 오백 근을 쓰고 돌문 삼백 단을 넘어가는 장면이 제시되므로 ㉡은 길동의 용력을 보여 주는 장면이 더해진 것이라고 할 수 있다.

㉢ 길동은 각 읍과 관을 쳐 관기를 탈취하였다고 하였으나 이는 자신의 능력을 자랑하고자 함이라고 하였으며, 뒤에서 자신에게 병조 판서를 제수하여 주면 충성을 다하여 상을 받들겠다고 하였다.

㉣ 길동이 "상께서 신에게 병조 판서 삼 년만 제수하시면"이라고 하여 상에게 직접 병조 판서 제수를 요구하고 있으므로 ㉣은 주인공 길동의 신분 상승을 바라는 독자의 욕망이 반영된 것이라고 할 수 있다.

㉤ "뒷일은 어찌 된고? 다음 권을 볼지어다."라고 마무리하며 독자의 궁금증을 유발하고 있으므로 ㉤은 특정 장면에서 서술을 중단하여 다음 권을 보게 하여 돈을 벌려는 소설업자의 전략으로 볼 수 있다.

02

구분	장면의 의미와 기능
㉠	배비장이 (방자)에 의해 훼절한 상황에서 서민 계층에 의해 조롱당하는 지배 계층의 모습을 엿볼 수 있음.
㉡	담 구멍에 걸려 있는 상황에서도 문자를 쓰는 모습을 통해 지배 계층의 (허세)에 대한 풍자를 엿볼 수 있음.
㉢	글자 수를 규칙적으로 반복하여 인물의 행동을 리듬감 있게 묘사하는 (율문체)을/를 확인할 수 있음.
㉣	청중을 향한 판소리 (창자)의 목소리가 직접 드러나는 판소리계 소설로서의 특징을 확인할 수 있음.
㉤	양반인 배비장이 기생인 애랑에게 자신을 낮추어 표현하는 말을 통해 인물을 (희화화)함으로써 풍자의 효과를 극대화함.

정답 코칭

㉠ '가만가만 / 자취 없이 / 들어가서 / 이리 기웃 / 저리 기웃'은 글자 수가 4자씩 규칙적으로 전개된다는 점에서 율문체의 문체적 특징을 나타낸다.

㉡ '거동 보소'는 판소리 창자가 공연할 때 청중들에게 하는 상투적인 말투라는 점에서 이 작품이 판소리계 소설임을 나타낸다.

㉢ 배비장이 방자에 의해 서민들이 쓰는 노평거지를 쓰게 되었다는 점에서 서민 계층에 조롱당하는 지배 계층의 모습을 나타낸다.

㉣ 애랑을 만나기 위해 담 구멍으로 가다가 오도 가도 못하는 상황에서도 한문을 쓰는 배비장의 모습은 지배 계층의 허세에 대한 풍자의 모습을 잘 나타낸다.

㉤ 지체 높은 양반 신분인 배비장이 천민 신분인 기생 애랑 앞에서 자신을 스스로 낮추어 표현한 말로, 이를 통해 인물을 우스꽝스럽게 희화화하여 풍자하고 있다.

펌핑-UP   p. 275~276

01 ③   **02** ③

01

작자 미상, 〈홍계월전〉	
상황	명나라 때 늦도록 자식이 없던 시랑 홍무 부부는 선녀의 꿈을 꾼 뒤 계월을 낳고, 계월을 본 도사가 앞날의 위기와 높은 지위를 예언하자 계월을 남장시킴. 훗날 초왕과 오왕이 황성을 침입하자 계월이 원수로 임명되어 보국과 함께 출전하여 보국을 위기에서 구함.
정서와 태도	홍무는 계월이 아들이 아닌 것을 안타까워하고, 보국을 죽을 위기에서 구한 계월은 자신을 업신여긴 보국을 조롱하며 비판함.
주제	홍계월의 영웅적 활약상
특징	❶ 중국을 배경으로 영웅의 일대기 구조에 따라 내용이 전개되는 영웅 소설이자 군담 소설임. ❷ 여주인공의 신분을 감추기 위한 남장 화소가 나타남. ❸ 남성보다 뛰어난 능력을 발휘하고 자아를 실현하는 홍계월의 모습을 통해 당대에 남성 중심 사회를 비판하고 새로운 근대적 여성상을 제시함.

홍계월	여보국
• 어릴 때부터 비범함. • 부모와 이별한 뒤 여공의 도움으로 자람. • 남장을 한 채 과거에 급제하고 전쟁에서 공을 세움. • 여성임이 밝혀진 뒤에도 능력을 인정받아 활약함.	• 여공의 아들로 계월과 혼인함. • 계월의 부하이나 남존여비 사상을 지녀 계월의 능력을 인정하지 않는 태도를 보임.

③ 사랑은 계월이 남자로 태어나 문호를 빛내지 못함을 안타까워한 것이
므로 계월이 위기에 처한 상황이라고 볼 수 없다.

① 첫 문단 이부사랑에 대한 설명을 통해 계월의 고귀한 혈통을 알 수 있다.

② 선녀가 득죄하여 부인 댁으로 와서 아기가 된다는 부분을 볼 때 잉태
과정이 일반인과 다르다는 것을 알 수 있다.

④ 줄거리 중 여공이 계월을 구해 주는 내용을 통해 여공이 조력자임을
알 수 있다.

⑤ 보국이 위험에 처했을 때 계월이 적장 오십여 명과 적병 천여 명을 베
고 보국을 구하는 장면을 통해 알 수 있다.

02

작자 미상, 〈심청전〉	
상황	심 봉사는 심청을 마중 나갔다가 개천에 빠지고, 자신을 구해 준 몽은사 화주승으로부터 공양미 삼백 석을 시주하면 눈을 뜰 수 있다는 말을 듣고는 시주를 약속함.
정서와 태도	심 봉사는 개천에 빠진 자신을 구해 준 화주승에게 고마워하고, 집안 형편은 생각하지 않고 시주를 약속하는 객기를 부림.
주제	부모에 대한 효와 인과응보
특징	❶ 효녀 지은, 거타지 설화 등의 여러 설화의 영향을 받음. ❷ 판소리계 소설로서 운문체와 산문체의 혼합적 특징이 나타남. ❸ 현실 세계를 배경으로 하는 전반부와 용궁을 배경으로 하는 후반부로 서술의 내용이 구분됨. ❹ 서술자의 개입을 통해 인물의 심리나 성격을 제시함. ❺ 전기적(비현실적) 요소를 통해 극적인 효과를 나타냄.

심청	심 봉사
•효심이 깊어 심 봉사를 지극정성으로 봉양함. •인당수에 몸을 던졌다가 환생하여 아버지와 재회함.	•눈이 멀고 상처하였으나 동냥젖을 먹여 심청을 키움. •심청의 효성으로 마침내 눈을 뜸.

효성 → ← 사랑

③ ㉠은 심 봉사가 심청이를 마중 나갔다가 개천에 빠진 장면이고, 〈보기〉
는 판소리 〈심청가〉에서 같은 내용을 담고 있는 장면이다. 〈보기〉는 ㉠
과 달리 '나오려면 미끄러져 풍 빠져 들어가고 나오려면 미끄러져 풍
빠져 들어가고 나오려면 미끄러져 풍 빠져 들어가고'와 같이 같은 표현
을 반복적으로 서술하여 심 봉사가 개천에서 빠져나오려고 애쓰지만
못 나오는 상황을 해학적으로 제시하고 있다. 또한 심 봉사가 개천에서
나오지 못하는 상황을 '정신도 말끔하고 숨도 잘 쉬고 아픈 데 없이 잘
죽는다.'와 같은 해학적 표현을 사용하여 웃음을 유발하고 있다. 따라
서 ㉠이 아니라 〈보기〉가 해학적 표현을 두드러지게 사용하여 심 봉사
가 처한 위급한 상황을 생동감 있게 부각하고 있다고 해야 적절하다.

① ㉠에서 '얼굴에 흙빛이요 의복에 얼음이라.'라는 표현을 통해 대구를
활용하여 개천에 빠진 심 봉사의 외양을 묘사하고 있다.

② 〈보기〉는 '나오려면 미끄러져 풍 빠져 들어가고 나오려면 미끄러져 풍
빠져 들어가고 나오려면 미끄러져 풍 빠져 들어가고'를 통해 개천에서
빠져 나오려 하지만 자꾸만 다시 빠지고 마는 심 봉사의 행동을 반복
적으로 제시하고 있다.

④ 〈보기〉는 '이리 더듬 저리 더듬 더듬 더듬 더듬이 나가다가'에서 의태어
'더듬'을 빈번하게 사용하여 앞이 보이지 않아 더듬거리며 걸어가는 심
봉사의 행동을 생동감 넘치게 표현하고 있다.

⑤ ㉠은 '아무리 소리친들 해는 저물고 행인은 끊겼으니 뉘라서 건져주리.'
에서 개천에 빠져 위험한 상황에 처했지만 구해줄 사람이 없는 심 봉
사의 딱한 처지에 대한 서술자의 생각을 제시하였다. 〈보기〉는 '그때의
심 봉사는 딸의 덕에 몇 해를 가만히 앉아 먹어 노니 도랑 출입이 서
툴구나.'에서 자주 돌아다니지 않아 개천을 건너는 것이 익숙하지 않은
심 봉사의 상황을 서툴다고 평가하는 서술자의 생각이 제시되고 있다.

호루라기 관장님의 하드 트레이닝   p. 277

01 배나무
02 깨달음
03 교훈
04 의심
05 공경
06 교훈
07 그리움

개념초 트레이닝 ZONE
p. 282~283

01 신체시, 의인화		**04** 생명파, 생명	
02 독백적, 자유시		**05** 청록파, 화합	
03 감상적(퇴폐적), 슬픔		**06** 조마이섬, 저항적	

워밍-UP
p. 284

01

구분	시구의 상징적 의미
㉠	고통스러운 식민지 현실을 (암시)하는 배경
㉡	식민지 현실에서 느끼는 시인의 (무력감)
㉢	자신의 삶이 (노래)의 운명처럼 평탄하지 않을 수 있음.
㉣	식민지 시대의 고통스러운 현실에 처한 (조국)의 모습
㉤	노래가 간 곳을 몰라 (고뇌)하는 화자의 모습

정답 코칭

㉠ '섣달'은 음력으로 한 해의 맨 끝 달을 의미하고, '얼어 조이던 밤'은 추운 겨울에 언 얼음들이 서로를 밀치고 있는 시간을 의미한다. 따라서 '섣달'과 '얼어 조이던 밤'은 모두 겨울이라는 계절적 배경을 의미하며, 〈보기〉를 바탕으로 할 때 '식민지 시대의 고통스러운 현실'을 나타낸다고 볼 수 있다.

㉡ '어린 날개'는 문맥상 제비의 날개를 의미하며, '제비'는 '내 노래'를 비유한 표현이다. 결국 '어린 날개'는 화자가 부른 노래가 '작고 여리다'라는 의미로 볼 수 있으므로, 〈보기〉를 참고할 때 고통스러운 식민지 현실을 버텨야 하는 시인이 느낀 무력감을 상징적으로 드러낸다고 할 수 있다.

㉢ '떨어져 타서 죽겠죠'는 화자가 자신이 부른 '노래'가 강 건너 사막으로 갔을 때 벌어질 일을 가정한 표현이다. '노래'가 화자가 잊지 못하는 계집애에게 닿지 못하고 '떨어져 타서 죽'을 것이라는 화자의 추측에서 자신의 삶도 '노래'처럼 평탄하지 않을 것이라고 예상했음을 알 수 있다.

㉣ (나)의 '사막'은 강 건너에 있는 곳으로 화자가 잊지 못하는 계집애가 집도 없이 살고 있는 공간이자, 화자가 부른 노래가 지쳐 어느 모래불에 떨어져 타서 죽을지도 모르는 공간이다. 이런 '사막'은 식민지 시대의 고통스러운 현실에 처한 조국의 모습으로 볼 수 있다.

㉤ '또 한 가락 어디멘가'는 계집애를 위해 강 건너로 보낸 화자의 노래가 어디로 갔는지 알 수 없다는 뜻이다. 이것은 고뇌하고 방황하는 화자의 모습을 보여 준다고 할 수 있다.

→ 시적 대상에 생명력을 부여하여 의지를 지닌 존재로 나타내고 있다.

◎ ×

정답 코칭

화자가 부른 '노래'에 생명력을 부여하여 쨍쨍 얼은 강과 사막을 건너 무지개의 한 가락 어디에 닿고자 하는 의지를 지닌 존재로 나타내고 있다.

02

구분	시구의 상징적 의미
㉠	삶의 (슬픔)을/를 덜어 내려는 정화 의식
㉡	해가 저물어 점점 더 깊어 보이는 강의 모습과 삶에 지친 노동자의 (비애)이/가 깊어 가는 모습
㉢	부정적인 현실에 대한 (무력감)
㉣, ㉤	희망 없는 삶이 (반복)될 수밖에 없다는 화자의 인식
㉥	(산업화)된 현실에 대한 부정적 인식

정답 코칭

㉠ 화자가 강물에 삽을 씻는 행위는 흐르는 강물에 삶의 슬픔과 비애도 씻어 버리고자 하는 것이다. 따라서 화자의 이러한 행동은 불순하거나 더러운 것을 깨끗하게 하려는 일종의 '정화 의식'으로 볼 수 있다.

㉡ (나)에서 '스스로 깊어 가는 강'은 해가 저물어 점점 더 깊어 보이는 강의 모습과 삶에 지친 노동자의 비애가 깊어 가는 것을 표현한 것이다.

㉢ '담배나 피우고'의 보조사 '–나'를 통해 '담배'가 '마음에 차지 아니하는 선택'이나 '최소한 허용되어야 할 선택'임을 알 수 있다. 즉 (나)의 화자는 암담한 자신의 삶을 되돌아보며 담배를 피우는 것밖에 할 수 없는 무기력하고 체념적인 태도를 드러내고 있다.

㉣, ㉤ '돌아갈 뿐이다'에서 의존 명사 '뿐'은 '다만 어떠하거나 어찌할 따름'이라는 뜻으로 사용되어 화자가 현실을 체념하고 있음을 나타낸다. '돌아가야 한다'에서 보조 용언 '하다'는 '앞말이 뜻하는 행동을 하거나 앞말이 뜻하는 상태가 되는 것이 필요함'의 뜻으로 사용되어 가난한 현실을 체념하고 수용하는 화자의 태도를 나타낸다. 따라서 이 두 개의 표현에는 희망 없는 삶이 반복될 수밖에 없다는 화자의 인식이 담겨 있는 것으로 볼 수 있다.

㉥ '샛강 바닥 썩은 물'은 도시화와 산업화로 인해 오염된 환경을 의미하는 것으로, 이를 통해 화자가 산업화를 부정적으로 인식하고 있음을 알 수 있다.

펌핑-UP
p. 285~286

01 ④	**02** ②	**03** ②

01

신석정, 〈봄을 부르는 자는 누구냐〉	
상황	사람들이 봄이 돌아오지 않아 슬퍼하고 체념하는 상황에서 아직도 봄을 부르는 자를 찾고 있음.
정서와 태도	희망을 포기하거나 적극적인 행동 없이 바라기만 하는 사람들을 안타까워하면서 광복의 희망을 버리지 말아야 한다고 생각함.
주제	부정적인 현실 극복에 필요한 의지와 희망
특징	❶ 추상적 대상의 의인화를 통해 시적 상황을 구체적으로 표현함. ❷ 색채가 대비되는 대상을 통해 대상의 특징을 드러냄. ❸ 의문형 종결을 통해 주제 의식을 드러냄.

④ '옥같이 흰 백매'는 계절로서의 '봄', '해방'을 의미한다고 볼 수 있다. 그러나 '이미 계절이 떠나간 이 빈 지구에 봄이 온다는 이야기를 믿을 수야 있겠느냐'는 해방에 대해 체념한 '그들'이 민족의 운명이 회복될 것이라는 믿음을 가질 수 있겠느냐는 화자의 비판적인 생각을 드러내고 있다. 따라서 '옥같이 흰 백매'가 민족의 운명이 회복될 것이라는 '그들'의 믿음을 보여 준다는 설명은 적절하지 않다.

① 〈보기〉에서 이 작품은 해방에 대한 소망을 드러내고 있다고 하였다. 2연에서 '사람들'은 '봄'이 오리라는 '즐거운 이야기'를 했다고 하였는데, 이것은 해방이 될 것이라는 이야기를 의미한다고 볼 수 있다. 〈보기〉에 의하면 그에 대해 말하고 있는 '사람들'은 해방을 소망하는 민족 공동체 구성원이라고 할 수 있다.

② '어떤 친구'가 '봄은 어느 아득한 성좌로 멀리 떠나버렸다'라고 한 것은 해방을 의미하는 '봄'이 떠나버린 현실에 체념하는 모습이 드러난다고 볼 수 있다.

③ '봄은 어느 성좌에서 다시 오지 않나'라며 소망을 이야기하는 것에 대하여 화자는 '부질없이 소곤대'는 것이라고 평가하고 있다. 이것은 〈보기〉에 의하면 민족 공동체 구성원들이 실천적 노력 없이 이야기만 하는 모습을 드러낸 것이라고 볼 수 있다.

⑤ '계절이 떠나간 이 빈 지구'는 봄이 없는 공간, 즉 일제 강점기의 부정적인 시대 상황을 의미하는 것이며, 〈보기〉에 의하면 이상적 공간의 회복을 이루지 못한 절망적인 현실을 보여 준다고 할 수 있다.

[02~03]

문순태, 〈말하는 돌〉	
상황	부면장 댁의 충직한 머슴이었던 '나'의 아버지는 한국 전쟁 중 인민군에 의해 돌아가신 부면장네 어르신을 죽였다는 누명을 쓰고 마을 청년들에 의해 살해되고, '나'는 아버지의 죽음을 가슴 아파하며 고향을 떠났다가 복수를 결심한 후 30년 만에 돌아와 아버지의 누명이 벗겨졌음을 친구를 통해 듣게 됨.
정서와 태도	'나'는 아버지의 억울한 죽음을 목격하고는 분노하여 정신적 복수를 하기 위해 고향에 돌아옴.
주제	역사적 비극으로 인한 한(恨)의 해소와 화해의 지향
특징	❶ 한국 전쟁의 와중에 누명을 쓰고 억울하게 죽은 아버지로 인해 한(恨)을 지닌 주인공의 이야기를 통해 전쟁의 비극성을 고발하며 화해를 통해 인간의 순수성을 회복해야 한다는 것을 강조함. ❷ 1인칭 주인공 시점으로 '나'가 겪고 느낀 전쟁의 비인간성과 비극을 서술함. ❸ 주인공의 심리 변화를 통해 주제 의식이 드러남. ❹ 사실적이며 전쟁에 대한 비판적 의식이 강조됨.

02

② 뒷부분에서 '나'와 장돌식이 나누는 대화를 살펴보면, "그 양반한테만은 우리 아버님이 부면장 어른 부자를 죽이지 않았다는 것을 밝혀 줘야……"라는 내용이 있다. 이로 보아 '나'의 아버지가 부면장네 부자의 죽음에 책임이 없다는 것을 알 수 있다. ⓒ은 단지 아버지가 청년들에게 끌려가 죽을 것이라고 '나'가 짐작하고 있었다는 것일 뿐, 아버지가 부면장네 부자의 죽음에 책임이 있다는 것을 드러내는 것은 아니다.

① 배불리 먹고 잠을 푹 잔 후에야 가족을 잃은 슬픔과 분노를 나타냈다고 하였으므로 적절한 내용이다.

③ 가난하지만 자신을 하늘처럼 떠받들고 사는 건강한 아내와 말 잘 듣는 여섯 아이들이 있어 행복하다는 말을 통해 인물의 소박하고 긍정적인 삶의 자세를 짐작할 수 있다.

④ ㉣은 자신과 같이 떡갈나무 잎을 따러 다녀야 할 정도로 경제적으로 어려워진 부면장네 도련님에 대한 장돌식의 안타까움이 드러난 말이다.

⑤ ㉤에는 돌멩이를 마을 쪽으로 던지는 '나'의 행동과 달빛이 맑아지는 배경이 제시되어 있다. 이를 통해 아버지의 누명이 벗겨진 것을 알게 된 '나'의 심리를 간접적으로 알 수 있다.

03

② 마을 사람들은 국군이 주둔했을 때는 남에, 인민군이 주둔했을 때는 북에 협조할 수밖에 없었다. 그런 상황에서 자신의 생존과 안위를 위해 다른 사람을 해치거나 그것을 방조하기도 하였다. 덕길이의 폭로로 아버지의 억울한 죽음이 밝혀졌지만 만춘이는 혼자 한 일이 아니라 같이 한 일이라면서 물고 늘어졌으며 '나'는 아직 마을 사람들에 대한 한을 풀지 못했다. 따라서 진실이 밝혀졌다고 해서 마을 공동체가 회복되었다고 보기는 어렵다.

① 만춘이는 부면장 부자와 이장을 죽였고, 그 죄를 '나'의 아버지에게 뒤집어 씌웠다. 이처럼 같은 마을 사람을 해친 만춘이의 행동은 전쟁으로 인해 인간성이 파괴된 모습을 보여 주는 것이다.

③ 붉은 별을 붙인 사람들이 사라진 뒤 부면장네 가족들이 돌아온 것을 통해 부면장 부자를 죽인 것은 북에 협조한 사람들임을 짐작할 수 있다. 그리고 '눈에 빨간 자운영꽃 같은 핏발을 빳빳하게 세웠다.'라는 표현에서 부면장네 가족들이 분노하고 있음을 알 수 있다.

④ 월곡리 사람들은 아무도 아버지의 죽음을 말리지 않았다. 그러나 '아버지의 울부짖음을 심장에 송곳질하는 아픔을 참으며 듣고 있을 뿐이었다.'에서 아버지의 죽음에 마을 사람들이 고통을 느꼈다는 것을 알 수 있다.

⑤ 붉은 별을 붙인 사람들은 인민군을 의미하고, 푸른 제복은 국군을 의미한다. 이를 통해 한국 전쟁의 전선이 오르내리면서 월곡리에 인민군이 주둔하기도 하고 국군이 주둔하기도 했음을 알 수 있다.

p. 287

01 ③

01

황석영, 〈아우를 위하여〉	
상황	의장이 된 영래가 담임 선생님이 자리를 비운 틈을 타 아이들의 환심을 사기 위해 씨름 대회를 제안하고, 이에 반대한 반장인 석환을 제압하고 아이들의 지지를 얻어 새로운 반장이 됨.
정서와 태도	영래의 만행을 지켜보던 '나'는 잘못된 것에 대해 입을 다물고 구경이나 하겠다는 수수방관하는 태도를 보임.

주제	불의한 세력에 대항하는 약자들의 저항 정신
특징	❶ 전쟁 직후 서울의 한 초등학교 학급에서 일어나는 일들을 통해 소설이 발표된 1970년대의 정치상을 우의적으로 표현함. ❷ 서간체 형식의 액자식 구성을 통해 독자에게 친밀감을 느끼게 하고, 이야기에 신뢰성을 부여함. ❸ 초등학교 학급이라는 상징적 공간에서 벌어지는 권력 집단의 부조리한 억압과 폭력을 비판함.

폭력을 휘두르며 권력을 행사하는 영래 패거리	폭압적인 정치 현실
영래의 행동에 이의를 제기하지 않는 반 아이들	무지한 민중들
공부 잘하는 학생인 '나'의 수수방관하는 태도	지식인의 무관심

③ 종하와 은수가 각각 기율 부장과 총무로 임명되는 것은 학급 구성원의 투표를 통한 민주적인 절차를 거친 것이 아니라, 영래의 독단적인 결정으로 된 것이다. 이는 영래가 의장이라는 자신의 권력을 남용한 것일 뿐이므로, 권력의 독점을 견제하기 위해 임원들을 임명한 것이 아니다.

① 〈보기〉에서 이 작품은 초등학교 학급을 통해 1970년대의 정치상을 우의적으로 표현하고 있다고 하였으므로, 공간적 배경인 교실은 민주주의가 억압되던 1970년대 사회의 축소판이라고 할 수 있다.

② 영래는 종하에게 각목을 주며 "이걸 갖구 수틀리게 놀면 무조건 조기는 거야."라고 지시하며, 이를 통해 교실 내 위협적인 공포 분위기를 조성한다. 결국 이런 분위기 속에서 영래는 반장이 되므로 민주적 절차 없이 폭력을 통해 독재 권력을 획득한 정권이 힘의 논리로 반대 세력을 억압하고 권력을 독점하는 과정을 보여 주고 있다.

④ 줄반장 애들은 불만이 있어 보였으나 기존 반장인 석환을 제외한 그 누구도 불만에 대해 이야기하지 않는 것으로 보아, 집단 논리와 힘의 체제에 대한 비판이 금지되던 사회상을 엿볼 수 있다.

⑤ 외출했다 돌아온 담임 선생님은 아이들이 대청소를 하고 있는 것을 보고는 학급에 기강이 서고 자치 능력이 향상되었다고 판단하며 만족해한다. 하지만 아이들이 질서 있게 행동하는 것은 자발적인 것이 아니라 영래 패거리가 폭력을 통해 공포 분위기를 조성해서 강제적으로 집단 행동을 강요했기 때문이다.

호루라기 관장님의 🔶 하드 트레이닝 p. 288

01 이기적, 생존, 무관심
02 냄새, 안전
03 불안, 원인
04 소외자
05 약점, 획일화
06 집단

수능 국어 트레이닝북
GYM 문학
정답과 해설